U0904506

上海长江大桥图

主航道桥主梁安装

深水区105m组合梁整孔预制吊装

承台钢吊箱安装

钢管桩施工

深水区预制墩柱吊装

承台预制系梁吊装

预制墩柱出运

深水区整孔预制箱梁吊装

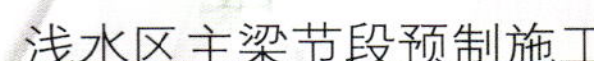

浅水区主梁节段预制施工

浅水区主梁节段拼装施工

SHIJIE ZUIDA GONGGUI HEJIAN SUIQIAO GONGCHENG

世界最大公轨合建隧桥工程

——上海长江大桥关键技术与创新

SHANGHAI CHANGJIANG DAQIAO GUANJIAN JISHU YU CHUANGXIN

黄　融　主编

人民交通出版社
China Communications Press

内 容 提 要

本书系统总结了上海长江大桥建设关键技术与创新内容，主要包括公轨合建桥梁的设计理论与安全评估、大跨度分体钢箱斜拉桥设计与施工关键技术、主跨105m钢-混凝土组合箱梁设计与施工技术研究、预制墩柱设计与施工技术。

本书可作为桥梁设计和施工人员的参考用书，也可供相关院校桥梁工程专业的师生参考使用。

图书在版编目（CIP）数据

世界最大公轨合建隧桥工程：上海长江大桥关键技术与创新/黄融主编. —北京：人民交通出版社. 2011.11

ISBN 978-7-114-09419-4

Ⅰ.①世… Ⅱ.①黄… Ⅲ.①长江—公路桥—桥梁工程—工程技术—上海市 Ⅳ.①U448.14

中国版本图书馆CIP数据核字（2011）第195602号

书　　名： 世界最大公轨合建隧桥工程——上海长江大桥关键技术与创新
著 作 者： 黄　融
责任编辑： 沈鸿雁　曲　乐　岑　瑜　李　喆
出版发行： 人民交通出版社
地　　址：（100011）北京市朝阳区安定门外外馆斜街3号
网　　址： http://www.ccpress.com.cn
销售电话：（010）59757969，59757973
总 经 销： 人民交通出版社发行部
经　　销： 各地新华书店
印　　刷： 北京盛通印刷股份有限公司
开　　本： 880×1230　1/16
印　　张： 34.75
字　　数： 940千
版　　次： 2011年11月　第1版
印　　次： 2011年11月　第1次印刷
书　　号： ISBN 978-7-114-09419-4
定　　价： 150.00元

编写委员会

顾　问： 凤懋润　项海帆　范立础　钱七虎　刘建航　陈　新　江绵康
黄兴安　蒋树屏　皇甫熹　王振信　杨我清　张　海　侯引程

主　编： 黄　融

副主编： 戴晓坚　韩金华　李永盛　邵长宇　余暄平

委　员：（按姓氏笔画排列）

王吉云　方　卫　邓青儿　冯一峰　卢永成　申伟强　刘千伟
刘小方　吉青克　朱雁飞　朱新达　过震文　吴定俊　吴惠明
张子新　张元凯　张君武　李国平　李宗平　杨方勤　杨宏燕
杨志豪　杨国祥　陈理平　周仁勇　季倩倩　林秀桂　郑晋丽
姜允肃　俞　平　胡震侃　袁　勇　陶永良　黄少文　彭志坚
彭建荣　董　敏　谢雄耀　蔡岳峰　戴　清

本册编写人员：（按姓氏笔画排列）

王士祥　王天华　王祺明　邓青儿　代学亮　冯一峰　卢永成
刘　伟　刘小方　刘加华　刘玉擎　刘志军　吉青克　孙立军
曲洪春　朱　洁　过震文　闫明吉　吴　冲　吴　炜　吴定俊
张元凯　张君武　张剑英　张春雷　张树国　张晓松　李　奇
李国平　李宗平　杨志德　苏庆田　邵长宇　陈　健　陈理平
周　全　周玉娟　周兴林　周新六　林秀桂　郁锦刚　胡　勇
贺　健　钟永新　唐　启　殷天军　殷秀凯　袁慧玉　顾民杰
曹伟杰　梁　辉　梁永兴　黄　勇　黄　虹　黄少文　黄长江
龚建峰　彭志坚　曾　健　曾　源　曾亿忠　曾明根　曾德礼
蒋彦征　蒋稳齐　韩振响　戴　清

序 一
Foreword1

上海崇明越江通道（长江隧桥）工程是国家高速公路G40沪陕高速公路的重要组成部分，工程起于浦东五号沟与上海郊区环线相连，跨越长江南港，经长兴岛到达崇明陈家镇，全长25.5km，项目投资132亿元。工程项目的建成，将形成国家沿海大通道，充分发挥上海区位优势，实现国务院对上海推出的“一个龙头，三个中心”的战略目标，并对增强浦东国际机场和洋山深水港的辐射功能具有十分重要的意义。

长江隧桥工程采用“南隧北桥”的建设方案，即采用隧道的方式穿越航运繁忙的南港水域，以桥梁的方式跨越长江北港，是目前世界上建成的最大规模的隧桥结合工程，其中隧道15m的断面直径，一次性推进7.5km的距离创造了当时的世界纪录；大桥工程采用公轨共面合建、全飘浮分离式钢箱梁结构以及整孔预制安装105m钢－混凝土组合梁等许多工艺均在行业内首次使用。长江隧桥是上海市继东海大桥之后又一项具有里程碑意义的特大型基础设施项目，建设过程中，在吸取其他重大项目建设管理经验的基础上，开展了一系列技术创新，追求工程建设的规范化，始终将目光对准国际前沿技术，以我为主，博采众长，建立起具有自主知识产权的大型越江跨海隧桥工程的核心技术群及其相关技术标准；始终将目标定位于国际领先标准，精细管理，科技引领，建造起具有当前世界先进水平的精品工程；始终将管理纳入依法规范的轨道，严格程序，构建起符合国家法律、法规的依法办事的管理体系。

在工程建设的五年期间内，全体建设者始终坚持“安全第一、质量创优、稳步推进、好上加好”的建设方针。通过管理创新，工程建设形成了在管理体制上构建政府为主导、市场化运作模式；在管理机制上体现制度化、规范化和信息化；在管理内容上强调分类化和专业化；在管理决策上突出科学化和动态化；在管理文化上注重人文意识和人性关怀等特点。强化安全、质量、投资控制，未发生一起重大安全责任事故和质量事故，工程总造价控制在概算之内，并提前九个月建成通车。工程多项课题获得了省部级及行业协会科技奖项；项目建设先后获得了上海市优质工程白玉兰奖、上海市优质结构工程、上海市市政金奖等奖项。

2009 年 10 月 31 日，上海长江隧桥工程建成通车。作为世界上最大规模的隧桥结合工程，在运营管理上具有集约化程度高、科技含量高、运行标准高和社会期望值高等特点。运营养护的过程，体现“一流设施、一流管理、一流服务”的要求和“设施完好、制度完善、应急完备、服务完美、档案完整”的精细化目标。工程通车以来，经受住了大风、大雾、雷暴、冰雪等灾害性天气的考验，高效处置了交通事故等突发事件，并全面、顺利完成了服务上海世博会任务。

上海长江隧桥工程建设和运营过程，是党和政府建设社会主义新农村和全面贯彻科学发展观的具体实践；是全体建设和管理者智慧的体现。巨变源于创新，及时总结工程建设和运营管理的创新实践和经验，可以更好地服务上海、服务长三角、服务全国。

是为序。

上海市人民政府副市长

上海长江隧桥工程建设指挥部总指挥 沈骏

2011 年 10 月 1 日

序二
Foreword2

20 世纪 90 年代初，上海市已开始启动穿越长江口水域（北接长兴、崇明两岛，进而和苏北地区相连接）的交通规划工作。长兴岛作为上海造船、港机和海洋工程的装备重工基地，崇明岛作为上海绿色农业（食品、花木）和生态、休闲以及滨海宜居基地，都是上海市在 21 世纪重点发展的新兴地区。因此，便捷的交通连接是十分紧迫的需求。时任上海市政协主席的已故同济大学名誉校长李国豪教授主持召开了关于崇明越江通道的首次研讨会，当时，多数与会专家已倾向于采用南隧北桥的联岛方案，这也是国内实施桥隧结合工程的最早设想。

东海大桥开工后，上海崇明越江通道建设就提上了议事日程。2001 年初，上海市政府邀集了中外共十四家知名的桥隧设计公司，组成四个设计联合体，进行一次方案竞赛。除了对全桥方案和南隧北桥方案进行深入的技术经济比较外，还征集了各种桥型方案，为工程可行性研究奠定了坚实的基础。2002 年 12 月，经原国家计划委员会批复，决定采用南隧北桥的实施方案。随即中标北桥工程初步设计的上海市政工程设计研究总院开始工作，并在东海大桥建成通车后的 2005 年初开始动工兴建这一上海市规模最大的交通建设项目。它也是继杭州湾大桥之后，中国沿海五大跨海和越江通道规划中的第二座宏伟工程，具有十分重要的经济意义。

上海崇明越江通道的北桥工程全长 16.57km，其中越江段约 10km，为满足主航道远期五万吨船舶的通航要求，选用了主跨 730m 的斜拉桥方案。从景观要求考虑，对塔型作了多方案比较，最后决定采用人字形独柱桥塔和分体钢箱梁的新颖设计方案。主桥两侧的非通航孔桥则选用了跨度达 105m 的整体预制吊装就位的连续结合梁桥。这一具有创意的设计不仅使我国整孔吊装跨度突破了百米，而且与同样跨度的预应力混凝土梁相比又节约了造价，可以说为今后国内其他跨海工程建设提供了一个值得推广的成功范例。此外，在东海大桥经验的基础上，对非通航孔大量预制桥墩的现浇湿接头构造和施工工艺也做了重要的改进，使工程质量和耐久性得到进一步提高。

2005 年下半年，由于上海市轨道交通网连接崇明岛的需要，而南隧工程中所采用的大直径圆形盾构隧道方案又具有加设轨道线的空间，上海市政府由此提出了在北桥工程中同时预留轨道交通线的要求。2005 年 12 月召开的专门技术咨询会议，讨论了加设轨道线后出现的新问题以及公轨合建桥梁的技术可行性和各种可能的实施方案。上海长江大桥作为中国第一座公轨合建的桥梁工程增加了设计难度，这也是该工程的又一个创新亮点。经过设计单位和研究单位的共同努力，实现了公轨车辆共同作用下的动力响应分析，解决了刚度控制、行车安全和舒适性的评估方法等难题，对今后国内新的公轨合建大桥设计提供了重要的借鉴。

我作为大桥顾问组的成员，有幸参与了工程建设的全过程。上海长江桥隧工程的顺利建成是我国又一项具有里程碑意义的重要成果，它为中国从桥梁大国迈向桥梁强国的进程增添了光彩，作出了重要贡献。我衷心希望上海交通建设行业的同仁们戒骄戒躁，加强研发，努力创新，尽早树立起上海桥梁建设的国际品牌，为 21 世纪的中国桥梁建设增辉，进而走向世界，在国际桥梁舞台上赢得声誉，为国争光。

中国工程院院士：项海帆

2011 年 10 月 3 日

前 言
Preface

上海崇明越江通道（又称：上海长江隧桥工程）是国家高速公路网上海——陕西（G40）高速公路的重要组成部分。工程采用“南隧北桥”的建设方案，总长 25.5km，是目前世界上最长的隧桥结合工程。上海长江隧道穿越长江南港水域，全长 8.95km；上海长江大桥跨越长江北港水域，全长 16.57km。大桥建在万里长江的入海口，堪称万里长江第一桥。

1993 年 5 月，国务院正式提出建设上海崇明越江通道工程设想，至 2003 年 2 月完成《崇明越江通道工程可行性研究》。2004 年 9 月，上海市政工程设计研究院牵头完成了《上海崇明越江通道北港桥梁初步设计》。2005 年 5 月，原交通部批复上海崇明越江通道工程初步设计。2005 年 9 月，上海长江大桥开工建设。2009 年 10 月 31 日 18 时，上海崇明越江通道工程正式通车。

大桥的建设理念是建成一个可持续发展的工程，着力于追求桥梁内在品质的提升，建成一座真正具有百年使用寿命的桥、一座便于养护维修并具有全寿命经济性的桥、一座技术先进并且造价经济的桥、一座不仅交通功能完善而且能够充分表现美学价值的桥。

基于这一创新理念，上海长江大桥集中了多项创新技术——主航道桥主跨 730m 的世界最大跨度的公轨两用斜拉桥采用了新型分体式钢箱梁；主航道桥两侧高墩区各有 700m 桥梁采用主跨 105m 的大跨度连续组合箱梁桥，在国内属于首次大规模应用，采用的整孔预制吊装方案也属于新的工程实践；开展了大跨度桥梁和各类长联桥梁列车行车安全和技术标准等研究。

本书主要是上海长江大桥建设中创新技术的总结。全书共分 5 章。第 1 章引言，介绍了工程概况、建设条件和大桥的建设特点与创新点。第 2 章介绍了公轨合建桥梁设计理论及安全评估方法。第 3 章介绍了大跨度分体钢箱斜拉桥设计与施工关键技术。第 4 章介绍了主跨 105m 整孔预制吊装钢–混凝土组合箱梁关键设计与施工技术。第 5 章介绍了预制墩柱的设计与施工技术。

本书各章节均由参与工程设计 、施工、研究的一线技术人员编写，主要参编单位有上海市政工程设计研究总院（集团）有限公司、上海长江隧桥建设发展有限公司、同济大学、中交集团第二航务工程局有限公司、中铁大桥局集团有限公司、中交集团第一航务工程局有限公司等。本书的编写得到了各单位及有关人员的大力支持，在此表示最诚挚的谢意。并向支持本书出版的领导和专家表示衷心感谢，由于时间仓促，水平有限，难免有错漏之处，敬请各位专家和读者指正。

编　者

2011 年 10 月

目 录
Contents

第1章　引　言

YINYAN

1.1 工程概况

上海市位于我国沿海和沿长江“T”字形轴线地带的交汇点上，集黄金水道和黄金海岸优势于一身，对内对外交通便利，区位优势得天独厚，在全国乃至东亚地区的社会经济地位十分突出。新中国成立以后，上海作为我国最重要的工业基地之一和最大的商业城市，对国民经济的发展起到了重要作用。改革开放以来，上海作为长江三角洲地区城市群的中心城市，拥有全国最大的港口和最多的外资金融机构，也是跨国公司在中国内地投资最集中的地区，并在长江三角洲地区及全国的分工合作、互相促进过程中，发展成为我国具有强大经济实力和辐射能力以及对外资吸引能力较强的、最大的经济中心城市。经过改革开放二十多年的发展，上海的社会经济取得了长足进步，区域经济联系日益紧密，从而对交通运输的要求也越来越高。目前，全国特别是长江三角洲地区正在兴起以高速公路、高速铁路为代表的交通现代化建设热潮，这就为上海进一步增强对外辐射能力提供了难得的机遇，同时也提出了更高的要求。上海市社会经济发展的战略目标为到2020年初步建成国际经济、金融、贸易、航运中心之一，基本确立上海国际中心城市的地位。

未来，上海市将坚持“三、二、一”的产业发展方针，加快产业结构的调整，通过调整优化经济结构，不断提高城市的信息化、市场化、法制化水平，发挥国际大都市的综合优势，增强城市的综合竞争力。因此，根据上海的现状和发展趋势，提出拓展沿江沿海发展空间，形成由宝山新城、外高桥港区（保税区）、空港新城、上海化学工业区、金山新城等组成的滨水城镇和产业发展带；沿江沿海地带集重要的对外交通枢纽、重要城镇及大型园区于一体，它将成为上海未来城镇和产业发展最重要的拓宽空间。

1.1.1 建设的必要性

崇明越江通道（上海长江隧桥）是上海至西安高速公路G40的重要组成部分，该工程位于长江三角洲最东端的长江口地区，南接上海市陆域，穿越长江口水域，北接我国第三大岛——崇明岛，并可由崇明岛上规划的崇明至启东长江公路经崇启大桥通至江苏省苏北地区。崇明越江通道距江阴长江大桥直线距离约170km，距苏通大桥约90km。

崇明越江通道是上海市总体规划的重要组成部分，其在对外的沟通及走向上，具有十分重要的作用和战略意义。通过建设崇明越江通道工程，一是形成和完善沿海交通大通道，充分发挥上海市的区位优势，促进沿海开放带经济发展跃上新台阶，进一步实现国家“两沿”战略，以及党中央、国务院对上海提出的“一个龙头，三个中心”的重大战略目标，提高和强化上海市的辐射与服务功能是十分必要的；二是增强和发挥浦东作为我国改革开放和经济发展龙头功能的需要，是建设上海国际航运中心集装箱枢纽港和国际空港，形成重要的长江口疏港通道，强化其辐射功能的迫切需要；三是促进崇明岛这一龙口宝珠的开发，同时将更有利于带动苏北经济的发展，越江通道的建设对促进长江三角洲地区经济一体化和均衡化发展是十分有利的，也是十分必要的；四是有利于均衡和优化长江三角洲地区越江交通布局，使其更为合理，减轻长江上的过江交通压力，充分发挥长江航运优势；五是有利于国防建设。

1.1.2 隧桥结合方案确定

（1）通航条件

长江口被称为黄金水道，在我国交通运输和对外贸易中占有十分重要的地位。2010年进出长江口的货运量为3.2亿t，据预测，2020年进出长江口的货运量将达到4亿t，因此通航条件将是越江工程比选的重要因素之一。长江口实行分道航行，目前万吨级以上的船舶从南港北槽航道进出长江口，北港为自然水深航道仅供千吨级船舶通行。从通航要求而言，南港通航要求高。对于南港，采用桥梁方案须在主航道上建2 300m的悬索桥，难度很大，尽管有能力建成，但毕竟尚有少量工程船舶等不能通航，在很大程度上将给我国唯一的国家黄金水道航运远景发展带来难以预计的束缚。采用隧道方案，可使航道上没有任何障碍，给长江口航运事业的发展乃至上海国际航运中心的建设都留有较大余地和发展空间。因此，南港以建隧道较为合理。北港在通航标准留有较大余地情况下，通航要求相对较低，建桥造价较低，施工难度较小，因此北港以造桥为宜。

（2）河势条件

越江工程区域河势逐步进入比较稳定的演变时期，随着长江口深水航道治理工程及南北港分流口工程、青草沙围滩工程的建设，南、北港河段趋于稳定。南港线位主槽一直傍靠南岸，10m深槽的南边线一直较为稳定，但是北边线的位置和主槽的宽度、深度发生了变化，如果要建悬索桥，其锚固桥墩的阻水作用不可忽视，对该线位的桥墩布置要特别慎重。

北港河段上承新桥通道和新桥水道，下接北港拦门沙河段，由于受南北港分流口和分流通道变迁的影响，以及进入北港的主流轴线变化和局部底沙下移的影响，北港河槽经历了由单一河槽演变成复式河槽再到单一河槽的交替变化过程。北港上口通道变迁时，大量底沙下移，在北港北侧主槽堆积形成新的江心暗沙，落潮主流脱离凹岸南移，随后凹岸涨潮流加强，北港由单一河槽演变为复式河槽；而由复式河槽演变成单一河槽时，主要表现为北岸受主流顶冲，江心暗沙逐步北靠，涨落潮主流在主槽内逐步合一，并形成良好的通航水深。北港上口通道的落潮主流摆动变化是北港主槽摆动、沙体切割、底沙下移（北港河槽断面形态和河势变化）的根本原因。近十年来，北港上口主通道与新桥通道处于相对稳定状态，且与北港主槽连接顺直，水深较深处为-10m，槽宽在1km以上。崇明岛南侧的新桥水道在涨落潮流的共同维持下，同样保持基本稳定。落潮流沿北港北侧凹岸下泄，涨落潮流路渐趋合一。今后，随着北港上段主槽不断冲刷并向下延伸，堆积在中段的泥沙逐步推移出海，堡镇的泥沙北退并岸，北港有恢复为单一河槽的发展趋势，形成上段深槽偏北、中下段深槽偏南的微弯河势。

（3）风险评估

崇明越江通道工程浩大，在建设运营过程中存在着大量的不确定性和不可预见的因素，因此不可避免地将面临着各种风险，包括来自自然和人为的原因，它贯穿工程的规划、设计、施工、运营全过程；相对较大的风险因素有：河床演变、地震因素影响、沼气地质灾害、沉石带地质风险、风振因素、船撞风险、盾构机设计的适用性和可靠性、盾构隧道施工期风险，采取相应措施后可降低风险水平。

根据崇明越江通道建设对周围生态环境的影响，经定性得出隧道方案优于桥梁方案，经过结构的耐久性风险比较，隧道稍优于桥梁，全桥方案风险最大；在通风方面，由于全隧方案的隧道距离长，故规划线全隧方案比南隧北桥风险稍大。

综合风险分析研究成果，从越江通道技术的可行性和工程可造性的风险水平而言，规划线南隧北桥方案与全隧方案相当，均优于全桥方案，而比较线全桥方案又优于规划线全桥方案。再结合南隧北桥与全隧方案的投资分析，则作为推荐的规划线南隧北桥方案，风险最小。

（4）岸线条件及对陆域用地影响

在上海市长江岸线资源已是十分紧缺的情况下，上海市总体规划在五号沟处，对公路、浦东铁路及市域轨道交通的越江预留了宽达 1.0km 的保留岸线，以及岸线后用地。在长兴岛及崇明的线路走向上，沿线的规划与建设也已有一定控制。

在南港采用隧道越江方案，对岸线及陆域用地条件方面均无影响；如采用桥梁越江方案，虽然在岸线及陆域用地条件方面对线位桥梁方案布置无影响，但由于该处为航道交汇和大型船舶掉头、靠泊水域，线位桥梁方案对岸线沿线码头大型船舶的进出停靠，将带来一定影响。在北港不论采用隧道方案还是桥梁方案，对岸线及陆域用地条件方面均无影响。

（5）在自然气象条件方面

长江口地区江面宽阔，自然气象条件较复杂，每年都有相当数量的大风、台风、暴雨、大雾天气。因此在交通运输方面，对桥梁方案而言，受气象条件影响较大，并存在对道路通行能力的影响问题，但在国内外的设计标准、规范规定及设计资料中，均未见有对其进行通行能力折减的要求。而隧道方案是全天候的，其交通运输基本不会受到气象条件影响。所以在自然气象条件方面，隧道方案要优于桥梁方案。

（6）环境影响及措施

早在工程研究阶段，就进行了工程环境评价，执行了国家和上海市各项环境保护法律法规。如：选线位置避开东滩鸟类自然保护区、长江中华鲟幼鱼自然保护区和青草沙规划水源保护区、集镇、学校、医院、基本农田保护区等环境敏感点，以桥梁和隧道方式经过滩涂湿地，减小了对湿地的影响。委托专业机构进行了桥梁防撞研究、工程生态风险研究、水动力数模和物模研究，减小了工程对水文的影响，降低了船舶发生碰墩事故后的损坏程度和发生大规模泄露的概率。

工程设计阶段，设计中应注意生态环境保护，如桥梁主塔、桥墩施工方案设计采用围堰法，减少对长江生态的影响。南港隧道施工采用盾构法，可以基本消除施工期对水生生态的影响，营运期也可以避免因发生车辆翻覆、船舶碰墩等引起的危险品、化学物品泄漏的重大生态环境污染行为。尽量降低路基，收缩边坡，以减少取土量和农田占用量。加强声环境保护，如根据环境评价结果，进行必要的交通噪声防治工程设计。

施工期间，为防治噪声，当施工点与住宅区的距离小于 250m 时，强噪声施工机械夜间应停止施工作业，禁止夜间进行打桩作业。环境空气污染防治措施有：水泥、砂和石灰等易洒落散装物料的运输和临时存放，应采取防风遮盖措施，以减少扬尘；配备洒水车，对环境敏感点的施工道路经常进行洒水处理。水污染防治措施有：水下构筑物采用围堰法施工，在灌注桩施工过程中，将抽取的水和泥浆引到运输船舶，并运至指定的抛泥区抛弃；施工船舶的含油废水不得直接排入附近水体；施工营地的污水应达到上海市《水污染物排放标准》后排放；交通码头和砂石码头放置的砂石料、沥青、油类、漆料等化学品不得堆置于江岸和沟渠附近，须备有能够遮盖的帆布，防止化学品随雨水进入地下水体。社会环境影响缓解措施有：电力、通信设施改移工程力求快速、准确，保证影响区域不较长时间断电、断信；采取措施，防止泥土和石块阻塞河流、水渠或灌溉排水系统；运输应避开高峰时间，以免造成交通堵塞；桥梁施工过程中应与航道部门协调，以维护航运安全，避免航道堵塞及水上撞击事故的发生。

在生态环境保护方面，大桥施工对水生生物影响的措施和建议有：水下构筑物采用围堰法施工，抽取的水和泥浆引到运输船舶，运至指定的抛泥区抛弃；将施工过程中产生的固体废弃物送到垃圾填埋场处理；水工作业尽量避开中华鲟幼苗等珍稀动物聚集、成鱼洄游和幼鱼降江而下的时期，不得在农田和耕地上设置取土场；隧道弃土、弃渣不得随意占用农田、滩涂等生态敏感区；贯彻农田补偿及保护原则。营运期在噪声防治方面，加强公路交通管理，有效控制交通噪声污染；实施环境影响报告书拟订的噪声防治工程措施。在水环境保护及危险品运输事故应急处理方面，服务区设置污水处理装置。对经过越江通道的运输危险品车辆，实行“三证”（驾驶证、押运证、准运证）管理制度。大桥上运输化学品的车辆一旦发生交通事故，后果将比较严重，应采取如下措施：建立应急指挥机构，制订应急计划，建立应急抢救队伍，配置应急抢救设备和器材等。在大气污染防治措施方面，严格控制汽车尾气污染物排放量，执行汽车排放车检制度，禁止尾气超标车辆上路行驶。

1.2 上海长江大桥工程概况

1.2.1 大桥建设自然条件

（1）地貌

上海长江大桥工程所在的长兴岛、崇明岛均属三角洲平原中河口沙岛次级单元。长兴岛和崇明越江通道崇明县桥址地区属晚河口沙岛，而崇明登陆点和崇明岛主体属早河口沙岛。

该工程所在地区处于成陆年轻、土体多变的地貌单元内。除了在外力作用下会发生一些滑塌、地层错动等地质现象外，地震时，由于成陆时代新、土（砂）中含水率高，故也是容易产生液化、震陷的地段。

（2）气候气象

上海长江大桥的工程区域位于北亚热带东亚季风盛行地区，气候温和湿润，雨量充沛，四季分明。

气温：桥位区陆域年平均气温 15.5℃，江面年平均气温 16.2℃。极端最高气温 38.2℃，最低气温 –9.8℃。

降水：桥位区的年降水日数约为 129d，日降水量在 100mm 以上的大暴雨出现在 8 月和 9 月。年总降水量 1 105mm，主要集中在 5~9 月。

风向、风速：桥位区冬季盛行偏北风，夏季盛行偏东南风。地面（海平面 10m 高）平均每年 8 级及以上大风日数东线有 9~15d。

工程区域东线一带 30 年、50 年、100 年一遇的地面最大风速分别约为 30m/s、33m/s、35m/s。

雾和雷：桥位区平均每年有雾的总日数为 35d 左右，冬季和春季为多雾期。全年发生的雷暴日数为 28~30d，主要集中在 7、8 月份。

灾害性天气：平均每年约有 1~2 个台风影响桥位区，主要的影响时间为 8、9 月份，影响时可导致 8 级及以上大风发生，并常伴有大雨或暴雨等主要灾害性的天气。根据历年的气象资料统计计算，龙卷风在桥位区发生的概率很小，特别是强龙卷风（估计风速大于 70m/s），几乎是难以遇到，因此可认为强龙卷风对桥位区的危害是十分小的。

（3）工程地质

北港桥梁水域标段线路较长，水域段高程约 –164.16m 以上深度范围内的地层分布较复杂。场区全新统土层厚度较大，且在横向和纵向相变较大。按其岩性、地质时代、成因类型及物理力学性质指标上的差异，可分为 17 个工程地质层。

①崇明岛陆域局部段分布有厚约 1.3m 的软塑状$②_1$层灰黄色粉质黏土；浅部分布$②_3$层砂质粉土，在南北深槽区土层受切割变薄或缺失，该层在一定的水动力作用下易产生流沙和管涌现象。

②长兴岛陆域及崇明岛近岸段$②_3$层之下分布有第③层淤泥质粉质黏土，厚度约 2m，而江中及

崇明岛陆域缺失。

③沿线遍布有第④层淤泥质黏土层，流塑状，高压缩性，易触变和流变，厚度为 2.6~24.5m，江中砂体及长兴岛侧厚度较小。

④第⑤$_1$层以黏性土为主，纵横向变化较大，该层在崇明岛侧下部夹薄层粉砂较多，呈黏质粉土；在江中和长兴岛区段夹砂较少，呈黏土或粉质黏土。该层厚度变化较大，为 2.0~2.5m。

⑤第⑤$_2$层为黏质粉土，该层在横向和纵向上相变亦较大，厚度为 2.5~16.5m，在江中砂体（堡镇沙）至崇明岛段及崇明岛陆域缺失。

⑥由于长江河道的原因，场地缺失上海市统编的第⑥层和第⑧层土。第⑦层以粉性土为主，遍布整个场区，层面埋深为 −50.6~−40.3m。总体来说，随深度增加砂性渐重、状态渐好，根据土性及工程性质差异又可细分为两个亚层（⑦$_1$、⑦$_2$），⑦层总厚度为 14.8~33.4m，状态为中密 ~ 密实。其中，在⑦$_1$层中局部段夹有厚度为 1.5~17.5m、软塑状的透镜体粉质黏土夹粉土（⑦$_1$层）。

⑦第⑨$_1$层灰色砂质粉土与粉质黏土互层状态极不均匀，仅局部段分布；第⑨$_2$层灰黄 ~ 灰色含砾粉细砂层沿线均有分布，土质均匀、密实，在长兴岛近岸段、江中及崇明岛陆域埋藏较深，在长兴岛陆域埋藏较浅，层面高程为 −63.4~−62.2m。该层厚度变化较大，局部未钻穿。

⑧其下均为中更新统地层（⑩ ~ ⑫层），状态为硬塑状黏性土或密实状含砾粉砂，层面及层厚均变化较大，层面高程为 −99.9~−92.3m，其中第⑩层仅在江中局部段分布。

（4）水文

长江径流量丰沛，大通站（距河口 640km）多年平均径流量为 29 500m³/s，多年平均洪峰流量为 56 200m³/s，最大洪峰流量为 92 600m³/s（1954 年），最小枯水流量为 4 620m³/s（1979 年）。每年 5~10 月为洪季，11 月至次年 4 月为枯季，洪水下泄水量占全年的 71.7%。

工程所在的长江口为中等强度的潮汐河口，口外为正规半日潮，口内潮波发生变形，为非正规半日浅海潮。潮波变形程度向上游越来越大，导致潮位、潮差、和潮时沿程发生变化。

（5）泥沙

长江口地区的泥沙主要是流域来沙，多年平均含沙量为 0.547kg/m³，根据大通水文站的资料统计，洪季长江水体含沙量为 1.01kg/m³，枯季为 0.10kg/m³，但因径流量大，年输沙总量高达 4.86 亿 t。

长江口拦门沙河段悬移质中值粒径在 0.01mm 左右，长江口南港河床质中值粒径范围为 0.004 6~0.14mm，北港中值粒径范围为 0.004 8~0.185 0mm。

（6）含盐度

长江口水域含盐度的年际变化与长江径流关系十分密切，据资料综合分析，大通站枯水期流量小于 10 000m³/s 时，长江口各站的氯化物都普遍升高，大通站枯水期流量在 13 000m³/s 以上时氯化物含量普遍降低；当大通站枯水期流量在 15 000m³/s 以上时，吴淞江、高桥基本免遭咸潮侵袭，其余各站盐度也大幅度下降。根据 1950~1997 年历年监测数据显示，桥位区陆域南北港最大盐度为 8.66‰ ~9.04‰。

（7）航道

北港目前尚无规划可言，根据北港和崇明岛今后的发展要求，按 3 万 t 级船舶的通航要求确定，北港主航道通航深度为 11.5m。堡镇沙北侧涨潮沟按 3 000t 级船舶为规划船型，通航深度为 6.5m。

1.2.2 技术指标

上海崇明越江通道工程位于上海市东部，由上海长江隧道（南港）工程和上海长江大桥（北港）工程组成，总长 25.5km，是目前世界上最长的隧桥结合工程。其中，上海长江隧道工程起点与 A30 立交相接，以隧道形式穿越南港至长兴岛并与北港桥梁工程路线起点相接，隧道长 8.95km；上海长江大桥工程，在长兴岛设潘园互通立交（单喇叭A型）与潘园公路相接，跨规划环岛北路，以桥梁形式跨越长江北港水域至崇明岛，与规划环岛南路、崇明南路、瀛陈公路交叉，项目终点设互通立交（双喇叭型）连接陈海一级公路，全长16.572km。大桥的各项技术指标如下。

（1）公路交通

①双向六车道高速公路。

②设计速度：100km/h。

③路线宽度：大桥宽度为33m（不含布索区），接线宽度为33.5~35.5m。

④桥梁结构设计荷载等级：公路—Ⅰ级。

道路结构设计荷载等级：BZZ-100型标准车，预留双线轨道交通。

⑤地震烈度：采用二水准设防（表1.2-1）、二阶段设计的抗震设计思想和方法。

桥梁结构抗震设防水准 表1.2-1

设防水平	主通航孔桥	辅通航孔桥、非通航孔桥
P1	100年超越概率10% （相当于重现期950年）	50年超越概率10% （相当于重现期475年）
P2	100年超越概率3% （相当于重现期3 283年）	50年超越概率3% （相当于重现期1 642年）

主通航孔桥梁结构的抗震性能目标见表1.2-2。

主通航孔桥梁结构抗震性能目标 表1.2-2

设防水平	性能目标
P1	主塔保持弹性； 桩基保持弹性； 边墩混凝土容许进入塑性状态； 支座保持正常工作状态
P2	主塔应满足极限状态的强度要求； 边墩应具有足够的延性以满足变形要求，保证不倒塌； 混凝土桩的保护层不剥落； 支座容许剪坏

⑥通航水位：设计最高通航水位采用历史最高水位6.03m（吴淞零点高程）。

⑦通航标准：3万t级集装箱及5万t级散货船单孔双向通航孔一处，通航净空为585m×52.7m（单孔双向），设置在主航道的桥主跨。

5 000t级船舶单向通航孔一处，净宽146m，净高36m，设置在主航道桥的两个边跨。

3 000t级船舶双孔单向通航孔一处，净宽102m，净高25.0m，设置在辅航道的桥主跨。

⑧结构计算按50年一遇水位加上50年一遇H1%波浪作用进行设计。

⑨风：成桥状态桥面无车100年一遇10m高度处设计风速v_{10}=39.6m/s；成桥状态桥面有车最大设计风速v=25m/s；施工状态取10年一遇10m高度处设计风速v_{10}=33.26m/s。

⑩道路设计平曲线半径：最小半径≥4 000m。

⑪道路设计竖曲线半径：凸曲线最小半径≥10 000m，凹曲线最小半径≥7 000m。

⑫桥面纵坡：最大3%，最小3‰。

⑬道路净高：桥梁、接线道路的交通通行净高为5.0m。

⑭相交道路交通通行净空：二级公路以上为5.0m；其余等级公路为4.5m；横向通道为汽孔≥3.2m，机孔≥2.7m，人孔≥2.2m。

陈彷、白陈（陈南）公路地道道路建筑界限最小净高H≥3.5m。

⑮道路标准横断面：设计路基宽度为33.5~35.5m（中央分隔带宽度由隧道洞口的4m过渡到一般

路段的 2m）。

高速公路每条车道宽度为 3.75m；硬路肩宽度为 3.00m；路缘带宽度为 0.75m；中央分隔带宽度为 2.0m；土路肩宽度为 0.75m。

立交匝道均为单车道，路面宽度为 7.0m+*a*（*a* 为平曲线加宽值）。

⑯桥面横坡：2.0%。

⑰设计使用寿命：100 年。

⑱船舶撞击力：船舶撞击力见表 1.2–3。

船舶撞击力　　表 1.2–3

桥　　墩	船型（DWT）	船撞力（MN）（无防撞设施）	船撞力（MN）（有防撞设施）	设计防撞力（MN）
主航道桥主塔墩	5 000	34.96	32.07	40.00
主航道桥辅助墩	3 000	17.84	12.94	23.90
主航道桥边墩	3 000	13.48	—	18.20
辅航道桥主墩	3 000	21.37	12.95	24.80
辅航道桥边墩	3 000	15.69	—	21.00
非通航孔桥墩（近主通航孔）	3 000	7.45	—	8.60
非通航孔桥墩（近辅通航孔）	3 000	13.52	—	17.80

（2）轨道交通

①车辆尺寸：轨道交通采用直线电机运载系统，车宽 2.5m，高 3.15m，长 16.5m。车厢内部高度为 2.1m，台板高度为 0.8m，车轮直径为 610mm。

②限界：轨道交通限界高度因受电方式不同而略有变化，暂按三轨考虑。限界按平直轨道的条件进行设计，曲线地段的限界应加宽和加高。单线直线段和双线直线段限界如图 1.2–1 所示。

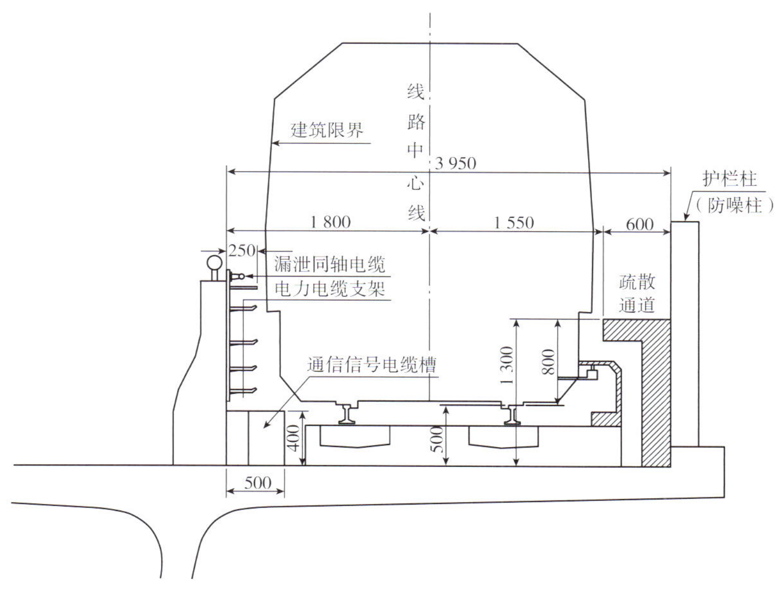

图 1.2–1　直线段单线限界图（尺寸单位：mm）

③最高运行速度：90km/h。

④最小平面曲线半径：100m。

⑤最大坡度：8%。

⑥列车编组：暂按 10 辆考虑，每辆车定员 147 人（头车）或 162 人（中间车）（站立 6 人 /m²）。

⑦轴重：120kN。轨道列车荷载纵向布置如图 1.2–2 所示。

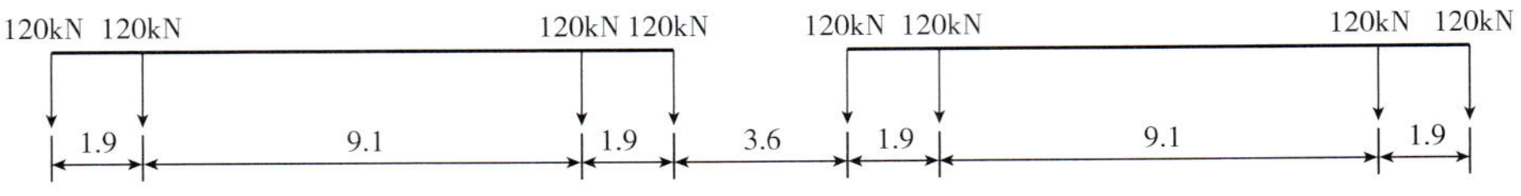

图 1.2-2　轨道列车荷载纵向布置图（尺寸单位：m）

⑧轨道系荷载：单线 33kN/m，双线 66kN/m。其中单线管线 10kN/m，承轨台 15kN/m，感应轨及基础 8kN/m。

1.2.3　结构形式

上海长江大桥是一座巨型组合桥，包括一座主航道桥、一座辅航道桥和大量非通航孔桥。其中，主航道桥可通行 5 万 t 级船舶，采用主跨 730m 双塔双索面分离钢箱梁斜拉桥；辅航道桥与非通航孔桥采用连续梁结构。上海长江大桥是目前我国最大的公路与轨道交通共面合建的跨江桥梁。

上海长江大桥工程规模浩大、建设条件复杂，面临长江口复杂的水文、软弱地基、强风、淡咸水交替等不良自然条件，采用了较多的新技术、新结构、新工艺。为了适应桥位的地形条件，确保结构质量，减小对自然环境的影响，保护生态环境，该工程在设计中考虑了漫滩、深水、江中沙洲等复杂地形的影响，采用了不同的结构形式，使得工程的结构形式多样化，如：为满足通航要求，在深水区设置了一座主跨 730m 全飘浮体系分体式的斜拉桥，基础采用直径 3m 的钻孔灌注桩，桩长 100m；深水区其他地方则为主跨 105m 的钢–混凝土组合结构连续梁和主跨 70m 的混凝土连续梁，整孔制造安装，基础采用直径 1.2m 的钢管桩；漫滩区则采用主跨 50m 的混凝土连续梁，移动模架施工，基础采用直径 1.6m 的钻孔灌注桩，桩长 60m 左右；江中沙洲（区）由于距岸边较远，则采用主跨 60m 的混凝土连续梁，节段预制，造桥机拼装，基础采用直径 1.6m 的钻孔灌注桩，桩长 70m 左右。桥梁结构形式的多样化和施工方案的多样化给工程建设带来很大困难。

1.3　大桥建设特点与创新点

1.3.1　公轨合建桥梁设计理论与安全评估

（1）研究桥梁结构的合理刚度，基于行车的安全与经济性，解决了公轨合建桥梁设计的关键技术参数，提出了公轨合建桥梁设计技术标准与系统的设计方法。

（2）通过对箱梁悬臂板布置轻轨的研究，了解了局部振动对列车走行性的影响，探明了振动机理，从理论上回答了工程界关注的悬臂板能否布置轻轨的问题，为公轨合建桥梁提供了更多选择及理论依据。

（3）提出了基于模态分析法的车辆计算模型，突破传统刚体假定，可更实际地考虑车体柔性、更准确地建立车体模型。提出了一种车辆–桥梁或轨道系统耦合振动分析的高性能数值方法，实现了公轨车辆共同作用的车桥动力响应分析。

（4）通过对强风作用下车、桥、风相互作用机理，以及列车走行性、风速、车速、车体特征和桥梁刚度等相互影响关系的系统性研究，明确了影响列车行车安全的关键因素及允许风速。

1.3.2 大跨度分体钢箱斜拉桥设计与施工技术

（1）通过系统研究新型分体式钢箱梁的力学性能与构造特点及可施工性，提出了关键构造技术的措施和要求以及基于可施工性的安装工艺要求，解决了超宽复杂结构钢箱梁制造安装精度以及安装控制方法等技术难题。

（2）针对强风强震、公轨合建等发展条件下的超大跨度斜拉桥结构体系进行了深入分析研究，对减小梁端转角与提高结构刚度，以及改善结构受力性能与使用性能等多项目标要求的优化方法与技术措施进行了深入分析，创新性地提出了大吨位阻尼器加刚性限位的体系约束方式，为今后公轨共建大跨度斜拉桥梁积累科学数据。

（3）针对新型组合结构的索塔锚固区，开展系列分析与试验研究，明确了索力的传力机理与结构间的受力分配规律，开展了考虑混凝土开裂影响的非线性有限元分析并与试验进行了对比，验证了分析方法的正确性，提出了钢-混凝土结构及连接件的合理布置要求，形成了完善的设计方法。

（4）建立了轨道交通荷载作用下钢桥面板疲劳设计荷载模型，研究了钢桥面板典型构造疲劳寿命，提出了抗疲劳结构措施，在国内首次开展了大跨度公轨两用斜拉桥钢锚箱和索梁锚固区千吨级足尺疲劳试验。

（5）对国内首次应用的分体式钢箱梁，创新性地实现了零号块梁段无下横梁的锚固，同时发明了自平衡加载锚固方法和装置，解决了竖向锚固大变形的技术难题。开创了巨型钢吊箱工厂内整体制作、滑道下水、远距离浮运、双浮吊抬吊就位施工方案，为环境恶劣的外海及工期紧的特大型桥梁基础施工提供了范例。开发了高塔海工混凝土精细化养护技术。对于大直径超长拉索，研发了行星千斤顶和防扭转系统装置，解决了塔柱内小空间下斜拉索牵引、张拉和斜拉索张拉、扭转的技术难题。

1.3.3 大跨度连续组合箱梁桥设计与施工技术

（1）开创了大跨度整孔预制吊装组合梁结构体系，首创钢梁反弯法并结合支点升降、双层组合技术，调节钢与混凝土内力分配，实现了造价低于同等跨度预应力混凝土连续梁与钢箱梁，使我国的整孔吊装跨度首次突破100m大关。从组合梁桥的实际受力特性出发，提出了考虑结构空间效应和钢-混凝土连接件滑移影响的分析方法，实现了组合结构桥梁的精确计算，为实现组合梁的安全性、经济性提供了理论基础。

（2）通过接合部精细化分析与试验研究，提出减小或抑制拉拔力出现的合理措施等，完善焊钉连接件的合理布置方式，形成了基于耐久性的组合梁结合部设计技术，为国内重载宽桥组合梁提供了安全保障。对大跨度整孔吊装连续组合箱梁桥施工及运营全过程开展系列研究，探明大跨度整孔吊装连续组合箱梁桥的总体与局部力学性能，提出了桥面板、钢梁等截面参数的合理取值，形成整孔预制吊装组合箱梁桥成套设计技术。确保了国际首座超百米整孔吊装连续组合箱梁桥成功实施。

（3）首次实现了百米级组合箱梁整孔预制、长距离运输和架设施工；钢梁节段拼装中采用了N+1工法解决了曲线槽形钢梁的线形控制难题；解决了起重船横向摇摆控制及安全穿越长江口涌和紊流复杂海况下的技术难题。实现组合箱梁精确对位、合龙，成功向墩顶负弯矩桥面板施加了纵向预压力，改善了连续箱梁的受力性能，提高了耐久性能。

1.3.4　预制墩身接高设计与施工技术

（1）通过数值分析和模型试验，系统研究了结构以及接缝截面的受力性能，明确了极限强度控制因素和极限承载力。

（2）研究了现浇接缝混凝土开裂影响因素与控制方法，为工程应用提供了理论支撑。

（3）运用构件预制、运输、安装、湿接头浇筑及养护等桥梁墩柱预制拼装建造技术，有效解决了墩柱节段之间及墩柱节段与承台之间永久连接构造的可靠性；下部结构的预制拼装有利于工厂化生产，以及施工技术水平和质量的提高。

第2章　公轨合建桥梁设计方法与安全评估

GONGGUI HEJIAN QIAOLIANG SHEJI FANGFA YU ANQUAN PINGGU

2.1 概述

2.1.1 背景

目前我国公路交通、城市轨道交通均处于大发展阶段。公路交通以快速、便捷、客货流量迅速增大为特点；而轨道交通具有运量大、速度快、安全性好、准时和节省能源等优点，是解决大城市交通问题的较好方法。我国是江河湖泊较多的国家，在遇到大江大河的时候，桥梁往往是跨越天堑的优先选择。对大江大河而言，并非到处都可以建桥。从水利学的角度讲，好的桥位对桥梁建设、船舶航行、河流冲刷引起的河床变迁都有重要意义。公路交通、城市轨道交通是资源占用型、能源消耗型行业。据2004年统计，我国车用燃油达到8 120万t，占我国石油消费总量的28%，公路建设用地占全国非农业建设用地的5.6%。未来土地和岸线资源越来越宝贵，环保要求也越来越高，能否贯彻落实最严格的耕地保护政策和环境保护政策，走资源节约型、环境友好型的交通发展道路，事关国家战略的实现和交通的可持续发展。

事实上，交通行业在节约和集约利用资源、保护生态环境方面有着很大的潜力。近年来，我国每年平均新增高速公路超过5 000km。通过提升勘察设计理念，优化设计方案，改进断面形式，减小互通立交规模等措施，可以节约相当可观的土地资源。在规划跨江河桥位的时候，也应综合考虑各类交通的需要，使交通达到便捷流畅，以免造成布局的不合理。把公路桥梁与轨道桥梁一起考虑，建设公轨两用桥能综合利用桥位，充分发挥桥位之利，实现土地、空间的集约和资源节约，同时也可以大大节省材料和施工方面的费用，具有良好的经济性和广阔的应用前景。

近十年来，我国已进入城市轨道交通建设高峰时期，非常规、新型、复杂的桥梁结构，特别是为节省有限的土地资源和工程投资而提出的新型市政、公路与轨道交通合建桥梁将不断涌现。目前，我国已建成与规划建设的公轨合建桥梁达数十座，如钱江四桥、重庆菜园坝大桥、上海共和新路高架等。

2.1.2 上海长江隧桥预留轨道交通空间概况

根据上海城市发展格局发生的新变化和市政府的要求，为配合重大规划项目的落实，特别是促进崇明三岛（崇明、长兴和横沙）联动发展，建设好上海后花园，满足城市轨道交通网络结合新形势下的城市交通发展和在崇明越江通道中增设轨道交通9号线的要求，对远景年实施的轨道交通9号线（东靖路站—长兴—崇明，简称“三岛线”）的规划方案进行了调整（图2.1-1）。

为了有效利用土地资源与节省投资，轨道交通9号线跨江段与上海长江隧桥工程合建。

鉴于受在建南港隧道断面的控制，上海长江隧桥直线电机牵引的轨道交通系统有别于在建的9号线轨道交通驱动方式。据此，为便于乘客的换乘将三岛线的起点站调整至巨峰路站，形成与原规划9号线和12号线的大型换乘枢纽。同时，结合长兴岛的总体布局、横沙岛需支线引入的要求和尽量减少对在建崇明越江工程的影响，线路经崇明越江通道南港隧道至横沙岛于高速公路东侧爬出地面，在潘园立交南侧设置潘园路站，并引出支线沿潘园路一直向东跨过长兴岛与横沙岛间的横沙小港后引入横沙岛，支线沿途设 4 座车站（包括横沙岛 1 座）；三岛线出潘园路站后线路沿越江通道东侧一直向北至公路服务区东侧设置北环路站，线路出站后左拐走位于越江通道路中或两侧经长江大桥过江至崇明岛，然后线路右拐入高速公路东侧沿高速公路一直向北至陈海公路前设置三岛线一期工程终点站（陈家镇站）；二期线路出站后左拐上跨越江通道沿陈海公路一直向西至崇明县城（城桥镇）。一期工程线路全长约 28km，设站 5 座；支线全长约 11km，设站 4 座。

图 2.1–1　三岛线规划方案图

2.1.3　主要研究内容

国内外公路与轨道交通合建的跨江桥梁建设经验很少，目前尚无专门规范指导设计。对此，上海长江大桥公轨合建桥梁的设计在吸取了近年来国内外轨道交通与铁路建设成就和经验的同时，积极开展了预留轨道交通空间相关技术研究。主要研究内容有以下几个方面。

（1）预留轨道交通空间位置的确定

考虑到提出规划轨道交通 9 号线跨江段与上海长江隧桥工程合建时，上海长江大桥的施工图设计已基本完成，主航道桥、部分深水区非通航孔桥梁基础已开始施工，其他各标段的施工招标工作正在进行中。所以，预留轨道交通空间位置的比选与确定，必须根据工程建设的实际情况，进行多方案的技术、经济可行性综合比选。为了确保轨道交通与公路运行的安全，还需研究消防、轨道交通逃生、公路紧急救援等方面的安全设施与对策。

（2）公轨合建桥梁设计标准

对于特大与大跨度公轨合建的桥梁，桥梁主梁的合适刚度是设计中需要解决的一个主要问题。大跨度桥梁主梁合适的设计刚度与桥梁的车桥动力性能以及工程造价有关：刚度不足，列车过桥时桥梁将产生过大的振动，影响过桥列车的走行性，甚至造成脱轨事故；刚度过大，将增加桥梁不必要的建设费用，还会给设计带来困难。因此需要研究一个合理的主梁刚度设计值，使得桥梁既能保证轨道运营的安全、舒适，又节省工程建设费用。

对于中小跨度桥梁刚度的设计值可以根据规范相关的限值条文确定，对于既有桥可以通过现场实测车桥动力性能的优劣来判断其合理性，而对于拟建的特大与大跨度桥梁，可参考同等跨度桥梁的拟订刚度设计值后，应用动力仿真计算手段来分析车辆过桥时的车桥动力响应状况。因此在确定特大与大跨度公轨合建桥梁设计的合理刚度值时，一方面要有国内外同类及同等跨度桥梁设计时的刚度设计值；另一方面还要在拟订桥梁设计参数后，应用车桥耦合振动理论对车辆过桥时车桥的动力响应进行计算，从中判断乘坐舒适度和桥梁的振动响应，如横向振幅、梁端折角大小等，以确保列车的运营安全和质量。上述工作需要大量计算，通过大容量、高速度的计算机分析数百辆汽车以及数十辆轨道交通车辆上桥时与桥梁动力的相互作用状况，这在当今是可以实现的，也是目前特大与大跨度公路与轨道交通合建桥梁设计时都需要进行的一项课题。

（3）轨道交通铺设无缝线路的桥墩纵向刚度

因轨道交通在桥上铺设无碴轨道及无缝线路，由此便引起诸多的“轨桥”相互作用问题，其中包括钢轨强度及无缝线路纵向力参与设计组合的问题。从无缝线路角度来看，上海长江大桥是特大跨、多联、特长的公轨合建两用桥。在这样的桥上铺设无缝线路国内外尚无实例，其轨桥关系的研究就更少了。为此，在本桥的初步设计阶段进行了相关技术参数的专题研究。其中，主要的研究专题之一是桥墩纵向刚度的确定。

（4）列车走行性，特别是在恶劣风环境下的列车走行性

列车走行性除了受桥梁刚度和车辆性能的影响外，恶劣风环境对列车走行性的影响变成了一个不容忽视的因素。在考虑列车走行性问题的同时，根据桥址风环境的具体情况，研究了强风对车桥相互作用的影响，得到了车、桥、风相互作用的一些规律以及强风作用时列车运营的条件，制定相关运营标准，以保证列车过桥时的安全和舒适。

（5）连续梁悬臂板局部振动研究

上海长江大桥工程远期可能将箱梁悬臂板端部的公路紧急停车带改造为轨道交通线路。公轨合建桥梁列车线路布置于主梁的悬臂板顶面，这种布置在世界上还没有先例，悬臂板局部振动对车辆运行安全性的影响也不得而知，在无建设经验和试验支持的条件下，需要采用能考虑桥梁局部振动影响的车桥耦合振动分析方法进行动力仿真，分析各种技术措施的有效性，为工程设计和建设提供参考，并在一定程度上对桥梁局部共振现象进行理论解释。

2.2 预留轨道交通空间位置的确定

考虑到上海长江大桥主航道桥、部分深水区非通航孔桥梁基础已开始施工，因此预留轨道交通空间位置的确定，必须结合工程现状，在总体设计中应遵循以下原则。

（1）保持原高速公路正常通行能力和通行速度不变。

（2）对工程现状的影响最小。

（3）保证轨道交通线必需的安全空间。

（4）尽量减小工程投资的增加额。

（5）充分考虑轨道交通空间作为预留措施在桥梁结构和交通组织中的近、远期结合。

在现有结构上，预留轨道交通空间方案可分为两大类：第一类是保留高速公路的标准不变，新增轨道交通空间，以非通航孔桥梁为例，可分为单层方案，双层方案、错层方案；第二类方案是利用高速公路的紧急停车带，适当加宽桥面宽度，以适应增加轨道交通线路的需要，故又称为加宽方案。

2.2.1 单层方案

在充分利用原方案及前期工作成果的同时，提出高速公路与轨道交通同平面布置的形式，其主要特点是拉开原结构，在两幅桥中间附加新的一幅结构作为轨道交通的专用通道。单层方案总体设计线位基本不变；设计桥梁立面布置基本不变，仅对路面高程作局部调整，以使其满足轨道交通的要求。

1）主航道桥

（1）方案一：维持“人”字形塔方案

采用单层布置的方案，保持“人”字形塔的设计构思，桥塔总高不变，将“人”字形塔的开叉部位拉高，轨道交通从开叉下面穿过，索面的位置调整至中央，梁高增加到5m，宽度由48m调整到51.5m，轨道交通可采用自重较轻的明桥面体系在主梁的横梁上架设纵梁并铺设轨道。由于桥塔基础为地震控制设计，经验算，拉高的“人”字形桥塔的基础需补桩两根，对施工的影响较小（图2.2–1）。

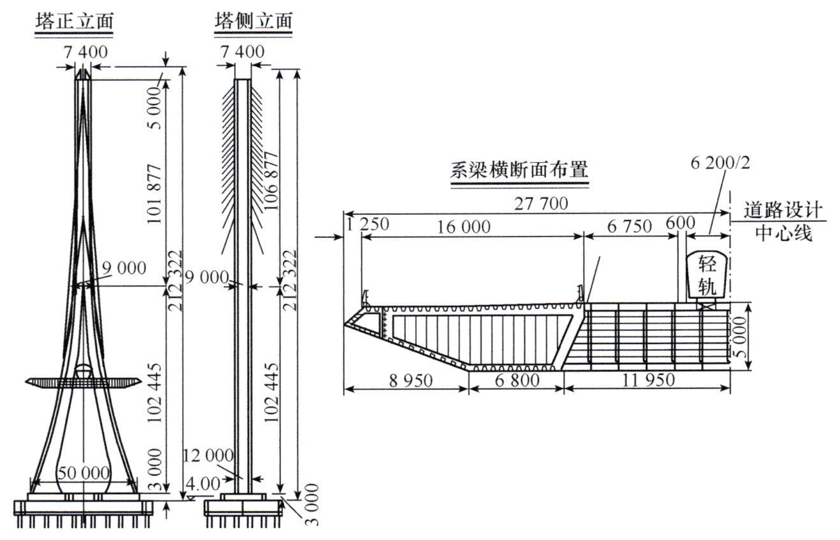

图2.2–1　单层方案主航道桥横断面图1（尺寸单位：mm，高程单位：m）

（2）方案二：“钻石”形塔方案

双线轨道线布置在桥面中央，正好利用分离钢箱梁的中央空间（图2.2–2），不增加主桥宽度，但主桥结构局部需作调整，改变原主塔形式，如采用“钻石”形等桥塔，将塔柱分置于主梁两侧，由于桥塔的混凝土质量将增加，地震作用下对基础的影响较大，加桩及调整承台将不可避免地给施工带来影响。为了减小对基础的不利影响，可以从下横梁开始，将塔柱的上部改为钢结构，维持原基础设计不变，同时也可以减小塔顶斜拉索锚箱的受力复杂性。

2）辅航道桥与非通航孔桥

桥跨布置不变，将原设计横断面的两幅桥面拉开，中间布置轨道交通专用梁，横断面形成三幅箱梁（图2.2–3）。

单层方案已实施桩基需向两侧移动，废弃工程量较大；中间安排轨道交通，与主桥“人”字形主塔冲突，需调整主塔外形；高速公路遇紧急情况时双向沟通不便；投资增加较大。

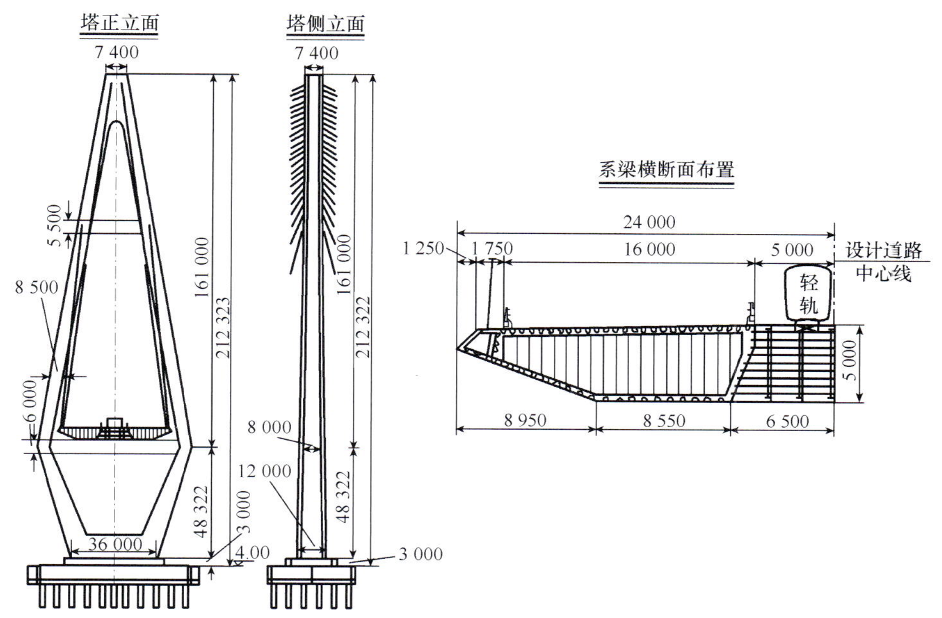

图 2.2-2　单层方案主航道桥横断面图 2（尺寸单位：mm，高程单位：m）

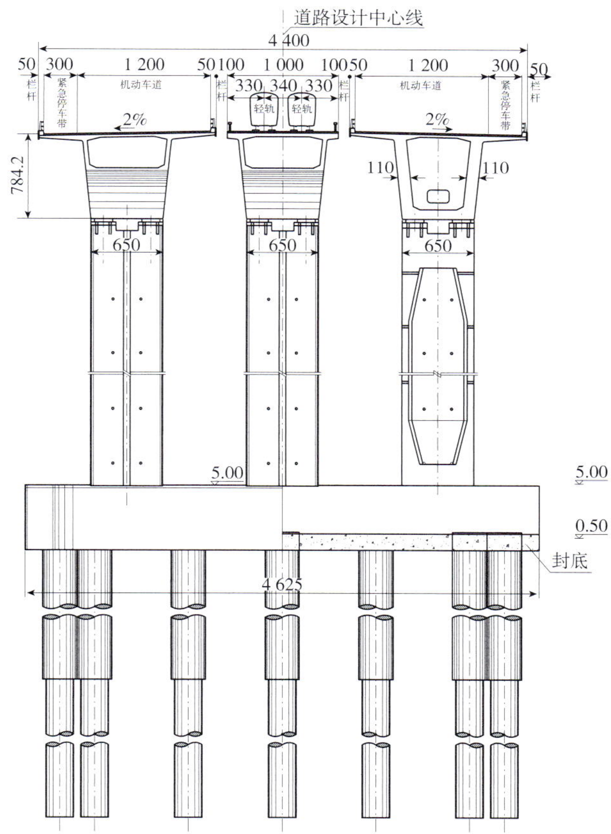

图 2.2-3　单层方案辅航道桥与非通航孔桥横断面图（尺寸单位：cm，高程单位：m）

2.2.2　双层方案

双层方案考虑了能否利用箱梁的箱体空间将轨道交通布置在混凝土箱内，经过仔细研究，发现此方案存在着明显的不合理之处。首先箱体内布置轨道箱梁的结构高度必然要加高，按 4m 的净空要求，梁高将超过 5m；另外，箱体必须大量开孔通风，否则结构即成为一隧道，排风、消防、逃生等要求需附加很多设备和大量的空间，而箱体的大量开孔必然要求进一步加大梁高，给箱梁的设计与施工带来很多不利影响。如 70m 跨度箱梁的吊装和预制场地的布置将遇到很难解决的问题。辅航道桥的腹板大量开孔将给预应力布置带来困难，同时结构高度必须加大。

对于钢或钢混组合结构，如 100m 的钢与混凝土组合梁和主航道桥的钢箱梁的腹板开孔则明显不合理，不如改为桁架结构；另外，不同跨径结构的下层轨道梁还存在一个过渡问题。

从景观上而言，不论是从大桥总体外观来看还是从轻轨乘客的角度而言，双层混凝土结构的笨重外观和穿隧道般的压抑感都是其明显的缺点。

所以在双层结构的布置中采用了钢桁架结构。其主要特点是：采用双层布置的方式，公路在上层，轨道在下层；原设计线位，平面保持不变；上层公路桥面布置及技术标准保持不变，高程抬高约 10m；对原设计各段布跨进行归整，减少结构类型；大跨度结构均采用钢桁梁，下层轨道交通采用明桥面；30m 跨以下轨道交通梁可采用箱梁（或 T 梁），柱式墩。

（1）主航道桥

桥跨布置不变，仍为 1 430m。主梁采用钢桁梁，倒梯形横断面，双层桥面，上层桥面宽，下层桥面窄。桁宽 35m，桁高 10m，两片主桁（图 2.2–4）。钢桁梁节间长度为 12m。

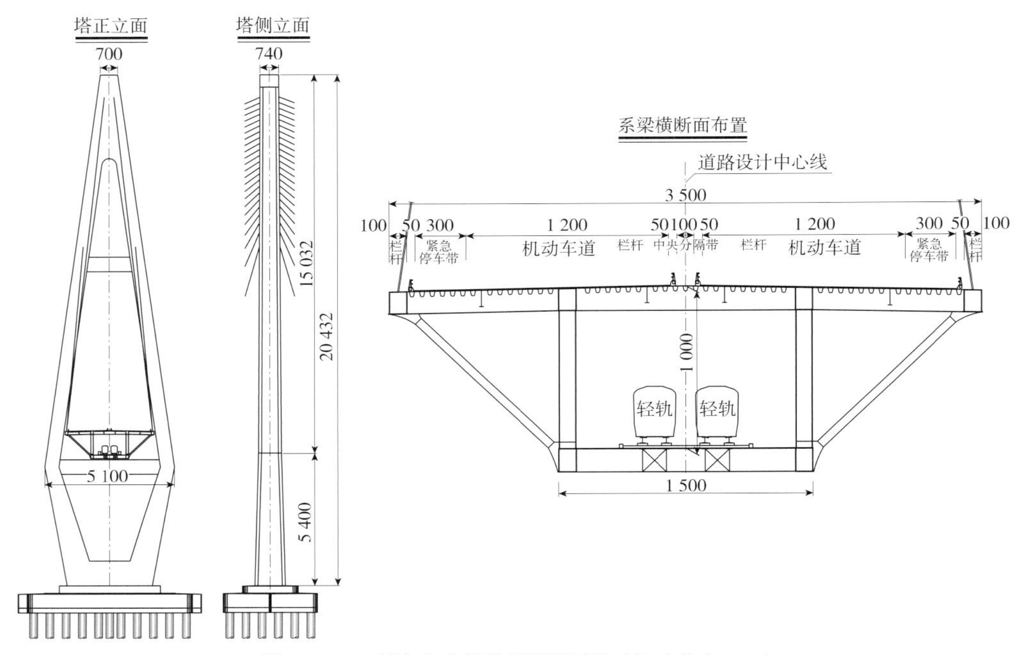

图 2.2–4　双层方案主航道桥横断面图（尺寸单位：cm）

（2）辅航道桥与非通航孔桥

辅航道桥桥跨布置为 84m+144m+144m+84m 的四跨连续钢桁梁（图 2.2–5），非通航孔桥统一归整为主跨 96m 的连续钢桁梁（图 2.2–6）。双层桥面，上层桥面宽 33m。

陆上段 30m 跨度连续梁，上层公路同原设计。采用混凝土连续箱梁，下层轨道交通可采用 PC 箱梁（图 2.2–7），三柱式或框架式桥墩。

双层方案桥跨布置与原方案不一致，已实施基础废弃工程量大，主梁调整为钢桁梁，投资增加很大。

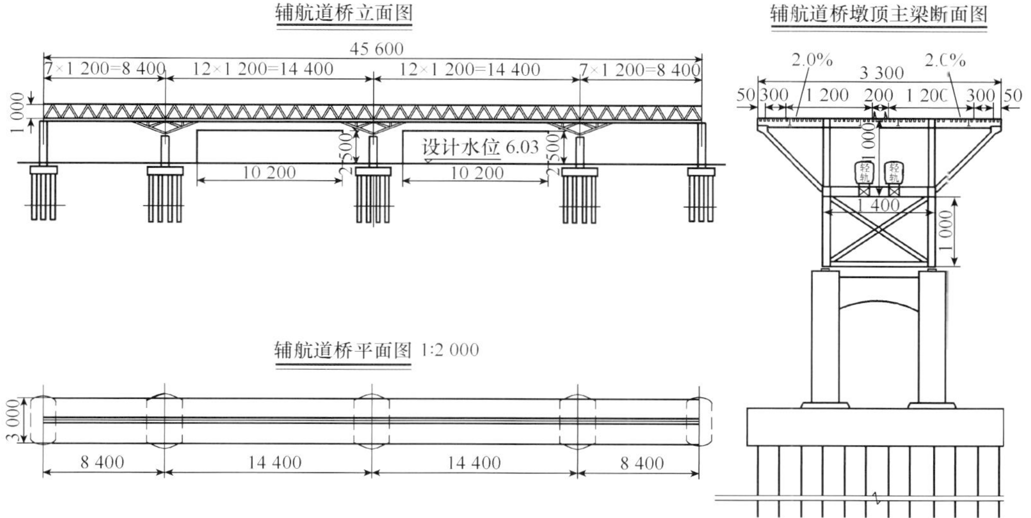

图 2.2–5　双层方案辅航道桥横断面图（尺寸单位：mm）

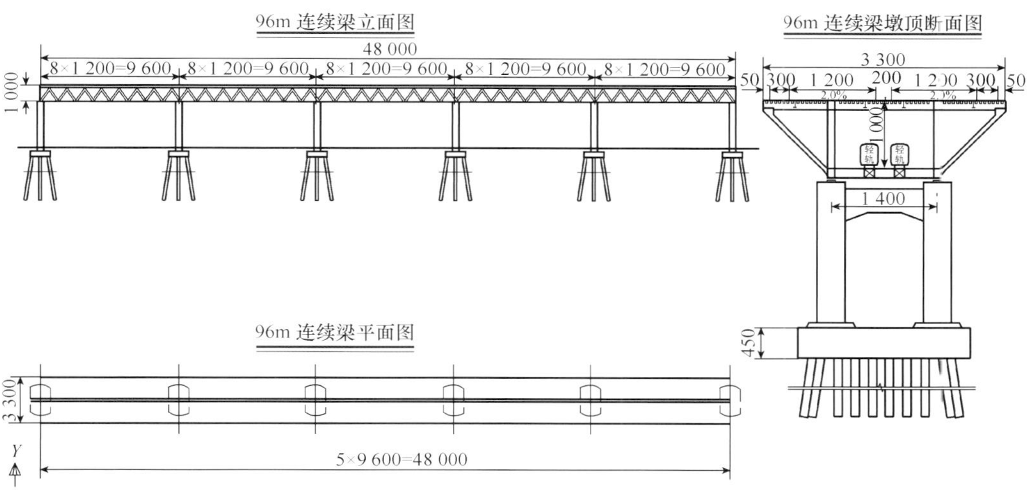

图 2.2–6　双层方案非通航孔桥横断面图（尺寸单位：mm）

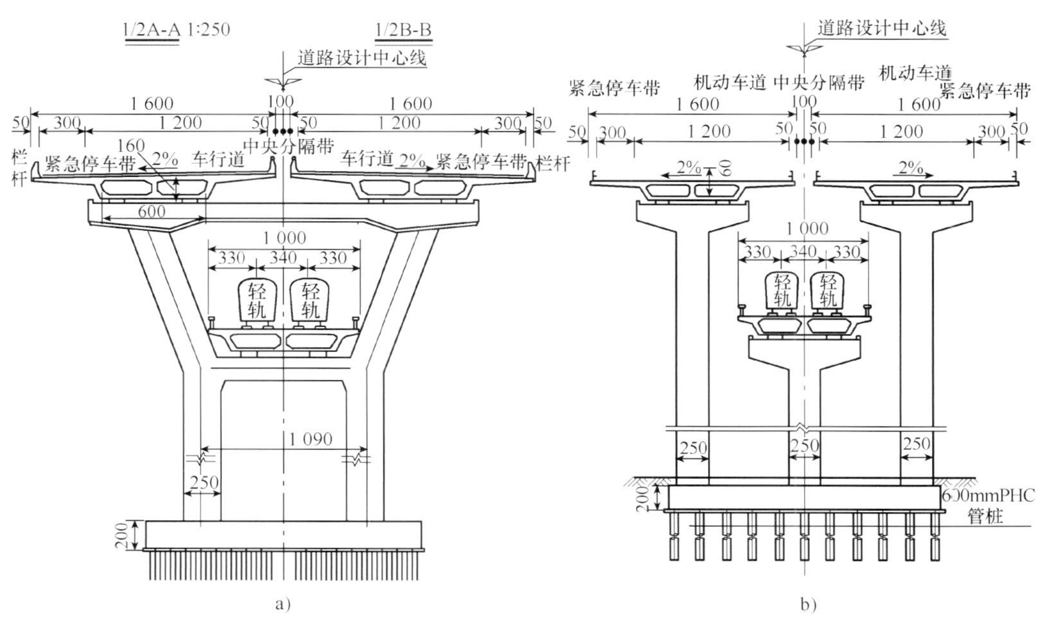

图 2.2–7　双层方案陆上段桥横断面图（尺寸单位：cm）

a）框架式桥墩；b）三柱式桥墩

2.2.3 错层方案

尽可能保持原有设计条件以及最大限度利用原方案和前期工作成果，在原有桥梁结构的空间范围内以错层方式在两片主梁的中间附加轨道梁。其主要特点是：原总体设计线位、平面布置、水中桩位基本不变。由于墩高加高，桥梁总长度增加了 420m；保持原桥梁上部结构（不含主航道桥）不变，充分考虑已施工的桩基础基本不变，对未施工的基础部分需根据受力条件进行调整。

（1）主航道桥

在主航道桥上的结构布置和单层布置相同。同样根据塔型的不同分为两个方案。

（2）辅航道桥

辅航道桥上部结构布置不变。两片箱梁之间由顶板刚性连接，底板之间由横梁连接，横梁间距 2m，横梁高度为 0.8~1.0m，宽度 0.5m，横梁底与箱梁底齐平，横梁上布置支承轨道用的小纵梁和轨道桥面板，上设承轨台、轨道板设施，桥面板宽 7.6m，厚 0.18m，小纵梁与轨道线路对应布置，共设 4 根，梁高根据轨面高程，相应在 0.5~2.8m 范围变化。横梁、小纵梁及桥面板均采用钢筋混凝土结构（图 2.2–8）。

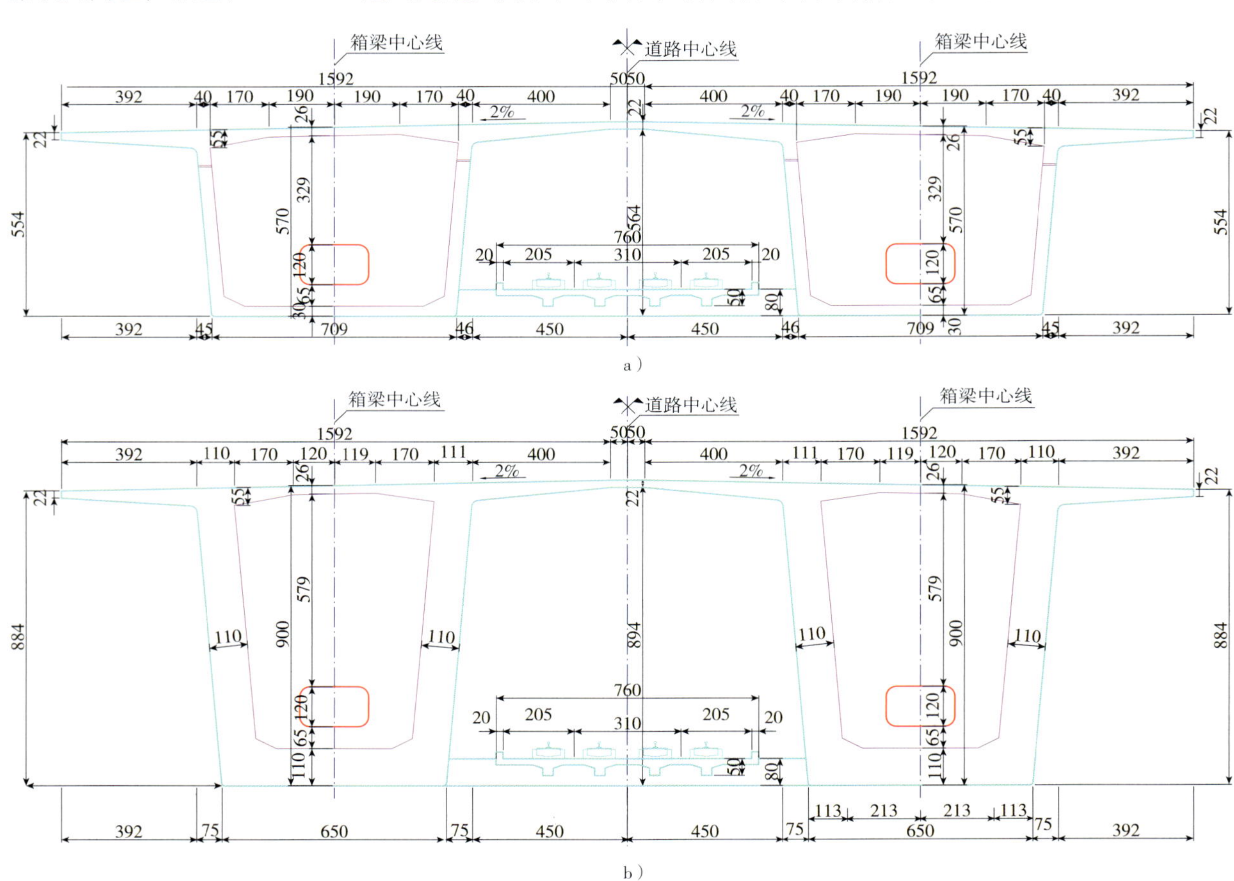

图 2.2–8 错层方案辅航道桥横断面图（尺寸单位：cm）

a）中跨跨中横断面；b）中支点横断面

（3）非通航孔桥梁

非通航孔桥梁全桥共有 4 种结构形式，即 105m、70m、60m、50m 跨径的连续箱梁，错层方案维持原上部结构不变，在两幅分离的箱梁中间，以下承式的钢桁梁（图 2.2–9）或钢箱梁（图 2.2–10）布置于原两幅箱梁中间的悬臂下面，在靠近主航道桥处，从已经分离的 105m 钢–混凝土组合梁的中间穿出，与主航道桥衔接。

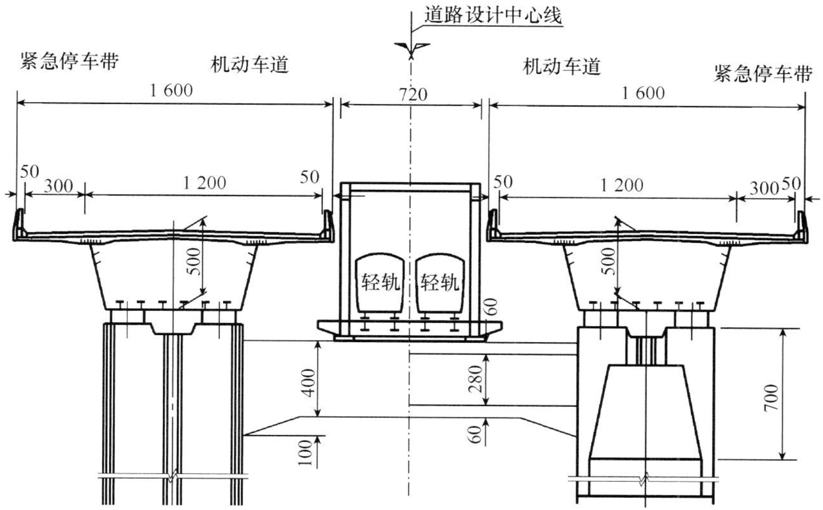

图 2.2-9 钢桁架横断面图（尺寸单位：cm）

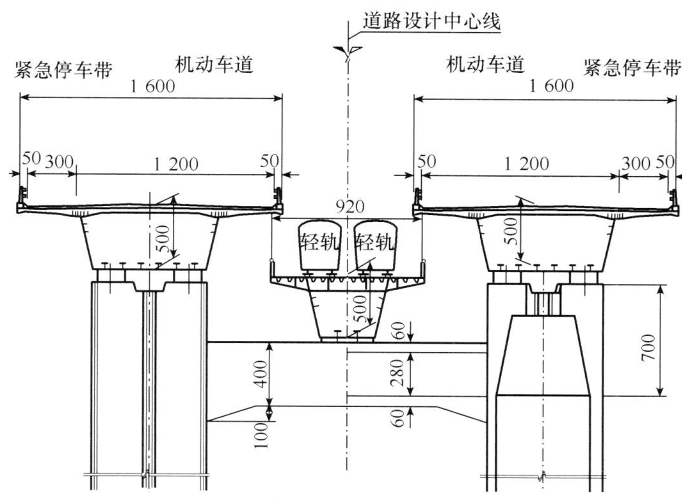

图 2.2-10 钢箱梁横断面图（尺寸单位：cm）

陆上段 30m 跨度连续梁段可采用和公路桥梁相同的结构，布置于两幅桥梁的中间悬臂下部（图 2.2-11）。

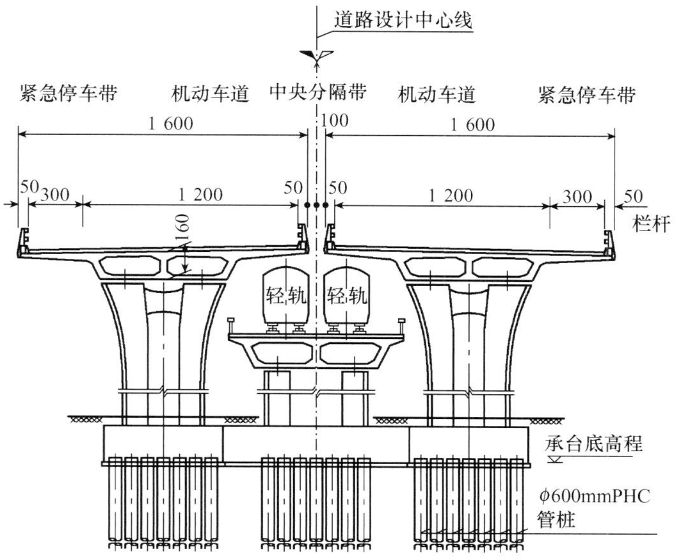

图 2.2-11 错层方案陆上段桥横断面图（尺寸单位：cm）

在轨道梁弯出两幅桥梁中心线处，局部 30m 跨陆上段桥梁可特殊设计门式桥墩，跨越轨道交通线位置。错层方案与主桥“人”字形主塔冲突，需调整主塔外形，如钻石形塔；需增加轨道梁，投资增加较大。

2.2.4 平面加宽方案

在原设计高速公路全线设置了宽度为 3.0m 的紧急停车带，如考虑满足正常通行能力和通行速度前提下，利用紧急停车带及少量加宽，将其作为轨道交通的预留空间，这样就可大大减少工程的变化，符合经济节约的原则，同时近、远期的结合较好，不会对工期产生太大影响。对于主通航孔桥梁而言，仅需要将主梁加宽，其余均可基本维持原设计或略作调整；非通航孔桥梁的上部结构可略调整，单幅梁宽最大增加 1.15m 左右，70m 预制构件质量增加约 100t；辅航道桥也需相应增加桥梁宽度，结构布置可考虑将轨道交通置于中间或布置于两侧。

1）方案一：轨道交通位于两侧

轨道交通布置于结构的两侧，并考虑附加钢结构在梁端挑臂设检修（逃生）通道，辅航道桥与非通航孔桥箱梁总宽加宽 1.15m，单幅箱梁宽度由原来的 16m 调整为 17.15m，保持下底板宽度 7m 不变，调整腹板斜度（图 2.2-12）。主航道桥桥梁总宽由原来的 48m 加宽至 51.5m（图 2.2-13）。

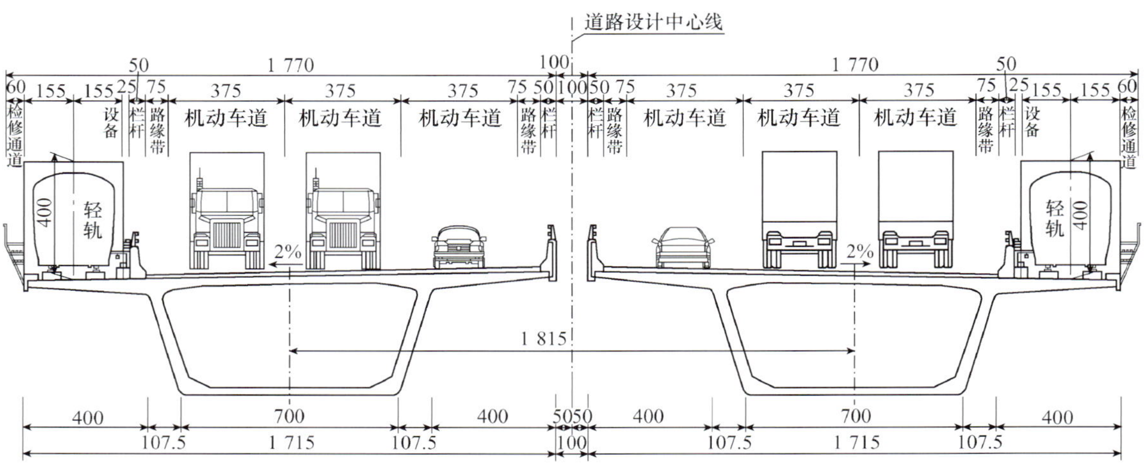

图 2.2-12　轨道交通位于两侧的辅航道桥与非通航孔桥横断面图（尺寸单位：cm）

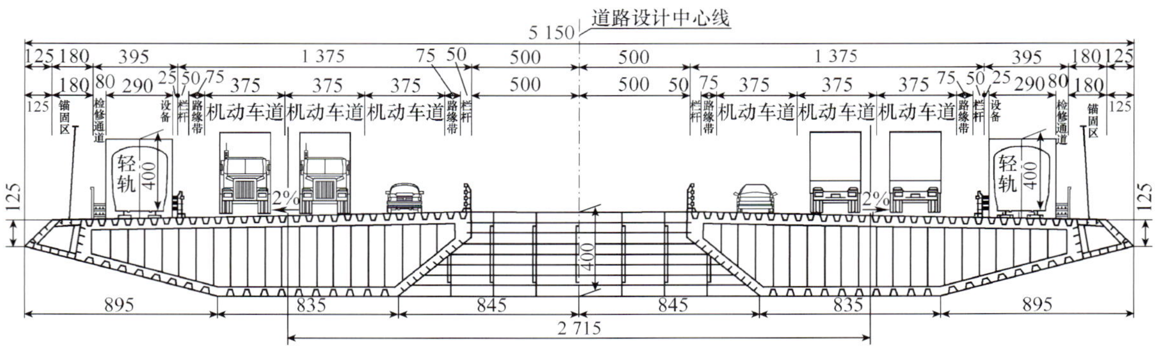

图 2.2-13　轨道交通位于两侧的主航道桥横断面图（尺寸单位：cm）

（1）方案优点

①不影响高速公路中央分隔带断口的设置，有利于道路临时交通组织。

②不影响高速公路线形，对高速公路近、远期结合有利。

③轨道交通布置于两侧，有利于观光。

④同比实施工程量增加小。

（2）方案缺点

①不利于轨道设施的日常管理和养护维修。

②取消了道路紧急停车带，遇紧急情况时对道路交通有一定影响。

2）方案二：轨道交通位于中间

轨道交通布置于结构的中间，检修（逃生）通道可共用，设置于两条轨道的中间，辅航道桥与非通航孔桥箱梁总宽加宽 1.15m，单幅箱梁宽度由原来的 16m 调整为 17.15m（图 2.2-14），主航道桥桥梁总宽由原来的 48m 加宽至 50.4m（图 2.2-15）。

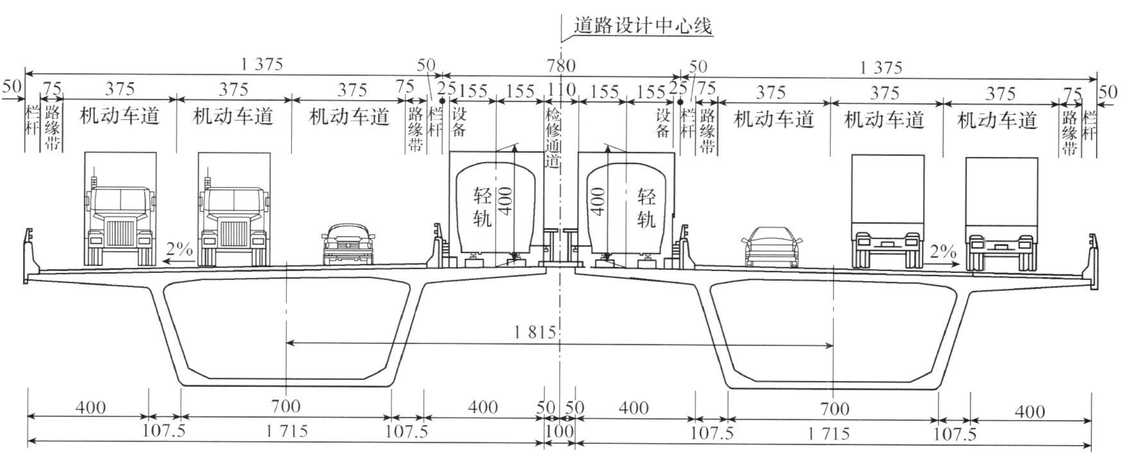

图 2.2-14　轨道交通位于中间的辅航道桥与非通航孔桥横断面图（尺寸单位：cm）

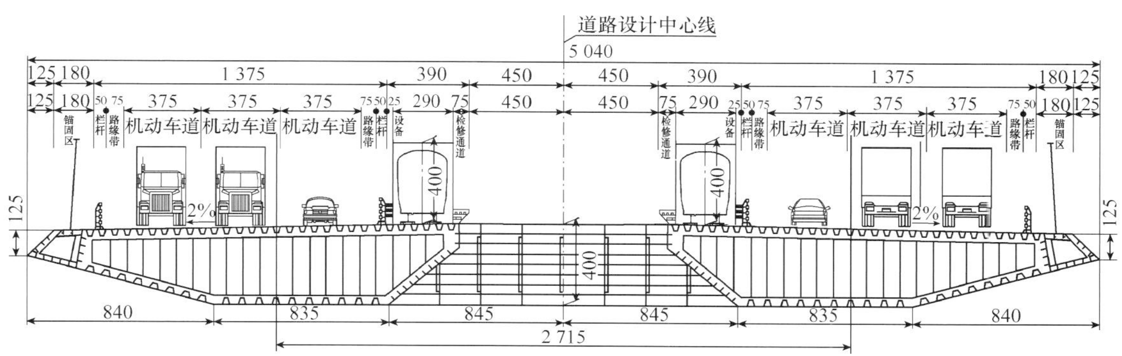

图 2.2-15　轨道交通位于中间的主航道桥横断面图（尺寸单位：cm）

由于大桥上预留轨道交通后中央分隔带宽度为 8.8m，长兴岛、崇明岛一般路段中央分隔带为 2.0m，因此道路线形需设置过渡段，线形需满足高速公路 100km/h 的速度标准。经计算，长兴岛侧渐变段长度约 1 050m，崇明岛侧渐变段长度段约 1 200m。

结合预留轨道交通，近公轨分离处的桥梁结构布置为横向三幅桥，轨道交通为中间一幅桥。长江大桥上岸后，公路下坡的同时轨道交通迅速起坡，跨越高速公路并与之分离。两岸分别有 400m 的轨道交通桥梁需同步实施。

（1）方案优点

①便于轨道交通设备和设施布置，有利于日常轨道设施的管理和养护维修。

②紧急情况下便于组织救援列车，利用相邻轨道及时疏散乘客及安全救护。

（2）方案缺点

①取消了道路紧急停车带，遇紧急情况时对道路交通有一定的影响。

②取消了中央分隔带断口的设置，给道路临时交通组织带来一定困难。

③同步实施工程量大于方案一。

2.2.5 推荐方案

经综合比较（表 2.2–1），推荐加宽方案中的轨道交通位于两侧方案。该方案对工程现状的影响最小，技术难度、施工与养护、景观与原方案接近，新增投资最小；另外，轨道交通预留空间位于结构两侧与置于结构中间相比，最大的优点是不影响高速公路中央分隔带断口的设置，有利于道路临时交通组织，其缺点是高速公路遇紧急情况时对道路交通有一定的影响。

方案综合比较　　表 2.2–1

项目	单层方案	双层方案	错层方案	加宽方案 方案一：轨道交通位于两侧	加宽方案 方案二：轨道交通位于中间
方案特点	拉开原结构，在中央布置轨道交通	公路在上层，轨道在下层	轨道交通布置于原两幅箱梁中间	加宽紧急停车带，轨道交通布置于结构的两侧	加宽紧急停车带，轨道交通布置于结构的中间
主梁	跨径和结构类型同原设计	跨径需作调整，结构采用钢桁梁	跨径和结构类型同原设计，轨道梁主要形式采用钢结构	跨径和结构类型同原设计	跨径和结构类型同原设计
主塔	“人”字形塔或钻石形塔	钻石形塔	“人”字形塔或钻石形塔	“人”字形塔	“人”字形塔
基础	需增加桩基	重新布置	需适当增加桩基	需适当增加桩基	需适当增加桩基
对工程现状的影响	结构设计除主航道桥外，余需调整设计。已施工的部分桩基废弃量大	需重新设计，并对标段重新规划。对工程现状需作很大变更。已施工的部分桩基废弃量大	除主航道桥需重新设计外，余需调整设计。对工程的现状影响较小	设计需略作调整，已施工基础均可利用，增加的工程量最小，对工程现状及工期的影响最小	设计需略作调整，已施工基础均可利用，增加的工程量最小，对工程现状及工期的影响最小
对高速公路运营的影响	高速公路遇紧急情况时双向沟通不便	无影响	无影响	遇紧急情况时对道路交通有一定的影响	遇紧急情况时对道路交通有一定的影响，双向沟通不便
养护	混凝土结构的养护工作量相对较小	钢桁架养护工作量很大	钢桁架养护工作量相对较大	混凝土结构的养护工作量相对较小	混凝土结构的养护工作量相对较小
景观效果	类似于原设计	变化大，外观通透协调	桥梁立面景观较差，轻轨乘客的观感欠佳	类似于原设计	类似于原设计
投资增加额（土建部分）	约 16 亿元	约 20 亿元	约 14.5 亿元	约 3.3 亿元	约 3.6 亿元
比选结论	不推荐	不推荐	不推荐	推荐采用	不推荐

2.2.6 安全设施与对策

1）消防措施

（1）为能在火灾发生早期及时扑灭或控制火灾，在两幅大桥的一侧每隔 40m 设置消防沙箱和灭火器箱。一旦车辆发生火灾，可由驾驶员和随车人员及时进行自救和互救。每只灭火器箱放置两具手提式干粉灭火器。

（2）利用大桥上设置的报警电话和监控摄像头，对大桥上所发出的车辆火灾信息能够及时传递到有关管理和救援部门。

（3）在浦东港区、长兴岛和崇明设立消防队，一旦桥上发现火情，可及时抵达现场救援。本方案暂按消防控制点或消防队设在大桥两端的互通立交附近考虑，则两端消防队距离约15km，按距离火灾最近的消防队实施救援计算，携带消防材料的消防车可在10min之内抵达火灾点，组织施救。

（4）在大桥每一端的管理区（或消防队）配备常规消防车及专门配套的槽罐车。槽罐车平时灌满水，火灾发生时，消防车和水车同时出动，快速到达火灾点实施救火。火灾延续时间按2h，消防水流量10L/s计算，需水量为72m³，为此，在大桥两端各配备载重25~30t的槽罐车2辆，常规消防车若干。

（5）上海市相关规划对全市危险化学品运输车辆安装GPS定位仪，并建立监控平台，对所有流动的危化品车辆进行全程监控。通过与相关管理单位的联网，利用上海市城市交通管理局已有信息资源，可以全面掌握危险化学品运输车辆的过境信息，实现实时全面监控。因此，系统需增加相关信息联网设施。

2）轨道交通逃生措施

轨道全线纵向设置紧急疏散平台。一旦列车在桥上发生火情等事故，乘客可以沿紧急疏散平台向车辆前后迅速撤离事故现场。同时，控制中心指挥救援车辆沿相邻轨道线实施救援，或者靠近轨道线的公路桥面组织施救。

另外，通过轨道交通增设监控设备，并使轨道交通控制中心与公路监控管理系统联网，建立协调的紧急反应机制。借助大桥上交通监控系统设置的报警电话和监控摄像头，将有关情况及时传送到有关部门实施救援。

3）公路紧急救援

高速公路紧急救援系统主要是针对高速公路的特点、事故特征而建立的一种有效预防和处理体系，能及时准确地检测、排除事故，最大限度地保障高速公路安全、畅通、高效运行。

跨江段桥梁中央分隔带开口数量由原先的2处增加为4处，以保证发生紧急情况时救援车辆能尽快到达现场。

根据《上海市灾害事故紧急处置总体预案》，应急医疗救治工作必须坚持“救死扶伤、以人为本”的原则。结合本工程实际情况，拟在长兴岛潘园互通立交和崇明岛的陈海互通立交附近设置两个紧急救援站点，救援半径约为8km，并配置各种救援车辆。

对于行驶的车辆，在发生各种交通事件的情况下，根据不同情况对车辆进行交通诱导：对互通立交前的车辆可以通过立交进行分流；对向服务区驶来的两侧车辆，可以在服务区滞留；对在主体桥梁上的车辆，必须有序地顺向通过桥梁或掉头至反向桥面返回通过桥梁。因此针对上海长江大桥上的交通流，总体上拟采用主线诱导控制模式，平滑主线交通，辅以出口匝道引导、入口匝道控制，通过全线电视监视动态覆盖、信息诱导提示、环境条件采样等手段，以达到维持大桥交通较好服务水平的目的。

2.3 设计技术标准

2.3.1 荷载类型与荷载组合

（1）荷载类型

荷载类型详见表2.3–1。

荷载类型 表 2.3–1

荷载分类		荷载名称
主力	恒载	结构、设备自重及二期恒载，预加应力； 混凝土收缩和徐变，地基基础变位； 水浮力
	活载	列车活载，公路活载； 冲击力，钢轨纵向力（伸缩力、挠曲力）； 离心力
附加力		列车横向摇摆力、制动力或牵引力； 风力，流水压力、波浪力； 温度变化的影响； 支座摩阻力
特殊荷载		列车脱轨荷载，船舶撞击力； 汽车撞击力，施工临时荷载； 地震力，长钢轨纵向水平力（断轨力）

注：若构件的主要用途为承受某种附加力，则在计算该构件时，该附加力应按主力考虑。

表 2.3–1 中作用力根据《公路桥涵设计通用规范》（JTG D60—2004）与《铁路桥涵设计基本规范》（TB 10002.1—2005）有关规范执行。钢轨伸缩力、挠曲力、断轨力通过专题研究确定。

列车采用直线电机运载系统。每列车按 10 辆编组，每个轴重 120kN（图 2.3–1）。

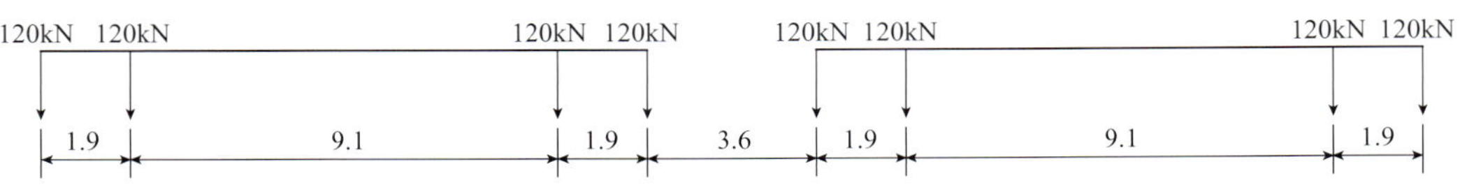

图 2.3–1 轨道列车荷载纵向布置图（尺寸单位：m）

（2）荷载组合

荷载组合按《公路桥涵设计通用规范》（JTG D60—2004）有关规定执行。列车脱轨荷载、船舶撞击力、汽车撞击力只计算其中的一种荷载，且不与其他附加力组合。考虑到轨道交通是通行频率较高的城市交通工具，因此总活载取轨道交通活载与公路活载直接组合；车辆制动力为轨道交通车辆制动力与公路车辆制动力（最大值按英国桥梁规范 BS5400 取 700kN）直接组合。

2.3.2 主梁容许竖向挠度

控制主梁容许竖向挠度限值，主要是从列车走行性即运行的安全性与舒适性及混凝土结构徐变拱度控制等方面考虑的。值得注意的是大铁路、城市轻轨和高速铁路对桥梁刚度要求的区别，大铁路客、货混运，荷载大，振动大，桥梁刚度要求最严；高速铁路荷载轻但车速快，车、桥振动较大，对桥梁刚度要求也很严格；相比之下，城市轨道交通荷载小，速度低，对桥梁刚度要求可以放松。

（1）梁式桥

我国《铁路桥涵设计基本规范》（TB 10002.1—2005）中，根据客车车速为 160km/h、货车车速为 120km/h 列车过桥运行安全及舒适度的要求，以挠跨比形式制订了梁式桥跨结构竖向刚度容许值（表 2.3–2）。

铁路桥梁设计规范中，桥梁挠跨比大小与规定的列车荷载大小密切相关。我国铁路桥梁设计规范采用中—活载作为列车设计的活载，这是一种概化的荷载，荷载确定以当时蒸汽机车牵引货车的编组为基础，考虑了今后列车向重载方向发展的需要，因此比现行运营的荷载要大得多。按现行铁路设计规范活载和刚度要求设计出来的桥梁，当列车通过时，其实测挠跨比要比设计限值小得多，

表 2.3–3 为《铁路桥梁检定规范》(铁运函［2004］120 号)中实测铁路梁桥挠跨比的通常值，可以看出，实测的梁桥挠跨比要比设计挠跨比限值小。

铁路设计规范中梁式桥跨结构竖向挠度容许值　　表 2.3–2

桥 跨 结 构	挠度容许值
简支钢桁梁	$L/900$
连续钢桁梁(边跨)	$L/900$
连续钢桁梁(中跨)	$L/750$
简支钢板梁	$L/900$
简支钢筋混凝土和预应力混凝土梁	$L/800$
连续钢筋混凝土和预应力混凝土梁(边跨)	$L/800$
连续钢筋混凝土和预应力混凝土梁(中跨)	$L/700$

根据挠跨比的要求，可推得相应梁端转角限值为：

$$\theta=\frac{\pi}{L}f_{\max} \qquad (2.3\text{–}1)$$

当挠跨比 $\frac{f_{\max}}{L}\leqslant\frac{1}{900}$ 时，两端折角的容许值 θ 为：

$$[\theta]\leqslant 3.5‰ \qquad (2.3\text{–}2)$$

《铁路桥梁检定规范》中竖向挠跨比通常值　　表 2.3–3

梁 类 型	结 构 类 型		竖向挠跨比
钢　　梁	板梁	普通桥梁钢	1/1 200
		低合金钢	1/950
	桁梁	普通桥梁钢	1/1 500
		低合金钢	1/1 250
钢筋混凝土梁	普通高度(h/L=1/9~1/7)		1/4 000
	低高度(h/L=1/15~1/13)		1/1 900
型钢混凝土梁	—		1/1 250
预应力混凝土梁	普通高度(h/L=1/13~1/11)		1/1 800
	低高度(h/L=1/16~1/14)		1/1 300

注：h– 梁高；L– 跨度。

2003 年原建设部颁布的《地铁设计规范》(GB 50157—2003)采用挠跨比参数形式对高架桥竖向刚度容许值作出了规定(表 2.3–4)。从表面上看，似乎地铁规范对桥梁竖向刚度要求比干线铁路严格，实际上并不完全如此，进一步分析可以看出干线铁路规范所采用的荷载为中—活载，其荷载集度约为 9kN/m，而轻轨桥梁采用的是实际的客车荷载，其荷载集度约为 3kN/m，两种荷载差别很大，前者差不多是后者的 3 倍左右，因此两种规范活载计算出来的挠跨比相差很大，而按两种规范要求设计出来的桥梁其竖向刚度则相差不多。

地铁规范梁式桥跨结构竖向挠度容许值　　表 2.3–4

跨　　度	挠度容许值
$L\leqslant 30$m	$L/2\ 000$
$L>30$m	$L/1\ 500$

注：表中 L 为梁的跨度。

上海长江大桥非通航口桥主梁采用两种结构：预应力混凝土梁桥结构，按不同区段跨径分为30m、50m、60m、70m、140m；钢–混凝土组合梁桥跨径为105m。非通航口桥主梁挠度限值按高标准取 *L*/1 500。

（2）斜拉桥

对于特大跨度桥梁要将结构竖向挠度控制在非常小的范围是很困难的。分析国内外已建公铁两用大桥采用的设计刚度值（表 2.3–5），可以看出公铁两用大跨度斜拉桥竖向刚度均远小于有关规范对于中小跨度铁路桥梁的规定值，斜拉桥的挠度一般均在 *L*/400 左右，而且这些桥梁实际运行情况良好。因此，上海长江大桥斜拉桥结构竖向挠度限值取 *L*/500。

世界上已建成的大跨度铁路桥梁竖向刚度值　　表 2.3–5

桥　名	国　家	大 桥 特 征	主跨（m）	最大活载竖向挠度（m）	竖向挠跨比
巴拉拿河桥	阿根廷	公铁两用，主梁为扁平钢箱梁	330	0.94	1/350
塞弗林桥	德国	双线独塔斜拉桥，主梁为单箱单室箱梁	302	0.67	1/450
萨瓦河桥	前南斯拉夫	双线铁路钢斜拉桥	254	0.51	1/500
芜湖长江大桥	中国	公铁两用低塔斜拉桥	312	0.56	1/550
岩黑岛桥	日本	公铁两用，钢桁架	420	0.97	1/435
柜石岛桥	日本	公铁两用，钢桁架	420	1.06	1/396

2.3.3　桥墩纵向水平刚度

上海长江大桥轨道方案设计推荐铺设超长无缝线路，优势在于不但减少列车动力作用，改善桥梁运营条件，也将大大减少轨道维修量。但梁体结构在温度变化、竖向活载及制动力作用下出现的位移和变形会使钢轨产生附加应力。附加应力大小，在很大程度上取决于桥墩的纵向水平刚度。桥墩刚度越小，制动力等作用下钢轨产生附加应力就越大。过大的附加应力将导致钢轨断裂，影响行车安全。为此，参照国家标准《地铁设计规范》（GB 50157—2003）提出桥墩顺桥向水平刚度限值要求大于 400kN/cm（双线）见表 2.3–6。单线桥墩顺桥向水平刚度限值取双线的一半。

桥墩台顺桥向水平刚度（双线）　　表 2.3–6

跨　度（m）	最小水平刚度（kN/cm）	附　注
$L \leqslant 20$	240	不设钢轨伸缩调节器
$20 < L \leqslant 30$	320	不设钢轨伸缩调节器
$30 < L \leqslant 40$	400	不设钢轨伸缩调节器

注：表中 *L* 为梁的跨度。

上海长江大桥大多数为连续梁结构、高桩承台，部分高桥墩水平刚度偏小，造成钢轨附加应力较大。设计中采取在每联连续梁中设 2~3 个固定桥墩的措施，提高了结构整体的纵向水平线刚度，满足了轨道强度的要求。

2.3.4　梁体横桥向自振频率

提出梁体横桥向自振频率限值也是为保证列车运行的安全性与舒适性。目前《铁路桥梁检定规范》关于桥梁的位移、刚度自振频率等限值都是针对中小跨度桥梁而言的，对于大跨度桥梁来说，尚无可用的限值条文。一般来说，跨度越大，限值应越松。国内外一些已建成的大跨度公铁两用桥的设计参数可供参考。

《地铁设计规范》（GB 50157—2003）规定：梁桥结构的横向自振频率应不小于 $90/L$。

通过对列车走行性的分析发现，本桥组合梁桥部分高墩处梁体横向振幅较大，行车舒适性不好。设计中采取在墩顶设钢横梁将两个分离桥墩联系起来的措施，减小了主梁横向振幅，满足了行车舒适性的要求。

2.3.5 斜拉桥梁端折角

桥梁变形大小对车桥动力影响还表现在梁端的折角，大跨度斜拉桥为柔性结构，在车辆荷载作用下不仅产生较大挠曲，梁端也会产生较大的折角。较大的梁端折角会使列车通过时产生冲击，造成桥梁产生较大振动与钢轨的疲劳。

日本规范对不同列车的最高速度提出了梁端折角限值（表 2.3–7）。日本本四联络线上的岩黑岛和柜石岛两座斜拉桥主梁端部最大折角为 9.9‰及 –7.5‰，均已超过铁路运营要求，因此梁端设有特殊设计的缓冲梁结构，将一个集中的大值折角化整为零地分散为若干个较小转角。香港青马大桥悬索桥梁端缓冲梁伸缩装置造价超过了 1 亿港元。

日本规范梁端折角限值　　表 2.3–7

<table>
<tr><th rowspan="3">变 位 方 向</th><th rowspan="3">列车最高速度（km/h）</th><th rowspan="3">错位 δ（mm）</th><th colspan="4">折角（1/1 000）（rad）</th></tr>
<tr><th colspan="2">平行移动</th><th colspan="2">折转</th></tr>
<tr><th>L ＜ 30m</th><th>L ⩾ 30m</th><th>L ＜ 30m</th><th>L ⩾ 30m</th></tr>
<tr><td rowspan="5">竖向</td><td>70</td><td rowspan="5">2</td><td>9</td><td>9</td><td>9</td><td>9</td></tr>
<tr><td>110</td><td>7.5</td><td>9</td><td>9</td><td>9</td></tr>
<tr><td>160</td><td>5</td><td>6</td><td>6.5</td><td>7</td></tr>
<tr><td>210</td><td>4.5</td><td>4</td><td>5.5</td><td>4.5</td></tr>
<tr><td>260</td><td>3.5</td><td>3</td><td>4</td><td>3</td></tr>
<tr><td rowspan="5">水平</td><td>70</td><td rowspan="4">2</td><td>6</td><td>6</td><td>6</td><td>6</td></tr>
<tr><td>110</td><td>4</td><td>5.5</td><td>5</td><td>6</td></tr>
<tr><td>160</td><td>3</td><td>3</td><td>3.5</td><td>4</td></tr>
<tr><td>210</td><td>2.5</td><td>2</td><td>3</td><td>2.5</td></tr>
<tr><td>260</td><td>1.5</td><td>2</td><td>1.5</td><td>2.5</td><td>2</td></tr>
</table>

减小梁端折角不仅有利于改善行车性能，还可改善钢轨的受力条件，避免设置复杂而又昂贵的缓冲梁结构，简化钢轨伸缩调节装置。经综合考虑，本桥梁端容许折角宜控制在 4‰左右。

2.3.6 轨道不平顺控制标准

为了控制钢轨的不平顺性，达到列车行驶的安全性与舒适性要求，参照铁路规范建议本桥按公路与轨道交通车辆的最不利工况加载。在活载作用下，控制 3.0m 梁长的钢轨（轨距 1.435m 范围内）扭曲变形应小于 3.0mm（图 2.3–2）。

本桥轨道交通布置在箱形主梁的挑臂上，经验算最不利受力工况，挑臂结构的承载能力与扭曲变形等指标均满足要求。为进一步提高行车时轨道的平顺性，推荐远期在挑臂下设置斜撑或利用防撞护栏混凝土底座加强结构的措施。

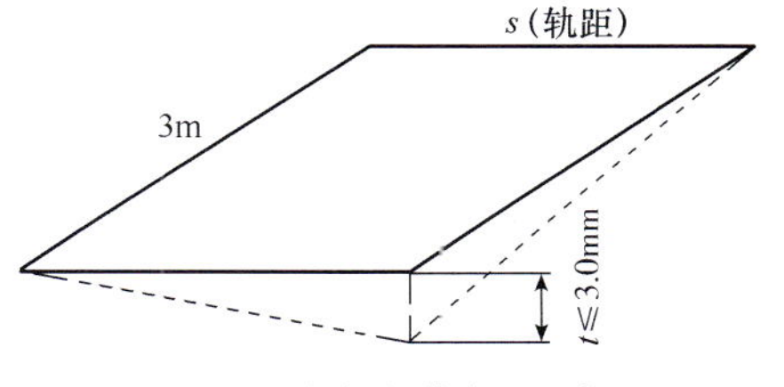

图 2.3–2　钢轨扭曲变形示意图

2.3.7 列车运行安全性与乘坐舒适性评判标准

列车运行的安全性主要涉及列车在桥上运行是否安全，是否会出现脱轨两方面内容。对于这个问题，车辆动力学上是用脱轨系数 Q/P、轮重减载率 $\Delta P/\overline{P}$ 以及轮轨横向摇摆力等几个参数大小来评定的。乘坐舒适性通常是根据列车车体竖向、横向的加速度大小以及振动的频率来确定，目前国际上有多种评判乘坐舒适性的指标，如斯佩林（Sperling）平稳性指标、Janeway 指标、国际标准化的 2631 指标等，我国车辆部门采用的是斯佩林指标。平稳性也是评判桥梁竖向、横向刚度是否合适的一个重要标准。下面介绍我国采用的车辆运营安全评判标准和舒适性评判标准，并据此对上海长江大桥的列车走行性进行评判。

1）行车安全性评定标准与验算

我国《铁道车辆动力学性能评定和试验鉴定规范》（GB 5599—85）规定的车辆轮重减载率安全指标为：

$$\begin{cases}\Delta P/\overline{P} \leqslant 0.65 & （危险限度）\\ \Delta P/\overline{P} \leqslant 0.60 & （容许限度）\end{cases} \tag{2.3-3}$$

脱轨系数安全指标为：

$$\begin{cases}Q_1/P_1 \leqslant 1.2 & （危险限度）\\ Q_1/P_1 \leqslant 1.0 & （容许限度）\end{cases} \tag{2.3-4}$$

倾覆系数应满足的要求为：

$$D = \frac{|P_1 - P_2|}{P_1 + P_2} < 0.8 \tag{2.3-5}$$

式中：ΔP——单轮轮压减载量，即单轮静轴重与其动轴重之差；

$\overline{P}$——轮对的静轴重；

Q_1、P_1——分别为爬轨侧轨道轮对的横、竖向作用力；

Q_2、P_2——分别为另一侧轨道轮对的横、竖向作用力。

2）车体加速度评定标准与验算

根据我国的轨道不平顺管理标准对于速度小于 100km/h 的客车，确定客车加速度评定指标如下（以下加速度指标均为半峰值）。

（1）日常保养标准：车体振动水平加速度 $a_L \leqslant 0.06g$；车体振动垂直加速度 $a_V \leqslant 0.10g$。

（2）舒适度管理标准：车体振动水平加速度 $a_L \leqslant 0.10g$；车体振动垂直加速度 $a_V \leqslant 0.13g$。

（3）紧急补修管理标准：车体振动水平加速度 $a_L \leqslant 0.15g$；车体振动垂直加速度 $a_V \leqslant 0.20g$。

（4）限速管理标准：车体振动水平加速度 $a_L \leqslant 0.175g$；车体振动垂直加速度 $a_V \leqslant 0.225g$。

其中，g 为重力加速度。

3）乘坐舒适性评定标准

旅客舒适度是反映乘客在旅途中疲劳的综合性生理指标，是一个统计标准。旅客舒适度除了包括车辆振动影响外，还涉及车内的设备、通风、照明、温度、噪声、瞭望等因素，其中振动在车辆的整个运行过程中是始终存在且一直起作用的主要因素之一。我国铁路长期以来一直采用平稳性指标评定车辆运行的舒适性，故本工程仍采用平稳性指标来评价列车过桥时旅客乘坐的舒适性。

斯佩林指标是目前铁路上应用比较广泛地用来评判乘坐舒适度的一种技术指标，它表示成车体加速度频率、幅值的函数，根据斯佩林指标大小可以判定平稳性指标大小，表 2.3–8 为我国《铁道车辆动力学性能评定和试验鉴定规范》（GB 5599—85）规定的斯佩林平稳性指标。

我国车辆运行平稳性等级　　表 2.3–8

平稳性等级	评定	平稳性指标	
		客车	货车
1 级	优	< 2.5	< 3.5
2 级	良好	2.5~2.75	3.5~4.0
3 级	合格	2.75~3	4.0~4.25

斯佩林在确定平稳性指标的标准时，把反映加速度变化率和反映振动动能两项乘积作为衡量标准来评定车辆运行品质，车辆运行平稳性指数的经验公式为：

$$W = 2.7 \cdot \sqrt[10]{z_0^3 f^5 F(f)} = 0.896 \cdot \sqrt[10]{\frac{a^3}{f} F(f)} \tag{2.3–6}$$

式中：W——斯佩林指标，其值越小，表示平稳性越好；

z_0——振幅（cm）；

f——振动频率（Hz）；

a——简谐振动中加速度最大值（cm/s²）；

$F(f)$——与振动频率有关的函数，称为频率修正系数。

值得注意的是，斯佩林在研究平稳性指标时，就已经认识到不同的频率对人体舒适度影响是不一样的。也就是说人的感觉（舒适度）对某一振动频率范围特别敏感，面对其他频率范围段内产生的影响可能不大。因此，在上式中引入频率修正系数 $F(f)$ 以反映这一特点，$F(f)$ 的规定对竖向振动和横向振动是不同的。

对于竖向振动：

$$f=0.5\sim5.9\text{Hz},\ F(f)=0.325f^2$$
$$f=5.9\sim20\text{Hz},\ F(f)=400/f^2$$
$$f>20\text{Hz},\ F(f)=1$$

对于横向振动：

$$f=0.5\sim5.4\text{Hz},\ F(f)=0.8f^2$$
$$f=5.4\sim26\text{Hz},\ F(f)=650/f^2$$
$$f>26\text{Hz},\ F(f)=1$$

由于实际车辆的振动均是随机的，即其振动加速度幅值和频率的大小都是随时间变化的。因此在计算客车平稳性指标时，对根据加速度波形应分级进行统计，于是计算数段波形的平稳性指标公式为：

$$W = 0.896 \cdot \sqrt[10]{\frac{F(f)\sum j_i^3 m_i}{F\sum m_i}} \tag{2.3–7}$$

$$\sum j_i^3 m_i = j_1^3 m_1 + j_2^3 m_2 + j_3^3 m_3 + \cdots + j_i^3 m_i \tag{2.3–8}$$

式中：j_i——波段中各分组的加速度幅值；

m_i——加速度幅值为 j_i 的振动半波数；

i——加速度波形分析组序（i=1，2，3，…），其最大值即为分组数，i 不应小于 4~5；

$\sum m_i$——数个波段中所统计的总半波数，其值为：$\sum m_i = m_1 + m_2 + m_3 + \cdots + m_i$；

F——所取波段中的平均频率。

必须注意的是，上述分析指标适用于车辆在线路上行走时平稳性指标标准的评定，其评定时间约为几个小时，用于行走在桥梁上评定显然不太适合，因为桥梁行程短，车辆上加速度变化波形往往才形成几个波形，时间一般在几秒之内，车辆就出桥了。因此从这个角度来说，制定车辆过桥的平稳性标准，应该比车辆在线路上运营所制定的平稳性标准要宽一些。目前国内有许多学者都提出了类似的看法，但由于专门进行车辆过桥平稳性的研究工作开展太少，所以目前仍是大量采用线路上运行的平稳性标准来分析车辆过桥的平稳性。

2.3.8 桥梁加速度限值

梁体过大的振动会使得桥上线路失稳，影响列车运行安全，同时造成桥梁疲劳强度降低。因此除对桥梁的变形需加限制外，还需对振动加速度加以限制。

限制桥梁竖向振动加速度的目的是避免出现过大的轮轨接触力，使道床不致失稳，保证列车运行的安全。在我国秦沈客运专线综合试验段桥梁的研究和设计中，参考国外对桥梁竖向振动加速度的限制，提出桥梁跨中的最大竖向振动加速度应满足 $a_{max} \leqslant 3.5\text{m/s}^2$。

欧洲规范对桥梁竖向振动加速度的限值为：对有砟轨道桥梁 $a_{max} \leqslant 3.5\text{m/s}^2$；其他桥梁 $a_{max} \leqslant 5.0\text{m/s}^2$。

《铁路桥梁检定规范》关于桥梁横向加速度响应限值为 $a_{max} \leqslant 1.4\text{m/s}^2$。

2.4 桥墩纵向刚度确定

2.4.1 概述

上海市崇明越江工程为“南隧北桥”形式，其中，长兴岛至崇明岛为“北桥”，跨越长江北港，全长 16.57km。主航道桥为跨径布置 92m+258m+730m+258m+92m，总长 1 430m 的双塔双索面钢箱梁斜拉桥；主航道桥两侧为跨径 50~140m 的预应力混凝土连续梁或钢–混凝土组合连续梁桥式。

上海长江大桥为双向六车道高速公路桥梁，同时上海轨道交通 9 号线与之同层布置，是目前在建的国内首座轨道交通与公路同层布置的特大型桥梁。

2.4.2 钢轨附加应力发生机理及相关规定

主梁与桥墩之间设置竖向支座。竖向支座有活动支座与固定支座两种形式。当设有固定支座的桥墩（固定墩）在外部纵向力的作用下（制动力、风力、波浪力等），墩顶产生水平位移时，梁亦将随之发生纵向移动，而由于梁轨之间扣件约束，便在梁轨中产生相互作用力，如图 2.4–1 所示。

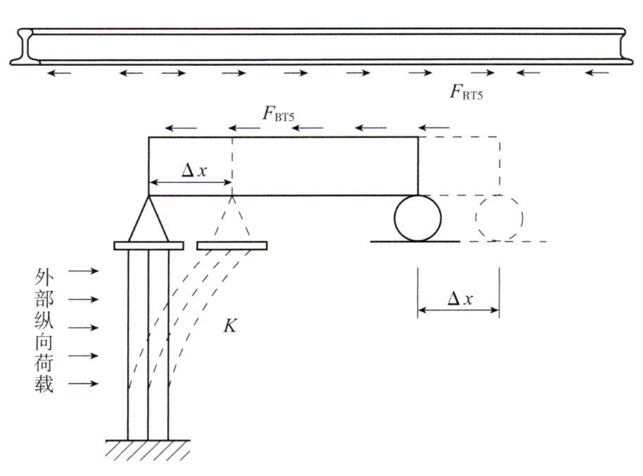

图 2.4–1　桥墩移动产生的梁轨相互作用力

由于扣件阻力的非线性特征，使得这个相互作用力也呈非线性，即这个相互作用力随梁轨之间相对位移而产生，随相对位移增加而增加，但当梁轨相对位移达到一定值后又呈定值。正是这个相互作用力引起了钢轨的附加应力，为了控制附加应力，转而控制桥墩纵向位移量，即桥墩纵向刚度值。

我国《地铁设计规范》（GB 50157—2005）及《京沪高速铁路设计暂行规定》对桥墩线刚度均有相关规定。德国《铁路新干线上桥梁的特殊规程》（DS899/59）中则直接规定了附加应力值：对于高速铁路上的桥梁，必须考虑桥上水平力的传递，要对钢轨的附加应力进行验算，使之满足允许附加压应力 72MPa 和允许附加拉应力 92MPa 的要求，否则就需要在桥上设置纵向力传力装置，或设置钢轨伸缩调节器，以释放钢轨应力。

以上规定，主要是针对制动力发生的纵向位移而言，其中后两个规范是针对高速铁路列车荷载的。对于上海长江大桥，纵向位移不只是由列车制动力引起，桥式、桥跨也不在规范的规定之列，而车辆荷载及速度均较高速铁路要小。因此，钢轨附加应力的限值需要重新计算，并据此提出对桥墩刚度的要求。

2.4.3 钢轨附加应力的限值计算

1）钢轨强度问题

钢轨中总应力由四项应力组成，并由此得出强度检算条件：

$$\sigma_d+\sigma_t+\sigma_f+\sigma_z \leqslant [\sigma] \tag{2.4-1}$$

式中：σ_d——钢轨动弯应力（MPa）；

σ_t——钢轨温度应力（MPa）；

σ_f——钢轨附加应力（MPa），各种工况下产生墩顶位移引起的钢轨应力；

σ_z——列车制动或起动在钢轨中产生的应力（MPa）；

$[\sigma]$——钢轨钢容许应力（MPa），其值等于钢轨钢屈服强度 σ_s 除以安全系数 K_2，K_2=1.25~1.35；不同强度级别的钢轨根据 σ_b 的不同取不同的 σ_s。

当采用 60kg/mU75v 钢轨时，其抗拉强度 σ_b 大于 980MPa，其屈服强度 σ_s 大于 457MPa，安全系数 K_2 取 1.25，则 $[\sigma]=\sigma_s/K_2$=365MPa。

上述四项应力中，动弯应力和温度应力根据列车轴重及锁定轨温计算得到，制动应力根据国内外的一些设计试验资料，按列车总制动力的 25% 计，钢轨附加应力则与桥墩刚度有关。

由于桥上有车时不计本线钢轨伸缩力，而本桥的挠曲力很小，故应力组成中不计钢轨伸缩应力和挠曲应力。

2）钢轨附加应力的限值计算

（1）按上海轨道交通 9 号线的实际轴重 120kN，最高速度 90km/h，速度系数 0.54，轨道横向水平力系数 1.45，考虑超高引起的偏载及根据长江口的风压考虑横风作用引起的偏载，再依据轨下基础采用的方案，得动弯应力：

$$\sigma_{头d}=115.8\text{MPa}，\sigma_{底d}=95.4\text{MPa}$$

（2）按设计锁定轨温（21±4）℃，及上海地区的气温，得钢轨温度应力为：

$$\sigma_{t升}=107.4\text{MPa}，\sigma_{t降}=92.0\text{MPa}$$

（3）钢轨制动应力按总制动力的 25% 计，而总制动力取桥上竖向静活载的 20%，得：

$$\sigma_{制}=15.5\text{MPa}$$

（4）钢轨附加应力最大限值如下。

压应力：

$$\sigma_{f压} \leqslant [\sigma] - (\sigma_{头d} + \sigma_{t升} + \sigma_{制}) = 126.3\ (\text{MPa})$$

拉应力：

$$\sigma_{f拉} \leqslant [\sigma] - (\sigma_{底d} + \sigma_{t降} + \sigma_{制}) = 162.1\ (\text{MPa})$$

2.4.4 钢轨伸缩调节器的设置方案研究

钢轨伸缩调节器在设置理论上能减少或消除墩顶位移引起的钢轨附加应力，但由于设计、制造、安装及养护维修等诸多因素，钢轨伸缩调节器可能成为行车事故的隐患，故原则上尽量少用或不用。因此，在上海长江大桥上如何设置钢轨伸缩调节器，进行了多方案的比选研究。

（1）方案一，不改变原联长结构，在每联两端均设一个调节器，共 25 组 / 线，如图 2.4–2 所示。这样布置，理论上消除了每联固定墩墩顶位移引起的钢轨附加应力，对钢轨强度有利。但调节器数量太多，安全运营要求不允许，所以是不可取的。

（2）方案二，改变原联长结构，引桥 23 联连续梁改为 9 联，在每联端部设调节器，调节器数量改为 11 组 / 线，如图 2.4–3 所示。这样，理论上也可消除墩顶位移引起的钢轨附加应力。但是，联长太长，结构上不合理且调节器数量仍很多，因此也不可取。

（3）方案三，不改变原联长结构，仅在斜拉桥两端及与之相邻的 700m 一联结合梁近中部设调节器，共 4 组 / 线，如图 2.4–4 所示。为增加每联制动墩刚度，改原单固定墩为双固定墩。这样全桥 9.5km 应用的调节器数量最少，不但解决了斜拉桥纵向位移（该斜拉桥为纵飘体系）对钢轨强度的影响，也使最高桥墩（700m 结合梁处）所需纵向刚度得以实现。因此，本桥采用方案三的调节器布置方案。

2.4.5 扣件阻力的合理选用

扣件阻力直接影响钢轨附加应力的大小。由于本桥的连续梁联长都比较长，为尽可能减少墩顶位移引起的附加应力，在按上海的气候条件满足轨道稳定性及断缝宽度 $\lambda<10$cm 的前提下，选用较小阻力的扣件，通过比选可采用上海明珠线一期工程研制的 WJ–2 扣件，扣件阻力为 5~6kN/m。其纵向阻力函数为：

$$p(z) = 42 \times \left[1.2 - e^{(-20 \times z^{1.2})}\right] \tag{2.4–2}$$

式中：z——梁轨间相对位移的绝对值（cm）。

扣件位移–阻力曲线见图 2.4–5。

2.4.6 钢轨附加应力的计算

1）计算条件

由于每联联长均较大，桥墩所受的纵向力种类多（列车、汽车的制动力，纵向风、波浪力、温度应力）、数值大，每联采用一个固定支座，桥墩（固定墩）难以达到刚度要求，经研究决定每联采用中间相邻的两个桥墩为固定墩（设固定支座）。虽然对桥式体系稍有不利（增加了温度力），但两个桥墩的合成刚度有效减少了墩顶位移值。据此，可算得每联两个固定墩的最大纵向位移值。

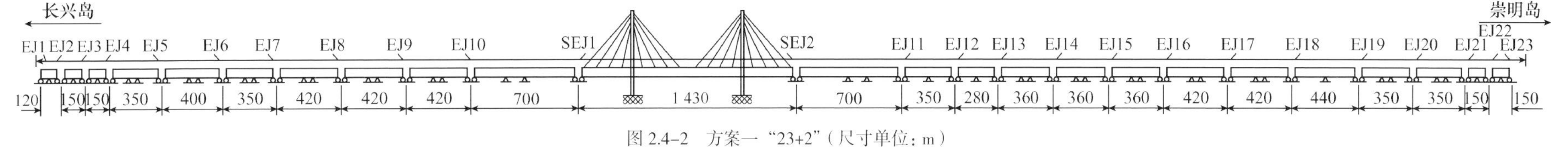

图 2.4-2 方案一 "23+2"（尺寸单位：m）

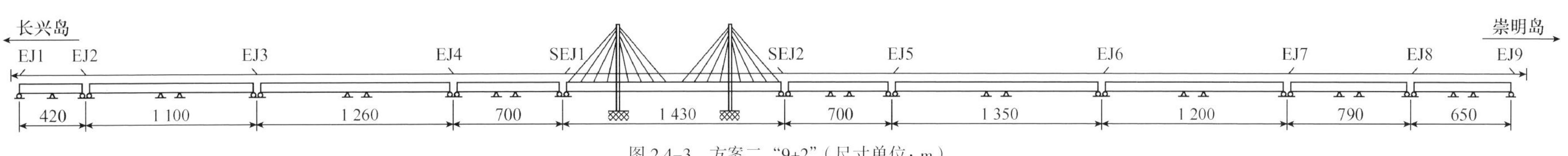

图 2.4-3 方案二 "9+2"（尺寸单位：m）

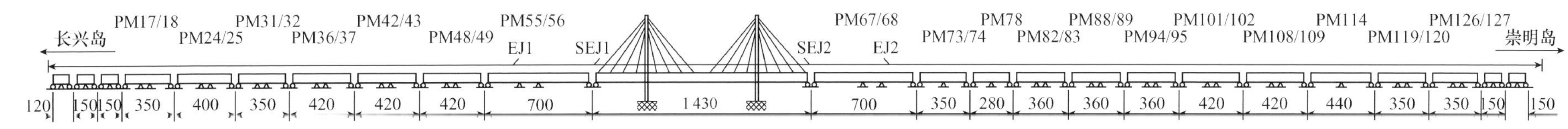

图 2.4-4 方案三 "2+2"（尺寸单位：m）

2）计算方法及结论

由于扣件阻力的非线性特性，故附加应力计算也是一个非线性力学问题。本桥采用了桥上无缝线路计算程序 BCWR 进行计算，并采用 ANSYS 软件进行校验。

（1）桥上无缝线路计算程序 BCWR

任取一微段 dx 长的钢轨为自由体来分析其平衡条件，如图 2.4–6 所示。用 p（z）表示梁、轨间的纵向约束阻力。p 是梁轨相对位移 z 的函数。

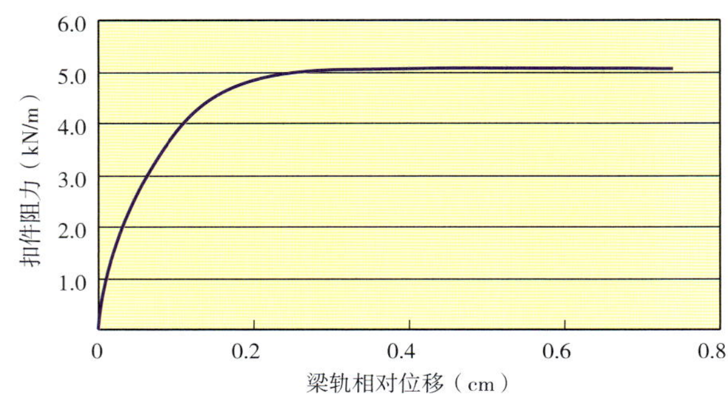

图 2.4–5　扣件位移–阻力曲线图

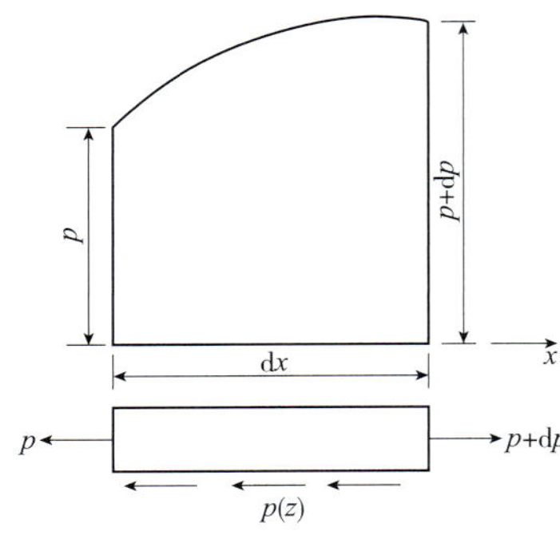

图 2.4–6　钢轨受力平衡图

从而有：

$$\frac{\mathrm{d}^2 y}{\mathrm{d}x^2}=\frac{1}{EF}p(z) \tag{2.4–3}$$

$$\frac{\mathrm{d}^2 z}{\mathrm{d}x^2}=\frac{1}{EF}p(z)-\frac{\mathrm{d}^2 \Delta}{\mathrm{d}x^2} \tag{2.4–4}$$

式中：E——钢轨弹性模量；

F——钢轨断面面积。

根据变形协调条件：

$$\frac{\sum \omega_i}{EF}=0 \tag{2.4–5}$$

梁、轨位移相等点的位置上，有如式（2.4–6）所示的关系。其中 k 表示梁、轨位移相等点。

$$y_k=\varDelta_k \tag{2.4–6}$$

上述公式（2.4–3）~ 式（2.4–6）就构成了求解钢轨纵向力、钢轨位移的方程，编制程序求解，计算结果见表 2.4–1。

墩顶位移引起钢轨截面附加纵向应力值　　表 2.4–1

固定墩号	纵向水平位移 $\varDelta$（mm）	钢轨附加应力 σ（MPa）		备　注
		BCWR	ANSYS	
2				
6	—	—	—	
11				
17+18	27.3	58.8	59.9	
24+25	49.7	81.1	81.2	长钢轨
31+32	59.4	89.2	89.0	
36+37	57.4	87.4	87.5	
42+43	57.5	87.4	87.6	
48+49	57.7	88	87.7	

续上表

固定墩号	纵向水平位移 Δ（mm）	钢轨附加应力 σ（MPa）		备注
		BCWR	ANSYS	
55+56	95.6	104.7	102.0	PM55 处双向 EJ
正桥	—	—	—	两梁端特种 EJ
67+68	95.6	104.7	108.0	PM68 处双向 EJ
73+74	55.8	86.3	86.2	
78	73.3	93.6	91.0	
82+83	51.8	82.8	83.0	
88+89	43.0	75.1	75.4	
94+95	39.0	71.4	71.7	
101+102	43.3	75.5	75.7	长钢轨
108+109	59.9	89.7	89.4	
114	57.9	88.1	87.9	
119+120	61.3	90.8	90.5	
126+127	41.7	73.9	74.2	
133 138	—	—	—	

（2）ANSYS 结构分析通用软件计算

自引桥台至结合梁上的调节器 EJ1 中心，建立轨、梁、墩整体模型如图 2.4-7 所示。由于梁体与固定墩的位移相同，因此可将上述模型简化成钢轨、扣件有限元模型，如图 2.4-8 所示。钢轨采用梁单元（BEAM4 类型），单元长取 10m，每节点处加水平弹簧。钢轨边界一端固定一端自由，弹簧边界为双向简支。

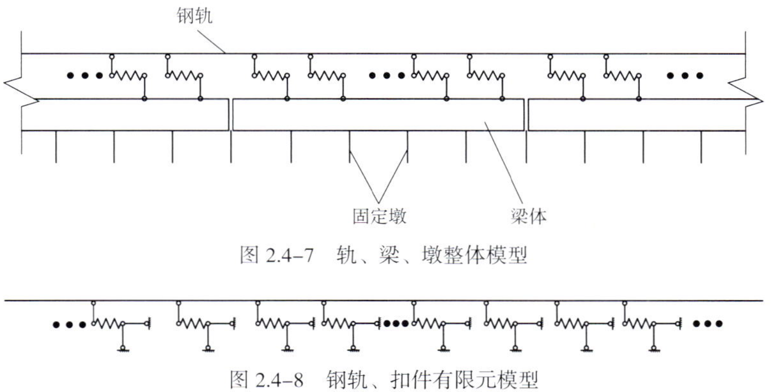

图 2.4-7　轨、梁、墩整体模型

图 2.4-8　钢轨、扣件有限元模型

自 EJ1 中心起 225m 范围内为伸缩区，扣件阻力取常量，采用线性弹簧单元（Combin14 类型），刚度为 2.5kN/m；其余范围均为固定区，采用非线性弹簧单元（Combin39 类型）。

Combin39 非线性弹簧刚度即为前述的扣件阻力函数 $p(z)$。为在程序中实现这一非线性，把该曲线分成精度不等的 20 段，将每个线段的控制点输入，拟合成曲线。

计算条件为每联的纵向位移即是位于该联上弹簧边界的相同水平位移，计算结果见表 2.4-1。

限于篇幅，本文仅给出 PM67/PM68 号墩的应力计算结果图，如图 2.4-9 所示。

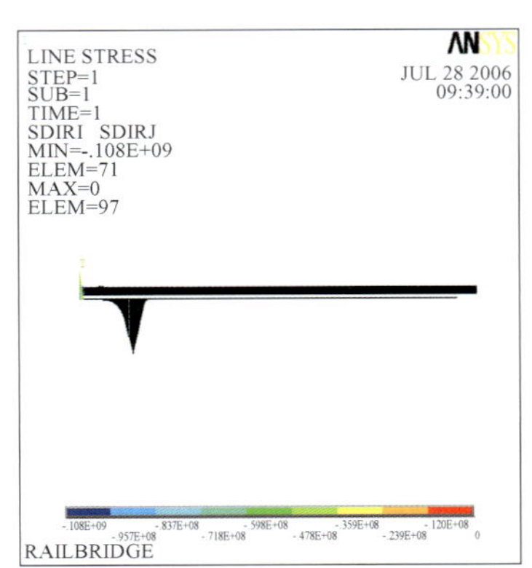

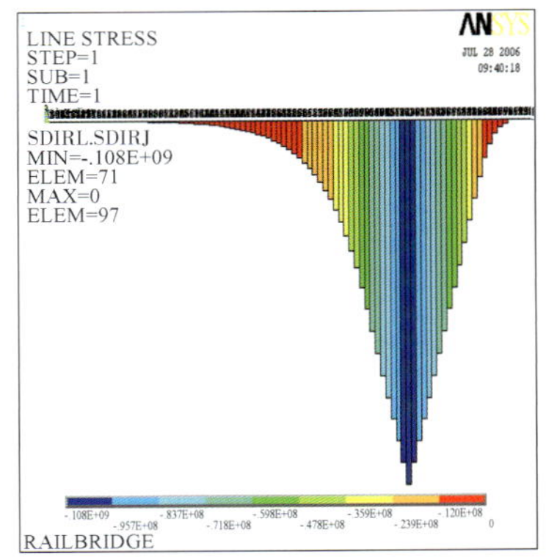

图 2.4–9 PM67/PM68 号墩应力分析图

从表 2.4–1 中可以看出，两组数据误差均小于 5%，在 3MPa 以内，说明两种计算方法正确，结果可信。

通过钢轨伸缩调节器的合理布置，对钢轨附加应力允许值的具体计算，在采用了双固定支座的措施以后，上海长江大桥的 23 联连续梁桥的桥墩刚度均满足了轨道强度的要求，并且与不铺设无缝线路的情况相比，下部结构基本上无工程量的增加，仅个别桥墩补了一根桩。

2.5 悬臂板局部振动的车桥动力分析

目前，在国内铁路车桥耦合振动分析中，通常采用空间杆系结构模拟桥梁结构。虽然也有部分研究中采用板单元建模，但是很少针对桥面板局部振动问题进行研究。

上海长江大桥工程考虑到预留轨道交通方案，远期规划拟将箱梁悬臂板端部的公路紧急停车带改造为轻轨交通线路。列车线路布置于长大悬臂板端部在世界上还没有先例，悬臂板局部振动对车辆运行安全性的影响也不得而知，在无建设经验和试验支持的条件下，需要采用能考虑桥梁局部振动影响的车桥耦合振动分析方法进行动力仿真。

针对上海长江大桥引桥在列车作用下的轨道桥面板局部振动问题进行研究，通过数值计算为工程实际应用提供参考，并在一定程度上对桥梁局部共振现象进行理论解释。

2.5.1 预应力混凝土引桥

1）计算模型和参数

上海长江大桥位于长江口入海处，跨江段桥梁长约 10km，设计活载为六车道公路—Ⅰ级荷载和两线轨道交通轻轨荷载，公路交通和轨道交通布置于同一层桥面。大桥主桥初步设计方案采用双塔双索面三跨斜拉桥，边跨设置辅助墩，主桥全长 1 430m，跨度布置为 107m+243m+730m+243m+107m，加劲梁采用扁平钢箱梁，桥面宽 44m。与主桥两端连接的引桥为 90m+5 × 105m+85m 钢与混凝土组合连续箱形梁桥，按来往行车方向分为两幅桥设计，每幅桥考虑 3 车道公路—Ⅰ级荷载和一线轨道荷载，桥面宽度约为 17m。其他引桥为预应力钢筋混凝土结构，包括 5 × 70m 等高度预应力混凝土连续箱形梁桥和 80m+140m+140m+80m 变高度预应力混凝土连续箱形梁桥等，这些引桥均按来往车道分为两幅桥设计，且轨道车辆均在箱梁悬臂板上运行（图 2.5–1）。

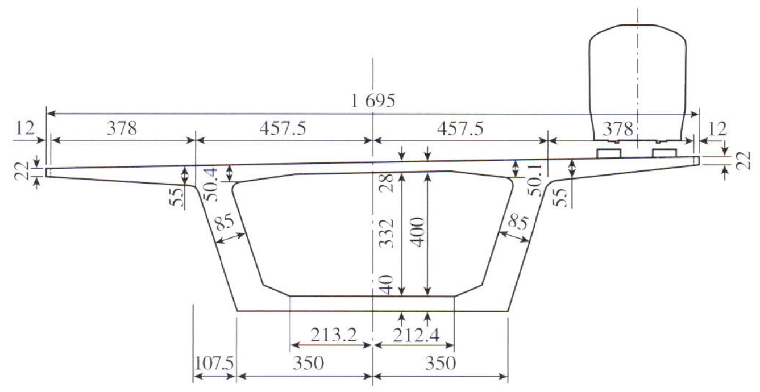

图 2.5-1　局部振动分析采用的无加劲措施截面图（尺寸单位：cm）

本节只分析深水区引桥 5×70m 等高度预应力混凝土连续箱形梁桥悬臂板局部振动。为简化分析，取图 2.5-1 所示截面建立等截面桥梁模型，由于只关心悬臂板的竖向振动，故可不考虑墩体影响。在 ANSYS 中采用 4 节点 Solid65 实体单元建立单跨简支梁模型用于悬臂板局部振动分析，并考虑无加劲方案（图 2.5-1）与两种悬臂板加劲方案（图 2.5-2）的对比。图 2.5-3 为用于局部振动分析的三种桥梁有限元模型，为与空间杆系模型进行对比，同时考虑无加劲措施的空间梁单元桥梁模型。以上桥梁模型各阶模态阻尼比均取为 1.0%。

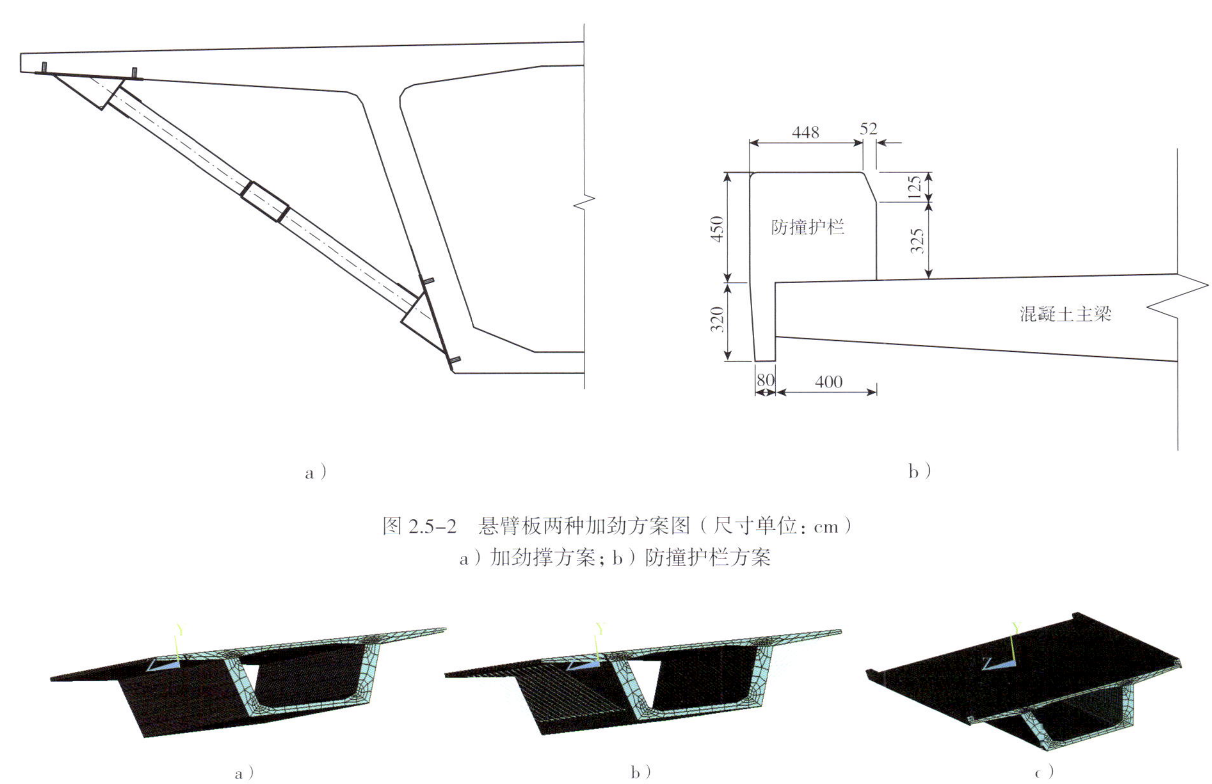

a）　b）

图 2.5-2　悬臂板两种加劲方案图（尺寸单位：cm）

a）加劲撑方案；b）防撞护栏方案

a）　b）　c）

图 2.5-3　用于局部振动分析的三种混凝土引桥有限元模型

a）无加劲方案；b）加劲撑方案；c）防撞护栏方案

采用车辆编组为 10 节 AW3（满员）车辆模型与轮轨密贴模型，行车速度为 100km/h，考虑美国轨道 6 级不平顺，求解方法为 Newmark-β 法，选用步长为 0.000 5s。

2）桥梁自振特性分析

表 2.5-1 为不同加劲方案前 10 阶自振频率和振型。可见，两个加劲方案对自振频率均有一

定影响，即对悬臂板的刚度能起到一定的提高作用。另外，前 10 阶振型中 3 阶为梁体竖向振型，1 阶横向振型，其余均为悬臂板局部振动的振型，可见悬臂板局部振动频率分布密集，对车辆动力响应将有一定影响。然而，由于悬臂板本身刚度较大，局部振动频率在 6Hz 以上，因此在 100km/h 设计车速以下，难以出现明显的共振现象。本节车桥动力计算中考虑桥梁频率范围为 0~50Hz。

不同加劲方案前 10 阶自振频率和振型　　表 2.5-1

阶数	无加劲模型频率（Hz）	加劲撑模型频率（Hz）	防撞护栏模型频率（Hz）	主振型描述
1	1.52	1.52	1.53	梁体 1 阶竖弯
2	4.00	3.99	4.14	梁体 1 阶横弯
3	5.52	5.53	5.51	梁体 2 阶竖弯
4	6.85	6.95	6.54	梁体 1 阶扭转带悬臂板 1 阶竖弯
5	8.42	8.42	8.35	梁体 3 阶竖弯
6	10.98	11.27	10.36	悬臂板 2 阶竖弯
7	11.61	11.87	11.27	悬臂板 3 阶竖弯
8	14.02	14.35	13.08	悬臂板 4 阶竖弯
9	14.39	15.43	13.45	悬臂板 5 阶竖弯
10	14.68	16.05	13.71	悬臂板 6 阶竖弯

3）车桥动力计算结果分析

（1）梁单元与实体单元对比（无加劲措施）

图 2.5-4 为采用梁单元（不考虑桥梁局部振动）与实体单元两种建模方式下的轮重减载率和轮轨竖向力对比。可见，箱梁局部振动对车辆过桥的轮重减载率有很大影响，采用梁单元模型计算出来的车辆减载率一般均小于 0.1，而采用实体单元模型计算出来的个别车辆减载率最大值接近 0.3。从竖向力频谱图可以比较清晰地看出，考虑局部振动后，频率在 20Hz 以上的轮对竖向作用力变化幅值明显增大。

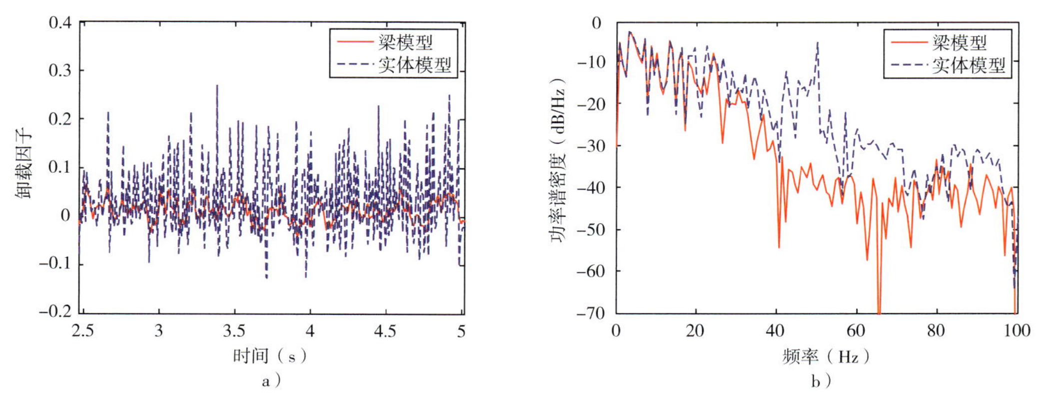

图 2.5-4　梁单元与实体单元对比——第 5 辆车第 2 轮对减载率时程曲线与轮对竖向力频谱
a）减载率时程；b）竖向力频谱

桥梁局部振动对轮对减载率影响较大，但对车体竖向加速度却影响甚微，图 2.5-5 表示了两种桥梁模型下的车辆竖向加速度变化时程响应，从图中可以看出，桥梁局部振动对乘坐的舒适性几乎没有影响。这也说明，车辆中一系弹簧和二系弹簧对桥梁振动具有隔振作用。

图 2.5–6 表示两种桥梁模型下跨中位移时程曲线。可见采用实体模型计算得到的跨中悬臂板外侧轨道处的动挠度要比采用杆系模型大 2mm 左右，且高频率成分差别显著。轨道内外动态高差对车辆运行安全性有较大影响。采用实体模型计算得到的内外轨动态高差要比采用杆系模型大 2mm 左右。桥梁变形将直接影响车轮，桥梁位移的差别解释了采用实体模型得到轮重减载率显著增大的现象。

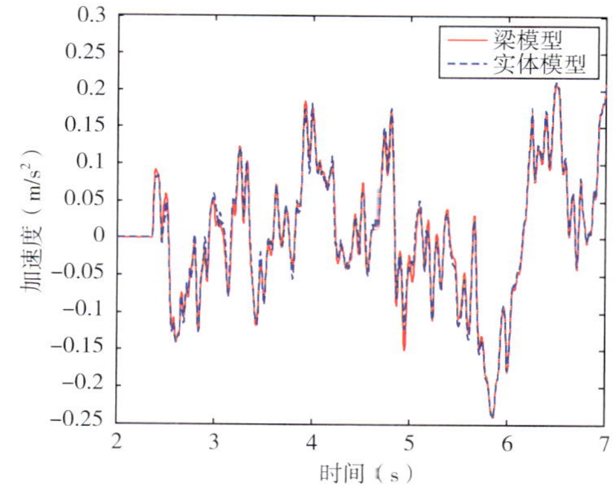

图 2.5–5　梁单元与实体单元对比——第 5 辆车车体前端竖向加速度

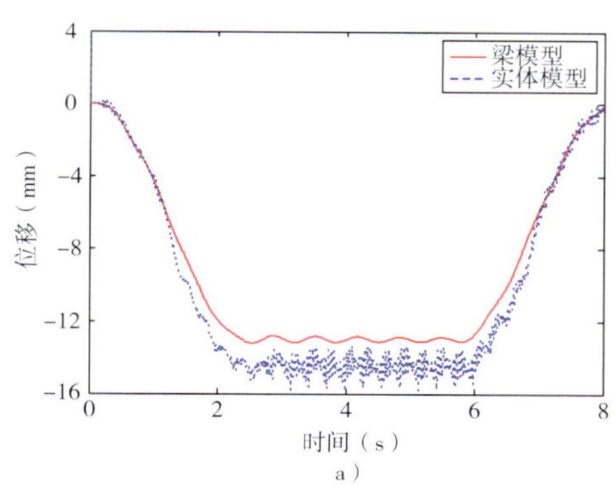

a）

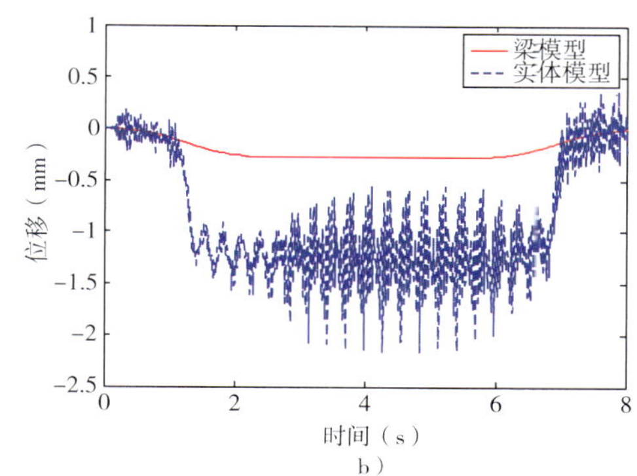

b）

图 2.5–6　梁单元与实体单元对比——桥梁跨中位移

a）外侧轨道；b）内外轨道差

（2）无加劲措施与加劲撑措施对比

由于车辆行走在悬臂板上，悬臂板局部振动将使得车辆运营的安全性有所降低。设计中采用了两种加劲措施试图提高悬臂板抗弯刚度：一是在箱梁悬臂板与腹板之间设钢管加劲撑，二是在箱梁悬臂板设置纵向钢筋混凝土防撞护栏。

下面分析设置加劲撑对悬臂板局部振动和车辆响应的影响，采用有无加劲撑的实体模型进行对比分析。

车辆动力响应对比表明：设置钢管加劲撑具有一定的降低减载率作用，但效果并不显著，如图 2.5–7 所示。

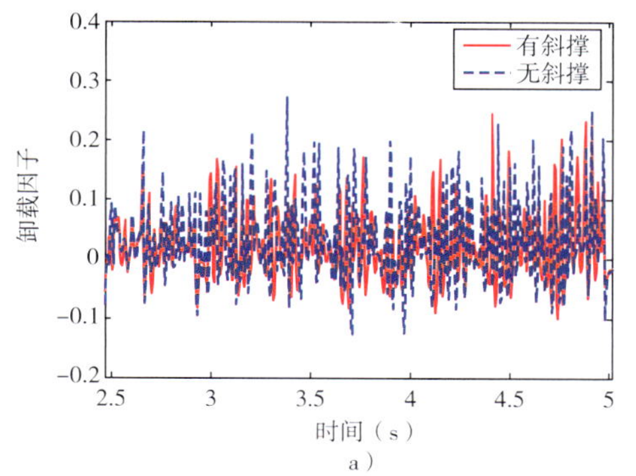

a）

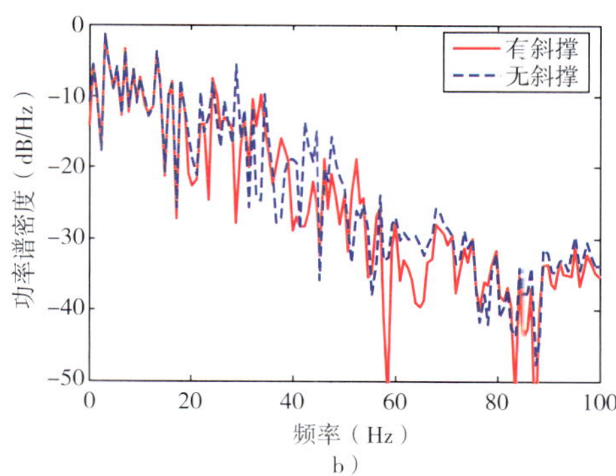

b）

图 2.5–7　无加劲措施与加劲撑措施对比——第 5 辆车第 2 轮对减载率时程与轮对竖向力频谱

a）减载率时程；b）竖向力频谱

桥梁动力响应对比表明：设钢管加劲撑对后桥梁跨中悬臂板外侧轨道位移（图 2.5–8）从 15.8mm 减小到 14.8mm 左右，减幅内为 1mm；而内外轨高度差从原来的 2.2mm 减小到 1.3mm 左右，减幅约为 0.9mm。可见，加撑方案对桥梁减振效果较好，但对增强车辆运行安全性的效果有限。

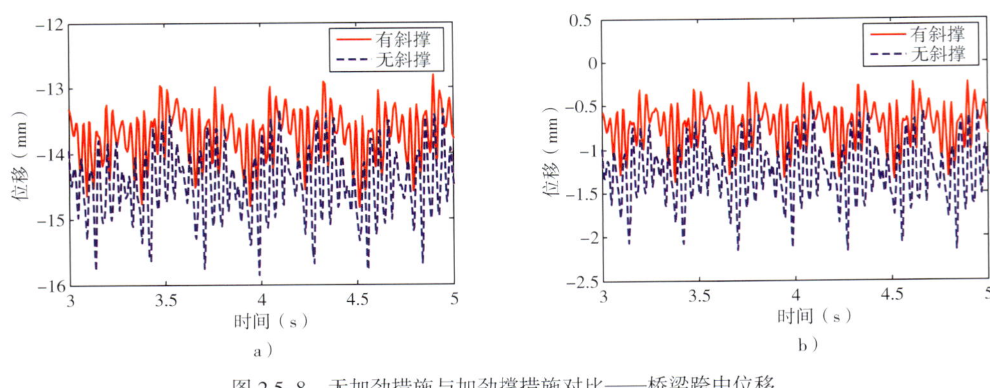

图 2.5–8　无加劲措施与加劲撑措施对比——桥梁跨中位移

a）外侧轨道；b）内外轨道差

（3）无加劲措施与防撞护栏加劲措施对比

下面分析防撞护栏加劲措施对悬臂板局部振动和车辆响应的影响。由图 2.5–9 可知，防撞护栏对减载率的降低效果较加劲撑措施稍好。据图 2.5–10 可知，设防撞护栏后，桥梁跨中悬臂板外侧轨道位移从 15.8mm 减小到 14.2mm 左右，减幅约为 1.6mm；而内外轨高度差从原来的 2.2mm 减小到 1.4mm 左右，减幅约为 0.8mm。总体而言，防撞护栏对于改善车辆和桥梁振动的效果均好于加劲撑措施。

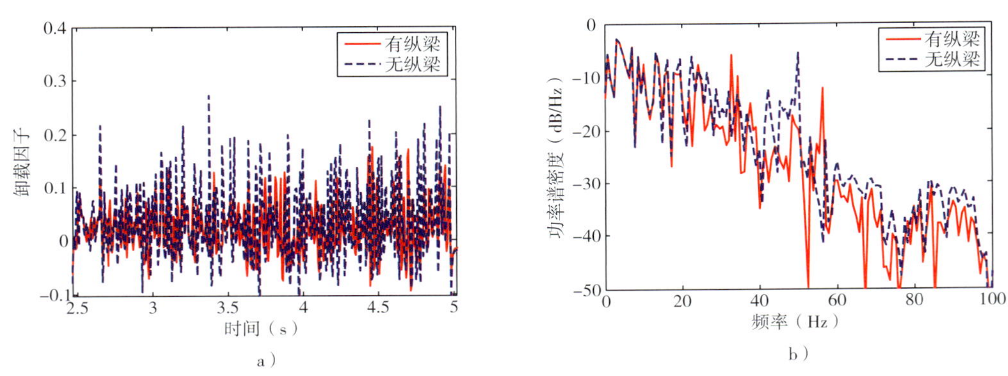

图 2.5–9　无加劲措施与防撞护栏加劲对比——第 5 辆车第 2 轮对减载率时程与轮对竖向力频谱

a）减载率时程；b）竖向力频谱

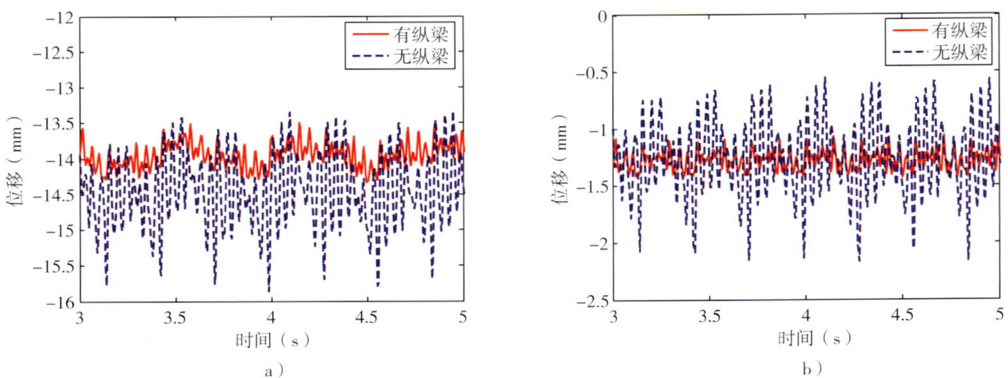

图 2.5–10　无加劲措施与防撞护栏加劲措施对比——桥梁跨中位移（外侧轨道）

a）外侧轨道；b）内外轨道差

防撞护栏与加劲撑相比，对减小内外轨高差的大小相当，但性质不同。采用加劲撑措施后内外轨竖向振动之差的均值（0.7mm 左右）较小而峰值（1mm 左右）较大，采用防撞护栏措施后内外轨竖向振动之差的均值（1.3mm 左右）较大而峰值（0.4mm 左右）较小。从车桥耦合振动的角度来看，防撞护栏措施比加劲撑措施稍好，因为内外轨高差峰值越小，越有利于车辆平稳行驶。

2.5.2　钢–混凝土组合梁引桥

1）计算模型和参数

上节的分析表明轻轨列车基本可布置于悬臂板之上。本节以上海长江大桥 90m+5×105m+85m 钢–混凝土组合连续箱形梁桥为研究对象，分析高速列车过桥时的车桥动力响应，从而指出将轨道布置于悬臂板上所能适用的车速范围。

为准确地模拟列车过桥的全过程，在 ANSYS 中建立了 7 孔连续梁模型，如图 2.5–11 所示。在有限元模型中，混凝土顶板采用变厚度 Shell63 单元模拟，钢腹板、底板以及加劲肋采用等厚度 Shell63 单元模拟，箱内钢管加劲撑和钢轨采用 Beam188 单元模拟。本节虽然考虑了钢轨的建模，但不考虑钢轨和桥面直接的弹性连接作用，而直接将钢轨与桥面板连接在一起。

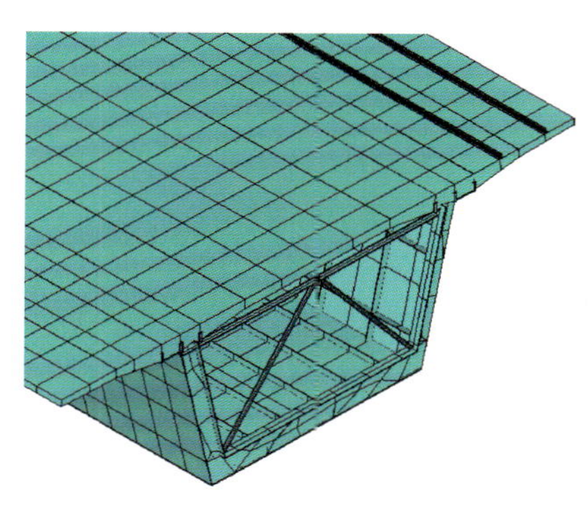

图 2.5–11　用于局部振动分析的钢–混凝土组合梁引桥有限元模型

由于该桥有限元模型包含单元 69 342 个、节点 61 403 个，因此自由度数量极为庞大。为提高模态分析效率，将 7 孔连续梁在支座处划分为 7 个子结构，采用固定界面模态综合法进行模态分析，且只将钢轨节点和单孔梁端连接处节点的自由度定义为主自由度，提取各个子结构的前 100 阶模态参与模态综合。由于本节只关心悬臂板的竖向振动，故在模态分析时采用缩减法，只将轨道节点的竖向自由度定义为主自由度。根据上述建模和模态分析方法，得到整桥的前 500 阶模态，频率范围为 0~42.69Hz，并采用这 500 阶模态进行车桥动力分析。桥梁阻尼采用瑞利阻尼，对应于 2Hz 和 40Hz 的阻尼比分别取为 2.5% 和 10%。

图 2.5–12 为桥梁中孔（第 4 孔）的部分振型和频率。可见，箱梁整体振动模态和悬臂板局部振动模态均有所体现，由于模态综合法和缩减法的采用，使得计算的各个模态集中反映悬臂板上轨道梁的振动特性，前 500 阶模态已经反映了频率高达 42Hz 的悬臂板局部振动模态，从而大大提高了列车作用下桥梁局部振动分析的效率。

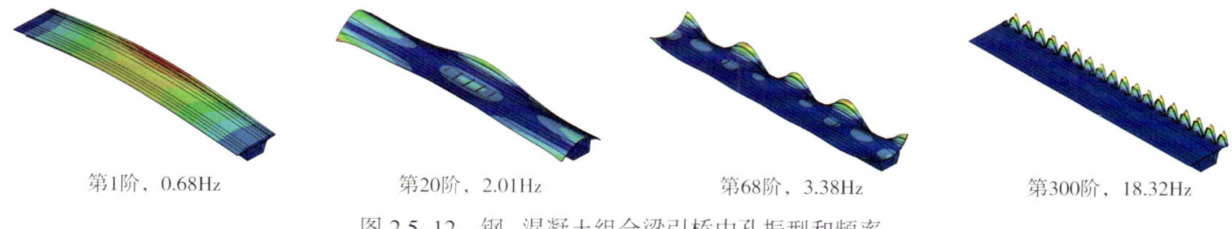

图 2.5–12　钢–混凝土组合梁引桥中孔振型和频率

采用 10 节编组的高速车辆模型，车辆参数由 Wu & Yang 提供。虽然只考虑桥梁竖向振动，但由于内外侧钢轨处的桥梁变形不同，故车辆模型仍考虑为空间模型。行车速度为 125~405km/h，速度间隔为 20km/h，采用德国低干扰轨道谱模拟轨道的不平顺。为便于相互对比验证，分别采用移动荷载、轮轨密贴接触模型和轮轨非密贴接触模型进行计算。

2）共振条件分析

移动荷载列作用下简支梁的第一共振条件的力学意义为：移动荷载列的周期性动力作用与桥梁

自振频率一致而导致发生共振现象。将这一现象推广至任意结构形式的桥梁，车辆可近似简化为一个或者多个荷载列过桥，其对桥梁的激振频率可表示为：

$$f_v=\frac{v}{d_v}=j \qquad (j=1，2，3，\cdots) \tag{2.5-1}$$

式中：v——列车运行速度；

f_v——荷载列的激振频率；

d_v——车辆的特征长度，一般可取为轴距、转向架定距或者车辆长度；

j——荷载列产生的周期性激振效应展开为傅立叶级数时，对应的不同频率的谐波激振效应。

当车辆激励频率与桥梁自振频率一致时，车桥共振条件可表示为

$$f_v=f_b=\frac{v}{d_v}=j \qquad (j=1，2，3，\cdots) \tag{2.5-2}$$

式中：f_b——桥梁竖向自振频率。

由于实际列车特征长度具有多样性，桥梁频率也有多个，而且 j 可取不同的值，因此桥梁存在多个共振速度。

3）车桥动力计算结果分析

（1）桥梁响应

图 2.5-13 为不同车速下桥梁中孔跨中外侧轨道和悬臂板端部最大位移，图 2.5-14 为不同车速下桥梁中孔跨中外侧轨道和悬臂板端部最大加速度，图 2.5-15 为不同车速下桥梁中孔跨中悬臂板根部横向最大拉应力。

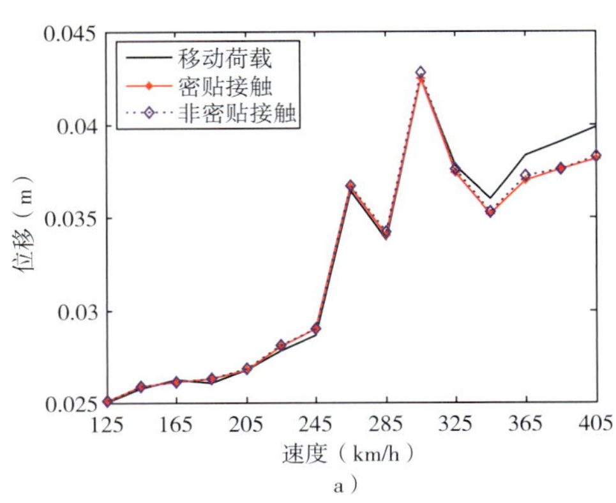

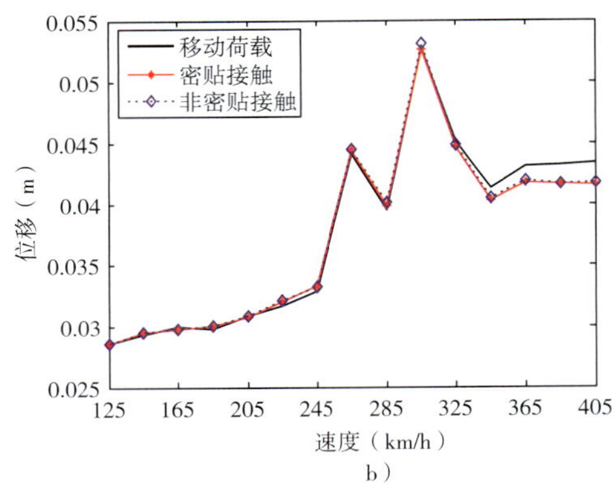

图 2.5-13 中孔跨中位置桥梁最大位移

a）外侧轨道；b）悬臂端部

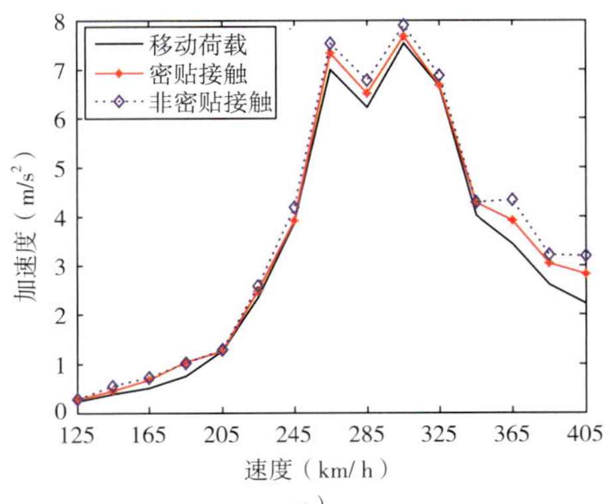

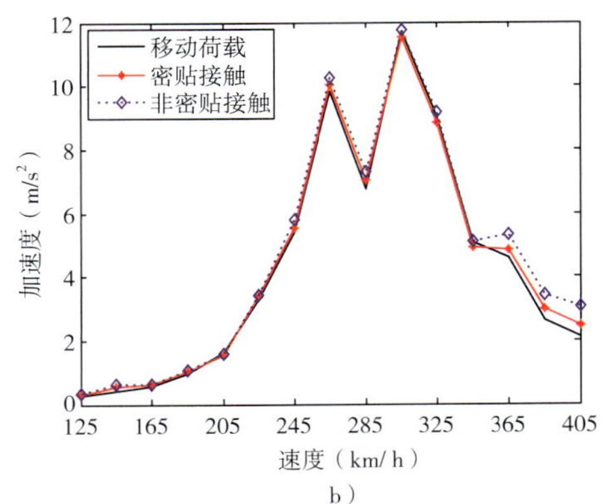

图 2.5-14 中孔跨中位置桥梁最大加速度

a）外侧轨道；b）悬臂端部

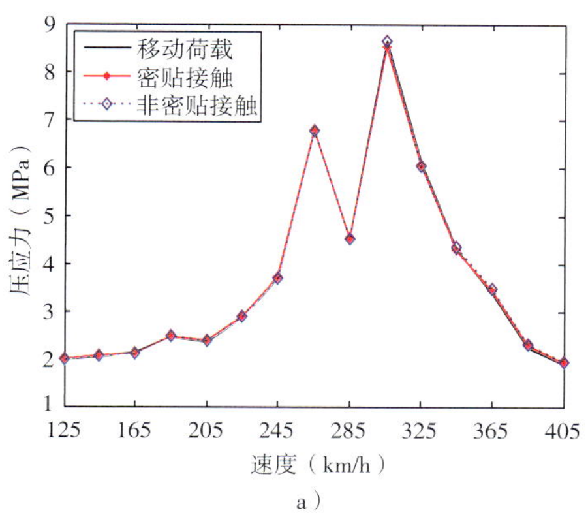

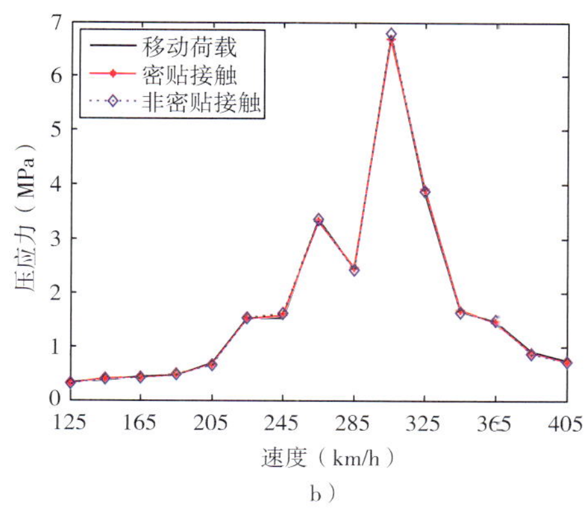

图 2.5-15　中孔跨中位置悬臂板根部横向最大拉应力

a）顶板；b）底板

从上述各图可见，移动荷载、轮轨密贴接触和非密贴接触模型下桥梁响应差异并不大，在车速为 305km/h 时，桥梁位移、加速度和应力响应出现峰值，这意味着列车作用下桥梁发生共振现象。由共振条件式（2.5-1）和式（2.5-2）可知，在 j=1 时，车速 305km/h 和车长 25m 对应的桥梁共振频率为 3.39Hz。

由图 2.5-13~ 图 2.5-15 可知，在车速为 205km/h 以下时，桥梁位移、加速度和应力响应均较小，且随车速变化比较平缓，表明车辆对桥梁的冲击作用不是很大；而当车速达到 245km/h 或者更高时，桥梁加速度接近或者超过 5m/s^2 的限值，将影响轨道稳定性，混凝土拉应力将接近或者超过 4MPa，从而影响桥梁安全性。因此，从轨道稳定性和桥梁安全性的角度来看，不适合将车速超过 245km/h 的高速铁路布置于悬臂板之上。

图 2.5-16 为车速在 305km/h 以下中孔跨中位置外侧轨道位移和加速度时程曲线，图 2.5-17 为中孔跨中位置悬臂板根部顶板横向动应力时程曲线。根据频谱分析可知，车速在 305km/h 以下发生共振时桥梁位移、加速度和应力的卓越频率均为 3.36Hz 左右，这一卓越频率与由共振条件得出的共振频率以及桥梁某一自振频率（图 2.5-12）吻合。

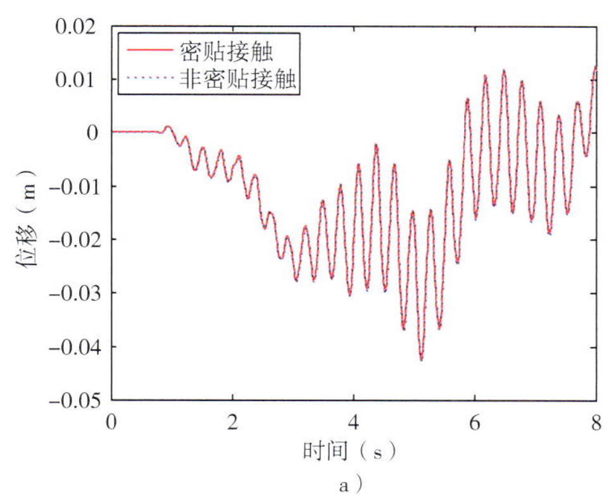

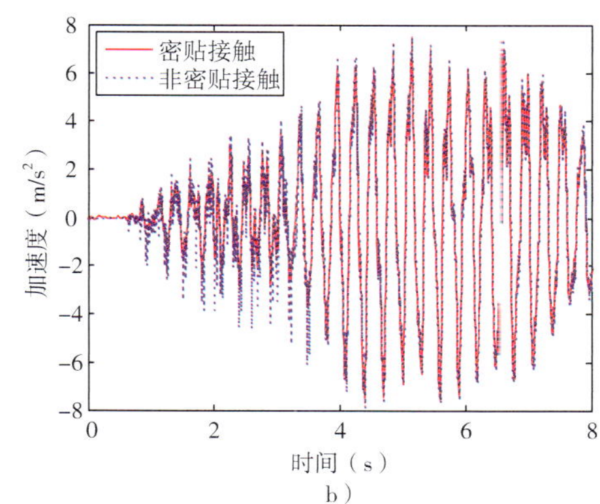

图 2.5-16　车速 305km/h 下中孔跨中位置外侧轨道位移和加速度时程曲线

a）位移时程曲线；b）加速度时程曲线

（2）车辆响应

图 2.5-18 为不同车速下采用轮轨密贴接触和非密贴接触模型时最大轮重减载率，图 2.5-19 为不同车速下采用轮轨密贴接触和非密贴接触模型时最大车体加速度。可见，轮重减载率和车体加速度在总体趋势上是随着车速增大而增大。在车速较低时，采用轮轨密贴和非密贴接触模型对轮重减载率的计算结果影响不大，而高速时采用两种模型得到的结果差别较大。

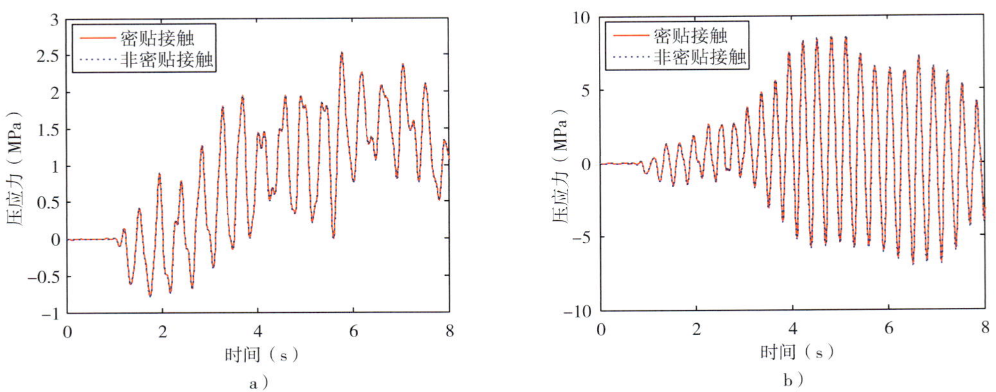

图 2.5–17　中孔跨中位置悬臂板根部顶板横向动应力时程曲线
a）车速 205km/h；b）车速 305km/h

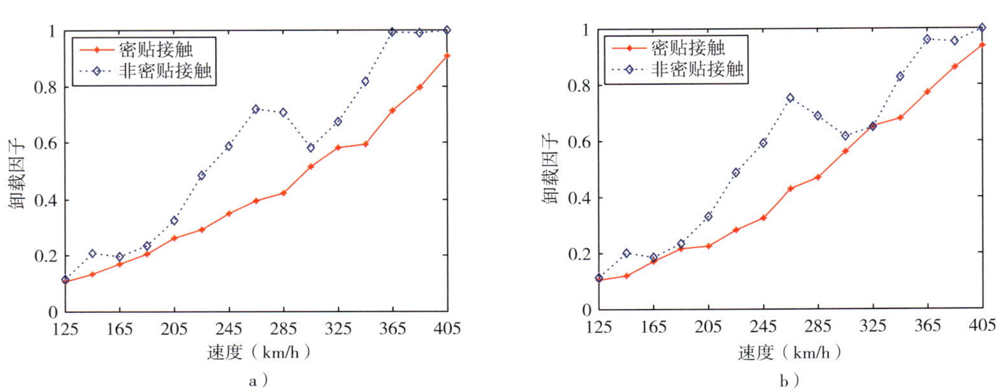

图 2.5–18　轮轨密贴接触和非密贴接触模型下最大轮重减载率
a）第 5 辆车第 1 轮对；b）第 8 辆车第 1 轮对

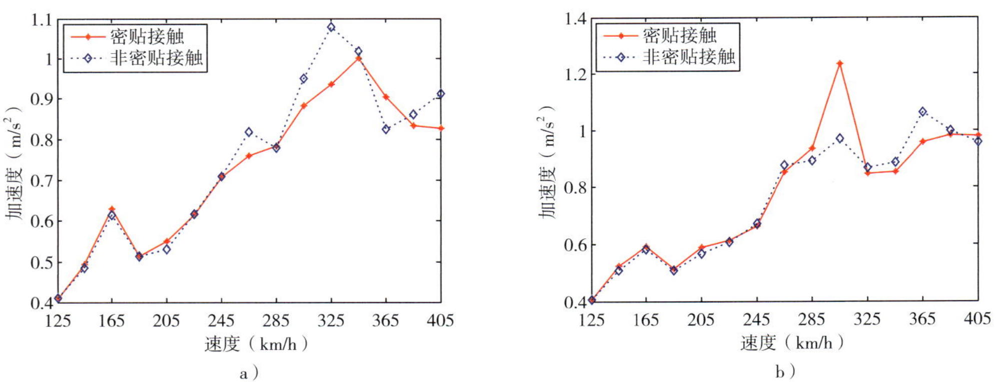

图 2.5–19　轮轨密贴接触和非密贴接触模型下最大车体加速度
a）第 5 辆车车体前端；b）第 8 辆车车体前端

从车辆运行的安全性和舒适性角度来看，在车速为 205km/h 时，车辆运行的安全性和舒适性良好；在车速为 205~305km/h 范围内时，车辆仍有较好的安全性和舒适性；在车速达到 305km/h 以上时，车辆处于不安全的临界状态，车辆舒适性也显著降低。

2.6 连续梁整体特性的车桥动力分析

连续梁主梁的断面均为箱形断面，每幅桥的设计活载均为 3 车道公路—I 级荷载和单线轨道交通轻轨荷载，其中轨道车辆行车位置处于箱梁外侧的悬臂板上。

本节按空间杆系单元建立梁、墩体系空间计算模型以及空间轨道车辆模型，应用车、桥耦合原理以及相互作用的振动理论，对三种不同结构类型的连续梁桥在道路和轨道荷载作用下进行动力仿真计算，从理论上分析桥梁的动力响应和列车车辆过桥的走行性、抗脱轨的安全性，并根据理论计算结果，分析桥梁刚度设计值的合理性和行车的走行性。

2.6.1 计算模型和参数

1）桥梁计算模型和参数

三种类型的连续梁桥均为左右两幅桥，对于同一类型桥，其左右两幅的结构形式与尺寸相同，因此取每类桥中的一幅计算即可。各计算桥型每幅桥梁的二期恒载均按 100kN/m 考虑。桥梁阻尼按照瑞利阻尼取定，一阶横向和一阶竖向自振频率对应的阻尼比均按 0.5%选取。

（1）深水区预应力混凝土连续箱形梁桥计算模型

箱梁跨中截面尺寸如图 2.6–1 所示，墩体构造如图 2.6–2 所示。

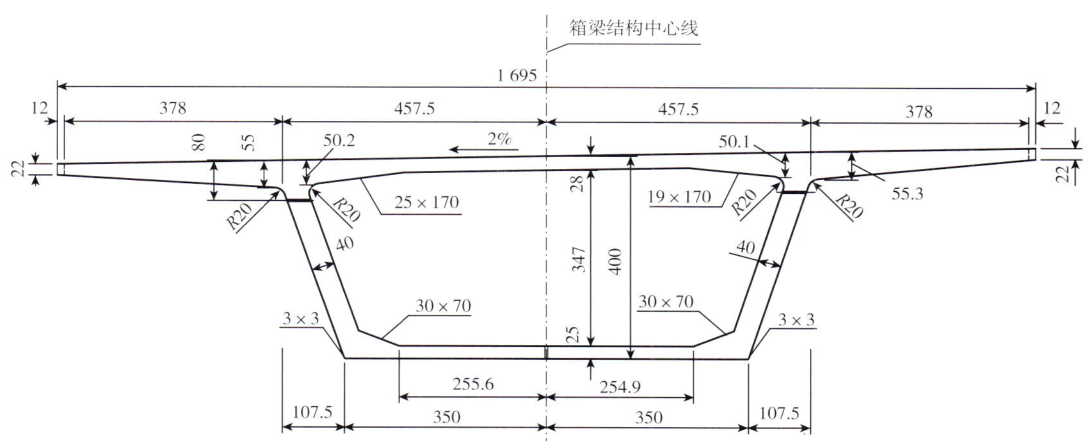

图 2.6–1 深水区预应力混凝土连续箱形梁桥跨中截面图（尺寸单位：cm）

桥梁采用空间杆系有限元分析模型。桥墩与主梁采用主从节点方式约束，桥墩基础采用固结方式处理。全桥共划分单元 223 个，节点 232 个。桥梁单元划分及每个单元对应的截面编号如图 2.6–3 所示（图中上部分表示第 1、5 跨单元划分及每个单元对应的截面编号，下部分表示第 2~4 跨单元划分及每个单元对应的截面编号）；桥梁各截面几何特征见表 2.6–1，结构计算模型如图 2.6–4 所示。

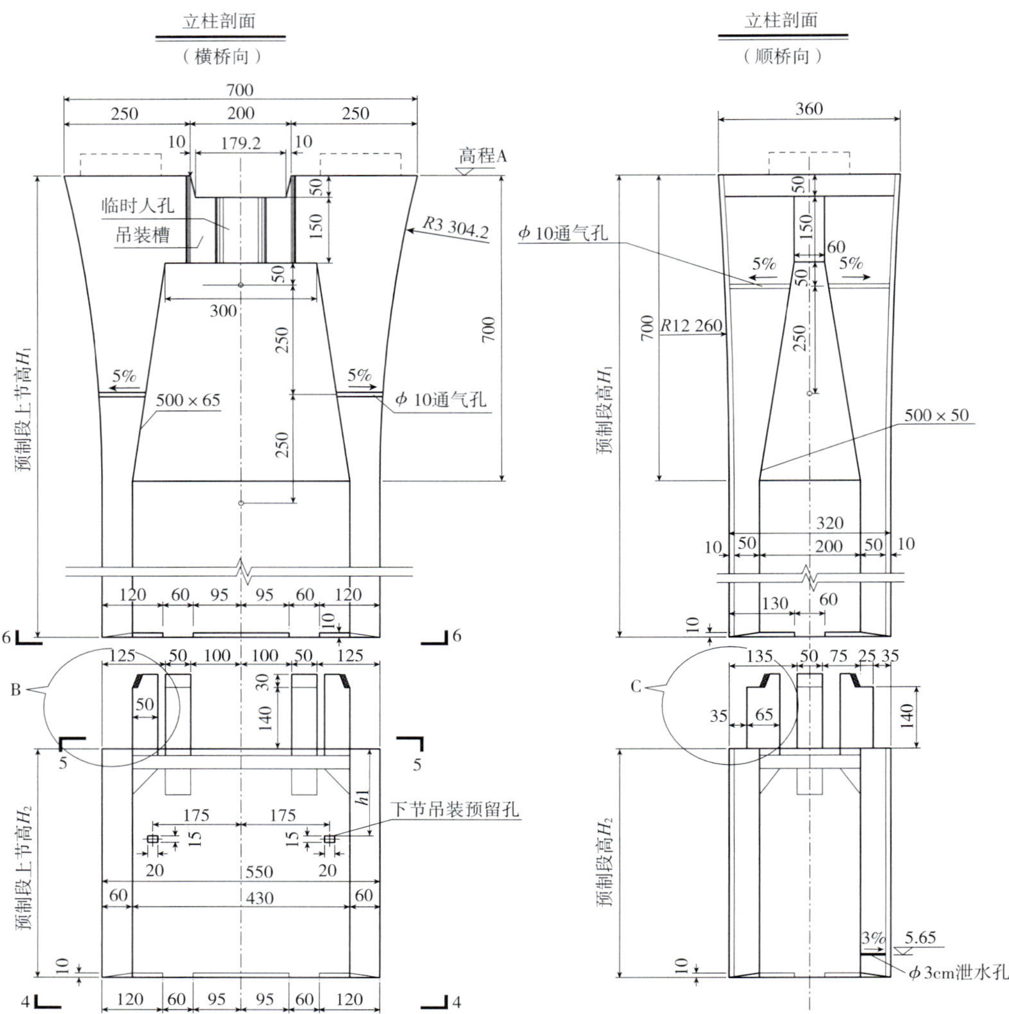

图 2.6–2　深水区预应力混凝土连续箱形梁桥墩体构造图（尺寸单位：cm，高程单位：m）

图 2.6–3　深水区预应力混凝土连续箱形梁桥截面划分示意图

深水区预应力混凝土连续箱形梁桥截面几何特征表 表 2.6-1

截面编号	面积（m²）	I_{XX}（m⁴）	I_{YY}（m⁴）	I_{ZZ}（m⁴）	截面编号	面积（m²）	I_{XX}（m⁴）	I_{YY}（m⁴）	I_{ZZ}（m⁴）
1	35.18	120.8	53.14	358.90	13	10.82	48.97	24.66	197.70
2	14.91	62.9	32.64	237.50	14	11.09	50.15	25.27	200.60
3	19.84	87.36	41.81	263.10	15	11.57	52.23	26.40	205.70
4	19.84	87.38	41.81	263.10	16	12.07	54.13	27.47	210.80
5	14.64	61.72	32.20	235.20	17	12.56	55.94	28.50	215.70
6	14.09	60.33	31.28	230.40	18	13.04	57.43	29.45	220.40
7	13.57	58.96	30.37	225.60	19	13.52	58.84	30.34	224.90
8	13.09	57.53	29.48	221.00	20	14.02	60.19	31.24	229.60
9	12.60	55.97	28.52	216.20	21	14.56	61.56	32.15	234.30
10	12.09	54.19	27.48	211.20	22	16.14	69.77	35.36	244.20
11	11.59	52.28	26.41	205.90	23	18.57	82.11	39.89	256.80
12	11.09	50.16	25.27	200.60	24	8.99	28.28	11.85	31.31

图 2.6-4 深水区预应力混凝土连续箱形梁桥计算模型

（2）辅航道预应力混凝土连续箱形梁桥计算模型

辅航道连续梁桥 1/2 立面如图 2.6-5 所示。桥墩与主梁采用主从节点方式约束，桥墩基础采用固结方式处理。全桥共划分单元 140 个，节点 148 个。

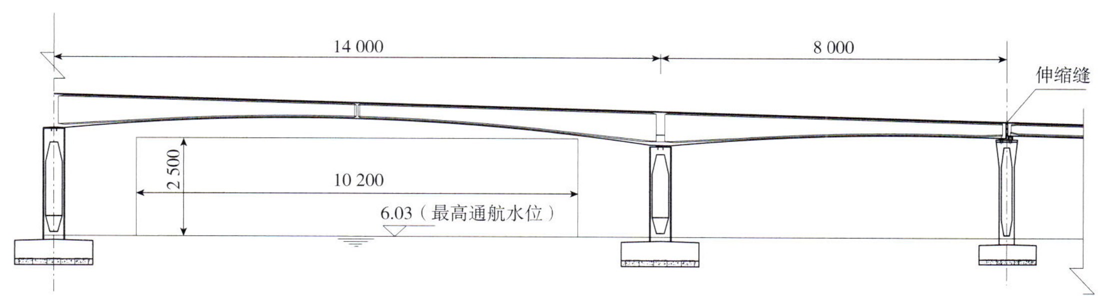

图 2.6-5 辅航道预应力混凝土连续箱形梁桥 1/2 立面图（尺寸单位：cm）

单元划分及每个单元对应的截面编号如图 2.6-6 所示（图中上部分表示第 1、4 跨单元划分及每个单元对应的截面编号，下部分表示第 2、3 跨单元划分及每个单元对应的截面编号）；桥梁各截面几何特征见表 2.6-2，结构计算模型如图 2.6-7 所示。

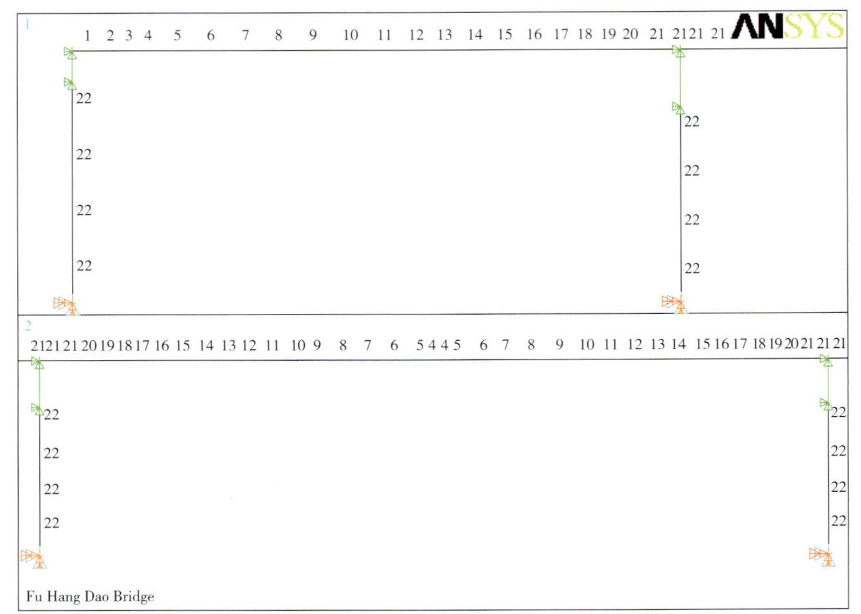

图 2.6–6　辅航道预应力混凝土连续箱形梁桥截面划分示意图

辅航道预应力混凝土连续箱型梁桥截面几何特征表　　表 2.6–2

截面编号	面积（m^2）	I_{XX}（m^4）	I_{YY}（m^4）	I_{ZZ}（m^4）	截面编号	面积（m^2）	I_{XX}（m^4）	I_{YY}（m^4）	I_{ZZ}（m^4）
1	35.41	129.40	54.32	337.47	12	15.77	104.62	61.02	254.87
2	23.59	93.10	41.36	275.05	13	16.72	117.85	71.48	264.00
3	11.76	56.80	28.40	212.63	14	17.78	133.06	84.26	273.84
4	11.76	56.80	28.40	212.63	15	18.95	150.10	99.76	284.28
5	11.78	57.14	28.62	212.79	16	19.95	167.00	116.65	292.61
6	11.86	58.54	29.52	213.46	17	20.76	183.47	134.83	298.59
7	12.16	61.85	31.54	216.87	18	21.55	199.77	154.23	304.23
8	12.71	67.24	34.83	223.15	19	23.10	219.73	177.46	317.41
9	13.35	74.34	39.35	230.23	20	25.53	245.03	206.98	338.47
10	14.10	83.23	45.32	238.14	21	51.18	512.59	351.15	477.54
11	14.91	93.36	52.52	246.43	22	12.71	106.49	44.91	93.47

图 2.6–7　辅航道预应力混凝土连续箱形梁桥计算模型

（3）非通航孔深水区钢–混凝土组合结构连续梁桥计算模型

桥梁采用空间杆系有限元分析模型。桥墩与主梁采用主从节点方式约束，桥墩基础采用固结方式处理。全桥共划分单元 151 个，节点 160 个。

桥梁单元划分及每个单元对应的截面编号如图 2.6–8 所示（图中上部分表示第 1、7 跨单元划分及每个单元对应的截面编号，下部分表示第 2~6 跨单元划分及每个单元对应的截面编号，其中 1~4 号桥墩截面号为 2，5~8 号桥墩截面号为 4）；桥梁各截面几何特征见表 2.6–3，结构计算模型如图 2.6–9 所示。

组合梁桥的截面特性是以钢为基准材料，通过将混凝土截面换算为钢截面来计算换算截面特性。

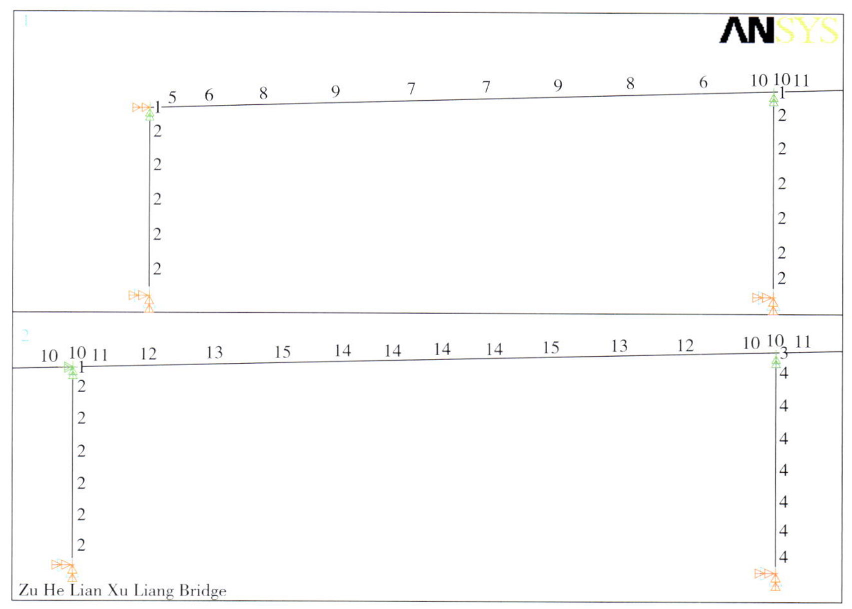

图 2.6-8 钢-混凝土组合结构连续梁桥截面划分示意图

钢-混凝土组合结构连续梁桥截面几何特征表 表 2.6-3

截面编号	面积（m^2）	I_{XX}（m^4）	I_{YY}（m^4）	I_{ZZ}（m^4）	截面编号	面积（m^2）	I_{XX}（m^4）	I_{YY}（m^4）	I_{ZZ}（m^4）
1	30.09	37.20	131.47	61.73	9	1.52	8.00	26.99	6.27
2	11.75	1.42	69.28	26.31	10	2.27	8.00	31.84	9.72
3	29.75	28.12	146.34	92.03	11	2.27	8.00	31.84	9.72
4	13.55	1.59	87.77	58.01	12	1.97	8.00	29.93	9.79
5	2.29	8.00	31.95	9.89	13	1.44	8.00	26.89	5.11
6	1.52	8.00	28.10	5.37	14	1.48	8.00	26.82	5.76
7	1.48	8.00	26.82	5.76	15	1.47	8.00	27.00	5.47
8	1.47	8.00	27.00	5.47	—	—	—	—	—

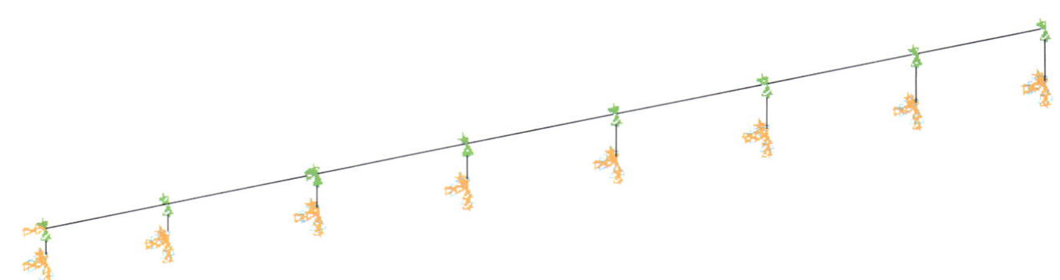

图 2.6-9 钢-混凝土组合结构连续梁桥计算模型

2）车辆计算模型和参数

（1）列车车辆模型

由于轻轨车辆的车型尚未确定，本报告暂时采用目前应用最为广泛的轻轨车辆建立计算模型。轻轨车辆基本组成部分可划分为：车体、走行部（转向架、轮对部件）、制动装置、车辆之间的连接部分、车辆内部设备等几个部分。对于研究车桥耦合振动来说，建模时只考虑车体、转向架、轮对以及由它们之间的弹性连接件所组成的二系悬挂体系，车辆模型如图 2.6-10 所示。对车辆动力分析的空间计算模型作如下假定。

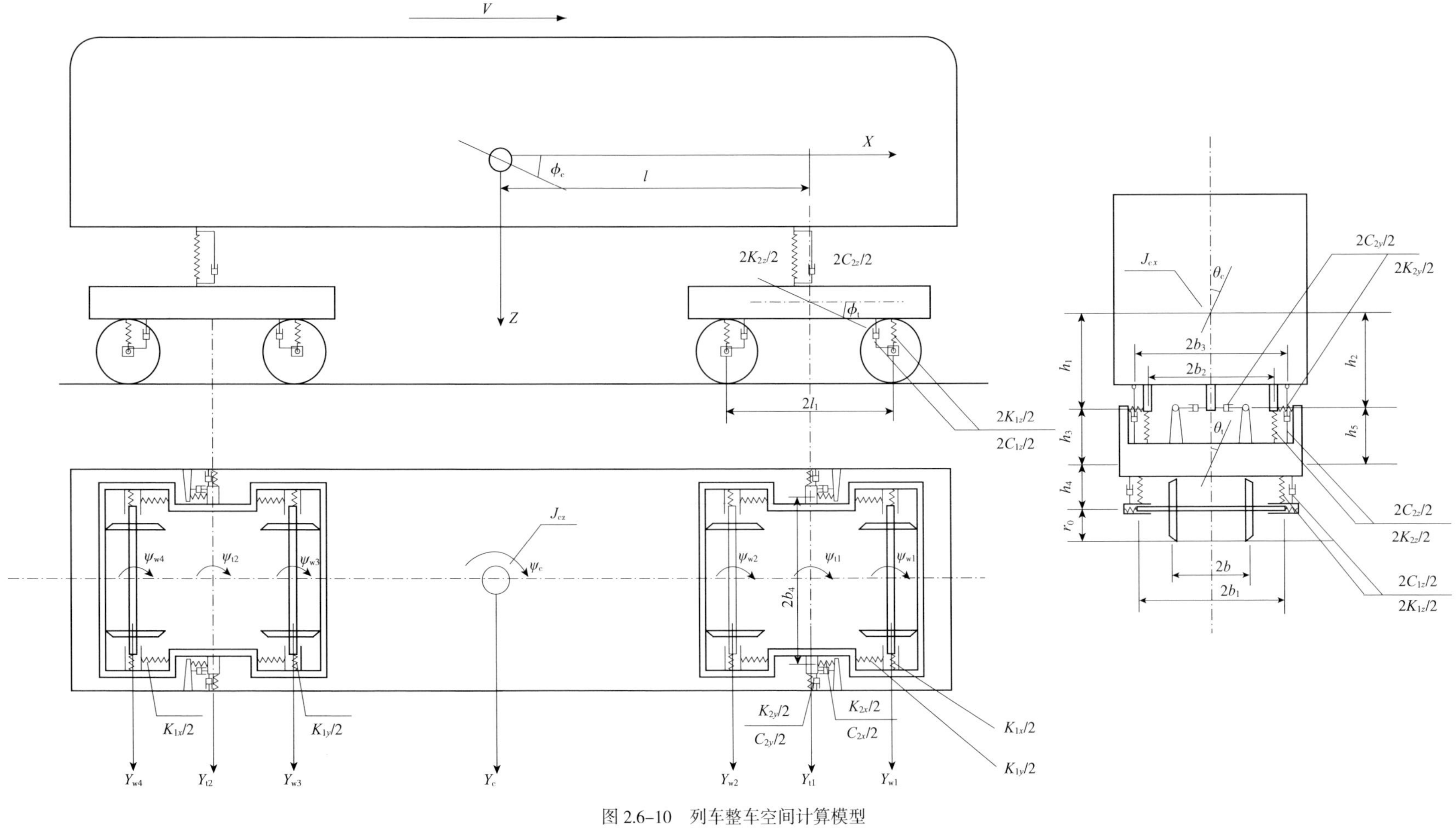

图 2.6-10 列车整车空间计算模型

①车体、转向架、轮对均视为刚体，不考虑各构件变形。

②不考虑车体、转向架和轮对沿车辆纵轴方向的振动。

③前、后车辆之间有搭钩连接，其约束非常弱，各节车辆组成列车时，不考虑前后车辆之间振动的相互影响。

④一系悬挂装置和二系悬挂装置的阻尼均作为线性黏滞阻尼来处理。

根据以上假定，车辆可以看做是由多刚体组成的多自由度动力系统。各刚体之间连接为弹性连接。车体、转向架均有 5 个自由度，用车辆动力学术语描述如下。

①沉浮。车体或转向架平行于原来的平衡位置，沿 z 轴方向的竖向振动，在每一时刻，车体或转向架各点的竖向位移是相同的。

②横摆。车体或转向架离开原来平衡位置，沿 y 轴方向振动。

③摇头。车体或转向架绕 z 轴的回转振动。

④点头。车体或转向架绕 y 轴的回转振动。

⑤侧滚。车体或转向架绕 x 轴的回转振动。

每个轮对具有横移、摇头 2 个自由度，轮对的沉浮和侧滚自由度不独立而是由轮轨接触处轨道决定。对于 4 轴车辆，整车共有 23 个自由度。

（2）汽车车辆模型

采用双轴车辆模型模拟汽车车辆，图 2.6–11 为双轴车辆计算模型。其中，M_1 为车体及车架的质量，M_2、M_3 分别为前后轮对轮轴和轮胎的质量；K_2、K'_2，C_2、C'_2 为轮对与车体之间的竖向连接刚度与阻尼；K_1、K'_1，C_1、C'_1 为轮胎的刚度与阻尼，a_1s、a_2s 分别为车体重心至前后轮对的距离。双轴车辆模型中车体具有 2 个自由度，分别为沉浮与点头，前后轮对各有 1 个竖向位移自由度，整车具有 4 个自由度。

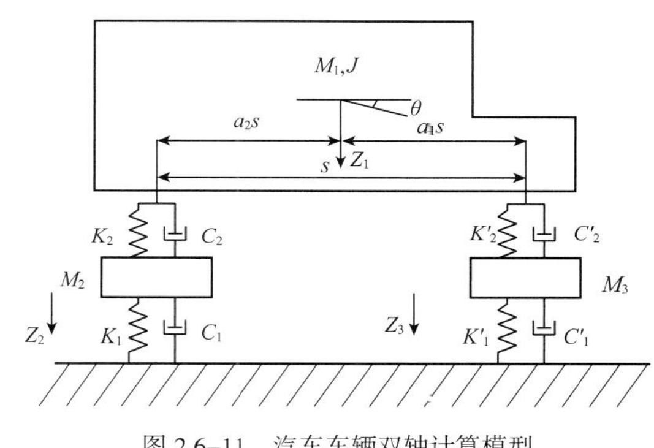

图 2.6–11　汽车车辆双轴计算模型

3）轨道不平顺

道路不平顺采用 1972 年国际标准协会制定的 ISOSCI/WG4 标准路面谱为生成的随机不平顺样本。

$$\begin{cases} S(\Omega) = S(\Omega_0)\left(\dfrac{\Omega}{\Omega_0}\right)^{-W_1} & (\text{当}\ \Omega \leqslant \Omega_0\ \text{时}) \\ S(\Omega) = S(\Omega_0)\left(\dfrac{\Omega}{\Omega}\right)^{-W_2} & (\text{当}\ \Omega \geqslant \Omega_0\ \text{时}) \end{cases} \tag{2.6–1}$$

式中：Ω——空间频率（cycle/m），$2\pi\Omega$ 即为空间圆频率，$1/\Omega$ 为波长；

Ω_0——0.16cycle/m；

W_1、W_2——分别取值为 W_1=2，W_2=1.5。

对于各等级路面，从“极好”、“好”、“一般”、“坏”到“极坏”，$S(\Omega_0)$ 平均取值分别为 4、16、64、256、1 024，单位为 $10^{-6}\text{m}^2/(\text{cycle/m})$。

采用三角级数叠加法，轨道不平顺的样本可由下式产生：

$$y(x) = \sqrt{2}\sum_{k=1}^{N}\sqrt{S(\Omega_k)\Delta\Omega}\cos(2\pi\Omega_k x + \varphi_k) \tag{2.6–2}$$

式中：$y(x)$——模拟的路面不平顺样本；

Ω_k——离散的空间频率；

$S(\Omega_k)$——给定的路面不平顺功率谱密度函数；

$\Delta\Omega$——频率间隔的带宽；

φ_k——服从（0，2π）均匀分布的随机相位。

图 2.6-12 是根据随机模拟生成的一段不平顺样本（路面等级为“较好”）。

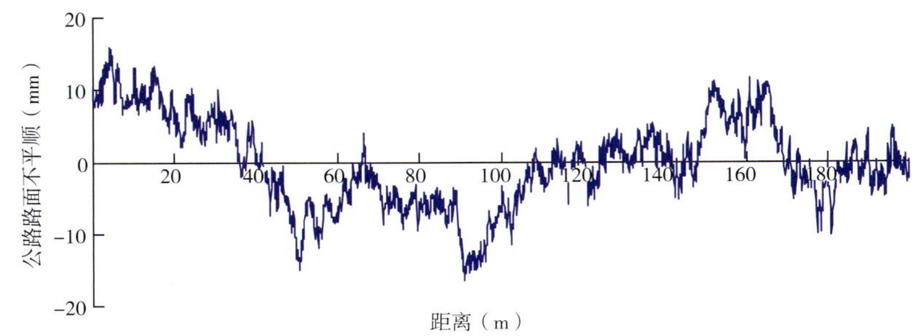

图 2.6-12　道路不平顺样本

轨道不平顺是引起列车振动的主要激振源。轨道不平顺引起的列车振动和轮轨作用力随车速的提高将成倍急剧增大，如果轨道的平顺度状态不良，将导致列车乘坐舒适性不良甚至脱轨。在诸多影响车桥振动的因素中，轨道不平顺始终是一个主要因素，其对动力分析的影响不容忽视，选取合理的轨道不平顺是计算结果真实可靠的重要条件。

美国联邦铁路管理局（FRA）根据大量实测资料得到线路不平顺功率谱密度，拟合成一个以截断频率和粗糙度常数表示的偶函数。其波长范围为 1.524~304.8m，轨道级别分为 6 级。

轨道谱的解析系表达式如下，各级轨道谱截断频率和粗糙度常数的取值见表 2.6-4。

高低不平顺：

$$S_v(\Omega)=\frac{kA_v\Omega_c^2}{\Omega^2(\Omega_c^2+\Omega^2)} \tag{2.6-3}$$

方向不平顺：

$$S_a(\Omega)=\frac{kA_a\Omega_c^2}{\Omega^2(\Omega_c^2+\Omega^2)} \tag{2.6-4}$$

轨道水平及轨距不平顺：

$$S_v(\Omega)=\frac{4\,kA_v\Omega_c^2}{(\Omega_c^2+\Omega^2)(\Omega_s^2+\Omega^2)} \tag{2.6-5}$$

式中：$S(\Omega)$——功率谱密度；

Ω——空间频率；

A_v——粗糙度常数；

Ω_c、Ω_s——截断频率；

k——系数，一般取为 0.25。

美国轨道谱参数　　表 2.6-4

参　　数		各级轨道的参数					
符号	单位	6 级	5 级	4 级	3 级	2 级	1 级
A_v	cm²・rad/m	0.033 9	0.209 5	0.537 6	0.681 6	1.018 1	1.210 7
A_a	cm²・rad/m	0.033 9	0.076 2	0.302 7	0.412 8	1.210 7	3.363 4
Ω_s	rad/m	0.438 0	0.820 9	1.131 2	0.852 0	0.930 8	0.604 6
Ω_c	rad/m	0.824 5	0.824 5	0.824 5	0.824 5	0.824 5	0.824 5
货车最高速度（km/h）		176	128	96	64	40	16
客车最高速度（km/h）		176	144	128	96	48	24

目前国内尚无轻轨交通轨道不平顺的实测数据，针对轻轨交通的实际情况本报告采用美国轨道谱模拟的随机不平顺，不平顺波长范围为 1~100m，图 2.6-13 是根据 5 级谱密度模拟出来的轨道高低、方向和水平不平顺的一段样本及其功率谱密度。

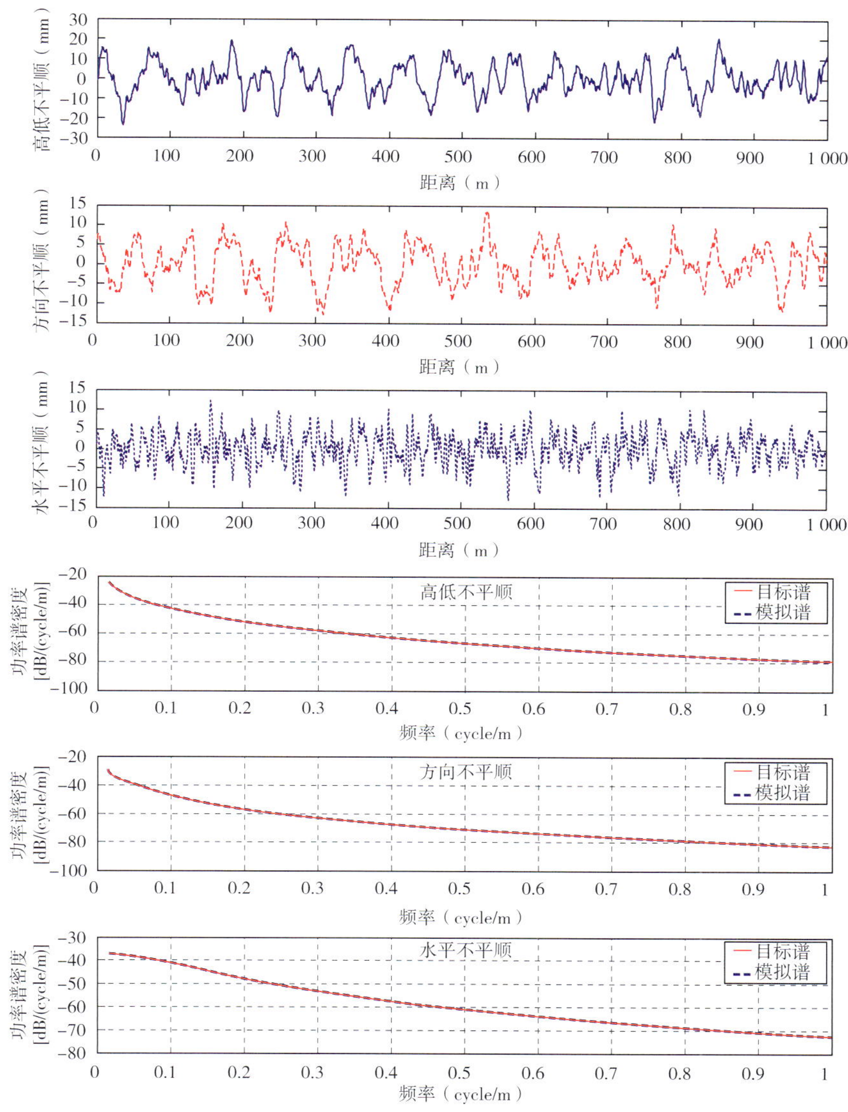

图 2.6-13　美国 5 级轨道不平顺样本及功率谱密度

2.6.2　加载工况图式

按桥梁设计活载，道路为 3 车道，轨道交通为单线，车桥耦合振动分析时采用实际车辆荷载，由于实际运营车辆加载情况比较复杂，特别是道路交通本身车辆在桥上分布具有很大的随机性，只能对给定的几种常见和比较不利的荷载工况进行车桥动力分析，为设计提供依据。

轻轨交通的车速比较低，车速变化范围比较小，本报告主要考虑以下 6 种比较不利的荷载工况。

（1）深水区预应力混凝土连续梁桥加载图式

工况 1：汽车荷载考虑单车道加载，且偏向列车车道，该车道有 12 辆重型汽车（加载长度约为 350m），在第 1、3、5 跨分别布置 4 辆重型汽车，每跨的车辆布置情况为前面车辆后轴与后面车辆前轴间距为 20m，车速均为 60km/h。

列车荷载考虑单线加载，每线车辆编组为 1 动 +8 拖 +1 动，车速为 60km/h。列车比汽车延迟 80m 进桥。

工况 2：加载情况与工况 1 相同，车速为 75km/h。

工况 3：加载情况与工况 1 相同，车速为 90km/h。

工况 4：汽车荷载考虑双车道加载，每车道有 12 辆重型汽车（加载长度约为 350m），在第 1、3、5 跨分别布置 4 辆重型汽车，每跨的车辆布置情况为前面车辆后轴与后面车辆前轴间距为 20m，车速均为 60km/h。

列车荷载考虑单线加载，每线车辆编组为 1 动 +8 拖 +1 动，车速为 60km/h。列车比汽车延迟 80m 进桥。

工况 5：加载情况与工况 4 相同，车速为 75km/h。

工况 6：加载情况与工况 4 相同，车速为 90km/h。

深水区引桥荷载工况见表 2.6–5，车辆布置图如图 2.6–14 和图 2.6–15 所示。

深水区引桥荷载工况　　表 2.6–5

项　目	加 载 情 况
工况 1	车速 60km/h。汽车单车道加载，布满 1、3、5 跨；列车布满第 3 跨
工况 2	车速 75km/h。汽车单车道加载，布满 1、3、5 跨；列车布满第 3 跨
工况 3	车速 90km/h。汽车单车道加载，布满 1、3、5 跨；列车布满第 3 跨
工况 4	车速 60km/h。汽车双车道加载，布满 1、3、5 跨；列车布满第 3 跨
工况 5	车速 75km/h。汽车双车道加载，布满 1、3、5 跨；列车布满第 3 跨
工况 6	车速 90km/h。汽车双车道加载，布满 1、3、5 跨；列车布满第 3 跨

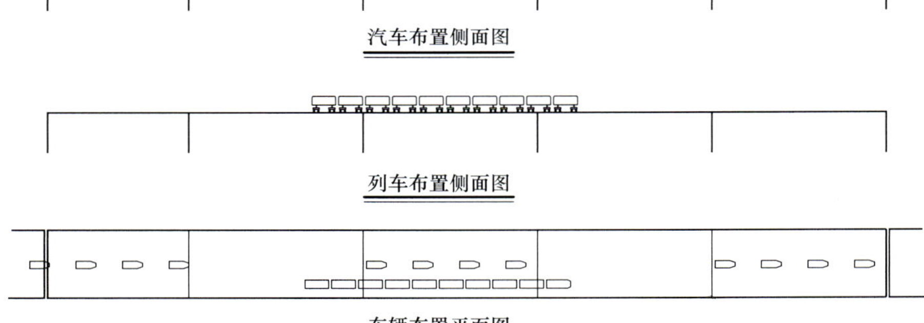

图 2.6–14　深水区引桥荷载工况 1~3 车辆布置图

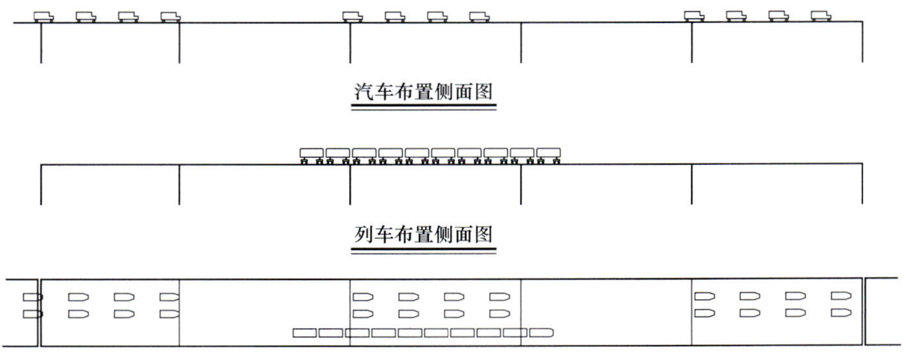

图 2.6–15　深水区引桥荷载工况 4~6 车辆布置图

（2）辅航道预应力混凝土连续箱形梁桥加载图式

工况 1：汽车荷载考虑单车道加载，每车道有 13 辆重型汽车（加载长度约为 360m），在第 1 跨分别布置 5 辆重型汽车，在第 3 跨分别布置 8 辆重型汽车，每跨的车辆布置情况为前面车辆后轴与后面车辆前轴间距为 20m，车速均为 60km/h。

列车荷载考虑单线加载，每线车辆编组为 1 动 +8 拖 +1 动，车速为 60km/h。列车比汽车延迟 100m 进桥。

工况 2：加载情况与工况 1 相同，车速为 75km/h。

工况 3：加载情况与工况 1 相同，车速为 90km/h。

工况 4：汽车荷载考虑双车道加载，每车道有 13 辆重型汽车（加载长度约为 360m），在第 1 跨分别布置 5 辆重型汽车，在第 3 跨分别布置 8 辆重型汽车，每跨的车辆布置情况为前面车辆后轴与后面车辆前轴间距为 20m，车速均为 60km/h。

列车荷载考虑单线加载，每线车辆编组为 1 动 +8 拖 +1 动，车速为 60km/h。列车比汽车延迟 100m 进桥。

工况 5：加载情况与工况 4 相同，车速为 75km/h。

工况 6：加载情况与工况 4 相同，车速为 90km/h。

辅航道引桥荷载工况见表 2.6-6，车辆布置如图 2.6-16 和图 2.6-17 所示。

辅航道引桥荷载工况　　表 2.6-6

项　目	加 载 情 况
工况 1	车速 60km/h。汽车单车道加载，布满 1、3 跨；列车布满第 3 跨
工况 2	车速 75km/h。汽车单车道加载，布满 1、3 跨；列车布满第 3 跨
工况 3	车速 90km/h。汽车单车道加载，布满 1、3 跨；列车布满第 3 跨
工况 4	车速 60km/h。汽车双车道加载，布满 1、3 跨；列车布满第 3 跨
工况 5	车速 75km/h。汽车双车道加载，布满 1、3 跨；列车布满第 3 跨
工况 6	车速 90km/h。汽车双车道加载，布满 1、3 跨；列车布满第 3 跨

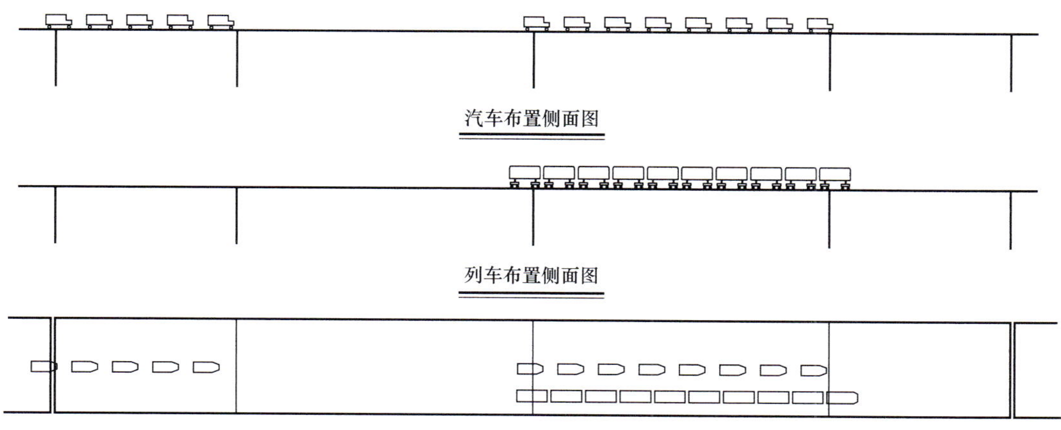

图 2.6-16　辅航道引桥荷载工况 1~3 车辆布置图

（3）非通航孔深水区钢 – 混凝土组合连续梁引桥加载图式

工况 1：汽车荷载考虑单车道加载，每车道有 24 辆重型汽车（加载长度约为 700m），在第 1、3、5、7 跨分别布置 6 辆重型汽车，每跨的车辆布置情况为前面车辆后轴与后面车辆前轴间距为 20m，车速均为 60km/h。

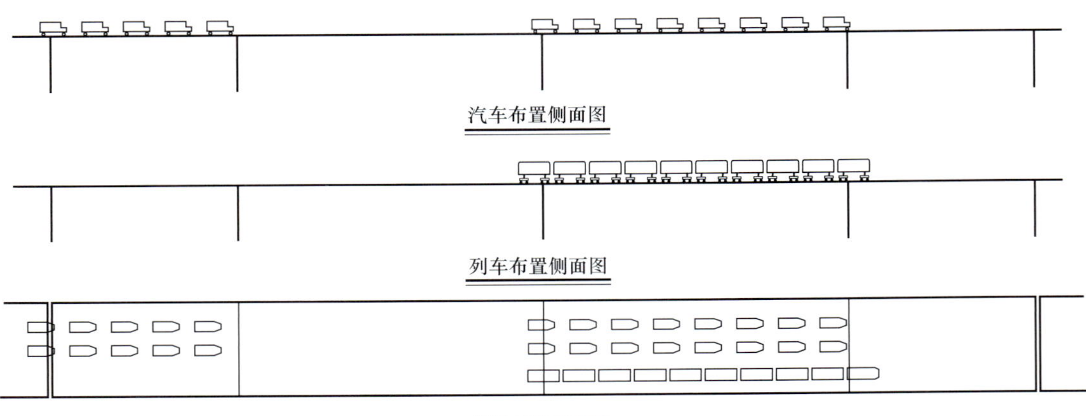

图 2.6-17　辅航道引桥荷载工况 4~6 车辆布置图

列车荷载考虑单线加载，每线车辆编组为 1 动 +8 拖 +1 动，车速为 60km/h。列车比汽车延迟 270m 进桥。

工况 2：加载情况与工况 1 相同，车速为 75km/h。

工况 3：加载情况与工况 1 相同，车速为 90km/h。

工况 4：汽车荷载考虑双车道加载，每车道有 24 辆重型汽车（加载长度约为 700m），在第 1、3、5、7 跨分别布置 6 辆重型汽车，每跨的车辆布置情况为前面车辆后轴与后面车辆前轴间距为 20m，车速均为 60km/h。

列车荷载考虑单线加载，每线车辆编组为 1 动 +8 拖 +1 动，车速为 60km/h。列车比汽车延迟 270m 进桥。

工况 5：加载情况与工况 4 相同，车速为 75km/h。

工况 6：加载情况与工况 4 相同，车速为 90km/h。

组合连续梁引桥荷载工况见表 2.6-7，车辆布置图如图 2.6-18 和图 2.6-19 所示。

组合连续梁引桥荷载工况　　表 2.6-7

项　目	加 载 情 况
工况 1	车速 60km/h。汽车单车道加载，布满 1、3、5、7 跨；列车布满第 3 跨
工况 2	车速 75km/h。汽车单车道加载，布满 1、3、5、7 跨；列车布满第 3 跨
工况 3	车速 90km/h。汽车单车道加载，布满 1、3、5、7 跨；列车布满第 3 跨
工况 4	车速 60km/h。汽车双车道加载，布满 1、3、5、7 跨；列车布满第 3 跨
工况 5	车速 75km/h。汽车双车道加载，布满 1、3、5、7 跨；列车布满第 3 跨
工况 6	车速 90km/h。汽车双车道加载，布满 1、3、5、7 跨；列车布满第 3 跨

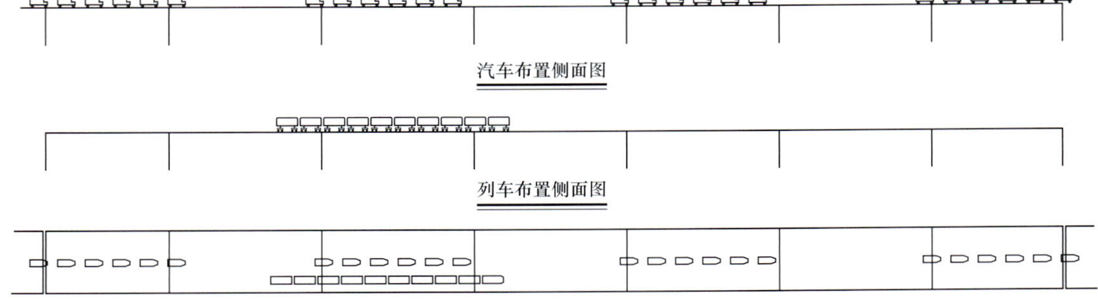

图 2.6-18　组合连续梁引桥荷载工况 1~3 车辆布置图

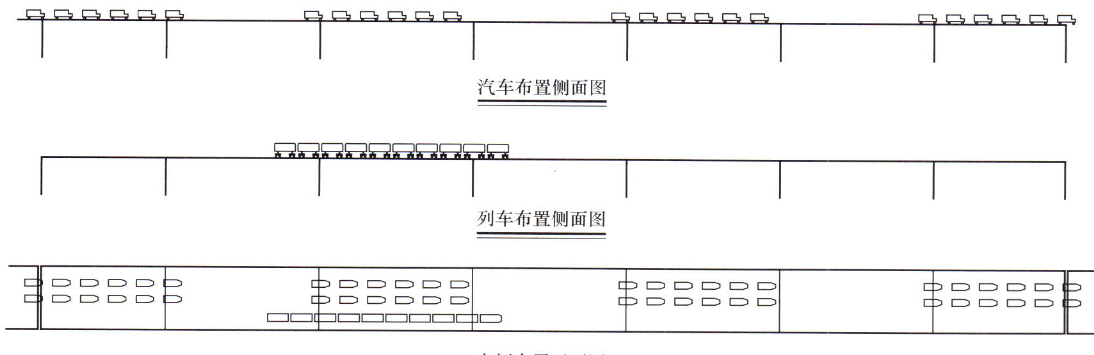

图 2.6-19　组合连续梁引桥荷载工况 4~6 车辆布置图

2.6.3　自振特性分析

按上述建立的桥梁模型计算得到三种类型桥梁的前 6 阶频率及其振型特征见表 2.6-8~ 表 2.6-10，振型图如图 2.6-20~ 图 2.6-22 所示。

（1）深水区预应力混凝土连续梁桥自振特性分析

从表 2.6-8 和图 2.6-20 可以看出，深水区预应力混凝土连续梁桥一阶振型为纵飘，频率较低，为 0.794 5Hz，振型主要表现在左边墩和右边墩的纵向弯曲，而一般情况下梁墩结构体系低阶振型表现为梁的变形。由此可见，该类引桥边墩纵向刚度较小。边墩的纵向刚度对行车走行性不会产生明显影响，但从长钢轨与梁跨的相互作用方面考虑，需要对桥墩纵向刚度有一定要求。因此，建议设计单位需注意检算边墩纵向刚度是否满足轨道桥梁设计规范的要求。

桥梁的二阶振型为横向弯曲，三阶振型为竖向弯曲，说明梁墩体系下由于墩的参与作用，使得墩梁体系横向刚度小于竖向刚度，因此桥梁横向弯曲振型先于竖向振型出现。

桥梁横向弯曲基频为 1.629 3Hz，竖向弯曲基频为 1.763 3Hz，如果按地铁规范对简支梁桥的横向基频作出要求（>90/L），那么对 70m 跨度连续梁桥来说其横向基频是不低的。

桥梁的横向振型和竖向振型交替出现，频率差值较小，表明横向刚度和竖向刚度基本相当，相差不大。

深水区引桥自振频率和振型　　表 2.6-8

阶　数	频率（Hz）	振 型 描 述	阶　数	频率（Hz）	振 型 描 述
1	0.794 5	纵飘	4	1.780 9	一阶横向反对称弯曲振动
2	1.629 3	一阶横向正对称弯曲振动	5	1.984 8	一阶竖向反对称弯曲振动
3	1.763 3	一阶竖向正对称弯曲振动	6	2.121 5	二阶横向正对称弯曲振动

（2）辅航道预应力混凝土连续梁桥自振特性分析

从表 2.6-9 和图 2.6-21 可以看出，对于主跨 140m 的 4 跨连续梁，首先出现的仍然是桥墩的纵飘，位于中墩，频率为 0.509 9Hz。由于桥梁跨度较大，桥梁的竖向刚度较小，故桥梁的竖向振型比横向振型先出现。桥梁的横向基频为 1.252Hz，其数值并不低，但前 3 阶横向振型中墩的参与作用很大，表现在振型中为墩的变形较大，墩的横向刚度在墩梁体系的横向振动中起主要作用。

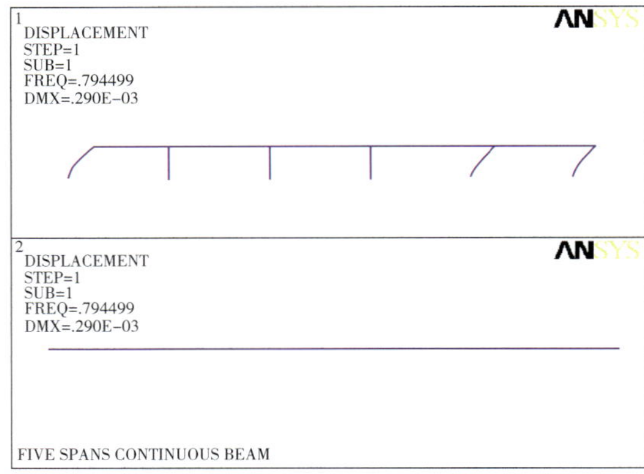

第 1 阶：纵飘

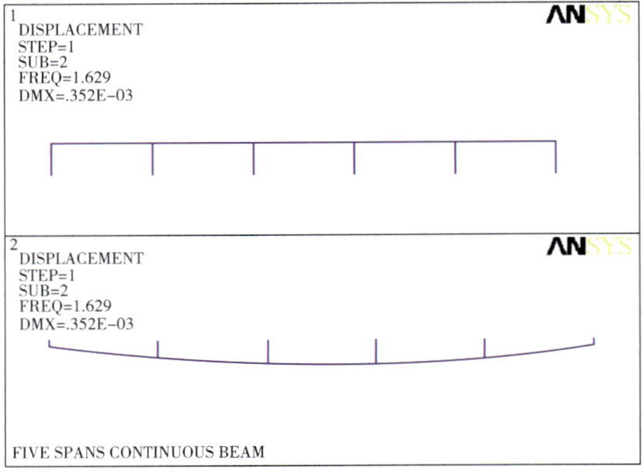

第 2 阶：一阶横向正对称弯曲振动

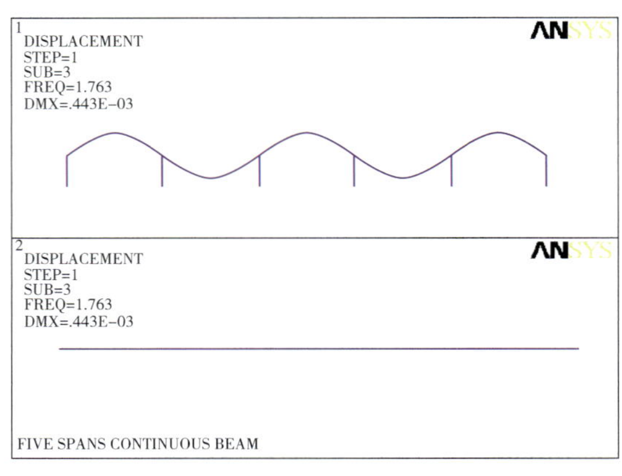

第 3 阶：一阶竖向正对称弯曲振动

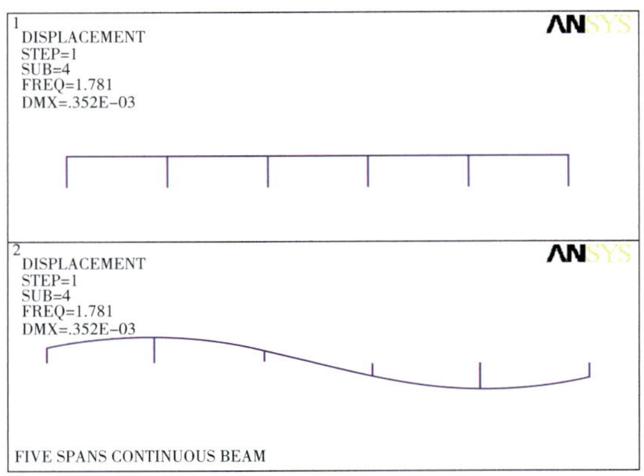

第 4 阶：一阶横向反对称弯曲振动

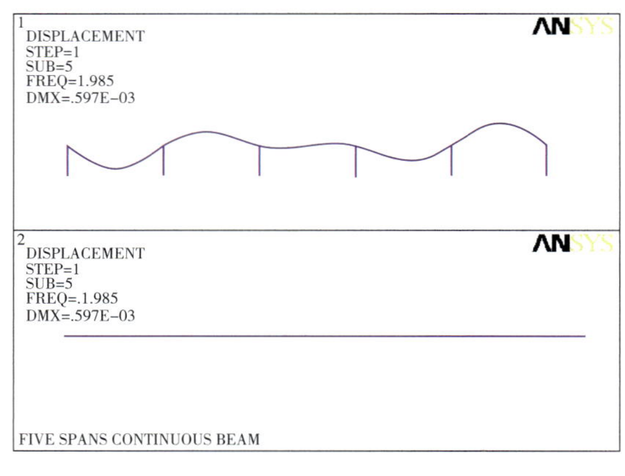

第 5 阶：一阶竖向反对称弯曲振动

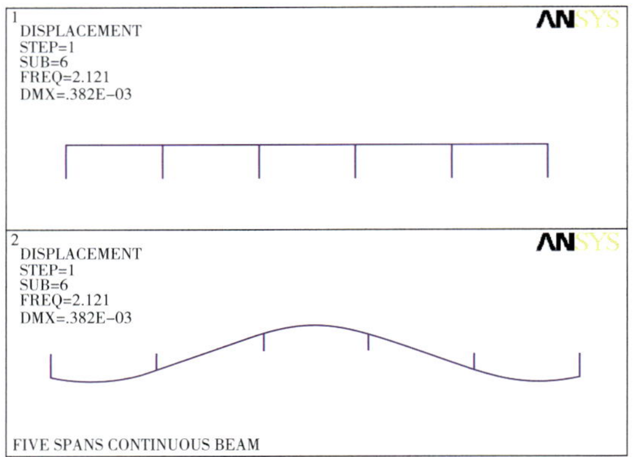

第 6 阶：二阶横向正对称弯曲振动

图 2.6-20　深水区引桥振型图

辅航道桥自振频率和振型　　表 2.6-9

阶　数	频率（Hz）	振 型 描 述	阶　数	频率（Hz）	振 型 描 述
1	0.509 9	纵飘	4	1.252 0	一阶横向正对称弯曲振动
2	0.742 1	一阶竖向反对称弯曲振动	5	1.260 2	一阶横向反对称弯曲振动
3	1.243 4	一阶竖向正对称弯曲振动	6	1.796 1	二阶横向正对称弯曲振动

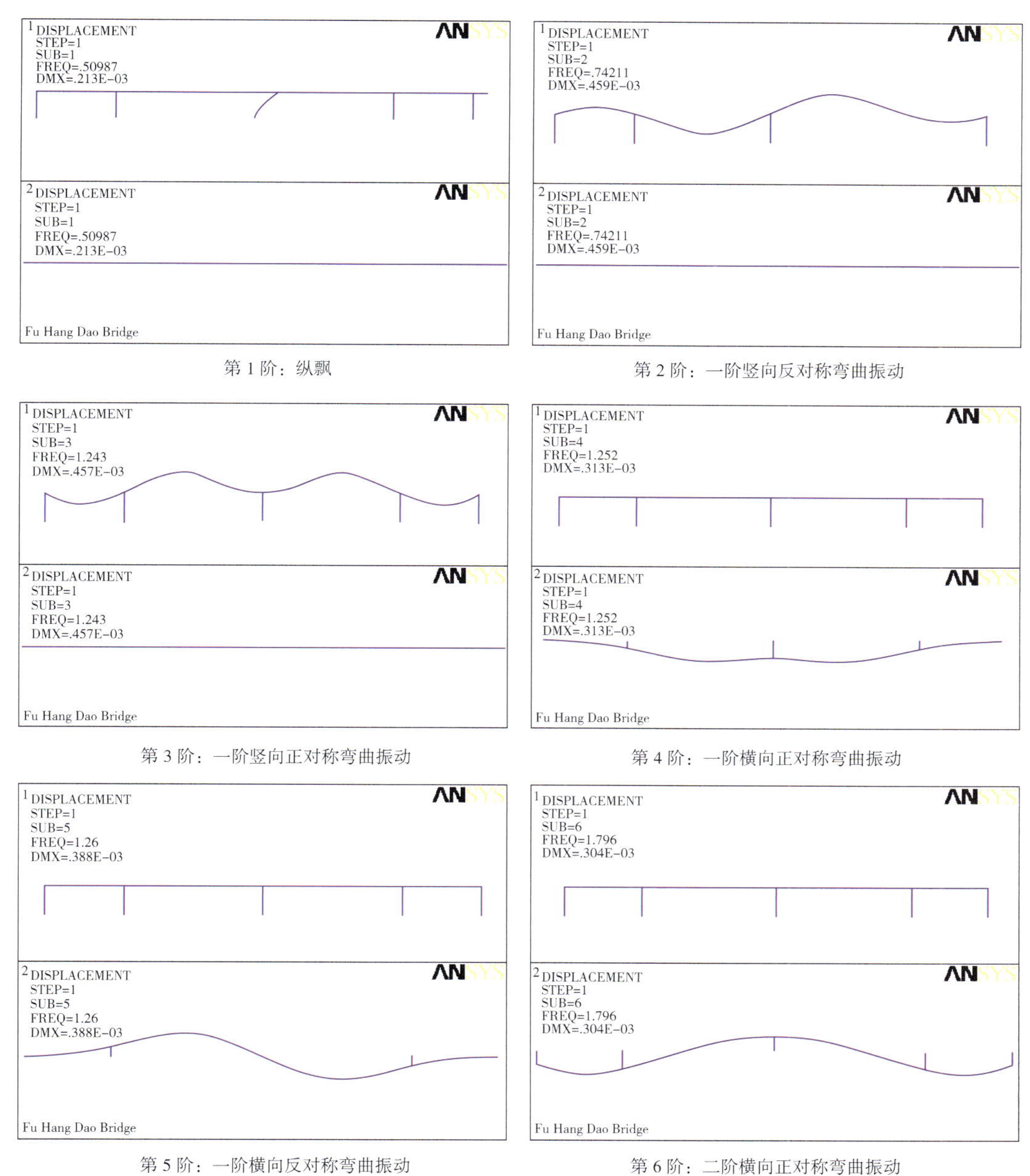

第 1 阶：纵飘　　第 2 阶：一阶竖向反对称弯曲振动

第 3 阶：一阶竖向正对称弯曲振动　　第 4 阶：一阶横向正对称弯曲振动

第 5 阶：一阶横向反对称弯曲振动　　第 6 阶：二阶横向正对称弯曲振动

图 2.6–21　辅航道桥振型图

（3）非通航孔深水区钢–混凝土组合连续梁引桥自振特性分析

钢–混凝土组合连续梁引桥第一阶振型为固定墩体纵向弯曲，如图 2.6–22 所示，其频率仅为 0.180 3Hz（表 2.6–10）。三种类型引桥中其一阶振型均为墩体纵向弯曲，且组合连续梁引桥纵向弯曲频率最低，这说明该桥桥墩纵向刚度较柔，要注意检算其是否满足规范要求。

影响列车走行性的主要因素是横向频率，本桥横向振动基频为 0.591 6Hz，与其他两类引桥相比，组合连续梁引桥的横向振动基频率最低，造成横向振动基频太低的主要原因并不是梁跨结构横向刚度小于引桥中其他类型的桥梁，而是本桥墩体较高、横向刚度较小，因而造成墩梁体系频率降低。对于钢–混凝土组合这样跨度的连续梁桥，目前相关规范中没有明确规定频率的限值，但这样高的桥墩设计，对于运营轨道车辆的桥梁来说应注意加强其横向刚度，否则将对桥梁横向振动产生不利影响。

桥梁的横向振型和竖向振型交替出现，表明横向刚度和竖向刚度基本接近。

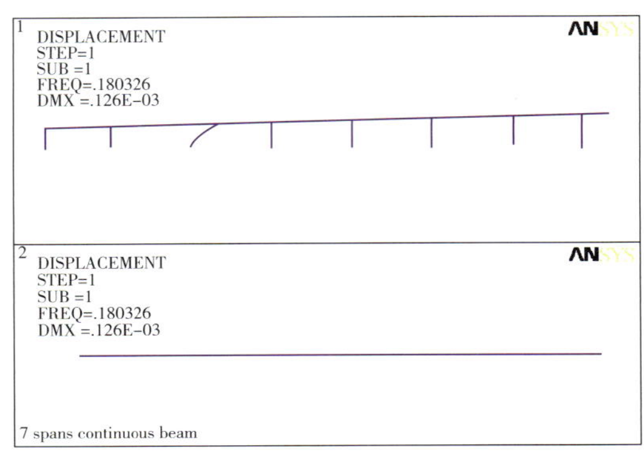

第 1 阶：固定支座桥墩、梁体纵向飘移

1 DISPLACEMENT
STEP=1
SUB =2
FREQ=.593498
DMX =.250E-03
2 DISPLACEMENT
STEP=1
SUB =2
FREQ=.593498
DMX =.250E-03

第 2 阶：墩、梁横向一阶弯曲

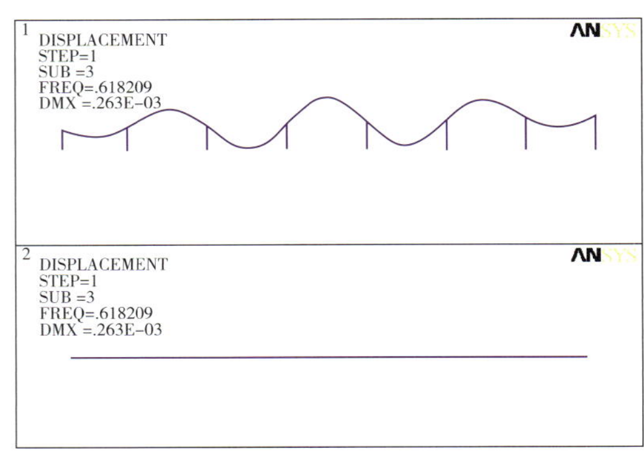

第 3 阶：主梁竖向一阶弯曲

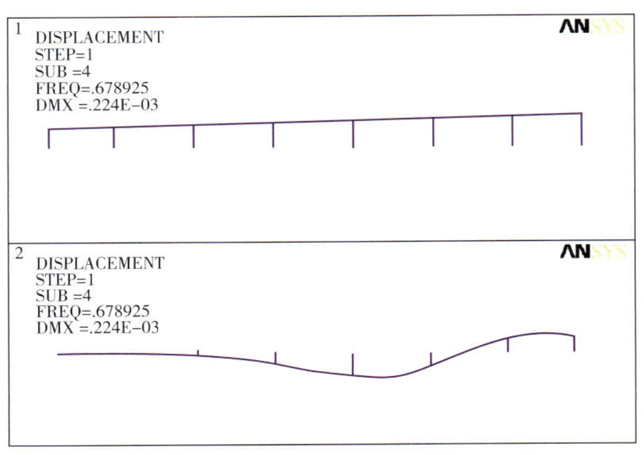

第 4 阶：墩、梁横向二阶弯曲

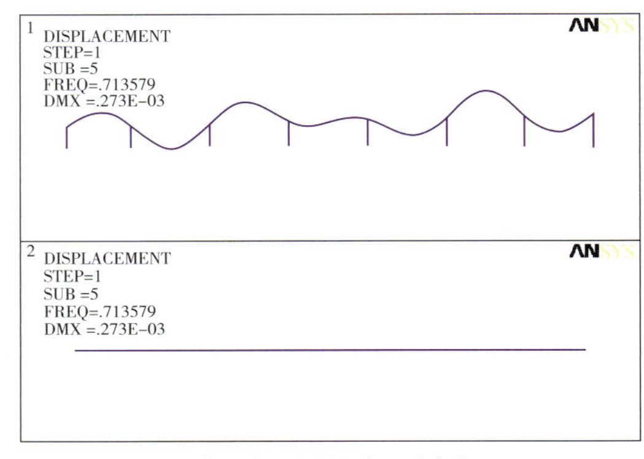

第 5 阶：主梁竖向二阶弯曲

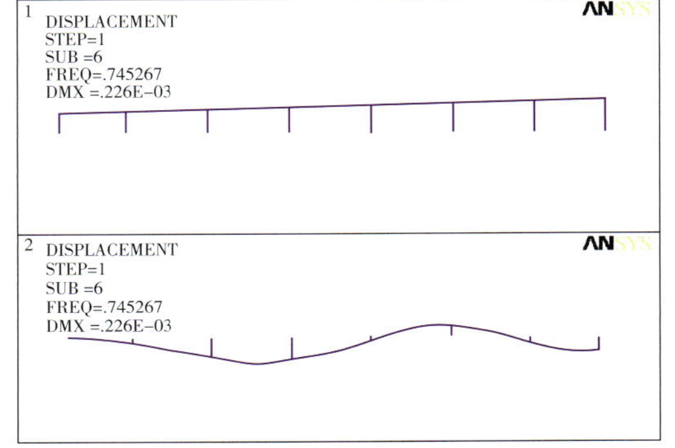

第 6 阶：墩、梁横向三阶弯曲

图 2.6-22　组合连续梁引桥振型图

组合连续梁引桥自振频率和振型　　表 2.6-10

阶　数	频率（Hz）	振 型 描 述	阶　数	频率（Hz）	振 型 描 述
1	0.180 3	固定支座桥墩、梁体纵向漂移	4	0.678 9	墩、梁横向二阶弯曲
2	0.593 5	墩、梁横向一阶弯曲	5	0.713 6	主梁竖向二阶弯曲
3	0.618 2	主梁竖向一阶弯曲	6	0.745 3	墩、梁横向三阶弯曲

2.6.4　车桥相互作用时桥梁动力响应

（1）深水区预应力混凝土连续梁桥动力响应

6 种不同加载工况下桥梁位移动力响应最大值结果见表 2.6-11。桥梁最大竖向位移为 12.4mm，相应挠跨比为 1/564 5；桥梁跨中最大横向位移为 2.7mm，相应挠跨比为 1/259 25，墩顶最大横向位

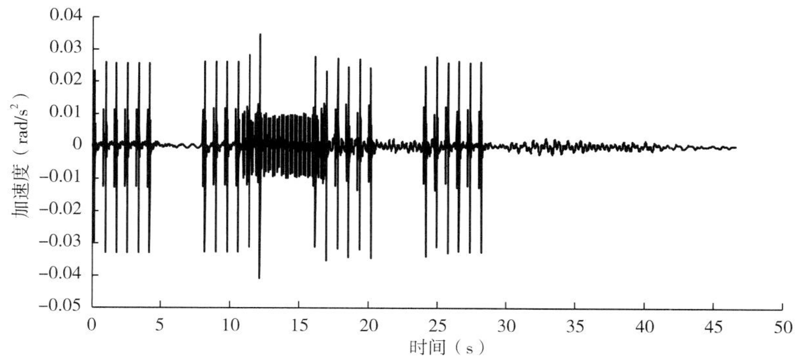

图 2.6–43　组合连续梁引桥工况 3 中桥端转角加速度

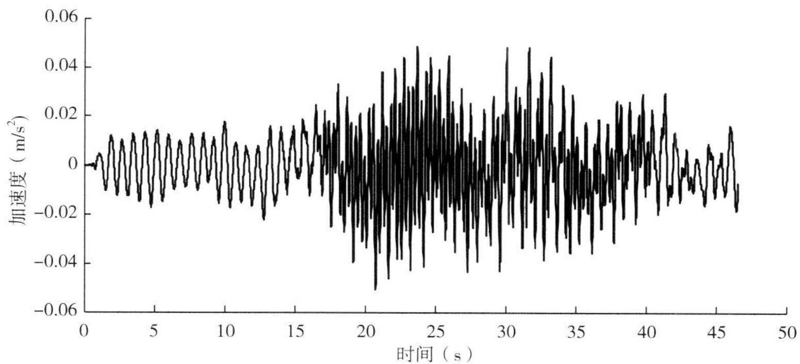

图 2.6–44　组合连续梁引桥工况 3 中第 4 跨跨中竖向加速度

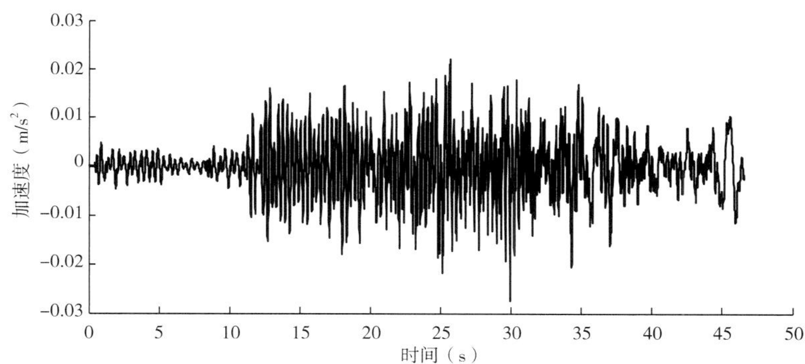

图 2.6–45　组合连续梁引桥工况 3 中第 4 跨跨中横向加速度

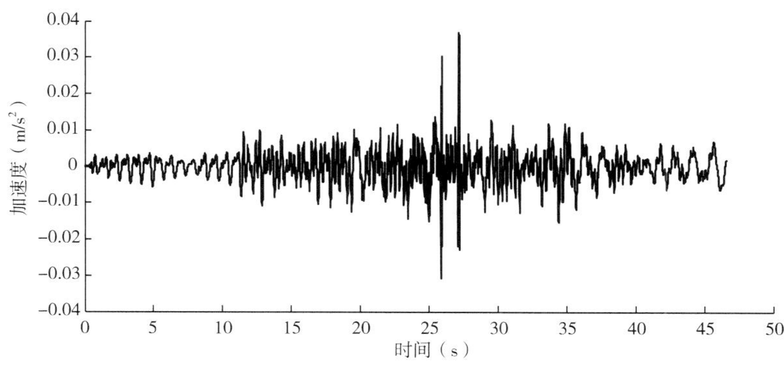

图 2.6–46　组合连续梁引桥工况 3 中 4 号墩墩顶横向加速度

（4）桥梁动力响应评述

①桥梁竖向动力响应。

三种类型桥梁在 6 种工况下车桥动力仿真计算表明：桥梁竖向位移和竖向加速度都不大，最大挠跨比出现在预应力混凝土连续梁上，为 1/289 3，远远小于规范对中小跨度简支梁桥梁竖向挠跨比的限值。由于桥梁竖向刚度值较大，梁端竖向转角也较小，最大值为 0.87‰，出现在钢–混凝土组合连续梁引桥梁端，该数值小于一般国内外高速铁路桥梁对梁端转角的最大限值要求。

列车过桥的竖向加速度均很小，最大值出现在钢–混凝土组合连续梁引桥第一跨跨中，量值为 0.197m/s^2。

三种类型桥梁竖向基频在 0.64~1.76Hz。系列移动轴重对跨度较大的桥梁不会产生由周期性激励作用引起的振动放大效应，而车辆上下振动引起竖向作用力的作用频率在几赫兹到几十赫兹之间，车辆上下振动荷载激励频率与桥梁自振相距较远，不会激发桥梁产生剧烈的竖向振动。桥梁冲击系数很小，车辆过桥时桥梁动态响应时程曲线比较平稳。

②桥梁横向动力响应。

三种类型桥梁在 6 种工况下横向振幅均很小，最大值为 3.78mm，出现在钢–混凝土组合连续梁引桥第 4 跨跨中。就量值来说，它要小于我国重轨铁路对于简支梁中小跨度桥梁横向振幅的最大限值要求。

三种类型桥梁横向振动的特征是墩的横向振动量值与跨中横向振动量值基本接近，也就是说梁跨结构横向位移弯曲振动产生位移成分较小，大部分是由墩顶位移引起的梁跨结构刚体位移。这也说明引桥设计梁跨结构的刚度都是满足要求的，但墩的刚度较柔，才会产生这种现象。

三种类型桥梁的桥墩墩顶横向位移幅值都较大，在 2~4mm 变化，就墩顶位移值来说是比较大的。我国铁路重力式桥墩是有位横向位移限值的，但此限值不适合本桥桥墩横向位移限值的判断。一般情况下，常见的轨道桥梁桥墩横向振幅都没有这么大。尽管本桥行车舒适度和脱轨安全度没有问题，但由墩顶过大位移引起的梁跨结构晃动，容易给人恐惧感，因此最好提高本桥引桥桥墩的横向刚度。

列车过桥的竖向加速度均很小，深水区预应力混凝土连续梁边跨跨中计算点量值的最大值（0.075m/s^2），远小于重轨铁路规定桥梁横向加速度的最大限值。

2.6.5　车桥相互作用时车辆动力响应

（1）列车通过深水区预应力混凝土连续梁桥车辆动力响应

6 种不同工况下各节车辆轮对的最大轮重减载率见表 2.6–17。

深水区引桥车辆响应计算结果——轮重减载率　　表 2.6–17

车辆	工况 1	工况 2	工况 3	工况 4	工况 5	工况 6
1	0.279	0.284	0.295	0.281	0.286	0.298
2	0.256	0.277	0.299	0.258	0.279	0.302
3	0.256	0.275	0.298	0.257	0.277	0.300
4	0.256	0.275	0.297	0.257	0.277	0.298
5	0.256	0.276	0.297	0.258	0.278	0.299
6	0.262	0.275	0.299	0.262	0.278	0.300
7	0.256	0.277	0.300	0.258	0.280	0.304
8	0.260	0.285	0.300	0.260	0.285	0.304
9	0.258	0.284	0.300	0.260	0.284	0.304
10	0.280	0.295	0.313	0.282	0.295	0.313
机车	0.280	0.295	0.313	0.282	0.295	0.313
拖车	0.262	0.285	0.300	0.262	0.285	0.304

6 种不同工况下各节车辆轮对的最大脱轨系数见表 2.6-18。

深水区引桥车辆响应计算结果——脱轨系数　　表 2.6-18

车辆	工况 1	工况 2	工况 3	工况 4	工况 5	工况 6
1	0.423	0.329	0.352	0.426	0.329	0.352
2	0.404	0.357	0.325	0.406	0.360	0.321
3	0.403	0.363	0.332	0.404	0.364	0.324
4	0.408	0.347	0.338	0.408	0.348	0.325
5	0.407	0.357	0.342	0.408	0.359	0.328
6	0.407	0.363	0.337	0.408	0.343	0.328
7	0.409	0.350	0.333	0.409	0.352	0.328
8	0.408	0.361	0.330	0.409	0.363	0.321
9	0.408	0.346	0.327	0.410	0.349	0.327
10	0.424	0.335	0.356	0.426	0.335	0.356
机车	0.424	0.335	0.356	0.426	0.335	0.356
拖车	0.409	0.363	0.342	0.410	0.364	0.328

6 种不同工况下各节车辆轮对的最大横向作用力见表 2.6-19。

深水区引桥车辆响应计算结果——轮轨横向作用力（单位：kN）　　表 2.6-19

车辆	工况 1	工况 2	工况 3	工况 4	工况 5	工况 6
1	28.973	32.322	34.134	41.824	42.653	42.785
2	23.721	24.221	25.499	23.789	24.251	25.500
3	23.949	24.232	25.557	23.765	24.285	25.548
4	24.060	24.215	25.595	23.845	24.347	25.600
5	24.054	24.176	25.646	23.788	24.338	25.652
6	23.932	24.213	25.657	23.854	24.350	25.658
7	24.259	24.286	25.645	23.753	24.418	25.640
8	23.846	24.390	25.625	24.165	24.507	25.610
9	23.774	24.448	25.598	25.036	25.965	27.039
10	34.763	33.542	37.774	38.627	39.648	45.968
机车	34.763	33.542	37.774	41.824	42.653	45.968
拖车	24.259	24.448	25.657	25.036	25.965	27.039

6 种不同工况下各节车辆的最大车体横向加速度见表 2.6-20。

深水区引桥车辆响应计算结果——车体横向加速度（单位：m/s^2）　　表 2.6-20

车辆	工况 1	工况 2	工况 3	工况 4	工况 5	工况 6
1	0.608	0.540	0.469	0.593	0.537	0.464
2	0.522	0.497	0.429	0.517	0.494	0.418
3	0.519	0.499	0.439	0.520	0.494	0.428
4	0.542	0.493	0.449	0.535	0.489	0.449

续上表

车辆	工况 1	工况 2	工况 3	工况 4	工况 5	工况 6
5	0.541	0.504	0.446	0.534	0.497	0.446
6	0.538	0.499	0.451	0.532	0.493	0.451
7	0.546	0.505	0.458	0.538	0.499	0.458
8	0.538	0.510	0.465	0.532	0.504	0.465
9	0.537	0.502	0.473	0.530	0.499	0.473
10	0.600	0.544	0.523	0.594	0.542	0.523
机车	0.608	0.544	0.523	0.594	0.542	0.523
拖车	0.546	0.510	0.473	0.538	0.504	0.473

6 种不同工况下各节车辆的最大车体竖向加速度见表 2.6-21。

深水区引桥车辆响应计算结果——车体竖向加速度（单位：m/s^2）　　表 2.6-21

车辆	工况 1	工况 2	工况 3	工况 4	工况 5	工况 6
1	0.431	0.567	0.662	0.435	0.566	0.668
2	0.407	0.526	0.618	0.403	0.521	0.623
3	0.393	0.531	0.595	0.393	0.524	0.578
4	0.402	0.520	0.618	0.401	0.519	0.626
5	0.399	0.528	0.618	0.411	0.536	0.633
6	0.431	0.530	0.578	0.433	0.537	0.577
7	0.403	0.523	0.598	0.413	0.531	0.619
8	0.422	0.524	0.602	0.428	0.547	0.628
9	0.393	0.532	0.584	0.393	0.539	0.595
10	0.425	0.562	0.661	0.430	0.559	0.674
机车	0.431	0.567	0.662	0.435	0.566	0.674
拖车	0.431	0.532	0.618	0.433	0.547	0.633

6 种不同工况下各节车辆的车体横向 Sperling 指标见表 2.6-22。

深水区引桥车辆响应计算结果——车体横向 Sperling 指标　　表 2.6-22

车辆	工况 1	工况 2	工况 3	工况 4	工况 5	工况 6
1	1.688	1.689	1.736	1.681	1.693	1.733
2	1.643	1.640	1.664	1.643	1.645	1.662
3	1.640	1.643	1.688	1.637	1.649	1.689
4	1.621	1.628	1.670	1.625	1.632	1.672
5	1.624	1.637	1.665	1.629	1.643	1.675
6	1.634	1.663	1.705	1.639	1.650	1.707
7	1.613	1.636	1.694	1.620	1.647	1.695
8	1.609	1.660	1.675	1.615	1.660	1.676
9	1.626	1.660	1.673	1.623	1.665	1.676

续上表

车辆	工况 1	工况 2	工况 3	工况 4	工况 5	工况 6
10	1.678	1.669	1.746	1.674	1.662	1.745
机车	1.688	1.689	1.746	1.681	1.693	1.745
拖车	1.643	1.663	1.705	1.643	1.665	1.707

6 种不同工况下各节车辆的车体竖向 Sperling 指标见表 2.6-23。

深水区引桥车辆响应计算结果——车体竖向 Sperling 指标　　表 2.6-23

车辆	工况 1	工况 2	工况 3	工况 4	工况 5	工况 6
1	1.508	1.682	1.799	1.509	1.681	1.792
2	1.496	1.642	1.740	1.495	1.647	1.744
3	1.488	1.644	1.752	1.484	1.645	1.754
4	1.456	1.623	1.742	1.445	1.610	1.737
5	1.423	1.627	1.733	1.407	1.630	1.736
6	1.411	1.635	1.737	1.408	1.622	1.736
7	1.392	1.631	1.742	1.391	1.629	1.735
8	1.311	1.604	1.716	1.312	1.601	1.714
9	1.301	1.599	1.714	1.241	1.571	1.703
10	1.196	1.636	1.765	1.202	1.639	1.761
机车	1.508	1.682	1.799	1.509	1.681	1.792
拖车	1.496	1.644	1.752	1.495	1.647	1.754

轮对典型减载率时程曲线如图 2.6-47 所示。

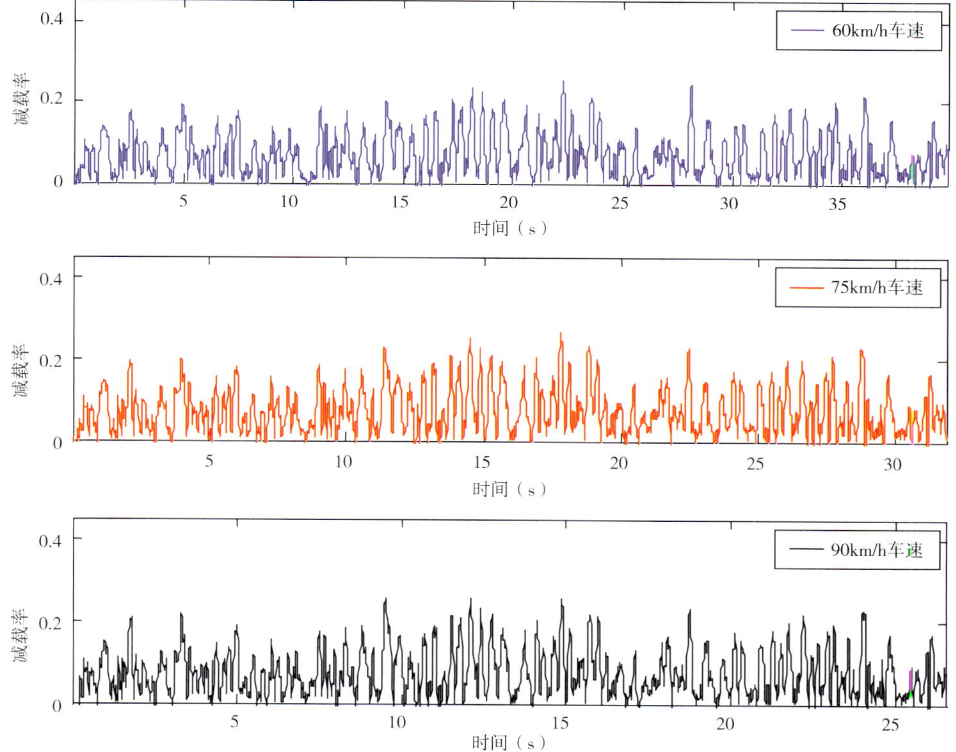

图 2.6-47　深水区引桥工况 1~3 中轮对典型减载率时程图

轮对典型脱轨系数时程曲线如图 2.6-48 所示。

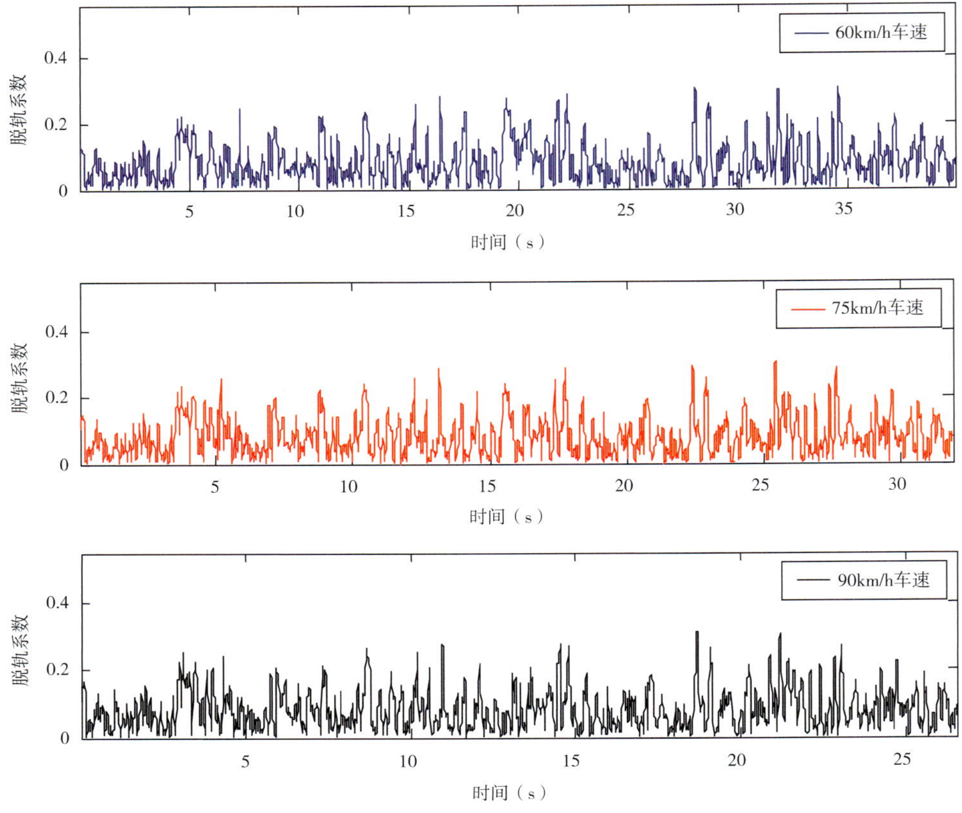

图 2.6-48 深水区引桥工况 1~3 中轮对典型脱轨系数时程图

轮对典型横向力时程曲线如图 2.6-49 所示。

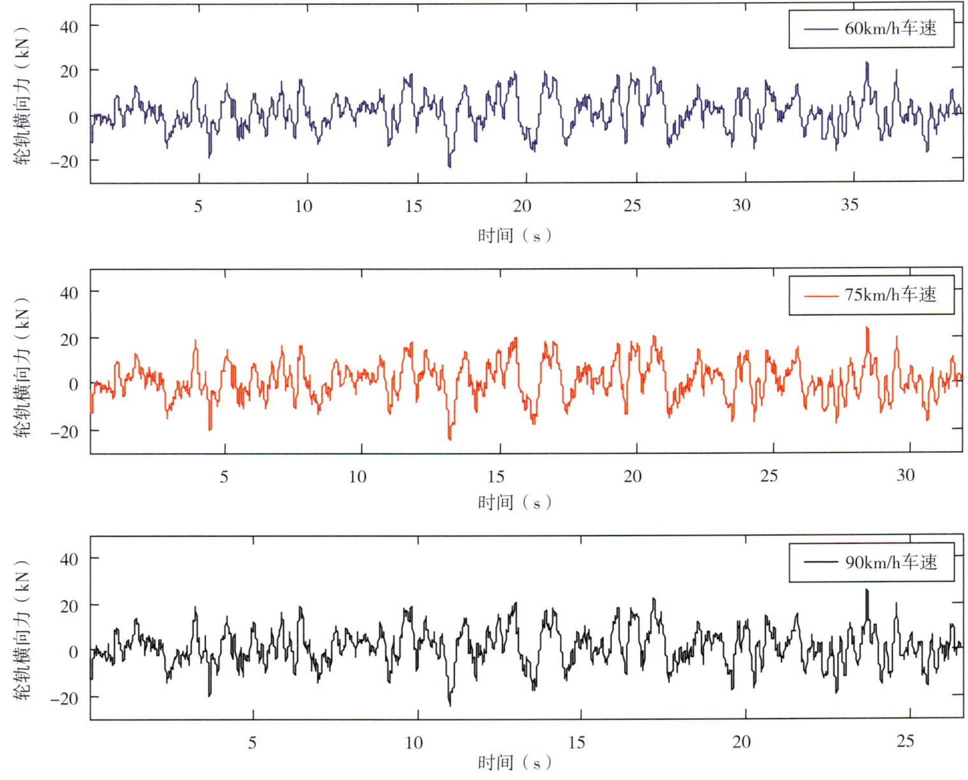

图 2.6-49 深水区引桥工况 1~3 中轮对典型横向作用力时程图

轮对典型横向加速度时程曲线如图 2.6-50 所示。

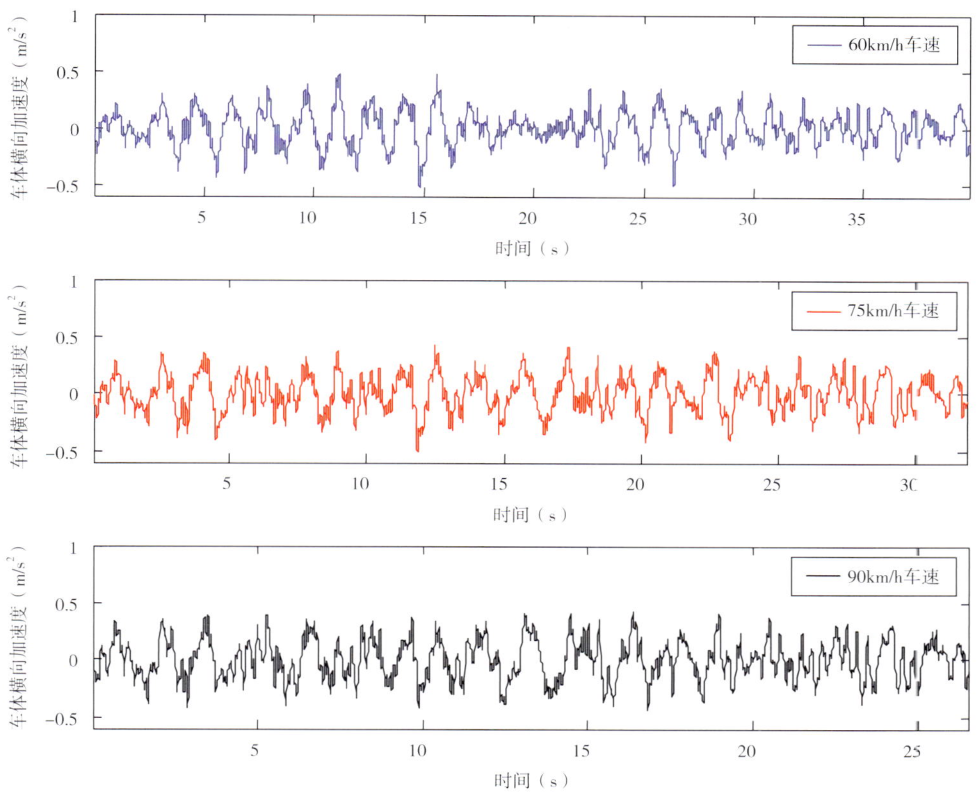

图 2.6-50　深水区引桥工况 1~3 中车辆典型横向加速度时程图

轮对典型竖向加速度时程曲线如图 2.6-51 所示。

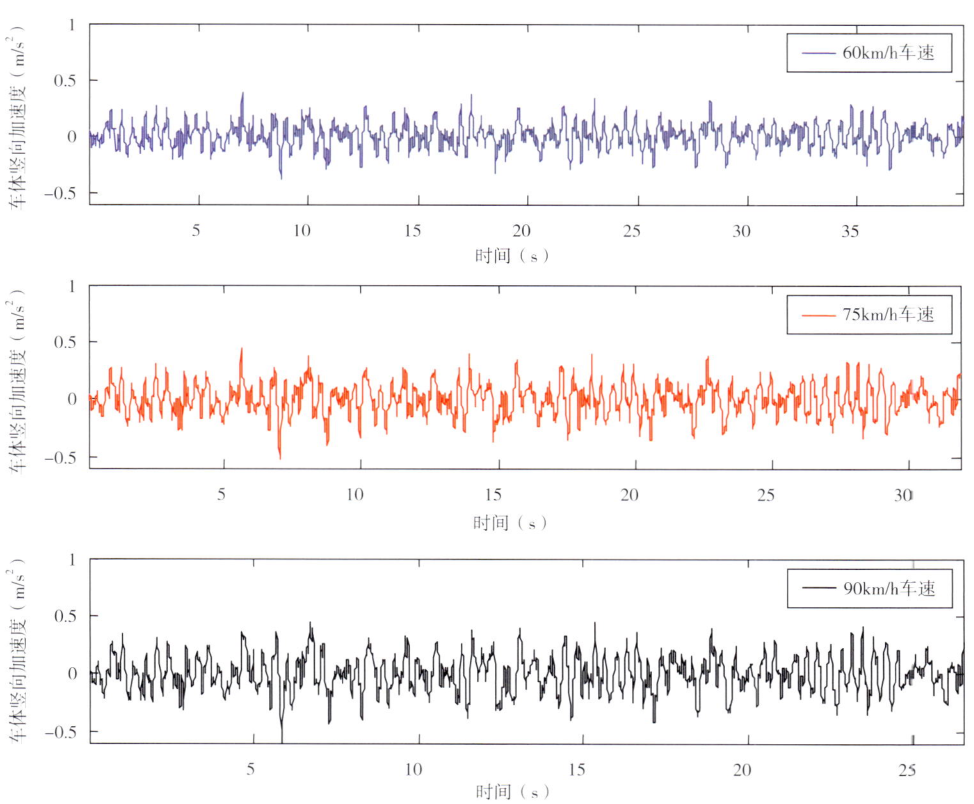

图 2.6-51　深水区引桥工况 1~3 中车辆典型竖向加速度时程图

（2）列车通过辅航道预应力混凝土连续梁桥车辆动力响应

6 种不同工况下各节车辆轮对的最大轮重减载率见表 2.6–24。

辅航道桥车辆响应计算结果——轮重减载率　　表 2.6–24

车辆	工况 1	工况 2	工况 3	工况 4	工况 5	工况 6
1	0.286	0.289	0.294	0.285	0.289	0.297
2	0.261	0.283	0.306	0.261	0.286	0.308
3	0.265	0.282	0.303	0.266	0.284	0.307
4	0.265	0.282	0.304	0.265	0.284	0.306
5	0.263	0.282	0.301	0.264	0.284	0.303
6	0.261	0.280	0.303	0.262	0.280	0.304
7	0.263	0.283	0.304	0.264	0.285	0.305
8	0.263	0.283	0.300	0.265	0.283	0.300
9	0.263	0.284	0.304	0.264	0.284	0.305
10	0.286	0.296	0.312	0.286	0.296	0.312
机车	0.286	0.296	0.312	0.286	0.296	0.312
拖车	0.265	0.284	0.306	0.266	0.286	0.308

6 种不同工况下各节车辆轮对的最大脱轨系数见表 2.6–25。

辅航道桥车辆响应计算结果——脱轨系数　　表 2.6–25

车辆	工况 1	工况 2	工况 3	工况 4	工况 5	工况 6
1	0.426	0.371	0.399	0.428	0.371	0.399
2	0.405	0.363	0.374	0.406	0.364	0.373
3	0.410	0.370	0.374	0.412	0.371	0.374
4	0.410	0.350	0.325	0.412	0.351	0.324
5	0.409	0.337	0.322	0.411	0.363	0.322
6	0.406	0.368	0.327	0.408	0.370	0.321
7	0.408	0.353	0.325	0.410	0.356	0.325
8	0.408	0.338	0.325	0.410	0.340	0.319
9	0.409	0.349	0.320	0.412	0.352	0.320
10	0.425	0.342	0.356	0.428	0.342	0.356
机车	0.426	0.371	0.399	0.428	0.371	0.399
拖车	0.410	0.370	0.374	0.412	0.371	0.374

6 种不同工况下各节车辆轮对的最大横向作用力见表 2.6–26。

辅航道桥车辆响应计算结果——轮轨横向作用力（单位：kN）　　表 2.6–26

车辆	工况 1	工况 2	工况 3	工况 4	工况 5	工况 6
1	38.240	38.732	42.732	40.842	42.600	43.717
2	25.716	27.906	29.003	26.110	27.900	29.109
3	25.757	27.731	28.847	27.487	27.670	29.041

续上表

车辆	工况 1	工况 2	工况 3	工况 4	工况 5	工况 6
4	25.906	27.838	28.910	26.046	27.771	30.584
5	25.784	27.937	28.879	25.788	27.917	28.880
6	25.900	27.673	28.909	25.889	27.499	29.117
7	25.748	27.742	29.084	28.747	27.480	28.878
8	25.851	27.880	29.096	25.877	28.132	32.082
9	25.658	27.427	28.844	28.346	26.867	28.539
10	37.681	38.351	42.284	35.136	42.438	43.645
机车	38.240	38.732	42.732	40.842	42.600	43.717
拖车	25.906	27.937	29.096	28.747	28.132	32.082

6 种不同工况下各节车辆的最大车体横向加速度见表 2.6–27。

辅航道桥车辆响应计算结果——车体横向加速度（单位：m/s^2） 表 2.6–27

车辆	工况 1	工况 2	工况 3	工况 4	工况 5	工况 6
1	0.601	0.515	0.500	0.577	0.514	0.506
2	0.519	0.473	0.449	0.507	0.473	0.450
3	0.533	0.470	0.459	0.520	0.470	0.460
4	0.540	0.453	0.450	0.529	0.453	0.449
5	0.532	0.472	0.464	0.519	0.472	0.462
6	0.526	0.470	0.461	0.515	0.471	0.461
7	0.528	0.475	0.463	0.517	0.475	0.463
8	0.533	0.470	0.473	0.513	0.470	0.473
9	0.527	0.471	0.474	0.504	0.471	0.474
10	0.578	0.518	0.517	0.559	0.518	0.517
机车	0.601	0.518	0.517	0.577	0.518	0.517
拖车	0.540	0.475	0.474	0.529	0.475	0.474

6 种不同工况下各节车辆的最大车体竖向加速度见表 2.6–28。

辅航道桥车辆响应计算结果——车体竖向加速度（单位：m/s^2） 表 2.6–28

车辆	工况 1	工况 2	工况 3	工况 4	工况 5	工况 6
1	0.451	0.595	0.674	0.450	0.597	0.676
2	0.427	0.548	0.614	0.424	0.543	0.609
3	0.422	0.552	0.612	0.420	0.549	0.606
4	0.428	0.552	0.613	0.424	0.547	0.608
5	0.420	0.550	0.613	0.418	0.545	0.603
6	0.427	0.556	0.606	0.425	0.553	0.593
7	0.419	0.538	0.594	0.412	0.520	0.572
8	0.426	0.550	0.607	0.426	0.545	0.599

续上表

车辆	工况 1	工况 2	工况 3	工况 4	工况 5	工况 6
9	0.427	0.558	0.628	0.429	0.558	0.642
10	0.460	0.617	0.695	0.466	0.633	0.726
机车	0.460	0.617	0.695	0.466	0.633	0.726
拖车	0.428	0.558	0.628	0.429	0.558	0.642

6 种不同工况下各节车辆的车体横向 Sperling 指标见表 2.6-29。

辅航道桥车辆响应计算结果——车体横向 Sperling 指标　　表 2.6-29

车辆	工况 1	工况 2	工况 3	工况 4	工况 5	工况 6
1	1.682	1.661	1.719	1.674	1.655	1.721
2	1.608	1.628	1.653	1.607	1.622	1.652
3	1.608	1.641	1.698	1.604	1.639	1.698
4	1.603	1.624	1.693	1.602	1.624	1.702
5	1.598	1.618	1.664	1.596	1.622	1.663
6	1.592	1.630	1.679	1.595	1.635	1.678
7	1.595	1.644	1.652	1.593	1.644	1.661
8	1.596	1.639	1.666	1.596	1.640	1.681
9	1.596	1.647	1.684	1.591	1.652	1.685
10	1.643	1.673	1.720	1.635	1.671	1.720
机车	1.682	1.673	1.720	1.674	1.671	1.721
拖车	1.608	1.647	1.698	1.607	1.652	1.702

6 种不同工况下各节车辆的车体竖向 Sperling 指标见表 2.6-30。

辅航道桥车辆响应计算结果——车体竖向 Sperling 指标　　表 2.6-30

车辆	工况 1	工况 2	工况 3	工况 4	工况 5	工况 6
1	1.454	1.662	1.784	1.437	1.664	1.782
2	1.390	1.623	1.705	1.391	1.607	1.718
3	1.381	1.628	1.729	1.384	1.628	1.692
4	1.395	1.630	1.738	1.367	1.586	1.685
5	1.428	1.587	1.692	1.427	1.597	1.699
6	1.447	1.619	1.714	1.442	1.618	1.714
7	1.447	1.595	1.682	1.446	1.584	1.683
8	1.344	1.619	1.691	1.345	1.620	1.671
9	1.328	1.582	1.711	1.327	1.574	1.714
10	1.351	1.647	1.762	1.346	1.647	1.762
机车	1.454	1.662	1.784	1.437	1.664	1.782
拖车	1.447	1.630	1.738	1.446	1.628	1.718

轮对典型减载率时程曲线如图 2.6-52 所示。

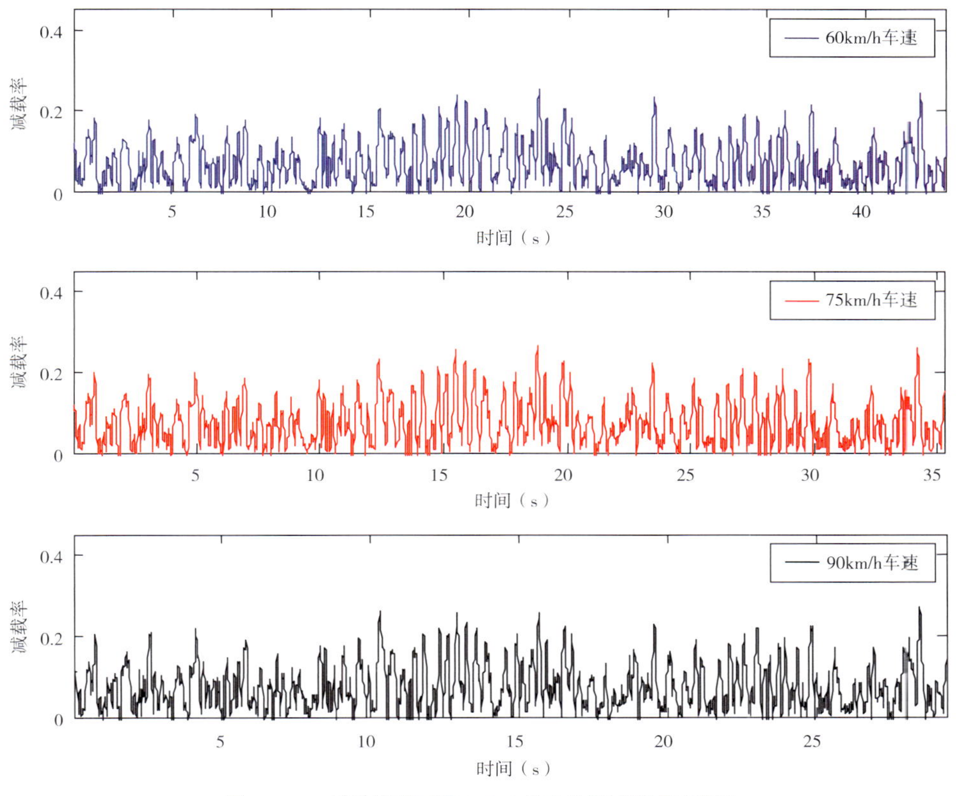

图 2.6-52　辅航道桥工况 1~3 中轮对典型减载率时程图

轮对典型脱轨系数时程曲线如图 2.6-53 所示。

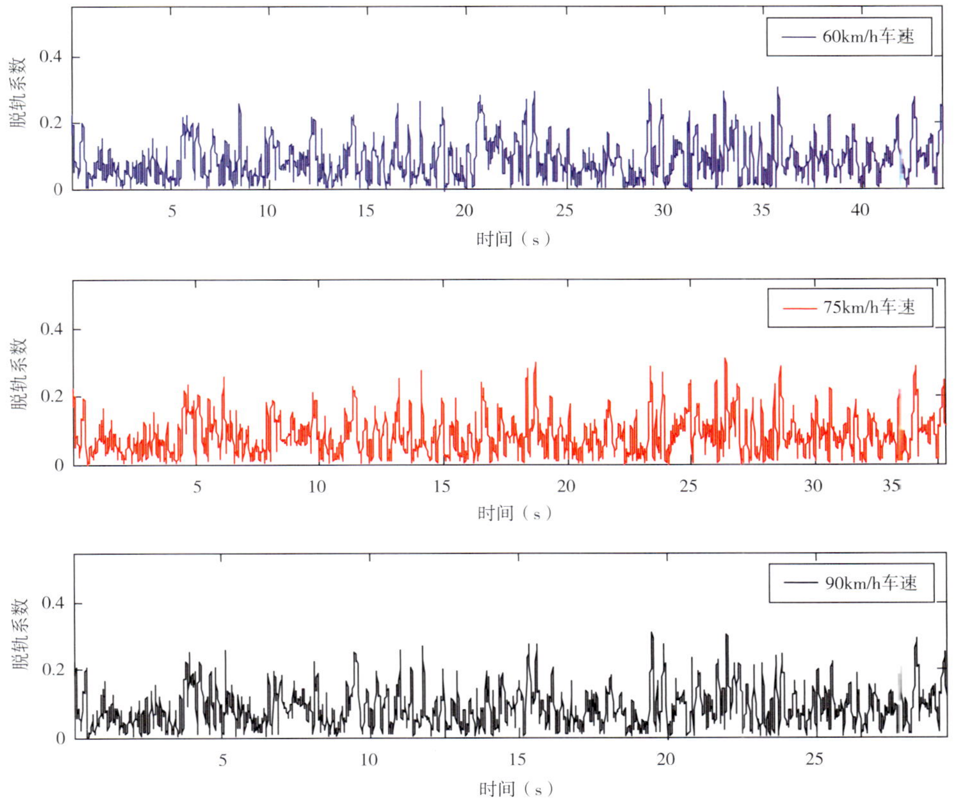

图 2.6-53　辅航道桥工况 1~3 中轮对典型脱轨系数时程图

轮对典型横向力时程曲线如图 2.6–54 所示。

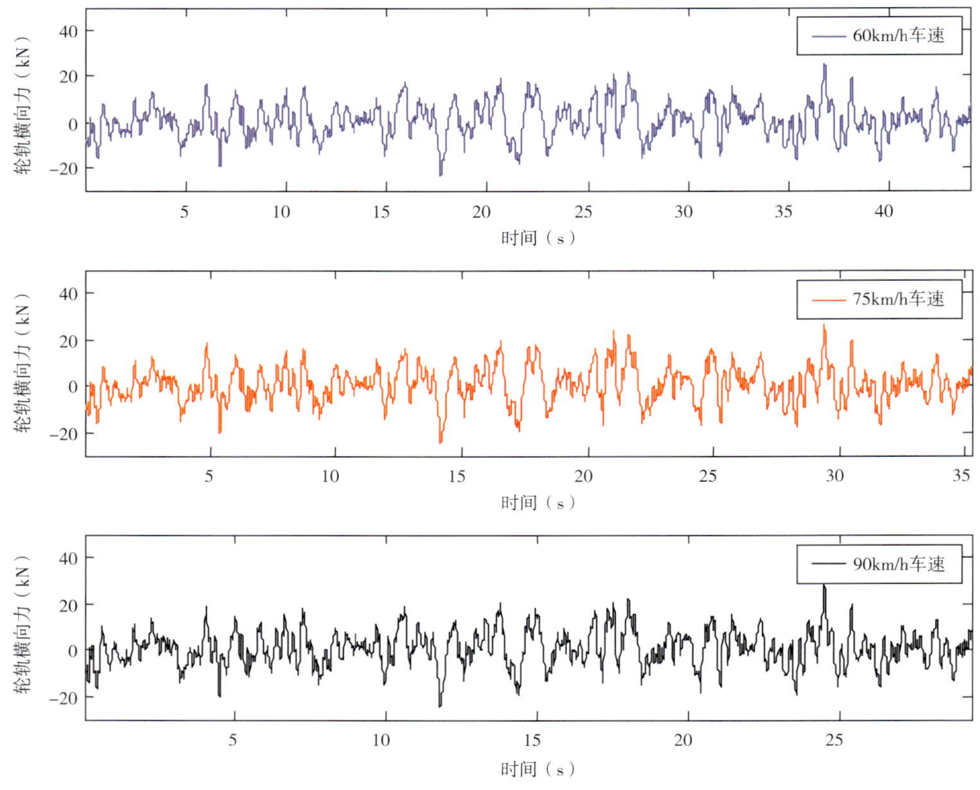

图 2.6–54　辅航道桥工况 1~3 中轮对典型横向力时程图

轮对典型横向加速度时程曲线如图 2.6–55 所示。

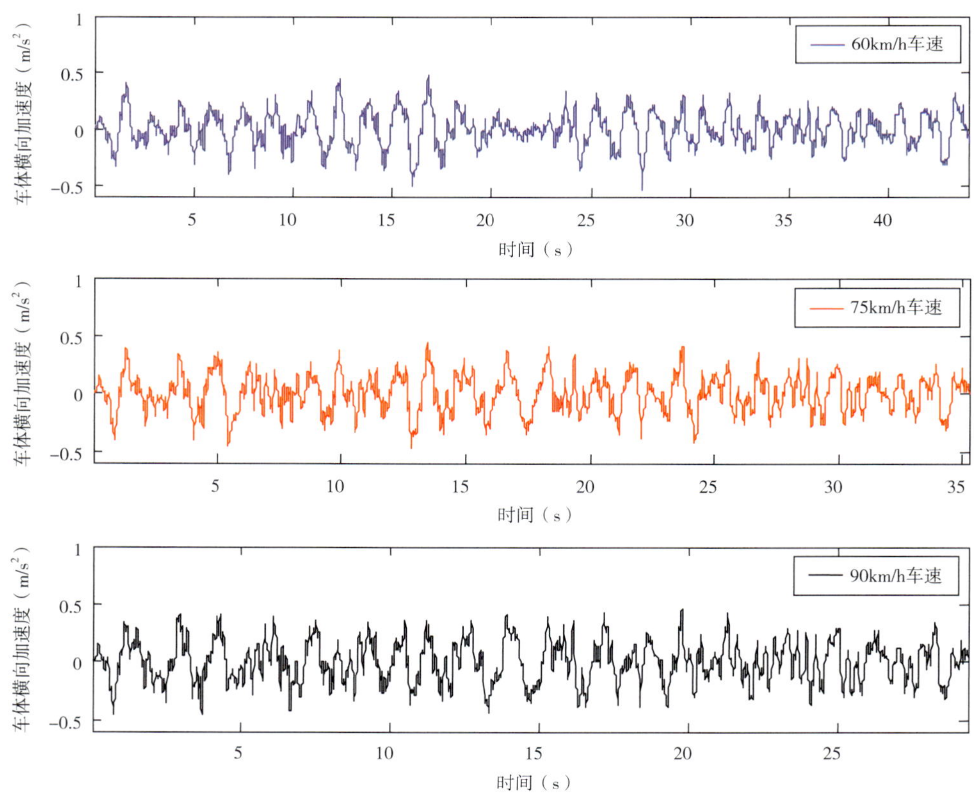

图 2.6–55　辅航道桥工况 1~3 中车体典型横向加速度时程图

轮对典型竖向加速度时程曲线如图 2.6-56 所示。

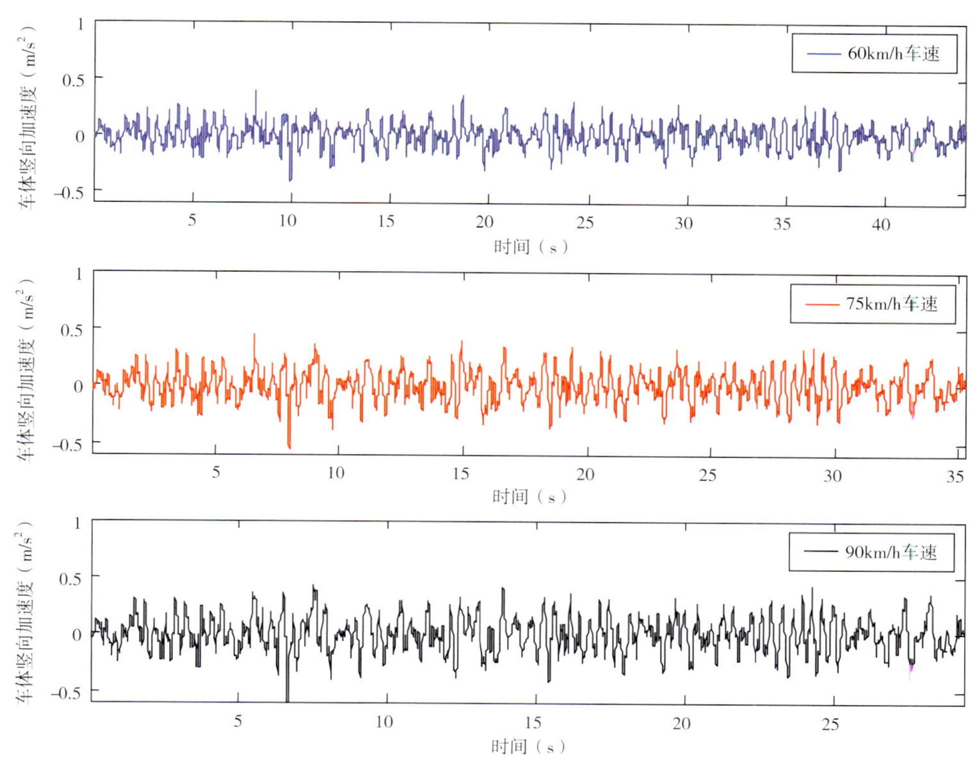

图 2.6-56　辅航道桥工况 1~3 中车体典型竖向加速度时程图

（3）列车通过非通航孔深水区钢–混凝土组合连续梁引桥车辆动力响应

6 种不同工况下各节车辆轮对的最大轮重减载率见表 2.6-31。

组合连续梁引桥车辆响应计算结果——轮重减载率　　表 2.6-31

车辆	工况 1	工况 2	工况 3	工况 4	工况 5	工况 6
1	0.393	0.403	0.427	0.386	0.395	0.415
2	0.392	0.397	0.411	0.381	0.392	0.404
3	0.388	0.403	0.407	0.388	0.397	0.404
4	0.558	0.398	0.410	0.559	0.394	0.403
5	0.384	0.396	0.409	0.384	0.398	0.407
6	0.573	0.397	0.565	0.573	0.396	0.564
7	0.385	0.396	0.569	0.384	0.394	0.556
8	0.556	0.395	0.567	0.557	0.391	0.568
9	0.384	0.566	0.563	0.378	0.567	0.564
10	0.387	0.404	0.425	0.381	0.395	0.410
机车	0.393	0.404	0.427	0.386	0.395	0.415
拖车	0.573	0.566	0.569	0.573	0.567	0.568

6 种不同工况下各节车辆轮对的最大脱轨系数见表 2.6-32。

组合连续梁引桥车辆响应计算结果——脱轨系数　　表 2.6-32

车辆	工况 1	工况 2	工况 3	工况 4	工况 5	工况 6
1	0.420	0.413	0.440	0.422	0.406	0.435
2	0.396	0.402	0.426	0.396	0.379	0.410
3	0.423	0.400	0.427	0.398	0.376	0.408
4	0.431	0.419	0.441	0.404	0.390	0.420

续上表

车辆	工况 1	工况 2	工况 3	工况 4	工况 5	工况 6
5	0.417	0.397	0.423	0.395	0.376	0.408
6	0.448	0.424	0.444	0.427	0.407	0.422
7	0.402	0.401	0.420	0.409	0.381	0.407
8	0.419	0.385	0.405	0.401	0.374	0.400
9	0.402	0.379	0.407	0.399	0.375	0.400
10	0.424	0.401	0.425	0.414	0.395	0.427
机车	0.424	0.413	0.440	0.422	0.406	0.435
拖车	0.448	0.424	0.444	0.427	0.407	0.422

6 种不同工况下各节车辆轮对的最大横向作用力见表 2.6–33。

组合连续梁引桥车辆响应计算结果——轮轨横向作用力（单位：kN） 表 2.6–33

车辆	工况 1	工况 2	工况 3	工况 4	工况 5	工况 6
1	58.510	58.651	59.054	59.754	60.334	60.697
2	45.008	44.912	46.337	49.075	48.474	49.026
3	44.973	44.519	45.384	47.068	47.932	50.035
4	43.954	43.469	42.683	47.271	46.209	45.985
5	44.681	43.971	44.018	45.470	46.826	47.156
6	43.781	43.428	43.173	44.836	44.614	46.335
7	45.098	43.947	43.278	45.604	47.141	46.685
8	43.894	43.447	43.964	47.957	47.679	48.775
9	44.625	44.392	46.005	48.399	48.934	49.062
10	56.246	56.834	57.069	59.176	59.481	60.844
机车	58.510	58.651	59.054	59.754	60.334	60.844
拖车	45.098	44.912	46.337	49.075	48.934	50.035

6 种不同工况下各节车辆的最大车体横向加速度见表 2.6–34。

组合连续梁引桥车辆响应计算结果——车体横向加速度（单位：m/s^2） 表 2.6–34

车辆	工况 1	工况 2	工况 3	工况 4	工况 5	工况 6
1	0.658	0.559	0.538	0.686	0.566	0.544
2	0.581	0.510	0.487	0.602	0.527	0.489
3	0.580	0.510	0.480	0.609	0.524	0.485
4	0.562	0.517	0.480	0.594	0.528	0.488
5	0.584	0.528	0.490	0.604	0.535	0.504
6	0.589	0.528	0.518	0.610	0.529	0.518
7	0.610	0.547	0.587	0.626	0.547	0.573
8	0.609	0.535	0.502	0.628	0.537	0.509
9	0.635	0.548	0.514	0.641	0.551	0.499
10	0.654	0.556	0.550	0.662	0.553	0.540
机车	0.658	0.559	0.550	0.686	0.566	0.544
拖车	0.635	0.548	0.587	0.641	0.551	0.573

6 种不同工况下各节车辆的最大车体竖向加速度见表 2.6–35。

组合连续梁引桥车辆响应计算结果——车体竖向加速度（单位：m/s^2） 表 2.6–35

车辆	工况 1	工况 2	工况 3	工况 4	工况 5	工况 6
1	0.454	0.600	0.701	0.464	0.602	0.727
2	0.438	0.574	0.655	0.447	0.589	0.675

续上表

车辆	工况 1	工况 2	工况 3	工况 4	工况 5	工况 6
3	0.418	0.570	0.643	0.416	0.576	0.655
4	0.429	0.571	0.644	0.428	0.580	0.662
5	0.433	0.565	0.651	0.437	0.571	0.634
6	0.438	0.562	0.637	0.436	0.556	0.611
7	0.425	0.545	0.625	0.420	0.527	0.618
8	0.423	0.555	0.608	0.422	0.544	0.618
9	0.423	0.569	0.621	0.418	0.563	0.612
10	0.460	0.612	0.707	0.460	0.610	0.669
机车	0.460	0.612	0.707	0.464	0.610	0.727
拖车	0.438	0.574	0.655	0.447	0.589	0.675

6 种不同工况下各节车辆的车体横向 Sperling 指标见表 2.6-36。

组合连续梁引桥车辆响应计算结果——车体横向 Sperling 指标　　表 2.6-36

车辆	工况 1	工况 2	工况 3	工况 4	工况 5	工况 6
1	1.736	1.673	1.689	1.756	1.683	1.699
2	1.673	1.621	1.637	1.691	1.639	1.645
3	1.674	1.616	1.669	1.694	1.635	1.669
4	1.662	1.611	1.661	1.687	1.626	1.667
5	1.660	1.602	1.648	1.676	1.624	1.655
6	1.636	1.609	1.644	1.652	1.622	1.649
7	1.643	1.624	1.631	1.655	1.637	1.631
8	1.635	1.632	1.646	1.654	1.644	1.653
9	1.664	1.625	1.643	1.671	1.637	1.650
10	1.696	1.662	1.676	1.710	1.648	1.677
机车	1.736	1.673	1.689	1.756	1.683	1.699
拖车	1.674	1.632	1.669	1.694	1.644	1.669

6 种不同工况下各节车辆的车体竖向 Sperling 指标见表 2.6-37。

组合连续梁引桥车辆响应计算结果——车体竖向 Sperling 指标　　表 2.6-37

车辆	工况 1	工况 2	工况 3	工况 4	工况 5	工况 6
1	1.434	1.630	1.742	1.422	1.614	1.725
2	1.419	1.579	1.675	1.403	1.565	1.664
3	1.412	1.564	1.663	1.401	1.564	1.628
4	1.424	1.567	1.674	1.424	1.567	1.672
5	1.425	1.547	1.647	1.428	1.543	1.653
6	1.434	1.565	1.651	1.436	1.565	1.664
7	1.435	1.559	1.683	1.433	1.563	1.669
8	1.440	1.567	1.665	1.435	1.558	1.655
9	1.443	1.573	1.683	1.438	1.567	1.657
10	1.454	1.601	1.717	1.452	1.587	1.714
机车	1.454	1.630	1.742	1.452	1.614	1.725
拖车	1.443	1.579	1.683	1.438	1.567	1.672

轮对典型减载率时程曲线如图 2.6-57 所示。

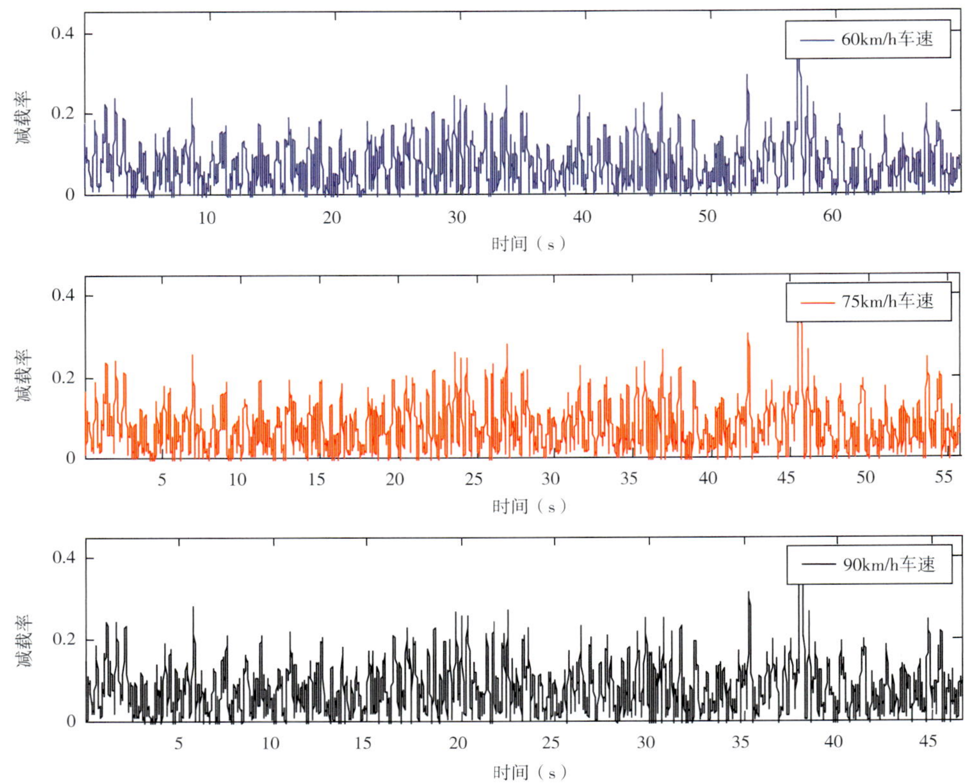

图 2.6-57　组合连续梁引桥工况 1~3 中轮对典型减载率时程图

轮对典型脱轨系数时程曲线如图 2.6-58 所示。

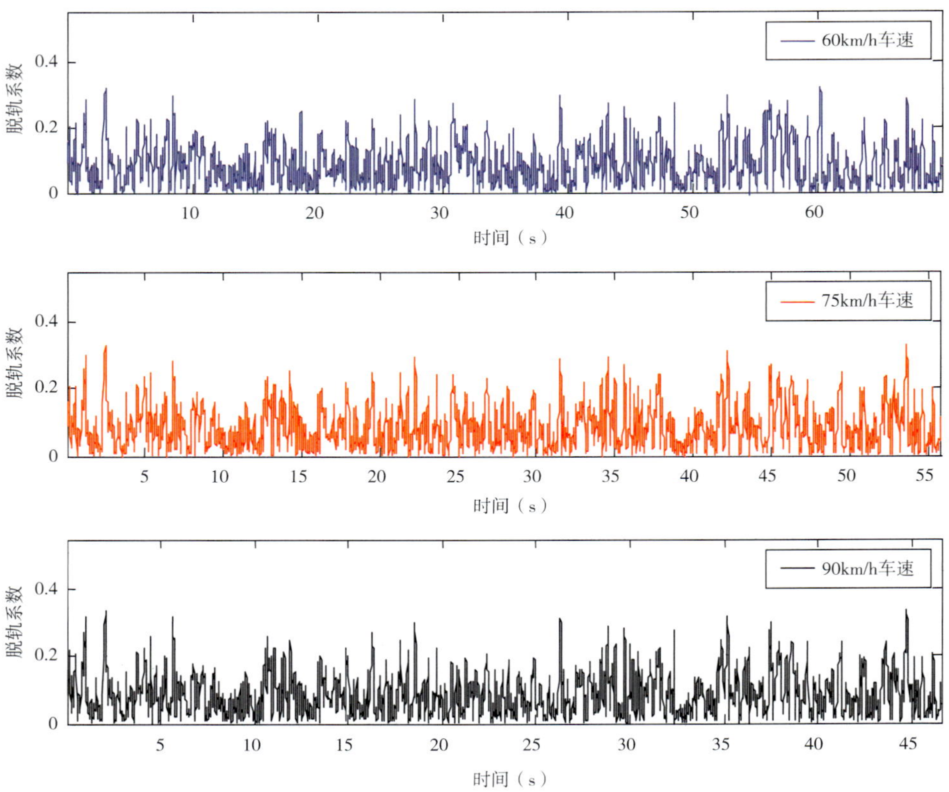

图 2.6-58　组合连续梁引桥工况 1~3 中轮对典型脱轨系数时程图

轮对典型横向力时程曲线如图 2.6–59 所示。

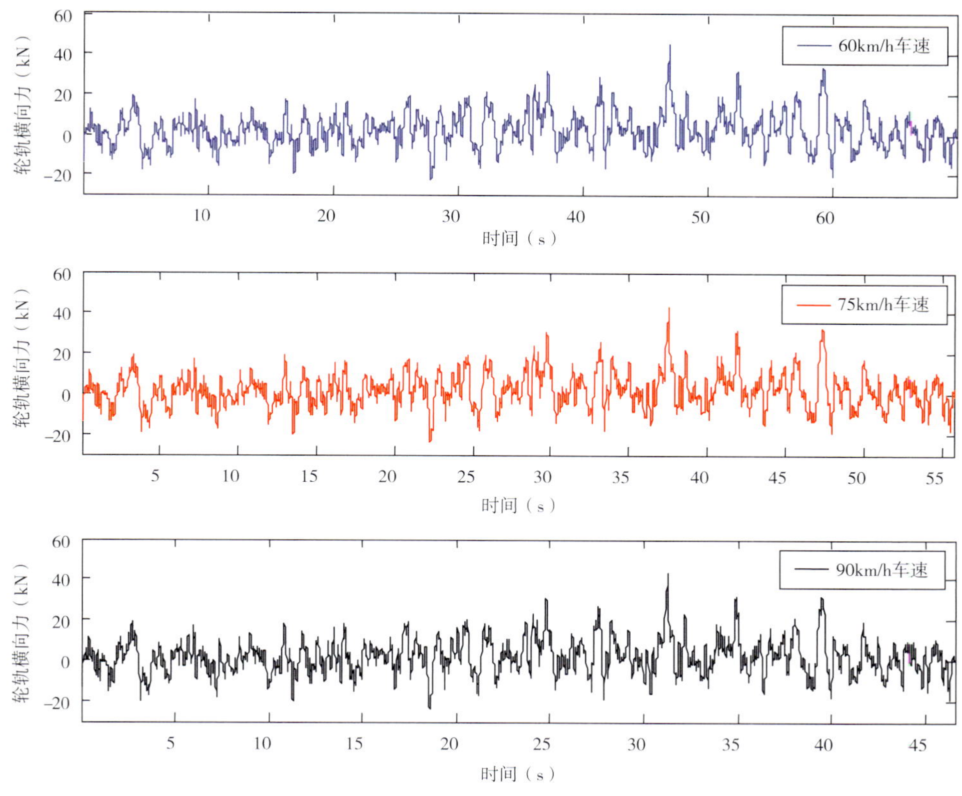

图 2.6–59　组合连续梁引桥工况 1~3 中轮对典型横向力时程图

轮对典型横向加速度时程曲线如图 2.6–60 所示。

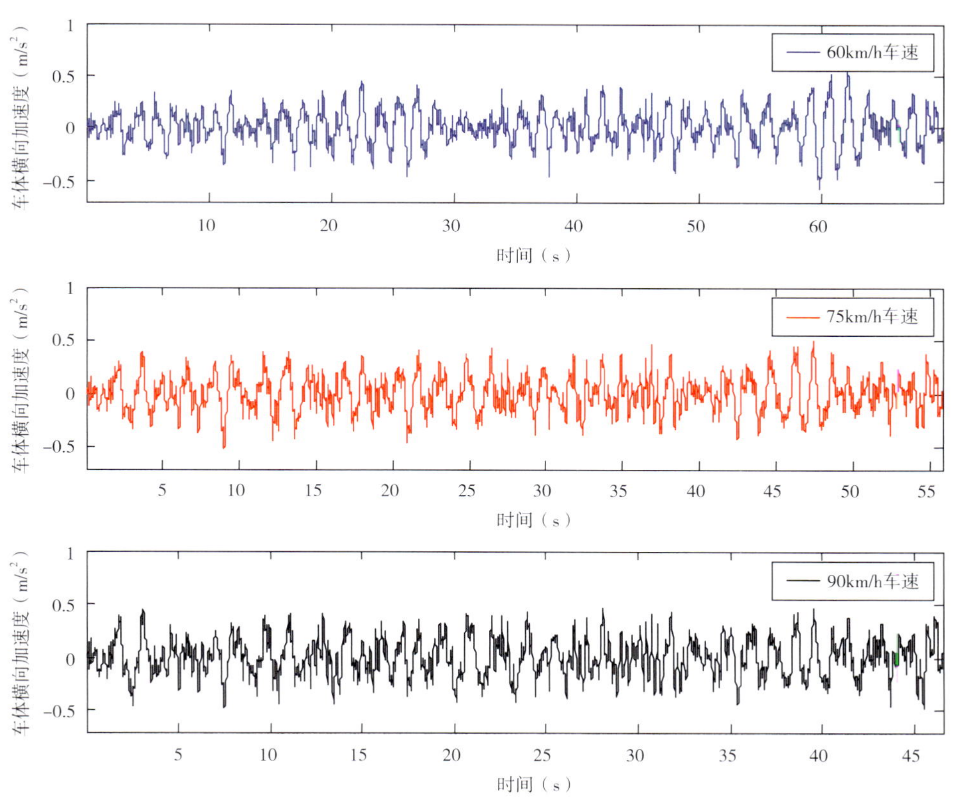

图 2.6–60　组合连续梁引桥工况 1~3 中车体典型横向加速度时程图

轮对典型竖向加速度时程曲线如图 2.6–61 所示。

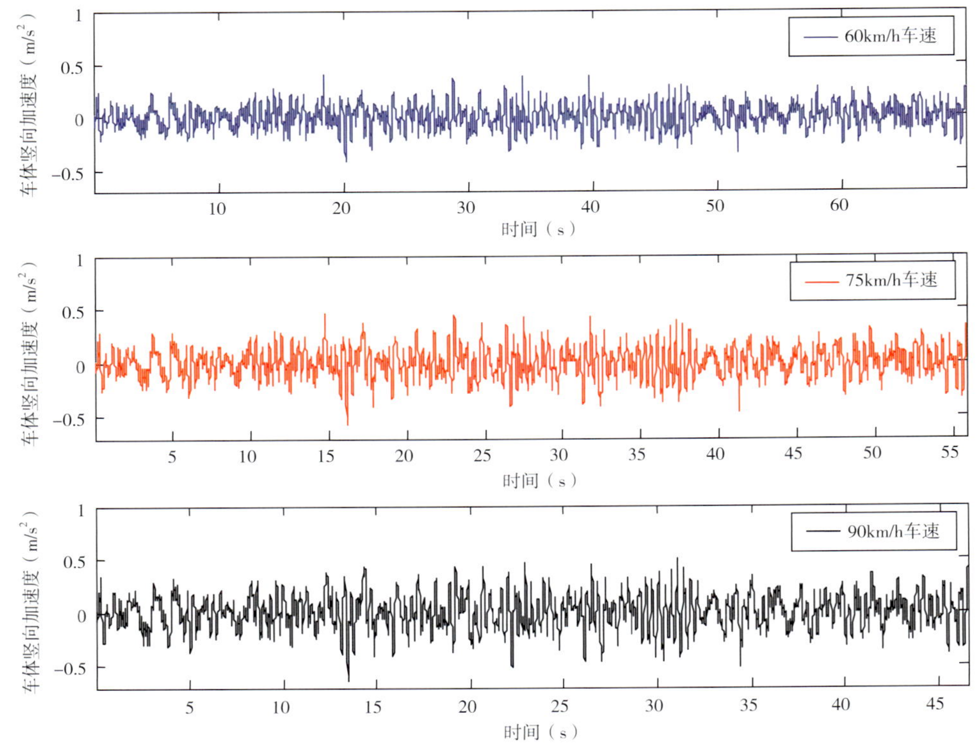

图 2.6–61　组合连续梁引桥工况 1~3 中车体典型竖向加速度时程图

（4）车辆动力响应评述

从列车过桥动力响应计算结果可以看出，车辆动力响应与车速有关，车速降低，响应减弱，但由于车速变化幅度不大，因此效果并不十分明显。此外不同运行状况对列车运营舒适性及抗脱轨安全性的影响不大，这是三种类型桥梁车辆通过时动力响应的共同特征。

不同类型的桥梁列车过桥时动力响应的差别，可以根据计算结果进行整理和比较分析得出，表 2.6–38~ 表 2.6–40 表示的是车辆通过三种类型引桥时，各种动力评定指标参数在变化过程中的最大值和通常值范围，可以看出车辆通过两座预应力混凝土连续梁桥时，其动力响应各参数变化范围和最大值基本相同，减载率、脱轨系数、轮对横向力无论是最大值还是通常值都很接近，其通常值分别为 0.2、0.15~0.3 和 20.0kN；但钢–混凝土组合连续梁引桥的减载率、脱轨系数、轮对横向力稍大一些，而车体的加速度以及乘坐的舒适度三种桥式都差不多。由此可见，预应力混凝土梁桥车辆的走行性要优于钢–混凝土组合梁桥，这与桥梁动力响应评述是相一致的。

深水区预应力混凝土连续梁桥——车辆动力响应汇总　　表 2.6–38

项目	轮重减载率 $\Delta P/P$	脱轨系数 Q/P	轮对横向力（kN）	车体横向加速度（m/s²）	车体竖向加速度（m/s²）	横向 Sperling 指标	竖向 Sperling 指标
最大值	0.304	0.426	49.968	0.608	0.674	1.746	1.799
通常值	0.2	0.15~0.3	20.0	0.5	0.3	1.6~1.7	1.4~1.7

辅航道预应力混凝土连续梁桥——车辆动力响应汇总　　表 2.6–39

项目	轮重减载率 $\Delta P/P$	脱轨系数 Q/P	轮对横向力（kN）	车体横向加速度（m/s²）	车体竖向加速度（m/s²）	横向 Sperling 指标	竖向 Sperling 指标
最大值	0.312	0.428	43.717	0.601	0.726	1.721	1.784
通常值	0.2	0.15~0.3	20.0	<0.5	<0.3	1.6~1.7	1.3~1.7

钢–混凝土组合连续梁引桥——车辆动力响应汇总　　表 2.6–40

项目	轮重减载率 $\Delta P/P$	脱轨系数 Q/P	轮对横向力（kN）	车体横向加速度（m/s^2）	车体竖向加速度（m/s^2）	横向 Sperling 指标	竖向 Sperling 指标
最大值	0.573	0.448	60.844	0.686	0.727	1.756	1.742
通常值	>0.2	0.2~0.3	>20.0	0.5	0.3	1.6~1.7	1.4~1.7

车辆动力响应参数中最大值的持续时间很短，对行车的安全性和舒适性并不会产生很大影响，但也不一定就能说明桥梁刚度不足，如组合连续梁引桥，列车通过时轮重减载率较大，最大减载率达到 0.57 左右，接近 0.6 的限值。分析表明，这是某些轮对通过墩顶处时桥梁折角刚好达到较大值，从而对轮对产生一个短时冲击的作用。其主要与跨径布置与列车编组有关，而与桥梁刚度关系较小。这种短时的轮重减载持续时间仅为 0.01s 左右，基本不会产生脱轨危险，也不会在很大程度上影响舒适度。

从计算结果可知，车辆过桥最大轮重减载率、最大脱轨系数，均小于上述容许限度，可以认为车辆过桥具有足够的安全度，所有车辆最大的横向加速度和最大的竖向加速度均在日常保养范围内，车辆通过三种桥型时乘坐舒适度指标均达到优秀。组合连续梁引桥的车辆动力响应较前两座桥有些偏大，这是由于该桥的刚度与前两座桥有较大差异的缘故。

2.7 无风情况下斜拉桥列车走行性分析

本节根据车桥耦合振动理论，对轨道交通车辆过桥进行仿真计算分析；根据对车辆通过大桥时的走行性、抗脱轨安全性以及桥梁动力响应，讨论上海长江大桥主桥主跨刚度的合理性。

2.7.1 计算模型和参数

桥梁采用空间杆系有限元分析模型。对于两端刚接的空间梁单元模型，每个节点考虑 3 个线位移与 3 个角位移；对于两端铰接的空间杆单元模型，每个节点考虑 3 个线位移。斜拉索按两端铰接的空间杆单元建模，以弹性模量折减的方法考虑了缆索垂度的非线性影响，主塔和墩体均按其几何形状划分成梁单元，主梁为宽扁平箱梁，建模时采用双主梁的格子梁结构来模拟，结构的边界即墩体承台处按固接处理，全桥共划分单元 1 562 个，节点 1 285 个。结构计算模型如图 2.7–1 所示。桥梁阻尼按照瑞利阻尼取定，一阶横向和一阶竖向自振频率对应的阻尼比均按 0.5% 选取。

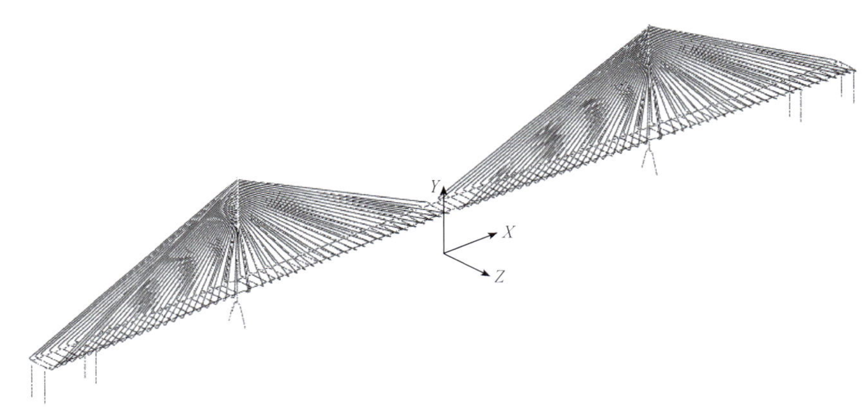

图 2.7–1　结构计算模型图

2.7.2 加载工况图式

本桥设计活载，公路为双向 6 车道，轨道交通为双线，实际运营情况比较复杂，特别是道路交通本身具有很大的随机性，在有限的研究时间内只能对于给定的几种比较常见和比较不利的荷载工况进行车桥动力分析，为设计提供依据。

根据道路轨道交通，车速变化范围和加载情况下桥梁挠曲特点，本报告主要考虑如下 7 种比较不利的荷载工况。计算采用公路路面不平顺等级为“较好”，轨道不平顺级别为 5 级。

工况 1：每车道有 37 辆重型汽车排列（加载长度约为 730m，能够布满主跨），车辆净间距为 20m。车速均为 60km/h；汽车荷载只考虑两车道加载，单向偏载运行。

列车荷载考虑单线偏载且与汽车同向，车辆编组为 1 动 +8 拖 +1 动。列车车速为 60km/h，且比汽车延迟 290m 进桥，以使得列车和汽车同时加载到跨中，使跨中产生最大扭转角。

工况 2：与工况 1 情况相同，车速变为 90km/h。

工况 3：单线列车偏载，车辆编组为 1 动 +8 拖 +1 动，车速为 90km/h。不考虑汽车作用，以分析列车产生的偏载对走行性的影响。

工况 4：每车道有 37 辆重型汽车排列（加载长度约为 730m，能够布满主跨），车辆净间距为 20m，车速均为 60km/h；虽然桥梁设计为双向 6 车道，但考虑到车道折减系数，汽车荷载只按 4 车道加载，双向对称对开。

列车荷载考虑双线对开情况，每线车辆编组为 1 动 +8 拖 +1 动（轻轨每线折合均布荷载约为 2.3kN/m，加载长度约为 160m）。列车车速为 60km/h，双线对称对开，且比汽车延迟 290m 进桥，以使得列车和汽车同时加载到跨中，使跨中产生最大竖向位移。

工况 5：与工况 4 情况相同，车速变为 90km/h。

工况 6：每车道有 37 辆重型汽车排列，车辆净间距为 20m，车速均为 60km/h；虽然桥梁设计为双向 6 车道，但考虑到车道折减系数，汽车荷载只按 4 车道加载。

列车为双线加载，每线车辆编组为 1 动 +8 拖 +1 动（轻轨每线折合均布荷载约为 2.3kN/m，加载长度约为 160m）。列车车速为 60km/h。

为使荷载加载到同一边跨而使梁端折角达到最大，假定各线汽车和列车均同向运行，同时进桥。

本工况对于梁端折角最不利，同时由于车辆是完全正对称，桥梁基本不存在偏转，因而也可能是对车辆比较有利的工况。

工况 7：与工况 6 情况相同，车速变为 90km/h。

对于上述 7 种工况，动力时程分析计算时间步长均为 0.005s。各工况参数见表 2.7-1，各工况最不利加载位置如图 2.7-2 所示。

工 况 参 数 表　　表 2.7-1

项　目	车速（km/h）	列车和汽车状况
工况 1（跨中扭转角最大）	60	单线列车、2 车道汽车同向偏载
工况 2（跨中扭转角最大）	90	单线列车、2 车道汽车同向偏载
工况 3（跨中扭转角较大）	90	单线列车偏载
工况 4（跨中挠度最大）	60	双线列车、4 车道汽车对称对开
工况 5（跨中挠度最大）	90	双线列车、4 车道汽车对称对开
工况 6（梁端折角最大）	60	双线列车、4 车道汽车同时加载到边跨
工况 7（梁端折角最大）	90	双线列车、4 车道汽车同时加载到边跨

注：各工况汽车车速和轻轨列车车速相同。

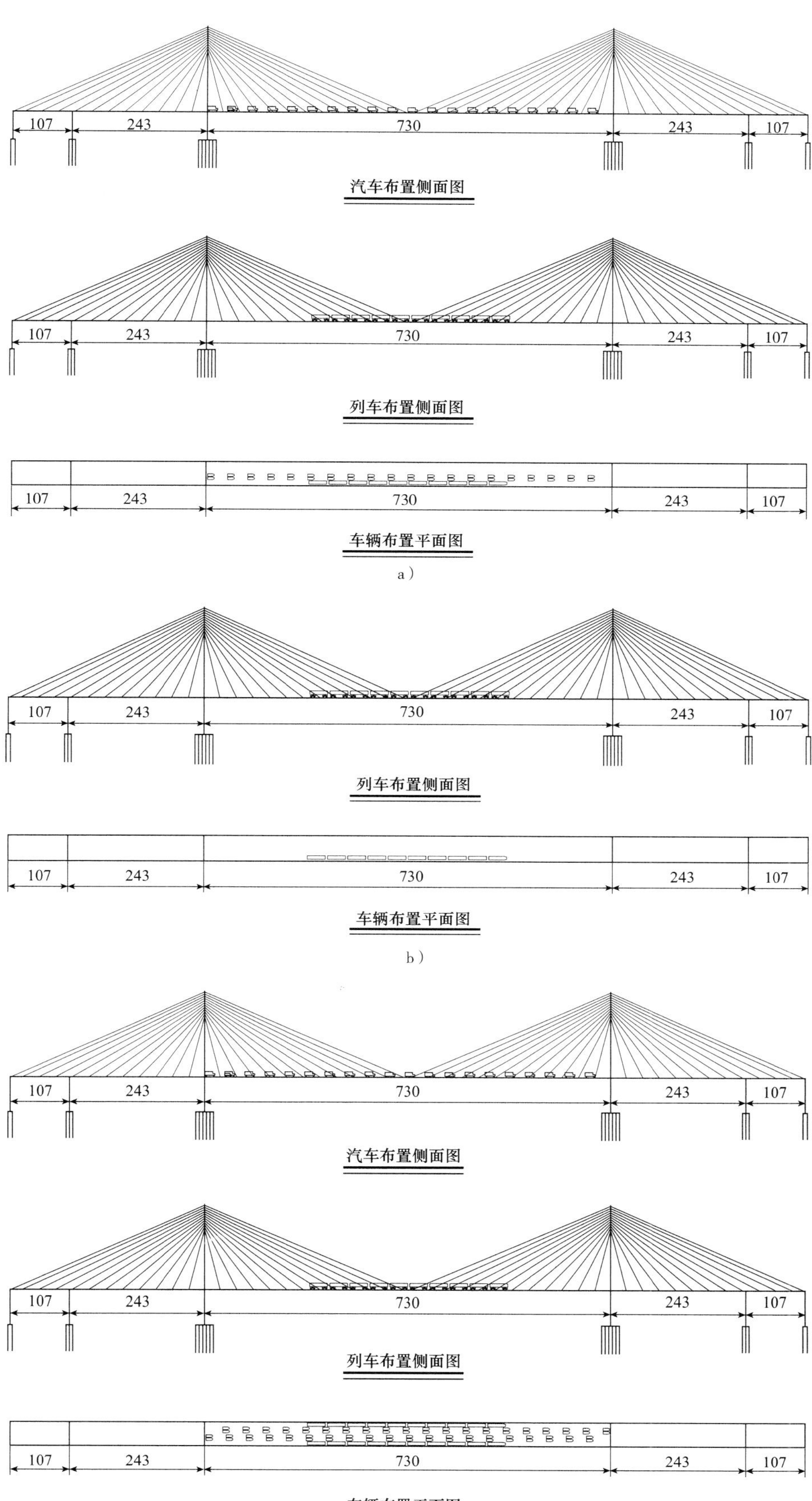

107
243
730
243
107
汽车布置侧面图
107
243
730
243
107
列车布置侧面图
107
243
730
243
107
车辆布置平面图
a）
107
243
730
243
107
列车布置侧面图
107
243
730
243
107
车辆布置平面图
b）
107
243
730
243
107
汽车布置侧面图
107
243
730
243
107
列车布置侧面图
107
243
730
243
107
车辆布置平面图

c）

图　2.7-2

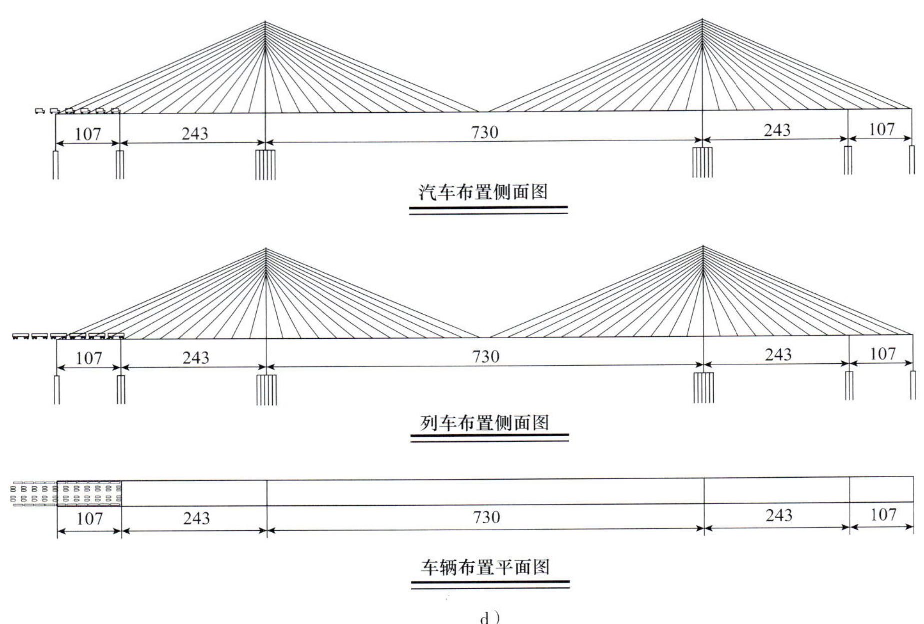

图 2.7-2　桥梁最不利加载位置示意图（尺寸单位：m）
a）工况 1、2；b）工况 3；c）工况 4、5；d）工况 6、7

2.7.3　桥梁自振特性及其对车振影响分析

按上述建立的桥梁模型计算得到前 11 阶频率及其振型特征见表 2.7-2，振型图如图 2.7-3 所示。第 1 振型为纵飘振型，基本周期很长，约 12s。该振型对主塔顺桥向地震反应影响较大，但对车桥振动影响较小。

主桥前 11 阶自振频率和振型　　表 2.7-2

序　号	振型主要特点		
	ANSYS 计算	VBC 计算	振型描述
1	0.083 69	0.083 7	主塔纵向弯曲、主梁纵飘
2	0.232 21	0.229 7	主梁竖向一阶正对称弯曲
3	0.251 74	0.245 7	主塔横向一阶同向弯曲
4	0.263 01	0.255 0	主塔横向一阶反向弯曲
5	0.296 64	0.292 5	主梁竖向一阶反对称弯曲
6	0.296 97	0.294 1	主梁横向一阶正对称弯曲
7	0.429 77	0.426 7	主梁竖向二阶正对称弯曲
8	0.512 70	0.509 8	主梁竖向二阶反对称弯曲
9	0.566 81	0.564 0	主梁竖向三阶正对称弯曲
10	0.614 13	0.611 2	主梁竖向三阶反对称弯曲
11	0.614 28	0.636 8	主梁一阶扭转

注：VBC 为自编车桥耦合振动分析程序。

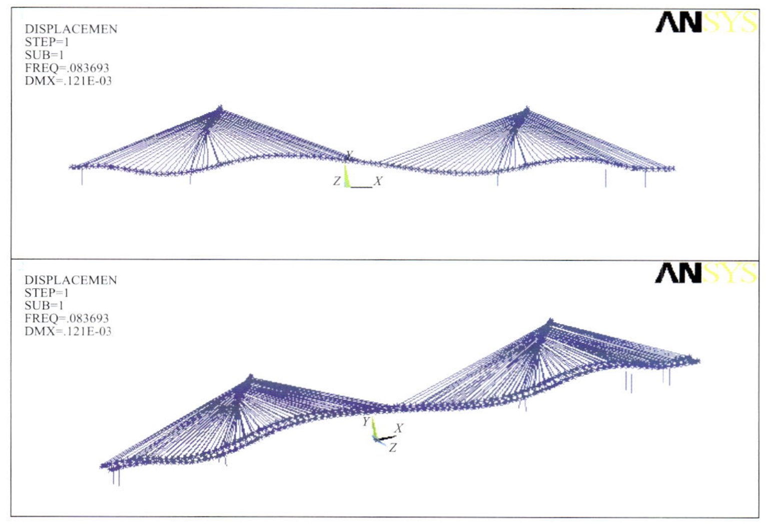

a）主塔纵向弯曲、主梁纵飘

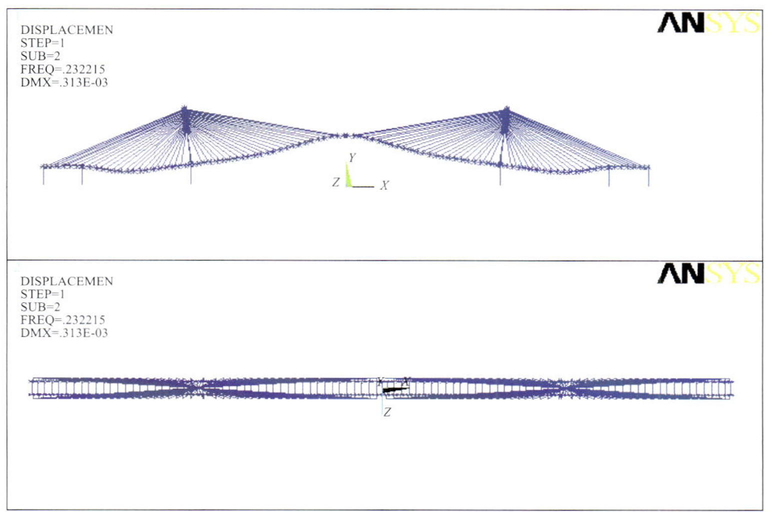

b）主梁竖向一阶正对称弯曲

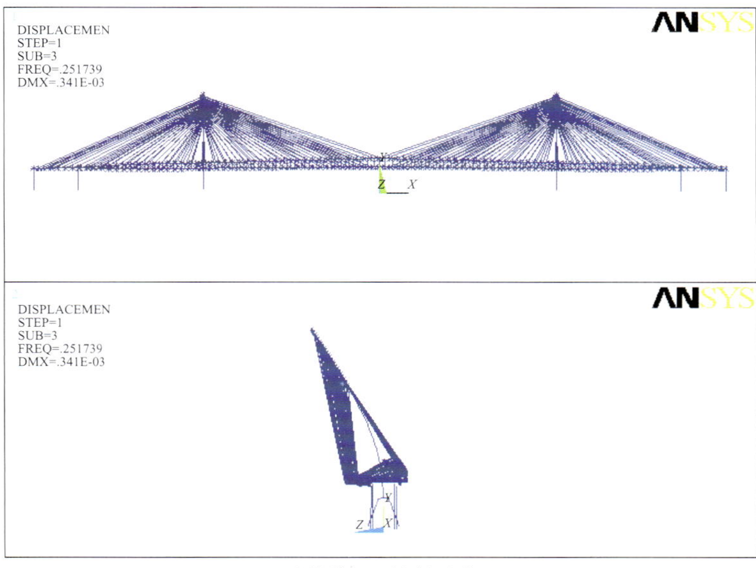

c）主塔横向一阶同向弯曲

图　2.7-3

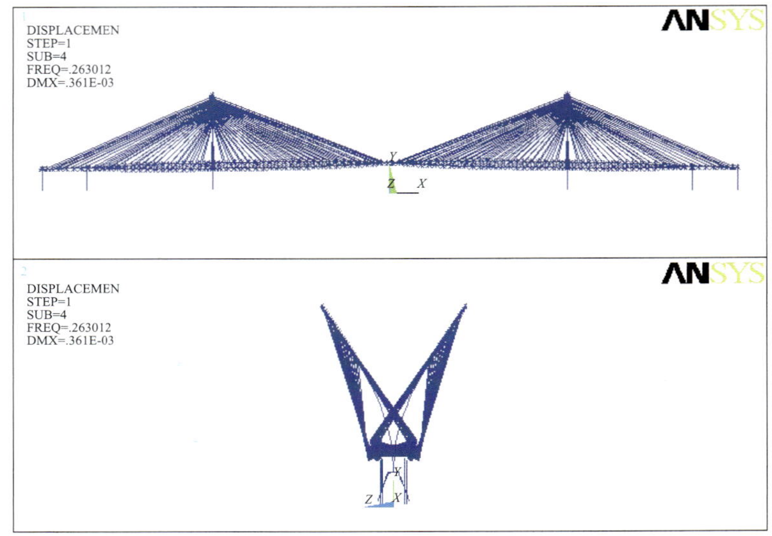

d）主塔横向一阶反向弯曲

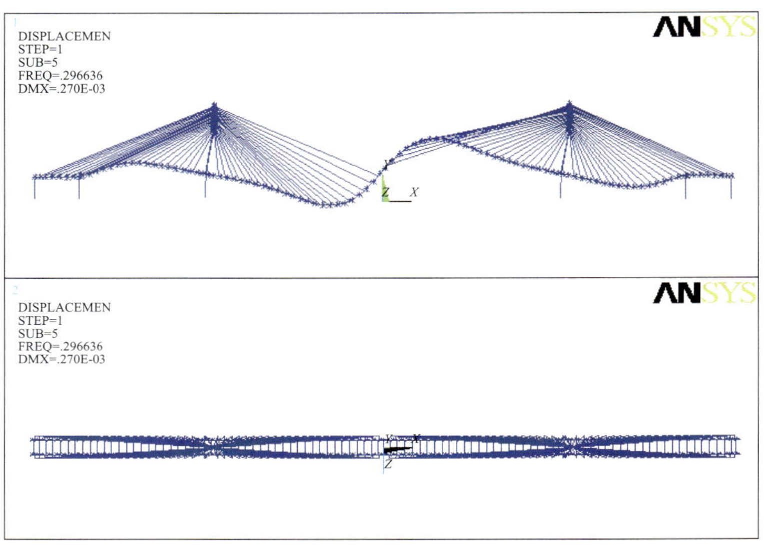

e）主梁竖向一阶反对称弯曲

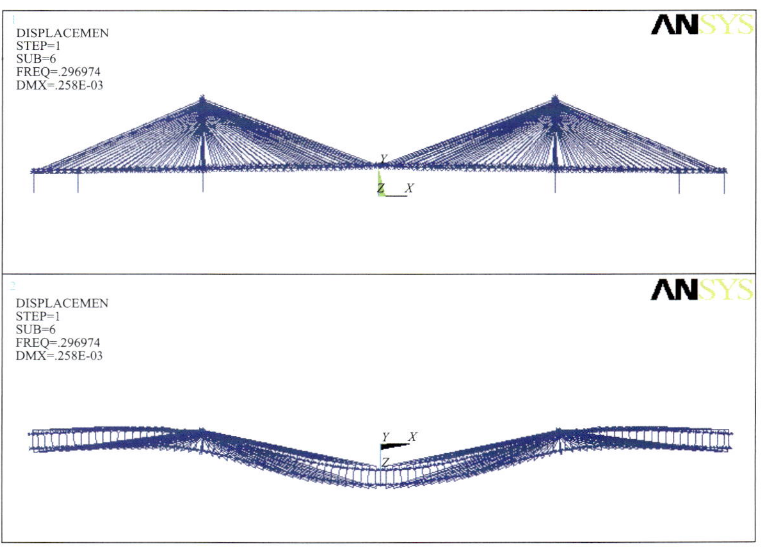

f）主梁横向一阶正对称弯曲

图　2.7–3

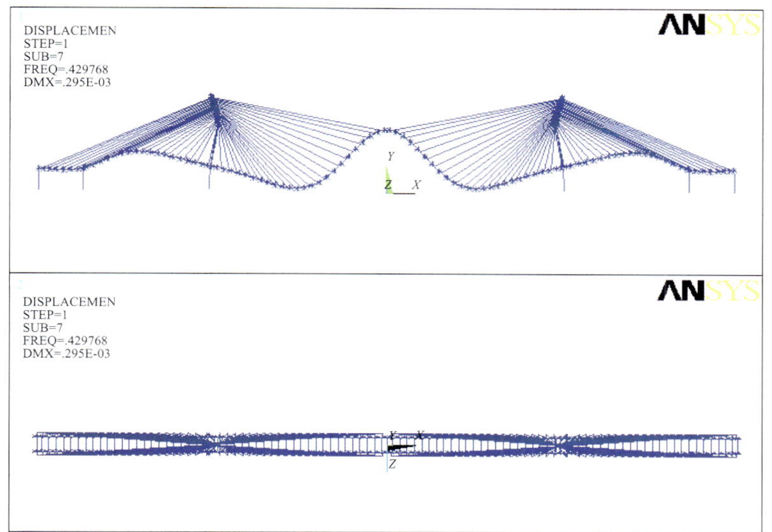

g）主梁竖向二阶正对称弯曲

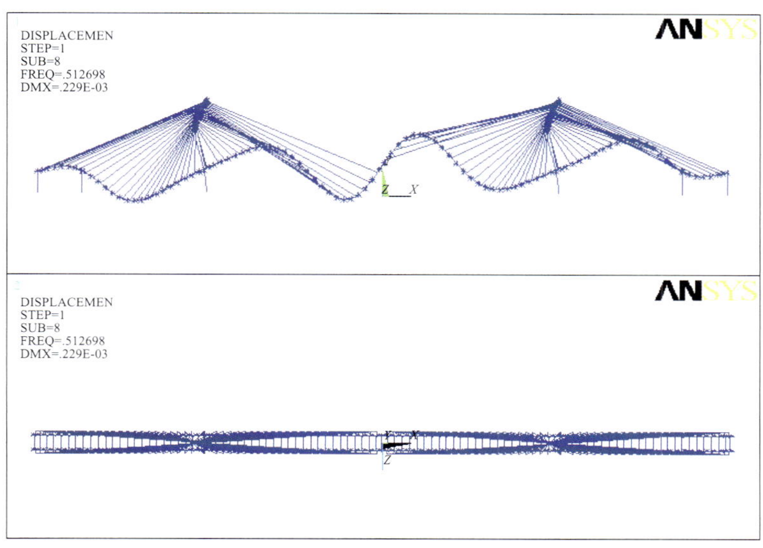

h）主梁竖向二阶反对称弯曲

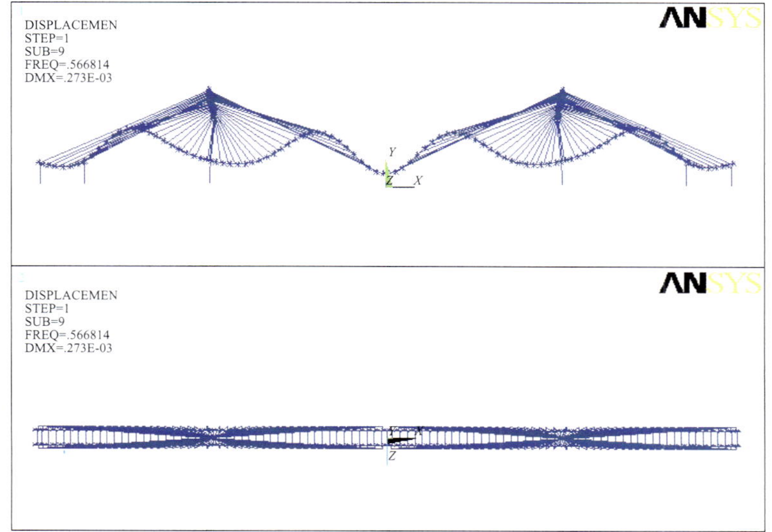

i）主梁竖向三阶正对称弯曲

图　2.7-3

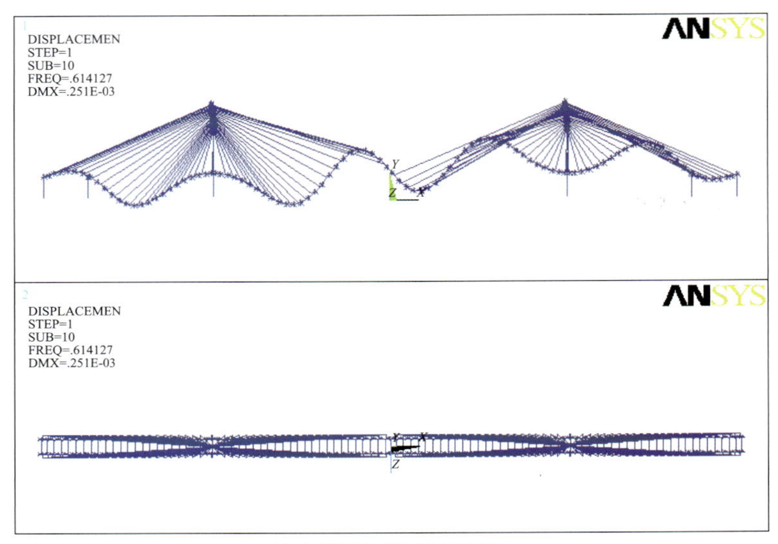

j）主梁竖向三阶反对称弯曲

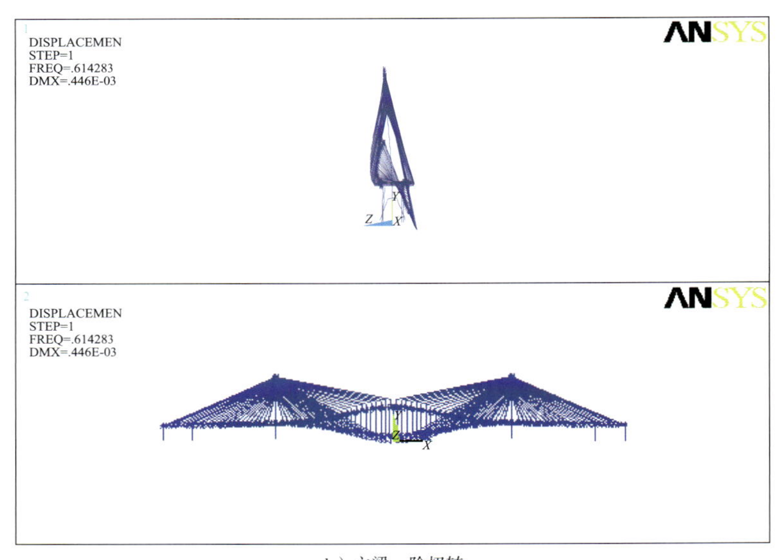

k）主梁一阶扭转

图 2.7–3　主桥前 11 阶振型图

竖向弯曲基频振型和横向弯曲基频振型，对车桥竖向和横向的动力反应来说将产生主要影响。竖向振型于第 2 阶出现，频率为 0.229 7Hz，横向振型于第 6 阶出现，频率为 0.292 5Hz；竖向振型先于横向振型出现，而且有一定的差值，说明大桥竖向刚度比横向刚度要小得多。

竖向基频、横向基频同国内已建成的两座公铁两用桥相比，结果见表 2.7–3，虽然本桥频率稍微偏小，但主跨跨径大（为表 2.7–3 中后两座桥的 2 倍左右），且为轻轨、道路公用桥，行车速度较低，适当降低频率和刚度是合理的。

国内三座大跨度公铁两用斜拉桥自振特性比较　　表 2.7–3

项 目 桥 名	主跨（m）	竖向基频（Hz）	横向基频（Hz）
上海长江大桥主桥	730	0.229 7	0.294 1
芜湖长江大桥主桥	312	0.441	0.368
武汉天兴洲长江大桥主桥	504	0.365	0.283

上海长江大桥为公路双向 6 车道，双线轻轨桥梁，桥面较宽，可能存在较不利的是偏载情况下的激振。计算表明桥梁的扭转频率为 0.636 8Hz，在第 11 阶才出现，这不但对桥梁抗风稳定性有利，

而且对车辆的运行安全和舒适性也是有利的。

对于这种柔性较大的大跨度斜拉桥，频率分布非常密集，车辆激振力比较容易激起各阶振型的振动，但不会产生共振现象。

2.7.4 各工况下车桥动力响应分析

表 2.7-4 为 7 种不同工况下桥梁位移动力响应最大值结果。

桥梁位移响应计算结果（单位：mm 或 rad/1 000） 表 2.7-4

工况 项目	工况 1 60km/h	工况 2 90km/h	工况 3 90km/h	工况 4 60km/h	工况 5 90km/h	工况 6 60km/h	工况 7 90km/h
桥端折角	0.56	0.55	0.41	0.60	0.60	1.26	1.27
边跨 1 竖向位移	9.81	9.75	10.14	11.08	11.21	31.27	31.52
边跨 1 横向位移	1.00	1.09	0.51	1.05	1.10	0.45	0.50
边跨 2 竖向位移	132.92	128.07	90.96	173.84	174.61	307.31	317.11
边跨 2 横向位移	3.05	3.18	1.31	2.36	2.38	0.51	0.58
主跨中竖向位移	549.80	551.50	214.88	957.99	961.80	825.73	835.64
主跨中横向位移	14.89	14.92	5.77	1.69	1.92	2.94	2.50
主跨中扭转角	4.42	4.42	1.62	0.11	0.12	0.13	0.11

从表中可知：主跨跨中最大竖向位移为 961.8mm，相应的挠跨比约为 1/760，小于按设计荷载计算所得的挠跨比 1/500，这是因为设计荷载中道路荷载要比实际车辆荷载大，而且是按位移影响线加载。

主跨跨中横向最大位移为 14.92mm，相应横向挠跨比为 1/489 93，远远小于《铁路桥梁检定规范》（铁运函［2004］120 号）对中小跨度桥梁横向挠跨比的限制，这说明主梁横向刚度能够满足动力性能的要求。

主桥梁端折角上拱最大值为 1.27‰，如考虑引桥桥端约 0.70‰的折角，两者相加也不超过 3‰。采用设计荷载并按照位移影响线最不利状况加载，梁端折角计算值可达到 5‰左右，但实际运营荷载通常较设计荷载小，因此位移影响线最不利状况布置出现的概率是很小的。为了减小梁端折角，通过调整辅助墩位置和增大桥端主梁刚度，将设计荷载作用下的梁端折角控制在 4‰以内，以便能够更好地满足行车舒适性的要求，改善轨道结构的受力状态，保证主桥设计有较高的质量。实际上，对于低速运营的轻轨交通，我国设计规范并没有梁端折角的限值要求。但日本铁路桥梁设计规范，对梁端折角却有明确的限值条文，其限值大小与行车速度有关，对于上海长江大桥的设计车速，偶尔出现 5‰左右的折角也不一定就要修改设计。

偏载作用下，桥梁跨中的最大扭转角约为 4.42‰。扭转角大小将影响车辆轮对左右轮的高差，对列车运行的舒适性、安全性影响较大，关于这方面的问题将在车辆动力响应中予以分析。

图 2.7-4 为不同工况下桥梁位移动力响应时程曲线。

表 2.7-5~ 表 2.7-12 为 7 种不同工况下车辆过桥动力响应的计算结果，内容包括：车辆过桥轮重减载率、倾覆系数、抗脱轨系数、轮对横竖向作用力、车体横向加速度时程变化最大值以及相应斯佩林指标。

结合表中各项数据和相应评判标准，可以分析各种工况下，车辆的动力性能和列车走行的安全性和舒适性。

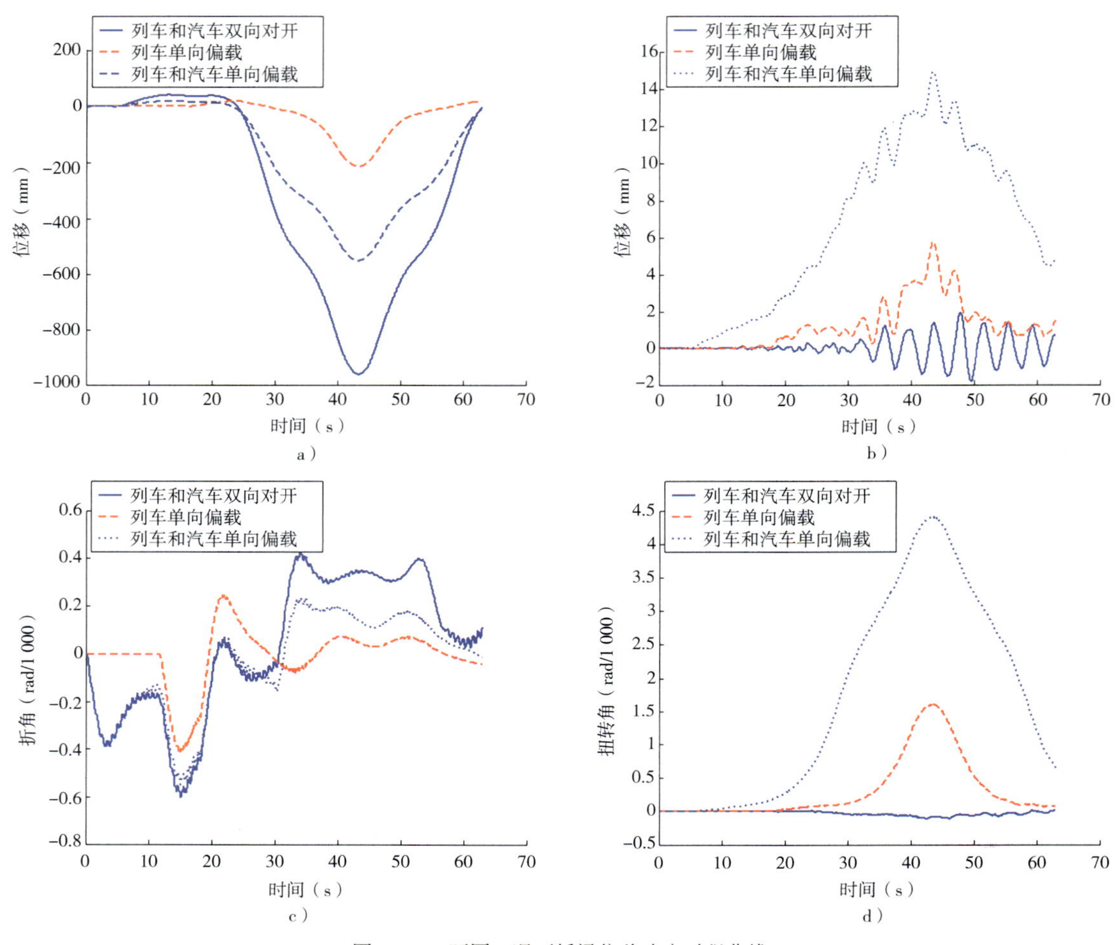

图 2.7–4　不同工况下桥梁位移响应时程曲线

a）跨中竖向位移；b）跨中横向位移；c）梁端折角位移；d）跨中扭转角位移

从表 2.7–5 可看出：不同车速但具有相同加载状况下的轮重减载率相差不大（如工况 1 和工况 2），而不同加载状况的工况差异则比较明显。规律是车辆对桥梁的偏载扭转作用越大，减载率越大。这一规律可以从同一车速（90km/h）不同工况下轮重减载率的时程曲线（图 2.7–5）得到比较清晰地认识。在列车和汽车单向偏载的情况下，当车辆达到跨中位置时（约 45s 处），桥梁的扭转角最大，减载率也明显增大；当只考虑列车单侧加载的情况时，减载率变化的趋势与汽车和列车共同单侧加载作用下的变化趋势相同，只是减载率量值相对较小；而双向对开情况下，当双向车辆同时达到跨中位置时，由于对称性，桥梁扭转变形较小，减载率也较小。表 2.7–5 中工况 6、7 为列车和汽车同向同时进桥，此种工况基本无偏载作用，其减载率最小。由图 2.7–6 可知，两种车速下轮重减载率的差别并不是很明显，且都在跨中位置达到最大值，表明桥梁扭转产生的列车减载作用较大。

车辆响应计算结果——轮重减载率　　表 2.7–5

工况 车辆序号	工况 1 60km/h	工况 2 90km/h	工况 3 90km/h	工况 4 60km/h	工况 5 90km/h	工况 6 60km/h	工况 7 90km/h
1	0.46	0.47	0.38	0.38	0.38	0.29	0.31
2	0.41	0.43	0.37	0.38	0.37	0.27	0.29
3	0.43	0.43	0.37	0.39	0.37	0.27	0.30
4	0.41	0.43	0.37	0.39	0.37	0.25	0.29
5	0.43	0.43	0.37	0.40	0.37	0.25	0.30
6	0.44	0.44	0.37	0.40	0.37	0.25	0.29

续上表

车辆序号 \ 工况	工况 1 60km/h	工况 2 90km/h	工况 3 90km/h	工况 4 60km/h	工况 5 90km/h	工况 6 60km/h	工况 7 90km/h
7	0.42	0.43	0.37	0.40	0.37	0.30	0.31
8	0.43	0.43	0.37	0.40	0.37	0.25	0.29
9	0.41	0.43	0.37	0.40	0.37	0.25	0.29
10	0.45	0.46	0.39	0.40	0.39	0.26	0.30
机车最大	0.46	0.47	0.39	0.40	0.39	0.29	0.31
拖车最大	0.44	0.44	0.37	0.40	0.37	0.30	0.31

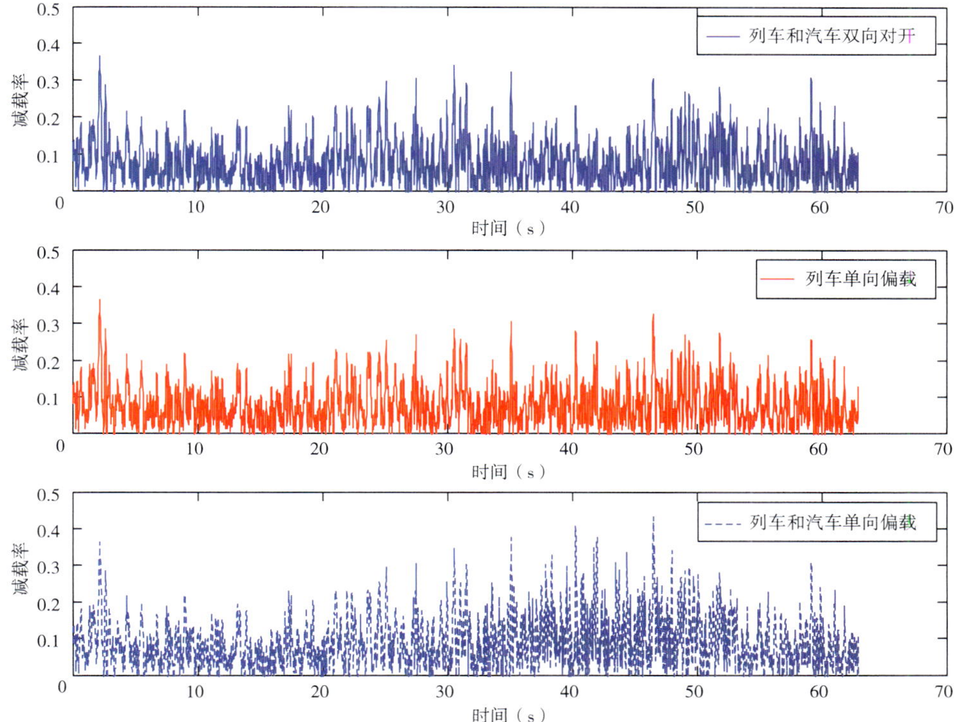

图 2.7-5　车速 90km/h 时不同工况下轮重减载率时程曲线

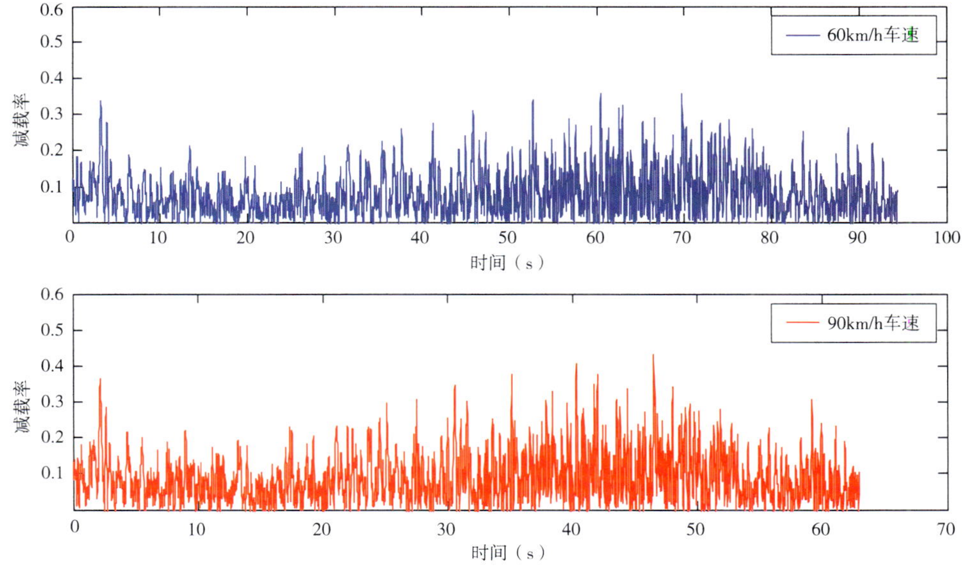

图 2.7-6　偏载时不同车速下轮重减载率时程曲线

从以上分析可以推论，桥梁的扭转作用对车辆的减载率影响较大。从车桥动力分析可知：无风荷载各种工况车辆的减载率均能满足要求，但考虑风荷载引起的桥梁扭转和对车辆本身的作用必将加大车辆过桥的减载率。

倾覆系数也是左右轮重变化一个指标，从表 2.7–6 可知倾覆系数与减载率的变化规律基本相似。

车辆响应计算结果——倾覆系数 表 2.7–6

车辆序号＼工况	工况 1 60km/h	工况 2 90km/h	工况 3 90km/h	工况 4 60km/h	工况 5 90km/h	工况 6 60km/h	工况 7 90km/h
1	0.45	0.45	0.38	0.37	0.38	0.27	0.29
2	0.42	0.43	0.37	0.37	0.36	0.26	0.27
3	0.43	0.43	0.37	0.38	0.37	0.26	0.28
4	0.42	0.43	0.36	0.38	0.36	0.25	0.27
5	0.43	0.43	0.37	0.39	0.37	0.25	0.28
6	0.45	0.44	0.37	0.39	0.37	0.25	0.27
7	0.43	0.43	0.37	0.39	0.37	0.25	0.28
8	0.44	0.43	0.37	0.39	0.37	0.25	0.28
9	0.42	0.42	0.37	0.39	0.37	0.25	0.28
10	0.45	0.44	0.38	0.39	0.39	0.25	0.29
机车最大	0.45	0.45	0.38	0.39	0.39	0.27	0.29
拖车最大	0.45	0.44	0.37	0.39	0.37	0.26	0.28

表 2.7–7 表明各个工况下各节车辆脱轨系数相差不大，而表中的最大值基本上是由车辆通过某一不平顺最严重处控制。从表 2.7–8 可以看出，轮轨横向作用力变化规律基本与脱轨系数一致。

车辆响应计算结果——脱轨系数 表 2.7–7

车辆序号＼工况	工况 1 60km/h	工况 2 90km/h	工况 3 90km/h	工况 4 60km/h	工况 5 90km/h	工况 6 60km/h	工况 7 90km/h
1	0.45	0.45	0.45	0.45	0.46	0.39	0.40
2	0.46	0.41	0.41	0.46	0.41	0.38	0.38
3	0.46	0.44	0.44	0.46	0.44	0.38	0.33
4	0.47	0.43	0.43	0.47	0.43	0.33	0.34
5	0.49	0.40	0.40	0.49	0.40	0.33	0.34
6	0.49	0.42	0.42	0.49	0.42	0.33	0.34
7	0.49	0.41	0.41	0.49	0.41	0.33	0.33
8	0.50	0.41	0.41	0.50	0.42	0.33	0.34
9	0.50	0.40	0.40	0.50	0.40	0.33	0.34
10	0.50	0.46	0.46	0.50	0.45	0.36	0.37
机车最大	0.50	0.46	0.46	0.50	0.46	0.39	0.40
拖车最大	0.50	0.44	0.44	0.50	0.44	0.38	0.38

图 2.7-7 为同一车速不同工况下脱轨系数时程曲线，图 2.7-8 为偏载时不同车速下脱轨系数时程曲线，图 2.7-9 为同一车速不同工况下轮轨横向作用力时程曲线，图 2.7-10 为偏载时不同车速下轮轨横向作用力时程曲线。

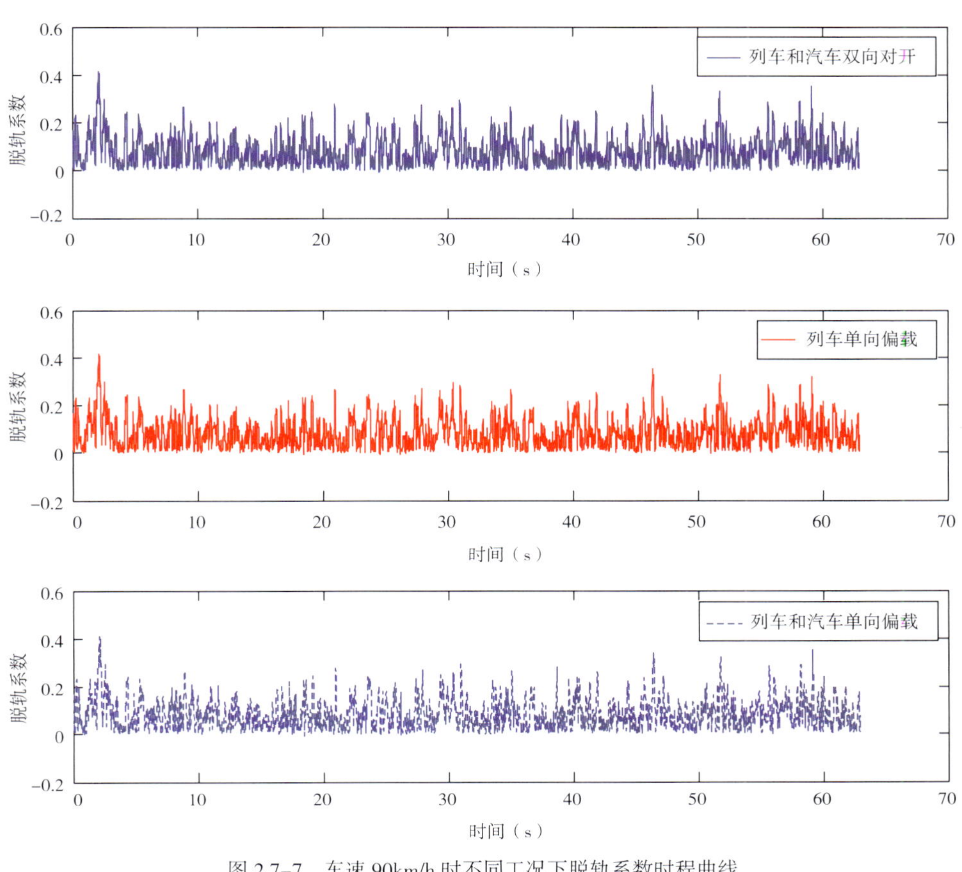

图 2.7-7　车速 90km/h 时不同工况下脱轨系数时程曲线

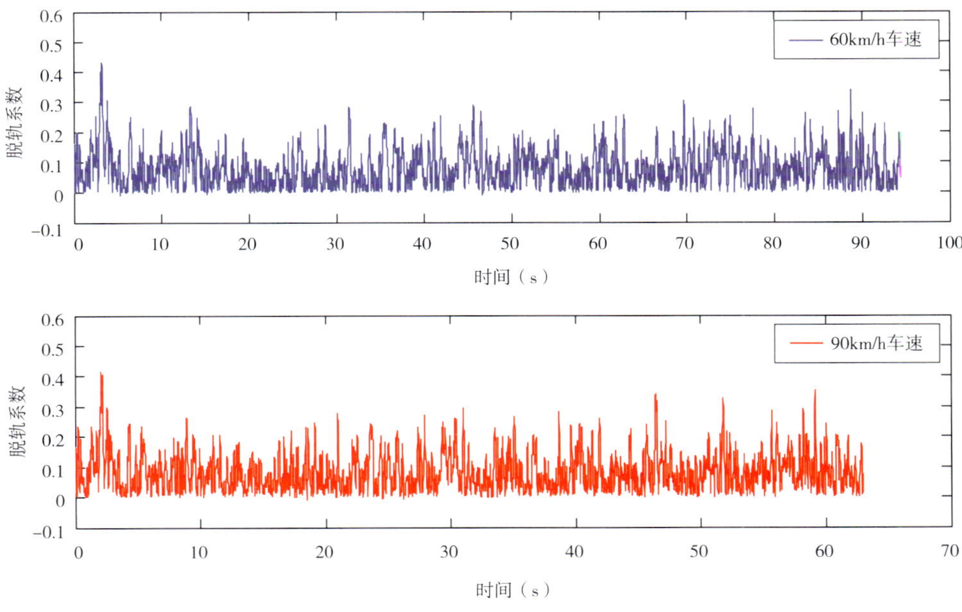

图 2.7-8　偏载时不同车速下脱轨系数时程曲线

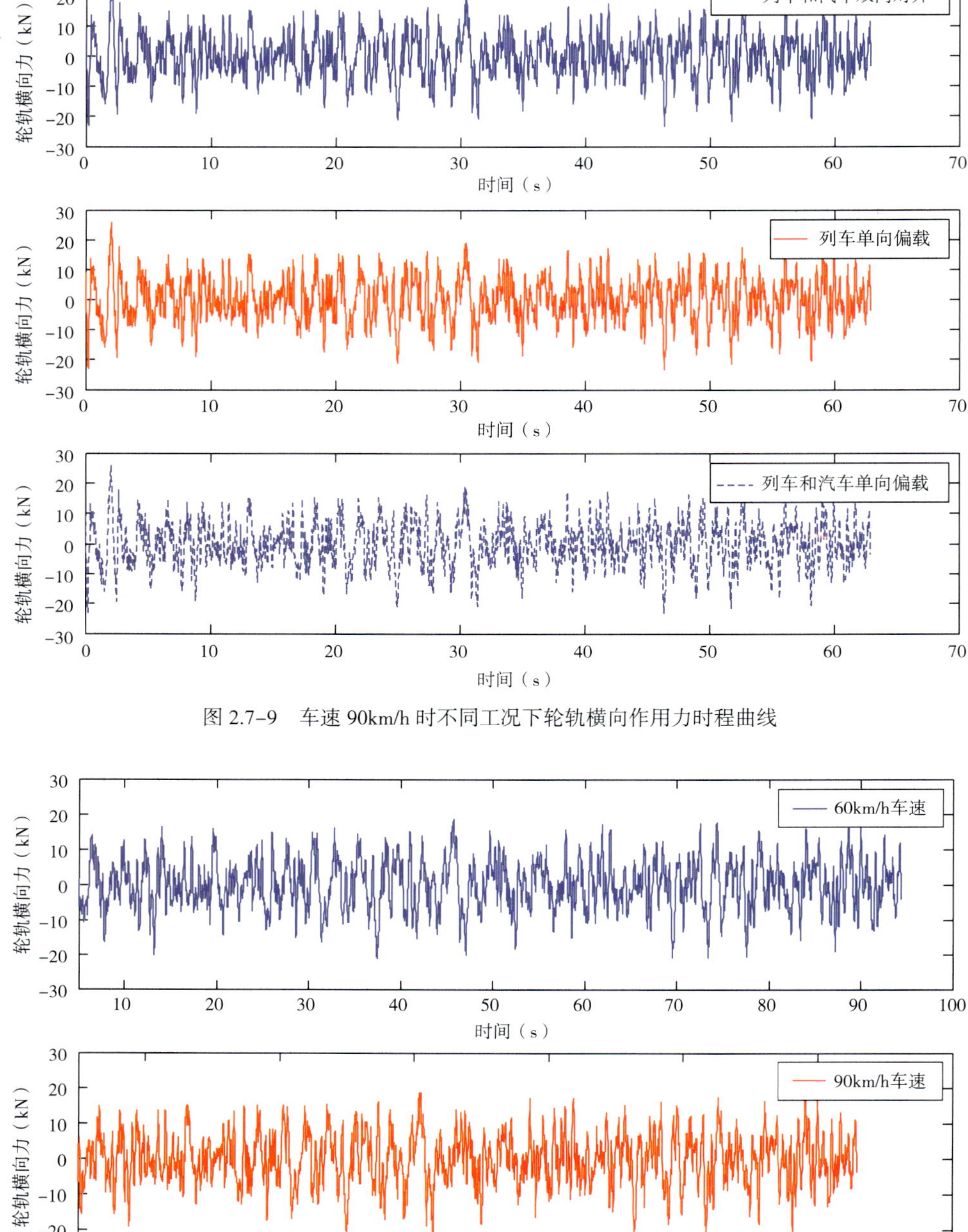

图 2.7-9　车速 90km/h 时不同工况下轮轨横向作用力时程曲线

图 2.7-10　偏载时不同车速下轮轨横向作用力时程曲线

表 2.7-8~ 表 2.7-12 列出了不同车速不同工况下列车过桥时，各车辆的横、竖向加速度时程变化过程中的最大值，以及斯佩林（Sperling）指标。这些参数主要反映了车体运行的平稳性和舒适性，可以看出车速越低，车体横、竖向加速度越小，舒适性越好。

车辆响应计算结果——轮轨横向作用力（单位：kN）　　表 2.7-8

车辆序号 \ 工况	工况 1 60km/h	工况 2 90km/h	工况 3 90km/h	工况 4 60km/h	工况 5 90km/h	工况 6 60km/h	工况 7 90km/h
1	30.96	30.84	30.84	30.97	30.91	28.19	28.84
2	27.23	26.87	26.87	27.23	26.87	23.09	23.29

续上表

车辆序号 \ 工况	工况 1 60km/h	工况 2 90km/h	工况 3 90km/h	工况 4 60km/h	工况 5 90km/h	工况 6 60km/h	工况 7 90km/h
3	27.02	25.42	25.42	27.04	25.40	24.28	23.79
4	28.13	25.44	25.44	28.15	25.42	21.47	21.47
5	29.42	25.88	25.88	29.48	25.89	21.71	21.29
6	29.45	25.90	25.90	29.50	25.88	21.70	21.38
7	28.68	25.87	25.87	28.68	25.87	24.15	22.97
8	29.34	25.81	25.81	29.41	25.79	21.88	21.48
9	28.45	25.87	25.87	28.42	25.91	21.87	21.54
10	33.35	30.38	30.38	33.33	30.41	28.17	26.20
机车最大	33.35	30.84	30.84	33.33	30.91	28.19	28.84
拖车最大	29.45	26.87	26.87	29.50	26.87	24.28	23.79

车辆响应计算结果——车体横向加速度（单位：m/s²） 表 2.7-9

车辆序号 \ 工况	工况 1 60km/h	工况 2 90km/h	工况 3 90km/h	工况 4 60km/h	工况 5 90km/h	工况 6 60km/h	工况 7 90km/h
1	0.67	0.80	0.56	0.59	0.60	0.55	0.56
2	0.66	0.79	0.55	0.53	0.60	0.50	0.53
3	0.70	0.80	0.56	0.53	0.60	0.49	0.53
4	0.66	0.81	0.58	0.54	0.60	0.46	0.53
5	0.69	0.81	0.56	0.56	0.59	0.48	0.54
6	0.67	0.81	0.56	0.56	0.59	0.47	0.53
7	0.68	0.78	0.55	0.53	0.59	0.46	0.54
8	0.65	0.76	0.55	0.56	0.59	0.46	0.53
9	0.66	0.76	0.55	0.53	0.59	0.47	0.54
10	0.66	0.76	0.57	0.59	0.63	0.51	0.53
机车最大	0.67	0.80	0.57	0.59	0.63	0.55	0.56
拖车最大	0.70	0.81	0.58	0.56	0.60	0.50	0.54

车辆响应计算结果——车体竖向加速度（单位：m/s²） 表 2.7-10

车辆序号 \ 工况	工况 1 60km/h	工况 2 90km/h	工况 3 90km/h	工况 4 60km/h	工况 5 90km/h	工况 6 60km/h	工况 7 90km/h
1	0.80	0.75	0.60	0.48	0.71	0.45	0.66
2	0.68	0.73	0.57	0.45	0.67	0.42	0.63
3	0.74	0.73	0.56	0.45	0.66	0.42	0.61
4	0.71	0.74	0.57	0.43	0.67	0.45	0.59
5	0.73	0.74	0.57	0.44	0.66	0.47	0.60
6	0.69	0.74	0.56	0.43	0.65	0.46	0.62

续上表

车辆序号 \ 工况	工况 1 60km/h	工况 2 90km/h	工况 3 90km/h	工况 4 60km/h	工况 5 90km/h	工况 6 60km/h	工况 7 90km/h
7	0.69	0.69	0.56	0.44	0.63	0.47	0.62
8	0.66	0.69	0.56	0.44	0.62	0.48	0.58
9	0.67	0.71	0.57	0.45	0.60	0.49	0.57
10	0.75	0.73	0.60	0.49	0.65	0.34	0.48
机车最大	0.80	0.75	0.60	0.49	0.71	0.45	0.66
拖车最大	0.74	0.74	0.57	0.45	0.67	0.49	0.63

车辆响应计算结果——车体横向 Sperling 指标　　表 2.7–11

车辆序号 \ 工况	工况 1 60km/h	工况 2 90km/h	工况 3 90km/h	工况 4 60km/h	工况 5 90km/h	工况 6 60km/h	工况 7 90km/h
1	1.71	1.71	1.68	1.66	1.70	1.63	1.73
2	1.63	1.71	1.65	1.58	1.67	1.58	1.68
3	1.66	1.71	1.65	1.60	1.67	1.57	1.68
4	1.65	1.73	1.66	1.61	1.67	1.53	1.73
5	1.69	1.73	1.64	1.62	1.66	1.54	1.70
6	1.67	1.70	1.65	1.63	1.67	1.54	1.71
7	1.68	1.73	1.66	1.62	1.66	1.53	1.70
8	1.64	1.72	1.66	1.63	1.67	1.53	1.71
9	1.64	1.72	1.64	1.62	1.64	1.50	1.71
10	1.68	1.75	1.69	1.65	1.70	1.58	1.73
机车最大	1.71	1.75	1.69	1.66	1.70	1.63	1.73
拖车最大	1.69	1.73	1.66	1.63	1.67	1.58	1.73

车辆响应计算结果——车体竖向 Sperling 指标　　表 2.7–12

车辆序号 \ 工况	工况 1 60km/h	工况 2 90km/h	工况 3 90km/h	工况 4 60km/h	工况 5 90km/h	工况 6 60km/h	工况 7 90km/h
1	1.62	1.76	1.66	1.45	1.64	1.30	1.65
2	1.57	1.69	1.63	1.42	1.60	1.29	1.62
3	1.63	1.70	1.61	1.43	1.59	1.29	1.61
4	1.61	1.71	1.61	1.41	1.58	1.27	1.62
5	1.63	1.71	1.61	1.42	1.62	1.29	1.63
6	1.61	1.70	1.62	1.42	1.64	1.27	1.59
7	1.60	1.68	1.61	1.40	1.63	1.30	1.62
8	1.58	1.71	1.61	1.38	1.62	1.33	1.59
9	1.56	1.70	1.59	1.35	1.61	1.33	1.60
10	1.62	1.74	1.63	1.39	1.65	1.33	1.62

续上表

车辆序号 \ 工况	工况 1 60km/h	工况 2 90km/h	工况 3 90km/h	工况 4 60km/h	工况 5 90km/h	工况 6 60km/h	工况 7 90km/h
机车最大	1.62	1.76	1.66	1.45	1.65	1.33	1.65
拖车最大	1.63	1.71	1.63	1.43	1.64	1.33	1.63

图 2.7–11 为同一车速不同工况下车体横向加速度时程曲线，图 2.7–12 为偏载时不同车速下车体横向加速度时程曲线，图 2.7–13 为同一车速不同工况下车体竖向加速度时程曲线，图 2.7–14 为偏载时不同车速下车体竖向加速度时程曲线。

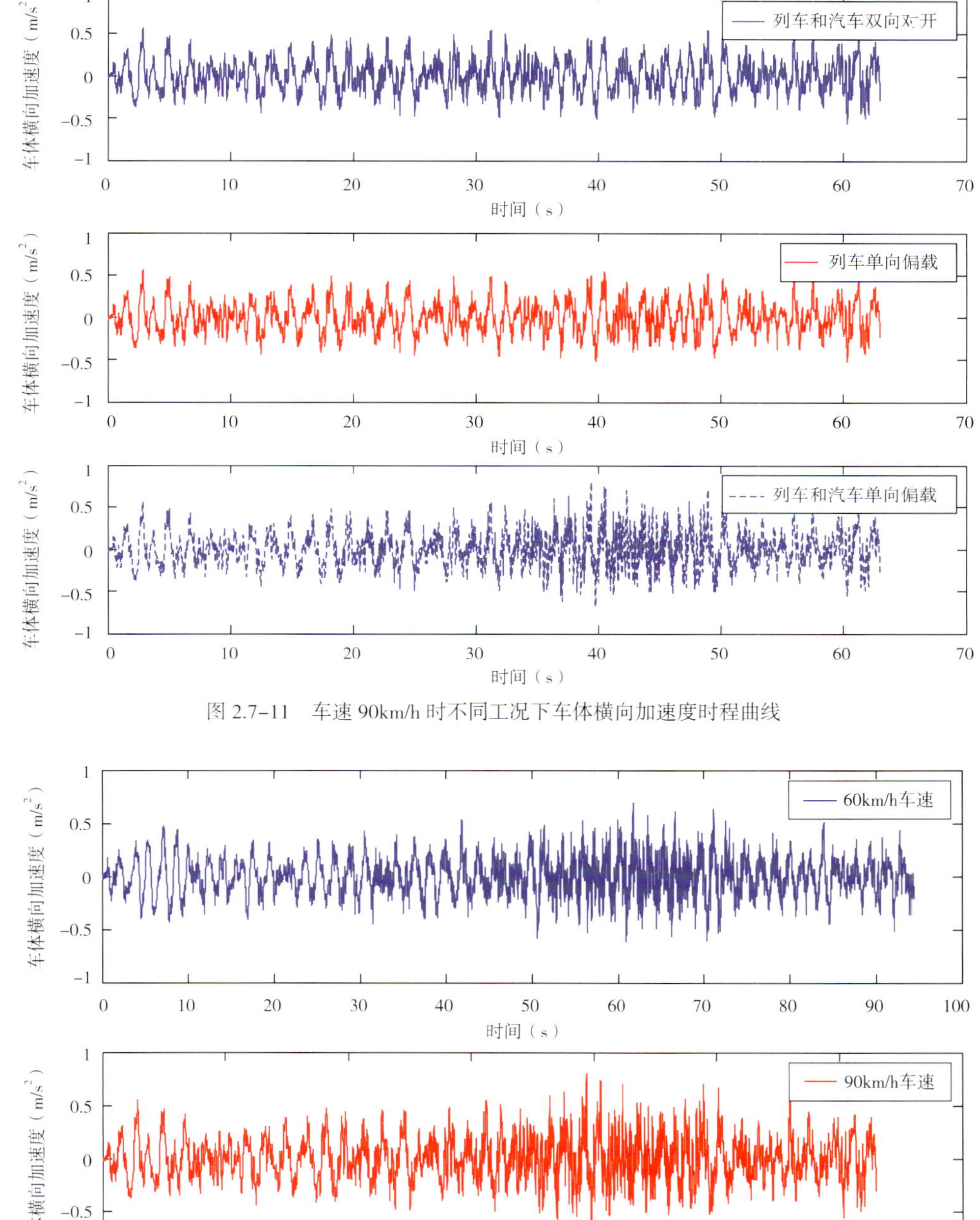

图 2.7–11　车速 90km/h 时不同工况下车体横向加速度时程曲线

图 2.7–12　偏载时不同车速下车体横向加速度时程曲线

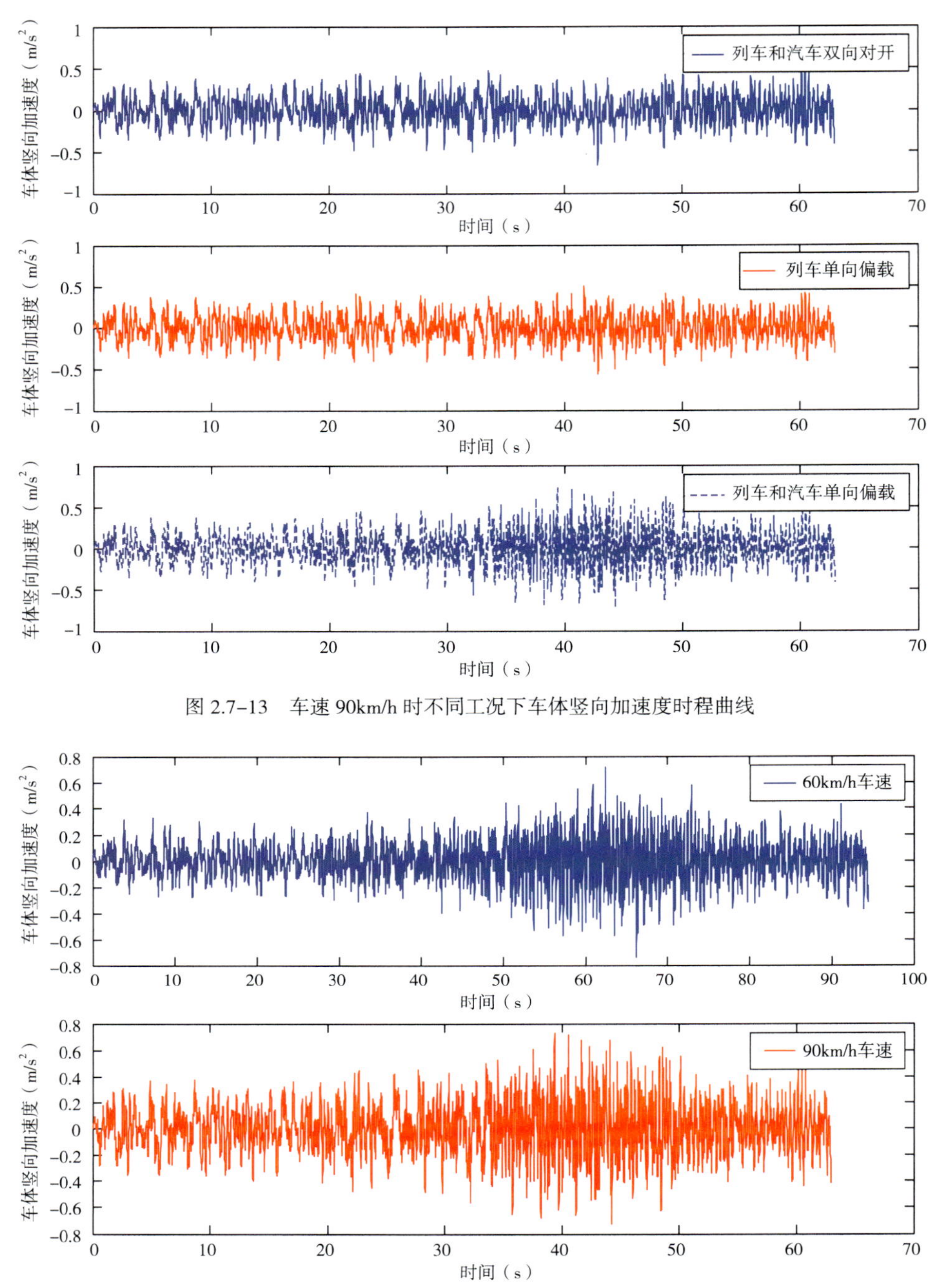

图 2.7-13　车速 90km/h 时不同工况下车体竖向加速度时程曲线

图 2.7-14　偏载时不同车速下车体竖向加速度时程曲线

2.8　强风作用下斜拉桥列车走行性分析

2.8.1　车辆静止状态下临界风速的计算

车辆无运动状态临界风速的计算，不考虑列车运行中车、桥、风的耦合动力作用，但可以考虑车体振动时所受的惯性力作用。一般来说，静止状态下的临界风速计算给出的是车辆安全运营临界风速的上限，如果考虑车辆走行状态以及车辆行进过程中的车桥耦合振动作用，则车辆的抗倾覆稳定系数和安全运营临界风速将有所降低。由于车辆静止状态下临界风速分析直观、力学概念明确，因此其计算结果可大致确定车辆运动状态下的抗倾覆稳定系数和安全运营临界风速范围，对精确计算的结果具有重要的校核作用。

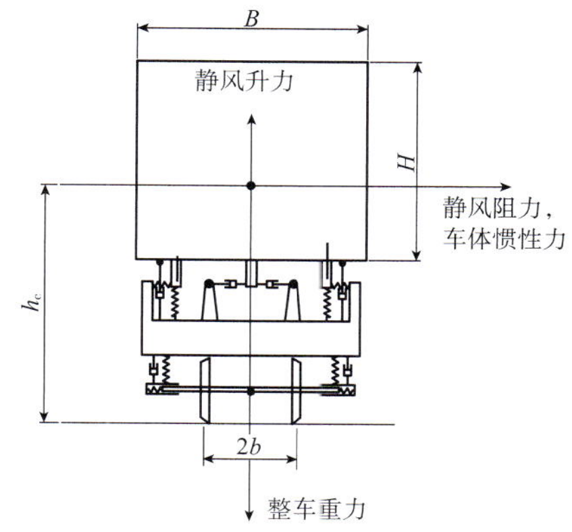

图 2.8–1　车体无开进速度和无振动状态时的受力示意图

当车体无开进速度和无振动状态时，车体承受的力有侧风产生的气动阻力、升力、力矩以及车体重力。图 2.8–1 为车体无开进速度和无振动状态时的受力示意图。

设车体形心处基准风速为 v，静阵风系数为 G_v，在静风荷载作用下，假定倾覆临界状态时迎风一侧轮压为 0，则由静力平衡条件可得：

$$\frac{\rho}{2}(G_v v)^2 C_{Dv} HLh_c = m_v gb - \frac{\rho}{2}(G_v v)^2 C_{Lv} BLb \tag{2.8–1}$$

由上式得临界风速：

$$V_{cr} = v = \frac{\left[m_v gb \Big/ \left(\frac{\rho}{2} C_{Dv} HLh_c + \frac{\rho}{2} C_{Lv} BLb\right)\right]^{1/2}}{G_v} \tag{2.8–2}$$

式中：ρ——空气密度；

C_{Dv}——车体阻力系数；

B、H、L——分别为车体宽度、高度和长度；

C_{Lv}——车体升力系数；

$m_v g$——车辆的重力；

b——轨距的一半；

h_c——风力作用点距轨顶的高度。

式（2.8–2）中车辆轮对一侧轮压为零，即轮重减载率为 1 时由静力平衡条件推得临界风速的计算式。

表 2.8–1 为 AW 系列轻轨车辆的机车和拖车按式（2.8–2）计算得到的车辆倾覆临界风速。可以看出：车体抗倾覆的临界风速和车体形状、种类、车体重力（空车还是重车）、阵风系数、阻力系数有关。空车的临界风速明显低于重车，拖车的临界风速明显低于动车。从表 2.8–1 中还可以看出空载拖车临界风速最低，为 44.7m/s。

由静力平衡条件得出的车辆倾覆临界风速　　表 2.8–1

项　目	整车重力（N）	阻 力 系 数	阵 风 系 数	临界风速（m/s）
AW0 拖车（空载）	343 000	2	1.29	44.7
AW2 拖车（定员载荷）	528 808	2	1.29	55.5
AW3 拖车（超员载荷）	588 784	2	1.29	58.6
AW0 动车（空载）	392 000	2	1.29	47.8
AW2 动车（定员载荷）	575 064	2	1.29	57.9
AW3 动车（超员载荷）	637 784	2	1.29	60.9

注：1. 空气密度为 1.25kg/m³。
2. 车体宽、高、长分别为 3m、2.3m、15.76m。
3. 升力系数取为 0。
4. 风力作用点距轨顶高度为 1.7m。

若计算横向振动状态下车体的倾覆临界风速，则需考虑车体横向振动的加速度。显然，车体横向振动的加速度越大，其倾覆临界风速越低。同样假定倾覆临界状态时迎风一侧轮压为0，由动力平衡条件得：

$$\frac{\rho}{2}(G_v v)^2 C_{Dv} HLh_c + m_c \alpha g h_c = m_v g b - \frac{\rho}{2}(G_v v)^2 C_{Lv} BLb \tag{2.8-3}$$

临界风速为：

$$V_{cr} = v = \frac{\left[(m_v g b - m_c \alpha g h_c)\Big/\left(\frac{\rho}{2} C_{Dv} HLh_c + \frac{\rho}{2} C_{Lv} BLb\right)\right]^{1/2}}{G_v} \tag{2.8-4}$$

式中：m_c——车体质量；

αg——车体中心横向最大加速度；

其余符号意义同前。

根据车体运营过程中抗脱轨和舒适度的要求，车体的横向加速度一般不会超过0.2g。表2.8-2为不同类型的轻轨车辆在不同横向振动加速度值的条件下，由动力平衡条件得出的车辆倾覆临界风速。可以看出考虑车体横向加速度产生的横向惯性力后，车体抗倾覆的临界风速明显降低（表2.8-1与表2.8-2对比），最小临界风速为36.7m/s。上述临界风速是在迎风侧轮重减载率或倾覆系数达到1时的临界风速计算值，如果取减载率0.65为限值，则相应临界风速将减小，其计算式为：

$$V_{cr} = v = \frac{\left[(0.825 m_v g b - m_c \alpha g h_c)\Big/\left(\frac{\rho}{2} C_{Dv} HLh_c + \frac{\rho}{2} C_{Lv} BLb\right)\right]^{1/2}}{G_v} \tag{2.8-5}$$

按照上式计算对应的临界风速36.7m/s将减小到31.6m/s。

由静力和车体惯性力平衡条件得出的车辆倾覆临界风速　　表2.8-2

项　目	整车重力（N）	阻力系数	阵风系数	临界风速（m/s）a_g=0.5g	临界风速（m/s）a_g=0.1g	临界风速（m/s）a_g=0.2g
AW0 拖车（空载）	343 000	2	1.29	42.8	40.9	36.7
AW2 拖车（定员载荷）	528 808	2	1.29	52.8	50.0	43.8
AW3 拖车（超员载荷）	588 784	2	1.29	55.7	52.7	46.1
AW0 动车（空载）	392 000	2	1.29	46.0	44.2	40.4
AW2 动车（定员载荷）	575 064	2	1.29	55.3	52.6	46.8
AW3 动车（超员载荷）	637 784	2	1.29	58.2	55.3	49.1

注：1. 空气密度为1.25kg/m³。
2. 车体宽、高、长分别为3m、2.3m、15.76m。
3. 升力系数取为0。
4. 风力作用点距轨顶高度为1.7m。

2.8.2　车辆运动状态下临界风速的计算

1）计算模型和计算假定

本节主要分析强风对列车走行性的影响。为突出重点，不考虑道路车辆荷载对风荷载的影响作用，主要考虑列车、桥梁以及风荷载（平均风和脉动风）之间的相互作用。

由静力平衡临界风速分析可知，重车与轻车在强风作用下的走行性是不一样的，强风作用下列车走行性由轻车控制。因此本章后面主要分析轻车在强风下的走行性，以确定车辆安全运营时的允许风速。

静力平均风荷载对车辆的倾覆稳定性起主要作用，而脉动风产生的抖振力作用，不但能反映阵风效应，同时对车辆和桥梁的振动也将产生一定的影响。已有研究认为车辆所受风荷载产生的自激力可以忽略不计，而大跨度桥梁所受的自激力则比较大，但由于桥梁自激力的确定比较复杂且基本依赖于试验，故不予考虑。

车辆和桥梁所受的静风力和准定常抖振力可由计算得出。由于未得到不同攻角下三分力系数的试验值，只好暂时采用零攻角下的三分力系数（车辆采用规范公式计算，桥梁采用 CFD 计算），故实际上本报告只计算定常抖振力。

2）车桥风相互作用计算方法

车桥分别建立动力方程，风荷载以外力的形式施加到车辆和桥梁上。车桥之间的耦合，以轮轨位移和力的协调为基础，通过迭代求解实现。

3）风荷载的确定

对于任一假定的平均风速，根据脉动风速谱得到脉动风速，然后通过三分力系数确定桥梁和车辆所受的静风力和定常抖振力。

（1）三分力系数

处于自然风中的桥面结构受到空气力形成的风力作用，将这个风力分为沿气流方向的分量、垂直于气流方向的分量和绕桥面重心的力矩，分别称为阻力、升力和气动力矩。作用于结构单位长度上的风力可表示为：

$$\left.\begin{aligned} F_{\mathrm{d}} &= \frac{1}{2}\rho v^2 C_{\mathrm{D}} H \\ M_{Z} &= \frac{1}{2}\rho v^2 C_{\mathrm{L}} B \\ F_{\mathrm{M}} &= \frac{1}{2}\rho v^2 C_{\mathrm{M}} B^2 \end{aligned}\right\} \tag{2.8-6}$$

式中：F_{d}、F_{M}、M_{Z}——分别为单位长度桥梁（车辆）所受的阻力、升力和力矩；

v——风速；

ρ——空气密度；

B——桥梁（车辆）宽度；

H——桥梁（车辆）高度。

风向、断面气动力方向如图 2.8-2 所示。

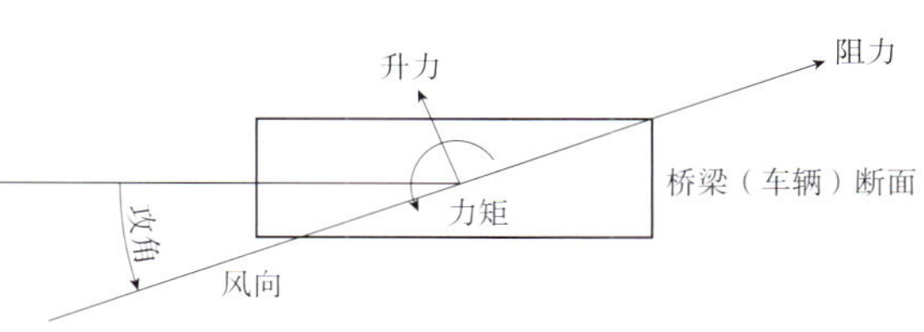

图 2.8-2　桥梁（车辆）三分力示意图

由于缺乏试验资料，桥梁三分力系数采用 CFD 计算（由同济大学抗风研究室提供），见表 2.8-3。

桥梁和车辆三分力系数　　表 2.8-3

项　目	C_{D}	C_{L}	C_{M}	特征尺寸
桥梁	1.061	–0.093	–0.006	B=48m，H=4m
车辆	2	0	0	B=3m，H=2.3m

车辆为较钝的箱形截面，横向阻力系数 C_{D} 可按《公路桥梁抗风设计规范》（JTG/T D60-01—2004）计算：

$$C_{\mathrm{D}} = \begin{cases} 2.1 - 0.1\dfrac{B}{D} & 1 \leqslant \dfrac{B}{D} < 7 \\ 1.3 & 8 \leqslant \dfrac{B}{D} \end{cases} \tag{2.8-7}$$

（2）脉动风速

脉动风的功率谱是描述风速频率特性最重要的物理参数。对于具有时变特性的风荷载作用下的车桥系统动力响应时域分析，需要获得风压时程作为系统的输入。风速时程可以是实测曲线；当不易得到时，也可以是根据随机过程理论从统计风速功率谱上模拟产生的随机序列。根据我国《公路桥梁抗风设计规范》（JTG/T D60-01—2004），高度 z 处平均风速为 $U(z)$ 时的水平和竖向脉动风功率谱密度函数分别如下：

$$\left.\begin{aligned} S_{\mathrm{u}}(n) &= \frac{200f(z)u_*^2}{n[1+50f(z)]^{5/3}} \\ S_{\mathrm{w}}(n) &= \frac{6f(z)u_*^2}{n[1+4f(z)]^2} \end{aligned}\right\} \tag{2.8-8}$$

式中，$f(z)=nz/U(z)$；u_* 是摩阻风速（亦称剪切风速），由下式计算：

$$u_* = \frac{KU(z)}{\ln\dfrac{Z-Z_{\mathrm{d}}}{Z_0}} \tag{2.8-9}$$

式中，K 是无量纲系数，$K\approx 0.4$；$Z_{\mathrm{d}}=\overline{H}-Z_0/K$，$\overline{H}$ 是周围建筑物的平均高度（m）；Z_0 是地面粗糙高度（m）。

强风观测结果表明，在紊流风场中，空间各点的风速和风向不是完全同步的，甚至可能是不相关的。风的空间相关性是指风场中侧向左右点的相关和竖向上下点的相关。Davenport 建议采用下面的式子表示水平（侧向左右）和上下（竖向）的相关性系数，即：

$$\left.\begin{aligned} \rho_x(x,x',n) &= \exp\left(-C_x\frac{n|x-x'|}{\overline{V}_x}\right) \\ \rho_z(z,z',n) &= \exp\left(-C_z\frac{n|z-z'|}{\overline{V}_z}\right) \end{aligned}\right\} \tag{2.8-10}$$

式中，指数上的系数 C_x、C_z 可根据实际情况取值，但不同试验的结果相差较大。Davenport 的建议值是 $C_x=8$，$C_z=7$。

上式表明，风的相关性系数的大小与风的频率 n、两点间的水平距离 $|x-x'|$、高差 $|z-z'|$ 以及平均风速 $\overline{V}_x$ 和 $\overline{V}_z$ 有关。

由于列车在桥梁上运行时的位置不断变化，而使得车桥系统的振动具有时变性，一般在时域进行计算分析。这里采用曹映泓等提出的一种快速谱分析法，其基本假定为：桥面沿水平方向是等高程的，平均风速和风谱沿桥面不变，任意两个模拟风速点之间的距离相等。桥梁第 j 个节点的纵向和垂直风分量的时程 $\mu(t)$ 和 $\omega(t)$ 可以由下式产生：

$$\left.\begin{aligned} \mu_j(t) &= \sqrt{2\Delta\omega}\sum_{m=1}^{j}\sum_{k=1}^{N}\sqrt{S_u(\omega_{mk})}\boldsymbol{G}_{jm}(\boldsymbol{\omega}_{mk})\cos(\omega_{mk}t+\varphi_{mk}) \\ \omega_j(t) &= \sqrt{2\Delta\omega}\sum_{m=1}^{j}\sum_{k=1}^{N}\sqrt{S_\omega(\omega_{mk})}\boldsymbol{G}_{jm}(\boldsymbol{\omega}_{mk})\cos(\omega_{mk}t+\varphi_{mk}) \end{aligned}\right\} \tag{2.8-11}$$

式中：$\Delta\omega$——谱线之间的频率间隔；

N——频率分量的总数；

n——桥梁模拟风速点的总数；

$S_u(\omega)$ 和 $S_\omega(\omega)$——分别为水平和竖直风速自功率谱；

φ_{mk}——0~2π之间均匀分布的随机变量；

$\boldsymbol{G}(\boldsymbol{\omega})$——不同风速点之间的相关系数矩阵。

设沿主梁水平方向共有 n 个等间隔的模拟风速点，则：

$$G(\omega)=\begin{bmatrix} 1 & 0 & 0 & 0 & \cdots & 0 \\ C & \sqrt{1-C^2} & 0 & 0 & \cdots & 0 \\ C^2 & C\sqrt{1-C^2} & \sqrt{1-C^2} & 0 & \cdots & 0 \\ C^3 & C^2\sqrt{1-C^2} & C\sqrt{1-C^2} & \sqrt{1-C^2} & \cdots & 0 \\ \cdots & \cdots & \cdots & \cdots & \ddots & \cdots \\ C^{n-1} & C^{n-2}\sqrt{1-C^2} & C^{n-3}\sqrt{1-C^2} & C^{n-4}\sqrt{1-C^2} & \cdots & \sqrt{1-C^2} \end{bmatrix} \tag{2.8-12}$$

$\boldsymbol{G}(\boldsymbol{\omega})$也可以按每个元素写成下面的式子：

$$\boldsymbol{G}_{jm}(\boldsymbol{\omega})=\begin{cases}0 & 1\leqslant j<m\leqslant n \\ C^{|j-m|} & m=1, m\leqslant j\leqslant n \\ C^{|j-m|}\sqrt{1-C^2} & 2\leqslant m\leqslant j\leqslant n\end{cases} \tag{2.8-13}$$

$$C=\exp\left(-\frac{\lambda\omega d}{2\pi U(z)}\right) \tag{2.8-14}$$

$$\omega_{mk}=(k-1)\Delta\omega+\frac{m}{n}\Delta\omega \qquad k=1,2,\cdots,N \tag{2.8-15}$$

式中：λ——无量纲的衰减因子，取值范围为 7~10；

$U(z)$——主梁高度的平均风速；

d——模拟风速点的水平间距，则任意两点 j、m 间的水平距离为 $\Delta_{jm}=d|j-m|$。

本报告只考虑沿主梁方向的一维脉动风，各参数取值为：$\overline{H}$=10m，Z_0=0.01m，z=50m，λ=7，ω_u=2π。平均风速为 30m/s 时脉动风模拟结果如图 2.8-3~ 图 2.8-5 所示。

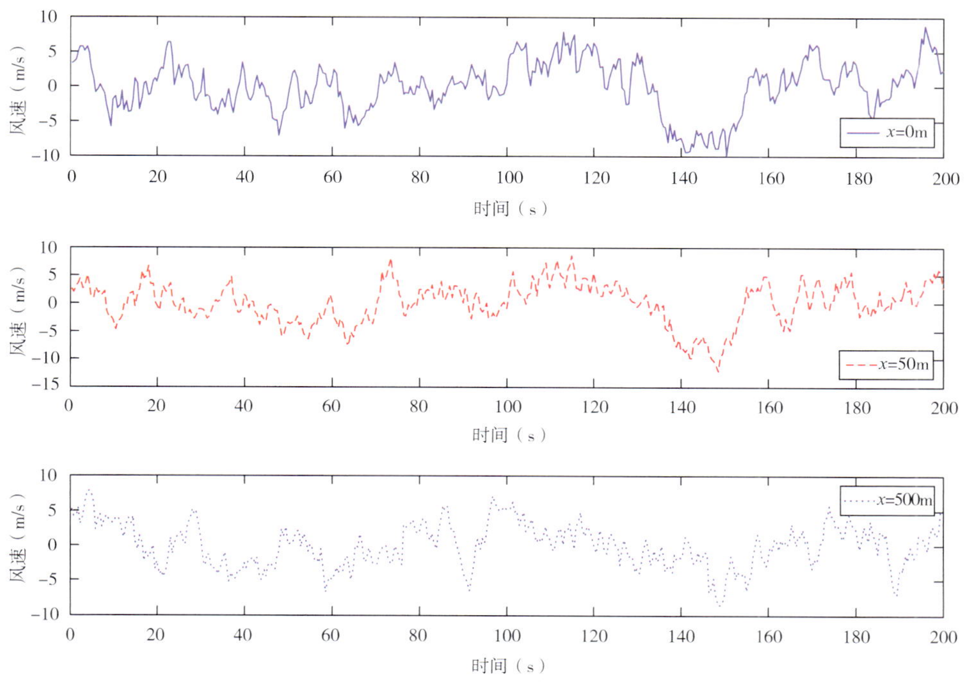

图 2.8-3　不同位置水平脉动风速时程曲线

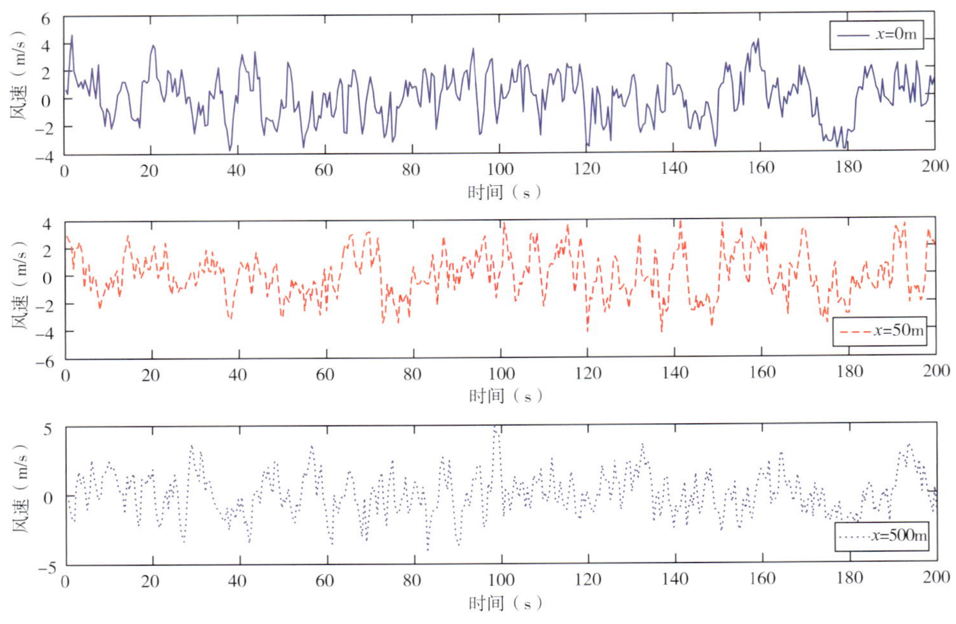

图 2.8-4　不同位置竖向脉动风速时程曲线

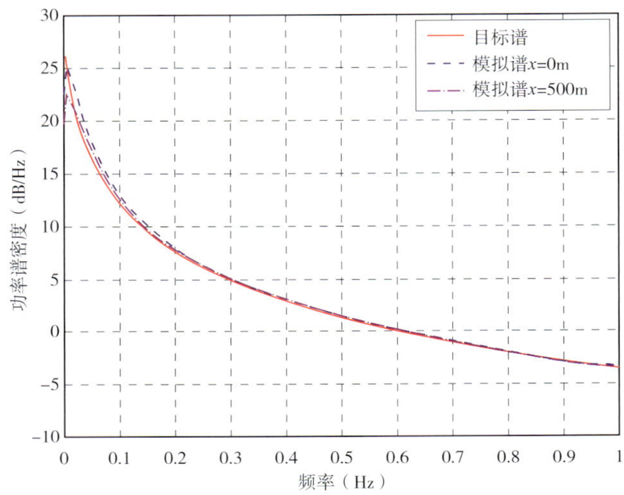

图 2.8-5　不同位置水平脉动风速功率谱密度

（3）抖振力

作用于桥梁第 i 个节点的抖振力可以表示为：

$$F_{\mathrm{bi}}^{\mathrm{bf}} = A_{\mathrm{i}}^{\mathrm{bf}} \boldsymbol{\eta}_{\mathrm{i}} \tag{2.8-16}$$

其中：

$$F_{\mathrm{bi}}^{\mathrm{bf}} = \begin{Bmatrix} f_{\mathrm{Di}}^{\mathrm{bf\,i}} \\ f_{\mathrm{Mi}}^{\mathrm{bf}} \\ f_{\mathrm{Li}}^{\mathrm{bf}} \end{Bmatrix} \qquad \boldsymbol{\eta}_{\mathrm{i}} = \begin{Bmatrix} u_{\mathrm{i}}(t) \\ \omega_{\mathrm{i}}(t) \end{Bmatrix} \tag{2.8-17}$$

$$A_{\mathrm{i}}^{\mathrm{bf}} = \frac{1}{2}\rho U_{\mathrm{i}}^{2} B_{\mathrm{i}} L_{\mathrm{i}} \begin{bmatrix} \left(\dfrac{2C_{\mathrm{Di}}}{U_{\mathrm{i}}}\right) & \left(\dfrac{2C'_{\mathrm{Di}}}{U_{\mathrm{i}}}\right) \\ \left(\dfrac{2C_{\mathrm{Mi}}}{U_{\mathrm{i}}}\right)B_{i} & \left(\dfrac{C'_{\mathrm{Mi}}}{U_{\mathrm{i}}}\right)B_{i} \\ \left(\dfrac{2C_{\mathrm{Li}}}{U_{\mathrm{i}}}\right) & \left(\dfrac{C'_{\mathrm{Li}} + C'_{\mathrm{Di}}}{U_{\mathrm{i}}}\right) \end{bmatrix} \tag{2.8-18}$$

式中：f^{bf}_{Di}、f^{bf}_{Mi}、f^{bf}_{Li}——分别为作用于桥梁第 i 个节点的抖振阻力、扭转力矩和升力；

ρ——空气密度；

U_i——桥梁第 i 个节点处的平均风速；

B_i、L_i——分别为第 i 个节点主梁梁段的截面宽度和长度；

C_{Di}、C_{Li}、C_{Mi}——分别为第 i 个梁段的阻力、升力和扭转力矩系数；$C'_{Di}=dC_{Di}/d\alpha$，$C'_{Li}=dC_{Li}/d\alpha$，$C'_{Mi}=dC_{Mi}/d\alpha$；

α——风相对于梁水平面的攻角；

$u_i(t)$、$\omega_i(t)$——分别为紊流风的水平和竖直风速分量。

桥上运行车辆的风荷载，可按上述类似的方法推导出。作用于车辆模型的抖振力向量可表示为：

$$F^{bf}_{v}=\begin{Bmatrix}F^{bf}_{v1}\\F^{bf}_{v2}\\\vdots\\F^{bf}_{vN_b}\end{Bmatrix}\qquad F^{bf}_{vi}=\begin{Bmatrix}F^{bf}_{vic}\\F^{bf}_{vit_1}\\F^{bf}_{vit_2}\end{Bmatrix}\tag{2.8-19}$$

则作用于车体或转向架的抖振力通式可表示为：

$$F^{bf}_{k}=A^{bf}_{k}\eta_k\tag{2.8-20}$$

表达式中各参数的下标是指对应的第 i 节车体，矩阵 $\boldsymbol{A}$ 中的 B_i 和 L_i 分别为对应车体的高度和长度。

4）计算工况

车速和风速对列车走行性的影响，只考虑列车单线行驶情况，以期找到列车安全运行的临界风速。风速和车速变化范围见表 2.8-4，根据不同车速和风速组合共计 10 个工况。

工况 1~9 列车编组均为 1 动 +8 拖 +1 动，其中拖车均为轻车，主要分析风速和车速变化对轻车走行性的影响；工况 10 列车编组均为轻重混编的拖车，编组为 3×（AW0+AW2+AW3），主要用来分析不同车辆参数，特别是车体质量对列车走行性的影响。

考虑强风作用下计算工况　　表 2.8-4

项　目	车　速	风　速	项　目	车　速	风　速
工况 1	30km/h	25m/s	工况 6	60km/h	30m/s
工况 2	30km/h	30m/s	工况 7	90km/h	10m/s
工况 3	30km/h	35m/s	工况 8	90km/h	15m/s
工况 4	60km/h	20m/s	工况 9	90km/h	25m/s
工况 5	60km/h	25m/s	工况 10	90km/h	30m/s

5）考虑风荷载作用下桥梁和车辆动力响应计算结果

（1）桥梁动力响应

不同车速和风速情况下桥梁动力响应的最大幅值计算结果见表 2.8-5，其时程响应如图 2.8-6 所示。由表 2.8-5 和图 2.8-6 可以看出，风速和车速变化对桥梁竖向动力响应作用较小，对横向作用较大。在 35m/s 的风速下桥梁横向最大位移为 51.66mm，桥梁横向挠跨比很小。这说明风产生的桥梁变形对车辆运行稳定性的影响与风对车辆运行稳定性的直接影响相比，是一个影响较小的因素。同一风速情况下，车速为 30km/h 时桥梁横向位移最大，这可能与列车在桥上运行时间较长有关，风对列车的作用间接对桥梁产生影响，也有可能是在比较长的时间内脉动风效应达到一个比较大的峰值。

桥梁主要节点动位移（单位：mm） 表 2.8–5

项目 \ 工况	车速 30m/s			车速 60m/s			车速 90m/s		
	风速 25m/s	风速 30m/s	风速 35m/s	风速 20m/s	风速 25m/s	风速 30m/s	风速 10m/s	风速 15m/s	风速 25m/s
桥端竖向折角	0.44	0.44	0.45	0.42	0.43	0.43	0.36	0.36	0.37
边跨 1 竖向位移	10.85	11.04	11.26	10.37	10.42	10.47	9.88	9.80	9.58
边跨 1 横向位移	2.60	3.54	4.52	2.02	2.91	3.88	0.78	1.40	3.09
边跨 2 竖向位移	88.80	89.98	91.45	92.15	93.13	94.29	90.94	91.28	92.38
边跨 2 横向位移	1.57	2.35	3.40	0.92	1.15	1.46	1.09	0.86	1.46
中跨跨中竖向位移	241.37	254.41	270.51	224.02	230.20	238.05	219.33	225.42	245.98
中跨跨中横向位移	30.25	40.34	51.66	16.30	23.37	31.83	8.82	12.63	25.11
中跨跨中扭转角	2.05	2.22	2.43	1.79	1.90	2.05	1.68	1.76	2.01

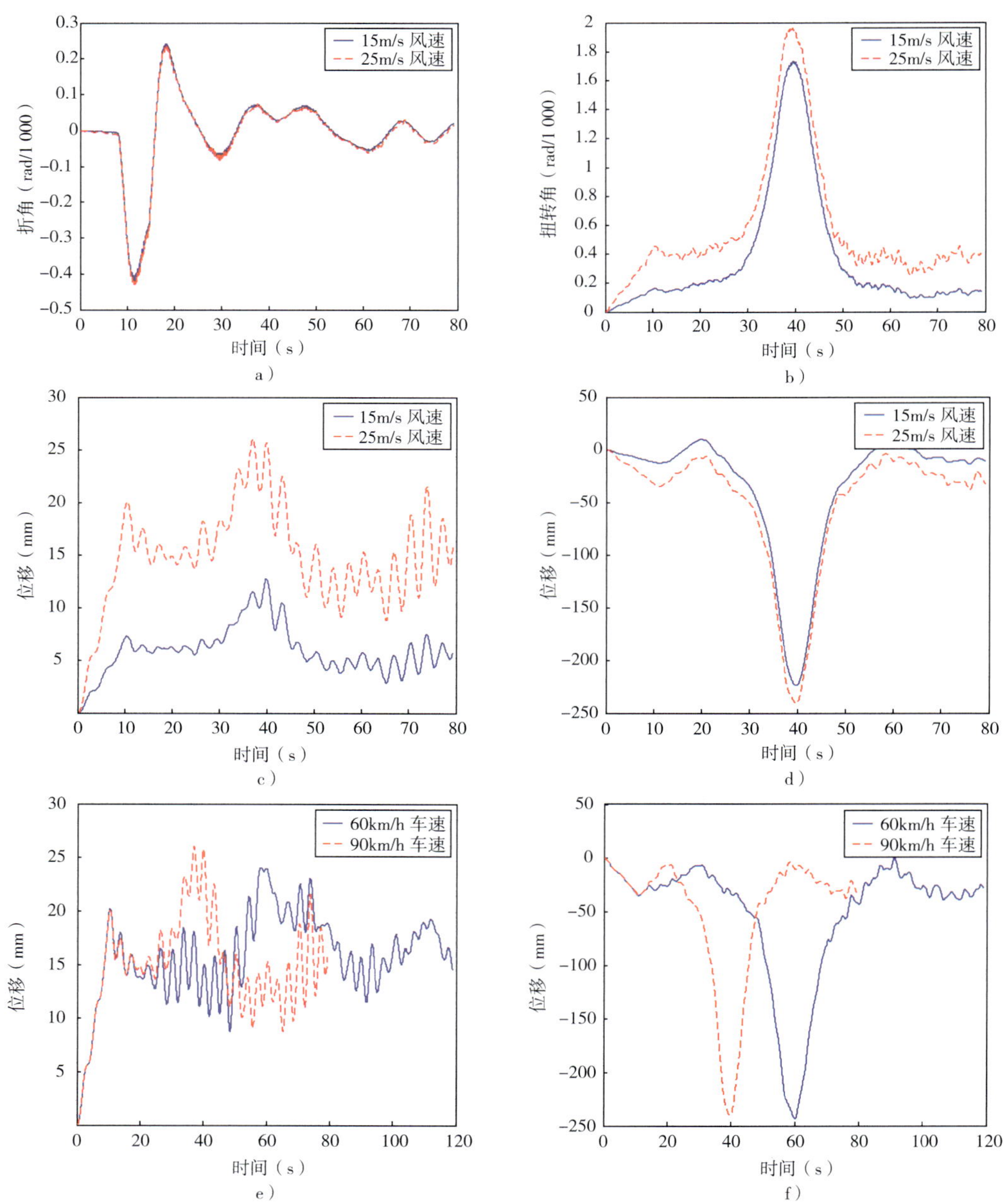

图 2.8–6 不同车速和风速下桥梁动力响应对比

a）90km/h 车速下桥梁梁端折角；b）90km/h 车速下桥梁跨中扭转角；c）90km/h 车速下桥梁跨中横向位移；d）90km/h 车速下桥梁跨中竖向位移；e）25m/s 风速下桥梁跨中横向位移；f）25m/s 风速下桥梁跨中竖向位移

（2）车辆动力响应

首先分析空车车辆动力响应。

不同车速和风速情况下车辆动力响应的最大幅值结果见表 2.8-6 ~ 表 2.8-9，其时程响应如图 2.8-7~ 图 2.8-10 所示。从表中数据的变化可以看出，当风速较大时，轮重减载率、倾覆系数、脱轨系数、轮轨横向作用力主要受风的影响，与车速关系不大；而较低风速作用时，上述各动力参数则主要受车速影响。

车辆动力响应——轮重减载率　　表 2.8-6

车辆序号 \ 工况	车速 30m/s			车速 60m/s			车速 90m/s		
	风速 25m/s	风速 30m/s	风速 35m/s	风速 20m/s	风速 25m/s	风速 30m/s	风速 10m/s	风速 15m/s	风速 25m/s
1	0.58	0.71	0.85	0.49	0.58	0.70	0.39	0.44	0.65
2	0.62	0.79	0.99	0.47	0.63	0.81	0.37	0.43	0.65
3	0.62	0.76	0.96	0.49	0.65	0.84	0.37	0.43	0.64
4	0.65	0.82	1.00	0.47	0.60	0.78	0.37	0.43	0.67
5	0.62	0.77	0.98	0.48	0.63	0.83	0.38	0.44	0.67
6	0.66	0.83	1.00	0.46	0.61	0.79	0.37	0.43	0.67
7	0.63	0.81	1.00	0.47	0.60	0.77	0.37	0.43	0.70
8	0.64	0.82	1.00	0.46	0.59	0.76	0.38	0.44	0.69
9	0.60	0.79	1.00	0.46	0.58	0.74	0.37	0.43	0.65
10	0.56	0.72	0.91	0.42	0.52	0.66	0.37	0.42	0.61
机车最大	0.58	0.72	0.91	0.49	0.58	0.70	0.39	0.44	0.65
拖车最大	0.66	0.83	1.00	0.49	0.65	0.84	0.38	0.44	0.70

车辆动力响应——倾覆系数　　表 2.8-7

车辆序号 \ 工况	车速 30m/s			车速 60m/s			车速 90m/s		
	风速 25m/s	风速 30m/s	风速 35m/s	风速 20m/s	风速 25m/s	风速 30m/s	风速 10m/s	风速 15m/s	风速 25m/s
1	0.59	0.72	0.87	0.48	0.58	0.70	0.37	0.43	0.64
2	0.63	0.79	0.99	0.47	0.62	0.81	0.36	0.42	0.65
3	0.63	0.77	0.96	0.48	0.64	0.84	0.36	0.42	0.64
4	0.65	0.82	1.00	0.47	0.60	0.77	0.36	0.42	0.66
5	0.62	0.78	0.98	0.47	0.63	0.82	0.36	0.42	0.66
6	0.66	0.84	1.00	0.45	0.60	0.78	0.36	0.43	0.66
7	0.64	0.82	1.00	0.47	0.60	0.77	0.36	0.41	0.70
8	0.64	0.82	1.00	0.45	0.58	0.75	0.36	0.42	0.69
9	0.61	0.80	1.00	0.45	0.58	0.74	0.36	0.42	0.65
10	0.56	0.71	0.91	0.41	0.51	0.66	0.36	0.41	0.61

续上表

车辆序号 \ 工况	车速 30m/s			车速 60m/s			车速 90m/s		
	风速 25m/s	风速 30m/s	风速 35m/s	风速 20m/s	风速 25m/s	风速 30m/s	风速 10m/s	风速 15m/s	风速 25m/s
机车最大	0.59	0.72	0.91	0.48	0.58	0.70	0.37	0.43	0.64
拖车最大	0.66	0.84	1.00	0.48	0.64	0.84	0.36	0.43	0.70

车辆动力响应——脱轨系数

表 2.8–8

车辆序号 \ 工况	车速 30m/s			车速 60m/s			车速 90m/s		
	风速 25m/s	风速 30m/s	风速 35m/s	风速 20m/s	风速 25m/s	风速 30m/s	风速 10m/s	风速 15m/s	风速 25m/s
1	0.54	0.63	0.83	0.45	0.56	0.73	0.43	0.47	0.64
2	0.61	0.92	4.72	0.47	0.62	0.85	0.41	0.45	0.68
3	0.55	0.76	1.62	0.53	0.65	0.83	0.36	0.43	0.67
4	0.55	0.81	7.73	0.48	0.64	0.92	0.36	0.43	0.65
5	0.56	0.75	1.93	0.44	0.52	0.77	0.36	0.43	0.65
6	0.59	0.80	3.89	0.45	0.54	0.79	0.36	0.42	0.68
7	0.59	0.81	21.70	0.44	0.63	0.93	0.36	0.40	0.60
8	0.58	0.83	216.81	0.44	0.53	0.78	0.36	0.40	0.60
9	0.58	0.76	2.10	0.43	0.59	0.84	0.36	0.40	0.59
10	0.62	0.81	1.28	0.41	0.48	0.59	0.39	0.42	0.54
机车最大	0.62	0.81	1.28	0.45	0.56	0.73	0.43	0.47	0.64
拖车最大	0.61	0.92	216.81	0.53	0.65	0.93	0.41	0.45	0.68

车辆动力响应——轮对横向力（单位：kN）

表 2.8–9

车辆序号 \ 工况	车速 30m/s			车速 60m/s			车速 90m/s		
	风速 25m/s	风速 30m/s	风速 35m/s	风速 20m/s	风速 25m/s	风速 30m/s	风速 10m/s	风速 15m/s	风速 25m/s
1	33.33	36.31	38.90	32.37	34.80	37.28	29.61	31.02	35.18
2	27.62	30.09	32.21	27.14	29.53	32.11	24.43	25.82	29.64
3	28.05	30.82	33.12	27.44	29.90	32.37	23.87	24.74	29.35
4	28.17	30.86	33.11	26.33	28.74	31.10	23.31	24.40	28.92
5	28.05	30.42	32.65	25.99	28.34	30.74	22.75	24.44	29.23
6	27.36	29.76	32.12	25.81	28.09	30.43	22.72	24.28	28.69
7	28.56	31.46	33.64	26.21	28.71	31.22	24.34	24.48	27.59
8	28.42	31.09	33.50	25.90	28.30	30.75	24.05	24.46	27.22
9	27.69	30.26	32.61	25.82	28.23	30.71	23.61	24.15	27.25
10	33.00	36.04	38.86	29.25	31.64	34.24	27.39	28.62	32.14
机车最大	33.33	36.31	38.90	32.37	34.80	37.28	29.61	31.02	35.18
拖车最大	28.56	31.46	33.64	27.44	29.90	32.37	24.43	25.82	29.64

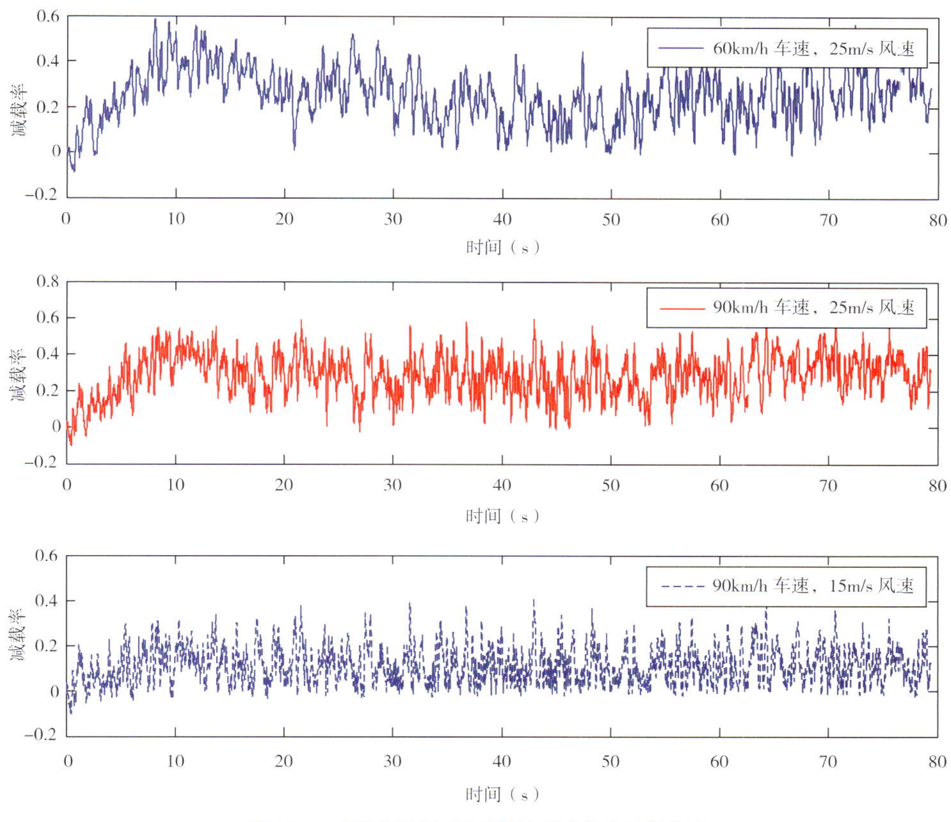

图 2.8-7　不同车速和风速下轮对减载率时程曲线

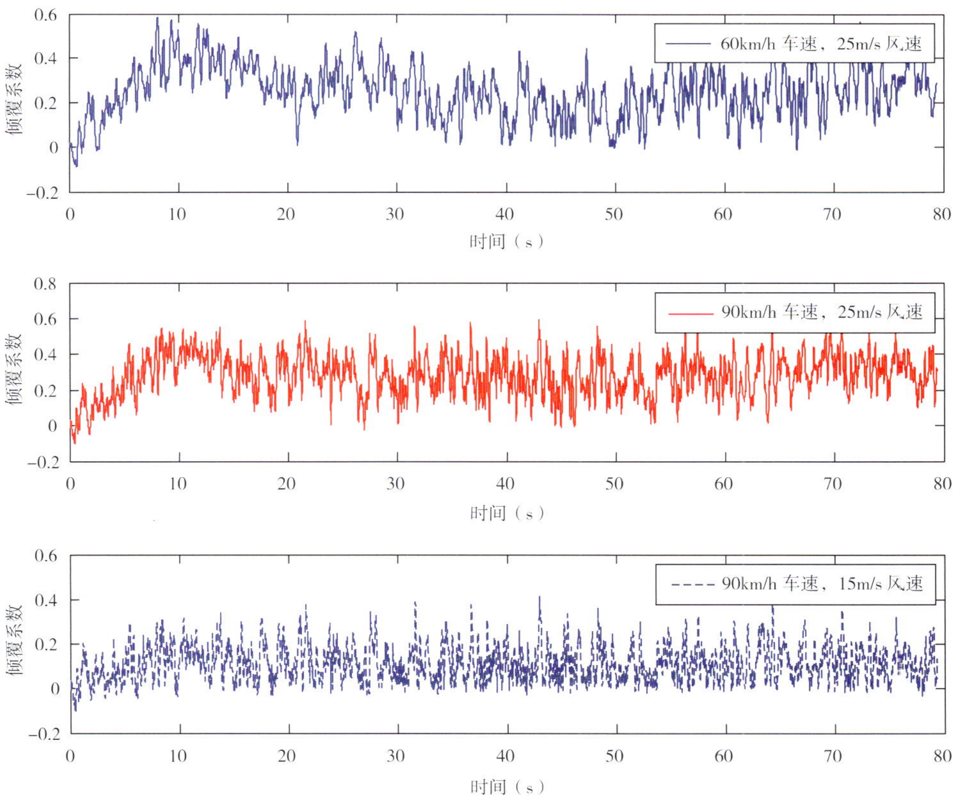

图 2.8-8　不同车速和风速下轮对倾覆系数时程曲线

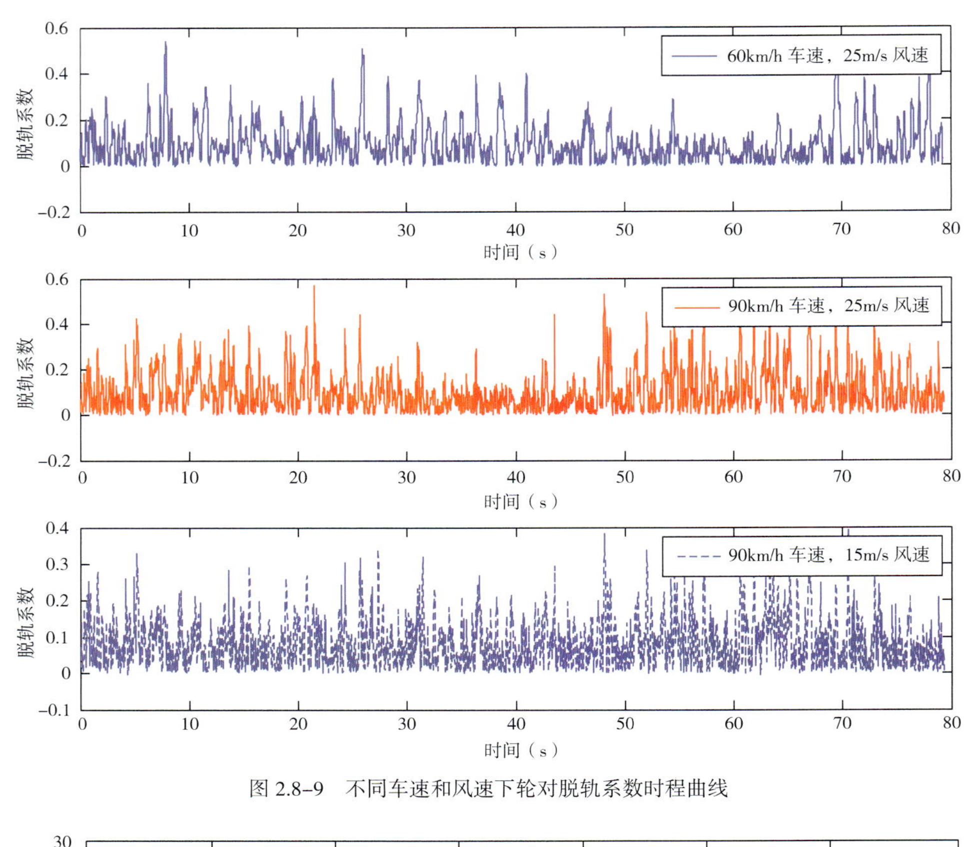

图 2.8-9　不同车速和风速下轮对脱轨系数时程曲线

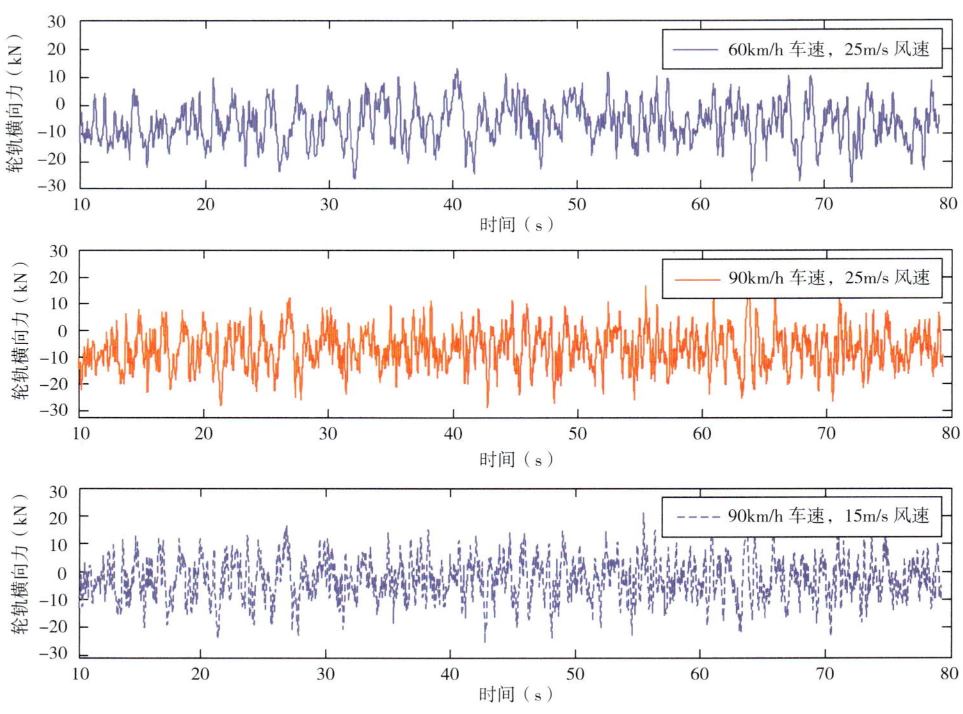

图 2.8-10　不同车速和风速下轮对横向力时程曲线

由表 2.8-10~ 表 2.8-13 和图 2.8-11、图 2.8-12 可知，车体加速度和相应的舒适度指标在低风速时主要受车速影响，当风速达到 25m/s 以上时，风速对车体横向加速度产生比较显著的影响，乘坐的舒适性开始大幅度向不良方向变化。但从车体加速度和舒适度指标来看，此时车辆舒适度尚能满足运营要求，但相应车辆的安全性指标已经超限，因此强风作用下，车辆能否运行主要由车辆安全性控制，而非舒适性。

车辆动力响应——车体横向加速度（单位：m/s^2） 表 2.8-10

车辆序号 \ 工况	车速 30m/s			车速 60m/s			车速 90m/s		
	风速 25m/s	风速 30m/s	风速 35m/s	风速 20m/s	风速 25m/s	风速 30m/s	风速 10m/s	风速 15m/s	风速 25m/s
1	0.36	0.43	0.51	0.59	0.61	0.71	0.57	0.59	0.66
2	0.35	0.42	0.53	0.59	0.74	0.92	0.55	0.58	0.64
3	0.34	0.38	0.49	0.50	0.53	0.59	0.56	0.57	0.61
4	0.45	0.52	0.61	0.48	0.54	0.62	0.56	0.58	0.65
5	0.45	0.64	0.88	0.50	0.53	0.57	0.55	0.54	0.58
6	0.41	0.60	0.84	0.51	0.54	0.57	0.56	0.57	0.70
7	0.35	0.43	0.60	0.49	0.54	0.60	0.57	0.60	0.74
8	0.43	0.49	0.56	0.48	0.49	0.55	0.56	0.59	0.75
9	0.35	0.41	0.52	0.45	0.52	0.73	0.55	0.60	0.83
10	0.42	0.47	0.65	0.65	0.73	0.96	0.57	0.59	0.86
机车最大	0.42	0.47	0.65	0.65	0.73	0.96	0.57	0.59	0.86
拖车最大	0.45	0.64	0.88	0.59	0.74	0.92	0.57	0.60	0.83

车辆动力响应——车体竖向加速度（单位：m/s^2） 表 2.8-11

车辆序号 \ 工况	车速 30m/s			车速 60m/s			车速 90m/s		
	风速 25m/s	风速 30m/s	风速 35m/s	风速 20m/s	风速 25m/s	风速 30m/s	风速 10m/s	风速 15m/s	风速 25m/s
1	0.29	0.32	0.35	0.43	0.44	0.51	0.60	0.59	0.59
2	0.33	0.36	0.38	0.45	0.43	0.45	0.57	0.58	0.60
3	0.32	0.34	0.37	0.56	0.59	0.62	0.55	0.55	0.51
4	0.32	0.35	0.40	0.46	0.46	0.47	0.57	0.57	0.57
5	0.33	0.35	0.39	0.54	0.56	0.58	0.57	0.57	0.56
6	0.32	0.35	0.38	0.45	0.46	0.46	0.57	0.57	0.59
7	0.30	0.31	0.37	0.51	0.52	0.54	0.56	0.56	0.54
8	0.30	0.32	0.37	0.42	0.43	0.44	0.56	0.56	0.54
9	0.32	0.33	0.35	0.45	0.45	0.50	0.57	0.57	0.57
10	0.32	0.33	0.37	0.39	0.40	0.48	0.49	0.50	0.52
机车最大	0.32	0.33	0.37	0.43	0.44	0.51	0.60	0.59	0.59
拖车最大	0.33	0.36	0.40	0.56	0.59	0.62	0.57	0.58	0.60

车辆动力响应——横向 Sperling 指标　　表 2.8-12

车辆序号 \ 工况	车速 30m/s			车速 60m/s			车速 90m/s		
	风速 25m/s	风速 30m/s	风速 35m/s	风速 20m/s	风速 25m/s	风速 30m/s	风速 10m/s	风速 15m/s	风速 25m/s
1	1.19	1.23	1.25	1.64	1.69	1.75	1.71	1.71	1.72
2	1.18	1.17	1.31	1.58	1.61	1.64	1.68	1.69	1.76
3	1.19	1.18	1.25	1.58	1.62	1.71	1.68	1.68	1.73
4	1.30	1.28	1.25	1.54	1.56	1.58	1.69	1.69	1.71
5	1.28	1.32	1.35	1.57	1.60	1.67	1.67	1.65	1.58
6	1.22	1.18	1.16	1.50	1.51	1.53	1.69	1.69	1.71
7	1.06	1.23	1.28	1.53	1.53	1.56	1.67	1.67	1.69
8	1.08	1.14	1.21	1.54	1.58	1.62	1.68	1.69	1.72
9	1.07	1.26	1.31	1.53	1.55	1.61	1.69	1.70	1.76
10	1.06	1.10	1.21	1.59	1.62	1.66	1.72	1.73	1.75
机车最大	1.19	1.23	1.25	1.64	1.69	1.75	1.72	1.73	1.75
拖车最大	1.30	1.32	1.35	1.58	1.62	1.71	1.69	1.70	1.76

车辆动力响应——竖向 Sperling 指标　　表 2.8-13

车辆序号 \ 工况	车速 30m/s			车速 60m/s			车速 90m/s		
	风速 25m/s	风速 30m/s	风速 35m/s	风速 20m/s	风速 25m/s	风速 30m/s	风速 10m/s	风速 15m/s	风速 25m/s
1	1.20	1.16	1.15	1.37	1.37	1.41	1.64	1.64	1.65
2	1.19	1.20	1.16	1.34	1.35	1.38	1.60	1.60	1.63
3	1.20	1.22	1.22	1.38	1.43	1.47	1.59	1.60	1.64
4	1.20	1.21	1.18	1.22	1.23	1.13	1.59	1.59	1.62
5	1.22	1.24	1.20	1.33	1.36	1.38	1.55	1.57	1.59
6	1.18	1.15	1.12	1.30	1.24	1.39	1.58	1.56	1.58
7	1.14	1.13	1.16	1.24	1.25	1.27	1.58	1.59	1.60
8	1.15	1.15	1.12	1.37	1.41	1.42	1.58	1.58	1.60
9	1.15	1.15	1.18	1.33	1.33	1.34	1.59	1.60	1.61
10	1.17	1.18	1.19	1.34	1.36	1.38	1.63	1.63	1.63
机车最大	1.20	1.18	1.19	1.37	1.37	1.41	1.64	1.64	1.65
拖车最大	1.22	1.24	1.22	1.38	1.43	1.47	1.60	1.60	1.64

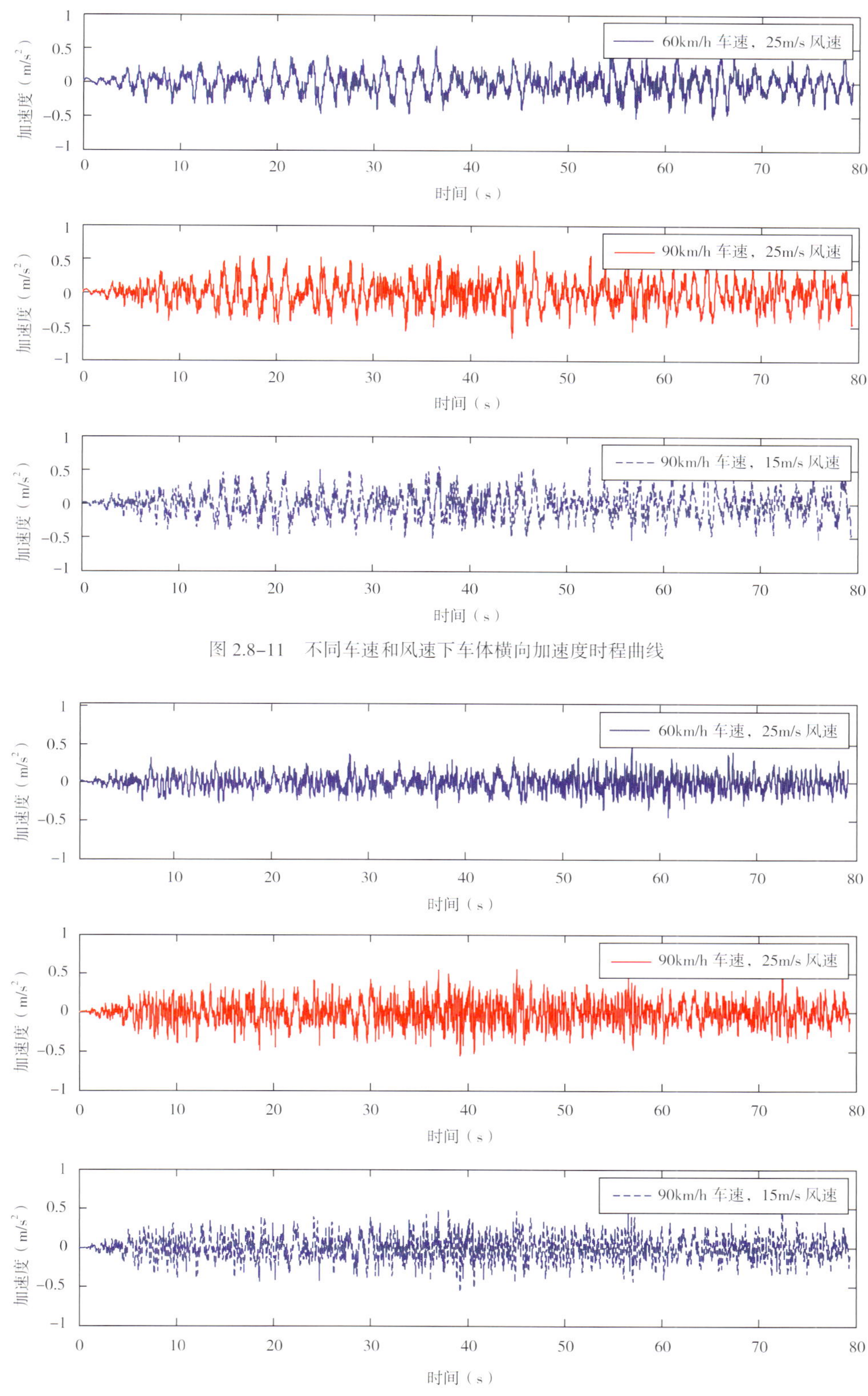

图 2.8-11 不同车速和风速下车体横向加速度时程曲线

图 2.8-12 不同车速和风速下车体竖向加速度时程曲线

轮对横向相对位移（速度）变化规律是计算轮轨相互作用力的基础，而轮轨之间相互作用力大小直接影响桥梁与车辆的动力响应。研究横风作用下的轮对横向位移运动规律是保证计算结果可信的一个关键因素。表 2.8-14 和图 2.8-13 为不同风速和不同速度情况下轮对横向运动（轮对蛇行运动）的幅值大小。

车辆动力响应——轮轨横向相对位移（单位：mm）　表 2.8-14

车辆序号 \ 工况	车速 30m/s			车速 60m/s			车速 90m/s		
	风速 25m/s	风速 30m/s	风速 35m/s	风速 20m/s	风速 25m/s	风速 30m/s	风速 10m/s	风速 15m/s	风速 25m/s
1	15.25	21.12	28.98	10.27	12.19	16.24	7.55	8.59	14.19
2	14.73	19.99	26.58	9.67	11.77	16.02	9.67	9.67	12.71
3	15.12	21.28	29.60	9.69	11.05	14.95	9.16	9.16	12.36
4	14.37	20.46	28.93	9.59	12.64	17.16	8.81	8.82	12.78
5	15.82	21.64	29.17	9.60	11.56	15.69	6.87	7.59	13.03
6	14.45	20.28	28.91	9.86	11.33	15.00	6.35	7.65	13.42
7	16.01	23.80	32.80	9.56	12.15	17.16	6.40	7.74	13.64
8	17.14	23.43	33.14	8.96	11.15	16.61	6.66	7.94	13.29
9	14.42	21.64	30.66	9.54	10.73	15.33	6.85	8.11	13.35
10	16.48	23.48	33.44	10.45	12.02	17.47	7.51	8.71	14.04
机车最大	16.48	23.48	33.44	10.45	12.19	17.47	7.55	8.71	14.19
拖车最大	17.14	23.80	33.14	9.86	12.64	17.16	9.67	9.67	13.64

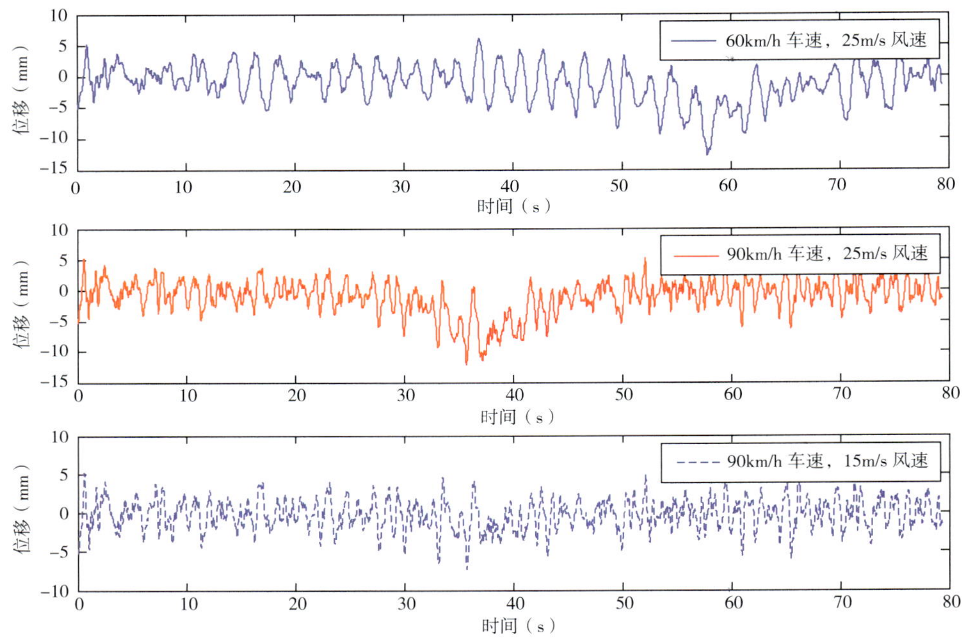

图 2.8-13　不同车速和风速下轮轨相对横向位移时程曲线

从表 2.8-14 和图 2.8-13 可知：风速在 20m/s 以下时，各种车速下的轮轨横向相对位移幅值均在 8~10mm 变化，这是轮轨之间允许出现的游间，此时轮轨之间的相互作用力基本上可以按照一点接触的蠕滑力计算，由此计算出来的车、桥动力响应具有一定的可信度。但在风速超过 20m/s 特别是 25m/s 以上时，轮轨横向相对位移幅值达到了 15mm 左右，这是按目前广泛采用的锥形轮轨踏面假定计算出来的结果，实际上轮对横向位移超过轮轨之间允许出现的游间，轮对位移将受到约束产生两点接触现象，即轮对将撞击钢轨的侧面。关于两点接触情况下的轮轨之间的相互作用力，计算理论还不成熟，因此理论计算结果只能作为参考，但从以上分析可以得到当风速大于 25m/s 时，计算得到的轮轨横向相对位移明显超出正常运营轨迹范围，这从侧面体现了此种风速下车辆运行的不安全性。

为了更加直观，对各种工况下车辆动力响应的最大值随风速变化的曲线如图 2.8-14~图 2.8-16 所示。

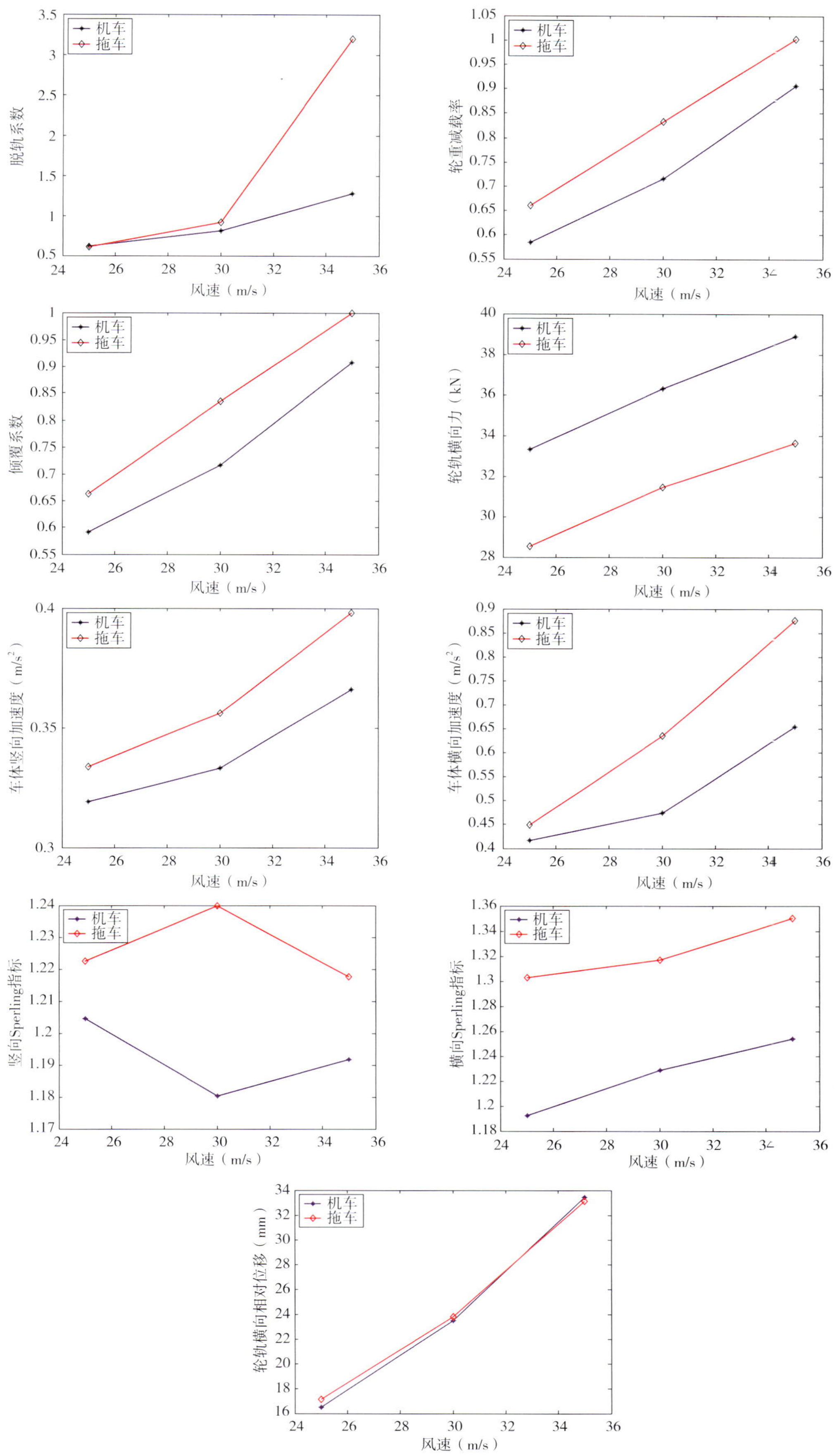

图 2.8-14　车速 30km/h 时、不同风速下车辆动力指标

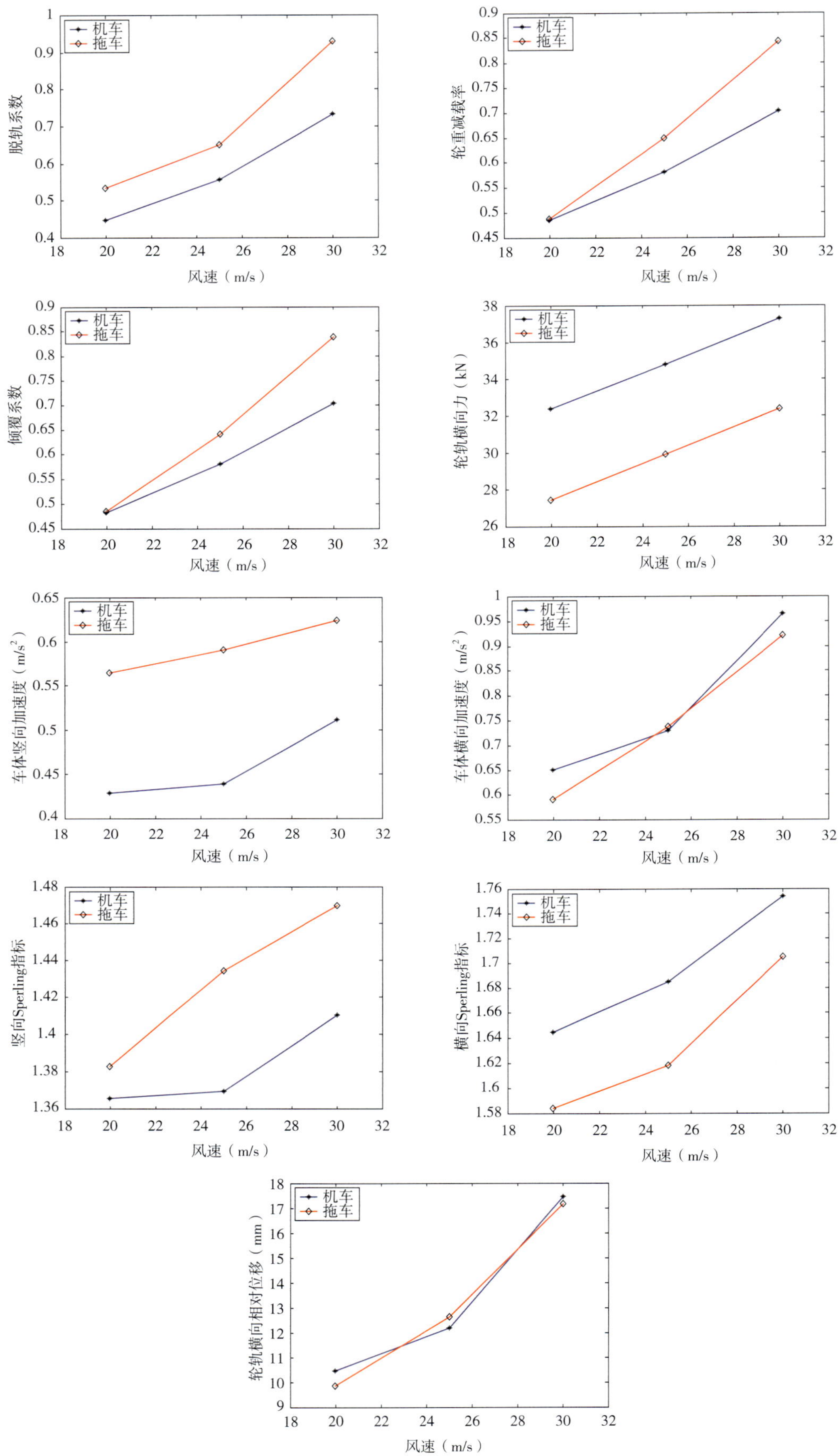

图 2.8-15　车速 60km/h 时，不同风速下车辆动力指标

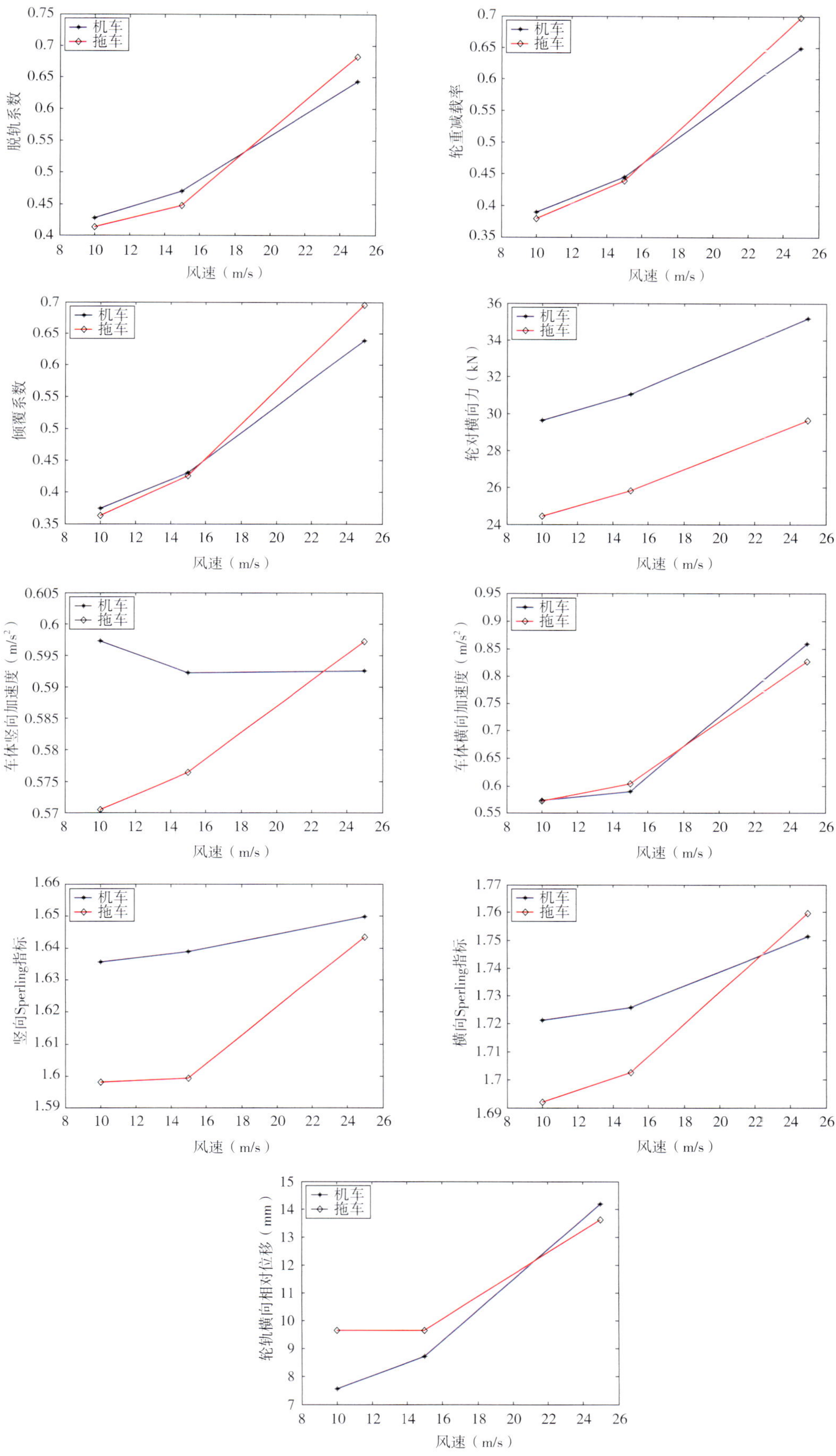

图 2.8-16　车速 90km/h 时不同风速下车辆动力指标

2.8.3 列车运行安全性评定标准分析

由以上车桥风动力分析计算表明：强风作用下行车临界风速，由列车安全性决定。上一节中，不同车速和风速下空载拖车的最大动力响应见表 2.9–15。从表中可以看出：较低风速（20m/s 以下）下，轮重减载率、倾覆系数、脱轨系数、车体横向加速度、车体竖向加速度主要受车速的影响；当风速达到 25m/s 以上时，主要受风速控制。但风速提高时，列车舒适度指标仍能满足运营要求，而安全性指标已大大超限，在强风作用下，控制安全行车临界风速的安全性评判指标主要为轮重减载率。有关文献的研究结论也都表明轮重减载率是确定临界风速的控制因素，但没有进一步讨论简单采用轮重减载率作为主要判定标准的适用性。表 2.8–15 计算结果表明，轮重减载率和倾覆系数的量值基本相同，然而它们的安全限值是不同的，这一现象应引起注意，本节将具体讨论。

目前，除规范中常用的列车走行性评定标准外，还有学者提出脱轨的几何评定标准，竖向标准有车轮抬升量，横向标准有轮轨横向相对位移。轮轨横向相对位移（或速度）即某一时刻轮对相对于轮轨接触处轨顶的位移（或速度），它是蠕滑理论计算轮轨横向相互作用力的基础，同时也可作为列车运行状态的重要评判标准。当风速在 20m/s 以下时，各种车速下的轮轨横向相对位移幅值均在 8~10mm 变化，这是轮轨之间允许出现的游间，此时轮轨之间的相互作用力基本上可以按照单点接触的蠕滑理论计算。但当风速达到 25m/s 以上时，轮轨横向相对位移幅值达到了 15mm 左右，超过轮轨之间通常的游间，轮轨可能产生轮缘接触现象。关于轮缘接触情况下的轮轨之间的相互作用力，计算理论还不成熟。因此，特别高风速下的计算结果只能作为参考，但可以根据轮轨横向位移的突变点来判定安全行车临界风速。

不同车速和风速下空载轻轨拖车最大动力响应 表 2.8–15

项目 \ 工况	车速 30m/s			车速 60m/s			车速 90m/s		
	风速 25m/s	风速 30m/s	风速 35m/s	风速 20m/s	风速 25m/s	风速 30m/s	风速 10m/s	风速 15m/s	风速 25m/s
轮重减载率	0.66	0.83	1.00	0.49	0.65	0.84	0.38	0.44	0.70
倾覆系数	0.66	0.84	1.00	0.48	0.64	0.84	0.36	0.43	0.70
脱轨系数	0.61	0.92	216.81	0.53	0.65	0.93	0.41	0.45	0.68
车体横向加速度	0.45	0.64	0.88	0.59	0.74	0.92	0.57	0.60	0.83
车体竖向加速度	0.33	0.36	0.40	0.56	0.59	0.62	0.57	0.58	0.60
轮轨横向相对位移	17.14	23.80	33.14	9.86	12.64	17.16	9.67	9.67	13.64

以上分析表明，列车安全行车临界风速，主要由安全性标准控制，而安全性标准目前基本上由轮重减载率、倾覆系数、脱轨系数衡量。由于强风作用下，轮对运行轨迹将有总体偏向一侧轨道的趋势，可能发生轮缘接触，采用目前基于单点接触的蠕滑理论来计算轮轨横向作用力可能存在较大误差。因此，采用脱轨系数等横向运行标准来反映列车运行的安全性可能存在较大误差。轮重减载率和倾覆系数主要反映列车的竖向运行特性，目前车桥竖向振动理论和计算都比较成熟，因此以它们作为强风下行车安全的主要评定标准是切实可行的。下面先分析轮重减载率和倾覆系数的适用性，然后讨论脱轨的几何评定标准的适用性。

（1）轮重减载率和倾覆系数

我国《铁道车辆动力学性能评定和试验鉴定规范》（GB 5599—85）规定的列车轮重减载率标准可定义为：

$$\frac{\Delta P}{P_{st}}=\frac{P_{st}-P_1}{P_{st}} \tag{2.8-21}$$

倾覆系数定义为：

$$D=\frac{\overline{P}-P_1}{\overline{P}},\ \overline{P}=\frac{(P_1+P_2)}{2} \tag{2.8-22}$$

式中：P_{st}——单侧轮子的静轴重；

$\overline{P}$——轮对的平均动轴重；

ΔP——单轮轮压减载量，即单轮静轴重与其动轴重之差；

P_1、P_2——分别为减载侧和增载侧车轮的动轴重。

轮重减载率用于车轮轮重 $P_2 \gg P_1$ 的情况下，是否会因为一侧轮重减载过大而导致脱轨，主要适用于横向力接近于零的低速状态，其限值第一限度为 0.60，第二限度为 0.65。

倾覆系数主要用于鉴定列车在侧向风力、离心力和横向振动惯性力作用下是否导致列车倾覆，其限值为 0.80。

由轮重减载率和倾覆系数的定义可知，倾覆系数主要反映两侧轮子的加减载不均匀程度，它不能反映两侧轮子同时减载的情况，即若两侧轮子减载量相同，则有 D=0，无倾覆危险；减载率反映的是轨道不平顺产生的轮重减载与静轴重的比例关系，若两侧轮子减载量相同，则轮重减载率并不为零，有脱轨的危险。无风情况下，轨道高低不平顺和桥梁竖向变形产生两侧轮子等量减载作用，而水平不平顺和桥梁扭转位移则产生两侧轮子不均匀加减载作用，根据定义，此时减载率一般大于倾覆系数。因此，无风情况下倾覆系数不会成为控制因素。

在强风作用下，静力风荷载对车体的侧向作用力将对轮重的加减载起决定性影响。这使得列车的轮重减载率提高，倾覆系数也相应提高，并且两者提高的程度基本相当（表 2.8-15）。另外，根据定义，即使在有侧风作用下，倾覆系数的计算值一般也要小于轮重减载率的计算值。但是，规范中规定轮重减载率的上限为 0.65，而倾覆系数的限值为 0.80，这种限值的差异主要反映了对两种可能脱轨形式的安全系数的取值不同。显然，无论采用哪个值作为评定标准都将在一定程度上影响行车临界风速的确定。如上述定义所示，倾覆系数主要用来衡量车体所受侧向力作用下产生的静态倾覆趋势（因为静风荷载是主要影响因素），因此比较适合作为强风作用下列车的安全性评定标准，采用较低的可靠度是比较合理的；而轮重减载率反映无风情况下列车由于轨道不平顺和桥梁变形作用下的动态安全性，需要采用较高的可靠度。强风作用下，轮重减载成分主要反映静力平均风荷载的倾覆作用，如果用《铁道车辆动力学性能评定和试验鉴定规范》（GB 5599—85）中的轮重减载率来作为主要评定标准，则计算的安全行车临界风速将偏低，且偏于保守。

根据表 2.8-15 的计算结果，若以轮重减载率不超过 0.65 的限值为依据，则安全行车临界风速在 20~25m/s；若以倾覆系数不超过 0.80 的限值为依据，则安全行车临界风速可达 30m/s；若同时考虑轮重减载率和倾覆系数的持续作用时间问题，则上述临界风速将更大。

（2）脱轨的几何学评判标准

车轮的脱轨及其评定是很复杂的，采用多种评定标准综合运用是较为合适的做法。现行脱轨系数限界值的制订依据大都是基于 Nadal 的脱轨系数公式，实践表明它具有很大的局限性，难以准确判定脱轨是否发生。针对这个问题，翟婉明、陈果提出直接根据车轮抬升量评判脱轨的原理与方法；向俊、曾庆元等则提出了列车脱轨的能量分析道路。目前脱轨安全性的评判标准主要基于三个因素——力、几何和能量。基于能量的判定标准要比基于力和几何的判定标准复杂且难于操作；基于力的判定标准目前应用比较多，但存在的最大缺陷是实际脱轨系数或减载率超过限界值时，脱轨不一定发生；而基于几何的判定标准则可以比较直观地判定是否脱轨，即当轮对相对于轨道的位移（车轮抬升量或轮轨横向相对位移）超过车轮所能承受的范围时，脱轨必然发生，但这种判定标准目前还未获得广泛应用。

由表 2.8–15 可知，当风速在 20m/s 及其以下时，轮轨横向相对位移基本在 10mm 以下，且与风速关系不大，表明此时受风作用后车轮运行轨迹没有发生根本性变化；当风速在 25m/s 以上时，轮轨横向相对位移明显增大，且开始超出正常范围，这反映了风荷载的作用大大加强，列车运行安全性受到影响。若是理论计算进一步考虑轮缘接触，则轮轨横向相对位移的计算结果将更为可靠，且将比本文计算值偏小，若此时根据轮轨横向相对位移来判定列车在强风作用下的运行安全性，则行车临界风速可达 25~30m/s，这与根据倾覆系数确定的行车临界风速将具有很好的统一性。

（3）强风下列车走行性规律

根据以上分析得出如下几点认识。

①较低风速作用时，列车走行性主要受车速影响；较大风速作用时，列车走行性与车速关系不大，主要受风速影响。

②强风作用下，列车能否运行和安全行车临界风速的确定主要由列车安全性控制，而不是舒适性控制。

③倾覆系数和轮重减载率反映的着重点不同，强风作用下，采用轮重减载率作为列车安全性评定标准将偏于保守，而采用倾覆系数作为主要评定标准比较符合实际且易于应用。

④强风作用下，若理论计算模型能准确反映轮缘接触，则采用轮轨横向相对位移来评定列车运行安全性是较为合适的。

2.8.4 列车运营允许风速的确定

以上分析所作的一些研究讨论，在确定临界风速时，仍偏安全的取轮重减载率和倾覆系数限值分别为：$\Delta P/P \leqslant 0.65$；$D < 0.8$。

按上述两个运营安全指标确定临界风速，得到 AW 类型车辆安全运行表见表 2.8–16 和表 2.8–17。由于机车比拖车稍重，故强风作用下机车的安全性要高于拖车。

AW0 机车安全运行表 表 2.8–16

风速（m/s） 车速（km/h）	10	15	20	25	30	35
30	安全	安全	安全	安全	不安全	不安全
60	安全	安全	安全	安全	不安全	不安全
90	安全	安全	安全	安全	不安全	不安全

AW0 拖车安全运行表 表 2.8–17

风速（m/s） 车速（km/h）	10	15	20	25	30	35
30	安全	安全	安全	安全	不安全	不安全
60	安全	安全	安全	安全	不安全	不安全
90	安全	安全	安全	不安全	不安全	不安全

由表 2.8–17 可知，AW0（空载）拖车在 30m/s 的风速下不能安全运行。AW0（空载）、AW2（定员）和 AW3（超载）拖车在 30m/s 风速时车辆走行性指标对比见表 2.8–18。可见，定员（AW2）拖车在 30m/s 的风速下，车辆运营安全性和舒适性均能满足要求，而超载（AW3）拖车的运营安全性和舒适性则更加富余。因此，合理选择车辆类型和质量对列车运营中抗风的安全性影响显著。

AW0、AW2、AW3 拖车相同风速下走行性对比　　表 2.8-18

项目	轮重减载率 $\Delta P/P$	脱轨系数 Q/P	倾覆系数	车体竖向加速度（m/s²）	车体横向加速度（m/s²）	竖向 Sperling 指标	横向 Sperling 指标
AW0	0.98	1.32	0.97	0.68	0.90	1.58	1.62
AW2	0.55	0.50	0.54	0.43	0.53	1.32	1.25
AW3	0.42	0.47	0.46	0.39	0.57	1.26	1.20

2.8.5 列车运营允许风速的修正

根据上述计算参数以及相应的评定标准，确定 AW0 空载轻轨拖车通过上海长江大桥主桥时的允许风速为 25m/s。它是基于如下假设：风始终垂直于桥梁和车辆轴线，且相应车辆的阻力系数取 2.0，忽略车辆所受的升力和升力矩。然而，在实际车辆运行过程中，需要以风与车的相对速度作为车辆所受风速以及相应的气动参数来计算风荷载。横风与车速合成后的车与桥相对风速大小和方向以及相应的气动系数都将随车速、风速变化，这对确定车辆过桥允许风速可能会有影响。采用上述基本假定计算主要是缺乏车辆在全偏角风荷载作用下的气动力参数试验数据，以前许多研究都是在上述基本假定下进行的。

关于桥上车辆在全偏角（0~180°）风力作用下的气动力参数试验，我国桥梁界还未见到有公开实测数据资料发表。日本国铁研究所曾对不同高度主梁上的不同类型车辆以及车辆在桥上的不同位置进行全偏角的气动力试验，测得不同情况下车辆的气动力系数。其测试数据对分析上海长江大桥具有非常重要，可以直接引用。

现对试验情况和结果简单介绍如下。

图 2.8-17 表示不同类型车辆位于桥面不同位置时的风洞试验实测到的阻力系数，其中车辆类型考虑了卧铺车 A、普通客车 B、双层客车 C、集装箱车辆 D，车辆位于桥面位置分别为桥中间、桥面迎风面边缘、背风面边缘三种情况，主梁高度分别考虑了 1.0m、2.0m、3.5m。

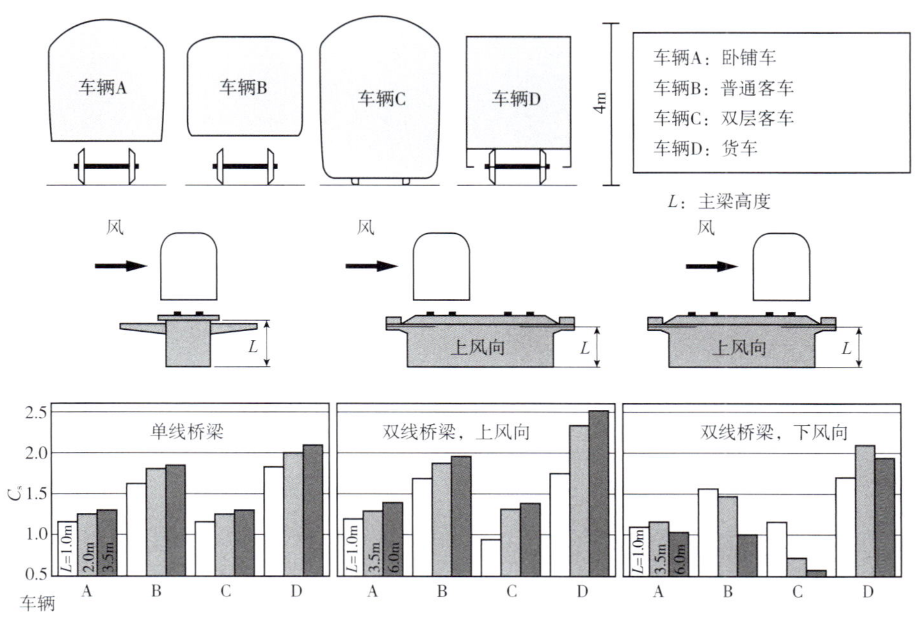

图 2.8-17　桥上车辆阻力系数试验最大值

测试结果表明：

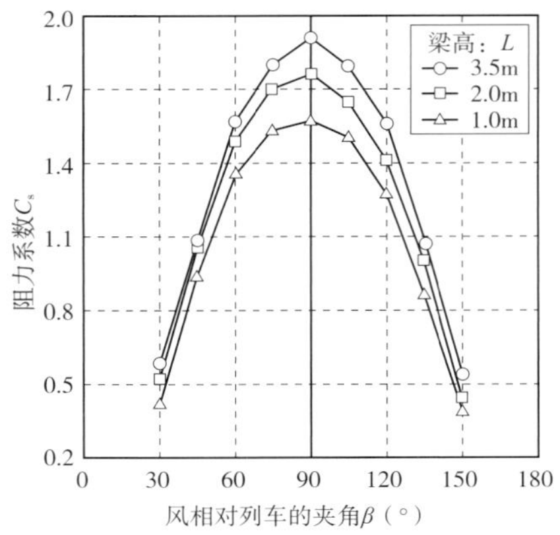

图 2.8–18　桥上列车阻力系数随风偏角变化图

（1）集装箱车辆阻力系数最大，其值超过 2.5；客车次之，最大值接近 2.0；双层客车最小，最大值为 1.5 左右。

（2）桥梁主梁结构的高度对车辆阻力系数的大小有较大影响，主梁高度越大，车辆风阻力系数越大，反之，阻力系数越小，这说明车辆在低高度梁上行驶时，车辆抗风稳定性较好。

（3）上海长江大桥主梁高度约为 4.0m，所采用的运营车辆和试验中的客车车型接近，车辆位于桥面迎风面边缘，参考日本风洞试验结果，其横向阻力系数取 2 是较为合理的。该值与前面分析时的车辆阻力系数一致，说明计算结果有效。

图 2.8–18 为风洞实测桥上列车的阻力系数随风偏角变化的情况。图中三条曲线分别表示不同梁高情况下，阻力系数变化情况。可以看出阻力系数随风偏角变化曲线接近于二次抛物线。试验结果还表明：不同车辆序数其阻力系数还有差别，图中表示的是第二节车辆的试验实测数据。

同济大学风洞试验室最近曾对箱式货车车辆进行全偏角气动系数试验但该试验没有考虑桥梁高度变化对气动系数的影响。图 2.8–19 为实测的集装箱货车的侧向阻力系数（参考面积为车辆行驶方向迎风面积）随风偏角变化的情况，其曲线也是呈二次抛物线变化，但抛物线开口要比轨道车辆大得多。

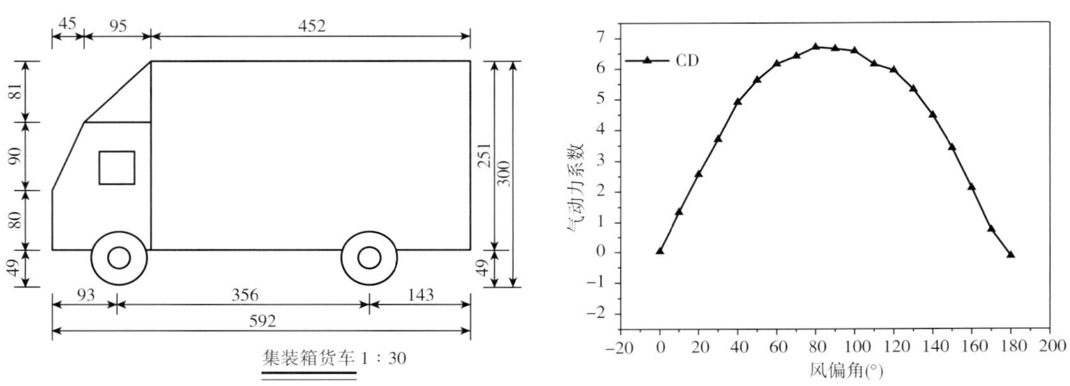

图 2.8–19　箱式货车模型及其阻力系数与风偏角关系（尺寸单位：cm）

从图 2.8–18 可以看出当不考虑车速时，横风与车辆垂直时（偏角 90°），阻力系数最大，车速为零；而当考虑车速时，横风与车速合成产生偏角，此时阻力系数减小，但合成风速增大。假定自然风速垂直于车辆行驶方向且大小保持不变，则当车辆以一定速度行驶时，产生相对风速为 $U_a(\beta)$，风偏角为 β，此时对应的车辆侧向阻力系数为 $C_{Da}(\beta)$，则可定义车辆所受无量纲阻力为：

$$\xi = \frac{\frac{1}{2}\rho H_a L_a C_{Da}(\beta) U_a^2(\beta)}{\frac{1}{2}\rho H_a L_a C_{Da}(90) U_a^2(90)} \tag{2.8–23}$$

简化得：

$$\xi = \frac{C_{Da}(\beta) U_a^2(90) / \sin^2(\beta)}{C_{Da}(90) U_a^2(90)} = \frac{C_{Da}(\beta)}{C_{Da}(90)\sin^2(\beta)} \tag{2.8–24}$$

车辆所受无量纲阻力与风偏角的关系如图 2.8–20 所示。可见列车模型，其车辆所受侧向阻力随风偏角变化比较平缓，即车速变化对车辆所受侧向阻力影响不大。考虑到车速约为 25m/s，此时最大允许运营风速也约为 25m/s，即对应于 β=45° 和 L=3.5m 的梁高，车辆所受无量纲阻力为 ξ=1.14。这表明对于一般列车，在自然风速和风向一定的情况下，列车运行与静止相比，所受的侧向阻力最大相差约 14%。故按照本报告前面不考虑风偏角的影响所得的车辆所受侧向阻力计算偏小 14%，对临界风速的估算则偏大约 7%，但车速越小这种误差越小。

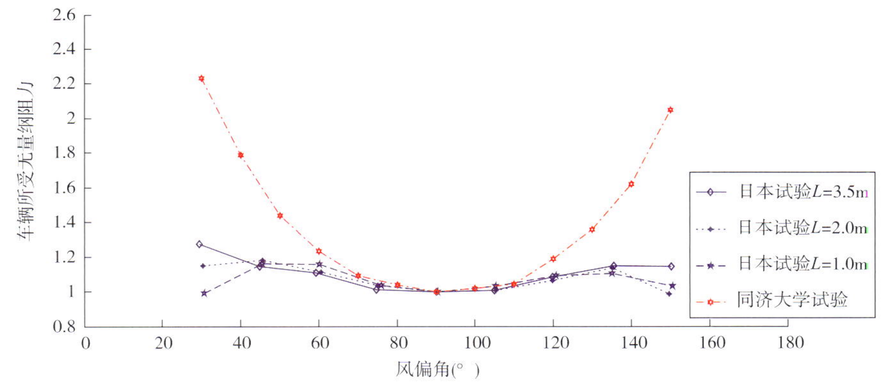

图 2.8-20　车辆所受无量纲阻力与风偏角关系

实际上，上海长江大桥运营的车辆类型还未完全确定，车辆载重、参数和轨道参数存在不确定性，这些对允许风速的大小都将产生影响，因此还要分析这些因素的变化对允许风速的修正问题。前面计算表明，强风作用下，车辆本身动力性能和速度效应对运行安全性的影响有限，轨道不平顺和桥梁振动对车辆的影响因素也基本符合本桥实际情况。因此，本研究不对这些因素导致的运行风速的变化进行修正，而将它们的影响总体体现在计算得到的 25m/s 的允许运行风速中，将其作为一个参考标准。定义本报告所采用的空载轻轨拖车（AW0）为参考车辆，25m/s 的允许风速为参考风速。但实际车辆阻力系数、车辆迎风面积、自然风风向、车速和车辆载重与参考车辆不一致时，采用如下方法对运行风速进行修正，修正的原则为参考车辆和实际车辆所受侧风力与重力的相似比相等，用符号表示为：

$$\frac{P_{wr}}{P_{gr}}=\frac{P_{wa}}{P_{ga}} \tag{2.8-25}$$

式中：P_{wr}——参考车辆所受的侧风力，即本报告所采用的计算参数使车辆达到安全运行临界状态时所受的侧风力；

P_{wa}——实际运行车辆在实际风环境下所受的侧风力；

P_{gr}——参考车辆（AW0 空载拖车）重力；

P_{ga}——实际运营车辆重力。

参考车辆和实际车辆所受的侧风力分别为：

$$P_{wr}=\frac{1}{2}\rho H_r L_r C_{Dr}(90)U_r^2(90) \tag{2.8-26}$$

$$P_{wa}=\frac{1}{2}\rho H_a L_a C_{Da}(\beta)U_a^2(\beta) \tag{2.8-27}$$

式中：H_r、L_r——分别为参考车辆的高度和长度；

H_a、L_a——分别为实际车辆的高度和长度；

C_{Dr}（90）——参考车辆在风偏角为 90° 时的阻力系数；

C_{Da}（β）——实际车辆在风偏角为 β 时的阻力系数；

U_r（90）——参考车辆运行允许风速；

U_a（β）——实际车辆在风偏角为 β 时运行允许风速。

根据图 2.8-21 可知，自然风速、车速和相对风速存在如下关系：

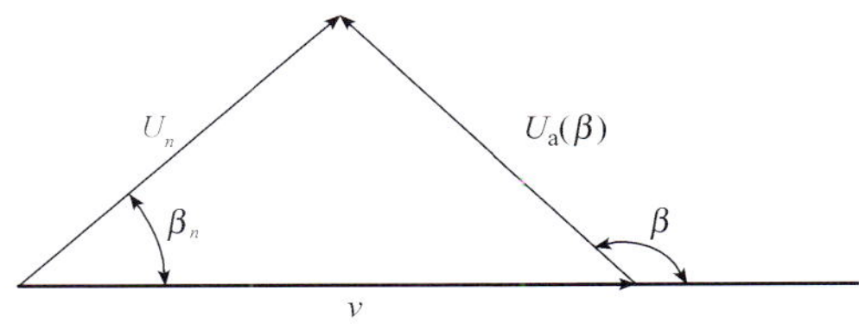

图 2.8-21　自然风速、车速和相对风速之间的关系图

$$\left.\begin{aligned}U_{\mathrm{a}}^{2}(\beta) &= v^{2}+U_{\mathrm{n}}^{2}-2U_{\mathrm{n}}v\cos\beta_{n}\\ \frac{U_{\mathrm{a}}(\beta)}{\sin\beta_{\mathrm{n}}} &= \frac{U_{\mathrm{n}}}{\sin(180-\beta)}\end{aligned}\right\} \tag{2.8-28}$$

式中：U_{n}——桥面自然风风速；

β_{n}——自然风与行车方向的夹角；

v——行车速度。

由式（2.8-25）~式（2.8-28）即可求得列车允许运行时，实际桥面处自然风偏角 β_{n} 和对应的风速 U_{n}。上述公式中参数较多，计算比较复杂，为简化分析，根据实测资料，可假定阻力系数与风偏角成抛物线关系，即：

$$C_{\mathrm{Da}}(\beta) = C_{\mathrm{Da}}(90)\left[1+a_{2}(\beta-90)^{2}\right] \tag{2.8-29}$$

式中：a_2——待拟合的参数。

对上述两者阻力系数随风偏角的关系拟合成式（2.8-29）所表达的抛物线形式，可得拟合参数如表 2.8-19 所示。

风洞实测阻力系数与风偏角关系的拟合参数 表 2.8-19

项　目	C_{Da}（90）	a_2	项　目	C_{Da}（90）	a_2
L=3.5m	1.90	−1.929E−04	L=1.0m	1.56	−2.99E−04
L=2.0m	1.75	−2.049E−04	—	6.66	−1.284E−04

再假定自然风速垂直于行车方向，即 β_{n}=90°，则允许风速可表示为：

$$\left.\begin{aligned}U_{\mathrm{n}} &= \sqrt{\frac{P_{\mathrm{ga}}H_{\mathrm{r}}L_{\mathrm{r}}C_{\mathrm{Dr}}(90)U_{\mathrm{r}}^{2}(90)}{P_{\mathrm{gr}}H_{\mathrm{a}}L_{\mathrm{a}}C_{\mathrm{Da}}(90)\left[(1+a_{2}\ (\beta-90)^{2}\right]}-v^{2}}\\ |\tan\beta| &= \frac{U_{\mathrm{n}}}{v}\end{aligned}\right\} \tag{2.8-30}$$

令：

$$k_{\mathrm{ar}} = \sqrt{\frac{P_{\mathrm{ga}}H_{\mathrm{r}}L_{\mathrm{r}}C_{\mathrm{Dr}}(90)}{P_{\mathrm{gr}}H_{\mathrm{a}}L_{\mathrm{a}}C_{\mathrm{Da}}(90)}} \tag{2.8-31}$$

则：

$$U_{\mathrm{n}} = \sqrt{\frac{k_{\mathrm{ar}}^{2}U_{\mathrm{r}}^{2}(90)}{1+a_{2}\ (\beta-90)^{2}}-v^{2}} \tag{2.8-32}$$

上述公式为超越方程，不能直接求解，但可以先进行数值计算，再绘制图表。根据上述拟合参数，即可得到对应的允许风速修正图（数值计算时风速和车速增量均为 1m/s，搜索对应车速下的允许最大风速，故得到近似的折线）。

图 2.8-22~ 图 2.8-25 为根据某桥上列车试验得到的阻力系数和风偏角的曲线得到的允许风速修正图，图中“kar”即为 k_{ar}，代表实际车辆在风偏角为 90° 时侧风力和重力的修正系数。由图可见，车速变化对允许风速的影响不大，基本可认为不需要对车速导致的风偏角效应进行修正，直接采用 90° 风偏角计算车辆侧风力就可达到足够精度。这表明，车速效应使得风偏角改变，阻力系数变小，相对风速变大，两者导致的侧风力基本不变。

图 2.8-25 为根据集装箱货车（汽车）的风洞试验得到的阻力系数和风偏角的曲线得到的允许风速修正图。可见，车速变化对允许风速的影响较大，必须对车速导致的风偏角改变进行修正，直接采用 90° 风偏角计算车辆侧风力将得到偏于不安全的结论。这表明，车速效应使得风偏角增大，阻力系数变小，相对风速变大，导致两者的侧风力增大。

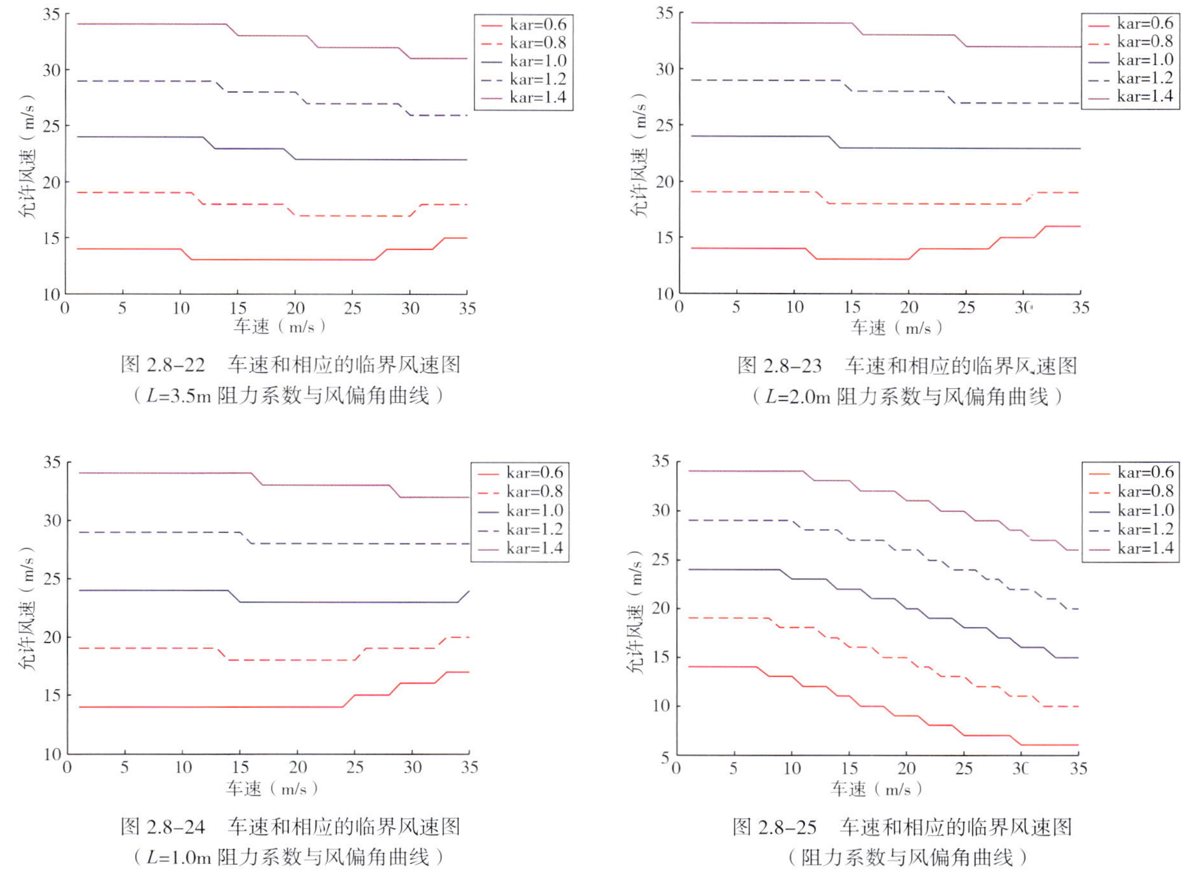

图 2.8–22　车速和相应的临界风速图
（L=3.5m 阻力系数与风偏角曲线）

图 2.8–23　车速和相应的临界风速图
（L=2.0m 阻力系数与风偏角曲线）

图 2.8–24　车速和相应的临界风速图
（L=1.0m 阻力系数与风偏角曲线）

图 2.8–25　车速和相应的临界风速图
（阻力系数与风偏角曲线）

从上述内容中可得到如下几点认识：车型将在很大程度上影响车速与容许风速的关系，对长宽（高）比较大的列车，车速对容许风速的影响可能不大，而对于对长宽（高）比较小的汽车，车速对容许风速的影响可能较大，但比较精确的确定允许风速必须依赖实际车辆的风洞试验数据。

2.8.6　桥址 10m 高处的容许风速

以上容许风速的确定以桥面 10min 平均风速为标准。根据桥位地貌，按指数规律可得桥面高度处风速与 10m 高度处风速的换算关系为：

$$\frac{U_b}{U_{10}} = \left(\frac{\delta_b}{\delta_{10}}\right)^{0.16} \tag{2.8–33}$$

取桥面高度为 50m，则 U_{10}=0.77U_b。若容许风速为 25m/s，则 10m 高度处 10min 的容许平均风速为 0.77 × 25=19.3m/s。

第3章　大跨度分体钢箱斜拉桥设计与施工关键技术

DAKUADU FENTI GANGXIANG XIELAQIAO SHEJI YU SHIGONG GUANJIAN JISHU

3.1 工程概况

3.1.1 工程概述

上海长江大桥主航道桥采用主跨 730m 的双塔双索面分体钢箱梁斜拉桥，全长 1 430m，跨径布置为：92m+258m+730m+258m+92m，桥宽 51.5m，五跨连续全飘浮体系，空间双索面布置，总体布置如图 3.1–1 所示。

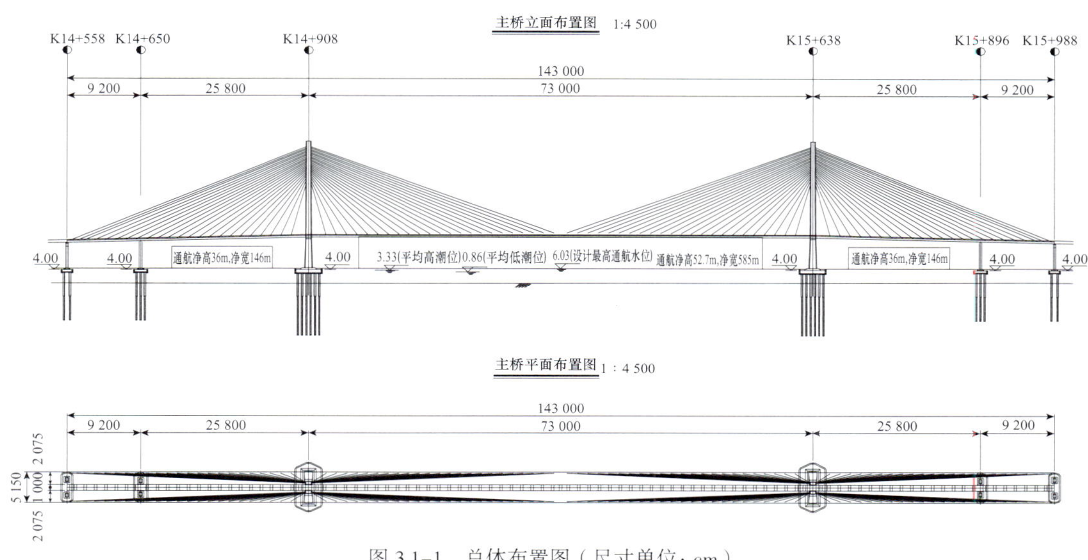

图 3.1–1 总体布置图（尺寸单位：cm）

主航道桥由基础、主塔、桥墩、主梁、斜拉索等组成。

1）基础

主航道桥基础设计包括主塔（两个）、辅助墩（两个）、边墩（两个）共六个基础设计。

主塔基础采用 60 根 Φ3 000（上段）~2 500mm（下段）变截面钻孔灌注桩，持力层为（11）层灰色含砾粉砂，圆端形钢筋混凝土承台（图 3.1–2）。

辅助墩基础、边墩基础分别采用 18 根、12 根 Φ3 000（上段）~2 500mm（下段）变截面钻孔灌注桩。桩基持力层设在（11）层含砾粉细砂层。承台采用圆端形钢筋混凝土结构。

基础采用固定套箱消能防撞设施。在施工期，固定套箱为承台施工围堰。

2）主塔、桥墩

主塔采用人字形独柱钢筋混凝土索塔，C50 混凝土，塔柱顶高程为 216.322m。索塔锚固采用钢锚箱方案。

为改善桥塔的抗风性能，索塔断面采用切斜角的四边形，索塔断面自下向上，由大变小，呈向上挺拔之势，塔顶设置塔冠（图 3.1–3）。主塔顺桥向尺寸 7.4m（塔顶）—10.5m（桥面处）—12m（塔底）；横桥向尺寸 7.4m（塔顶）—9.0m（桥面处）。

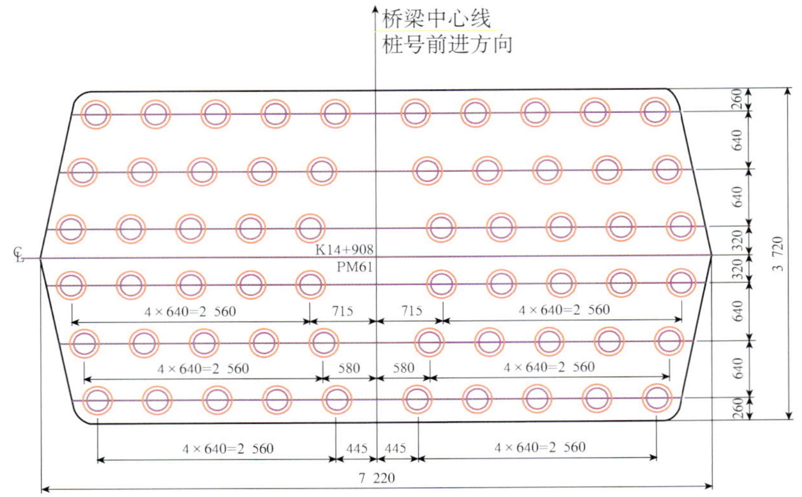

图 3.1-2　主墩平面图（尺寸单位：cm）

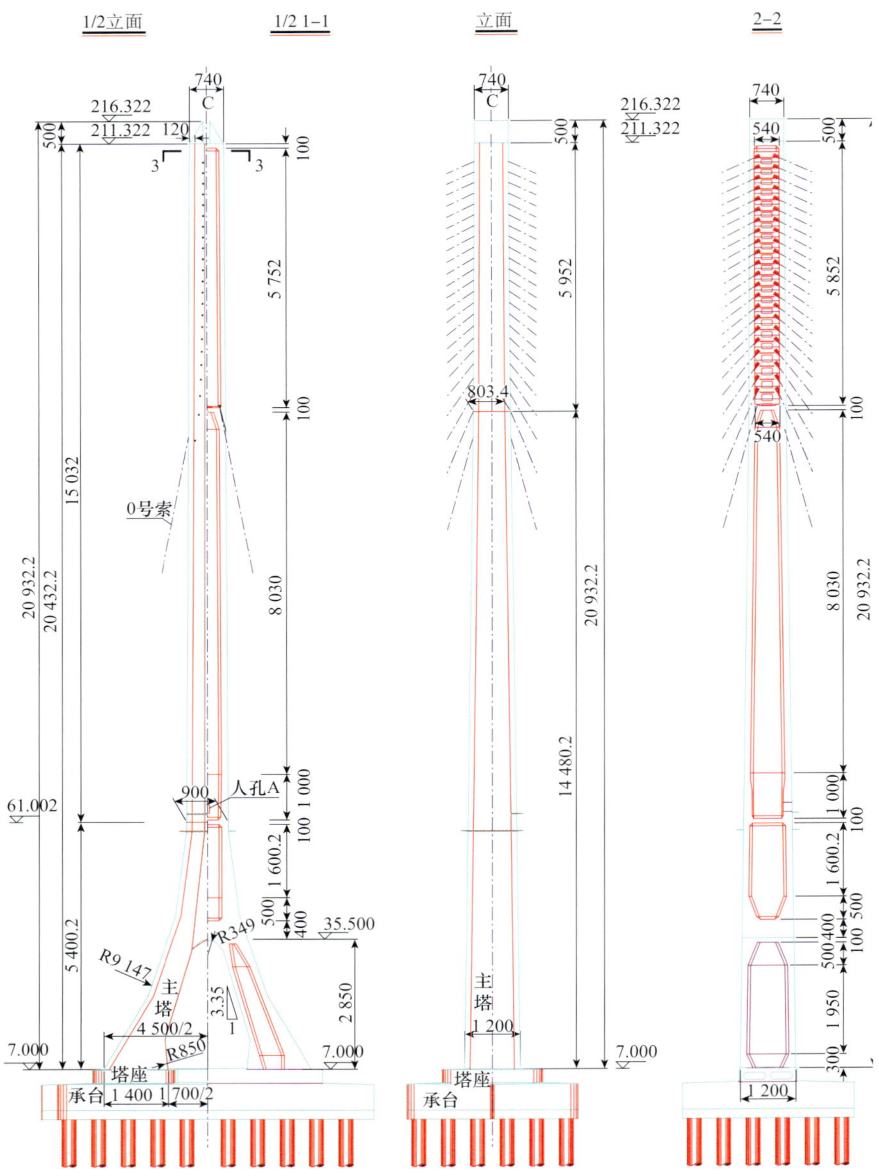

图 3.1-3　主塔构造图（高程单位：m，尺寸单位：cm）

辅助墩、边墩采用双柱空心薄壁墩。

3）主梁

主梁采用分体式流线型扁平钢箱梁，全宽 51.5m，梁高 4m，分体钢箱梁之间由箱形钢横梁连接。节段标准长度为 15m，采用 Q345qD 钢材，索梁连接锚固采用锚箱式结构（图 3.1–4）。

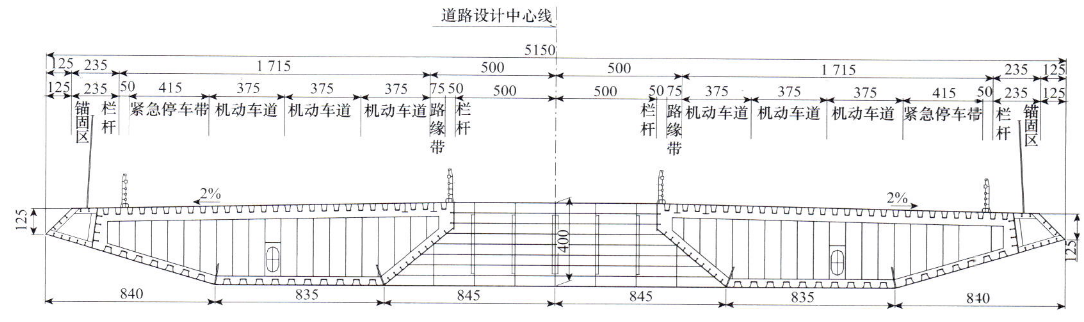

图 3.1–4　主梁标准横断面（尺寸单位：cm）

4）斜拉索

采用扭绞型平行钢丝斜拉索，冷铸锚，钢丝标准强度为 1 670MPa。梁上斜拉索标准索距为 15.0m，塔上斜拉索标准索距为 2.5m（图 3.1–5）。

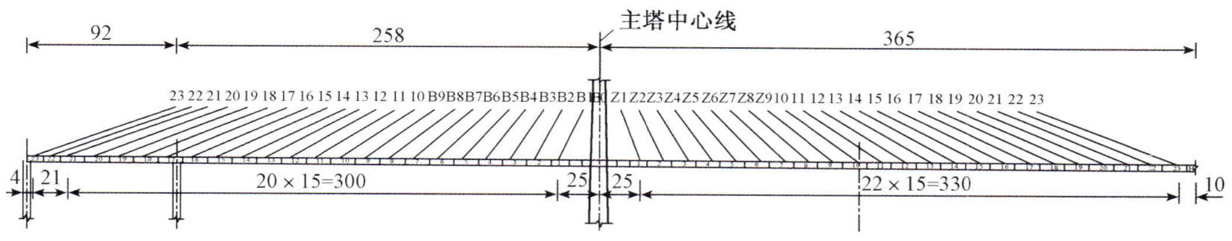

图 3.1–5　斜拉索布置图（尺寸单位：cm）

斜拉索外设双层 PE 护套。通过对斜拉索表面采取气动辅助等措施，提高斜拉索的抗风雨性能。

施工方法：搭设临时平台施工基础；主塔爬模施工。钢主梁工厂制作，现场悬臂拼装。

3.1.2　大跨度分体钢箱斜拉桥设计关键技术

1）大跨度斜拉桥合理体系与性能特点

对于大跨度斜拉桥，为了改善结构在极限风、地震等荷载作用下的内力和位移反应，减小伸缩缝、支座等装置的位移量，增加桥梁结构在极限静力、动力荷载作用下的安全度，非常有必要对结构体系进行深入的研究，特别是公轨共建大跨度斜拉桥，目前没有可借鉴的成熟经验，对其结构体系必须进行深入的分析和研究。

2）分体式钢箱梁可施工性及其优化

对于大跨度钢箱梁斜拉桥，为了使钢箱梁在吊装时的匹配满足精度要求，必须在主梁吊装时对被吊梁段的变形、已吊梁段变形进行深入的分析和研究。特别是对于分体式钢箱梁，在不加外力进行匹配时，四条腹板不可能同时对齐，只能先对齐内腹板与外腹板中的一对，再通过强码码平另外一对腹板。而在码平腹板的过程中，需要施加的外力，难度远远超过一般的单箱，然而外力过大将产生多方面的不利影响，所以设计阶段对施工过程的梁段匹配计算非常重要。这一工作将影响到吊机标准、拼装工艺以及是否需要附加反力架调节被吊或已成梁段的横向变形，并在一定程度上影响结构的设计。

3）分体式钢箱梁力学性能特点分析

分体式钢箱梁将是未来超大跨斜拉桥解决抗风挑战的选择，其力学性能如营运阶段的受力、钢桥面板局部变形、箱梁标准节段局部稳定等以及其构造技术有待深入研究，为结构设计实现合理、安全、耐久奠定基础。

在正交异性钢桥面板的疲劳影响与抗疲劳结构措施研究方面，国内外对一般公路钢箱梁桥研究较多，对承受轨道交通荷载正交异性钢桥面板的研究较少，没有进行钢箱梁上车轮在轨道上传力机理、轨道交通荷载、轨道交通抗疲劳措施方面的研究。

4）索梁锚固区设计与试验研究

国内外以往对钢锚箱受力性能研究主要以公路斜拉桥为研究对象，国内规范对公路疲劳荷载、轻轨疲劳荷载、锚箱结构的疲劳构造细节都没有明确的规定，缺乏相关研究资料。对公轨共建斜拉桥的锚箱结构疲劳性能和设计方法研究，目前还是空白。

5）索塔新型组合锚固区受力机理及分析和设计方法

目前，国内外都没有指导混凝土索塔钢锚箱锚固结构设计的相关资料，缺乏局部应力集中对结构承载力影响的研究；现有规范及研究都没有对混凝土拉应力水平如何判断、裂缝宽度控制的适当界限作出说明，对索塔中侧立的剪力钉刚度及强度的合理取值、钢与混凝土之间的预压力对抗剪性能的影响程度尚无定论。我国的公路钢桥设计规范没有关于焊钉连接件设计的有关规定，国内外其他规范虽然有相关的设计方法，但各规范计算结果又各不相同。因此，需要发展索塔组合锚固结构新理论与设计方法。

3.2 结构合理体系与静动力性能

对纵向全飘浮、塔梁固接、索塔处设置弹性约束，以及动力阻尼加刚性限位组合等几种结构体系进行了比较，并在此基础上对动力阻尼参数及刚性限位的参数确定进行了分析。

3.2.1 合理约束体系研究

1）结构体系比较与优化

塔梁固结体系由温度引起的塔底弯矩很大，在超大跨度桥梁中不宜采用；全飘浮体系由地震作用、纵向风荷载等产生的梁端和塔顶水平位移、塔底弯矩很大，造成伸缩缝等构造设计困难，会对结构安全造成危害，不适合风荷载较大的情况。不同结构体系在静力风荷载 + 温度作用下的静力效果比较如表 3.2-1 所示。

不同结构体系静力效果比较

表 3.2-1

比较项目	全飘浮体系	永久弹性约束（30 000kN/m）	阻尼 + 刚性限位	塔梁固结体系
梁端水平位移（m）	1.163	0.408	0.393	0.201
塔顶水平位移（m）	1.142	0.444	0.370	0.165
塔底弯矩（kN·m）	1 818 295	1 253 783	1 087 763	2 896 958

从比较结果来看，安装永久弹性约束装置或者阻尼 + 刚性限位约束装置，可使梁端水平位移、塔顶水平位移及塔底弯矩都较小，相对较优。

若在塔梁间设置永久弹性约束，从图 3.2-1 中可以看出，对于上海长江大桥水平弹性约束的合理刚度 K=30 000kN/m。

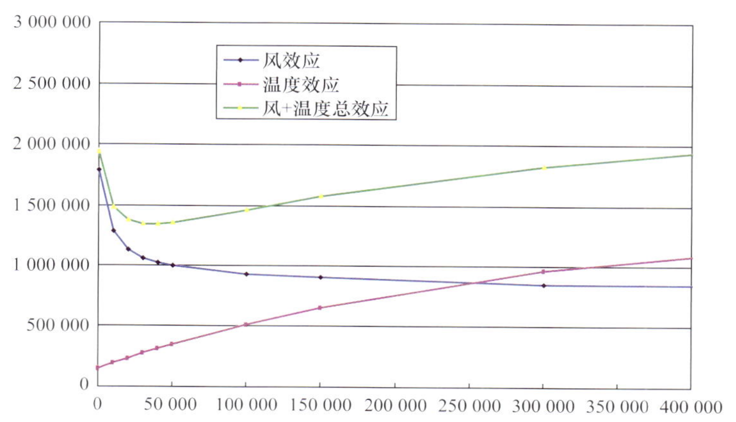

图 3.2-1 温度、纵向风荷载下塔底弯矩和弹性刚度关系

塔梁间增设弹性约束能减小地震作用下的主梁位移反应，提高振动频率，但不能衰减主梁的振动；同时要达到 K=30 000kN/m，弹性索需要的长度较长，设置时构造较为复杂。

动力阻尼器 + 刚性限位方式，一方面改善了结构的动力响应，同时能较快地衰减主梁振动，耗能效果要优于水平弹性约束。加上刚性限位后结构在纵向极限风荷载等作用下的静力响应也大大减小，故推荐采用。

2）动力阻尼参数确定

阻尼器的基本构造如图 3.2-2 所示，由活塞、油缸及节流孔组成。所谓节流孔是指具有比油缸截面积 A 小、截面积为 a 的流通通路。这类装置是利用活塞前后压力差使油流过节流孔产生阻尼力，典型的油阻尼器如图 3.2-3 所示。

通常当阻尼力与相对变形的速度成比例时，是呈线性变化的，其恢复力特性如图 3.2-4 所示，形状近似椭圆。当阻尼力与速度不成比例时是非线性的，其关系可表达为：

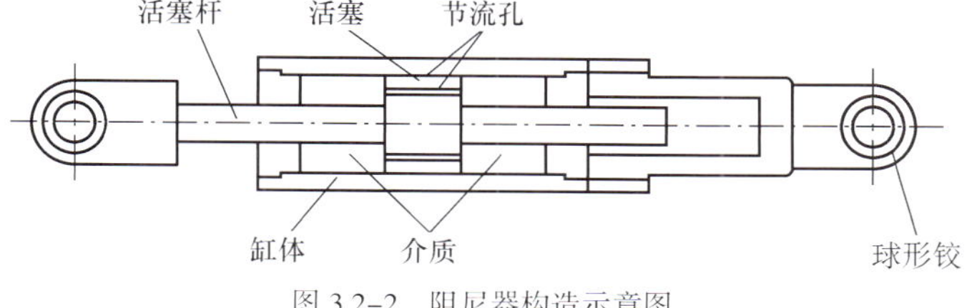

图 3.2-2 阻尼器构造示意图

$$F=C\cdot \mathrm{Sign}(v)\cdot |v|^{\xi} \tag{3.2-1}$$

图 3.2–3　典型的油阻尼图

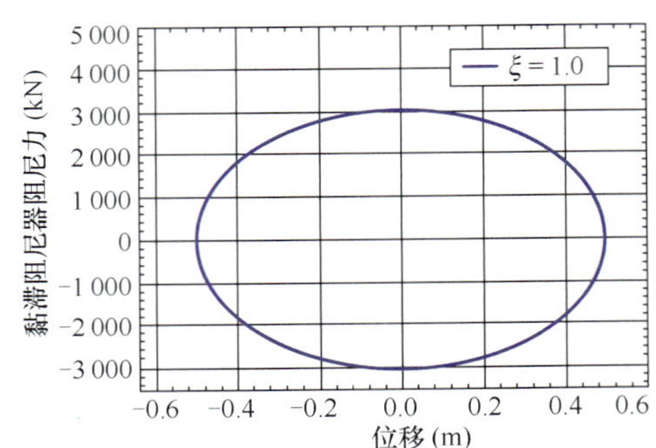

图 3.2–4　线性油阻尼器的滞回环

式中：F ——阻尼力（kN）；

C ——根据需要设计的阻尼常数 [kN/（m/s）$^{\xi}$]；

v ——阻尼器活塞相对阻尼器外壳的运动速度（m/s）；

ξ ——阻尼指数（根据需要设计的常数，其值范围在 0.1~2.0，从抗震角度看，常用值一般在 0.1~1.0 范围内）。

塔梁之间设置阻尼器的目的是将主梁的纵向位移、塔梁间的相对位移和结构内力限制在设计要求范围。兼顾主塔基础受力要求及尽量减小伸缩缝位移，长江大桥阻尼器参数取值要求塔—梁之间的阻尼力 $F \leqslant$ 10 000kN，塔—梁之间的相对位移 Δ 控制在 45cm 左右。参照国内已建成的大跨斜拉桥东海大桥（ξ =0.3~0.5）和苏通大桥（ξ =0.4）的隔振设计，在 ξ =0.1~0.5，C=6 000~15 000kN/（m/s）$^{\xi}$ 范围内，对阻尼参数进行了分析，参数最终取值为：C=10 000kN/（m/s）$^{\xi}$，ξ =0.2。

3）刚性限位装置参数确定

装置的额定行程是控制荷载组合的重要参数，应满足以下三方面的考虑。

（1）保证在正常运营荷载（车辆、温度）作用下，阻尼器有足够的行程，确保梁体不发生限制位移的情况。

（2）保证在正常运营荷载情况下发生地震时，阻尼器有足够的行程能正常工作，不发生限制振幅的情况。

（3）尽可能取得较小的阻尼器行程来有效地限制纵风作用下结构的反应，控制伸缩缝的位移量。

经计算分析，上海长江大桥的限位行程为 500mm。

3.2.2　桥梁使用性能改善措施与方法

大跨度斜拉桥属于柔性结构，在大跨度桥梁中，梁端过大的位移与转角，虽然不会对主体结构受力造成直接影响，但是将会加大伸缩装置、恶化其工作条件，还将影响列车行车的舒适性并加大冲击作用。对于轨道交通车辆直接影响列车的行驶安全，桥梁刚度不足，列车过桥时将产生过大的振幅，影响列车的行驶安全。但大跨度斜拉桥本身刚度较低，如何减小其梁端转角及如何提高结构刚度成为至关重要的问题。

1）梁端转角合理控制

从梁端转角位移影响线来看，梁端转角大小主要取决于边墩与辅助墩之间的结构刚度。与主桥相接的大跨钢–混凝土组合梁的梁端转角位移影响线与斜拉桥类似，梁端转角大小主要取决于边跨主梁刚度。所以要减小主梁梁端转角，主要措施是适当较小边跨跨径与增加边跨主梁刚度。

上海长江大桥梁端转角影响线如图3.2–5所示，可以看出边跨大小对梁端转角影响最为显著。从通航角度考虑，除了主跨为通航孔外，要求两侧设置辅助通航孔，跨径大于243m即可。但从减小梁端转角及提高结构整体刚度要求看，减小主桥边跨跨径对减小梁端转角更为有利，而且不会对结构总体受力等产生实质影响。因此，在这种条件下应尽可能从改善运营期间的使用条件考虑，采取适当的优化措施。基于这种想法，上海长江大桥的主桥跨径组合调整为92m+258m+730m+258m+92m=1 430m。

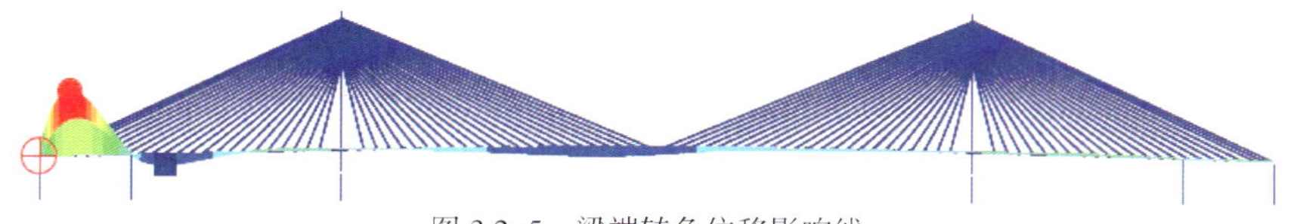

图 3.2–5　梁端转角位移影响线

2）斜拉桥边跨跨径的合理布置

斜拉桥边跨大小对梁端转角的影响比较情况如表3.2–2所示。

斜拉桥边跨跨径布置比较表　　表 3.2–2

项目 \ 边跨			边跨107m	边跨92m	边跨84.5m
转角1/1 000（rad）	轻轨荷载	梁端正转角	2.35	1.62	1.3
		梁端负转角	–0.95	–0.79	–0.88
		辅助墩顶正转角	2.26	2.42	2.47
		辅助墩顶负转角	–1.44	–1.23	–1.18
	汽车荷载	梁端正转角	2.379	1.75	1.49
		梁端负转角	–1.7	–1.31	–1.17
		辅助墩顶正转角	2.33	2.48	2.55
		辅助墩顶负转角	–2.42	–2.45	–2.44
跨中竖向挠度（m）	轻轨+汽车	中跨跨中竖向挠度	0.143/–1.35	0.17/–1.37	0.187/–1.38
		边墩、辅助墩间跨中挠度	0.074/–0.128	0.063/–0.081	0.06/–0.065
		辅助墩、主墩间跨中挠度	0.325/–0.407	0.377/–0.47	0.406/–0.53
弯矩（t·m）	轻轨+汽车	辅助墩顶活载弯矩	9 078/–10 256	9 030/–10 521	10 714/–8 961
		塔根活载弯矩	2 064/–1 909	1 907/–2 039	2 037/–1 907
		跨中活载弯矩	7 019/–1 599	7 043/–1 480	7 056/–1 479

斜拉桥与两侧相邻跨（连续组合钢箱梁）梁端最大相对转角如表3.2–3所示。

斜拉桥相邻跨（连续梁）边跨布置比较表　　表 3.2–3

转角 \ 边跨	边跨107m	边跨92m	边跨84.5m
最大相对转角（1/1 000）	5.72	4.46	3.90

从以上分析可以看出，当边跨跨径减小到92m时，主梁与组合梁梁端相对转角为0.446%。跨径若减小至84.5m，则梁端转角为0.39%，可以控制在0.4%之内。但考虑到边跨与中跨的协调，与结构总体上

受力的需求，主桥边跨跨径调整为92m，在此基础上再考虑提高边跨主梁刚度来减小梁端相对转角。

3）提高边跨主梁刚度措施

在主梁高度以及主梁跨度已经确定的情况下，提高边跨主梁刚度措施主要有：增加主梁顶底板钢板厚度和在边跨钢箱内浇筑混凝土两种，在满足将梁端转角控制在4/1 000的前提下，两种措施的研究结论如下。

（1）直接增加边跨主梁顶底板厚度，这会增加结构钢材用量，经分析约需增加钢材120t，但施工操作较方便。

（2）在钢箱内底板浇筑25cm混凝土，并使之和钢箱梁结合共同受力，该方法同时可满足边跨压重需要，但增加一些施工工序，施工较麻烦。

综合比较结果，两方案在造价上相差不大，但方案一施工较为简便，最终选用。

3.2.3 抗震性能特点

分体式钢箱梁是超大跨度斜拉桥解决抗风问题的有效手段，但是分体式钢箱梁工程实践较少，这种结构的抗震性能如何值得深入研究。特别是分体式钢箱梁由两侧边箱与间断设置的中间横梁构成，受力特性与整体钢箱梁有较大的不同，需要对其抗震能力进行深入分析。

图 3.2-6 抗震分析结构分析模型

计算模式采用三维空间有限元分析模型，分析模型如图3.2-6所示。为考虑相邻联的影响，建模时主桥两侧各有一联引桥相连。

桩基础的模拟，处于冲刷区域的桥梁桩基础应考虑冲刷深度的影响，高桩承台采用在一定深度处嵌固的桩基础模型；低桩承台则采用在承台底处用等效土弹簧单元模拟桩基础的作用。

支座均采用三维支座单元进行模拟，反应谱分析时假定固定支座为铰接约束，滑动支座滑动方向为自由，非线性时程分析时滑动支座滑动方向采用非线性单元模拟，考虑支座的摩擦耗能作用。

桥墩、塔柱等构件，均采用三维空间梁单元进行模拟，反应谱分析时假定构件为弹性，采用考虑截面开裂的等效刚度模拟，非线性时程分析时采用集中塑性铰弹塑性梁单元模拟，考虑桥墩的屈服耗能作用。主桥斜拉索用空间杆单元模拟，同时考虑垂度效应和恒载引起的几何刚度的影响。

1）设防标准及性能目标

抗震设防标准与性能目标见表3.2-4和表3.2-5。

上海长江大桥抗震设防水准　　表 3.2-4

	主通航孔桥
水准I（P1）	100年超越概率10%（相当于重现期950年）
水准II（P2）	100年超越概率3%（相当于重现期3 283年）

上海长江大桥结构抗震性能目标 表 3.2-5

	主通航孔桥
水准I（P1）	主塔保持弹性； 桩基保持弹性； 支座保持正常工作状态
水准II（P2）	主塔满足极限承载状态强度要求； 辅助墩、边墩应具有足够的延性以满足变形要求，保证不倒塌； 桩基本保持弹性，不作为延性耗能构件，混凝土保护层不剥落； 支座容许剪坏

2）地震动参数

地震动参数见表3.2-6。

地 震 动 参 数 表 3.2-6

钻 孔 号	概 率	PGA（水平）	PGA（竖向）
66 号孔	100 年 10%	0.813 4	0.449 4
	100 年 3%	1.583	0.781 5
74 号孔	100 年 10%	1.203 7	0.702 3
	100 年 3%	1.955 7	1.198
147 号孔	50 年 10%	0.974 6	0.489 1
	50 年 3%	1.815 7	0.953 7
27 号孔	50 年 10%	1.007 3	0.556 6
	50 年 3%	1.787 8	1.046 8

3）地震反应计算结果与分析

（1）反应谱分析结果

主要断面位置示意及计算结果如图3.2-7和表3.2-7所示。

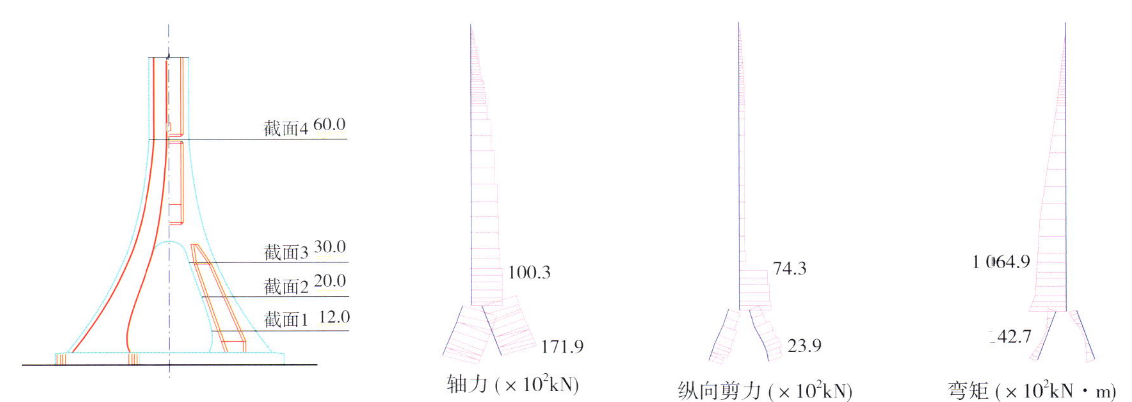

图 3.2-7 主塔地震反应包络图（横向＋竖向）

支座位移反应的最大值 表 3.2-7

计 算 工 况	支 座 位 置	位移（cm）	计 算 工 况	支 座 位 置	位移（cm）
P1	主梁—辅助墩	43.51	P2	主梁—辅助墩	76.12
	主梁—边墩	43.07		主梁—边墩	77.03
	主梁—主塔	32.95		主梁—主塔	63.15

（2）非线性时程分析

在顺桥向的非线性时程分析中，考虑了阻尼器和滑动支座对斜拉桥地震反应的影响。在两个塔—梁交叉处各设4个阻尼器，阻尼器参数为C=2 500kN/（m·s）$^{\xi}$，ξ=0.20。

计算分析模式及计算结果见表3.2-8和表3.2-9、表3.2-10。

抗震分析计算模式 表3.2-8

模　　型	冲　刷　线	桩基础的刚度	适用工况
模型一	一般冲刷线	不折减	P1
模型二	局部冲刷线	不折减	P1
模型三	一般冲刷线	折减	P2
模型四	局部冲刷线	折减	P2

顺桥向＋竖向地震计算结果 表3.2-9

工况	计算模型	截面位置	轴力（kN）	剪力（kN）	弯矩（kN·m）
P1	模型一	主塔截面1（H=12.0m）	1.03E+04	1.53E+04	4.88E+05
		主塔截面2（H=20.0m）	1.01E+04	1.50E+04	4.51E+05
		主塔截面3（H=30.0m）	1.00E+04	1.30E+04	3.57E+05
		主塔截面4（H=60.0m）	1.44E+04	1.82E+04	3.79E+05
		主塔截面5（H=151.0m）	1.10E+04	1.13E+04	2.63E+05
		辅助墩墩底	4.69E+03	5.26E+03	1.65E+05
		边墩墩底	3.83E+03	5.19E+04	1.47E+05
	模型二	主塔截面1（H=12.0m）	1.07E+04	7.49E+03	3.46E+05
		主塔截面2（H=20.0m）	1.04E+04	7.19E+03	3.05E+05
		主塔截面3（H=30.0m）	1.02E+04	6.79E+03	2.57E+05
		主塔截面4（H=60.0m）	1.74E+04	4.47E+03	3.03E+05
		主塔截面5（H=151.0m）	1.30E+04	3.83E+03	1.95E+05
		辅助墩墩底	5.39E+03	3.02E+03	9.49E+04
		边墩墩底	4.04E+03	2.79E+03	7.97E+04
P2	模型三	主塔截面1（H=12.0m）	3.59E+04	2.83E+04	1.08E+06
		主塔截面2（H=20.0m）	3.48E+04	2.70E+04	9.50E+05
		主塔截面3（H=30.0m）	3.33E+04	2.51E+04	7.26E+05
		主塔截面4（H=60.0m）	4.89E+04	3.52E+04	7.65E+05
		主塔截面5（H=151.0m）	2.40E+04	2.14E+04	5.30E+05
		辅助墩墩底	1.00E+04	1.06E+04	3.43E+05
		边墩墩底	8.28E+03	1.02E+04	3.01E+05
	模型四	主塔截面1（H=12.0m）	3.84E+04	1.36E+04	7.07E+05
		主塔截面2（H=20.0m）	3.72E+04	1.29E+04	6.32E+05
		主塔截面3（H=30.0m）	3.60E+04	1.23E+04	5.52E+05
		主塔截面4（H=60.0m）	5.41E+04	2.17E+04	8.59E+05
		主塔截面5（H=151.0m）	3.32E+04	1.08E+04	4.89E+05
		辅助墩墩底	1.11E+04	5.61E+03	1.83E+05
		边墩墩底	8.42E+03	5.47E+03	1.60E+05

横桥向＋竖向地震计算结果　　表 3.2-10

工况	计算模型	截面位置	轴力（kN）	剪力（kN）	弯矩（kN·m）
		主塔截面 1（H=12.0m）	1.23E+05	1.74E+04	8.87E+04
		主塔截面 2（H=20.0m）	1.22E+05	1.26E+04	8.95E+04
		主塔截面 3（H=30.0m）	1.22E+05	9.51E+03	2.05E+05
	模型一	主塔截面 4（H=60.0m）	2.38E+04	5.32E+04	5.47E+05
P1		主塔截面 5（H=151.0m）	9.27E+03	9.87E+03	4.94E+05
		辅助墩墩底	5.40E+03	1.11E+04	*
		边墩墩底	3.38E+03	9.97E+03	3.99E+05
		主塔截面 1（H=12.0m）	4.91E+04	1.86E+04	1.24E+05
	模型二	主塔截面 2（H=20.0m）	4.98E+04	1.59E+04	5.92E+04
		主塔截面 3（H=30.0m）	5.02E+04	1.41E+04	2.11E+05
		主塔截面 4（H=60.0m）	1.56E+04	1.44E+04	1.01E+06
		主塔截面 5（H=151.0m）	6.46E+03	6.32E+03	3.09E+05
	模型二	辅助墩墩底	5.40E+03	7.69E+03	3.29E+05
		边墩墩底	2.41E+03	6.07E+03	2.38E+05
		主塔截面 1（H=12.0m）	1.50E+05	2.01E+04	1.23E+05
		主塔截面 2（H=20.0m）	1.49E+05	1.56E+04	9.68E+04
		主塔截面 3（H=30.0m）	1.48E+05	1.36E+04	2.33E+05
	模型三	主塔截面 4（H=60.0m）	4.49E+04	6.03E+04	9.52E+05
P2		主塔截面 5（H=151.0m）	1.79E+04	1.18E+04	5.77E+05
		辅助墩墩底	1.06E+04	1.17E+04	*
		边墩墩底	6.41E+03	1.22E+04	*
		主塔截面 1（H=12.0m）	1.01E+05	3.62E+04	2.46E+05
		主塔截面 2（H=20.0m）	1.01E+05	3.11E+04	1.11E+05
		主塔截面 3（H=30.0m）	1.01E+05	2.80E+04	4.06E+05
	模型四	主塔截面 4（H=60.0m）	4.21E+04	2.50E+04	1.99E+06
		主塔截面 5（H=151.0m）	1.59E+04	1.22E+04	5.95E+05
		辅助墩墩底	1.35E+04	1.12E+04	*
		边墩墩底	6.29E+03	1.05E+04	4.03E+05

注：* 表示墩底出现塑性铰。

抗震设计采用100年超越概率10%（P1）和100年超越概率3%（P2）两级设防水准，研究表明：

（1）大跨度斜拉桥桥塔及基础设计均可能受地震作用控制，塔梁间的约束体系对主体及其基础的地震作用影响显著，一般情况下采用动力阻尼装置可以减小地震对主塔的控制作用，可以有效地控制主梁的位移反应，并能够协调正常运营等方面的需求。

（2）分体式钢箱梁对大跨度斜拉桥的抗震性能，从总体上看和整体式钢箱梁没有明显的差别，但由于分体钢箱梁中间连接横梁间断设置、刚度相对较弱，近塔处钢横梁很可能由地震作用控制，设计时应采取专门的措施加以应对。

3.2.4 抗风性能特点

分体式钢箱梁斜拉桥和整体式钢箱梁斜拉桥的抗风性能将表现出不同的特点，需要通过研究明确其抗风性能特点，上海长江大桥主通航孔桥抗风研究主要包括：基本风速统计分析和桥位风特性参数确定、三分力系数风洞试验和静风荷载计算、气动导数风洞试验和风振荷载计算、等效风荷载组合研究和静风稳定性分析、涡激共振和振动发散风洞试验、全桥气弹模型风洞试验和风振稳定性评价、斜拉索风雨激振及其减振措施风洞试验研究等。

1）风特性参数

基于飓风气侯模式的风速统计分析表明工程区域的基本风速为 U_{10}=39.6m/s。主通航孔桥的桥面离水面高度 z=64.7m，成桥阶段桥面设计风速为 U_d=49.5m/s；主通航孔桥成桥状态颤振检验风速为［U_{cr}］=1.2×1.215×49.5=72.2m/s；施工阶段颤振检验风速为［U_{cr}］=63.5m/s。

2）结构动力特性分析结果

成桥状态远期、成桥状态近期、施工阶段最大单悬臂状态和施工阶段最大双悬臂状态四种结构形式的动力特性分析主要计算结果如表3.2–11所示。

结构动力特性分析结果 表 3.2–11

结构状态	竖弯频率（Hz）		侧弯频率（Hz）		扭转频率（Hz）	
	一阶	二阶	一阶	二阶	一阶	二阶
成桥状态远期	0.231	0.292	0.299	0.658	0.617	0.851
成桥状态近期	0.252	0.318	0.325	0.703	0.665	0.921
最大单悬臂	0.294	0.500	0.228	0.812	0.784	1.403
最大双悬臂	0.535	0.668	0.654	2.606	0.977	1.689

3）三分力系数试验结果

加劲梁成桥状态和施工阶段的三分力系数风洞试验结果如表3.2–12所示。

三分力系数测试结果 表 3.2–12

断面形式	风攻角（°）	阻力系数		升力系数		升力矩系数	
		C_D	dC_D/d_a	C_L	dC_L/d_a	C_M	dC_M/d_a
成桥状态远期	−3	1.694	−12.897	−0.254	3.566	−0.001	0.464
	0	1.235	−4.226	−0.106	3.409	0.005	0.038
	+3	1.268	2.651	−0.026	1.921	0.016	0.267
成桥状态近期	−3	1.489	−5.827	−0.237	2.560	−0.002	0.385
	0	1.177	−3.735	−0.058	3.590	0.007	0.272
	+3	1.130	1.447	0.099	2.002	0.027	0.266
施工阶段	−3	1.021	−4.828	−0.168	2.348	0.005	0.324
	0	0.849	−2.495	−0.017	3.354	0.031	0.717
	+3	0.823	2.484	0.159	2.870	0.069	0.457

4）颤振临界风速试验结果分析

成桥状态远期、成桥状态近期、施工阶段最大单悬臂状态和施工阶段最大双悬臂状态四种桥梁结构形式的颤振临界风速节段模型风洞试验结果如表3.2-13所示。试验结果表明，四种结构形式在三种风攻角下的颤振临界风速均远高于该桥的颤振检验风速，因此结构颤振稳定性能完全满足设计要求。

桥梁结构颤振临界风速（m/s）　　表3.2-13

风攻角（°）	+3	0	-3	最小值	检验值
成桥状态（远期）	＞132	＞132	＞132	＞132	72.2
成桥状态（近期）	＞132	＞132	＞132	＞132	72.2
施工阶段最大单悬臂状态	＞145.2	＞145.2	＞145.2	＞145.2	63.5
施工阶段最大双悬臂状态	＞150.0	＞150.0	＞150.0	＞150.0	63.5

5）涡激共振试验

成桥状态远期、成桥状态近期、施工阶段最大单悬臂状态和施工阶段最大双悬臂状态四种结构形式，在多个工况中观测到明显的涡激共振现象，但振幅较小。

涡振试验表明，在低阻尼和中阻尼状态下，桥塔在顺桥向、横桥向两个方向上都出现了涡振现象，但在高阻尼比状态下即结构阻尼比接近实桥结构时，无论在均匀流场还是在紊流场，桥塔的风振响应都很小，未出现明显涡振现象。

主梁安装施工各控制状态下，均发生振幅小于规范值的涡激振动；在成桥状态下，阻尼比0.5%时涡激振动振幅小于规范值，阻尼比0.3%时将可能发生较大的扭转和竖弯涡激共振，虽然不会危及结构安全，但振幅较大将影响行车安全性与舒适性。鉴于振幅超标的发生条件为0.3%阻尼比，结构实际阻尼比可能更接近0.5%的规范值，仅预留增设导流板条件。

6）结果分析

（1）分体式钢箱梁斜拉桥具有良好的颤振稳定性能。上海长江大桥在裸塔状态、主梁施工状态以及成桥状态均具有足够的抗风安全性。

（2）涡振试验表明：主梁安装施工各控制状态下，均发生振幅小于规范值的涡激振动；在成桥状态下，阻尼比0.5%时涡激振动振幅小于规范值，阻尼比0.3%时将可能发生较大的扭转和竖弯涡激共振，虽然不会危及结构安全，但振幅较大将影响行车安全性与舒适性。

（3）分体式钢箱梁对于提供大跨度斜拉桥的颤振稳定性能是有效和有利的，但较低的风速下，有可能发生涡激振动，设计时应重视相关研究、采取构造或专门措施加以应对。

3.3　分体式钢箱梁力学性能

3.3.1　运营阶段受力特性

1）计算模型

运营阶段箱梁的受力分析，采用大型通用软件ANSYS建立空间4节点板壳单元进行。计算区域选取跨中以及塔根附近钢箱梁节，箱梁节段计算模型如图3.3-1~图3.3-3所示。

图 3.3–1　跨中钢箱梁节段模型图

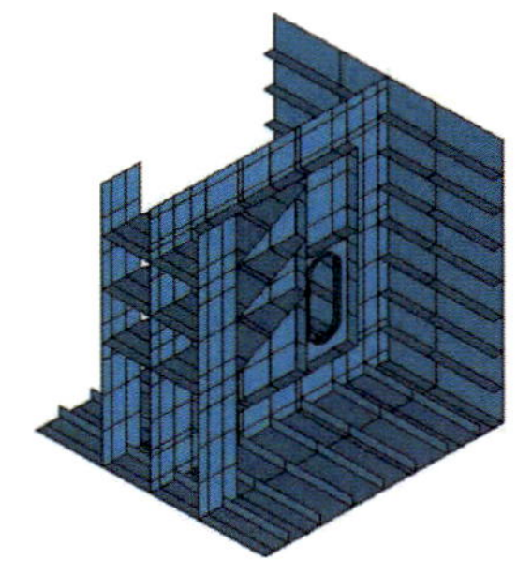

图3.3–2　阻尼器处横梁内加劲模型图

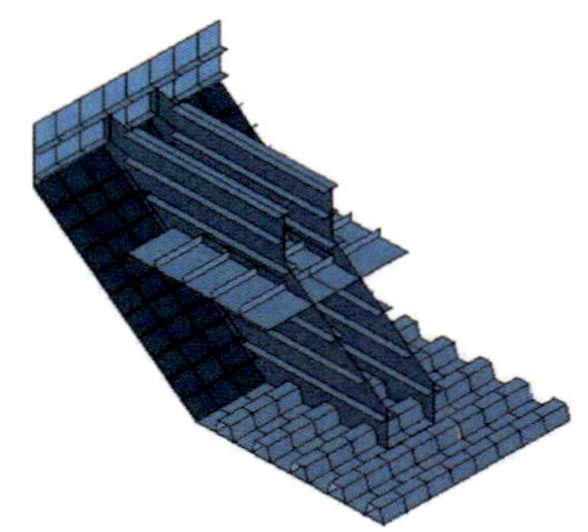

图3.3–3　横向限位支座处箱内加劲模型图

2）跨中段主梁受力分析

图3.3–4a）给出了组合I（恒载+活载）下，关心截面顶板的最大Mises应力沿横桥向的分布；图3.3–4b）给出了组合II（恒载+活载+横向风荷载）下，关心截面顶板的最大Mises应力沿横桥向的分布。

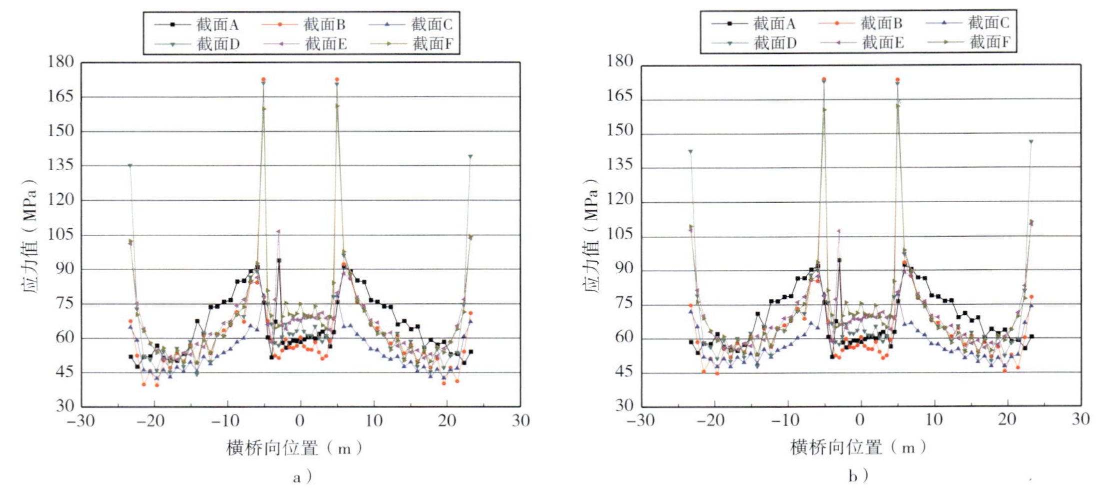

图 3.3–4　主梁跨中节段关心截面顶板应力分布

a）组合 I；b）组合 II

从图中可看出：荷载组合I下，横梁顶板的Mises应力在50~85MPa范围内变化；箱梁顶板的Mises应力在40~100MPa范围内变化。荷载组合II下，横梁顶板的Mises应力在50~86MPa范围内变化；箱梁顶板的Mises应力在45~100MPa范围内变化。

由于存在剪力滞效应，在顶板与箱梁内外腹板相交处的应力值明显偏高：组合I下，最大应力达171.3MPa；组合II下，最大应力达173.2MPa，均出现在箱梁顶板和横梁顶板的交接处。

另外，在横梁顶板开孔处有应力集中现象：组合I下，开孔处的应力为106.7MPa；组合II下，开孔处的应力为107.6MPa。

3）塔根段主梁受力分析

图3.3–5a）给出了组合I（恒载+活载）下，关心截面顶板的最大Mises应力沿横桥向的分布规律；图3.3–5b）给出了组合II（恒载+活载+横向风荷载）下，关心截面顶板的最大Mises应力沿横桥向的分布规律。

从图中可看出：在荷载组合 I 下，横梁顶板的 Mises 应力在 50~75MPa 范围内变化；箱梁顶板的 Mises 应力在 20~120MPa 范围内变化。在荷载组合 II 下，横梁顶板的 Mises 应力在 80~110MPa 范围内变化；箱梁顶板的 Mises 应力在 55~160MPa 范围内变化。

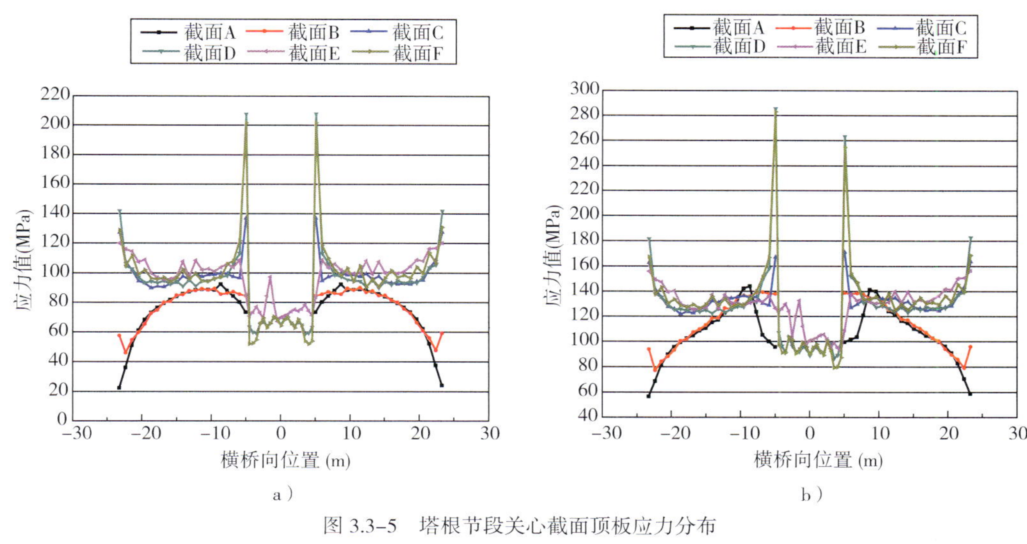

图 3.3-5　塔根节段关心截面顶板应力分布

a）组合 I；b）组合 II

由于存在剪力滞效应，在顶板与箱梁内外腹板交接处的应力明显偏高：组合I下，最大应力达207.7MPa；组合II下，最大应力达285.4MPa，均出现在箱梁顶板和横梁顶板的交接处。

在横梁顶板开孔处有应力集中现象：组合I下，开孔处的应力为97.4MPa；组合II下，开孔处的应力为132.6MPa。

3.3.2　分体式钢箱梁局部稳定性能分析

1）标准节段局部稳定分析

在结构总体分析的基础上选取主梁截面的正应力较大以及横梁跨中截面的顶板压应力也比较大的节段作为局部屈曲问题的分析对象（图3.3-6）。

图 3.3-6　钢箱梁局部屈曲模型示意

a）透视角度 1；b）透视角度 2

得到前4阶局部屈曲模态及屈曲系数如图3.3-7~图3.3-10所示。模型的屈曲首先发生在内底板上，并且为对称屈曲，局部屈曲系数为1.756，这是由于设计改变了内底板的加劲形式，由以前的“U”形加劲改成一字形加劲，板的平面外刚度大大降低。模型的第二、第三阶屈曲也发生在内斜腹板上，分别为一阶反对称屈曲及屈曲波形向上移动的一阶对称屈曲，屈曲系数分别为2.037与2.100，这当然也与板的平面外刚度有关系；第四阶屈曲发生在横梁顶板开孔位置，屈曲系数为2.131，所以应在顶板开孔位置附近进行加强，以防屈曲。

2）横隔板局部稳定分析

加劲梁中横隔板在车轮荷载作用下承受较大的竖向压应力，横隔板容易发生局部失稳。可选取设计的横隔板中厚度最小者，沿桥轴纵向横隔板前后各取3.75m的顶底板，外腹板以及它们的加劲肋进行稳定分析。

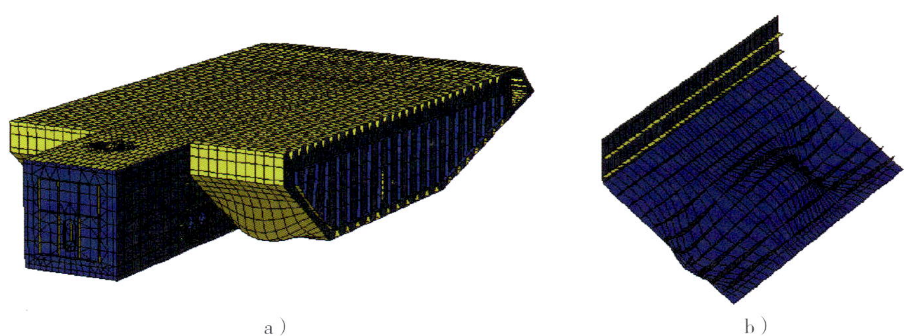

a）　　　　b）

图 3.3-7　第一阶局部屈曲模态图（屈曲系数 1.756）
a）整个模型的局部屈曲模态图；b）内底板失稳模态图

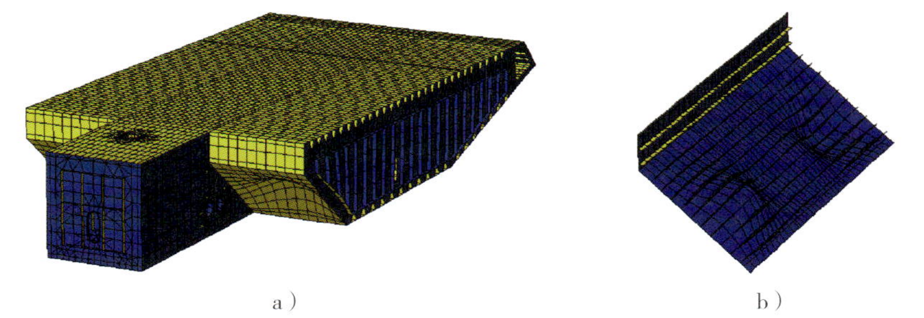

a）　　　　b）

图 3.3-8　第二阶局部屈曲模态图（屈曲系数 2.037）
a）整个模型的局部屈曲模态图；b）内底板失稳模态图

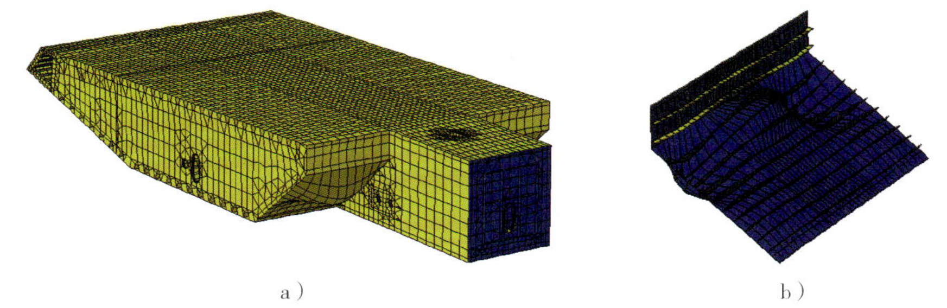

a）　　　　b）

图 3.3-9　第三阶局部屈曲模态图（屈曲系数 2.100）
a）整个模型的局部屈曲模态图；b）内底板失稳模态图

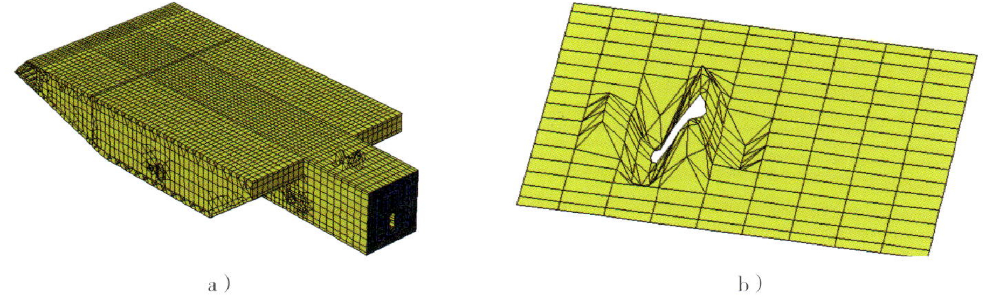

a）　　　　b）

图 3.3-10　第四阶局部屈曲模态图（屈曲系数 2.131）
a）整个模型的局部屈曲模态图；b）横梁顶板失稳模态图

通过计算，可以得到在活载（轮压）作用下，各阶屈曲系数和对应的屈曲模态：

工况一（车辆荷载）作用下，横隔板的一阶失稳模态如图3.3–11所示，对应的屈曲系数λ_1=5.127 9，屈曲模态为一侧纵隔板附近的横隔板发生横向桥一个半波，竖向一个半波的凸曲。

工况一（车辆荷载）作用下，横隔板的二阶失稳模态如图3.3–12所示，对应的屈曲系数λ_2=5.192 4，屈曲模态为一侧纵隔板附近的横隔板发生横向桥两个半波，竖向一个半波的凸曲。

图 3.3–11　车辆荷载作用下第一阶失稳模态

图 3.3–12　车辆荷载作用下第二阶失稳模态

工况二（恒载+车辆荷载）作用下，横隔板的一阶失稳模态如图3.3–13所示，对应的屈曲系数λ_1=4.520 4，屈曲模态为一侧纵隔板附近的横隔板发生横向桥一个半波，竖向一个半波的凸曲。

工况二（恒载+车辆荷载）作用下，横隔板的二阶失稳模态如图3.3–14所示，对应的屈曲系数λ_2=4.567 8，屈曲模态为一侧纵隔板附近的横隔板发生横向桥两个半波，竖向一个半波的凸曲。

图 3.3–13　恒载 + 车辆荷载作用下第一阶失稳模态

图 3.3–14　恒载 + 车辆荷载作用下第二阶失稳模态

3）结果分析

（1）由于风嘴部分的板厚较薄，是桥面结构中最为薄弱的部位，如果在施工过程中让整个桥面节段焊接拼装，则风嘴部分要参与各个阶段的受力，因此，桥面节段的屈曲首先发生在风嘴部位的概率很大，并且结构的承载力系数较低；风嘴部分在施工拼接过程中要断开，待整个桥面形成后才进行连接。

（2）通过对修改方案桥面节段的局部屈曲分析，发现箱形主梁内腹板及横梁顶板开孔位置是薄弱环节；内腹板的加劲形式，由一字形改为“U”形，以增加板的平面外刚度。

（3）当车轮荷载对称作用于横隔板上，得到横隔板在活载作用下最小稳定安全系数为 5.127 9，在恒载、活载共同作用下，最小稳定安全系数为 4.520 4。由此可看出横隔板的尺寸和横隔板上加劲肋的布置形式合理，具有足够的稳定安全系数。

3.4 分体式钢箱梁可施工性及其优化

3.4.1 整体施工过程分析

1）施工步骤与技术要求

主航道桥整体施工过程计算与一般大跨钢箱梁斜拉桥类似，整体施工过程分析按施工流程划分139个施工阶段，如表3.4–1所示；表中所述为南侧的施工安排，北侧与南侧对称施工。

施 工 阶 段 简 述　　表 3.4–1

阶段号		工作内容与要求	
1		索塔及辅助墩、边墩施工	
2		浮吊吊装辅助墩、边墩墩顶梁段及临时墩顶梁段	吊装 B23、B16、B17、Z10
3		预留施工阶段	
4		浮吊吊装 0 号块梁段，并进行 0 号块梁段调整、焊接及锚固	吊装 B1、B0、TA、Z0、Z1
5		B1、Z1 拉索挂索并一张	
6	0 号块施工	吊机就位	采用 1 600t 浮吊整体吊装，桥面吊机就位，并进行一系列的检验与试吊
7		B1、Z1 拉索二张	
8		B2、Z2 梁段起吊	
9		B2、Z2 梁段形成体系	
10		B2、Z2 拉索挂索并一张	
11	B2、Z2 梁段施工	吊机就位	
12		B2、Z2 拉索二张	
13		B3、Z3 梁段起吊	
		B10、Z10 梁段形成体系	
		B10、Z10 拉索挂索并一张	
	B3~B10、Z3~Z10 梁段施工	吊机就位	
		B10、Z10 拉索二张	
		B11、Z11 梁段起吊	
54		B11、Z11 梁段形成体系	
55		B11、Z11 拉索挂索并一张	
56	B11、Z11 梁段施工	吊机就位	卷扬机起吊临时墩上半部分，就位后将临时墩上、下两部分焊接好
57		B11、Z11 拉索二张	
58		B12、Z12 梁段起吊	临时墩顶部与主梁连接
		B12、Z12 梁段形成体系	
		B12、Z12 拉索挂索并一张	
	B12~B14、Z12~Z14 梁段施工	吊机就位	
		B12、Z12 拉索二张	
		B13、Z13 梁段起吊	

续上表

阶段号		工作内容与要求	
74	B15、Z15梁段施工	B15、Z15梁段形成体系	
75		B15、Z15拉索挂索并一张	
76	边跨第一次合龙（B16与B15）	B15、B16梁段连接	进行梁段调整，并将预先向外偏移30cm的辅助墩顶梁段顶推回来与B15匹配连接，各项指标合格后进行接缝全断面焊接，实现边跨第一次合龙
77		拆除临时墩	
78		B16、B17第一次压重	
79		预留施工阶段	
80		预留施工阶段	
81	B15、Z15梁段施工	吊机就位	
82		B15、Z15拉索二张	
83		Z16梁段起吊	
	B16~B21、Z16~Z21、梁段施工	Z16梁段形成体系	
		B16、Z16拉索挂索并一张	
		吊机就位	
		B16、Z16拉索二张	
		Z17梁段起吊	
114	B22、Z22梁段施工	B22、Z22梁段形成体系	
115		B22、Z22拉索挂索并一张	
116	边跨第二次合龙（B22与B23）	B22、B23梁段连接	施工方法与边跨第一次合龙相同
117		预留施工阶段	
118		B23第一次压重	
119		预留施工阶段	
120		预留施工阶段	
121	B22、Z22梁段施工 Z23梁段施工	吊机就位	
122		B22、Z22拉索二张	
123		Z23梁段起吊	
124		Z23梁段形成体系	
125		B23、Z23拉索挂索并一张	
126		吊机就位	
127		B23、Z23拉索二张	
131	中跨合龙施工	起吊合龙段HL	
132		合龙段HL形成体系	
133		预留施工阶段	
134		拆除塔梁水平约束	
135		拆除0号块、辅助墩、边墩临时支架	
136		B0、Z0拉索二张	
137		B23以及B16、B17第二次压重	
138		拆除桥面吊机	吊机位置：B21、Z23
139~143	索力调整铺装	B10拉索索力调整	
144		桥面铺装	单幅43.6kN/m

主要施工过程如图3.4–1~图3.4–6所示。

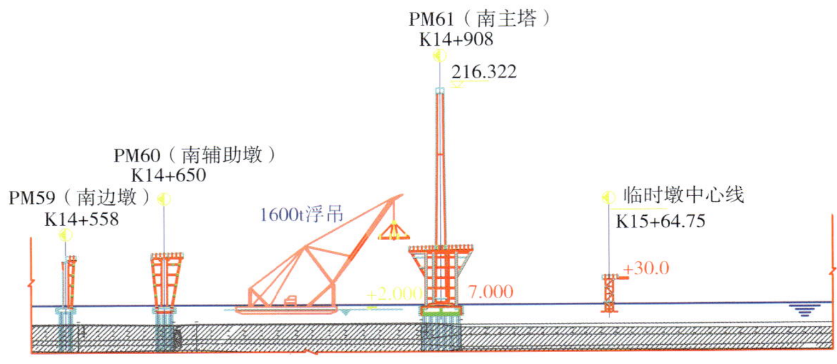

图 3.4–1　0 号块施工

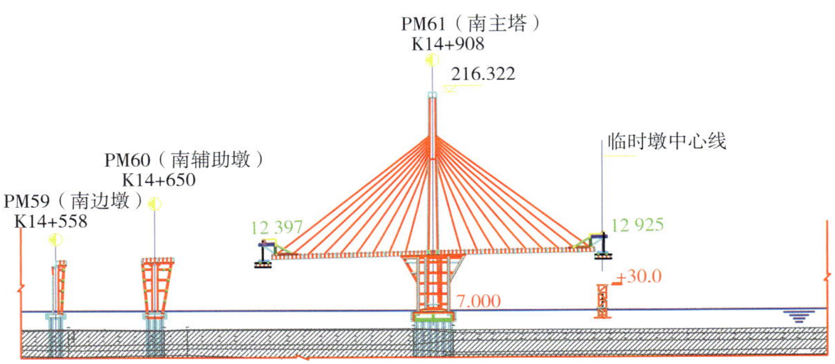

图 3.4–2　主梁悬拼施工

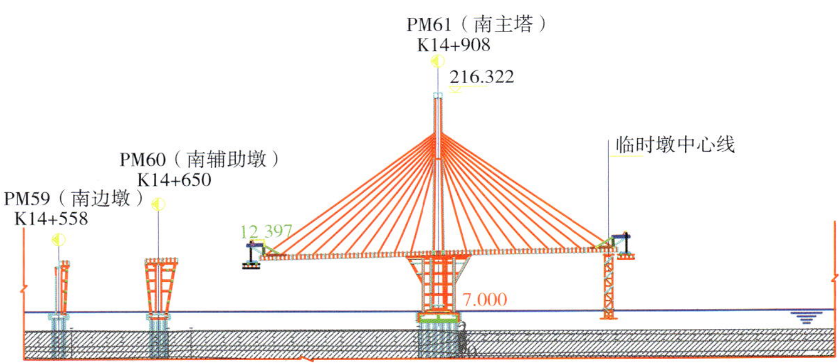

图 3.4–3　临时墩架设完成

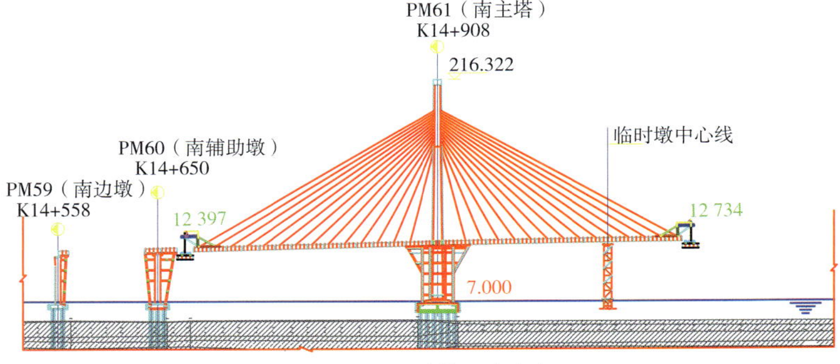

图 3.4–4　边跨第一次合龙

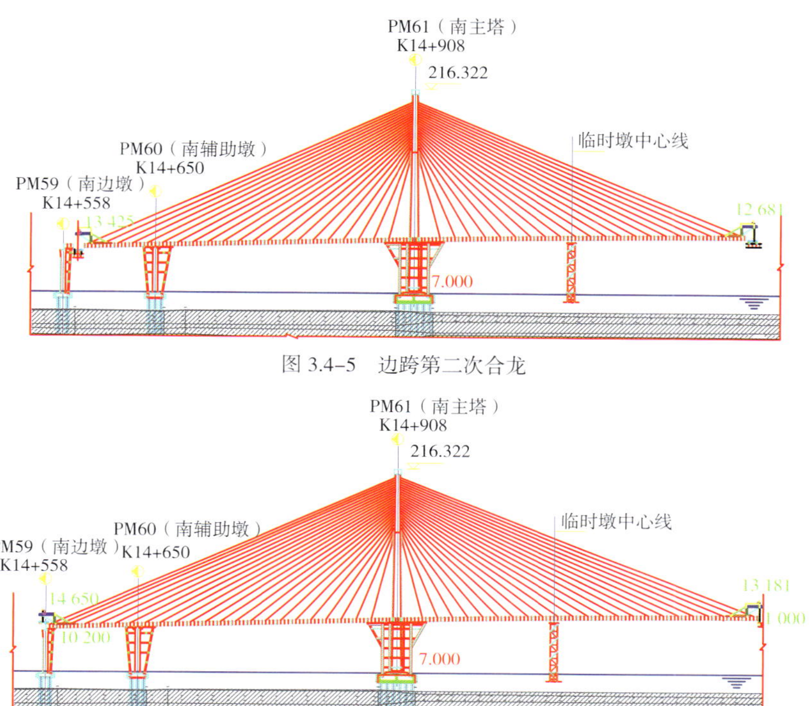

图 3.4-5　边跨第二次合龙

图 3.4-6　中跨合龙

2）施工过程分析

整个施工阶段直至成桥后主梁的上、下缘应力包络图如图3.4-7和图3.4-8所示。

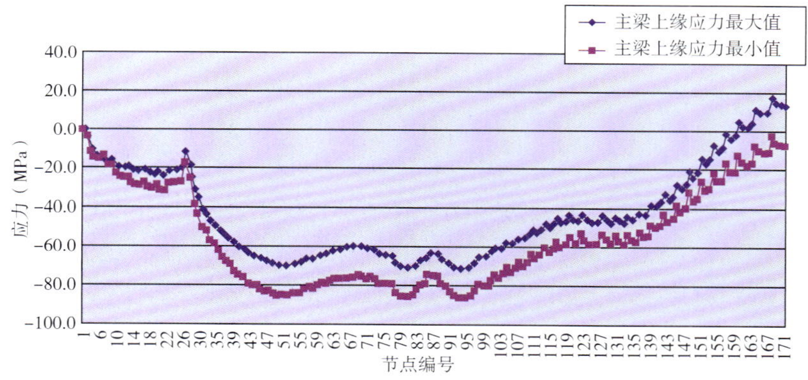

图 3.4-7　施工过程中主梁上缘应力包络图

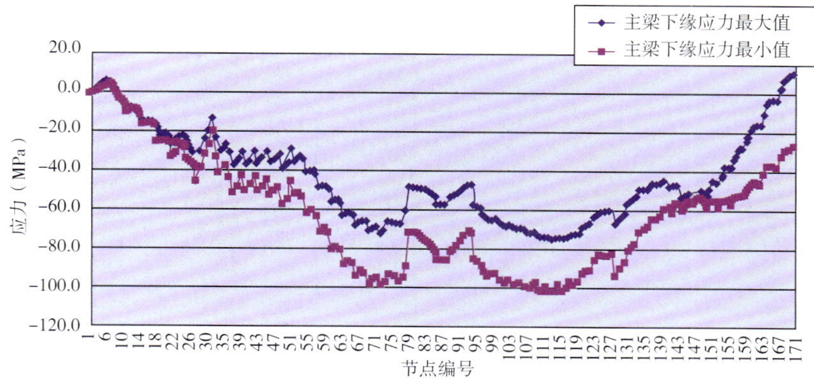

图 3.4-8　施工过程中主梁下缘应力包络图

由上图可见，在主桥的整个施工过程中，主梁上缘应力介于–87MPa和18MPa之间，下缘应力介于–102MPa和10MPa之间，主梁的应力满足要求。

由图3.4–9和图3.4–10可见，在主桥的整个施工过程中，索塔上缘应力介于–8.5MPa和0.1MPa之间，下缘应力介于–12.9MPa和0.001MPa之间，索塔的应力满足要求。

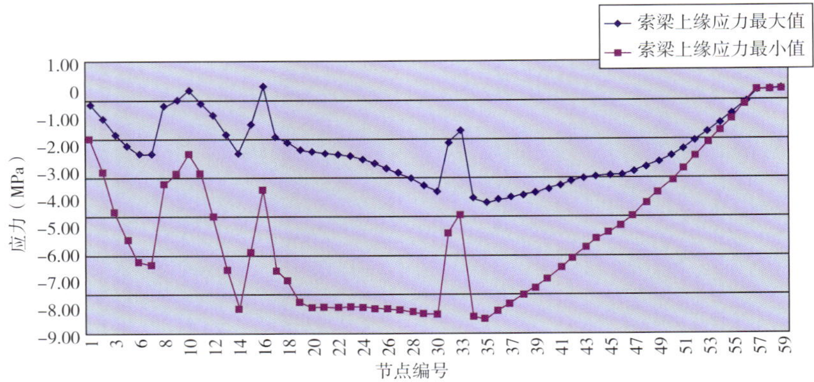

图 3.4–9　施工过程中主塔上缘应力包络图

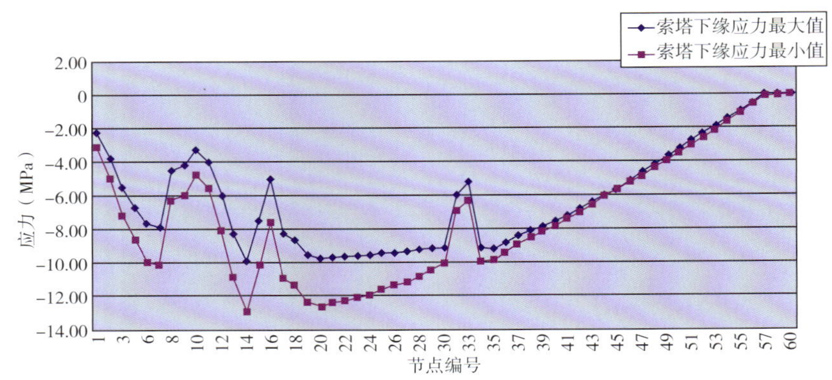

图 3.4–10　施工过程中主塔下缘应力包络图

由图3.4–11可见，在主桥的整个施工过程中，斜拉索的应力极值为548MPa（斜拉索*B*15），而斜拉索的容许应力为1 670MPa，则安全系数为1 670/548=3.05＞2.5，所以整个施工过程直至成桥阶段，斜拉索的应力满足要求。

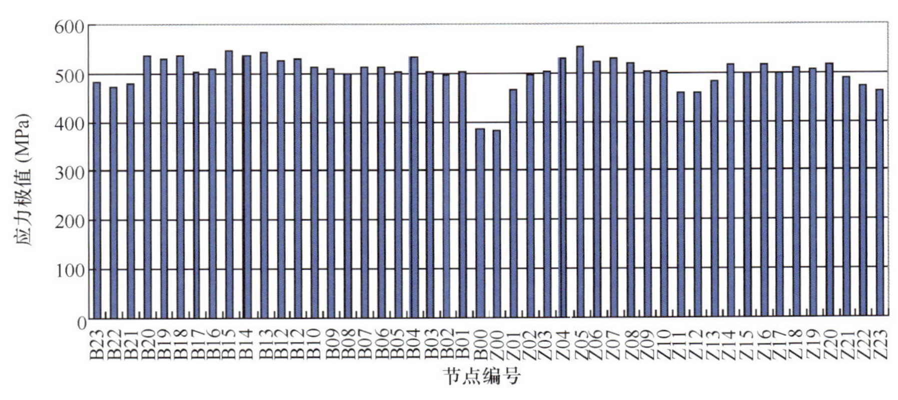

图 3.4–11　施工过程斜拉索应力极值（半桥）

3.4.2 钢箱梁横向变形分析

由于分体式钢箱梁桥宽一般较宽，和整体式钢箱梁相比，分体式钢箱梁的横向刚度相对较小，恒、活载作用下的横向变形相对较大，为了使成桥后桥梁横坡满足要求，必须对钢箱梁横向变形进行计算，以便给出各梁段各控制点的预拱度。标准梁段控制点编号见图 3.4-12。取控制点 C 为零点，其余各点相对于 C 的预拱度见表 3.4-2，表中数据按照向上为正。

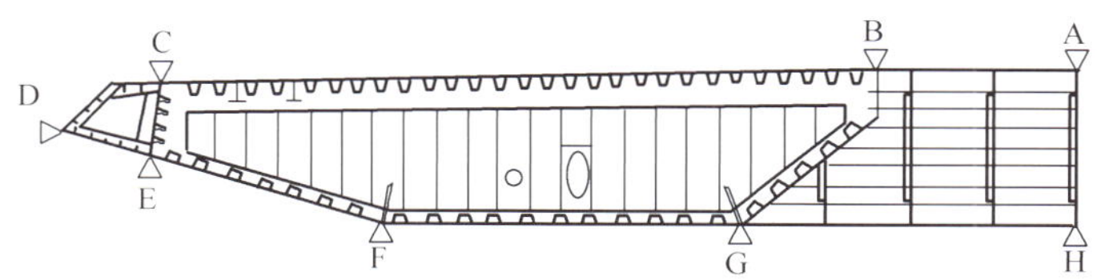

图 3.4-12 标准梁段横向预拱度控制点示意图

标准梁段各控制点预拱度 表 3.4-2

控 制 点	预拱度（mm）	控 制 点	预拱度（mm）	控 制 点	预拱度（mm）
A	20	D	-1	G	16
B	20	E	1	H	20
C	0	F	8		

3.4.3 梁段吊装匹配可施工性分析

1）主梁标准梁段吊装分析

主梁标准梁段的吊装计算内容包括梁段重心位置的确定，吊点横向位置的确定，起吊时接口断面主梁顶板、底板、腹板的变形，以及起吊时主梁（包括中间横梁）的应力状态。标准梁段桥面吊机支点平面布置如图3.4-13所示。

标准梁段吊装时接口断面的变形如图3.4-14所示。由图可见，起吊梁段的最大下挠24mm，位置靠近风嘴处。

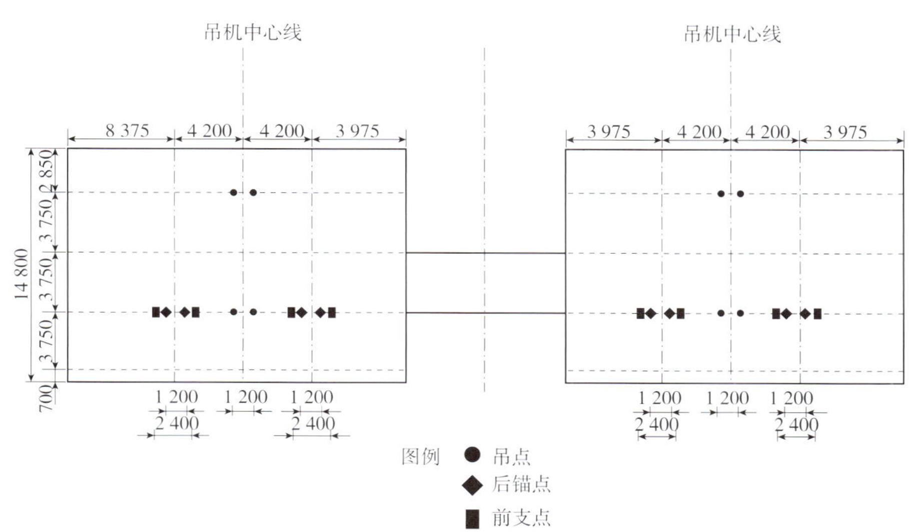

图 3.4-13 标准梁段桥面吊机支点布置平面图（尺寸单位：mm）

2）吊装时已成梁段分析

梁段吊装时已成主梁的计算，主要是在桥面吊机支承点荷载作用下接口断面主梁顶板、底板、腹板的变形，以及吊机支承点下主梁的应力状态计算，以及局部加强构造的确定。

已成梁段的梁端、将与当前吊装梁段连接的接口断面的变形如图3.4–15所示。由图可见，单个箱梁的接口断面靠内侧的竖向变形最大，约为52mm。

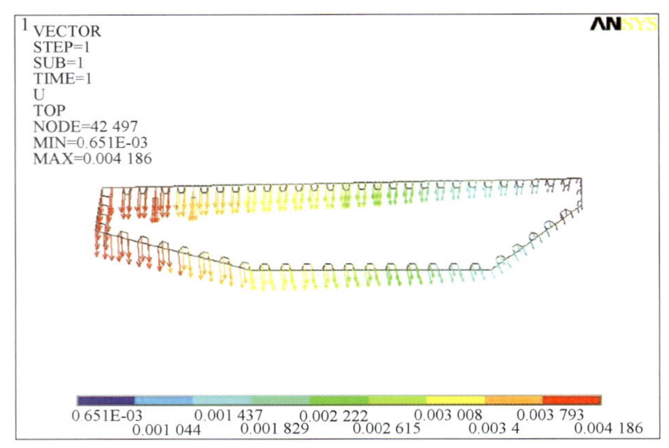

图 3.4–14 被吊装梁段的接口断面变形向量示意图（尺寸单位：m）

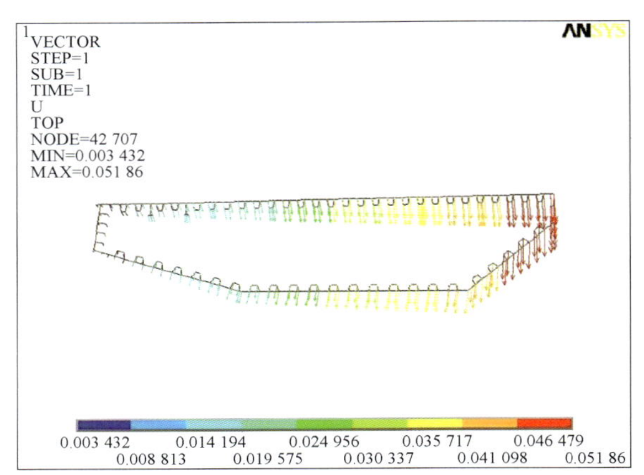

图 3.4–15 已成梁段的接口断面变形向量示意（尺寸单位：m）

3）拼装节段间匹配连接分析

为保证梁段间连接时接口断面的变形线形一致，可通过大码在接口断面两侧梁段加力实现，大码在已成梁段及吊装梁段上的作用力方向如图3.4–16所示。

在上述码作用后，已成梁段和吊装梁段的接口断面变形分别如图3.4–17和图3.4–18所示。由图可见，已成梁段接口断面左右侧竖向变形差约2.7cm，而被吊装梁段接口断面左右侧竖向变形差约2.7~2.8cm，两者的变形规律均为直线变化，因此只要被吊梁段产生适当的刚体平移，接口两侧主梁断面将吻合良好。

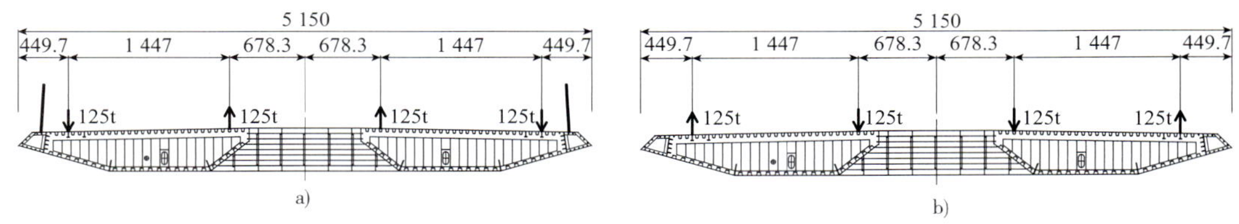

图 3.4–16 大码作用位置示意图（尺寸单位：cm）

a）已成梁段；b）当前吊装梁段

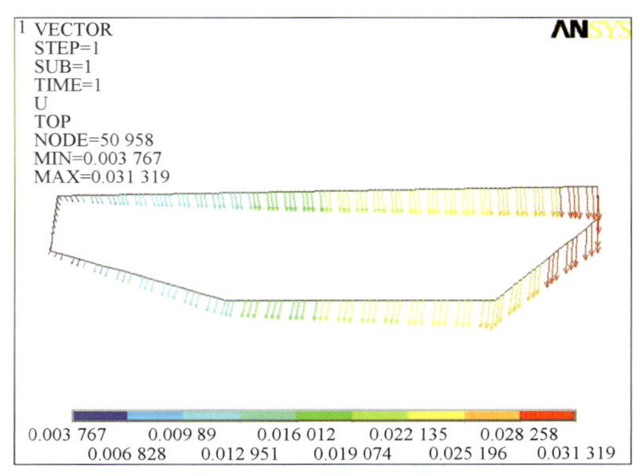

图 3.4–17 已成梁段加码后接口断面变形向量示意图（尺寸单位：m）

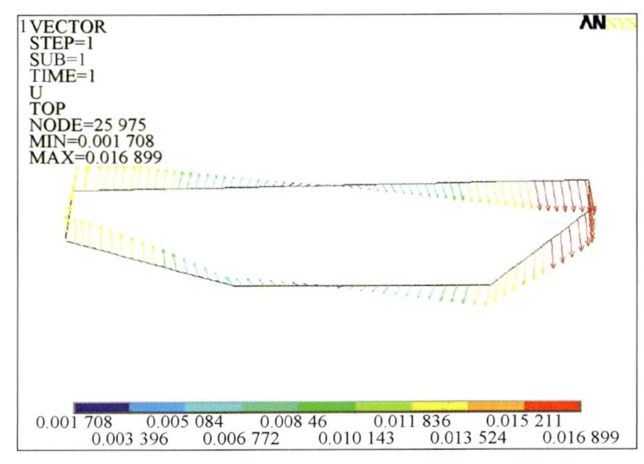

图 3.4–18 被吊装梁段加码后接口断面变形向量示意图（尺寸单位：m）

3.5 索梁锚固区设计与试验研究

3.5.1 索梁锚固区结构特点

斜拉索与主梁的锚固结构是斜拉桥中极其复杂和重要的关键部件，直接关系到整个桥梁的安全可靠，是斜拉索设计的关键问题之一。目前，大跨度钢箱梁斜拉桥中常见的索梁锚固形式主要有锚拉板式结构、耳板式（销铰式）结构、锚管式结构和锚箱式结构等，上海长江大桥采用锚箱式结构。

钢锚箱构造复杂，几何形状突变，板件厚度大，焊缝立体交错，锚固区域应力分布极其不均，呈三向状态，应力集中严重。深入研究其应力传递规律、对于钢锚箱的结构设计具有很大的参考价值和指导意义。对于公轨两用斜拉桥，轨道交通荷载引起的拉索索力幅值远比公路荷载的大，锚固结构的疲劳问题比一般公路斜拉桥显得更为突出。根据上海长江大桥作用荷载和索梁锚固区的构造与受力特点，重点对以下问题展开研究。

（1）疲劳设计荷载与荷载效应计算方法研究。

（2）钢锚箱和索梁锚固区索力的受力机理和应力分布分析，特别是主要受力焊缝和焊趾附近的应力分布与应力集中情况研究。

（3）根据斜拉桥索梁锚固区的构造与受力特点，进行索梁钢锚箱锚固结构足尺模型疲劳试验，研究索梁钢锚箱和索梁锚固区的抗疲劳性能。

（4）以 AASHTO、BS5400、Eurocode 规范为基础，研究索梁锚固结构的疲劳荷载效应与应力循环次数的计算方法。

（5）根据 Miner 累积损伤法则分析斜拉桥索梁锚固结构的疲劳寿命，探讨疲劳设计方法。

3.5.2 索梁锚固区力学性能分析

1）分析模型

计算模型选取锚固区的钢锚箱及部分梁上结构，部分梁上结构由外腹板、部分桥面板和部分外底板三面围成。

垫板M2与底锚板M1之间为顶紧接触，但受力很复杂。为了有效模拟垫板M2与底锚板M1之间的作用，计算采用非线性接触方法分析，即在有效模拟垫板M2与底锚板M1之间建立接触单元，通过有效模拟垫板M2与底锚板M1之间的受力变形情况来计算判断二者的接触面积。整个模型中垫板M2采用块体单元，其他板件则采用板壳单元。实体部分采用四面体单元模拟，板壳部分采用四节点板壳单元进行模拟。结构空间模型如图3.5–1所示。

2）钢锚箱板件最大应力

钢锚箱各板最大应力见表3.5–1。

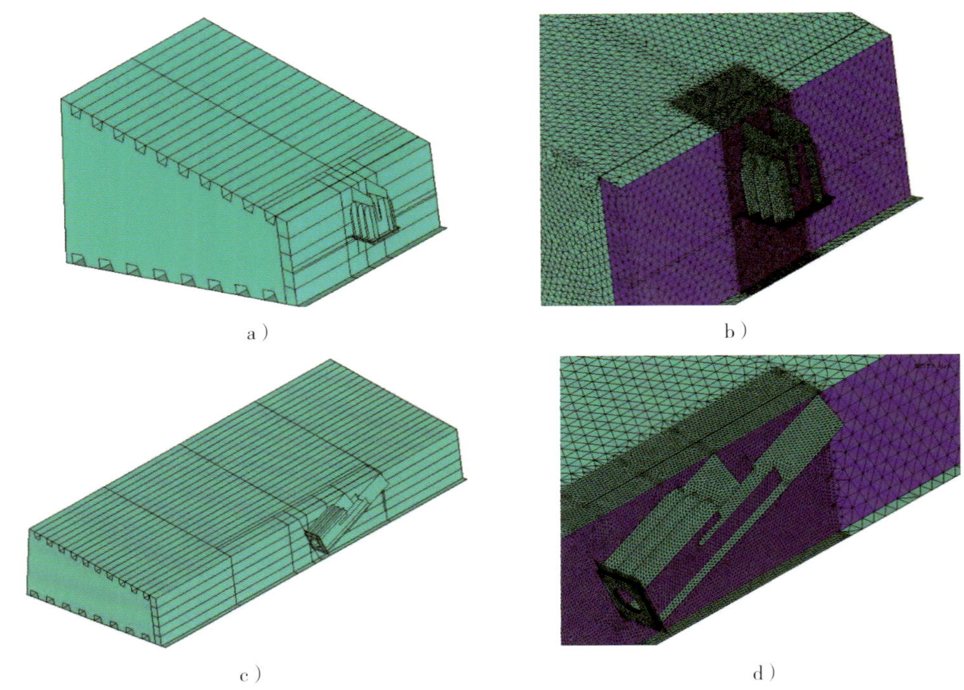
a）   b）
c）   d）

图 3.5-1　钢锚箱的三维空间模型图

a）0 号斜拉索几何模型；b）0 号斜拉索有限元局部放大模型；c）23 号斜拉索几何模型；d）23 号斜拉索有限元局部放大模型

钢锚箱各板最大应力值（单位：MPa）　　表 3.5-1

拉　索	构　件	工况一	工况二	工况三
		恒载索力	活载索力	恒载+活载索力
		σ_v［1］	σ_v［2］	σ_v［3］
0号	腹板	147	31	178
	底锚板M1	219	46	265
	江侧挡板M3	109	23	132
	塔侧挡板M4	109	23	132
	加劲板M5	64	14	78
	加劲肋M6	143	30	173

注：σ_v 为等效应力即 Mises 应力（下同）。

3）钢锚箱板件应力分布规律

为更加清楚地了解钢锚箱的传力途径及其应力分布规律，分别从腹板和底锚板M1上提取节点应力进行分析。腹板与底锚板M1的应力分布规律如图3.5-2~图3.5-5所示。

由图可知：

对于每种工况腹板横向节点中，与底锚板M1相交处的节点应力较大，在中轴线处达最大，且恒载与活载同时作用下达178MPa，向两侧减小。沿中轴线离与底锚板M1相交处越远，节点应力越小，下降很快，即底锚板M1相交处的局部应力较大。

腹板在顺锚箱轴线方向上，靠腹板与锚箱挡板M3、M4相交处的两排节点，均在腹板与锚箱底锚板M1相交区域以及腹板与锚箱挡板M3、M4靠钢箱梁顶板的相交区域取得较大值，而在腹板与锚箱挡板M3、M4相交的中部区域则应力明显减小。对于腹板在顺锚箱轴线方向上远离腹板与锚箱挡板M3、M4相交处的两排节点，腹板与锚箱底锚板M1相交区域及腹板与锚箱挡板M3、M4靠钢箱梁顶板的相交区域应力值均较低。这表明腹板与锚箱底锚板M1相交区域及腹板与锚箱挡板M3、M4靠钢箱梁顶板的相交区域局部应力较大，而向两边局部应力则迅速减小。

底锚板受力复杂，在其分析节点中，底锚板与挡板M3、M4相交且远离腹析一端的区域上的节点应力取得最大值，即10和27，且工况三即恒载与活载同时作用下达265MPa。

挡板M3和M4，加劲肋M6均在与底锚板M1相接的位置应力较大，沿锚箱轴线方面减小。而对于加劲板M5，其应力则是在中心开槽区域较大，呈放射性向周围逐步减小。

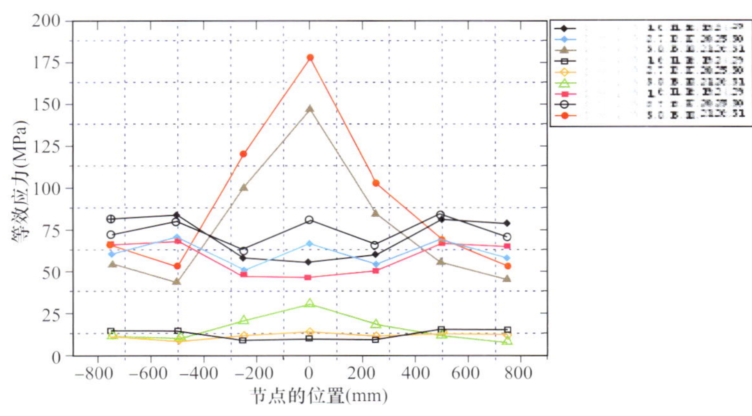

图 3.5-2　腹板沿横向节点应力分布规律

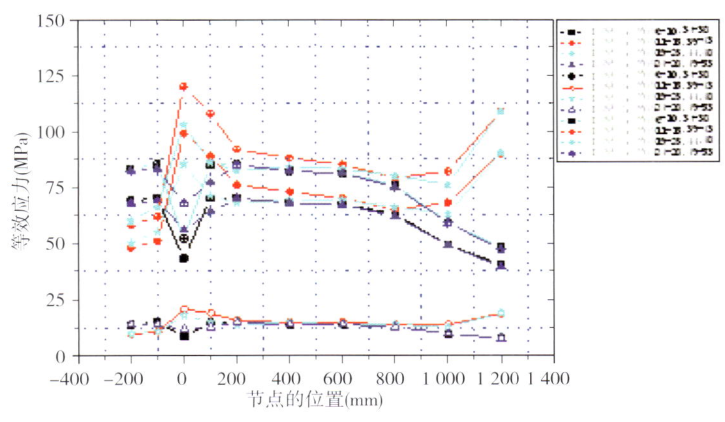

图 3.5-3　腹板沿锚箱轴线方向节点应力分布规律

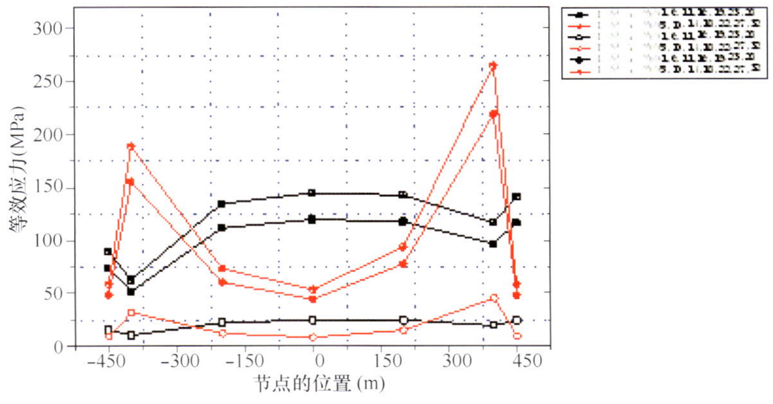

图 3.5-4　底锚板 M1 沿横向节点应力分布规律

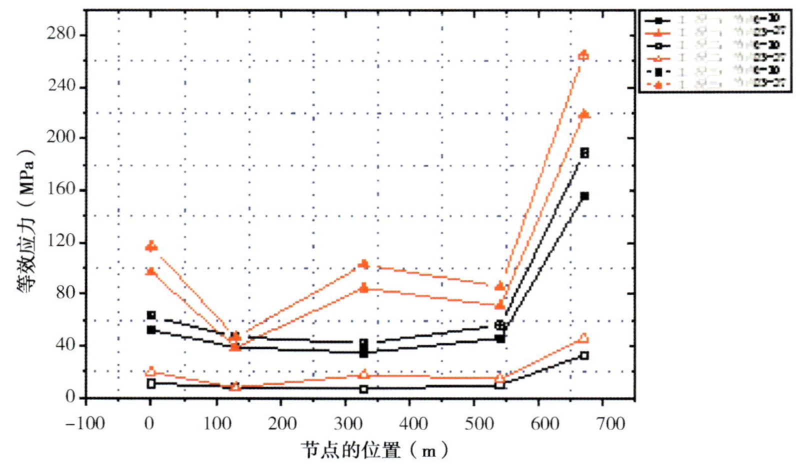

图 3.5-5 底锚板沿挡板方向节点应力分布规律

3.5.3 索梁锚固区分析与试验研究

1）缩尺模型静力试验

（1）试验模型设计

①模型试验方案

本研究采用竖立试验模型和千斤顶顶推施加荷载的试验方法。试验时模型竖起，用两个QF320-20千斤顶的顶推力模拟索力，模型焊接在500mm高的底座上，底座上浇筑楔形混凝土块承受千斤顶的反力，在楔形混凝土块内焊接钢板和附加腹板到模型的腹板，使千斤顶的作用力直接传递到底座上（图3.5-6）。为模拟箱梁轴向力对模型的影响，在箱梁顶端设两组千斤顶，一组千斤顶对腹板施加轴力，另一组千斤顶对箱梁顶底板施加轴力。为了改善模型两端的受力，在两端均焊接钢板加强。

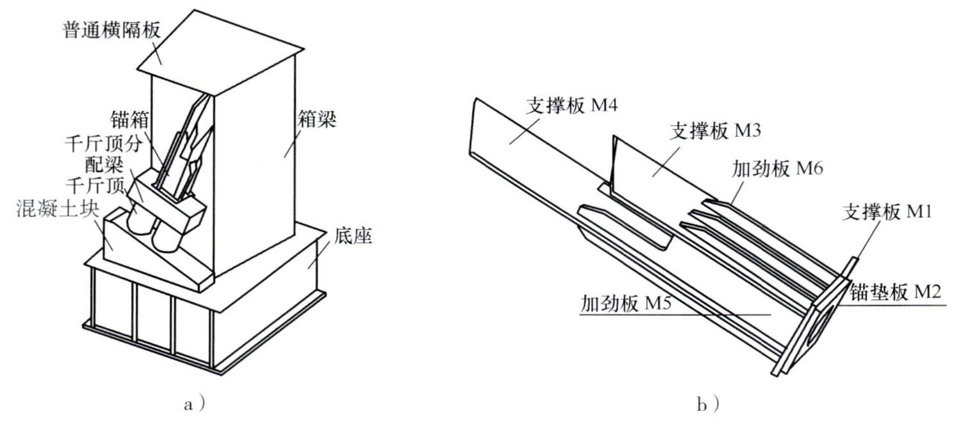

图 3.5-6 上海长江大桥索梁锚固区模型试验方案

a）锚固区试验模型；b）锚箱构造图

本试验采用缩尺比为1：2的模型进行试验，即模型与原型的相似常数C_L=1/2，模型采用与原型相同的材料（Q345），即物理相似常数C_E=C_μ=C_γ=1.0。试验要求的模型应力与原型的应力相等，即C_σ=1.0。根据边界相似关系荷载相似比C_F=$C_\sigma \times C_{L2}$，模型上施加的荷载与原型的相似常数为1/4。

按照圣维南原理，主梁锚箱静力模型试验的试件箱梁宽度约取锚箱宽度的3倍。在顺桥方向取长度3.021m，近塔一侧取至普通横隔板处，跨中一侧取距吊点横隔板1.25m；横桥向取锚箱尺寸的约3倍宽度，宽1.5m。模型除实桥结构的顶板、腹板和底板外，为防止模型侧向失稳，在顶底板间加焊一块厚10mm的钢板。由于实桥结构钢箱梁的顶底板厚度分别为16mm和12mm，如按比例制作模型，则模型的顶底板则分别只有8mm和6mm，为防止模型顶底板先于锚箱破坏前失稳，因此在模型设计时将顶底板厚度均改为16mm。

②模型有限元分析

为了验证模型设计，采用大型通用有限元程序对其建模，考虑到试验采用的是1：2的缩尺模型，为了与原型结构进行比较，建立了两个弹性有限元模型。

模型一：1：2有限元模型（以下也称缩尺有限元模型）［图3.5-7a）］。模型尺寸与试验构件完全相同（相似比1：2），其结果用于与试验结果和1：1有限元模型相比较。主梁轴向力对模型的影响换算为分布荷载作用于模型顶部。

在有限元建模时锚垫板建立实体模型，其他板件建立板壳模型，其中采用四面体单元模拟实体部分，采用8节点壳单元模拟板壳部分。模型中承压板和锚垫板是顶紧接触，这里的受力情况是十分复杂的，一方面锚垫板件直接受到斜拉索锚头传来的巨大压力，另一方面板件锚垫板和承压板在面外压力作用下会产生变形，使得锚垫板传递到承压板上的应力分布不确定。为了有效地模拟该部位的受力，这里采用了接触方法分析，即在板件锚垫板和承压板之间建立接触单元，通过锚垫板和承压板受力变形情况来判断两者的接触面积。边界条件按底部铰结计算。

模型二：1：1有限元模型（以下也称足尺有限元模型）［图3.5-7b）］，因为计算的限制及精度的要求，按照圣维南原理，取约3倍以上于锚箱尺寸的主梁结构为研究对象，即纵向取一个索距（即15m），横向取到主梁底板位置的主桥箱梁为研究对象。不考虑轴向应力对模型的影响，考虑接触分析，采用四面体单元模拟实体部分，采用四节点壳单元模拟板壳部分。由于模型尺寸大于3倍钢锚箱尺寸，边界条件的影响较小，因此可考虑远离锚箱的三边板件为固结。

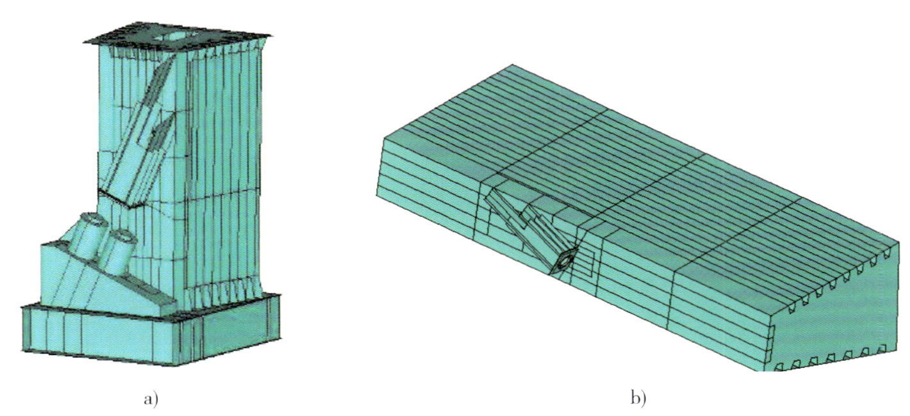

a)　　　　　　　　b)

图 3.5-7　有限元模型

a）缩尺有限元模型；b）足尺有限元模型

图3.5-8给出了缩尺模型索梁锚固区的沿斜拉索方向应力和Mises应力分布图。钢锚箱在沿斜拉索方向整体以受压为主，M5上的压应力最大达到了-120MPa，其他板件压应力大部分在-70MPa以内；主梁腹板在锚固区后面的部位受拉，靠近板件M1根部位置拉应力超到了120MPa，腹板其他位置的拉应力大部分在90MPa以内。钢锚箱的板件M5在靠近板件M1附近以及腹板在与支承板件交界处的Mises应力较大，最大超过了160MPa，其他部位板件的应力较小。

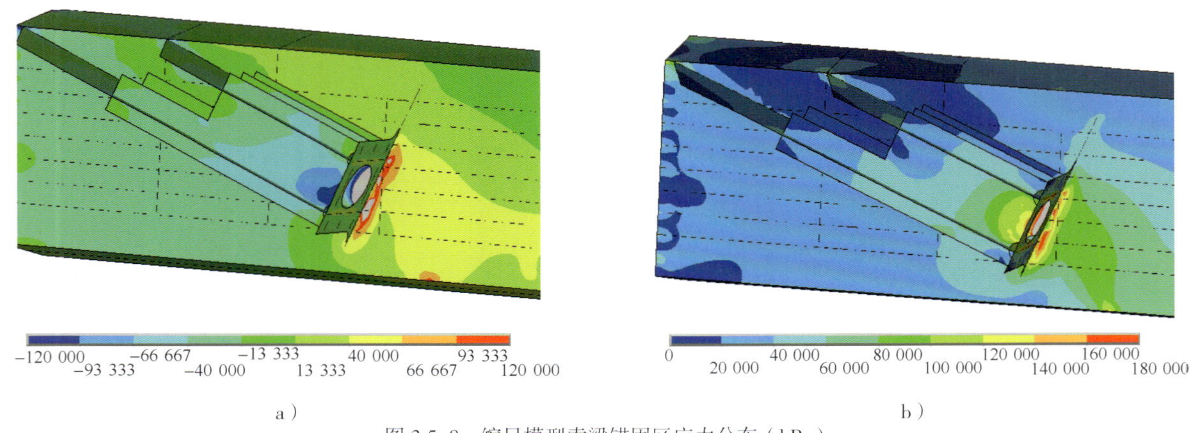

图 3.5-8　缩尺模型索梁锚固区应力分布（kPa）

a）沿拉索方向应力；b）Mises 应力

图3.5-9为足尺模型索梁锚固区应力分布图。足尺模型的钢锚箱分布规律与缩尺模型相同。M5上的压应力最大达到了-140MPa，其他板件压应力大部分在-70MPa以内；主梁腹板在锚固区后面的部位受拉，靠近板件M1根部位置拉应力超到了120MPa，腹板其他位置的拉应力大部分在90MPa以内。从图3.5-8与图3.5-9的比较，长江桥索梁锚固区的模型设计是合理的。

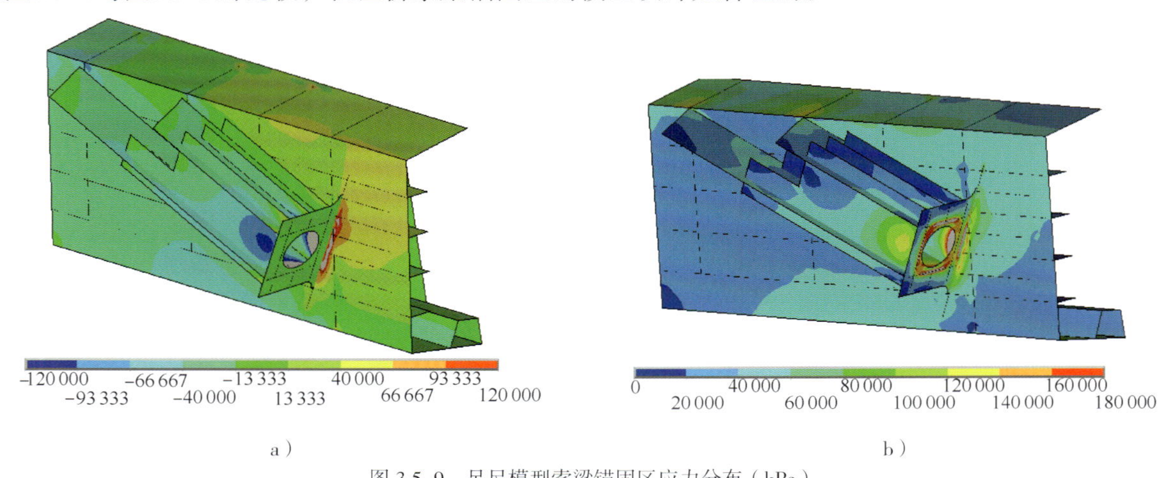

图 3.5-9　足尺模型索梁锚固区应力分布（kPa）

a）沿拉索方向应力；b）Mises 应力

③边界条件对锚固区腹板受力的影响

为了验证模型设计，了解边界条件对上海长江大桥索梁钢锚箱应力分布的影响，主桥整体结构采用有限混合单元模型分析，根据长江桥钢箱梁的特点，为方便建模，依据圣维南原理，在研究对象斜拉索的两侧分别截取9.5m和9m的钢箱梁（总长18.5m）节段，采用8节点壳单元模拟钢箱梁，其余部分钢梁和索塔采用梁单元，斜拉索采用杆单元模拟。拉索与承压板M1受压部分的节点耦合。模型见图3.5-10。

图 3.5-10　全桥有限混合单元模型

由于有限混合单元模型的拉索与承压板锚头受压部分耦合，与足尺有限元模型及缩尺有限元模型不考虑拉索而直接在锚头位置施加均布压力不同。因此在靠近承压板M1的锚箱部分的应力不能直接比较，而腹板距锚箱中心有0.342m（足尺模型），因此可通过比较腹板的应力，验证缩尺有限元模型及足尺有限元模型是否与有限混合单元模型相似，从而对局部有限元模型进行判断。因为缩尺有限元模型与足尺有限元模型结果基本相同，因此取缩尺有限元模型与有限混合单元模型的腹板应力进行比较。

图3.5-11和图3.5-12分别为有限混合单元模型和缩尺有限元模型腹板Mises应力图。有限混合单元模型和缩尺有限元模型腹板的应力分布规律基本相同，应力最大值均出现在承压板附近，分别为178.8MPa和190.5MPa，应力相差约6.5%。试验模型应力略大于整体模型计算结果。由计算结果可知，上海长江大桥索梁钢锚箱试验模型可以较好地反映索梁锚固区的实际受力。

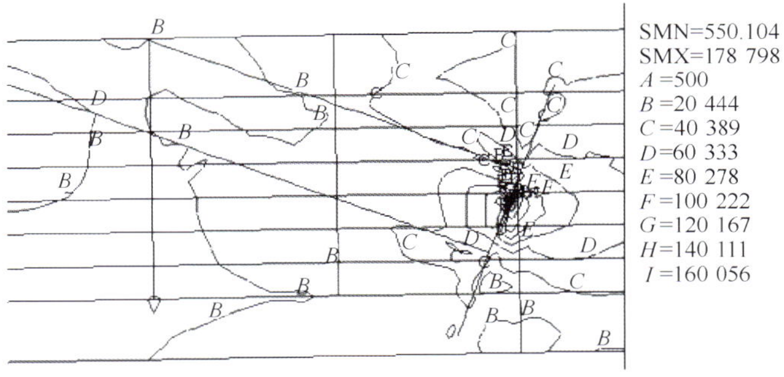

图 3.5-11　有限混合单元模型腹板 Mises 应力（kPa）

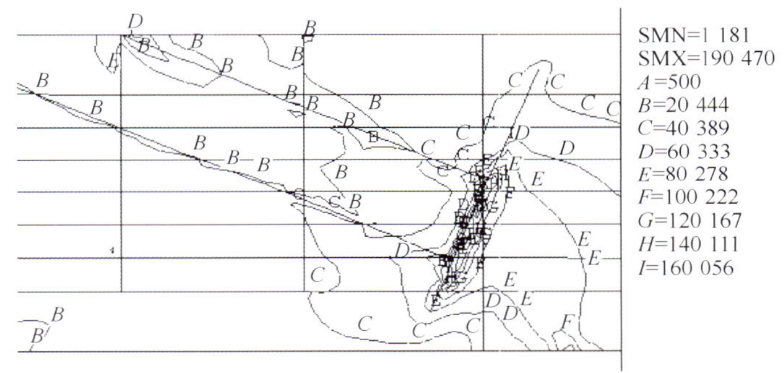

图 3.5-12　缩尺有限元模型腹板 Mises 应力（kPa）

（2）试验内容

①试验模型材料试验

索梁锚固试验板件弹性模量测试结果见表3.5-2。

长江大桥索梁锚固试验板件弹性模量测试结果　　表 3.5-2

编号	厚度（mm）	规格	弹性模量 E（MPa）	弹性模量均值 E（MPa）	$\sigma_{0.2}$（MPa）	$\sigma_{0.2}$ 均值（MPa）	极限强度 f_u（MPa）	极限强度均值 f_u（MPa）
3-1			206 949.5		372.2		540.604	
3-2	30	Q345qD	213 697.8	210 682.4	340.7	351.0	506.361	515.4
3-3			211 400.0		340.0		499.318	
4-1			218 446.7		391.3		535.747	
4-2	24	Q345qD	213 798.8	215 857.2	385.6	386.0	536.718	536.2
4-3			215 326.0		381.1		535.989	
6-1			202 682.5		258.1		393.917	
6-2	16	Q345qD	218 446.7	211 300.6	249.7	314.5	392.945	454.5
6-3			212 772.7		435.6		576.547	

②测试内容与测点布置

测试钢锚箱与腹板在荷载逐级施加过程中的应变和位移。模型共设应变花共42个，应变片149

个，布置在锚箱M1、M3、M4、M5以及钢箱梁腹板、顶板、底板、加劲肋上，测点布置和通道编号见图3.5-13~图3.5-19。

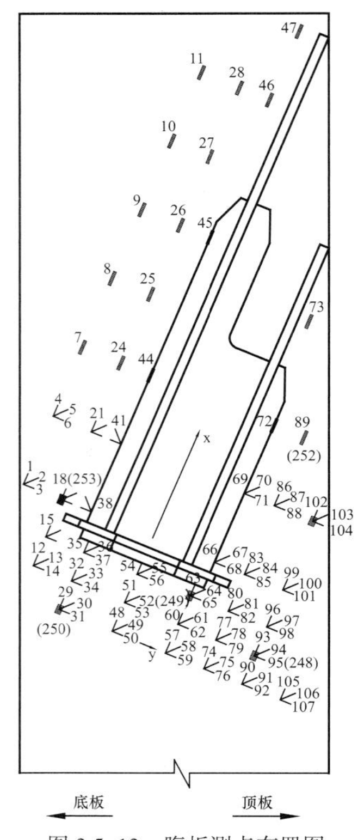

图 3.5-13　腹板测点布置图
（括号内数据为腹板内侧通道编号）

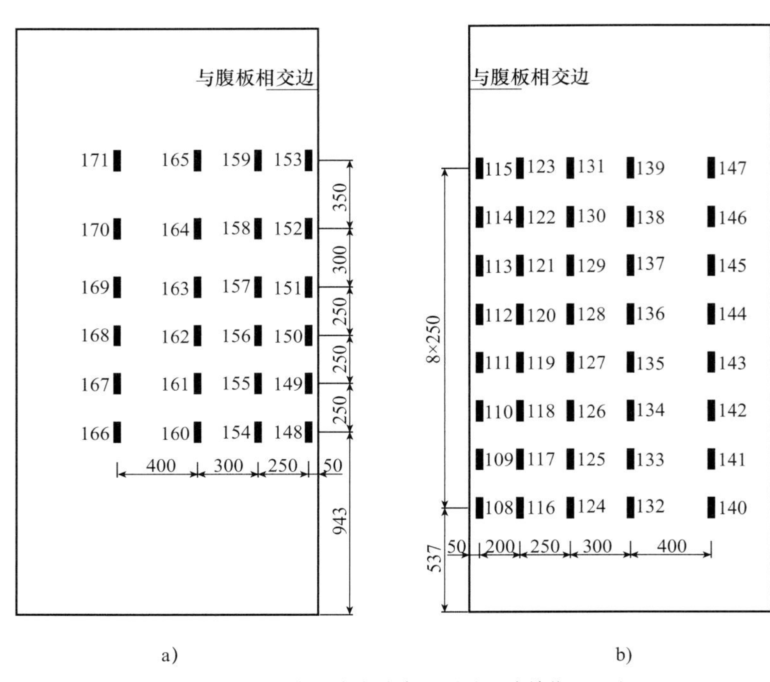

图 3.5-14　顶底板应变片布置图（尺寸单位：mm）
a）底板；b）顶板

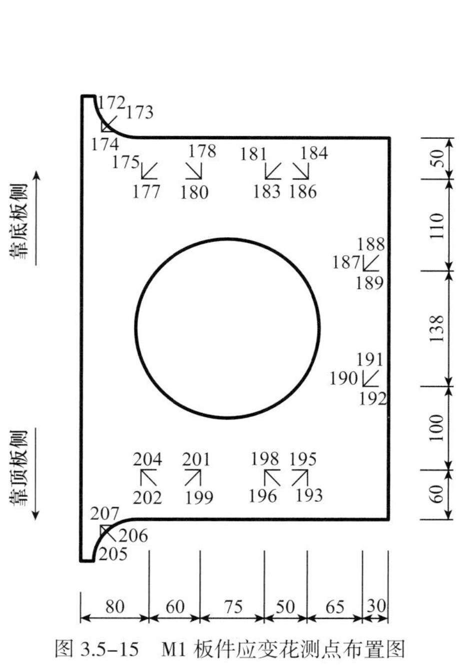

图 3.5-15　M1 板件应变花测点布置图
（尺寸单位：mm）

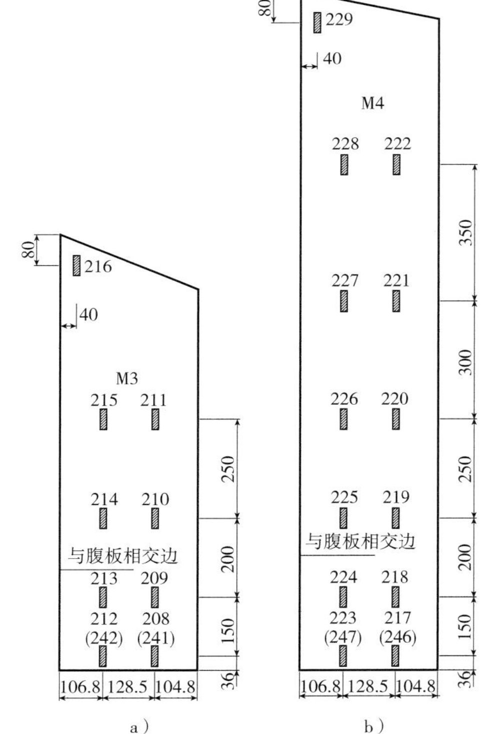

图 3.5-16　支撑板应变片测点布置图（括号内数据为锚箱内侧通道编号）（尺寸单位：mm）
a）M3 板；b）M4 板

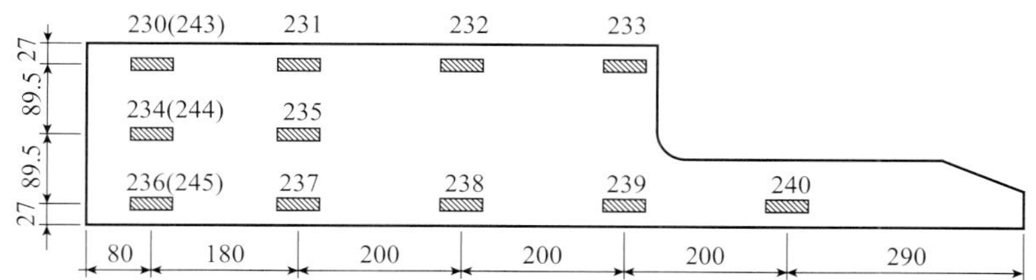

图 3.5-17　M5 板件应变片测点布置图（括号内数据为内侧通道编号）（尺寸单位：mm）

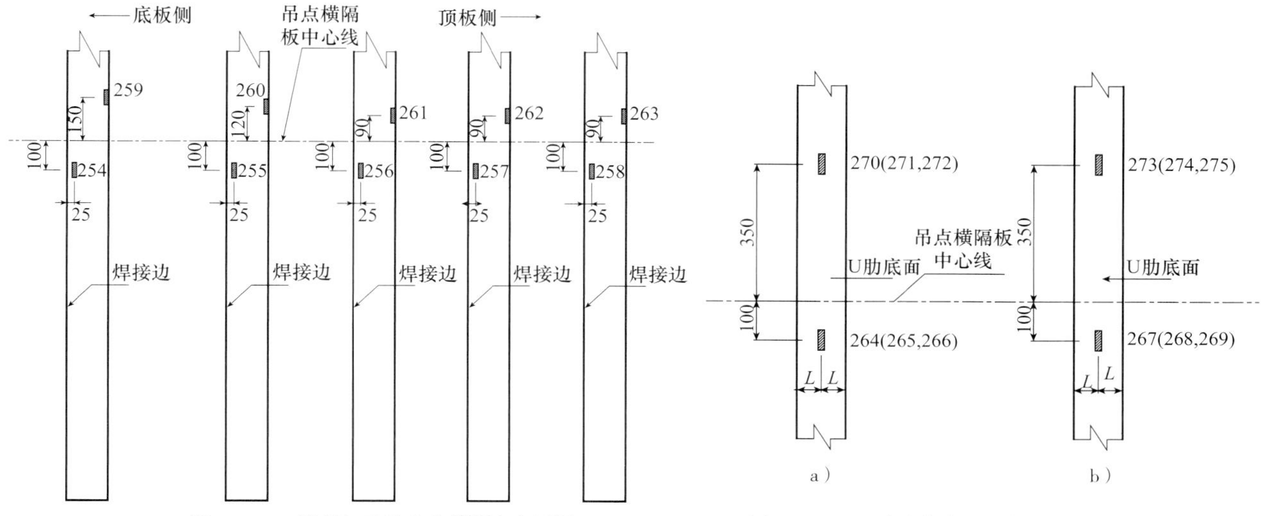

图 3.5-18　腹板加劲肋应变片测点布置图（尺寸单位：mm）

图 3.5-19　U 肋应变片测点布置图（号码小的贴片靠近腹板）（尺寸单位：mm）
a）底板 U 肋；b）顶板 U 肋

③测试设备

模型试验系统仪器型号、指标如下：

a. 分离式千斤顶：QF320-20起重量320t，起重高度200mm，工作压力63.9MPa；YDT150T起重量150t，起重高度千斤顶。

b. 超高压油泵站。

c. DBH3816静态应变测试箱：220V/50Hz，灵敏度1$\mu\varepsilon$，量程±20 000$\mu\varepsilon$，采样速度12点/s，测量点数60点/台。

d. YHD-100型位移计：输出灵敏度100$\mu\varepsilon$/mm。

e. 箔式单向应变片（2mm×3mm型）：应变片电阻120Ω，灵敏度系数2.0。

f. 箔式直角应变花（2mm×3mm型）：应变片电阻120Ω，灵敏度系数2.0。

g. YJR-5型静态电阻应变仪。

h. SY-1型数字压力测试仪。

④加载方法

模型试验加载方法见图3.5-20，模型竖立安装，用2组QF320-20千斤顶通过分配梁施加索力荷载，反力由楔形底座平衡。设2组千斤顶对腹板和顶底板施加轴力。锚箱模型试件在静力荷载试验中的各种参数（荷载、应力），采用电测和电脑信息采集系统测试。

上海长江桥最大设计索力为10 257kN，试验模型比例为1：2，索力用分离式千斤顶顶推力代替，相应的顶推力F=10 257/4=2 564kN（F也称为设计索力荷载）。模型的最大轴向压力2 000kN。

试验时千斤顶的最大顶推力为6 400kN，轴向压力为2 000kN，它对应于2.5F作用时，锚箱各构件的应力分布及安全储备。斜拉索的索力通过2台QF320-20千斤顶和千斤顶分配梁直接加载，钢箱梁的轴向压力通过顶部千斤顶施加。

加载过程如下：

a. 预加载。采用855kN（2 564kN的30%）预加载3次。与有限元分析结果比较，观察是否出现异常情况。

b. 施加轴向力，轴向力的增量为200kN，加载至2 000kN。

c. 轴向压力保持2 000kN不变，QF320-20千斤顶加载，用256.4kN的荷载为增量级，加载2 564kN；再用128.2kN（2 564kN的5%）的荷载为增量级，加载到5 128kN（设计索力荷载2.0倍）。

d. 轴向压力仍保持不变，将两台QF320-20千斤顶加到最大荷载6 400kN。

a）

b）

图 3.5-20　试验模型加载

a）试验模型；b）试验加载

（3）静载试验结果

采用1：2缩尺模型进行上海长江大桥索梁锚固静力试验，获得板件的应力分布大小和规律，分析锚箱与钢箱梁腹板连接的传力途径，研究索梁锚固连接的承载能力及安全储备，所得静力试验测试结论归纳如下。

①在5 128kN（2.0F）荷载作用下，模型所有测点都没有达到屈服应力，其荷载—应力曲线基本为线性，在6 400kN作用下锚箱未破坏，焊缝无裂纹。

②承压板M1以受弯为主、弯曲应力较大，1.0F时测点的Mises应力最大值为112.6MPa，由于板件尺寸及锚箱构造等因素，测点并非应力最大点，根据FEM分析，M1板Mises应力最大值为291.0MPa，其值虽然比较大，但只分布在M1板局部区域，对钢锚箱的其他位置及主桥箱梁的影响不大，是局部受力问题。

③支撑板M3、M4的压应力随距承压板M1的距离的增大而减小，压应力最大点出现在与M1板相交处，特别是在板内侧，在1.0F作用下M3内侧一点最大轴向压应力达172.0MPa，板件面外受弯。

④加劲板M5应力最大点也出现在与M1板相交处，但应力较低，在2.0F作用下测点的最大压应力不超过100MPa。

⑤腹板在斜拉索拉力作用下内外侧分布均匀，1.0F测点Mises应力最大值123.1MPa，出现在锚箱轴线靠近承压板处，并向两侧及锚后逐渐减小。

⑥腹板加劲肋在吊点横隔板附近为拉应力，底板U肋在靠近腹板处受拉，随着与腹板距离的增加，拉应力减小转为压应力，顶板U肋在靠近腹板处虽然也受压，但压应力较小。

⑦传力途径：索力通过锚垫板和承压板传递到支撑板和加劲板，而加劲板通过剪力再传递到支撑板上，支撑板通过与腹板的连接焊缝，以剪力的形式传递到钢箱梁腹板上，再通过一定的角度传递到箱梁全截面；箱梁顶底板在靠近锚箱处应力分布不均匀。

⑧锚箱主要受力板件支撑板、加劲板的厚度变化对承压板、支撑板受力影响较大。

⑨有限元计算结果与试验数值基本吻合；试验模型合理、试验数据可靠，能反映出实际结构的受力特性，试验结果可信。有限元分析与试验相结合，能为上海长江大桥索梁锚固区的设计提供依据。

2）足尺模型疲劳试验

（1）试验模型设计

钢锚箱疲劳试验的模型试件如图3.5–21所示，纵向取4.830m长，竖向取到主梁底板位置，横向取0.830m长的主桥箱梁为研究对象，试件的腹板和钢锚箱的结构、材料和加工制作工艺与实桥相同，试件材料的弹性模量测试结果见表3.5–3。

为了将疲劳荷载更好地在试验模型上体现，试件增加了0.65m长的加载过渡段，整个模型纵向长5.5m，竖向高1.558m，重约达15.5t。

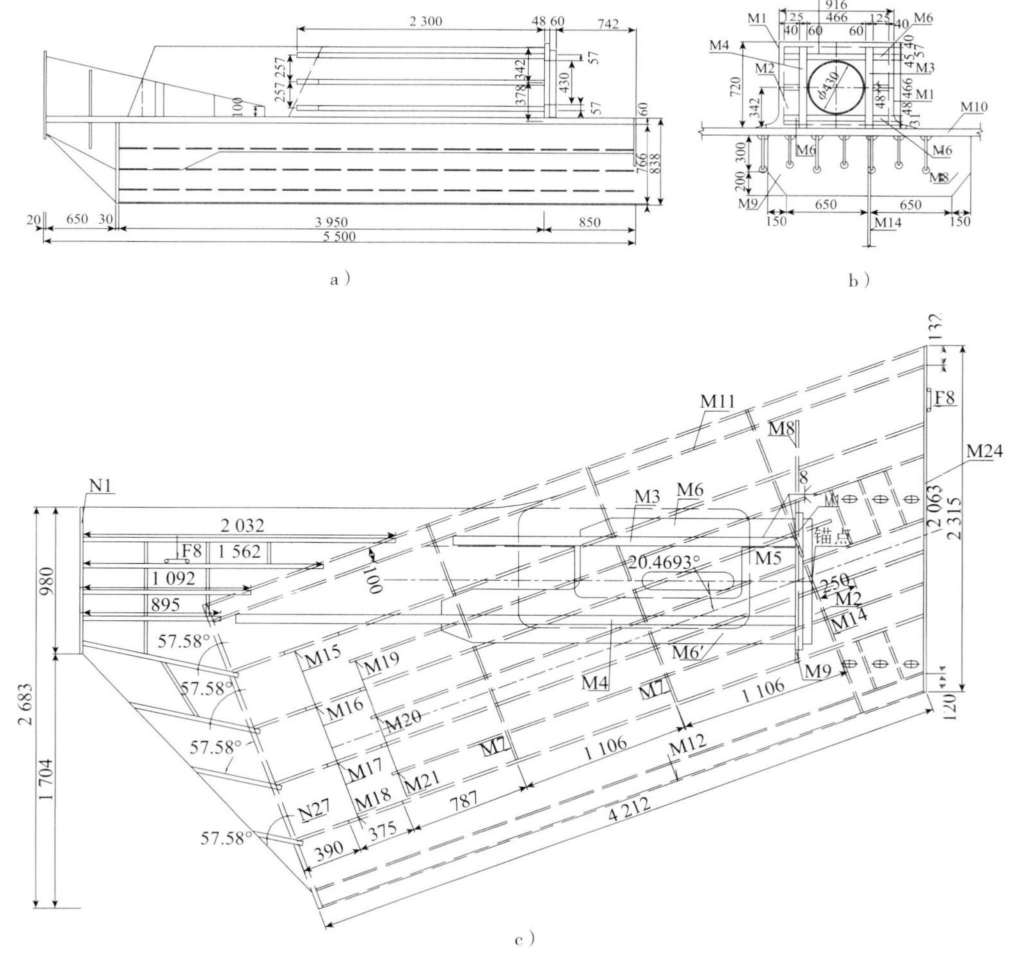

图 3.5–21　钢锚箱试件示意图（尺寸单位：mm）

a）立面图；b）断面图；c）平面图

长江大桥疲劳试验板件弹性模量测试结果 表 3.5-3

编号	厚度（mm）	规格	弹性模量 E（MPa）	E 平均值（MPa）	$\sigma_{0.2}$（MPa）	$\sigma_{0.2}$ 平均值（MPa）	极限强度 f_u（MPa）	f_u 平均值（MPa）
1-1			217 411.3		427.968		563.190	
1-2	60	Q345qD	218 446.7	216 812.8	446.638	457.6	571.932	588.0
1-3			214 580.3		498.101		628.761	
2-1			206 949.5		350.058		528.307	
2-2	48	Q345qD	204 793.8	204 462.1	329.933	322.1	508.769	501.0
2-3			201 643.1		286.242		466.046	
3-1			206 949.5		372.224		540.604	
3-2	30	Q345qD	213 697.8	210 682.4	340.692	351.0	506.361	515.4
3-3			211 400.0		340.007		499.318	
4-1			218 446.7		391.302		535.747	
4-2	24	Q345qD	213 798.8	215 857.2	385.623	386.0	536.718	536.2
4-3			215 326.0		381.129		535.989	
5-1			—		426.365		561.635	
5-2	18	Q345qD	218 446.7	216 530.4	396.172	413.4	547.161	558.3
5-3			214 614.0		417.700		566.100	
6-1			202 682.5		258.065		393.917	
6-2	16	Q345qD	218 446.7	211 300.6	249.724	314.5	392.945	454.5
6-3			212 772.7		435.588		576.547	
7-1			202 682.5		258.065		—	—
7-2	12	Q345qD	—	202 682.5	—	258.1	—	—
7-3			—		—		—	—

注：板厚为 12mm 的第七组试件太细，无法做弹性模量试验，只给出部分数据供参考。板厚为 18mm 的 5-1 组弹性模量数据存在问题，故没有填入表格。

（2）试验内容

①静载测试

在疲劳试验前先进行静力试验，观察检验模型加载后的偏心情况，了解模型应力分布情况和测点工作状况。最大静力试验荷载2 960kN，按0kN、50kN、200kN、700kN、1 200kN、1 600kN、2 000kN、2 400kN、2 800kN、2 960kN逐级加载。

为测量模型应力分布，在模型的典型部位布置了相应的应变片和应变花，测点均布置在试件的典型部位，如承压板、端承板与腹板相连接区域会产生应力集中的部分。

②疲劳测试

本次疲劳试验加载采用常幅正弦波荷载，加载次数共计300万次。0~200万次疲劳加载，最大疲劳荷载为2 230kN，最小疲劳荷载为300kN，荷载幅为1 930kN，目的是为了了解构件的疲劳抗裂性能；200~300万次疲劳加载，最大疲劳荷载为2 920kN，最小疲劳荷载为500kN，荷载幅值为2 420kN，目的是为了了解构件的疲劳安全储备情况。

③应变测量

锚箱静力试验一共贴应变片和应变花97个，其中应变花65个，应变片32个。测点布置在模型的关键部位，如承压板、端承板与腹板相连接区域会产生应力集中的部分，测点编号原则和应变片位置如表3.5-4所示，各板件贴片具体布置如图3.5-22所示。

编号原则、应变片位置 表 3.5-4

首 字 母	应变片位置	应变片类型
A	M10（腹板）	0、1
B	M4（端承板 2）	0、1
C	M3（端承板 1）	0、1
D	M1（承压板）	0、2
E	M5（锚箱腹板）	1

注：应变类型0–应变花，1–单向应变片，2–双向应变片。

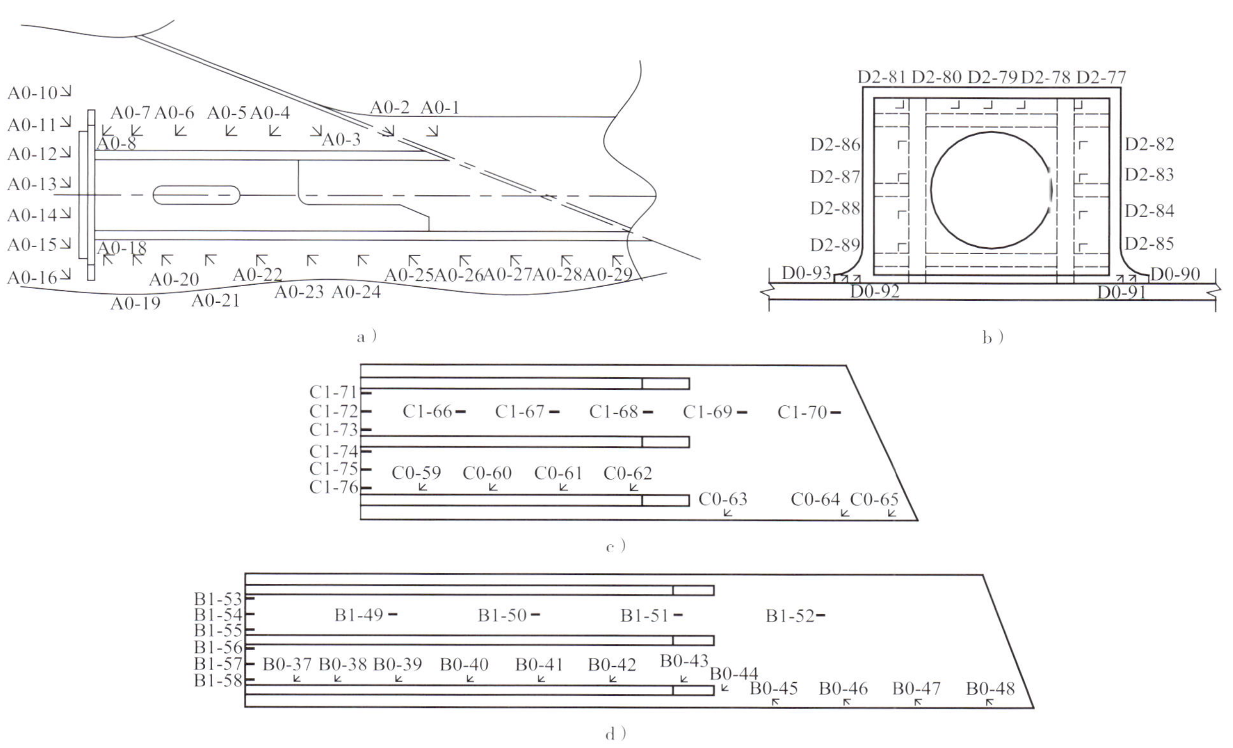

图 3.5–22 足尺模型部分测点布置

a）腹板应变测试布置；b）承压板 M1 应变测试布置；c）端承板 M3 应变测试布置；d）端承板 M4 应变测试布置

如编号 A0–1 代表在 M10 板上的应变花，编号 B1–53 代表在 M4 板上的单向应变片，编号 D2–77 代表在 M1 板上的双向应变片，编号 E1–94 代表在 M5 板上的单向应变片。

（3）疲劳试验荷载

①桥梁100年设计基准期的200万次循环等效索力幅

公路交通荷载和轨道交通荷载作用下，公轨两用斜拉桥钢锚箱100年设计基准期的200万次循环等效索力幅，可以根据交通分析资料按前面方法，参照BS5400（英国规范）计算。公路交通荷载和轨道交通荷载单独作用的疲劳损伤度，采用Miner线性累计损伤度准则计算，为了考虑公路和轨道交通荷载组合的影响，采用调整系数K_a对计算结果进行调整，即索梁锚固区疲劳试验荷载可用下式计算，其结果列于表3.5–5。计算结果表明，轻轨荷载对索梁锚固区疲劳的影响远远大于公路荷载。

$$P=K_a\times(P_{gl}^3+P_{qg}^3)^{1/3} \tag{3.5–1}$$

式中：K_a ——公路和轨道交通疲劳荷载组合调整系数，取 1.2；

P_{gl} ——公路疲劳荷载；

P_{qg} ——轻轨疲劳荷载。

按照 BS5400 规范计算疲劳试验荷载　　表 3.5-5

轻轨发车间隔时间（min）	轻轨疲劳荷载（kN）	公路疲劳荷载（kN）	索梁锚固区疲劳试验荷载（kN）
2	967	161	1 162
4	842	161	1 013
6	776	161	934
8	733	161	883
10	701	161	845

②加载过程与观测

由于疲劳试验机最大加载能力可以达到3 000kN，为了减少加载次数和降低试验成本，适当提高疲劳试验荷载，0~2 000万次的最大荷载为2 230kN、最小荷载为300kN。为了检测各测点应力，在试验过程中荷载循环次数每达到100万次，停机进行静载应变测量，以便通过各测点应变的变化情况，检查是否出现开裂或异常情况。当按照设定时间停机后，从零开始，试验将按照300kN/级的荷载增量逐级增加水平荷载直至疲劳加载值的上限，期间逐级记录锚箱构件的变形、应变。每次静载应变测量进行三次重复加载，根据试验数据的重复性判断数据的有效性。

如果加载次数达到200万次，试件仍未发生破坏，利用相同加载设备，最大荷载增加至2 920kN，最小荷载为500kN。荷载循环每20万次，进行动态应变测量和记录疲劳裂纹扩展情况；在荷载幅2 420kN作用下达100万次，试件仍未发生破坏，则终止疲劳试验。具体加载、测试系统如图3.5-23所示。

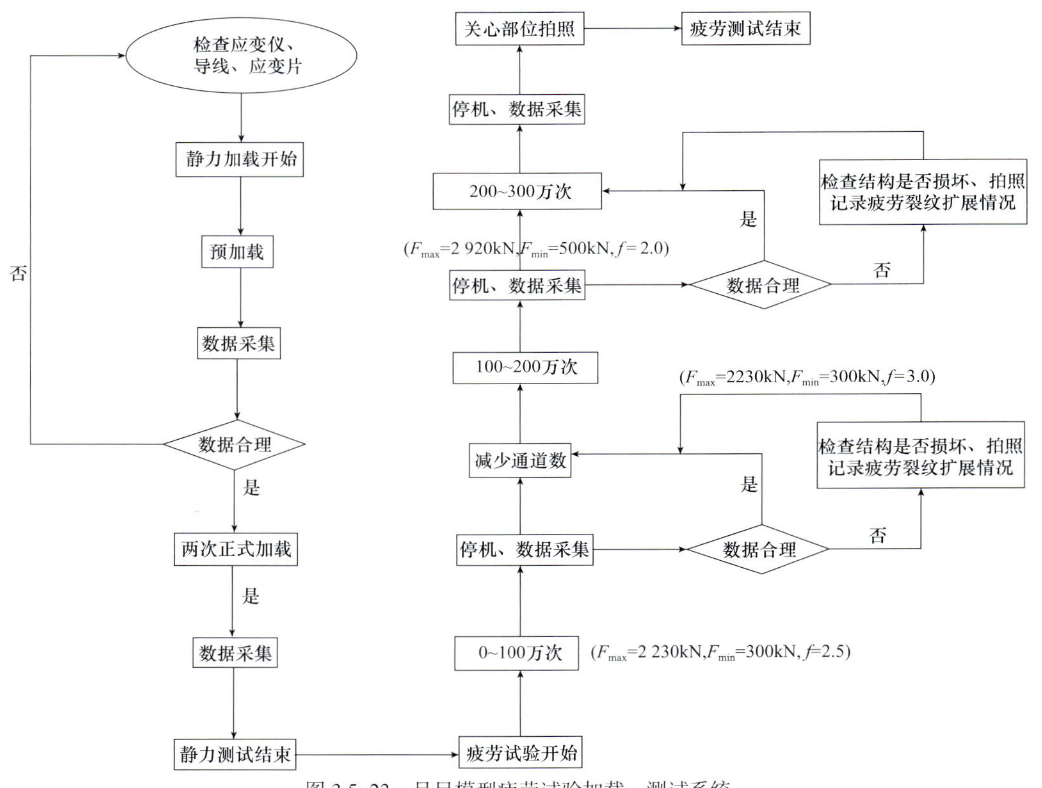

图 3.5-23　足尺模型疲劳试验加载、测试系统

在疲劳试验前先进行静力试验，以检验模型加载后的偏心情况，了解模型应力分布情况和测点工作状况。最大静力试验荷载2 960kN，按0kN、50kN、200kN、700kN、1 200kN、1 600kN、2 000kN、2 400kN、2 800kN、2 960kN逐级加载。

加载过程有预加载、两次正式加载三个阶段。预加载过程是为了检测测点工作是否正常，两次正式加载的目的是为了复核数据的重复性，以检验模型是否处于弹性工作状态。

静载测试共布置216个应变通道，其中应变花65个，应变片32个。测点布置在模型的关键部位，如承压板、端承板与腹板相连接区域会产生应力集中的部分。

③静载测试结果

由图3.5-24可以看出，斜拉索传来的巨大索力通过承压板M1，端承板M3，端承板M4，主要以剪力的形式传递到腹板M10。在两块端承板与承压板M1交接处，Mises应力最小，大约10~15MPa左右；在两块端承板末端均出现Mises应力最大值，其值将近40~55MPa；在最大值和最小值出现位置之间，沿着锚箱中心线斜拉索方向，Mises应力随着距离增大逐渐变大。

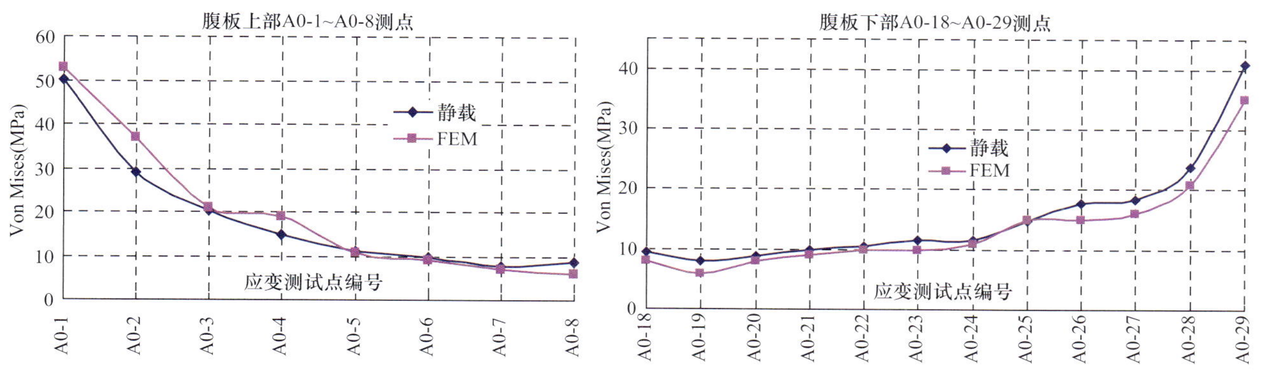

图 3.5-24　腹板测点静载测试值与 FEM 值 Mises 应力对比

由图3.5-25可以看出，腹板右侧应力分布大致这样：沿锚箱横向Mises应力在锚箱中心线处取得最大，分别往M3、M4两边递减，在承压板M1的两倒圆角焊趾处应力扩散基本结束，其值已接近零。

由图3.5-26可以看出，端承板M4长焊缝端Mises应力两头大，中间小。Mises应力大致处于30MPa的水平，最大Mises应力达到了50MPa左右，最小应力出现在长焊缝中部，约12MPa左右。根据以往的研究，这条焊缝的应力分布也是两头出现较大值，中间维持一个较小的应力水平。测点B0-44~B0-46由于布置于M6加劲肋的末端，而该处的应力集中程度较大，故曲线中测点B0-44~B0-46的值比B0-39~B0-43的值大。

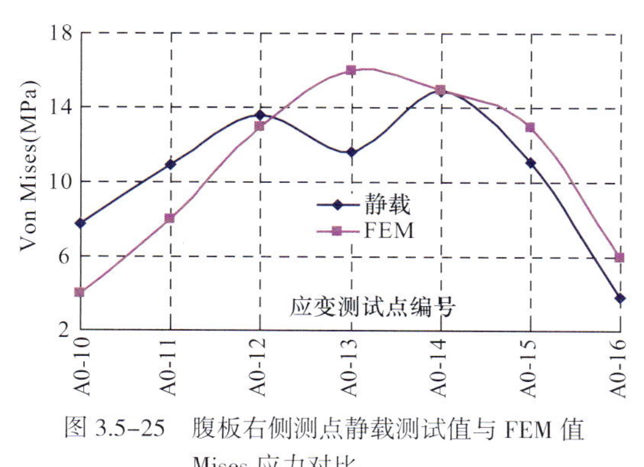

图 3.5-25　腹板右侧测点静载测试值与 FEM 值 Mises 应力对比

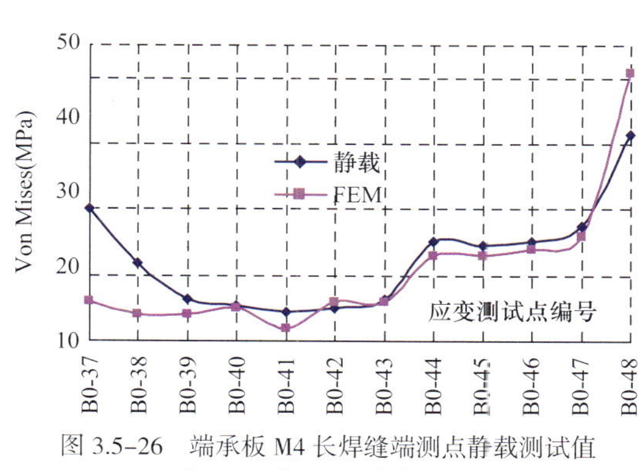

图 3.5-26　端承板 M4 长焊缝端测点静载测试值与 FEM 值 Mises 应力对比

由图3.5-27可以看出，端承板M3长焊缝端的应力分布与端承板M4长焊缝端的应力分布形状相似，也是两头大、中间小。Mises应力大致处于20MPa的水平，最大Mises应力达到了35MPa左右，最小应力出现在长焊缝中部，约15MPa左右。

由图3.5-28可以看出，端承板M3上部应力水平较低，大致在-15MPa左右。在端承板M3末端出现应力最大值，大约为-40MPa左右。

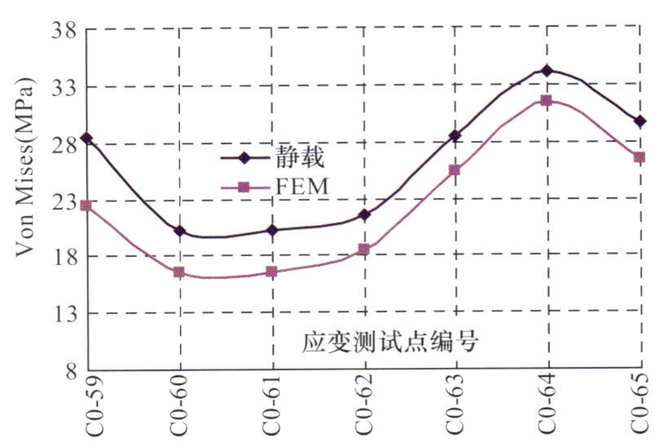

图 3.5-27　端承板 M3 长焊缝端测点静载测试值与FEM 值 Mises 应力对比

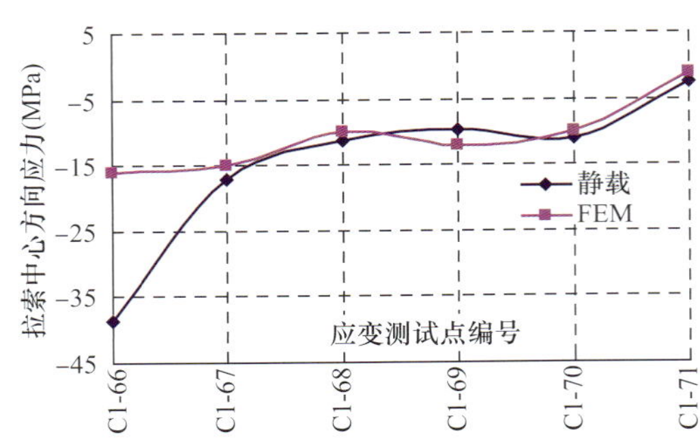

图 3.5-28　端承板 M3 上部测点静载测试值与 FEM 值锚箱拉索方向应力对比

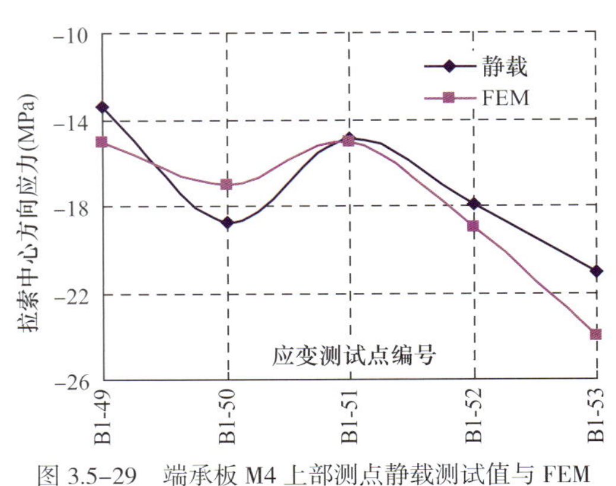

图 3.5-29　端承板 M4 上部测点静载测试值与 FEM 值锚箱拉索方向应力对比

由图3.5-29可以看出，端承板M4上部应力水平较低，大致在-20MPa左右。在端承板M4末端出现应力最大值，大约为-24MPa左右。

④静载测试结论

采用足尺模型试件，对钢锚箱式索梁锚固结构进行静力试验测试，了解其构造特点，研究其应力分布规律，分析其应力集中现象，所得静力测试结论归纳如下：

a. 多数测点的应力与荷载呈线性关系，卸载后残余应变很微小，说明整个结构在受荷载过程中处于弹性工作阶段。

b. 腹板右侧附近的测点，在2 920kN的荷载时，Mises应力在10~15MPa。

c. 腹板上部、下部在端承板M3、M4末端测点实测到最大Mises应力为50.2MPa。

d. 两块端承板M3、M4长焊缝端末尾最大锚箱中线斜索方向应力为-22.7MPa，在应力分布上，观察B0-37~B0-48和C0-59~C0-65两排测点，可以发现应力在端承板M3、M4两端较大，在中部（约为两块端承板和锚箱承压板组成截面的中心轴处）较小。

从图中可以看出，实测值与理论值的整体变化趋势基本上是相同的，除个别测点外，大多数测点都和理论值比较接近。产生误差的原因主要有：

a. 应变片粘贴质量的误差。应变片是在模型安装完毕后布置粘贴的，操作空间狭小，在将近两百个测点中难免有个别质量达不到要求。

b. 贴片位置的误差。在应力集中比较明显的地方，贴片位置误差引起的测量值与理论值的差别尤为明显。

c. 仪器测量误差。

d. 计算模型简化和边界条件选取的误差等。计算模型中的边界条件是理想化的，而实际情况中很难做到绝对的简支或固结。

由于试验的测点应力水平比较低，试验误差对试验结果的影响显得非常明显。虽然数值上存在一定的误差，但基本上可以把握应力分布的规律，本次试验的数据基本上反映了试件的工作状态，试验数据是可靠的；同时我们也可以看出，用有限元计算软件进行锚箱结构局部应力分析，结果和模型试验基本一致，用其来进行试验的设计和指导是合适的，所设计的足尺疲劳模型正确，加载方法可行，可以用于后续阶段的疲劳试验。

（4）疲劳试验结果

①疲劳测试结果

本次疲劳试验加载采用常幅正弦波荷载，加载次数共计300万次。验证试验阶段在200~2 230kN荷载幅下加载200万次，在试验过程中荷载循环次数每达到100万次，停机进行静载应变测量，检查是否出现开裂或异常情况。验证试验阶段结束，试件如仍未发生破坏，利用相同加载设备，在500~2 920kN荷载幅下加载100万次，荷载循环每20万次，进行动态应变测量和记录疲劳裂纹扩展情况。在荷载幅2 420kN作用下达100万次，试件仍未发生开裂，则终止疲劳试验，表明构件不会因为疲劳损伤而产生开裂。各试验阶段的基本情况如表3.5-6所示。

疲劳试验阶段及加载次数　　　　表 3.5-6

试验阶段	加载次数	最大荷载	最小荷载	荷　载　幅
验证试验	0~200 万次	2 230	300	1 930
加速试验	200~300 万次	2 920	500	2 420

②疲劳测试结论

采用足尺模型试件，对钢锚箱式索梁锚固结构进行疲劳试验测试，认识其疲劳特征，深入研究焊趾附近疲劳抗力及潜在疲劳裂纹萌生和发展状况，所得疲劳试验测试结论归纳如下：

a.在荷载幅1 930kN作用200万次后，试验模型没有发现异常情况。

b.在荷载幅2 420kN作用100万次后，试验模型除了在加载过渡段的端板N1与腹板M10交接处有一研究对象出现疲劳裂纹以外，其余关键细节部位均没有发现异常情况。静载试验结果与疲劳试验结果相比基本没有变化，表明结构细节一切完好，该桥钢锚箱式索梁锚固区结构构造细节设计合理，疲劳性能满足设计要求。

c.在2 920kN最大荷载作用下，试验模型总体应力水平较低，最大应力值位于图3.5-24的腹板上部A0-1测点和腹板下部A0-29测点（分别为-50.1MPa和-37.7MPa）。试验结果表明该桥钢锚箱式索梁锚固区结构构造细节所产生的应力集中不影响结构的疲劳性能。

d.端承板M3、M4下部与腹板M10虽然通过一条长大焊缝连接，并且是钢锚箱式索梁锚固区结构最为关键的传力焊缝，但由于此区域总体应力水平较低（测点B0-48最大SX应力仅-22.7MPa，测点C0-65最大SX应力仅-21.8MPa）。因此只要严格控制焊接质量，此连接区就不存在疲劳问题。

e.另外，在整个试验过程中，试件因偏心受载而引起水平横向位移，试验时对该位移进行了跟踪测量，没有发现异常变化。

3）承载焊缝疲劳强度与寿命分析

（1）疲劳强度与寿命分析

①锚箱承载焊缝构造细节

锚箱索梁锚固区作为直接承受斜拉索索力的关键结构，焊缝都采用全熔透焊缝，因此，对于十字接头焊缝，只需验算焊趾处截面；对于承剪焊缝，验算焊喉处截面。索梁锚固区的三条主要承载焊缝，以及对应的焊缝类型如图3.5-30所示。根据焊缝类型确定疲劳强度验算的细节部位，以及对应的应力方向如图3.5-31所示。

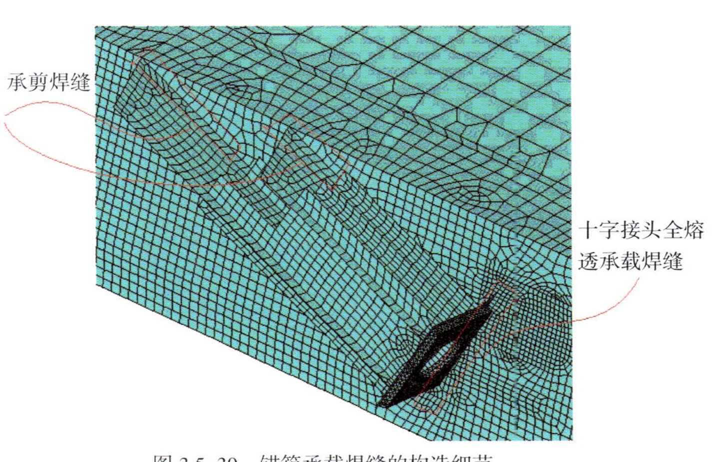

图 3.5-30　锚箱承载焊缝的构造细节

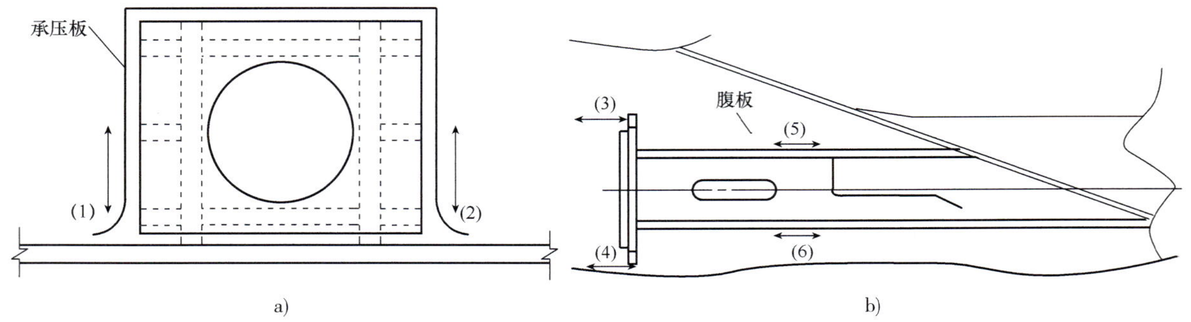

图 3.5-31　承剪焊缝构造细节编号和应力方向

a）承压板；b）腹板

②疲劳强度与寿命分析

a.按照AASHTO规范

疲劳荷载组合的荷载系数r=0.75，冲击系数0.15，上海长江大桥分析结果如表3.5-7。

按照 AASHTO 构造细节验算表格　　表 3.5-7

构造细节	疲劳效应（MPa）	公称疲劳抗力（MPa）	是否满足抗疲劳设计要求
	$Y(\Delta f)$	$(\Delta F)_n$	
承压板焊趾 Z 方向（1）	0.34	34.5	是
承压板焊趾 Z 方向（2）	0.12	34.5	是
腹板焊趾 X 方向（3）	0.53	34.5	是
腹板焊趾 X 方向（4）	0.16	34.5	是
腹板焊喉 X 方向（5）	1.16	15.5	是
腹板焊喉 X 方向（6）	1.65	15.5	是

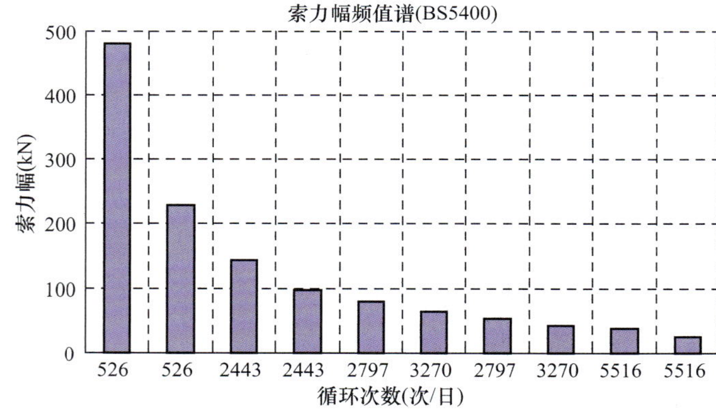

图 3.5-32　索力幅频值谱（BS5400）

参照BS5400规范（车辆荷载频值谱法），应用该法计算损伤度的两大条件是构造细节的S–N曲线和荷载频值谱（或应力频值谱）。对于前文确定的6个验算部位的索梁锚固区构造细节，BS5400规范中的S–N曲线只适用于验算部位1~4。因此，只能对这4个部位进行疲劳强度与寿命分析。疲劳荷载所产生的索力幅频值谱如图3.5-32所示，损伤度计算如表3.5-8所示。

各部位损伤度计算（BS5400）　　表 3.5-8

荷载类型	索力幅	循环次数	损伤度 n_i/N_i			
	（kN）	（次 / 日）	承压板焊趾 Z 方向（1）	承压板焊趾 Z 方向（2）	腹板焊趾 X 方向（3）	腹板焊趾 X 方向（4）
公路	141	2 443	2.55E-06	1.47E-08	2.32E-05	6.47E-08
	96	2 443	3.73E-07	2.16E-09	3.40E-06	9.47E-09
	80	2 797	1.65E-07	9.52E-10	1.50E-06	4.18E-09
	64	3 270	6.70E-08	3.87E-10	6.10E-07	1.70E-09
	54	2 797	2.40E-08	1.38E-10	2.18E-07	6.08E-10

续上表

荷载类型	索力幅	循环次数	损伤度 n_i/N_i			
	（kN）	（次／日）	承压板焊趾 Z 方向（1）	承压板焊趾 Z 方向（2）	腹板焊趾 X 方向（3）	腹板焊趾 X 方向（4）
公路	44	3 270	9.77E-09	5.64E-11	8.90E-08	2.48E-10
	39	5 516	8.87E-09	5.12E-11	8.08E-08	2.25E-10
	26	5 516	1.29E-09	7.45E-12	1.17E-08	3.27E-11
轻轨	480	526	2.49E-04	1.62E-06	2.56E-03	7.13E-06
	229	526	6.19E-06	4.04E-08	6.37E-05	1.77E-07
	总损伤度∑ n/N		0.000 258 3	0.000 001 7	0.002 654 3	0.000 007 4
	预期寿命（年）		3 872	594 039	377	135 330

b.按照Eurocode规范（一般疲劳评估方法）

Eurocode规范对受剪焊缝规定：如果是完全熔透焊缝，$[\sigma_0]$ 取100MPa。剪应力疲劳验算可以按照近似于正应力的方式进行。截止限仍为108MPa，但假设没有常幅疲劳极限。索力幅频值谱如图3.5-33所示，损伤度计算如表3.5-9所示。

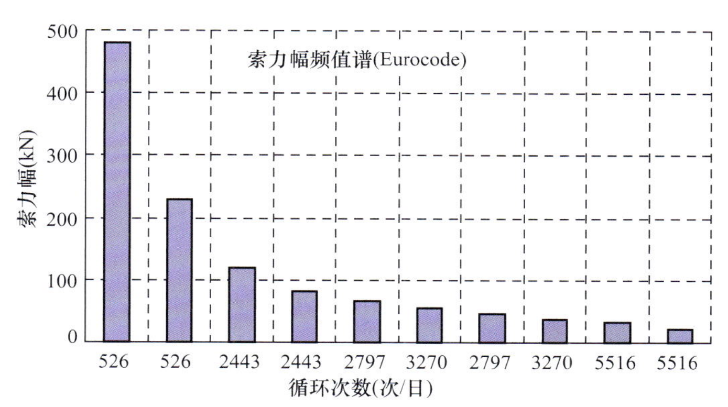

图 3.5-33 索力幅频值谱（Eurocode）

各部位损伤度计算（Eurocode） 表 3.5-9

荷载类型	索力幅	循环次数	损伤度 n_i/N_i					
	（kN）	（次／日）	承压板焊趾 Z 方向（1）	承压板焊趾 Z 方向（2）	腹板焊趾 X 方向（3）	腹板焊趾 X 方向（4）	腹板焊喉 X 方向（5）	腹板焊喉 X 方向（6）
公路	120	2 443	5.76E-07	3.33E-09	5.25E-06	1.46E-08	4.65E-06	2.75E-05
	82	2 443	8.43E-08	4.87E-10	7.68E-07	2.14E-09	6.81E-07	4.02E-06
	67	2 797	3.72E-08	2.15E-10	3.39E-07	9.44E-10	3.01E-07	1.77E-06
	55	3 270	1.51E-08	8.74E-11	1.38E-07	3.84E-10	1.22E-07	7.21E-07
	46	2 797	5.41E-09	3.13E-11	4.93E-08	1.37E-10	4.37E-08	2.58E-07
	37	3 270	2.21E-09	1.27E-11	2.01E-08	5.59E-11	1.78E-08	1.05E-07
	33	5 516	2.00E-09	1.16E-11	1.83E-08	5.08E-11	1.62E-08	9.55E-08
	22	5 516	2.91E-10	1.68E-12	2.65E-09	7.38E-12	2.35E-09	1.39E-08
轻轨	480	526	1.29E-04	7.43E-07	1.17E-03	3.26E-06	1.04E-03	6.13E-03
	229	526	3.20E-06	1.85E-08	2.91E-05	8.11E-08	2.58E-05	1.52E-04
总损伤度∑ n/N			1.33E-04	7.66E-07	1.21E-03	3.36E-06	1.07E-03	6.32E-03
预期寿命（年）			7 545	1 306 098	828	297 547	935	158

分析结果如下：

a. 按照AASHTO规范计算结果表明，索梁锚固区承载焊缝的疲劳应力幅远远小于容许应力幅，满足AASHTO抗疲劳设计要求。

b. 按照BS5400规范损伤度计算结果表明，验算部位（3）的预期寿命最小（377年）。

c. 按照Eurocode规范损伤度计算结果表明，由于Eurocode规范规定的疲劳截至限次数是1×10^8次，而BS5400规范的疲劳截至限次数是1×10^7次，验算部位（1）~（4）的预期寿命均比按照BS5400规范计算的结果大了近1倍。

d. 比较按照BS5400规范和按照Eurocode规范的预期寿命计算结果，验算部位（6）的预期寿命最小（158年）。

③索梁锚固区最小设计疲劳寿命推算

上海长江大桥索梁锚固区足尺模型在1 930kN荷载幅作用200万次和2 420kN荷载幅作用100万次后，没有发现疲劳裂纹。虽然没有得到该锚固结构的最终疲劳寿命，但根据Miner累积损伤法则，可以由试验加载次数和荷载幅推算索梁锚固区设计疲劳寿命的下限值。

将两种试验工况的加载次数换算为实际疲劳设计荷载200万次等效荷载1 162kN的荷载循环次数，其结果列于表3.5-10。结果表明上海长江大桥索梁锚固区具有足够的抗疲劳破坏能力。

最小设计疲劳寿命推算 表 3.5-10

试验阶段	荷载幅（kN）	加载次数（万次）	等效寿命（年）
验证试验	1 930	200	458
加速试验	2 420	100	903
最小设计疲劳寿命			1 361

（2）小结

本章分别按照AASHTO、BS5400、Eurocode规定的疲劳评估方法进行上海长江大桥索梁锚固区疲劳强度与寿命分析；同时利用Miner累积损伤法则，对疲劳试验加载次数进行最小疲劳设计寿命的推算，可以得到以下结论。

①按照AASHTO规范只能分析索梁锚固区的疲劳强度，无法分析其疲劳寿命。

②按照BS5400规范和Eurocode规范既可以分析索梁锚固区的疲劳强度，也可以分析其疲劳寿命，按照Eurocode规范计算的预期疲劳寿命较为保守。

③根据Eurocode规范计算求得的疲劳寿命是158年（验算部位6），根据疲劳试验结果推算的最小疲劳设计寿命是1 361年，按照Eurocode规范计算的预期疲劳寿命较为保守。

3.6 索塔锚固区钢锚箱设计与试验研究

3.6.1 钢锚箱结构特点

上海长江大桥索塔在承台以上为209.32m，在索塔顶部74m范围为斜拉索锚固区，共有22个钢锚箱，钢锚箱节段高度2.3~4.03m不等。钢锚箱端板剪力钉直径为22mm，长度为200mm，剪力钉竖向间距150mm，横向间距为150mm。锚箱结构如图3.6-1~图3.6-3所示，最大工况时的索力见表3.6-1。

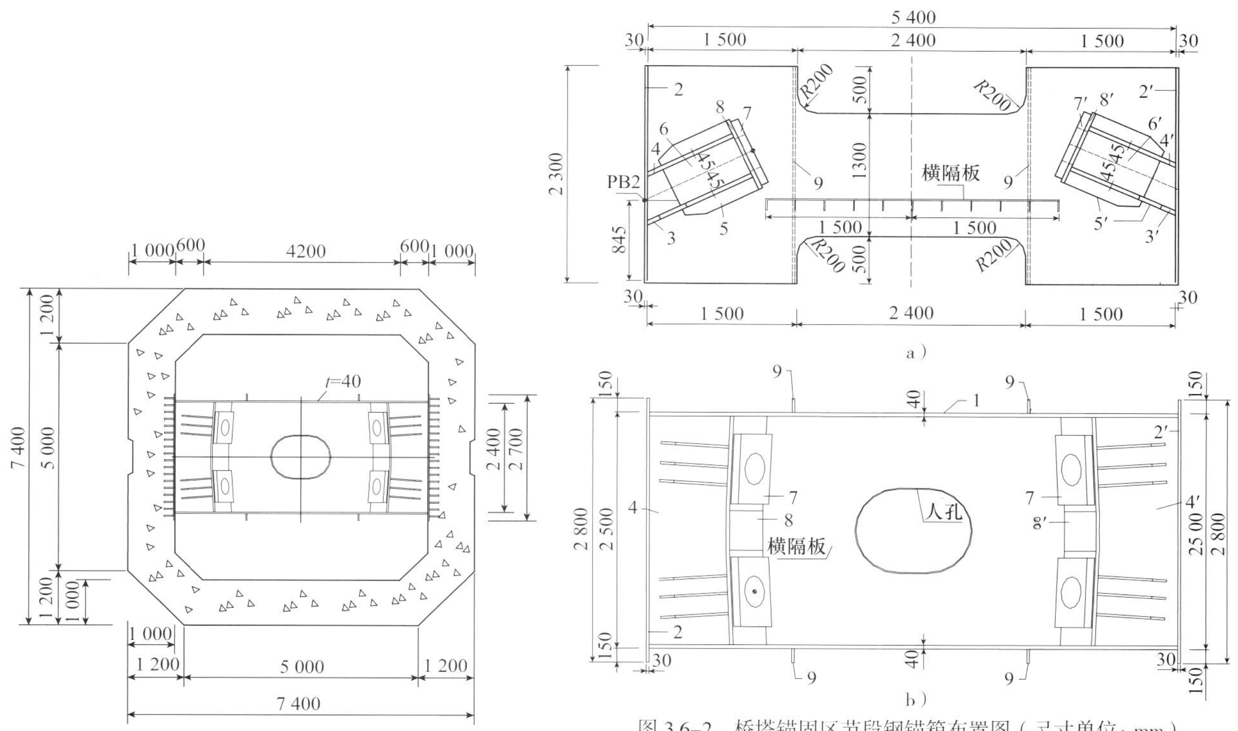

图 3.6–1　桥塔锚固区典型断面图（尺寸单位：mm）

图 3.6–2　桥塔锚固区节段钢锚箱布置图（尺寸单位：mm）

a）正立面；b）平面

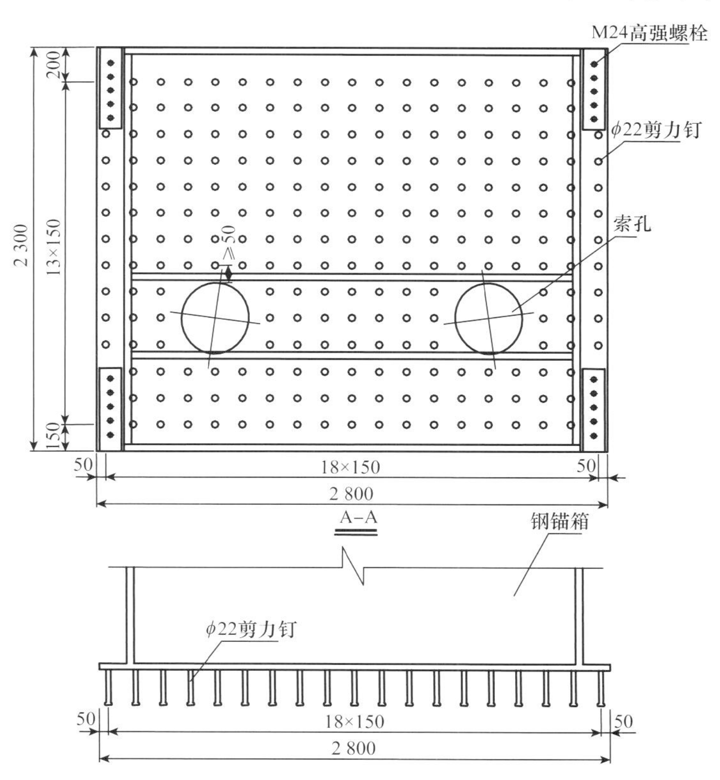

图 3.6–3　桥塔锚固区节段剪力钉布置图（尺寸单位：mm）

混凝土索塔钢锚箱锚固结构中，斜拉索的水平分力大部分由钢锚箱承受，少部分由塔壁混凝土承受，斜拉索的竖向分力大部分由塔壁混凝土承受，少部分由钢锚箱承受，这就能够充分发挥钢和混凝土的材料强度优势，其应用前景更加广阔。但是，这种锚固区结构受力机理复杂、索力传递与分配受多种因素影响，尚未形成完善的设计方法，亟待通过研究实现理论突破。主要研究内容主要包括以下几个方面。

上海长江大桥索力（kN）　　表 3.6-1

索号	索力	索号	索力	索号	索力	索号	索力
Z1	3 929	Z13	7 540	B1	3 929	B13	6 738
Z2	4 244	Z14	7 562	B2	4 245	B14	7 558
Z3	4 875	Z15	8 389	B3	4 876	B15	8 382
Z4	4 882	Z16	8 415	B4	4 883	B16	9 052
Z5	4 890	Z17	9 090	B5	5 519	B17	9 079
Z6	5 527	Z18	9 121	B6	5 529	B18	9 108
Z7	5 538	Z19	9 478	B7	5 855	B19	9 462
Z8	5 866	Z20	9 511	B8	6 340	B20	9 493
Z9	6 353	Z21	10 366	B9	6 354	B21	10 343
Z10	6 369	Z22	11 226	B10	6 369	B22	11 185
Z11	6 703	Z23	11 267	B11	6 385	B23	11 209
Z12	7 518			B12	6 720		

1）斜拉索索力在索塔锚固区的传力机理

首先，从整体结构上分析斜拉索索力在索塔锚固区的传递规律，分析拉索的水平分力、竖向分力如何在索塔锚固区构件中传递，定量计算各部分构件具体分担的斜拉索水平分力及竖向分力状况，参数化分析主要构件尺寸变化对承担斜拉索分力的影响情况。

另外，在定量计算锚固区构件分担拉索水平分力以及竖向分力时，除了采用比较精确的空间有限元方法，试图尝试一些简化的计算方法，并对简化计算方法进行研究，比较不同方法的适用性和计算精度。

2）混凝土索塔整体的受力分析

斜拉桥索塔的受力计算常采用杆系有限元方法，在采用这种方法计算时通常只计混凝土截面，而忽略钢锚箱的作用，本项研究试图采用杆系有限元方法，分别采用组合截面与混凝土截面两种情况分别计算索塔受力状况，比较计算结果差别，给出钢锚箱对索塔应力结果的影响程度。

锚固区部位实际上是一种钢与混凝土组合结构，这种组合结构钢构件部分影响索塔受力状况。本项研究拟通过空间实体有限元模型计算索塔的真实受力情况，与杆系有限元方法计算结果比较，分析钢锚箱引起索塔截面变化对计算结果的影响。

3）索塔混凝土塔壁和钢锚箱的受力机理

大跨度斜拉桥混凝土索塔钢锚箱通常在索塔的顶部区域受到较大的斜拉索水平力作用，尽管钢锚箱侧板已承担了较大部分的水平分力，但还是存在部分水平力由混凝土塔壁承受，因此需对锚固区塔壁混凝土受力状况进行分析，分析其应力分布规律，确定可能开展的裂缝。

由于钢锚箱板件多、构造复杂，应力集中现象严重，特别是其受力的方向性复杂，因此需对索塔中钢锚箱的受力状况进行计算，分析板件应力分布规律，确定可能发生破坏的位置。

4）剪力连接件承载力试验

斜拉桥索塔锚固区的剪力钉是专门用来传递钢锚箱和索塔之间的竖向剪力的构件，它确保了钢与混凝土的共同作用，对斜拉桥索塔锚固区乃至桥梁整体安全都有着至关重要的作用。以往关于焊钉连接件承载力的研究大部分都是针对一般组合梁的焊钉连接件，而本项研究的斜拉桥索塔锚固区焊钉连接件与一般组合结构的焊钉连接件受力有如下几点区别：

（1）本研究的斜拉桥索力很大，水平索力的一部分通过钢锚箱与混凝土塔壁间的压力传到塔壁上，从而两者之间产生较大摩擦力。摩擦力对钢与混凝土之间的抗剪性能产生的影响，国内外均无相关的研究资料。

（2）以往的焊钉连接件试验主要是模拟钢梁与混凝土桥面板组合梁的受力状态，而钢锚箱与混凝土塔壁之间的焊钉连接件与组合梁上的焊钉连接件不同，它是处于侧立状态，焊钉连接件下面的混凝土会发生离析。根据以往的研究，侧立的焊钉连接件与正立的焊钉连接件相比，刚度及强度都会有不同程度的降低，降低程度如何无相关的研究结论。

（3）本研究的两个具体工程的剪力钉规格为直径22mm、长度200mm，混凝土的强度等级为C50，对于此规格的剪力钉和混凝土，其基本力学性能参数缺乏研究。

综上所述，需要开展与索塔的混凝土强度、焊钉连接件尺寸及所处状态、水平索力等相关影响因素的焊钉连接件的力学性能参数试验研究。

研究思路如下：首先总结国内外现有剪力钉连接件抗剪强度的计算方法，总结国内外关于剪力钉抗剪承载力的试验方法，结合现有的计算方法和试验方法，进行实际工程索塔锚固区剪力钉的试验，根据试验结果给出了此类剪力钉的一些基本力学性能参数。

5）索塔锚固区剪力连接件受力特性

斜拉桥索塔锚固区的剪力钉是专门用来传递钢锚箱和索塔之间的竖向剪力的构件，它确保了钢与混凝土的共同作用。根据试验得到索塔中剪力钉的基本力学性能参数和指导设计的剪力钉承载力数值，结合背景工程（上海长江大桥）索塔锚固区剪力钉的布置情况，对其建立空间有限元模型，计算分析剪力钉的受力状况，并比较调整剪力钉布置形式和改变钢锚箱节段连接数量时的剪力钉受力状况，以期得到特定工程索塔锚固区剪力钉合理的布置形式。

6）索塔锚固区节段模型试验

为了验证理论分析及单个构件试验研究结果在索塔锚固节段这个整体结构中的正确性，结合背景工程（上海长江大桥），进行索塔锚固区节段模型试验研究。选取典型的受力最大的第22个索塔锚固节段，制作1：2.5比例的缩尺模型，测试在不同主要荷载工况和分级加载情况下，索塔混凝土、钢锚箱板件主要控制点的应力与变形，研究应力分布与大小；观察与测试钢锚箱与混凝土连接处的应力、变形与裂缝，测试多排剪力钉的受力状态；观察与测试索塔混凝土在不同荷载等级下的裂缝分布及裂缝发展状况；确认索塔锚固区整体承载能力及安全储备。

3.6.2　索力传力机理

为了减小计算规模，采用一半索塔结构进行数值分析；同时考虑到钢锚箱的加劲板主要起防止板件局部失稳的作用，对整体锚固区的应力分布影响不大，因此不考虑钢锚箱中的加劲板件，只考虑钢锚箱的侧面拉板、竖向端板和平行于斜拉索的支承板。

在进行有限元建模时，索塔的混凝土用实体单元模拟，钢锚箱的钢板用空间壳单元模拟，见图3.6-4。

塔壁混凝土和钢锚箱的连接是非常复杂的，竖向既有剪力钉传力，又有钢锚箱的端板和混凝土塔壁的摩擦力，水平向上既有剪力钉传力，又有混凝土和钢锚箱端板的接触压力。要精确计算索塔锚固区的受力情况，必须真实地模拟混凝土塔壁、钢锚箱端板以及剪力钉之间的传力。

为了精确计算索塔锚固区的受力情况，做了以下假定：

（1）所有材料均为弹性，各项同性。

（2）钢锚箱和混凝土塔壁之间无相对滑动。

基于上述假定，混凝土塔壁与钢锚箱的端板紧密结合在一起，两者之间考虑摩擦作用，摩阻系数取0.4，混凝土塔壁与钢锚箱的端板之间的每个剪力钉用三维弹簧单元模拟见图3.6-5所示，这一弹簧单元既能传递垂直作用力，又能传递竖向剪力和横向剪力。

实际工程中混凝土强度等级为C50，钢材为Q345d，计算模型中混凝土弹性模量E_c=3.45×10^{4}MPa，钢材弹性模量E_s=2.1×10^{5}MPa。剪力钉的抗剪刚度系数采用220kN/mm，轴向刚度系数采用382kN/mm。

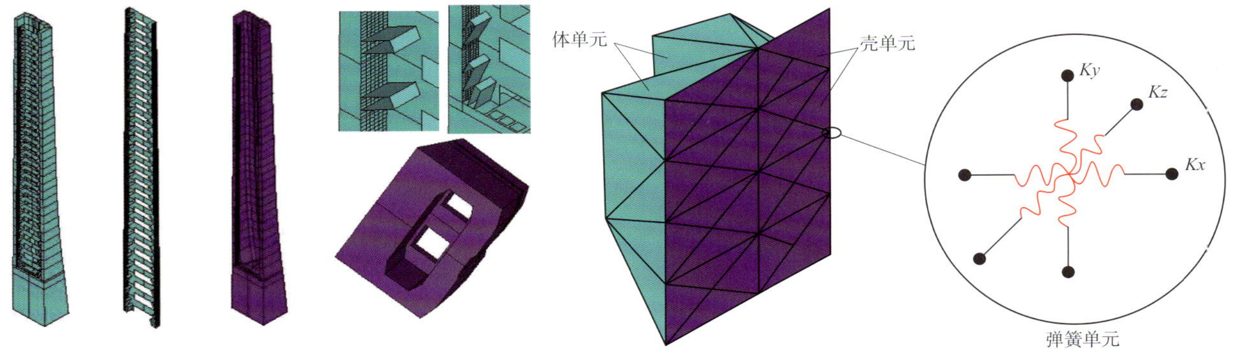

图 3.6-4　索塔实体模型及局部放大模型

图 3.6-5　索混凝土与端板间的单元局部模型

计算时斜拉索索力取各种工况组合时的最大索力值，见表3.6-1。

索力以线荷载的方式加到2块支承板上。塔柱底面实心断面处沿塔壁厚度外边缘的节点施加x、y、z三个方向的位移约束。

1）水平分力的传力机理

根据前面的分析知道索塔锚固区中能够承担斜拉索水平分力的构件主要有钢锚箱侧板、横隔板和混凝土塔壁。

在表3.6-2及图3.6-6中给出了荷载标准值组合下钢锚箱侧板、横隔板和混凝土塔壁斜拉索水平分力分配比例关系。节段2位于索塔锚固区的底部，节段23位于索塔锚固区的顶部。

荷载标准值组合斜拉索水平分力分配关系表　　表 3.6-2

节段号	边跨索力（kN）	边跨索力水平分力（kN）	中跨索力（kN）	中跨索力水平分力（kN）	索力水平分力平均值（kN）	侧板水平拉力（kN）	横隔板水平拉力（kN）	侧板承担比例（%）	横隔板承担比例（%）	混凝土承担比例（%）
23	11 209	10 103	11 267	10 343	10 223	5 424	780	53.1	7.6	39.3
22	11 185	10 058	11 226	10 264	10 161	7438	990	73.2	9.7	17.0
21	10 343	9 282	10 366	9 440	9 361	7 337	959	78.4	10.2	11.4
20	9 493	8 476	9 511	8 620	8 548	6 789	884	79.4	10.3	10.2
19	9 462	8 393	9 478	8 541	8 467	6 464	850	76.3	10.0	13.6
18	9 108	8 027	9 121	8 169	8 098	6 229	823	76.9	10.2	12.9
17	9 079	7 939	9 090	8 083	8 011	6 139	816	76.6	10.2	13.2

续上表

节段号	边跨索力（kN）	边跨索力水平分力（kN）	中跨索力（kN）	中跨索力水平分力（kN）	索力水平分力平均值（kN）	侧板水平拉力（kN）	横隔板水平拉力（kN）	侧板承担比例（%）	横隔板承担比例（%）	混凝土承担比例（%）
16	9 052	7 846	8 415	7 424	7 635	5 970	784	78.2	10.3	11.5
15	8 382	7 199	8 389	7 331	7 265	5 644	735	77.7	10.1	12.2
14	7 558	6 418	7 562	6 540	6 479	5 163	665	79.7	10.3	10.0
13	6 738	5 647	7 540	6 434	6 041	4 772	613	79.0	10.1	10.9
12	6 720	5 542	7 518	6 314	5 928	4 504	575	76.0	9.7	14.3
11	6 385	5 166	6 703	5 531	5 348	4 166	528	77.9	9.9	12.2
10	6 369	5 033	6 369	5 138	5 086	3 891	493	76.5	9.7	13.8
9	6 354	4 877	6 353	4 981	4 929	3 663	465	74.3	9.4	16.3
8	6 340	4 694	5 866	4 439	4 566	3 556	431	77.9	9.4	12.7
7	5 855	4 141	5 538	4 005	4 073	3 229	384	79.3	9.4	11.3
6	5 529	3 684	5 527	3 765	3 724	2 876	337	77.2	9.0	13.7
5	5 519	3 394	4 890	3 076	3 235	2 449	305	75.7	9.4	14.9
4	4 883	2 694	4 882	2 750	2 722	2 080	254	76.4	9.3	14.2
3	4 876	2 297	4 875	2 340	2 319	1 653	200	71.3	8.6	20.1
2	4 245	1 571	4 244	1 596	1 584	945	127	59.6	8.0	32.3

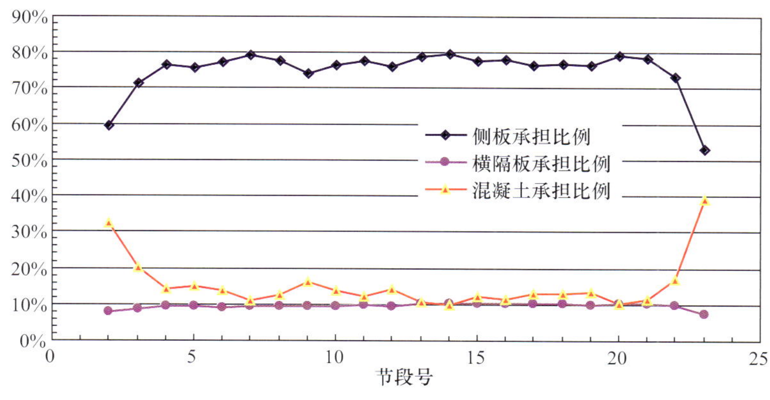

图 3.6-6　斜拉索索力的水平分力分配图

从计算结果看出：在节段22号和23号以及节段2和3号处钢锚箱侧板承担的水平分力比其他节段少，混凝土承担的比例比其他节段要多一些，主要原因是索塔锚固区底部与混凝土底座横梁相连，顶部与封闭的塔顶混凝土相连，其较大的刚度引起塔壁混凝土承担了相对其他节段更多的水平分力。但从节段4~节段21看出，这一部分的侧板、横隔板和混凝土承受的水平分力比例相对均匀，其中侧板承担了70%~75%的水平力，横隔板承担了10%左右的水平力，混凝土承担了10%~15%的水平力。从这里也可以看出，钢锚箱能够承担80%以上的斜拉索水平分力，是一个很好的索塔锚固结构。

2）竖向分力的传力机理

前面已经提到，索塔锚固区中承担斜拉索竖向分力主要构件有钢锚箱侧板、端板和混凝土塔壁。

在表3.6–3及图3.6–7中给出了荷载标准值组合下钢锚箱侧板、端板和混凝土塔壁斜拉索水平分力分配比例关系。表中的竖向力位于每个钢锚箱节段底部截面处。

荷载标准值组合斜拉索竖向分力分配关系表 表 3.6–3

节段号	竖向力（kN）					分担比例（%）				
	总和	混凝土	侧板	主跨端板	边跨端板	混凝土	侧板	主跨端板	边跨端板	钢结构
23	−9 323	−7 462	−671	−586	−602	80.0	7.2	6.3	6.5	19.9
22	−18 765	−16 280	−669	−881	−915	86.8	3.6	4.7	4.9	13.1
21	−27 611	−24 602	−769	−1 117	−1 094	89.1	2.8	4.0	4.0	10.8
20	−35 906	−32 329	−1 057	−1 216	−1 155	90.0	2.9	3.4	3.2	9.5
19	−44 383	−39 326	−1 909	−1 550	−1 434	88.6	4.3	3.5	3.2	11.0
18	−52 744	−46 191	−2 803	−1 870	−1 722	87.6	5.3	3.5	3.3	12.1
17	−61 306	−53 310	−3 806	−2 064	−1 844	87.0	6.2	3.4	3.0	12.6
16	−69 781	−60 541	−4 565	−2 271	−2 063	86.8	6.5	3.3	3.0	12.8
15	−78 154	−67 673	−5 315	−2 533	−2 236	86.6	6.8	3.2	2.9	12.9
14	−85 943	−74 509	−5 875	−2 738	−2 363	86.7	6.8	3.2	2.7	12.8
13	−93 549	−81 039	−6 529	−3 018	−2 449	86.6	7.0	3.2	2.6	12.8
12	−101 431	−87 575	−7 341	−3 331	−2 606	86.3	7.2	3.3	2.6	13.1
11	−108 970	−94 021	−7 994	−3 579	−2 733	86.3	7.3	3.3	2.5	13.1
10	−116 636	−100 409	−8 747	−3 871	−2 894	86.1	7.5	3.3	2.5	13.3
9	−124 653	−106 883	−9 621	−4 248	−3 094	85.7	7.7	3.4	2.5	13.6
8	−132 750	−113 606	−10 484	−4 525	−3 255	85.6	7.9	3.4	2.5	13.8
7	−140 713	−120 269	−11 195	−4 850	−3 415	85.5	8.0	3.4	2.4	13.8
6	−148 883	−127 009	−12 060	−5 162	−3 507	85.3	8.1	3.5	2.4	13.9
5	−157 036	−133 644	−13 026	−5 425	−3 665	85.1	8.3	3.5	2.3	14.1
4	−165 143	−139 808	−14 068	−5 898	−3 903	84.7	8.5	3.6	2.4	14.5
3	−173 720	−145 273	−15 688	−6 685	−4 346	83.6	9.0	3.8	2.5	15.4
2	−181 596	−147 930	−16 368	−9 119	−3 879	81.5	9.0	5.0	2.1	16.2

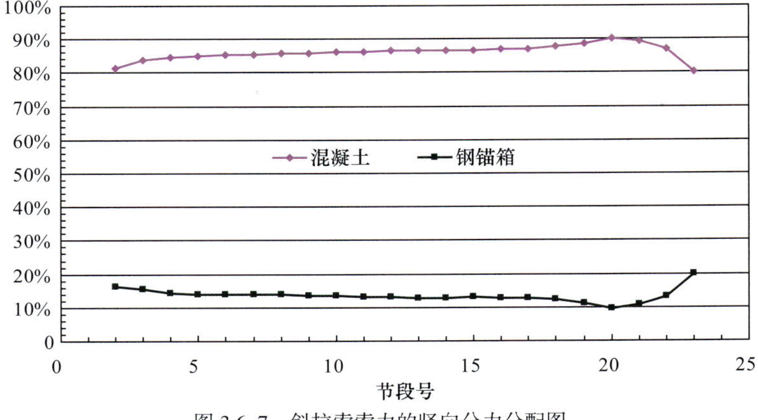

图 3.6–7 斜拉索索力的竖向分力分配图

从上述图表中可以看出：在节段23号处钢锚箱承担的竖向分力比其他节段要大，主要原因是在斜拉索索力作用下23号节段塔壁混凝土受力扩散范围比其他节段小。而其他节段的钢锚箱和混凝土承受的竖向分力比例相对均匀，其中钢锚箱承担了10%~15%的竖向力，混凝土承担了

85%~90%的竖向力。从这里也可以看出，混凝土塔壁能够承担80%以上的斜拉索竖向力，这也是我们所希望做到的。

3）钢锚箱板件对索力分配的影响

为了比较钢锚箱中主要受力板件尺寸变化对斜拉索竖向以及水平向分力在各构件中的分配关系的影响，这里通过改变钢锚箱的侧板和横隔板的厚度变化，其他构件的尺寸均与原算例（上海长江大桥）中的相同；取侧板厚度分别为20mm、30mm、40mm、50mm、60mm、70mm和80mm，相应的横隔板厚度分别为8mm、12mm、15mm、18mm、22mm、25mm和30mm，计算了7种情况下的斜拉索索力的水平分力和竖向分力的分配变化，并分析了变化规律。

图3.6–8、图3.6–9分别给出了钢锚箱、混凝土承担的水平分力随侧板和横隔板厚度变化情况，图3.6–10、图3.6–11分别给出了钢锚箱、混凝土承担的竖向分力随侧板和横隔板厚度变化情况。

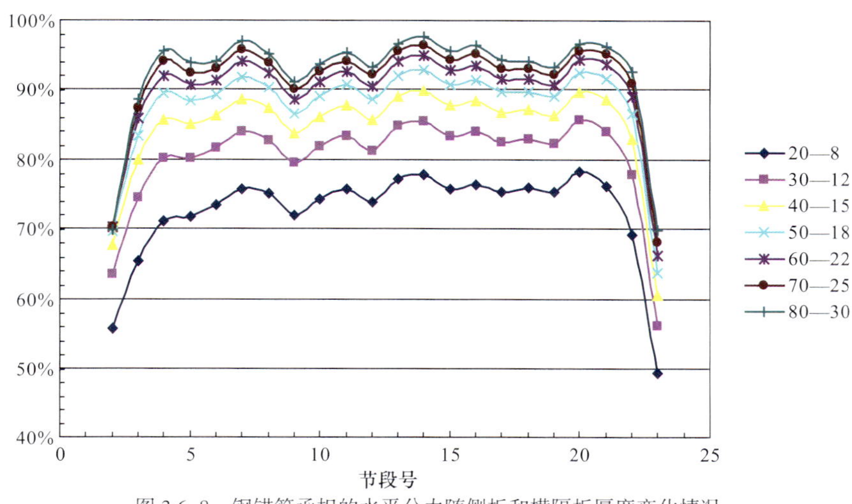

图 3.6–8　钢锚箱承担的水平分力随侧板和横隔板厚度变化情况

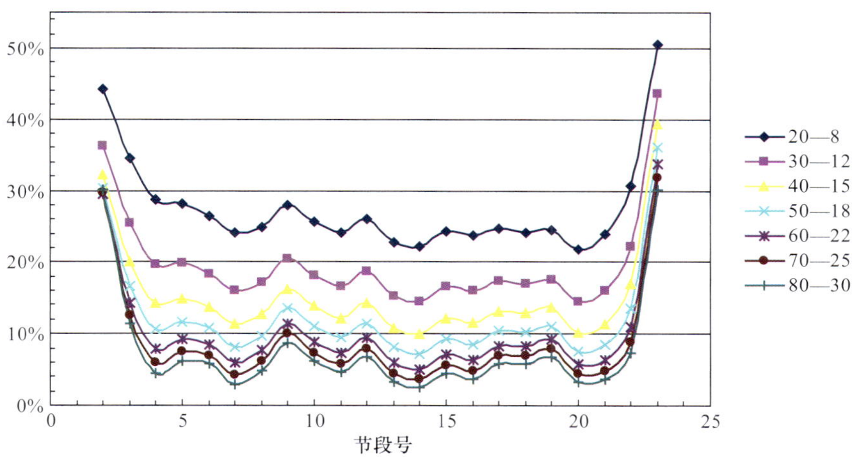

图 3.6–9　混凝土承担的水平分力随侧板和横隔板厚度变化情况

从图3.6–8中看出，在侧板厚度为20mm时钢锚箱承担的拉索水平分力大部分在71%~78%之间，随着钢锚箱侧板和横隔板厚度的递增，钢锚箱承担的水平力增大，在侧板厚度为80mm时钢锚箱承担的拉索水平分力大部分在91%~96%之间。另外随着钢锚箱侧板和横隔板厚度的递增，钢锚箱承担的水平力变化数率不均匀，其中当侧板厚度20mm变为30mm时，钢锚箱承担拉索水平分力变化的幅度最大，增加约10%，之后侧板厚度变化时钢锚箱承担拉索水平分力变化的幅度递减，当侧板厚度达到50mm以上时，随侧板厚度增加时钢锚箱承担拉索水平分力变化的幅度约为1%~3%。从图3.6–9中看出，混凝土承担的拉索水平分力随钢板厚度的增加相应减少。由此看出改善混凝土索塔钢锚箱中拉索水平分力在板件厚度少于50mm时，效果比较明显，当超过50mm时效果不明显。

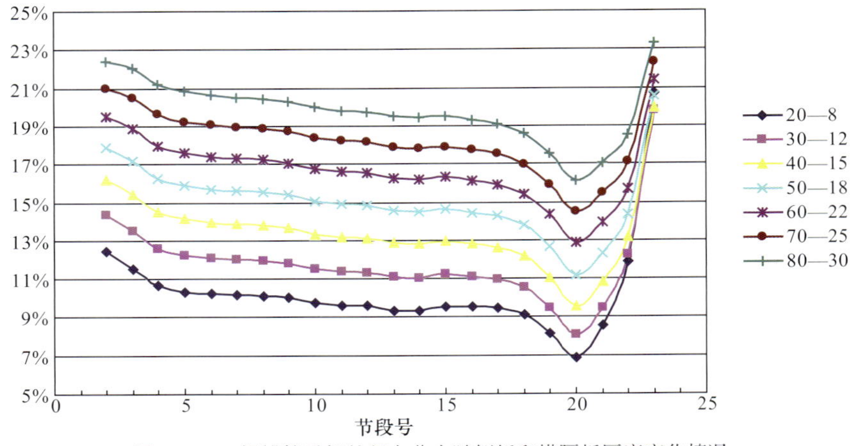

图 3.6-10 钢锚箱承担的竖向分力随侧板和横隔板厚度变化情况

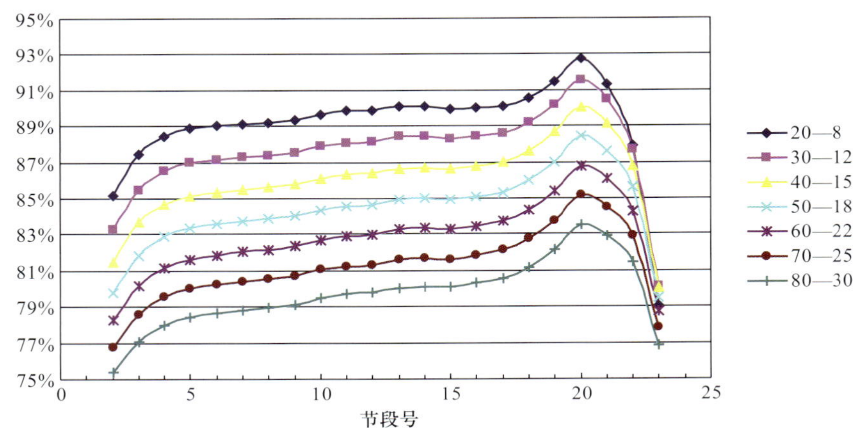

图 3.6-11 混凝土承担的竖向分力随侧板和横隔板厚度变化情况

从图3.6-10中看出，在侧板厚度为20mm时钢锚箱承担的拉索竖向分力大部分在9%~11%之间，随着钢锚箱侧板和横隔板厚度的递增，钢锚箱承担的竖向力增大，在侧板厚度为80mm时钢锚箱承担的拉索竖向分力大部分在18%~20%之间。另外随着钢锚箱侧板和横隔板厚度的递增，钢锚箱承担的竖向分力变化数率比较均匀，钢板每增加10mm，钢锚箱承担的竖向分力增加约2%左右。从图3.6-11中看出混凝土承担的拉索竖向分力随钢板厚度的增加相应在减少。由此看出改变钢锚箱板件厚对混凝土索塔钢竖向分力的影响不大。

4）简化计算方法

工程上用于计算斜拉桥索塔受力的方法主要是有限元方法，最详细的有限元方法是建立全真的实体计算模型进行计算，如前文计算采用的方法，当斜拉桥索塔的高度超过200m时，建立全真的实体索塔模型计算需要花费非常高的计算费用，是很难实现的。因此可以通过一些假定和简化方法进行分析，得到适用可靠的结果。

根据斜拉桥的总体受力特点，斜拉索的在靠近塔顶位置的索力大于其靠近塔底位置的索力，另外斜拉索与竖向的夹角在靠近塔顶位置的索力也大于其靠近塔底位置的，因此控制索塔锚固区水平分力的节段位于塔顶部位置，因此可以取出塔顶部位的钢锚箱来研究索塔锚固区的水平方向的受力。

由于斜拉桥索塔的竖向力传递自上而下需考虑斜拉索索力竖向分力的累加效应，因此研究索塔竖向力时必须取全部的索塔锚固区节段研究。但是由于传递竖向力主要是由混凝土塔壁承受，大部分的竖向力是通过钢锚箱与混凝土塔壁间的剪力钉传递的，因此在研究斜拉索索力竖向分力时可以用只考虑钢锚箱、剪力钉和混凝土三部分的简化模型。

（1）水平分力传力简化计算方法

根据前文的计算分析可知，索塔锚固区承受斜拉索水平分力的最不利位置位于塔顶附近，因此计算分析时可以取顶部的索塔锚固区节段分析索塔锚固区的水平受力情况。但是具体需要取多少个钢锚箱节段需要研究，要既能保证计算的精度，又能节约计算资源。

计算方法一：顶部空间有限元模型计算方法

基本假定如下：

a.索塔受力分析时材料为理想弹性。

b.索塔中混凝土与钢锚箱之间的连接可靠，能够保证两者共同工作。

混凝土实体可以采用体单元模拟，钢锚箱的钢板可以用体单元模拟也可以用有厚度的板壳的单元模拟。考虑到钢锚箱中钢板的厚度与混凝土的厚度相比较薄，用体单元模拟钢板会使得单元的数量过多，要占用较大的计算时间，因此索塔锚固区的混凝土采用10节点四面体单元模拟，钢锚箱的钢板采用8节点壳单元模拟。部分索塔的实体有限元模型图如图3.6–12所示。

从索塔的顶部开始取n个索塔锚固区节段进行分析［图3.6–13a）］，能够得到索塔上最危险部位的应力分布情况。

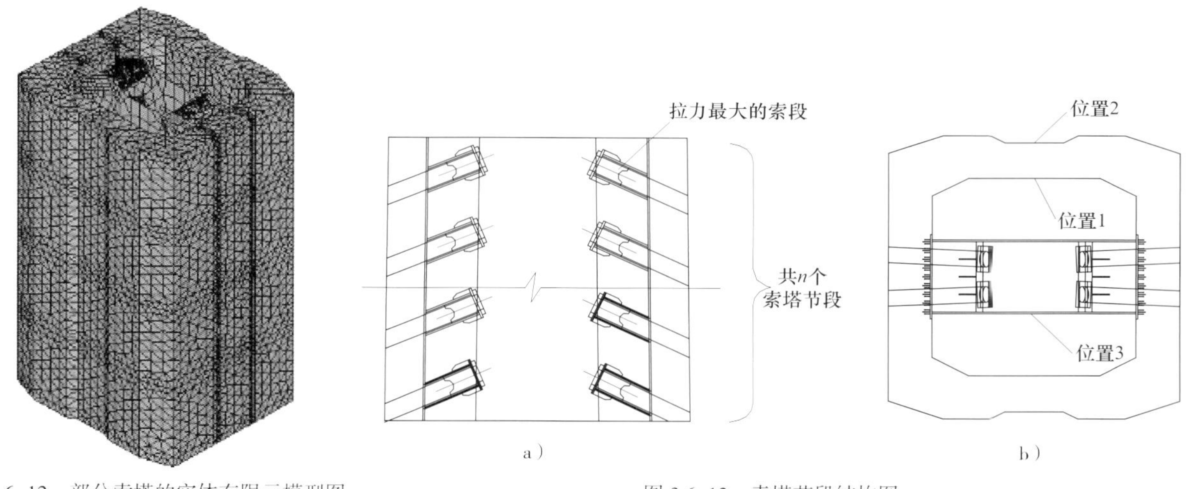

图 3.6–12　部分索塔的实体有限元模型图

图 3.6–13　索塔节段结构图

a）n 个索塔节段立面图；b）应力计算点平面布置图

如果n=1，只有受力最大的一个索塔锚固区节段，进行有限元计算时位移边界条件对索塔锚固区节段的局部应力会有一定的影响，只有n取较大值时，位移边界条件对受力最大的索塔锚固区节段的影响才会不大。如图3.6–12所示的混凝土索塔钢锚箱为例，在表3.6–4中给出了不同位移边界条件、不同的索塔节段数n，受力最大的索塔锚固区节段的受力计算结果。表3.6–4中位移边界条件1：在第n个索塔节段的底部不允许有竖向位移，允许索塔在横截面内有相对的水平位移；位移边界条件2：在第n个索塔节段的底部不允许有竖向位移，也不允许索塔在横截面内有相对的水平位移，即整个底面固结。由表3.6–4看出，在位移边界条件一定时，n越大，计算结果的差别越小，当n取6~8时，计算结果很接近，取8~12时，计算结果差别不超过1%；当索塔节段数n一定，两种位移边界条件对计算结果的影响在$n<6$时差别较大，当n=6时差别不大，当$n>6$时不同的位移边界条件对计算结果几乎没有影响。根据以上的分析得到以下结论：大跨度斜拉桥索塔锚固区取8个索塔节段进行受力计算，能够保证计算结果的精度和可靠性。

受力最大的索塔锚固区节段的正应力计算结果（MPa） 表 3.6-4

索塔节段数 n	位移边界条件 1			位移边界条件 2		
	位置 1	位置 2	位置 3	位置 1	位置 2	位置 3
2	2.960	−1.768	97.631	0.89	−0.198	56.110
4	2.601	−1.503	82.208	2.428	−0.742	74.460
6	2.638	−1.350	81.114	2.675	−1.164	81.939
8	2.667	−1.374	81.495	2.665	−1.369	82.118
10	2.671	−1.368	81.462	2.668	−1.382	81.794
12	2.670	−1.369	81.465	2.668	−1.375	81.680

注：表中位置 1 代表索塔顺桥向内壁混凝土中点处，位置 2 代表索塔顺桥向外壁混凝土中点处，位置 3 代表钢侧板中点处，索塔节段数 n 及应力计算点的位置见图 3.6-13b）。

计算方法二：索塔锚固区单位高度的简化实体计算模型

尽管用实体结构的有限元方法可以得到比较完整详细的计算结果，然而它不仅建造模型复杂，而且计算工作量也相当大，只有对结构进行详尽的分析时可以采用这种方法，但在确定索塔尺寸、塔壁厚度和钢侧板的厚度等的结构方案初步设计计算时，不应采用这种复杂的方法，应采用一些简化的计算方法。

由于大跨度斜拉桥的索形不论采用扇形还是竖琴形，在索塔上的索距比较均匀，并且斜拉索的数目比较多，索塔横截面在拉索区的形状尺寸变化较小，这种结构形式的索塔在横截面内的受力和变形都是相似的，接近于平面应变。根据前文的计算知道，钢锚箱承担的拉索水平分力沿塔高度方向也比较均匀。因此可以把索塔锚固区沿高度方向取单位高度的结构进行研究。

如果忽略钢锚箱的刚度对结构的影响，只用钢侧板与混凝土相连，把拉索的拉力均匀分布到钢侧板的局部位置上。这样可以只取索塔高度方向单位长度的索塔计算，这种简化计算方法能够计算索塔混凝土在水平方向的应力，能够计算钢侧板分担的水平拉力，在确定索塔尺寸、塔壁厚度和钢侧板的厚度等结构方案初步设计计算时很有效。采用10节点四面体单元模拟混凝土，用8节点壳单元模拟钢侧板，用该方法分别建立的混凝土索塔钢锚箱的有限元模型如图3.6-14所示。

计算方法三：平面框架的简化计算模型

采用单位高度的简化实体有限元法与采用全真的实体有限元法相比，不论是在建立结构模型还是在计算时间都大大简化，但这两种方法都必须借助于计算机求解，不能通过人工计算得到。为了能够满足工程设计人员的计算或检验计算机计算的正确性，有必要寻找更简化的方法。

在锚固区索塔节段处，左右两边的拉索水平分力一般是不等的，但相差不大，若保守取较大的水平分力代替较少的水平分力，使得左右的荷载对称，再由于混凝土索塔钢锚箱的横截面是对称的。因此在单位高度简化实体有限元法的基础上，建立了平面框架模型，并把整个结构按正对称模型简化，只取1/4结构得到计算模型如图3.6-15所示。这种方法用手工计算就可得到各个杆件的内力，从而得到索塔在水平方向上钢侧板分担的拉力，进一步计算可得到混凝土塔壁在水平方向的应力。

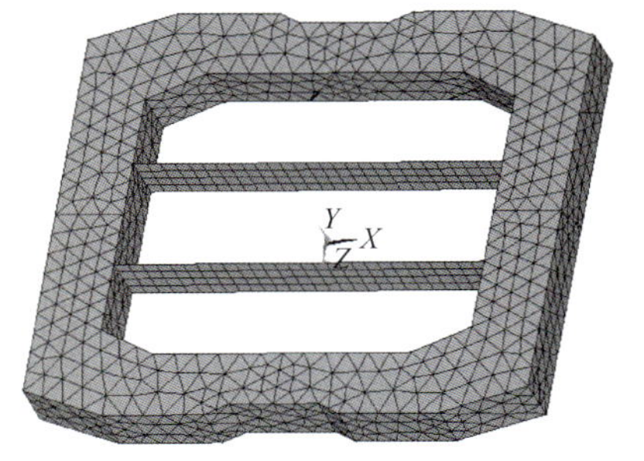

图 3.6-14 索塔锚固区单位高度的简化实体有限元模型图

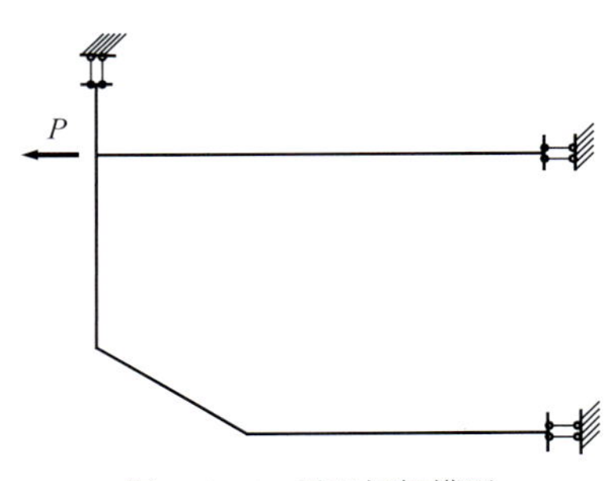

图 3.6-15 平面框架模型

各种计算方法的比较：

为了比较不同计算方法计算结果的精度，本文以苏通长江大桥为例用上述三种方法分别计算。基本资料为：最顶部斜拉索拉力$F_{左}$=6 429kN，$F_{右}$=6 191kN，拉索与水平面夹角α=24.642°，混凝土弹性模量$E=3.3\times10^7$kN/m²，泊松比v=0.1667，钢材弹性模量$E=2.01\times10^8$kN/m²，泊松比v=0.3，结构尺寸见图3.6–16所示。

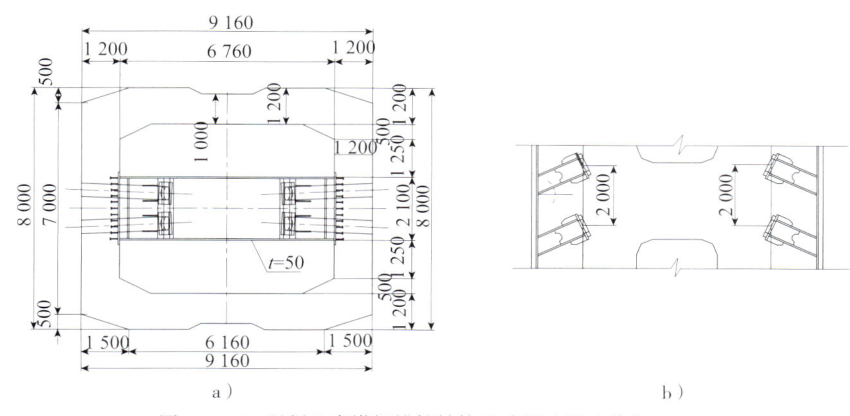

图 3.6–16 混凝土索塔钢锚箱结构尺寸图（尺寸单位：mm）

a）平面图；b）正立面图

本研究对该结构的混凝土索塔钢锚箱分别用上述三种方法进行了计算，为了便于比较三种方法的计算结果，在表3.6–5中只列出了图3.6–14所示位置1~7处混凝土在水平面内的正应力，以及钢侧板分担拉索水平拉力的比例。其中钢侧板分担拉索水平拉力的比例，在方法一、二中是根据钢侧板上的应力换算得到，在方法三中是根据钢侧板的轴力换算得到。通过表3.6–5可以看出，三种计算方法计算混凝土塔壁在1~6位置处的应力和钢侧板分担拉索水平力的比例相差不大，在塔壁7位置的应力相差较大，主要是三种计算方法在处理钢与混凝土连接的方法不同造成的。

不同方法计算混凝土索塔钢锚箱的结果表　　表 3.6–5

计算方法	位置点处的应力（MPa）							钢侧板分担比例（%）
	1	2	3	4	5	6	7	
方法一	2.770	−1.610	1.541	−0.538	2.321	−2.191	3.037	82.10
方法二	2.840	−1.760	1.531	−0.512	2.391	−2.281	3.672	82.30
方法三	2.910	−1.660	1.585	−0.525	2.432	−2.176	4.401	78.00

混凝土索塔钢锚箱的水平受力计算可以建立实体有限元模型进行，也可以用简化的计算方法进行，在结构方案的初步设计时可以用简化的计算方法进行截面尺寸的比较，得到主要构件的尺寸，在结构构件的详细受力分析时，可以用实体有限元的模型进行，索塔节段一般取8个可以得到较为精确、详细的结果。

（2）竖向分力传力的简化计算方法

由于斜拉桥索塔的竖向力传递自上而下需考虑斜拉索索力竖向分力的累加效应，因此研究索塔竖向力时必须取全部的索塔锚固区节段研究。但是由于传递竖向力主要是由混凝土塔壁承受，大部分的竖向力是通过钢锚箱与混凝土塔壁间的剪力钉传递的，因此在研究斜拉索索力竖向分力时可以用只考虑钢锚箱、剪力钉和混凝土三部分的简化模型。

本研究提出的斜拉索竖向分力传力计算模型的简化方法如下：首先对混凝土塔壁和钢锚箱进行分离，在整个锚固区对两者分别建立杆系单元，把每个钢锚箱与混凝土塔壁上的剪力钉按照抗剪刚度等效集合成为一个剪力钉，索塔中混凝土塔壁和钢锚箱的杆系单元通过该剪力钉连接。荷载作用方式只计斜拉索的竖向分力作用到钢锚箱杆系的相应节点上。模型的约束根据索塔的实际情况在把混凝土和钢锚箱单元在塔底部的节点固结，模型如图3.6-17所示。尽管图3.6-17显示的混凝土单元和钢锚箱单元在水平方向上有一定的距离，实际上在建立有限元模型时两者的单元节点位置重合，但编号不同。图3.6-18显示上海长江大桥中实际模型的混凝土塔壁和钢锚箱的实际截面位置。

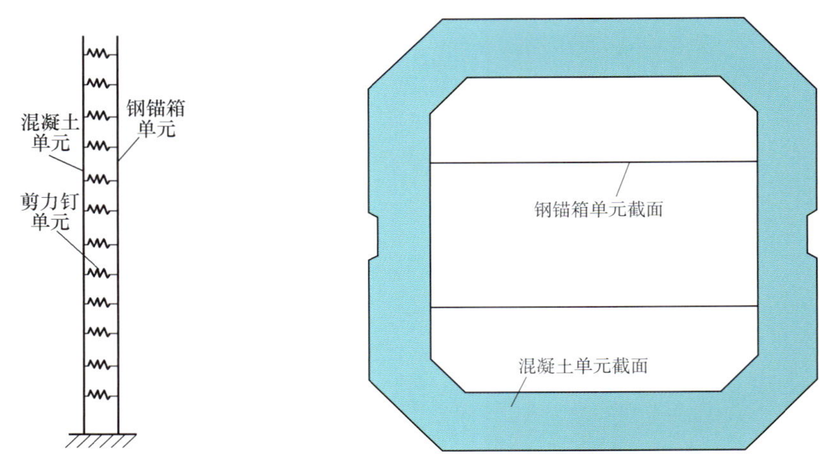

图 3.6-17　拉索竖向分力传力简化计算模型图　　　图 3.6-18　模型中单元位置

由于真实结构中的钢锚箱侧板挖孔，使得其在水平截面上不是钢锚箱全长都能承受竖向压力，而杆系计算中钢锚箱的侧板视为全长有效，因此在进行杆系计算时需对侧板的厚度进行换算，按照接触面积等效原则，换算到全长有效的侧板厚度为22.86mm。见图3.6-19。

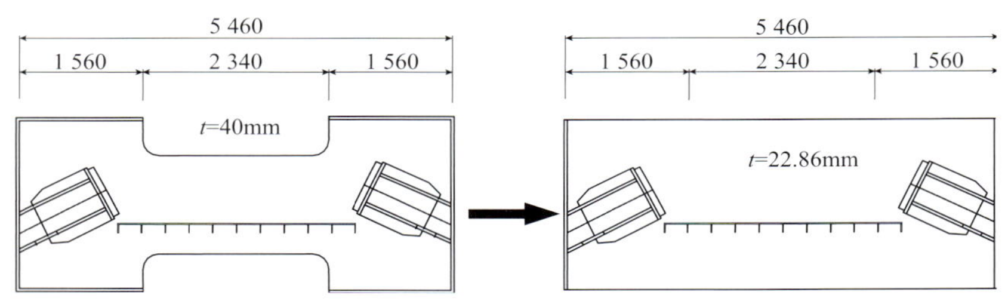

图 3.6-19　侧板厚度变化示意图（尺寸单位：mm）

经计算得到了模型中钢锚箱和混凝土承受的轴向力见表3.6-6，并在图3.6-20给出了简化计算方法结果与空间有限元计算结果的比较。

荷载标准值组合斜拉索竖向分力分配关系表　　表 3.6-6

节段编号	简化计算竖向力（kN）			分担比例			
				简化计算		空间有限元计算	
	总和	混凝土	钢锚箱	混凝土	钢锚箱	混凝土	钢锚箱
23	−9 323	−8 032	−1 291	86.15%	13.85%	80.0%	19.9%
22	−18 765	−16 056	−2 709	85.56%	14.44%	86.8%	13.1%
21	−27 611	−23 598	−4 013	85.47%	14.53%	89.1%	10.8%
20	−35 906	−30 325	−5 581	84.46%	15.54%	90.0%	9.5%
19	−44 383	−38 775	−5 609	87.36%	12.64%	88.6%	11.0%
18	−52 744	−45 559	−7 185	86.38%	13.62%	87.6%	12.1%
17	−61 306	−52 832	−8 474	86.18%	13.82%	87.0%	12.6%

续上表

节段编号	简化计算竖向力（kN）			分担比例			
				简化计算		空间有限元计算	
	总和	混凝土	钢锚箱	混凝土	钢锚箱	混凝土	钢锚箱
16	-69 781	-60 109	-9 672	86.14%	13.86%	86.8%	12.8%
15	-78 154	-67 265	-10 888	86.07%	13.93%	86.6%	12.9%
14	-85 943	-74 030	-11 913	86.14%	13.86%	86.7%	12.8%
13	-93 549	-80 642	-12 907	86.20%	13.80%	86.6%	12.8%
12	-101 431	-87 370	-14 061	86.14%	13.86%	86.3%	13.1%
11	-108 970	-93 913	-15 057	86.18%	13.82%	86.3%	13.1%
10	-116 636	-100 484	-16 152	86.15%	13.85%	86.1%	13.3%
9	-124 653	-106 923	-17 730	85.78%	14.22%	85.7%	13.6%
8	-132 750	-114 345	-18 405	86.14%	13.86%	85.6%	13.8%
7	-140 713	-121 267	-19 446	86.18%	13.82%	85.5%	13.8%
6	-148 883	-128 240	-20 642	86.14%	13.86%	85.3%	13.9%
5	-157 036	-135 322	-21 713	86.17%	13.83%	85.1%	14.1%
4	-165 143	-142 334	-22 808	86.19%	13.81%	84.7%	14.5%
3	-173 720	-149 578	-24 142	86.10%	13.90%	83.6%	15.4%
2	-181 596	-155 852	-25 744	85.82%	14.18%	81.5%	16.2%

根据表3.6-6数值和图3.6-20看出简化计算方法与实体有限元计算索塔竖向力分配比例的结果比较接近，只在索塔锚固区的顶部和底部略有差别，主要是两种模型所受到边界条件不同造成的。

混凝土索塔钢锚箱的斜拉索竖向受力的分配计算可以建实体有限元模型进行，也可以用简化的计算方法进行，用简化的计算方法可以得到与实体计算比较接近的结果。

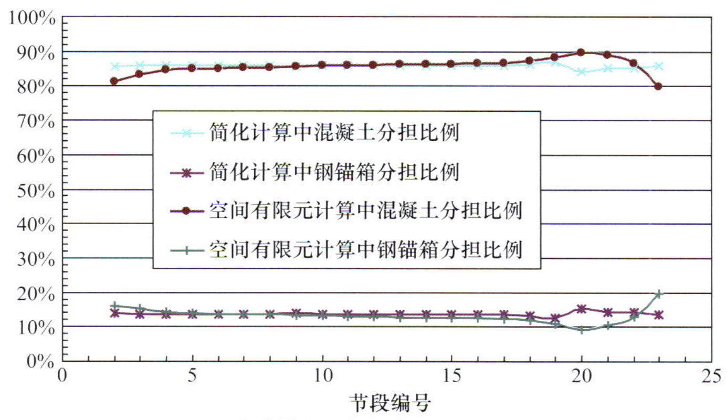

图 3.6-20　两种计算方法斜拉索竖向分力分配关系比较

3.6.3　索塔混凝土结构受力特性分析

1）受力性能特点

斜拉桥的混凝土索塔受到的恒载有索塔的自重和斜拉索传来主梁、桥面系和拉索的质量，受到的活荷载有自身受到的风荷载和斜拉索传来的活荷载，其中斜拉索传来的活荷载包括斜拉索受到的风荷载和主梁、桥面系受到的活荷载，另外索塔还受到斜拉索的预拉力、地震荷载和温度等荷载作用。从总体受力上来说，斜拉桥的索塔不仅要承受巨大的轴力，还要承受很大的弯矩。

本节用杆系有限元方法计算索塔受力，比较组合截面与混凝土截面的计算结果差别，给出钢锚箱对索塔应力结果的影响程度。另外通过空间实体有限元模型计算索塔的真实受力情况，与杆系有限元方法计算结果比较，分析钢锚箱引起索塔截面变化对计算结果的影响。

2）实体有限元方法计算

在用实体有限元计算整个索塔锚固区时，由于结构复杂、钢锚箱板件数量众多，由于研究的主要内容在于比较塔壁混凝土的受力情况，因此在建立有限元模型时对结构进行简化。对钢锚箱简化时不考虑钢锚箱的承压板和加劲板，只考虑钢锚箱的侧板拉板、竖向端板、平行与拉索方向的支承板和横隔板。又因为索塔锚固区在横桥向结构对称，因此利用对称性取半个结构进行分析。考虑到边界条件的影响，建立模型时取至锚固区底部的横梁以下塔壁混凝土。

空间有限元模型中混凝土塔壁采用了8节点六面体单元，钢锚箱采用了8节点壳单元，钢锚箱和混凝土塔壁间的剪力钉采用了三维弹簧单元，抗剪刚度系数采用220kN/mm，轴向刚度系数采用382kN/mm。有限元模型如图3.6–21和图3.6–22所示。

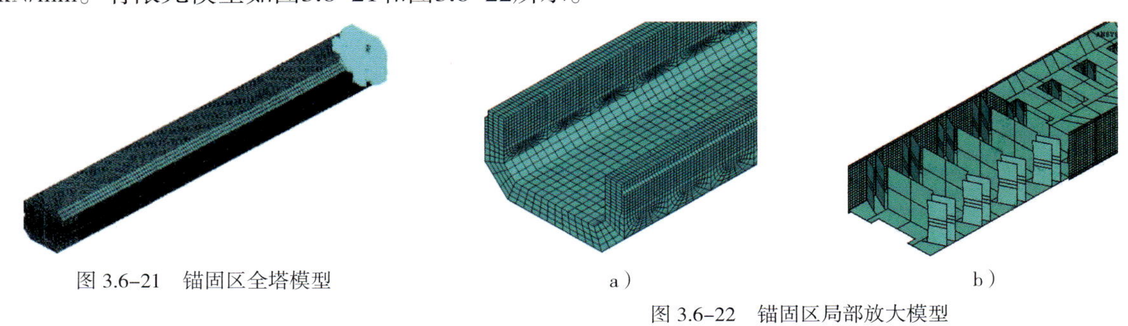

图 3.6–21　锚固区全塔模型

a）　　b）

图 3.6–22　锚固区局部放大模型

a）混凝土塔壁；b）锚固区钢锚箱

荷载与杆系计算相同，只是索力以线荷载的方式加到两块支承板上。塔柱底面实心断面处沿塔壁厚度一圈施加x、y、z三个方向的位移约束。

经计算得到混凝土塔壁从8个不同方向观察的应力分布如图3.6–23所示。从图中看出混凝土塔壁总体呈现偏心受压的的特征，塔壁外侧的混凝土受力变化比较平缓，但塔壁内侧靠近钢锚箱支承板位置应力变化较大。塔壁外侧在底部位置最大压应力达到了11.29MPa，塔壁内侧靠近钢锚箱支承板位置压应力最大达到12.846MPa。

与杆系方法计算结果比较，可以看出，杆系有限元方法和实体有限元方法计算的塔壁混凝土应力总体分布规律相同。塔壁外表面的应力结果相比看出，考虑组合截面的杆系有限元计算得到的结果与实体有限元计算的比较接近，两者模型底部的混凝土的最大压应力分别为11.50MPa和11.29MPa，组合截面的杆系有限元的结果比实体有限元计算的稍大一点，考虑混凝土截面的杆系有限元计算的结果比实体有限元计算的要大一些，两者模型底部的混凝土的最大压应力分别为12.872MPa和11.29MPa。

另外，由图3.6–23看出塔壁混凝土在内表面靠近钢锚箱支承板附近的应力明显要大于周边其他位置，这一现象在杆系有限元计算中反映不出来。而且在塔壁内侧靠近钢锚箱支承板附近的应力要比塔壁外表面的应力大，该结构内侧的最大压应力为12.846MPa，外侧最大压应力为11.29MPa，主要是因为内表面是不均匀的局部应力而表面是相对均匀的整体应力。

另外，在实体有限元计算中不仅能够得到混凝土的竖桥向应力还能够得到其他方向的应力，图3.6–24给出了索塔锚固区底部截面的三个方向的应力分布图。

在杆系计算中截面取法有混凝土截面和组合截面两种，对比图3.6–22和图3.6–23看出，采用组合截面的杆系有限元方法的计算结果更接近实体有限元的计算结果，而采用混凝土截面杆系有限元方法的计算结果与实体有限元的计算结果相差大一些。

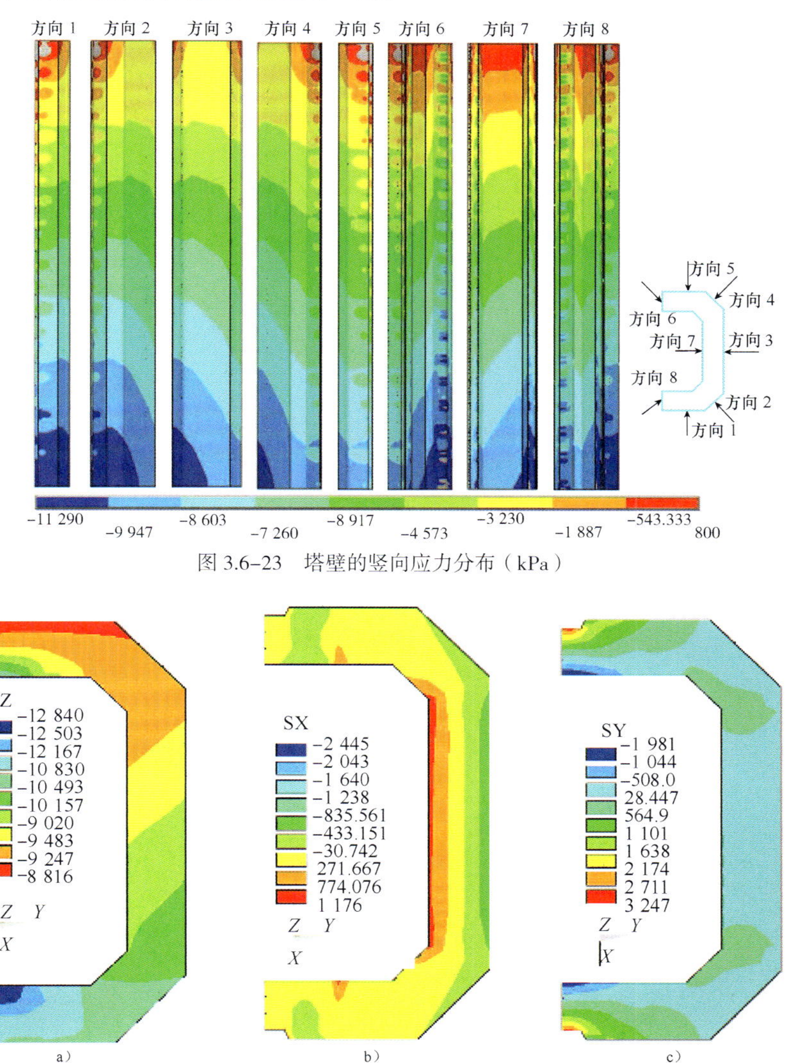

图 3.6–23　塔壁的竖向应力分布（kPa）

图 3.6–24　底部截面的应力分布（kPa）

a）竖向应力；b）顺桥向应力；c）横桥向应力

3.6.4　索塔结构整体受力性能

1）混凝土塔壁受力分析

由前面的计算结果可知，索塔混凝土塔壁在顶部的几个节段的拉应力较大，为了更准确的分析混凝土塔壁上的拉应力，需对该部位进行详尽的分析。

建立塔顶6个锚固节段的有限元模型，如图3.6–25所示。该模型详细模拟了混凝土和钢锚箱，其中混凝土塔壁采用了8节点六面体单元，钢锚箱采用了8节点壳单元，剪力钉采用了三维弹簧单元，抗剪刚度系数采用219kN/mm，轴向刚度系数采用382kN/mm。

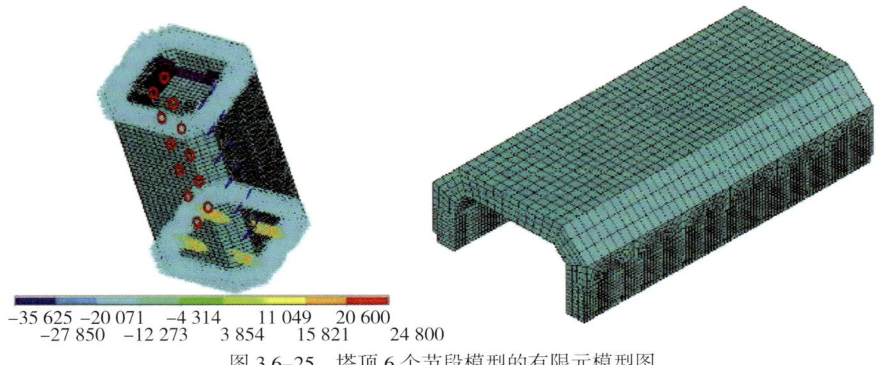

图 3.6-25　塔顶 6 个节段模型的有限元模型图

图3.6-26给出了不同高度截面处塔壁厚度范围内横桥向的正应力分布，红色以外的灰色区域表示混凝土正应力已经超过C50混凝土的标准抗拉强度2.65MPa。其中Z坐标以向上为正，坐标原点位于塔顶23号节段顶部中心。

图3.6-27给出了不同高度截面处塔壁厚度范围内顺桥向的正应力分布，红色以外的灰色区域表示混凝土正应力已经超过C50混凝土的标准抗拉强度2.65MPa。其中Z坐标以向上为正，坐标原点位于塔顶节段顶部中心。

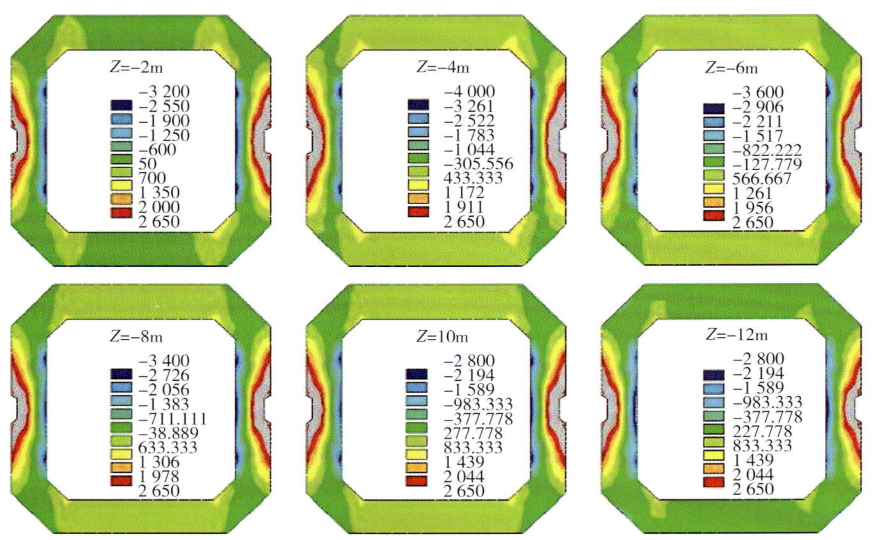

图 3.6-26　不同截面的横桥向的正应力分布（kPa）

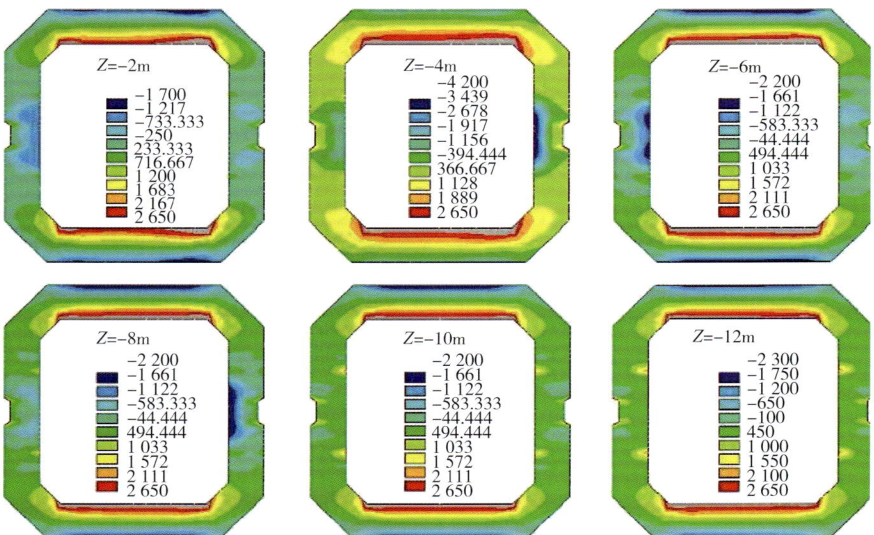

图 3.6-27　不同截面的顺桥向的正应力分布（kPa）

以上按照材料为弹性计算时得到的混凝土拉应力有的已经超过了混凝土的抗拉强度，因此这里对其开裂情况进行了计算。分别计算了全塔模型和塔顶6个节段模型的长期荷载效应和短期荷载效应两个工况。工况一仅作用短期效应组合索力。工况二作用长期效应组合索力加混凝土降温15℃。索塔塔顶段混凝土配筋如图3.6-28所示。

按《公路钢筋混凝土及预应力混凝土桥涵设计规范》（JTG D62—2004）第6.4.3条计算矩形截面钢筋混凝土受弯构件的最大裂缝宽度，并根据第6.4.2条验算裂缝宽度是否满足规范要求，计算过程见表3.6-7。

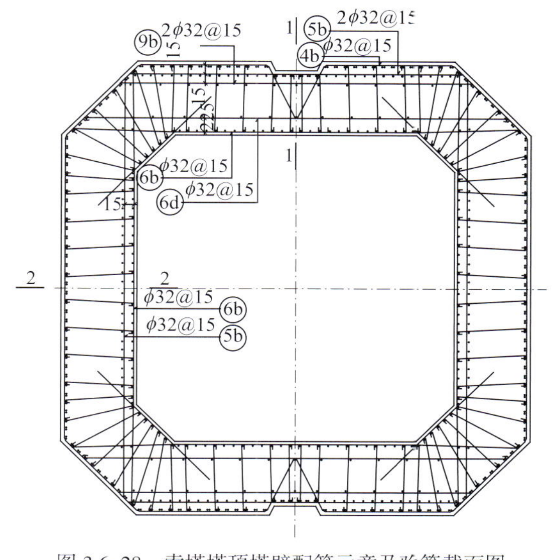

图 3.6-28　索塔塔顶塔壁配筋示意及验算截面图

索塔塔壁裂缝宽度验算　　表 3.6-7

截面位置	符号及单位		1-1	2-2
构件形状	（0= 板式；1= 腹板构件）		板式构件	板式构件
截面宽度	b	cm	1 380	1 380
截面高度	h	cm	85	100
有腹板构件时受拉翼缘宽	b_i	cm	—	
有腹板构件时受拉翼缘厚	h_i	cm		
钢筋种类	（0= 螺纹；1= 光圆）		螺纹筋	螺纹筋
第一层纵向受拉钢筋直径	d_1	mm	32	32
第一层钢筋根数	n_1		92	92
第一层钢筋保护层厚度	a_{g1}	cm	6	5
第二层纵向受拉钢筋直径	d_2	mm	32	32
第二层钢筋根数	n_2		92	92
第二层钢筋保护层厚度	a_{g2}	cm	21	20
受压区钢筋保护层厚度	$a_{s'}$	cm	5	5
长期荷载拉力	N_l	kN	16 368.3	7 096.2
短期荷载拉力	N_S	kN	17 659.7	7 580.8
长期荷载弯矩	M_l	kN · m	8 247.3	4 823.5
短期荷载弯矩	M_s	kN · m	8 832.2	5 152.8
钢筋面积	A_g	cm²	1 479.82	1 479.82
钢筋换算直径	d	mm	32.00	32.00
钢筋换算保护层厚度	a_g	cm	13.50	12.50
配筋率	μ	（计算值）	0.015	0.012
		（采用值）	0.015	0.012

续上表

截面位置	符号及单位		1-1	2-2
钢筋弹性模量	E_g	MPa	200 000	200 000
受拉钢筋应力	σ_g	MPa	157.05	70.15
钢筋表面形状系数	C_1		1.00	1.00
作用长期效应影响系数	C_2		1.46	1.47
构件形状相关系数	C_3		1.10	1.10
裂缝宽度	W_{tk}	mm	0.182	0.087
容许裂缝宽度	$[\delta_{fmax}]$	mm	0.2	0.2
校核			OK	OK

2）钢锚箱受力机理

有限元模型与上一节的完全相同，荷载条件与约束情况也完全相同，其中钢锚箱的单元划分见图3.6-29所示。

以下给出了钢锚箱在最大索力作用下的应力分布。

（1）端板

主跨端板的竖向应力见图3.6-30，边跨端板竖向应力见图3.6-31，主跨端板的Msies应力见图3.6-32，边跨端板的Msies应力见图3.6-33。

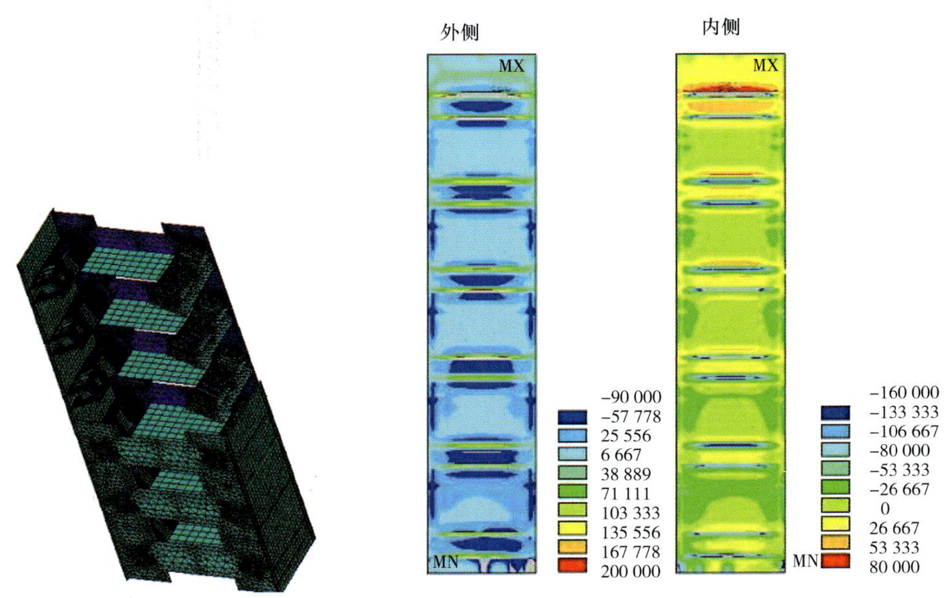

图 3.6-29　钢锚箱单元划分图　　图 3.6-30　主跨端板竖向应力分布（kPa）

由图3.6-30和图3.6-31可以看出，端板的竖向应力在支承板处由于局部弯曲呈现拉压交替的分布形式，内侧最大压应力-160MPa，外侧最大拉应力200MPa。Mises应力最大值为200MPa，大部分的端板的Mises应力在65MPa以下。

（2）侧板

侧板内、外表面的水平应力见图3.6-34，侧板平面内剪应力分布见图3.6-35，侧板内、外表面的Msies应力见图3.6-36。

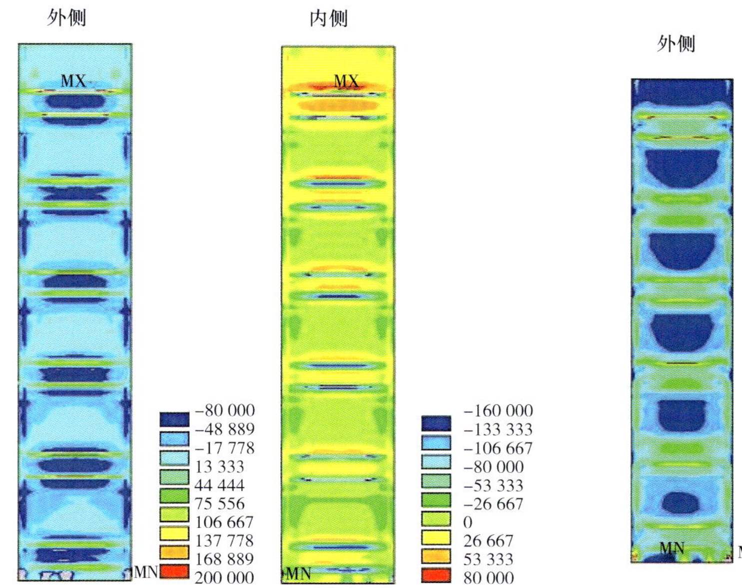

图 3.6-31　边跨端板竖向应力分布（kPa）

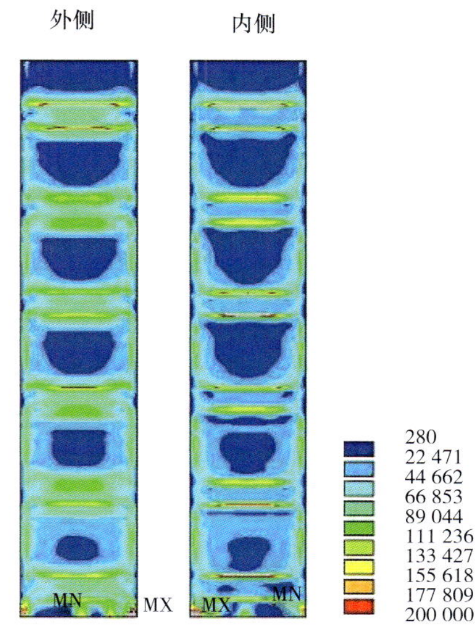

图 3.6-32　主跨端板 Mises 应力分布（kPa）

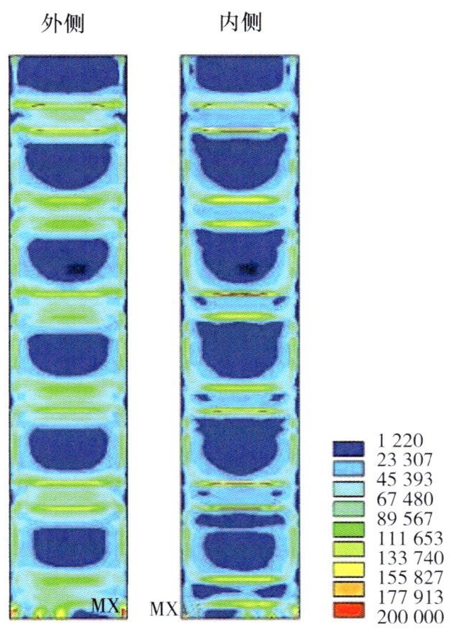

图 3.6-33　边跨端板 Mises 应力分布（kPa）

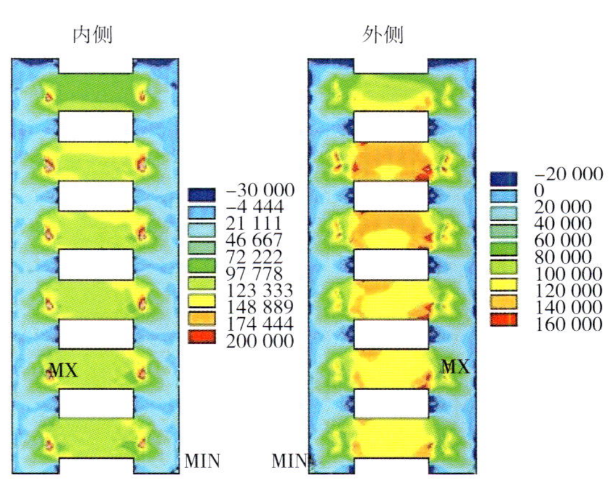

图 3.6-34　荷载标准组合作用下侧板水平应力分布（kPa）

由图3.6-34~图3.6-36可以看出，侧板内侧与承压板相连处存在应力集中，该处最大水平拉应力超过200MPa，侧板外侧最大拉应力160MPa，中间部分拉应力为120~140MPa。侧板内侧与承压板相连处最大Mises应力超过220MPa，外侧最大Mises应力160MPa，中间部分Mises应力为120~140MPa。侧板在靠近端板两侧平面内剪应力最大，达到55MPa。

（3）承压板

图3.6-37、图3.6-38给出了塔顶5个节段的主跨侧承压板的Mises应力分布，图3.6-39、图3.6-40给出了塔顶5个节段的边跨侧承压板的Mises应力分布。

由图3.6-37~图3.6-40可以看出，在与支承板的交界处局部区域，承压板的Mises应力已达到了315MPa，在支承板和加劲板以外的承压板的Mises应力大部分在140MPa以下，承压板边缘部分灰色区域表示Mises应力都在50MPa以下。

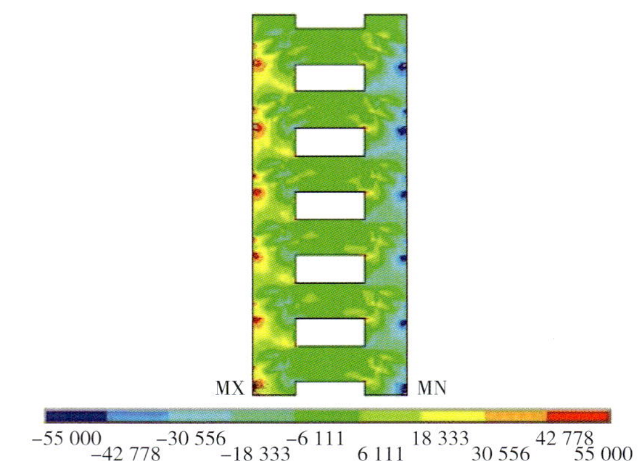

图 3.6-35　荷载标准组合作用下侧板平面内剪应力分布（kPa）

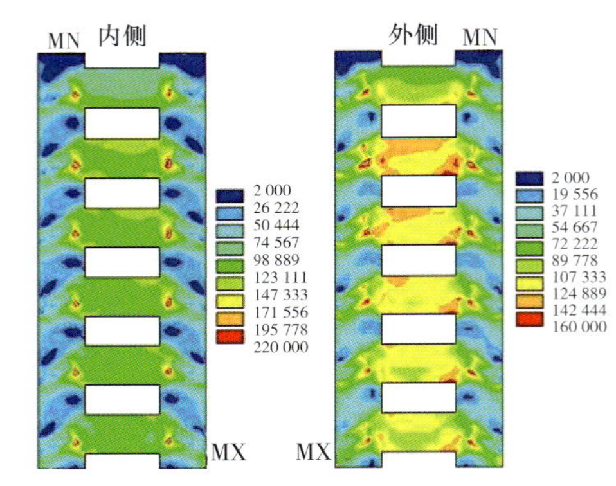

图 3.6-36　荷载标准组合作用下侧板 Mises 应力分布（kPa）

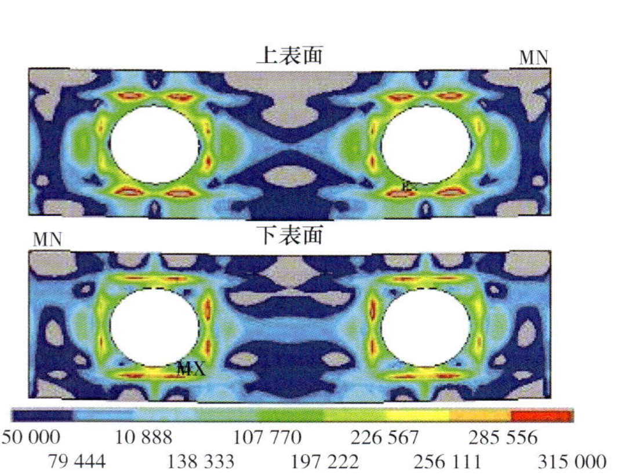

图 3.6-37　荷载标准组合作用下 23 号节段主跨侧承压板 Mises 应力分布（kPa）

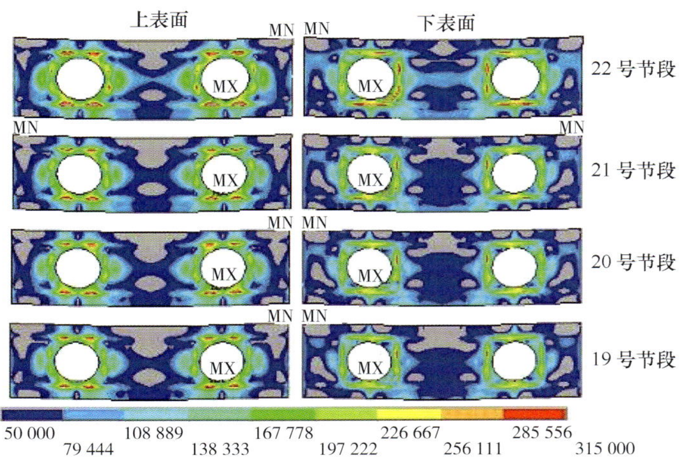

图 3.6-38　荷载标准组合作用下 22~19 号节段主跨侧承压板 Mises 应力分布（kPa）

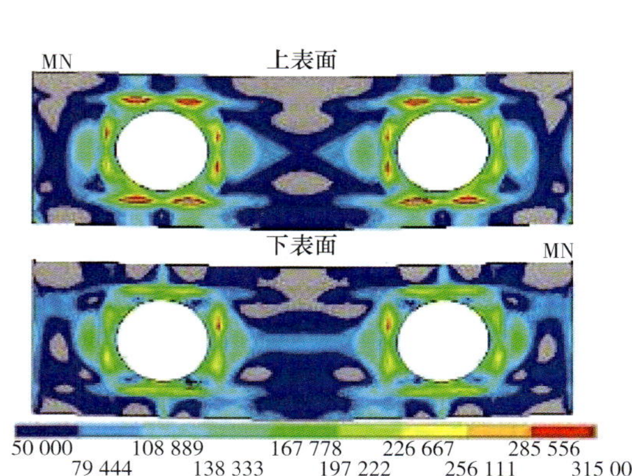

图 3.6-39　荷载标准组合作用下 23 号节段边跨侧承压板 Mises 应力分布（kPa）

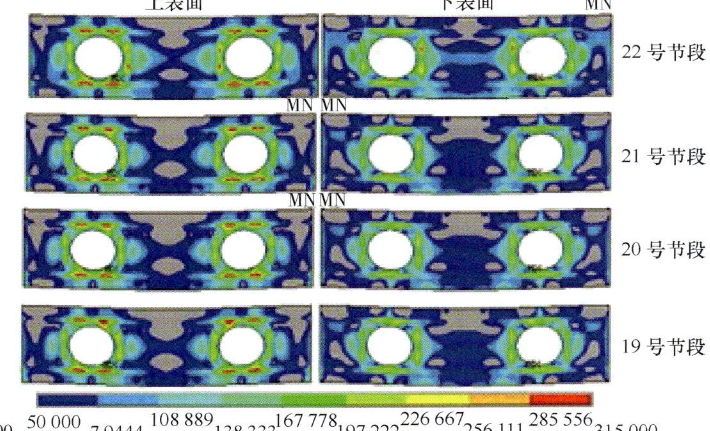

图 3.6-40　荷载标准组合作用下 22~19 号节段边跨侧承压板 Mises 应力分布（kPa）

（4）支承板

塔顶两个钢锚箱节段的主跨侧支承板的Mises应力见图3.6-41，边跨侧支承板的Mises应力见图3.6-42，主跨侧支承板的剪应力见图3.6-43，边跨侧支承板的剪应力见图3.6-44。

由图3.6-41~图3.6-44可以看出，钢锚箱支承板Mises应力两边大，中间小，最大Mises应力185MPa发生在与承压板交界处，靠近侧板两侧部位的Mises应力为110~140MPa，中间大部分区域的

Mises应力在50MPa以下，支承板平面内剪应力分布两边大，中间小，最大剪应力90MPa。

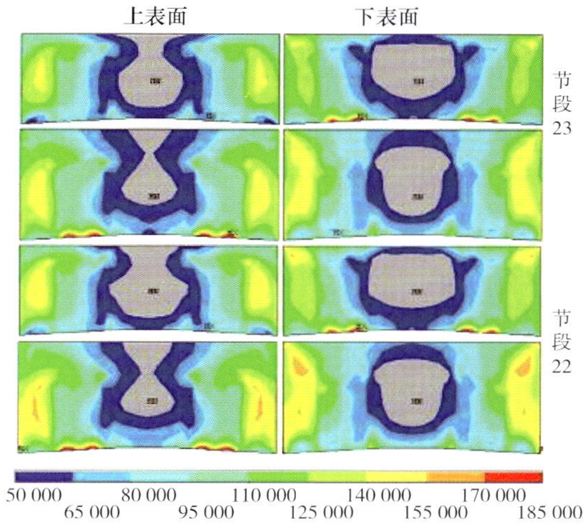

图 3.6-41　荷载标准组合作用下主跨侧支承板 Mises 应力分布（kPa）

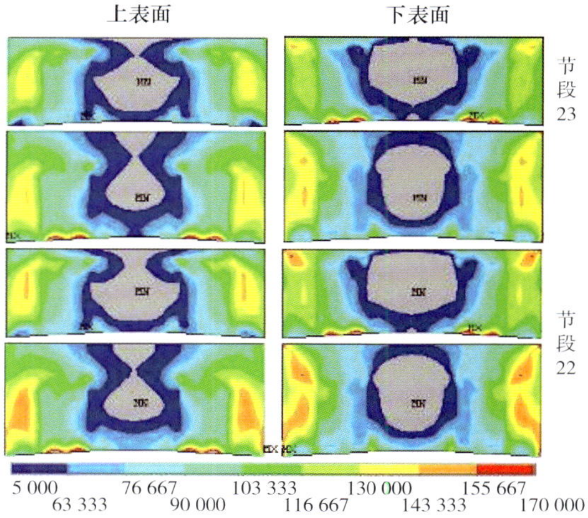

图 3.6-42　荷载标准组合作用下边跨侧支承板 Mises 应力分布（kPa）

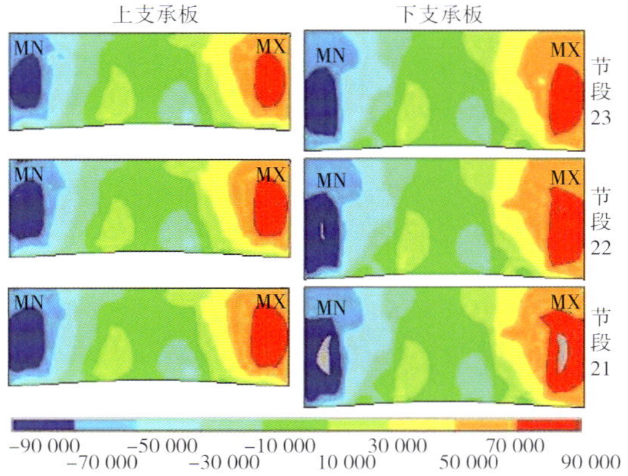

图 3.6-43　荷载标准组合作用下主跨侧支承板剪应力分布（kPa）

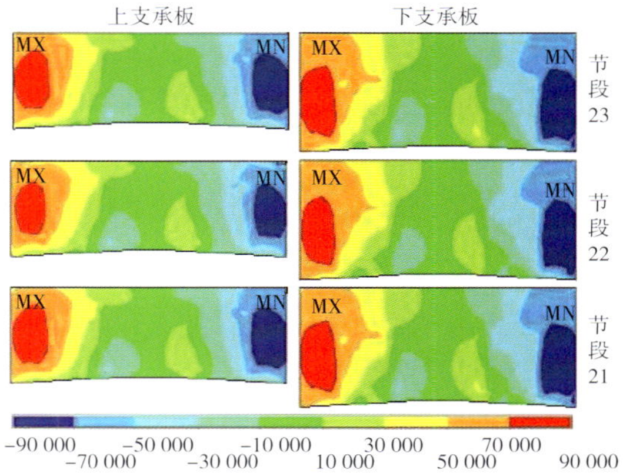

图 3.6-44　荷载标准组合作用下边跨侧支承板剪应力分布（kPa）

（5）加劲板

加劲板正应力（平行于加劲板方向）见图 3.6-45，加劲板平面内剪应力见图 3.6-46，加劲板的 Mises 应力见图 3.6-47。

由图 3.6-45~ 图 3.6-47 可以看出，加劲板在与承压板相连处最大压应力 -229MPa，平面内剪应力，靠近支承板处较大，上支承板最大剪应力 -79MPa，下支承板最大剪应力 90MPa，与承压板相连处最大 Mises 应力 250MPa，大部分 Mises 应力在 160MPa 以下。

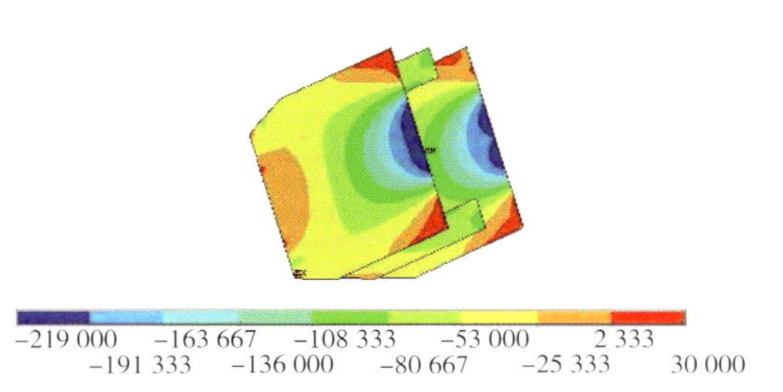

图 3.6-45　荷载标准组合作用下主跨侧 23 号节段加劲板正应力分布（kPa）

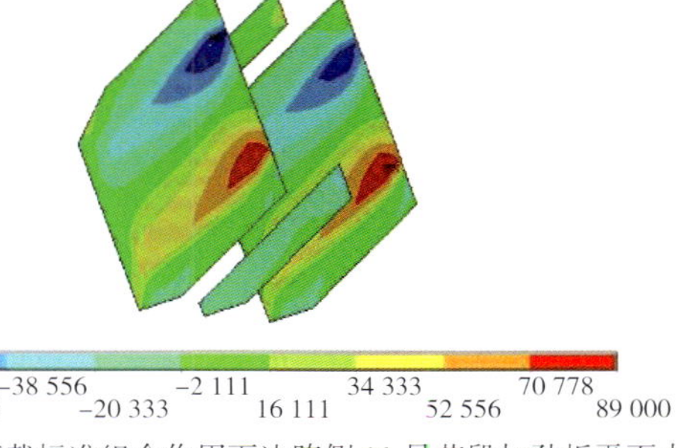

图 3.6-46　荷载标准组合作用下边跨侧 23 号节段加劲板平面内剪应力分布（kPa）

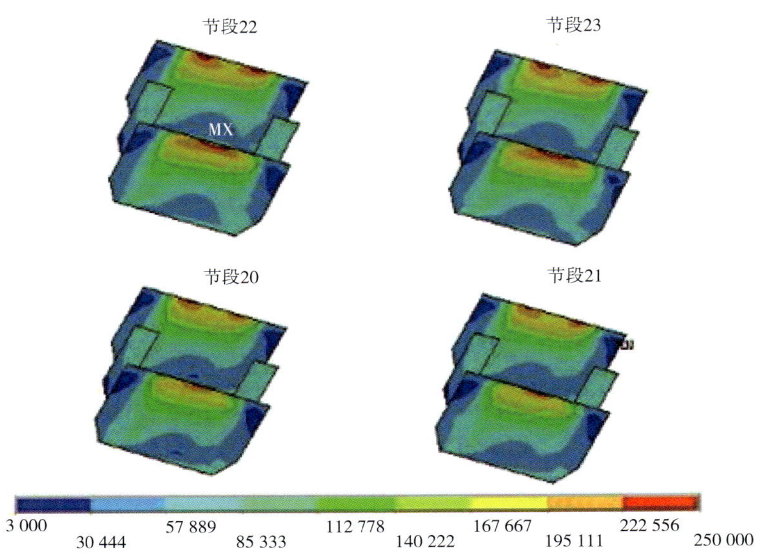

图 3.6–47　荷载标准组合作用下主跨侧加劲板 Mises 应力分布（kPa）

（5）横隔板

图3.6–48给出了塔顶受力最大的横隔板水平拉应力分布。

由图 3.6–48 可以看出，在采用了等效换算板厚处理后，横隔板在与侧板相连处最大水平拉应力达 120MPa，中间大部分在 10MPa 以下。

图3.6–49分别给出了横隔板平面内剪应力分布。

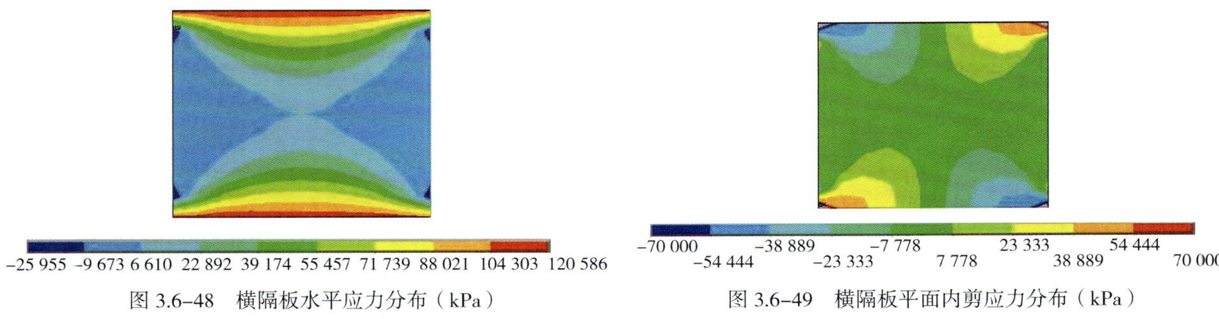

图 3.6–48　横隔板水平应力分布（kPa）

图 3.6–49　横隔板平面内剪应力分布（kPa）

由图3.6–49可以看出，在采用了等效换算板厚处理后，横隔板平面内剪应力两边大，中间小，在与侧板相连处两端最大剪应力70MPa，中间大部分在10MPa以下。

根据前文的计算发现，在设计索力作用下索塔锚固区钢锚箱板件的应力大部分在弹性范围内，但是在与支承板的交界位置的承压板有小部分接近于材料的屈服强度。为了检验钢锚箱在部分位置达到材料屈服强度后的应力重分布情况，以及确定钢锚箱的超载能力，对钢锚箱进行了弹塑性分析。

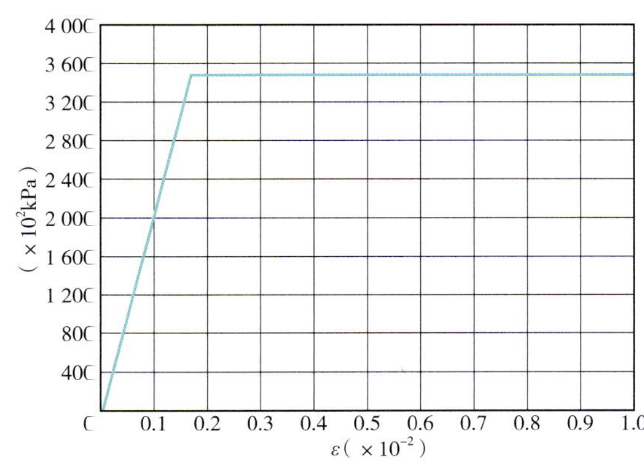

图 3.6–50　材料应力应变曲线图

计算时钢材采用两折线的理想弹塑性应力应变曲线，如图3.6–50所示。

钢锚箱在不同荷载等级下的Mises应力分布如图3.6–51所示，在0.5倍设计索力时钢锚箱板件Mises应力大部分在80MPa以下，只有承压板在与锚头接触部位的应力较大，最大达到了240MPa；在1.0倍设计索力时钢锚箱板件Mises应力大部分在160MPa以下，侧板的大部分Mises应力为120~160MPa，在与支承板位相交位置的承压板应力较大，最大达到了340MPa，接近与材料屈服强度；在1.5倍设计索力时钢锚箱板件Mises应力大部分在240MPa以下，侧板的大部分Mises应力为200~240MPa，在与支承板位相交位置的承压板应力较大，最大达到材料屈服强度，另外在与承压板相交位置的侧板Mises应力也接近于材料的屈服强度；在2.0倍设计索力时钢锚箱板件Mises应力大部分在320MPa以下，在与支承板位相交位置的承压板以及在与承压板相交位置的侧板的屈服范围进一步增大；最后钢锚箱达到极限状态时，在与支承板位相交位置的承压板、与承压板相交位置的侧板、侧板的顶部均达到了材料的屈服强度。

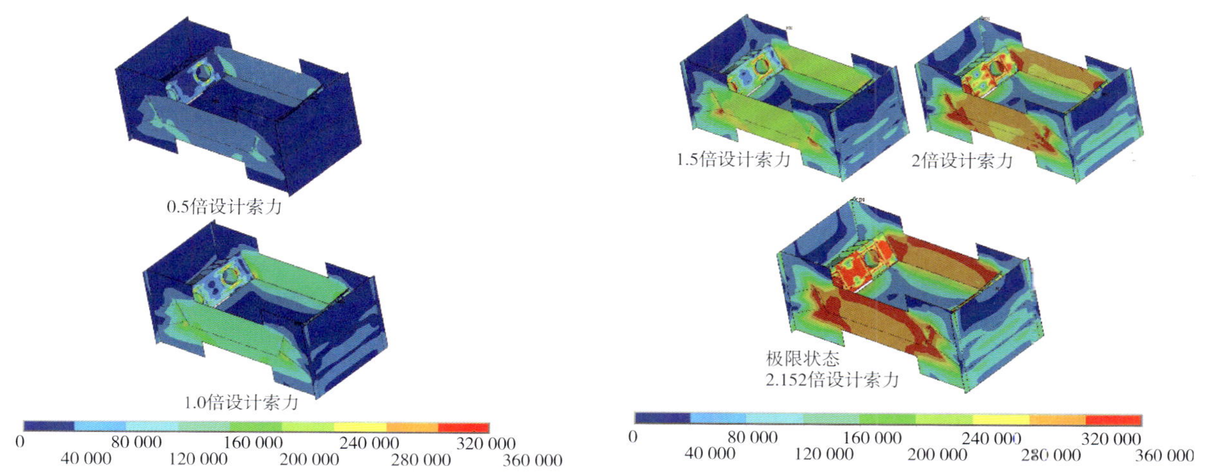

图 3.6-51　不同荷载等级下钢锚箱的 Mises 应力分布图（kPa）

3）主要结论

（1）索塔混凝土在横桥向塔壁外侧和顺桥向塔壁内侧受拉，其中横桥向塔壁外侧正中央靠近钢锚箱端板附近拉应力最大，该部位混凝土最先发生裂缝。

（2）索塔钢锚箱板件中，与支承板相连的承压板以及与支承板和横隔板相交处的侧板产生的应力明显要高于其他部位板件的应力，其中从与支承板相连的承压板应力最大，钢锚箱最先在该部位破坏。

3.6.5　索塔锚固区剪力钉抗剪强度研究

分析国内外不同直径、不同长度焊钉连接件的试验结果，发现其离散性很大，而且各个试验的条件不同，所得结果不能直接引用。索塔中的焊钉连接件承载力不能仅按照已有规范公式直接计算，需进行专门研究焊钉连接件的基本力学性能参数，分析索塔不同节段位置由于斜拉索索力不同对焊钉承载力的影响。

1）焊钉连接件试验模型设计

焊钉连接件试验模型采用焊接钢块及在两翼缘上浇筑混凝土块，两者之间通过焊钉连接件接合的试验方式进行加载试验。试件设计考虑两种情况。

（1）情况一：比较索塔高度不同位置索力的影响

按照实桥钢锚箱与混凝土塔壁间焊钉连接件的布置方式，即以索塔顶部节段、中间节段及底部节段的焊钉连接件布置和水平索力大小为变化参数，研究索力变化对焊钉承载力的影响。具体是在塔高方向取两行、水平方向取3列，单侧配置6个焊钉连接件，共4组12个试件（表3.6-8），其中SD组3个试件不考虑水平索力。

水平索力通过预应力钢筋施加，试件形状与尺寸如图3.6–52所示。主要分析按设计的布置方式及水平索力所产生的摩擦力，对焊钉连接件抗剪刚度及承载性能的影响。

试件形式及预加水平压力大小　　表 3.6–8

试件分组	试件个数	测试目的	水平索力（kN）	实塔单侧焊钉连接件数目	单个焊钉连接件分担水平压力（kN）	试件单侧焊钉连接件（个）	试件施加总预压力 P（kN）
SA	3	顶部节段	7 565	180	42.0	6	134.0
SB	3	中部节段	4 977	180	27.7	6	62.8
SC	3	底部节段	1 502	276	5.4	6	19.2
SD	3	无水平力	—	—	—	6	0.0
SE	3	性能试验	—	—	—	2	0.0

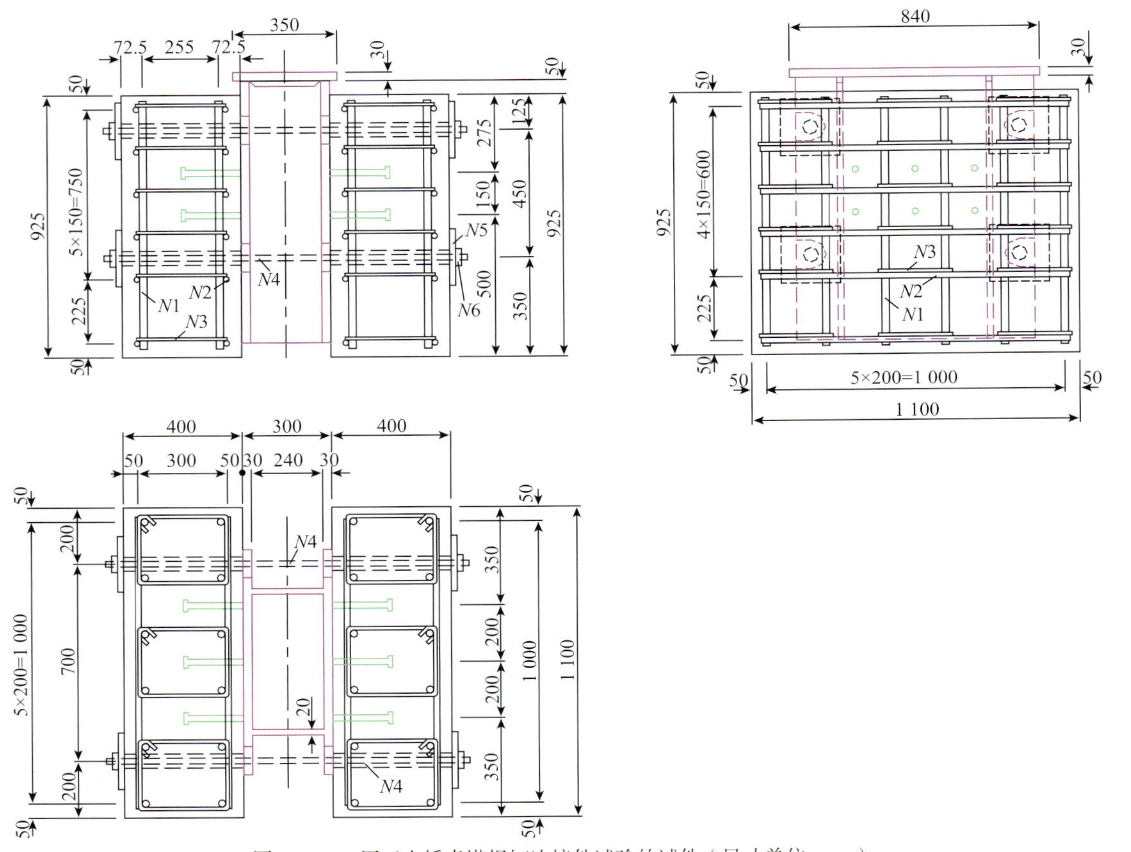

图 3.6–52　用于实桥索塔焊钉连接件试验的试件（尺寸单位：mm）

（2）情况二：常规焊钉推出试验

按照较常用的加载试验方法，高度方向取单行、水平向取2根的焊钉连接件布置形式，SE组共3个试件，试件形状与尺寸如图3.6–53所示。对所用焊钉连接件的基本力学性能进行测试。

焊钉连接件直径取为22mm，长度取200mm，两种试件的混凝土浇筑方向，与桥塔浇筑方向相同，即焊钉连接件处于侧立状态、从上而下浇筑混凝土，其钢板表面处理与实桥一致。

2）试验加载及试验测试方案

焊钉连接件的加载试验方法、试件形式不同，测定的抗剪性能也不尽相同。本试验采用较常用的焊钉连接件推出试验方法、即两侧对称加载的方式，保证均匀给每根焊钉连接件施加剪力，如图3.6–54所示。水平索力P用预应力钢筋施加，通过对箱形钢翼缘施加推压力Q，来测试翼缘板上的焊接焊钉连接件的承载性能。

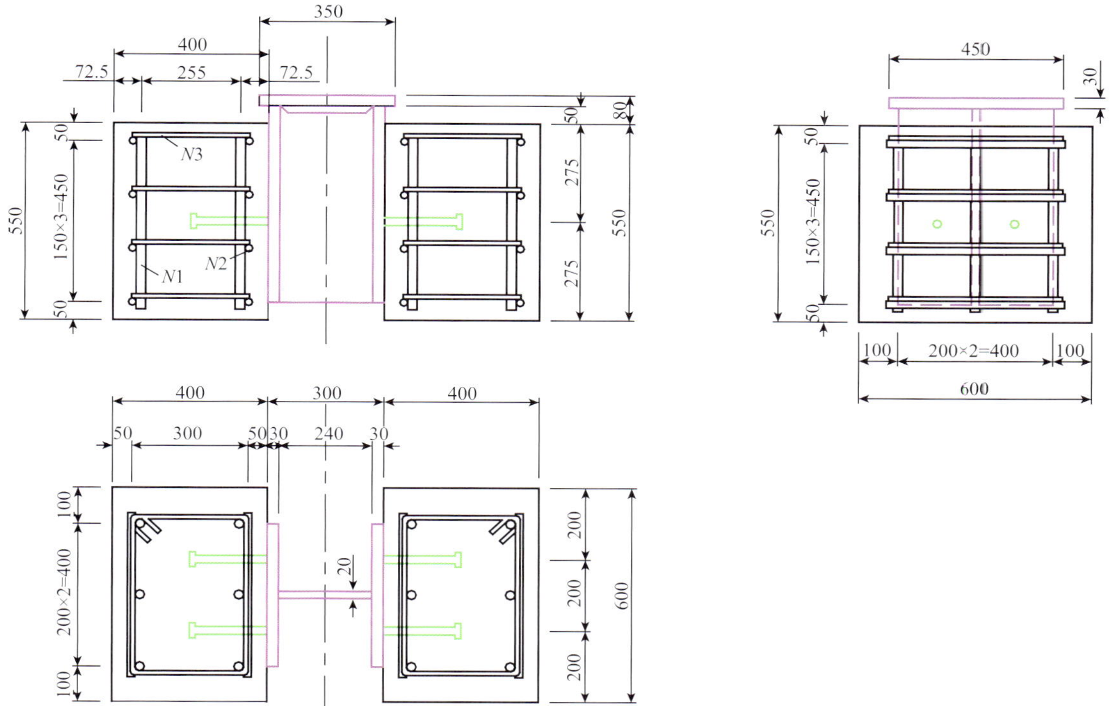

图 3.6-53　用于焊钉连接件性能试验的试件（尺寸单位：mm）

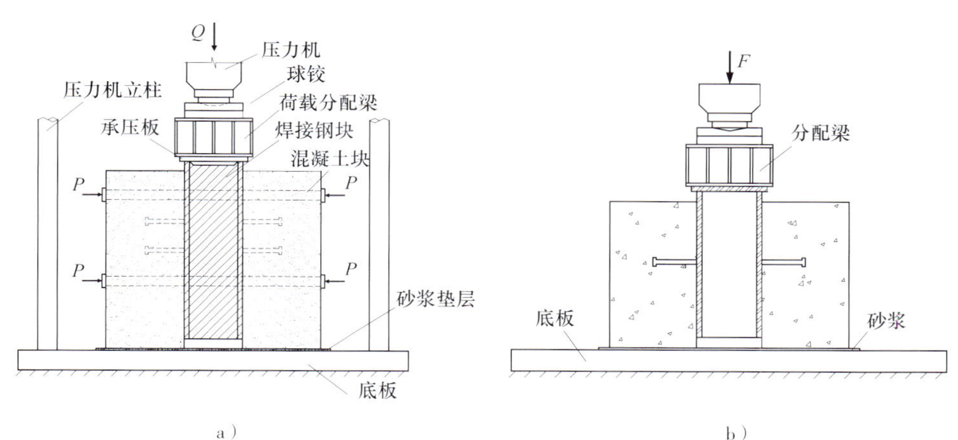

a）　　　　b）

图 3.6-54　焊钉连接件加载试验

a）用于实桥索塔焊钉连接件试验；b）用于焊钉连接件性能试验

在混凝土块下面铺设砂浆垫层，保证推压力能够均匀传给每个焊钉连接件。在无水平索力时，最大推压力约为3 000kN。

测试主要内容是测试不同荷载等级下钢翼缘板与混凝土块的相对滑移和焊钉连接件的抗剪承载力。图3.6-55是4个位移计设置示意图。

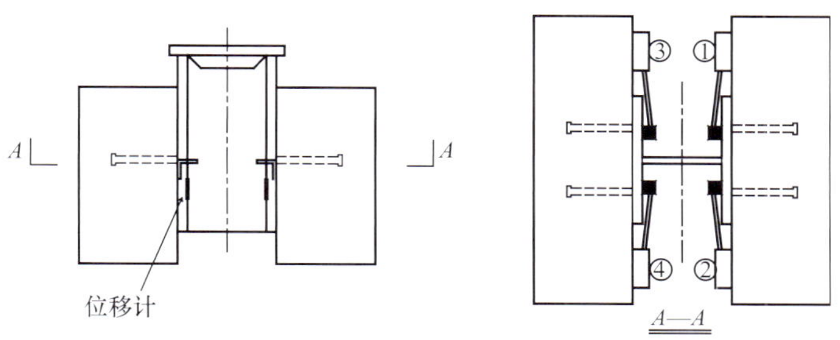

图 3.6-55　焊钉连接件试验测试方案

3）焊钉连接件模型试验结果及分析

根据试验测试结果，得到了荷载与相对滑移曲线，确定焊钉连接件的抗剪刚度及屈服强度求出焊钉连接件承载力的平均值。依据测试的屈服强度设为极限承载力允许值，并推定正常使用状态允许值。对试验结果及以往研究结果进行综合分析，为锚固区受力性能数值分析及其设计计算提供焊钉连接件的基本力学参数，预测包括焊钉连接件在内的锚固区的安全储备情况。

焊钉连接件模型试验各试件的荷载与相对位移曲线如图3.6-56~图3.6-60所示，图中SA-1、SA-2、SA-3为SA组的三个试件，以下各组试件编号表示相同的意思。图中纵坐标荷载为施加给焊钉连接件模型的竖向总荷载。

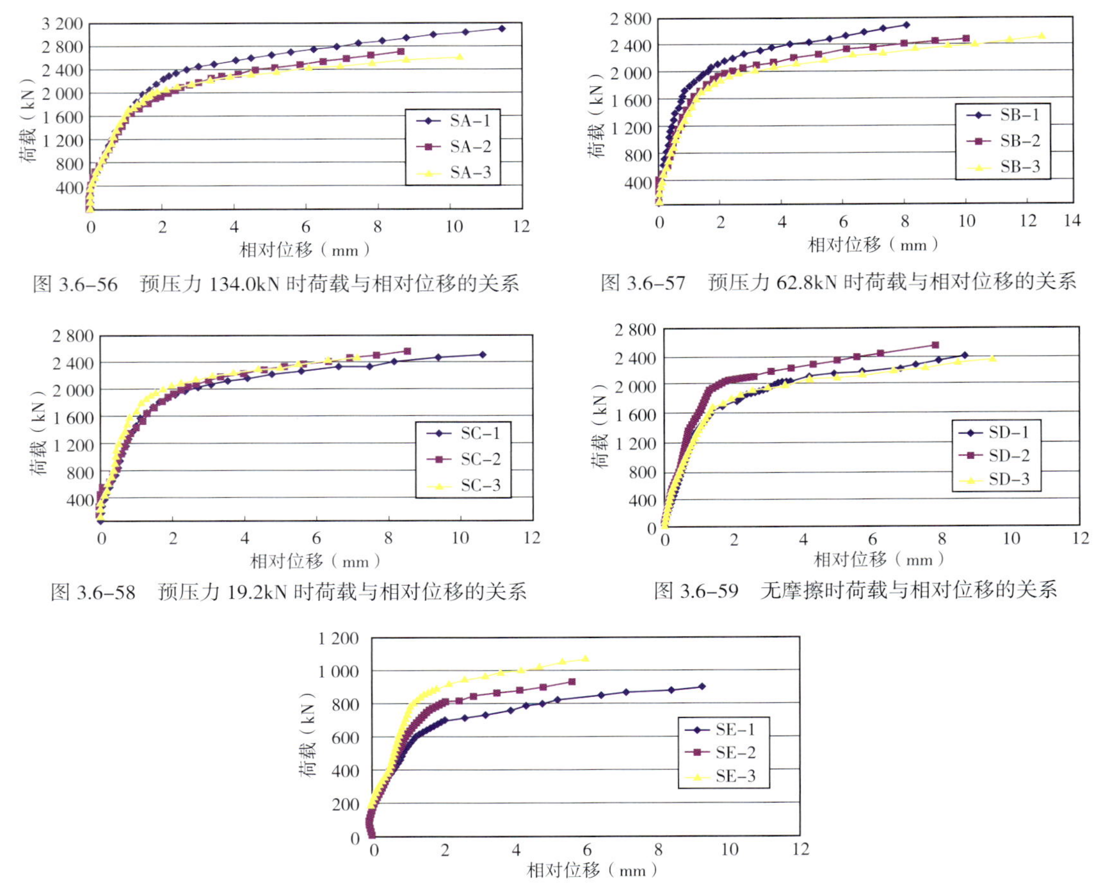

图 3.6-56　预压力 134.0kN 时荷载与相对位移的关系

图 3.6-57　预压力 62.8kN 时荷载与相对位移的关系

图 3.6-58　预压力 19.2kN 时荷载与相对位移的关系

图 3.6-59　无摩擦时荷载与相对位移的关系

图 3.6-60　性能试验荷载与相对位移的关系

试验没有发现钢板与混凝土结合面上有明显损坏，所有试件的焊钉连接件都是根部剪断，上下排焊钉连接件相互间有一定的影响。

焊钉连接件最大荷载、单钉的抗剪承载力以及抗剪刚度见表3.6-9。

焊钉连接件抗剪承载力及其抗剪刚度的试验结果　　表 3.6-9

试件分组	测试目的	预压力（kN）	试件编号	最大荷载（kN）	单钉承载力（kN）	平均承载力（kN）	单钉抗剪刚度（kN/mm）	平均刚度（kN/mm）
SA	顶部节段	134.0	SA-1	3 100	258	235	163	191
			SA-2	2 700	225		195	
			SA-3	2 650	221		215	

续上表

试件分组	测试目的	预压力（kN）	试件编号	最大荷载（kN）	单钉承载力（kN）	平均承载力（kN）	单钉抗剪刚度（kN/mm）	平均刚度（kN/mm）
SB	中部节段	62.8	SB–1	2 700	225	215	210	172
			SB–2	2 500	208		144	
			SB–3	2 550	213		162	
SC	底部节段	19.2	SC–1	2 500	208	210	151	170
			SC–2	2 550	213		154	
			SC–3	2 500	208		204	
SD	无摩擦力	—	SD–1	2 400	200	204	162	173
			SD–2	2 550	213		168	
			SD–3	2 400	200		189	
SE	性能试验	—	SE–1	900	225	240	208	219
			SE–2	920	230		217	
			SE–3	1 060	265		232	

从以上图表可以看出：

（1）本次试验所施加的预压力对承载力以及抗剪刚度影响都不大，但是随着预压力的增加，焊钉连接件的抗剪承载力和抗剪刚度有增大的趋势。

（2）本试验中焊钉连接件极限荷载所对应的相对滑移都很大。在性能试验（SE组），焊钉连接件最大位移大约是屈服荷载所对应位移的3倍；而采用2排焊钉连接件的情况下，焊钉连接件最大位移大都在屈服荷载所对应位移的4倍以上。

本试验是考虑到焊钉连接件所处的实际状态、即侧立状态浇筑混凝土制作试件，然后进行加载。依据性能试验所求出的焊钉连接件的抗剪刚度为219kN/mm，比以往处于正立状态下的试验结果小许多。另外，由于实桥索塔锚固区的焊钉连接件在使用荷载作用下的剪力，都在承载力的1/3以下，所以本研究依据最大荷载1/3处所引的割线的斜率作为焊钉连接件抗剪刚度k_s是妥当的。

由于本试验中焊钉连接件极限抗剪承载力所对应的相对位移已经很大，不适宜直接用于索塔锚固区的设计。为此，在本研究中特别从焊钉连接件相对位移0.2mm处绘出与抗剪刚度k_s具有相同斜率的直线，它与荷载—位移曲线相交点所对应的荷载设为屈服承载力Q_y。试验结果表明：所有试件的屈服承载力试验值大约为承载力试验值的60%，进一步考虑到上下排焊钉连接件的影响、承载力的离散性等因素，设安全系数为k=1.7，则焊钉连接件的设计抗剪承载力为Q_y/k，计算结果见表3.6–10。性能试验求出的焊钉连接件设计抗剪承载力为89.2kN，可直接用于实际工程的焊钉连接件设计。

焊钉连接件抗剪承载力试验值、计算值及屈服承载力 表3.6–10

试件分组	预加压力 P（kN）	混凝土强度 f_c（MPa）	承载力试验值 Q_u（kN）	屈服承载力 Q_y（kN）	Q_y/Q_u	设计承载力（kN）
SA	134.0	35.0	236	130	0.55	76.5
SB	62.8	35.0	218	128	0.59	75.3
SC	19.2	35.0	212	123	0.63	72.4
SD	0.0	35.0	205	123	0.60	72.4
SE	0.0	35.0	242	152	0.63	89.2

通过焊钉连接件模型试验研究，主要结论如下：

（1）所有试件的焊钉连接件都是根部剪切断裂，焊接部位未发生破坏，试件混凝土表面上几乎无任何损坏。

（2）焊钉连接件的抗剪承载力以及抗剪刚度随着预加压力增大而增大，但增大不明显，不考虑钢锚箱端板与混凝土塔壁之间的摩擦力作用是偏于安全的。

（3）用上下两排焊钉连接件加载试验时的抗剪刚度及承载力都比单排焊钉连接件试件有所降低，上下两排焊钉连接件相互有一定程度的影响。

（4）本研究中的焊钉连接件抗剪刚度是指抗剪承载力的1/3荷载处所引的割线，基于性能试验所求出的抗剪刚度约为219kN/mm。

（5）从焊钉连接件相对位移0.2mm处绘出与抗剪刚度 k_s 具有相同斜率的直线，它与荷载－位移曲线相交点所对应的荷载设为屈服承载力 Q_y，用考虑安全系数1.7的屈服承载力作为承载力允许值，性能试验所求出的承载力允许值约为89.2kN。

3.6.6 索塔锚固区节段模型试验

1）试验方法与加载方案

钢锚箱方案，锚固区荷载大、空间小、构造复杂、传力路径多、应力分布不均匀、破坏机理复杂，这种局部应力对锚箱工作性能和承载能力影响难以判断，在理论分析的基础上还需通过模型试验进行验证。

索塔为钢筋混凝土塔，斜拉索锚固区应力集中，混凝土为三向受力状态，配筋复杂，而且配筋量大，结构破坏机理复杂。锚固区混凝土局部区域出现较大拉应力，这种局部应力对混凝土裂缝、工作性能和承载能力产生影响。因此，对斜拉索锚固区局部应力大小、主应力分布和应力流方向进行详细的分析和试验研究，需要通过模型试验确认。特别是钢锚箱与混凝土的剪力，不仅通过剪力连接键直接传递，而且通过钢锚箱钢板与混凝土的摩擦也会分担部分剪力。另外剪力钉受力在竖桥向和横桥向都不均匀，其不均匀规律也有必要通过试验验证。主要研究内容如下。

①选取典型的受力最大的第22个索塔锚固节段，制作1：2.5比例的缩尺模型，测试在不同主要荷载工况和分级加载情况下，索塔混凝土、钢锚箱板件主要控制点的应力与变形，研究应力分布与大小。

②观察与测试钢锚箱与混凝土连接处的应力、变形与裂缝，确认多排剪力钉的工作状态与承载能力。

③观察与测试索塔混凝土在不同荷载等级下的裂缝分布及裂缝大小。

④确认索塔锚固区的承载能力及安全储备。

（1）试验模型设计

根据计算及该模型试验方案的要求，截取索塔锚固区受力最不利的第22节段进行模型试验，模型比例1：2.5，模型高度为2.944m，平面尺寸为6.16m×3.36m。钢锚箱结构按照1：2.5的缩尺比例加工，混凝土塔壁配筋按照配筋率相等的原则设置，剪力钉尺寸为22mm×150mm，剪力钉个数按照模型根据承受总剪力等效原则确定。

为实现斜拉索的斜向加载，在模型底部设钢筋混凝土矩形截面伸臂反力梁，试验时在下反力梁端张拉预应力索。为模拟塔壁受到的上面节段传递的竖向压力，在试验塔壁的上部和下部各设置一个与混凝土塔壁平面形状相似的反力梁，该反力梁的宽度比混凝土塔壁宽一些，并在上下反力梁间张拉精轧螺纹钢筋。为减小水平摩擦力对试验结果的影响，特分别在塔壁与上、下反力梁间设两层钢板，并在钢板之间涂刷机油。节段模型试验装置如图3.6–61示意。

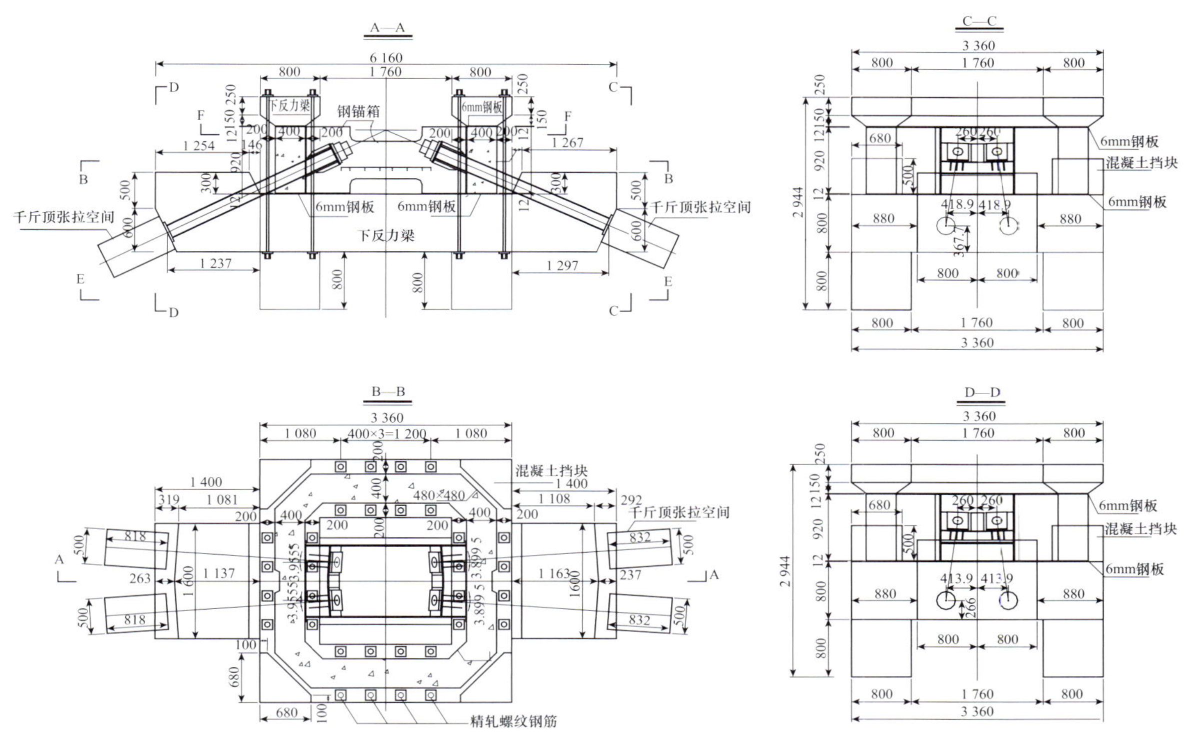

图 3.6–61　索塔节段锚固区加载模型示意图（尺寸单位：mm）

由于实桥索塔锚固区上下节段相互影响，而试验模型只截取了第22节段，试验中在强大斜拉索索力作用下，试件的底部混凝土受到水平拉力大于顶部混凝土，造成与实际结构不相符的变形和受力。因此在试件的顶部设置小吨位的千斤顶，在平行于钢锚箱方向施加水平推力以模拟索塔节段的平面应变受力状态。

（2）试件的加工制造及材料特性

索塔锚固区静力加载试验的钢锚箱由铁道部山海关桥梁工厂加工制造。各种厚度板件的弹性模量测试结果见表3.6–11。

长江大桥索塔锚固区模型板件弹性模量测试结果　　表 3.6–11

编　号	厚度（mm）	规　格	弹性模量	$\sigma_{0.2}$	极限强度
1–1			218 446.7	391.302	535.747
1–2	24	Q345qD	213 798.8	385.623	536.718
1–3			215 326.0	381.129	535.989
2–1				426.365	561.635
2–2	18	Q345qD	218 446.7	396.172	547.161
2–3			214 614.0	417.700	566.100
3–1			202 682.5	258.065	393.917
3–2	16	Q345qD	218 446.7	249.724	392.945
3–3			212 772.7	435.588	576.547

在塔壁与上、下反力梁间设置的两层钢板，并在钢板之间涂刷机油后，滑动摩擦系数实测为0.056。

索塔锚固区静力试验混凝土部分在长江大桥施工现场浇筑完成，塔壁混凝土的抗压强度为

69.1MPa。

（3）加载方案

以上海长江大桥远期方案第23节段最大索力设计值最大11 270kN，第22节段最大索力设计值11 230kN，换算到缩尺模型，并考虑试件顶部辅助千斤顶的影响，对应的模型索力为1 600kN，辅助千斤顶400kN，该数值使得混凝土塔壁的应力与实际结构在1倍设计索力作用下的受力基本一致。而钢锚箱除受拉的侧板外，其余板件受力都只和主千斤顶有关，辅助千斤顶对其受力影响甚微，因此按照模型比例换算，当模型索力为1 840kN，辅助千斤顶为460kN时，钢锚箱主要板件与实际结构在1倍设计索力作用下的受力基本一致。

完成上述步骤后，将试验荷载最大值取为设计索力的1.7倍（主千斤顶2 720kN，辅助千斤顶680kN），该数值使得部分试件在弹塑性范围内工作，测试其在超载状态下的工作性能。

试验荷载分级如下：

①预载试验

正式试验之前，先进行预载试验，预载最大吨位为480kN，分3级施加，每级持荷15min，然后卸载至0。各级的加载量值见表3.6-12。

预载各级荷载加载量值（kN）　　表 3.6-12

加　载　步	主 千 斤 顶	辅助千斤顶	精轧螺纹钢筋
1	160	40	50
2	320	80	50
3	480	120	50

②正式加载试验

正式加载分为24级施加，各级的加载量值见表3.6-13，除在设计索力1 600kN下持荷载30min观察模型主要测点应变、位移随时间变化外，其余荷载下，参照《大跨径桥梁试验方法》持荷15min，读数并观察裂缝宽度。

正式加载各级荷载加载量值（kN）　　表 3.6-13

加载步	主千斤顶	辅助千斤顶	精轧螺纹钢筋	加载步	主千斤顶	辅助千斤顶	精轧螺纹钢筋
1	160	40	50	13	1 840	460	100
2	320	80	50	14	1 920	480	100
3	480	120	50	15	2 000	500	100
4	640	160	50	16	2 080	520	100
5	800	200	50	17	2 160	540	100
6	960	240	50	18	2 240	560	170
7	1 120	280	50	19	2 320	580	170
8	1 280	320	50	20	2 400	600	170
9	1 440	360	50	21	2 480	620	170
10	1 600	400	100	22	2 560	640	170
11	1 680	420	100	23	2 640	660	170
12	1 760	440	100	24	2 720	680	170

（4）测点布置

为了叙述方便，先对测点编号原则进行说明，见表3.6-14。

编 号 原 则 表 3.6-14

首字母	CB	ZC	CY	RIB	HG	ST	GJ	HNT
应变片位置	侧板	支承板	承压板	加劲板	横隔板	剪力钉	钢筋	混凝土

具体的测点布置见试验结果分析中相应构件中。

（5）测试内容

①测试所用混凝土、钢板的力学性能参数。

②测试荷载与混凝土塔壁横向位移的变化关系。

③测试钢锚箱各主要板件的应力大小及分布。

④测试钢锚箱剪力钉剪力沿高度方向及横桥向的分布规律。

⑤测试混凝土塔壁控制截面的应力大小及分布状况。

⑥测试塔壁内主要受力钢筋的应力大小。

⑦观察各级荷载作用下裂缝开展情况，观察并测量裂缝分布、宽度。

（6）仪器设备

①YC280×150穿心式千斤顶。

②YC70×150穿心式千斤顶。

③箔式单向应变片（2mm×3mm型）：应变片电阻120Ω，导电电阻0Ω，灵敏度系数2.0。

④BX120-3CA应变花（2mm×3mm型）：应变片电阻120Ω，导电电阻0Ω，灵敏度系数2.0。

⑤YHD-100型位移计：输出灵敏度100。

⑥裂缝观察仪。

⑦DH3815静态应变测试箱：220V/50HZ，灵敏度1με，量程±20 000με，采样速度12点/s，测量点数60点/台采集箱。

⑧UYY型液压传感器：量程70MPa。

2）试验结果分析

（1）混凝土塔壁试验结果

经过分级加载，在等效于0.3倍设计荷载下，主跨及边跨横桥向塔壁凹槽顶部折角处首次出现因顶推而产生的裂缝，随着荷载的增加，裂缝逐渐向下开展，顶推至1.0P时，主跨凹槽折角处，最大裂缝宽度0.12mm，边跨凹槽折角处，最大裂缝宽度0.10mm。

顶推至1.1P时，主跨和边跨凹槽两侧的裂缝均上下贯通；顶推至1.7P时，主跨凹槽折角处最大裂缝宽度0.25mm，凹槽中间并未发现有裂缝出现，边跨凹槽折角处最大裂缝宽度0.20mm，凹槽中间的2条裂缝，裂缝宽度小于0.08mm。

详见图3.6-62、图3.6-63。

按《公路钢筋混凝土及预应力混凝土桥涵设计规范》（JTG D62—2004）第6.4.3条，矩形、T形和I形截面钢筋混凝土构件及B类预应力混凝土受弯构件，其最大裂缝宽度W_{tk}可按下列公式计算：

$$W_{tk}=C_1C_2C_3\frac{\sigma_{ss}}{E_s}\left(\frac{30+d}{0.28+10\rho}\right) \tag{3.6-1}$$

式中：C_1——钢筋表面形状系数，试验模型和实际结构均为带肋钢筋，C_1=1.0；

C_2——作用（或荷载）长期效应影响系数；

C_3——与构件受力性质有关的系数，试验模型和实际结构中横桥向塔壁凹槽出均为偏心受拉构件，C_3=1.1；

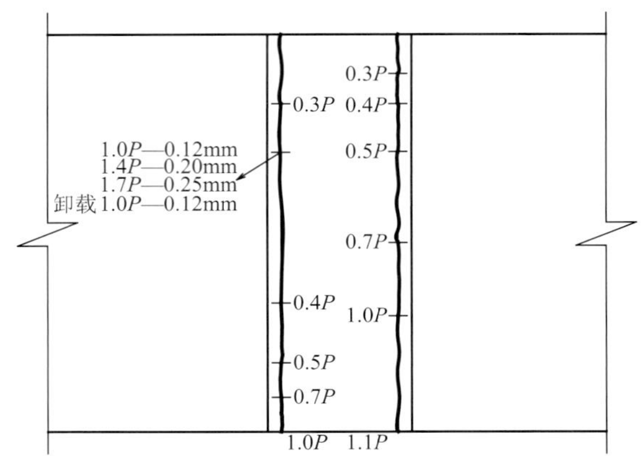

图 3.6-62　主跨横桥向塔壁外表面裂缝分布示意图

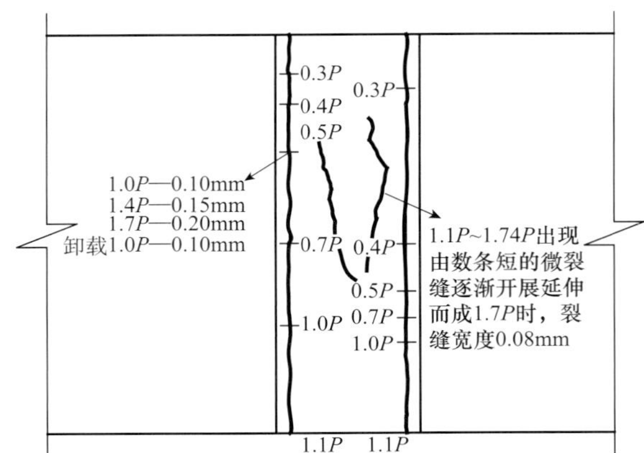

图 3.6-63　边跨横桥向塔壁外表面裂缝分布示意图

σ_{ss}——受拉钢筋合力作用处钢筋的应力；

d——纵向受拉钢筋的等效直径，试验模型中d=32mm，实际结构凹槽处设置了两排2Φ32的受拉钢筋，因此$d=32\times\sqrt{2}$=45.25mm；

ρ——纵向受拉钢筋配筋率，试验模型和实际结构基本一致，且均大于0.02，按规范，均取为0.02。

由上述分析可见，$\dfrac{W_{\text{tk实际}}}{W_{\text{tk试验}}}=\dfrac{30+d_{\text{实际}}}{30+d_{\text{试验}}}=\dfrac{30+45.25}{30+32}=1.214$。

由此推算，按照1：2.5缩尺模型实测得到的裂缝宽度，换算到实际结构中，在1.0倍设计索力作用下，主跨横桥向塔壁凹槽折角处最大裂缝宽度0.15mm，边跨横桥向塔壁凹槽折角处最大裂缝宽度0.12mm。加载到1.7P时，主跨凹槽折角处实测最大裂缝宽度0.30mm，边跨凹槽折角处实测最大裂缝宽度0.24mm。

（2）钢筋应力测试结果

图3.6-64~图3.6-66塔壁内主要受力钢筋的加载应力曲线。

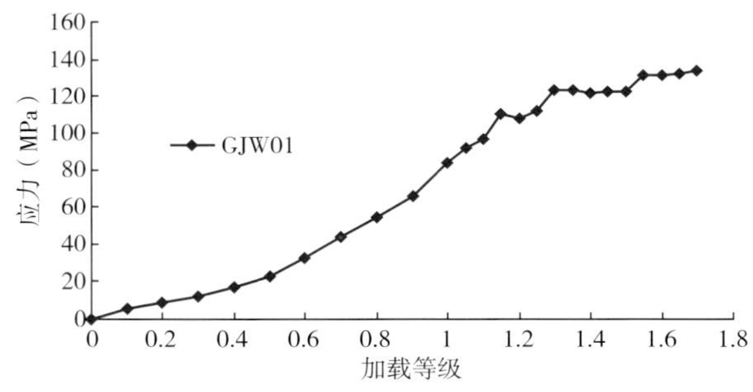

图 3.6-64　横桥向塔壁凹槽中心外侧受拉钢筋荷载应力曲线

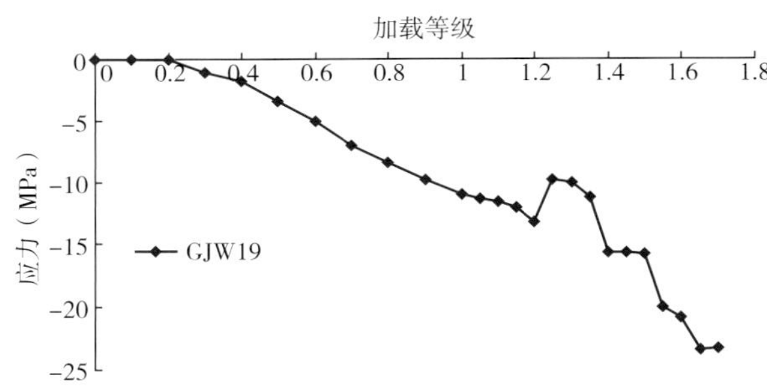

图 3.6-65　顺桥向塔壁中心外侧受压钢筋贴片的荷载应力曲线

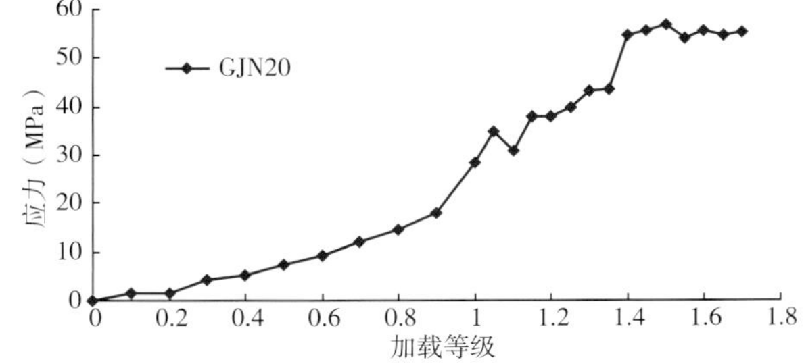

图 3.6-66　顺桥向塔壁中心内侧受拉钢筋荷载应力曲线

（3）边跨剪力钉应力分布趋势

图3.6-67~图3.6-71给出了剪力钉的编号位置及测试结果。

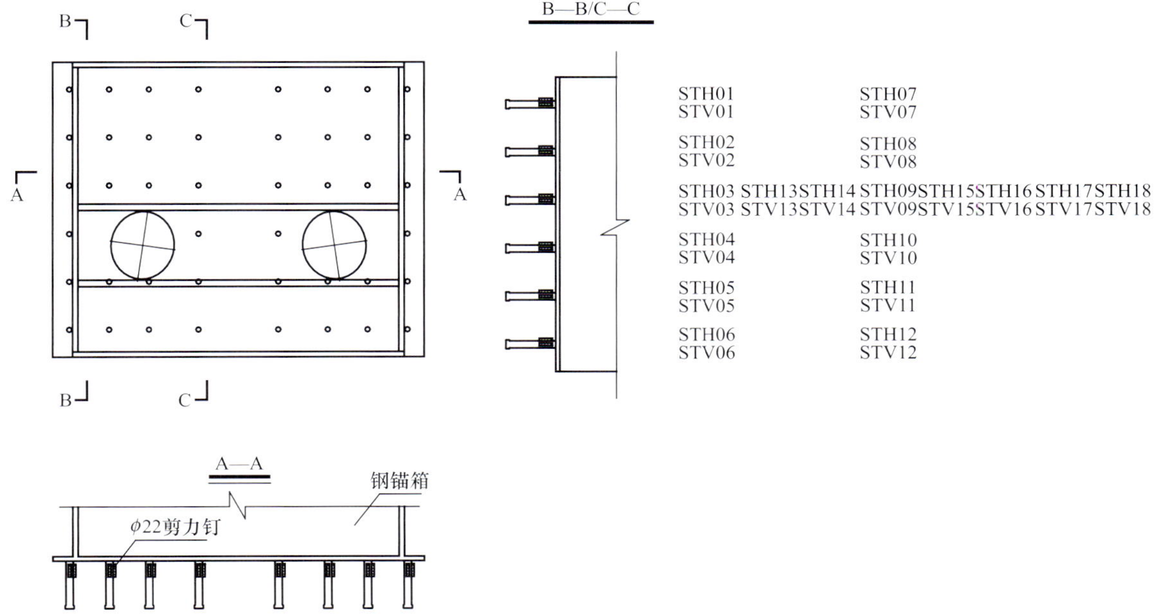

图 3.6–67　剪力钉编号与位置

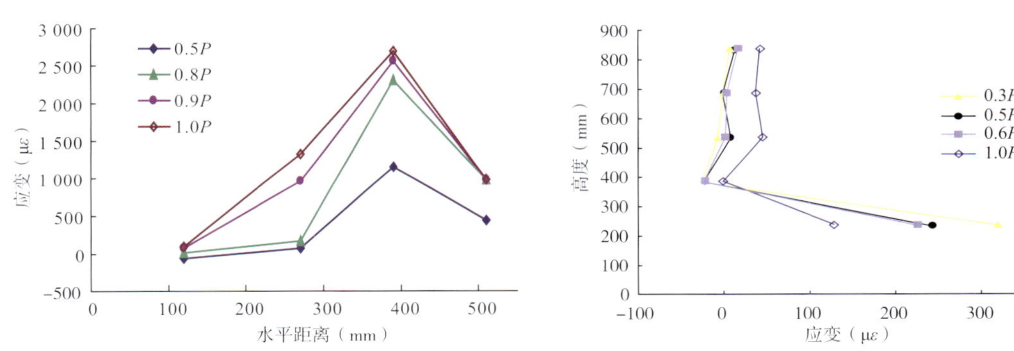

图 3.6–68　边跨剪力钉竖向应变横向分布趋势

图 3.6–69　边跨剪力钉竖向应变竖向分布趋势

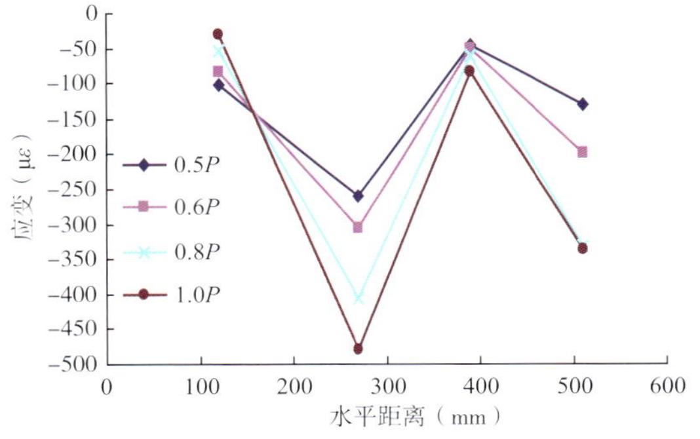

图 3.6–70　边跨剪力钉横向应变横向分布趋势

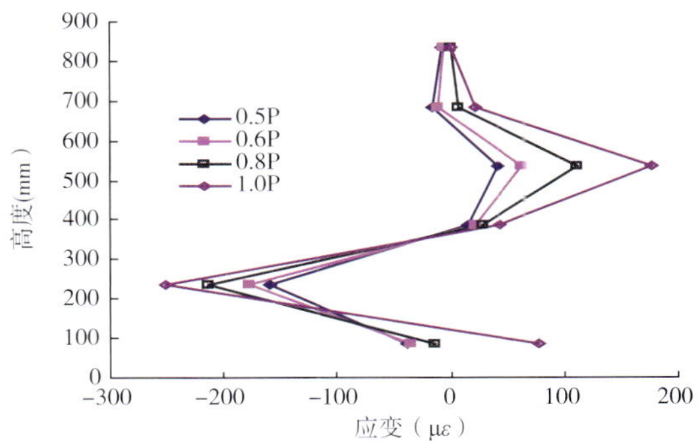

图 3.6–71　边跨剪力钉横向剪力竖向分布趋势

通过对索塔节段模型试验，得到以下主要结论：

①在1倍设计索力作用下，钢锚箱上所布置测点均没有超过钢材屈服强度，各主要板件最大实测应力如表3.6–15所示。

1.0*P* 作用下钢锚箱所布测点最大应力（MPa） 表 3.6-15

侧板（对称轴）	侧板其余测点	横隔板	承压板	上支承板	下支承板
正应力	Mises 应力	正应力	正应力	Mises 应力	Mises 应力
233	243.2	131.7	-155.5	228.6	168.5

②在最大试验荷载作用下，对应与钢锚箱是1.48倍设计索力（对应与混凝土塔壁是1.7倍设计索力），钢锚箱上所布置部分测点应力已经屈服，各主要板件最大实测应力如表3.6-16所示。

1.48*P* 作用下钢锚箱所布测点最大应力（MPa） 表 3.6-16

侧板（对称轴）	侧板其余测点	横隔板	承压板	上支承板	下支承板
正应力	Mises 应力	正应力	正应力	Mises 应力	Mises 应力
屈服	屈服	165.4	-229.5	312.8	251.8

③在1倍设计索力作用下，主跨横桥向塔壁凹槽折角处实测最大裂缝宽度0.12mm，边跨横桥向塔壁凹槽折角处实测最大裂缝宽度0.10mm。试验荷载加到1.7*P*时，主跨凹槽折角处实测最大裂缝宽度0.25mm，凹槽中间并未发现有裂缝出现，边跨凹槽折角处实测最大裂缝宽度0.20mm，凹槽中间的2条裂缝，裂缝宽度小于0.08mm。按照1：2.5缩尺模型实测得到的裂缝宽度，换算到实际结构中，在1.0倍设计索力作用下，主跨横桥向塔壁凹槽折角处最大裂缝宽度0.15mm，边跨横桥向塔壁凹槽折角处最大裂缝宽度0.12mm。加载到1.7*P*时，主跨凹槽折角处实测最大裂缝宽度0.30mm，边跨凹槽折角处实测最大裂缝宽度0.24mm。

3.7 斜拉桥承台施工

主墩基础承台为尖圆形结构，平面尺寸为：长72.20m，宽37.20m，承台顶高程+4.0m，承台底高程-2.0m，厚度6.0m，承台干施工采用主桥墩防撞和消能结构与承台围水干施工结构相结合的钢吊箱作为挡水结构物，钢吊箱壁体（防撞消能结构）长76.4m，宽41.4m，高10m。

根据工程进展情况，两主墩具备钢吊箱安装时间约在6~7月份左右，由于桥位处受潮水、涌浪影响大，同时受到台风、季风和长江口地域风影响，自然条件较为恶劣，且防撞体为永久性结构，对制作和防腐质量要求较高，对这些情况在进行了调查、咨询及深入研究后进行了如表3.7-1所示的三个防撞钢吊箱施工方案的比选。

防撞钢吊箱施工方案 表 3.7-1

对比项 \ 方案	1. 工厂分块制作，现场原位搭设平台组拼、千斤顶下放就位方案	2. 工厂分块制作，现场大型驳船上组拼、浮吊吊装就位方案	3. 工厂制作成整体，浮运至现场，浮吊安装就位方案
现场作业安全性	吊箱块体受风面积大，现场拼装时间长，需增加起重设备，台风来时无法避风，作业安全风险大	同方案 1，同时台风来时，组拼驳船避风困难，现场作业风险大	现场作业时间短，根据气象预报，可择日吊装，现场作业风险小
整体工期	现场组拼为关键线路，整体工期较长（3~4 个月）	组拼不为关键线路，可提前施工，可缩短工期 3~4 个月	工厂制作、浮运至现场，可缩短工期 3~4 个月
吊装时间及可靠性	用多个千斤顶同步起吊和下放，作业时间长，安全可靠	吊装时间短，安全可靠	吊装时间短，安全可靠
质量保证情况	现场拼装、焊接、涂装条件差，质量保证难度大	同方案 1	钢吊箱工厂制作，焊接、涂装、形体尺寸质量易保证
施工费用情况	水上作业，设备和人工作业效率低，费用高	同方案 1	陆地作业，设备和人工作业效率高，整体费用低

根据以上比较，决定选用方案3，即钢吊箱工厂内整体制作、整体下水、用拖轮浮运至施工现场、现场采用浮吊整体吊装就位的方案。该方案需要解决以下五个方面问题。

①将防撞壁体与吊箱进行有机结合设计，使之成为防撞钢吊箱，同时需要找到一个有滑道能满足防撞钢吊箱制作、下水的大型船厂。

②制定详细的防撞钢吊箱下水方案，使之满足变形要求。

③制定长距离浮运方案，确保浮运安全。

④制定安全、合理的整体吊装方案，使防撞钢吊箱结构合理，总质量最经济。

⑤防撞钢吊箱吊装到位时要能够快速实现体系转换和定位，使浮吊能够尽早脱钩，同时能确保拉杆体系受力均匀。

3.7.1 钢吊箱设计

1）施工条件

（1）波浪

根据现场水文条件，钢吊箱安装后，承台施工前，考虑最大波高H_{max}=2.0m（ENE，E）。

（2）流速

施工期间最大流速V=1.86m/s（流速与桥轴线垂直）。

（3）风速：V=25.0m/s。

（4）潮位

设计高潮位：4.5m（堡镇10%高潮累计频率）。

设计低潮位：0.8m（查5~8月最低潮位）。

（5）泥面高程

泥面高程在–16~–12m。

（6）护筒

护筒尺寸：ϕ3 186×18mm。

护筒顶高程：+6.2m。

（7）封底

厚度2.0m，考虑一次性封底。

（8）运输方式：浮运。

（9）起吊方式：采用两艘浮吊抬吊。

（10）起吊动力系数：动力系数 1.25。

（11）封底混凝土与钢护筒间握裹力：15t/m^2。

2）技术难点

（1）钢吊箱外形尺寸庞大，长 76.4m，宽 41.4m，高度 10m。

（2）相对于防撞体而言，钢吊箱底板跨度大，刚度较弱，如何控制起吊时变形在容许范围内。

（3）底板波浪力计算没有现成的规范可以借鉴，取值难度比较大。

（4）钢吊箱下滑入水瞬间会在后支点处产生强大的反力，局部稳定性控制难度大。

（5）钢吊箱从制作场地浮运至施工现场，浮运里程约 220km，如何确保浮运过程中吊箱安全。

（6）钢吊箱平面尺寸大，拉杆数量多，如何实现拉杆快速安装。

3）防撞钢吊箱结构设计

钢吊箱主要由承台防撞体（钢吊箱壁板）以及底板、拉杆等构件组成。防撞体基本结构见图3.7–1。

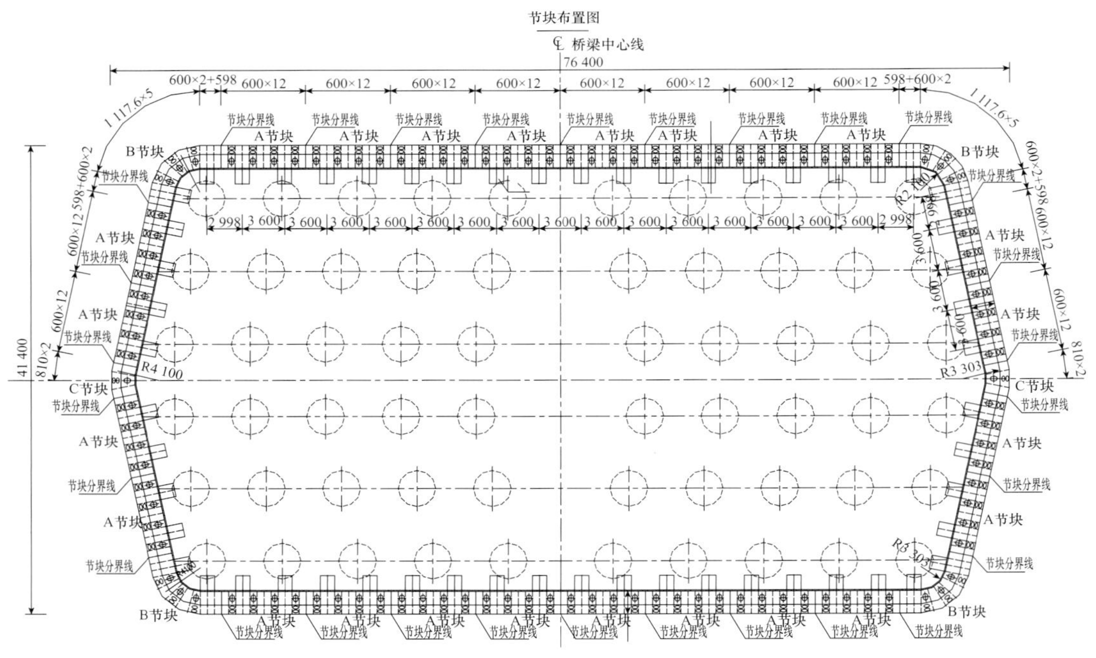

图 3.7–1 防撞体基本结构图（尺寸单位：mm）

4）防撞钢吊箱结构设计计算

钢吊箱结构设计、验算采用大型有限元ANSYS程序模拟钢吊箱施工全过程（钢吊箱工厂内制作、整体下滑入水、浮运至施工现场、双浮吊整体抬吊就位、水下封底混凝土浇筑及钢吊箱内部抽水干施工承台）各阶段的不利受力情况。根据受力形态不同，防撞钢吊箱计算共分为7个工况，分别如下：

工况1：巨型钢吊箱下水阶段受力计算；

工况2：巨型钢吊箱浮运过程中受力计算；

工况3：巨型钢吊箱吊装过程中受力计算；

工况4：巨型钢吊箱仅安装四周及中间两排拉杆时结构强度；

工况5：巨型钢吊箱所有拉杆均安装到位时钢吊箱壁体固定时结构强度；

工况6：底板上浇筑2m厚封底混凝土时防撞钢钢吊箱结构强度；

工况7：巨型钢吊箱内水全部抽完后防撞钢吊箱和混凝土底板的结构强度。

综合以上7个工况，最终确定钢吊箱的结构为：钢吊箱底板主梁采用H400型钢、次梁采用H175型钢构成，底板面板采用6mm的钢板，为增加底板刚度，在平行钢吊箱长边方向布置了两道桁架，平行于短边方向布置了一道桁架，同时，为抵抗吊装工况及抽水工况产生的水平力，在钢吊箱顶口纵横方向设置水平撑，水平撑采用Φ1 000 × 10mm钢管，为满足浮运的需要，钢吊箱底口以上4m的范围消波孔全部封起来，形成封闭结构。钢吊箱结构图见图3.7–2。

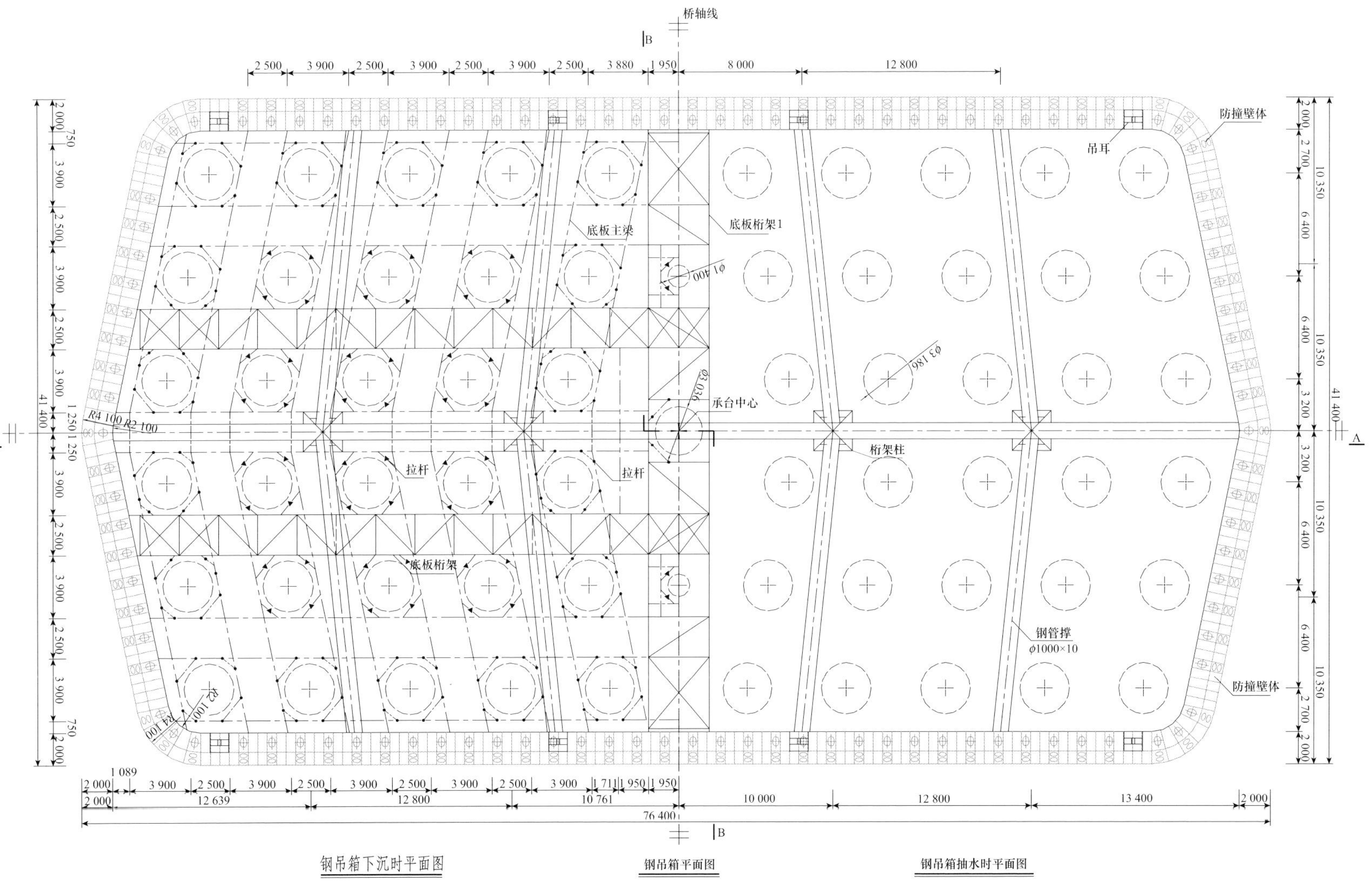

图 3.7-2 钢吊箱最终结构图（尺寸单位：mm）

3.7.2　钢吊箱下水

1）概述

（1）施工方法

钢吊箱在船台上制作完毕，解除钢吊箱固定装置，钢吊箱在重力作用下下滑入水，自浮。

（2）施工期间的潮汐情况

6、7月份高潮位在4.2m左右。

（3）整体布置（图 3.7-3）

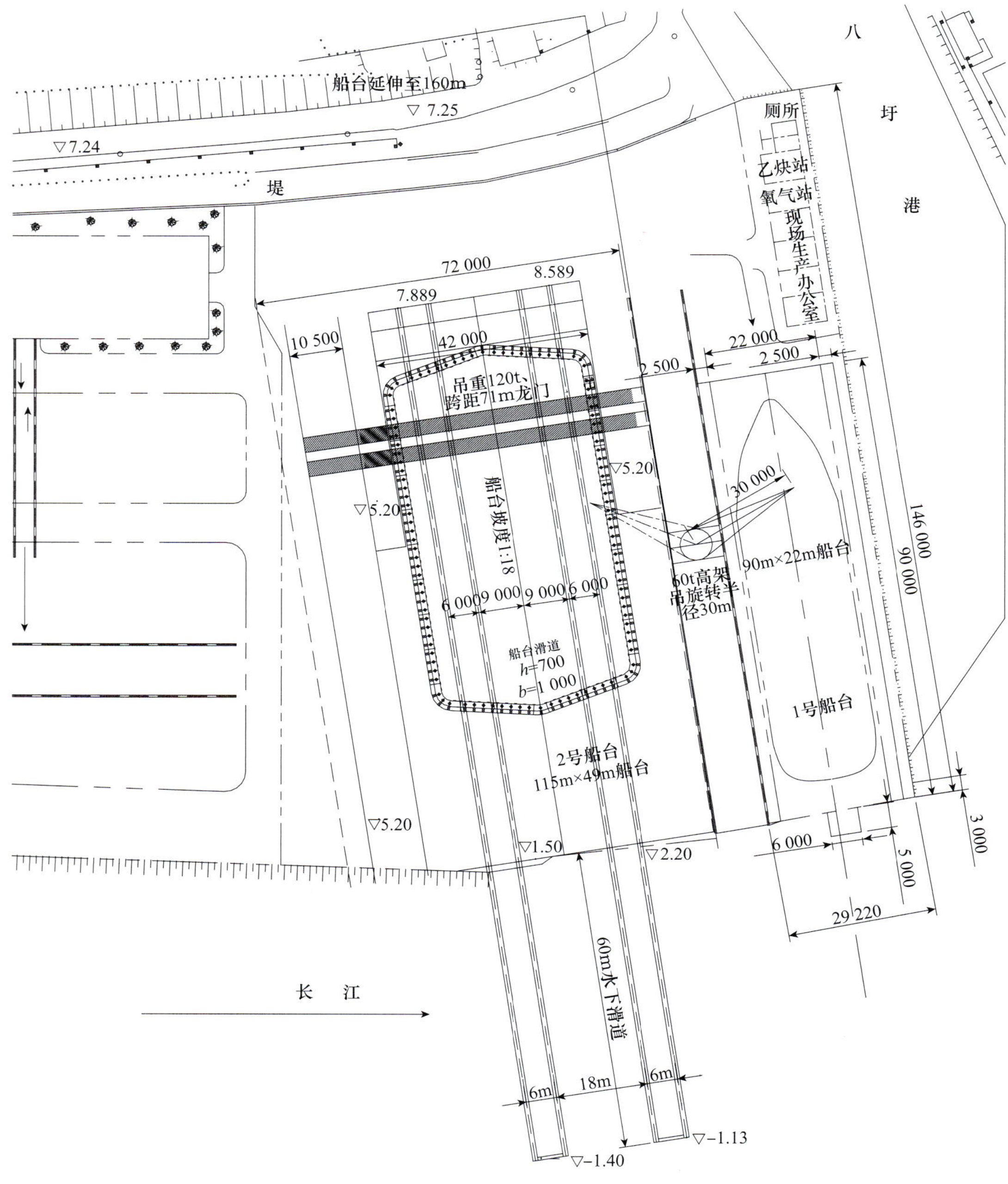

图 3.7-3　钢吊箱总拼场地布置图（尺寸单位：mm，高程单位：m）

2）下水难点

钢吊箱下水船台如图3.7-4所示，船台宽49m，布有4条滑道，滑道间距从上游向下游分别为6m、18m、6m，滑道常水位（黄海2.2m高程）水上长115m，水下60m，坡度为1：18。

根据钢吊箱与船台自身特点，钢吊箱下水存在以下几个方面的难题：

（1）由于钢吊箱为强壁体弱底板结构，而滑道与壁体不重合，若仅靠与滑道相交的两端壁体的8个点与滑道接触，靠外侧4个点每处受力经计算达到320t左右（内侧4点每处50t），此时壁体经过适当加固可满足受力要求，而滑道（每米承受40t）则承受不了这么大的荷载。

图3.7-4　钢吊箱下水图

（2）钢吊箱浮力来源于壁体，由于实测水位比潮汐表上的水位低60cm左右，按照计算在大汛时当吊箱下滑至滑道端头时，仅靠壁体浮力尚不能使吊箱尾浮，即滑道尚不够长。

（3）当吊箱近水端开始上浮时，吊箱以近岸端壁体下端为圆心旋转，并出现最大支点反力达600t以上，滑道及壁体受力较大。

（4）吊箱不同船体有优良的下水线形，其前端近似平齐，阻水面大，靠在油脂滑道上下滑，要有防止下滑一半停下来的备用措施。

根据实际情况并针对以上难题进行反复讨论决定采用以下对应对策：

（1）在吊箱长边壁体下水上部分（+2.2m以上）用支墩搭设简易辅助滑道，同时滑道与吊箱短边壁体相交处设置8个下滑点，使其共同受力，当吊箱前端滑出陆上段时（高潮位水位+4.0m左右），此时吊箱前端已入水70cm以上，产生了浮力，吊箱后端在滑出辅助滑道之前其已一端自浮，见图3.7-4钢吊箱下水图。

（2）为了安全起见，吊箱底板上近水处钢护筒孔洞暂不开，在下水短暂时间内为自浮提供浮力，使有效滑道缩短，满足下滑要求。远水端开一排孔，满足入水自浮后顺利转换为壁体提供浮力。

同时，将钢吊箱进水端短边方向密封高度由4m增加至6m，为使结构对称，防止出现意外的情况下吊箱发生偏斜，远水端短边方向密封高度也由4m增加至6m。密封高度示意图见图3.7-5。

（3）在壁体下滑点处（1m宽）内外侧焊接牛腿，扩大了滑道受力面积，同时外侧4牛腿平齐，使得吊箱前端自浮时4点共同受力（每点150t左右），同时牛腿刚度比壁体弱，有很好的变形能力，能够保护壁体。

（4）在吊箱前端安装好拉缆，以备不时用拖轮进行牵引之需，同时准备了8根直径1.8m，长11m的气囊和一组潜水员。

钢吊箱下水前，将滑道上浇上石蜡，并在岸侧用卷扬机将吊箱带住，拆除吊箱底板及壁体下胎架，打下快速支墩，让吊箱荷载全部支撑在滑道上，然后割除后端牵引钢丝绳，吊箱在自重作用下下滑入水。

3）下水方式

（1）下水墩的布置

前后横向壁体下卵石墩：中间滑道18m内布置卵石钢墩各7只，两边滑道6m内布置卵石钢墩各2只，圆角处布置卵石钢墩各2只，共计30只。

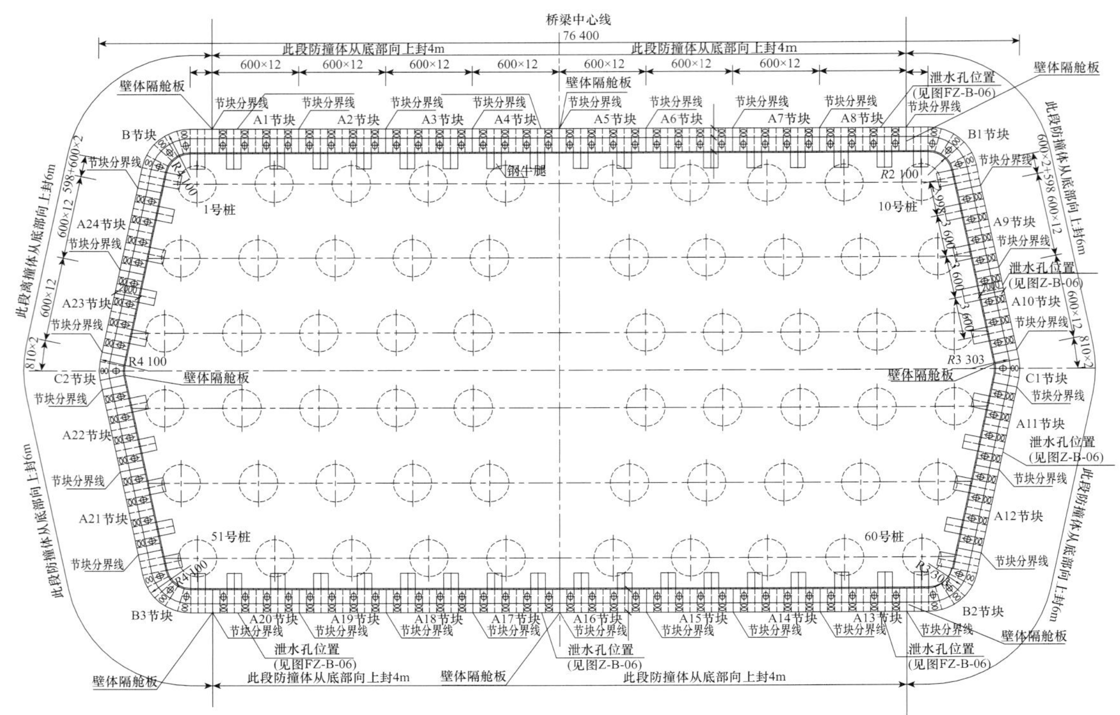

图 3.7–5　钢吊箱壁体密封高度平面图（尺寸单位：mm）

两边纵向壁体下活络墩：纵向壁体分段合龙时用活络墩共90只。

下水墩的布置可根据实际情况作适当调整。

（2）滑板的布置

根据实际情况，船台上有4道滑道，水下滑道长60.0m；在纵向壁体分段下设2道临时滑道，但没有水下滑道。滑板布置：

①在船台的4条滑道上，在横向壁体下设6 000mm×1 000mm的钢木滑板4块，最中间的2块滑板作为主滑板，滑板与壁体接触处，壁体前后加强。

②纵向壁体下设2道临时滑道，但没有水下滑道。

③为防止滑板的偏移和方便滑板的回收，滑板和壁体应用钢索连接，钢索不宜过长，以防滑板滑入底板内不易打捞，木方用棉绳连接。

④所有与滑板或壁体的连接必须牢固。

按此计算，滑板所受的压力为：1 480÷（0.8×6×12+1×6×12+1×3×8）=9.7t/m^2

（3）下滑控制装置

钢吊箱下滑力为83t，钢吊箱首部距中1 600mm在底板处装焊两只60t吊耳，用Φ43钢缆与船台老手连接，卷扬机用9饼葫芦，卷扬机生根必须牢固。

（4）顶推装置

为防止钢吊箱首部钢缆割断后壁体不下滑，必须在钢吊箱首部靠边的滑板端部，滑道上设置助滑千斤顶，千斤顶支架必须牢固，选用两只50t液压千斤顶。

（5）滑道的准备工作

钢吊箱的下水成功与否，是决定后续施工能否顺利进行的关键阶段，而且新船台、新滑道是第一次使用，没有成功的施工经验，所以滑道的准备工作很重要。

①对滑道进行全面的清理、打磨。

②对水下滑道进行探摸，特别是滑道末端要测出河床到滑道面的距离。

③滑道浇蜡，要根据天气、气温情况更改配方，蜡和黄油要选用质量比较好的。

④对已浇蜡的滑道用镀锌钢板做成罩壳盖在滑道上加以保护。

4）下水计算

重心力矩的计算如表3.7-2所示，浮力计算见表3.7-3，钢吊箱入水曲线见图3.7-6。

重心力矩计算　　表 3.7-2

重心力矩计算		
重力（t）	质心（mm）	重心力矩（t・m）
1 480	34 928.65	49 354.18

浮力计算　　表 3.7-3

序号	面积（m²）	质心（m）	高度（m）	浮力（t）	前端入水深度（m）	浮心力矩（t・m）	浮心力矩（t・m）
1	15.000 6	70.956 4	0.120 0	1.800 1	0.120 0	127.726 5	127.726 5
2	36.911 8	70.049 5	0.100 0	3.691 2	0.220 0	258.565 4	386.291 9
3	50.009 9	69.528 0	0.100 0	5.001 0	0.320 0	347.709 2	734.001 1
4	56.002 9	69.240 4	0.100 0	5.500 3	0.420 0	387.766 3	1 121.767 4
5	61.937 9	68.883 6	0.100 0	6.193 8	0.520 0	426.650 5	1 548.417 9
6	67.997 0	68.466 0	0.100 0	6.799 7	0.620 0	465.448 3	2 013.966 2
7	74.180 3	68.001 7	0.100 0	7.418 0	0.720 0	504.438 3	2 518.404 5
8	80.487 7	67.500 8	0.100 0	8.048 8	0.820 0	543.298 6	3 061.703 1
9	86.919 3	66.971 1	0.100 0	8.691 9	0.920 0	582.107 9	3 643.811 1
10	93.475 0	66.418 2	0.100 0	9.347 5	1.020 0	620.844 6	4 264.655 6
11	100.154 9	65.746 7	0.100 0	10.015 5	1.120 0	659.487 2	4 924.142 8
12	106.958 9	65.260 0	0.100 0	10.695 9	1.220 0	698.014 0	5 622.156 8
13	113.887 1	64.660 9	0.100 0	11.388 7	1.320 0	736.403 6	6 358.560 4
14	120.939 4	64.051 5	0.100 0	12.093 9	1.420 0	774.634 4	7 133.194 9
15	128.115 8	63.433 6	0.100 0	12.811 6	1.520 0	812.685 0	7 945.779 8
16	135.316 5	62.808 7	0.100 0	13.541 6	1.620 0	850.533 6	8 796.413 4
17	142.841 2	62.178 0	0.100 0	14.284 1	1.720 0	888.158 7	9 684.572 1
18	150.390 1	61.542 5	0.100 0	15.039 0	1.820 0	925.439 0	10 610.111 1
19	158.063 2	60.903 0	0.100 0	15.706 3	1.920 0	962.652 8	11 572.763 9
20	165.760 4	60.260 2	0.100 0	16.586 0	2.020 0	999.478 4	12 572.242 3
21	173.781 7	59.614 7	0.100 0	17.378 2	2.120 0	1 035.894 5	13 608.236 8
22	181.827 2	58.966 9	0.100 0	18.182 7	2.220 0	1 072.179 4	14 680.416 2
23	189.996 9	58.317 4	0.100 0	18.999 7	2.320 0	1 108.011 7	15 788.427 9
24	198.208 2	57.660 1	0.100 0	19.820 8	2.420 0	1 142.869 8	16 931.297 6
25	206.013 3	56.963 0	0.100 0	20.601 3	2.520 0	1 173.513 2	18 104.810 8
26	213.378 9	56.227 1	0.100 0	21.337 9	2.620 0	1 199.766 9	19 304.577 7
27	220.611 9	55.373 3	0.100 0	22.061 2	2.720 0	1 223.806 2	20 528.383 9

续上表

序号	面积（m²）	质心（m）	高度（m）	浮力（t）	前端入水深度（m）	浮心力矩（t·m）	浮心力矩（t·m）
28	227.834 4	54.709 9	0.100 0	22.783 4	2.820 0	1 246.479 2	21 774.863 1
29	235.056 6	53.938 2	0.100 0	23.505 7	2.920 0	1 267.854 2	23 042.717 3
30	242.278 9	53.159 1	0.100 0	24.227 9	3.020 0	1 287.933 4	24 330.650 7
31	249.501 1	52.373 2	0.100 0	24.950 1	3.120 0	1 306.716 3	25 637.367 0
32	256.723 3	51.581 0	0.100 0	25.572 3	3.220 0	1 324.203 5	26 961.570 5
33	263.945 5	50.783 0	0.100 0	26.394 6	3.320 0	1 340.394 4	28 301.964 8
34	271.167 8	49.979 8	0.100 0	27.116 8	3.420 0	1 355.289 7	29 657.254 5
35	278.390 0	49.171 6	0.100 0	27.839 0	3.520 0	1 368.888 6	31 026.143 2
36	285.512 2	48.359 0	0.100 0	28.561 2	3.620 0	1 381.191 8	32 407.334 9
37	292.834 4	47.542 2	0.100 0	29.283 4	3.720 0	1 392.199 0	33 799.533 9
38	300.064 3	46.720 4	0.100 0	30.006 4	3.820 0	1 401.912 9	35 201.446 8
39	308.815 8	45.580 1	0.100 0	30.881 6	3.920 0	1 410.674 6	36 612.121 4
40	330.709 5	42.910 3	0.100 0	33.070 9	4.020 0	1 419.083 6	38 031.205 0
41	354.802 6	40.123 5	0.100 0	35.380 3	4.120 0	1 423.593 4	39 454.798 4
42	362.952 3	39.353 5	0.100 0	36.295 2	4.220 0	1 428.342 8	40 883.141 2
43	366.733 2	39.087 9	0.100 0	36.673 3	4.320 0	1 433.482 8	42 316.624 0
44	370.397 0	38.827 7	0.100 0	37.039 7	4.420 0	1 438.165 8	43 754.789 7
45	373.943 7	38.573 0	0.100 0	37.394 4	4.520 0	1 442.413 5	45 197.203 3
46	377.373 3	38.324 1	0.100 0	37.737 3	4.620 0	1 446.247 7	46 643.451 0
47	380.685 7	38.081 0	0.100 0	38.068 6	4.720 0	1 449.689 3	48 093.140 3
48	383.881 0	37.844 0	0.100 0	38.388 1	4.820 0	1 452.760 1	49 545.800 4
起浮时的总浮力				870.413 1			

起浮时两个支点受力计算：（1 480−870.4）/2=569.6/2=304.8t

由此可以得出：

钢吊箱尾部入水4.82m时开始尾浮，此时首支点压力304.8t ÷ 6m^2=50.8t/m^2

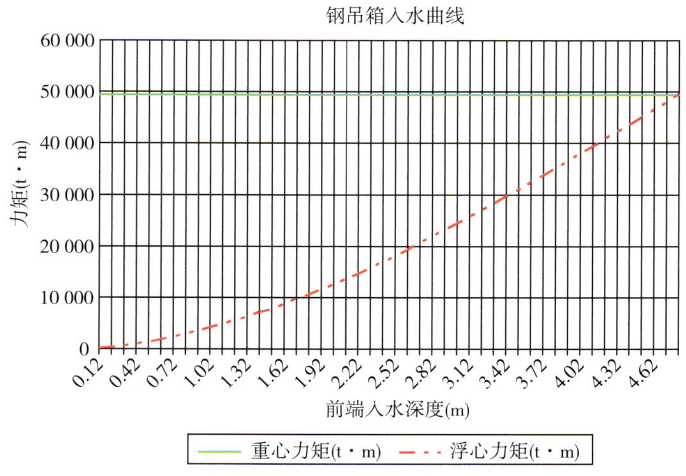

图 3.7−6　钢吊箱入水曲线图

3.7.3 钢吊箱浮运

1）概述

钢吊箱从江阴靖江长博造船厂（八圩汽渡上游50m处船台）水运至崇明与长兴岛之间的上海长江大桥工程施工水域，其地理里程约200余公里，航行里程约240余公里，经过江苏省、上海市两地的长江航道。

2）浮运过程中受力计算

工况1：正常风速流速下拖航有效功率计算

主墩钢吊箱为双壁结构，长76.4m，宽41.4m，型深10m，下水后的设计吃水深度4.0m，干舷为6m。单只质量约1 480余吨，因底部孔为开放状态，进水后排水量为12 412t。

水下有效功率按照作业风级按蒲氏5级风、风速为20m/s（考虑突风影响）、航速（2~2.5m/s）7~9km/h，按兹万科夫法进行计算，同时空气阻力的影响EHPa（kW），得到拖航有效总功率：EHP=EHPs+EHPa（表3.7–4）。

有效总功率计算　　表 3.7–4

风速（m/s）	16.00	17.00	18.00	19.00	20.00
EHPa（kW）	89.37	100.89	113.10	126.02	139.63
拖航速度（km/h）	7.00	7.00	7.00	7.00	7.00
EHPs（kW）	245.23	245.23	245.23	245.23	245.23
总有效功率（kW）	334.60	346.12	358.33	371.25	384.86
总阻力（t）	11.568 73	11.476 76	11.395 02	11.321 88	11.256 06
拖航速度（km/h）	9.00	9.00	9.00	9.00	9.00
EHPs（kW）	394.87	394.87	394.87	394.87	394.87
有效总功率（kW）	484.23	495.75	507.97	520.89	534.50
总阻力（t）	16.680 28	16.715 89	16.751 49	16.787 1	16.822 71

根据规范，拖轮实际拖力的配备应不小于船舶阻力除0.36系数。

航速按8km/h，风速为20m/h拖航时，拖轮拖力应不小于16.823/0.36=46.73t。

工况2：考虑涨大潮逆流时的拖航有效功率计算

桥区涨潮平均流向稳定在294°～314°，流速在0.30~0.88m/s，涨激流向基本稳定在297°～324°，流速在0.42~1.14m/s，落激流向基本稳定在140°～144°，流速在0.93~1.64m/s。

作业风级按蒲氏6级风、风速为25m/s（考虑突风影响）、航速（1.67m/s）6km/h，考虑涨潮落潮的影响，最大航行速度按航速与流速的叠加之和：V=1.67+1.44=3.07m/s，相当于静水航速V=11.502km/h。

有效总功率EHP=EHPs+EHPa（表3.7–5）。

有效总功率计算 表 3.7-5

风速（m/s）	21	22	23	24	25
EHPa（kW）	153.946 4	168.957 04	184.665 86	201.072 84	218.178
拖航速度（km/h）	11.00	11.00	11.00	11.00	11.00
EHPs（kW）	1 071.00	1 071.00	1 071.00	1 071.00	1 071.00
有效总功率（kW）	1 224.95	1 239.96	1 255.67	1 272.07	1 289.18
总阻力（t）	36.499 667	36.535 274	36.570 88	36.606 487	36.642 094

根据规范，拖轮实际拖力的配备应不小于船舶阻力除0.36系数。

航速按 6km/h，潮流速度 V=1.44m/s，风速为 25m/h 拖航时，拖轮拖力应不小于 36.64/0.36=101.777 8t。

综合以上两个工况，拖轮拖力不小于102t，经比较，采用三条拖轮进行拖运，该拖轮额定总拖力为133.5t，大于101.777 8t，完全满足拖带要求。

3）拖带方式

钢吊箱浮运采取一条2 640匹马力顶推，一条1 980匹马力和一条2 640匹马力型拖轮绑拖的编队形式进行浮运。

该队型主要是针对钢吊箱的形状特点设计的。拖轮在统一航行号令下全方位均能均衡作功，平衡操舵，使拖轮的功率最有效的作用于吊箱，航行安全稳定，具有驾驶的主动性和安全能动性。根据计算，一条拖轮的拖力就大于钢吊箱的总阻力，三条拖轮总拉力133.5t（不考虑夹角因素），即三艘推轮的拖力完全能满足钢吊箱浮运的要求。

同时，在钢吊箱四角布置护航的监督艇，确保航行过程中安全。钢吊箱浮运拖轮编队示意图见图3.7-7。

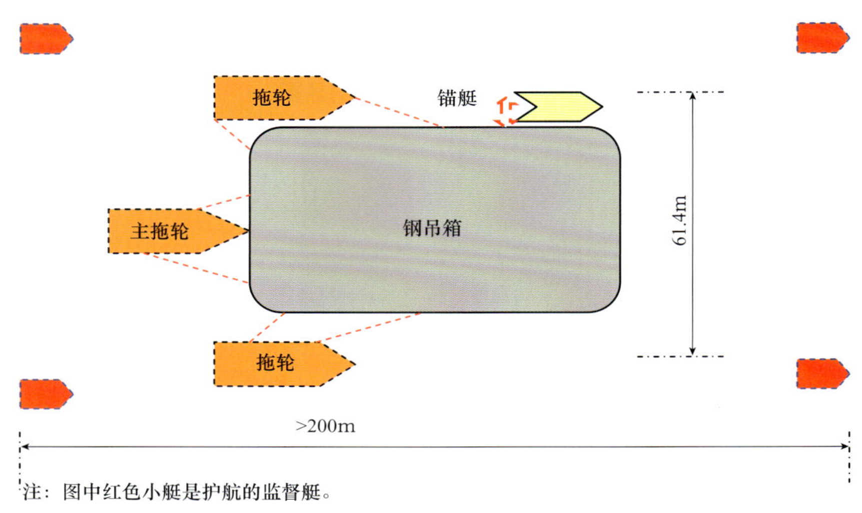

图 3.7-7 钢吊箱浮运拖轮编队示意图

钢吊箱顺利下滑入水后，拖轮迅速靠近钢吊箱，按照图3.7-8和图3.7-9的形式进行编队。

4）拖带实施效果

根据钢套箱的吃水深度及体型系数计算出拖带力，采用两艘2 640匹马力和一艘1 980匹马力的拖轮按照三角形顶推队形编队，为了防止发生突风，随队帮拖一艘锚艇，锚艇吊一只7t霍尔锚，锚索一端与套箱相连，当遇到大风等紧急情况或需抛锚时，锚艇可及时进行抛、起锚。钢吊箱拖带队形见图3.7-9。实际拖带平均时速为12~15km/h，钢吊箱实际吃水深度3.6m。两个吊箱均是早上下水，上午10：00起拖，晚上20：00到达浏河锚地，第二天上午根据现场潮汐情况择时起锚到达现场。

图 3.7-8　拖轮准备编队

图 3.7-9　拖轮编队完成

3.7.4　钢吊箱吊装

1）吊装方式确定

由前文可知，钢吊箱采用两艘浮吊抬吊方式吊装，吊箱到达现场后的初始位置有两种情况，第一种情况：钢吊箱的纵向轴线与墩的纵向周线平行，横向轴线与墩的横向轴线平行，平面布置示意图见图3.7-10。

吊装时，浮吊分别位于墩的南北方向，钢吊箱被吊起后只需要一艘浮吊前进，另一艘浮吊后退即可实现钢吊箱就位，不需要横向移动，同时也不受上下游平台上的900t·m和125t·m塔吊限制，但对一艘浮吊的吊幅要求很高，浮吊很难找到，因此此吊装方式不可行。

另一种情况：钢吊箱位于平台的端头，钢吊箱吊起后先横向移动一段距离，然后再前后移动实现钢吊箱的就位（图3.7-11）。

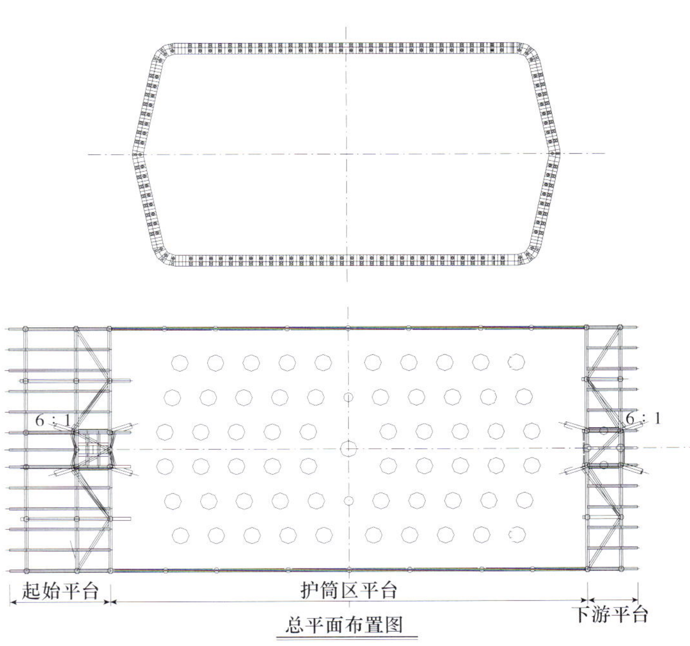

图 3.7-10　钢吊箱与墩相对位置图（第一种情况）

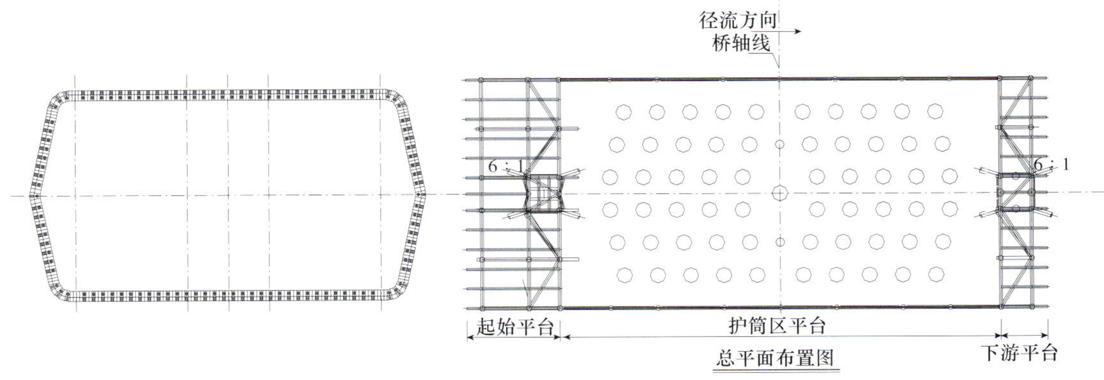

图 3.7-11　钢吊箱与墩相对位置图（第二种情况）

此种吊装方法的缺点是两艘浮吊吊起钢吊箱后要移动一段很长的距离，而且还要从125t·m塔吊顶部越过，但经过严密组织，具有可实施性。优点是对浮吊的吊高、吊幅、吊重等性能要求降低，能够节约吊装费用。

因此，经过比较，选择第二种方法作为钢吊箱吊装就位的实施工艺。

2）钢吊箱吊装施工

钢吊箱到达预定位置后，锚艇在上游150m的位置抛锚定位，利用预先准备好的钢丝绳与钢吊箱靠近上游侧的两个吊耳连接，钢丝绳另一端通过拖轮带到锚艇上，并用锚艇上的绞罐将钢丝绳张紧，并将钢丝绳固定在锚艇上，然后两台浮吊通过绞锚到达吊箱正上方，此时状态见图3.7-12。

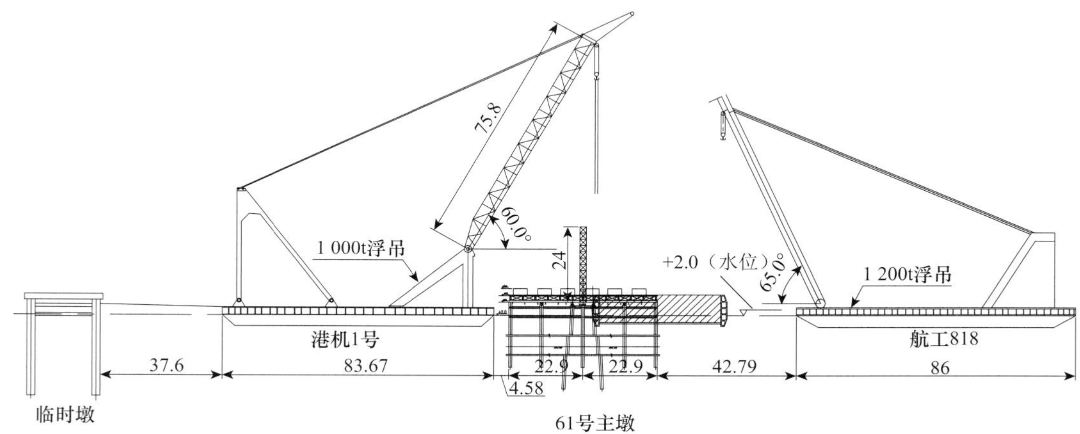

图 3.7-12　钢吊箱初定位完成，浮吊绞锚至预定位置示意图（尺寸单位：m）

3）吊装

选择在高平潮阶段进行钢吊箱的吊装。

由于钢吊箱的吊索和卡环均非常重，靠人力很难完成吊点的连接，所以必须通过左右移动浮吊来实现吊点的连接，同时要准备若干2t手拉葫芦，用以辅助吊点连接。

8个吊点均连接完毕，浮吊开始起钩，使吊索被张紧，此时，起重指挥人员再次检查吊点的连接情况和吊索的垂直度，如果不满足要求，浮吊通过绞锚使吊索铅直，同时，各船专职人员检查锚缆情况，均无任何问题后，解除吊箱的一切约束，如：吊箱的锚缆、吊箱与平台的拉缆以及吊箱与拖轮之间的连接等。起吊应分级进行，根据钢吊箱的质量，每100t为1个级别，通过浮吊上自带的拉力计进行控制，每增加一个级别，相关人员检查各自负责的任务（锚缆、吊索、卡环、吊索垂直度等），无任何问题后施加下一级，直至钢吊箱被吊起。

当钢吊箱被吊起超过平台50cm后，两艘浮吊通过绞锚同时向下游移动，移动时应缓慢进行，幅度不宜过大。

当钢吊箱完全越过上游起始平台后，钢吊箱轴线与桥轴线基本重合时，1 000t浮吊后退，同时，1 200t浮吊前进，此过程同样要缓慢进行，避免受力不均。

当钢吊箱的纵、横轴线与平台的纵、横轴线重合时，两艘浮吊同时落钩，直至钢吊箱最底点距平台还剩1m左右，此时，指挥人员根据预先放好的标志线对钢吊箱进行精确对位，对位完毕，两艘浮吊同时缓慢下放，使钢吊箱四角护筒口缓慢进入导向钢护筒，并且经过微调，使钢吊箱完全套进钢护筒内。

然后施工人员进入钢吊箱内，并通过钢吊箱进入钢护筒内，因为第一批仅安装四周及中间两排钢护筒内的拉杆，所以，这些护筒内必须有人，当钢吊箱下放超过上铰支座的位置后，施工人员开始将上铰支座从护筒内推出，并用销轴锚固牢靠。

钢吊箱下放至理论位置还有50cm时，测量人员测量钢吊箱的四角高差，并根据测量结果进行高差调整，以后，每下降10cm测量一次，直至吊箱距理论位置还剩3~5cm，停止下放，进行钢吊箱平面位置的调整。

当钢吊箱全部套进钢护筒，并且下放入水自浮后，施工人员进入钢吊箱内用扳手将人孔盖板拆下，然后用水泵向内注水，直至人孔进入水面以下。

钢吊箱平面位置调整通过手拉葫芦进行，由于钢吊箱入水后受到的水流力很大，必须准备充足的手拉葫芦（10t），手拉葫芦布置见图3.7-13。

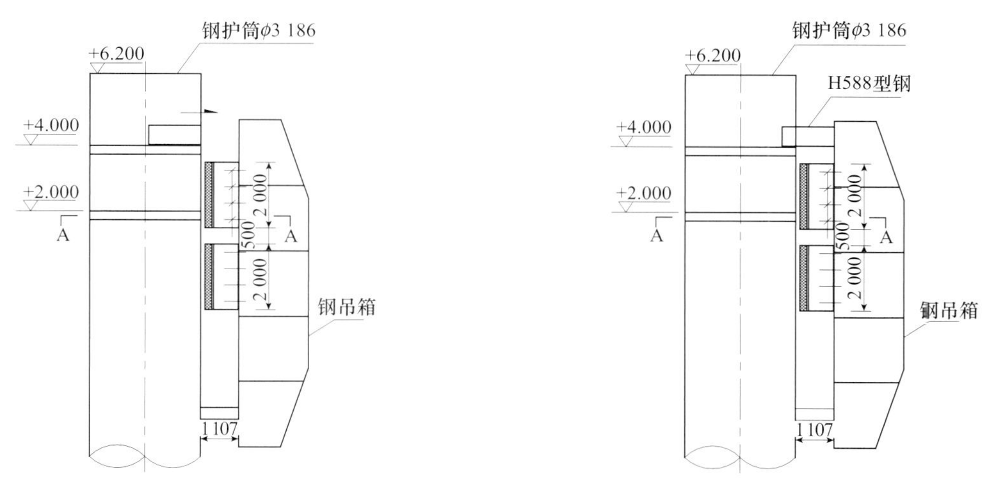

图 3.7-13　平面位置固定示意图（尺寸单位：mm，高程单位：m）

通过下拉缆调整壁体的垂直度，垂直度的控制方法为：可以用垂球或用水平尺测量防撞体顶板的水平度。

平面位置及壁体垂直度调整完毕，立即用预先准备好的型钢将吊箱的平面位置进行固定，此时，钢吊箱纵向可以上下移动。

在具体操作过程中，由于水流力过大，通过手拉葫芦无法调节钢吊箱的平面位置，经现场研究，决定利用涨落潮（不同的水流方向）进行钢吊箱定位，定位方法为：落潮时，钢吊箱靠上游侧与护筒紧贴，靠下游侧空隙较大，此时，在测量的辅助下，将下游侧护筒上的限位全部焊好，涨潮时，在水流的作用下，钢吊箱向上游移动，直至钢吊箱与限位紧密接触，此时测量再次复核钢吊箱的平面位置，无任何问题后，将限位与钢吊箱焊接固定，同样方法将上游侧限位焊接完毕。

（1）拉杆安装

平面位置精调完毕，并用型钢进行水平位置固定后，施工人员开始安装拉杆，安装时，将拉杆从固定拉杆的圆环上解开并安装进上铰支座的槽口内，并上好大螺母，并用普通扳手拧紧，同时，安排几人对已经拧紧的螺母用电动扳手重新施拧，并控制同一扭距，使各拉杆受力均匀。

（2）焊接固定

拉杆安装完毕并检查无任何问题后，浮吊慢慢松钩，使钢吊箱的力全部转移到拉杆上，浮吊基本上不受力后，测量人员再次测量钢吊箱的平面位置及高程，满足要求后，将图3.7-14中所示的型钢与钢吊箱焊接。

上述为钢吊箱的快速固定方法，浮吊移走后，还需对钢吊箱进行焊接固定，固定方法为：按图3.7-14 方式焊接完毕，浮吊落钩、解扣、移船，完成钢吊箱的吊装。

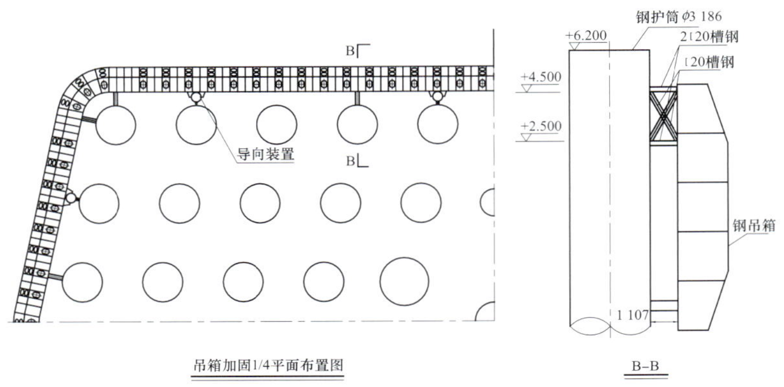

图 3.7–14　钢吊箱加固示意图（高程单位：m）

（3）实施效果

经过精心组织、精心施工，两主墩巨型钢吊箱分别于2006年7月1日、8月1日顺利安装到位，不仅工期节约了3个多月，同时确保了在长江口恶劣环境下的钢吊箱制作安装的安全和质量。巨型钢吊箱工厂内整体制作、滑道下水、远距离浮运、双浮吊抬吊就位方案的顺利实施，为环境恶劣的外海及工期紧的特大型桥梁基础施工提供了范例。

3.8　斜拉桥桥塔施工

塔柱呈“人”字形结构，其典型特点是无横梁，下塔肢交汇后塔柱以独柱到顶。下塔柱结构比较复杂，横桥向内、外侧面和交汇段分别半径为8.5m、91.47m和3.489m的圆曲面，针对塔柱结构的特点，采用满堂脚手架和液压自动爬模相结合的方法。起步的四个节段，由于结构复杂以及爬架安装的空间要求，采用满堂脚手架施工，左右塔肢之间由于主动横撑施工使爬架安装空间不足，此处也采用满堂支架至交汇段，其余全部采用液压自动爬模施工，塔柱施工工艺见图3.8–1。

图 3.8–1　塔柱施工图片

3.8.1 模板系统

1）模板施工特点与难点

本工程塔柱结构新颖独特，构造复杂，模板设计的技术难度很大，主要体现在以下几个方面：模板弧形构造多，模板截面尺寸变化大，模板尺寸大，下塔柱倒角模板为空间曲面模板，装饰槽模板尺寸随顺桥向外侧面变化率变化。

2）模板施工技术关键

由于塔柱结构复杂，模板形式多样，有大型平面模板、大型曲面模板、空间倒角模板、平面倒角模板以及装饰槽模板，各模板尺寸随塔柱截面变化率变化。模板结构设计是否合理，直接影响塔柱施工质量及施工进度，主要体现在以下方面。

（1）在确保模板刚度的同时必须兼顾模板自重，使模板适应液压自动爬模系统。

（2）模板结构必须适应塔柱截面变化，现场施工方便。

（3）模板面板选材直接影响混凝土外观质量。

下塔柱四周设置1.2m × 1.2m倒角，倒角面为空间曲面。为满足空间弧形塔柱施工精度的要求，确保塔柱外观线形，其空间曲线形模板的制作精度极为重要。

塔柱为人字弧形独柱结构，若按照惯例，下塔柱采用满膛脚手架翻模施工，需搭设大面积脚手架，且高度达到近60m。若采用液压自动爬模施工，需解决爬架在弧面上爬行的难题。

3）塔柱模板施工关键技术

（1）塔柱模板结构设计

①模板的结构选择

模板结构形式一般有三种：钢模板、木模板、钢木组合模板，其各自的优缺点及其使用效果见表3.8-1。

模板结构综合比较表　　表 3.8-1

模板类型	优　点	缺　点	使月效果
钢模板	刚度大，总体受力性能好，适应大面积模板，施工精细化要求低	自重大（200kg/m^2），模板表面易锈蚀。空间曲面加工难度大，成本高	混凝土保温效果差，模板不便于尺寸修改，损坏部分不易修复
木模板	自重轻，加工简单，适应于异型模板，可在现场加工、制作	刚度小，总体受力性能差，不适用大面积模板，周转次数少，不防火	使用方便，但因刚度小，混凝土容易涨模，混凝土接缝容易错台
钢木组合模板	刚度较大，自重较轻（90kg/m^2），总体受力性能较好，适应大面积模板，构件可在现场加工、制作，修改方便	木面板容易损坏，防火性能差，模板制作工序多，拼装要求高	混凝土保温效果好，模板便于尺寸修改，修补方便

上海长江大桥主塔为“人”字形塔，截面尺寸大，截面尺寸变化大，塔柱采用液压自动爬模施工工艺，综合各方面指标并结合工程特点，选用大刚度、自重轻、修改方便的钢木组合模板。

②钢木组合的模板结构设计

钢木组合大面积模板体系由胶合板、钢背楞、钢围檩三部分组成。钢围檩与钢背楞之间通过焊接相连接，成为模板骨架，面板与骨架通过沉头螺栓固定，三者有机固结成一整体。1.2m × 1.2m倒角模板骨架通过螺栓与顺、横桥向外侧面的模板围檩连接成一体。

③模板的形式

上海长江大桥模板主要分为四种形式：大面模板、倒角模板、装饰槽模板、合龙段底口圆弧模板，四种模板的结构设计形式各异。

a.大面模板

模板面板采用21mm厚芬兰双面覆膜胶合板，又称Visa板，模板竖向背楞采用10号槽钢，模板围檩采用14a号槽钢，围檩与背楞之间采用焊接连接，面板与围檩间采用螺栓连接。模板拉杆采用Φ15mm精轧螺纹钢筋。大面模板结构见图3.8–2、图3.8–3。

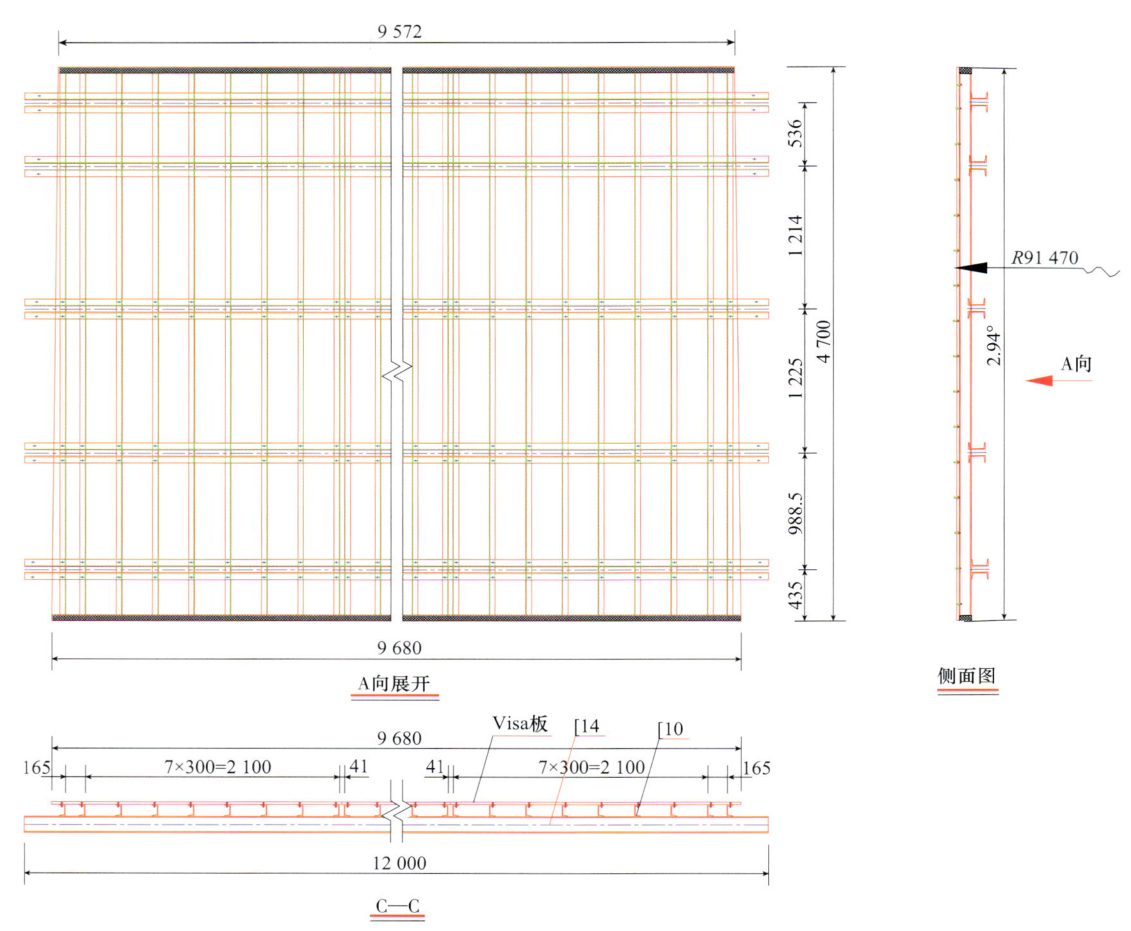

图 3.8–2　大面模板结构图（尺寸单位：mm）

b.倒角模板

模板面板采用21mm厚Visa板，模板围檩带采用型钢制作的钢桁架，竖向背楞采用5号槽钢，5号槽钢内镶嵌木枋以调整模板空间线形，背楞与背带之间焊接连接，面板、木枋与围檩间采用螺栓连接。模板拉杆采用Φ15mm精轧螺纹钢筋。倒角模板结构见图3.8–4。

图 3.8–3　大面模板图片

c.装饰槽模板

模板面板采用21mm厚Visa板，竖向背楞采用10号槽钢，10号槽钢上镶嵌∠3×5角钢，∠3×5角钢上镶嵌木枋，围棱采用14a号槽钢。围檩与背楞之间采用焊接连接，面板、木枋之间采用螺栓连接，木枋与角钢支架采用螺栓连接，角钢与背楞间焊接连接。模板拉杆采用Φ15mm精轧螺纹钢筋。装饰槽模板结构见图3.8-5。

d.合龙段底口圆弧模板

合龙段底口圆弧模板采用弧形钢桁架做围檩，背楞采用8号槽钢，面板采用6mm厚钢板，面板上铺张0.5mm厚不锈钢板，合龙段底模支撑在主动横撑支架上，合龙段低模板结构见图3.8-6、图3.8-7。

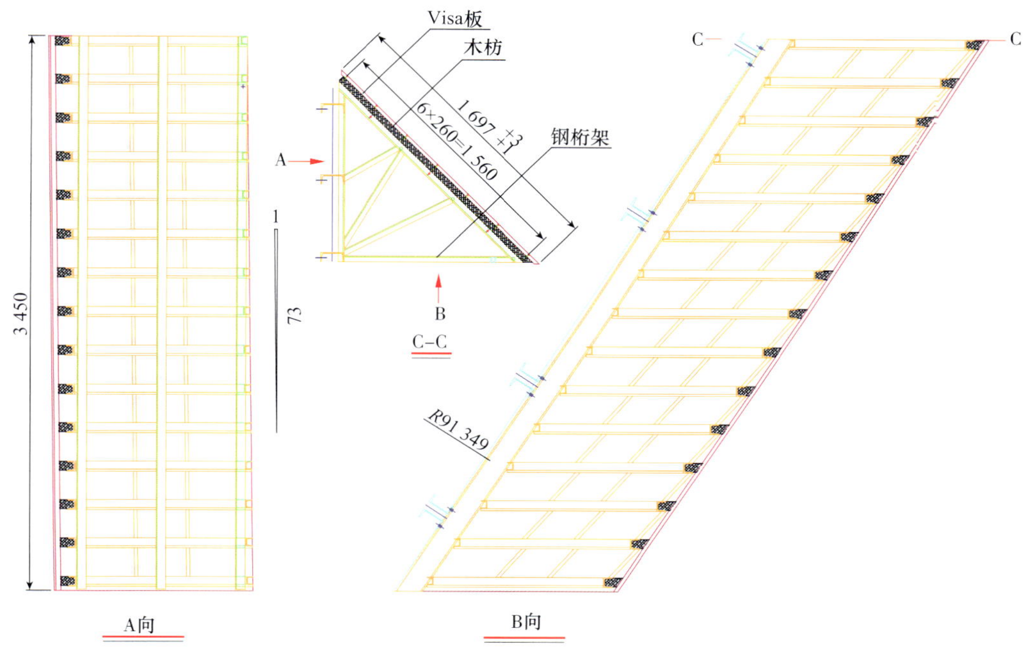

图 3.8-4　倒角模板结构图（尺寸单位：mm）

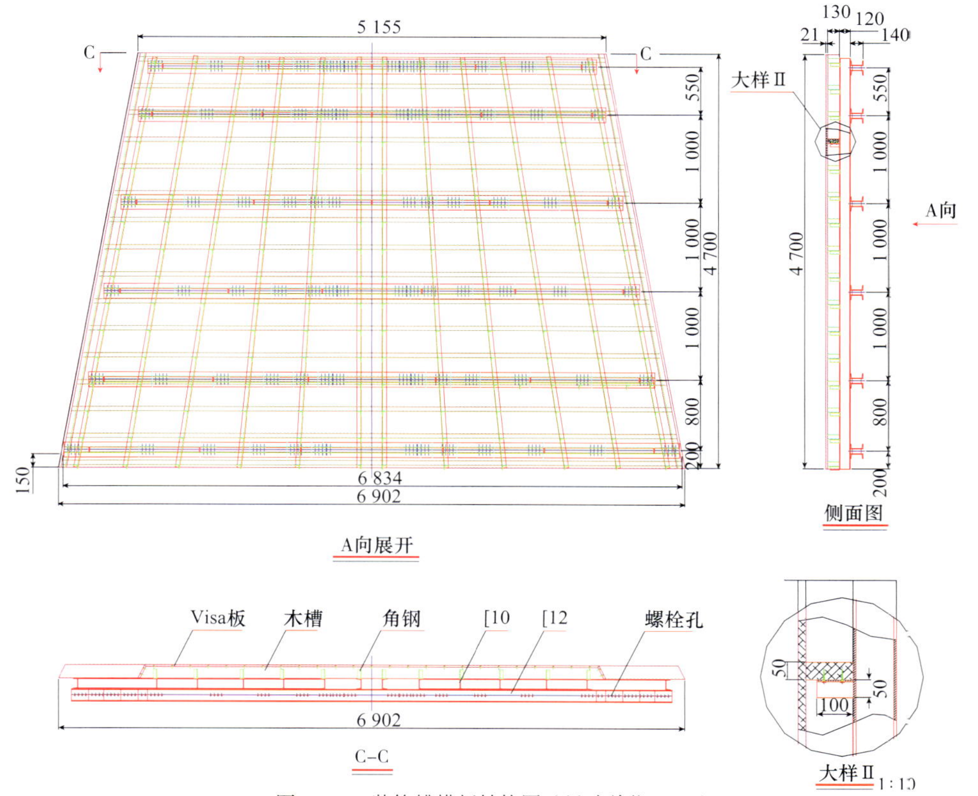

图 3.8-5　装饰槽模板结构图（尺寸单位：mm）

图 3.8–6　合龙段底模板图片

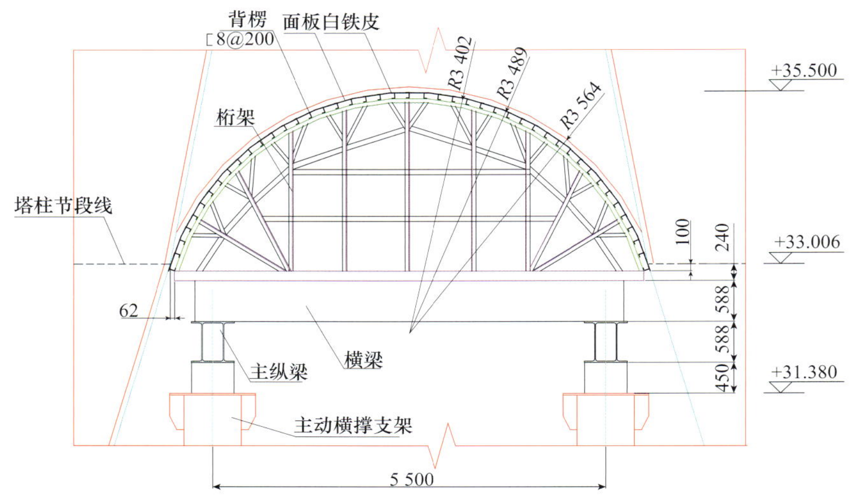

图 3.8–7　合龙段底模板结构图（尺寸单位：mm，高程单位：m）

（2）空间曲面模板的设计、制作工艺

①塔柱倒角曲面结构特点

塔柱倒角面由两组半径为91.47m的圆弧构成的空间曲面，其水平截面为直线（边长1.2m × 1.2m的直角三角形斜边）。

②倒角曲面模板制作技术要求

因曲面圆弧曲率半径大，曲面较平缓，要求模板骨架控制精度高，模板钢骨架加工精度控制在2mm以内，拼装好的模板面板表面平整度应控制在2mm以内，模板高度允许偏差 ± 3mm，模板长度允许偏差 ± 1mm。相邻面板拼缝高低差小于1mm，相邻面板拼缝间隙不大于1mm。

③倒角曲面模板设计原理

模板采用空间弧形钢桁架做模板背带，镶嵌木枋进一步调整空间形态，然后安装Visa板面板，达到满足空间弧形塔柱施工精度的要求。

④倒角曲面模板制作技术

下塔柱高约54m，共分14个节段施工，倒角处弧形模板分成14个节段，每节段模板的空间曲面均不同，因此需加工14套不同的倒角模板，其制作难度在于：a）模板钢桁架加工精度要求较高；b）木枋镶嵌的精度要求高；c）面板铺装完后需精确切割出模板边线。其中难度最大的为精确切割出面板边线，面板边线为空间曲线，面板边线的准确与否直接影响到塔柱倒角处棱角线的空间线形。

a.钢骨架制作

按照每节段模板的安装线形，用槽钢（［14a）控制塔柱顺桥向圆弧面，根据塔柱倒角曲面其水平截面为直线的原则，在槽钢（［14a）上安装三角架，三角架间距30cm，通过三角架初步控制倒角曲面轮廓线。倒角模板钢骨架结构见图3.8-8。

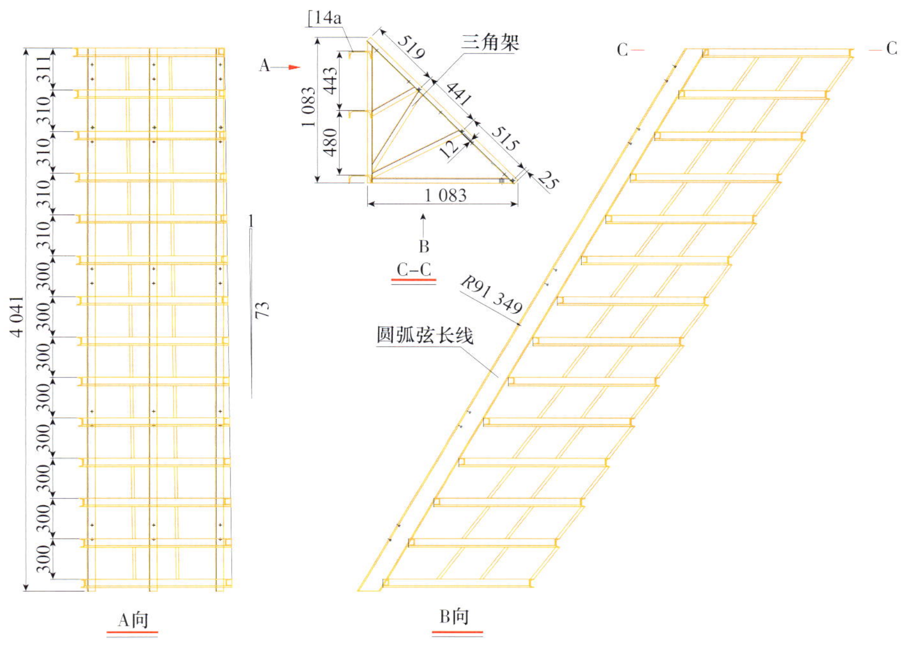

图 3.8-8　倒角模板钢骨架结构图（尺寸单位：mm）

b.面板安装

先采用木枋进一步调整钢骨架曲率半径，然后安装Visa板，Visa板面略大于设计尺寸，最后采用几何控制法绘制模板边线，用切割机切除多余面板。倒角模板面板结构见图3.8-9。

由于几何控制数据中存在角度和弧度，而且面板为曲面，模板边线定位难度较大，存在较大控制误差。施工前期采用几何控制法定位模板边线，模板边线的空间线形与实际线形存在差异，模板安装到位后其塔柱棱角处控制点坐标与实际有差异，需在现场临时修改后通过仔组研究，采用试拼法确定倒角模板边线，即根据倒角模板与相邻模板的空间相对关系寻找模板夹角处棱线（图3.8-10），此方法简便，有效，精确度高。

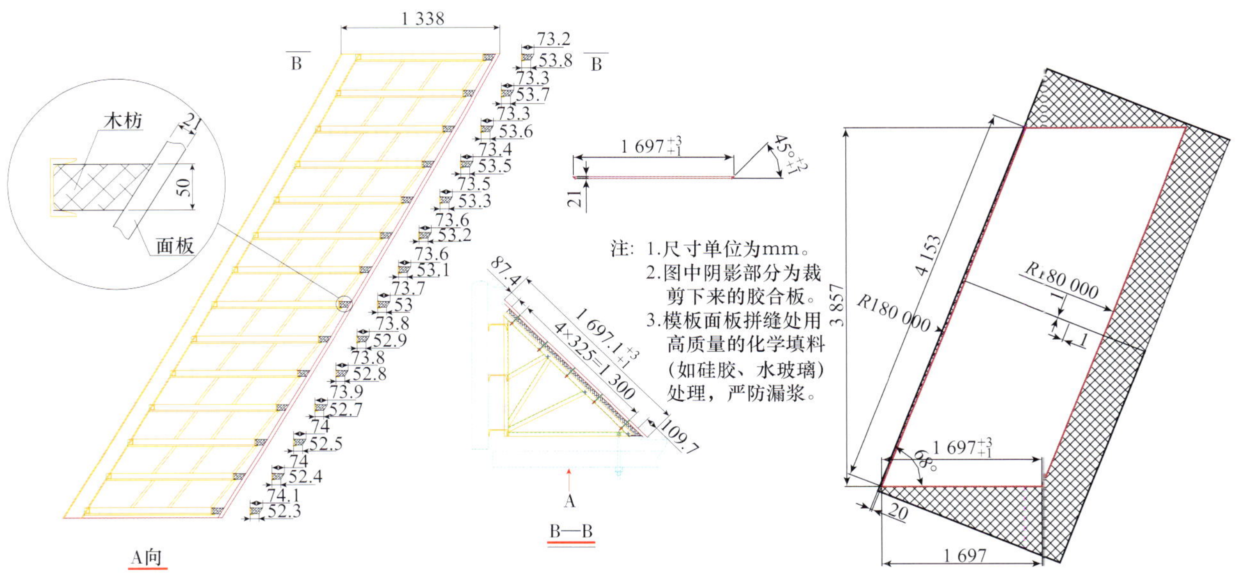

图 3.8-9　倒角模板面板结构图

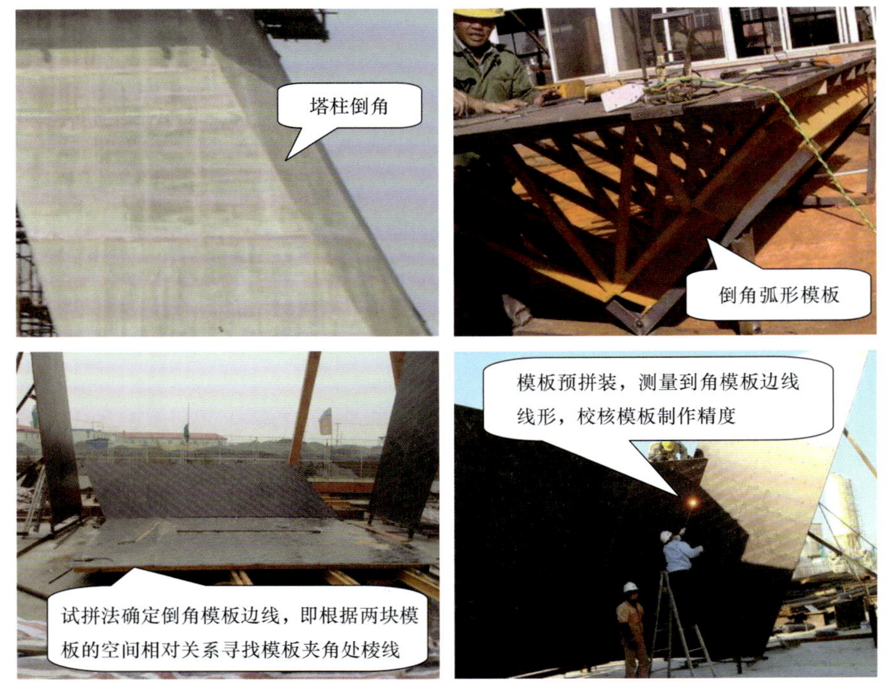

图3.8-10　倒角模板制作图片

（3）弧形轨道设计研究

传统液压自动爬模只能靠直线轨道在直线形塔柱（墩身）上爬行使用，上海长江大桥下塔柱外侧面的斜率为半径91.47m的圆，内侧面底部的斜率为半径8.5m的圆，采用液压自动爬模施工工艺，需设置弧形轨道系统，即液压自动爬模需在曲线形轨道上爬行（图3.8-11），到上塔柱直线段再更换成直线轨道，这样一方面需要设计出能够满足施工正常使用的曲线形轨道，另一方面又需要液压自动爬模系统既能适应曲线又能适应直线形轨道。在充分论证了各个环节的困难与特点之后，经过不断摸索、论证，对系统进行分析，经过精心设计与加工，弧形轨道及液压自动爬模系统在施工过程中使用非常顺利。弧形轨道的设计与使用为弧线形塔柱面采用爬模施工开创了先例，节省了大量施工费用以及施工时间。

图3.8-11　弧形轨道液压自动爬模图片

弧形轨道受力计算：

采用SOLID45实体单元建立轨道结构的三维实体模型，如图3.8-12所示。

添加约束和载荷，在轨道上端卡板处添加*UX*、*UY*和*UZ*三个方向的位移约束，下端销孔位置处添加*UX*方向的位移约束。轨道受一个沿轨道方向移动的力偶（组成力偶两个力大小为80kN，两个力之间的距离为2.3m）和一个沿轨道方向大小为100kN的力。根据轨道的受载情况，分三种工况对轨道进行静态计算。

Ⅰ　当载荷在轨道下极限位置时

Ⅱ　当载荷在轨道中间位置时

Ⅲ　当载荷在轨道下极限位置时

经计算，应力最大位置也在上端施加约束的卡板处，有轻微应力集中现象，除于应力最大点的应力云图如图3.8–13所示。

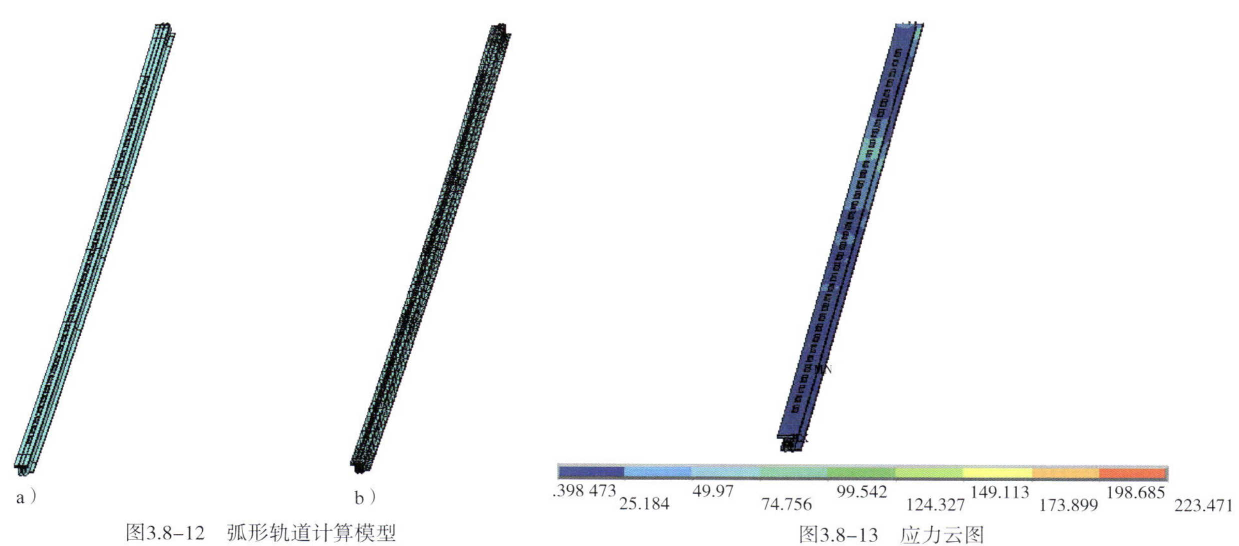

图3.8–12　弧形轨道计算模型

a）轨道结构三维实体模型；b）划分网格后的结构模型

图3.8–13　应力云图

结算结果：各工况下轨道最大应力σ=235.856MPa，轨道材质Q345B，$\sigma < [\sigma_0]$=325MPa，受力满足要求。

3.8.2　高塔海工混凝土施工技术

1）关键施工技术分析

（1）低热高塔海工混凝土配合比技术

从前面分析可知，混凝土的质量与其施工性能、混凝土强度、耐久性（氯离子渗透系数）、混凝土绝对温升、外观质量直接与混凝土的配合比有关，因此海工混凝土的配制至关重要。

（2）混凝土节段错台控制技术

错台从理论上是不可避免的，受到模板刚度、对拉杆的刚度、已浇混凝土表面的平整度等客观因素的影响，混凝土错台只能控制在一定范围内。上海长江大桥塔柱截面尺寸大，模板尺寸变化大，从模板设计角度来减少混凝土错台量是混凝土节段错台控制技术的关键。

（3）塔座与塔柱结合部施工技术

在桥梁结构中，塔柱与塔座结合处（塔柱根部处）最容易出现裂纹，其主要因为塔座与塔柱之间存在施工工序转换，二者混凝土浇筑时间间断较长，导致塔柱混凝土与塔座混凝土不能同步收缩，从而使塔柱产生裂纹。塔柱根部处出现裂纹，已经成为桥梁结构中的一种常见现象，因此，采取何种施工工艺来消除或者减少塔柱根部裂纹，是塔柱混凝土质量控制中的关键技术之一。

（4）高塔混凝土养护技术

上海长江大桥场区位于长江口，受季风影响较大，环境恶劣。塔柱施工工期近一年时间，需经历季节变化，冬季混凝土需湿水并保温养护，夏季混凝土须湿水养护，养护对混凝土的质量和耐久性十分重要。

2）低热高塔施工性能海工混凝土配合比施工技术

（1）概述

上海长江大桥主通航孔桥工程地处长江口，江水与海水随潮汐反复作用，塔柱采用C50海工耐久混凝土以保证大桥的设计使用年限100年的工程使用寿命可靠性要求。在塔柱海工混凝土设计时根据工程特定环境下使用的要求，重点保证混凝土的耐久性、工作性、适用性、强度、体积稳定性等。配制塔柱海工混凝土采用低水胶比，选用优质原材料，并在除水泥、水、集料外，必须掺加足够数量的矿物掺和料，同时匹配以高效减水剂。塔柱海工耐久混凝土的设计技术要求见表3.8-2。

塔柱海工混凝土的技术要求　表 3.8-2

区段	构件类型	环境分类	保护层厚度（mm）		混凝土强度等级	最大水胶比	最小胶凝材料用量（kg/m^3）	Cl^-扩散系数（90d）（$10^{-12}m^2/s$）	电通量 C（28d）
			塔柱位置	设计厚度					
水上段	斜拉桥主塔	Ⅲ	梁底以下	60（外侧）40（内侧）	C50	0.36	420	1.5	1 000
		Ⅳ	梁段以上	50（外侧）40（内侧）		0.40	420	3.5	2 500

注：混凝土耐久性能，混凝土电通量试验按照 ASTMC1202 方法进行、混凝土氯离子扩散系数测试按照 NTBUILD443 方法进行。

塔柱海工混凝土施工难点：

①海工混凝土施工特点与高塔施工的矛盾。

②海工大体积混凝土温控与自收缩控制。

③塔柱外观颜色、表面平整光洁无色差缺陷控制。

④四季气候环境条件对海工耐久性混凝土施工的影响大。

（2）影响塔柱混凝土设计的因素

①胶凝材料的组分

由于塔柱是C50海工混凝土，且设计要求采用P.I52.5级低碱水泥，从混凝土耐久性和强度、泵送施工性出发，若胶凝材料采用高水泥低专用掺和料、粉煤灰组分，则混凝土的水化热指标非常高，对本桥的单塔“人”字形主塔最小结构截面厚度1.4m的箱形大体积混凝土结构混凝土施工非常不利，尤其是施工期间风速大、施工速度快时极易出现有害温度裂缝；若采用温控水管施工控制也极为困难与不便。从混凝土温控角度不宜采用此类胶凝材料组分。

其次，若胶凝材料采用低水泥大掺量专用掺和料组分，虽可以在混凝土耐久性能和温控方面取得成功，但该设计配合比塔柱混凝土拌和物由于磨细矿渣粉掺量高，混凝土黏性大，易失水，施工和易性差，且该胶凝材料组分配置的混凝土的自收缩比较大，不利于主塔混凝土的抗裂。

第三种胶凝材料为高水泥低粉煤灰组分，在苏通长江大桥已有高塔施工的相关经验，但混凝土的氯离子扩散系数和电通量性能均难达到设计要求。

第四种胶凝材料为水泥、掺和料、粉煤灰均匀组分，该组分混凝土的耐久性能好、水化热低、混凝土的收缩小，混凝土拌和物的和易性特别好，泵送时阻力相对比较低，但没有此类似高塔混凝土的施工经验。

②混凝土的经济性、可泵性与和易性

水泥与磨细矿渣粉、粉煤灰、硅灰等通过调整胶凝材料组分比例都可以配制出性能符合本桥设计要求的塔柱施工用配合比。由于水泥单价相对磨细矿渣粉、粉煤灰高（硅灰一般只是在比较特别的情况下才会使用），水泥的经济性首先被考虑，现有的研究文献表明大掺量磨细矿渣粉、粉煤灰混凝土的耐久性、和易性虽然都非常好，但混凝土的可施工性能都较差，具体表现为大掺量磨细矿渣粉混凝土的可泵性差（泵送压力大、机械设备磨损大）、混凝土捣实困难、混凝土收缩量大，大掺量粉煤灰混凝土易出现分层、表面浮浆松顶以及由此引起的表面混凝土收缩裂缝；水泥、磨细矿渣粉、粉煤灰组成胶凝材料配制的混凝土由于磨细矿渣粉的掺入混凝土黏聚性好、保水性强，粉煤灰的掺入极大地提高了混凝土的抗裂性、降低了混凝土的水化热、增大了混凝土浆体体积。

塔柱混凝土配合比设计基本均等分采用水泥、上海长江隧桥专用掺和料、粉煤灰，主要统筹考虑混凝土的耐久性、可施工性、良好的抗裂性和较低的混凝土水化热及经济性，胶材掺入上海长江隧桥专用掺和料后由于磨细矿渣粉的作用，混凝土拌和物的黏聚性适中、混凝土浆体多、和易性好，泵送时摩阻力小。

③混凝土的外观与可施工性能

塔柱混凝土配合比设计时充分考虑混凝土外观质量，首先考虑上、下塔柱采用相同混凝土配合比，保证塔柱混凝土色泽一致；其次充分考虑混凝土含气量对表面施工质量的影响；混凝土充分振捣、过振、漏振对混凝土外观质量无大的影响。因此塔柱混凝土配合比设计时混凝土要具有良好的流动性、良好的饱水抗离析性、一定的免振捣的性能。

④四季施工对混凝土品质的影响

由于采用了大量的上海长江隧桥专用掺和料、粉煤灰，混凝土掺入的羧酸盐高效减水剂只在最热的高温季少量掺入缓凝成分，混凝土凝结时间主要靠大掺量粉煤灰来满足施工控制时间要求，混凝土各项原材料质量季节波动小，混凝土主要考虑水泥换季对混凝土施工性能的影响并通过外加剂掺量微调来保证，四季施工对混凝土品质的影响非常小。

⑤混凝土含气量大小

海工混凝土含气量大小对其耐久性、工作性、外观质量均有一定影响，本桥地处温带可以不考虑混凝土的抗冻融性，混凝土的外加剂不掺入引气成分，混凝土含气量控制在3%以内；若塔柱最顶部施工时，预留混凝土含气量上调至5.4%左右来提高混凝土的泵送性。

（3）配合比设计参数的选取

①塔柱混凝土设计强度等级为C50，实际试配强度考虑掺入粉煤灰28d强度可能的不均匀性，提高至65MPa。考虑混凝土爬模施工工艺要求，混凝土40h强度大于20MPa。

②混凝土的28d电通量小于等于1 000C，标准养护28d后90d混凝土氯离子扩散系数小于等于$1.5\times10^{-12}m^2/s$。

③混凝土要有良好的工作性，初始坍落度大于220mm，扩展度大于500mm，2h后坍落度大于180mm，初凝时间不小于8h且满足施工要求即可；极端条件下拖泵内混凝土在点动条件下可以保持2h。

④混凝土的水胶比设计考虑最大为0.35，并在各项条件均满足的条件下尽量用比较小的水胶比。

⑤混凝土的含气量不大于3.5%，压力泌水率小于30mL。

⑥混凝土设计表观密度为2 400kg/m^3，砂率综合混凝土抗裂及泵送要求选取为40%。

通过多组配合比试验，得出最佳C50塔柱海工混凝土配合比数据见表3.8-3。

塔柱混凝土配合比数据表 表 3.8-3

工作性能	施工方法	混凝土配合比（C+K+F）：S：G：W：J	密度（kg/m^3）	扩展度	坍落度（mm）		凝结时间（h：min）	
					初始	2h	初凝	终凝
	泵送	480（192+144+144）：705：1 057：158：3.84	2 420	540mm	210	190	8：15	11：00

力学性能	混凝土抗压强度（MPa）			弹性模量（×10^{4}MPa）		抗拉强度（MPa）		收缩值（×10^{-6}mm）		
	3d	7d	28d	5d	28d	3d	28d	3d	28d	60d
	35.5	48.2	67.1	4.33	4.85	1.83	4.16	53	287	347

耐久性能	电通量	Cl$^-$扩散系数（90d）	混凝土碱含量（kg/m^3）	混凝土Cl$^-$含量（%）	—
	643C	$1.19\times10^{-12}m^2/s$	1.39	0.013	—

（4）塔柱海工混凝土用原材料

①水泥

采用上海嘉新港辉水泥有限公司P.I52.5级低碱水泥，水泥粉磨细度比表面积不超过380m²/kg，以保证水泥与掺和料、外加剂间有良好的匹配性以及良好的可施工性和耐久性。水泥技术指标见表3.8–4。

水泥技术指标统计表

表 3.8–4

强度（MPa）			凝结时间（min）		表面积（m²/kg）	安定性	碱含量	Cl^-（%）	烧失量（%）	SO_3（%）	MgO（%）
龄期类别	3d	28d	初凝	终凝							
抗折强度	6.5	9.1	151	208	348	合格	0.39%	0.016	1.38	2.39	1.52
抗压强度	34.7	60.5									

②专用掺和料

掺和料采用上海宝钢宝田新材料有限公司生产的上海长江隧桥专用掺和料，是对在东海大桥、杭州湾跨海大桥、上海长江隧桥工程前期施工使用的海工I型掺和料提出降低比表面积后的产品。其主要成分是磨细高炉矿渣粉，再掺和一定比例的粉煤灰混合研磨而成，具有非常高的活性，其技术指标见表3.8–5。

掺和料技术指标统计表

表 3.8–5

活性指数（%）		比表面积（m²/kg）	胶砂流动度比（%）	密度（g/cm³）	烧失量（%）	SO_3（%）	碱含量（%）	Cl^-（%）	≤6μm颗粒含量（%）
3d	66	436	104	2.70	1.44	0.29	0.52	0.011	40.9
28d	113								

③粉煤灰

采用镇江谏壁电厂华源I级F类低钙风选灰，该灰质量稳定，各项技术指标优良，略有引气性，对水泥、专用掺和料、粉煤灰组成的胶凝材料有良好的匹配作用，其技术指标如表3.8–6。

粉煤灰技术指标统计表

表 3.8–6

细度（%）	烧失量（%）	需水量比（%）	含水率（%）	SO_3（%）	碱含量（%）
5.5	1.16	95	0.2	1.96	0.44

④河砂

采用江西赣江中砂，该砂颗粒洁净、级配良好、质地坚硬、用水量少，在江苏润扬长江大桥、苏通长江大桥等大桥施工中普遍采用。设计施工中选用的赣江中砂细度模数在2.5~2.9，含泥量小于1%。

⑤碎石

根据塔柱钢筋最小间距及C50混凝土的设计强度等级，选用镇江茅迪产5~25mm连续级配石灰岩碎石。该碎石强度高，碎石颗粒呈球状，针片状颗粒含量少，吸水率低，集料空隙率小，有利于配制泵送性能好且强度高的海工混凝土。碎石性能参数见表3.8–7。

碎石技术指标统计表

表 3.8–7

实测指标 / 集料名称	表观密度（g/cm³）	堆积密度（g/cm³）	筛分析	含泥量（%）	压　碎指标值	针片状颗粒含量	碱活性	Cl^-（%）
赣江中砂	2.62	1.65	M_x=2.65Ⅱ区中砂	0.4	—	—	无	＜0.001
茅迪碎石	2.69	1.49	5~25mm	0.5	6.3	2.1	无	＜0.001

⑥水

采用上海崇明陈家镇自来水厂的自来水，其Cl^-含量高于长江低潮江水。

⑦外加剂

海工混凝土外加剂应具有以下几项突出的特点：

a.大减水、高增强，并能保持强度的持续增长。

b.具有优异的坍落度保持能力。

c.能明显提高混凝土的和易性，不泌水、不离析。

d.所配制的混凝土气泡质量好，气泡间隔系数小，含气量损失小，且含气量可调。

e.不应增大混凝土收缩。

f.对混凝土各方面性能的副作用小。

g.对水泥、工业废渣、集料和气温等具有广泛的适应性，满足不同工程的需要。

h.外加剂本身的分子结构应是可调的，具有较强的化潜力。

研究表明，混凝土的体积稳定性对混凝土的内部缺陷影响很大，混凝土中的微裂缝主要是由于水泥的收缩引起的，混凝土也会因表里湿度和温度的差别而产生内应力和裂缝。

采用上海华登建材有限公司生产的HP400泵送剂（聚羧酸类高效缓凝减水剂），其具有减水率高，混凝土拌和物坍落度损失小，混凝土拌和物黏度低等特点。

上海长江大桥原钻孔桩所用胶凝材料为水泥：掺和料=4：6，经温升试验知绝对温升达到45.3°，经反复试验研究，掺30%的粉煤灰，即胶凝材料为水泥：掺和料：粉煤灰=4：3：3，掺和料为矿渣和粉煤灰研磨出来的更细的颗粒，其中粉煤灰含量约占33%左右，绝对温升为39.2℃，比原胶凝材料绝对温升降低15.7%，同时粉煤灰为球状颗粒体，其收缩比矿渣（棱角状）小。通过调整混凝土中胶凝材料的用量，并增加矿粉、粉煤灰的用量和减少水泥的用量，选择水化热小的水泥，可以大大降低水化热，降低了混凝土内外温差，从而减少因温度升降引起的混凝土裂缝的产生。

3）节段间混凝土接缝错台控制技术

（1）错台的概述

错台是指在塔柱混凝土施工分节接缝处，在新浇筑混凝土侧压力的作用下，模板发生位移而产生在接缝处混凝土错位、凹凸不平的现象。错台是一种常见的现象，理论上是可以完全避免的，实际上由于受到模板刚度、对拉杆的刚度及预加力的大小和时间、已浇混凝土表面的平整度等客观因素的影响，只能控制在一定范围内，本项研究的目的，就是通过理论分析和实践检验，采取一定的技术措施，将错台控制在可以接受的限度范围内。

（2）防止错台的理论分析

在液压自动爬模系统中模板间的对拉杆广泛使用Φ15mm精轧螺纹钢筋，单件具有强度高，直径小，质量轻，使用方便的特点。为减少上下衔接层间的错台，我们对模板下层拉杆的设置作了两种方案比较。

方案Ⅰ（图3.8-14）：底层对拉杆布置在已浇混凝土面上方10cm，计算分析见图3.8-15。

高度方向：模板与已浇节段搭接100mm，模板下层拉杆设在待浇节段，距分层处100mm处，次下层与下层间距800mm。

水平方向：两拉杆间距≤1 400mm。分析分层处的模板变形。

分析受力计算，计算考虑荷载：

混凝土侧压力：p_1=45kPa；

振捣侧压力：p_2=4.0kPa；

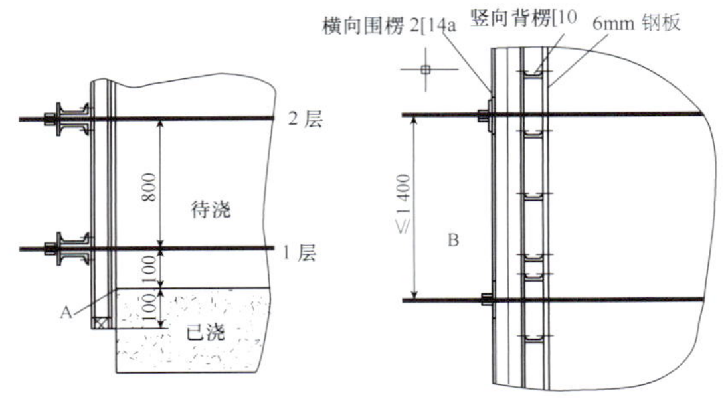

图 3.8-14　模板拉杆设置示意图（尺寸单位：mm）

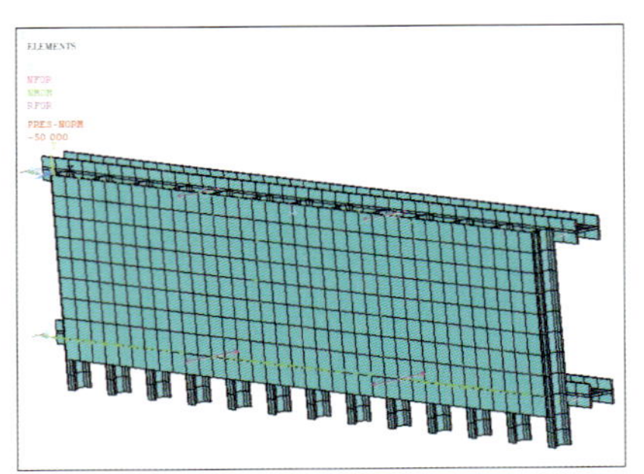

图 3.8-15　模板计算实体模型图

总荷载：$p=p_1+p_2+W_k=45+4=49$kPa；

取$p=50$kN/m^2。

边界条件：

在1、2层对拉杆位置设置垂直于模板面方向的约束。

在水平向围檩梁中点竖直方向设置竖向约束。

计算分析采用ANSYS有限元结构分析软件，面板选用薄壁壳体类型的单元，单元名称为SHELL63；竖直和水平方向围檩选用三维线性有限应变梁单元，单元名称为BEAM188。杨氏模量EX=2.1E+011，泊松比PRXY=0.3，密度DENS=7 850。标准单位：N、kg、m。

计算结果如图3.8-16和图3.8-17所示。

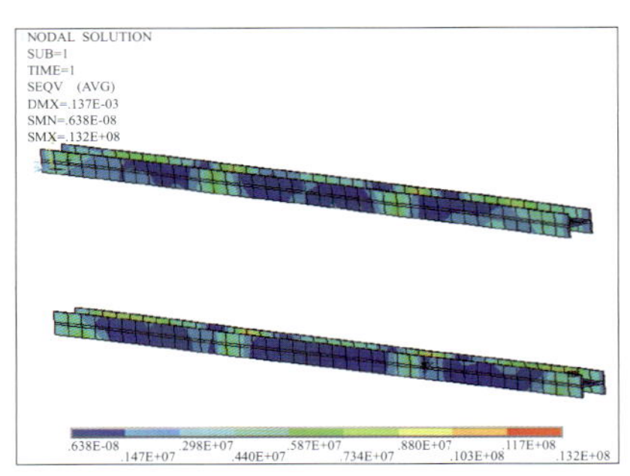

图 3.8-16　模板主梁应力云图

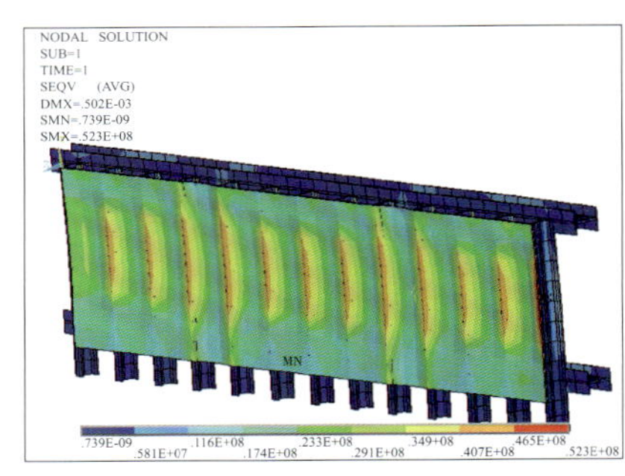

图 3.8-17　模板次梁应力云图

结果分析：

模板变形：水平向1层两对拉杆中间围檩（B处）变形0.14mm，分层处竖向背楞变形0.5mm。

1层拉杆拉力为36 776N，根据$\varepsilon=N/EA$，可计算得竖向背楞1层对拉杆变形：

$$\varepsilon=\frac{N}{E\cdot A}=\frac{36\ 776}{2.1\times10^{11}\times0.25\times\pi\times0.015^2}=1.0\text{mm}$$

即，分层处最大变形为1.64mm。

方案Ⅱ（模板拉杆设置如图3.8-18所示）：

高度方向：模板与已浇节段搭接200mm，模板下层拉杆设在已浇节段，距分层处100mm处，次下层与下层间距900mm。

水平方向：两拉杆间距≤1 400mm。混凝土侧压力按50kN/m^{2}计算。分析分层处（A线上）的模板变形。

分析受力计算：

· 混凝土侧压力：p_1=45kPa；

· 振捣侧压力：p_2=4.0kPa；

计算考虑荷载：

总荷载：$p=p_1+p_2+W_k=45+4=49kPa$

取$p=50kN/m^2$

边界条件：

在1、2层对拉杆位置设置垂直于模板面方向的约束。

在水平向围楞梁中点竖直方向设置竖向约束。

本次计算分析采用ANSYS有限元结构分析软件。建立如图3.8-19所示实体模型。面板选用薄壁壳体类型的单元，单元名称为SHELL63；竖直和水平方向围楞选用三维线性有限应变梁单元，单元名称为BEAM188。杨氏模量EX=2.1E+011，泊松比PRXY=0.3，密度DENS=7 850。标准单位：N、kg、m。

计算结果见图3.8-20和图3.8-21。

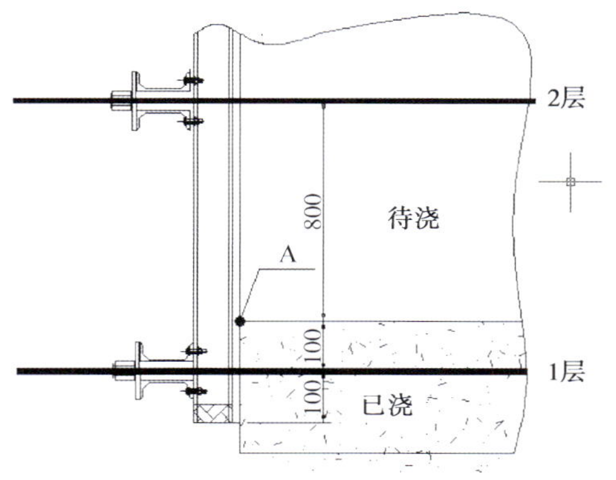

图 3.8-18　模板拉杆设置示意图（尺寸单位：mm）

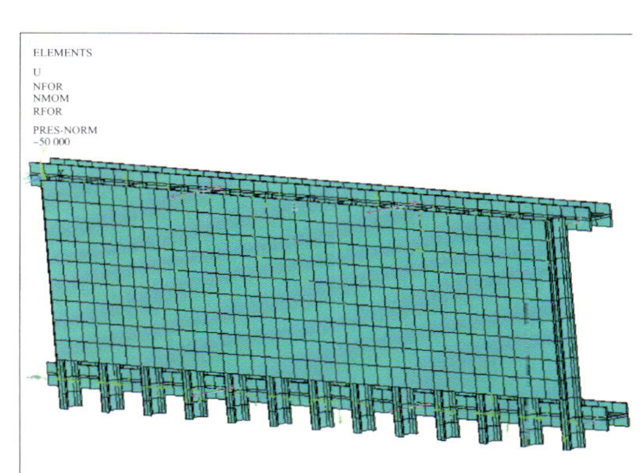

图 3.8-19　模板计算实体模型图

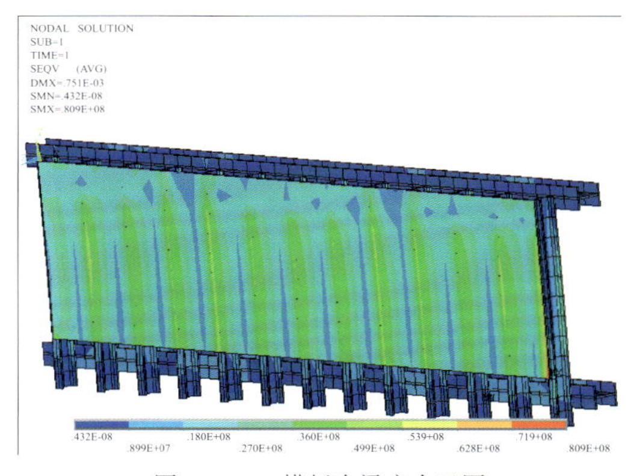

图 3.8-20　模板次梁应力云图

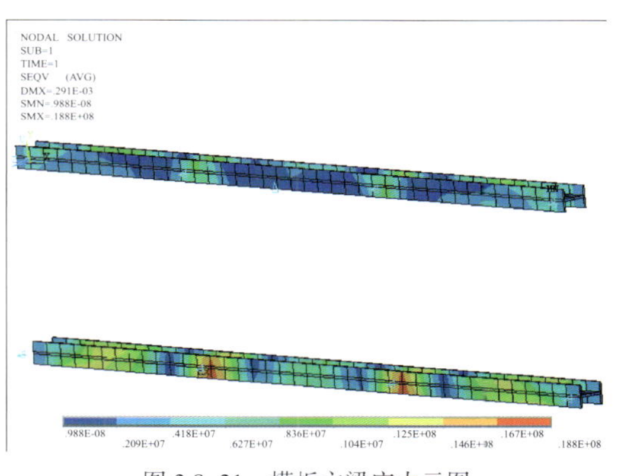

图 3.8-21　模板主梁应力云图

分层处竖向背楞变形0.75mm。

1层拉杆拉力为29 489N，由于拉杆变形已被预紧力消除，水平向两对拉杆中间（B处）变形0.29mm。

即分层处最大变形为1.04mm。

结论：通过以上理论分析可知，两种拉杆布置方案在混凝土侧压力的作用下，分别产生1.64mm、1.04mm的错台量。

在施工过程中，对两种方案均进行了试验，发现无论哪种方案，错台量均在2~3mm，经过仔细研究分析，错台量的大小与底层拉杆的伸长量、已浇混凝土的表面平整度、模板的刚度、拉杆预紧力的均匀度、混凝土浇筑的速度等因素有关，例如已浇混凝土与模板压模部分不密贴，施加的一部分预紧力消耗在模板变形中，导致错台量偏大。从实践效果来看，方案二施工操作非常简便，并且底层拉杆位于已浇混凝土段，可通过加大预紧力减少错台，不均匀度要求较小，实践效果较好，最终选用方案二，实际施工错台量基本在1mm以内。

4）塔柱与塔座结合部减少约束裂缝施工技术

（1）概述

混凝土收缩是指混凝土在空气中结硬时体积减小的现象。混凝土在不受力情况下的这种自由变形，在受到外部或者内部（钢筋）约束时，将使混凝土中产生拉应力，甚至使混凝土开裂。混凝土的收缩是一种随时间增长的变形，混凝土结硬初期收缩变形发展很快，一般情况下，2周时间可以完成25%，1个月可以完成50%，3个月后增长缓慢，2年后基本趋于稳定。

引起混凝土收缩的原因，在硬化初期主要是水泥在水化凝固结硬过程中产生的体积变化，在后期主要是混凝土内自由水分蒸发而引起的干缩。混凝土收缩与混凝土配合比、干燥失水（混凝土养护）有关。混凝土的收缩量与构件的体表比有关，体表比比较小的构件收缩量大，而且发展较快。

在桥梁结构中，一般情况下塔座与塔柱混凝土强度等级不同，如本桥塔座混凝土强度等级为C40，塔柱混凝土强度等级为C50。同时，因二者之间存在施工工序转换，塔座混凝土浇筑完2周（一般在15~30d内）以后才开始浇筑塔柱混凝土。

因时间上的关系，塔柱混凝土浇筑时，塔座混凝土已经浇筑完成2周以上，在2周时间内塔座混凝土已经完成约25%的收缩量。在塔柱混凝土浇筑完成2周时间内，塔柱混凝土收缩量大于此时间段内塔座混凝土的收缩量，即塔柱混凝土在受到塔座混凝土约束时，将使塔柱混凝土中产生拉应力，甚至使混凝土开裂。因此在塔座与塔柱混凝土浇筑时，需要寻找新的措施来减少因时间差引起的塔柱、塔座不同步收缩的程度。

（2）施工技术措施以及可施工性分析

从影响混凝土收缩因素可知：塔柱与塔座混凝土之间的收缩量关系主要与时间、体表比有关。

因施工工序原因，两者在同一时间段内收缩量不一致，另外因塔柱混凝土体表比小于塔座体表比，两者收缩量不一致，而且塔柱收缩发展比塔座快。因此，从施工工艺角度考虑：一方面需要使塔柱混凝土与塔座混凝土同时间段内收缩量一致，即同步收缩；另一方面需要使塔柱混凝土与塔座混凝土总收缩量一致或者接近。从前者考虑，塔柱与塔座混凝土需要同步浇筑，从后者考虑，塔柱浇筑节段混凝土体表比需要接近塔座混凝土体表比。

在桥梁结构中，塔座平面面积往往大于塔柱根部截面面积，若塔柱第一节段与塔座同步浇筑，因塔柱混凝土压力较大，一方面可能在塔座混凝土凝固前，使塔座处部分混凝土发生局部挤压破坏，影响塔座混凝土质量，另一方面在混凝土浇筑过程中可能出现塔柱混凝土从塔座面溢出的现象。因此，塔柱首节段混凝土浇筑高度受到限制。

从以上分析可知：塔柱与塔座结合部，在塔座混凝土浇筑时，同步浇筑塔柱混凝土，塔柱混凝土浇筑高度在满足可施工的条件下，可以使塔柱受节段混凝土与塔座混凝土同步产生收缩，减少结合部处混凝土收缩约束应力，同时使得塔柱下一节段混凝土收缩量与结合部相同，从而达到减少塔柱根部处混凝土的收缩约束应力目的，减少塔柱根部混凝土的收缩裂纹数量。

采用ANSYS建立实体有限元模型共有70 785个单元，16 416个节点。混凝土用SOLID65单元，钢筋采用其中尺寸按照设计图纸，和实际施工状态，取第一浇筑阶段建立分析模型，见图3.8–22。

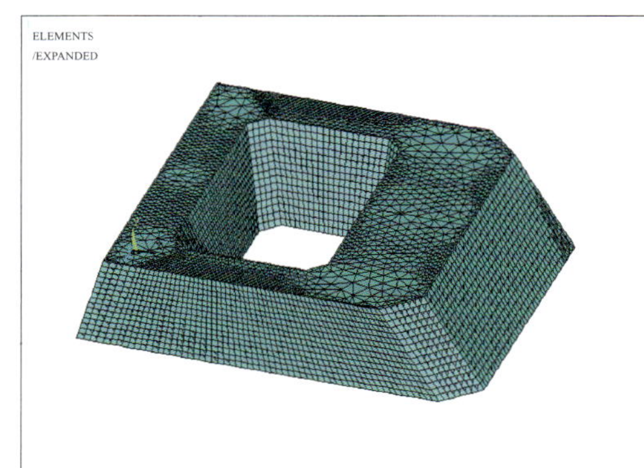

图 3.8–22 分析模型图

(3)相关材料参数的选取

相关材料参数的选取见表3.8-8。

混凝土计算参数　　表 3.8-8

项次	参数名称(单位)	参考数据	备　注
水化热计算			
项次	参数名称(单位)	参考数据	备　注
1	入模温度(℃)	15.00	混凝土出仓时水化热温度
2	水泥28d水化热龄期累积发热总量(J/kg)	300.00	混凝土28d累积水化热发热总量
3	环境气温(℃)	5.00	混凝土28d日平均气温
4	模板初始温度(℃)	5.00	混凝土浇筑时模板温度
5	水泥(胶凝材料)用量(kg/m^3)	192	单方混凝土配合比中的水泥用量(胶凝作用)
6	木模板放热系数($J/m^2 \cdot h \cdot ℃$)	1.55×10^4	按现场施工养护条件取用
7	塑料薄膜放热系数($J/m^2 \cdot h \cdot ℃$)	1.69×10^4	按现场施工养护条件取用
8	棉毡层放热系数($J/m^2 \cdot h \cdot ℃$)	5.04×10^4	按现场施工养护条件取用
9	混凝土导热系数($J/m \cdot h \cdot ℃$)	2.40×10^3	按室内试验取用
10	混凝土导温系数(m^2/h)	1.20×10^{-3}	按室内试验取用
11	混凝土比热($J/kg \cdot ℃$)	1.00×10^3	按室内试验取用
12	水泥水化速率(1/d)	0.50	按室内试验取用
13	混凝土重度(kg/m^3)	2 400.00	按室内试验取用
湿度迁移势计算			
项次	参数名称(单位)	参考数据	备　注
1	水泥相对密度或密度(g/cm^3)	2.37	按室内试验取用
2	环境相对湿度(%)	80.00	混凝土28d日平均相对湿度
3	模板初始相对湿度(%)	80.00	混凝土浇筑时模板相对湿度
4	水灰比	0.92	混凝土配合比(水胶比)
5	混凝土湿度交换系数(m^2/h)	55.2×10^{-4}	按现场施工养护条件取用
6	混凝土湿度扩散系数(m^2/h)	36×10^{-6}	按室内试验取用
7	混凝土相对比湿	0.621	按室内试验取用
8	混凝土湿度扩散收缩系数	3.5×10^{-4}	按室内试验取用
黏弹性应力计算			
项次	参数名称(单位)	参考数据	备　注
1	边界界面摩阻系数(kN/m^3)	7 000.00	模板与新拌混凝土之间相对约束
2	弹性模量(N/mm^2)	4.20×10^4	混凝土28d龄期内模量
3	徐变度函数参数A(N/mm^2)	4.82×10^{-5}	按室内试验取用
4	徐变度函数参数C	0.90×10^{-5}	按室内试验取用
5	徐变度函数参数γ	0.026	按室内试验取用
6	混凝土线膨胀系数($\mu\varepsilon$/℃)	0.80×10^{-5}	按室内试验取用

(4)主要分析内容简介

①模拟了混凝土的浇筑过程，分析混凝土水化热的影响。

②按照实际设计施工状态进行分析，模拟施工中裂缝的产生情况。其中保护层厚度取7cm，钢筋按设计配筋图建模，第一节段和塔座同时浇筑按实际30cm建立。

③改变第一节段和塔座同时浇筑部分的高度，取0cm、30cm、88cm、121cm高度，分析其影响。

其中②、③分析中按照结构力学计算材料收缩的方法，以混凝土降温的形式通过有限元分析来模拟研究混凝土箱梁的温度收缩效应。当结构水化完成后体系逐渐降温，混凝土必然发生早期温度收缩，将会产生较大收缩应力。混凝土正常收缩将使各方面尺寸减少0.025%，相当于体系均匀降温25℃，而混凝土收缩是一种随时间增长的变形，结硬初期收缩变形发展很快，2周完成全部25%，1个月可完成50%，3个月后增长缓慢，一般2年后稳定。

根据上海长江塔桥塔柱混凝土检测报告实测得出：1周内的收缩完成了30%，故按照该工程每节段实际施工持续时间，采用完成收缩终值的30%来作控制，即7℃的体系均匀降温。

（5）有限元分析结果

①混凝土水化热分析

模拟实际施工浇筑情况，混凝土水化热温度场分析结果见图3.8-23。

混凝土水化热造成的最大主应力云图见图3.8-24。

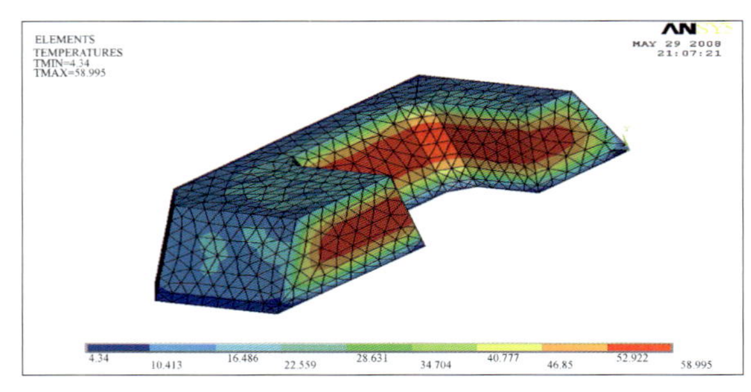

图 3.8-23　混凝土水化热温度分布场

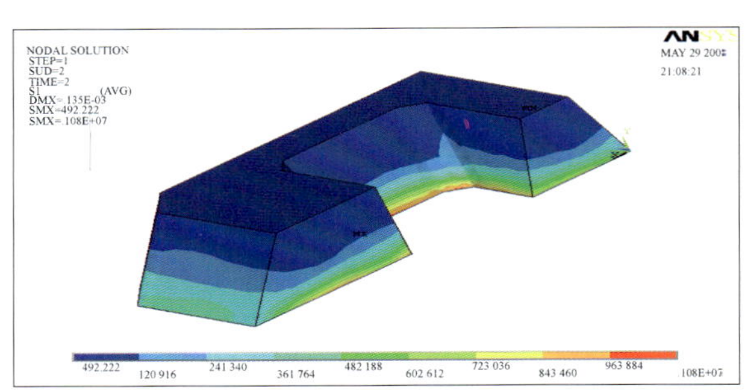

图 3.8-24　混凝土水化热最大主应力云图

结论：按冬季施工，拌和物入模温度为15℃，环境气温为5℃时，由图3.8-23混凝土水化热温度分布场可见，混凝土体内的水化热温度峰值约为54℃左右，温升约为39℃左右；内外表温差最大值约为49℃。

由图3.8-24混凝土水化热最大主应力云图可见水化热导致的最大主应力达到1.08MPa左右，虽然比较可观，但并未达到混凝土的抗拉强度。可见水化热的影响主要在于水化热产生的高温对于混凝土早期温度收缩的后续温度影响，并不是引起混凝土裂缝的主要原因。

②第一节段和塔座同时浇筑部分的高度对混凝土收缩裂缝的影响

由于混凝土浇筑的时间先后不同，会引起混凝土的不均匀收缩裂缝。以下通过改变第一节段和塔座同时浇筑部分的高度，分别取0cm（即没有同时浇筑部分）、30cm、88cm、121cm来分析其对混凝土收缩裂缝的影响。

根据规范，用混凝土的均匀降温来模拟混凝土收缩裂缝的影响，采用完成收缩终值的20%，即均匀降温5℃来作控制时，保护层未出现裂缝。以下分析是采用收缩终值的30%，即均匀降温7℃来作分析的。

必须指出的是裂缝的分析涉及高度的非线性，有限元分析中影响因素复杂，要完全的定量分析出裂缝的形状，尺寸等具体情况是不现实的，只能得出定性分析和一定程度上的定量分析结果。

第一节段与塔座同时浇筑0cm高度（即没有同时浇筑部分）的裂缝分布图见图3.8-25，为了清楚显示裂缝，只取混凝土保护层来看裂缝分布图。

接着改变第一节段和塔座同时浇筑部分的高度的影响分析，分别取30cm、88cm、121cm几个高度，得出第一节段混凝土裂缝分布图。

第一节段与塔座同时浇筑30cm高度的裂缝分布图见图3.8-26。

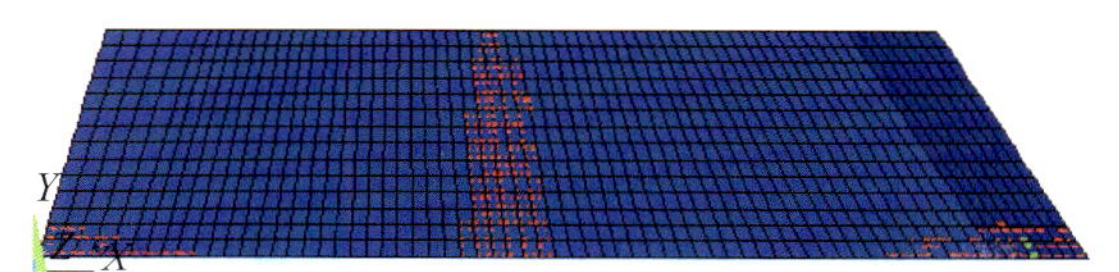

图 3.8-25　第一节段同时浇筑 0cm 高度裂缝分布图

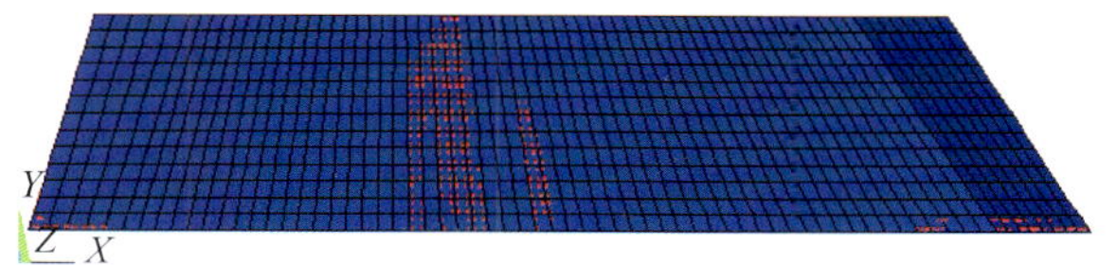

图 3.8-26　第一节段同时浇筑 30cm 高度的裂缝分布图

第一节段与塔座同时浇筑88cm高度的裂缝分布图见图3.8-27。

第一节段与塔座同时浇筑121cm高度的裂缝分布图见图3.8-28。

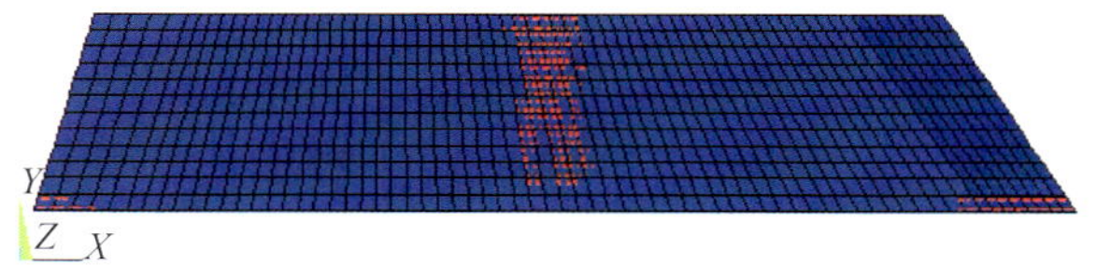

图 3.8-27　第一节段同时浇筑 88cm 高度裂缝分布图

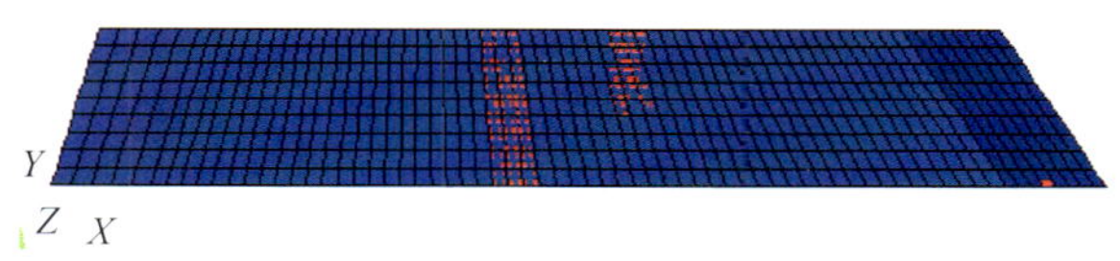

图 3.8-28　第一节段同时浇筑 121cm 高度裂缝分布图

根据对比以上结果，可以得出结论：

比较图3.8-25和图3.8-26，第一阶段同时浇筑高度从0cm变为30cm后，沿塔壁竖向发展的裂缝集中程度有所缓和，但裂缝分布区域没有显著减少；沿第一节塔柱与塔座结合面发展的环向裂缝分布区域有显著减少。

比较图3.8-26和图3.8-27、图3.8-28，第一节段同时浇筑高度从30cm变为121cm后，沿塔壁竖向发展的裂缝集中程度有所缓和，但裂缝分布区域没有显著减少。沿第一节塔柱与塔座结合面发展的环向裂缝分布区域有所减少。

将第一节段采用四种不同浇筑高度时，竖向及环向开裂单元数量作图如图3.8-29所示。

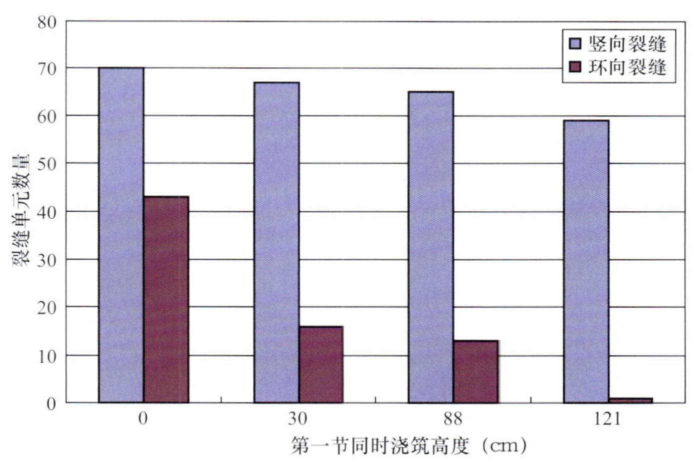

图 3.8-29　第一节同时浇筑高度与开裂单元数量对比图

由此可见，如果从施工条件可行，第一节段和塔座同时浇筑部分的高度从0cm变化到30cm时，沿结合面发展的环向裂缝有显著减少，而沿塔壁竖向发展的裂缝集中程度有所缓和，当第一节段和塔座同时浇筑部分的高度增加到121cm时，而沿塔壁竖向发展的裂缝分布区域有所减少，集中程度也有所缓和，但改善相对不是特别显著，考虑到第一节段和塔座同时浇筑部分的高度越高，施工难度也增加，因此建议第一节段和塔座同时浇筑部分的高度取30cm，提高阶段浇筑混凝土的连续性，让先后浇筑的混凝土可以更好的共同收缩，这样可以有效减少裂缝的出现。

（6）施工应用以及效果

上海长江大桥塔座为哑铃形结构，塔座顶高程+7.0m，底高程+4.0m，厚3.0m，塔座采用C40海工混凝土，塔座两端头部分平面尺寸为18m×22m。塔柱根部尺寸为14m×12m，塔柱采用C50海工混凝土。塔座与塔柱根部处结构见图3.8-30。

塔座混凝土浇筑时端头部分与中间系梁部分分开浇筑，为减少塔柱根部处混凝土收缩裂纹，塔座浇筑时，塔柱与塔座同步浇筑30cm高度（图3.8-31）。根据计算结果分析，塔柱与塔座混凝土同步浇筑高度越高，越利于减少塔柱根部处混凝土收缩裂纹。但是，从施工角度考虑，因塔座表面积较大，塔座表面处不可能设置抵抗塔柱混凝土压力的设施，例如在表面设置模板，因此施工时实际选择塔柱同步浇筑高度为30cm。

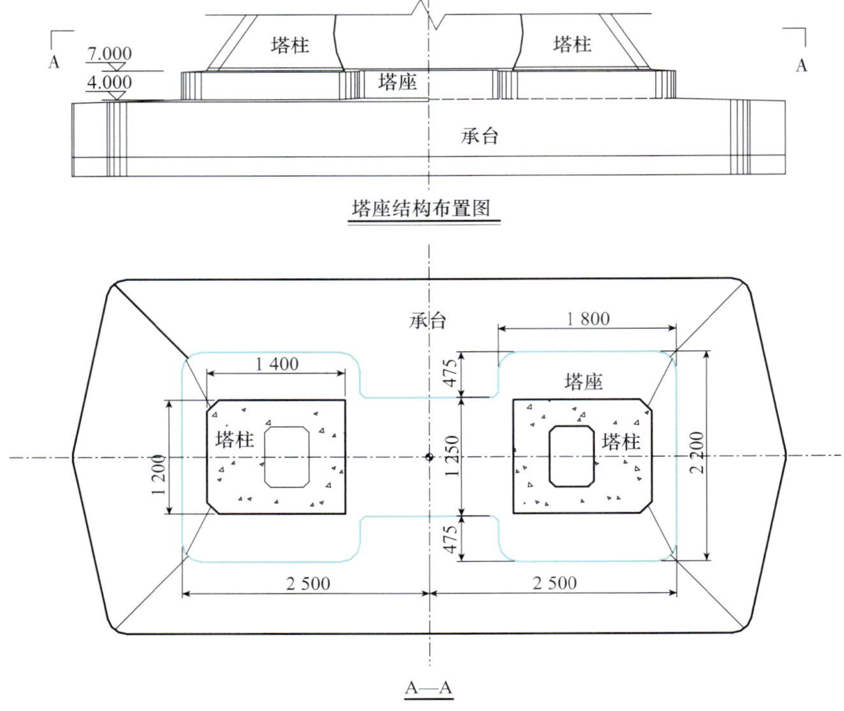

图 3.8-30　塔座与塔柱根部结构图（尺寸单位：mm，高程单位：m）

图 3.8-31　塔柱与塔座混凝土同步浇筑图片

因塔柱与塔座结合部混凝土同步浇筑，两者同步收缩，结合部处混凝土未出现裂纹。塔柱结合部以上混凝土浇筑高度为 3m，与结合部浇筑时间间隔为 15d，最初结合部以上未发现裂纹，经过一个月后，结合部以上混凝土表面陆续出现一些细小裂纹，裂纹主要分布在塔柱四个角隅及面板中部及 1/3 处。从裂纹出现情况与理论计算相比，实际与理论比较稳合，同时也证明塔柱与塔座同步浇筑能有效减少塔柱根部混凝土收缩裂纹的产生。

5）高塔混凝土养护技术

（1）概述

相关试验研究和工程实践证明，养护对海工混凝土的质量和耐久性十分重要。常温下养护不够，对混凝土的质量与耐久性的影响程度有时甚至重于普通混凝土，因此，及时、充分地湿养护是其获得高强度、低空隙率和高抗氯离子扩散能力所必不可少的。据此，混凝土十分适合养护条件优良的专业性与预制场制作的构件。而养护条件较差的现场现浇构件，对于海工混凝土而言，除了采取调整相应的技术措施外，尚需在现场配备专门的养护设施，确保不间断湿养护14~21d。

上海长江大桥场区位于长江口，长江口地区属东亚季风区，以偏北风和东南偏南风为多，风向随季节而变化，4~8月盛行南向风，其中7月以南向偏东风为多，11月至次年2月盛行偏北风，实测10min平均最大风速均为25.0m/s。长江口区历年极端最高气温：38.1℃（1953年8月25日）；历年极端最低气温：−9.4℃（1958年1月16日）；多年平均气温：15.5℃；最高月平均气温：27.2℃；最低月平均气温：4.1℃。

塔柱施工工期近一年时间，需经历季节变化，冬节混凝土需湿水并保温养护，夏季混凝土须湿水养护，塔柱混凝土属于海工混凝土，混凝土水化热大，混凝土表层降温较慢，为防止混凝土表层出现裂纹，需设计了一套防风、自动喷雾养护系统。

（2）混凝土养护要求

公路桥涵施工技术规范中规定：当气温低于5℃时，应覆盖保温，不得向混凝土面洒水，混凝土养护时间一般为7d。但是海工混凝土表面容易产生收缩裂纹，当气温低于5℃时混凝土表面仍需要湿水养护，此时养护水需要加温处理。

（3）混凝土养护系统设计

防风保温系统：采用双层防风防火布，中间夹有棉纱，沿爬模系统内侧挂设，随爬模系统爬升。防风布设置高度为9m（两节塔柱高度）。

喷雾养护系统：沿爬架在塔柱四周密集布置喷头，在承台上设置供水系统和自动加热系统，当外界温度低于10℃时，对养护水进行加热处理。混凝土养护系统见图3.8-32。

图 3.8-32　混凝土养护系统图

（4）现场施工控制

以南塔15号节段混凝土为例，15号节段混凝土于2007年6月1日凌晨2：00浇筑完，随后在塔柱混凝土上均匀布置了8个测点（距混凝土表面约50mm，见图3.8–33），每隔4~5h测量一次混凝土温度（表3.8–9），取测点平均温度绘制图表（图3.8–34）。

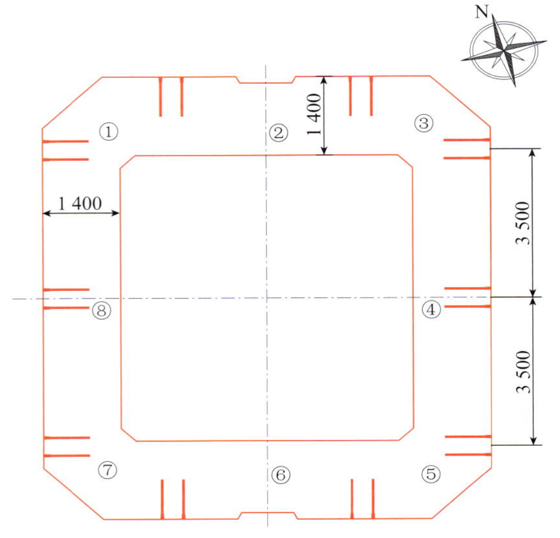

图 3.8–33　塔柱混凝土测温点布置图（尺寸单位：mm）

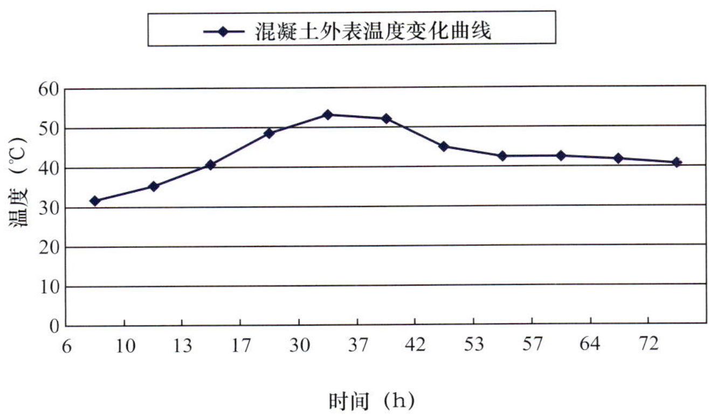

图 3.8–34　塔柱混凝土外表温度变化图

塔柱混凝土外表温度测量表　　表 3.8–9

测温时间（h）		塔柱测温点对应温度（℃）								平均值（℃）
		1	2	3	4	5	6	7	8	
混凝土浇筑完后测温时间	6h	31	28	31	32	32	32	33	35	31.750
	10h	36	33	35	36	36	36	36	35	35.375
	13h	40	41	35	43	42	43	42	40	40.750
	17h	50	51	42	50	52	51	42	52	48.750
	30h	60	52	28	54	51	60	58	62	53.125
	36h	54	52	42	53	45	57	55	60	52.25
	42h	50	38	38	47	39	46	48	55	45.125
	53h	49	37	36	38	38	45	46	51	42.500
	57h	49	35	35	45	39	45	45	46	42.375
	64h	49	35	35	42	39	45	45	45	41.875
	72h	46	35	35	42	38	44	42	43	40.625

由表中数据可知，混凝土浇筑完约30h后混凝土外表温度达到最高值53℃，混凝土浇筑完48h后混凝土外表温度约为44℃，随后下降缓慢，混凝土浇筑完72h后混凝土外表温度约为41℃。

2007年6月1日环境温度为：20~26℃，即混凝土拆模后，混凝土外表温度与环境温度最大差值仍然有22℃，另外因混凝土拆模后混凝土外表温度下降缓慢，因此养护水温度控制、养护频率以及养护时间对混凝土养护效果极为重要。

①气温低于20℃时

养护水温度为35℃（养护水与混凝土外表温差＜10℃）。养护频率为白天1h1次，晚上2h1次。采用防风布保温，养护时间为7~12d（两节塔柱施工周期）。

②气温高于20℃时

养护水温度为30℃（养护水与混凝土外表温差＜15℃）。养护频率为白天0.5h1次，晚上1h1次。

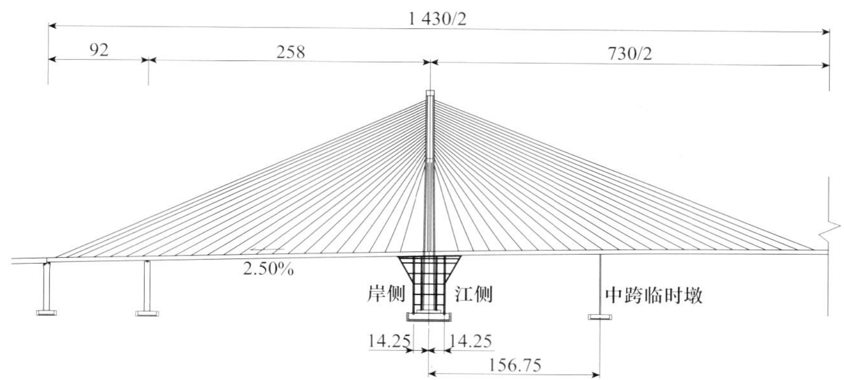

图 3.9-7　0 号块支架及中跨临时墩位置示意（尺寸单位：m）

施工过程的三种不利落梁工况分别如下：

落梁工况1：悬臂施工至起吊Z11号梁段，临时墩与对应钢箱梁尚未连接。加载情况见图3.9-8。

落梁工况2：悬臂施工至边跨合龙阶段，即起吊15号梁段时。加载情况见图3.9-9。

落梁工况3：起吊15号梁段时。加载情况见图3.9-10。

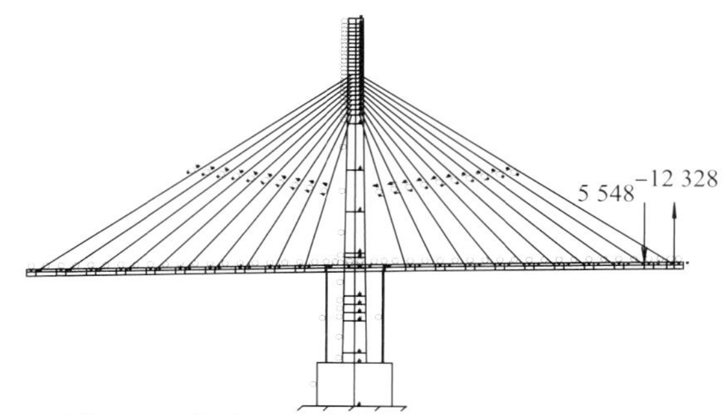

图 3.9-8　落梁工况 1 加载示意图（单位：kN）

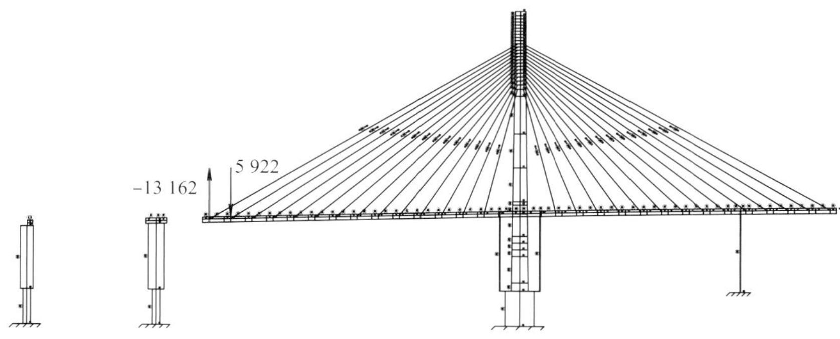

图 3.9-9　落梁工况 2 加载示意图（单位：kN）

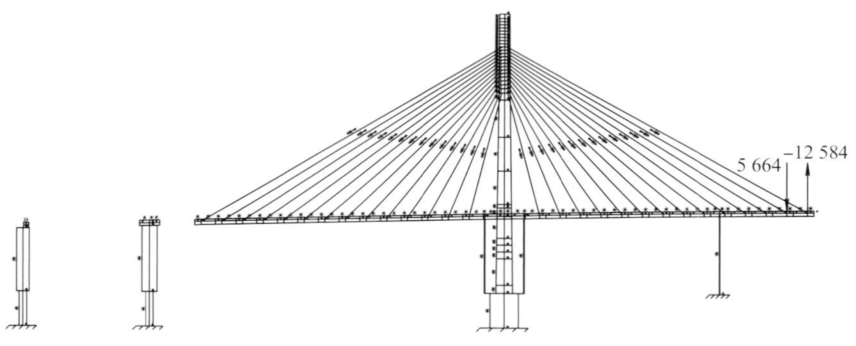

图 3.9-10　落梁工况 3 加载示意图（单位：kN）

表 3.9-2 为落梁工况及正常施工时的 0 号块支架、中跨临时墩的竖向反力和塔梁纵向约束的纵向内力。表中正值表示受拉，负值表示受压。

临时结构反力和内力（单位：kN） 表 3.9-2

工　况	0号块临时支架竖向反力		中跨临时墩竖向反力		塔梁纵向约束内力（横桥向单个）	
	最小	最大	最小	最大	最小	最大
落梁工况1	-21 151	11 334	—	—	-3 333	1 998
落梁工况2	-12 950	2 470	-11 129	—	-1 600	-237
落梁工况3	-6 232	-2 206	—	14 674	-1 257	-955
落梁工况极值	-21 151	11 334	-11 129	14 674	-3 333	1 998
正常施工	-9 015	-2 284	-248	6 737	-2 653	77

b.考虑风载作用时临时约束反力

图3.9-11和图3.9-12为施工过程中塔梁纵向和横向临时约束等临时结构位置示意图。两个临时横向约束位于TA段主梁和桥塔之间，间距9.0m；两个临时纵向约束位于*B*1、*Z*1梁段的钢横梁和桥塔之间，间距5.3m。

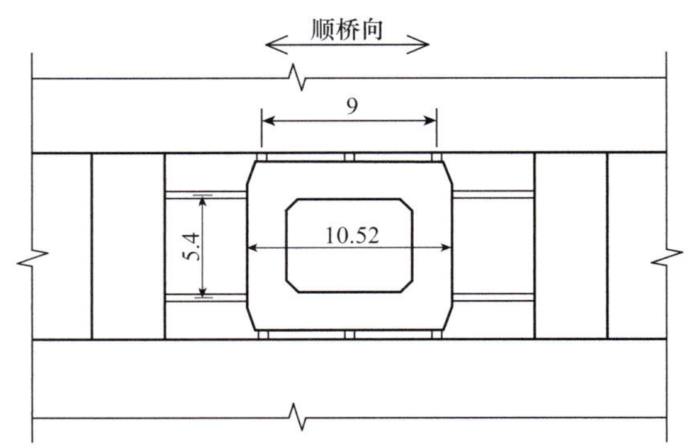

图 3.9-11　塔梁纵向、横向施工两点约束（两点临时 + 永久支座）位置示意图（尺寸单位：m）

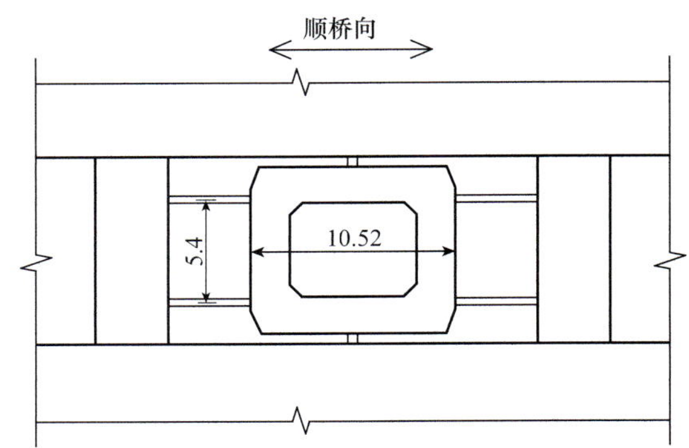

图 3.9-12　塔梁纵向、横向施工单点约束（永久支座）位置示意图（尺寸单位：m）

根据抗风规范［《公路桥梁抗风设计规范》（JTG/T D60-1—2004），此处简称抗风规范］第4.5.2中的规定，对于施工中的最大双悬臂状态和最大单悬臂状态进行风荷载分析。

横风计算的空间模型如图3.9-13所示。

横风计算考虑了以下4种不利工况：

横风工况1：最大双悬臂1施工至11号梁段，中跨临时墩与主梁尚未连接。

横风工况2：最大双悬臂2施工至17号梁段，边跨合龙前，中跨临时墩与主梁连接。

横风工况3：最大单悬臂1中跨合龙前，假设此时中跨临时墩已拆除。

横风工况4：最大单悬臂2中跨合龙前，假设此时中跨临时墩未拆除。

以上各工况，均考虑了边中跨对称加载、边中跨不对称加载（边跨风载为1/2中跨风载）和边中跨不对称加载（中跨风载为1/2边跨风载）三种加载方式，每种加载方式又分别考虑了塔梁横向两点临时约束（图3.9-11）和塔梁横向单点约束（图3.9-12）两种边界条件。横向临时约束按单向受压考虑，纵向临时约束按照可以承受拉压双向考虑。

图3.9-14所示为横风荷载边中跨对称、不对称加载示意图。

横风计算的各工况计算模型如图3.9-15~图3.9-18所示。

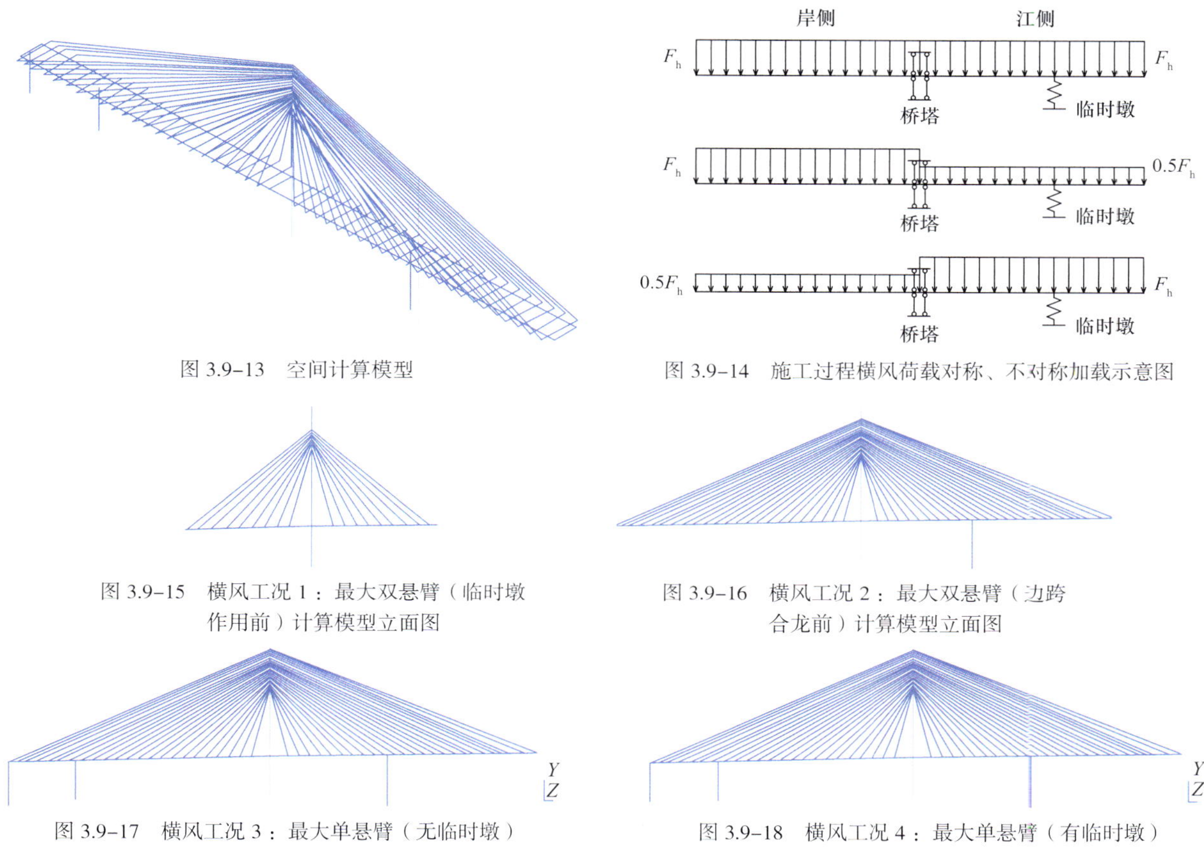

图 3.9-13　空间计算模型

图 3.9-14　施工过程横风荷载对称、不对称加载示意图

图 3.9-15　横风工况 1：最大双悬臂（临时墩作用前）计算模型立面图

图 3.9-16　横风工况 2：最大双悬臂（边跨合龙前）计算模型立面图

图 3.9-17　横风工况 3：最大单悬臂（无临时墩）计算模型立面图

图 3.9-18　横风工况 4：最大单悬臂（有临时墩）计算模型立面图

表3.9-3为塔梁横向采用两点和单点约束时的约束反力和悬臂端变形的比较。

塔梁横向两点、单点约束的比较（负值表示压力）　　表 3.9-3

项　目	工　况	单点约束时		两点约束时	
塔梁横向临时约束反力 / 每点（kN）	横风工况 1：最大双悬臂，临时墩连接前	−3 666		−9 724	
	横风工况 2：最大双悬臂，边跨合龙前	−5 502		−13 556	
	横风工况 3：最大单悬臂，临时墩已拆除	−7 414		−19 179	
	横风工况 4：最大单悬臂，临时墩尚未拆除	−4 488		−10 204	
塔梁纵向临时约束内力 / 每个（kN）	横风工况 1：最大双悬臂，临时墩连接前	−8 933	7 277	−2 141	286
	横风工况 2：最大双悬臂，边跨合龙前	−3 871	1 250	−3 314	471
	横风工况 3：最大单悬臂，临时墩已拆除	−5 169	508	−5 220	211
	横风工况 4：最大单悬臂，临时墩尚未拆除	−3 996	−552	−4 103	−628
悬臂端变形极值（cm）	横风工况 1：最大双悬臂，临时墩连接前	53		9	
	横风工况 2：最大双悬臂，边跨合龙前	33		25	
	横风工况 3：最大单悬臂，临时墩已拆除	64		57	
	横风工况 4：最大单悬臂，临时墩尚未拆除	38		36	
中跨临时墩横向反力（kN）	横风工况 2：最大双悬臂，边跨合龙前	1 009		848	
	横风工况 4：最大单悬臂，临时墩尚未拆除	1 932		1 782	

由表3.9–3可见，临时墩连接前双悬臂状态时塔梁横向临时约束如果采用单点（图3.9–12），悬臂端位移约为53cm，此时由于横向单点支撑不能约束主梁转动自由度，主梁以索塔为轴转动的扭矩全部由塔梁纵向临时约束来承担，所以纵向临时约束的压力约为–8 930kN、拉力约为7 280kN。如果采用两点临时约束（图3.9–13），悬臂端位移约为9cm，此时主梁以索塔为轴转动的扭矩大部分由塔梁横向临时约束来承担，所以横向约束的反力约为–9 720kN，纵向临时约束内力中压力约为–2 140kN、拉力只有约为290kN。

当临时墩与主梁连接后，如果采用两点约束，边跨合龙前的横向约束反力最大约为–13 600kN；如果采用单点约束，横向约束反力最大约为–5 500kN，是两点约束时的0.4倍，当然这是以纵向临时结构受力增大（拉力由两点时的470kN增大为单点时的1 250kN——2.7倍）为代价的。这两种情况的悬臂端位移相差不多。

中跨合龙前最大单悬臂状态，如果临时墩已拆除，塔梁横向约束的最大反力约为–19 200kN（两点时）和–7 400N（单点时）。如果临时墩未拆除，塔梁横向约束的最大反力约为–10 200kN（两点时）和–4 500N（单点时），这样一来，临时墩顶的横向力分别由850kN（两点时）和1 000kN（单点时）增加到1 780kN（两点时）和1 930kN（单点时），对临时墩的受力较不利。

通过以上分析，综合考虑施工过程便利以及施工安全，制定如下方案：

①主梁悬臂施工过程塔梁间横向临时约束采用两点支承（图3.9–11）。

②在边跨合龙后拆除临时墩。

临时结构和临时约束最不利反力/内力及其相应的工况如表3.9–4所示。

临时结构及临时约束最不利受力（单位：kN） 表 3.9–4

位　置	项　目	工　况	压	拉
0 号块支架	竖向力	落梁 / 落梁	–21 151	11 334
塔梁纵向临时约束	纵向力	最大单悬臂 / 落梁	–4 103	1 998
塔梁横向临时约束	横向力	最大单悬臂	–19 179	
中跨临时墩	竖向力	落梁 / 落梁	–11 129	14 674
	横向力	最大单悬臂	848	

③0号块竖向锚固体系设计研究

从以上计算可以看出，在落梁工况，0号块锚固处受到的最大竖向拉力为11 334kN，最大竖向压力为–21 151kN，并且，承台顶面至钢箱梁底面的距离达56m，如果单纯采用传统的钢管桩作为支撑，钢管桩的直径必将很大，造成施工费用的增加，而且受承台顶面空间限制，钢管桩的直径也不宜过大，因此，必须对钢管桩进行处理，使其在适宜的桩径下满足变形要求。

方法一：在钢管桩内部填充混凝土，利用钢管混凝土良好的抗压性能来达到减少竖向压力变形的目的，利用钢结构的良好抗拉性能抵抗竖向拉力；但缺点是钢管内部填充混凝土后给拆除带来了麻烦，而且钢管桩无法二次利用，从长远考虑，不是很经济。

方法二：在钢管桩内部施加预应力，靠预应力消除钢管桩的塑性变形和减小部分弹性变形，从而达到减小整个变形的目的。

经比较，方法二无论是从经济方面还是从施工的难易程度方面讲都要优于方法一，因此，确定将方法二作为0号块支架锚固体系设计的出发点。

根据表3.9–4的计算结果，在塔柱南北各14.25m处设置4根Φ1 500×18的钢管作为锚固钢立柱，锚固立柱的设计与0号块支架相结合，每根锚固钢立柱内设有12根预应力钢筋，预应力钢筋下端锚固在承台内部，上端锚固在钢管桩的顶面，每根预应力钢筋施加300kN的预紧力，同时，为防止在重复拉压荷载作用下锚固螺母松弛，在桩顶锚固处填充砂浆进行固定。锚固结构图见图3.9–19。

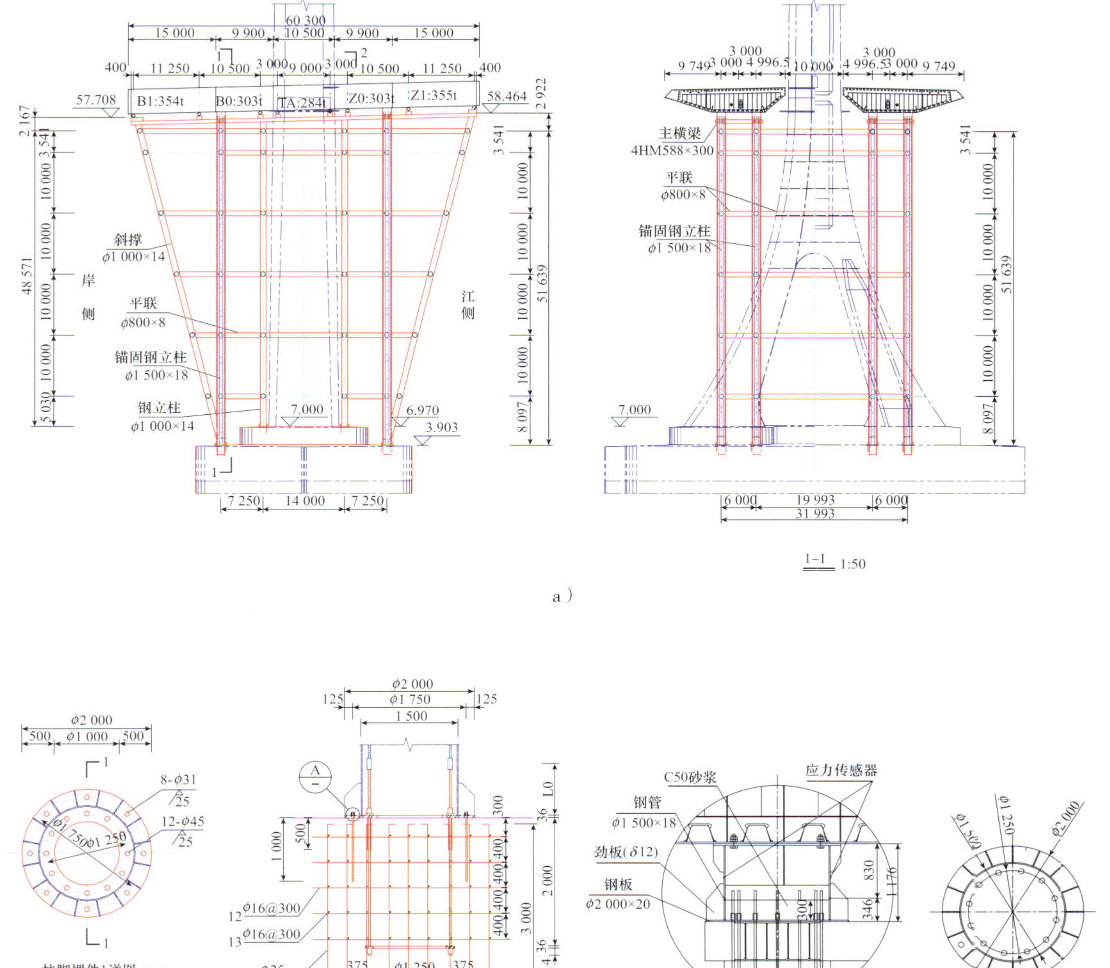

图 3.9–19 0 号块支架结构图（尺寸单位：mm，高程单位：m）

a）0 号块支架立面布置图；b）桩底锚固示意图；c）桩顶锚固示意图

此种采取竖向临时锚固和支架相结合方案，将锚固立柱（钢管）直接落在承台上，相当于塔柱横梁下置，但由于钢箱梁底面到承台顶面相距约56m，锚固立柱的变形如何满足塔梁的变形要求是问题的关键。锚固立柱不仅要能够承受最大竖向不平衡荷载产生的拉力和压力，还要使变形控制在一定范围内。采用在锚固立柱顶端用精轧螺纹钢筋（下端埋于承台混凝土中）施加一定的预轴向压力（该值以略大于锚固立柱的最大拉力控制），预轴向压力不仅消除了锚固立柱的非弹性变形，极大的减小了锚固立柱的拉、压变形值。

④0号块纵向锚固设计

0号块纵向锚固的作用是避免在边跨和中跨不平衡荷载的作用下钢箱梁在顺桥向发生位移，因此，必须在塔梁之间施加一约束，限制其位移发生。经研究决定，利用纵向阻尼器的位置在塔柱与$Z0$、$B0$梁段中间的钢横梁之间设置了两端铰接的钢管支撑，因为此部分无论是塔端还是梁端都进行了局部加强，完全能够承受纵向锚固力，如图3.9-20所示。为防止混凝土在受拉时开裂，在顺桥向将两塔柱铰接座用预应力张拉起来，将一边的拉力转换为对面的压力，铰型结构保证了轴心受力和便于塔梁竖向出现微量位移。

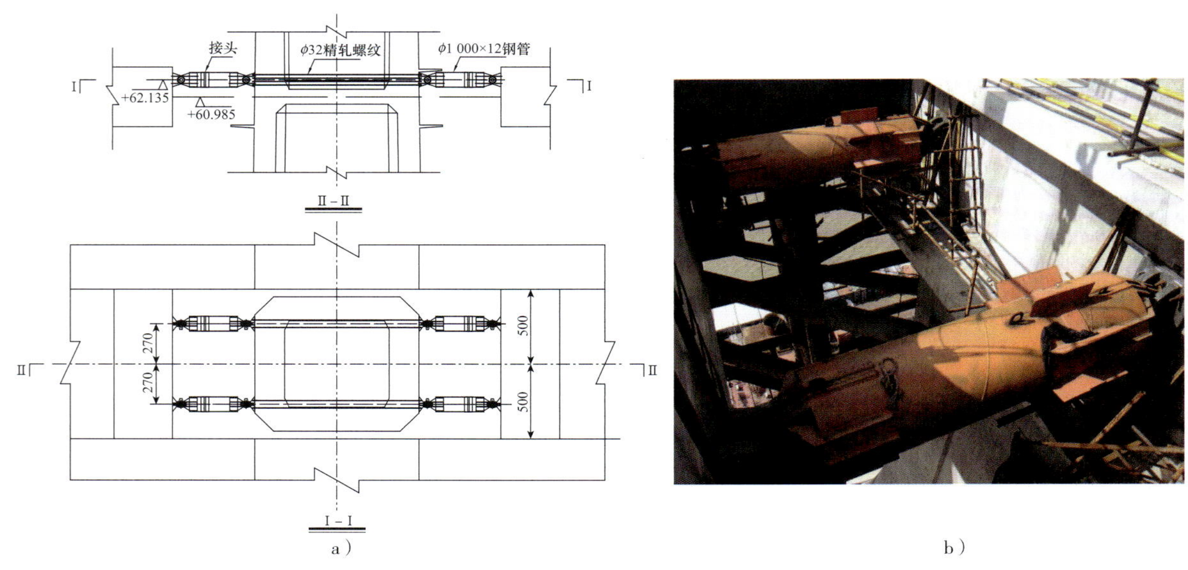

图 3.9-20　纵向约束示意图（尺寸单位：mm，高程单位：m）
a）纵向约束结构图；b）纵向约束照片

⑤0号块横向锚固设计研究

塔梁横向支座位于塔柱横向轴线上，从以上计算可以看出，如仅依靠其抵抗横向力，临时墩处的水平力非常大，而且在不平衡风载作用下，梁端位移较大，不能满足梁端位移要求，故将塔柱四角倒角位置补齐，设置间距9m纵横轴线对称的横向临时限位支座，如图3.9-21所示，在塔柱与钢梁之间设置混凝土限位支座，该结构只受压，不产生拉力，充分发挥混凝土结构的特性。

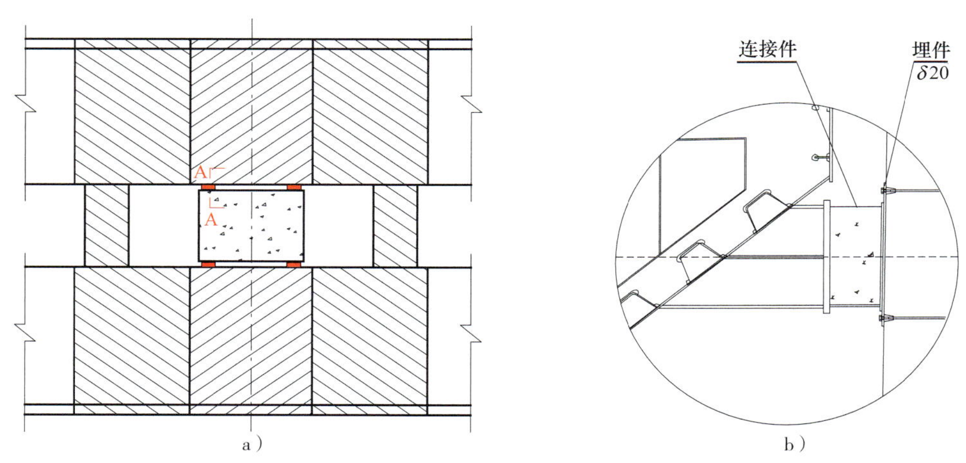

图 3.9-21　横向约束示意图
a）横向约束平面图；b）横向约束照片

（3）临时墩施工技术

①临时墩设置的机理及原则

在大跨度斜拉桥主梁悬臂施工过程中，索塔两侧的梁体因自重、索力以及常规临时不平衡荷载等会引起竖向、横向产生一定的不平衡力矩，这种不平衡力矩可由塔梁临时锚固来抵抗，但当双悬臂达到一定长度（通常从塔柱横桥轴线向外150m以上），如果出现落梁、地震及不对称横桥强风

b.桥面吊机为分体式结构，分体式吊机采用电脑集中控制，确保两吊机同步起升与下降。

c.实现了被吊梁段纵向、横向及倾斜角度的调整，是钢箱梁匹配操作更加简单。

d.后锚点设计为铰接结构，与梁上后锚点吊耳连接更容易，同时也使钢箱梁两吊耳受力比较均匀。

②桥面吊机布置

为达到桥面吊机对已成梁段变形影响最小的目的，桥面吊机前支点和后锚点通常分别布置在相邻两个梁段拉索横隔板处，而横桥向则应尽量靠近拉索锚固点，使吊机的前支点压力最大限度地转移到斜拉索上，减少已成梁段变形（图3.9-30）。

图 3.9-30　桥面吊机立面布置图

③桥面吊机安装

根据设计要求，0号块钢箱梁焊接完毕、第一对斜拉索安装完成并进行第一次张拉后，开始桥面吊机安装。

桥面吊机吊装步骤为：吊装轨道梁至桥面并固定在钢箱梁上→吊装桥面吊机钢架至桥面并固定于轨道梁上→将后锚点与桥面钢箱梁对应吊耳连接。桥面吊机吊装见图3.9-31。

图 3.9.31　桥面吊机吊装示意图

④桥面吊机荷载试验

桥面吊机安装好之后，要进行全面而细致的检查。检查合格后，为了验证桥面吊机的主要技术性能，需进行空载、1.1倍梁段自重的动载和1.25倍梁段自重的静载试验。

（3）标准梁段吊装

桥面吊机安装调试完成后，在桥塔两侧对称、同步进行标准梁段的悬拼施工。

运梁船初步定位后，桥面吊机下放扁担梁吊具至运梁船上方、距钢箱梁顶面约50cm处，运梁船经过二次精确定位后，将吊具与吊耳顺利销接，启动提升系统将钢箱梁节段平稳提升至桥面高度。为避免梁段间相互碰撞，吊装梁段与已安梁段之间保留约10cm的间隙，当钢箱梁被吊至桥面高度时，通过调整扁担梁上的C型夹的位置，来改变吊点中心与梁段重心的相对距离，从而改变被吊梁段的坡度；然后再调节卷线盘撬座的位置，使被吊梁段与已成梁段紧密接触，而后安装临时匹配件，待夜间温差较小的时段进行梁段精匹配。

（4）标准梁段匹配工艺研究

为保证梁段间连接时接口断面的变形线形一致，可通过反力架在接口断面两侧梁段加力实现，经计算，在已成梁段及吊装梁段上施加125t的顶升力可将两梁段借口的变形差消除。外力作用位置示意图见图3.9-32。

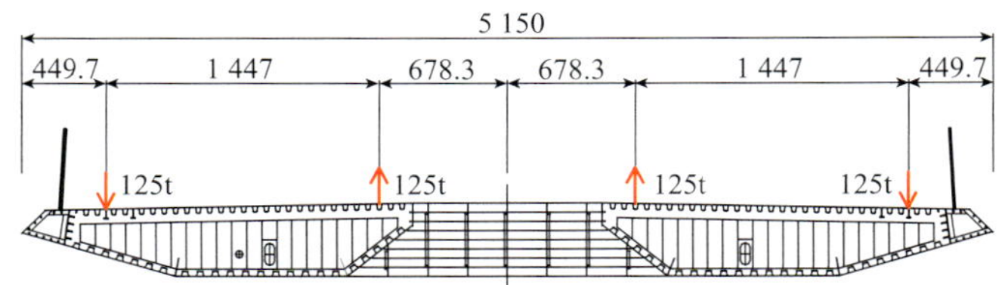

图 3.9-32　外力作用位置示意图（尺寸单位：cm）

已成梁段接口断面左右侧竖向变形差27mm，而被吊装梁段接口断面左右侧竖向变形差28mm，且两者的变形规律均为直线变化，因此只要先对齐两个梁段的外腹板或内腹板，再通过千斤顶施加125t的反力，接口两侧主梁断面将吻合良好。

实际施工时，由于内腹板刚度较小，不能采用大千斤顶施加顶升力，因此先将两个梁段的内腹板采用小千斤顶调平，调平后焊接码板进行固定。

内腹板调平后，接口错台误差全部累计到外腹板，此时最大高差31mm，见图3.9-33（理论分析最大高差48mm）。

a）

b）

图 3.9-33　高差分析图

a）先将两个梁段的内腹板对齐、焊码板；b）外腹板最大高差 31mm

然后在外腹板处箱梁内部和顶面各施加一50t的千斤顶进行高差调整，最终将两端外腹板接口错台调整在2mm以内，满足设计及规范要求（图3.9-34）。

内外腹板全部调平并焊接完码板后，在夜间气温比较稳定时刻进行梁段前点高程调整，高程调整通过起、降桥面吊机扁担梁来实现。

3）边跨合龙施工技术

边跨合龙通常采取顶推合龙的施工方式，即墩顶段或支架段在就位时预先向边跨方向预偏一定的距离，待合龙段吊装就位后，再将其顶推回来与合龙段进行匹配、焊接。安庆长江大桥、润扬长江大桥和南京长江三桥等桥梁边跨合龙均采用这种方式。

（1）合龙段预留配切量必要性

钢箱梁在安装过程中，随着钢箱梁的不断向前延伸，钢箱梁里程方向的误差不断增大，误差主要由于以下几方面原因产生。

①受安装误差影响，需不断地调整梁段的轴线偏位，轴线偏位调整通常采取加垫薄铁板来实现，加垫薄铁板图见图3.9-35。

图 3.9-34　外腹板处焊码板施加反力

图 3.9-35　钢箱梁安装轴线偏位调整图

②由于斜拉桥索为斜拉结构，每根索均存在一个水平力，随着钢箱梁不断向前延伸，斜拉索索力越来越大，从而水平分力也越来越大。在水平分力的作用下，钢箱梁将发生弹性压缩，本工程经计算，边跨弹性压缩量达36mm，此部分弹性压缩必须在钢箱梁制作时加以考虑，即制作长度比理论长度长36mm。

理论计算与实际之间的差异也会导致钢箱梁在长度方向存在一定的误差。

③钢箱梁制作时，钢箱梁顶、底板的止推板完全抵死，但安装时由于现场临时荷载、安装温度、施工误差等因素的存在，在顶板止推板抵死的情况下，底板止推板间通常存在5mm左右的空隙，此空隙的存在，也会导致测量的里程在理论里程的基础上不断增加。

上述三种现象的存在，必然导致边跨合龙时支座中心点处的里程值超过理论值，从而使支座的纵向可调节范围减小，同时，对伸缩缝的活动空间也会造成影响，而且，边跨跨径越大，上述原因造成的误差也越大，对永久结构的影响也越大，因此，合龙梁段在制作时必须预留配切量，在合龙施工时根据实际的里程数据进行合龙梁段配切。

（2）合龙段配切

从以上分析结果可以看出，安装施工误差通常会导致整个钢箱梁里程增加，因此，合龙梁段可根据理论值进行制作，现场根据实际情况进行配切。

合龙段配切量根据实际测量里程结果，当时的施工温度和设计基准温度的差异对梁段长度的影响和二期恒载将产生的弹性压缩三个方面因素综合考虑后确定的。配切基准线是以已成梁段接口为基准进行测量定位。画线前，通过斜拉索将合龙口两侧的梁段调平，并通过焊接码板进行临时固定，以避免接口上下错动降低放线精度，同时，确保此时钢箱梁顶、底板不存在温差。

配切应采用自动切割机进行，并预留坡口。

（3）合龙施工

合龙梁段配切完毕，立即采用穿心式千斤顶配合精轧螺纹钢筋将墩顶段拖移就位，拖移过程中应保证上下游同步进行，确保梁段在移动过程中不发生轴线偏位。上下游同步性控制方法为：以单次拖移量为基准进行控制，每次拖移2~4cm，拖移到位后，再同时开始进行下一次拖移。

拖移装置采用在B16梁段与B15梁段顶焊接牛腿，通过精轧螺纹和穿心式千斤顶相互配合实现梁段移动，拖移装置共布置两套，上、下游方向对称布置，拖移装置示意图见图3.9-36。

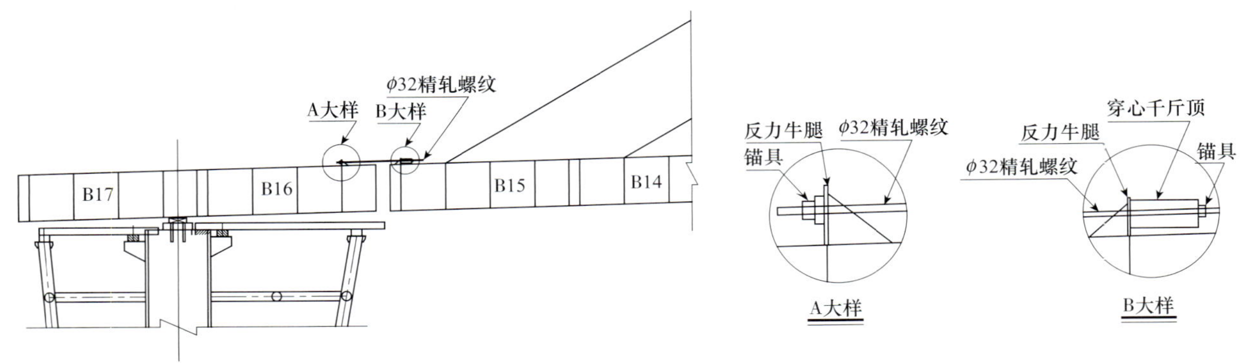

图 3.9-36 梁段拖移装置示意图

4）中跨合龙施工技术

边跨第一次合龙后，中跨继续起吊标准梁段，边跨对应移动桥面吊机和安装斜拉索，直至完成第18号梁段的施工，然后两端仍按标准梁段施工程序继续对称施工，施工示意图见图3.9-37，直至施工完毕第23号梁段，然后进行中跨合龙。

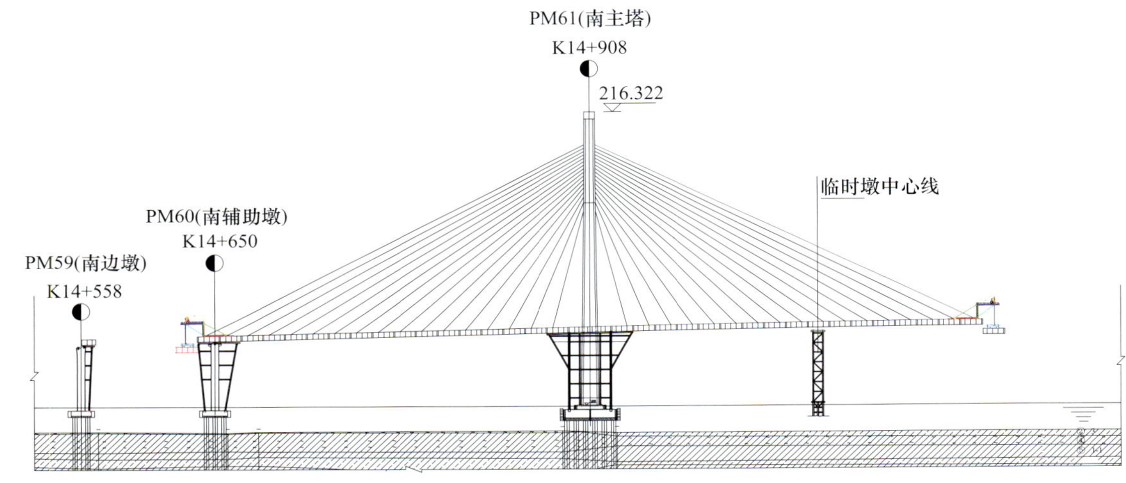

图 3.9-37 梁段吊装示意图

（1）合龙方式确定

目前，合龙方式主要有以下几种，按照合龙段是否配切合龙和顶推合龙；按吊装方式分单桥面吊机单独吊装和双桥面吊机抬吊吊装，各种方式的优缺点如表3.9-5。

根据本桥的结构特点，并且在综合考虑以上各方案的优缺点的情况下，确定本桥钢箱梁中跨合龙采取温度自然合龙（配切合龙）和双桥面吊机抬吊就位的方案。

合 龙 方 式 比 较　　表 3.9-5

合龙方式		方案概述	优　点	缺　点
按合龙段是否配切	配切合龙	根据合龙时的温度情况，配切合龙段钢梁加工长度	这种方法具有经济、方便、快捷等特点，且施工工艺较为成熟	受环境温度影响较大
	顶推合龙	它是事先利用千斤顶主动调整合龙口距离稍大于合龙段钢梁的长度，然后吊装合龙段，调整合龙口距离，使合龙段依次与悬臂主梁匹配连接，实现合龙	采用这种工艺，可以避免产生因季节、昼夜温度变化使钢梁胀缩带来的确定合龙段钢梁尺寸的困难，并且可根据现场施工进度等条件适时选择合龙时间。不受环境温度的影响	需释放塔梁临时固结，具有一定的施工风险

续上表

合龙方式		方案概述	优点	缺点
按吊装方式	单桥面吊机吊装	采用一台桥面吊机吊装合龙梁段	降低桥面吊机改造工程量	合龙口两侧荷载不一致，给合龙前数据采集及合龙段长度确定带来困难
	双桥面吊机抬吊	采用两台桥面吊机抬吊合龙梁段	合龙口两侧荷载为对称结构，利于数据采集及分析处理	桥面吊机改造工程量比较大

（2）劲性骨架施工技术研究

①劲性骨架的必要性

劲性骨架的作用主要有以下两点：

a.合龙口数据采集阶段确保两侧梁段同步变化，便于数据采集，同时也能够保证采集到的数据更符合工程实际。

b.合龙口焊缝焊接阶段抵抗因温度降低带来收缩力，确保焊缝质量。

因此，从以上两点分析可以看出，设置劲性骨架具有绝对的好处。

②劲性骨架安装位置

劲性骨架安装处必须具有绝对的刚度，以便在外力作用下合龙口两侧梁段同步变形，按照以往的施工经验，劲性骨架通常安装在合龙口两侧梁段的锚腹板处，但采用这种方法后，合龙梁段的风嘴必须后安装。施工比较麻烦，同时焊接质量也不易保证，因此，经研究，决定将劲性骨架设置在钢箱梁顶面，将固定点设置在横隔板上，确保顶板不发生局部变形。

③劲性骨架结构

合龙骨架采用箱梁，长20m，箱梁断面尺寸为1 200mm×500mm，单根质量8t，合龙段骨架对称布置在桥面外腹板处，具体布置见图3.9-39，合龙段骨架与北塔中跨23号梁段焊接固定，与南塔23号梁段设置双向约束，即约束横向以及竖向位移，保持纵向滑动，约束点设置两处，设置在横隔板处，见图3.9-38、图3.9-39。

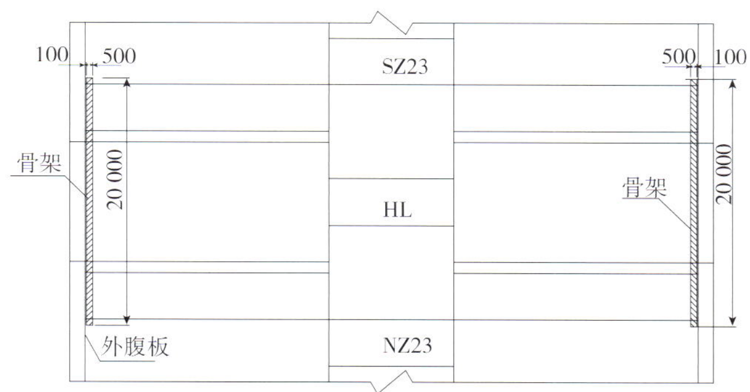

图 3.9-38　合龙骨架布置图（尺寸单位：mm）

④劲性骨架强度复核

合龙骨架的强度验算考虑了以下工况（表3.9-6），并进行叠加得出最不利组合时的上下缘应力。

合龙骨架强度验算工况（单位：MPa）　　表 3.9-6

序号	计算工况	上缘应力	下缘应力
①	起吊合龙段	40	-40
②	整体升温 10℃	3	-3
③	顶底板温差 30℃	18	-18

续上表

序号	计算工况	上缘应力	下缘应力
④	索梁温差10℃	62	-62
组合	①+②+③+④	123	-123

由表3.9-8可以看出，最不利组合下，合龙骨架上缘应力123MPa，下缘应力-123MPa，结构安全。

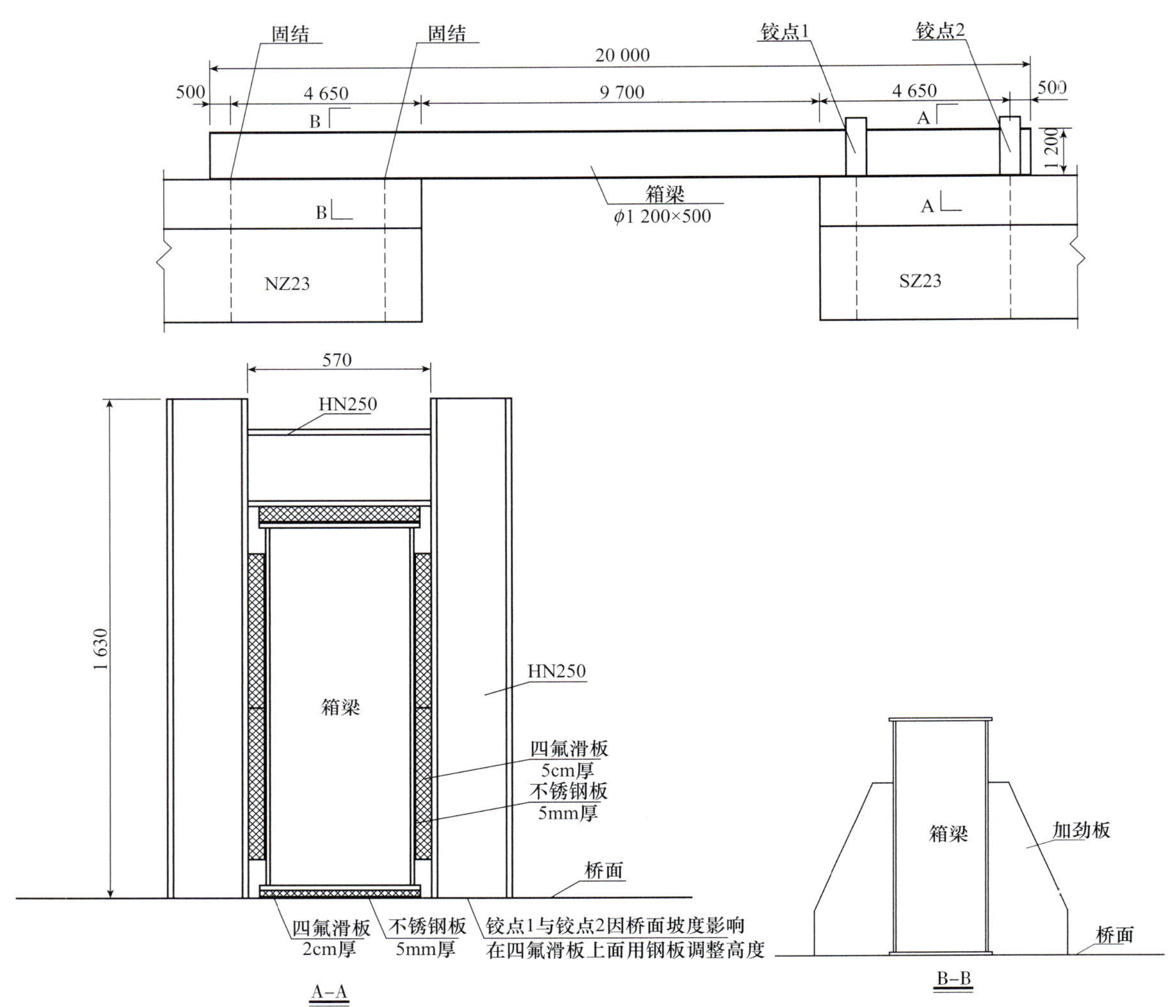

图3.9-39 合龙骨架构造图（尺寸单位：mm）

（3）中跨合龙配重必要性

中跨合龙时通常在合龙口两侧梁段上各施加一半合龙段质量作为配重，在合龙段起吊至完全吊起的过程中再将这部分配重逐渐释放掉，施加配重的目的是合龙梁段吊装前模拟合龙段吊装后合龙口的状态，便于合龙口宽度测量。但此过程通过计算能够非常精确地进行模拟，只要根据计算结果进行适当修正即可达到预期的目的，因此，此部分配重可不施加。

为确保理论计算与实际的一致性，在起吊23号梁段时在22号梁段前端进行了转角测量试验，测试方法为：在22号梁段前端顶板与底板上下游方向各做一测量点，在起吊23号梁段前测量标志点的实际坐标作为基准值，在23号梁段完全被吊起后，再以同样的办法测量标志点的实际坐标值，两次测量结果的差值即为起吊前后梁端面的位移值。最后根据实际测量结果与理论计算值进行比较，然后对相关参数进行修正。

（4）中跨合龙施工

中跨合龙是钢箱梁安装的最后一个重要环节。中跨合龙前对梁段高程、偏位、温度、索力、合龙口宽度等进行连续观测，以上几个指标观测中其中最重要的是找出合龙口宽度、环境温度及梁体温度三者之间的关系，以便确定合适的合龙温度。

①合龙口观测

桥面吊机行走到位后，对第23号索进行第二次张拉，第二次张拉的目的是一方面使Z23梁段前点高程在规定的范围之内，另一方面是确保合龙口两测Z23梁段前点相对高程控制在允许范围之内。同时，通过手拉葫芦对拉来调整轴线偏位，高程及轴线误差均在允许范围之内后，立即锁定劲性骨架，此时劲性骨架仅对竖向及横向进行约束，纵向允许滑动。

劲性骨架锁定后，对合龙口进行连续观测。

a.测点布置

从理论上讲，测点数量越多，越能真实地反映合龙口的实际情况，但测点的数量增多后，必然增加测量时间，使观测数据的时间同一性降低，影响数据的准确性。

b.测量方法

测量采用钢尺与弹簧称相结合的方法，钢尺在使用前需进行标定。

c.合龙口宽度测量

合龙口宽度通常进行24h或48h的连续观测，但考虑到合龙时间通常选择在夜间21：00~24：00进行，因此，白天的数据几乎没有可用性，因此，每天的连续观测时间选择在晚19：30至早7：30。

从表3.9-7可以看出，从19：30至早5：30，环境温度仅上升了2.2℃，而顶底板在21：30后就几乎不存在温差，此种温度变化情况对中跨合龙来说是相当理想的，是可遇不可求的，而且仅根据一天的观测数据及天气预报即确定合龙温度，存在极大的风险，因此，为稳妥起见，6月19日晚又对关心的天气时段进行了合龙口连续观测，测量数据结构如表3.9-8所示。

合龙口宽度连续观测结果（2008 年 6 月 18 日）（单位：m）　　表 3.9-7

时间	配切长度	测线 1	测线 2	测线 3	测线 4	测线 5	测线 6	测线 7	测线 8	测线 9	测线 10	环境温度（℃）	顶板温度（℃）	底板温度（℃）
19：30	顶板合龙口长度	9.562	9.587	9.581	9.589	9.588	9.588	9.593	9.588	9.588	9.577	21.200	20.800	21.600
	底板合龙口长度	9.565	9.587	9.575 6	9.583 6	9.586 6	9.587 6	9.581 6	9.581 6	9.597	9.59			
20：00	顶板合龙口长度	9.562	9.588	9.582	9.590	9.590	9.589	9.593	9.589	9.589	9.577	21.200	20.900	21.500
	底板合龙口长度	9.566	9.591	9.576 6	9.579 6	9.587 6	9.588 6	9.581 6	9.581 6	9.596 5	9.59			
20：45	顶板合龙口长度	9.563	9.589	9.582	9.590	9.589	9.589	9.593	9.588	9.588	9.576	21.600	21.200	21.500
	底板合龙口长度	9.568	9.59	9.576 6	9.582 6	9.585 6	9.589 6	9.583 6	9.583 6	9.598	9.592			
21：30	顶板合龙口长度	9.562	9.589	9.582	9.589	9.589	9.589	9.593	9.588	9.588	9.577	21.600	21.400	21.500
	底板合龙口长度	9.568	9.59	9.575 6	9.581 6	9.584 6	9.589 6	9.582 6	9.581 6	9.598	9.591			

续上表

时间	配切长度	测线 1	测线 2	测线 3	测线 4	测线 5	测线 6	测线 7	测线 8	测线 9	测线 10	环境温度（℃）	顶板温度（℃）	底板温度（℃）
22：30	顶板合龙口长度	9.562	9.588	9.582	9.590	9.589	9.589	9.593	9.587	9.588	9.576	21.600	21.100	21.600
	底板合龙口长度	9.567 5	9.591	9.576 6	9.582 6	9.585 6	9.589 6	9.583 6	9.581 6	9.599	9.589			
23：30	顶板合龙口长度	9.561	9.587	9.581	9.588	9.589	9.587	9.591	9.586	9.586	9.575	21.600	21.500	21.900
	底板合龙口长度	9.567	9.591	9.575 6	9.581 6	9.584 6	9.589 6	9.583 6	9.581 6	9.599	9.588			
1：30	顶板合龙口长度	9.558	9.585	9.579	9.586	9.586	9.585	9.589	9.584	9.584	9.573	22.100	21.700	21.800
	底板合龙口长度	9.564	9.588	9.572 6	9.578 6	9.582 6	9.586 6	9.580 6	9.578 6	9.597	9.586			
2：30	顶板合龙口长度	9.556	9.583	9.576	9.583	9.583	9.581	9.586	9.582	9.582	9.570	22.200	22.100	22.300
	底扳合龙口长度	9.559	9.585	9.570 6	9.576 6	9.580 6	9.582 6	9.576 6	9.574 6	9.593	9.583			
3：30	顶板合龙口长度	9.553	9.579	9.573	9.579	9.579	9.578	9.582	9.578	9.578	9.566	22.600	22.500	22.500
	底板合龙口长度	9.556	9.581	9.566 6	9.572 6	9.577 6	9.579 6	9.574 6	9.571 6	9.59	9.58			
4：30	顶板合龙口长度	9.551	9.578	9.570	9.577	9.577	9.576	9.581	9.576	9.576	9.564	23.000	22.600	22.800
	底板合龙口长度	9.554	9.578	9.564 6	9.570 6	9.574 6	9.575 6	9.570 6	9.568 6	9.587	9.577			
5：30	顶板合龙口长度	9.548	9.575	9.568	9.574	9.572	9.572	9.577	9.573	9.573	9.561	23.400	22.900	23.000
	底板合龙口长度	9.553	9.577	9.561	9.568	9.571	9.571	9.569	9.568	9.586	9.575			
6：30	顶板合龙口长度	9.541	9.567	9.560	9.566	9.566	9.565	9.569	9.565	9.565	9.553	23.800	25.200	24.400
	底板合龙口长度	9.546	9.568	9.555 6	9.561 6	9.564 6	9.568 6	9.563 6	9.559 6	9.568	9.56			
7：30	顶板合龙口长度	9.515	9.541	9.536	9.538	9.537	9.537	9.540	9.537	9.537	9.524	25.400	27.200	24.050
	底板合龙口长度	9.523	9.545	9.533 6	9.539 6	9.536 6	9.543 6	9.540 6	9.536 6	9.551	9.532			

合龙口宽度连续观测结果（2008 年 6 月 19 日）（单位：m）　　表 3.9-8

时间	配切长度	测线 1	测线 2	测线 3	测线 4	测线 5	测线 6	测线 7	测线 8	测线 9	测线 10	环境温度（℃）	顶板温度（℃）	底板温度（℃）
19：30	顶板合龙口长度	9.489	9.516	9.509	9.517	9.518	9.518	9.523	9.521	9.521	9.510	28.000	30.600	29.900
	底板合龙口长度	9.496	9.52	9.506	9.511	9.52	9.52	9.515	9.517	9.535	9.516			
20：45	顶板合龙口长度	9.497	9.522	9.521	9.524	9.524	9.525	9.530	9.527	9.529	9.518	27.000	29.100	29.200
	底扳合龙口长度	9.502	9.524	9.513 6	9.518 6	9.524 6	9.526 6	9.521 6	9.521 6	9.54	9.52			
21：30	顶板合龙口长度	9.511	9.538	9.532	9.539	9.539	9.539	9.544	9.541	9.541	9.530	26.000	26.300	27.600
	底板合龙口长度	9.514	9.537	9.523 6	9.531 6	9.534 6	9.540 6	9.536 6	9.532 6	9.55	9.53			
22：30	顶板合龙口长度	9.516	9.542	9.536	9.544	9.544	9.544	9.548	9.546	9.546	9.535	25.400	25.900	26.500
	底板合龙口长度	9.52	9.542	9.528 6	9.537 6	9.541 6	9.544 6	9.540 6	9.538 6	9.555	9.539			
23：30	顶板合龙口长度	9.520	9.547	9.510	9.549	9.549	9.548	9.552	9.549	9.549	9.538	26.200	25.100	26.000
	底板合龙口长度	9.524	9.547	9.534 6	9.540 6	9.544 6	9.548 6	9.543 6	9.542 6	9.559	9.539			
1：30	顶板合龙口长度	9.524	9.550	9.543	9.551	9.551	9.550	9.555	9.551	9.552	9.541	25.600	25.400	26.100
	底板合龙口长度	9.529	9.551	9.539 6	9.544 6	9.548 6	9.552 6	9.556 6	9.543 6	9.562	9.539			
2：30	顶板合龙口长度	9.526	9.552	9.544	9.552	9.552	9.551	9.555	9.551	9.551	9.540	27.200	25.000	25.500
	底板合龙口长度	9.529	9.554	9.540 6	9.544 6	9.549 6	9.552 6	9.556 6	9.544 6	9.562	9.54			
3：30	顶板合龙口长度	9.532	9.557	9.549	9.556	9.557	9.557	9.561	9.557	9.557	9.545	25.000	25.200	25.400
	底板合龙口长度	9.534	9.559	9.543 6	9.548 6	9.554 6	9.558 6	9.553 6	9.552 6	9.568	9.543			

从6月19日的观测结构可以看出，不论是环境温度还是梁体温度与6月18日相比均存在较大的差异，以任何一组数据为基准确定合龙温度均存在极大的风险，为降低施工风险，确保合龙顺利进行，研究小组决定先将合龙梁段运输至施工现场，然后根据合龙当天中午的天气情况、天气预报预测未来温度变化情况及观测结果，确定最后的合龙温度。

②合龙温度确定

根据温度观测，6月20日环境温度略高于6月19日的同时间环境温度，而根据6月19日连续观测结果，22：30左右的梁体温度大约在26℃左右，为确保此温度下合龙段能够顺利吊装到位，确定合龙温度为27℃，根据观测结果，温度每升高1℃，合龙口宽度减少9mm，因此，需根据确定的合龙温度对顶底板配切长度进行修正，修正结果如表3.9-9所示。

合龙段配切数据　　表 3.9–9

时间	测量长度	测线 1	测线 2	测线 3	测线 4	测线 5	测线 6	测线 7	测线 8	测线 9	测线 10
22：30	顶板合龙口长度	9.516	9.542	9.536	9.544	9.544	9.544	9.548	9.546	9.546	9.535
	底板合龙口长度	9.52	9.542	9.528 6	9.537 6	9.541 6	9.544 6	9.540 6	9.538 6	9.555	9.539
	修正长度	–0.009	–0.009	–0.009	–0.009	–0.009	–0.009	–0.009	–0.009	–0.009	–0.009
配切长度	顶板	9.507	9.533	9.527	9.535	9.535	9.535	9.539	9.537	9.537	9.526
	底板	9.511	9.533	9.520	9.529	9.533	9.536	9.532	9.530	9.546	9.530

③合龙段配切

合龙段提前一天运输至现场，直接在运梁船上进行配切。

配切采用自动割刀进行。为确保切割准确及施工人员安全，运梁船应抛锚定位牢靠，避免晃动，配切完毕，立即进行定位，进行合龙段吊装。

④合龙施工

运梁船在即定位置抛锚定位完成后，相关人员对锚缆进行仔细检查，无问题后，开始下放吊机扁担梁，当扁担梁下放至距梁顶面1m左右的位置停止下放，然后再根据桥面吊机吊点的位置对运输船进行精确定位。定位完毕，桥面吊机继续下放扁担梁并进行吊点连接。

吊点连接完毕，四台桥面吊机同时起吊。为保证起吊的同步性，四台桥面吊机预先串联起来，采用1台电脑、1人进行控制，确保吊装指令可靠执行。吊装示意图见图3.9–40。

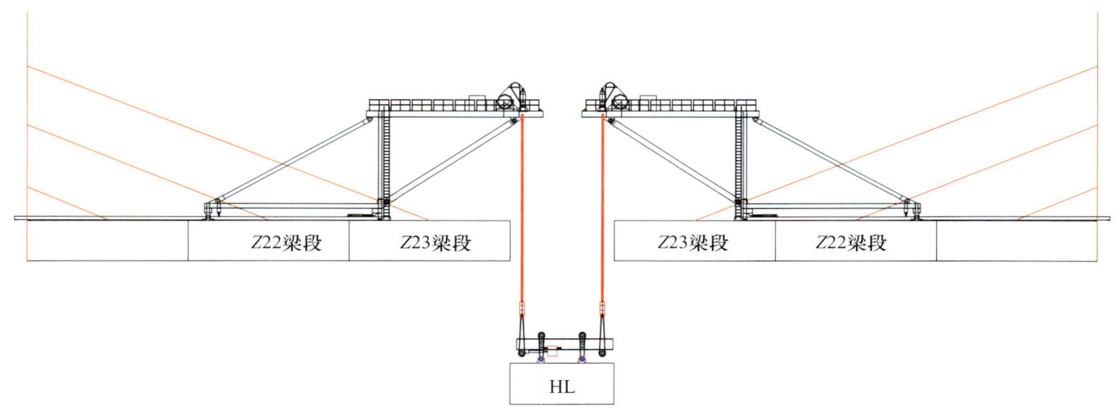

图 3.9–40　中跨合龙梁段吊装示意图

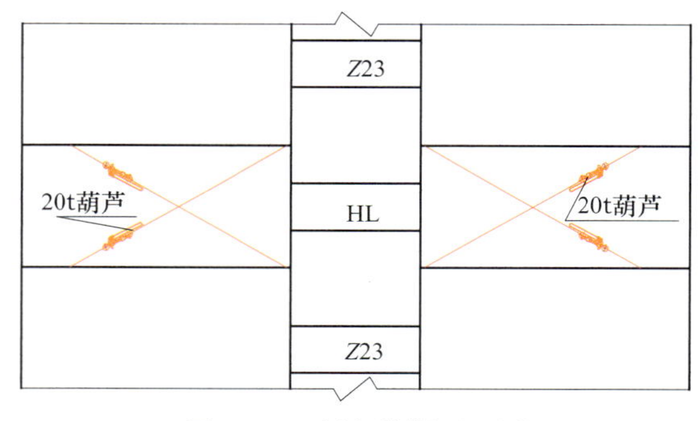

图 3.9–41　梁段轴线调整示意图

为保证合龙梁段能够顺利进入合龙口，而且又不会造成合龙段焊缝宽度超标，测量人员应不断地观测合龙口的宽度、环境温度及梁体温度。当合龙口宽度达到预定值，测量人员再次复测合龙口两侧的轴线情况，如存在偏差，应进行调整，调整方法见图3.9–41，调整完毕，迅速锁定合龙骨架，确保合龙口宽度不会随着温度的降低而逐渐增大。

继续起吊合龙段至与合龙口两侧梁段平齐，迅速进行梁段匹配和临时连接件连接，匹配结束，进行全断面焊接。

⑤临时约束解除

钢箱梁临时约束有竖向锚固、纵向锚固、横向约束，临时墩横向锚固。临时约束在合龙骨架焊接完后的当天晚上解除，先解除竖向锚固，其他可以同时解除，临时墩横向锚固可以在第二日白天解除。

3.10 斜拉索的施工

3.10.1 概述

斜拉索所用钢丝为7mm的镀锌高强度、低松弛钢丝，抗拉强度为1 670MPa，斜拉索外热挤双层聚乙烯（PE）护套，内层为黑色PE护套，两端装配冷铸锚。上海长江大桥斜拉索有13种规格，最长斜拉索382.408m，质量56t。斜拉索张拉吨位在200~800t之间。斜拉索规格及布置见图3.10–1和图3.10–2，上海长江大桥斜拉索统计见表3.10–1。

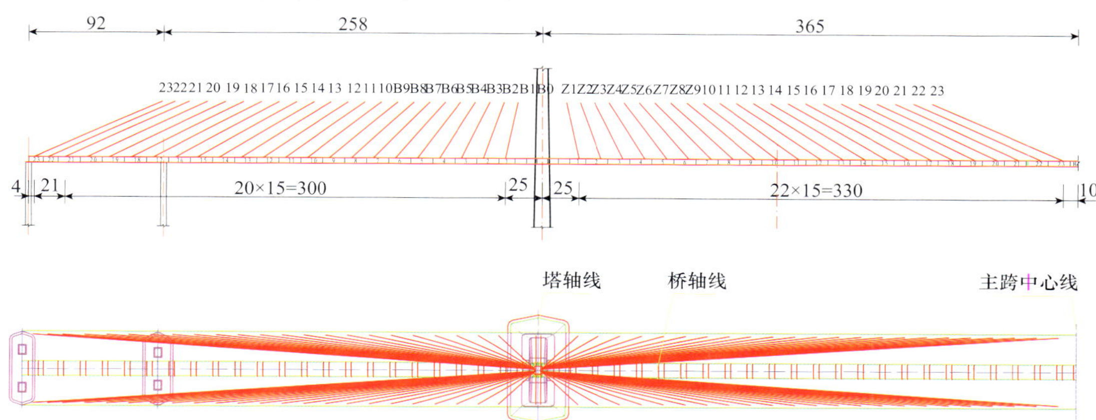

图 3.10–1　上海长江大桥斜拉索半幅示意图（尺寸单位：m）

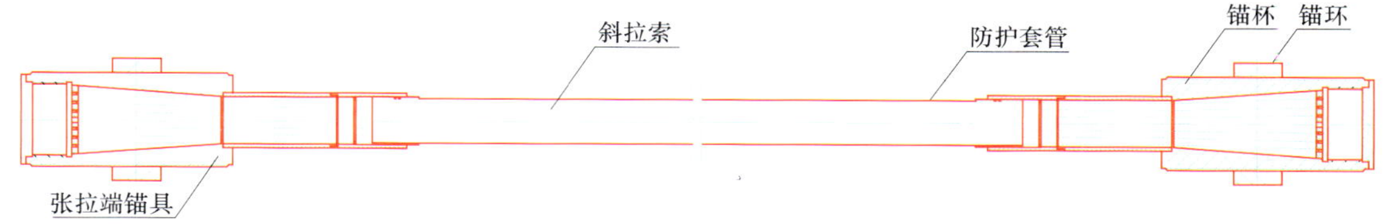

图 3.10–2　平行钢丝斜拉索构造示意图

上海长江大桥长索统计表　　表 3.10–1

编号	拉索型号	单根拉索长度（m）	单根拉索质量（t）	锚具内螺纹规格	编号	拉索型号	单根索长度（m）	单根拉索质量（t）	锚具内螺纹规格
B17	7–337	299.563	36.368	Tr270 × 18	Z17	7–337	294.896	35.718	Tr270 × 18
B18		314.054	38.077		Z18		309.328	37.520	
B19	7–349	328.616	41.163	Tr270 × 20	Z19	7–349	323.861	40.583	Tr270 × 20
B20		343.216	42.943		Z20		338.393	42.355	
B21	7–379	357.881	48.995	Tr280 × 20	Z21	7–379	353.012	48.345	Tr280 × 20
B22	7–409	368.232	54.220	Tr290 × 22	Z22	7–349	367.728	54.148	Tr290 × 22
B23		378.528	55.598		Z23		382.408	56.255	

根据斜拉索的长度及质量，将 17~23 号索定义为长索，其长度接近或者超过 300m，质量超过 30t，型号超越了国内大多数已建大跨度斜拉桥中最大型号索。长索施工具有以下特点。

（1）由于斜拉索长度和质量的增加，其安装过程中的悬链张力增大，需增加软、硬牵引将索适当增长，以减少悬垂时的张力。

（2）长索采用钢盘卷装，配立式放索架，索盘放索离塔柱较远，需要在桥面设置运索小车。

（3）长索因索制作原因或索绕盘原因，索在挂设、牵引以及张拉过程中索容易产生扭转，给施工带来很大风险。

（4）长索质量大，挂索、牵引过程中对起重设备要求较高。

在综合考虑各种条件的情况下，确定临时墩支架上部结构提升采取穿心式千斤顶配合钢绞线提升法。

（5）穿心式千斤顶配合精轧螺纹钢筋提升施工。

为避免临时墩梁段长时间放在临时墩支架顶发生危险，在第9号梁段悬臂施工完毕才用浮吊将中跨10号梁段吊至临时墩顶，然后立即用桥面吊机将Z10梁段吊装到位，临时墩顶梁段吊装示意图见图 3.10–3。

图 3.10–3　临时墩顶梁段吊装示意图

在钢箱梁悬臂拼装施工完第11号梁段，开始临时墩支架上部结构提升。

3.10.2　长索施工技术研究

1）上海长江大桥桥面展索方式

上海长江大桥桥面展索方式为：将索盘置于1号梁段附近，用塔顶卷扬机将索头牵引至塔端锚箱并锚固，用卷扬机牵引索放索架向梁端牵引，完成桥面展索。

采取此方法可以在索架移动前减少索质量，但需要解决索架移动问题，放索架在移动过程中进行放索，要求索架离地面不能太高，滚轮对桥面无损伤，通过调查，最后决定选用“海尔曼”滚轮（图 3.10–4）。“海尔曼”滚轮由多排滚柱组成，滚轮承压吨位可高达上千吨，本桥选用50t滚轮，组合滚柱承压面为370mm × 80mm，滚轮总高180mm，一个放索架配备6个滚轮，单个滚轮承受的压力小，对桥面无滑痕损伤，另外滚轮承压面积大，对桥面不会产生局部变形。

图 3.10–4　放索架滚轮图片

长索施工主要分3个施工阶段，即挂索阶段、牵引阶段、张拉阶段。挂索阶段包括斜拉索索盘展索，起重设备空中牵索等工作，牵引阶段主要是用牵引工具（钢绞线、张拉杆、千斤顶）将索锚杯牵引至锚垫板，并锚上锚环。张拉阶段为索力控制工况阶段，包括斜拉索“一张”、“二张”。

2）长索施工方案分析研究

（1）常用方案分类及比较分析

根据长索牵引、张拉方位不同，长索牵引施工可分为梁端牵引张拉、塔端牵引张拉、梁端牵引塔端张拉（塔端牵引梁端张拉）三种施工方案，各方案比较见表3.10–2。

长索施工方案分类比较表　　表 3.10–2

方案	优点	缺点	应用情况
梁端牵引张拉	1. 牵引、张拉工作在梁端进行，施工不受塔内空间影响； 2. 施工设备主要集中在桥面上，有利于设备操作； 3. 高空作业较少	1. 作业面分布较大，梁端起重设备布置较多； 2. 需桥面布置可移动式施工平台； 3. 钢箱梁风嘴需要后安装	苏通大桥 国外应用较多
塔端牵引张拉	1. 牵引、张拉工作在塔端进行，作业面小； 2. 起重设备较集中，有利于统一指挥、管理	1. 塔端起重布置较多； 2. 高空作业较多； 3. 施工受塔内空间影响	南京长江二桥 南京长江三桥 荆州长江大桥 杭州湾大桥
梁端牵引塔端张拉	1. 牵引设备与张拉设备分开，张拉端可以通过下放张拉杆方式减少牵引端牵引力； 2. 牵引与张拉之间无转换时间	1. 作业面分布较大，梁端起重设备布置较多； 2. 需在桥面布置可移动式施工平台； 3. 钢箱梁风嘴需要后安装	武汉白沙洲大桥

根据牵引方式不同，长索牵引方式一般可分为软牵引、硬牵引、软硬结合牵引三种施工方式。

软牵引：采用钢绞线与锚杯连接，用牵引设备将斜拉索锚杯牵引至锚垫板并锚上锚环。

硬牵引：采用张拉杆与锚杯连接，用牵引设备将斜拉索锚杯牵引至锚垫板并锚上锚环。

软硬结合牵引：先用张拉杆与锚杯连接，然后用钢绞线与张拉杆连接，用牵引设备将斜拉索锚杯牵引至锚垫板并锚上锚环。长索牵引方式比较见表3.10–3。

长索施工方案分类比较表　　表 3.10–3

方案	优点	缺点	适应条件	应用情况
软牵引	1. 施工简洁，操作方便； 2. 受空间影响相对较小； 3. 长度限制小，可使用普通千斤顶或连续千斤顶牵引	1. 牵引力过大时，钢绞线孔数多，操作不方便； 2. 软牵引钢绞线受力大，且钢绞线易出现受力不均匀现象，施工风险相对较大	梁端牵引 塔端牵引	南京长江三桥 荆州长江大桥 杭州湾大桥 金塘大桥
硬牵引	1. 拉杆承受的拉力较大； 2. 斜拉索牵引与张拉可以连贯，牵引设备与张拉设备可通用	1. 拉杆受空间影响大，需要较大的操作空间； 2. 单节拉杆长度不宜过长； 3. 拉杆与拉杆间属刚性连接，拉杆在索道管口处易出现悬臂状态，对拉杆受力很不利	梁端牵引	小跨度斜拉桥应用较多，大跨度斜拉桥应用较少
软硬结合牵引	1. 钢绞线受力较小，当牵引力较大时，牵引力直接受在拉杆上，施工较安全； 2. 拉杆长度适中，可用牵引拉杆直接做张拉杆	1. 对牵引工具要求较高，一般需要配置双层牵引撑脚； 2. 操作工序较多； 3. 需要一定的操作空间	梁端牵引 塔端牵引	苏通大桥 南京长江二桥 南京长江三桥 国外大型桥梁

（2）长索方案选用

上海长江大桥斜拉索施工具有如下几项特点：

①上海长江大桥为公轨两用型桥梁，主桥跨径大，主跨730m，主桥二期恒载较大，所以索长度长，直径大，牵引力、张拉索力较大。

②上海长江大桥塔柱为人字形独柱塔，塔内空间较小（钢锚箱尺寸2.8m×5.3m）。

③上海长江大桥主梁采用分体式钢箱梁，钢箱梁采用两台桥面吊机吊装，梁端受桥面吊机影

响，汽车吊到不了梁端头，梁端挂索吊装施工较困难。

根据上述方案比较并结合本桥特点，长索施工选用塔端牵引、张拉方式，可以减少人员设备投入，采用软硬结合牵引方式可满足长索施工要求。

3）长索塔端软牵引工艺研究

（1）长索施工阶段牵引力分析

由于斜拉索长度和质量的增加，其安装过程中的悬链张力增大，需增加软牵引将索适当增长，以减少悬垂时的张力。软牵引工具主要包括：变径套、钢绞线、锚具及夹片、千斤顶、撑脚（反力架）。当采用普通千斤顶牵引钢绞线时，一般使用双层撑脚，当采用连续千斤顶时只需单层撑脚。

上海长江大桥长索施工阶段牵引力统计见表3.10–4，由表中数据可知：索梁端锚杯锚固在理论位置后，塔端锚杯牵引至锚箱锚垫板并锚上一个螺母高度丝牙后，此时牵引力在370~597t。

斜拉索牵引力统计表　　表 3.10–4

编号	型号	塔端锚杯离锚垫板上口距离L时钢绞线受力（t）			二张索力（t）	成桥索力（t）
		2.5m	0.6m	戴上锚环		
Z23	PES7–409	130	219	432	611.5	736
Z22	PES7–409	123	209	418	555.1	718
Z21	PES7–379	106	188	391	529.2	664
Z20	PES7–349	92	165	368	509.6	603
Z19	PES7–349	85	153	356	480.2	582
Z18	PES7–337	77	146	374	460.1	573
Z17	PES7–337	72	136	370	447	573
B23	PES7–409	131	242	573	666.2	758
B22	PES7–409	131	256	597	654.6	748
B21	PES7–379	117	243	580	625.3	690
B20	PES7–349	100	200	512	614.7	625
B19	PES7–349	89	176	482	608.6	613
B18	PES7–337	79	153	442	597.3	582
B17	PES7–337	71	134	410	579.8	576

若斜拉索采用钢绞线牵引，单根钢绞线平均受力按照2.5倍安全系数，则单根钢绞线受力约10t，需要43根，目前国内桥梁中从可施工性考虑，软牵引钢绞线孔数最大做到25孔（锚具钢绞线孔分布Φ210mm）。直接采用钢绞线牵引，不但需要将穿心千斤顶孔径制作到Φ300mm以上，而且施工操作难度大，存在较大施工风险。

若采用软硬结合牵引方式，将塔端锚杯牵引至距离锚垫板面60cm时，使钢绞线受力转化为张拉杆受力，则钢绞线牵引吨位在134~242t，最多只需要24根，可以满足塔内正常操作要求。

（2）常用软牵引结构配置分析

常用用软牵引方式有两种：

方式1：变径套+钢绞线+连续千斤顶+反力架

方式2：变径套+钢绞线+锚具及夹片+普通千斤顶+双层反力架

以上两种方式结构配置见图3.10-5，两者间对比见表3.10-5。

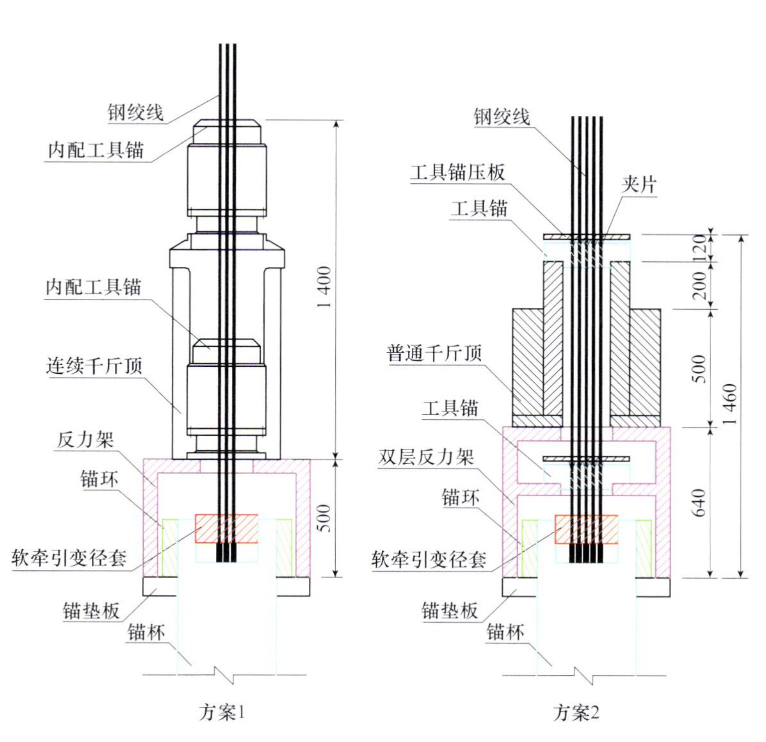

图 3.10-5　软牵引结构示意图（尺寸单位：mm）

常用软牵引方式比较　　表 3.10-5

方案	优　点	缺　点	适应条件	应用情况
方案1	1. 因连续千斤顶专门为钢绞线牵引施工设置，操作方便，安全可靠； 2. 可连续作业，自动化程度高，人员操作少； 3. 牵引速度快	1. 因连续千斤顶为两组顶的组合，高度大； 2. 目前常用的连续千斤顶吨位较小（200t以内），配置的钢绞线数量较少（12 孔以内）	钢绞线牵引力小，牵引空间较大。钢绞线长度宜长	南京长江二桥南京长江三桥苏通大桥
方案2	1. 因采用普通千斤顶牵引，钢绞线根数可根据千斤顶穿心孔大小以及千斤顶吨位设置，一般可使用到 25 孔钢绞线； 2. 与连续千斤顶相比，设备占用空间相对较少	1. 不可连续作业，自动化程度低，人员操作工作多； 2. 因人员操作因数多，工安全可靠性差； 3. 速度慢； 4. 需要配置双层撑脚，占用设备操作空间	钢绞线牵引力大，牵引操作空间小。钢绞线长度不宜太长	荆州长江大桥 杭州湾大桥 南京长江三桥

若上海长江大桥软牵引采用方案1结构，则设备占用空间高度为1.9m左右，若采用方案2结构，则设备最少占用空间高度为1.46m左右。因本桥长索需要采用软硬结合牵引，方案2反力架高度最少需要增加40cm以上，即设备最少占用空间高度为1.86m，此时已经超过塔内可使用空间（图3.10-6），需寻找一种新的方案。

（3）上海长江大桥塔端软牵引结构配置

上海长江大桥软牵引结构在原有软牵引的基础上进行了革新，具体结构见图3.10-7、图3.10-8，图中行星千斤顶由4个150t千斤顶、内反力架、顶升板三者构成的结合体，采用一台65L/s流量油泵车通过分油器供油（普通油泵车才10L/s流量）。行星千斤顶设计行程为40cm，正常使用行程为35cm，设计锚具钢绞线孔数在39孔以内。斜拉索软牵引钢绞线牵引过程中一个操作循环时间为90~120s。

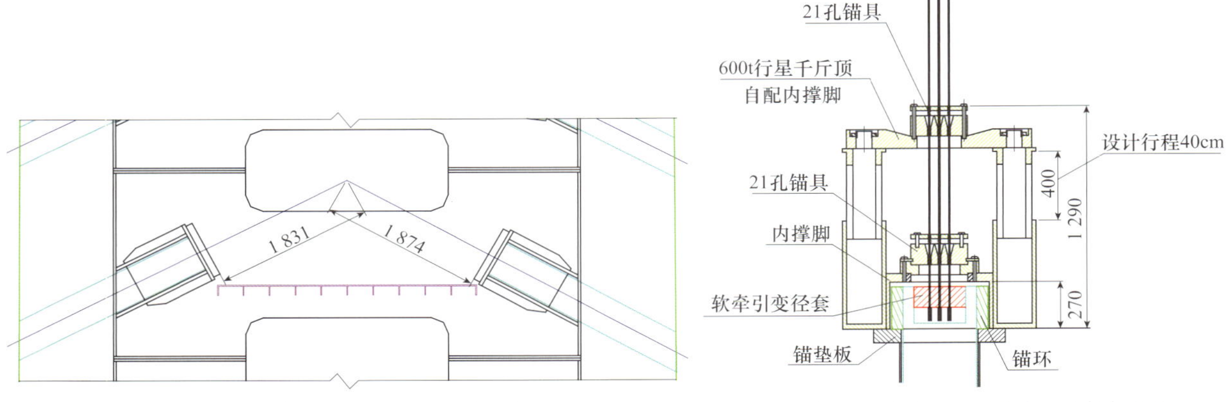

图 3.10-6　17 号索塔端钢锚箱空间图（尺寸单位：mm）

图 3.10-7　上海长江大桥软牵引设备布置图

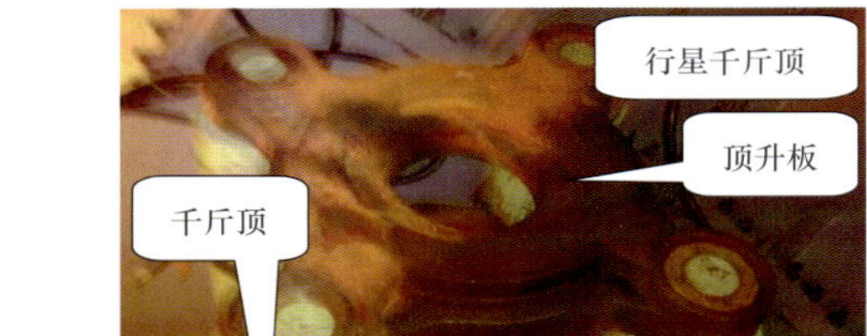

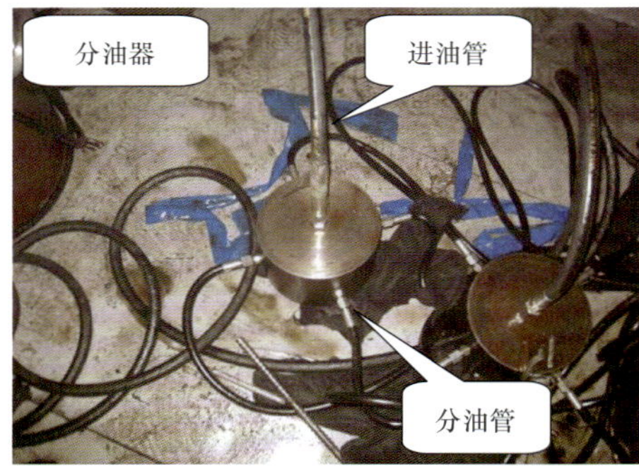

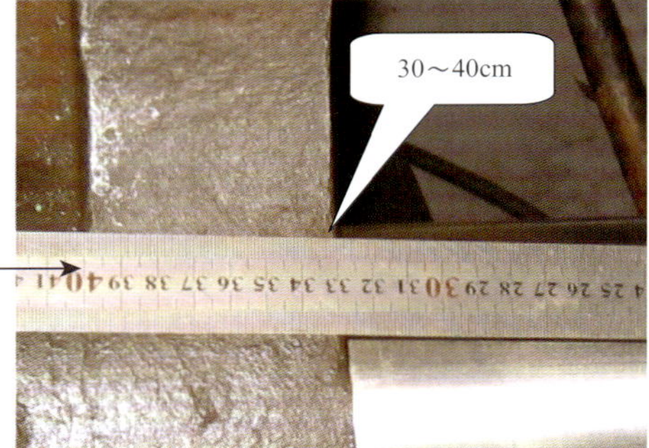

图 3.10-8　上海长江大桥软牵引设备图片

上海长江大桥软牵引结构具有如下特点：

①“行星千斤顶”是一种新的千斤顶结构，是一种新发明，专用于斜拉索软牵引施工。

②将反力架与千斤顶融为一体，反力架不占用塔内空间，同样行程为20cm时，整个软牵引设备占用高度才1.09m，大大降低了设备所占用的空间。

③“行星千斤顶”吨位大、行程长、速度快，具有其他类型千斤顶不具备的特点。

④采用“行星千斤顶”可以将软牵引长度适当加长，可将斜拉索梁端牵引力控制在较小范围内，如本桥最长索可将钢绞线长度控制在28m左右，梁端牵引力可以控制在25t以内，而28m长钢绞线牵引时间只需要3h，可成倍提高施工效率。

4）长索塔端硬牵引工艺研究

硬牵引一般用于短索中，或者长索软硬牵结合引结构中。硬引工具主要包括：变径套、张拉杆、双层反力架，大吨位千斤顶，硬牵引拉杆采用分节制作。

常用硬牵引方式有两种：

方式1：变径套+拉杆+拉杆螺母+千斤顶+双层反力架

方式2：变径套+拉杆+拉杆螺母+千斤顶+单层反力架+锚垫板

以上两种方式结构配置见图3.10-9。方案1在国内外大型桥梁中广泛使用，而方案2很少使用。若张拉杆同等长度，软、硬牵引体系转化时，方案1牵引力比方案2大，方案1中设备所占用的空间要大。由于上海长江大桥塔内空间有限，张拉杆长度受限制，同时为确保软牵引钢绞线受力，最终选择方案2。

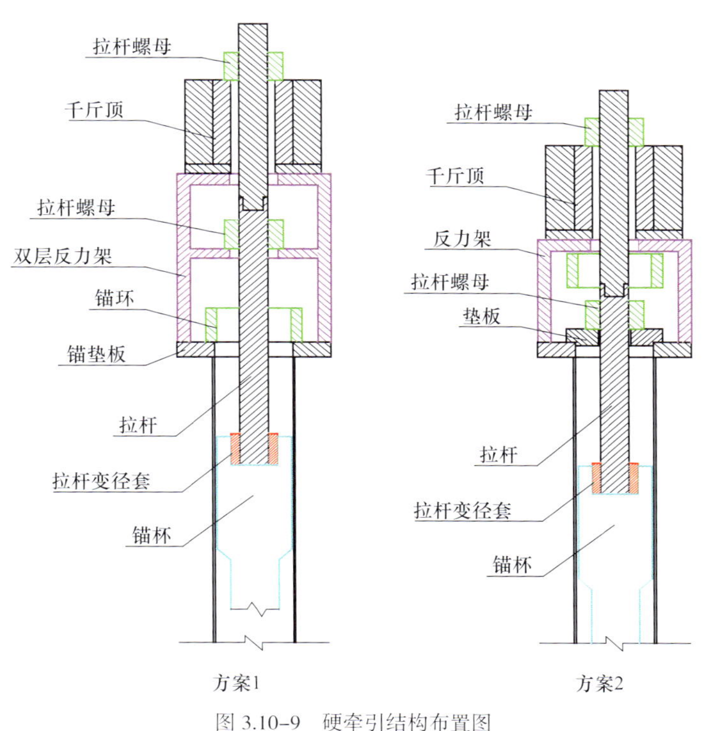

图 3.10-9　硬牵引结构布置图

5）长索塔端软硬结合牵引施工工艺

（1）长索软硬结合牵引结构设置

软硬结合牵引方式见图3.10–10、图3.10–11，图中采用张拉杆将索悬链加长，减小软牵引钢绞线受力。张拉杆长度满足塔端张拉时张拉设备正常使用要求，见图3.10–12，图中23号锚环理论出锚垫板485mm，实际考虑630mm，基本满足索张拉要求，拉杆锚固方式见图3.10–13。

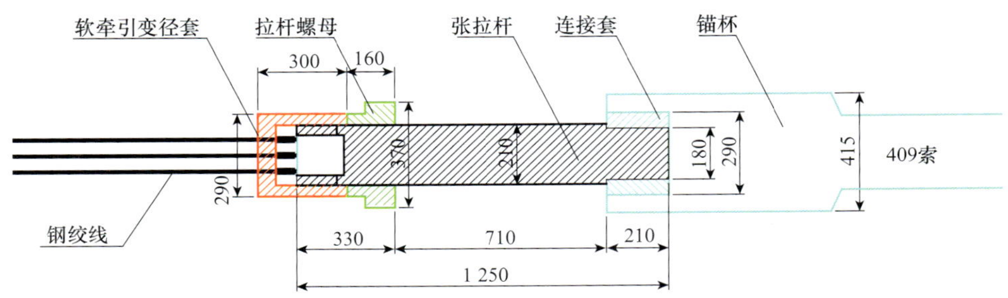

图 3.10–10　软硬结合牵引示意图（尺寸单位：mm）

图 3.10–11　软硬结合牵引图片

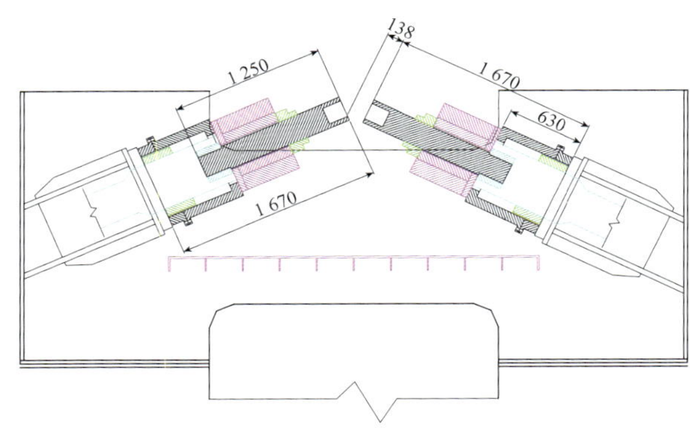

图 3.10–12　23 号张拉空间图（尺寸单位：mm）

图 3.10–13　软硬结合牵引结构图片

（2）长索软硬结合牵引工艺流程

软硬结合牵引工艺流程见图3.10–14。斜拉索硬牵引阶段，因塔内空间不够，采用交差牵引，即先中跨上游与边跨下游同时牵引，然后中跨下游与边跨上游同时牵引。

3.10.3　长索防扭转施工技术

1）斜拉索扭转原因分析

造成斜拉索扭转的原因有两种，其一是索本身制作工艺造成，斜拉索制作时，钢丝束同心左向绞合而成，最外层钢丝绞合角控制在3° ±0.5°， 见图3.10–15。其二是索在装盘时造成，斜拉索上索盘时增加了索钢丝扭转趋势，见图3.10–16。

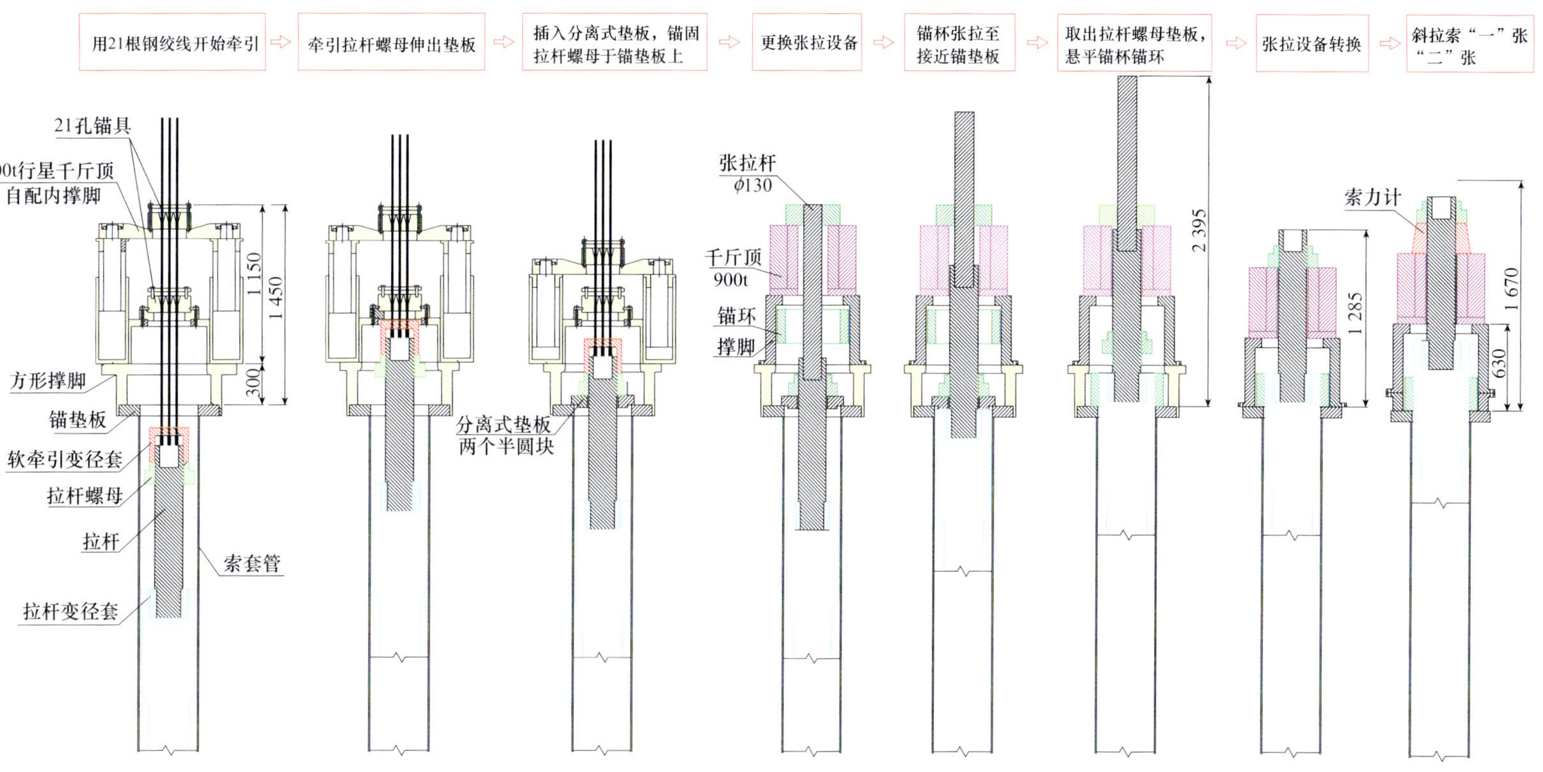

图 3.10-14　长索牵引张拉工艺流程图（23 号索）（尺寸单位：mm）

2）斜拉索施工过程中的加、退扭现场

（1）斜拉索安装施工过程中的加扭现象

斜拉索加扭现象是指索安装完后，索体钢丝在出厂前的绞合角（2°~4°）变大，例如：上海长江大桥索表层压花在出厂前为顺直走向（图3.10–17），索安装完后，花纹扭转方向与钢丝扭转角度一至，说明索存在加扭现象。

加扭现象产生的原因：斜拉索上索盘时增加了索钢丝扭转角度，施工过程中不能全部释放。斜拉索桥面展索后因索钢丝加扭使索体成螺旋状（图3.10–18），挂索完后索外表花纹成螺旋状，方向与钢丝方向一致（图3.10–19）。

（2）平行钢丝索安装施工过程中的退扭现象

斜拉索退扭现象是指索安装完后，索体钢丝在出厂前的绞合角（2°~4°）变小。

退扭现象产生的原因：斜拉索钢丝存在绞合角后，索在较大张拉力下，标准丝外钢丝层存在扭转力，当外力抵抗不了钢丝产生的扭矩时，索体向钢丝绞合角相反方向转动。索退扭现象见图3.10–20，图3.10–19与图3.10–20中索花纹饶转方向相反。由于钢丝同心绞合后进行缠丝、挤塑工序，钢丝外层高强聚脂纤维带以及PE护套层可以克服部分扭转力，一般情况下，在钢丝受力较小时，扭转力小，索不会发生退扭现象。

图 3.10–15　斜拉索扭绞、缠丝带图片

图 3.10–16　斜拉索装图片

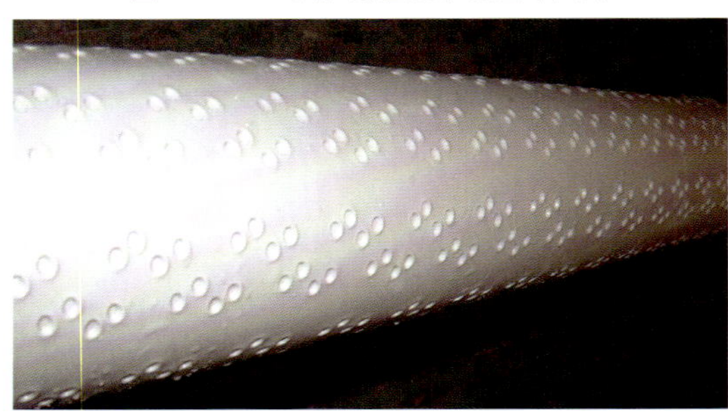

图 3.10–17　斜拉索出厂前 PE 压花图片

图 3.10–18　斜拉索桥面展索后图片

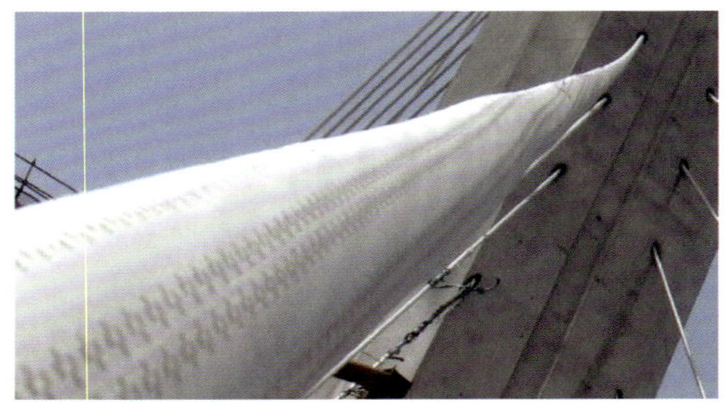

图 3.10–19　斜拉索安装完后加扭图片

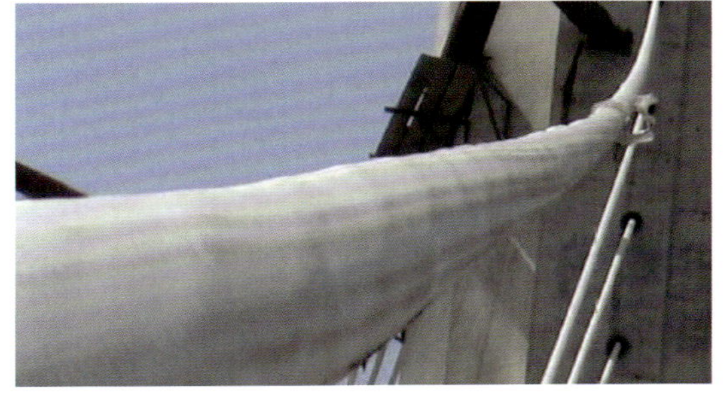

图 3.10–20　斜拉索安装完后退扭图片

3）斜拉索扭转危害

（1）给施工带来的危害

①斜拉索塔端吊装过程中，索需释放因绕盘产生加扭部分扭转力，导致起重设备钢丝绳扭转，

给施工带来风险。若塔端斜拉索起重设备采用卷扬机，滑轮组不能跟随索体转动，导致钢丝绳绞织在一起，见图3.10-21，图中塔端起重卷扬机钢丝绳交织一起。

②斜拉索软牵引过程中，索需释放因绕盘产生加扭部分扭转力，导致钢绞线扭转，使钢绞线受力不均匀，给施工带来风险。

③斜拉索张拉阶段，若不采取抗扭措施，因索扭转可能导致施工设备破坏，甚至导致事故发生。

图 3.10-21 斜拉索塔端挂索图片

（2）给结构带来的危害

①斜拉索加扭以及退扭后，导致索体内外圈钢丝应力重新分布，使部分钢丝应力变大或者减小，对斜拉索受力不利。

②索体钢丝应力重新分布后，索体钢丝伸长量改变，使索长度变长或者缩短，使张拉端锚杯处锚环理论锚固位置发生变化，当退扭较严重时，张拉端锚杯可能需垫钢板。

索加扭或退扭对钢丝应力以及索长影响较大，以PES7-409索为例（图3.10-22），索标准钢丝长度按照382m计算，斜拉索制作时，钢丝束同心左向绞合而成，最外层钢丝绞合角按照3°计算，钢丝设计应力取580MPa，计算时将索体钢丝分层，计算出每层钢丝应力以及索长变化，计算结果见表3.10-6，计算结果例表分析见图3.10-23~图3.10-25。

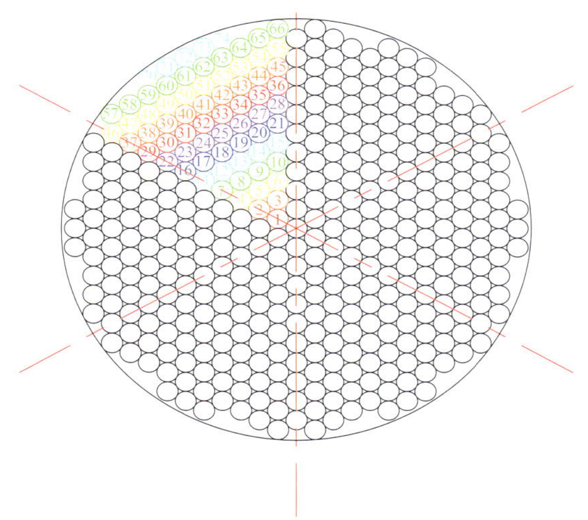

图 3.10-22 最粗（409 丝）斜拉索截面图

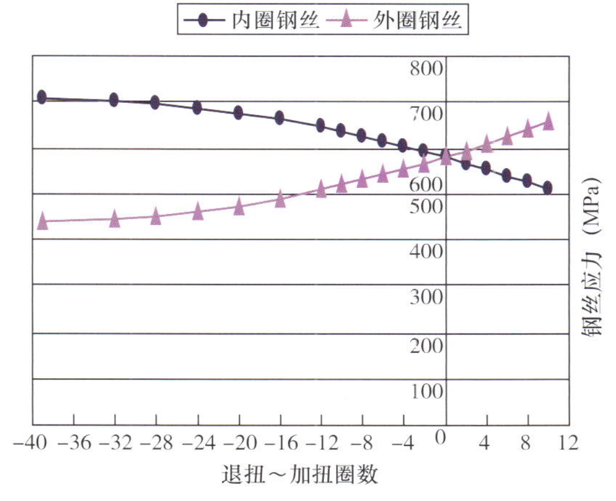

图 3.10-23 斜拉索扭转状态下内外层钢丝应力变化

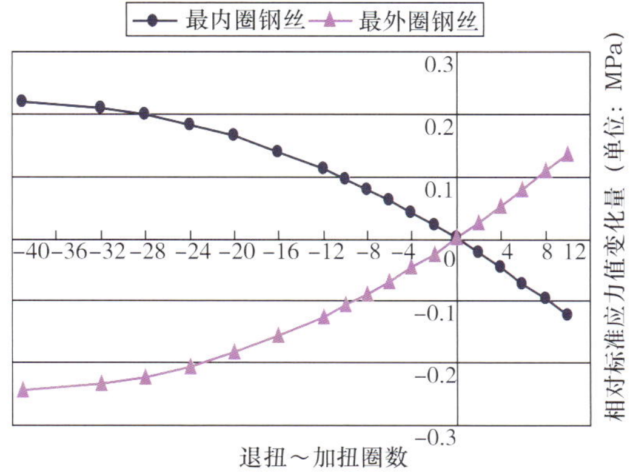

图 3.10-24 斜拉索扭转状态下内外层钢丝应力偏差

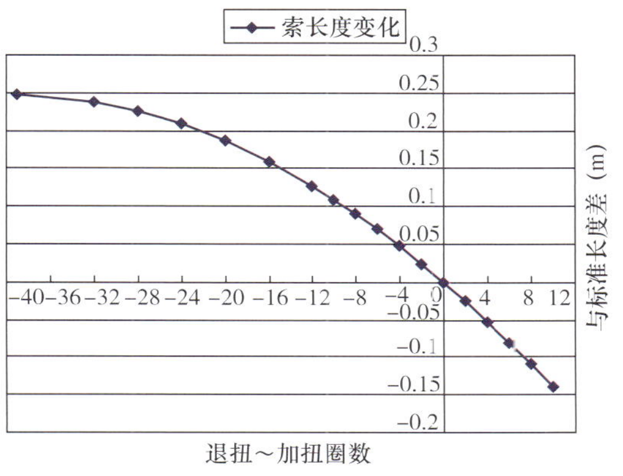

图 3.10-25 斜拉索扭转状态下索长变化量

表 3.10-6

409 索在退扭、加扭状态下钢丝应力统计表

钢丝分层	每层钢丝数量	每层钢丝理论角度（°）	每层钢丝理论饶转圈数	在退扭或者加扭情况下每层钢丝应力（MPa）													
				−39	−16	−12	−10	−8	−6	−4	−2	0	2	4	6	8	10
1	1	0.000	39.722	706	661	645	636	626	615	604	592	580	567	553	539	524	508
2	6	0.250	39.722	705	660	644	635	625	615	604	592	580	567	554	540	525	509
3	12	0.500	39.722	699	657	641	632	623	613	603	592	580	568	555	541	527	513
4	18	0.751	39.722	690	651	636	628	620	611	601	591	580	569	557	544	531	518
5	24	1.001	39.722	677	642	630	623	615	607	598	589	580	570	560	549	537	525
6	30	1.251	39.722	660	631	621	615	609	602	595	588	580	572	563	554	545	535
7	36	1.501	39.722	640	618	611	606	602	597	591	586	580	574	567	561	554	546
8	42	1.251	39.722	615	603	598	596	593	590	587	583	580	576	573	568	564	560
9	48	2.001	39.722	588	585	584	583	583	582	581	581	580	579	578	578	577	576
10	54	2.251	39.722	556	565	568	569	571	573	575	578	580	582	585	588	591	594
11	60	2.501	39.722	521	542	550	554	559	563	569	574	580	586	593	599	606	614
12	66	2.750	39.722	482	517	530	537	544	553	561	570	580	590	601	612	623	636
13	12	3.000	39.722	439	489	508	518	529	541	553	566	580	595	610	626	642	660
合计	409	—	—														
在退扭或者加扭情况下对应最外层与最内层钢丝钢丝应力偏差，以及索长变化																	
钢丝应力偏差（MPa）			加、退圈数	−39	−14	−12	−10	−8	−6	−4	−2	0	+2	+4	+6	+8	+10
			最内层钢丝	0.140	0.112	0.096	0.079	0.061	0.042	0.021	0.140	0	−0.022	−0.046	−0.071	−0.097	−0.124
			最外层钢丝	−0.156	−0.124	−0.107	−0.088	−0.068	−0.046	−0.024	−0.156	0	0.025	0.051	0.079	0.107	0.137
索长相对变化量（m）				0.248	0.159	0.127	0.109	0.090	0.069	0.047	0.024	0	−0.026	−0.052	−0.080	−0.110	−0.140

注：1. 表中 −14、−12~+10、+12 代表斜拉索退扭圈数 ~ 加扭圈数。

2. 表中钢丝应力偏差 = $\frac{\text{钢丝应力} - \text{设计应力}}{\text{设计应力}}$。

3. 索相对变化量栏中数据代表索在索退扭、加扭状态下索长度变化量，“−”表示变短，“+”变长。

计算结果分析：

①索加扭或退扭状态对钢丝应力以及索长均有影响，在加、退扭圈数14圈以内，影响趋势基近似线性变化。

②索在加、退扭8~10圈时，索最内、最外层钢丝应力偏差近10%，加扭状态下影响更明显。

③索在加10圈时，索长变化近15cm，索在退扭10圈时，索长变化近12cm。

④斜拉索外圈钢丝数量多余内圈钢丝数量，从钢丝总体受力分析，若加、退扭圈数较小时，加扭危害小于退扭。

4）防扭施工措施

（1）斜拉索扭转力计算

以最大型号索为例（PES7-409），斜拉索因本身钢丝扭转所产生的扭矩为19.283kN·m，计算见表3.10-7。扭转力大小与钢丝层数有关，钢丝层数多，扭转力大，即索型号大扭转力大，同时因索型号大，索上饶盘时产生的加扭圈数也多。另外，钢丝外圈的缠丝以及PE层护套能克服部分扭矩，斜拉索只有在张拉力较大时钢丝开始出现反扭。

409 索扭转力计算数据表　　表 3.10-7

钢丝分层	每层钢丝数量	每层钢丝理论角度（°）	每层钢丝理论受力（kN）	每层钢丝绕转半径（m）	每层钢丝产生的扭矩（kN·m）
1	1	0.000	22.3	0	0.000
2	6	0.250	133.9	0.007	0.004
3	12	0.500	267.9	0.014	0.033
4	18	0.751	401.8	0.021	0.111
5	24	1.001	535.6	0.028	0.262
6	30	1.251	669.6	0.035	0.512
7	36	1.501	803.6	0.042	0.885
8	42	1.251	937.5	0.049	1.404
9	48	2.001	1 071.4	0.056	2.096
10	54	2.251	1 205.3	0.063	2.984
11	60	2.501	1 339.3	0.070	4.092
12	66	2.750	1 473.2	0.077	5.346
13	12	3.000	267.9	0.084	1.178
合计	409	—	9 129.3	—	19.007

（2）斜拉索扭转防治措施

斜拉索加扭或者退扭对施工以及结构危害较大。规格较大的斜拉索若无防扭装置，一旦退扭，退扭圈数多，索长度以及钢丝应力变化较大，破坏性大。因此，索在生产以及施工过程中需采取相应的防治措施。

①斜拉索包装时，尽可能采用较大索盘卷装斜拉索，减少索绕盘产生的加扭应力。

②斜拉索在桥面展索、空中挂索阶段，尽量将索饶盘时产生的加扭应力释放。

③斜拉索牵引阶段，采用软硬结合牵引方式，尽量减少钢绞线受力，防止索反扭时导致钢绞线扭转。

④斜拉索硬牵引、张拉阶段限制索扭转。

图 3.10-26　斜拉索防扭转装置

斜拉索扭转时会带动张拉杆以及张拉杆螺母同时转动，千斤顶油缸与拉杆螺母之间的摩擦力太小，不能限制较大扭转力，需采用防扭转装置，见图3.10-26，图中采用张拉杆螺母与承压板之间的摩擦力克服索扭转，承压板将扭转力传递给千斤顶，以409索为例：

拉杆直径为170mm，张拉力N=9 129.3kN，摩擦力$f=N\mu$=9 129.3×0.04=365.72kN，摩擦力产生的扭力矩=365.62×0.085=31.04kN·m，大于19.283 4kN·m。

⑤从设计角度出发，将钢丝的直径由7mm缩至3mm左右，使钢丝更柔一些，或采用交互捻的结构形式，总之将钢丝扭转的内力减小或消灭，从根本上解决扭转问题。

3.11　斜拉桥施工监控技术

3.11.1　施工监测技术要求与控制标准

1）几何监测

包括主梁高程、轴线以及索塔偏位、基础沉降的监测。

主梁高程及基础沉降监测采用精密水准仪及因瓦水准尺，要求每千米往返测量误差不大于1mm。

轴线及索塔偏位采用全站仪，要求测距精度高于1mm+1×10^{-6}，测角精度高于0.5″。

2）结构应力监测

监测内容为进行索塔混凝土应力的监测及钢梁应力监测。

采用应变计进行应变测量，量程采用±(1 000~1 500)μm，要求综合精度高于±0.5%，年漂移量小于±0.5%，经温度补偿后温度漂移小于±1%/10℃。

3）温度场监测

监测内容为环境温度，索塔、主梁、拉索的温度场。

结构温度场监测采用温度传感器，要求测温精度高于±1℃；环境温度采用水银温度计或同等精度的大气温度传感器，要求测温精度高于±1℃。

4）索力监测

监测内容为斜拉索各阶段的索力。

采用振动式索力仪及整体式索力传感器；整体式索力仪量程为6 000kN，要求综合误差优于±2%；振动式索力仪要求采用频响为0.1~2Hz的产品。

3.11.2 施工监测测量误差要求

（1）几何监测

对于悬臂施工部分（悬臂长度为L）要求高程测量误差小于±（$2\text{mm}+15\times10^{-6}L$）。支架段高程测量误差应小于2mm。

对于悬臂施工部分（悬臂长度为L）主梁轴线测量误差不得大于±（$2\text{mm}+15\times10^{-6}L$）。支架段轴线测量误差应小于2mm。

索塔偏位测量误差不得大于±5mm，误差判定及取值方式同上。

基础沉降测量误差不得大于±2mm，误差判定及取值方式同上。

（2）结构应力监测

索塔混凝土监测结果每边平均应力与理论值对比偏差小于±15%，当理论应力水平小于10MPa时可按照±1.5MPa来进行控制。

钢箱梁一侧平均应力与理论值对比偏差应小于±10%，当理论应力水平小于60MPa时可按照±6MPa来进行控制。

（3）温度场监测

结构温度场监测误差小于±1℃，环境温度监测误差小于±1℃。通过测量仪器精度保证测量精度。

（4）索力监测

索力测量误差小于±2%。依靠测量仪器精度保证测试精度，并结合多次测量及与千斤顶读数的对照。

3.11.3 施工控制目标要求

（1）几何控制目标

匹配后梁段放样高程及轴线误差根据设计院要求及监控指令要求进行。

几何控制误差均指实测值与理论预测值间的差异。

①成桥阶段主梁上下游高程测点平均值误差应小于1/10 000L=73mm。

②相邻梁段间平均相对偏差（前梁段平均误差–后梁段平均误差）不大于20mm。

③上下游高程相对偏差不大于15mm。

④合龙时主梁轴线偏位不大于1/20 000L=37.5mm，0号段主梁轴线偏位不大于2mm。

⑤索塔顺桥向偏位误差不大于30mm，横向偏位误差不大于20mm。

（2）索力控制目标

索力控制误差指实测值与理论预测值间的差异。

①拉索上下游平均索力误差应小于±5%，对根部3对索可以放宽至±（8–索号）%。

②上下游拉索相对偏差不大于5%。

（3）应力监测目标

当索塔混凝土应力水平达到30%材料强度或超过误差范围时应提供预警。应力监测结果应在测试断面浇筑30d后开始提供。

主梁钢结构应力水平达到60%材料允许强度（Q345为126MPa）或超过误差范围时应提供预警。

应采取措施保证元件损坏率不得大于20%，超过该损坏率应进行修复。

（4）温度场监测目标

温度场监测无其他具体技术要求，监测内容仅用于施工控制分析，可不单独提供温度场监测报表。

3.11.4 斜拉桥全过程线形控制技术

1）钢箱梁制造线形控制技术

（1）制造线形与安装线形

悬臂施工的斜拉桥主梁结构（主要指由多个钢梁段拼接形成）在设计、制造和施工的不同阶段涉及到几种不同的线形概念。

①成桥线形是指桥梁修筑完成后所需达到的设计线形，也是目标线形。

②制造线形是主梁在制造过程中零应力状态下的线形。

③安装线形是主梁梁段在拼装过程中各新安装梁段自由端连接成的线形。安装线形与成桥设计线形间的关系为：

$$H_e=H_c-D \quad (3.11\text{-}1)$$

式中：H_e ——安装线形；

H_c ——成桥设计线形；

D ——梁段自安装时至成桥时的位移量。

悬臂施工斜拉桥主梁施工的关键任务之一就是选择合适的制造及安装线形，使得成桥时桥面最终达到设计成桥线形。

从本质上说，制造线形是无应力状态线形，而悬臂施工过程中已成梁段处于受力状态，待安装梁段则基本处于无应力状态，这是安装线形与制造线形不一致的根本原因。

（2）主梁理论制造线形

主梁制造线形是指钢箱梁段在拼装场地无应力状态下的线形。制造线形的主要表现形式为制造高程、相邻梁段间角度或者梁段间接缝宽度。

制造高程是一个相对概念，制造高程差表示各梁段断面上相同位置处的高程差。

制造线形不包括钢箱梁在制造过程中由于焊缝收缩、温度变化（指相对基准温度20℃）对线形和尺寸的影响。对以上因素的影响，制造时应根据具体情况进行适当修正。

相邻梁段间角度或接缝宽度均以开口方向向下为正，以开口方向向上为负，如图3.11–1所示。

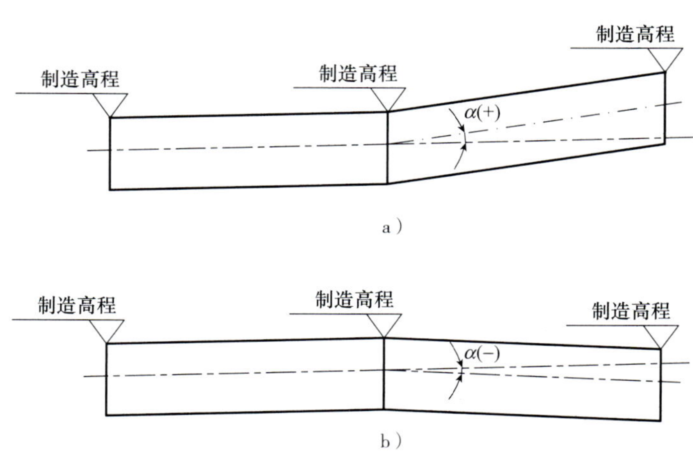

图 3.11–1 主梁制造线形几何要素示意图

a）制造线形梁段间正角度；b）制造线形梁段间负角度

制造高程仅表示梁段制造时的相对位置，本工程制造高程数据是以TA梁段的岸侧端部位置为高程零点得到的，如图3.11-2所示。

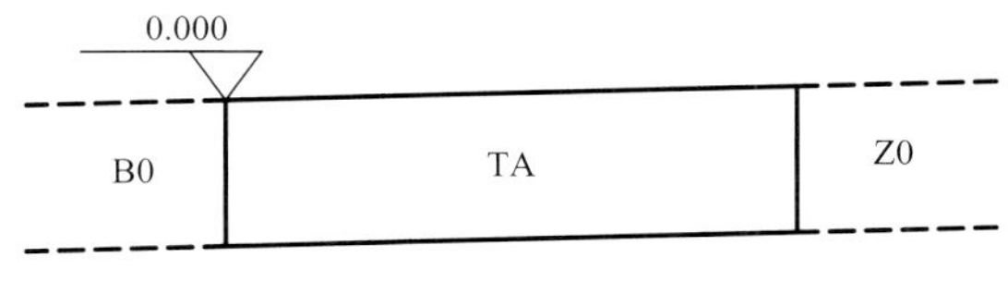

图 3.11-2　制造高程零点示意图

（3）钢箱梁梁段制造几何要素

根据主梁制造线形确定的各梁段间角度、成桥各梁段的轴向压缩量、由于桥面纵坡而对梁长的修正，以及各梁段截面重心位置，便可确定各梁段顶面、底面长度和端面的倾角。

制造线形计算确定的梁段制造长度修正值原则上应在梁段内均匀分布，考虑到长度修正量较小，在不影响结构特性及简化制作工艺的原则上可将长度修正量集中放置于梁段一端，即边跨梁段在岸侧，中跨梁段在江侧，TA梁段在两端，如图3.11-3所示。由梁段间角度确定的切口作相同设置。

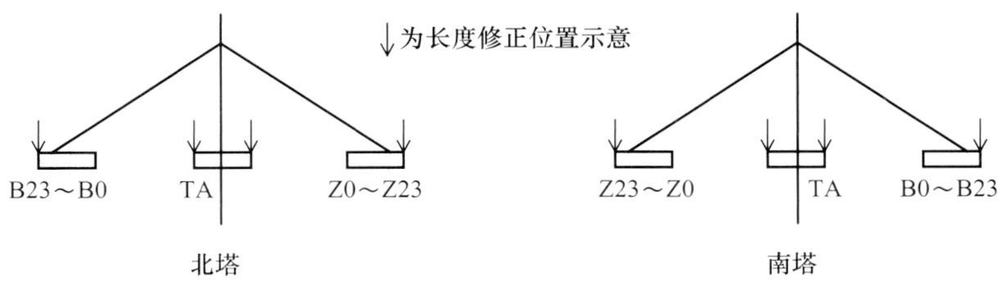

图 3.11-3　梁段长度修正（切口）位置示意图

图3.11-4所示为主梁梁段制造各几何要素示意图。图中L_c表示截面重心位置处的梁长，这也是有限元模型中空间梁单元所在的位置，H_c表示截面形心距梁底的高度；L_t表示梁顶面长度，L_b表示梁底面长度。α_0表示梁段施工图纸上端面与底板间的夹角，α_1表示考虑主梁无应力线形后梁段端面与底板间的夹角。

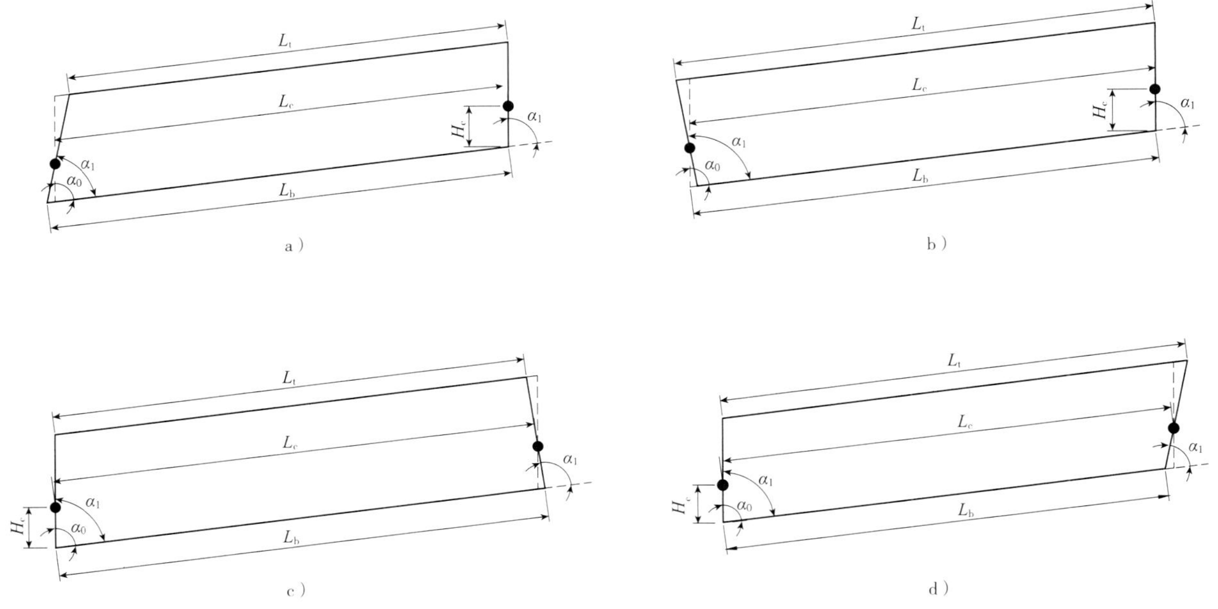

图 3.11-4　梁段制造几何要素示意图

本报告的制造线形是在基准温度 20℃的条件下计算的。梁段制作中，若环境温度与现阶段取值不同，则必须对温度影响进行适当修正。

表3.11–1所示即为主梁B21~B23梁段（示例）制造的几何要素，包括梁段成桥后压缩量、由于桥面纵坡对梁长的倾斜修正量、形心位置处梁长L_c、梁段顶底面的长度L_t和L_b以及梁段两端面与底板间角度α_0和α_1。各梁段示意下的左侧α表示梁段岸侧端面值，右侧α表示梁段江侧端面值。表3.11–2为确定断面形心位置的H_c值。

主梁制造几何要素　　表 3.11–1

梁段示意	B23		B22		B21	
倾斜修正（mm）	3.0		3.2		4.6	
压缩量（mm）	0.2		0.6		1.3	
L_c（mm）	9 628.3		10 203.8		14 655.7	
L_t（mm）	9 630.0		10 204.9		14 656.0	
L_b（mm）	9 626.8		10 202.5		14 655.6	
α_0（℃）	88.567 78		88.567 78		88.567 78	
α_1（℃）	88.613 87	88.567 78	88.602 00	88.567 78	88.572 05	88.567 78

表3.11–2中为北塔侧半桥梁段数据，南塔侧半桥梁段与其对称。

梁段断面形心与梁底距离　　表 3.11–2

梁段示意	B23	B22	B21	B20	B19
H_c（mm）	1 778	2 137	2 167	2 158	2 158

表3.11–2所示为梁段B23~B19（示意）断面形心位置H_c值，该距离是指断面重心与箱梁底板底面间距离。

2）斜拉索制作长度与施工索力控制技术

斜拉索几何控制要素的内容之一就是无应力索长的计算。按照斜拉索无应力控制原理，斜拉索的张拉过程就是无应力索长的改变过程，因此索二张后，若没有进行索力调整，则二张后直至成桥阶段的无应力索长不变。

斜拉索在自重作用下的线形为悬链线，若已知索锚点的空间位置、索力、索截面积及单位长度质量，则可求得此悬链线长度；根据斜拉索的拉力所引起的弹性应变沿索长积分可求得索的弹性伸长；两者之差即为斜拉索无应力状态的长度。

此处所列有关索长的各要素的含义如图3.11–5所示。图中L_0表示索锚点间长度，即锚垫板外表面中心点间的长度，此长度可根据悬链线长度求得；B为该索采用的锚具锚杯尺寸，此处按施工图设计图纸BC202B–06–101~103取值，h为螺母厚度。如图3.11–5所示，二张后锚固端、张拉端螺母在锚杯上的位置初步按图中取值。L为L_0加上图示相应各量（$\Delta L=B+h$）后的总无应力索长。锚具构造尺寸如表3.11–3所示。

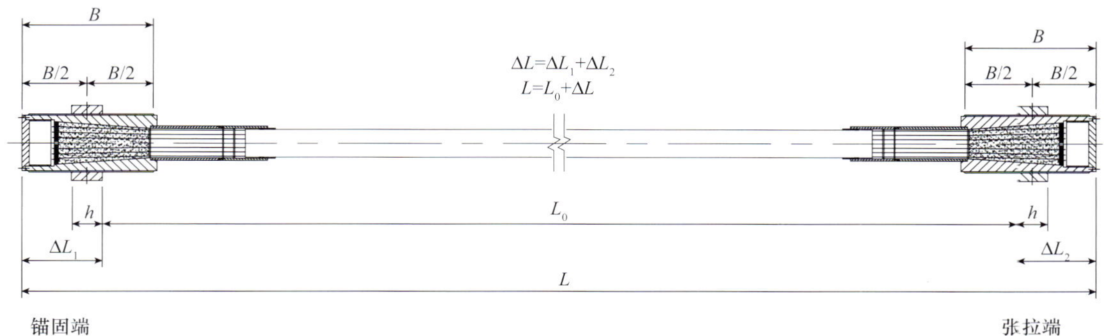

图 3.11-5　斜拉索索长几何要素示意图

锚具构造尺寸表　　　表 3.11-3

锚具规格	B（mm）	h（mm）	采用该锚具的斜拉索	
			岸侧	汇侧
PES（C）7-151	480	135	B1	Z1
PES（C）7-163	510	135	B2	Z2
PES（C）7-187	520	155	B4、B3	Z3、Z4、Z5
PES（C）7-211	555	180	B6、B5、B0	Z6、Z7、Z0
PES（C）7-223	575	180	B7	Z8
PES（C）7-241	585	180	B11、B10、B9、B8	Z9、Z10
PES（C）7-253	595	180	B13、B12	Z11
PES（C）7-283	635	200	B14	Z12、Z13、Z14
PES（C）7-313	655	200	B15	Z15、Z16
PES（C）7-337	695	220	B18、B17、B16	Z17、Z18
PES（C）7-349	710	220	B20、B19	Z19、Z20
PES（C）7-379	725	220	B21	Z21
PES（C）7-409	755	245	B23、B22	Z22、Z23

与主梁类似，此处的无应力索长也是在前述的各计算条件取值下的结果（表3.11-4），若实际情况变化，则必须考虑适当修正。

斜拉索成桥无应力索长及总长（仅示例 B23~B21）　　　表 3.11-4

索　　号	锚点间无应力索长 L_0（m）	长度修正 ΔL（m）	总长 L（m）
B23	376.498	1.000	377.498
B22	365.463	1.000	366.563
B21	355.666	0.945	356.711

3）钢箱梁节段悬拼匹配及轴线控制技术

大跨度钢箱梁斜拉桥的主梁一般均采用工厂制造、工地悬拼的施工技术。梁段在工厂按施工图制造后，将若干梁段在总拼胎架上按制造线形的要求完成组拼、配切，运输至桥位后，由桥面吊机起吊至桥面位置并进行粗匹配，在合适的温度、风力条件下进行精匹配，最后完成焊接工作。

上海长江大桥斜拉桥的钢箱梁宽度达51.5m，是目前国内最宽的钢箱梁（图3.11–6）。宽箱梁在吊装时由于变形大，匹配及轴线控制难度大。本专题结合上海长江大桥的钢箱梁悬拼施工，研究了梁段匹配及轴线控制的技术。

（1）粗匹配流程

①梁段悬空角度调整，被吊梁段远端高程比指令值预抬高30~70mm。

②根据测量提供的轴线情况，确定是否修正止推板间隙。

③对平止推板位置，通过拉杆箱将止推板顶紧，在止推板附近焊接马板。

④码齐新旧梁段的边腹板顶部，用螺栓锁定边腹板附近顶板角匹配件。

⑤码平中腹板附近梁顶面高程，螺栓锁定中腹板附近匹配件。

图 3.11–6　钢箱梁悬臂拼装照片

（2）精匹配流程

①对悬臂端前3个梁段（含被吊梁段）高程、新旧梁段间焊缝宽度进行测量。

②监控单位根据初步指令及测量情况发布被吊梁段放样实施指令。

③调整高程到指令位置，并满足指令规定的误差要求。

④检查焊缝宽度。

⑤复测高程。

⑥钢箱梁马焊。

（3）预拼

钢箱梁梁段在预拼完成后应对高程控制点进行测量，主要测量内容为控制点到梁底的距离，而且预拼控制点与悬拼控制点应为同一点。这种做法最主要的目的是能够在桥位还原预拼现场的预拼参数。图3.11–7为一个简单的示例，在这个例子里面假定制造线形水平而且拼装线形也是水平的。

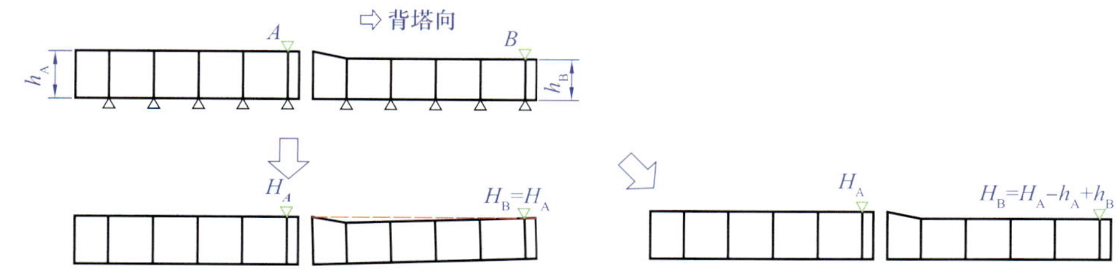

图 3.11–7　预拼与悬拼

首先需要明确的一点是悬拼和预拼放样最大的差异来源于高程定位基准不同，预拼定位基准位于胎架（梁底），而悬拼定位基准位于梁顶。

由于制造误差A梁段高度h_A与B梁段高度h_B会出现差异（以我们的经验，这个差异甚至可能达到2cm），而在预拼的时候可以通过调整面板来强行完成接缝处高度匹配，其预拼情况如图3.11–7所示。

（4）匹配

新旧梁段匹配的目的是使新旧梁段接缝在悬拼时恢复到工厂预拼的状态，匹配一般需要借助预拼时安装的匹配件及悬拼时安装的码板等构件。梁段拼装匹配件布置如图3.11–8所示。

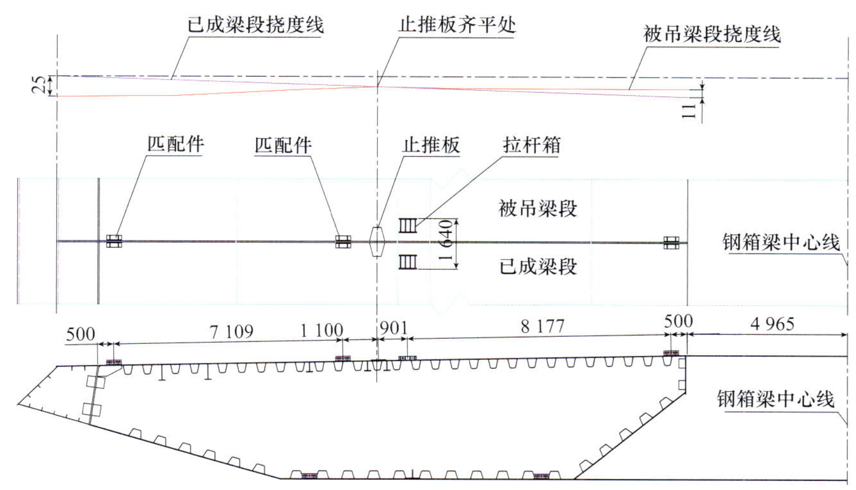

图 3.11–8　梁段拼装匹配件布置图（图中未示出底板匹配件及码板）（尺寸单位：mm）

匹配件一般分为拉杆箱、止推板与L形匹配件三种，拉杆箱与止推板的作用是匹配顺桥向位置，L形匹配件是匹配水平及高度方向位置。

事实上由于起吊时候吊机作用梁段会出现较大的横向附加挠度（3~5cm），一般而言被吊梁段整个横向变形较小（整个断面 ± 1~2mm），因此，在现场拼装时被吊梁段与吊机作用梁段在接缝处存在较大的错台现象，吊机作用梁段高程基准设置在锚腹板的位置是确保桥位拼装与工厂预拼保持一致的做法，因此，在锚腹板位置设置L形匹配件是正确的做法。

若L形匹配件设置距离锚腹板太远将面临新旧梁段在起吊阶段横向错台的情况，以本桥的情况为例，若将角形匹配件设置在止推板附近，起吊时旧梁段接口下挠，新梁段近塔端被动下放至旧梁段位置与其匹配，这样事实上是降低了新梁段向塔端的拼装高程，如图3.11–9左下所示。

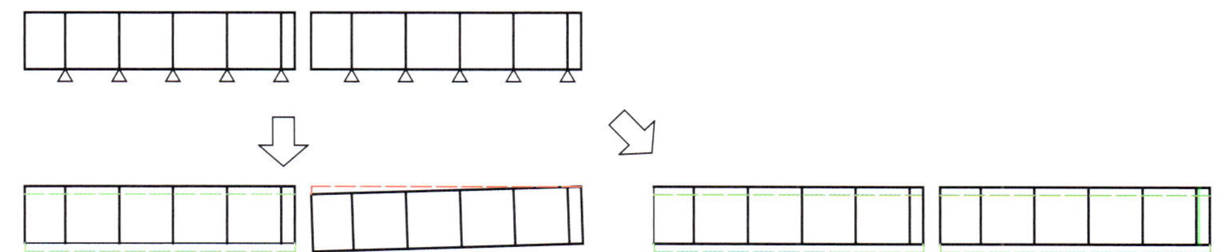

图 3.11–9　角型匹配件位置的选择（实线为锚腹板位置，虚线为止推板位置）

图 3.11–10 为锚腹板附近 L 形匹配件的图片。

（5）轴线控制

首先需要明确的是桥位拼装采用的轴线并非钢箱梁真实的轴线，而是在预制拼装是确定的一个“标记轴线”。应该说这个标记轴线可能与每个梁段的梁段轴线存在偏差（图3.11–11），但在桥位拼装是仍然应该以标记轴线为准。

若我们坚持以所谓的梁段轴线为准则向塔端匹配处由于匹配件的原因将匹配至预拼位置，而背塔自由端此时选择梁段轴线定位的话将导致出现拼装偏差如图3.11–12所示。因此，在悬臂拼装时仍应该按照预制拼装时标记轴线的阳冲标记进行定位。

图 3.11-10　L 形匹配件图片

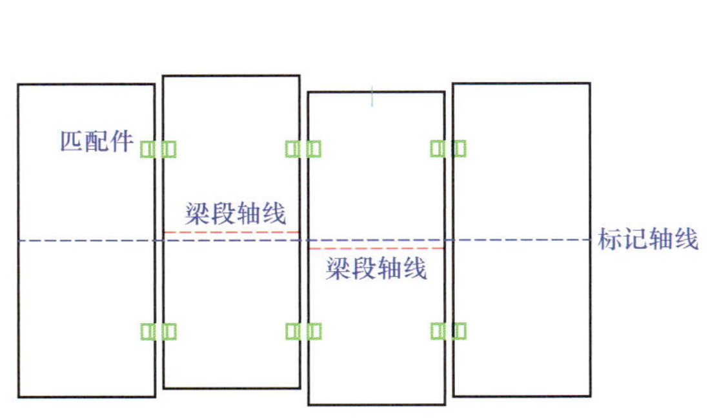

图 3.11-11　预制拼装时轴线的标记

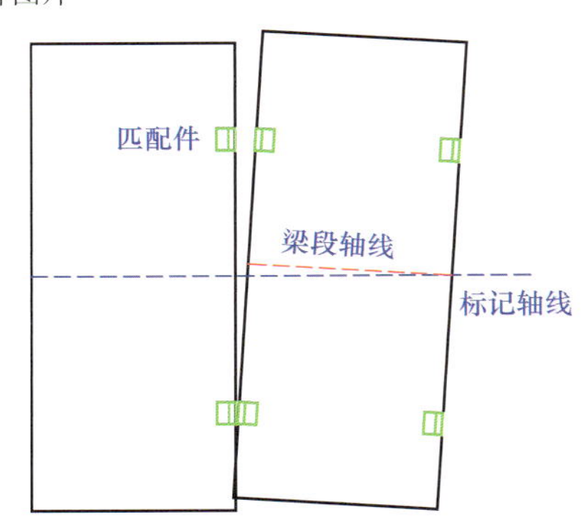

图 3.11-12　悬臂拼装时轴线的匹配与拼装

4）钢箱梁节段拼装接口错台控制技术与方法

如前所述，由于起吊时候吊机作用梁段会出现较大的横向附加挠度（桥梁中心线处3~5cm），被吊梁段整个横向变形较小（整个断面 ± 1~2mm），因此，在现场拼装时被吊梁段与已成梁段在接缝处存在较大的错台现象。通过有限元仿真分析，得出梁段间错台的大小，以及处理错台问题的对策，起到指导施工和准确控制主梁线形的目的。

（1）被吊梁段变形分析

我们首先对被吊梁段进行分析，得出起吊时接口断面顶板、底板、腹板的变形值。

根据设计院要求，为使桥面吊机前后支点加劲避开主梁加劲肋J11，现桥面吊机的中心距离调整为27.364m。标准主梁梁段吊装时桥面吊机的支点和吊点布置见图3.11-13。

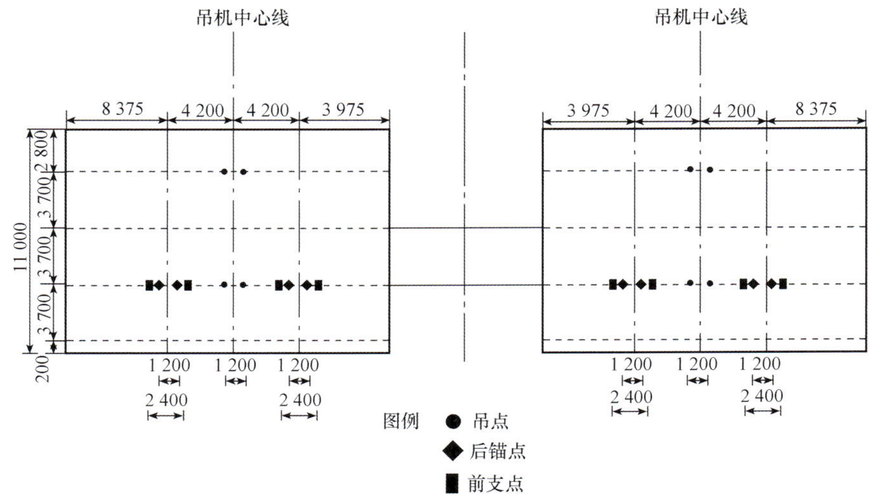

图 3.11-13　标准梁段桥面吊机支点布置平面图（尺寸单位：mm）

标准主梁起吊时的吊装计算的有限元模型如图3.11-14所示。

标准梁段吊装时接口断面的变形如图3.11-15所示。由图可见，起吊梁段的最大下挠4mm，位置靠近风嘴处。

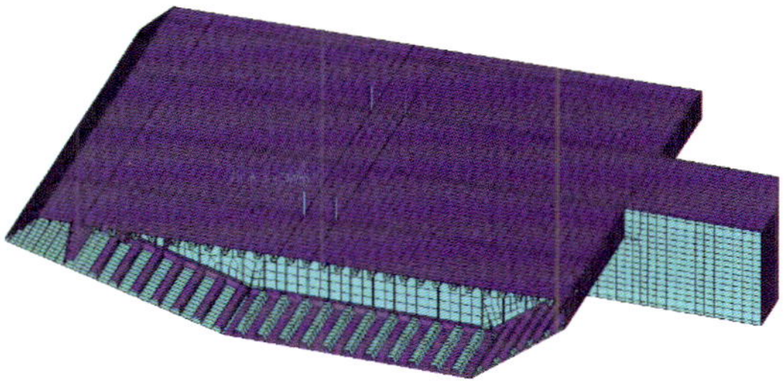

（2）已成梁段变形分析

图 3.11-14　标准梁段计算的几何模型示意图（半幅桥）

已成主梁的变形分析主要得出桥面吊机支承点荷载作用下接口断面主梁顶板、底板、腹板的变形值。

桥面吊机自重（75t/台）作用下前支点反力97t（压），后支点反力22t（拉）；起吊标准梁段（重约353t）时单台吊机的前支点反力为430t（压），后支点反力171t（拉）。

考虑到主梁横桥向的对称性，计算时选取了半桥模型；模型在顺桥向包括四个梁段，如图3.11-16所示。

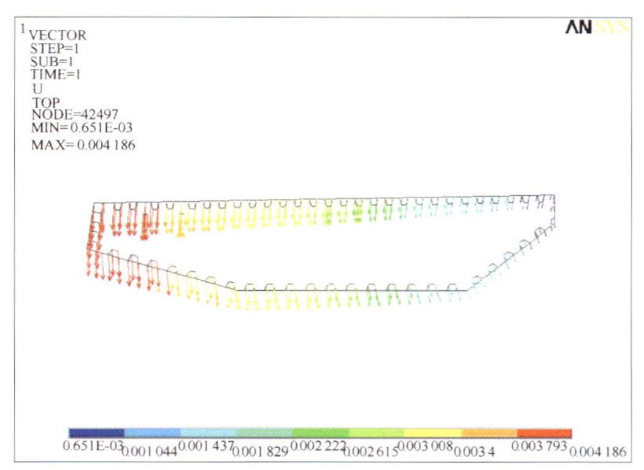

图 3.11-15　被吊装梁段的接口断面变形向量示意图（尺寸单位：m）

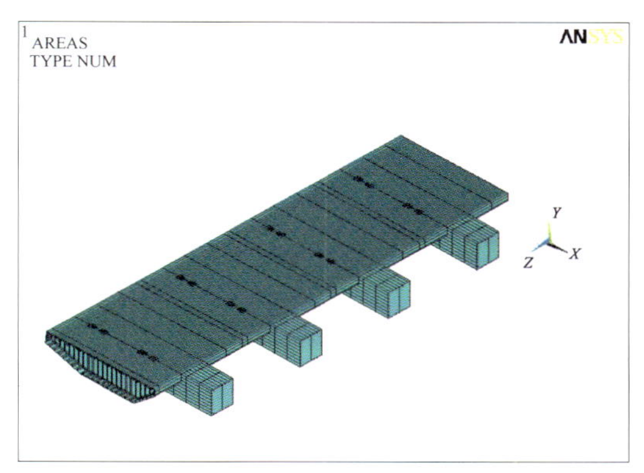

图 3.11-16　已成梁段计算的几何模型示意图

已成梁段的梁端、将与当前吊装梁段连接的接口断面的变形如图3.11-17所示。由图可见，单个箱梁的接口断面靠内侧的竖向变形最大，约为52mm。

（3）节段匹配措施

通过以上分析可知，已成梁段和被吊梁段接口断面处的错台如图3.11-18所示。

为保证梁段间连接时接口断面的变形线形一致，可通过“大码”在接口断面两侧梁段加力实现，大码在已成梁段及吊装梁段上的作用力方向如图3.11-19所示。

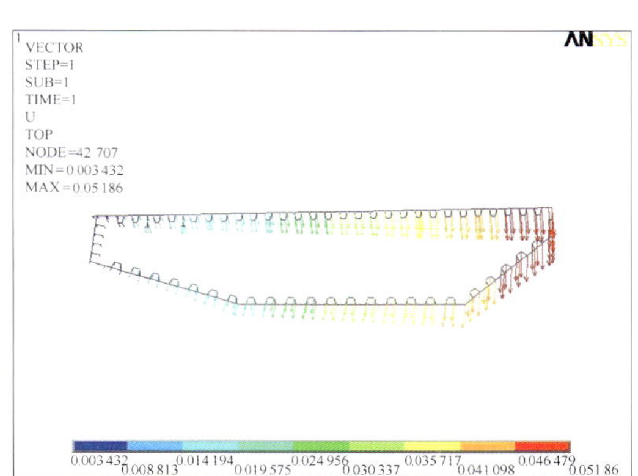

图 3.11-17　已成梁段的接口断面变形向量示意图（尺寸单位：m）

在上述码作用后已成梁段和吊装梁段的接口断面变形分别如图3.11-20和图3.11-21所示。由图可见，已成梁段接口断面左右侧竖向变形差约27mm，而被吊装梁段接口断面左右侧竖向变形差约27~28mm，且两者的变形规律均为直线变化，因此只要被吊梁段产生适当的刚体平移，接口两侧主梁断面将吻合良好。

在实际施工时，考虑到操作方便，一般在接口腹板处焊L形钢板，利用千斤顶施加一对反力，再辅以码板和L形匹配件进行错台调整，可以达到同样的效果。

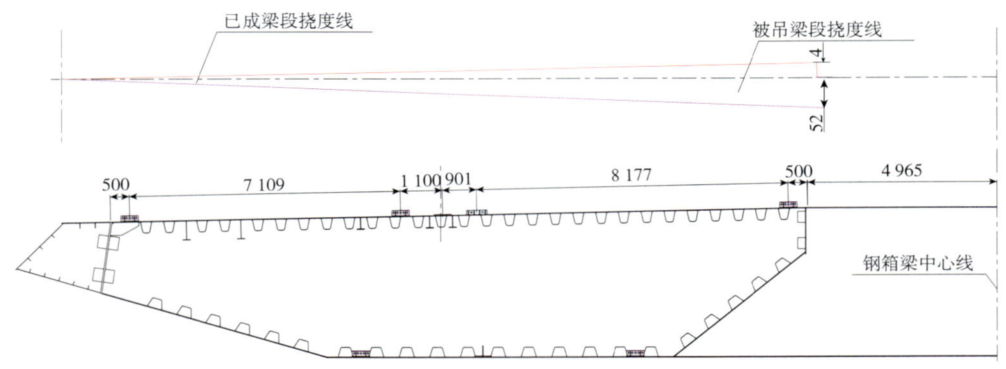

图 3.11-18　已成梁段和被吊梁段接口断面变形差（尺寸单位：mm）

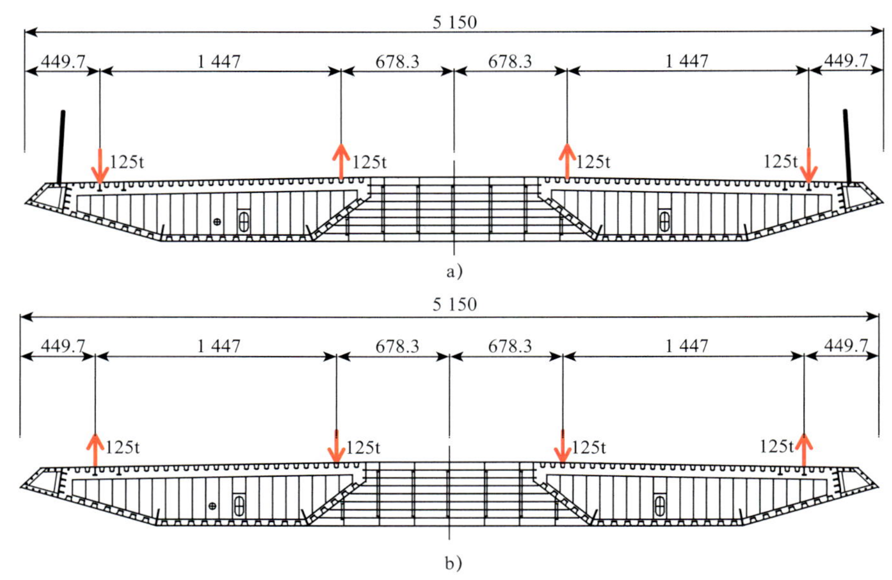

图 3.11-19　大码作用位置示意图

a）已成梁段；b）当前吊装梁段

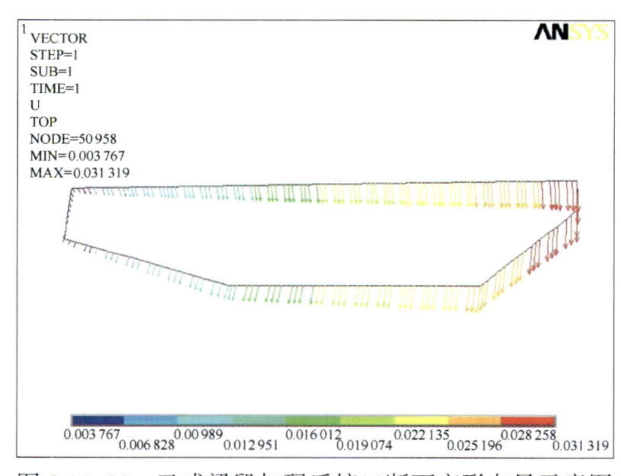

图 3.11-20　已成梁段加码后接口断面变形向量示意图（尺寸单位：m）

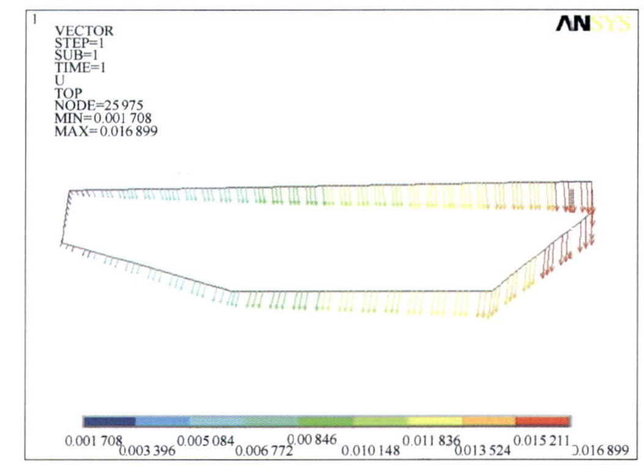

图 3.11-21　被吊装梁段加码后接口断面变形向量示意图（尺寸单位：m）.

5）关键参数梁重的精确量测系统开发与应用

在大跨度桥梁施工中，主梁的吊装和精确定位匹配，是整个桥梁建设中比较关键的步骤之一，在施工控制中，需要根据主梁的质量和预定的施工工序，建立对应的数学计算模型，然后根据计算结果和施工过程中的实测数据，对主梁的定位匹配参数进行调整，以达到施工控制的目标。

但是，由于预制梁理论计算和实际生产过程存在一定的偏差，所以，预制梁的实际质量和理论质量总是存在一定的偏差，在实际使用中，由于主梁的实际质量并不知道，所以数据计算模型中一般使用理论质量进行计算，其结果是这种偏差直接影响了计算结果并对最终的施工控制精度产生明显的影响。根据同类桥梁监控经验，若所有梁段梁重增加1%，主梁线形误差可以达到10~20cm。如果可以通过一种比较简单的方式，在主梁吊装过程中，能够动态的得出满足一定精度当前主梁的实际质量信息，无疑能够对施工控制工作提供很大的帮助。

为了解决主梁称重的问题，经过施工人员和科研人员的不懈努力，在上海长江大桥施工监控中，设计和实施了一套完整、高效、实用、精确的主梁动态称重系统。该系统采用穿心式锚索计作为称重系统的传感器，采用智能网络调理器对传感器数据进行采集和归一化处理，根据施工现场情况，采用无线网络对数据进行传输，最后通过模块化的软件设计，实现数据的采集、存储、分析、显示等功能，不仅为施工监控提供了准确可靠的主梁实际质量的信息，也通过数据的实时监测，发现了主梁在吊装和匹配过程中，吊机各种操作对施工过程产生的影响，为主梁吊装和主梁匹配工作的改进，提供了可贵的基础数据。下面将对主梁动态称重系统的方案设计和施工过程中的实际情况做一个简单的分析。

（1）系统设计方案

①总体思路

在大跨度桥梁施工中，在主梁生产加工完成到安装定位完毕的过程中，很多环节都可以实现主梁质量的测试工作，本系统中选择主梁吊装和定位的过程中，对主梁质量进行测试，系统总体的方案是在吊机上加装高精度的传感器，实现信息的采集，通过智能网络调理器对传感器信号进行转换和处理，通过无线网络将信号发送到上次处理计算机，再通过计算分析，得出主梁的实际质量并能够实施监控整个吊装过程。

该方案能对梁吊装过程中的质量以及匹配过程中吊机调整产生的影响进行实时监测。

②系统设计原则

本方案设计中遵循的主要原则是：

a.可靠性原则

系统传感器采用穿心式索力传感器，该传感器在多座大桥健康监测系统、施工控制以及实验系统中使用，具有较高的精度，智能调理器使用高性能网络调理器，采样速度快、精度高、运行稳定可靠，网络采用无线以太网，以太网数据传输速度快、稳定可靠。

b.先进性原则

系统采用先进的传感器技术以及高精度、高频率的数据采集技术，智能网络调理器使用工业以太网供电的方式，并使用无线网络进行数据传输，在桥梁施工监控领域，具有较高的先进性。

c.可操作性和易维护性原则

系统软件硬件的开发、安装和使用都遵循易用性、可维护性的原则，传感器采用穿心式压力传感器，可以较为简单的安装在桥面吊机上，智能网络调理器的工业以太网供电方式，大大简化了系统布线以及供电安装的复杂度，同时提高了系统的可维护性。

d.完整性和开放性原则

系统从最为底层的传感器开始，到数模转换，数据采集，用户界面、数据展示与数据分析，软件硬件配合，形成了一整套主梁动态称重系统，系统采用统一的智能网络调理器能够对多种类型的数据进行采集，系统网络部分预留了可扩充的网络借口，可以随意增加其他需要关注的数据，数据传输采用通用的UDP协议进行传输，可以和其他系统无缝的结合在一起，具有很强的开放性。

③传感器

在整个主梁动态称重系统中，传感器起到决定系统成败的关键作用，传感器必须满足一定的精度要求，这样测试出来的数据，才能对施工控制起到指导作用，还要便于安装，并且不会对整个的吊装产生影响，同时还要能够满足一定的采样频率和采样同步性，这样才能在主梁多点起吊的情况下，准确的称出主梁的实际质量。

在本系统中，根据主梁的吨位情况和现场吊机的吊装情况，悬臂吊装主梁的最大质量不超过400t，即每根吊索的拉力不超过200t，因此压力传感器的额定荷载按照200t来设计，破坏荷载为额定荷载的250%，即500t。传感器安装在桥面吊机的吊索锚固处，传感器安装位置及传感器外形如图3.11-22所示。

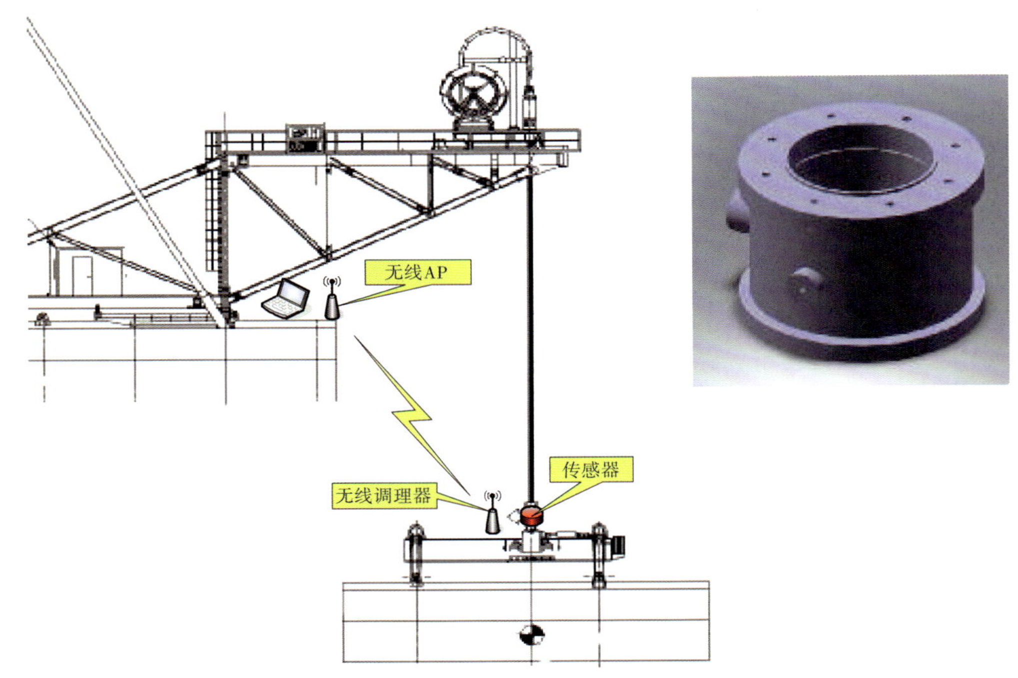

图 3.11-22　传感器安装位置及传感器外形图

该传感器主要性能参数指标如表3.11-5所示。

穿心式压力传感器性能指标　　表 3.11-5

型　号	JF01-200T-280-230		
指标	符号	单位	限值
额定荷载	F_{nom}	kN	2 000
总质量	—	kg	28
精度等级	—	—	0.5%
量程误差（$0.2F_{nom}-F_{nom}$）	—	—	—
安装位置不变时	b_{rg}	%	0.1
安装位置改变时	b_{brv}	%	0.3
重复性误差（$0.2F_{nom}-F_{nom}$）	u	%	0.15
线形度误差	d_{lin}	%	0.15
温度对灵敏度影响（10℃）	TK_c	%	0.25（数字补偿后 0.05%）
温度对零点输出影响（10℃）	TK_0	%	0.2
偏心影响（5mm）	dE	%	0.2

续上表

型　　号	JF01-200T-280-230		
指标	符号	单位	限值
蠕变（30min）	d_{cr}	%	0.1
零点漂移（1年）	d_{y}	%	0.2
参考寿命	L_{i}	年	15
标称温度范围	$B_{t,\ nom}$	℃	-10~40
工作温度范围	$B_{t,\ G}$	℃	-10~40
储藏温度	$B_{t,\ S}$	℃	-30~70
最大工作荷载	F_{G}	%	120
极限安全过载	F_{L}	%	150
破坏荷载	F_{B}	%	250
允许应力振幅	F_{rb}	%	70
弹性体材质	—	—	40CrNiMoA
防护等级	—	—	IP67

④无线网络架构和系统供电

无线网络，就是利用无线电波作为信息传输的媒介构成的无线局域网（WLAN），与有线网络的用途十分类似，最大的不同在于传输媒介的不同，利用无线电技术取代网线，常见的无线网络标准有IEEE802.11a、IEEE802.11b和IEEE802.11g三种：IEEE802.11g使用2.4GHz频段，传输速度54Mbps，可向下兼容802.11b，能够实现短距离的信息传输而无需布设通信线缆，大大简化了系统安装的复杂度。

普通的无线网络收发设备有效距离为100m，实际使用中，在50m的范围内，能达到很好的使用效果，但是在多数工程项目中，吊装作业通常在主梁施工的两个悬臂端同时施工，同时吊装，该距离一般为大桥的主跨长度，大大超过网络收发设备的有效范围，为了简化系统采集方案并实现数据的统一采集和实时对比分析，通常需要将距离较远的两个悬臂端的传感器信号连接到同一个网络进行数据采集，为了解决这个问题，在系统中每个无线连接点，加装了功率为1.2db的大功率天线，可以实现长达1 200m的远距离无线数据传输，能够满足目前多数桥梁施工过程中的数据传输要求。

图3.11-23是典型的无线网络架构图，一个完整的动态称重采集系统，包括一个或者多个数据采集站（图中示意为两个），数据采集站大功率天线和中继站进行通信，上层数据采集和控制系统则就近和中继站进行通信，实现数据的采集和传输。

在施工现场，通常智能网络调理器和无线采集站只能安装在传感器旁边，在吊装的过程中，传感器会随着吊索锚具悬在半空中，不便采用有线供电的方式进行供电，所以，在该系统中采用蓄电池供电的方式来实现系统供电。

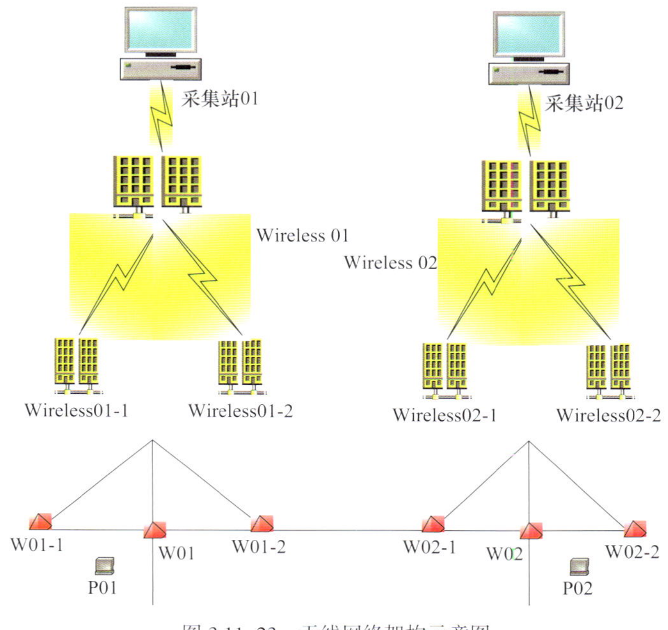

图 3.11-23　无线网络架构示意图

（2）系统应用分析

上海长江大桥主桥为主跨730m的钢箱梁斜拉桥，主梁施工除0号块（B1~Z1）、辅助墩顶梁段（B16、B17）和过渡墩顶梁段（B23）采用浮吊吊装外，其余梁段均采用桥面吊机进行悬臂拼装，南塔和北塔两端四个悬臂端，共八台桥面吊机。整个施工过程中，最远两个悬臂端的距离不到700m，满足远距离无线数据传输的传送范围。本系统拟对桥面吊机吊装的梁段进行动态精确称重（图3.11-24）。

图 3.11-24　称重系统现场安装照片

①应用系统概要

通过对上海长江大桥实际情况的分析，系统在南塔和北塔，分别布设一套动态称重系统，每套系统的配置如表3.11-6所示。

系统配置表　　表 3.11-6

名　称	规　格	数量	单位	备　注
机柜	400 × 350 × 250	3	个	采集站和中继站
无线路由器	华硕 520GC	3	套	采集站和中继站
大功率天线	1.2db	3	套	采集站和中继站
调理器	桥路	4	套	每台吊机一个
蓄电池	24V10A	2	套	采集站
工业以太网供电器	合众 JUBI-NET-P08	2	套	采集站
穿心式压力传感器	200t	4	个	每台吊机一个
线缆	RJ45	100	m	连接用
电源线	电源线	50	m	系统充电用
采集计算机	带无线网卡的笔记本电脑	1	套	南北塔共用
数据采集和分析软件	WeightCalc2008	1	套	南北塔共用

其中，采集计算机和数据采集和分析软件为南北塔共用。

②系统软件界面概述

系统软件界面主要包括菜单栏、工具条、称重系统示意图和实测数据显示，实测数据显示划分为6个区域，分别用来显示两个悬臂端的四个桥面吊机单独的数据以及每个悬臂端两台吊机数据的和，共6条曲线，单独的数据反应了当前每个吊机承受的质量，两个数据之和反映的是整个梁段加上吊具的总质量，系统运行过程主界面如图3.11-25。

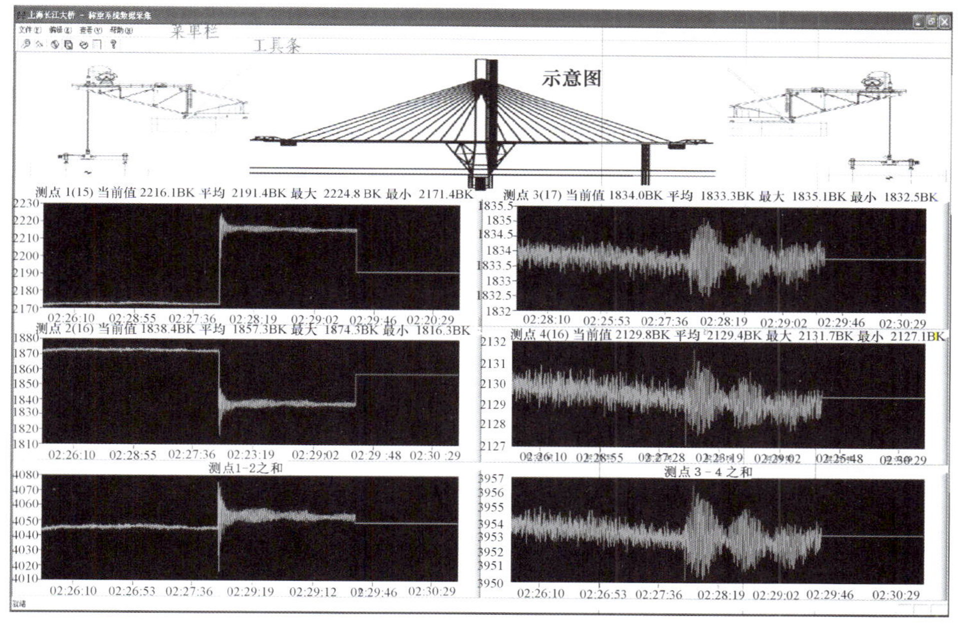

图 3.11-25　称重系统软件界面

3.11.5　斜拉桥施工监控系统的现场应用

1）施工过程主梁应力监测

施工过程中结构的应力监测及预警是保证安全的一项重要措施。

图3.11-26和图3.11-27所示为半桥主梁的应力测试断面及主梁断面上应力测点布置示意。

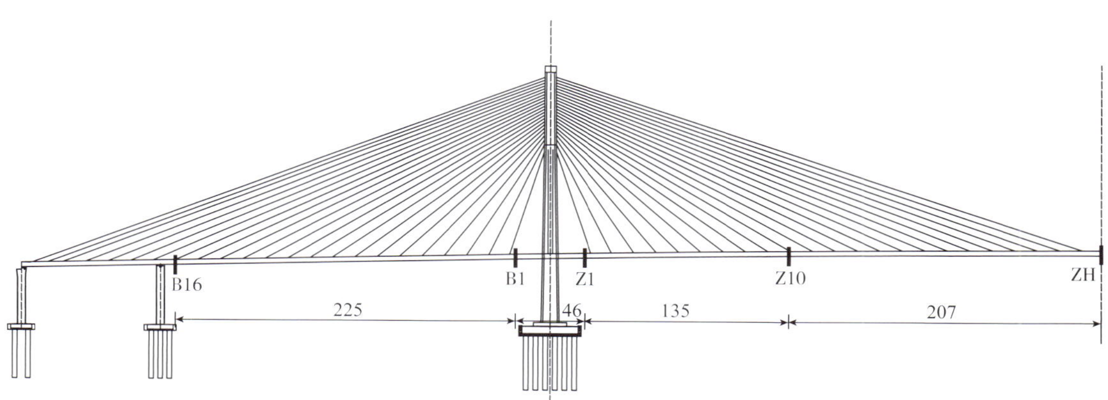

图 3.11-26　主梁应力测试断面图

图 3.11-27　主梁断面应力测点布置示意图

图3.11-28、图3.11-29所示为12号梁段~20号梁段施工过程中匹配阶段B1、Z1和Z10断面上下缘应力的理论值与实测值。

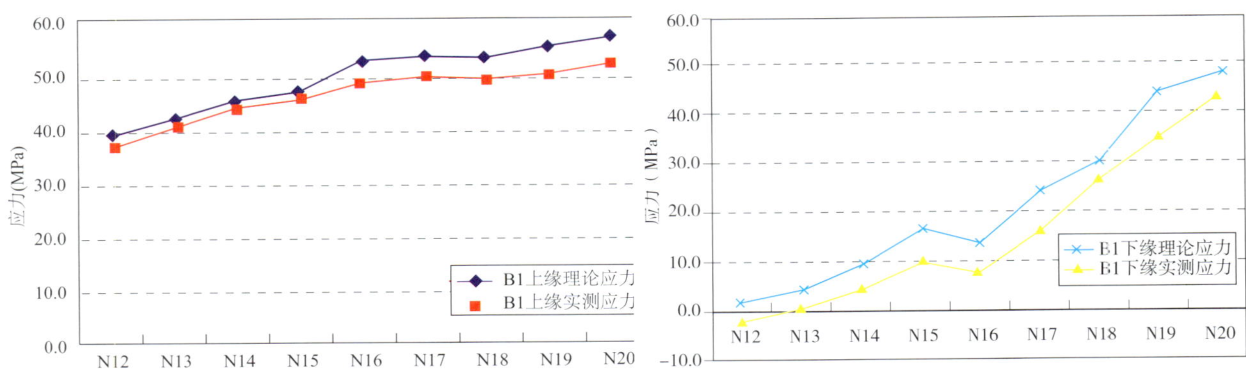

图 3.11-28　12 号 ~20 号梁段匹配时 B1 断面上下缘平均应力

由上述应力测点的理论值和实测值的对比可见，理论值与实测值吻合的较好，且各测点处的应力值均在应力安全范围内。

2）主梁精确称重系统的应用

系统在梁段吊装的过程中，对吊装全程进行了监测，吊机平稳吊装梁段过程系统实测界面如图3.11-30所示。

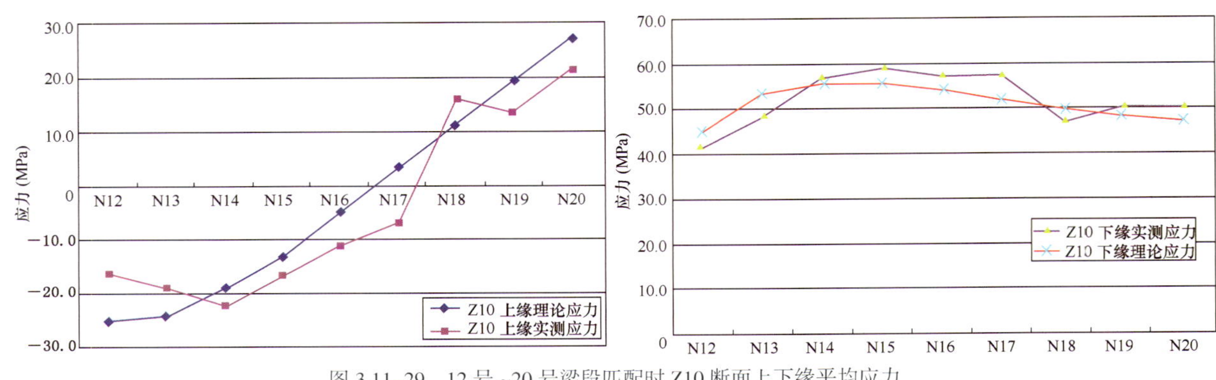

图 3.11-29　12 号 ~20 号梁段匹配时 Z10 断面上下缘平均应力

由图3.11-30可见，起吊过程大致可以划分为三个阶段：主梁未脱离运梁船阶段，此时吊索力随时间均匀增加；主梁将要脱离运梁船时，此时吊索力发生阶梯形状的突变；主梁已脱离运梁船，平稳上升阶段，此时吊索力的平均值基本保持不变，所以取这时的吊索力的平均值作为主梁的质量。

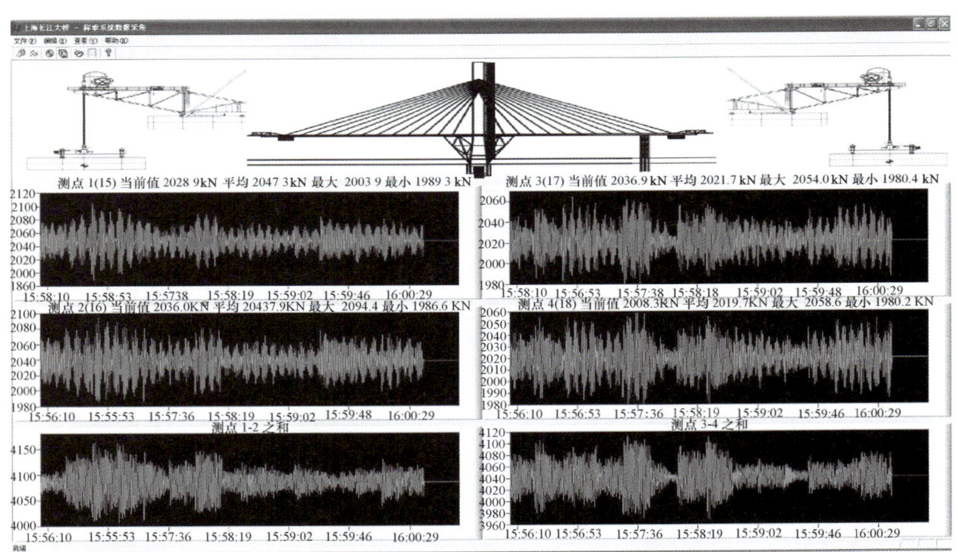

图 3.11-30　梁段平稳吊装过程系统实测界面

在平稳上升阶段，主梁可能会发生摆动，通过研究，由于摆动幅度不大，其加速度的竖向分量很小，对吊索索力的影响可以忽略不计。并且由于吊机并非匀速提升，就存在一个竖向加速度，使得索力曲线在平均值附近震荡，振幅约 2%，但是平均值基本不会发生变化，所以对主梁的质量没有影响。

本系统还对梁段匹配整个过程中吊索的拉力进行了监测，在梁段进行高程调整时吊机进行动作的过程，可以清晰的反映在实测曲线上，典型的吊机动作中系统实时显示数据的屏幕截图如图 3.11–31 所示。

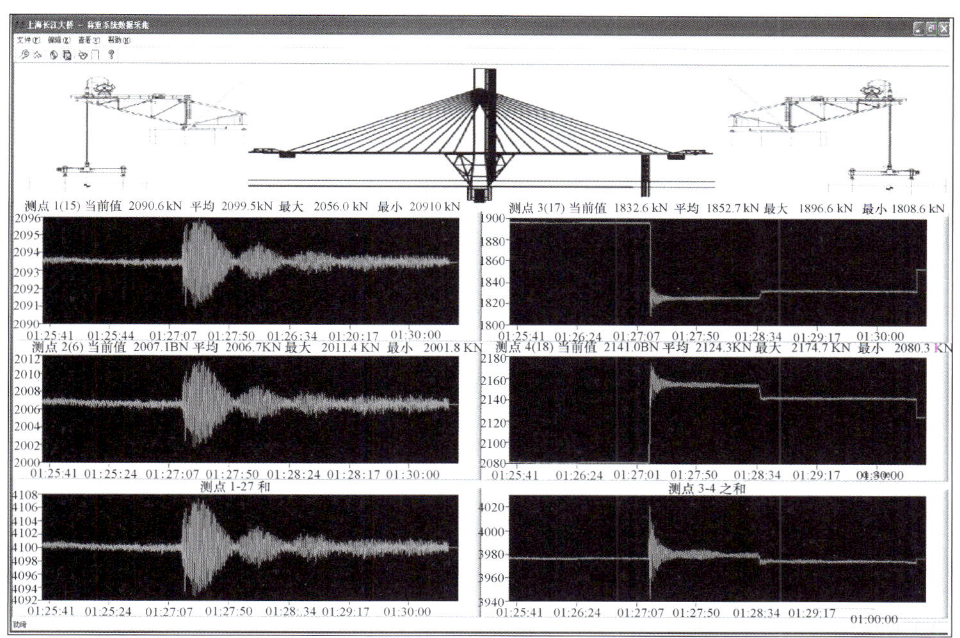

图 3.11–31 江侧吊机动作系统实测界面

由图3.11–31可见，当梁段提升到位后，进行粗匹配时，若主梁前端点高程没有到位，吊机进行上提或下放时，索力会发生较大变化（相对变化量4%左右），并且当江侧吊机作业时，岸侧吊机的拉力曲线会发生振荡（振幅约为2%的拉力）。本称重系统不仅可以用来对主梁质量进行精确测量，还能对主梁匹配过程中的吊索索力变化进行监测，为以后的研究提供实测数据。

（1）施工控制精度的影响分析

①码板影响分析

粗匹配完成后，将已成梁段和起吊梁段顶板缝口通过L形匹配件和码板连接起来（图 3.11–32），从而形成铰接。理论计算时，认为起吊梁段是在无应力状态下进行焊接的，即所有梁重由吊机吊索承担，再通过吊机前、后支点分配到已成结构上面，通过称重系统，可以对比打码板前后吊索的实际拉力变化情况，见表3.11–7。

图 3.11–32 L 形匹配件和码板

打码板前后实测吊机拉力对比（单位：t）　表 3.11-7

梁　段	上游吊机提升力	下游吊机提升力	拉力合计	打码板后拉力
SB5	198	198	396	395
SZ5	196	196	392	391
SB6	194	203	397	396
SZ6	196	197	393	392
SB7	196	197	393	392
SZ7	199	197	396	395
NB5	198	197	395	394
NZ5	195	197	392	391
NB6	197	199	396	395
NZ6	196	197	393	392
NB7	191	195	386	385
NZ7	192	195	387	386

由表3.11-7可见，通过对比3组梁段（5号梁段~7号梁段）打码板前后吊索的实际拉力变化，可以发现实测梁重变化量只有1t，相对于梁重只有0.3%。说明打码板后绝大多数梁重仍由吊机吊索承担，对于匹配阶段引起的误差可以忽略不计。

②实测梁重与理论梁重对比

悬臂吊装梁段的理论质量与实测质量见表3.11-8。

理论与实测梁重对比（单位：kN）　表 3.11-8

梁段号	理论重（kN）	实测重（kN）	差值（kN）	梁段号	理论重（kN）	实测重（kN）	差值（kN）
SB5	3 570	3 610	40	NB5	3 570	3 600	30
SB6	3 570	3 660	90	NB6	3 570	3 610	40
SB7	3 530	3 580	50	NB7	3 530	3 510	-20
SB8	3 530	3 603	73	NB8	3 530	3 530	0
SB9	3 530	3 616	86	NB9	3 530	3 530	0
SB10	3 530	3 603	73	NB10	3 530	3 544	14
SB11	3 360	3 439	79	NB11	3 340	3 412	72
SB12	3 390	3 483	73	NB12	3 340	3 379	39
SB13	3 360	3 444	84	NB13	3 340	3 408	68
SB14	3 340	3 430	90	NB14	3 340	3 396	56
SB15	3 640	3 644	4	NB15	3 640	3 630	-10
SB16	5 540	—	—	NB16	5 540	—	—
SB17	5 540	—	—	NB17	5 540	—	—
SB18	3 870	3 881	11	NB18	3 870	3 891	21
SB19	3 790	3 802	12	NB19	3 790	3 813	23
SB20	3 790	3 803	13	NB20	3 790	3 855	65
SB21	3 830	3 846	16	NB21	3 830	3 864	34
SB22	2 900	2 924	24	NB22	2 900	2 925	25
SB23	4 460	—	—	NB23	4 460	—	—

续上表

梁段号	理论重（kN）	实测重（kN）	差值（kN）	梁段号	理论重（kN）	实测重（kN）	差值（kN）
SZ5	3 530	3 570	40	NZ5	3 530	3 570	40
SZ6	3 530	3 566	36	NZ6	3 530	3 580	50
SZ7	3 530	3 615	85	NZ7	3 530	3 520	-10
SZ8	3 530	3 610	80	NZ8	3 530	3 530	0
SZ9	3 530	3 602	72	NZ9	3 530	3 539	9
SZ10	3 660	3 728	68	NZ10	3 530	3 573	43
SZ11	3 360	3 421	61	NZ11	3 360	3 391	31
SZ12	3 370	3 468	98	NZ12	3 360	3 448	88
SZ13	3 370	3 463	93	NZ13	3 360	3 404	44
SZ14	3 360	3 453	93	NZ14	3 360	3 396	36
SZ15	3 430	3 482	52	NZ15	3 430	3 471	41
SZ16	3 430	3 512	—	NZ16	3 430	3 434	—
SZ17	3 430	3 438	—	NZ17	3 430	3 450	—
SZ18	3 430	3 431	1	NZ18	3 430	3 436	6
SZ19	3 430	3 433	3	NZ19	3 430	3 435	5
SZ20	3 430	3 451	21	NZ20	3 430	3 462	32
SZ21	3 510	3 490	-20	NZ21	3 510	3 459	-51
SZ22	3 510	3 540	30	NZ22	3 510	3 540	30
SZ23	3 510	3 520	—	NZ23	3 510	3 520	—

由表3.11-8可见，由于计算模型中采用的理论梁重未计入焊缝质量，并且工厂实际加工时下料的钢板厚度一般采用正误差，所以大部分实测梁重比理论梁重要大1~9t，在计算模型中对梁重进行了修正。对于有些梁段质量差异较大的，经过调查发现，被吊梁内部存在焊丝或者焊机等临时荷载，统计临时荷载的质量后，在计算模型中在下一阶段将这部分荷载删除掉。

③梁重误差对于施工控制精度影响

主梁质量是斜拉桥施工过程中重要的监测指标，梁重准确与否直接影响施工过程中悬臂端高程的控制精度。悬臂长度不大的情况下，高程对于索力和梁重比较不敏感，这时如果在拼装阶段按照高程来控制的话，当继续安装几个梁段之后，前面的梁段的误差会累积放大，不仅影响到主梁线形控制的精度，还会对结构的安全造成隐患。

若将本桥计算模型中梁重增加1%，在最大悬臂状态下（中跨合龙前），主梁线形最大误差会达到18cm，超出了高程允许误差，误差曲线见图3.11-33。

由此可见，对主梁进行精确称重是一种有效的误差识别手段，可以帮助形成更为准确的计算模型，从而减小主梁线形控制的误差。

（2）小结

本桥通过选用高精度的压力传感器作为测试原件，通过简易的手段，在桥面吊机上加装传感器和无线通信网络，在不影响现有吊装作业的情况下，以极少的设备和很少的经济投入，实现了施工吊装过程中的主梁动态称重，为施工监控提供了准确的主梁实际质量信息。

通过在上海长江大桥施工监控中的实际应用，表明本系统在应用于梁段称重、桥面吊机起吊过程中的动态监测等方面具有简单易行、经济高效的显著特点。本系统可广泛应用于悬拼桥梁及其他悬拼施工结构的吊装构件的现场实时动态称重，具有较广泛的应用前景。

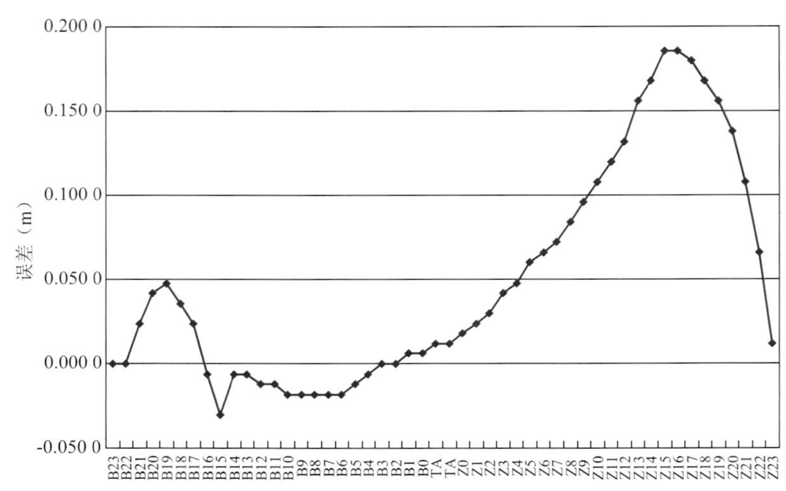

图 3.11-33　梁重增加 1% 后合龙前主梁线形误差曲线

3）钢箱梁匹配监控实际应用

主梁的线形控制包括主梁梁段的制造线形控制和安装线形控制两个方面。影响主梁线形的因素有很多，比如梁段质量、临时支承的刚度及非弹性变形、梁段的匹配及焊接以及施工误差等。

（1）钢箱梁错台情况

通过前面的理论分析可知，在梁段吊装时，新老梁段之间的错台最大值会有5cm左右的错台，在钢箱梁加工时，为了避免梁段连接时施工困难，考虑将新老梁段的接口进行一定的预抛，内腹板处预拱度设为2cm，外腹板处预拱度设为0。

由于本桥为分离式双箱截面，起吊工况在吊机作用下，已成梁段横向变形较大，并且内腹板厚度较薄（20mm），外腹板厚度较厚（40~50mm），考虑到施工的安全和便利，在钢箱梁现场拼装时，根据实际情况，采用先对齐内腹板，在外腹板处施加一对反力码平错台，具体工序如下：

①对平止推板位置，通过拉杆箱将止推板顶紧，在止推板附近焊接码板。

②将两个梁段的内腹板对齐、焊码板，此时外腹板最大高差31mm。

③外腹板处焊码板、用千斤顶施加反力，码平外腹板处错台。

④螺栓锁定外腹板附近顶板L形匹配件。

实际操作时采用的这种先对齐内腹板，在外腹板处施加一对反力码平错台的方法，主要是为了施工安全，虽然牺牲了一定高程的精度，但是这部分误差是在可控范围内的，在下文会对匹配误差进行分析。

（2）钢箱梁焊缝宽度情况

从理论上来讲，根据制作几何要素加工出来的钢箱梁在胎架拼装时顶、底板止推板间隙为零，现场拼装时也应保持顶、底板止推板间隙都为零（顺拼），并且新加梁段的前点高程与理论值吻合。但是由于钢箱梁加工的误差以及索力和梁重等参数实际上与计算主梁制作几何要素时不同等因素引起的误差，使得钢箱梁吊装匹配时需要调整顶、底板焊缝的宽度，从而调整新加梁段的前点高程理论缝宽与实测缝宽对比如图3.11-34所示。

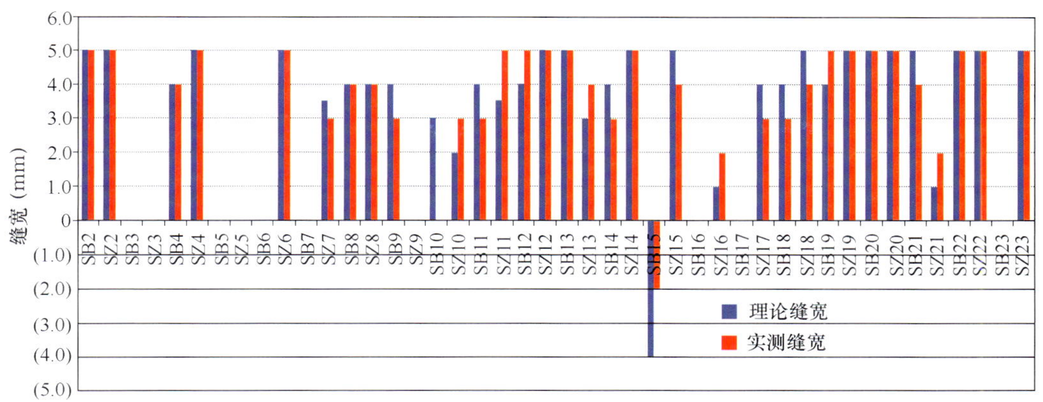

a）

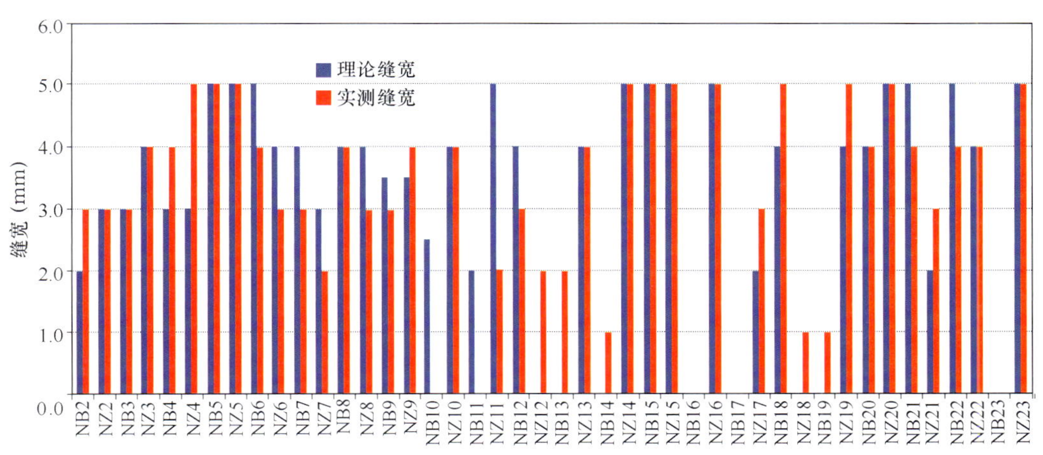

b）

图 3.11–34　理论缝宽与实测缝宽

a）南侧；b）北侧

当顶底板焊缝宽度差过大时，不仅会给焊接带来困难，也会使主梁线形出现局部折角。假设底板张口（底板焊缝宽度比顶板大，反之称为顶板张口）5mm的话，顶板止推板间隙为零，那么顶板焊缝宽度应小于10mm，这样底板焊缝宽度应小于15mm。并且主梁长度：高度=15：4=3.75，所以顶底板焊缝宽度差调整1mm，梁端高程变化3.75mm，这样底板张口5mm，比梁段顺拼时新加梁段前点高程变化不超过19mm，线形满足平顺要求。

本桥监控时将顶底板焊缝宽度差调整上限定为5mm。

制造线形最终体现在梁段间连接时的顶底板缝宽上，因此制造线形的现场控制主要在于控制缝宽上。表3.11–9所示为主梁梁段的理论缝宽和实测缝宽。

理论缝宽与实测缝宽（单位：mm）　　表 3.11–9

梁段号	理论张口	实测张口	梁段号	理论张口	实测张口
SB2	5.0	5.0	SZ4	5.0	5.0
SZ2	5.0	5.0	SB5	0.0	0.0
SB3	0.0	0.0	SZ5	0.0	0.0
SZ3	0.0	0.0	SB6	0.0	0.0
SB4	4.0	4.0	SZ6	5.0	5.0

续上表

梁段号	理论张口	实测张口	梁段号	理论张口	实测张口
SB7	0.0	0.0	NZ4	3.0	5.0
SZ7	3.5	3.0	NB5	5.0	5.0
SB8	4.0	4.0	NZ5	5.0	5.0
SZ8	4.0	4.0	NB6	5.0	4.0
SB9	4.0	3.0	NZ6	4.0	3.0
SZ9	0.0	0.0	NB7	4.0	3.0
SB10	3.0	0.0	NZ7	3.0	2.0
SZ10	2.0	3.0	NB8	4.0	4.0
SB11	4.0	2.0	NZ8	4.0	3.0
SZ11	3.5	5.0	NB9	3.5	3.0
SB12	4.0	5.0	NZ9	3.5	4.0
SZ12	5.0	5.0	NB10	2.5	0.0
SB13	5.0	5.0	NZ10	4.0	4.0
SZ13	3.0	4.0	NB11	2.0	0.0
SB14	4.0	3.0	NZ11	5.0	2.0
SZ14	5.0	5.0	NB12	4.0	3.0
SB15	−4.0	−2.0	NZ12	0.0	2.0
SZ15	5.0	4.0	NB13	0.0	2.0
SB16	—	—	NZ13	4.0	4.0
SZ16	1.0	2.0	NB14	0.0	1.0
SB17	—	—	NZ14	5.0	5.0
SZ17	4.0	3.0	NB15	5.0	5.0
SB18	4.0	3.0	NZ15	5.0	5.0
SZ18	5.0	4.0	NB16	—	—
SB19	4.0	5.0	NZ16	5.0	5.0
SZ19	5.0	5.0	NB17	—	—
SB20	5.0	5.0	NZ17	2.0	3.0
SZ20	5.0	5.0	NB18	4.0	5.0
SB21	5.0	4.0	NZ18	0.0	1.0
SZ21	1.0	2.0	NB19	0.0	1.0
SB22	5.0	5.0	NZ19	4.0	5.0
SZ22	5.0	5.0	NB20	4.0	4.0
SB23	—	—	NZ20	5.0	5.0
SZ23	5.0	5.0	NB21	5.0	4.0
NB2	2.0	3.0	NZ21	2.0	3.0
NZ2	3.0	3.0	NB22	5.0	4.0
NB3	3.0	3.0	NZ22	4.0	4.0
NZ3	4.0	4.0	NB23	—	—
NB4	3.0	4.0	NZ23	5.0	5.0

在悬拼的时候如果没有h_A与h_B的测量结果就只有认为$h_A=h_B$，因此，B梁段背塔端控制点高程$H_B=H_A$，这样就没有还原到原来预拼的情况而导致了接口缝宽出现变化。

在悬拼的时候如果有h_A与h_B的测量结果就可以修正B点的放样高程，从而还原预拼时的情况以确保接口缝宽与预拼是一致。

由于本桥监控时从主梁制造阶段就开始介入、通过计算分析给出了主梁的制造几何要素，并根据同类桥梁监控经验，对于钢箱梁的总拼以及现场匹配过程中容易遇到的问题提出了对策，所以焊缝宽度的控制取得了良好的效果。

（3）钢箱梁轴线偏位情况

根据前面提到的方法，主梁预制拼装时采用阳冲标记进行定位，并且当发现轴线偏位超过10mm时，即时对其进行纠正，使得本桥的轴线控制取得了很好的效果（图3.11-35）。

根据设计要求及相关规范，钢箱梁轴线偏位的允许值为$L/20\ 000=37$mm，施工过程中实测最大轴偏为12mm，满足要求，轴线偏位情况见表3.11-10。

图 3.11-35　轴线偏位纠正措施

施工过程中轴线偏位实测值　　表 3.11-10

61 号墩钢箱梁轴线			62 号墩钢箱梁轴线		
梁段编号	实测值（m）	差值（mm）	梁段编号	实测值（m）	差值（mm）
SB23	10 000.004	4	SB2	9 999.998	−2
SB22	10 000.005	5	SB1	9 999.998	−2
SB21	10 000.007	7	SB0	9 999.999	−1
SB20	10 000.010	10	TAB	9 999.998	−2
SB19	10 000.005	5	TAZ	9 999.999	−1
SB18	10 000.004	4	SZ0	10 000.002	2
SB17	10 000.004	4	SZ1	10 000.003	3
SB16	10 000.003	3	SZ2	10 000.001	1
SB15	10 000.002	2	SZ3	9 999.998	−2
SB14	10 000.001	1	SZ4	10 000.002	2
SB13	9 999.992	−8	SZ5	10 000.002	2
SB12	9 999.998	−2	SZ6	10 000.006	6
SB11	9 999.999	−1	SZ7	10 000.006	6
SB10	9 999.999	−1	SZ8	10 000.001	1
SB9	10 000.001	1	SZ9	10 000.007	7
SB8	9 999.997	−3	SZ10	10 000.004	4
SB7	9 999.994	−6	SZ11	10 000.004	4
SB6	9 999.995	−5	SZ12	10 000.004	4
SB5	10 000.001	1	SZ13	10 000.008	8
SB4	9 999.998	−2	SZ14	10 000.004	4
SB3	9 999.998	−2	SZ15	10 000.003	3

续上表

61 号墩钢箱梁轴线			62 号墩钢箱梁轴线		
梁段编号	实测值（m）	差值（mm）	梁段编号	实测值（m）	差值（mm）
SZ16	10 000.003	3	NB2	10 000.002	2
SZ17	10 000.002	2	NB1	9 999.999	-1
SZ18	10 000.004	4	NB0	9 999.999	-1
SZ19	10 000.002	2	TAB	10 000.000	0
SZ20	9 999.998	-2	TAZ	9 999.999	-1
SZ21	10 000.000	0	NZ0	10 000.000	0
SZ22	10 000.002	2	NZ1	9 999.996	-4
SZ23	10 000.003	3	NZ2	9 999.996	-4
NB23	9 999.995	-5	NZ3	9 999.994	-6
NB22	9 999.996	-4	NZ4	9 999.995	-5
NB21	9 999.994	-6	NZ5	9 999.996	-4
NB20	9 999.991	-9	NZ6	9 999.997	-3
NB19	9 999.992	-8	NZ7	9 999.997	-3
NB18	9 999.996	-4	NZ8	9 999.999	-1
NB17	10 000.001	1	NZ9	10 000.005	5
NB16	10 000.002	2	NZ10	10 000.012	12
NB15	9 999.995	-5	NZ11	10 000.012	12
NB14	9 999.992	-8	NZ12	10 000.010	10
NB13	10 000.000	0	NZ13	10 000.004	4
NB12	10 000.002	2	NZ14	10 000.008	8
NB11	9 999.997	-3	NZ15	10 000.009	9
NB10	10 000.001	1	NZ16	9 999.993	-7
NB9	9 999.995	-5	NZ17	9 999.998	-2
NB8	10 000.005	5	NZ18	9 999.995	-5
NB7	10 000.005	5	NZ19	9 999.992	-8
NB6	10 000.004	4	NZ20	9 999.996	-4
NB5	10 000.005	5	NZ21	9 999.998	-2
NB4	10 000.001	1	NZ22	10 000.002	2
NB3	10 000.002	2	NZ23	10 000.004	4

注：轴线理论值为 10 000.000m，差值为负值表示钢箱梁偏上游。正值表示钢箱梁偏下游。

（4）钢主梁匹配误差分析

根据同类桥梁监控经验，由于主梁顶底板焊缝收缩值不同，焊接前后悬臂端高程会发生变化。本桥通过对焊缝宽度的观测，得出顶、底板焊缝收缩差值对于主梁悬臂端高程的影响。测点布置见图3.11–36。

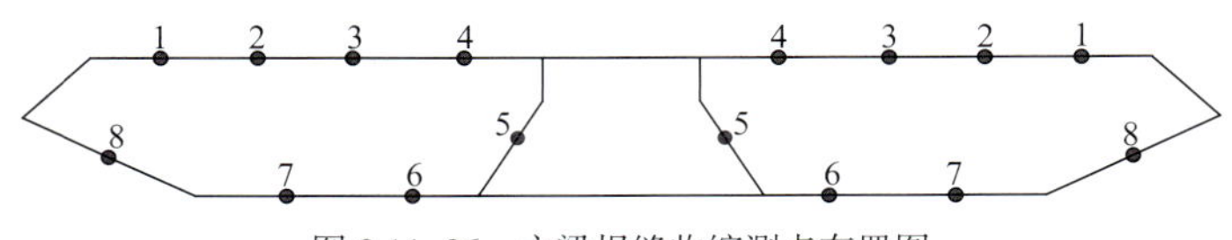

图 3.11–36　主梁焊缝收缩测点布置图

根据表3.11-11的实测结果，钢箱梁顶、底板焊缝收缩差值在1~2mm左右，该值会引起箱梁焊接后的远塔端高程下挠4~8mm。

10号段焊接收缩量测量表　　表3.11-11

温度：8℃　时间：3.5~3.11

序号	南塔中跨							
	上游				下游			
	标记长度（mm）	焊缝宽度（mm）	焊后标记长度（mm）	焊后焊缝收缩值（mm）	标记长度（mm）	焊缝宽度（mm）	焊后标记长度（mm）	焊后焊缝收缩值（mm）
1	600	12	597	3	601	5	598	3
2	599	10	595	4	600	6	597	3
3	600	10	596	4	599	6	595	4
4	601	8	598	3	601.5	10	597	3.5
5	599	14	595	4	604	10	600	4
6	602	9	597	5	600	14	595	5
7	600	12	595	5	599	11	594	5
8	600	6	598	2	500	10	497.5	2.5

另外，根据前述结论，新旧梁段匹配时，应以外腹板为基准，而本桥截面内腹板厚度较薄（20mm），外腹板厚度较厚（40~50mm），所以实际施工时从施工安全的角度出发，采用了先对齐内腹板，在外腹板处施加一对反力码平错台的匹配方法。但这样就在钢箱梁匹配阶段产生了高程误差，不过这部分误差是可以测得的，属于可控的误差。

根据理论分析，当新匹配梁段焊接工序完成，吊机松钩后，主梁悬臂端位移变化量只有几个毫米，由于这个位移值很小，所以阶段误差会更小，一般我们用吊机松钩前后高程的阶段误差来检验钢主梁匹配阶段的误差。

根据现场几个梁段施工的实测数据，我们发现吊机松钩之后，主梁悬臂端高程误差会增加-15mm左右，即实测阶段挠度比理论值多下挠15mm左右，详见表3.11-12。

吊机松钩前后主梁高程阶段误差（单位：mm）　　表3.11-12

梁段编号	NB3	NB2	NB1	NZ1	NZ2	NZ3
精匹配工况累计误差	9	-18	-18	-19	-25	-3
吊机松钩后累计误差	-2	-20	-19	-19	-28	-14
阶段误差	-11	-2	-1	0	-3	-17
梁段编号	NB5	NB4	NB3	NZ3	NZ4	NZ5
精匹配工况累计误差	5	-15	-9	-6	-9	7
吊机松钩后累计误差	-12	-17	-12	-11	-12	-8
阶段误差	-17	-2	-3	-4	-3	-15
梁段编号	SB5	SB4	SB3	SZ3	SZ4	SZ5
精匹配工况累计误差	24	0	-15	-10	4	12
吊机松钩后累计误差	12	-5	-21	-10	2	-4
阶段误差	-12	-5	-6	0	-2	-16
梁段编号	SB9	SB8	SB7	SZ7	SZ8	SZ9
精匹配工况累计误差	17	-2	4	-7	-5	16
吊机松钩后累计误差	3	-5	-1	-10	-9	3
阶段误差	-14	-3	-5	-3	-4	-13

由表3.11–12可见，吊机松钩前后主梁悬臂端高程会产生新的阶段误差，根据实测结果，平均为–15mm，这个误差减去焊缝收缩引起的误差（4~8mm）之后，就是主梁匹配产生的误差，即7~11mm。

由于焊缝收缩和主梁匹配产生的误差总和为–15mm左右，根据几个梁段的实测结果发现这个值一直比较稳定，所以监控组通过在每个梁段精匹配时悬臂端预抬15mm，使得每个梁段施工完毕后，主梁悬臂端高程误差尽可能的减小，提高了主梁线形监控的精度。

（5）主梁线形控制结果

表3.11–13和图3.11–37所示为全桥合龙后主梁理论及实测高程。

由表3.11–13和图3.11–37可见，主梁高程的上下游偏差及与理论高程的误差均控制在允许值范围内。

全桥合龙后主梁理论及实测高程　　表 3.11–13

梁段编号	61 号墩控制测点高程（m）			62 号墩控制测点高程（m）		
	理论高程	误差	上下游平均高程	理论高程	误差	上下游平均高程
B23	53.952	—	—	53.952	—	—
B22	54.194	0.016	54.210	54.193	0.009	54.202
B21	54.449	0.002	54.451	54.449	–0.001	54.448
B20	54.816	0.006	54.822	54.815	–0.008	54.807
B19	55.191	0.001	55.192	55.192	–0.002	55.190
B18	55.466	–0.001	55.465	55.466	0.001	55.467
B17	55.840	0.007	55.846	55.839	0.001	55.839
B16	56.314	0.019	56.332	56.314	0.007	56.321
B15	56.688	0.032	56.720	56.689	0.031	56.720
B14	57.062	0.037	57.098	57.063	0.040	57.103
B13	57.435	0.017	57.451	57.437	0.047	57.483
B12	57.807	0.003	57.810	57.809	0.031	57.840
B11	58.179	–0.009	58.170	58.180	0.034	58.213
B10	58.549	–0.016	58.533	58.551	0.041	58.592
B9	58.922	–0.021	58.901	58.923	0.040	58.963
B8	59.295	–0.027	59.268	59.296	0.027	59.323
B7	59.670	–0.024	59.646	59.671	0.009	59.679
B6	60.046	–0.021	60.025	60.047	0.004	60.051
B5	60.426	–0.020	60.406	60.426	–0.006	60.420
B4	60.807	–0.032	60.775	60.808	–0.015	60.793
B3	61.192	–0.048	61.145	61.192	–0.021	61.171
B2	61.580	–0.054	61.526	61.581	–0.034	61.547
B1	61.970	–0.052	61.918	61.969	–0.035	61.934
B0	62.351	–0.043	62.308	62.351	–0.037	62.315
TAB	62.598			62.598		
TAZ	62.819	–0.033	62.786	62.818	–0.042	62.776
Z0	63.057	–0.029	63.027	63.057	–0.036	63.021
Z1	63.409	–0.044	63.365	63.409	–0.048	63.361
Z2	63.751	–0.045	63.706	63.751	–0.045	63.706
Z3	64.082	–0.040	64.042	64.081	–0.039	64.043
Z4	64.403	–0.037	64.366	64.403	–0.035	64.368
Z5	64.713	–0.032	64.682	64.714	–0.029	64.686

续上表

梁段编号	61 号墩控制测点高程（m）			62 号墩控制测点高程（m）		
	理论高程	误差	上下游平均高程	理论高程	误差	上下游平均高程
Z6	65.015	-0.031	64.984	65.016	-0.028	64.988
Z7	65.305	-0.033	65.272	65.305	-0.028	65.276
Z8	65.487	-0.025	65.462	65.486	-0.020	65.466
Z9	65.755	-0.016	65.740	65.755	-0.010	65.745
Z10	66.116	0.006	66.122	66.115	0.012	66.127
Z11	66.365	0.038	66.404	66.364	0.044	66.408
Z12	66.604	0.051	66.655	66.608	0.052	66.660
Z13	66.834	0.051	66.885	66.840	0.051	66.891
Z14	67.052	0.059	67.111	67.061	0.056	67.117
Z15	67.258	0.066	67.324	67.269	0.060	67.329
Z16	67.448	0.066	67.514	67.460	0.061	67.521
Z17	67.623	0.064	67.687	67.634	0.061	67.695
Z18	67.779	0.052	67.831	67.783	0.058	67.841
Z19	67.913	0.033	67.946	67.912	0.045	67.957
Z20	68.023	0.030	68.053	68.023	0.043	68.066
Z21	68.108	0.010	68.118	68.108	0.025	68.133
Z22	68.166	0.004	68.170	68.165	0.022	68.186
Z23	68.191	0.003	68.194	68.191	0.021	68.212

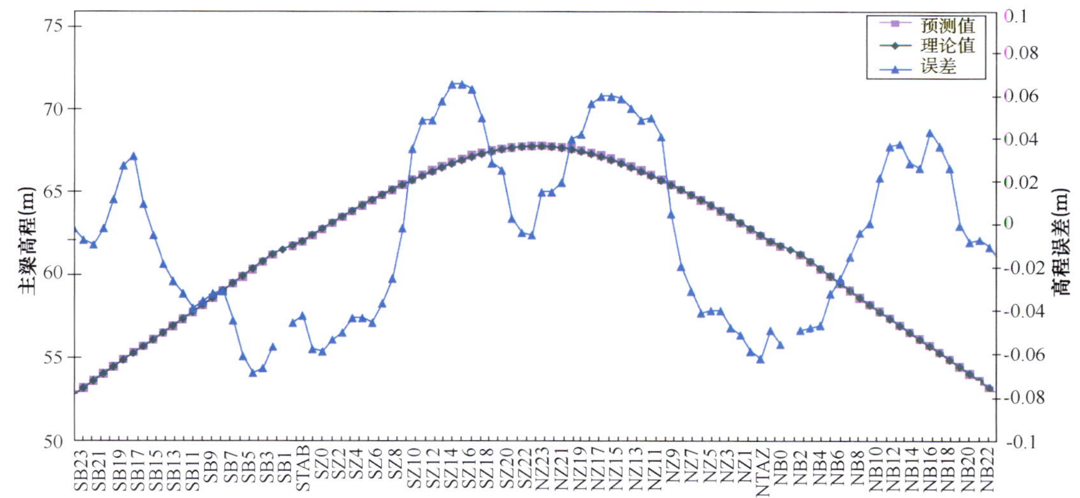

图 3.11-37　全桥合龙后主梁理论及实测高程

（6）小结

首先提出了关于钢箱梁悬臂拼装时应注意的两个问题——新老梁段匹配时应以锚腹板处为基准，并且以阳冲标记为基准进行定位，在现场操作中，按照既定的方法进行匹配，现场的实测的焊缝宽度和轴线偏位数据证明了钢主梁匹配情况良好。

然后对于已成梁段和被吊梁段错台问题进行了理论分析，定量得出了吊装工况时新旧梁段最大错台值，并提出了解决措施。在现场操作中，由于内腹板厚度较薄（20mm），外腹板厚度较厚（40~50mm），从施工的安全角度出发，采用先对齐内腹板，在外腹板处施加一对反力码平错台的方法，也取得了良好的效果。

通过实际测量，得出了焊缝收缩引起的悬臂端高程阶段误差为-8~-4mm，由于焊缝收缩和主梁匹配产生的误差总和为–15mm左右，根据几个梁段的实测结果发现这个值一直比较稳定，所以监控组通过在每个梁段精匹配时悬臂端预抬15mm，使得每个梁段施工完毕后，主梁悬臂端高程误差尽可能的减小，提高了主梁线形监控的精度。

本桥对于钢箱梁匹配施工技术进行的研究，可为以后同类桥梁的施工监控提供借鉴。

4）临时结构安装监控实际应用

（1）0号块临时支架监测

施工期间，我们对0号块临时支架的受力进行监测，0号块临时支架主要受力构件是锚固钢立柱，监测方法是在锚固钢立柱与主梁之间的连接钢管上设置应变测点，由于该位置受力最明确，所以将测点布置在这里，详见图3.11–38~图3.11–40。

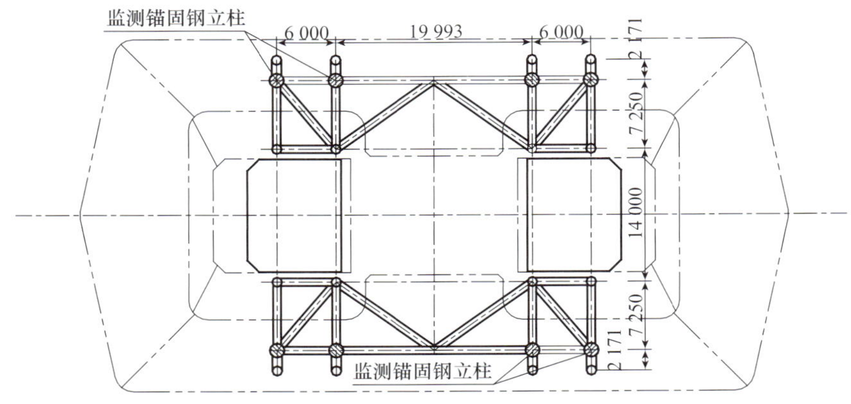

图 3.11–38　监测锚固钢立柱位置示意图（尺寸单位：mm）

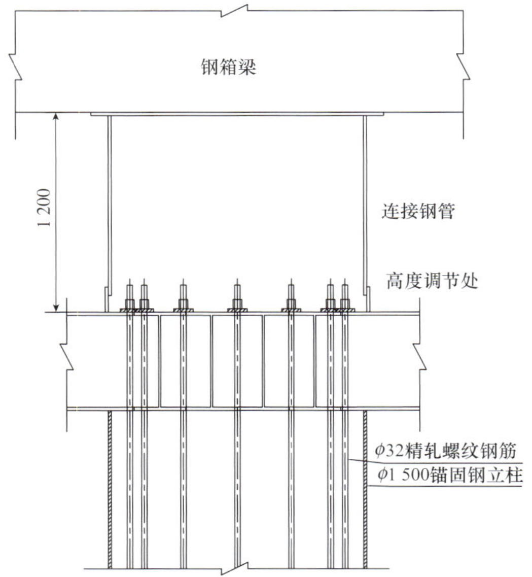

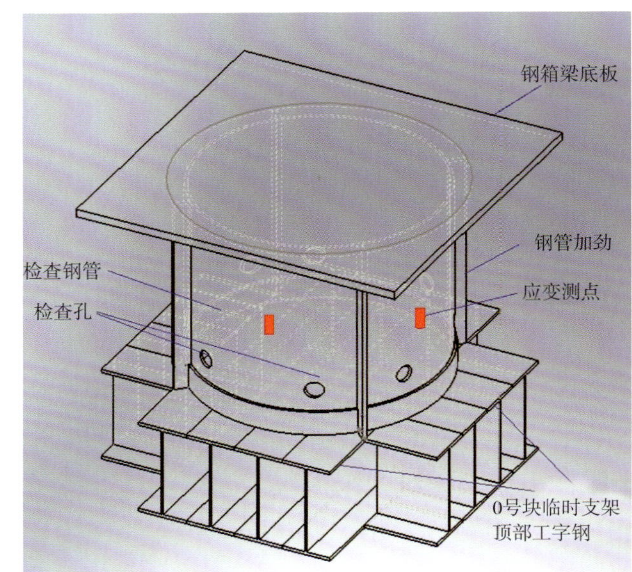

图 3.11–39　钢箱梁与支架连接钢管应变测点布置示意图（尺寸单位：mm）

每一控制工况的 0 号块临时支架的实测应力和理论应力对比见图 3.11–43，经过理论计算发现，随着悬臂长度的变长，拉索要承担越来越多地结构重力，0 号块临时支架所分担的重力越来越小，当悬臂拼装到 7 号梁段施工以后时，锚固钢立柱的应力很小，并且变化幅度也很小，所以监测到 11 号梁段施工完毕后，发现实测值与理论值变化趋势吻合，后续施工中隔两个梁段对其进行抽查。

图 3.11-40　钢箱梁与支架连接钢管应变测点布置示意图

由图3.11-41可见，临时锚固钢管实测应力与计算应力比较吻合，并且两者的变化趋势也一致。两者的差值主要由于应力元件安装后，锚固钢管有一次补焊加强，实测应力中包含其焊接残余应力，故实测压应力始终偏大。

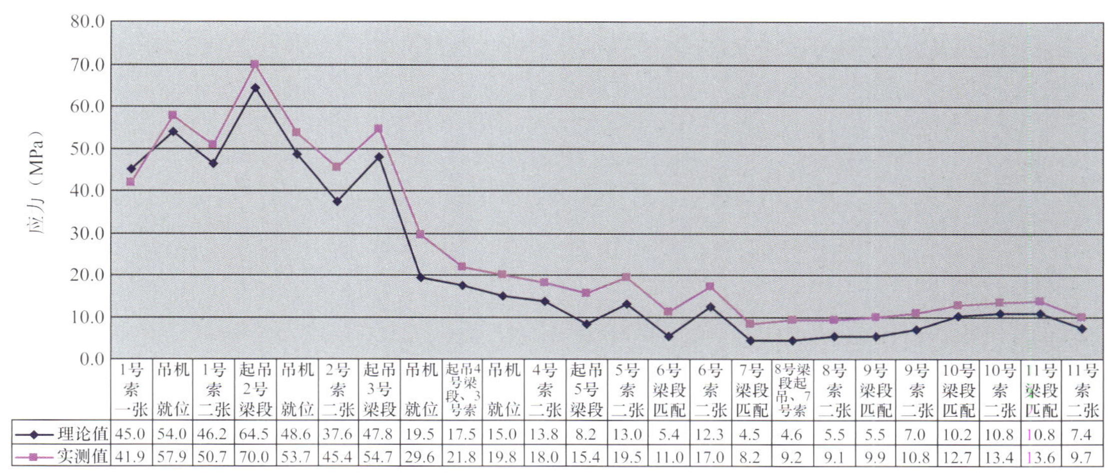

	1号索一张	吊机就位	1号索二张	起吊2号梁段	吊机就位	2号索二张	起吊3号梁段	吊机就位	起吊4号梁段、3号索	吊机就位	4号索二张	起吊5号梁段	5号索二张	6号梁段匹配	6号索二张	7号梁段匹配	8号梁段起吊、7号索	8号索二张	9号梁段匹配	9号索二张	10号梁段匹配	10号索二张	11号梁段匹配	11号索二张
理论值	45.0	54.0	46.2	64.5	48.6	37.6	47.8	19.5	17.5	15.0	13.8	8.2	13.0	5.4	12.3	4.5	4.6	5.5	5.5	7.0	10.2	10.8	10.8	7.4
实测值	41.9	57.9	50.7	70.0	53.7	45.4	54.7	29.6	21.8	19.8	18.0	15.4	19.5	11.0	17.0	8.2	9.2	9.1	9.9	10.8	12.7	13.4	13.6	9.7

a）

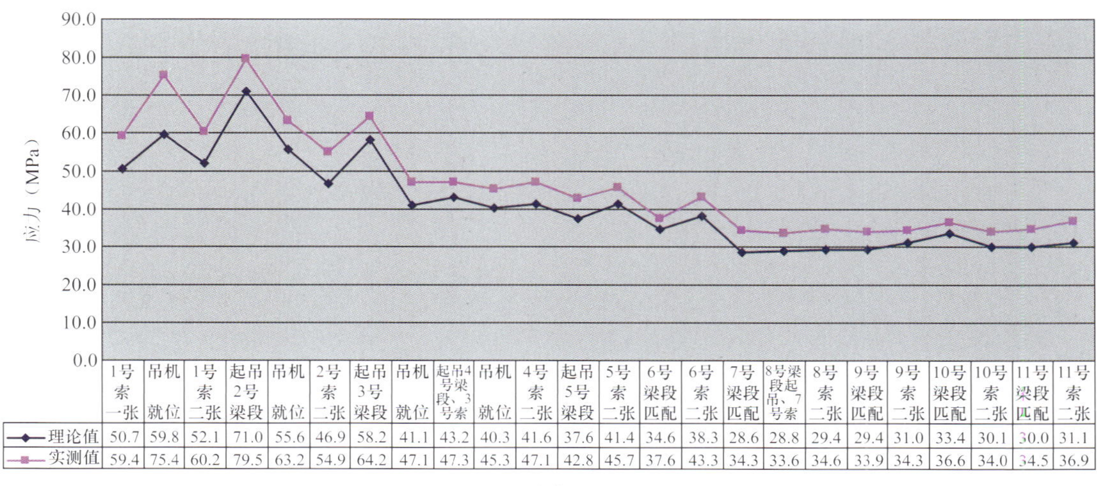

	1号索一张	吊机就位	1号索二张	起吊2号梁段	吊机就位	2号索二张	起吊3号梁段	吊机就位	起吊4号梁段、3号索	吊机就位	4号索二张	起吊5号梁段	5号索二张	6号梁段匹配	6号索二张	7号梁段匹配	8号梁段起吊、7号索	8号索二张	9号梁段匹配	9号索二张	10号梁段匹配	10号索二张	11号梁段匹配	11号索二张
理论值	50.7	59.8	52.1	71.0	55.6	46.9	58.2	41.1	43.2	40.3	41.6	37.6	41.4	34.6	38.3	28.6	28.8	29.4	29.4	31.0	33.4	30.1	30.0	31.1
实测值	59.4	75.4	60.2	79.5	63.2	54.9	64.2	47.1	47.3	45.3	47.1	42.8	45.7	37.6	43.3	34.3	33.6	34.6	33.9	34.3	36.6	34.0	34.5	36.9

b）

图 3.11-41　0 号块临时支架锚固钢管实测应力与理论应力对比

a）临时锚固 Z0 断面应力对照图；b）临时锚固 B0 断面应力对照图

对比实测值曲线和理论值曲线可以发现两者变化趋势是一致的，江侧锚固立柱的应力变化区间为5~70MPa，岸侧锚固立柱的应力变化区间为30~80MPa，从7号梁段开始的后续梁段施工期间，实测应力与计算应力曲线都较为平坦，应力变化幅度都在10MPa以内。

施工期间，我们还定期对钢管外观及其焊缝进行观测，没有发现明显变形及焊缝开裂等不良现象。

由于本桥0号块临时支架设计合理，通过高强钢筋预应力施加了预应力，并且在施工中采取了预压措施，消除了结构的非弹性变形，使得实测应力与计算应力比较吻合，所以施工过程中0号块附近线形没有产生较大误差，满足施工控制精度要求。主梁线形实测值与理论值的对比情况见表3.11–14。

0 号块附近梁段主梁线形（单位：m） 表 3.11–14

1 号梁段二张后主梁线形							
岸侧块件				江侧块件			
梁段编号	实测高程	理论高程	误差	梁段编号	实测高程	理论高程	误差
TAB	62.527	62.540	–0.013	TAZ	62.726	62.738	–0.012
B0	62.306	62.316	–0.010	Z0	62.951	62.953	–0.002
B1	61.944	61.967	–0.023	Z1	63.249	63.267	–0.018
11 号梁段二张后主梁线形							
岸侧块件				江侧块件			
梁段编号	实测高程	理论高程	误差	梁段编号	实测高程	理论高程	误差
TAB	62.524	62.535	–0.011	TAZ	62.724	62.735	–0.011
B0	62.304	62.317	–0.013	Z0	62.956	62.962	–0.005
B1	61.959	61.984	–0.025	Z1	63.282	63.304	–0.022
B2	61.620	61.645	–0.025	Z2	63.622	63.641	–0.020
B3	61.282	61.306	–0.024	Z3	63.946	63.967	–0.021
15 号梁段精匹配后主梁线形							
岸侧块件				江侧块件			
梁段编号	实测高程	理论高程	误差	梁段编号	实测高程	理论高程	误差
TAB	62.524	62.534	–0.010	TAZ	62.725	62.735	–0.010
B0	62.299	62.317	–0.018	Z0	62.952	62.961	–0.008
B1	61.956	61.985	–0.030	Z1	63.283	63.304	–0.021
B2	61.617	61.648	–0.031	Z2	63.623	63.643	–0.020
B3	61.285	61.311	–0.026	Z3	63.948	63.972	–0.024

（2）改进临时墩与主梁连接方式后的监控结果

根据同类桥梁施工监控的经验，当临时墩与主梁的竖向锚固之后，由于引入了新的支承，边界条件发生了改变，并且临时墩的实际刚度很难准确模拟，以及非弹性变形等因素，往往主梁施工至临时墩顶时会产生新的主梁高程误差，加大主梁线形控制的难度。综合考虑到施工过程中结构的安全和施工控制的精度，将主梁与临时墩的连接方式做了改进，将主梁横向锁定，竖向允许主梁有一定位移，竖向位移的行程根据理论计算得到，一旦出现意外荷载，竖向位移超限时，连接装置也可以起到限制竖向位移的作用，从而保证了结构的安全性。连接件构造详见图3.11–42。

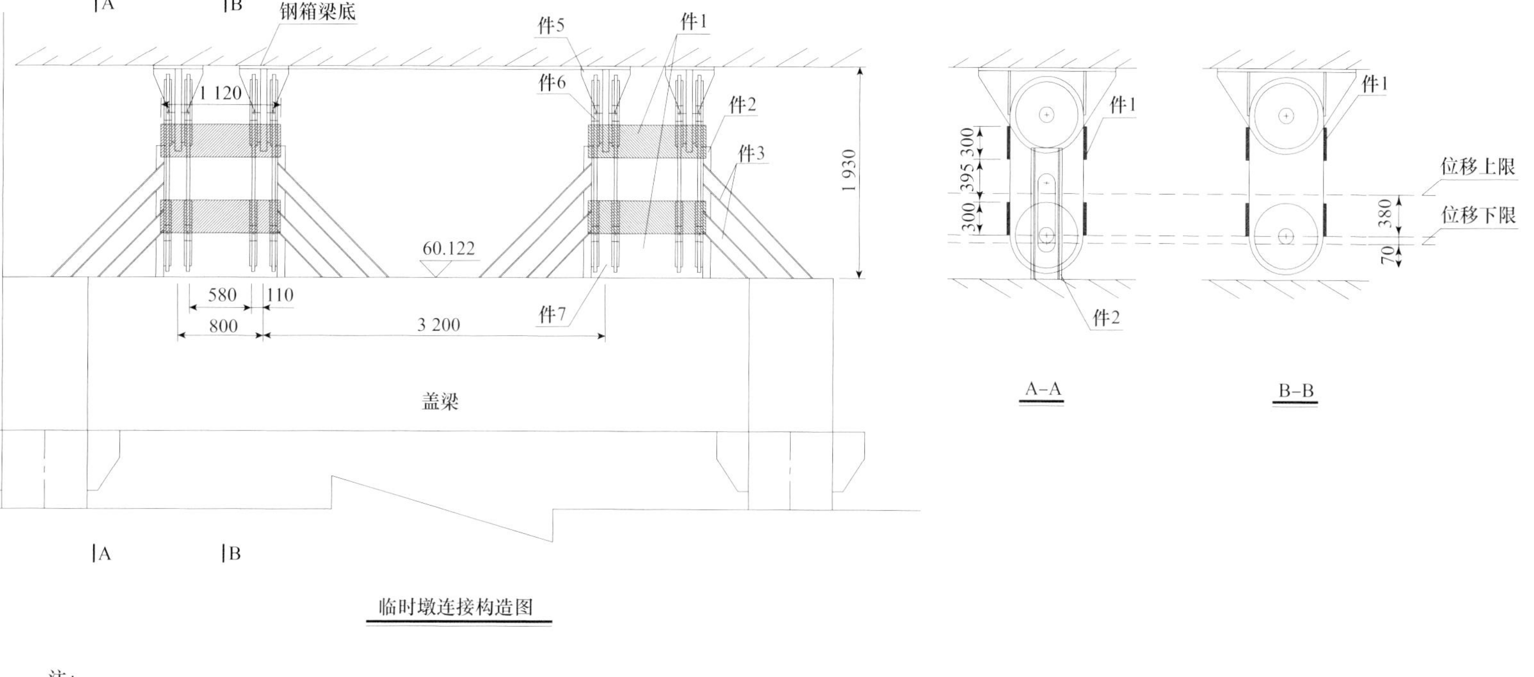

临时墩连接构造图

注：

1.单位以mm计，高程以m计。

2.临时竖向不连接，横向固定起抗风稳定性，耳板竖向开椭圆槽，满足10号梁段与临时墩间位移（相对上图)在 -50 ～ +350mm的相对变化量。

3.连接板与耳板、工字钢间滑动，中间涂黄油。

4.临时墩连接在14号索二张后，15号梁段吊装前。

5.施工前核实盖梁耳板处实际顶高程，确保B–B剥面中耳板及连接耳板的位移下限，根据盖梁实际高程确定。

图 3.11–42　临时墩与主梁连接构造图

采用了新的连接方式后，连接后临时墩附近梁段高程误差没有进一步变化，主梁线形控制取得了较好的效果，详见表3.11–15、表3.11–16。

临时墩与主梁连接前主梁线形（单位：m） 表 3.11–15

11 号梁段二张后主梁线形							
岸侧块件				江侧块件			
梁段编号	实测高程	理论高程	误差	梁段编号	实测高程	理论高程	误差
TAB	62.524	62.535	–0.011	TAZ	62.724	62.735	–0.011
B0	62.304	62.317	–0.013	Z0	62.956	62.962	–0.005
B1	61.959	61.984	–0.025	Z1	63.282	63.304	–0.022
B2	61.620	61.645	–0.025	Z2	63.622	63.641	–0.020
B3	61.282	61.306	–0.024	Z3	63.946	63.967	–0.021
B4	60.955	60.967	–0.012	Z4	64.266	64.277	–0.012
B5	60.624	60.625	–0.002	Z5	64.560	64.574	–0.014
B6	60.277	60.281	–0.004	Z6	64.838	64.855	–0.017
B7	59.920	59.933	–0.013	Z7	65.95	65.119	–0.014
B8	59.557	59.578	–0.021	Z8	65.354	65.370	–0.016
B9	59.195	59.213	–0.019	Z9	65.492	65.505	–0.014
B10	58.820	58.839	–0.019	Z10	65.716	65.727	–0.011
B11	58.440	58.454	–0.014	Z11	66.027	66.038	–0.011

最大双悬臂时主梁线形（单位：m） 表 3.11–16

15 号梁段精匹配后主梁线形							
岸侧块件				江侧块件			
梁段编号	实测高程	理论高程	误差	梁段编号	实测高程	理论高程	误差
TAB	62.524	62.534	–0.010	TAZ	62.725	62.735	–0.010
B0	62.299	62.317	–0.018	Z0	62.952	62.961	–0.008
B1	61.956	61.985	–0.030	Z1	63.283	63.304	–0.021
B2	61.617	61.648	–0.031	Z2	63.623	63.643	–0.020
B3	61.285	61.311	–0.026	Z3	63.948	63.972	–0.024
B4	60.963	60.975	–0.012	Z4	64.273	64.286	–0.013
B5	60.637	60.637	0.000	Z5	64.573	64.587	–0.015
B6	60.294	60.296	–0.002	Z6	64.855	64.871	–0.016
B7	59.939	59.947	–0.008	Z7	65.123	65.135	–0.012
B8	59.570	59.585	–0.016	Z8	65.360	65.378	–0.018
B9	59.189	59.205	–0.016	Z9	65.483	65.495	–0.012
B10	58.783	58.798	–0.015	Z10	65.676	65.685	–0.009
B11	58.341	58.358	–0.017	Z11	65.834	65.843	–0.009
B12	57.863	57.882	–0.019	Z12	66.072	66.067	0.005
B13	57.354	57.365	–0.011	Z13	66.168	66.163	0.005
B14	56.824	56.820	0.004	Z14	66.224	66.231	–0.007
B15	56.272	56.255	0.017	Z15	66.280	66.282	–0.002

第4章 主跨105m钢-混凝土组合箱梁设计与施工技术

ZHUKUA 105m GANG-HUNNINGTU ZUHE XIANGLIANG SHEJI YU SHIGONG JISHU

4.1 概述

从减少河道阻水、结构耐久、施工便捷、经济合理、景观优美等方面考虑，非通航孔采用了世界上跨度最大的整孔吊装组合梁。组合箱梁跨度布置为 90m+5×105m+85m，共两联布置在主通航孔桥两侧，全长 1 400m，如图 4.1–1 所示。上下行车道分成两幅桥，均采用单箱单室截面，近期桥面宽 17.15m，等高度梁，梁高 5m，高跨比 1/21。主梁横断面由槽形钢梁与混凝土桥面板通过连接件结合而成，如图 4.1–2 和图 4.1–3 所示。采用先简支后连续的施工方法，在预制场预制好一片梁后整孔吊装至墩位，现场焊接钢梁，浇筑墩顶段混凝土桥面板现浇缝，形成连续结构。

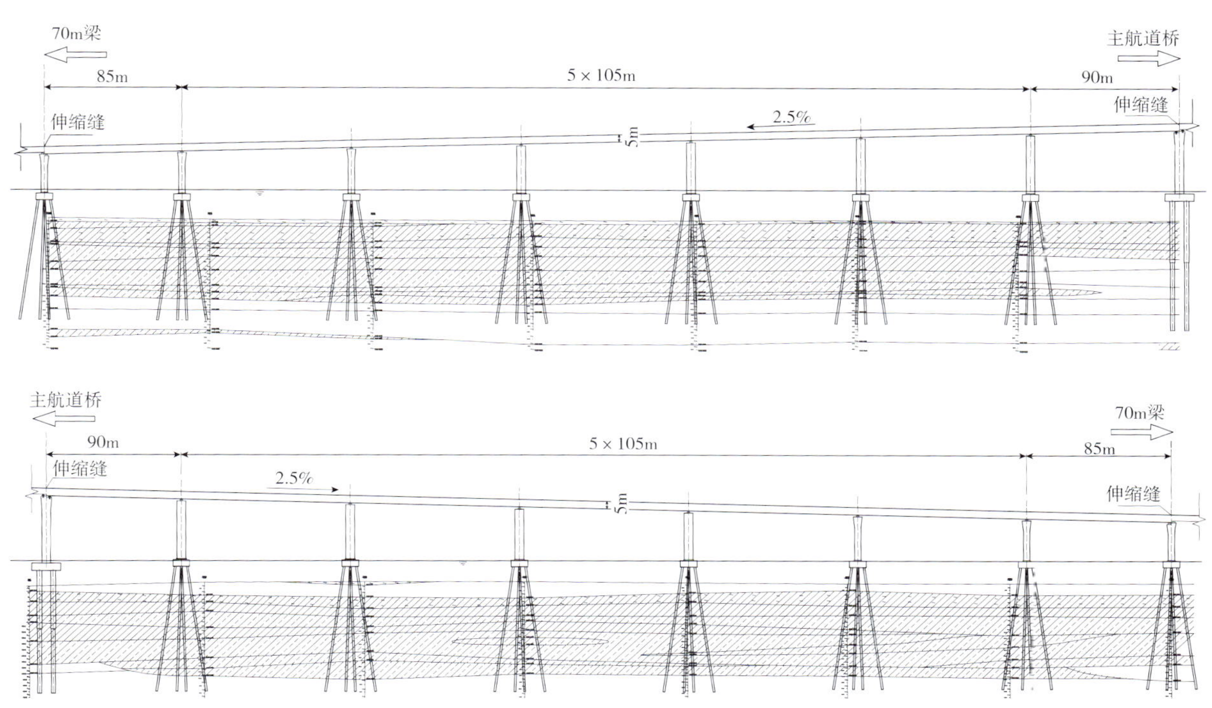

图 4.1–1　总体布置图

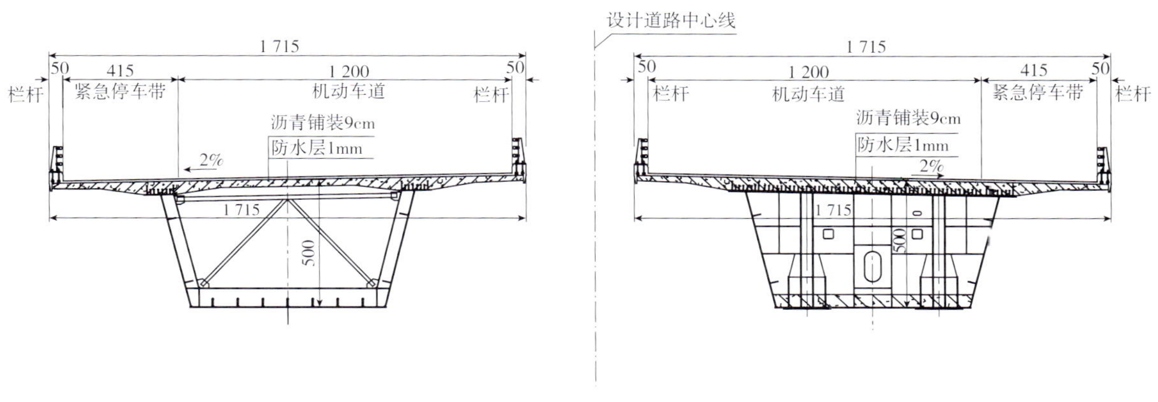

图 4.1–2　近期横断面（尺寸单位：cm）

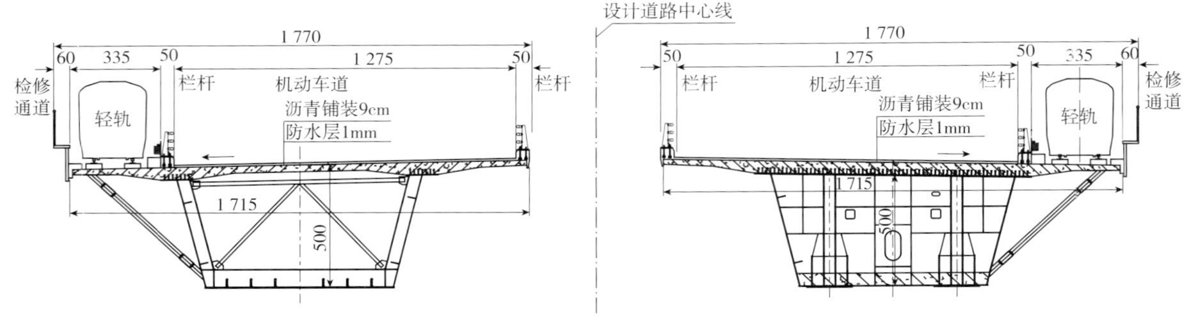

图 4.1–3　远期横断面（尺寸单位：cm）

1）钢梁

槽形钢梁按曲线设计，每段长 10.2m，由上翼板、腹板、底板、空腹式横梁、实腹式横梁、腹板加劲肋、底板加劲肋等组成。钢材以 Q345qD 为主，少量采用了 Q370qD。上翼板板厚 24~56mm、宽 1 200mm；腹板板厚 18~28mm，斜率约 1 ∶ 4；底板板厚 28~56mm，宽 7.06m。腹板上布置有竖向及水平向腹板加劲肋，竖向加劲肋断面形式为 T 形或板式，连续布置，水平向加劲肋断面形式均为板式，间断布置；底板上布置有底板纵向加劲肋，断面形式为板式，通过设置过焊孔穿越空腹式横梁，纵向连续布置；每隔 5.1m 布置一道空腹式横梁，空腹式横梁由 T 形腹板竖向加劲肋、T 形横向底板加劲肋，以及水平和斜向拉杆等组成；支点及临时支点处布置实腹式横梁，如图 4.1–4 所示。

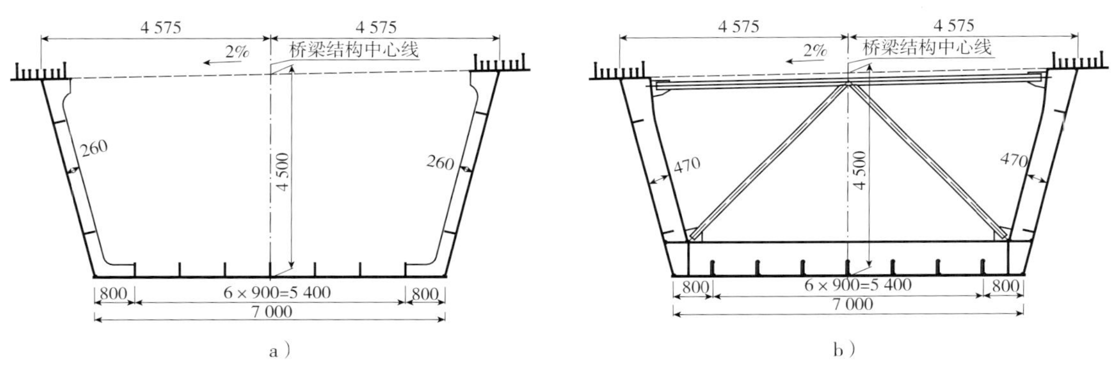

图 4.1–4　钢梁标准断面图（尺寸单位：mm）

a）钢梁竖向加劲断面；b）钢梁空腹式隔板断面

支点左右各约 10m 范围内采用双结合的结构形式，即底板也采用钢–混凝土组合的结构形式，混凝土板厚 0.5m，该区域内底板纵向加劲肋同时起到开孔板剪力键的作用，开孔板剪力键间布置圆柱头剪力钉。近底板处腹板上布置一对开孔板剪力键，保证混凝土板与钢梁密实结合，如图 4.1–5 所示。每个中支点设置两道实腹式横梁，底板混凝土跨越两道实腹式横梁及两道空腹式横梁，为保证底板混凝土的连续性，在这四道横梁腹板局部都配有剪力钉。

在中支点两道实腹式横隔板顶板不与混凝土板连接，以简化此处受力。在边支点的实腹式横梁配有横向通长的钢顶板，顶板上配剪力钉，与伸缩缝相接。

2）混凝土桥面板

桥面板采用 C60 高性能混凝土（要求混凝土坍落度控制在 5~8cm，以保证桥面板制作质量）。桥面板纵桥向每块标准长 4.5m（块件之间留有 60cm 现浇接缝）。桥面板厚度沿横桥向变化，悬臂端为 20cm，上翼板处厚 50cm，跨中厚 30cm（图 4.1–6）。桥面板横桥向分三块预制，要求至少存放 6 个月，以减少收缩、徐变的影响。现浇接缝采用掺高聚物纤维 C60 无收缩微膨胀补偿混凝土，膨胀率不小于 2×10^{-4}。

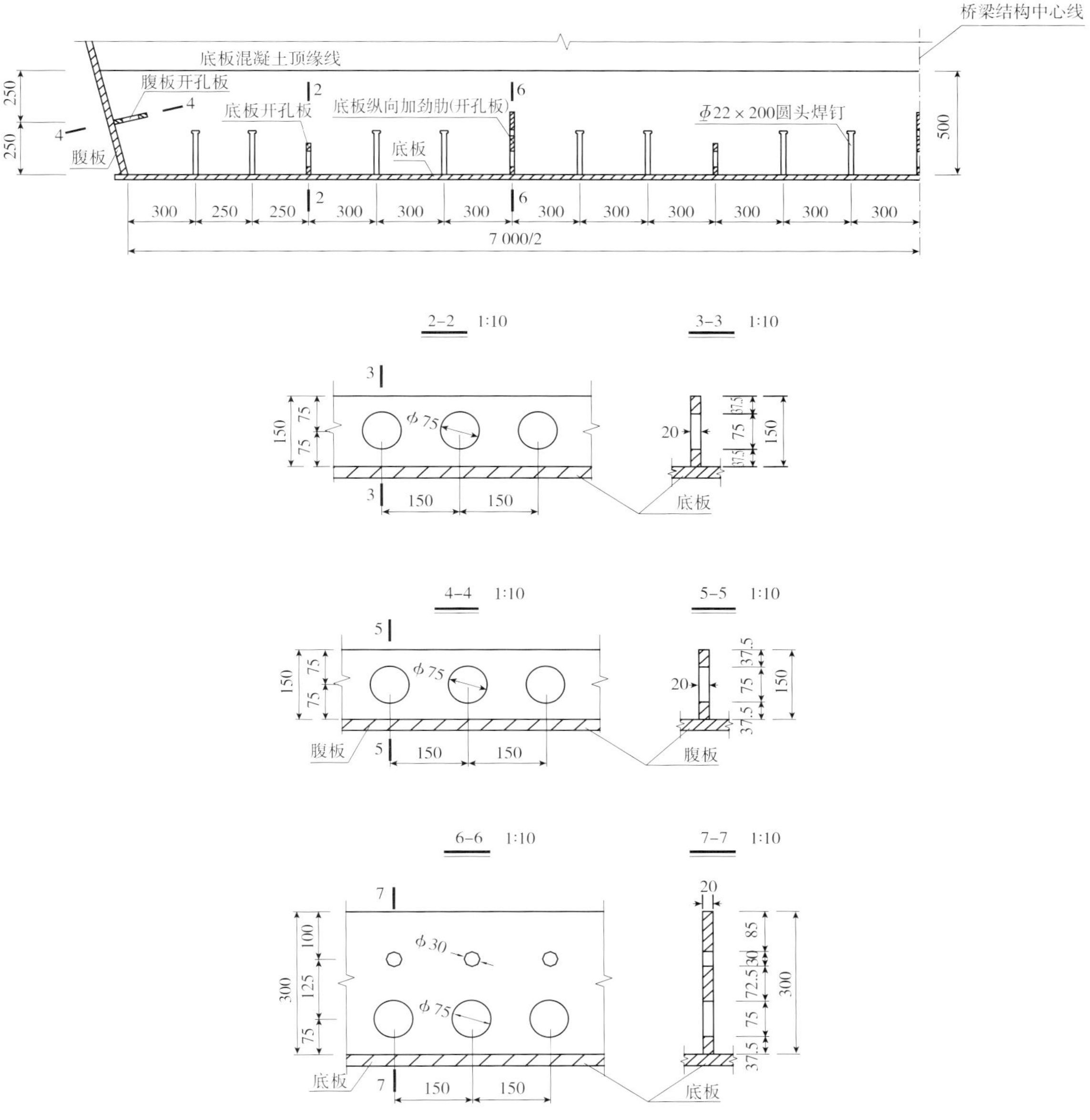

图 4.1–5　墩顶双结合布置图（尺寸单位：mm）

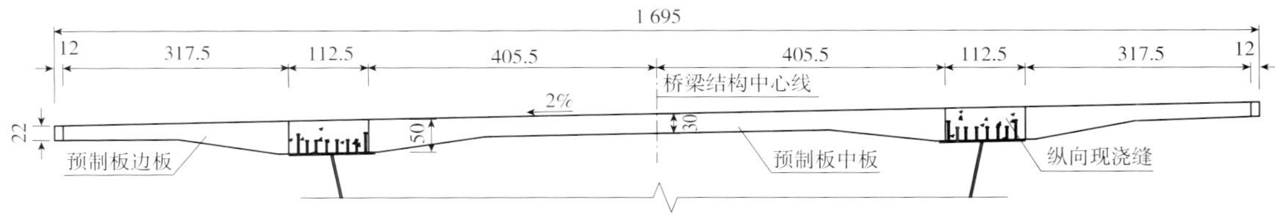

图 4.1–6　桥面板横断面布置图（尺寸单位：cm）

预制板安装前，事先将 ϕ 20mm 的橡胶条牢固黏结在钢梁上翼缘的外边，避免接缝混凝土漏浆，如图 4.1–7 所示。边板与钢梁上翼板结合部采用 HM106 密封胶填充。

横桥向桥面板采用全预应力体系，布置 ϕ^s15.2–4@500mm 的通长钢束。中板由于跨径较大，达到 9m 左右，在预制及存放阶段，布置 ϕ^s15.2–2@1 000mm 的一期钢束。预应力管道压浆采用塑料波纹管、真空压浆的工艺。预应力断面布置如图 4.1–8 所示。

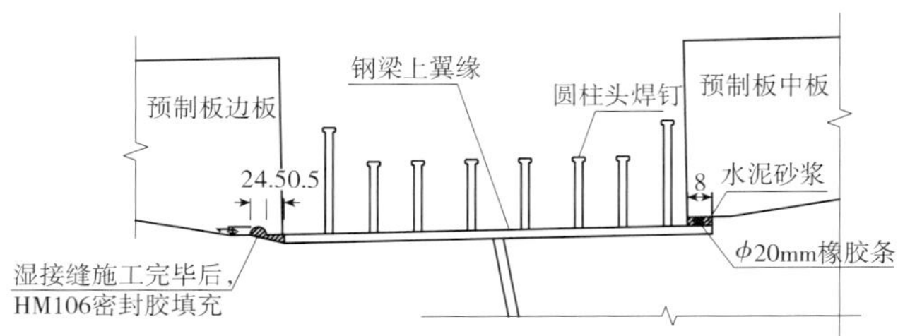

图 4.1–7　桥面板与钢梁上翼板结合部处理（尺寸单位：cm）

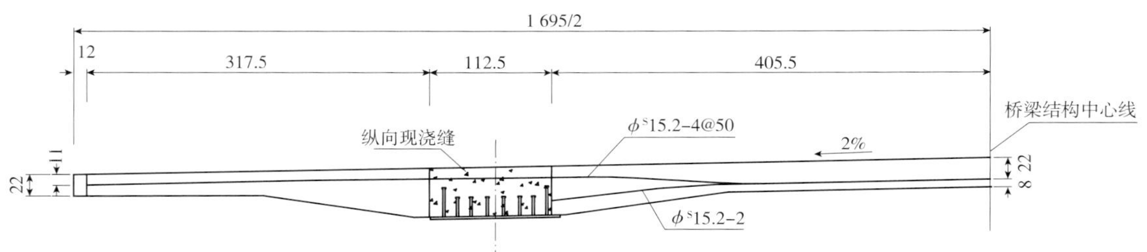

图 4.1–8　1/2 桥面板横向预应力断面布置图（尺寸单位：cm）

3）剪力键

桥面板与槽形钢梁之间通过布置于上翼缘的圆柱头焊钉剪力键连接。焊钉剪力键直径 22mm，纵向连续布置，布置间距为 125~375mm；横向布置 8 个，布置间距为 125~150mm。剪力键标准高度为 200mm，最外侧两根高度为 300mm。在腹板竖向加劲及横隔板附近，也适当增配了长钉。如图 4.1–9 所示。

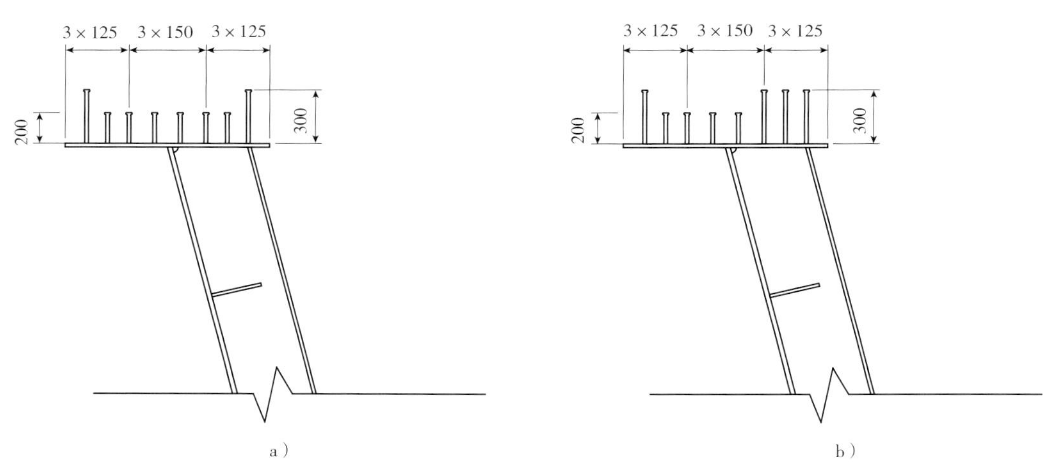

图 4.1–9　剪力钉布置断面图（尺寸单位：mm）
a）剪力钉标准布置；b）腹板加劲范围剪力钉布置

4）施工步骤

（1）混凝土板预制

混凝土桥面板预制，存放至少 6 个月，其中待中板张拉一期横向预应力钢束后，方可起吊存放。

（2）钢结构小节段制造

钢梁工厂制造，10.2m 一个基本节段，运输到钢梁拼装台座。

（3）钢结构大节段拼装

在预设拱度的钢梁拼装台座上进行一孔钢梁节段的拼装、焊接。

（4）混凝土板的组装

钢梁拼装完成后由滑道推至混凝土板组装台座，形成四点支撑体系，各支撑应设置为可以顶升的活动点。先将中板吊装就位，待中板均吊装完毕后，将四个支点起顶至设计顶升量。塔设支架铺设边板。浇筑纵、横向混凝土湿接缝，待其强度与弹性模量达到设计值的85%以上时，张拉二期通长横向预应力钢束。其中距梁端约7.5%的梁长范围混凝土桥面板以钢扁担梁相互固定，并与钢梁固定，不浇筑现浇带。现浇缝达到设计要求后撤除钢梁底跨中支撑，保留边支撑，为待吊状态。

（5）整孔梁的安装及成联

利用浮吊吊梁到位，利用设于墩顶的三向可调千斤顶将主梁精确就位。一联梁体吊装到位且精确就位后，进行单孔钢梁间焊接形成整联桥。

（6）支点顶升

浇筑4、5墩顶处底板双结合混凝土，待底板双结合混凝土强度及弹性模量均达到设计值的85%以上时，4、5墩处临时支座顶升。浇筑4、5墩支点范围上缘混凝土板纵横向接缝，待混凝土强度及弹性模量达到设计值的95%以上时，张拉横向预应力，拆除扁担梁。4、5墩支点回落至成桥高程，拆除临时支座。

以此对称，（3、6号墩和2、7号墩）重复以上操作，一联主梁施工完成，墩号示意图见图4.1-10。

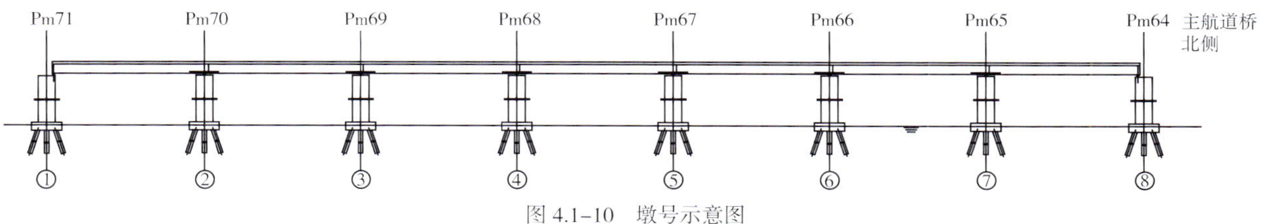

图4.1-10　墩号示意图

4.2　设计技术

4.2.1　结构构造

1）钢梁构造

钢梁由连续的槽形截面、横向加劲框架系统、局部加劲肋，以及上翼缘平面加劲斜撑组成。槽形截面由腹板、底板和上翼缘板组成，上翼缘板主要为设置剪力键与混凝土板结合，并兼顾施工阶段受力需要；横向加劲框架系统由腹板竖向加劲肋、底板横向加劲肋以及支撑杆件组成，沿桥梁纵向以一定间距间断设置，在永久支点、临时支点、临时吊梁位置亦设置相应加强隔板；局部加劲肋为了防止钢板受压、受剪发生局部屈曲设置，通常沿桥纵向设于腹板、底板，根据需要有时还在两道横向加劲框架系统之间的腹板上设置竖向加劲肋；槽形钢梁为了满足纯钢梁施工抗扭需要，在上翼缘处平面设置加劲杆件提高纯钢梁抗扭刚度。

（1）槽形钢梁构造

槽形钢梁顶板全桥宽1.2m，厚度根据受力需要采用24mm和56mm，56mm为近中支点附近顶板；腹板厚度根据受力需要采用18mm、20mm、28mm；底板全桥宽7.6m，厚度根据受力需要采用

28mm、32mm、38mm、42mm、50mm 和 56mm。其中大于 50mm 厚钢板采用 Q370qD 材质。

（2）横向加劲系统

横向加劲框架系统由腹板竖向加劲肋、底板横向加劲肋，以及支撑杆件组成空腹式横隔板、永久支点隔板、临时支点隔板、临时吊梁加劲共同组成。横向加劲框架系统的作用是多方面的，与钢梁腹板、底板以及桥面板共同作用，在施工与运营阶段满足纵横向受力、局部稳定、总体稳定等承载要求，本桥结合个部分受力特点，横向框架系统分为以下几大类：

①空腹式横隔板

大跨箱梁标准横隔板有实腹式、空腹式两种。空腹式横隔板的相对优点主要有构造简单、节省钢材、减轻自重、增加梁体内部空间的通透性、更适合在箱内设置除湿系统等，本桥在梁体跨中区域采用了空腹式横梁的构造形式。经整体及局部计算、比选，本桥顺桥向每间隔 5.1m 布置一道空腹式横隔板，横隔板水平横撑采用 Φ159mm × 10mm 无缝钢管，两个斜撑采用 Φ121mm × 8mm 无缝钢管。无缝钢管之间采用空间环缝连接、钢管与框架加劲之间以节点板相连。空腹式横隔板构造如图 4.2–1 所示。

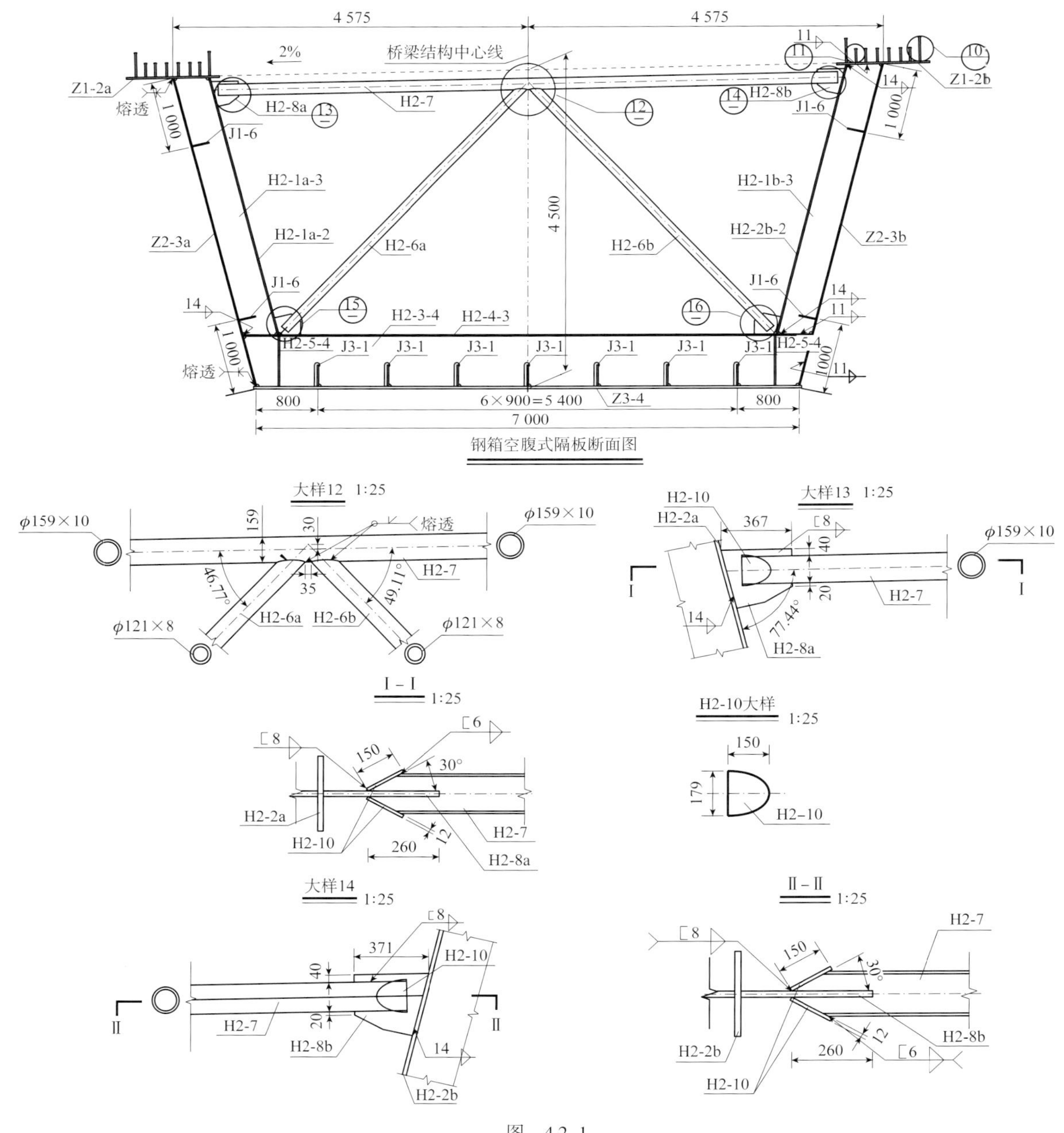

图 4.2–1

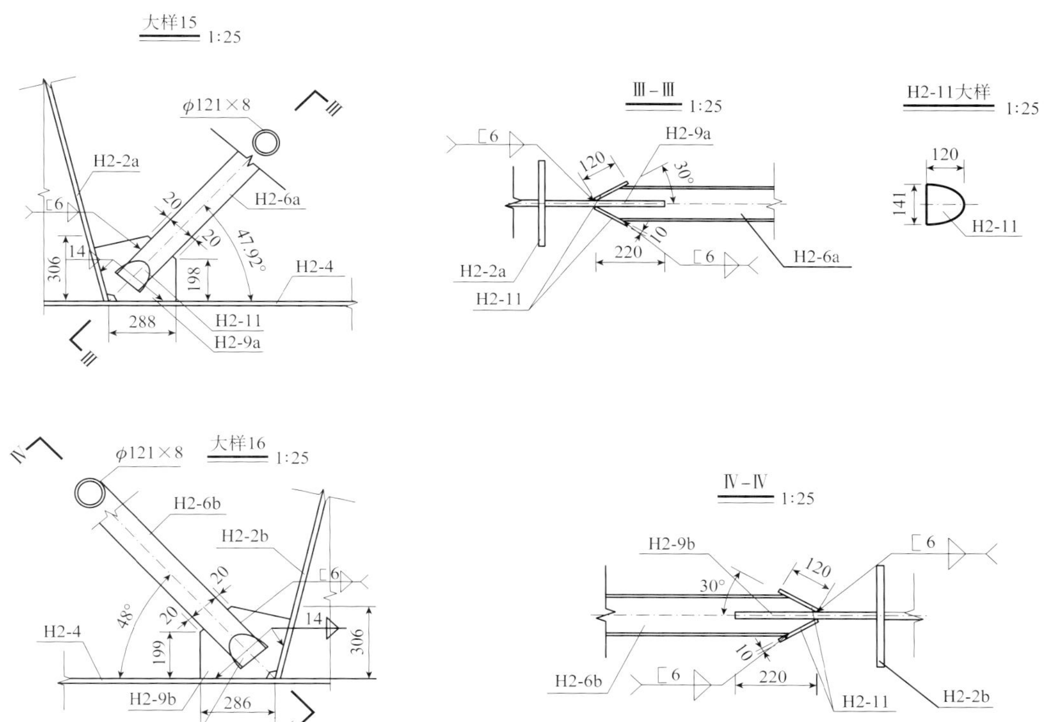

图 4.2-1　钢箱空腹式隔板构造图（尺寸单位：mm）

②定位千斤顶加劲

考虑到结合梁整体吊装搁梁时位置的微调，在近支点 1.5m 处设置定位千斤顶框架结构。定位千斤顶框架为施工临时构件，主支撑加劲厚度为 30mm，自梁底伸至梁顶，如图 4.2-2 所示。

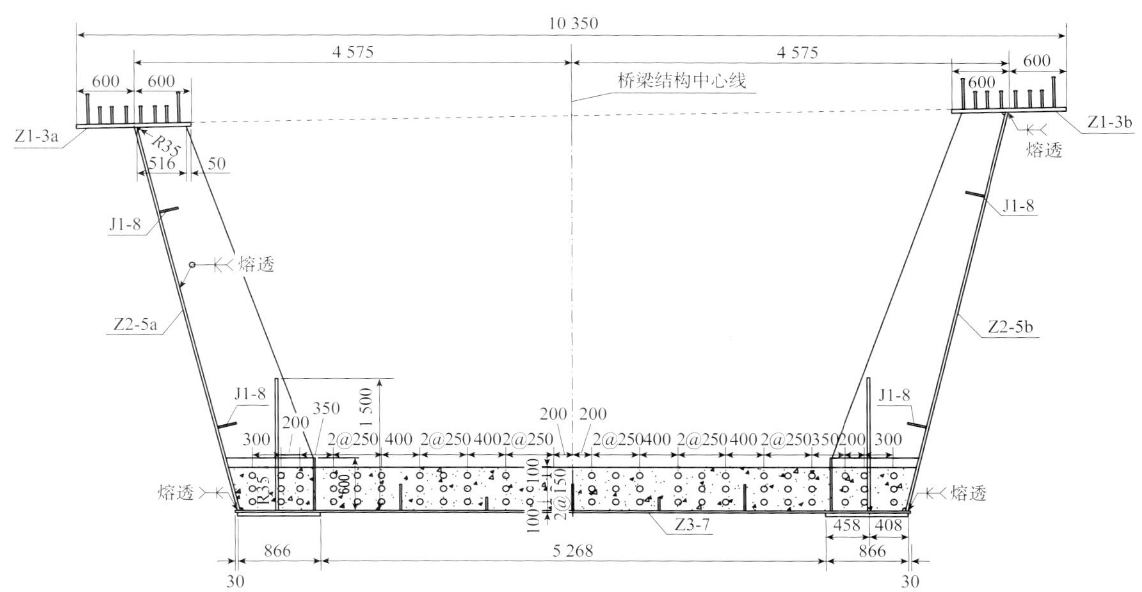

图 4.2-2　定位千斤顶框架断面图（尺寸单位：mm）

③临时支点横隔板

结合梁采用简支变连续施工方法，简支时的施工支点和顶升时的支撑需要一个较强大的临时支点。在距中支点 2.0m 处设置一临时支点横隔板，板厚 36mm，考虑到顶升千斤顶群的布置，在横隔板上设置多而密的小加劲，临时支点横隔板如图 4.2-3 所示。

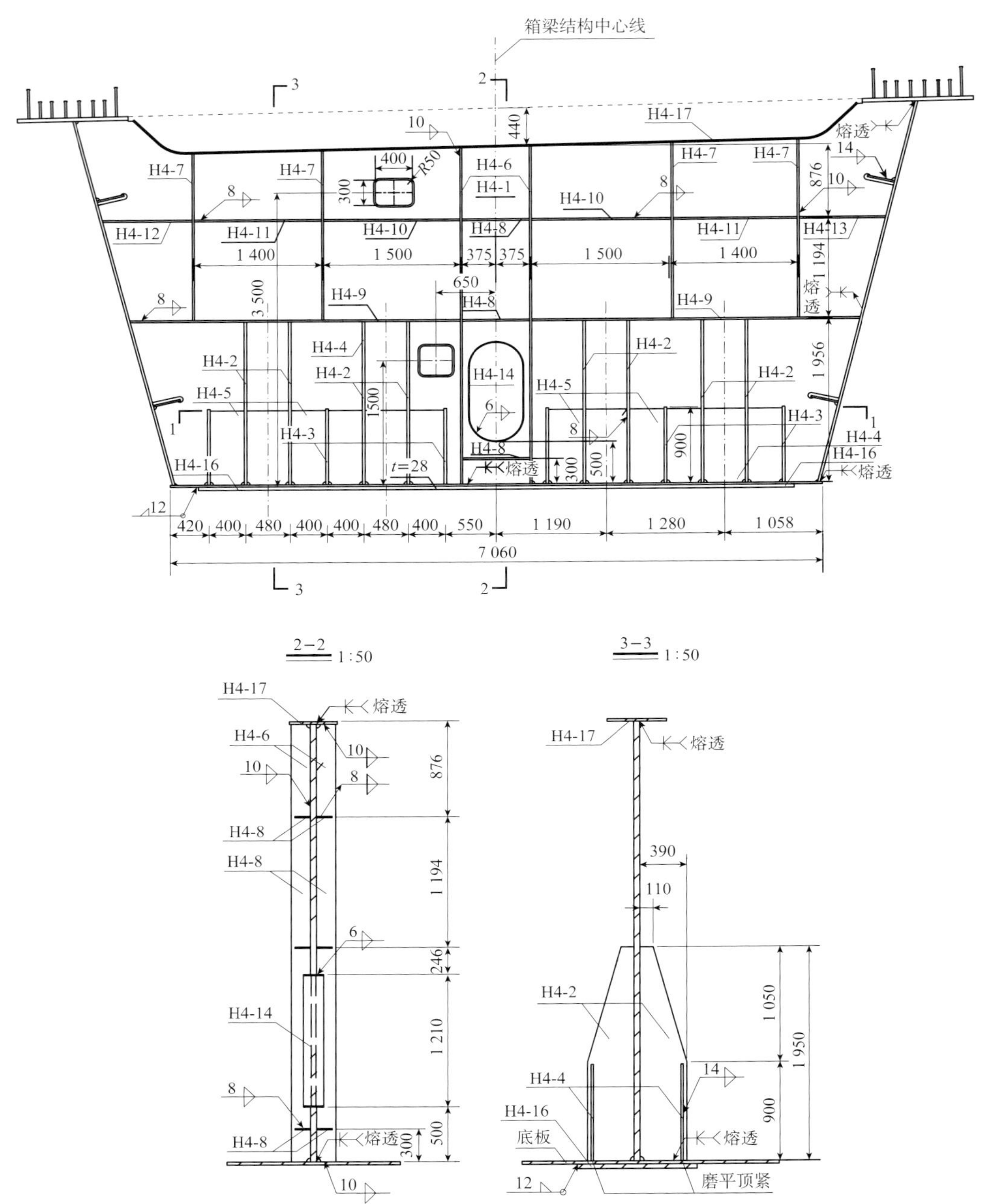

图 4.2–3　临时支点横隔板构造（尺寸单位：mm）

④中、边支点横隔板

各支点处设置一支点横隔板，中支点横隔板厚为 36mm，边支点横隔板厚为 30mm。考虑到纵梁的伸缩引起的纵向偏位，横隔板的主加劲肋高度为全梁高。边支点横隔板处因伸缩缝的安装，混凝土板全截面加厚至 500mm，悬臂端下增加钢挑梁，作为大位移伸缩缝边支点，减小伸缩缝处梁截面横向相对变形。中支点横隔板、边支点横隔板如图 4.2–4、图 4.2–5 所示。

（3）局部加劲肋

局部加劲肋分为纵向、横向两种加劲肋，常在钢梁腹板和底板上需要设置纵向加劲肋，局部横向加劲肋通常只有腹板为了满足局部屈曲稳定的需要设置，作为对横向加劲框架系统的补充。对于连续组合梁作为受力整体主要受弯剪作用，腹板纵向加劲肋的主要作用是防止腹板失稳。当负弯矩区采用双层组合结构时，由于下翼缘也有混凝土板的作用，将减小受压区高度与压应力水平，因此，负弯矩区采用双层组合结构，可以降低该区域腹板与底板抵抗局部屈曲的加劲需求。具体到本桥，腹板水平加劲肋在运营阶段需在支点区域布置在腹板下缘，在跨中区域布置在腹板上缘。因本桥采取整体预制、简支变连续的施工方法，则在施工阶段支点附近也承受正弯矩，因此在腹板上缘也应布置水平向加劲肋（图 4.2–6）。

腹板水平向加劲肋的断面形式可以分为板式和 T 式，主要与其需要的刚度有关。根据计算，本桥腹板水平加劲肋采用板式。依据腹板的受力，共分为三个区段，三种形式：近支点处为 260mm × 26mm ；近跨中处为 220mm × 16mm ；两者之间处为 200mm × 20mm。

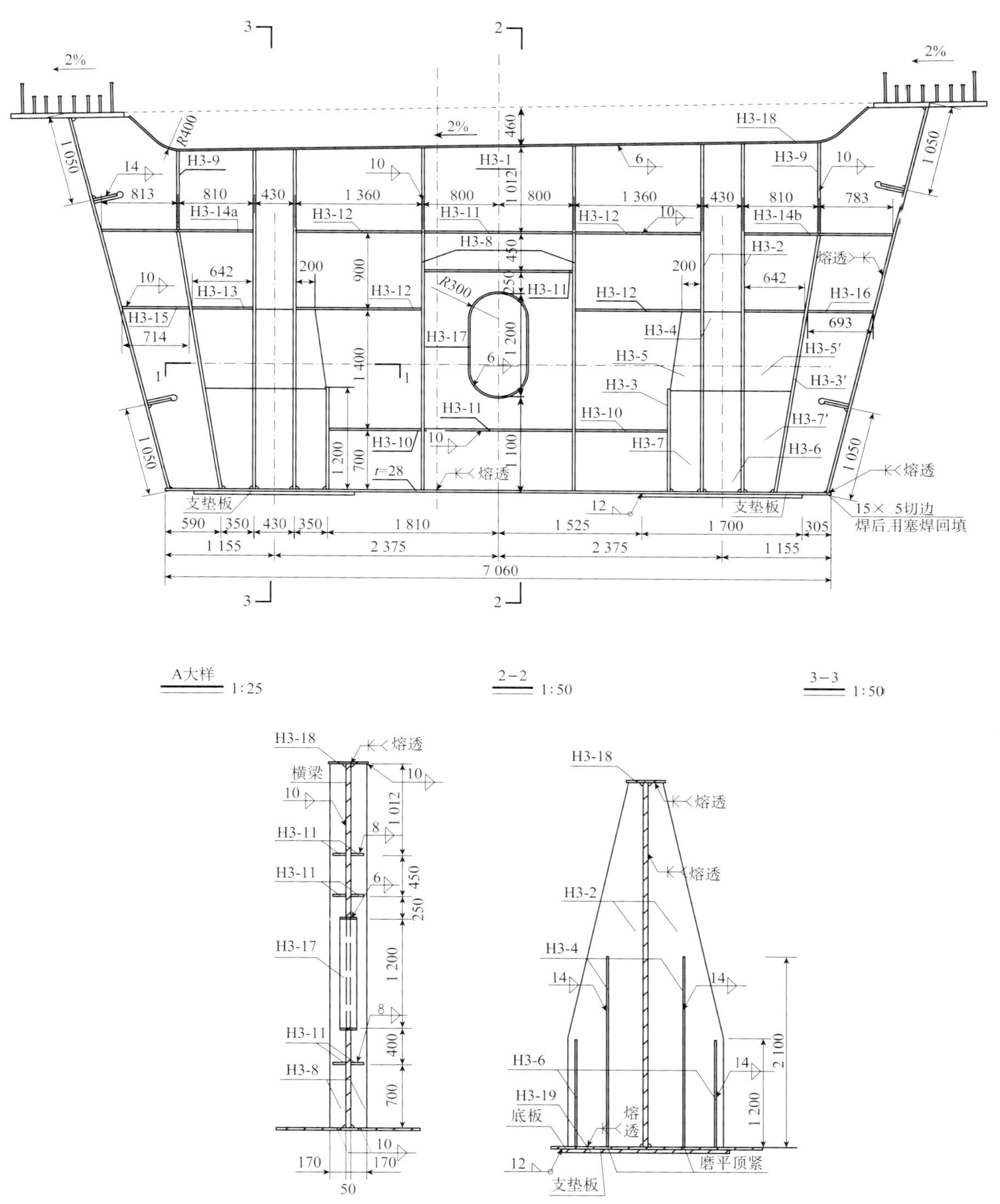

图 4.2–4　中支点横隔板构造图（尺寸单位：mm）

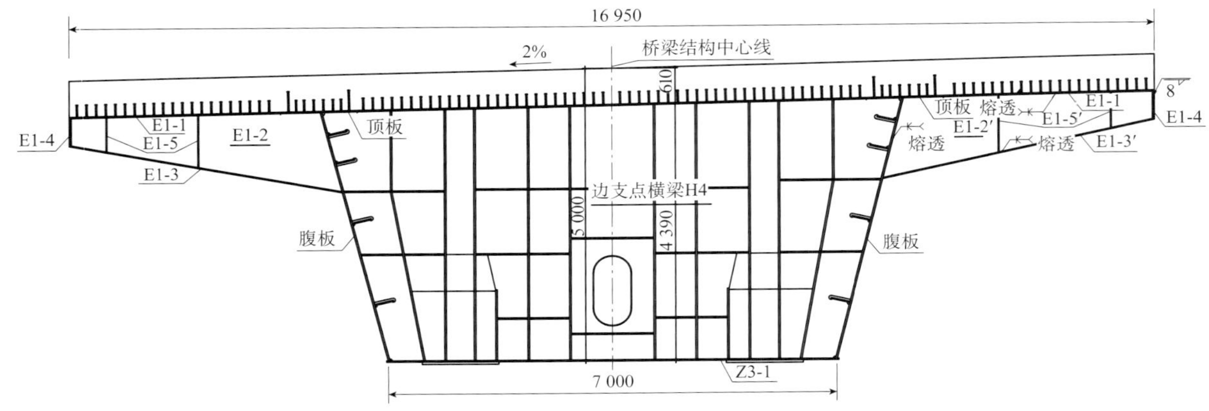

图 4.2–5　边支点横隔板构造图（尺寸单位：mm）

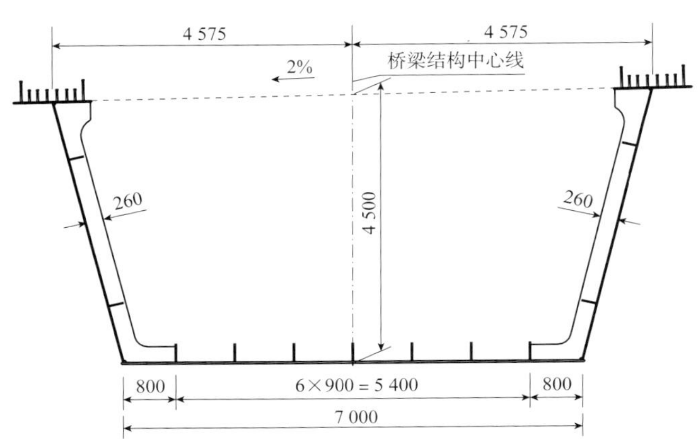

图 4.2–6　局部加劲布置略图（尺寸单位：mm）

腹板竖向加劲肋的作用在于保证腹板的稳定性及参与腹板的抗剪作用，因此在剪力较大的区域应当密布，并采用刚度较大的断面，在剪力较小的区域可以疏排并采用刚度较小的断面。特别对于受压区范围大、压应力与剪应力高的腹板区域，它将和局部竖向、纵向加劲肋共同防止发生失稳。因为腹板竖向加劲肋与截面横向受力、抗扭、腹板局部稳定以及总体稳定等多种因素有关，需要经过综合比较后加以确定。

本桥支点区域剪力较大，因此在支点两侧各 10.2m 范围内腹板竖向加劲肋间距较小，标准间距 1.7m，并采用刚度较大的 T 式断面；在跨中 35.7m 范围内区域，腹板剪力较小，竖向加劲肋间距采用 2.5m，并采取了刚度较小的 260mm × 18mm 的板式断面。两者之间采用间距 1.7m，尺寸为 260mm × 20mm 的板式加劲过渡。

底板纵向加劲肋与腹板纵向加劲肋不同，在下翼缘受压区对钢板加劲防止失稳的作用的同时，可以充分发挥抗弯作用。其数量、形式等可以根据受力要求、结构与制造情况综合确定。底板纵向加劲肋的作用主要在于保证底板受压的局部稳定性，常采用的断面形式有板式、T 形、U 形等。根据本桥梁式桥的受力特点，为增强底板受力且简化施工，采用了板式肋的形式。如前所述，在支点区域采用了混凝土与钢底板结合的方式。在该区域，板式肋除了加劲底板的功能外，还可以通过开孔而兼具有剪力键的功能，可有效保证底板处钢–混凝土结合作用。底板纵向加劲肋尺寸为 300mm × 20mm，横桥向 7 个布置。在近中支点处，纵向加劲肋上开孔，形成开孔板剪力键以增强钢结构与混凝土之间的连接作用。

（4）上翼缘平面加劲斜撑

对于槽形截面，在上翼缘处仅有横向加劲系统还不够，在与混凝土桥面板组合前，为了抵抗施工期间的荷载作用，特别是偏载引起的扭转作用，还需要设置平面桁式加劲杆件。平面桁架在使用阶段同时还起到保持截面的抗扭刚度的作用。

水平斜撑采用钢管 X 桁架结构，斜撑平面距顶板平面斜长 300mm，钢管采用 203mm × 10mm 无缝钢管。

（5）钢梁分段及支点构造布置

本桥的施工方法确定为整孔简支吊装，然后在现场简支变连续，对于梁体节段划分及支点处构造措施处理方案进行了以下几种方案比选。

方案 1：在墩顶设置结合段，一侧梁体吊装到位后首先搁置于可以三向调节的临时支撑上，然后吊装结合段，调整定位后，利用螺栓临时固结，进行接缝焊接，然后吊装另外一侧梁体，同样放置于可三向调节的临时支撑上，调整定位后临时固结并焊接，如图 4.2-7 所示。

这种方案在空间较为局促的墩顶区域对应于每一临时支撑处，都需要设置一道强大的实腹式横梁，而且必须有两道拼接缝，拼装定位精度控制现场焊接质量，现场焊接工作量较大。

方案 2：构造布置如图 4.2-8 所示。

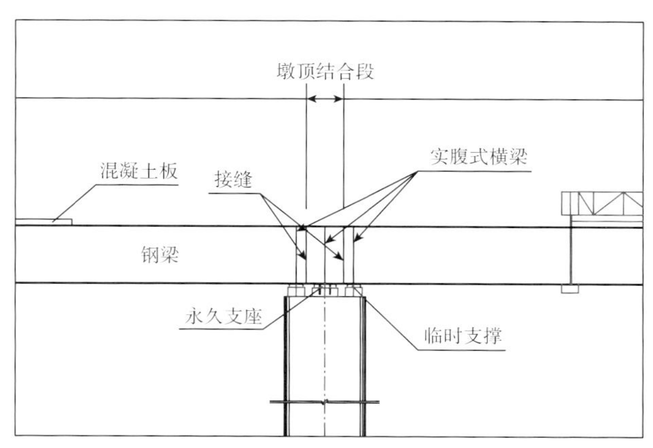

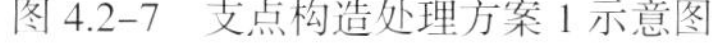
图 4.2-7　支点构造处理方案 1 示意图

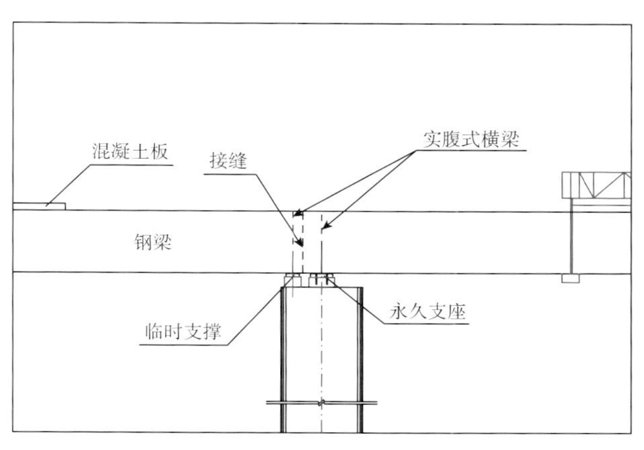

图 4.2-8　支点构造处理方案 2 示意图

方案 2 与方案 1 相比，减少了一道接缝，不设墩顶结合段，前一段梁体吊装就位并调整安装完成后，吊装后一段梁体，首先搁置于临时支撑上，调整定位后，自然落梁至永久支座，临时固结并焊接。这样，就减少了一道实腹式横梁和一道焊接接缝，简化了墩顶段构造，也减少了现场焊接工作量。

另外，从美学角度出发，本桥桥墩横桥向宽度与上部结构梁底同宽，施工阶段的支座顶升起顶位置，以及日后更换支座的临时起顶位置布置也较为困难，临时支撑处可作为施工阶段支点升降位置，以及今后进行更换支座等后续维护工作的临时起顶位置，方便了施工阶段内力调整的操作和后续维护工作。

方案 3：本方案将接缝移出墩顶区域，放置于内力较小的 $L/5$ 区域，第一段边跨梁吊装长度稍长，后续跨吊装时，为了进行临时固结以进行焊接连接，需布置如图 4.2-9 所示吊挂构造。这种方案的优点在于将钢梁接缝设置于受力较小的正负弯矩交汇区，但缺点是在架设过程中将接缝设置于梁体跨中，需要额外添加吊挂设施，构造和施工工序都较为复杂，钢梁的焊接连接无法在一个较为稳固的平台上进行操作，质量控制较为困难。

同时，若施工阶段需要进行支座顶落操作以及日后更换支座需要临时起顶，临时支撑点的布置也较为困难。三种形式综合比较如表 4.2-1 所示。

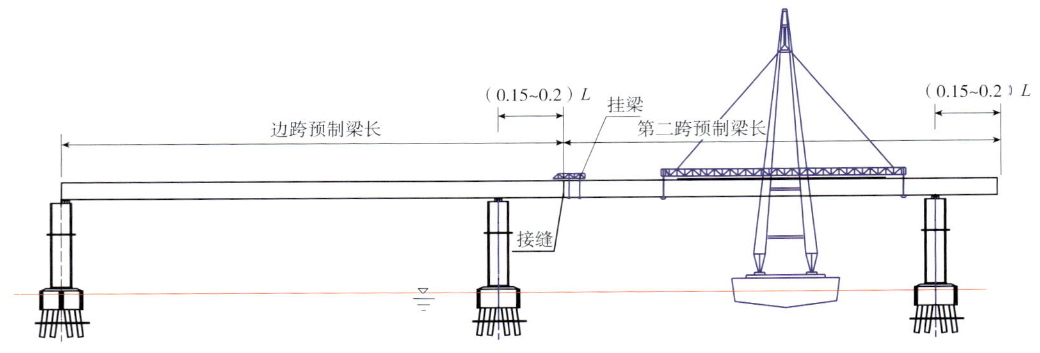

图 4.2-9　支点构造处理（方案 3）示意图

三种形式综合比较　　表 4.2-1

方　案	焊接接缝数	优　点	缺　点
1	2	调整定位较方便	现场焊接接缝较多，需加设较多实腹式横梁，构造较复杂
2	1	梁体接缝较少，临时支撑加劲横梁较少，构造简单	支点一侧需设置临时加劲横梁，另一侧不需要设置，构造不对称
3	1	梁体接缝移出墩顶区域	节段间架设及临时固结需设吊挂设施，构造较复杂，施工工序较多

综合考虑，结合受力分析、构造措施、施工条件等多方面的因素，确定采用方案 2 作为钢梁划分以及支点处的构造形式。

2）混凝土桥面板

组合结构桥中的桥面板，根据施工方法、结构形式以及结合方式等，可以分成现浇桥面板、预制桥面板和组合桥面板三种主要类型。桥面板的选用需要根据结构受力状况、施工条件、工程造价等综合确定。

现浇板的优势在于设计和施工都相对简单，具体实施时，混凝土板中的普通钢筋和预应力钢束的摆放，可以根据钢梁顶板剪力键的布置以及设计要求做适当调整，施工较为灵活。近年来欧洲建造的组合结构连续梁有许多采用现浇板。但现浇板方案也有它的不足之处和适用范围，这种方案更适用于具有良好养护条件和对工期要求相对不高的环境。浇筑时水化热引起的残余应力等不容忽视，由于钢梁的约束和混凝土的收缩将在混凝土中产生较大的拉应力，在混凝土桥中细微的早期收缩，一般标准中均未加以考虑，而在结合梁桥中则必须注意。另外，混凝土硬化时的水化热引起的温差使干燥收缩引起的拉应力更大。而且随着龄期的增长，混凝土徐变和收缩对于组合截面应力分布的影响以及所引起的缀余力也较大。

相对于现浇板，预制板对于设计和施工都有着较高的要求，纵横向不同分块板的普通钢筋之间，以及它们与钢梁顶板剪力键之间都需要考虑相互错让。但预制板的优势在于预制混凝土桥面板的方法，在经济性、施工性、工期、减少桥面板出现的拉应力诸方面均有一定的优势。从现浇混凝土板的损坏过程可以认识到，非荷载作用引起的早期裂缝往往是最终破坏的起因。预制混凝土桥面板从浇筑到架设，具有更好的养护条件。因此，水化热引起的温度应变以及干燥收缩变形都未受外界约束影响，预制板内产生的应力极小。同时，由于储放一段时间才与钢梁结合，大部分收缩在早期完成，对于减小成桥阶段收缩徐变的影响也非常有利。若预制板方案与整梁预制方案相结合，还可以最大限度的提高预制台座的利用效率，加快施工进度。

结合上海崇明越江通道长江大桥的条件：桥位处水面宽阔，远离岸边，现场施工作业难度大，养护条件差；本桥采用先简支后连续的施工方法，需要现场施工墩顶段混凝土板，如果场地预制阶段采用现浇板，而对墩顶段采用预制板，则需要准备两套施工机具和流程，机具利用率不高，较为浪费。综合考虑各方面因素，预制板方案较为适合本桥。

（1）预制板横向分块选择

对于预制板方案，又存在横向分板的不同方案，若横向采用一块板方案，则需群顶布置方案，考虑到安装时候的横向变形和耐久性问题，本桥否定该种方案。如果采用通常剪力键布置方式，则预制板的布置必须为焊钉布置区域留出纵向通长的现浇带区域，结合本桥断面进行分析，又存在着两种布置方案，即四块板方案和三块板方案，如图 4.2-10 所示。

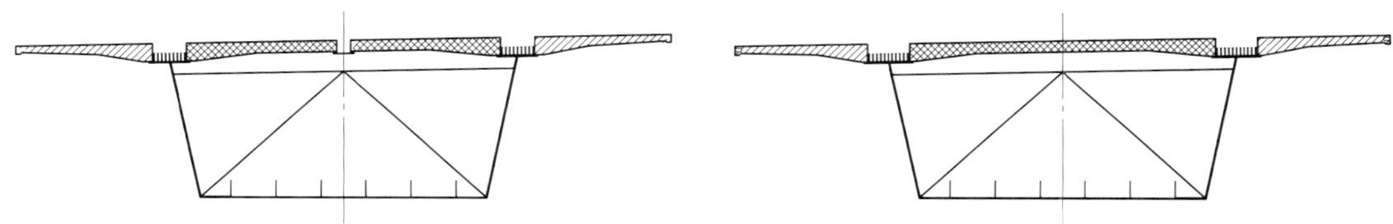

图 4.2-10　预制板方案比选示意图

本桥腹板间距较大，达到 9.15m，如果三块板方案，则需在中板中配置先、后两批钢束。若采用四块板方案，则需要梁体中部为预制板的搁置提供一个临时支承，预制板件数量有所增加，现浇缝数量增加，考虑到钢筋的连接、施工的周期等因素，三块板方案更合适本桥。

（2）中支点钢结构—混凝土横向连接选择

设计中对中支点横隔板与混凝土板是否连接进行过比较、选择（图 4.2-11）。一种设计方案采用横隔板顶缘与桥面板连接，桥面板至支点处厚度增加至 500mm 以与横隔板顶缘相接；另外一种设计方案采用混凝土板过支点不变化的处理方案。两种方案各有优缺点，从混凝土板的纵横向受力综合考虑，考虑到第一体系下支点处负弯矩较大，选择两者分离的方案。

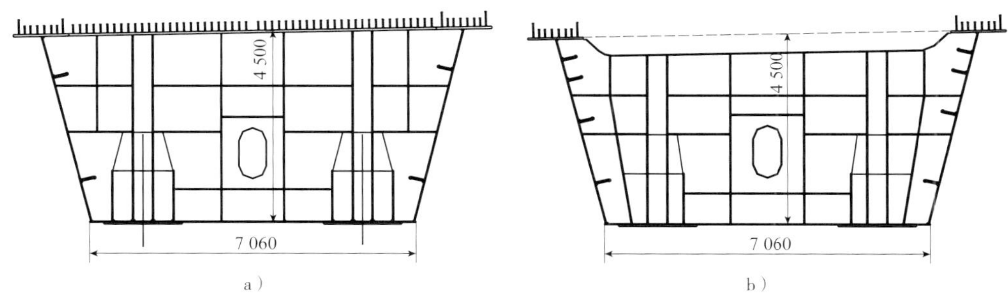

图 4.2-11　中支点钢混横向连接方案比选示意图（尺寸单位：mm）

a）连接；b）分离

3）钢与混凝土的连接

对于钢—混凝土组合结构桥梁，随着结构形式的不断发展，对连接性能的要求提出了更高要求。不仅要求承担剪力，还要求能够承担拉拔力；不仅要求连接性能满足承载能力要求，而且要求能够满足组合结构整体性能要求。钢和混凝土界面的连接强度可分为结合面的抗剪强度和结合面的抗拉强度，前者是对结合面滑动的抗力，后者是对两者剥离的抗力。

当前，圆柱头焊钉连接件使用最普遍，开孔板连接件是最受关注的新型连接件。圆柱头焊钉剪力键的优点在于构造简单、布置灵活、安装方便，而且各国都对此种剪力键做了较为深入的研究，其受力机理和破坏模式也较为明确。开孔肋板剪力键也开始在一些大型桥梁上得到应用，这是一种刚性剪力键，受力机理有别于以焊钉剪力键为代表的弹性剪力键，它的优点在于传力直接，传递效率较高，节省空间。

结合本桥同时考虑到我国规范和科研工作的实际情况，在占桥跨大半的正弯矩区段混凝土桥面板与钢梁连接部位采用了焊钉剪力键；另外，在支点部位，由于考虑减薄支点钢梁底板厚度而采用了双结合的设计，为了节省空间，简化构造，利用钢梁底板纵向加劲肋同时作为钢底板与混凝土结合的剪力键，形式上属于开孔板剪力键。

焊钉剪力键的布置方式从总体上说可以分为：连续布置和间断布置。

连续式布置方式钢与混凝土结合较好，这种布置方式比较适用于现浇混凝土桥面板，若采用预制混凝土桥面板，在构造上会对预制板提出较高的要求。构造布置如图 4.2–12 所示。

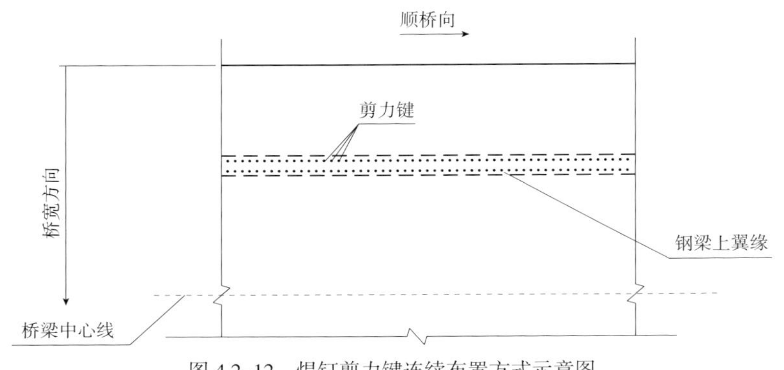

图 4.2–12　焊钉剪力键连续布置方式示意图

间断式布置剪力键成簇布置，簇之间存在空白区，这种布置方式比较适用于预制全宽混凝土桥面板，便于直接向预制板内施加预应力。如图 4.2–13 所示，只需在预制混凝土桥面板上开洞即可，但剪力键空白区混凝土板与钢梁的共同作用问题，以及预制板直接搁置于钢梁之上部位的防腐等问题略复杂。对于大跨度组合箱梁由于受力需要，预制板开孔较大，影响了预制板的整体性，同时该范围桥面板混凝土也无法在结合前施加预应力。因此，鉴于本桥处于海洋性气候环境，耐久性有较高要求，综合比选后焊钉剪力键采用连续布置的方式。

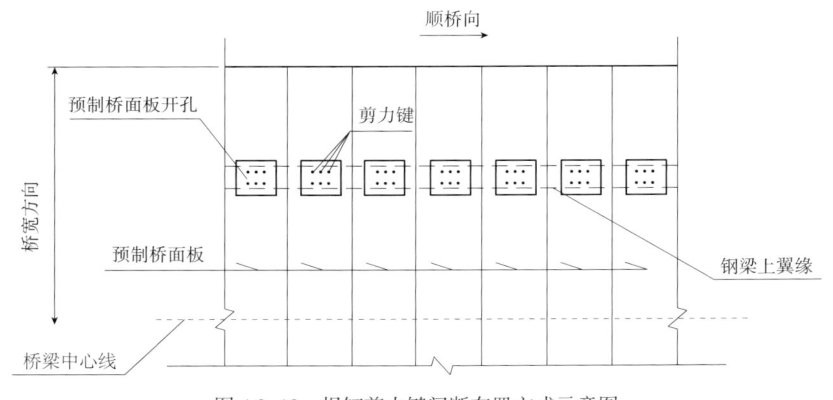

图 4.2–13　焊钉剪力键间断布置方式示意图

4）钢结构涂装

主跨 105m 钢—混凝土组合箱梁钢梁等钢结构的防腐涂装配套要求如下。

（1）钢梁结构外表面涂装配套要求

①表面净化处理，要求无油、干燥，参照 GB 11373—1989 的标准。

②除锈等级 Sa2.5 级，参照 GB 8923—2008 的标准。

③车间底漆 20~25μm。

④二次表面处理 Sa3.0，参照 GB 8923—2008 的标准。

⑤表面粗糙度 Rz60~100μm，达到 GB 11373—1989 的标准。

⑥电弧喷铝 160μm，达到 GB/T 3190—2008 的标准，容许偏差 ±40μm。

⑦环氧封闭漆（无厚度要求）→环氧云铁中间漆（2×70μm）→脂肪族聚氨酯面漆（2×40μm），总干膜厚度 380μm。

（2）钢梁内表面涂装配套要求

①表面净化处理，要求无油、干燥，参照 GB 11373—1989 的标准。

②喷砂除锈 Sa2.5 级，参照 GB 8923—2008 的标准。

③车间底漆 20~25μm。

④二次表面处理，对于车间底漆较完好的一般表面采用机械打磨或扫砂（拉毛）达到 St3；对于焊缝（接缝中心两侧各不小于 50mm 范围）和角落等局部区域应采用喷砂，要求达到 Sa2.5。

⑤表面粗糙度 Rz25~100μm，达到 GB 11373—1989 的标准。

⑥耐磨环氧厚浆漆 100μm（浅色），总干膜厚度 100μm。

（3）钢梁顶板表面涂装配套要求

①表面净化处理，要求无油、干燥，参照 GB 11373—1989 的标准。

②除锈等级 Sa2.5 级，参照 GB 8923—2008 的标准。

③表面粗糙度 Rz25~100μm，达到 GB 11373—1989 标准。

④车间底漆 20~25μm。

⑤二次表面处理，Sa2.5 级，参照 GB 8923—2008 的标准，顶面两侧各 50mm 范围内。

⑥二次表面处理，St3.0 级，参照 GB 8923—2008 的标准，顶面中部 1 100mm 范围内。

⑦玻璃鳞片环氧漆，500μm，顶面两侧各 50mm 范围内。

⑧无机富锌漆，40μm，顶面中部 1 100mm 范围内。

（4）底板双结合段

①表面净化处理，要求无油、干燥，参照 GB 11373—1989 的标准。

②喷砂除锈 Sa2.5 级，参照 GB 8923—2008 的标准。

③车间底漆 20~25μm。

④二次表面处理　对于车间底漆较完好的一般表面采用机械打磨或扫砂（拉毛）达到 St3；对于焊缝（接缝中心两侧各不小于 50mm 范围）和角落等局部区域应采用喷砂，要求达到 Sa2.5。

⑤表面粗糙度 Rz25~100μm，达到 GB 11373—1989 的标准。

⑥无机富锌漆 40μm，总干膜厚度 40μm。

4.2.2　设计关键技术措施

钢—混凝土组合结构桥梁由钢梁和混凝土桥面板通过连接件结合，形成组合截面共同受力，其构造特点决定了设计不同的施工方法对结构中钢梁与混凝土板的受力分配、结构的整体受力性能等具有重要影响。设计与施工充分结合、相互依存已经成为一种新的设计理念，出现了设计充分考虑施工需求，以及充分利用施工手段优化结构性能、降低工程造价的技术发展状况。

1）钢梁预弯法

本桥梁高取为5m，高跨比为1/21，若采取整孔吊装，简支变连续的施工方法，则本桥在一期恒载作用下是简支梁受力，只有在二期恒载以及后续荷载作用下才是连续梁受力，这种施工方法使负弯矩的受力减小，但同时也增加了跨中正弯矩区的受力。通过计算发现，这种施工方法方便了施工，减少了现场作业量，有效地利用了浮吊和预制场地资源，符合组合结构的受力特征，但若不采取措施，则正弯矩区段的受力较大，钢板厚度较厚，用钢量相对较高。因此可以考虑采取一定的措施改善正弯矩区段的受力，以减少用钢量。

通过在梁体预制阶段支撑系统的布置设计，给钢梁底板施加一定的预压力。在钢梁拼装完成以后，根据需要，在其上按一定要求铺设预制混凝土桥面板，钢梁受弯后，在钢梁断面内形成一定的负弯矩，负弯矩的大小由台座预设的拱度线形或支撑条件决定，然后密铺其余混凝土板，待现浇缝、混凝土板与钢梁结合形成整体截面共同作用后再转换至简支状态。虽然最终的内力状态与直接密铺支撑条件下铺板相同，但组合截面内钢梁与混凝土板应力进行了重分布，钢梁底板拉应力水平较直接密铺支撑条件下铺板方法小，也即施加一定的预应力。

预制阶段支撑系统调整方法无需额外增加设备，只需事先对台座进行预设，并按一定顺序进行桥面板的施工。本桥采用预制阶段支撑系统调整方法来改善正弯矩区钢结构的应力水平，如图4.2–14所示。

对105m主跨分成4种反弯方案进行研究：分别为2点、3点、4点、5点支撑，并将无反弯作为第5种方案进行对比。槽形钢梁在与混凝土桥面板结合前，截面上翼缘较弱，对钢梁进行预弯时，支点预设高差以上翼缘拉应力为控制条件，所需压重主要由预制桥面板提供。

计算步骤为：在预制梁场先完成105m钢梁拼装，置于支点预设高差的台座上，安装预制桥面板并利用其质量对钢梁形成反弯，浇筑钢梁上翼缘现浇带与横向接缝混凝土、完成85m跨中段桥面板的结合施工，整孔起吊至桥位并落梁呈简支状态。具体支撑情况见图4.2–15。

四种支撑反弯方案及无反弯方案（对应图中F1~F5）按照上述步骤进行计算，钢梁与桥面板应力状况，分别如图4.2–16所示。

根据图4.2–16的结果，不采用钢梁反弯措施时，钢梁上翼缘均处于受压状态，跨中压应力约45MPa，采用反弯措施后85m结合段钢梁上翼缘均由压应力变为拉应力，4点支撑方案跨中拉应力约145MPa，与不反弯的结果相差约190MPa；四种支撑方案相比，2点支撑过于简化、不够精细，效果最差，4点支撑与5点支撑调节效果良好且非常接近，3点支撑效果与4点支撑或5点支撑结果差异略大，但已经具有较好的调节效果。

采用反弯措施后85m结合段钢梁下翼缘拉应力均有降低，无反弯时跨中拉应力约130MPa，4点支撑方案跨中拉应力约110MPa，两者相差约20MPa，接近钢材允许应力的10%，且相差20MPa的范围达到约70m范围；5点支撑方案与4点支撑方案效果非常接近，2点支撑效果较差，4点支撑与5点支撑结果具有较好的调节效果。

采用反弯措施后跨中桥面板压应力均有增加，桥面板上翼缘压应力最大约15MPa，说明采用反弯措施时还需考虑到桥面板承压能力；采取反弯措施，在85m首次结合的桥面板中，最小能保持3~4MPa的压应力储备；不采用反弯措施时，压应力储备略有下降，约为2~3MPa。

预制台座预设支撑对钢梁反弯，支点越多对钢梁内力调节效果越好，综合调节效果与施工条件，本桥以4支点为优。钢梁反弯作用效果的大小，受其上翼缘拉应力限值控制，同时钢梁受力改善的代价是混凝土桥面板所受压力增加，因此，应考虑混凝土桥面板的制约作用。钢梁反弯措施改善了钢梁受力状况，钢梁下翼缘拉应力的减少约 80% 的区段呈现全截面受拉的应力状态，将显著降低腹板发生屈曲失稳的可能，直接地可以减小钢梁底板材料，间接地可以减少腹板加劲材料。本桥经优化后，在制梁时采取钢梁预弯的技术措施，使钢梁底板拉应力减小了 33MPa。

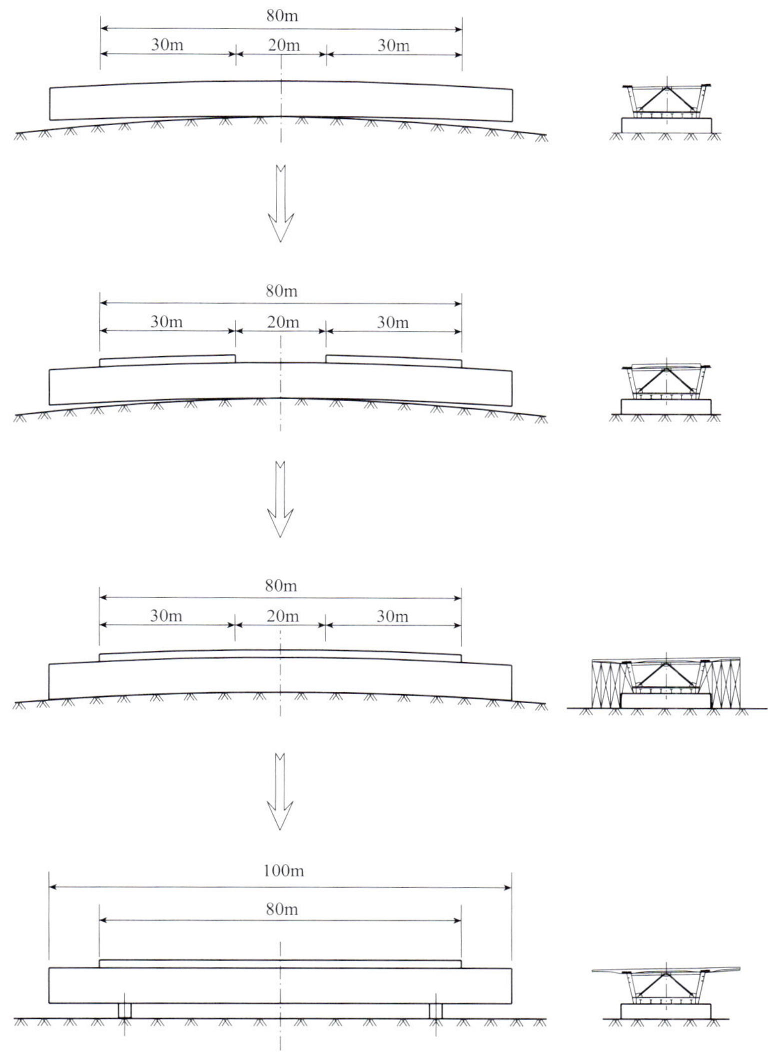

图 4.2-14　预制阶段支撑系统调整示意图

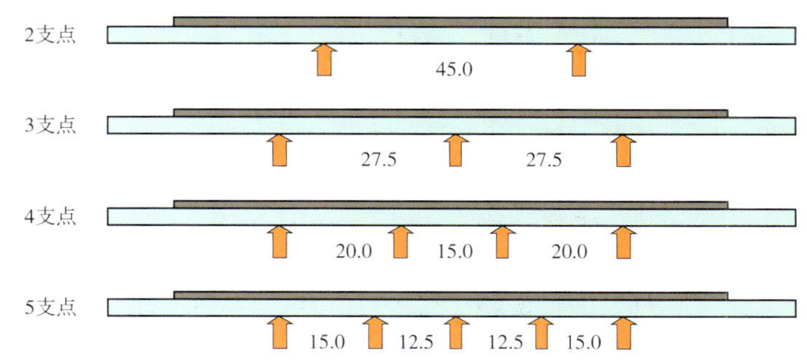

图 4.2-15　支点示意图（尺寸单位：m）

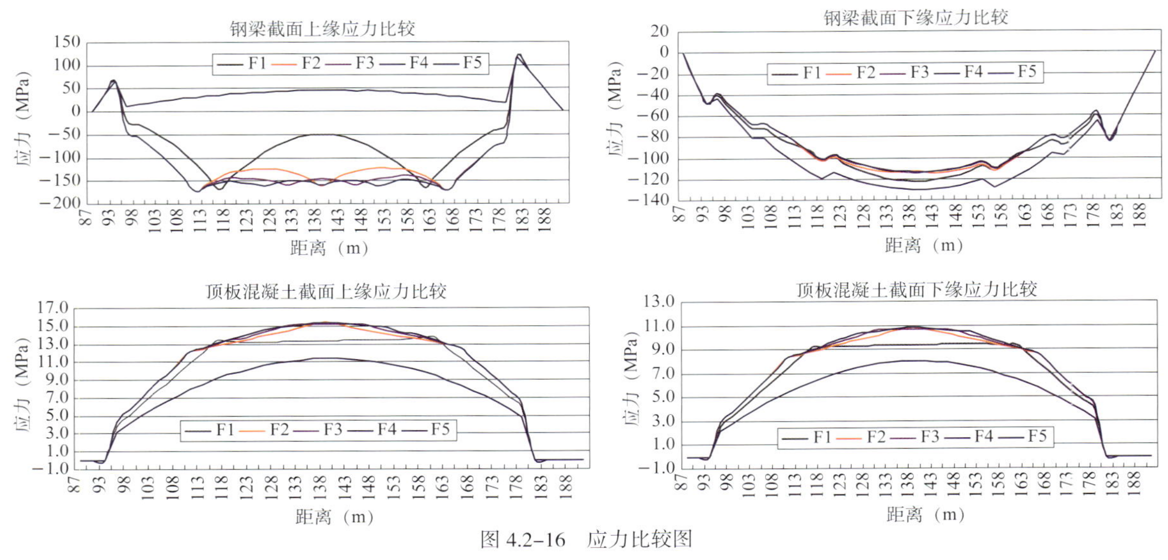

图 4.2-16　应力比较图

2）负弯矩区设计及计算

（1）受拉区桥面板设计

处理组合梁中混凝土的开裂有两类方法可以采用：一是预防开裂，二是允许裂缝出现但限制其宽度。预防开裂通常要使用预应力。早期的连续组合梁桥，混凝土板通常借助于预应力筋或安装措施在支点上方施加预应力。随着对混凝土板损伤、破坏等方面认识水平的提高，以及混凝土开裂对桥梁力学性能与耐久性的影响等方面研究的深入，从设计方法上，由原来的不允许出现拉应力或限制拉应力不允许开裂，转向允许开裂限制裂缝宽度的方法。目前，这一方法已经成为大跨连续组合箱梁最为常用的设计方法。

本桥采用整体预制吊装的施工方法，则一期恒载下基本为简支梁受力，支点负弯矩主要来自于二期恒载和后续活载。但由于钢梁相对强大，若采用预防开裂的设计原则，在支点负弯矩区配备预应力筋，则在混凝土徐变收缩作用下，所施加预应力传递至钢梁较多，再加上本桥为等高梁，预应力效率较低；通过计算分析可知，需要配置大量的预应力才能够保证混凝土板在最不利荷载组合下保持受压状态，并且由于采用了大挑臂的箱形断面形式，混凝土板厚度有限，预应力钢束的布置和锚固也相当不方便。综合考虑各方面因素，本桥采取了限制裂缝宽度的负弯矩区设计原则。同时重视桥面防水设计，在负弯矩区 20m 范围施以性能优良的 Eliminator 防水黏结体系。

（2）普通钢筋配置

对于不采用预应力，通过配置普通钢筋并限制裂缝宽度的方案，配筋设计的目的应使受拉翼缘混凝土板在长期循环荷载作用下，裂缝宽度限制在一定的范围内（一般为 0.2mm，本桥因地处入海口，取 0.15mm），以使桥面板的防渗性能不受破坏。但是，在长期循环荷载作用下，受拉翼缘混凝土板的裂缝宽度将会增长。为此，必须考虑持续荷载作用下的裂缝宽度增长，配筋必须按小于目标控制值的初始裂缝宽度设计。

（3）双层组合作用

双层组合结构桥梁是上下翼缘均有混凝土板与钢梁结合形成整体截面共同受力的组合结构桥梁，下翼缘混凝土板一般仅加设在支点附近的范围。在这个范围内，钢梁下翼缘通常处于受压状态，加设混凝土板参与受压，最能发挥混凝土的材料性能特点，而且在该范围自重的增加对支点及整个结构的弯矩产生的影响有限。双层组合梁桥伴随组合结构桥梁向大跨连续方向发展而出现的，并成为新的发展趋势之一。

支点负弯矩区钢梁底板在大部分工况下处于受压状态，从强度和稳定角度出发都需要配备较厚的钢板，但这一部位又需要进行现场焊接，厚钢板的现场焊接质量难以得到有效的控制。在这个范围内，钢梁底板加设混凝土板参与受压，最能发挥混凝土的材料性能特点，而且在该范围自重的增加对支点及整个结构弯矩的产生影响有限。双层组合梁桥伴随组合结构桥梁向大跨连续方向发展而出现的，目前已经有很多工程实例。双层组合结构的应用在组合桁梁、组合钢板梁等桥上都有应用。从国外组合结构连续梁现状可以看到，较大跨径的组合结构连续梁普遍采用了支点底板双结合的方案。

本桥如果单纯采用钢结构，也即厚钢板方案，根据计算，此区域底板厚度要达到56mm，而且需要布置较强的底板纵向加劲肋，现场焊接质量不容易控制，而且较为复杂的加劲肋系统与支点实腹式横梁在构造上相互避让和通过，构造较为复杂。如果采用在负弯矩区一定范围内布置现浇混凝土板，并使其与底板相结合的方案，即双结合方案，则混凝土板厚度约30~50cm，钢梁底板厚度可大大减薄，方便了现场焊接，并且简化了底板加劲肋系统。

钢梁底板与混凝土板的结合，可以利用圆柱头焊钉剪力键或者开孔板剪力键的方式，但圆柱头剪力键占据空间较大，钢筋布置不方便；若结合底板纵向加劲肋采用开孔板剪力键，如图4.2-17所示，横向钢筋可以通过圆孔保持贯通，既保证了纵向加劲肋的纵向连续性，又不需采用额外的组合连接构造，是一种较为适合的方式。

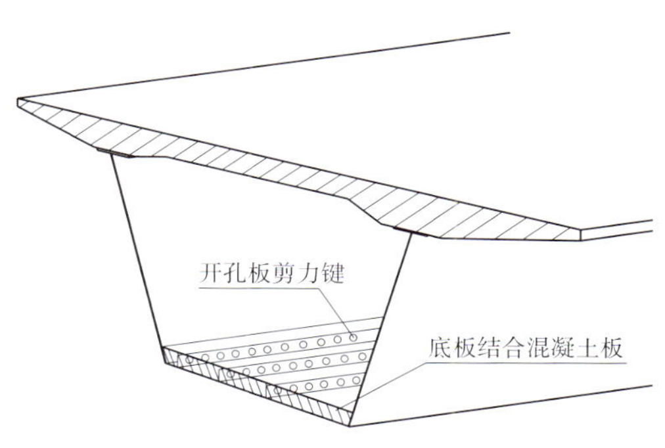

图4.2-17　负弯矩区钢梁底板双结合连接示意图

双结合效果计算分析及范围分析如表4.2-2所示，分别取中支点无混凝土、中支点设40cm混凝土2m×10m、中支点设40cm混凝土2m×20m三种模型。

双层组合下缘混凝土板范围与厚度分类情况　　表4.2-2

方案名称	（F2-1）	（F2-2）	（F2-3）
下缘混凝土板长度（m）	无	2×10	2×20
下缘混凝土板厚度（cm）	无	40	40~20

钢梁、混凝土桥面板上下缘应力分别如图4.2-18所示。

从图4.2-19可见，钢梁下翼缘加设混凝土板后，支点截面的压应力由53MPa下降到32MPa，混凝土板压应为3.0~3.5MPa；中支点梁段下缘加设混凝土板的作用，从减小钢梁下翼缘压应力的比例来看仍然非常显著。

钢梁下缘加设的混凝土板，两种长度方案均处于受压状态，下缘混凝土板20m长时已经超出了钢梁下翼缘受压区，这是由于混凝土板加设前整孔吊装时钢梁下缘均处于受拉状态所致。综合下缘混凝土板长度对结构受力与刚度的影响，在结构无加强刚度等特殊需要的情况下，双层组合的下缘混凝土板长度约在主跨长度的20%以内为宜。

采用底板双结合技术措施，使得支点区域钢梁底板厚度由56mm下降至28mm，即有利于现场钢结构焊接质量的控制，又节省了钢材用量。

3）支座升降法

对于连续组合结构桥梁，中间墩附近受负弯矩作用，上缘混凝土受拉、下缘钢结构受压。一方面，受拉区混凝土开裂将影响结构的耐久性与使用性能；另一方面，下缘受压钢结构面临局部失稳的危险。采取措施降低负弯矩、改善连续梁负弯矩区受力状况，对于确保结构安全、降低工程造价，无疑是非常有益和必要的，支点升降法是有效手段之一。该方法在负弯矩区桥面板与钢梁结合前，先顶升支点，待桥面板结合硬化完成后再回落到位，向桥面板施加压应力。虽然由于混凝土徐变的影响，施加的压应力将有很大损失，但其作用还是不容否定的，但必须考虑混凝土收缩徐变影响对支点升降有利影响的抵消作用。

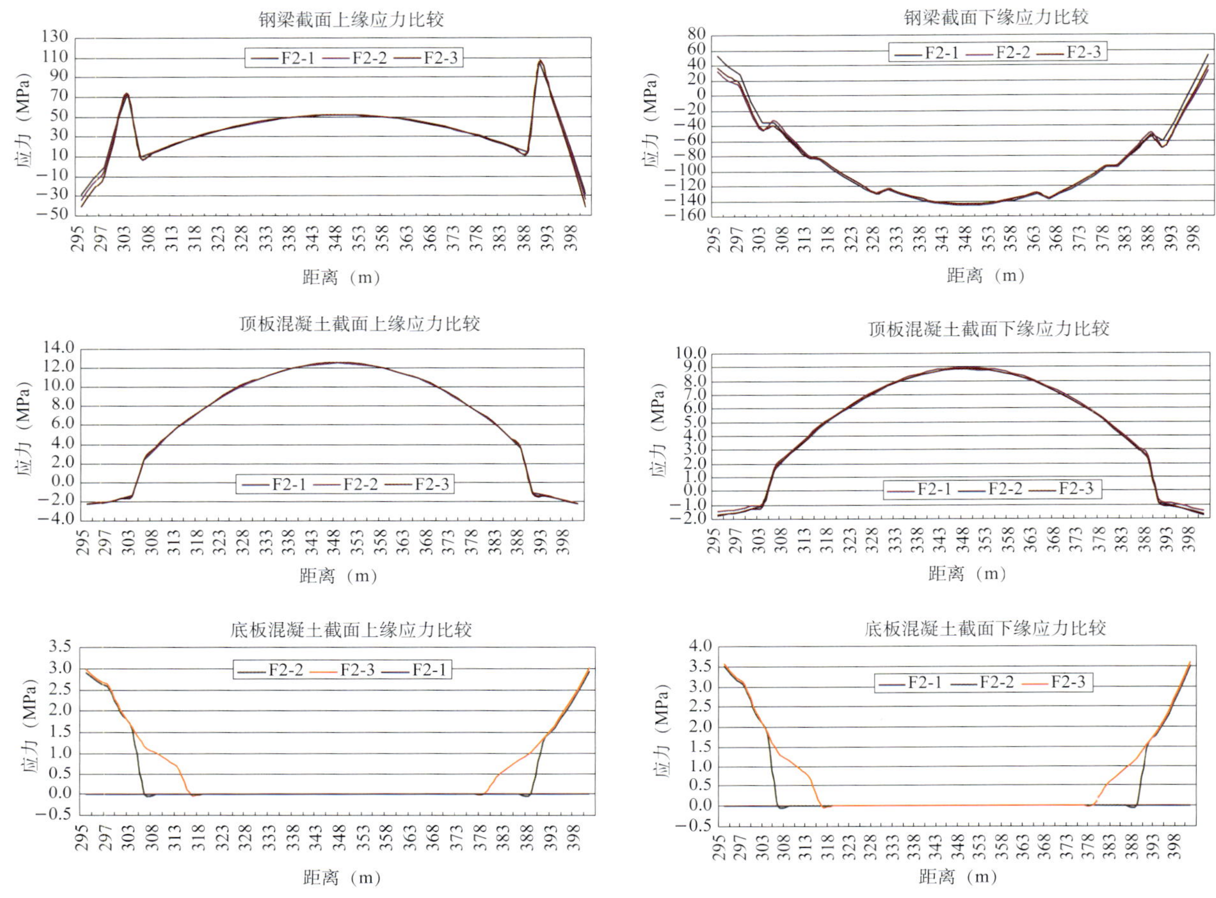

图 4.2–18　应力比较图

对于多跨连续组合结构桥梁，综合考虑施工难度与安全性，一次将所有中间支点顶升到位，待负弯矩区桥面板施工完成后再下落到位，这样从两侧到中间支点顶升量逐步加大，会导致连续梁一联中间的支点需要很高的顶升量。因此，对于多跨连续梁一般将采用逐跨进行的方法，存在合理的分步实施方案选择问题；并且，由于顶升时钢梁处于不利受力状态，合理分步实施方案的选择必须综合考虑负弯矩区受力状态的改善和施工过程的结构受力状况。

（1）支点升降效果

对本桥有无支点升降进行计算分析：

支点顶升与降落的顺序、各中间墩降落量计算采用各墩的降落值小于顶升值，从中间向两侧各墩降落值依次为 0.55m、0.40m、0.25m。为了更好地反映实际情况，此项比较不考虑混凝土收缩徐变的情况。

有无支点升降的有关计算结果如图 4.2–19 所示。跨中与支点截面应力情况见表 4.2–3。

可见采用支点升降措施后，钢梁跨中截面上下翼缘的压应力与拉应力均略有增加，增加幅度分别为 7.1% 和 6.3%，钢梁支点截面上下翼缘的拉应力与压应力也均略有增加，增加幅度分别为 152.0% 和 5.6%，从图 4.2–19 可以看出，钢梁上翼缘拉应力增幅较高区段仅限支点处 20m 范围，原因在于该段钢梁在支点顶升时为纯钢梁。

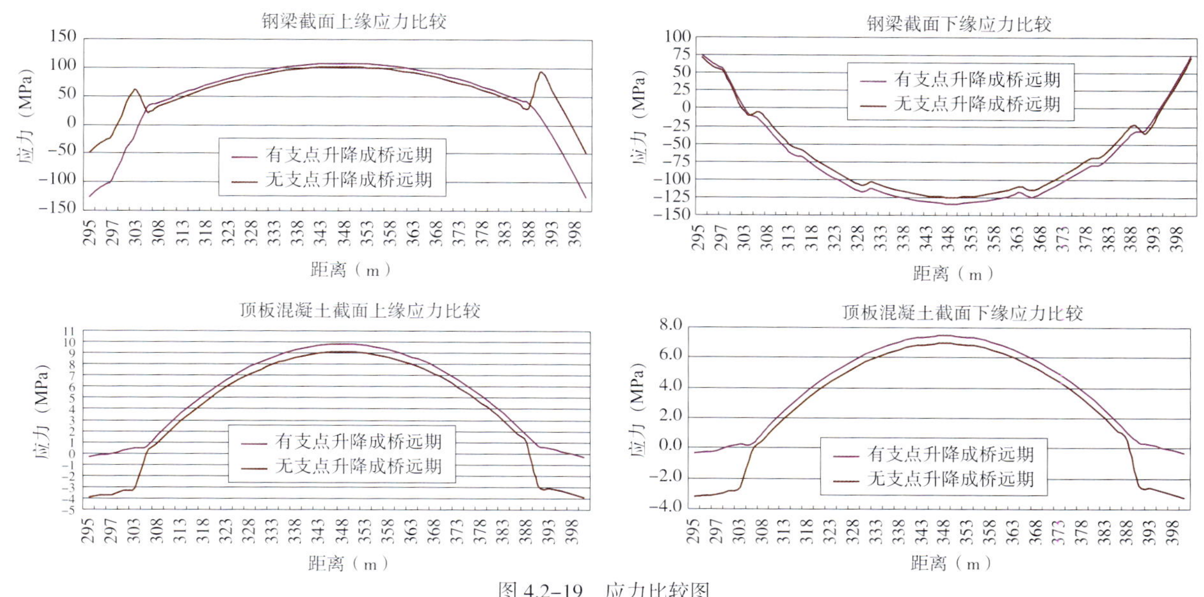

图 4.2–19　应力比较图

施工有无支点升降的有关计算结果　　表 4.2–3

截面部位			无支点升降（MPa）	有支点升降（MPa）	变化值（MPa）
桥面板	跨中	上缘	9.1	9.8	0.7
		下缘	6.9	7.6	0.7
	支点	上缘	–3.9	–0.3	3.6
		下缘	–3.2	–0.4	2.8
钢梁	跨中	上翼缘	99	106	7
		下翼缘	–126	–134	-8
	支点	上翼缘	–50	–126	–76
		下翼缘	71	75	4

采用支点升降措施后，混凝土桥面板跨中截面与支点截面均产生了压应力，其中跨中截面增加的压应力数量较少，而支点截面则增加了 2.8~3.6MPa 的压应力。

支点升降法向桥面板施加压应力，对于负弯矩区在顶升后施工的桥面板是有效的，对于其他部位则效果甚微，原因在于这些部位经历支点顶升与降落过程的相互抵消作用，略有变化是因为在升降过程中结构刚度发生了变化。

采用支点升降法向负弯矩区桥面板施加预应力是有效的，在所拟顶升、降落幅度条件下，可以形成约 3~4MPa 的压应力储备。

（2）支点升降合理顺序

为了研究不同施工方案对结构体系受力性能的影响，对表 4.2–4 中所列的 3 种不同施工方案进行了模拟分析。

施工方案的比较表　　表 4.2–4

施工阶段	方案一	方案二	方案三
阶段 1	单跨预制梁整体吊装就位	单跨预制梁整体吊装就位	单跨预制梁整体吊装就位
阶段 2	全部钢梁焊接连接 拆除各墩顶处临时支座	全部钢梁焊接连接 拆除各墩顶处临时支座	全部钢梁焊接连接 拆除各墩顶处临时支座

续上表

施工阶段	方案一	方案二	方案三
阶段 3	浇筑 D、E 墩处底板混凝土	浇筑 B、G 墩处底板混凝土	浇筑 B、C、D、E、F、G 墩处底板混凝土
阶段 4	D、E 墩处底板混凝土硬化 B、G 墩处支座顶升 0.7m	D、E 墩处底板混凝土硬化 B、G 墩处支座顶升 0.3m	B、C、D、E、F、G 墩处底板混凝土硬化后同时支座顶升 0.7m
阶段 5	浇筑 D、E 墩处混凝土桥面板	浇筑 B、G 墩处混凝土桥面板	浇筑 B、G 墩处混凝土桥面板
阶段 6	D、E 墩处混凝土桥面板硬化 D、E 墩处支座回落 0.7m	B、G 墩处混凝土桥面板硬化 B、G 墩处支座回落 0.3m	B、G 墩处混凝土桥面板硬化 B、G 墩处支座回落 0.7m
阶段 7	浇筑 C、F 墩处底板混凝土	浇筑 C、F 墩处底板混凝土	浇筑 C、F 墩处混凝土桥面板
阶段 8	C、F 墩处底板混凝土硬化 C、F 墩处支座顶升 0.4m	C、F 墩处底板混凝土硬化 C、F 墩处支座顶升 0.4m	C、F 墩处混凝土桥面板硬化 C、F 墩处支座回落 0.7m
阶段 9	浇筑 C、F 墩处混凝土桥面板	浇筑 C、F 墩处混凝土桥面板	浇筑 D、E 墩处混凝土桥面板
阶段 10	C、F 墩处混凝土桥面板硬化 C、F 墩处支座回落 0.4m	C、F 墩处混凝土桥面板硬化 C、F 墩处支座回落 0.4m	D、E 墩处混凝土桥面板硬化 D、E 墩处支座回落 0.7m
阶段 11	浇筑 B、G 墩处底板混凝土	浇筑 D、E 墩处底板混凝土	—
阶段 12	B、G 墩处底板混凝土硬化 B、G 墩处支座顶升 0.3m	D、E 墩处底板混凝土硬化 D、E 墩处支座顶升 0.7m	—
阶段 13	浇筑 B、G 墩处混凝土桥面板	浇筑 D、E 墩处混凝土桥面板	—
阶段 14	B、G 墩处混凝土桥面板硬化 B、G 墩处支座回落 0.3m	D、E 墩处混凝土桥面板硬化 D、E 墩处支座回落 0.7m	—
阶段 15	桥面板施加二期恒载	桥面板施加二期恒载	桥面板施加二期恒载

计算仅研究不同支点升降方案对结构受力的影响，未对汽车、温度、徐变等荷载效应进行计算。方案一的支点升降施工顺序如图 4.2–20 所示。

采用以上有限元法对施工阶段进行模拟，可以得到每一阶段各单元的应力结果，表 4.2–5~ 表 4.2–7 对钢梁上翼缘、钢梁底板和混凝土桥面板的应力状态进行了比较。由于篇幅所限并考虑到结构基本对称，表中仅列出部分典型截面在部分关键阶段的计算结果。表中数值拉应力为正，压应力为负，断面 1–1、2–2 及 3–3 见图 4.2–20。

从表 4.2–5 可以看出，各方案在成桥阶段钢梁上翼缘最大拉应力均不超过 190MPa，最大压应力不超过 60MPa。但在方案 1 和方案 2 中，由于支座顶升导致部分钢梁上翼缘分别出现 289.6MPa 和 251.2MPa 的压应力，此压应力水平偏高，对钢梁上翼缘局部稳定不利。方案 3 中采用的施工方法解决了这一问题，使施工阶段钢梁上翼缘最大压应力仅为 189.0MPa。

表 4.2–6 中数据示出了钢梁底板顺桥向正应力结果，各方案在成桥阶段钢梁底板最大拉应力分别为 175.0MPa、173.5MPa 和 175.0MPa，三者相差不大。由于负弯矩区采用混凝土双组合方案，各方案钢梁底板最大压应力水平均较低，分别为 113.3MPa、118.7MPa 和 113.2MPa。

从表 4.2–7 可知，各方案的墩顶处混凝土桥面板最小压应力分别为 2.0MPa、2.1MPa 和 2.1MPa，均达到了使混凝土在恒载作用下存有预压应力的要求。

根据以上分析结果可以得出以下结论：

①各中间支点同时升降与各支点分步依次升降的施工方案，均达到了使混凝土在恒载作用下存有预压应力的要求。但各中间支点同时顶升需要较多的顶升设备，增加了施工难度。分步依次升降从两端墩顶开始施工混凝土桥面板，可以通过施工完毕的主梁来运输施工设备和材料，方便施工。

②各中间支点同时升降与各支点分步依次升降的施工方案，在成桥阶段钢梁底板跨中最大拉应力与支点最大压应力相差不大。

③各中间支点同时升降与各支点分步依次升降的方案相比，全部中间支座同时顶升并从两端逐个回落的方法，可以避免分步依次升降方案中出现的钢梁上翼缘压应力过大的问题，但同时增加了施工难度。

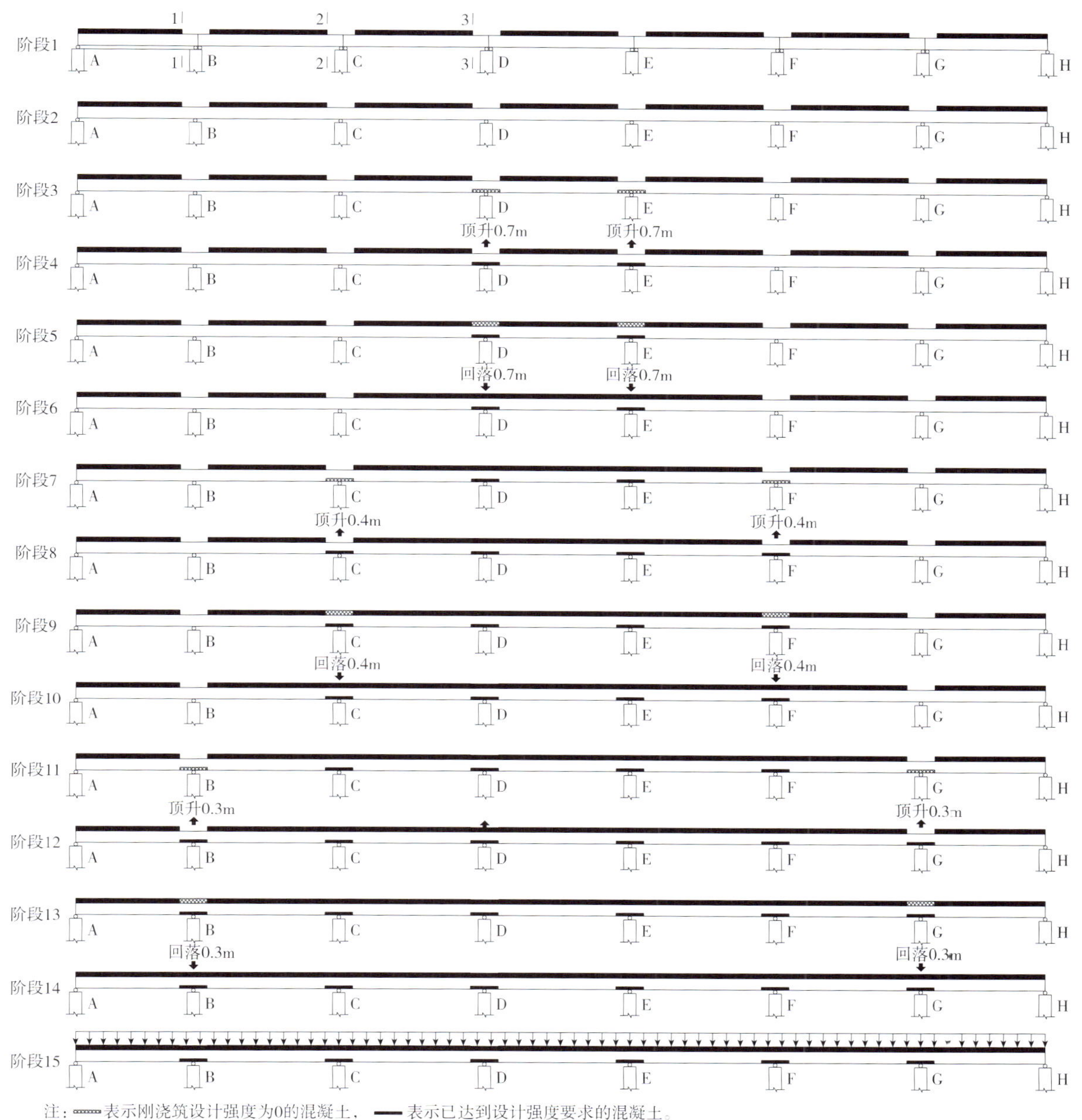

图 4.2-20 方案 1 施工步骤示意图

钢梁上翼缘顺桥向正应力比较表（单位：MPa） 表 4.2-5

方案	截面	阶段 1	阶段 4	阶段 6	阶段 8	阶段 10	阶段 12	阶段 14	阶段 15
方案一	第一跨跨中	-30.2	-28.4	-29.6	-35.2	-28.8	-21.4	-33.9	-36.5
	第二跨跨中	-46.1	-52.8	-45.8	-42.6	-51.1	-52.2	-54.8	-57.7
	第三跨跨中	-46.1	-47.7	-49.2	-48.5	-54.0	-60.4	-53.0	-55.9
	第四跨跨中	-46.1	-31.9	-52.9	-67.0	-50.8	-48.1	-51.2	-54.1
	1-1	-124.5	-138.5	-147.2	-226.4	-143.3	-6.5	-24.6	-22.8
	2-2	-162.2	-289.6	-151.4	24.7	2.4	-9	4.3	6.1
	3-3	-162.6	-28.2	-47.4	-56.9	-46.9	-46.2	-47.0	-45.1
	支座 B	0.7	49.8	26.6	-63.8	41.6	174.3	155.4	159.9
	支座 C	1.0	-97.9	39.5	203.8	181.6	168.7	183.5	187.1
	支座 D	1.0	146.6	134.5	121.2	136.2	138.4	135.8	139.3

续上表

方案	截面	阶段 1	阶段 4	阶段 6	阶段 8	阶段 10	阶段 12	阶段 14	阶段 15
方案二	第一跨跨中	−30.2	−22.4	−34.3	−45.3	−32.8	−29.3	−33.1	−35.7
	第二跨跨中	−46.1	−43.0	−50.5	−53.0	−55.0	−67.2	−54.3	−57.2
	第三跨跨中	−46.1	−49.7	−45.5	−41.0	−51.1	−60.8	−53.8	−56.7
	第四跨跨中	−46.1	−45.0	−46.2	−55.1	−44.8	−29.1	−52.4	−55.3
	1–1	−124.5	−13.1	−30.6	−43.3	−29.6	−26.9	−29.8	−28.0
	2–2	−162.2	−229.3	−142.8	30.1	1.9	−19.9	3.3	5.3
	3–3	−162.2	−143.7	−155.8	−251.2	−145.1	−24.5	−44.0	−42.0
	支座 B	0.7	152.9	136.5	119.2	138.9	144.8	138.5	142.0
	支座 C	1.0	−37.9	42.7	210.4	187.6	162.2	189.1	192.6
	支座 D	1.0	40.0	28.7	−47.1	41.6	170.2	156.2	159.7
方案三	第一跨跨中	−30.2	−21.0	−52.3	−30.4	−34.4	—	—	−36.9
	第二跨跨中	−46.1	−39.0	−61.0	−67.2	−54.7	—	—	−57.7
	第三跨跨中	−46.1	−47.7	−38.1	−59.9	−53.1	—	—	−56.0
	第四跨跨中	−46.1	−45.7	−49.3	−29.1	−52.4	—	—	−55.3
	1–1	−124.5	22.7	−20.4	3.7	0.8	—	—	2.6
	2–2	−162.2	−188.3	12.2	−37.1	−13.9	—	—	−11.9
	3–3	−162.2	−150.7	−189.0	−23.6	−43.2	—	—	−41.3
	支座 B	0.7	178.3	130.0	164.6	158.4	—	—	161.9
	支座 C	1.0	10.9	201.1	155.3	182.1	—	—	185.7
	支座 D	1.0	41.7	13.3	168.2	154.2	—	—	157.7

钢梁底板顺桥向正应力比较表（单位：MPa） 表 4.2–6

方案	截面	阶段 1	阶段 4	阶段 6	阶段 8	阶段 10	阶段 12	阶段 14	阶段 15
方案一	第一跨跨中	111.1	104.3	109.0	130.2	106.0	77.7	125.3	134.3
	第二跨跨中	139.9	160.7	139.1	129.2	155.5	159.2	166.7	175.0
	第三跨跨中	139.9	144.8	149.4	147.5	164.4	184.2	161.2	169.5
	第四跨跨中	139.9	96.2	161.0	204.6	154.5	146.1	155.9	164.1
	支座 B	−23.9	−78.8	−57.3	21.8	−71.3	−137.1	−80.7	−102.9
	支座 C	−29.3	40.4	−74.0	−152.0	−83.0	−45.7	−90.4	−112.7
	支座 D	−29.2	−122.9	−85.7	−50.7	−92.5	−101.0	−91.0	−113.3
方案二	第一跨跨中	111.1	81.6	126.9	169.9	121.2	107.8	122.1	131.2
	第二跨跨中	139.9	130.3	153.6	163.1	167.4	205.5	165.2	173.5
	第三跨跨中	139.9	151.0	138.1	124.0	155.5	187.8	163.8	172.1
	第四跨跨中	139.9	136.5	140.4	167.8	136.0	87.4	159.4	167.6
	支座 B	−23.9	−120.0	−69.0	−19.3	−77.9	−99.4	−76.5	−98.7
	支座 C	−29.3	−7.7	−77.3	−157.3	−85.9	−16.8	−91.3	−113.6
	支座 D	−29.2	−77.5	−66.8	−2.3	−79.3	−140.9	−96.3	−118.7
方案三	第一跨跨中	111.1	76.3	198.5	111.9	126.6	—	—	135.7
	第二跨跨中	139.9	118.0	188.5	205.1	166.6	—	—	175.0
	第三跨跨中	139.9	144.9	115.0	185.1	161.7	—	—	170.0
	第四跨跨中	139.9	138.6	149.7	87.6	159.5	—	—	167.8
	支座 B	−23.9	−130.7	6.4	−96.5	−73.6	—	—	−95.8
	支座 C	−29.3	−59.6	−150.3	−14.8	−89.3	—	—	−111.6
	支座 D	−29.2	−78.9	−63.1	−135.5	−90.9	—	—	−113.2

混凝土桥面板顺桥向正应力比较表（单位：MPa） 表 4.2-7

方案	截面	阶段 1	阶段 4	阶段 6	阶段 8	阶段 10	阶段 12	阶段 14	阶段 15
方案一	第一跨跨中	-7.3	-6.8	-7.1	-8.5	-6.9	-5.1	-8.1	-8.8
	第二跨跨中	-10.6	-12.2	-10.6	-9.8	-11.8	-12.0	-12.6	-13.3
	第三跨跨中	-10.6	-11.0	-11.3	-11.2	-12.4	-13.9	-12.2	-12.9
	第四跨跨中	-10.6	-7.4	-12.2	-15.5	-11.7	-11.1	-11.8	-12.5
	支座 B	0.0	0.0	0.0	0.0	0.0	0.0	-3.1	-2.8
	支座 C	0.0	0.0	0.0	0.0	-3.8	-5.3	-3.5	-3.1
	支座 D	0.0	0.0	-2.3	-3.7	-2.2	-2.1	-2.3	-2.0
方案二	第一跨跨中	-7.3	-5.4	-8.3	-10.9	-7.9	-7.0	-7.9	-8.6
	第二跨跨中	-10.6	-9.9	-11.6	-12.3	-12.7	-15.5	-12.5	-13.2
	第三跨跨中	-10.6	-11.4	-10.5	-9.4	-11.8	-14.1	-12.4	-13.1
	第四跨跨中	-10.6	-10.4	-10.7	-12.7	-10.3	-6.7	-12.1	-12.8
	支座 B	0.0	0.0	-3.0	-5.0	-2.7	-1.8	-2.7	-2.4
	支座 C	0.0	0.0	0.0	0.0	-3.8	-7.1	-3.5	-3.2
	支座 D	0.0	0.0	0.0	0.0	0.0	0.0	-2.4	-2.1
方案三	第一跨跨中	-7.3	-5.0	-12.7	-7.3	-8.2	—	—	-8.9
	第二跨跨中	-10.6	-9.0	-14.2	-15.5	-12.6	—	—	-13.3
	第三跨跨中	-10.6	-11.0	-8.7	-13.9	-12.3	—	—	-12.9
	第四跨跨中	-10.6	-10.5	-11.4	-6.7	-12.1	—	—	-12.8
	支座 B	0.0	0.0	-7.0	-2.5	-3.4	—	—	-3.1
	支座 C	0.0	0.0	0.0	-6.6	-3.0	—	—	-2.7
	支座 D	0.0	0.0	0.0	0.0	-2.4	—	—	-2.1

4.3 连接件基本力学性能试验研究

4.3.1 连接件抗剪性能试验

1）试验模型设计

采用焊接工字钢及在两翼缘板上浇筑混凝土块，两者间通过焊钉、开孔板连接的试验方式进行加载试验。考虑焊钉长度的不同以及开孔板孔中圆孔是否开口对连接件抗剪刚度及承载力性能的影响，如图 4.3-1 所示。

用焊钉连接件的试件 4 组，开孔板连接件的试件 2 组，每组 3 个试件，共计 18 个试件，如表 4.3-1 所示。试件结构尺寸见图 4.3-2 和图 4.3-3，试件用焊钉 4 种，即 ϕ22mm×100mm、ϕ22mm×200mm、ϕ22mm×300mm、ϕ22mm×400mm，材质、焊接等按照《电弧螺柱焊用圆柱头焊钉》（GB/T 10433—2002）的要求；开孔板厚度及孔径为 t=20mm、ϕ75mm，采用角焊缝焊接，焊脚尺寸 10mm，贯通钢筋采用 2 级螺纹钢筋，其直径为 20mm。

并预留三个立方体混凝土试块 150mm×150mm×150mm 测试，三个试块在 28d 时测得平均立方体强度为 63.4MPa，焊钉连接件的极限抗拉强度 f_u=519MPa。

混凝土浇筑方向，要使焊钉及开孔板连接件均处于正立状态进行浇筑，保证与实桥连接件受力一致，并在试件表面涂抹润滑油，防止与混凝土黏着，如图 4.3-4a）所示。开孔板试件在浇筑混凝土前，用扎丝将穿孔钢筋固定在圆孔中心位置；同时在钢板前端设置可变形的泡沫塑料垫块，高度为 75mm，如图 4.3-4 b）所示。

a）

b）

图 4.3-1　连接件构造形式

a）焊钉连接件；b）开孔板连接件

连接件试件形式及分组表　　表 4.3-1

试件分组	试件个数	连接件形式	焊钉或开孔板个数	测试目的
SS-1	3	焊钉	4	ϕ 22mm × 100mm 的焊钉
SS-2	3	焊钉	4	ϕ 22mm × 200mm 的焊钉
SS-3	3	焊钉	4	ϕ 22mm × 300mm 的焊钉
SS-4	3	焊钉	4	ϕ 22mm × 400mm 的焊钉
PS-1	3	开孔板	4	ϕ 75mm 有贯通钢筋圆孔不开口
PS-2	3	开孔板	4	ϕ 75mm 有贯通钢筋圆孔开口

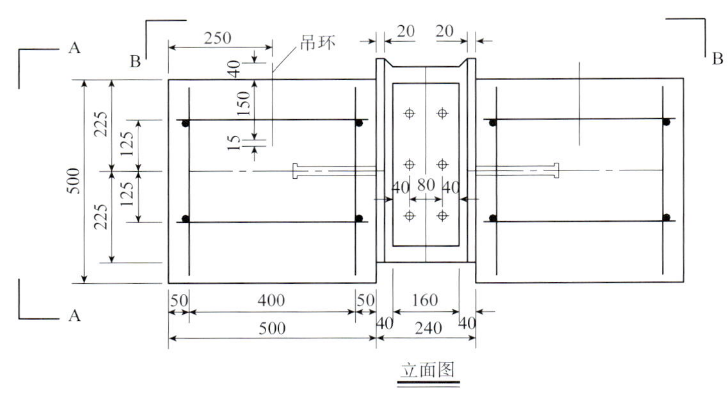

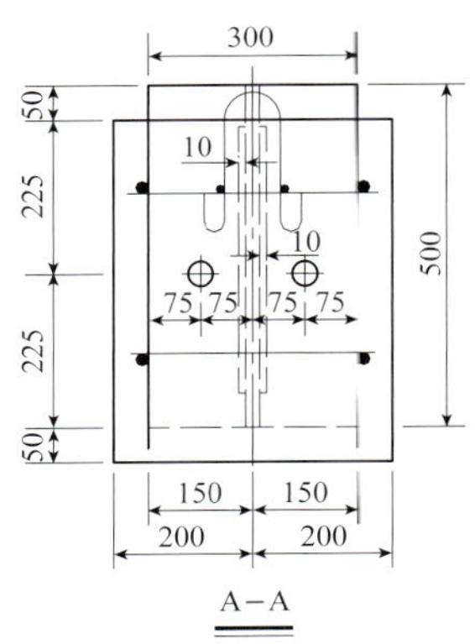

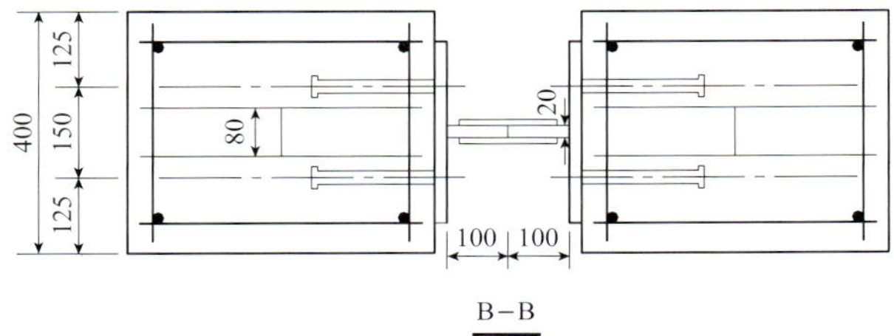

图 4.3-2　焊钉连接件模型试件构造图（尺寸单位：mm）

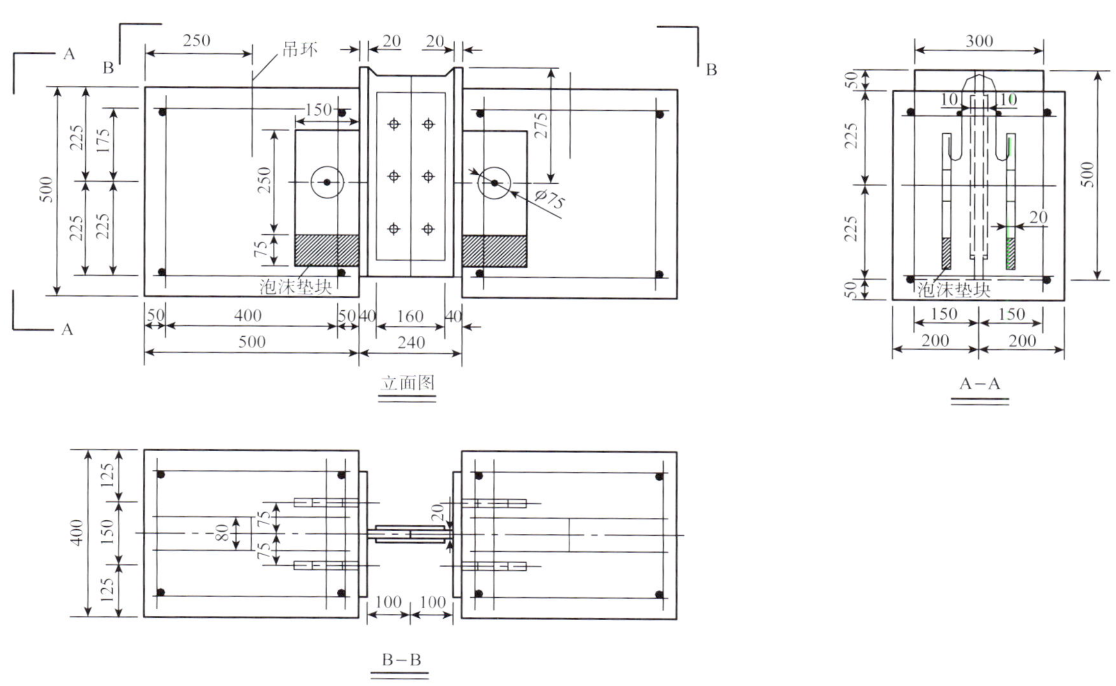

图 4.3-3　开孔板连接件模型试件构造图（尺寸单位：mm）

a）　b）

图 4.3-4　试件钢筋绑扎及浇筑

a）焊钉连接件构件；b）开孔板连接件构件

采用较通用的推出试验方法、即两侧对称加载的方式，保证均匀给每个连接件施加剪力。通过对工字钢翼缘施加推压力 V，来测试翼缘板上的连接件的承载性能，如图 4.3-5 所示。同时，试件底部设置砂浆垫层，保证混凝土底部均匀受力；在试件顶部放置大吨位橡胶支座，来调整钢翼缘的不平整。试验主要测试荷载与相对滑移曲线，用高精度位移计测试相对滑移，位移计布置在左右混凝土块的两个侧面上，高度方向位于连接件位置。同时测试试件的最大承载力、最大相对滑移量，观察试件混凝土表面有无裂缝及连接件的破坏情况。

2）试验结果的整理与分析

根据试验测试结果，求出焊钉及开孔板连接件抗剪承载力的平均值，确定焊钉及开孔板的抗剪刚度及使用状态承载力。依据每根连接件的作用剪力与滑移量的关系曲线，把通过 0.2mm 滑移对应荷载的割线倾斜度设为抗剪刚度 K_s，把滑移量 0.2mm 所对应的荷载设为使用状态承载力 V_y，如图 4.3-6 所示。

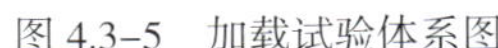

图 4.3-5　加载试验体系图

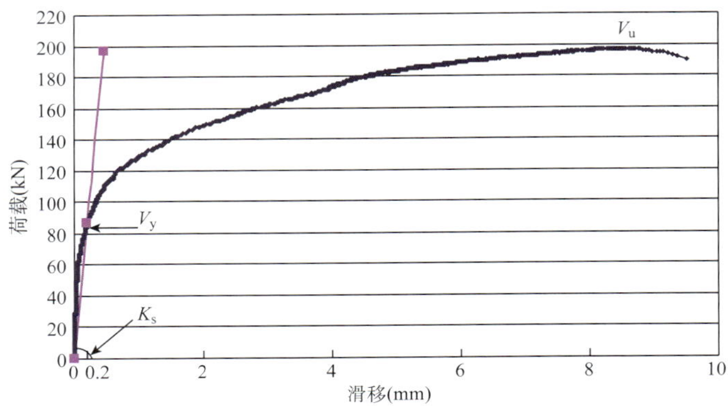

图 4.3-6　抗剪刚度以及抗剪使用阶段承载力滑移曲线

（1）焊钉连接件试验结果分析

焊钉连接件 SS–4 模型试件的荷载滑移曲线如图 4.3–7 所示。四组连接件重复性较好，往返加载卸载后再次加载时荷载滑移曲线与单调加载曲线大致吻合，特别是加载初期吻合性较好。

连接件的抗剪极限承载力、抗剪使用状态承载力以及抗剪刚度如表 4.3–2、表 4.3–3 所示，连接件长度对焊钉连接件极限承载力的影响如图 4.3–8 所示。

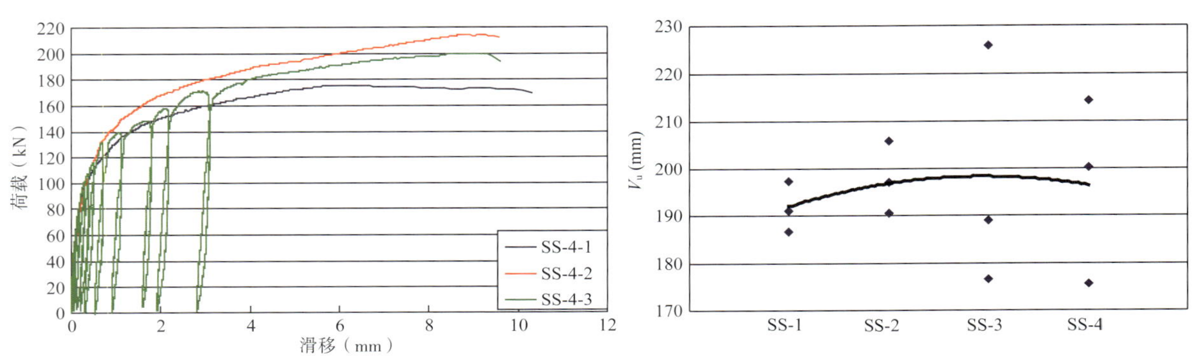

图 4.3–7　SS–4 单钉荷载滑移曲线

图 4.3–8　焊钉长度对焊钉极限承载力的影响

焊钉连接件抗剪承载性能试验结果　　表 4.3–2

试件分组		连接件形式	使用状态承载力 V_y（kN）	平均值（kN）	极限承载力 V_u（kN）	平均值（kN）	$V_u / A_s \times \tau_u$	平均值
SS–1	1	ϕ 22mm × 100mm	101.1	90.2	186.7	191.7	1.64	1.68
	2		79.3		197.3		1.73	
	3*		—		191.1		1.68	
SS–2	1	ϕ 22mm × 200mm	86.4	82.6	197.0	197.8	1.73	1.74
	2		78.8		190.6		1.67	
	3*		—		205.9		1.81	
SS–3	1	ϕ 22mm × 300mm	73.8	77.2	176.8	197.2	1.55	1.73
	2		80.5		189.0		1.66	
	3*		—		225.8		1.98	
SS–4	1	ϕ 22mm × 400mm	86.6	83.2	175.6	196.7	1.54	1.73
	2		79.8		214.3		1.88	
	3*		—		200.1		1.76	

注：带 * 试件为往返加载。

焊钉连接件抗剪刚度及相对滑移试验结果　　表 4.3-3

试件分组		连接件形式	刚度 K_s（kN/mm）	平均值（kN/mm）	极限承载力对应滑移 d_u（mm）	平均值（mm）
SS-1	1	ϕ22mm × 100mm	505.3	450.9	5.18	5.64
	2		396.6		7.91	
	3*		—		3.82	
SS-2	1	ϕ22mm × 200mm	432.2	413.1	8.44	10.24
	2		394.0		11.00	
	3*		—		11.27	
SS-3	1	ϕ22mm × 300mm	369.1	385.8	7.71	8.36
	2		402.6		8.55	
	3*		—		8.82	
SS-4	1	ϕ22mm × 400mm	432.8	415.9	6.04	8.07
	2		399.0		9.15	
	3*		—		9.03	

注：带 * 试件为往返加载。

当焊钉连接件长度大于 4 倍焊钉直径时，焊钉连接件长度对焊钉连接件极限抗剪承载力影响不大，焊钉连接件的极限抗剪承载力开始收敛。四组连接件极限承载力平均值比较接近，SS-1 组连接件略小一点。

图 4.3-9 为焊钉连接件破坏形态，焊钉连接件试件破坏均为结合面焊钉被剪断，大部分焊钉连接件断裂面光滑，高于磁环，并且可以看到明显的剪切变形。

a）

b）

c）

图 4.3-9　焊钉连接件抗剪破坏形态图
a）焊钉连接件破坏状态；b）钢板面上的断痕；c）混凝土面上的断痕

（2）开孔板连接件试验结果分析

开孔板连接件各试件的荷载与相对滑移曲线如图 4.3-10 和图 4.3-11 所示，连接件的抗剪极限承载力、抗剪使用状态承载力以及抗剪刚度如表 4.3-4 和表 4.3-5 所示，其中 PT-1-3 及 PT-2-2 试件由于数据采集过程中计算机出现故障，最后只得到极限承载力。

是否开口对开孔板连接件的抗剪极限承载力、抗剪刚度及抗剪极限承载力对应滑移影响比较大。开孔板开口后，极限承载力有所上升，但刚度及极限承载力对应的滑移有所降低。

图 4.3-12 为开孔板连接件破坏形态，开孔板连接件破坏时，混凝土出现明显裂缝，大部分都分布在开孔板圆孔附近；敲去混凝土后发现开孔板孔中混凝土有明显的剪切痕迹，孔中钢筋产生弯曲变形，穿孔部分局部受压，有明显折角。

（3）连接件设计参数取值

焊钉及开孔板连接件的试验结果汇总如表 4.3-6 所示，将最常用的 ϕ22mm × 200mm 焊钉和

ϕ75mm 开孔板不开口两种连接件的力学性能进行比较，如表 4.3-7、表 4.3-8 所示，由表可见：开孔板抗剪刚度约为焊钉的 3.87 倍，抗剪极限承载力及抗剪使用状态承载力分别为焊钉的 2.65 倍、3.87 倍，但开孔板延性较焊钉差，极限承载力对应滑移量约为焊钉的 16%。

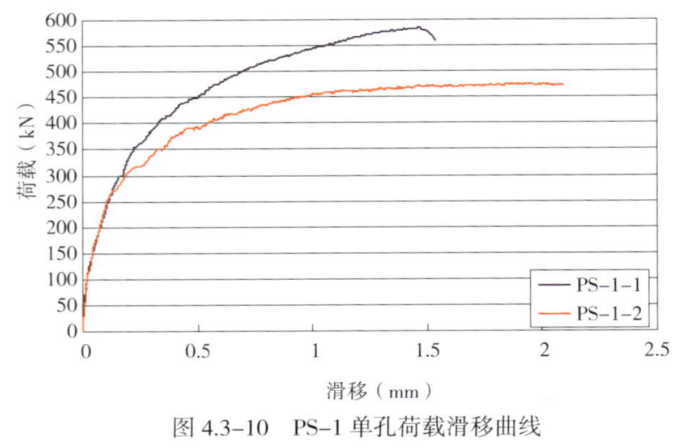

图 4.3-10　PS-1 单孔荷载滑移曲线

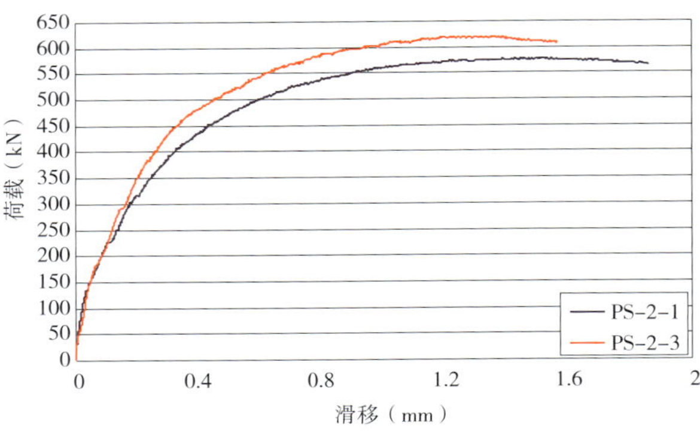

图 4.3-11　PS-2 单孔荷载滑移曲线

开孔板连接件抗剪承载性能试验结果　　表 4.3-4

试件分组		连接件形式	使用状态承载力 V_y（kN）	平均值（kN）	极限承载力 V_u（kN）	平均值 (kN)	$Q_u/(2A_c\times\tau_c)$	平均值
PS-1	1	ϕ75mm 开孔板不开口	333.2	319.9	583.4	524.6	6.24	5.61
	2		306.6		474.9		5.08	
	3		—		515.4		5.51	
PS-2	1	ϕ75mm 开孔板开口	315.7	333.1	576.5	579.4	6.16	6.20
	2		—		541.5		5.79	
	3		350.5		620.2		6.63	

开孔板连接件抗剪刚度及相对滑移试验结果　　表 4.3-5

试件分组		连接件形式	刚度 K_s（kN/mm）	平均值（kN/mm）	极限承载力对应滑移 d_u(mm)	平均值（mm）
SS-1	1	ϕ75mm 开孔板不开口	1 666.0	1 599.5	1.47	1.66
	2		1 533.1		1.85	
	3		—		—	
SS-2	1	ϕ75mm 开孔板开口	1 578.5	1 665.6	1.46	1.35
	2		—		—	
	3		1 752.6		1.25	

a）

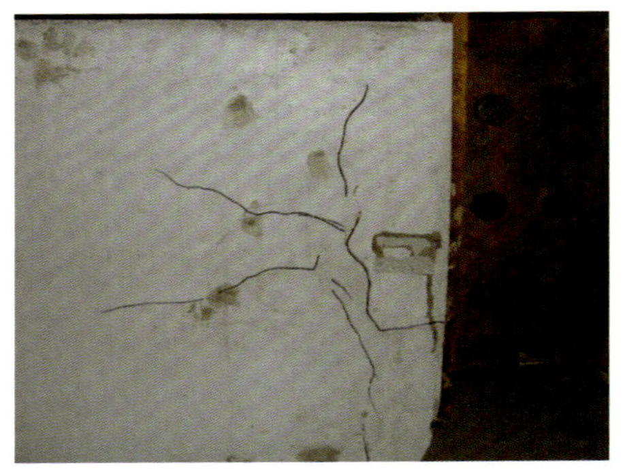

b）

图 4.3-12　开孔板连接件破坏形态

a）开孔试件细部；b）裂缝开展

焊钉及开孔板连接件的试验结果汇总　　表 4.3-6

试件分组	连接件形式	使用状态承载力 V_y（kN）	极限承载力 V_u（kN）	刚度 K_s（kN/mm）	板限承载力对应滑移 d_u（mm）
SS-1	ϕ 22mm × 100mm	90.2	191.7	450.9	5.64
SS-2	ϕ 22mm × 200mm	82.6	197.8	413.1	10.24
SS-3	ϕ 22mm × 300mm	77.2	197.2	385.8	8.36
SS-4	ϕ 22mm × 400mm	83.2	196.7	415.9	8.07
PS-1	ϕ 75mm 开孔板不开口	319.9	524.6	1 599.5	1.66
PS-2	ϕ 75mm 开孔板开口	333.1	579.4	1 665.6	1.35

焊钉及开孔板连接件的抗剪承载性能比较　　表 4.3-7

连　接　件	使用状态承载力 V_y（kN）		极限承载力 V_u（kN）	
	平均值	开孔板 / 焊钉	平均值	开孔板 / 焊钉
ϕ 22mm × 200mm 焊钉	82.6	3.87	197.8	2.65
开口开孔板	319.9		524.6	

焊钉及开孔板连接件的抗剪刚度及相对滑移比较　　表 4.3-8

连　接　件	抗剪刚度 K_s（kN/mm）		极限承载力对应滑移 d_u（mm）	
	平均值	开孔板 / 焊钉	平均值	开孔板 / 焊钉
ϕ 22mm × 200mm 焊钉	413.1	3.87	10.24	0.16
不开口开孔板	1599.5		1.66	

4.3.2　连接件抗拉拔性能试验

1）试验模型设计

拉拔试验试件设计应考虑焊钉长度的不同，以及开孔板孔中圆孔是否开口对连接件抗拉刚度及抗拉极限承载力性能的影响。为此，计划用焊钉连接件的试件 4 组；开孔板连接件的试件 2 组，每组 3 个试件，共计 18 个试件，如表 4.3-9 所示。试件结构尺寸见图 4.3-13、图 4.3-14，试件用焊钉 4 种，即 ϕ 22mm × 100mm、ϕ 22mm × 200mm、ϕ 22mm × 300mm、ϕ 22mm × 400mm，材质、焊接等按照《电弧螺柱焊用圆柱头焊钉》（GB/T 10433—2002）的要求；开孔板厚度及孔径为 t=20mm、ϕ 75mm，采用角焊缝焊接，焊脚尺寸 10mm，贯通钢筋采用 2 级螺纹钢筋，其直径为 20mm。

连接件试件形式及分组　　表 4.3-9

试 件 分 组	试件个数	连接件形式	焊钉或开孔板个数	测 试 目 的
ST-1	3	焊钉	4	ϕ 22mm × 100mm 的焊钉
ST-2	3	焊钉	4	ϕ 22mm × 200mm 的焊钉
ST-3	3	焊钉	4	ϕ 22mm × 300mm 的焊钉
ST-4	3	焊钉	4	ϕ 22mm × 400mm 的焊钉
PT-1	3	开孔板	4	ϕ 75mm 有贯通钢筋圆孔不开口
PT-2	3	开孔板	4	ϕ 75mm 有贯通钢筋圆孔开口

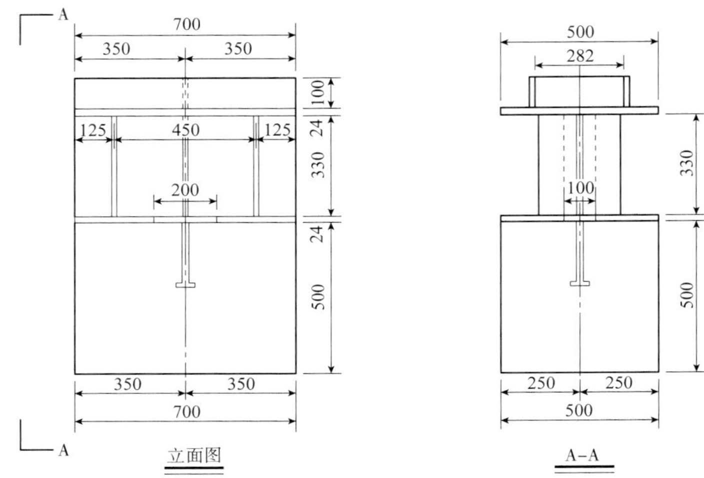

图 4.3–13　焊钉连接件模型试件构造图（尺寸单位：mm）

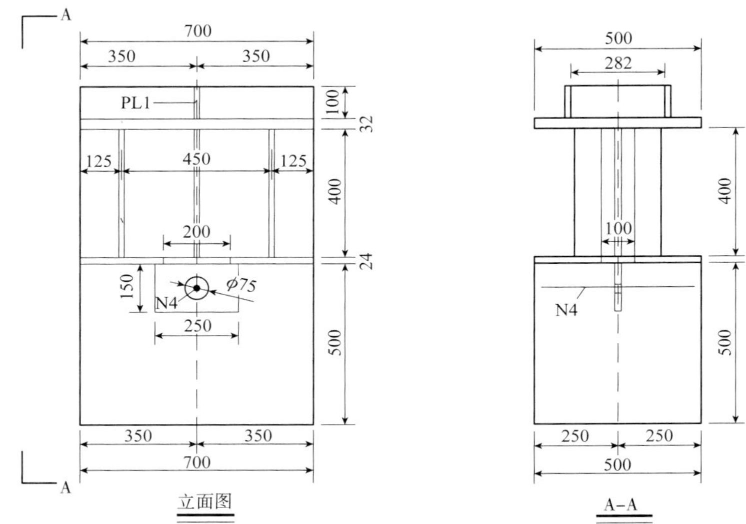

图 4.3–14　开孔板连接件模型试件构造图（尺寸单位：mm）

混凝土浇筑方向，要使焊钉及开孔板连接件均处于正立状态进行浇筑，保证与实桥连接件受力一致，并在试件表面涂抹润滑油，防止与混凝土黏着，如图 4.3–15a）、图 4.3–15b）所示。开孔板试件在浇筑混凝土前，用扎丝将穿孔钢筋固定在圆孔中心位置，并在每组试件中选取一个，在穿孔钢筋穿孔位置上下缘贴应变片测钢筋应力变化，如图 4.3–15c）所示。浇筑完成后混凝土块表面覆盖塑料薄膜进行养护，如图 4.3–15d）所示。

并预留三个立方体混凝土试块 150mm × 150mm × 150mm 测试，三个试块在 28d 时测得平均立方体强度为 62.5MPa，焊钉连接件的极限抗拉强度 f_u=519MPa。

拉拔试验采用试件的自平衡来对连接件施加拉拔力，如图 4.3–16 所示。通过两端对称设置千斤顶，保证连接件只受轴向拉力，来测得连接件的抗拉承载性能。其中焊钉连接件每组试件中选取一个做往返加载，开孔钢板连接件每组试件中选取两个做往返加载。试验主要测试钢底板与混凝土的相对剥离，开孔板穿孔钢筋穿孔位置应力变化。同时测试试件的最大承载力、最大相对剥离量，观察试件混凝土表面有无裂缝及连接件的破坏情况。

2）试验结果的整理与分析

根据试验测试结果，求出焊钉及开孔板连接件抗拉承载力的平均值，确定焊钉及开孔板的抗拉刚度及使用状态承载力。依据每根连接件的作用拉力与剥离量的关系曲线，把通过 0.2mm 剥离对应荷载的割线倾斜度设为抗拉刚度 k_s，把剥离量 0.2mm 所对应的荷载设为抗拉使用状态承载力 N_y，如图 4.3–17 所示。

a）　b）　c）　d）

图 4.3–15　试件钢筋绑扎及浇筑

a）焊钉连接件构件；b）开孔板连接件构件；c）浇筑细节；d）养护过程

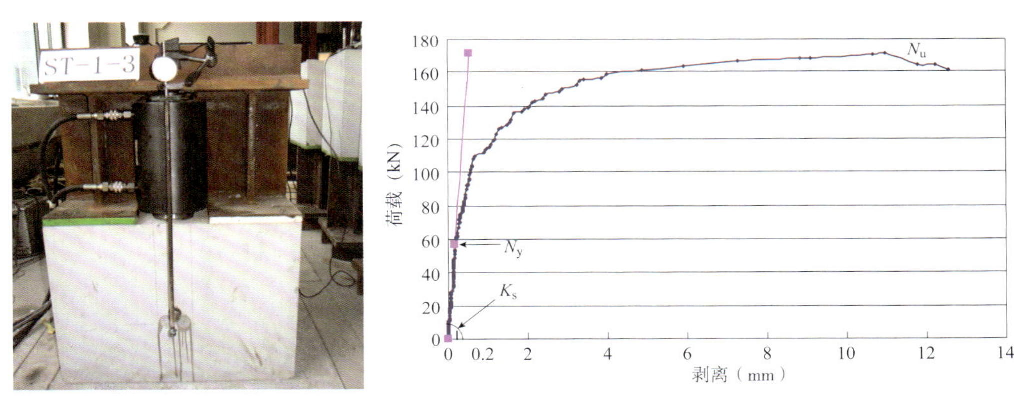

图 4.3–16　加载试验体系

图 4.3–17　抗拉刚度以及抗拉使用阶段承载力滑移曲线

（1）焊钉连接件试验结果分析

焊钉连接件模型试件的荷载与剥离相对曲线仅列出 ST–4 结果，如图 4.3–18 所示。除 ST–1 外，其余三组连接件重复性较好，往返加载卸载后再次加载时荷载剥离曲线与单调加载曲线基本吻合，ST–1 三个试件离散性比较大，经过往返加载后，抗拉极限承载力大幅度降低，远远低于单调加载下的抗拉极限承载力。

焊钉连接件的抗拉极限承载力、抗拉使用状态承载力以及抗拉刚度如表 4.3–10、表 4.3–11 所示，连接件长度对焊钉连接件力学性能的影响如图 4.3–19 和图 4.3–20 所示。

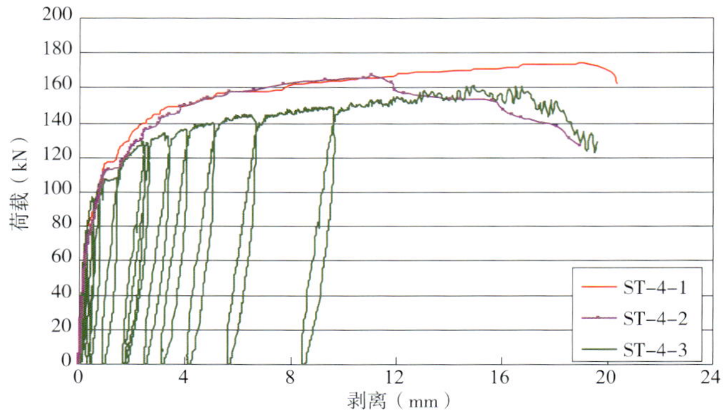

图 4.3-18　ST-4 单钉荷载剥离曲线

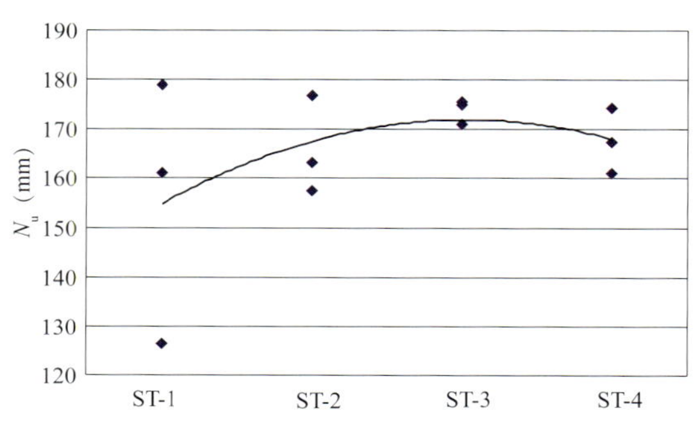

图 4.3-19　焊钉长度对抗拉极限承载力的影响

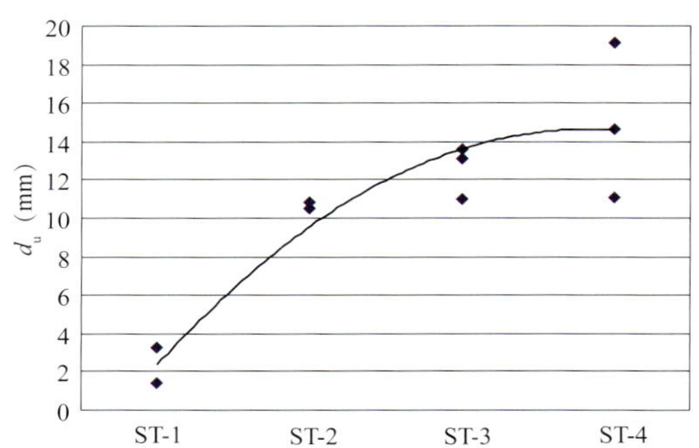

图 4.3-20　焊钉长度对抗拉极限承载力对应剥离的影响

焊钉连接件抗拉承载性能试验结果　　表 4.3-10

试件分组		连接件形式	使用状态承载力 N_y（kN）	平均值（kN）	极限承载力 N_u（kN）	平均值（kN）	$N_u/(A_s \times f_u)$	平均值
PS-1	1	ϕ 22mm × 100mm	—	77.8	178.7	155.3	0.91	0.79
	2		77.80		161.0		0.82	
	3*		—		126.4		0.64	
PS-2	1	ϕ 22mm × 200mm	55.22	50.0	157.4	165.8	0.80	0.84
	2		44.86		176.8		0.90	
	3*		—		163.1		0.83	
PS-3	1	ϕ 22mm × 300mm	58.86	61.0	171.1	173.3	0.87	0.88
	2		—		174.9		0.89	
	3*		63.10		175.5		0.89	
PS-4	1	ϕ 22mm × 400mm	59.90	57.5	174.2	167.5	0.88	0.85
	2		—		161.0		0.82	
	3*		55.10		167.3		0.85	

注：带 * 试件为往返加载。

焊钉连接件抗拉刚度及相对剥离试验结果　　表 4.3-11

试件分组		连接件形式	刚度 K_s（kN/mm）	平均值（kN/mm）	极限承载力对应剥离 d_u（mm）	平均值（mm）
PS-1	1	ϕ 22mm × 100mm	—	0.66	3.25	2.01
	2		389.0		1.38	
	3*		—		1.39	

续上表

试件分组		连接件形式	刚度 K_s（kN/mm）	平均值（kN/mm）	极限承载力对应剥离 d_u（mm）	平均值（mm）
PS-2	1	ϕ 22mm × 200mm	276.1	0.73	10.46	10.60
	2		224.3		10.84	
	3*		—		10.49	
PS-3	1	ϕ 22mm × 300mm	294.3	0.46	10.99	12.30
	2*		—		13.12	
	3		315.5		13.62	
PS-4	1	ϕ 22mm × 400mm	299.5	0.48	19.09	14.92
	2*		—		14.63	
	3		275.5		11.05	

注：带 * 试件为往返加载。

焊钉连接件长度对焊钉连接件极限抗拉承载力及其对应的剥离影响较大。当焊钉连接件长度太短，如 ST-1，破坏时混凝土被拉坏，连接件被拔出，极限承载力较低，当焊钉连接件较长时，如 ST-2、ST-3、ST-4，破坏模式变为连接件被拉断，极限承载力有所增长，但焊钉连接件达到一定长度时，焊钉连接件极限抗拉承载力开始收敛，ST-2、ST-3、ST-4 极限抗拉承载力相差不大。焊钉连接件极限抗拉承载力对应的剥离随着焊钉连接件长度的增大而增大。

焊钉连接件受拉呈现出两种破坏模式：当焊钉连接件较短时，连接件根部混凝土被拉坏，连接件被拔出，连接件无明显破坏，如图 4.3-21 所示；当焊钉连接件较长，连接件根部被拉断，可以看到明显的颈缩变形，混凝土无明显破坏，如图 4.3-22 所示。

a）　b）　c）　d）

图 4.3-21　焊钉连接件受拉破坏形态一

a）破坏整体；b）破坏细部；c）混凝土表面；d）钢板表面

（2）开孔板连接件试验结果分析

开孔板连接件各试件的荷载与相对剥离曲线如图 4.3-23 和图 4.3-24 所示，两组连接件重复性较好，往返加载卸载后再次加载时荷载剥离曲线与单调加载曲线基本吻合。

图 4.3-22　焊钉连接件受拉破坏形态二

a）破坏瞬间；b）破坏细部；c）混凝土表面；d）钢板表面

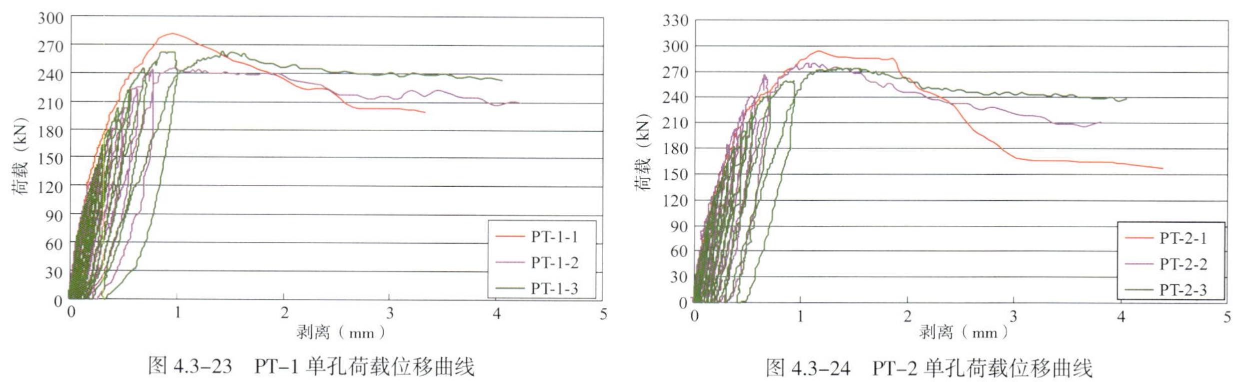

图 4.3-23　PT-1 单孔荷载位移曲线　　图 4.3-24　PT-2 单孔荷载位移曲线

开孔板中穿孔钢筋上下缘应力如图 4.3-25 所示。穿孔钢筋在孔中以受弯为主，其中不开口开孔板中，穿孔钢筋上下缘应力相等，而开口开孔板由于在开口处约束较弱，位于开口处的钢筋下缘应力低于远离开口的上缘。

两种开孔板连接件单调加载荷载剥离曲线比较如图 4.3-26 所示，开孔板连接件的抗拉极限承载力、抗拉使用阶段承载力以及抗拉刚度如表 4.3-12 和表 4.3-13 所示。

是否开口对开孔板连接件的极限承载力及刚度影响不是很大，两者差别较小，在线弹性范围荷载剥离曲线比较吻合，但对试件的延性影响较大，开口开孔板连接件达到最大极限承载力下降趋势比较缓慢，呈延性破坏，而不开口开孔板达到最大极限承载力后荷载迅速下降，呈脆性破坏。

图 4.3-27 为开孔板连接件破坏形态。不开口开孔板连接件破坏时，开孔板附近混凝土破坏明显，钢筋连同开孔板一同被拉出，穿孔位置产生明显的折角，如图 4.3-27a）所示；开口开孔板连接件破坏时，开孔板附近混凝土破坏不明显，开孔板被拔出，钢筋仍留在混凝土内，如图 4.3-27b）所示；敲出穿孔钢筋比较发现，不开口开孔板中钢筋变形远大于开口开孔板中的钢筋，如图 4.3-27c）所示。

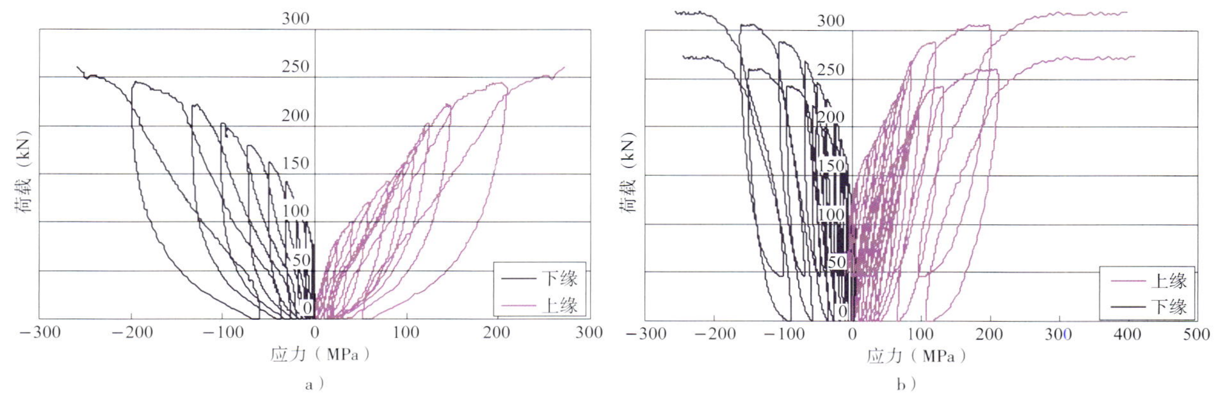

图 4.3-25　穿孔钢筋上下缘应力

a）不开口开孔板；b）开口开孔板

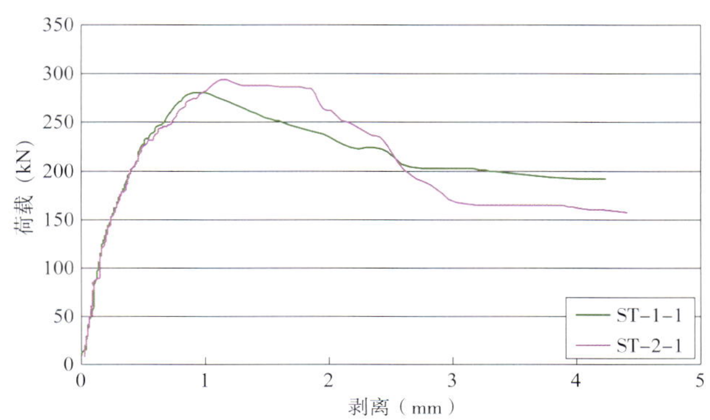

图 4.3-26　PT-1-1 与 PT-2-1 单孔荷载剥离曲线比较

开孔板连接件抗拉承载性能试验结果　　表 4.3-12

试件分组		连接件形式	使用状态承载力 N_y（kN）	平均值（kN）	极限承载力 N_u（kN）	平均值 (kN)	$N_u/(2A_e \times \tau_c)$	平均值
PT-1	1	ϕ75mm 开孔板不开口	134.33	134.3	279.8	262.6	3.0	2.8
	2*		—		245.3		2.7	
	3*				262.7		2.8	
PT-2	1	ϕ75mm 开孔板开口	133.25	133.2	294.2	282.7	3.2	3.1
	2*		—		279.8		3.0	
	3*		—		274.1		3.0	

注：带 * 试件为往返加载。

开孔板连接件抗拉刚度及相对剥离试验结果　　表 4.3-13

试件分组		连接件形式	刚度 K_s（kN/mm）	平均值（kN/mm）	极限承载力对应剥离 d_u(mm)	平均值（mm）
PT-1	1	ϕ75mm 开孔板不开口	671.7	671.7	1.00	1.12
	2*		—		0.93	
	3*		—		1.43	
PT-2	1	ϕ75mm 开孔板开口	666.2	666.2	1.15	1.18
	2*		—		1.06	
	3*		—		1.35	

注：带 * 试件为往返加载。

a）

b）

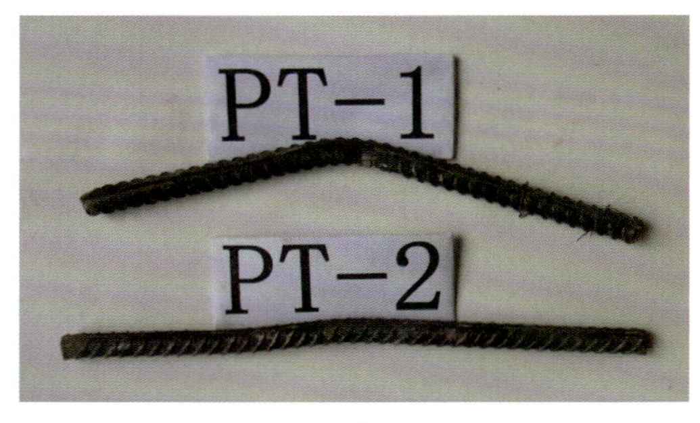

c）

图 4.3-27　开孔板连接件破坏形态

a）不开口开孔钢板；b）开口开孔钢板；c）穿孔钢筋比较

（3）连接件设计参数取值

焊钉及开孔板连接件的试验结果汇总如表 4.3-14 所示，将最常用的 ϕ22mm×200mm 焊钉和 ϕ75mm 开孔板不开口两种连接件的力学性能进行比较，如表 4.3-15 和表 4.3-16 所示。开孔板抗剪刚度约为焊钉的 3.87 倍，抗剪极限承载力及抗剪使用状态承载力分别为焊钉的 2.65 倍、3.87 倍，但开孔板延性较焊钉差，极限承载力对应滑移量约为焊钉的 16%。

焊钉及开孔板连接件的试验结果汇总　　表 4.3-14

试件分组	连接件形式	使用状态承载力 N_y（kN）	极限承载力 N_u（kN）	刚度 K_s（kN/mm）	极限承载力剥离 d_u（mm）
ST-1	ϕ22mm×100mm	77.8	155.3	389.0	2.01
ST-2	ϕ22mm×200mm	50.0	165.8	250.2	10.60
ST-3	ϕ22mm×300mm	61.0	173.8	304.9	12.58
ST-4	ϕ22mm×400mm	57.5	167.5	287.5	14.92
PT-1	ϕ75mm 开孔板不开口	134.3	262.6	671.7	1.12
PT-2	ϕ75mm 开孔板开口	133.2	282.7	666.2	1.18

焊钉及开孔板连接件的抗剪承载性能比较表　　表 4.3-15

连接件	使用状态承载力 N_y（kN）		极限承载力 N_u（kN）	
	平均值	开孔板 / 焊钉	平均值	开孔板 / 焊钉
ϕ22mm × 200mm 焊钉	50.0	2.68	165.8	1.58
开口开孔板	134.3		262.6	

焊钉及开孔板连接件的抗拉刚度及相对剥离比较表　　表 4.3-16

连接件	抗拉刚度 K_s（kN/mm）		极限承载力对应剥离 d_u（mm）	
	平均值	开孔板 / 焊钉	平均值	开孔板 / 焊钉
ϕ22mm × 200mm 焊钉	250.2	2.68	10.60	0.11
开口开孔板	671.7		1.12	

4.3.3　连接件抗剪拔性能试验

1）试验模型设计

剪拔试验试件设计考虑焊钉长度的不同以及开孔板孔中圆孔是否开口对连接件抗拉刚度及抗拉极限承载力性能的影响。为此，计划用焊钉连接件的试件 4 组；开孔板连接件的试件 2 组，每组 3 个试件，共计 18 个试件，如表 4.3-9 所示。试件结构尺寸见图 4.3-28、图 4.3-29，试件用焊钉 4 种，即 ϕ22mm × 100mm、ϕ22mm × 200mm、ϕ22mm × 300mm、ϕ22mm × 400mm，材质、焊接等按照 GB/T 10433—2002 的要求；开孔板厚度及孔径为 t=20mm、ϕ75mm，采用角焊缝焊接，焊脚尺寸 10mm，贯通钢筋采用 2 级螺纹钢筋，其直径为 20mm。

混凝土浇筑方向，要使焊钉及开孔板连接件均处于正立状态进行浇筑，保证与实桥连接件受力一致，并在试件表面涂抹润滑油，防止与混凝土黏着，如图 4.3-30a）、图 4.3-30b）所示。开孔板试件在浇筑混凝土前，用扎丝将穿孔钢筋固定在圆孔中心位置，并在每组试件中选取一个，在穿孔钢筋穿孔位置上下缘贴应变片测钢筋应力变化。浇筑完成后混凝土块表面覆盖塑料薄膜进行养护，连接件试件形式及分组见表 4.3-17。

连接件试件形式及分组　　表 4.3-17

试件分组	试件个数	连接件形式	焊钉个数	测试目的
SST-1	2	ϕ22mm × 200mm 的焊钉	4	0.2 倍最大拉拔力
SST-2	2	ϕ22mm × 200mm 的焊钉	4	0.4 倍最大拉拔力
SST-3	2	ϕ22mm × 200mm 的焊钉	4	0.6 倍最大拉拔力
SST-4	2	ϕ22mm × 300mm 的焊钉	4	0.2 倍最大拉拔力
SST-5	2	ϕ22mm × 300mm 的焊钉	4	0.4 倍最大拉拔力
SST-6	2	ϕ22mm × 300mm 的焊钉	4	0.6 倍最大拉拔力

并预留三个立方体混凝土试块 150mm × 150mm × 150mm 测试，三个试块在 28d 时测得平均立方体强度为 62.5MPa，焊钉连接件的极限抗拉强度 f_u=519MPa。

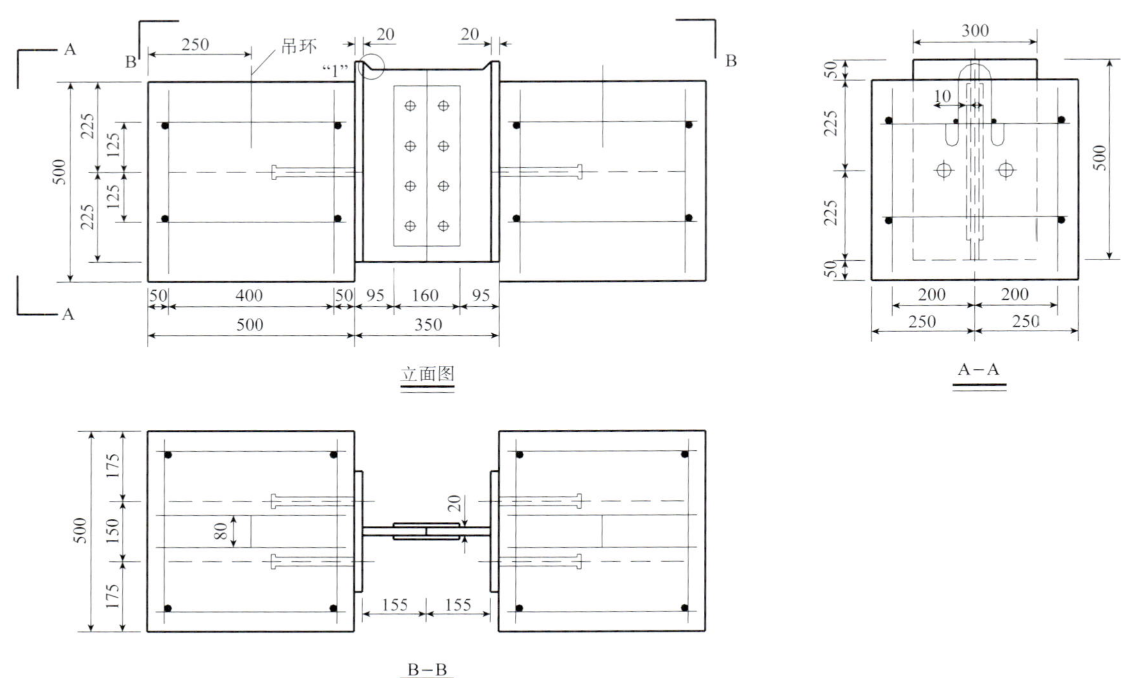

图 4.3-28　焊钉连接件模型试件构造图（尺寸单位：mm）

图 4.3-29　连接件构造形式

图 4.3-30　试件钢筋绑扎及浇筑

a）支模前；b）支模后

剪拔试验加载方式及测试内容同抗剪试验，采用通用的推出试验法，不同的是在焊钉附近有四个对称布置的千斤顶对焊钉施加拉拔力，如图 4.3-31 所示。

2）试验结果的整理与分析

（1）连接件试验结果分析

焊钉连接件各模型试件的荷载与滑移相对曲线仅列出 SST-6 结果，如图 4.3-32 所示，连接件的抗剪极限承载力、抗剪使用阶段承载力以及抗剪刚度如表 4.3-18 和表 4.3-19 所示，拉拔力大小对焊钉抗剪极限承载力的影响如图 4.3-33 所示，拉拔力大小对焊钉抗剪刚度的影响如图 4.3-34 所示。

图 4.3-31　加载试验体系

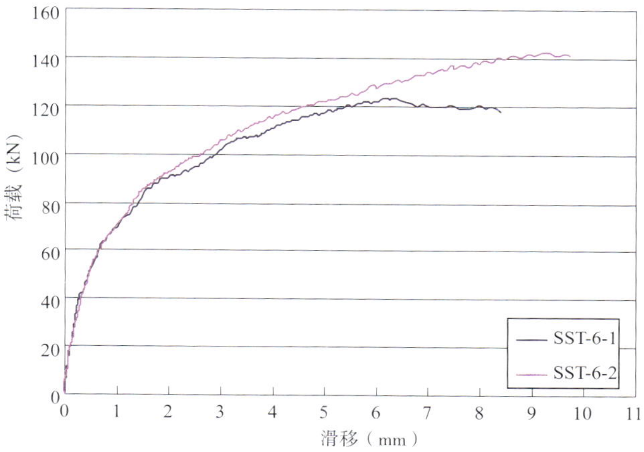

图 4.3-32　SST-6 单钉荷载滑移曲线

拉拔力对焊钉连接件的抗剪力学性能影响很大，在剪拔共同作用下，随着拉拔力的增大，焊钉连接件的抗剪极限承载力、抗剪使用阶段承载力及抗剪刚度都大幅度减小。

焊钉连接件剪拔破坏模态同抗剪破坏模态基本一致，均为结合面焊钉被剪断，断裂面光滑。和抗剪及抗拉焊钉破坏相比可以发现，剪拔试验中焊钉不仅存在明显的剪切变形，还有颈缩变形，如图 4.3-35 所示。

剪拔试验焊钉连接件抗剪承载性能试验结果　　表 4.3-18

试件分组		连接件形式	拉拔力大小（kN）	使用状态承载力 V_y（kN）	平均值（kN）	极限承载力 V_u（kN）	平均值（kN）
SST-1	1	ϕ 22mm × 200mm	33.2	70.7	69.3	159.7	176.1
	2			67.9		192.5	
SST-2	1		66.3	42.5	42.3	145.9	154.6
	2			42.0		163.3	
SST-3	1		99.5	33.4	31.0	124.8	122.1
	2			28.6		119.3	
SST-4	1	ϕ 22mm × 300mm	34.7	84.1	77.0	182.1	185.2
	2			70.0		188.3	
SST-5	1		69.3	44.4	49.7	148.8	155.1
	2			54.9		161.3	
SST-6	1		104.0	33.1	31.5	123.5	133.1
	2			29.9		142.7	

剪拔试验焊钉连接件抗剪刚度及相对滑移试验结果　　表 4.3-19

试件分组		连接件形式	拉拔力大小（kN）	刚度 K_s（kN/mm）	平均值（kN/mm）	极限承载力对应滑移 d_u（mm）	平均值（mm）
SST-1	1	ϕ 22mm × 200mm	33.2	353.4	346.4	8.29	8.73
	2			339.4		9.16	
SST-2	1		66.3	212.5	211.3	6.84	6.72
	2			210.1		6.61	
SST-3	1		99.5	167.0	155.1	6.77	6.96
	2			143.2		7.14	
SST-4	1	ϕ 22mm × 300mm	34.7	420.5	385.2	6.62	7.67
	2			349.8		8.71	
SST-5	1		69.3	222.2	248.4	10.65	10.56
	2			274.7		10.46	
SST-6	1		104.0	165.4	157.6	6.32	7.82
	2			149.7		9.32	

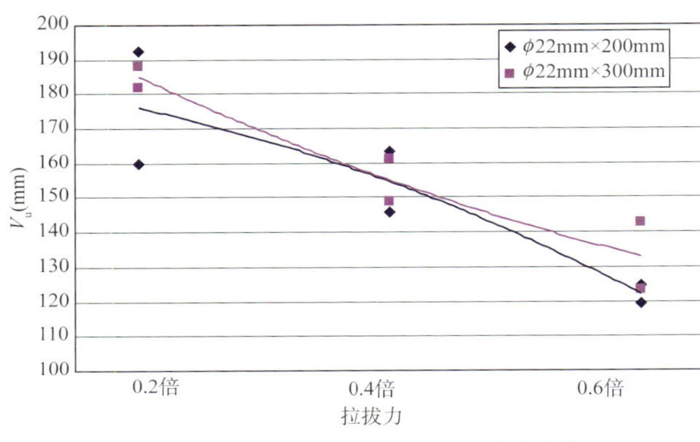

图 4.3-33　拉拔力大小对抗剪极限承载力的影响

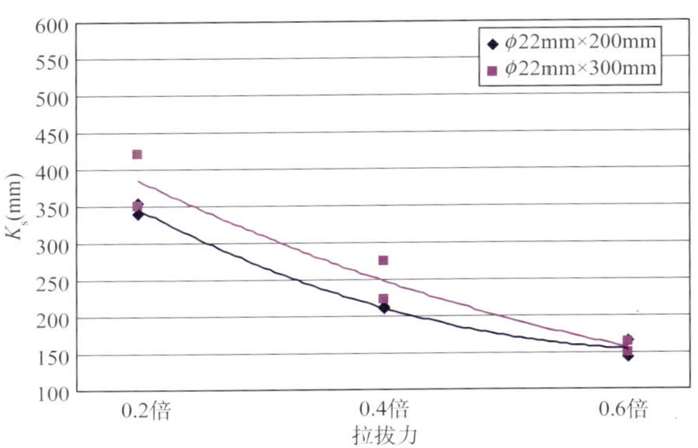

图 4.3-34　拉拔力大小对抗剪刚度的影响

图 4.3-35　三种焊钉破坏对比（从左到右依次为抗剪、剪拔、抗拉）

（2）连接件设计参数取值

焊钉及开孔板连接件的试验结果汇总如表 4.3-20 所示，拉拔力与剪力的相互关系如图 4.3-36 所示，剪拔作用共同作用的承载力可用如下计算式：

$$\left(\frac{N}{N_u}\right)^2+\left(\frac{V}{V_u}\right)^2=0.8 \tag{4.3-1}$$

剪拔试验焊钉连接件的试验结果汇总 表 4.3-20

试件分组	连接件形式	拉拔力大小（kN）	使用状态承载力 V_y（kN）	极限承载力 V_u（kN）	刚度 K_s（kN/mm）	极限承载力对应滑移 d_u（mm）
SST-1		33.2	69.3	176.1	346.4	8.73
SST-2	ϕ 22mm × 200mm	66.3	42.3	154.6	211.3	6.72
SST-3		99.5	31.0	122.1	155.1	6.96
SST-4		34.7	77.0	185.2	385.2	7.67
SST-5	ϕ 22mm × 300mm	69.3	49.7	155.1	248.4	10.56
SST-6		104.0	31.5	133.1	157.6	7.82

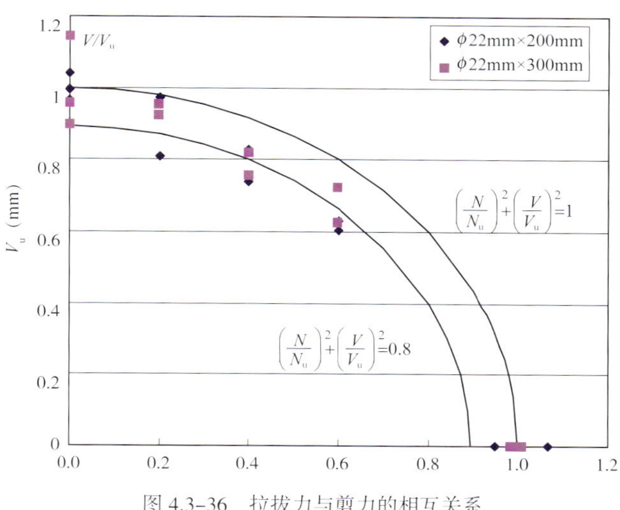

图 4.3-36 拉拔力与剪力的相互关系

4.4 结合部局部模型试验及仿真分析

4.4.1 试验研究目的

上海长江大桥组合箱梁的混凝土跨度以及外侧悬臂都比较大，在受到跨中公路活载或悬臂端轻轨活载的最不利布置的荷载作用下，箱梁翼缘板上横桥向处于腹板附近以及内侧的焊钉有可能受到拉拔力的作用，其中悬臂端偏载产生的拉拔力尤为突出。出现拉拔力的原因主要是腹板横向加劲肋与箱梁底板横向加劲肋形成刚构体，从而约束了钢翼缘板随着混凝土桥面板的变形，使钢翼缘板受到最大约束位置上的焊钉极易受到拉拔力，如图 4.4-1 和图 4.4-2 所示。

为此，通过局部模型试件加载试验测试在最不利活载作用下，连接件布置方式不同时的翼缘板焊钉的受力状态、承载性能，从减少拉拔力的角度研究焊钉的合理布置。

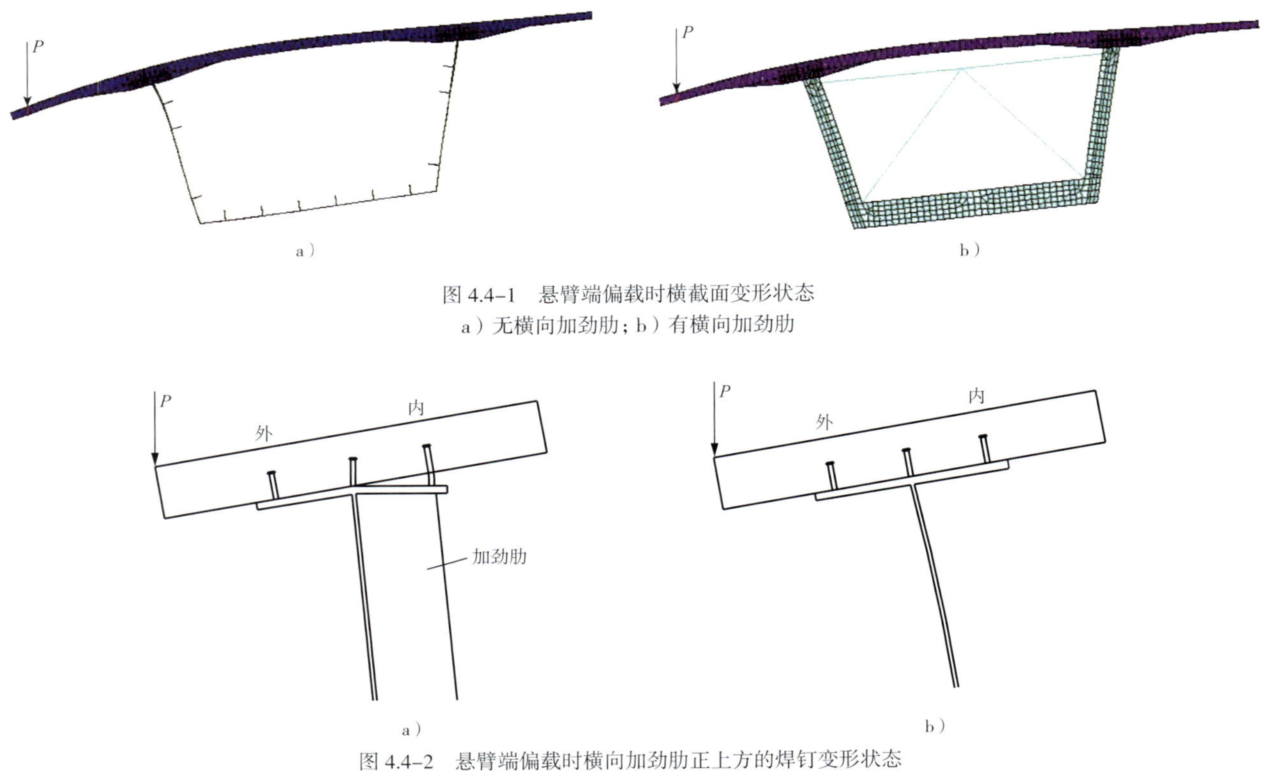

图 4.4–1　悬臂端偏载时横截面变形状态
a）无横向加劲肋；b）有横向加劲肋

图 4.4–2　悬臂端偏载时横向加劲肋正上方的焊钉变形状态
a）有横向加劲肋；b）无横向加劲肋

4.4.2　试验模型设计

1）试件构造及材料用量

参考国外焊钉连接件拉拔试验研究，选取一侧 1.35m 长翼缘设计局部加载模型试件，如图 4.4–3 所示。考虑焊钉连接件长度、纵横向布置的不同共设计 5 个试件，如表 4.4–1 所示，焊钉布置如图 4.4–4 所示；详细的尺寸如图 4.4–5 和图 4.4–6 所示。

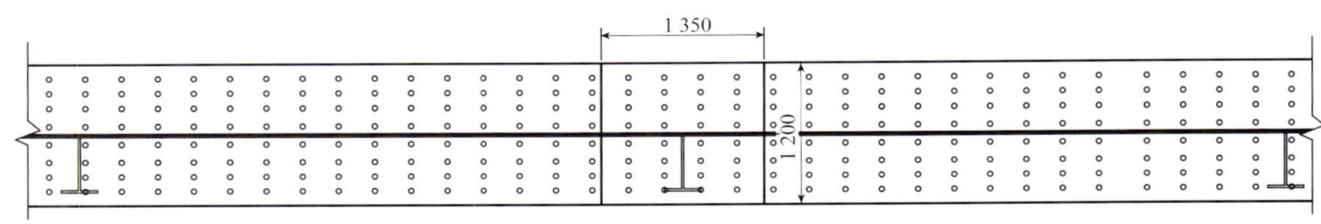

图 4.4–3　局部试验模型模拟区域（尺寸单位：mm）

局部加载模型试件形式及分组　　表 4.4–1

试件分组	偏载方式	焊钉尺寸	焊钉纵向布置方式	焊钉横向布置方式
ML–1	外侧	ϕ 22mm × 200mm	1	1
ML–2	外侧	ϕ 22mm × 200mm	2	1
ML–3	外侧	ϕ 22mm × 200mm	3	1
ML–4	外侧	ϕ 22mm × 300mm	1	1
ML–5	外侧	ϕ 22mm × 200mm ϕ 22mm × 300mm	1	2

混凝土浇筑方向，要使焊钉及开孔板连接件均处于正立状态进行浇筑，保证与实桥连接件受力一致。试件钢结构部分由工厂加工制作，混凝土部分在工地现浇。并预留三个立方体混凝土试块(150mm × 150mm × 150mm) 进行测试，三个试块在 28d 时测得平均立方体强度为 65.9MPa，焊钉连接件的极限抗拉强度 f_u=519MPa，弹性模量 E=2.02 × 10^5MPa。试件浇筑见图 4.4–7。

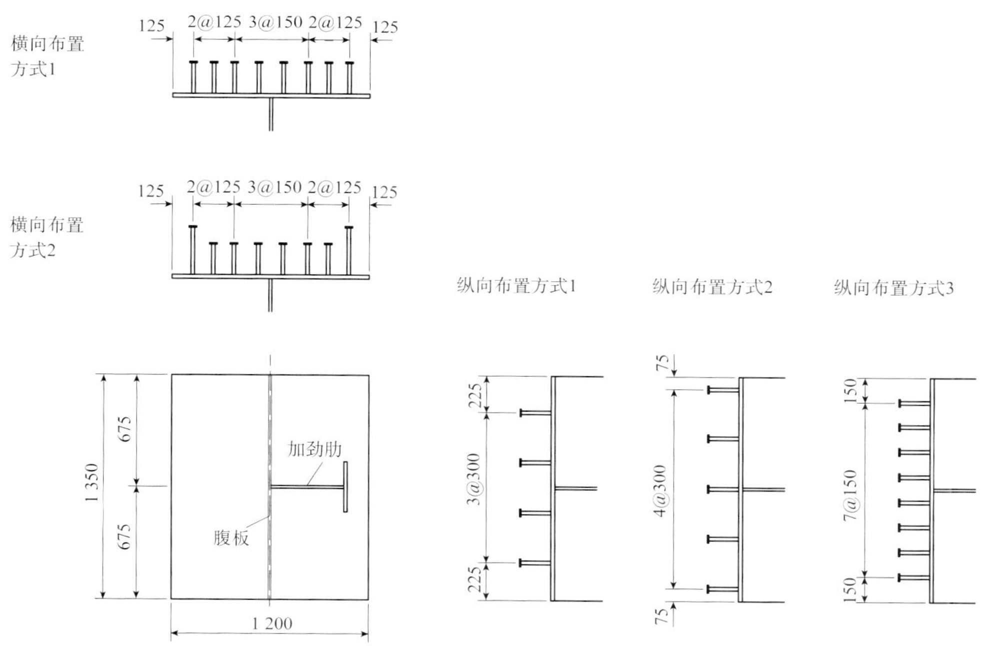

图 4.4–4 翼缘板上的焊钉布置方式（尺寸单位：mm）

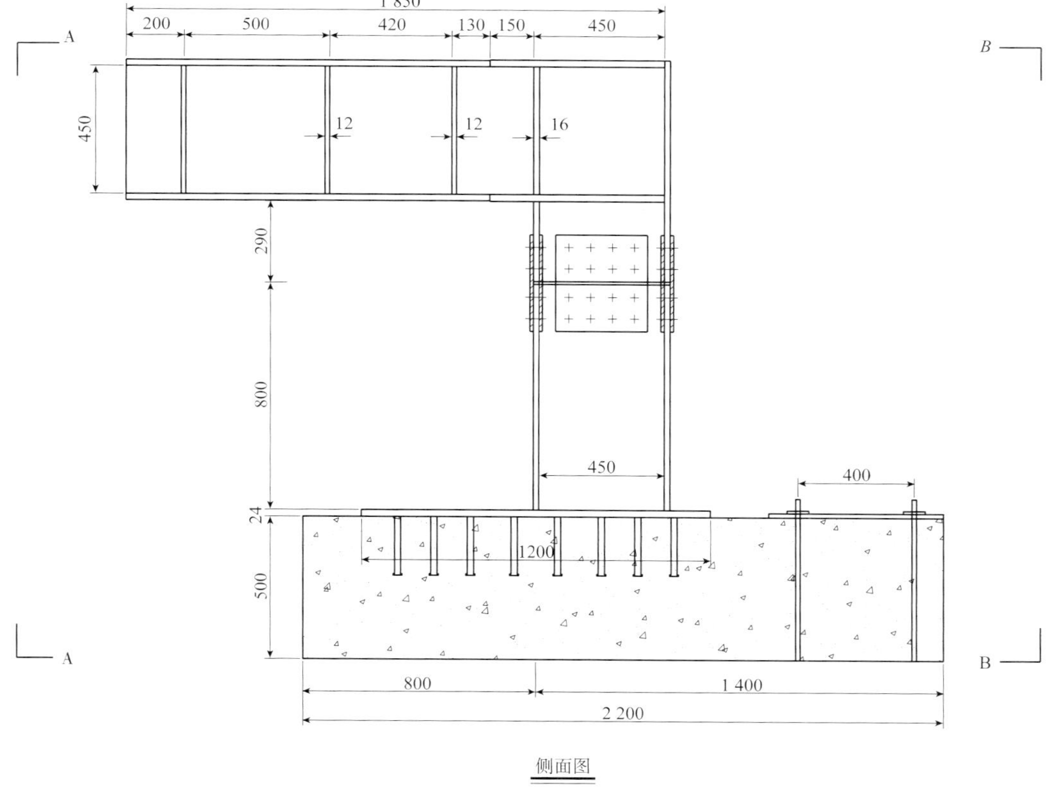

图 4.4–5 试件大样图 1（尺寸单位：mm）

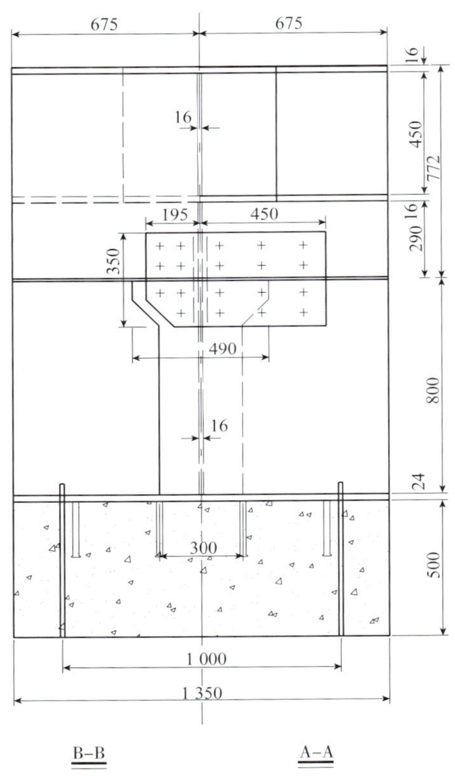

图 4.4–6　试件大样图 2（尺寸单位：mm）

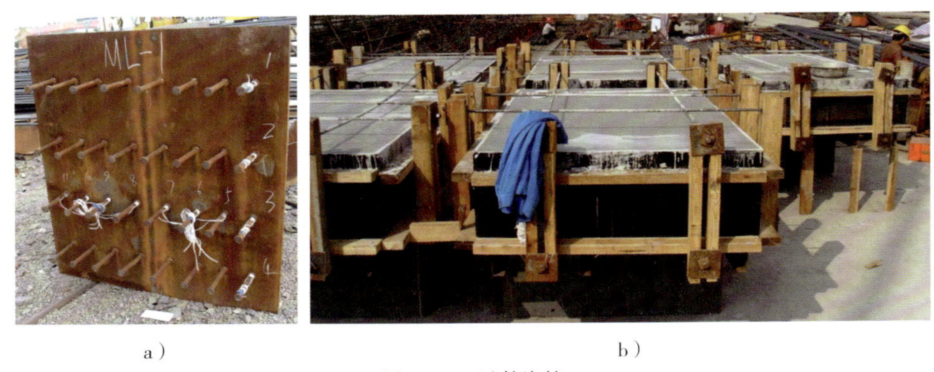

a）　　　　b）

图 4.4–7　试件浇筑

a）试件浇筑前；b）试件浇筑完成

2）试验加载方案

如图 4.4–8、图 4.4–9 所示，将试件倒置，混凝土桥面板与地锚固定，通过在悬出刚臂端部施加竖向力 P 来模拟偏载。

根据设计资料，悬臂端加载分近期远期，其中远期又分是否考虑斜撑，共 3 种情况，每种情况对应的最不利弯矩差值转化为轴向力 P 如表 4.4–2 所示。

设计荷载对应轴向力　　表 4.4–2

项　　目		最不利弯矩差（kN · m）	对应轴向力 P（kN）
近期		96.0	80.0
远期	有斜撑	96.0	70.0
	无斜撑	116.0	96.7

加载分成两个阶段：

（1）逐级施加荷载，每级 20kN，至设计荷载的最不利偏载对应的竖向力 P。

（2）继续施加荷载，直至破坏。

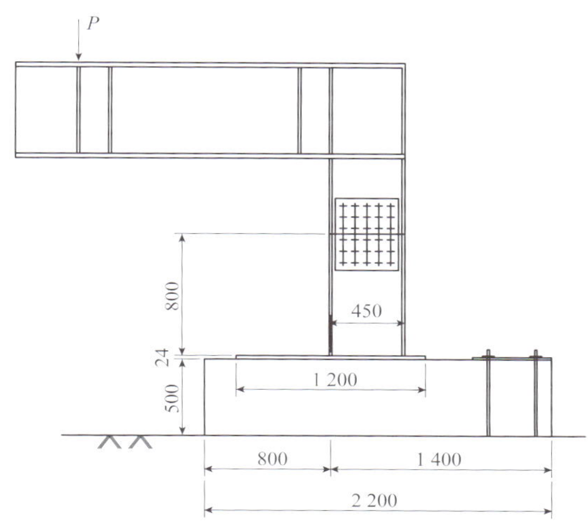

图 4.4-8 连接部局部模型试件的加载示意图（尺寸单位：mm）

a） b）

图 4.4-9 试件加载

a）侧面图；b）正面图

3）应变片及位移计布置

（1）试件偏载情况下，焊钉主要承受轴向力，为反映焊钉轴力大小及分布，故在焊钉上布置竖向应变片，应变片布置如图 4.4-10 所示。

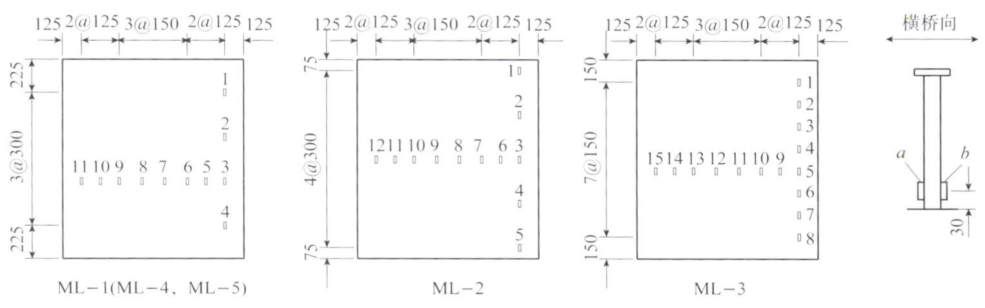

图 4.4-10 应变片布置示意图（尺寸单位：mm）

（2）试件 ML-1、ML-2、ML-3、ML-4、ML-5 在悬臂端偏载，腹板加劲肋附近焊钉容易出现拉拔力，此处桥面板与钢翼缘会产生剥离，为反映腹板加劲肋附近混凝土桥面板与钢翼缘剥离量大小，故在腹板加劲肋附近布置位移计，位移计布置方式如图 4.4-11、图 4.4-12 所示。

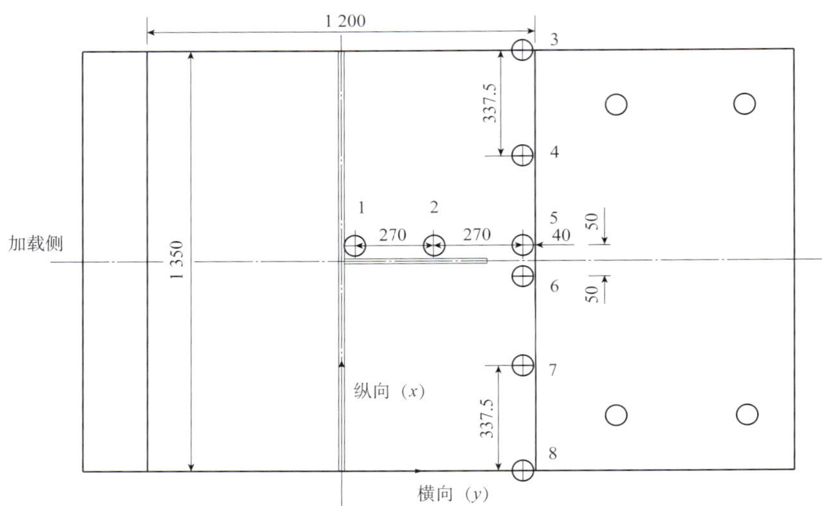

图 4.4-11　位移计布置示意图（尺寸单位：mm）

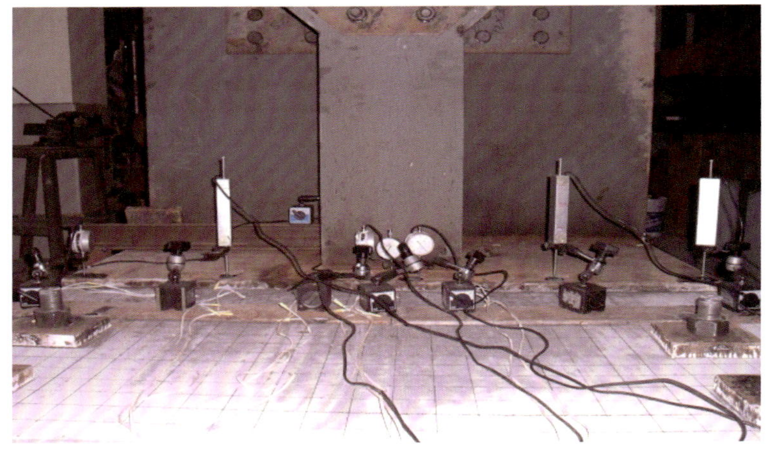

图 4.4-12　位移计布置图

4.4.3　试验结果及分析

1）混凝土与钢翼缘剥离量

图 4.4-13~ 图 4.4-17 给出了局部模型试件的横纵向轴向力剥离分布，由于 ML-5 试件位移计 1、2 出现故障，因此 ML-5 试件剥离量图中未给出横向轴向力剥离分布。

由图可见，腹板加劲肋附近剥离量最大，纵向剥离量以腹板加劲肋为波峰递减，递减速度很快，在距腹板加劲肋 0.3m 处位移计 4、7 位置基本上不存在剥离量；ML-3 焊钉密布，刚度较大，位移计 1、2 位置均不存在剥离量，除 ML-3 外，其他试件横向剥离量基本以腹板加劲肋为最高点，呈直线递减，腹板处位移计 1 位置基本上不存在剥离量。

图 4.4-18、图 4.4-19 给出了 5 个局部模型试件的滑移量比较图。当焊钉密布且错开加劲肋布置时剥离量最小，ML-3 试件对应最大设计荷载 96.7kN 时，剥离量为 0.12mm；当焊钉布置在加劲肋上方时剥离量最大，ML-2 试件对应最大设计荷载 96.7kN 时，剥离量为 0.37mm，两者相差近 3 倍；

ML-1、ML-4 及 ML-5 三个试件连接件纵横向布置相同，剥离量介于 ML-2 与 ML-3 之间。

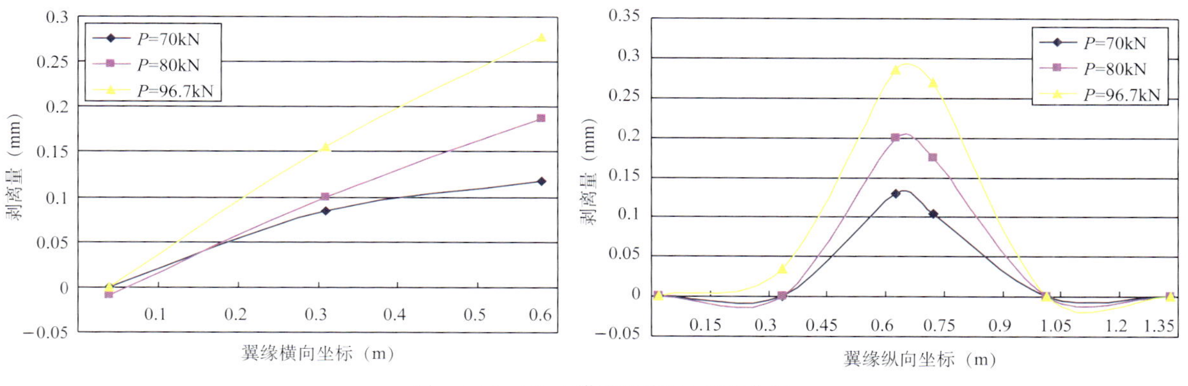

图 4.4-13　ML-1 横纵向轴向力剥离分布

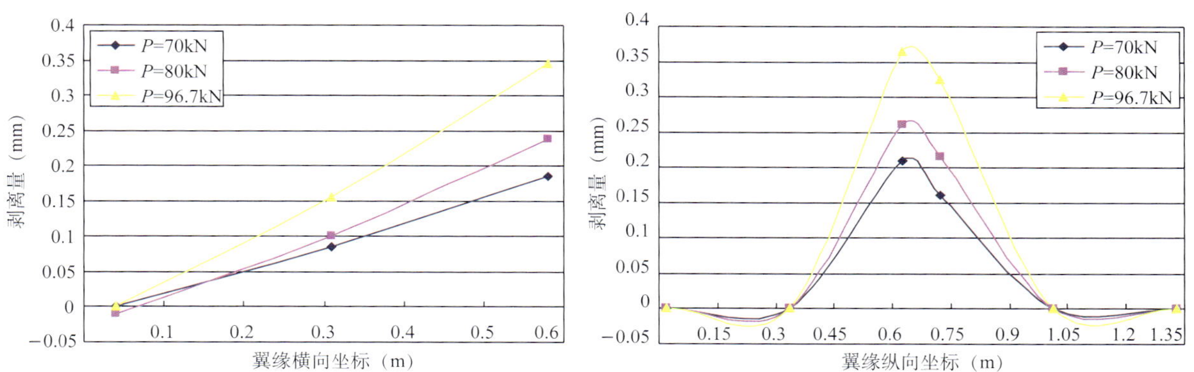

图 4.4-14　ML-2 横纵向轴向力剥离分布

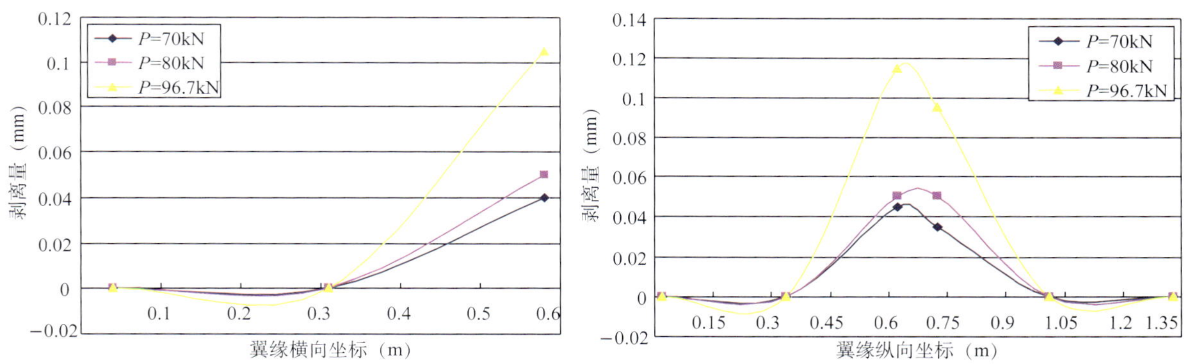

图 4.4-15　ML-3 横纵向轴向力剥离分布

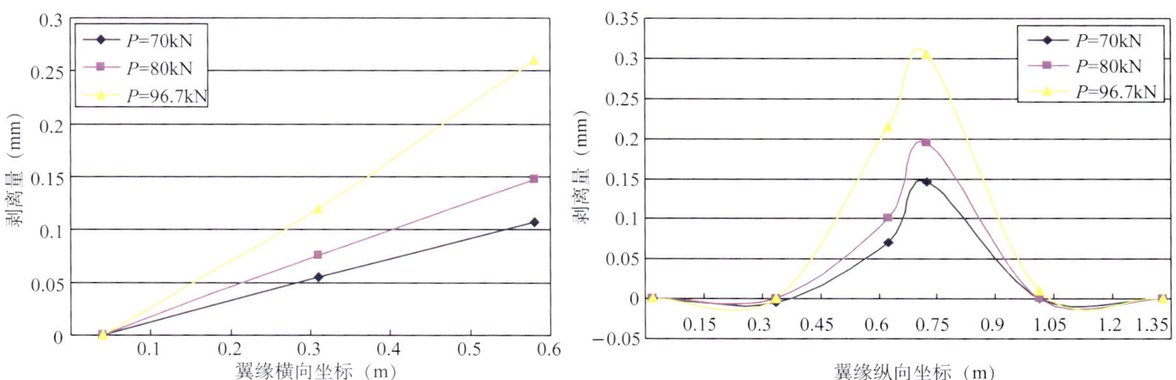

图 4.4-16　ML-4 横纵向轴向力剥离分布

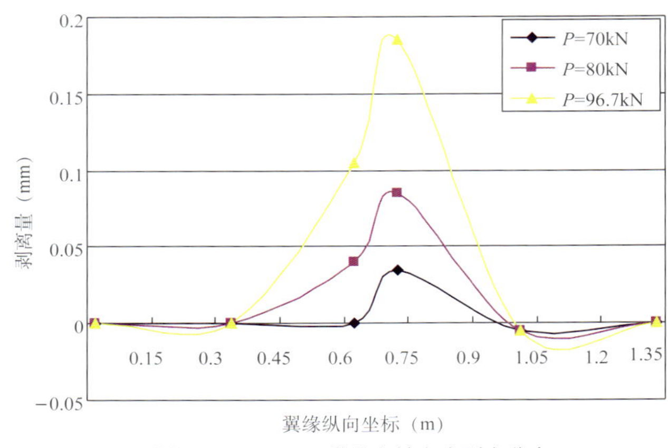

图 4.4-17　ML-5 横纵向轴向力剥离分布

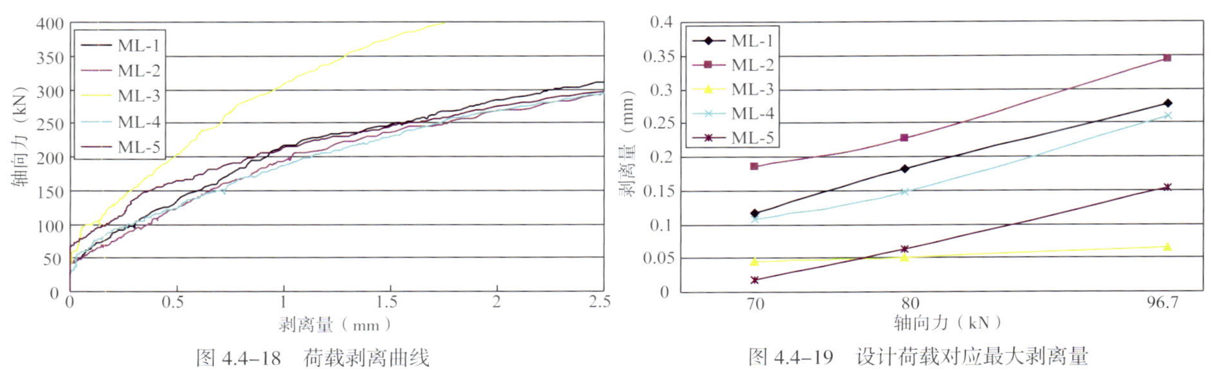

图 4.4-18　荷载剥离曲线

图 4.4-19　设计荷载对应最大剥离量

2）焊钉连接件应变

由于当加载超过 70kN 时，ML-2 试件个别焊钉应变值已经超过了应变片最大读数，因此仅给出了远期有斜撑设计荷载下即 P=70kN 应变片读数。

如图 4.4-20 所示在轴向力 P=70kN 时，不同布置情况下部分焊钉的应变。当焊钉布置在加劲肋上方时即 ML-2，焊钉应变最大，最大值达到了 3 685με，当焊钉间距较密且错开加劲肋布置时即 ML-3，焊钉应变最小，最大值仅 343με，两者相差近 10 倍。

3）模型破坏形态

如图 4.4-21 所示为模型破坏形态。由于加劲肋对钢翼缘的约束作用，加劲肋附近翼缘与混凝土之间产生了很大的剥离量，靠近腹板加劲肋位置的焊钉产生很大的拉拔力，导致结构失去承载力。

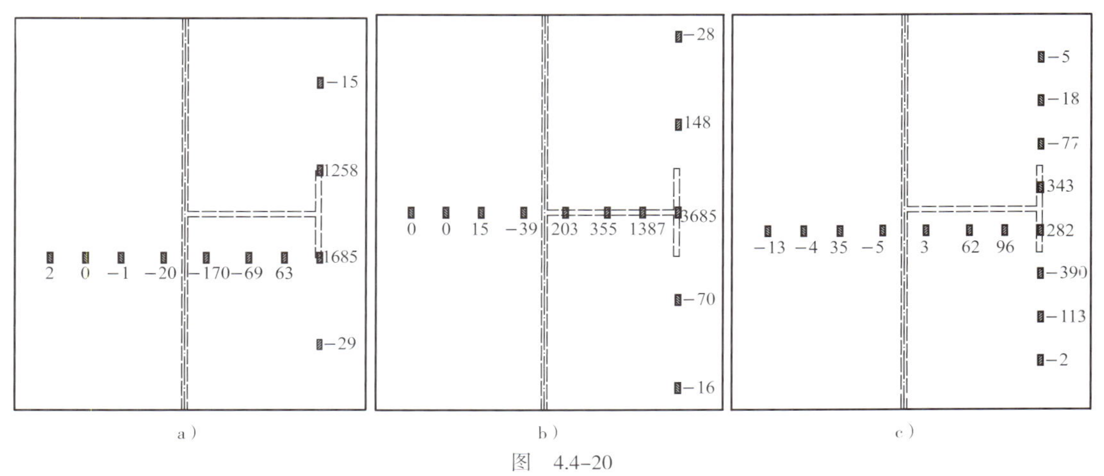

图　4.4-20

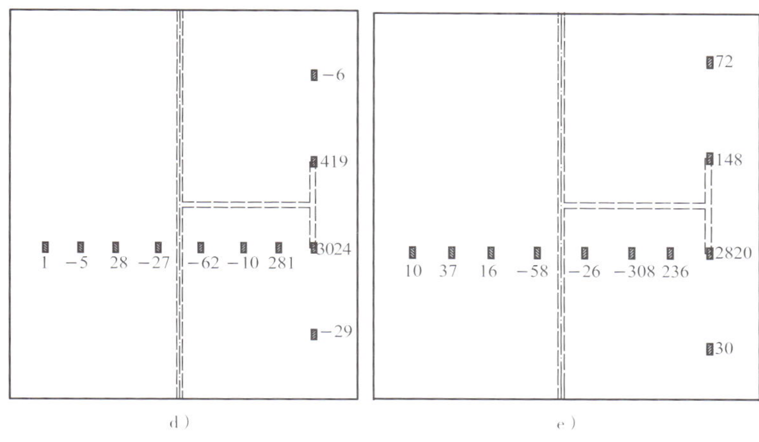

图 4.4-20　焊钉连接件应变（对应 P=70kN）

a）ML-1；b）ML-2；c）ML-3；d）ML-4；e）ML-5

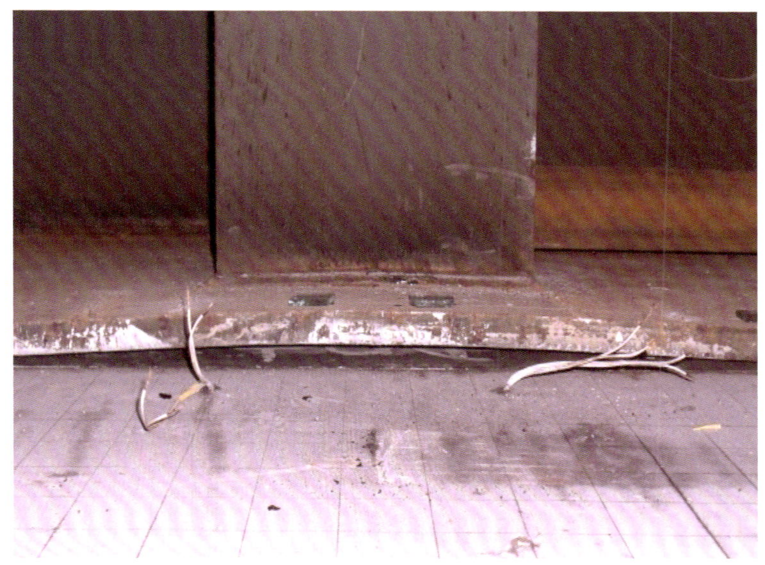

图 4.4-21　模型破坏形态

4.5　空间受力性能研究

4.5.1　荷载作用及材料参数取值

考虑的荷载种类如下：结构重力、二期恒载、混凝土收缩和徐变作用、基础变位、温度作用、汽车荷载、汽车荷载冲击力以及轨道交通荷载。

（1）结构重力（考虑施工过程）

结构自重根据材料重度进行计算，其中钢材重度取 78.5kN/m³，钢筋混凝土重度取 26kN/m³。根据设计施工过程对桥梁施工阶段受力状态进行计算，施工过程按以下施工步骤模拟（桥墩编号参见图 4.5-1）。

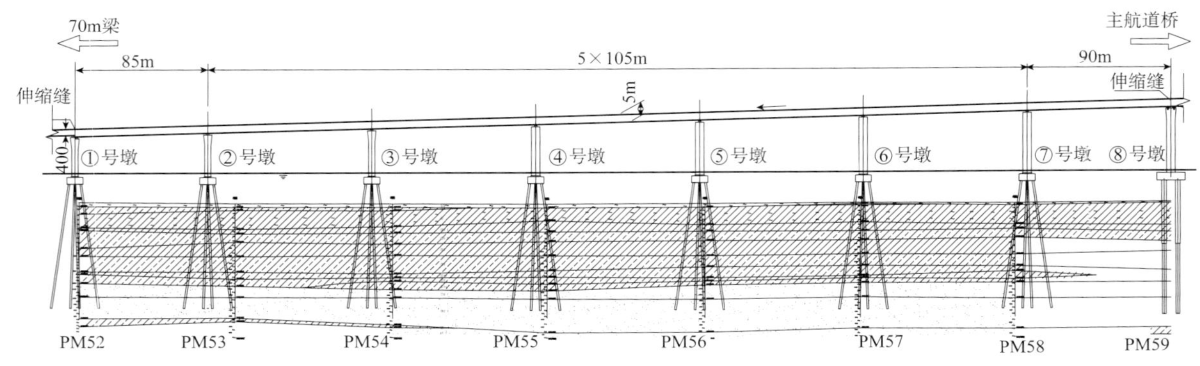

图 4.5–1 大跨度连续组合箱梁桥总体布置图

阶段 1：钢梁预弯，边界条件单跨四点支承，全部混凝土桥面板中板质量施加在钢梁上翼缘，此时混凝土桥面板不参与受力。

阶段 2：前期浇筑的混凝土桥面板与钢梁形成组合结构，边界条件单跨简支，主梁两端的预制混凝土桥面板质量以均布荷载施加于钢梁上翼缘。

阶段 3：各跨预制主梁间焊接连接，浇筑④、⑤号墩处底板混凝土，底板混凝土不参与受力，仅提供荷载。

阶段 4：④、⑤号墩处底板混凝土硬化参与受力，临时支点处顶升 0.70m。

阶段 5：浇筑④、⑤号墩处混凝土桥面板接缝，支点回落 0.55m 到永久支点。

阶段 6：浇筑③、⑥号墩处底板混凝土，底板混凝土不参与受力，仅提供荷载。

阶段 7：③、⑥号墩处底板混凝土硬化参与受力，在临时支点处顶升 0.4m。

阶段 8：浇筑③、⑥号墩处混凝土桥面板接缝，支点回落 0.25m 到永久支点。

阶段 9：浇筑②、⑦号墩处底板混凝土，底板混凝土未参与受力，仅提供荷载。

阶段 10：②、⑦号墩处底板混凝土硬化参与受力，在临时支点处顶升 0.3m。

阶段 11：浇筑②、⑦号墩处混凝土桥面板接缝，支点回落 0.2m 到永久支点。

阶段 12：成桥阶段，施加桥面铺装、栏杆、电力管线等二期恒载。

（2）荷载作用组合

根据《公路桥涵设计通用规范》（JTG D60—2004）第 4.1.8 条，对结构构件进行弹性阶段截面应力计算时，各作用效应的分项系数及组合系数应取为 1.0。

①近期规划中除对各施工阶段及成桥状态外，还对以下组合工况进行分析。

组合 1：恒载 + 收缩 + 徐变；

组合 2：恒载 + 汽车荷载（计冲击力，竖向最大）；

组合 3：恒载 + 汽车荷载（计冲击力，扭矩最大）；

组合 4：恒载 + 收缩 + 徐变 + 汽车荷载（计冲击力，竖向最大）；

组合 5：恒载 + 收缩 + 徐变 + 汽车荷载（计冲击力，扭矩最大）；

组合 6：恒载 + 收缩 + 徐变 + 风荷载（百年一遇）；

组合 7：恒载 + 收缩 + 徐变 + 汽车荷载（计冲击力，竖向最大） + 基础变位 + 梯度温差 + 风荷载（桥面有车）。

②远期规划中考虑轨道交通荷载及箱梁外斜撑作用，对以下组合工况进行分析。

组合 8：恒载 + 收缩 + 徐变 + 汽车荷载 + 轻轨；

组合 9：恒载 + 收缩 + 徐变 + 汽车荷载 + 轻轨 + 基础变位 + 梯度温差 + 风荷载（桥面有车）。

4.5.2 主梁整体受力性能（不考虑连接件滑移）分析研究

1）计算分析方法

本桥采用无上翼缘的梯形截面槽形钢与混凝土桥面板相结合形成主梁结构。为了能准确分析全桥的应力状态及分布，采用空间有限元程序对钢梁、混凝土桥面板、底板混凝土、钢梁纵横向加劲体系、钢梁横隔体系及混凝土桥面板横向预应力进行了模拟，本部分未模拟焊钉连接件作用。

其中钢梁部分采用了4节点板壳单元，混凝土桥面板及底板混凝土采用了8节点实体单元，箱梁横撑及水平撑采用空间梁单元，混凝土桥面板横向预应力采用空间杆单元模拟。全桥共划分约28万个节点、33万个单元，单元大小约为0.3~0.5m。

计算分析采用笛卡尔直角坐标系，坐标原点位于主梁85m跨端部底板中心处。其中X轴为顺桥向，Y轴为横桥向，Z轴为竖直方向。图4.5-2、图4.5-3为全桥划分的单元计算模型。

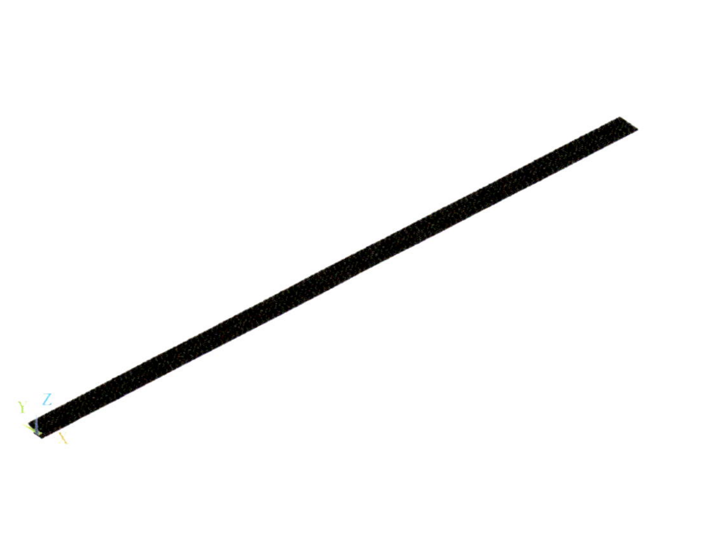

图4.5-2　全桥计算模型

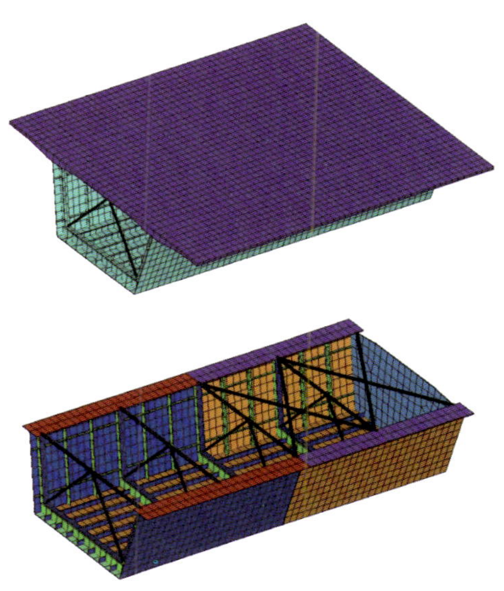

图4.5-3　主梁部分梁段模型

2）施工过程及成桥阶段计算结果

本部分计算了全桥结构从预制到成桥的全部施工过程，由于全桥单元数量巨大，不能给出全部单元的计算结果，故在下列结果中以顺桥向单元位置为坐标，绘出该截面上计算结果的最大及最小值，并对部分应力较大区段绘出了应力分布图。

（1）混凝土桥面板

图4.5-4~图4.5-8为主梁混凝土桥面板在部分施工阶段及成桥状态下的顺桥向正应力分布。从图中可以看出：在施工过程中，尤其是支点顶升阶段，先后浇混凝土桥面板交界处会产生较大的局部应力，拉应力和压应力水平均较高，不考虑应力集中点的结果（下同），施工阶段混凝土最大拉应力约为4MPa，最大压应力约为35MPa，图4.5-9为阶段4时X=140~180m范围内混凝土桥面板顺桥向正应力分布图，图中示出了产生局部应力集中的大小及范围。

成桥状态下混凝土桥面板顺桥向最大拉应力约为4MPa，最大压应力约为20MPa，图4.5-10、图4.5-11为成桥阶段X=590~630m及X=330~365m范围内混凝土桥面板顺桥向正应力分布图。

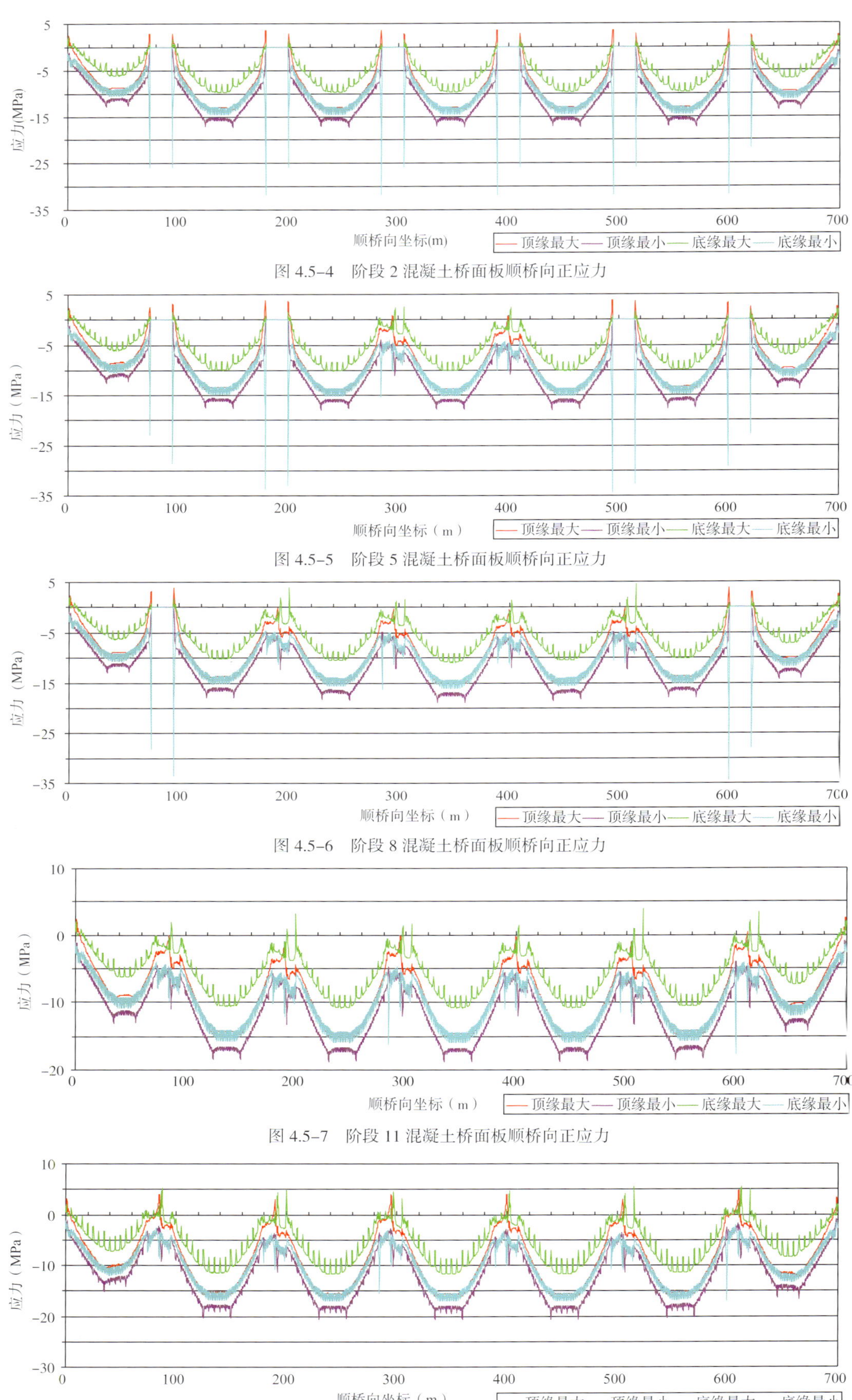

图 4.5-4　阶段 2 混凝土桥面板顺桥向正应力

图 4.5-5　阶段 5 混凝土桥面板顺桥向正应力

图 4.5-6　阶段 8 混凝土桥面板顺桥向正应力

图 4.5-7　阶段 11 混凝土桥面板顺桥向正应力

图 4.5-8　成桥阶段混凝土桥面板顺桥向正应力

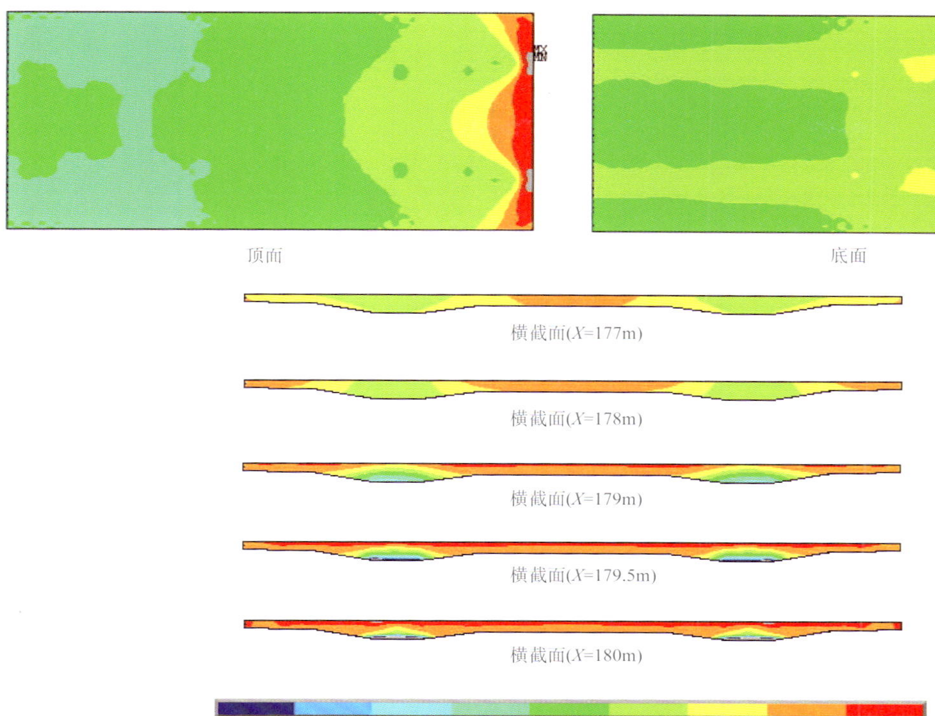

图 4.5-9　阶段 4 混凝土桥面板（X=140~180m）顺桥向正应力（kPa）

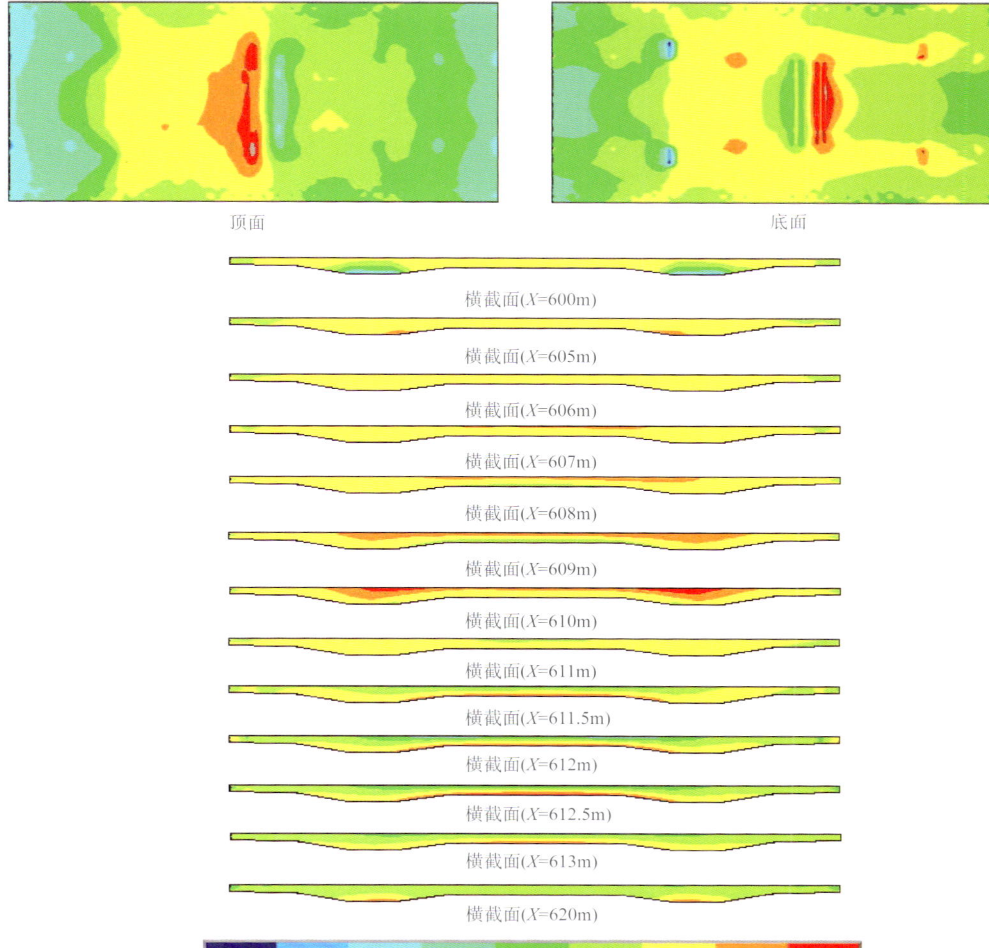

图 4.5-10　成桥阶段混凝土桥面板（X=590~630m）顺桥向正应力（kPa）

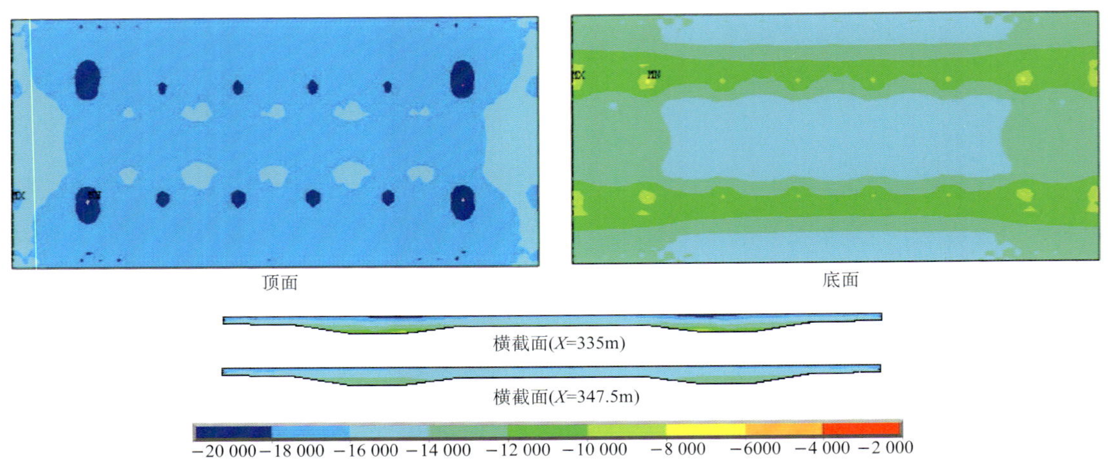

图 4.5−11 成桥阶段混凝土桥面板（X=330~365m）顺桥向正应力（kPa）

（2）钢梁上翼缘

图 4.5−12~ 图 4.5−16 为钢梁上翼缘在部分施工阶段及成桥状态下的顺桥向正应力分布。顶升阶段先后浇混凝土桥面板交界处的钢梁上翼缘压应力水平较高，最大压应力约为 250MPa，图 4.5−17 为阶段 4 钢梁上翼缘（X=175~205m）顺桥向正应力；成桥状态钢梁上翼缘最大拉应力约为 150MPa，最大压应力约为 80MPa，图 4.5−18、图 4.5−19 为成桥阶段钢梁上翼缘（X=240~350m）顺桥向正应力。

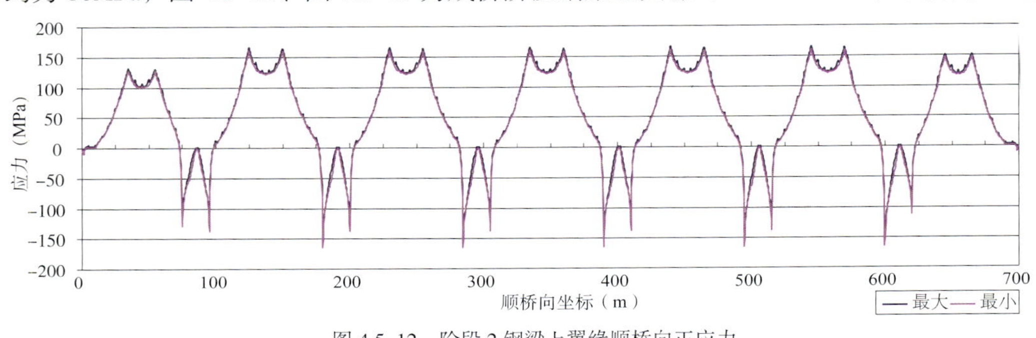

图 4.5−12 阶段 2 钢梁上翼缘顺桥向正应力

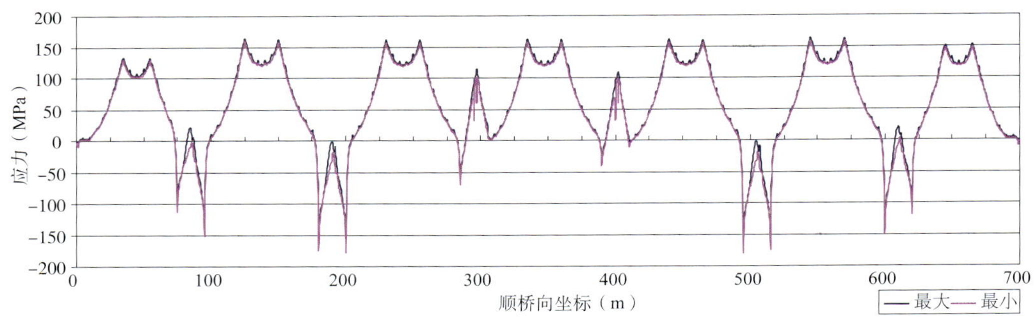

图 4.5−13 阶段 5 钢梁上翼缘顺桥向正应力

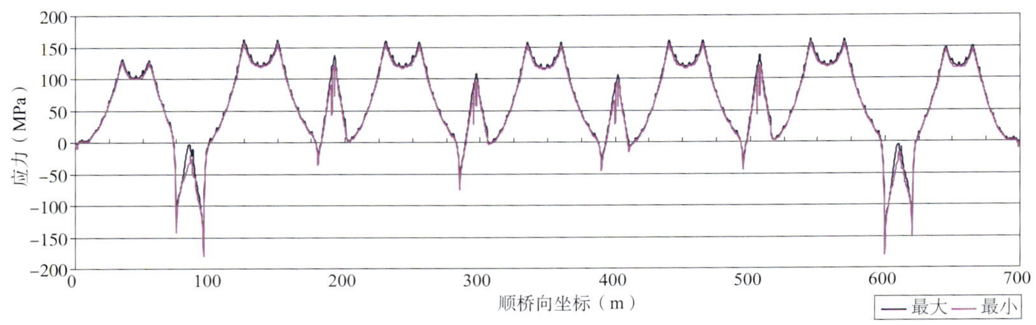

图 4.5−14 阶段 8 钢梁上翼缘顺桥向正应力

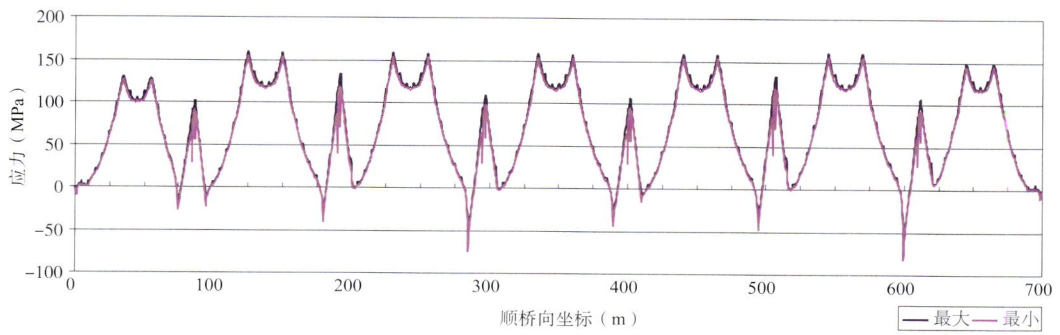

图 4.5-15 阶段 11 钢梁上翼缘顺桥向正应力

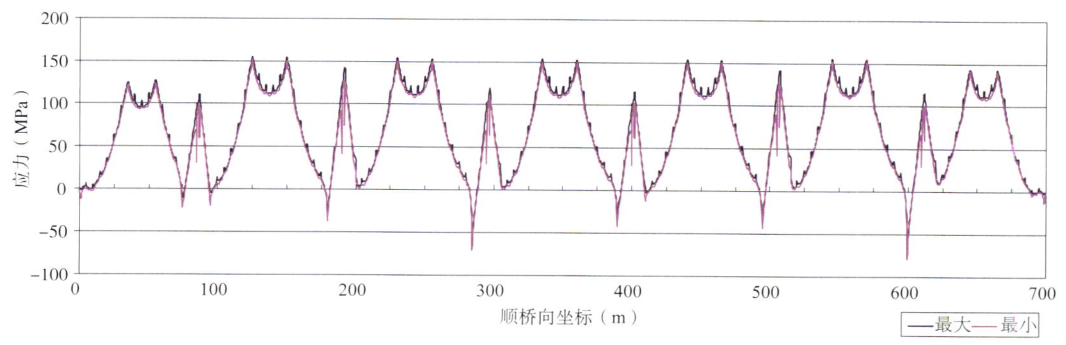

图 4.5-16 成桥阶段钢梁上翼缘顺桥向正应力

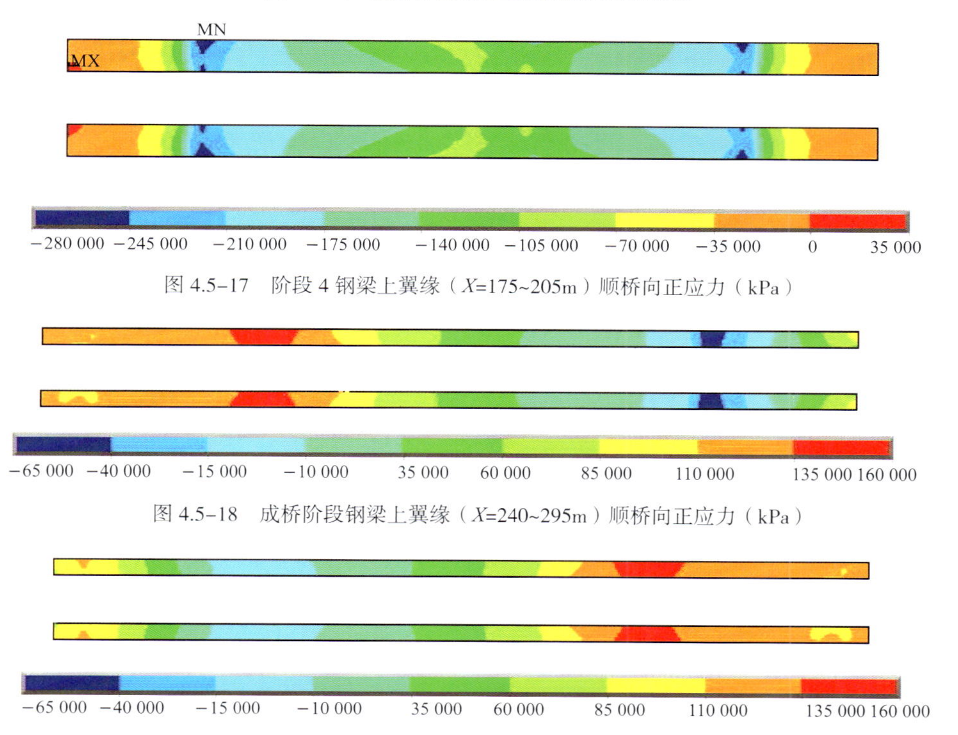

图 4.5-17 阶段 4 钢梁上翼缘（X=175~205m）顺桥向正应力（kPa）

图 4.5-18 成桥阶段钢梁上翼缘（X=240~295m）顺桥向正应力（kPa）

图 4.5-19 成桥阶段钢梁上翼缘（X=295~350m）顺桥向正应力（kPa）

（3）钢梁底板

图 4.5-20~ 图 4.5-24 为钢梁底板在部分施工阶段及成桥状态下的顺桥向正应力分布。去除支座处应力集中点结果后，各施工阶段钢梁底板最大拉应力约为 170MPa，最大压应力约为 70MPa。成桥状态下钢梁底板最大拉应力约为 150MPa，最大压应力约为 70MPa。图 4.5-25 和图 4.5-26 为成桥阶段钢梁底板顺桥向正应力。

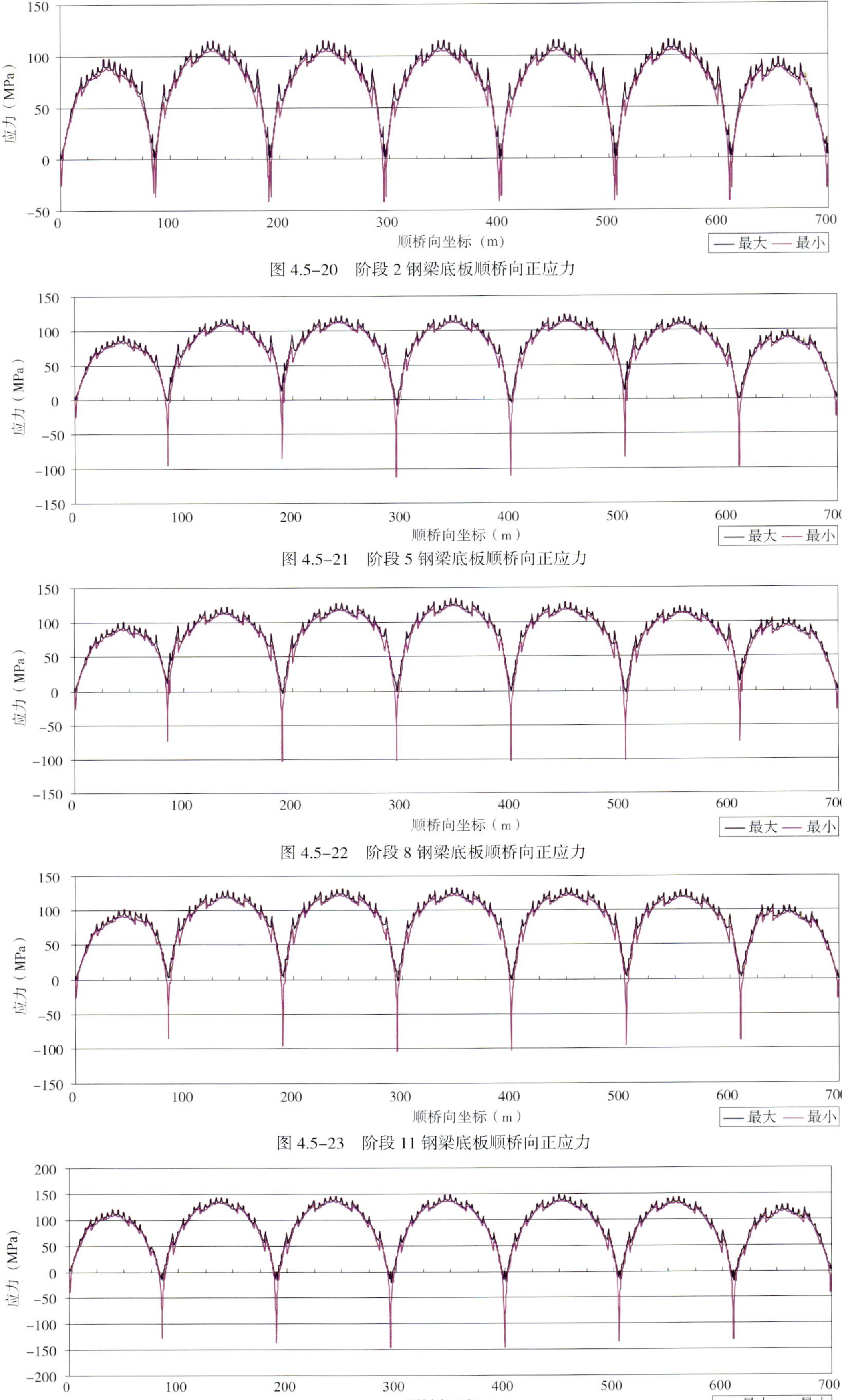

图 4.5-20　阶段 2 钢梁底板顺桥向正应力

图 4.5-21　阶段 5 钢梁底板顺桥向正应力

图 4.5-22　阶段 8 钢梁底板顺桥向正应力

图 4.5-23　阶段 11 钢梁底板顺桥向正应力

图 4.5-24　成桥阶段钢梁底板顺桥向正应力

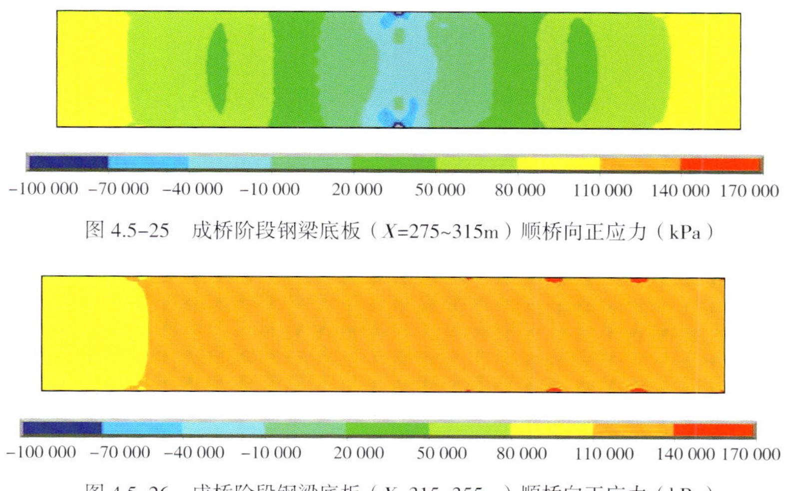

图 4.5-25　成桥阶段钢梁底板（X=275~315m）顺桥向正应力（kPa）

图 4.5-26　成桥阶段钢梁底板（X=315~355m）顺桥向正应力（kPa）

（4）钢梁底板纵向加劲

图 4.5-27~ 图 4.5-31 为钢梁底板纵向加劲肋在部分施工阶段及成桥状态下的顺桥向正应力分布。从图中可以看出各施工阶段钢梁底板纵向加劲肋最大拉应力约为 180MPa，最大压应力约为 130MPa。成桥状态下钢梁底板纵向加劲肋最大拉应力约为 150MPa，最大压应力约为 90MPa。

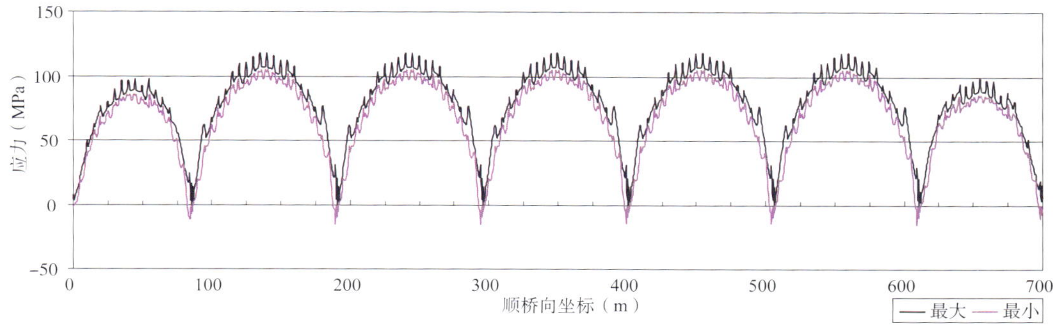

图 4.5-27　阶段 2 钢梁底板纵向加劲肋顺桥向正应力

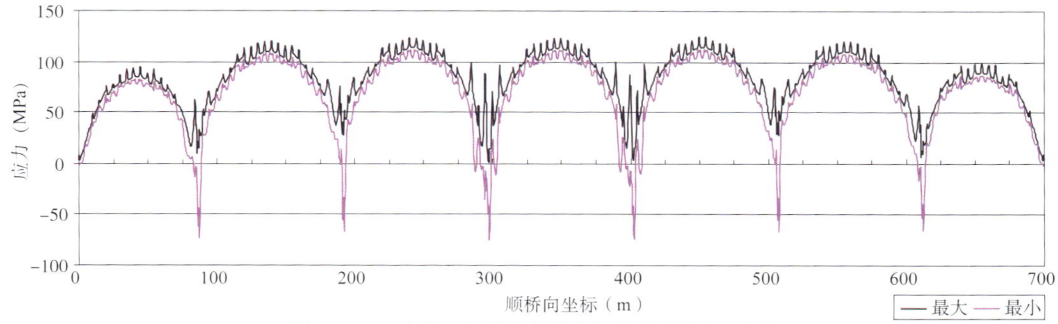

图 4.5-28　阶段 5 钢梁底板纵向加劲肋顺桥向正应力

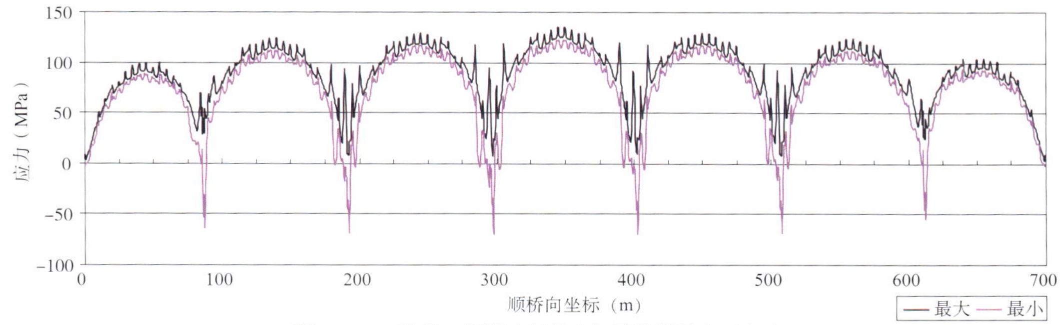

图 4.5-29　阶段 8 钢梁底板纵向加劲肋顺桥向正应力

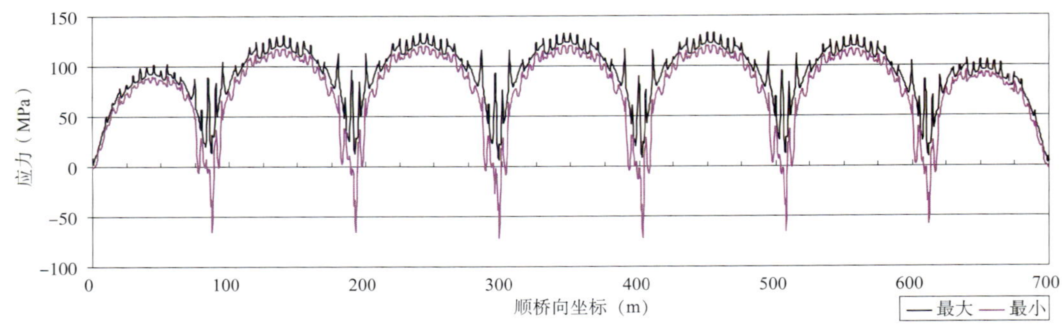

图 4.5-30　阶段 11 钢梁底板纵向加劲肋顺桥向正应力

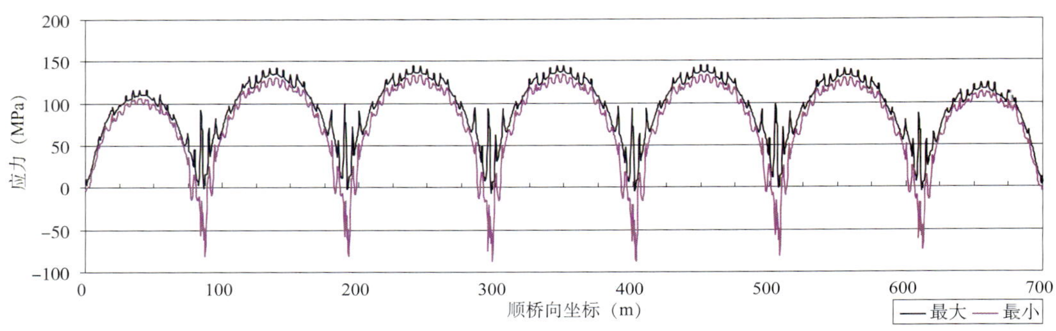

图 4.5-31　成桥阶段钢梁底板纵向加劲肋顺桥向正应力

（5）钢梁腹板

图 4.5-32~ 图 4.5-36 为钢梁腹板在部分施工阶段及成桥状态下的剪应力分布，图中包含了由于支座模拟导致的应力集中的结果。不考虑应力集中的影响，各施工阶段及成桥阶段钢梁腹板最大剪应力约为 70MPa。图 4.5-37 为成桥阶段 X=275~315m 钢梁腹板剪应力。

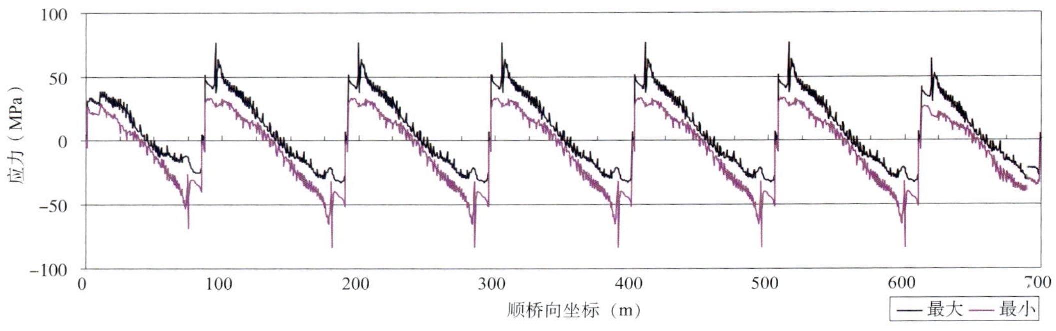

图 4.5-32　阶段 2 钢梁腹板剪应力

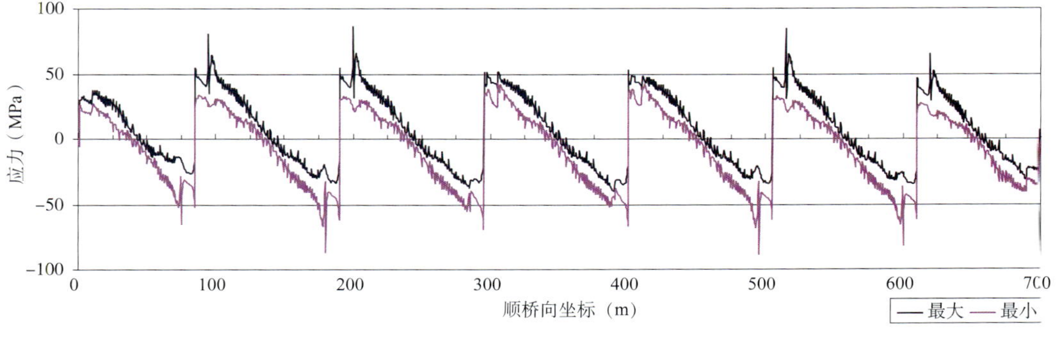

图 4.5-33　阶段 5 钢梁腹板剪应力

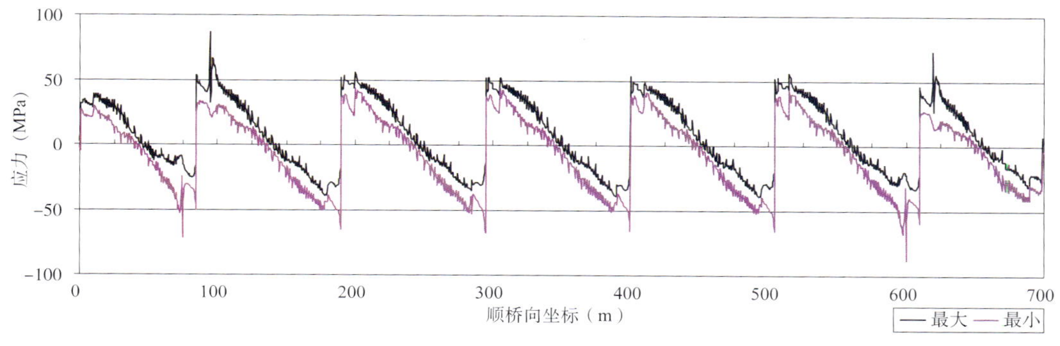

图 4.5-34　阶段 8 钢梁腹板剪应力

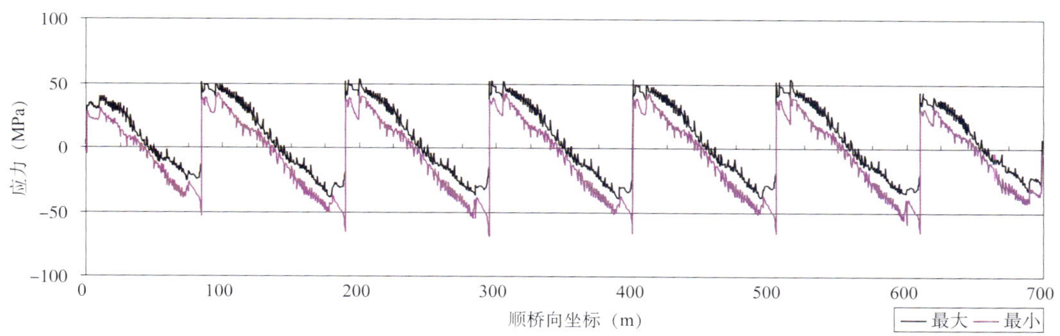

图 4.5-35　阶段 11 钢梁腹板剪应力

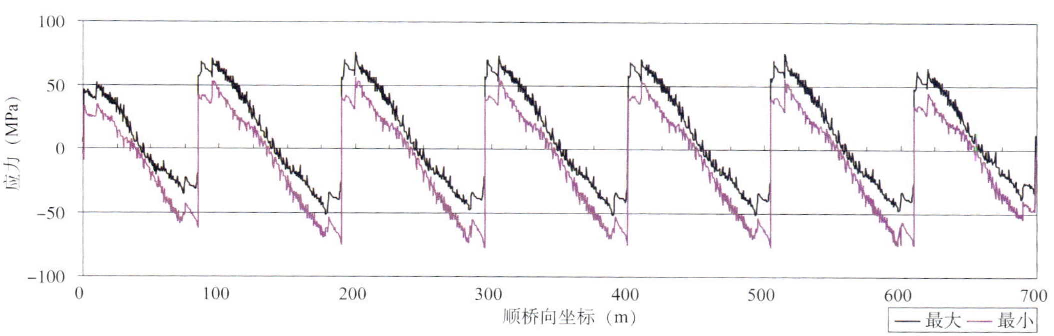

图 4.5-36　成桥阶段钢梁腹板剪应力

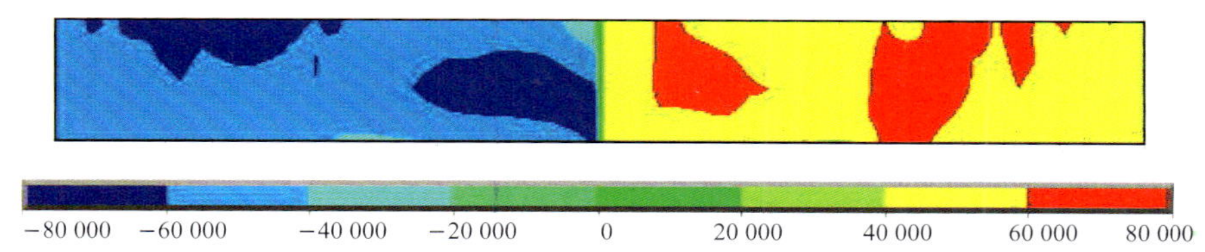

图 4.5-37　成桥阶段钢梁腹板（X=275~315m）剪应力（kPa）

（6）底板混凝土

底板混凝土在强大的支座反力作用下，受力状态极其复杂，图 4.5-38~ 图 4.5-42 为底板混凝土在部分施工阶段及成桥状态下的顺桥向正应力分布，排除应力集中点结果后（下同），施工阶段底板混凝土最大拉应力约为 10MPa，最大压应力约为 18MPa；成桥状态下底板混凝土最大拉应力约为 4MPa，最大压应力约为 7MPa。根据图 4.5-38~ 图 4.5-42 中所绘的应力分布，图 4.5-43 和图 4.5-44 给出了阶段 4 及成桥阶段④号墩处底板混凝土的顺桥向正应力分布图。

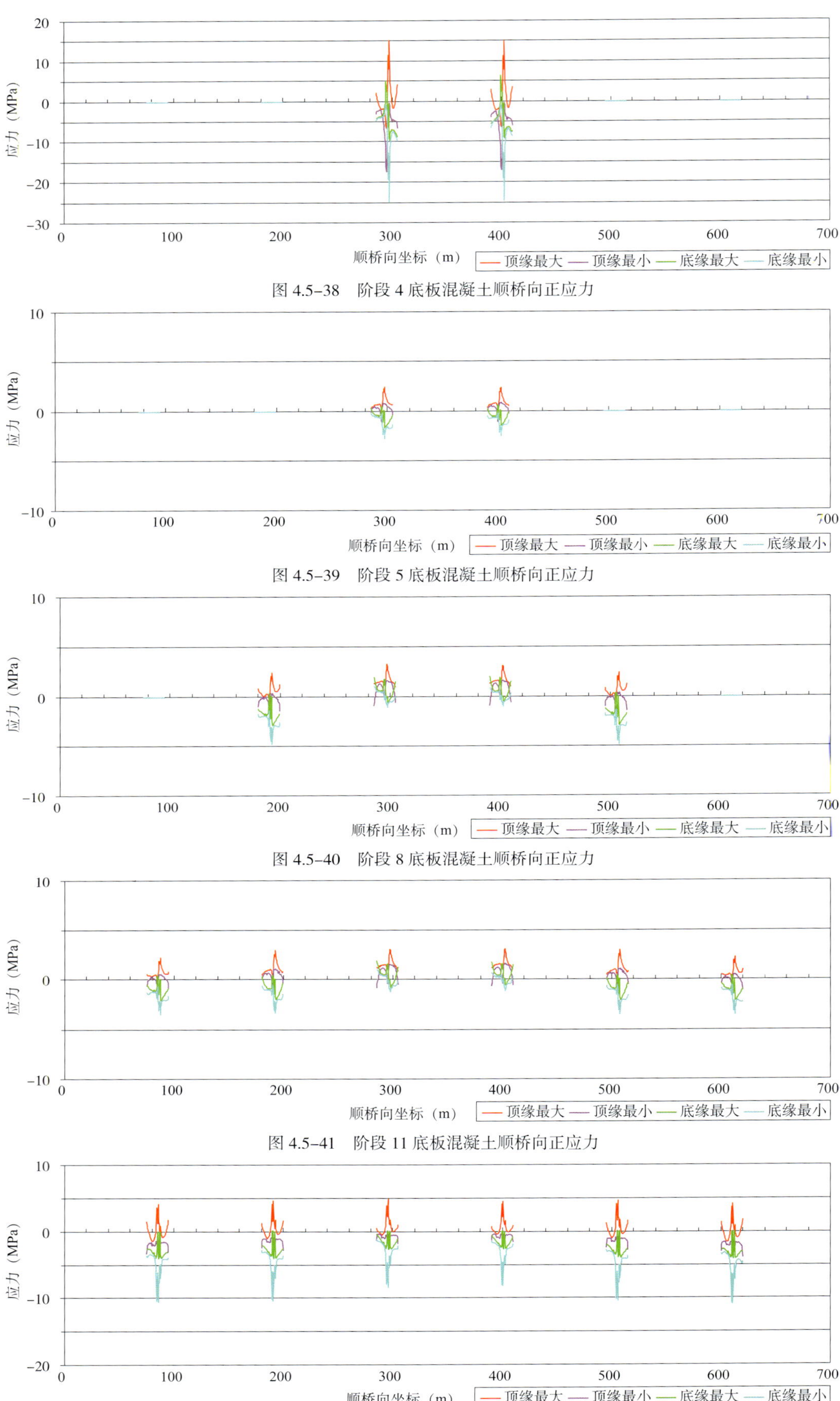

图 4.5-38 阶段 4 底板混凝土顺桥向正应力

图 4.5-39 阶段 5 底板混凝土顺桥向正应力

图 4.5-40 阶段 8 底板混凝土顺桥向正应力

图 4.5-41 阶段 11 底板混凝土顺桥向正应力

图 4.5-42 成桥阶段底板混凝土顺桥向正应力

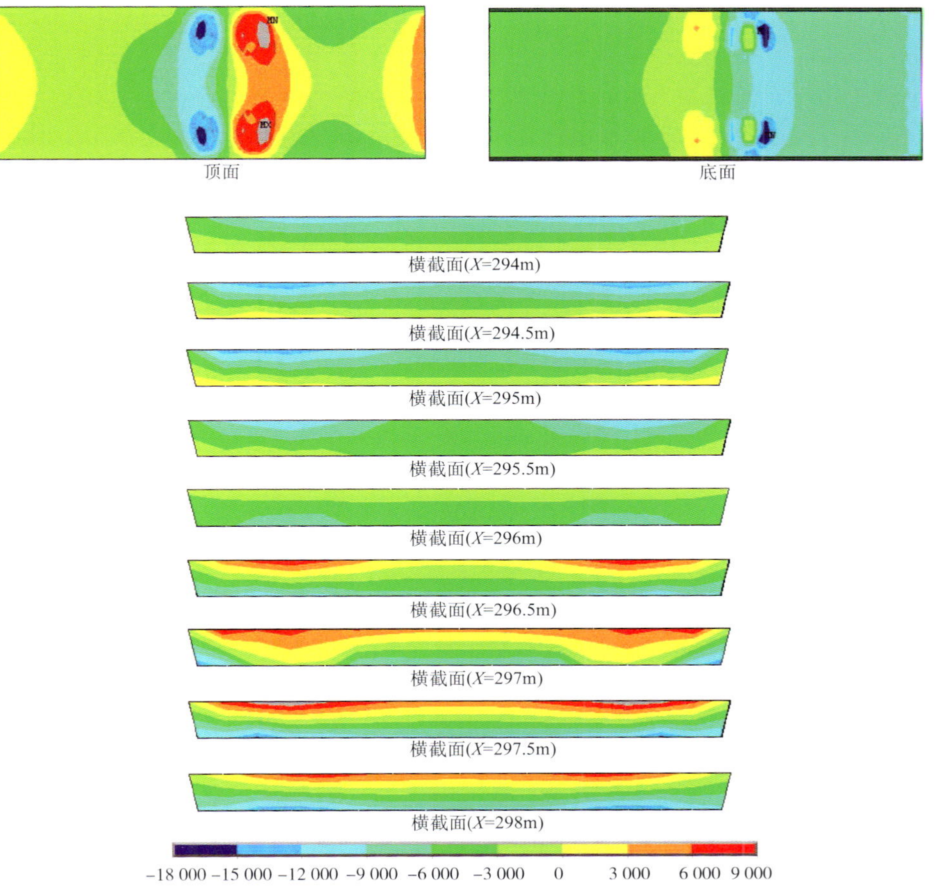

图 4.5-43 阶段 4 ④号墩处底板混凝土顺桥向正应力分布（kPa）

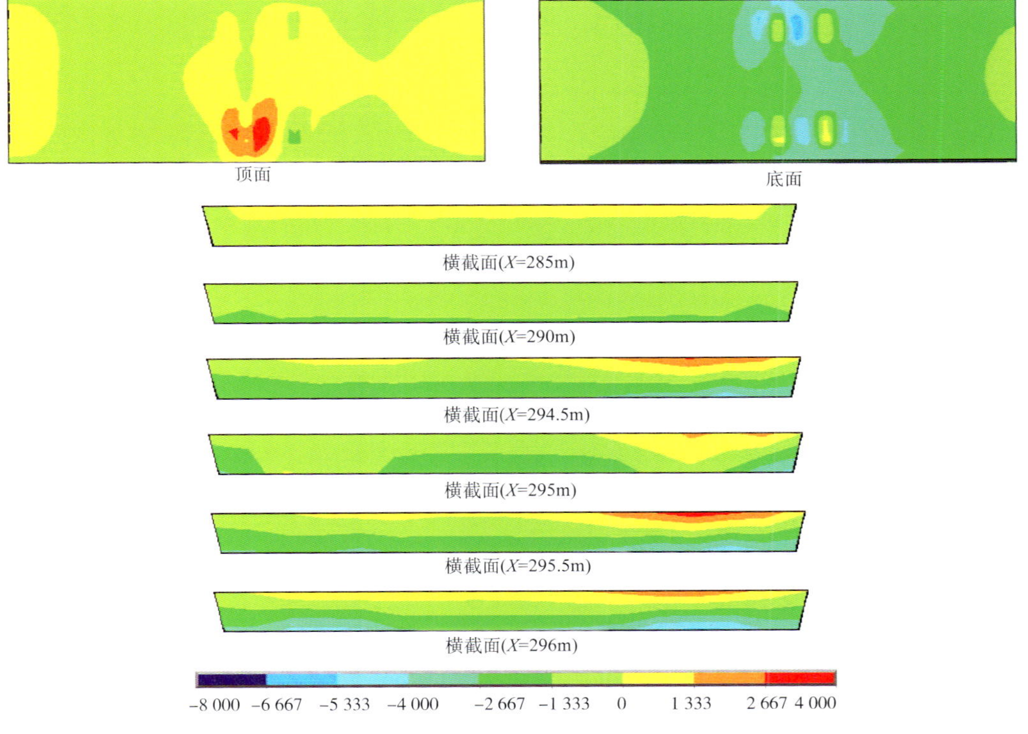

图 4.5-44 成桥阶段④号墩处底板混凝土顺桥向正应力分布（kPa）

（7）横撑

图 4.5–45~ 图 4.5–50 为钢梁横隔撑各杆件在部分施工阶段及成桥状态下的轴力图。从图中可以看出，各施工阶段横撑水平杆最大轴向拉力约为 250kN，最大轴向压力约为 180kN；横撑斜杆所受轴向力很小。成桥阶段横撑水平杆最大轴向压力约为 210kN；横撑斜杆最大轴向拉力约为 20kN，最大轴向压力约为 30kN。

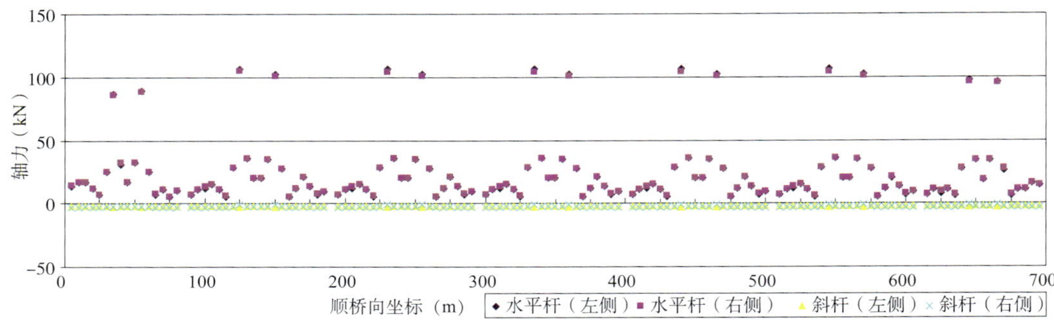

图 4.5–45　阶段 1 横撑各杆件轴力

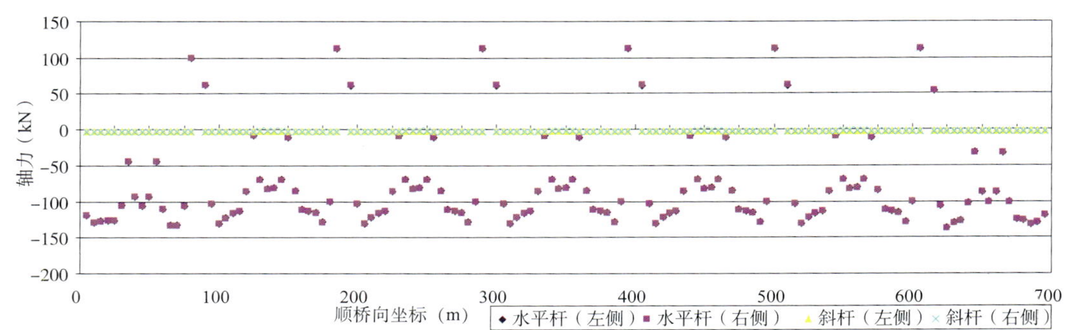

图 4.5–46　阶段 2 横撑各杆件轴力

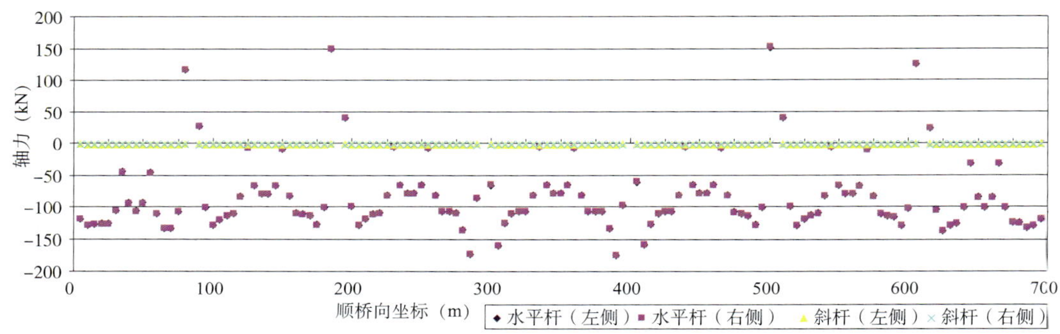

图 4.5–47　阶段 5 横撑各杆件轴力

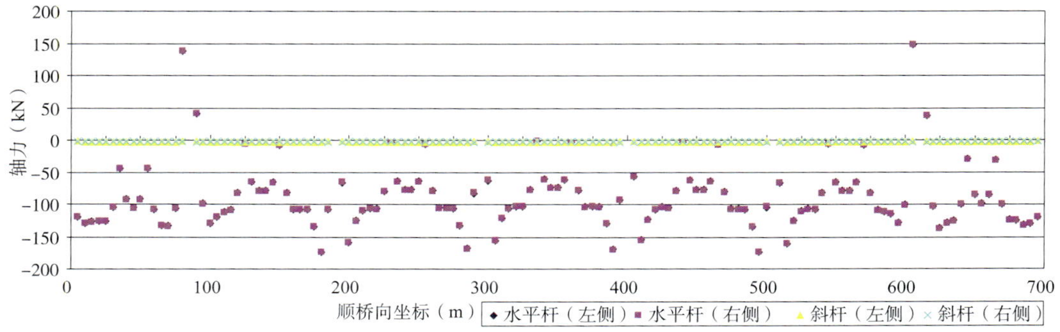

图 4.5–48　阶段 8 横撑各杆件轴力

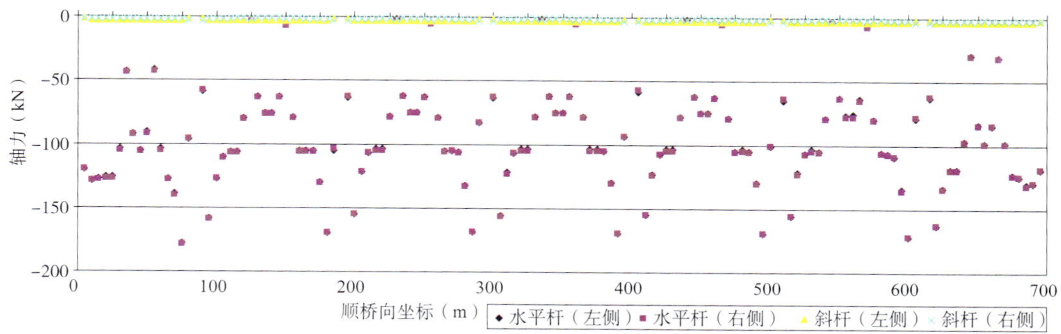

图 4.5-49　阶段 11 横撑各杆件轴力

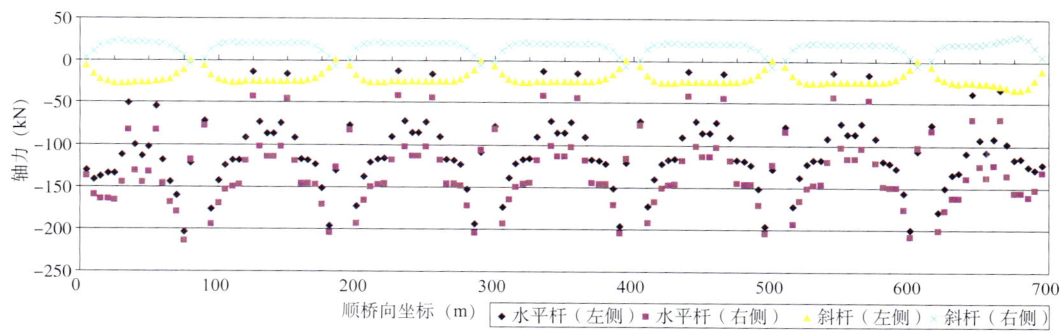

图 4.5-50　成桥阶段横撑各杆件轴力

（8）水平撑

图 4.5-51~ 图 4.5-56 为钢梁水平撑各杆件在部分施工阶段及成桥状态下的轴力图。从图中可以看出，各施工阶段水平撑杆件最大轴向拉力约为 140kN，最大轴向压力约为 250kN。成桥阶段水平撑杆件最大轴向拉力约为 60kN，最大轴向压力约为 130kN。

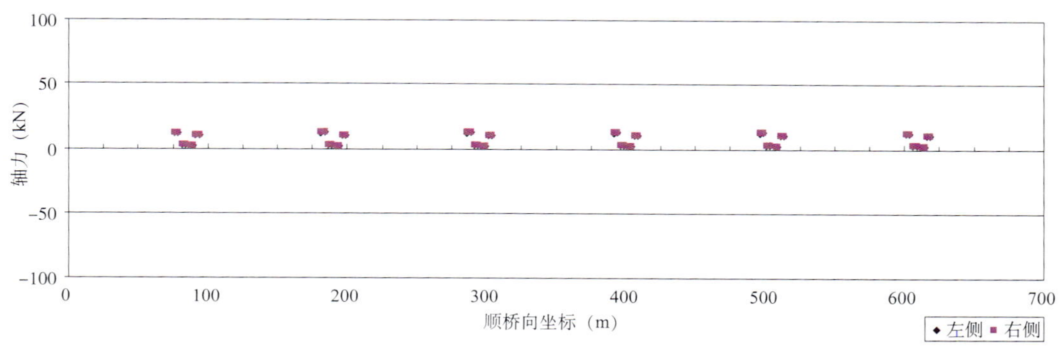

图 4.5-51　阶段 1 水平撑各杆件轴力

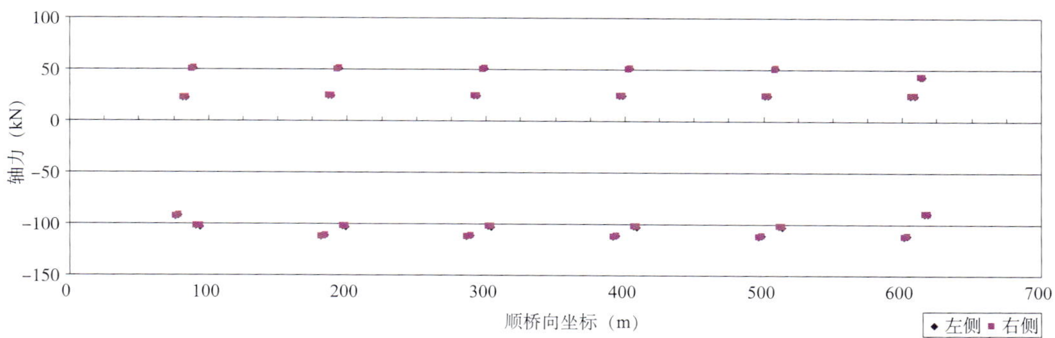

图 4.5-52　阶段 2 水平撑各杆件轴力

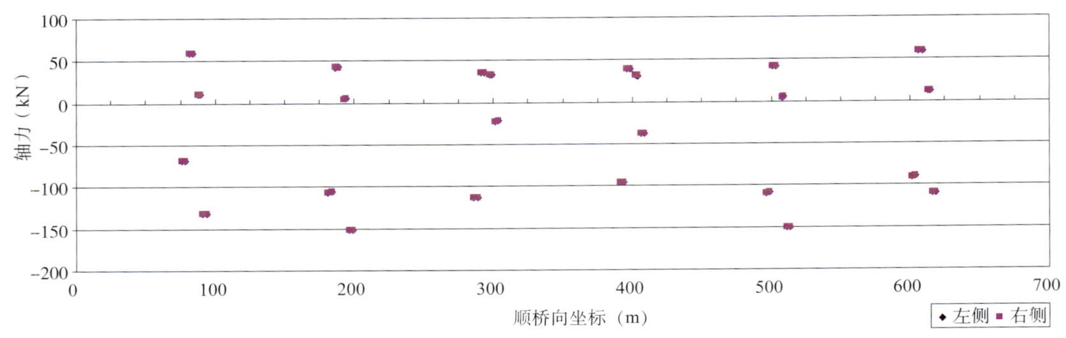

图 4.5–53　阶段 5 水平撑各杆件轴力

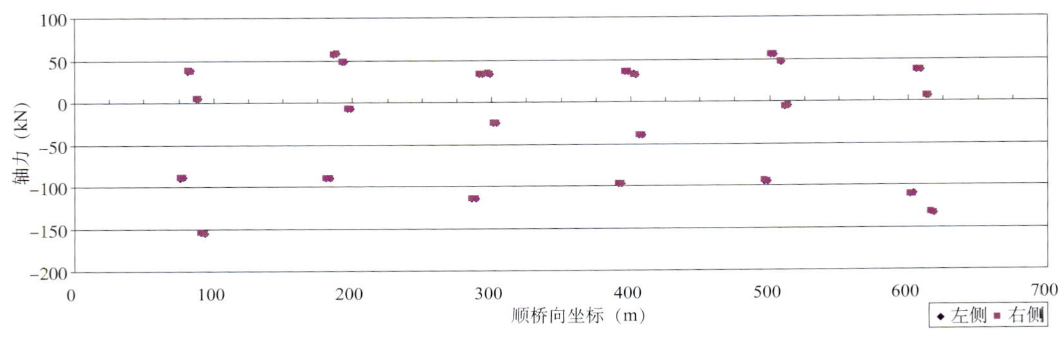

图 4.5–54　阶段 8 水平撑各杆件轴力

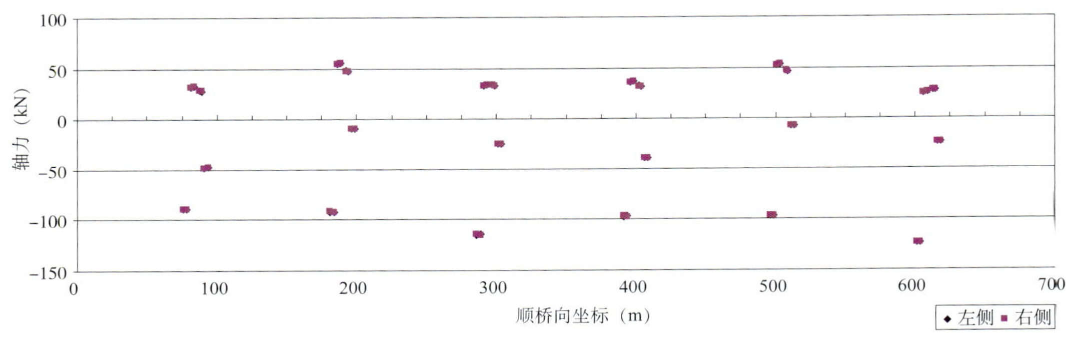

图 4.5–55　阶段 11 水平撑各杆件轴力

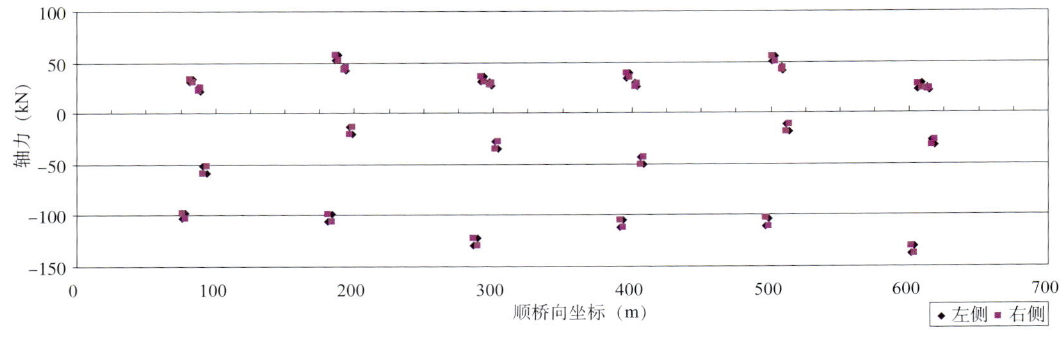

图 4.5–56　成桥阶段水平撑各杆件轴力

（9）支座反力

图 4.5–57~ 图 4.5–61 为部分施工阶段及成桥状态下各桥墩处永久支点及临时支点处的支承反力。从图中可以看出顶升阶段最大顶升力约为 14 100kN，成桥阶段最大支座反力约为 18 600kN。

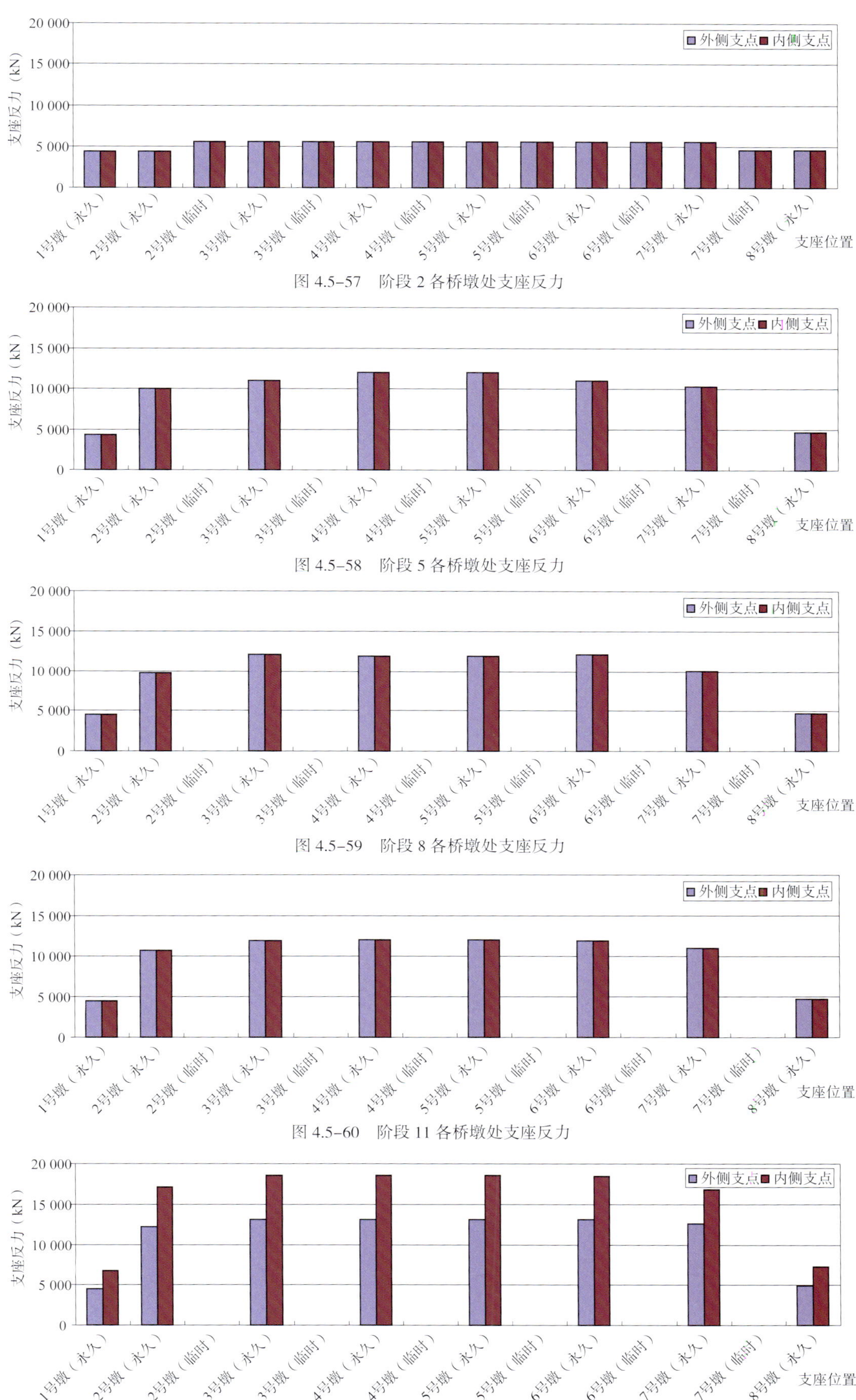

图 4.5-57　阶段 2 各桥墩处支座反力

图 4.5-58　阶段 5 各桥墩处支座反力

图 4.5-59　阶段 8 各桥墩处支座反力

图 4.5-60　阶段 11 各桥墩处支座反力

图 4.5-61　成桥阶段各桥墩处支座反力

3）荷载作用组合 7 计算结果

本部分仅对第四跨跨中截面正弯矩及⑤号墩支点截面负弯矩进行最不利工况分析，研究了结构在恒载、活载、混凝土收缩徐变、基础变位、温度及风荷载作用下的结构响应。其中第四跨跨中截面正弯矩工况（简称工况 1）考虑了恒载、活载（按跨中截面正弯矩影响线加载）及温度荷载（桥面升温 15℃）；⑤号墩支点截面负弯矩工况（简称工况 2）考虑了恒载、混凝土收缩徐变、活载（按支点截面负弯矩影响线加载）、温度荷载（桥面降温 15℃）、奇数编号桥墩处支座沉降 1cm 及风荷载。风荷载计算选取风攻角为 -3° 、主梁间距为 6m 时的主梁三分力系数，计算得到水平力 P_X=18.19kN/m、竖向力 P_Y=9.11kN/m、扭矩 M=-11.75kN · m/m。

（1）工况 1 混凝土桥面板

图 4.5-62、图 4.5-63 为主梁混凝土桥面板在工况 1 作用下的顺桥向正应力图，从图中可看出混凝土桥面板最大压应力约为 23.5MPa。

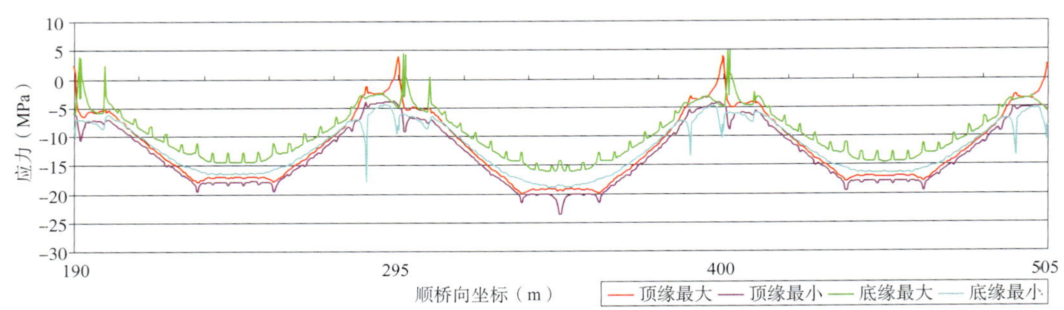

图 4.5-62　组合 7 工况 1 混凝土桥面板顺桥向正应力

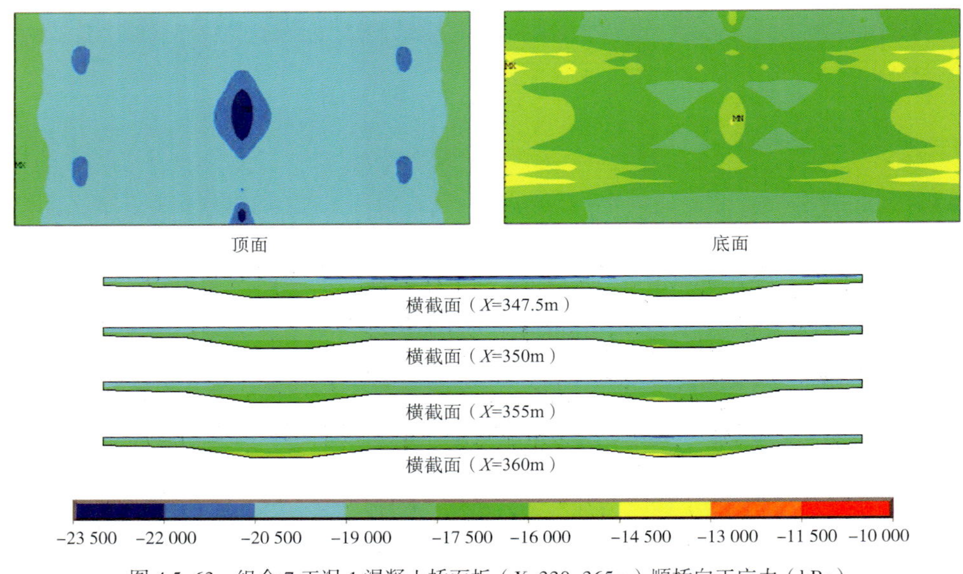

图 4.5-63　组合 7 工况 1 混凝土桥面板（X=330~365m）顺桥向正应力（kPa）

（2）工况 1 钢梁底板

图 4.5-64、图 4.5-65 为钢梁底板在工况 1 作用下的顺桥向正应力包络图，从图中可看出钢梁底板最大拉应力约为 185MPa。

（3）工况 2 混凝土桥面板

图 4.5-66、图 4.5-67 为主梁混凝土桥面板在工况 2 作用下的顺桥向正应力图，从图中可看出混凝土桥面板最大拉应力约为 7MPa。

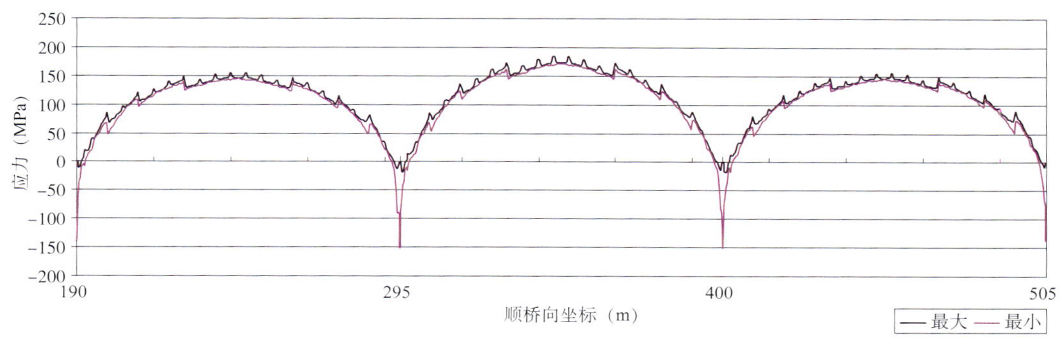

图 4.5-64　组合 7 工况 1 钢梁底板顺桥向正应力包络

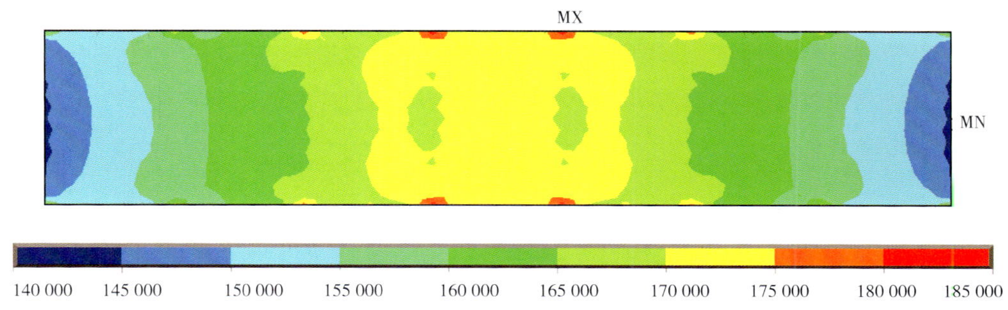

图 4.5-65　组合 7 工况 1 钢梁底板（X=330~365m）顺桥向正应力（kPa）

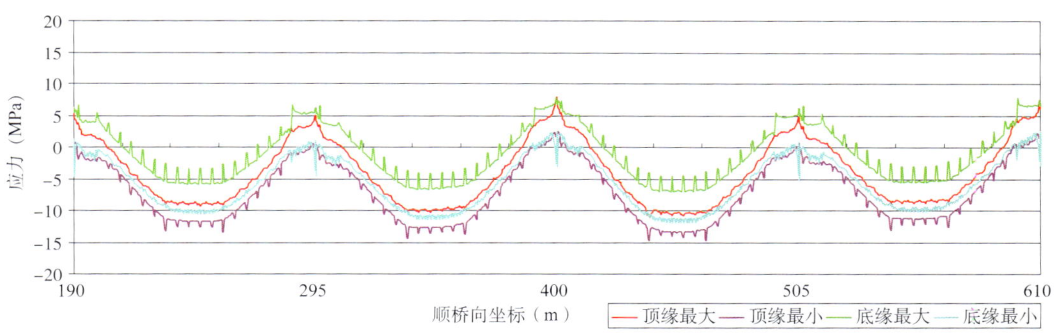

图 4.5-66　组合 7 工况 2 混凝土桥面板顺桥向正应力

4.5.3　主梁整体受力性能（考虑连接件滑移）分析研究

1）计算分析方法

本部分以上部分全桥整体模型为基础，加入三维弹簧单元用于模拟钢主梁与混凝土桥面板间的焊钉连接件。由于焊钉数目众多，如果每个焊钉都用一个弹簧单元模拟，将会使计算规模非常庞大。为克服这一困难，运用子模型技术建立两个模型，即全桥粗糙模型和局部精细模型。全桥粗糙模型中根据连接件布置情况将多个连接件用一个等刚度弹簧单元模拟，虽其单元划分相对较粗，但能准确反映结构的位移情况和整体应力状态。局部精细模型则选取全桥粗糙模型中焊钉受力最不利的 25m 中跨 +90m 边跨梁段，每个焊钉用一个弹簧元单元模拟，单元划分较细，以粗糙模型切割边界上的位移作为精细模型的边界条件，计算每个连接件的剪力和拉拔力。计算模型如图 4.5-68 和图 4.5-69 所示。

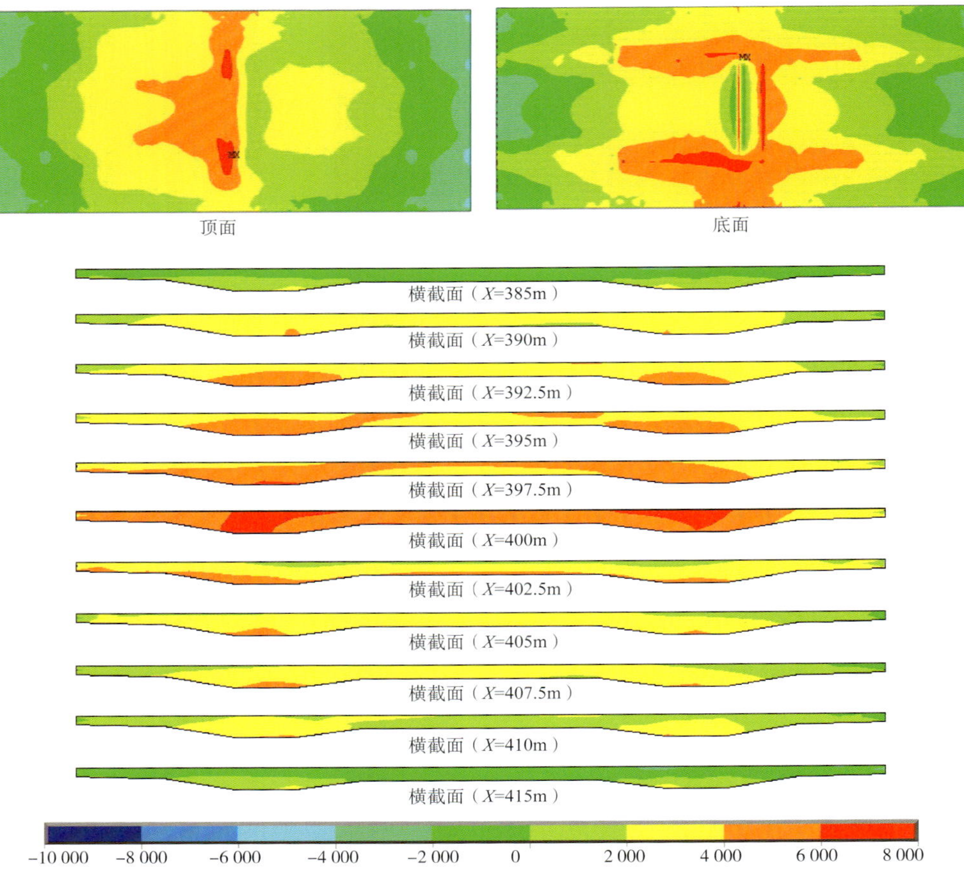

图 4.5-67　组合 7 工况 2 混凝土桥面板（X=380~420m）顺桥向正应力（kPa）

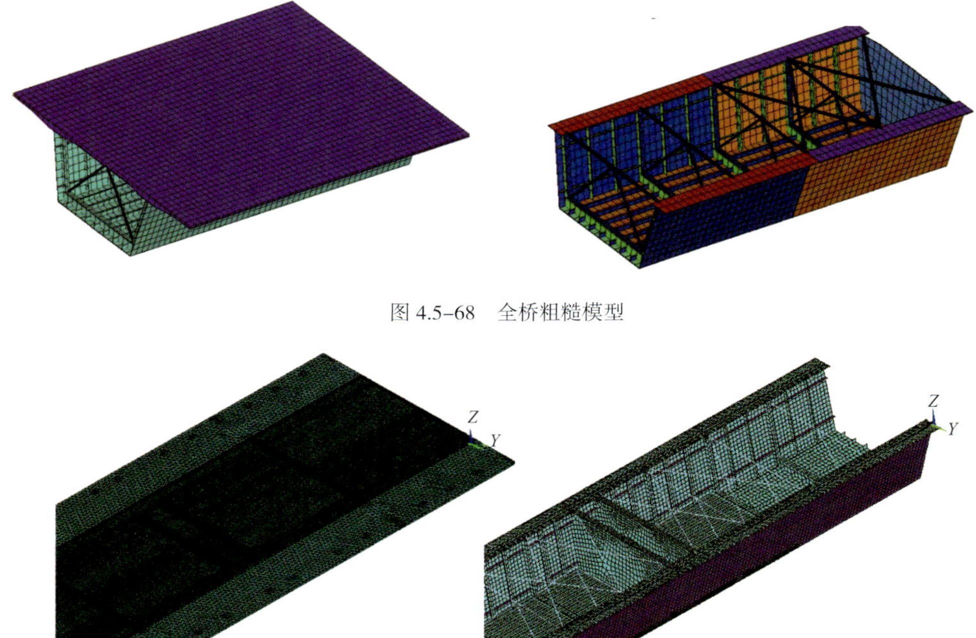

图 4.5-68　全桥粗糙模型

图 4.5-69　局部精细模型

依据计算分析结果，为减小先后浇混凝土桥面板交界处梁段主梁及焊钉连接件受力性能，设计方将后浇混凝土桥面板范围由永久支点两侧各 10m 修改为临时支点两侧 6.25~7.1m，据此，本章主要研究了考虑焊钉连接件作用后部分荷载工况下主梁的应力状态，分析是否考虑焊钉连接件滑移效应和改变后浇混凝土范围对主梁应力的影响。

2）施工阶段分析结果

施工阶段仅对先后浇混凝土桥面板交界处，梁段受力最不利工况施工阶段 4 进行混凝土桥面板及钢梁上翼缘的应力分析。

（1）混凝土桥面板

图 4.5-70、图 4.5-71 为施工阶段 4（支点顶升阶段）混凝土桥面板顺桥向正应力分布，从图中可以看出该阶段先后浇混凝土桥面板交界处仍产生较大的局部应力，其中最大拉应力约为 2MPa，最大压应力约为 18MPa。

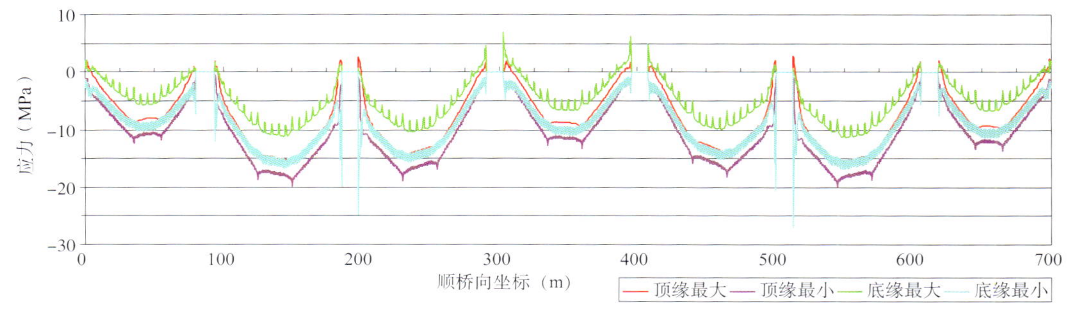

图 4.5-70　阶段 4 混凝土桥面板顺桥向正应力

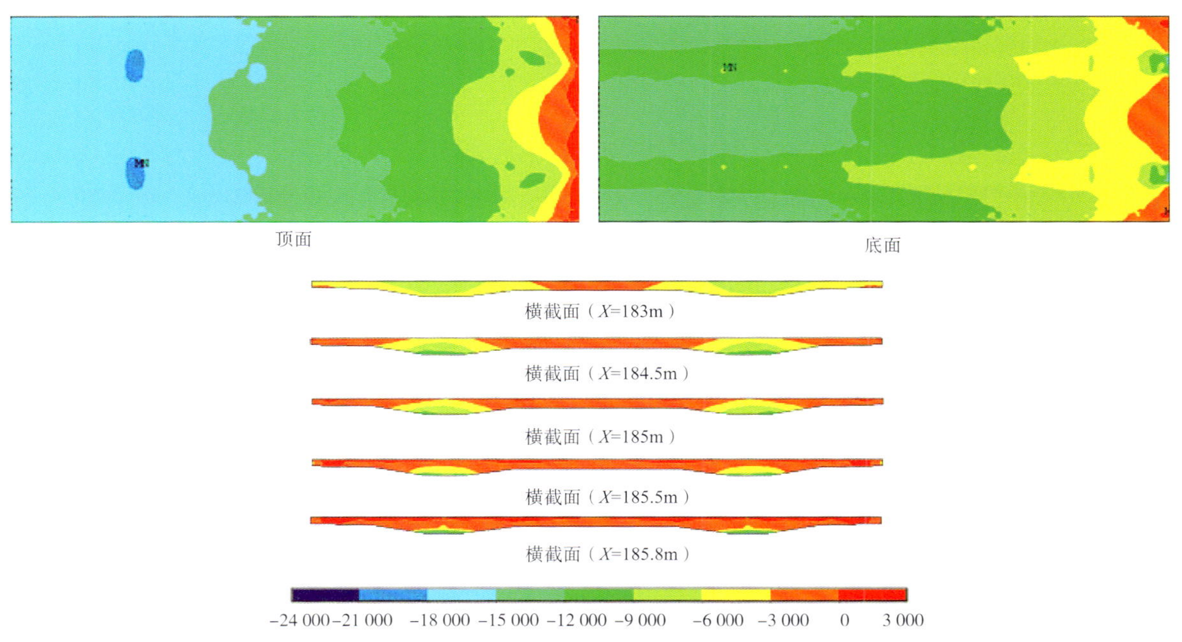

图 4.5-71　阶段 4 混凝土桥面板（X=140~185.8m）顺桥向正应力（kPa）

（2）钢梁上翼缘

图 4.5-72 和图 4.5-73 为钢梁上翼缘在施工阶段 4 作用下的顺桥向正应力图，从图中可看出钢梁上翼缘最大拉应力约为 180MPa，最大压应力约为 210MPa。

（3）混凝土桥面板

图 4.5-74~ 图 4.5-76 为主梁混凝土桥面板在成桥阶段的顺桥向正应力图，从图中可看出混凝土桥面板最大拉应力约为 4MPa，最大压应力约为 20MPa。

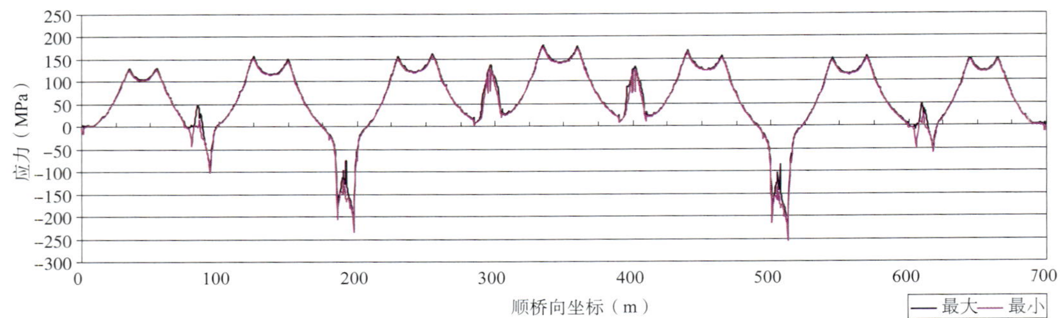

图 4.5–72　阶段 4 钢梁上翼缘顺桥向正应力

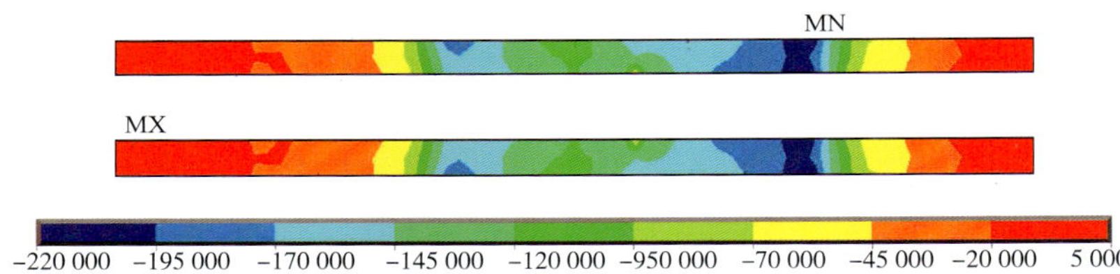

图 4.5–73　阶段 4 钢梁上翼缘（X=175~205m）顺桥向正应力（kPa）成桥阶段分析结果

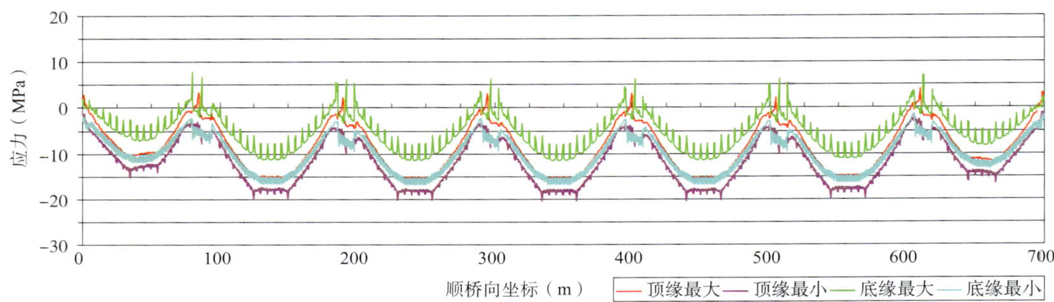

图 4.5–74　成桥阶段混凝土桥面板顺桥向正应力

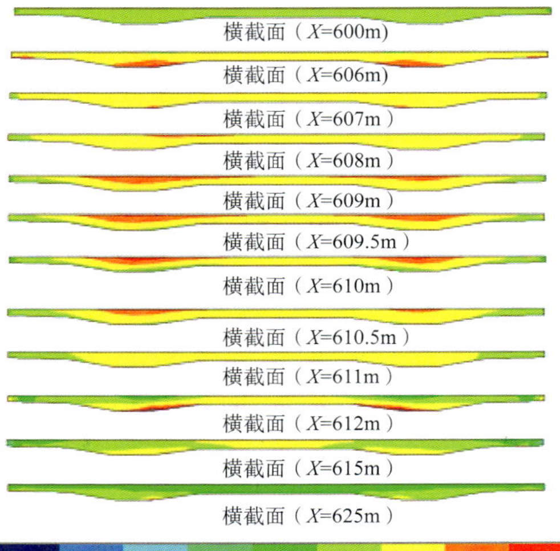

图 4.5–75　成桥阶段混凝土桥面板（X=590~630m）顺桥向正应力（kPa）

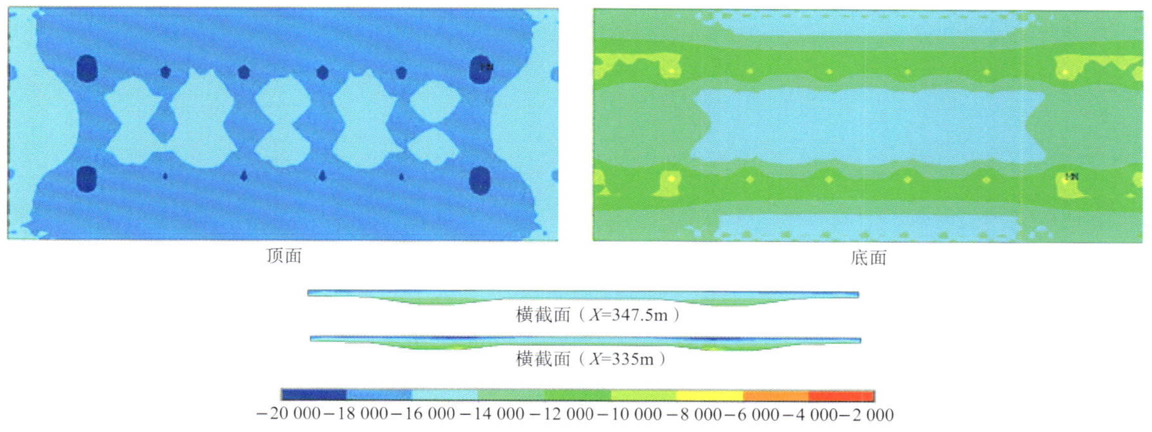

图 4.5-76　成桥阶段混凝土桥面板（X=330~365m）顺桥向正应力（kPa）

（4）钢梁上翼缘

图 4.5-77~ 图 4.5-79 为钢梁上翼缘在成桥阶段的顺桥向正应力图，从图中可看出钢梁上翼缘最大拉应力约为 161MPa，最大压应力约为 19MPa。

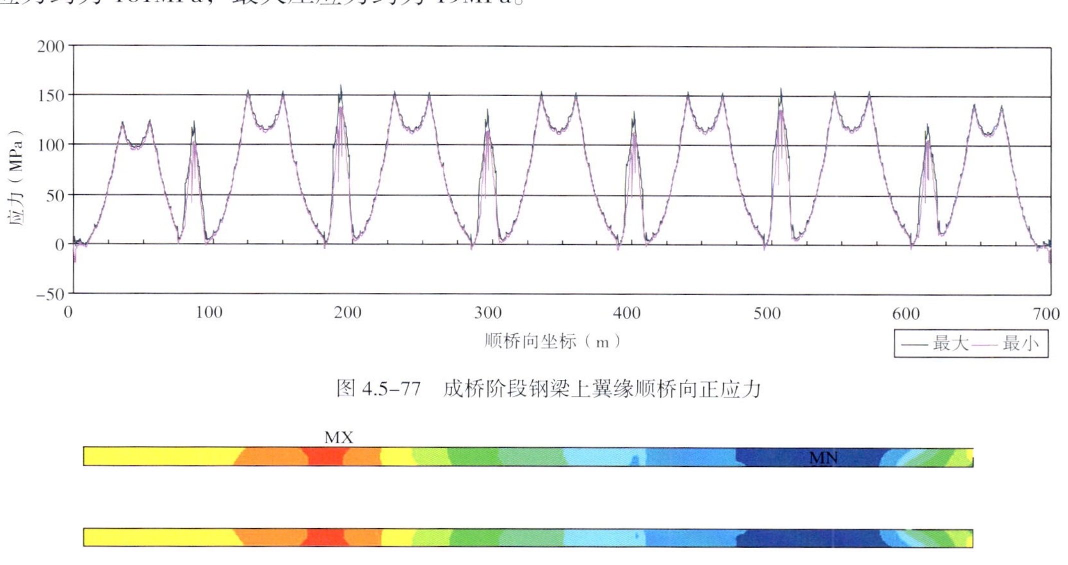

图 4.5-77　成桥阶段钢梁上翼缘顺桥向正应力

图 4.5-78　成桥阶段钢梁上翼缘（X=240~295m）顺桥向正应力（kPa）

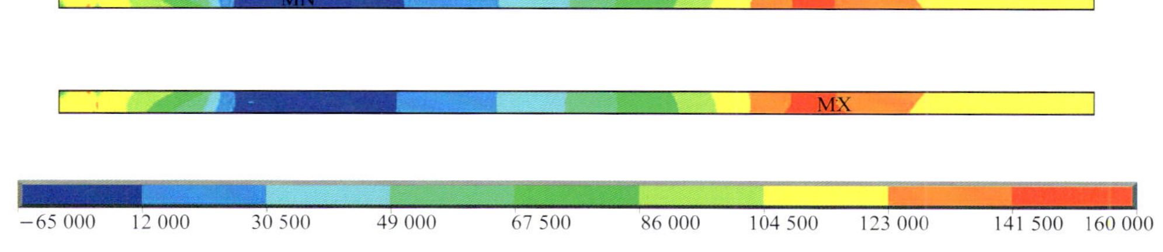

图 4.5-79　成桥阶段钢梁上翼缘（X=295~350m）顺桥向正应力（kPa）

（5）钢梁底板

图 4.5-80~ 图 4.5-82 为钢梁底板在成桥阶段的顺桥向正应力图，从图中可看出钢梁底板最大拉应力约为 145MPa，最大压应力约为 70MPa。

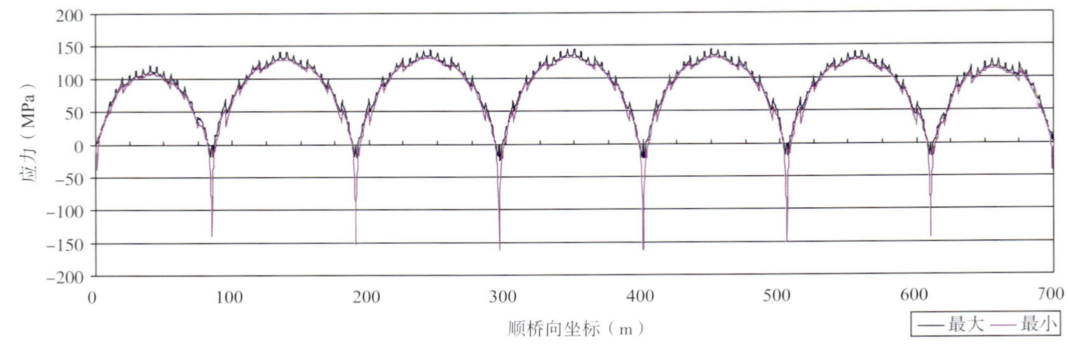

图 4.5-80　成桥阶段钢梁底板顺桥向正应力

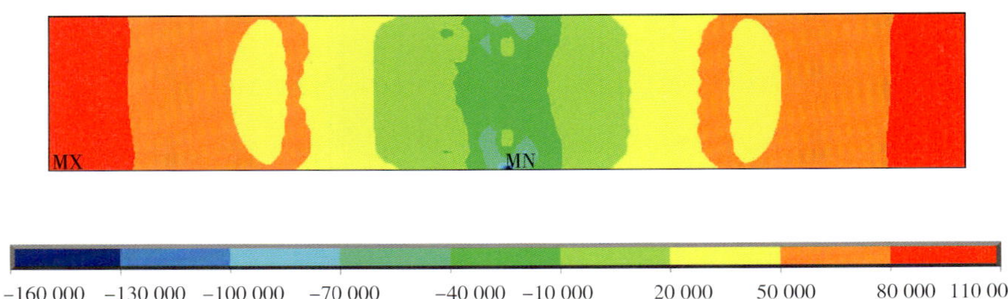

图 4.5-81　成桥阶段钢梁底板（X=275~315m）顺桥向正应力（kPa）

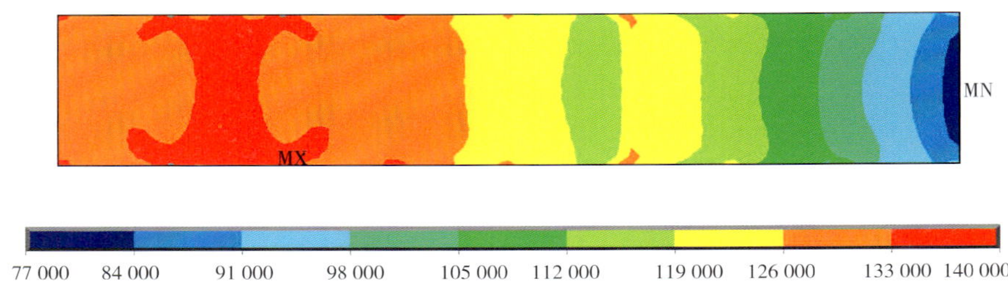

图 4.5-82　成桥阶段钢梁底板（X=315~355m）顺桥向正应力（kPa）

3）荷载组合 1 分析结果

（1）混凝土桥面板

图 4.5-83~ 图 4.5-85 为主梁混凝土桥面板在荷载组合 1 作用下的顺桥向正应力分布，从图中可看出混凝土桥面板最大拉应力约为 5MPa，最大压应力约为 15MPa。

（2）钢梁上翼缘

图 4.5-86~ 图 4.5-88 为钢梁上翼缘在荷载组合 1 作用下的顺桥向正应力分布，从图中可看出钢梁上翼缘最大拉应力约为 151MPa，最大压应力约为 46MPa。

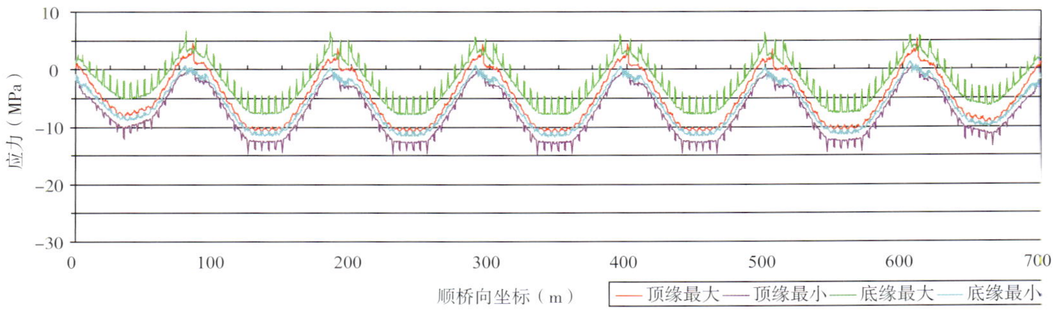

图 4.5-83　组合 1 混凝土桥面板顺桥向正应力

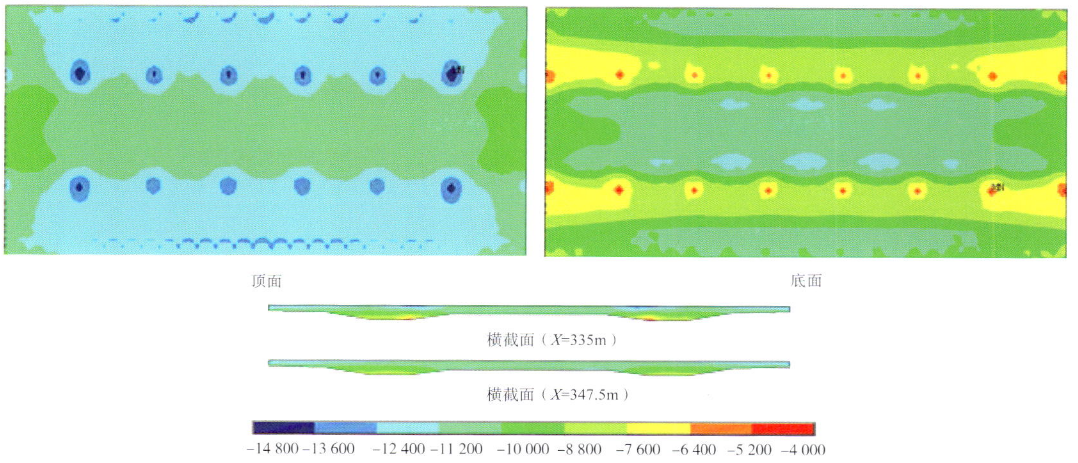

图 4.5-84　组合 1 混凝土桥面板（X=330~365m）顺桥向正应力（kPa）

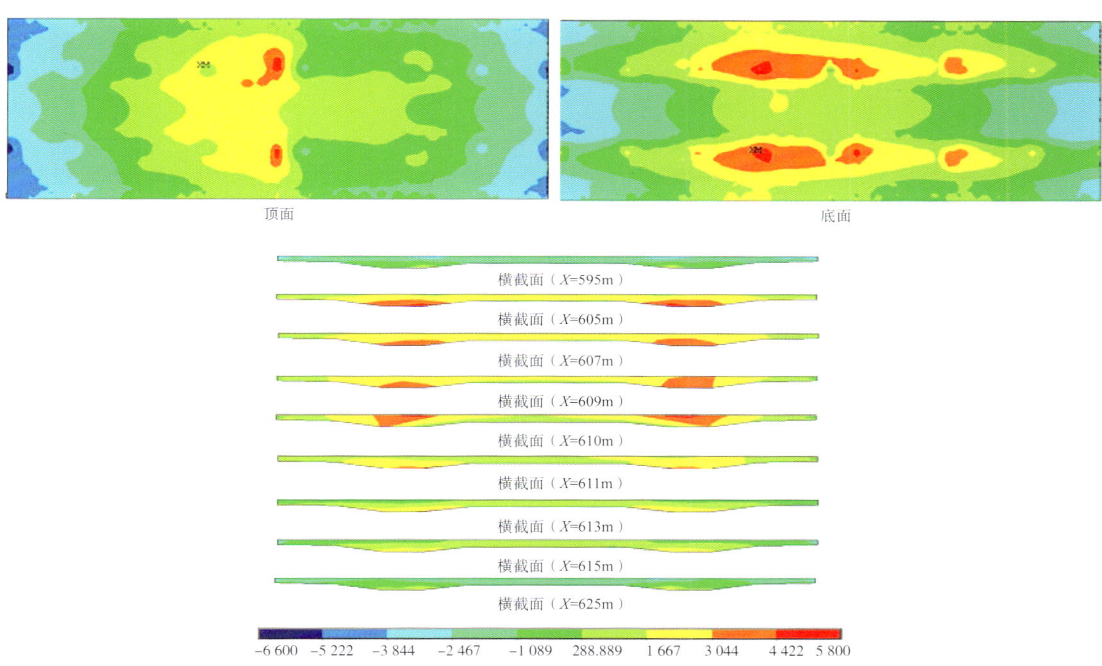

图 4.5-85　组合 1 混凝土桥面板（X=590~630m）顺桥向正应力（kPa）

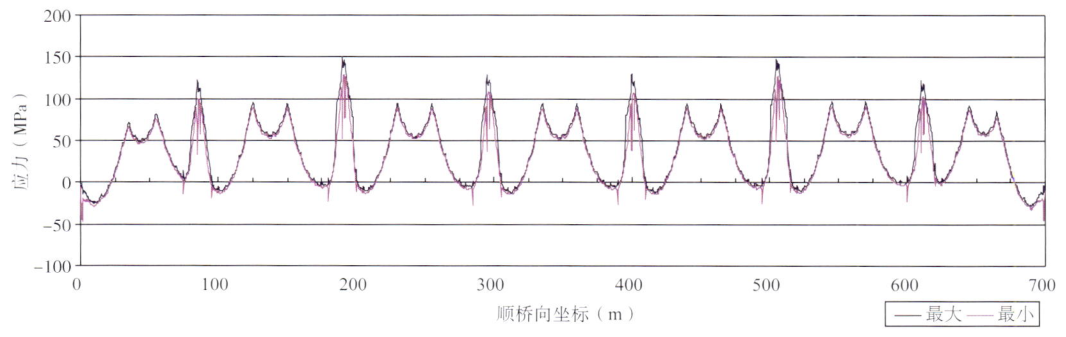

图 4.5-86　组合 1 钢梁上翼缘顺桥向正应力

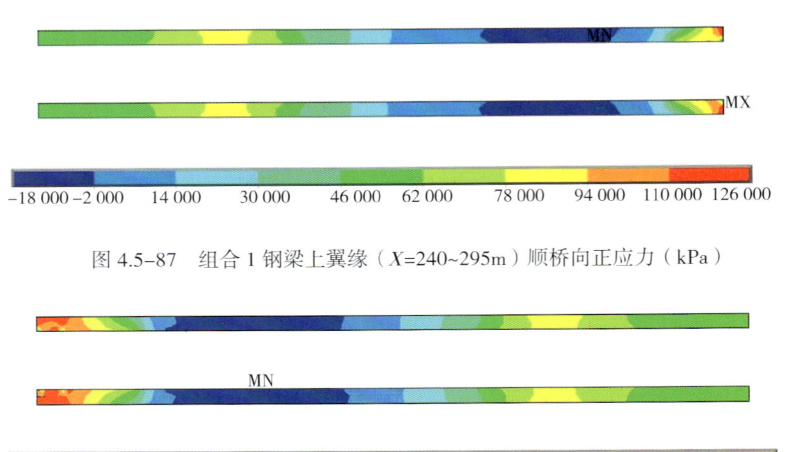

图 4.5-87　组合 1 钢梁上翼缘（X=240~295m）顺桥向正应力（kPa）

图 4.5-88　组合 1 钢梁上翼缘（X=295~350m）顺桥向正应力（kPa）

（3）钢梁底板

图 4.5-89~ 图 4.5-91 为钢梁底板在荷载组合 1 作用下的顺桥向正应力分布，从图中可看出钢梁底板最大拉应力约为 112MPa，最大压应力约为 186MPa。

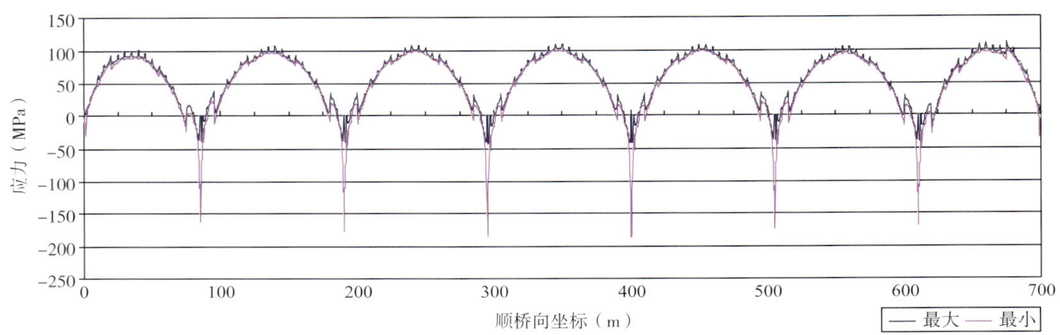

图 4.5-89　组合 1 钢梁底板顺桥向正应力

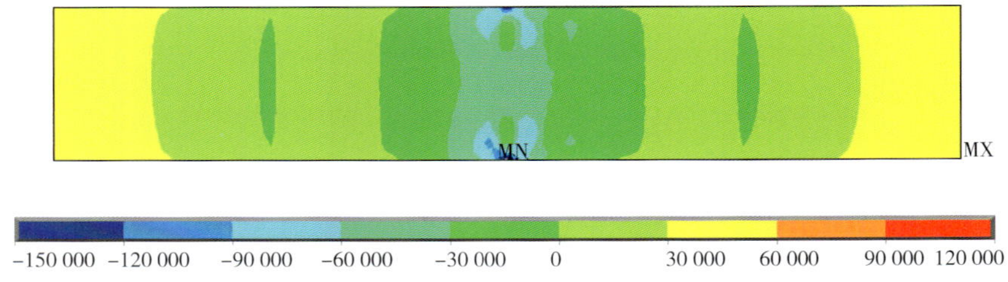

图 4.5-90　组合 1 钢梁底板（X=275~315m）顺桥向正应力（kPa）

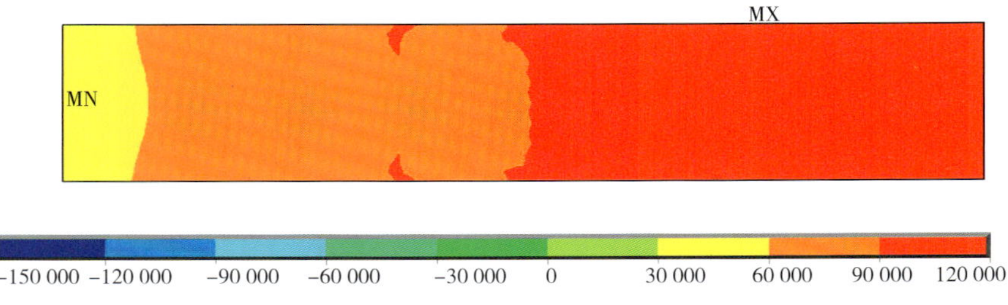

图 4.5-91　组合 1 钢梁底板（X=315~355m）顺桥向正应力（kPa）

4.5.4 主梁局部受力及稳定性分析研究

1）计算分析方法

复杂的施工过程和底板混凝土双结合段的特殊构造，使得支点负弯矩梁段成为全桥受力最为复杂的结构部分。本部分以全桥板壳实体单元分析结果为基础，建立支点梁段局部模型，细化模拟支座加劲肋及横隔板加劲肋，研究支点梁段在各不利工况下的局部受力行为及受压钢板的局部稳定性。

支点梁段局部模型截取桥墩两侧各25m长梁段，总长50m。钢梁部分采用了4节点板壳单元，混凝土桥面板及底板混凝土采用了8节点实体单元，箱梁横撑及水平撑采用空间梁单元，混凝土桥面板横向预应力采用空间杆单元模拟。该模型共划分约24万个节点、27万个单元，单元大小约为0.15m，图4.5-92为支点梁段局部模型图。

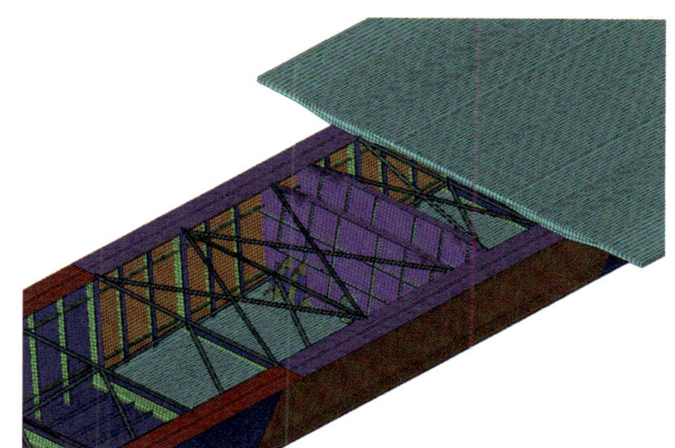
图4.5-92 支点梁段局部模型

根据全桥整体受力分析结果，选取以下不利工况对支点节段梁段进行局部应力及稳定分析。

工况1：施工阶段4⑥号桥墩处支点节段梁，钢梁上翼缘压应力最大；

工况2：施工阶段3⑤号桥墩处支点节段梁，支反力最大（底板混凝土不参与受力）；

工况3：施工阶段4⑤号桥墩处支点节段梁，支反力最大（底板混凝土参与受力）；

工况4：成桥阶段⑤号桥墩处支点节段梁，支反力最大。

因篇幅原因，仅列出工况4计算结果。

2）工况4计算结果

本部分计算了⑤号桥墩处支点梁段在成桥阶段的受力状态。

（1）局部应力分析结果

图4.5-93、图4.5-94为钢梁腹板主压应力及Mises应力分布图，图4.5-95和图4.5-96为钢梁横隔板主压应力及Mises应力分布图。

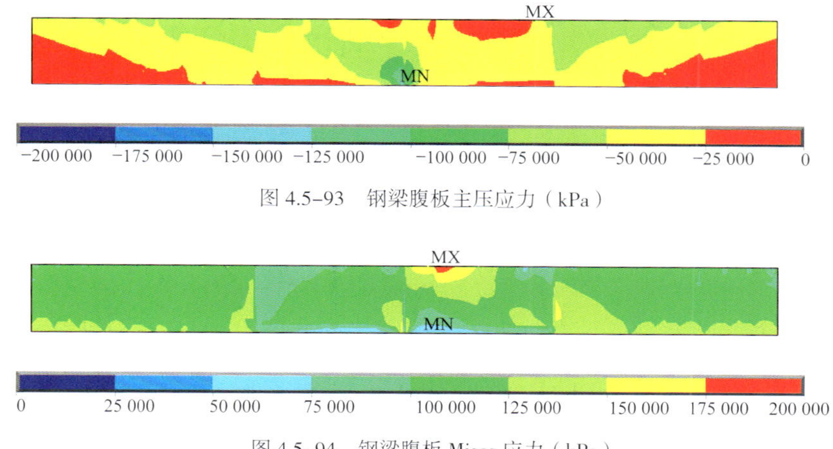

图4.5-93 钢梁腹板主压应力（kPa）

图4.5-94 钢梁腹板Mises应力（kPa）

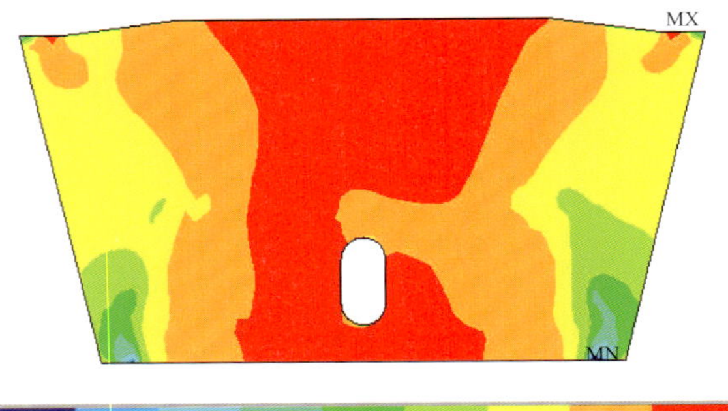

图 4.5–95　钢梁横隔板主压应力（kPa）

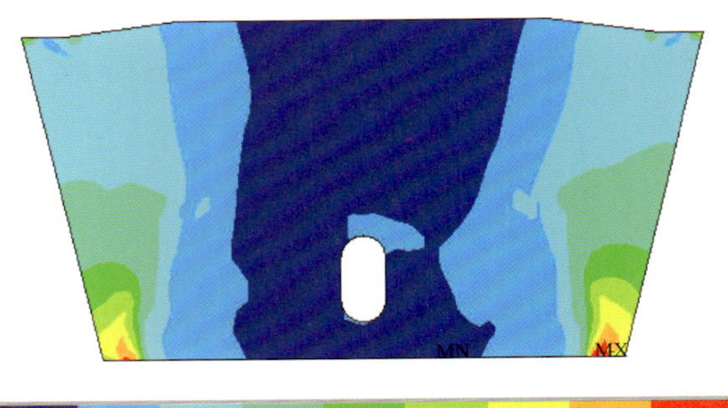

图 4.5–96　钢梁横隔板 Mises 应力（kPa）

（2）局部稳定分析结果

通过计算得到该工况下前 5 阶失稳模态均为横撑失稳及水平撑失稳，其中一阶弹性稳定屈曲系数 λ_1=4.5（图 4.5–97）；第 6 阶失稳模态为腹板剪压失稳，弹性稳定屈曲系数 λ_6=6.6（图 4.5–98）。

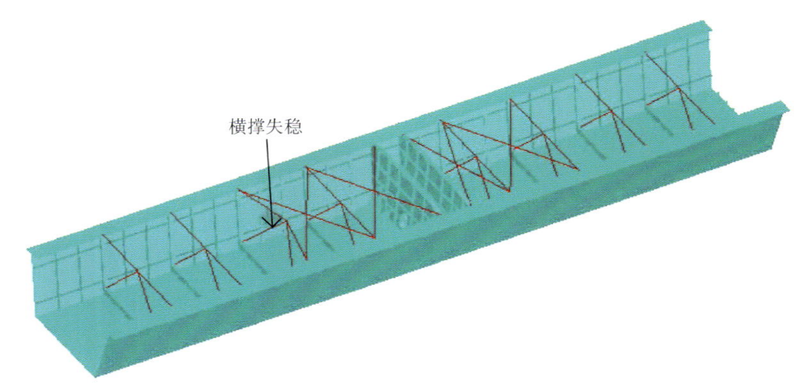

图 4.5–97　钢梁横撑失稳模式（λ_1=4.5）

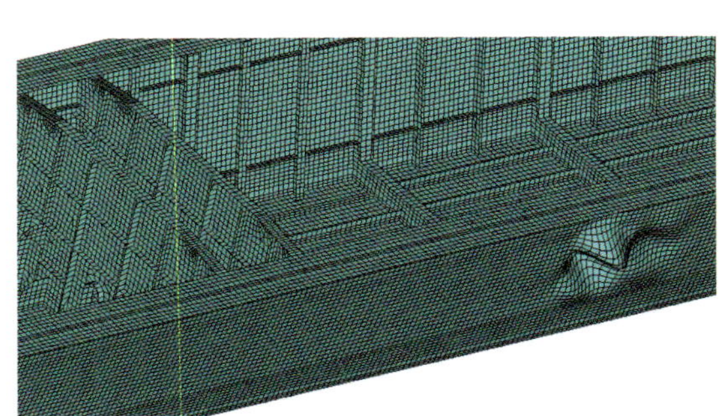

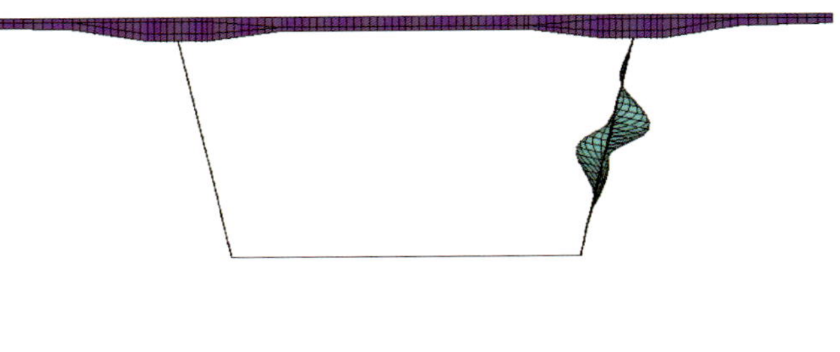

图 4.5–98　钢梁腹板失稳模式（λ_6=6.6）

4.6　预制施工技术

组合箱梁由槽形钢梁与混凝土桥面板通过剪力钉及现浇缝混凝土结合在一起。每孔 105m 组合梁共 66 片桥面板（中板 22 片，边板 44 片），桥面板采用 C60 高性能混凝土，预制完需存放 6 个月后方可投入使用。钢板在工厂预处理下料，完成板单元制造后，船运至沈家湾预制场，先进行 10m 分节段的拼装、涂装，然后进行整孔吊装段的总拼、涂装，预制场内布置 10 台门吊及 2 台运梁台车配合作业。组合梁采用钢梁总拼胎架与钢—混凝土叠合台座分开方式进行，即槽形钢梁在总拼胎架上施工完成后，通过 2 条滑道顶升并向外横移至叠合台座，在叠合台座上进行钢槽形梁与混凝土桥面板叠合，完成钢—混凝土第一次结合，第一次结合时除两端 10m 范围内桥面板用临时扁担固定在钢梁上，其余桥面板均通过现浇缝混凝土、剪力钉及横向预应力与钢梁结合。待现浇缝混凝土强度及弹性模量达到设计要求后，张拉横向预应力束，再用水平千斤顶顶推横移台车使组合梁整体沿横移滑道滑移至存梁区存放，施工顺序如图 4.6-1 所示。

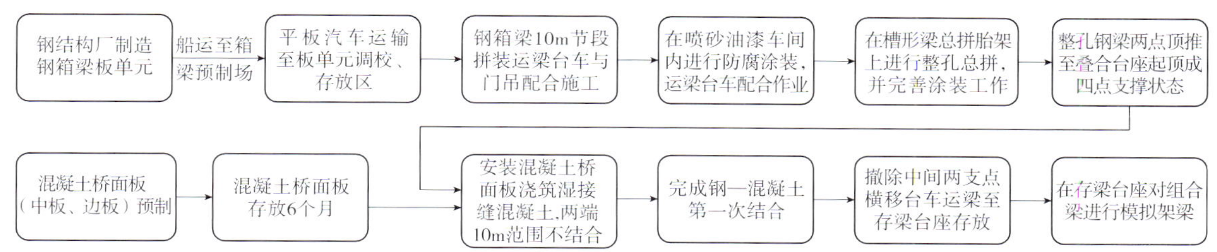

图 4.6-1　预制场场地布置流程图

105m 组合梁预制场选在原东海大桥沈家湾预制场，场地面积约 19.5 万 m^2。生产场地布置主要包括：钢结构板单元调校及存放区、钢结构 10m 节段组拼区、10m 节段存放区、整孔钢梁总拼区、桥面板预制及存放区、桥面板与钢结构叠合区、组合箱梁陆上存放及移运区。总的电力配置是由建设方提供的一路 10kV 的线路至组装基地配电间，再由配电间的变电所向外供电，梁场上布置一个 1 500kVA 变电站及一个 1 000kVA 变电站。组装基地内各区之间通过便道相连，部、构件的转运通过门吊和平板车配合作业。各区在组装基地内的方位如图 4.6-2 所示。

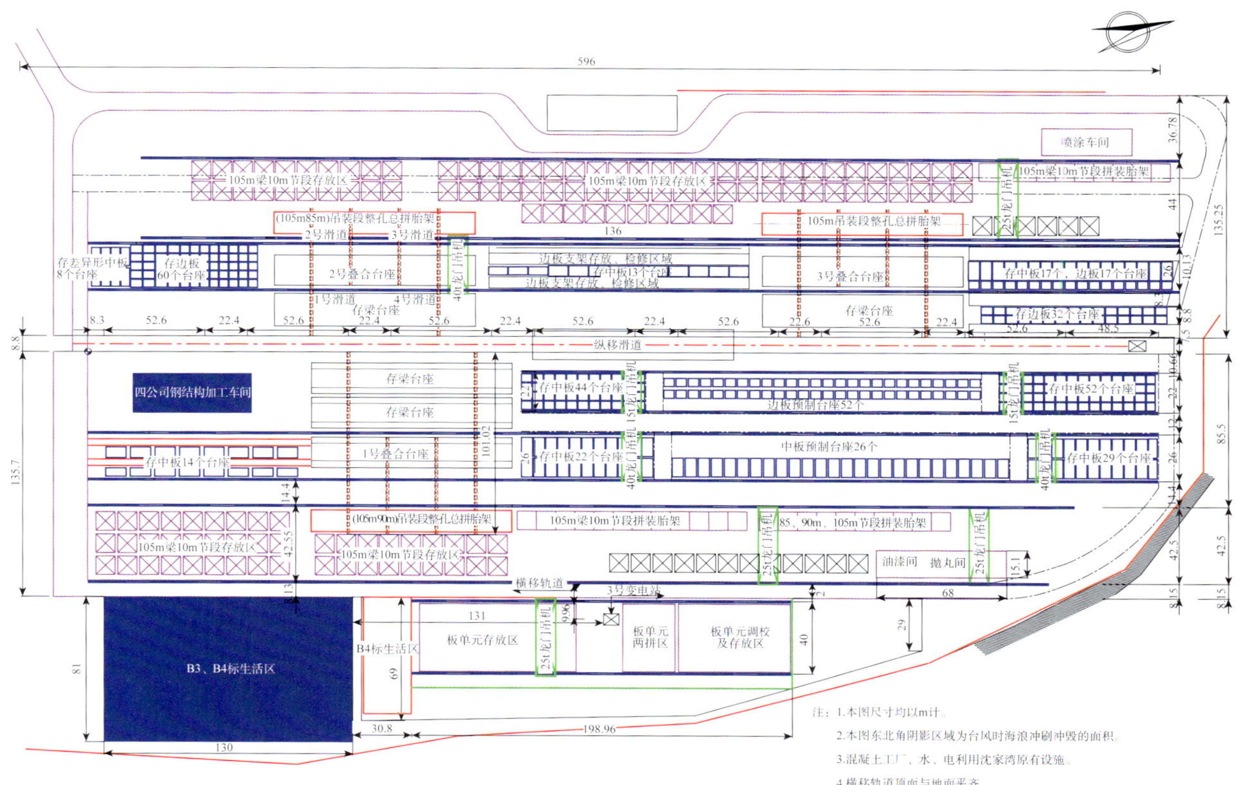

图 4.6-2　沈家湾场地布置图

4.6.1 预制桥面板混凝土配合比设计

1）原材料选用

（1）水泥

为了保证高性能混凝土的各种性能、控制混凝土结构早期开裂和减少混凝土收缩徐变，根据《上海长江大桥混凝土耐久性设计技术要求》规定，选用上海嘉新港辉 P.I52.5 水泥。经检验其质量符合《硅酸盐水泥、普通硅酸盐水泥》（GB 175—1999）的要求。各项指标检验结果如表 4.6–1 所示。

（2）专用型掺和料

上海长江隧桥使用上海宝田公司生产的专用型掺和料海工 –I 型。其材料组成为磨细的高炉矿渣中掺入粉煤灰，经过特殊的生产工艺复配而成。经过反复试验论证，采用大掺量（掺和料：水泥 =6：4）更好地满足了结构混凝土使用性能，并且具有很好的经济性。根据上海长江隧桥专用掺和料技术要求，对进场掺和料进行了常规项目指标检验。经检验比表面积分布在 430~500m²/kg 之间，活性指数 3d 在 60%~65%、28d 达到 110%~120%，完全满足技术指标要求（下附一次检验结果表 4.6–2）。经过使用，这种胶凝材料拌制的混凝土能很大程度提高混凝土拌和物的工作性，拌和物无离析泌水现象，坍落度损失较小，很好地满足了施工要求。混凝土结构物强度更是达到了 100% 的合格并且有不小富余（均达到配制强度以上）。更重要的是满足了混凝土结构物耐久性设计要求。掺和料的加入使混凝土结构物耐久性完全满足规范要求并有很大富余。表 4.6–3 为桥面板 C60 混凝土一次耐久性检验结果。

上海嘉兴港辉 P.I52.5 水泥检测结果　　表 4.6–1

检测项目	比表面积（m²/kg）	凝结时间		安定性	氯离子含量（%）	C_3A 含量（%）	碱含量（%）	抗压强度（MPa）	
		初凝（min）	终凝（min）					3d	28d
规范要求	＞ 300	≥ 45	≤ 390	合格	＜ 0.03	6~12	＜ 0.60	≥ 23.0	≥ 52.5
试验结果	350~380	135~180	180~210	合格	0.016	8.0	0.43	33.0	64.0

专用型掺和料检测结果　　表 4.6–2

检测项目	比表面积（m²/kg）	氯离子含量（%）	碱含量（%）	抗压强度（MPa）	
规范要求	≥ 400	＜ 0.2	＜ 0.6	3d	28d
				≥ 55	≥ 105
试验结果	450	0.015	0.17	64	112

桥面板 C60 混凝土一次耐久性检验结果　　表 4.6–3

检验项目	龄期	单位	检验结果	规范要求
电通量	28d	C	998	≤ 1 500
混凝土氯离子扩散系数	28d+90d	10^{-12} m²/s	1.23	≤ 2.0

（3）减水剂

采用上海淘正化工产聚羧酸超塑化高效缓凝减水剂 SX1。主要功能为：①改善混凝土拌和物工作性；②调整混凝土凝结时间，改善硬化性能；③改善混凝土耐久性；④提高混凝土强度；⑤节约水泥用量。减水剂检验结果见表 4.6-4。

减水剂检测结果　　表 4.6-4

检测项目	减水率（%）	氯离子含量（%）	碱含量（%）	抗压强度（MPa）		
				3d	7d	28d
技术要求	≥ 25	＜ 0.02	＜ 0.6	≥ 125	≥ 125	≥ 120
试验结果	28	0.017	0.14	165	157	140

（4）砂

根据配制高性能混凝土对材料的严格要求，选用了福建闽江产黄中砂。该水域产的黄砂无风化、杂质少、颗粒坚硬、强度高等优点。经化学和物理项目指标检验，能满足配制混凝土材料使用要求（表 4.6-5）。

砂 检 测 结 果 表　　表 4.6-5

检测项目	细度模数	含泥量（%）	表观密度（kg/m³）	泥块含量（%）	氯离子含量（%）	碱含量（%）	SO_3（%）	云母含量（%）
规范要求	2.5~2.9	≤ 0.5	≥ 2 500	≤ 0.3	≤ 0.02	≤ 0.10	≤ 1	≤ 1
试验结果	2.8	0.3	2 560	0.1	0.001	0.06	0.06	0.1

（5）碎石

根据技术文件要求，通过料场考察和材料性能指标检测，选用浙江嵊泗黄龙矿产 5~25mm 连续级配碎石，其母岩为石质坚硬、均匀、无风化的青花岗岩，立方体单轴饱水抗压强度达 250MPa 以上。级配碎石一次基本物理和力学性能检验结果见表 4.6-6。

碎石检验结果表　　表 4.6-6

检测项目	含泥量（%）	泥块含量（%）	表观密度（kg/m³）	压碎指标（%）	氯离子含量（%）	碱含量（%）	SO_3（%）
规范要求	≤ 0.5	≤ 0.3	≥ 2 500	＜ 10	≤ 0.02	≤ 0.10	≤ 0.5
试验结果	0.3	0.1	2 600	6.5	0.008 2	0.03	0.14

2）混凝土性能试验

主跨 105m 钢-混凝土组合箱梁采用 C60 低坍落度高强混凝土预制桥面板，为适应使用部位结构特点（要求高强度，高弹性模量，低收缩，低徐变）的需要，混凝土坍落度为 50~80mm。因此严格使用合格原材料，优化组合，是非常必要的。以下五点为用同一种配合比进行混凝土坍落度大小对比试验得出的结论。

（1）小坍落度混凝土拌和物工作性能

SX1 掺量 0.5%，混凝土坍落度 30~50mm 时，混凝土拌和物黏连性大，保水性很好，坍落度时损小，不泌水，不离析，没有流动性，凝结时间短，不适合大体积施工，振捣密实时间长。

（2）低坍落度混凝土力学性能和耐久性试验结果

抗压强度：3d =45MPa　5d =62MPa　28d =78MPa；

抗折强度：28d =8.2MPa；　劈裂抗拉强度：28d =4.6MPa；

抗压弹性模量：3d =3.8 × 10⁴MPa　5d =4.2 × 10⁴MPa　28d =5.0 × 10⁴MPa；

电通量：28d =500C；

氯离子扩散系数：28d+90d=1.15 × 10^{-12} m^2/s；

收缩值：3d =133 × 10^{-6}m/m；

徐变系数：3d =0.106。

（3）大坍落度混凝土拌和物工作性能

试拌混凝土的配合比与低坍落度混凝土一样，只是外加剂掺量增加，其掺量为 0.8%，通过试拌后，混凝土坍落度实测为 130mm，黏连性较低，坍落度小，保水性一般，不泌水，不离析，坍落度时损大，0.5h 后为 115mm，1h 后为 90mm，流动性很好，凝结时间延长 1~2h，混凝土振捣密实时间短。

（4）大坍落度混凝土力学性能和耐久性试验结果

抗压强度：3d =38MPa　5d =52MPa　28d =69MPa；

抗折强度：28d =7.2MPa；　劈裂抗拉强度：28d =4.1MPa；

抗压弹性模量：3d =3.5 × 10^4MPa　5d =3.9 × 10^4MPa　28d =4.6 × 10^4MPa；

电通量：28d =670 C；

氯离子扩散系数：28d+90d=1.30 × 10^{-12} m^2/s；

收缩值：3d =152 × 10^{-6}m/m；

徐变系数：3d =0.112。

（5）通过对比试验结果，低坍落度混凝土拌和物性能满足施工要求，混凝土力学性能和耐久性指标都高于大坍落度混凝土，在同样施工条件和施工工艺下，低坍落度混凝土外观光滑，无麻面，早期强度增长快，混凝土收缩徐变小，产生混凝土裂纹少，延长结构使用寿命。混凝土坍落度试验如图 4.6–3 和图 4.6–4 所示。

图 4.6–3　测混凝土坍落度

图 4.6–4　浇筑混凝土

3）混凝土配合比检测结果

配合比性能检测结果见表 4.6–7。

配合比性能检测结果　　表 4.6–7

<table>
<tr><td rowspan="3">混凝土配合比</td><td>材料</td><td>水泥</td><td>海工 –1 型掺和料</td><td>水</td><td>砂</td><td>石</td><td>外加剂</td><td>水胶比</td><td>砂率</td></tr>
<tr><td>配合比</td><td>1.00</td><td>1.50</td><td>0.83</td><td>3.74</td><td>5.17</td><td>占胶凝材料总质量的 0.5%</td><td rowspan="2">0.33</td><td rowspan="2">40%</td></tr>
<tr><td>每立方米混凝土材料用量（kg）</td><td>196</td><td>294</td><td>162</td><td>734</td><td>1 014</td><td>2.45</td></tr>
</table>

续上表

	性能指标		期龄	单位	检验结果	备注
混凝土性能检验结果	坍落度		—	mm	70	—
	凝结时间	初凝时间	—	h:min	05 ∶ 45	—
		终凝时间	—	h:min	07 ∶ 45	—
	抗压强度		3d	MPa	37.1	—
			5d	MPa	51.2	—
			7d	MPa	61.6	—
			28d	MPa	73.6	—
	弹性模量		3d	10^4MPa	3.86	—
			28d	10^4MPa	4.17	—
	电通量		28d	C	998	≤ 1 500
	混凝土氯离子扩散系数		28d+90d	10^{-12} m^2/s	1.23	≤ 2.0
	劈裂抗拉强度		28d	MPa	4.1	—
			60d	MPa	5.3	—
			90d	MPa	6.6	—
	收缩值		3d	10^{-6}m/m	133	—
			7d	10^{-6}m/m	170	—
			28d	10^{-6}m/m	233	—
			60d	10^{-6}m/m	257	—

4.6.2 湿接缝混凝土配合比设计

混凝土是工程结构中用量较大的建筑材料，但混凝土的固有弱点是具有脆性和抗拉强度低等而容易产生裂纹，并且还受到外界环境因素强烈影响，都会对混凝土结构构成威胁，导致混凝土耐久性降低。为了减少混凝土产生早期塑性收缩裂纹，桥面板湿接缝采用掺入高聚物纤维和抗裂型外加剂等方法，减少裂纹产生，并且还能提高混凝土抗拉强度、抗压强度、抗渗性和抗冻性。

1）原材料选用

（1）水泥符合《硅酸盐水泥、普通硅酸盐水泥》（GB 175—1999）标准的上海嘉兴港辉 P.I52.5 水泥，占胶凝材料的 40%。

（2）掺和料符合《用于水泥混凝土中的粒化高炉矿渣粉》（GB/T 18046—2008）标准的上海宝田海工 –I 型专用掺和料，占胶凝材料的 60%。

（3）黄砂符合《公路桥涵施工技术规范》（JTG/T F50—2011) 标准的闽江中砂，细度模数为 2.6~2.9，含泥量小于 0.5%。

（4）碎石符合《公路桥涵施工技术规范》（JTG/T F50—2011) 标准的嵊泗黄龙矿 5~25mm 碎石，含泥量小于 0.5%，针片状含量小于 8%，压碎指标值小于 10%。

（5）试验用膨胀剂符合《混凝土膨胀剂》（GB 23439—2009）标准的常州礼宝生产的 AEA 型，掺量 5%。

（6）试验用外加剂符合《混凝土外加剂》（GB 8076—2008）、《混凝土外加剂匀质性试验方法》（GB/T 8077—2000）性能要求的上海淘正化工聚酸类高效减水剂 SX1 型，掺量 0.7%。

（7）试验用纤维符合《天然纤维素纤维混凝土验收标准》（ICCAC217）的上海博宁公司生产MPH-16高聚物复合纤维（图4.6-5、图4.6-6），高强度，高弹性模量，掺量1.0kg/m³，主要物理性能指标见表4.6-8。

MPH-16 高聚物复合纤维物理性能　　表4.6-8

检测项目	检测结果	检测项目	检测结果
材质	复合纤维	弹性模量	31 ~40GPa
直径	31μm	断裂伸长率	7% ~15%
密度	0.91~1.3g/cm³	纤维形状	束状草丝
抗拉强度	1 200~1 600 MPa	纤维长度规格	6mm、12mm、18mm

图4.6-5　高聚物纤维

图4.6-6　纤维微膨胀混凝土

2）主要技术参数

（1）电通量≤ 1 500C。
（2）氯离子扩散系数≤ 1.5×10^{-12} m²/s。
（3）混凝土收缩值 180d ＜ 2.0×10^{-4}m/m。
（4）混凝土徐变 360d ＜ 0.45。
（5）混凝土弹性模量 3d 达到设计 85%，即 3.2×10^{4}MPa。
（6）混凝土抗折强度 28d ＞ 8MPa。
（7）混凝土抗压强度 3d 达到设计 85% 以上，即 51MPa。
（8）混凝土无收缩裂纹。
（9）混凝土坍落度控制在 50~80mm，拌和物具有很好的工作性。

3）混凝土配合比

高性能纤维微膨胀混凝土配合比见表4.6-9。

高性能纤维微膨胀混凝土配合比　　表4.6-9

材料名称	生产单位	品种规格	配合比	每立方米用量（kg）
水泥	上海嘉兴港辉公司	P.I52.5	1.00	200
掺和料	上海宝田公司	专用型	1.50	300
黄砂	闽江	中	3.44	688

续上表

材料名称	生产单位	品种规格	配合比	每立方米用量（kg）
碎石	嵊泗县黄龙石矿	5~25 mm	5.14	1 032
水	饮用水	—	0.78	155
膨胀剂	常州礼宝公司	AEA	0.12	25
外加剂	上海淘正化工公司	SXI	0.017 5	3.5
纤维	上海博宁公司	MPH-16	0.005	1.0
水胶比	0.31			
砂率	40%			

4）混凝土拌和物性能试验结果

（1）凝结时间：自搅拌加水起，测定混凝土初凝时间为 7h，终凝时间为 8.5h。

（2）坍落度测定：根据施工要求，0h 测定值 80mm，0.5h 测定值 80mm，1h 测定值 65mm，1.5h 测定值 55mm。

（3）混凝土和易性：拌和好的混凝土无泌水离析，保水性好，混凝土在 1h 后振捣能迅速冒浆摊平，能保证混凝土密实。

（4）混凝土均匀性：由于掺入了高聚物纤维，混凝土搅拌时间为 180s。通过拌和好的混凝土直观检查，高聚物纤维能充分地均匀分散，没有成团，高聚物纤维和混凝土连接成一个整体，组成了纤维链。

5）混凝土力学性能和耐久性试验结果

（1）抗压强度：3d =42MPa　5d =56MPa　28d =75MPa。

（2）弹性模量：3d =4.4×10^4MPa　28d =4.9×10^4MPa。

（3）抗折强度：28d =8.0MPa。

（4）电通量：28d =511C。

（5）氯离子扩散系数：28d+90d=1.30×10^{-12} m²/s。

（6）收缩值：3d =77×10^{-6} m/m

7d =117×10^{-6} m/m

28d =213×10^{-6} m/m

60d =297×10^{-6} m/m

90d =313×10^{-6} m/m

120d =330×10^{-6} m/m。

（7）混凝土受压徐变（表 4.6-10）。

混凝土受压徐变表　表 4.6-10

龄　期	徐变度（1/MPa）	徐变系数	龄　期	徐变度（1/MPa）	徐变系数
1d	3.460	0.142	14d	6.963	0.285
3d	4.379	0.179	28d	8.687	0.355
7d	6.073	0.249	45d	9.746	0.399

续上表

龄　期	徐变度（1/MPa）	徐变系数	龄　期	徐变度（1/MPa）	徐变系数
60d	10.876	0.445	150d	12.500	0.512
90d	11.794	0.483	180d	12.879	0.486
120d	12.218	0.500			

通过以上数据表明，配合比设计结果符合技术标准要求，也满足了施工工艺要求，可达到混凝土结构物耐久性目的。

4.6.3　桥面板预制

桥面板预制共 1 740 块，中板 580 块，边板 1 160 块，均采用 C60 高性能混凝土，共有中板预制台座 28 个，边板预制台座 56 个。桥面板的预制均采用钢模，混凝土采用岛内混凝土工厂厂拌，载货汽车上放有吊斗进行混凝土的运输，预制场内龙门吊吊起吊斗进行混凝土浇筑施工。预制板板厚沿横桥向为变厚度，其中边板厚度变化范围为 220~500mm，中板厚度变化范围为 300~500mm。边板平面尺寸为 4 500mm × 3 295mm、4 300mm × 3 295mm、3 400mm × 3 295mm；中板平面尺寸为 4 500mm × 8 110mm、4 300mm × 8 110mm、3 400mm × 8 110mm。

（1）预制台座

桥面板预制台座：原场地地基经清理后整平，并用普通钢筋混凝土板硬化，厚度为 20cm。在桥面板台座施工区域安装钢筋网片，然后浇筑混凝土。地坪之上施工条形基础，桥面板底模直接安装在此条形基础上。条形基础间距 2m，顶面预埋钢板，钢板与底模横肋焊接相连，不得脱空。条形基础长 × 宽分别为 5.5m × 0.2m，中板每块模板下 5 条，边板每块模板下 3 条。强制台座如图 4.6-7、图 4.6-8 所示。

图 4.6-7　预制台座条形基础

图 4.6-8　预制台座

（2）模板的设计制造和安装

为保证桥面板平整度，不断修改完善模板设计方案，认真分析研究，最终确定底模、侧模均采用刚度较大的钢模。确保了模板安拆方便、坚固耐用、接缝密贴、尺寸准确。每块底模制造完毕并经检查合格后，整体吊放到台座上，与台座预埋件焊接成整体，侧模分段吊装与底模组装成整体。侧模采用普通单层面板结构，为保证钢筋位置精确，侧板上开有圆形钢筋槽口。由于桥面板尺寸较大，侧模均分成若干块，然后再组拼。组拼前在底模上涂神脱 1 号脱模剂。底模的验收及处理如图 4.6-9~ 图 4.6-12 所示。模板验收工艺标准如表 4.6-11 所示。

图 4.6-9　验收底模尺寸

图 4.6-10　验收底模的平整度

图 4.6-11　底模打磨除锈

图 4.6-12　涂好脱模剂的模板

模板验收工艺标准　　表 4.6-11

项　次	检查项目		允许偏差
1	内部尺寸	长、宽	± 5mm
		高（厚）	± 3mm
2	相邻板两板面高差		2mm
3	底板平整度		1mm
4	对角线		6mm
5	侧向弯曲		< 5mm
6	模板倾斜度		< 0.15%

（3）钢筋绑扎

105m 组合梁桥面板板型较多，钢筋绑扎难度大，钢筋成型、弯曲在钢筋车间专门制作的模具上进行。热轧光面钢筋和螺纹钢筋用闪光对焊方法焊接。其接头熔接良好，完全焊透，且不得有钢筋烧伤及裂缝等现象。焊接接头按规定每 300 个为一个验收批次，抽取试件作冷弯和抗拉试验，合格后方可使用。钢筋绑扎在钢筋绑扎台座上直接成型。由龙门吊吊装到底模上，然后再安装侧模。为保证桥面板钢筋保护层厚度及耐久性，采用精细制造的钢模预制出高一级别的混凝土垫块。保证保护层厚度误差在 −3~+5mm 钢筋的安装及垫块制作如图 4.6−13~ 图 4.6−18 所示。钢筋安装检查项目及控制标准如表 4.6−12 所示。

图 4.6–13　钢筋胎架绑扎钢筋

图 4.6–14　钢筋起吊入模

图 4.6–15　钢筋精确定位

图 4.6–16　入模后的钢筋

图 4.6–17　制造垫块的模具

图 4.6–18　成型的混凝土垫块

钢筋安装检查项目及控制标准　　表 4.6–12

项次	检 查 项 目		规定值或允许偏差（mm）	检 查 方 法
1	受力钢筋间距		± 10	每构件抽查 2 个断面，用尺量
2	箍筋间距		0，–20	每构件抽查 5~10 个间距
3	钢筋骨架尺寸	长	± 10	按骨架总数 30% 抽查
		高、宽	± 5	
4	弯起钢筋位置		± 20	每骨架抽查 30%
5	保护层厚度		+5，–0	沿模板周边检查 8 处

（4）预应力管道及预埋件的安装

桥面板设横向预应力，共分为两种：一种为中板横向预应力索（规格为 Φ^s15.2–2），该预应力索待中板浇筑完毕等强度达到 85% 后进行张拉；另一种为桥面板横向通长预应力索（规格为 ϕ^s15.2–4），该预应力索待纵横向现浇缝浇筑完毕并等强度达到 85% 后进行张拉。横向预应力采用 ϕ^s15.2 高强度低松弛钢绞线，标准强度为 1 860MPa。中板横向预应力采用 BM15–2 扁锚体系，横向通长预应力采用 BM15–4 扁锚体系，15–4 钢束波纹管内径为 Φ72mm×23mm，BM15–2 钢束波纹管内径为 ϕ46mm×20mm。为方便施工，塑料波纹管安装前，将预应力筋事先穿好，两者一并安装，最后安装锚固端锚具并调整固定管道位置的允许偏差见表 4.6–13。

管道位置的允许偏差　　表 4.6–13

项　次	检 查 项 目		允许偏差（mm）	检 查 方 法
1	坐标	梁长方向	30	用尺量
		梁高方向	10	
2	间距	同排	10	用尺量
		上下层	10	

预埋件定位采用钢筋定位网定位，在钢筋入模后采用测量仪器复核来控制预埋件位置的准确性。钢筋定位网应绑扎或焊接于梁体普通钢筋上，焊接作业不应产生对结构的不利影响。包括孔道、锚具、压浆管道等预埋件应准确、牢固地定位，灌注混凝土时不致产生不利移动。

（5）混凝土浇筑

为了保证密实度，采用 5~8cm 的低坍落度 C60 高性能混凝土。混凝土的运输采用平板车车载吊斗（吊斗方量 2m³），混凝土灌注采用门吊悬挂吊斗边放料边移动方式连续灌注。每块预制板浇筑时，一次完成，中间不设施工缝。混凝土斜向分层由一边向另一边推进浇筑，每层厚度≤ 25cm，采用插入式振捣棒振捣。预制板有预应力锚固块部位，钢筋密集，要特别注意振捣密实。为保证混凝土振捣质量，常规部位采用 ϕ50 或 ϕ70 棒振捣，但对预应力槽口等钢筋密集处采用 ϕ30 棒振捣。对每次浇筑的混凝土严格控制坍落度，并进行检测。桥面板浇筑完成后，及时对桥面板顶面修整、抹平，待定浆后进行第二遍抹平，抹平采用 6m 铝合金杆，确保板面平整度达到规范要求。混凝土浇筑及桥面板处理如图 4.6–19~ 图 4.6–22 所示，混凝土结构工艺标准如表 4.6–14 所示。

（6）混凝土桥面板养护

当混凝土灌注完毕，板面上覆盖土工布，初凝后，对桥面进行洒水养护。桥面板养护用水与拌制桥面板混凝土用水相同。洒水次数以混凝土表面湿润状态为度。一般白天以 1~2h 一次、晚上 4h 一次，铺设土工布养护见图 4.6–23。

图 4.6–19　浇筑混凝土

图 4.6–20　桥面板找平

图 4.6-21　拆模后的桥面板

图 4.6-22　桥面板凿毛

混凝土结构工艺标准表　　表 4.6-14

项　　次	检 查 项 目	允许偏差（mm）	项　　次	检 查 项 目	允许偏差（mm）
1	板厚	± 3	5	管道中心	2
2	边长	5	6	外露钢筋	2
3	对角线	± 6	7	强度	不小于设计值
4	顶面平整度	5			

图 4.6-23　铺设土工布养护

（7）桥面板的起吊和存放

对预应力混凝土板，待其预应力张拉完毕，对非预应力预制板的实际强度达到 40MPa 后，进行起吊移位。在预制板上按设计要求预埋吊钩，预制板的起吊采用 4 点均匀起吊。桥面板存放按 6 层考虑，由龙门吊起吊至存板台座上存放。预制板起吊和存放时，其吊点和支点位置需符合设计要求，位置偏差不大于 10cm，存放台座首先应抄平，选择合适的支承块。为了保证叠置一起的预制板间各支点受力均匀，所有支承块要保证在同一铅垂线上。预制板在存放时标明编号、制作日期等，标志在规定的位置，以防各块板在吊装时混淆。桥面板起吊运输和存放，如图 4.6-24 和图 4.6-25 所示。

图 4.6-24　桥面板起吊和运输

图 4.6-25　桥面板存放

4.6.4　槽形钢箱梁预制

1）概述

主跨105m钢–混凝土组合箱梁钢梁共28孔，264个节段，材质Q345qD，钢槽形梁底板宽7.0m，顶板宽10.35m，高4.5m，中间设钢管横撑，间距为5.1m。根据槽形梁的结构特点，结合工厂的生产条件，在宁波工厂进行板单元制造，然后运输到沈家湾岛预制场进行10m节段拼装和整孔梁段总拼。钢梁制造分段数量如表4.6–15所示。

槽型钢箱梁节段划分表　　表4.6–15

吊装节段长度	85m梁	90m梁	105m梁
整孔数量	4	4	20
10m吊装节段数量	4×8	4×8	20×10

钢梁断面为槽形，在满足相关工艺文件的前提下，综合考虑运输及批量生产等因素，将标准梁段的结构形式划分各单元件如图4.6–26所示。

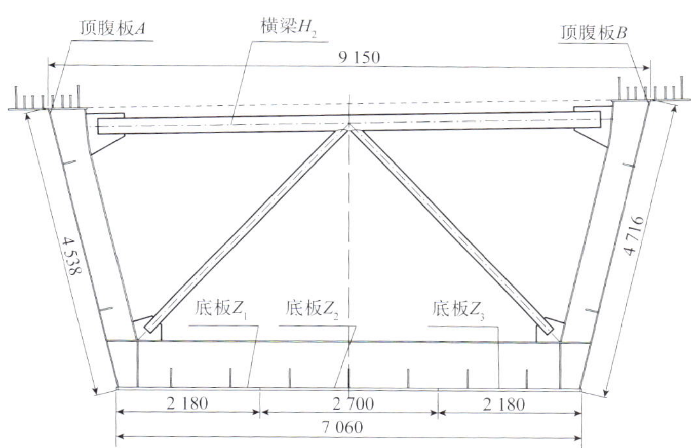

图4.6–26　横断面各单元件示意图（尺寸单位：mm）

钢梁主要划分为顶腹板单元、底板单元（三块）（图4.6–27）、横隔板单元（包括实腹式及空腹式）等单元件（图4.6–28），另外在85m及90m梁段两侧还布置有伸缩缝结构。

图4.6–27　底板单元

图4.6–28　空腹式及顶腹板单元

2）工装胎架

工装胎架的制造方式和精度，是用来保证节段拼装外形及尺寸的很重要的一个措施。

10m 节段拼装胎架（图 4.6–29）：胎架全长 115m，宽 12m，单个胎架按孔 +1 的长度来设计。胎架基础为 0.5m × 0.5m × 0.3m 混凝土支墩，在支墩上设置有预埋件，单个胎架支腿采用 2 根 I20a 槽钢与支墩预埋件焊连。支腿上胎架平台横向采用工钢 40 制造，设置位置为钢梁横梁处，纵向均采用工钢 20 将横向工钢连接，使整个胎架连接为一体。另在胎架侧面采用槽钢 20 焊接成的支架，以保证顶腹板单元定位时的线形。

为保证整桥平面线形及预拱度，我们在节段拼装胎架上先将平面线形及预拱值设置好，节段拼装均以一端为基准线进行拼装，另一端再根据线形进行配切。节段拼装检验完成后，用运梁台车移到喷涂车间进行喷砂除锈油漆，然后暂时存放或直接转入整孔总拼。

整孔总拼胎架（图 4.6–30）：胎架全长 105m，宽 9m。胎架基础为 1m × 1m × 0.3m 混凝土支墩，在支墩上设置有预埋件，单个胎架支腿采用 2 根 I20a 槽钢与支墩预埋件焊连。支腿上胎架平台横向采用 I40 工字钢制造，设置位置为钢箱梁横梁处，纵向均采用 I20 工字钢将横向工字钢连接，使整个胎架连接为一体，另将胎架中间空出台车的运输通道，以方便运梁台车出入运输节段。

为保证整孔梁平面线形及预拱度，在整孔拼装胎架及地面上先将平面线形及预拱值设置好，将节段依次与地面上的基准对线进行拼装，并至少检查三个节段的线形后再进行环缝的焊接。整孔拼装检验完成后，顶推出去后进行与混凝土桥面板叠合施工。

图 4.6–29　10m 节段拼装胎架

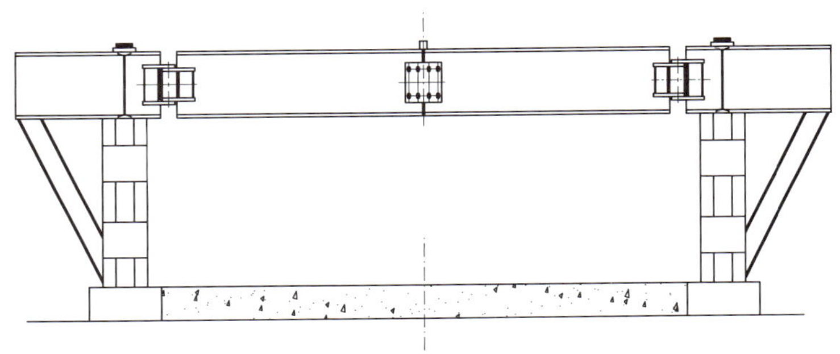

图 4.6–30　总拼胎架结构断面图

3）10m 节段拼装工艺

10m 节段拼装按照孔 +1 的方案进行，每次预拼装合格后，标记梁段号，将最后一个梁段留下，与下一孔梁段匹配制作。在节段制造中，按钢梁底板（三块）→两侧顶腹板→空腹式横梁等的顺序来进行组装和焊接。组装时，以胎架为外胎，横梁为内胎，重点控制桥梁的线形、梁段几何形状和尺寸精度、相邻接口的精确匹配等。

（1）拼焊底板

①底板拼装

先进行中间底板的定位，在中间底板宽度方向划好中心线，该中心线对准胎架中心线，由于单元件制造时在长度方向一端留有余量，因此对位时以没有余量的一端为基准，并对准胎架上的基准线，检查无误后再将底板与胎架用码板钢性固定。中间底板定好位后，再安装两侧的底板，两侧的底板长度方向也以一端为基准，横向则以加劲肋的间距为基准进行拼装，考虑纵向对接焊缝焊后收缩量，此拼装间距按 900mm+3mm 来进行拼装。底板拼装如图 4.6–31 所示。

②底板焊接

将底板对好位并控制好拼装后整个底板的长宽尺寸、对角线及焊缝间隙后，再将三块底板采取反变形和钢性固定相结合的措施并焊接。在试制过程中我们对焊后防止变形采取了两组方案。1 号组为底板正面点固码板（码板厚度 20mm）；2 号组为底板反面点固码板。焊接采用陶质衬垫单面焊双面成型的工艺，打底采用 CO_2 气体保护焊（打底前采用电加热器把焊缝预热到 110~150℃）填充（图 4.6-32）、盖面采用自动埋弧焊。

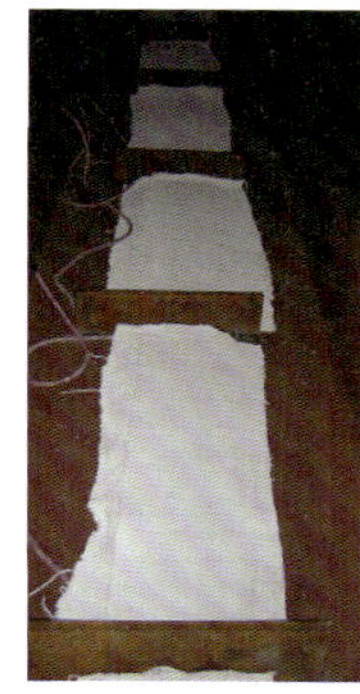

图 4.6-31　底板拼装

③底板矫正

底板焊接完成后，撤去刚性固定的码板和其他辅助设施，使底板处于自由状态然后进行焊后测量，主要是测量底板焊后的变形和焊缝的收缩尺寸（详见表 4.6-16 底板实时监控记录）。根据测量的结果进行焊后调校，直到底板不平度达到设计、规范标准。底板不平度合格后，重新测量焊后底板的高程以及底板的基准对位情况，以检测其拱度值是否符合设计要求，检测点为横梁位置，底板对好位且拱度值达到设计要求后再将其与胎架刚性固定。然后在底板上划出腹板、横梁等单元件的边缘拼装线，并按基准线进行底板横肋的拼装焊接，其与底板的焊缝为双面角焊缝。另外由于板单元制造长度方向一端留有余量，因此需以底板坡口端为基准划出配切端基准线。

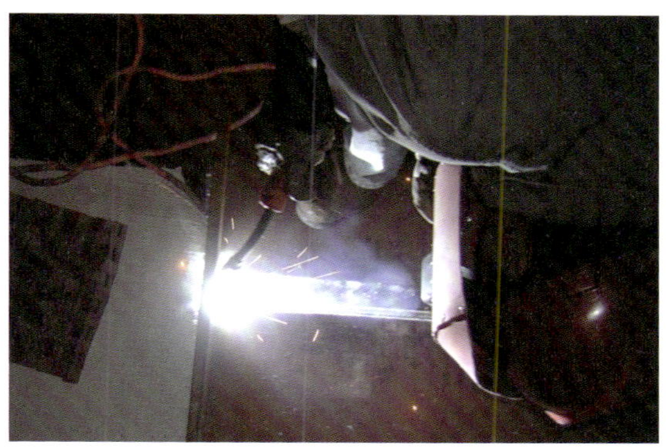

图 4.6-32　CO_2 打底

④关于焊接控制变形的调整

根据底板拼装焊接尺寸实时监控的两组数据对比，1 号组的焊后变形明显好于 2 号组的焊后变形。确定采用 1 号组底板正面点固码板的方法。埋弧填充及火焰矫正如图 4.6-33、图 4.6-34 所示，底板拼装焊接尺寸实时监控如表 4.6-16 所示。

图 4.6-33　埋弧填充

图 4.6-34　火焰矫正

底板拼装焊接尺寸实时监控记录 表 4.6-16

监控项目				预拱高度（mm）	预留间隙（mm）
		基准点宽度（mm）			
LX2-B2-Z3+LX2-B2-Z2（2号组底板反面点固码板）	拼装	基准端	239	41	6~9
		预留端	205.5	39	
	焊后	基准端	237	-33	
		预留端	201	-61	
LX2-B2-Z1+LX2-B2-Z2（1号组底板正面点固码板）	拼装	基准端	210	45	6~9
		预留端	211	45	
	焊后	基准端	205.5	-27	
		预留端	207	-21	

⑤底板单元的定位、测量（图 4.6-35、图 4.6-36）

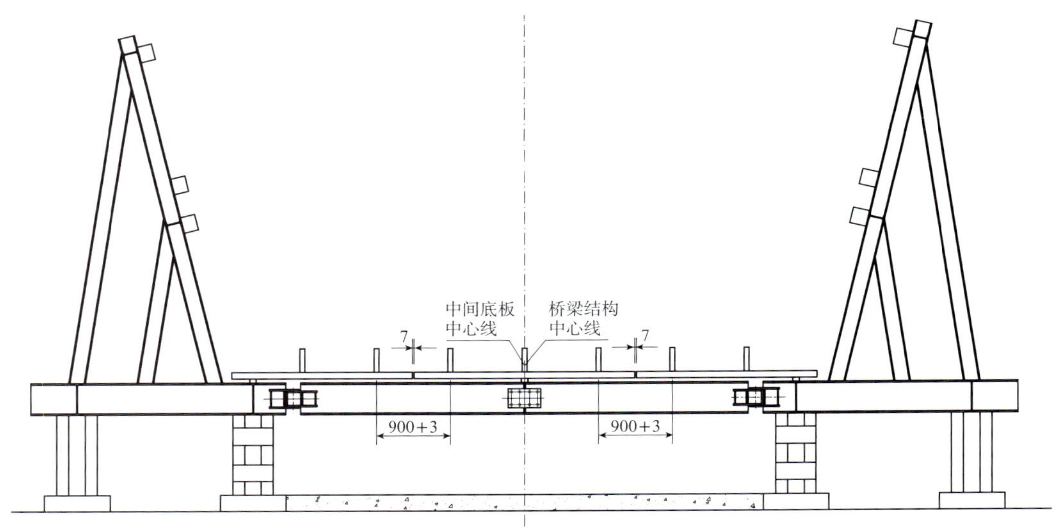

图 4.6-35 板单元横向定位图（尺寸单位：mm）

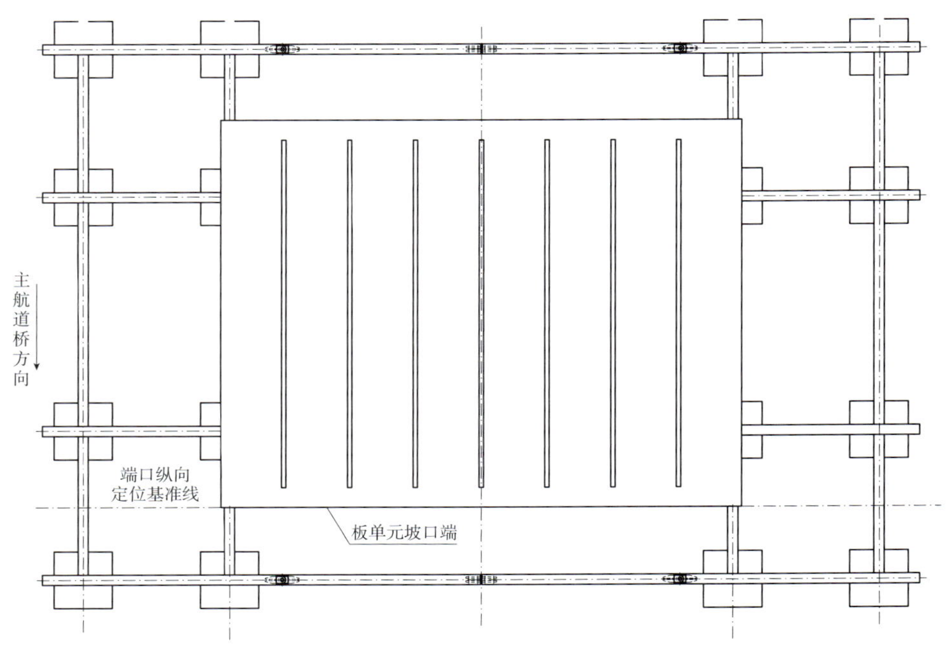

图 4.6-36 底板纵向定位图（尺寸单位：mm）

a. 在胎架上划出节段一端的横向拼装基准线，并根据桥梁平面线形以胎架中心线做出各个节段的桥梁中心线。另在板单元上以桥中心和横向基准边画出十字线及四角检查线，使得 6 个检查轮廓线与板边理论相差 100mm。

b. 中间底板单元在无日照情况下，将板单元中心和桥梁中心基准线纵向定位；同时检查横向基准边与胎架上横向基准线偏差。

c. 相邻节段底板单元在胎架上组拼定位保证两底板纵向间隙 50mm。即两相邻板单元检查线距离为 250mm。

d. 底板单元和胎架焊接固定。

e. 使用水平仪检测其横向预拱，纵向线形等。

（2）组装实腹式横梁（端节段）

横向以桥梁结构中心线为基准，纵向以已经画好的横梁拼装线为基准进行实腹式横梁的定位，重点保证实腹式横梁的间距及其垂直度。横梁定好位后暂不焊接。实腹式横梁拼装如图 4.6-37 所示。

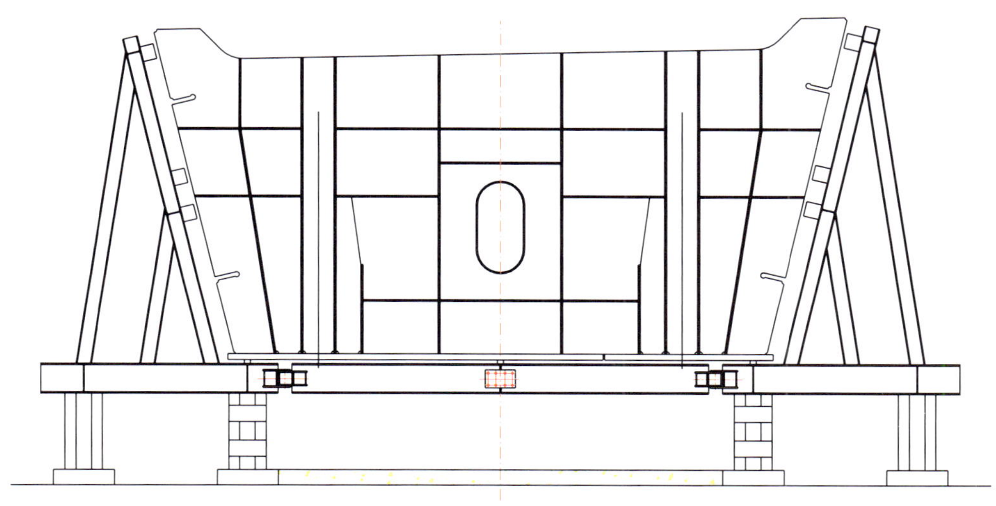

图 4.6-37　实腹式横梁拼装

（3）拼装顶腹板单元

①拼装

纵向将顶腹板单元的坡口端与底板单元的坡口端对齐拼装，并测量其端口的平齐度，横向则以底板上已经划好的腹板边缘拼装线对线拼装，同时检查钢梁的整体高度以及对角线误差，检查无误后将腹板与底板定位，并将腹板与胎架进行刚性固定，定好位后暂不焊接。

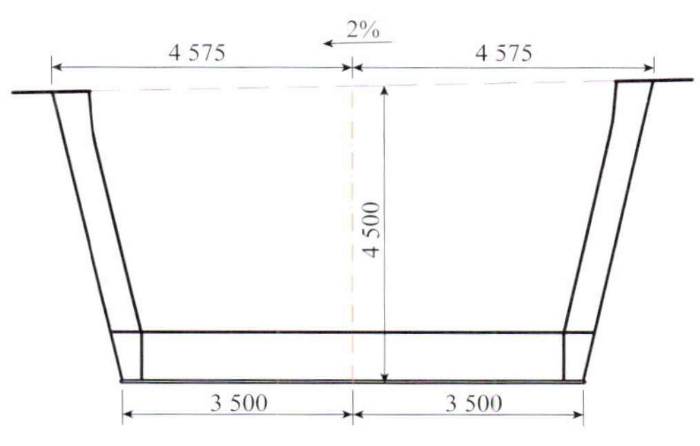

图 4.6-38　顶腹板的定位、测量（尺寸单位：mm）

②顶腹板的定位、测量（图 4.6-38）

a. 以底板上的桥梁中心线为基准，使用钢卷尺画出腹板基准线和拼装检查线。

b. 顶腹板按装配基准线定位。

c. 使用水平仪或吊线锤方法检查顶腹板的尺寸和位置。

（4）空腹式横梁拼装（图 4.6-39）

①拼装

实腹式横梁焊接完成后，再进行空腹式横梁 K 形支架的定位，重点测量 K 形支架的间距、垂直度、高度尺寸及其系统线的偏移量。

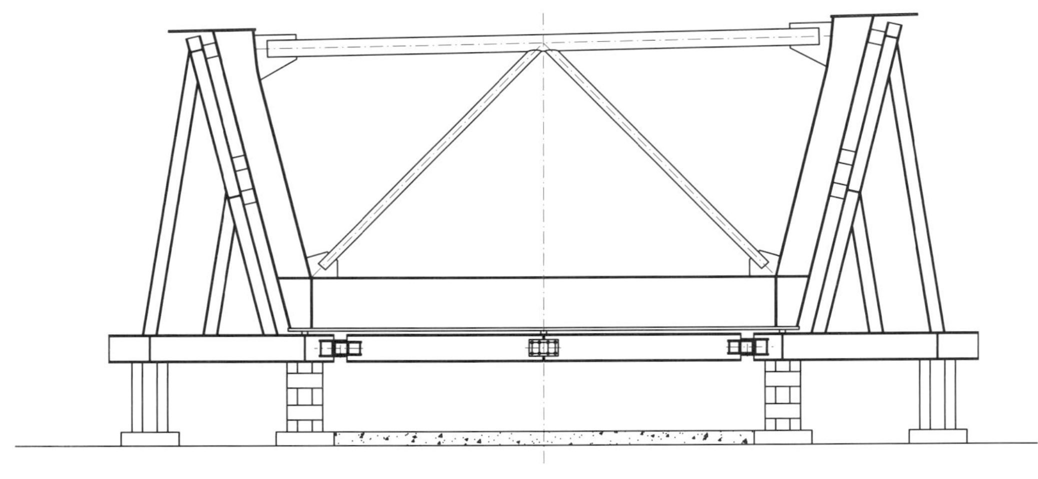

图 4.6-39　空腹式横梁拼装

②横梁的定位、测量

a. 使用钢卷尺在中心底板单元上画出横梁的测量装配线和拼装检查线。

b. 吊装横梁按底板装配线定位。

c. 使用吊线垂确定横梁的横向位置以及横梁与底板的垂直度。

（5）梁段焊接

焊接时先进行空腹式横梁的焊接，以减小顶腹板组合单元的焊接变形，空腹式横梁的焊接均采用 CO_2 气体保护焊。空腹式横梁焊接完成后再进行腹板与底板的熔透角接焊，焊接采用 CO_2 气体保护焊，先焊接内侧焊缝，然后反面气刨清根再焊接外侧焊缝。最后进行实腹式横梁的焊接：实腹式横梁与顶、底、腹板均为熔透角焊缝，焊接采用 CO_2 气体保护焊，先焊接一侧，另一侧气刨清根后再进行焊接。由于有部分加劲肋需磨光顶紧，在实腹式横梁与顶底腹板焊接完成并检测完后，再进行需磨光顶紧加劲肋的装配和焊接。

（6）节段配切及测量

节段拼焊完成并检查其尺寸、外形及拱度无误后，再按照理论尺寸 + 焊接收缩量 – 焊缝间隙来进行匹配端口的配切工作；同时将桥梁中心线以及顶板上的基准点用样冲做好标记，以便整孔总拼时使用。

节段下胎前根据预拼装检测要求的规定测量项目逐项进行检测，并详细记录各个数据。

①使用经纬仪检测匹配梁段纵桥向中心线偏差。

②使用水平仪检测底板中心线线形及预拱度、匹配节段纵向不平度。

③使用水平仪检测节段四角水平度。

④使用水平仪检测节段高度。

⑤使用钢卷尺检测匹配节段宽度，横断面对角线。

4）整孔总拼工艺

整孔分为若干个节段，且钢梁整体设有预拱，根据不同的预拱值在胎架上设置牙板来调节各个节段。节段定位时，依次与胎架上的基准线对线定位拼装，每一条环缝焊接前，需检查各个节段的尺寸、平面曲线及预拱值是否符合要求，然后才能开始焊接，在下一条环缝焊接前需将前一道环缝焊接所产生的误差尽量消除，以满足整体尺寸的要求。环缝焊接完成并经无损检测合格后，安装底板及腹板的纵肋嵌补段。

（1）节段定位拼装

首先进行除墩顶段外其他几个中间节段的定位拼装和焊接。先将节段用120t运梁台车倒运上整孔梁拼装胎架，并在节段底板宽度方向画好中心线，节段定位时以该中心线对准胎架上的中心线，长度方向对位时以节段制造时的基准对准胎架上的基准线，并同时检查各个节段的尺寸、线形、预拱度，线形和预拱度在拼装时按公差要求控制，拼装后的节段尺寸按理论尺寸+5mm焊缝收缩量来控制，检查无误后再将两节段端口用码板钢性固定。

（2）环缝焊接

钢梁为槽形结构，两节段间单条环缝由底板、两侧腹板、两侧顶板对接焊缝组成。焊接前检查各相对应的对接钢板坡口的平整度及焊接间隙，调整好平整度及间隙后依次进行腹板、底板、顶板的平对接焊接（图4.6-40、图4.6-41）。环缝的对接焊均采用反面贴陶质衬垫，单面焊双面成形的焊接工艺，并根据焊接工位采用不同的焊接方式：底板采用CO_2打底，埋弧自动焊填充盖面；腹板和顶板打底及填充盖面均采用CO_2焊接。环缝焊接的顺序为：由两名焊工在两侧对称施焊腹板，焊接时采取由下向上，由中间向两边施焊的顺序进行，腹板焊接完成后再进行底板的焊接，最后再进行两侧顶板的焊接，以减小焊接产生的变形。

图4.6-40　腹板环缝焊接

图4.6-41　底板自动焊填充

（3）两墩顶段拼装焊接

将中间段拼装焊接完成后，测量线形、预拱度、长度尺寸后，再根据测量结果分别拼装两墩顶段，重点保证两墩顶节段支点横梁的间距尺寸及拼成整体后的线形、预拱度及长度尺寸，并需考虑焊缝收缩的影响。检查无误后进行两墩顶节段的环缝焊接。

（4）调校

每一条环缝焊接完成后，撤去刚性固定的码板和其他辅助设施，使钢梁处于自由状态然后进行焊后测量，主要是测量焊后平面线形、预拱度以及钢梁的变形和尺寸，根据测量的结果进行焊后调校，并在下一节段拼装过程中根据已焊接完成的梁段情况适当调整，以消除或减小制造误差。

（5）嵌补段拼装焊接

每一条环缝焊接完成并进行无损检测合格后，开始拼焊环缝间的嵌补段。

（6）剪力钉焊接

环缝焊接完成后，以节段基准端为基准，划出剪力钉的定位线，并采用专用剪力钉焊机进行剪力钉的焊接。

（7）整孔钢梁总拼的线形控制

整孔钢梁的线形控制主要包括其平面线形、预拱度和几何尺寸的控制，具体措施如下。

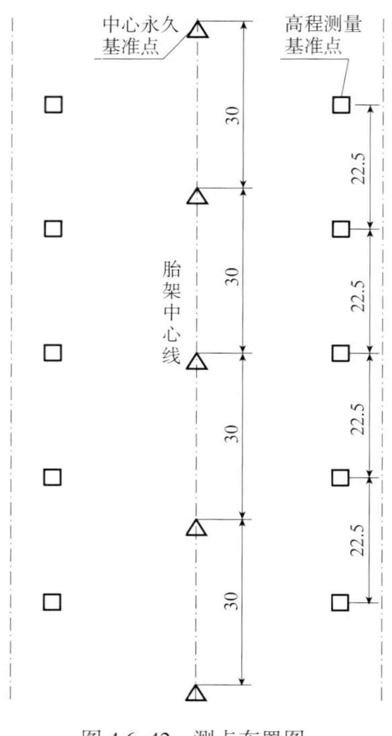

图 4.6–42 测点布置图

①测量网的布置

由于胎架设计为整体拼装焊接一体化胎架，而且在底板下面将有运梁台车经过，我们在每个胎架中线位置布设 5 个永久纵向基准测量点，另在胎架两侧各布置 5 个高程测量点。测量点平面布置见图 4.6–42。

②总拼的测量控制

a. 在无阳光照射影响下，根据桥纵向测量点，使用全站仪或经纬仪确定总拼胎架的辅助中心线和整孔梁纵向中线。

b. 使用水平仪根据设计图纸每梁段线形值（包括预拱度值），确定调整线形码板高度。

c. 节段梁定位（图 4.6–43），用运梁台车把节段梁运至总拼胎架，根据节段梁底板基准端和端口定位地样线，底板中心线和整孔梁纵向中线定位。用水平仪检测其所在位置的预拱值。

d. 测量方法：用吊线锤检测节段梁底板中线与整孔梁纵向中线的重合度，用经纬仪检测顶板外侧的曲线值，再用钢尺检测另一侧的曲线值。整孔拼装至 3 个节段后，用水平仪检测其整体预拱值和水平曲值。整孔线形测量如图 4.6–44 所示。

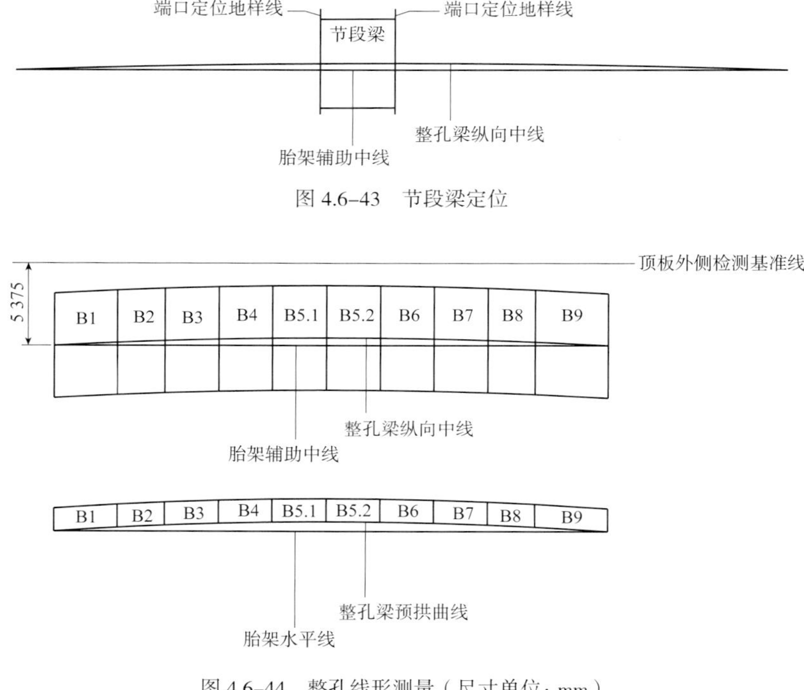

图 4.6–43 节段梁定位

图 4.6–44 整孔线形测量（尺寸单位：mm）

e. 每个总拼轮次与永久基准点复核一次，依次对胎架沉降进行全面的观测。

（8）产品质量控制

钢结构主要要求保证结构的线形、尺寸和焊缝质量。我们主要是通过工艺、设备、焊接材料、作业人员的熟练程度来达到这些要求。

①钢梁线形

主要是保证整孔钢梁的平面曲线及预拱度的线形，整孔钢梁生产时，我们对每一节段焊接前和焊接后都进行线形的测量和监控，以便随时掌握线形的变化情况并及时做出调整。整孔焊接完成后，通过测量，平面曲线及预拱度均满足要求。

②外观

主要包括焊缝的外观成形和钢梁的平面度。对于焊接后的焊缝有表面缺陷的，均采取气刨或打磨的方式来提高焊缝的美观度。环缝焊接时，局部位置会产生一定的角变形，焊后主要采取火焰矫正的方法来控制其变形。

③工艺

环缝焊接时，最主要是要减小焊接所产生的变形，以保证钢梁的平面线形和预拱度符合要求。我们在环缝焊接时，首先采取合理的焊接工艺参数，尽量采用较小的线能量输入，小电流、快速焊，多层多道焊，严格控制层温，减小热输入产生的内部拘束应力和焊接变形；其次，采用合理的焊接顺序，先焊接焊接量较小的腹板，并采取从中间向两边，由下向上的焊接顺序，然后再焊接底板，最后焊接底板。焊接完毕采取相应的措施，如后热、焊后保温、锤击等，以减小应力集中，防止裂纹及焊接变形的产生。

5）钢梁焊缝焊接质量检测

焊缝焊接质量检验评定见表 4.6–17。

焊缝焊接质量统计表　　表 4.6–17

序号	项目	检测数量	不合格数	一次合格率	检测（即规范要求）率	返修后合格率
1	UT（超声波）	35 097.5m	936.6m	97.4%	熔透焊 100%	100%
2	RT（拍片）	2 569 张	44 张	98.3%	“十字”缝拍片 100%，其他缝 10%	100%
3	MT（磁粉）	77 466m	44m	99.99%	所有焊缝的 25%	100%

6）钢结构涂装

主跨 105m 钢–混凝土组合箱梁钢梁等钢结构的防腐涂装配套要求具体施工工艺如下。

（1）施工工艺流程

①首先在存件区对待涂装的钢箱梁工件进行净化处理，清理焊渣，清洗油污；然后运输一节钢箱梁工件进喷砂涂装厂房进行防腐施工。

②为确保涂装质量与防止二次污染，喷砂除锈与喷涂作业必须分开先后进行，必须在喷砂除锈后进行清砂除尘排风。先对钢箱梁工件内外表面喷砂除锈，喷砂清理完毕，外壁进行电弧喷铝，然后内表面进行喷涂第一道底漆，外表面进行喷涂一道环氧封闭底漆。

③前一节段单体钢箱梁上述工序完成漆膜干后运出车间放置在工件存放周转场地，继续运进另一段钢箱梁至涂装车间进行下一轮防腐施工。

④车间内施工完毕的单体钢箱梁运出车间放置在工件存放周转场地，在存放场地完成拼装后再续几道油漆涂装。

⑤工厂钢结构制作现场焊接接缝处每侧留出 50mm 宽不涂装，并做必要保护，待桥址安装现场焊接完毕，再进行的涂装。工地安装现场焊接接缝处除锈涂装工艺要求与工厂相同。

⑥整体钢箱梁安装完毕主梁合龙后，对运输吊装过程中破损的涂层处进行防腐涂装，不同部位均采用与原涂装方案相同的工艺进行 。

（2）表面处理

①喷砂除锈前，首先检查钢梁及其他钢结构表面的外观，对表面有焊瘤、飞溅物、针孔、飞边和毛刺突兀、焊渣等，进行打磨清理，锋利的边角，处理成半径 2mm 以上的圆角；用清洁剂或溶剂等清洗除去钢梁等基体表面的油垢、油脂、可溶性盐、锈、氧化皮等及其他污物。

②表面处理质量达到干燥、无灰尘、无油脂、无污垢、无锈斑及其他包括可溶性盐类在内的污染，符合《热喷涂金属件表面预处理通则》（GB 11373—1989）规范要求。主要检测方法为目测和验油试纸法等。

③主要使用工具、材料：砂纸、刮刀、铲刀、钢丝刷，清洗剂、有机溶剂、高压水清洗设备，电动刷、砂轮机等。

（3）喷砂除锈

①喷砂除锈是关系钢箱梁防腐涂装质量的非常重要因素之一。为了达到《涂装前钢材表面锈蚀等级和除锈等级》（GB 8923—1988) 中 Sa3 级（内表面达到 Sa2.5 级）的喷砂除锈标准和粗糙度为 60~100μm（内表面粗糙度为 25~100μm）砂粒采用带棱角钢砂，清洁、干燥、无灰尘、无油脂和可溶性盐类，符合《热喷涂金属件表面预处理通则》（GB 11373—1989）标准中的规定，砂粒大小在 0.6~1.5mm，含水率小于 1%。喷砂除锈采用的压缩空气纯净、干燥，空压机配备除湿、除油净化设备；空压机与尘土飞扬的操作场地分离，喷砂环境温度高于 5℃，基面实际温度高于露点温度 3℃。10m 节段进喷砂车间如图 4.6–45 所示。粗糙及检测如图 4.6–46 所示。

图 4.6–45　10m 节段进喷砂车间

图 4.6–46　监理对表面粗糙度检测

②喷砂施工前先进行了喷砂除锈试验，确定合适的喷砂距离、角度、喷砂时间和气体压力等。喷砂气体保持干净和干燥，在开始工作前，先用压缩空气空喷一会儿，以清空管道内的杂物和可能积聚在管道内的水分。喷砂过程中保持喷砂气体压力稳定，大致为 0.63~0.77MPa。喷砂距离大致保持在 100~200mm 范围内，根据基体表面的硬度相应调整距离的大小，硬度大的距离相对近些。

喷砂角度保持在 60° ~90° 的最佳喷砂水平，基体粗糙度随喷砂角度的增大而相应增大。对于牢固的铁锈和氧化皮，采用了接近垂直的角度来清理，应微微向下，以减少迎面飞来的磨料和碎屑。对于层状锈与鼓泡涂料层，则用大约 45° 喷射角来清理，以利用压缩空气将其铲起，加快清理速度。

③为达到工程要求的粗糙度，喷砂时间应在基体表面达到设计要求清洁度以后，相应延长适当时间。

④喷砂除锈后达到的效果：无锈迹、无污垢、无氧化皮、无油垢油脂、无油漆涂层、无灰尘及其他污染，表面呈现灰白色的金属光泽，粗糙度达到设计要求。

⑤主要使用工具

空压机、砂枪、砂罐、油水分离器、砂粒筛选用具、防尘安全用具，喷砂机，高压水清洗设备，空气净化装置，去湿机，粗糙度测量仪等。

（4）电弧喷铝

①工艺原理

电弧喷铝属于金属热喷涂工艺的一种新工艺，对大界面钢结构物来讲，是一种快捷、高效而且可靠的防腐涂装技术。该工艺原理是：电弧喷枪以电弧为热源，将铝丝等喷涂材料，加热到熔融（熔化）状态，同时用压缩空气将熔化的铝等金属材料吹成雾状，并形成受约束的颗粒流，冲击到基体表面上，迅速变形、伸平、冷却，紧紧附着在基体表面上，不断均匀喷射堆积后，形成喷铝保护层。

铝等金属涂层为颗粒状的堆积层，相对密度比铝等实体金属轻很多，涂层中颗粒间多空隙，因此必须在铝等金属涂层上面喷涂封孔漆。

②操作程序

喷砂结束后辅助人员立即进入车间清砂，用压缩空气吹净钢结构工作表面灰尘，然后开动除尘装置，对车间内进行除尘净化。准备好电弧喷涂设备，同时注意保护喷砂后的基体表面，不得被二次污染。

钢结构基体表面喷砂处理后要尽快进行电弧喷铝施工，间隔时间不得超过5h，电弧喷铝施工在车间内完成。

施工时，严格按照经评定后确定的电弧电压、工作电流、雾化气体压力、喷涂距离、喷涂角度和速度、送丝速度、移动速度等工艺参数进行喷铝施工。

电弧喷涂时喷枪与基体表面应成直角方向，喷涂角度大于60°，无法垂直的部位斜度不宜小于45°；距离大致保持在150~200mm范围内，喷枪均匀移动速度在300~400mm/s，铝丝的输送速度为1~4m/min。

喷涂铝层采用了分层喷涂，前一层与后一层的喷涂方向必须是90°和45°交叉，以保证涂层的均匀与高黏结性。电弧喷涂过程中基体表面温度不得超过200℃，喷涂环境气温5℃ $< t <$ 35℃，湿度小于80%。

电弧喷涂电压24~34V，电流100~300A。在保证维护电弧稳定燃烧的前提下，电弧电压适当控制在较低水平，以防止涂层质量降低和减少电源浪费；根据铝丝的直径与供丝速度，调节电弧电流；为提高喷涂效率，减少气孔率与氧化物含量，提高涂层质量，喷涂时可保持高工作电流水平。雾化气体压力保持在0.5~0.6MPa之间。配备了空气滤清器等除油、除湿净化设备，确保所用气体干燥且不含油气。

钢结构车间内电弧喷涂防腐施工时应预留出焊接部位，接缝处每侧留出50mm宽不喷涂，并用胶带纸粘贴保护。安装现场对钢构件焊缝部位及破损部位采用了与非焊缝部位相同的防腐方法进行。电弧喷涂铝完成后立即涂封闭漆（图4.6-47）。

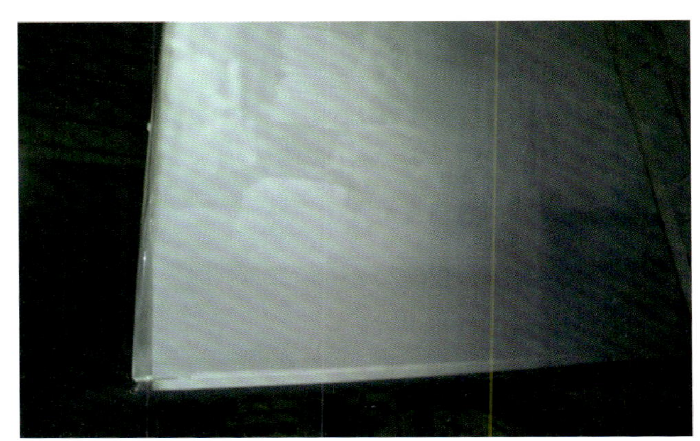

图4.6-47 喷铝完成后表面

③质量检测

喷铝涂层质量检测包括外观检查、厚度检查和涂层结合强度（结合力）等。

外观检查要求铝金属层颗粒细密、厚薄均匀，不得有固体杂质、气泡、孔洞、裂缝等。

喷铝涂层厚度测量方法按GB 9796标准执行，厚度不低于160±40μm的设计标准。每检测以10

个梁段为一批，制样一组 3 个进行检测。

涂层结合强度按 GB 9796 标准执行，也可按《热喷涂抗拉结合强度的测定》（GB/T 8642—2002）采用 108 型液压型附着力检测仪进行检测，涂层结合力应大于 12MPa。电弧喷铝结合力的大小，决定了涂层能否长久有效提供钢铁的耐腐蚀保护，如果涂层结合力不牢或过低，涂层将失去意义，因此电弧喷铝结合力至关重要。

（5）油漆涂层

①喷涂油漆严格按照施工前确定的工艺参数有序进行，同时，准确把握了涂料配置及搅拌的程度、涂料样品的各种技术指标以及涂层间隔时间，并特别注意了油漆的熟化期和混合使用期，施工时必须达到熟化期才能使用。

②喷涂时压缩气体不能含有油气，而且要干燥，气体压力稳定，大致在 0.50~0.60MPa 之间。喷涂距离大致保持在 70~200mm 范围内。

③环氧封闭漆封孔前电弧喷涂表面不得有污染和水气，封闭涂装应在露点温度 3℃以上，相对湿度 85% 以下进行，雨天停止封闭涂装作业，应在通风良好的环境下施工。封闭施工应分别进行预涂和封闭涂装两部分，对边角和死角的地方采用手工提前进行刷涂，封闭时采用高压无气喷涂设备进行，第一道封闭涂层最好采用手工刷涂，以便封闭剂能更好地渗入铝涂层孔隙内；封闭涂层厚度无要求，涂覆的封孔剂至不被吸收为止（梁段的对接焊缝处每侧 50mm 范围内待拼装完成后涂装）。

④封闭漆喷涂以后，留有一定的固化时间，保证涂层实干、无漏漆、无流挂、无鼓泡、无污染杂质，厚度、附着力符合要求，并按要求由监理工程师组织严格检验验收；全部合格后再进行环氧云铁中间漆和脂肪族聚氨酯面漆喷涂施工工序。

图 4.6–48　中间漆涂好后的 10m 节段

⑤喷涂时喷枪与钢梁等基体表面应成直角方向，无法垂直的部位斜度不宜小于 45°；行枪速度要均匀，速度在 300~400mm/s 范围内，枪距物面要适当，压盖 1/3~1/2，压盖要均匀。先喷上面后喷下面，先难后易，分片涂装，注意搭界、棱角、死角，不易喷涂处，要刷涂。对于这些部位要多涂一道。防止流挂、超薄和干喷。超薄要补喷，干喷必须返工。喷涂好的节段如图 4.6–48 所示。

⑥质量要求与检测：包括外观检查、厚度检查和涂层结合强度（黏合力）等。

环氧封闭底漆、环氧中间漆、面漆外观要求平整、均匀、清洁，漆膜无气泡、裂纹，无流挂、脱落、漏漆等缺陷。面漆颜色与色板相一致。

附着力检验依据:《色漆和清漆漆膜的划格试验》（GB/T 9286—1998）。采用机械切割方法，在漆膜上用单面刀片划间隔为 1mm 的方格，切割面积 6mm × 6mm，然后用软毛刷沿格阵两对角对线方向轻轻的往复各刷 5 次。观察划格区域涂层脱落情况，按标准要求评判合格与否，封闭涂层附着力须达到 1 级以上。结合力 1 级为切口交叉处涂层有少许薄片分离，但划格区域影响面积明显不大于 5%，结合力 0 级为最高，即切割边缘完全平滑、无一格脱落。

⑦主要使用工具：空压机、喷枪、油水分离器、通风设备、电源，高压无气喷涂机，去湿机，鼓风机，测厚仪，油漆质量检测与调配工具，空气净化装置，氧气袋、防毒口罩、防爆报警仪等。

4.6.5 桥面板与钢槽形梁叠合工艺

1）概述

整个基地内，共布置 3 个叠合台座，主要工序为：横移槽形钢梁→降低钢梁高度同时调整竖曲线至设计线形→中板位置放样→安装中板→复测钢梁线形→边板支架进位并整体起顶定位→按线形对边板高程放样→安装底模→复测底模高程及线形→边板方位放样→安装边板→复测边板高程→边板安装高程调整及定位→安装钢筋及其他系统→浇筑湿接缝混凝土。

2）槽型钢梁横移

槽形钢梁滑移采用了两点支撑的滑移工法（图 4.6-49），钢梁（105m 梁）落梁完成后，中支点与边支点相对高差应为 13.5cm，即原钢梁大拼时线形高差 6.5cm 加设计预拱度 7.0cm。为了使实际操作简便易行，顶升过程分两步完成：钢梁滑移到位后落梁，此时先使中支点与边支点形成 9.5cm 的高差；当中板全部安装完成后，再将中支点顶起 4cm，使组合梁达到四点支撑线形。线形调整完成后，各处支点必须用钢垫进行抄垫，使支撑反力通过千斤顶外箍传递至地面基础，千斤顶油缸不宜受力，确保在叠合过程中支点无沉降现象。槽形钢梁横移见图 4.6-49。

3）叠合胎架定位

首先，在滑移槽形钢梁之前，对整孔钢梁线形进行复测，测放槽形钢梁纵向中心线及相关支点处横向中心线。

其次，以滑道为基准，在叠合区域测放钢梁纵向及相关横向就位中心线，同时测放台车及边板支架就位刻度线。在钢梁到达叠合区域后，通过测量进行数据比较，如各项目误差在 10mm 以内，则完成钢梁滑移；而后，移动边板支架，使其与钢梁对位，要求误差不超过 10mm（图 4.6-50）。完成叠合区域内钢梁及边板支架定位工序，并将地面钢梁基准中心线由下至上测放至钢梁顶板，做好桥面板安装准备工作。

图 4.6-49　槽形钢梁横移

图 4.6-50　叠合胎架定位

4）桥面板安装

按已测放至钢梁顶板的纵横中心控制线，测放桥面板安装边线范围，并进行下列工序施工。

（1）安装中板支点橡胶条：橡胶条直接粘贴在钢梁顶板边缘，以利中板安装，并可防止浇筑混凝土时漏浆。

（2）安装中板：按设计要求，自中滑道支点分别向两边对称架设中板安装直至完成（图 4.6–51、图 4.6–52）。

图 4.6–51　安装中板图

图 4.6–52　中板安装完成

（3）安装边板：按照桥梁结构线形依次将边板就位同时与中板对齐，待边板全部定位后，焊接各相邻板之间钢筋，使桥面板得以全部固定。

5）钢筋加工与安装

施工人员根据图纸，按照横向缝及纵向缝钢筋规格及大样将钢筋加工成型，已加工好的钢筋，按图纸中钢筋的编号分类存放，并挂牌注明使用部位。各种型号的钢筋严格按照图纸中的位置排列，并按合理的次序进行绑扎（图 4.6–53）。在预应力管道、预留孔及预埋件的位置做好预留工作。钢筋、预应力钢筋、预埋件位置有冲突时，严格按照以预应力为第一位的原则，绑扎并调整钢筋及预应力钢筋。钢筋横向为环扣式接头，纵向为焊接接头，钢筋单面焊接，长度为 10d。

6）模板的安装

现浇缝模板由吊架及模板组成，吊架由上、下槽钢组和吊杆组成。槽钢组采用背靠形式 2[10 槽，两槽钢之间用 ϕ25 的短钢筋焊接。吊架上口槽钢组搁置于方木上，方木厚度不小于 10cm，以利收浆。模板采用 10cm × 10cm 方木加 1.5cm 厚竹胶板做底模，施工过程中基本没有变形，说明其刚度满足施工要求。横缝模板构件安装后，通过拧紧吊杆螺帽使上下槽钢组及底模形成一个整体，承受现浇缝混凝土施工荷载，并将其传递到桥面板上，最终传递至钢梁和支架。纵向湿接缝混凝土直接浇筑在钢梁顶板上，侧面以预制板做侧模，在边板与钢梁顶板交接处用方木封盖 5mm 的空隙。图 4.6–54 为湿接缝吊模示意图。

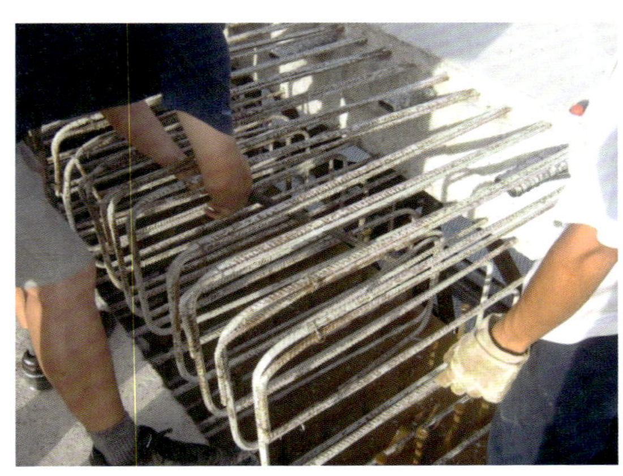
图 4.6–53　桥面板横向钢筋定位

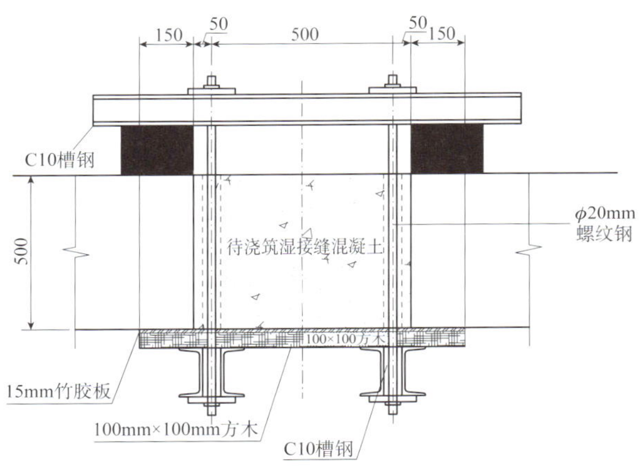

图 4.6–54　湿接缝吊模示意图（尺寸单位：mm）

7）混凝土浇筑

在混凝土浇筑之前，首先，利用空压机清除纵、横向缝内杂物。其次，混凝土浇筑前，将湿接缝处预制中、边板四周使用浇花壶喷洒湿润，确保原预制板混凝土不吸浆。最后，再次检查边板支架、横移台车、纵横缝模板等支撑和吊架系统稳定性，确保混凝土施工安全无误。混凝土浇筑采用门吊悬挂吊斗输送混凝土，水平分层浇筑，层厚≤ 25cm，两台门吊同时作业。混凝土灌注入模分层布料后，采用插入式振捣棒振捣，移动间距为 50cm，振捣时间以混凝土表面没有气泡且泛浆为准。湿接缝混凝土振捣到位后，及时对湿接缝混凝土顶面抹平收浆，待定浆后进行第二遍抹平收浆，并覆盖土工布，及时洒水养护。湿接缝布置有横向波纹管，振捣时应避免振动棒棒头直接落在波纹管上，以防振破波纹管或致使波纹管变形漏浆。混凝土浇筑完成后的初凝之前，作业人员应对横向孔道进行疏通处理，避免水泥浆堵管现象的发生。温接缝混凝土浇筑如图 4.6-55 所示。

图 4.6-55　湿接缝混凝土浇筑

8）混凝土养护

当混凝土灌注完毕，混凝土面上覆盖土工布，初凝后，对桥面进行洒水养护。桥面养护用水与拌制混凝土用水相同。洒水次数以混凝土表面湿润状态为度，一般白天以 1~2h 一次，晚上 4h 一次，以保证混凝土表面湿润。在洒水养护的时间上，从灌注完开始计时，不少于 14d。同时，在对湿接缝混凝土进行洒水养护的过程中，也对随梁养护的混凝土试件进行洒水养护，使得试件与梁体混凝土强度同步增长。

4.6.6　整孔预制梁梁场运输

1）概述

主跨 105m 钢 – 混凝土组合箱梁组合梁梁场位于沈家湾组装基地，共设置了 12 条横移滑道和 1 条纵移滑道（图 4.6-56）。预制好的组合梁存放在存梁台座上，组装基地内存梁最高峰为 5 孔。组合梁出运采用横移（从组装胎架向纵移滑道）、纵移（自北向南）、横移（出海码头分栈桥滑道上自东向西）的施工程序。滑道如图 4.6-56 所示。

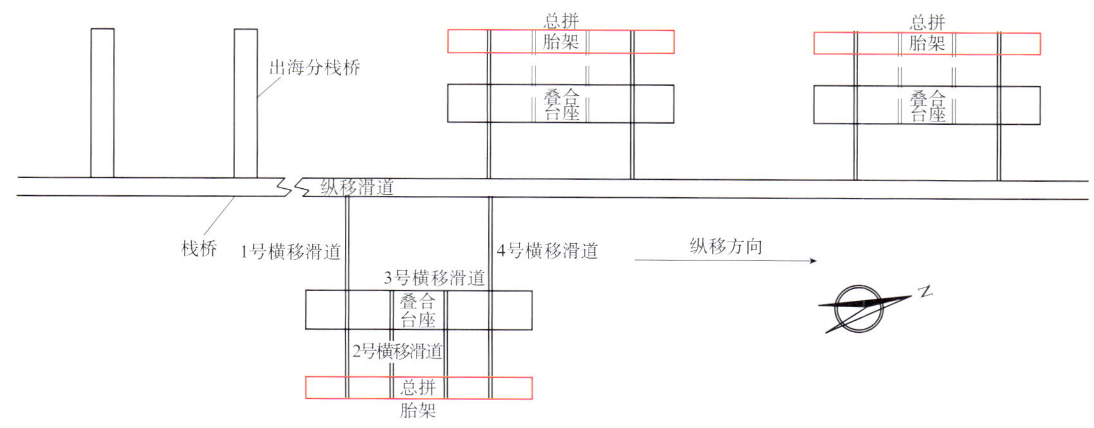

图 4.6-56　纵横移滑道示意图

2）移梁滑道与设备

（1）设计原则

由于组装基地内地基有不同深度覆盖层的软弱地基。因此滑道按照覆盖层深度超过 2m 和小于 2m 两种情况进行设计。对于覆盖层深度小于 2m 的情况，采用开挖至坚硬岩石面，浇筑 C30 混凝土扩大基础，然后在扩大基础上设置滑道结构。对于覆盖层深度超过 2m 的情况，采用钻孔桩基础，在钻孔桩基础之上设置滑道梁及滑道结构。

（2）纵横移滑道设计

横移滑道顶高程为 +6.65m，在浅覆盖层区开挖至坚硬岩石面后浇筑 C30 混凝土至 6.00m 高程作扩大基础，在基础之上设 65cm 滑道结构；在深覆盖层区设钻孔桩基础，桩上设钢筋混凝土梁，在混凝土梁上设 65cm 滑道结构。横移滑道顶部为厚 32mm 的 16Mn 钢板。

纵移滑道顶面高程为 +6.1m，中心距为 6.55m，浅覆盖层区开挖至坚硬岩石后浇筑 C30 混凝土至高程 5.8m，上设 30cm 钢筋混凝土滑道结构；在深覆盖层区设钻孔桩基础，桩基础之上为钢筋混凝土梁，梁高 2.5m，跨度 12m，梁顶高程 5.8m，其上设 30cm 滑道结构。纵移滑道顶面设厚 32mm 钢板，材质为 Q235-B 钢。靠近南端有 9 跨滑道需设桩基础和钢筋混凝土梁结构；靠近北端设有 5 跨，其余部分滑道结构为开挖至坚硬岩石后浇 C30 混凝土扩大基础，上设滑道结构。

（3）纵横移滑道介绍

①横移滑道介绍

a. 横移滑道共计 3 组 12 条，对应组合梁预制组装胎架布置，每个胎架下 4 条。1 号胎架下 1 号和 4 号滑道均长 99m/ 条，2 号和 3 号滑道均长 45m/ 条，滑道均新建；2 号、3 号胎架下 1 号和 4 号滑道长均 77m/ 条。1 号和 4 号滑道均长 51m/ 条，4 条滑道新建。

b. 横移滑道的滑道钢板为（ σ=32）16Mn 钢板，板顶高程 +6.65m。横移滑道钢板两边对称开 80mm × 80mm 槽口，槽口上面三边磨成 R=10mm 倒角。

②纵移滑道介绍

a. 纵移滑道（图 4.6-57）总里程 M（-165+150）~M517+300，其中 M（-165+150）~M0+000 为钢梁上滑道，M0+000~M106+850 为钢筋混凝土梁上滑道结构，M106+850~M517+300 为硬基区滑道。

b. 滑道上部结构为 C50 钢筋混凝土结构，下部采用 C30 混凝土找平，每间隔小于 50m 设置一道伸缩缝，最大缝宽 30mm，设计温度变化范围（-10~+50℃），20℃时伸缩缝安装宽度 15mm，施工时按施工温度调整缝宽。伸缩缝外断面边缘进行打磨处理，以保证不锈钢板与滑板能良好密贴。

图 4.6-57　纵移滑道

③滑道伸缩缝及滑道端口处活动钢板安装横移滑道与纵移台车顶滑道钢板间缝隙、纵移滑道温度伸缩缝、主栈桥承台侧墙与纵移台车顶滑道钢板间缝隙以及主栈桥承台侧墙与分栈桥滑道钢板间缝隙均通过一块活动的梯形钢板过渡，确保移梁过程中滑道顶面平顺。

④纵横移滑道质量控制标准。

为确保组合梁纵移滑道与纵横移台车良好匹配，保证梁体顺利运输，定出下列标准。

滑道钢板宽度：+2mm，-1mm；

滑道钢板直线度：±1.5mm；

纵移滑道钢板中线：±3mm；

钢板安装后平整度：2m长度范围内高低差2mm。

（4）组合梁出海码头的设计

本栈桥主要功能是预制组合梁出海运输和存放。栈桥轴线位于预制场中心纵向滑道的延长线上。组合梁经预制场纵向滑道运上栈桥，横移至栈桥前端由大型运架一体船吊运出海架设。

该栈桥码头运输滑道在岸上段硬地基段为钢筋混凝土矩形梁，海上段为钢梁。其设计荷载如下。

①竖向荷载：组合梁四点支承，每点5 750kN。

②水平荷载：主栈桥纵向水平荷载1 380kN，作用于滑道顶面；分栈桥纵向水平荷载1 380kN，横向水平荷载不超过200kN。

③波浪力：主、分栈桥每跨（约12m）所受水平力波浪力800kN。

组合梁最大质量为约2 300t，经验算码头栈桥能够满足本标段105m组合梁的出海受力要求。

105m组合梁运至栈桥前端后，再横移至分栈桥上，由吊运一体化的浮吊起吊运送出海，因此栈桥平面设计为*F*形。考虑到架梁工期，提高组合梁出海进度，分栈桥上可存放1孔组合梁，可以满足本标段组合梁架设工期的需要。

（5）组合梁出海码头的结构形式

①码头的平面布置

根据吊船吃水深度等结构尺寸及性能，组合梁出海码头栈桥由一个主栈桥和两个分栈桥组成，平面呈*F*形。主栈桥陆域长12.6m+8×12m+10.20m=118.8m，海上长166.8m，总长度为285.6m，标准跨跨度为12m。分栈桥位于主栈桥西侧桥长50m，为“天一”号起吊105m组合梁出海所用（图4.6-58）。

图4.6-58　组合梁出海栈桥

②码头的基础布置：栈桥水中基础为Φ1.0m、Φ1.2m打入钢管桩基础，壁厚Φ1.0m为14~16mm、Φ1.2m为16~18mm，根据基础受力大小不同，栈桥基础由6、8或10根桩组成，斜桩倾斜度为1∶4。桩顶均设钢筋混凝土承台，不设墩身、墩帽，钢梁支座直接安装在承台上。承台宽度均为5.0m，长度有12m、13m及14m三种，单桩设计承载力分别均为10 000kN。岸上回填区采用钻孔桩，每墩由两根Φ1.5m桩基组成，单桩设计垂直极限承载力为10 000kN，桩底钻至中风化岩层2.0m（岩面允许承载力[q]=8 000kPa），根据地质条件桩长为20~35m不等，钢筋笼为全长，下端下到孔底，由24根Φ28mm钢筋组成，01~09号墩桩顶均设9.0m（长）×2.4m（宽）×2.0m（高）的承台，桩顶伸入承台10cm，钢筋伸入承台175cm，承台混凝土为C30，不设墩身，承台顶面设垫石，上部结构采用C40普通钢筋混凝土结构梁，现浇法施工。

③码头的上部结构

码头主栈桥结构形式为板梁桥，材质为16Mnq，梁高2 604mm，主梁中心距为6 550mm，主栈桥海上段长166.8m，为不等跨度的连续梁；分栈桥的结构形式也为板梁桥，材质为16Mnq，梁高2 804mm，全长为50m，为不等跨度的连续梁。

支座布置形式为：在主栈桥靠岸侧为固定支座，其余为活动支座，均为 8 000kN 钢支座；分栈桥在靠主栈桥侧为固定支座，其余均为活动支座，均为 8 000kN 钢支座。

（6）附图

组合梁桥布置如图 4.6–59~ 图 4.6–61 所示。

3）纵横移设备

运梁台车采用滑橇式，台车滑移部分材料为槽形滑板 MGB 板和不锈钢板。

（1）横移台车

①组合梁横移由两台台车支撑，前后横移台车、横梁、两台 1 000kN 水平顶推千斤顶和两个活动传力支座，两个固定传力支座组成（图 4.6–62）。

②前、后台车底部分别安装

钢板滑靴（丙）两个，滑靴尺寸 1 142.5mm × 910mm，MGB 滑板（900mm × 400mm × 20mm）与滑靴间连接用 8 个 Φ8 沉头螺栓锚紧，再用黏合剂粘贴，MGB 侧滑板（900mm × 35mm × 10mm）与滑靴间连接同样采用 8 个 Φ8 沉头螺栓锚紧，黏合剂粘贴。

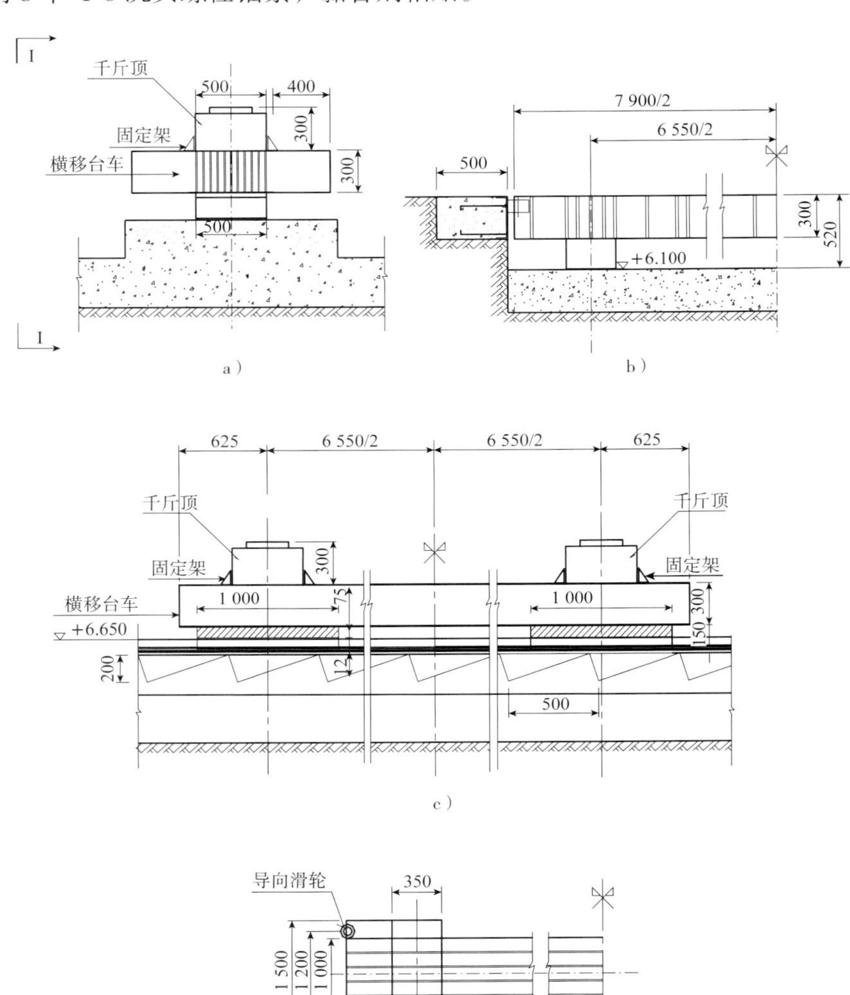

图 4.6–59　组合梁纵横移滑道结构图（尺寸单位：mm）

a) 横移台车及横移滑道；b）纵移台车及纵移滑道；c）I–I；d）纵移台车平面图

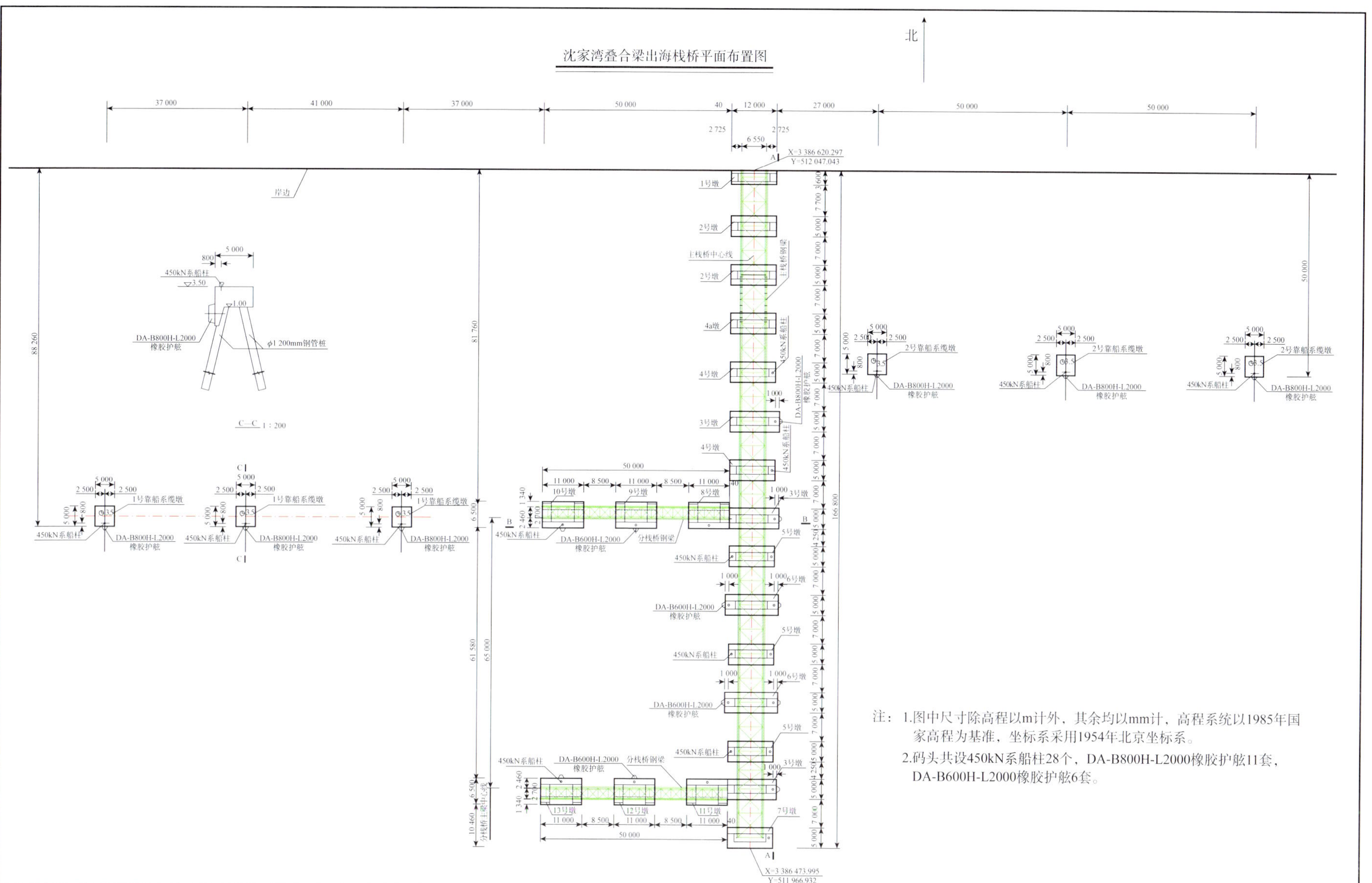

图 4.6-60　组合梁出海栈桥总体布置图（一）

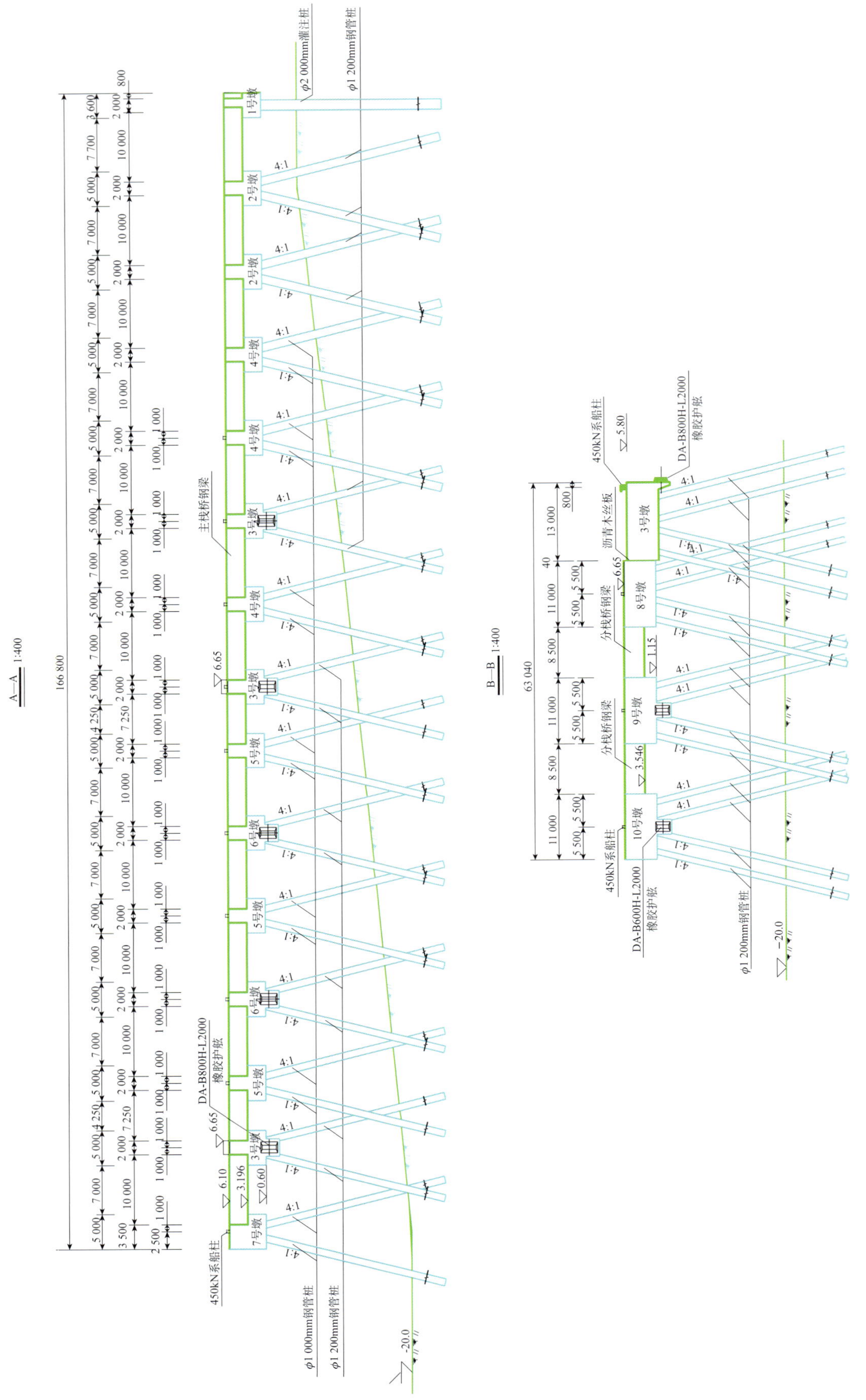

A—A 1:400

166 800

450kN系船柱

DA-B800H-L2000 橡胶护舷

主栈桥钢梁

7号墩 3号墩 5号墩 6号墩 5号墩 6号墩 5号墩 3号墩 4号墩 3号墩 4号墩 4号墩 2号墩 2号墩 1号墩

φ1 000mm钢管桩

φ1 200mm钢管桩

φ2 000mm灌注桩

φ1 200mm钢管桩

B—B 1:400

63 040

450kN系船柱

DA-B600H-L2000 橡胶护舷

分栈桥钢梁

分栈桥钢梁

沥青木丝板

450kN系船柱

10号墩 9号墩 8号墩 3号墩

DA-B800H-L2000 橡胶护舷

φ1 200mm钢管桩

图 4.6-61 组合梁出海栈桥总体布置图（二）

③每移梁台车滑靴顶设置横梁，横梁一侧安装 1 000kN 水平顶推千斤顶。

④前、后台车分别配置两个固定传力支座和两个活动传力支座，分别支撑于组合梁腹板下侧（图 4.6–63）。横移时，固定支座由两台 1 000kN 千斤顶螺旋保险箍受力；活动支座由两台 1 000kN 千斤顶油缸受力，并将两台千斤顶油缸串联，以随时调整组合梁在横移过程中支点的高差，避免梁体受扭，出现”三条腿”现象。

图 4.6–62　横移台车

图 4.6–63　横移动力

⑤横移台车高度 1.3m，同辆台车支座中心距 6.55m。

⑥为保证组合梁顺利运输，横移台车制造质量标准如下：

台车滑靴导向槽口内边距 0，+2mm

台车滑靴中心距 –2，+2mm

（2）纵移台车（图 4.6–64）

①组合梁纵移采用两台纵移台车支撑，每台台车承载力 12 000kN。

②纵移台车：前、后纵移台车、滑靴甲、滑靴乙，前后纵移台车拉带等组成。

③前纵移台车由滑轮饼托梁、变截面活动横梁、滑移横梁、4 套滑靴甲、6 套滑靴乙。

④后纵移台车由滑移横梁、4 套滑靴甲、4 套滑靴乙。

⑤前、后纵移台车高度均为 55cm，中心距 6.55m，滑道横梁与横移滑道相连。

⑥滑靴甲：尺寸 980mm × 686mm，滑靴底部均设置 900mm × 400mm × 20mmMGB 上滑板，900mm × 35mm × 10mmMGB 侧滑板。与滑靴间连接分别采用 8 个 Φ8mm 沉头螺栓锚紧，用黏合剂粘贴。

⑦滑靴乙：尺寸 480mm × 686mm，滑靴底部设置 400mm × 400mm × 20mmMGB 上滑板，采用 6 个 Φ8mm 沉头螺栓与滑靴锚紧，黏合剂粘贴，MGB 侧滑板（400mm × 35mm × 10mm）采用 3 个 Φ8mm 沉头螺栓与滑靴锚紧，用黏合剂粘贴。

⑧前、后纵移台车拉带：前后纵移台车需由组长 63.8m 的钢拉带，拉带共分 *A*、*B*、*C* 三种，五段 *A* 型、一段 *B* 型、一段 *C* 型钢拉带销接组成一组钢拉带，拉带间由拉带滑靴相连。在 *B* 型拉带与 *C* 型拉带间设置 50t BRP–606 千斤顶。

图 4.6–64　纵移台车

（3）动力设备

①横移动力：由两台 100t 水平顶推千斤顶组成。

②纵移动力

纵移台车在纵移滑道上移动，台车采用两台 25t 电动卷扬机牵引，空车返回由一台 10t 卷扬机牵引。25t 卷扬机钢丝绳直径 38mm，采用倍率为 8，两台卷扬机可产生约 200t 牵引力（摩阻力 2 300 × 0.06=138t）卷扬机分别安装于栈桥两侧的护岸边，卷扬机单绳牵引速度为 16m/min，即组合梁纵移速度可达 320m/h（图 4.6–65、图 4.6–66）。

图 4.6–65　纵移动力

图 4.6–66　横移千斤顶

（4）MGB 滑板性能

①具有良好的物理性能，较高的承载能力，良好的塑性，自然环境条件下 30 年不老化变形。

② MGB 材料具有良好的抗压承载力（25~30MPa）和抗剪力（730MPa），不会因阻力作用而产生卷曲变形。

③摩擦系数小，干燥状态下为 0.05，水润滑状态下为 0.045，油润滑状态下为 0.04。

4）移梁

（1）横移

①横移前准备

量测组合梁所在台座的一对横移滑道轴线间的确切间距（精确到 mm），根据分栈桥上两滑道轴线间的实际间距，调整北端横移台车上单向活动传力支座上层板的预偏量。预偏量的计算方法如下。

$$\triangle = \frac{a-b}{2} \tag{4.6-1}$$

式中：a——分栈桥滑道轴线间距；

b——横移滑道轴线间距。

当 $\Delta > 0$ 时，上层板向北移，反之则反。

将横移台车放上横移滑道。在南端横移台车上放置两台 1 000t 可自锁千斤顶，由两台配套电动泵站（GPEM5440W）独立供油，在千斤顶上放置固定式传力支座；北端横移台车上放置两台可自锁 1 000t 千斤顶，油路串连由一台配套电动泵站（GPEM5440W）供油，在竖向千斤顶顶上放置单向活动传力支座，支座活动方向与台车纵轴线垂直。运梁时，南端两竖向千斤顶的自锁装置启用，北端不启用；在横移滑道和分栈桥上存梁时，南北两端四台竖向千斤顶的自锁装置全部启用。

在每个滑靴的前端两侧各配置一个水管，在滑移时对滑道镜面不锈钢板进行洒水，以降低滑移时产生的摩擦高温对滑板的损伤。

②钢箱梁横移

a. 利用小型机械把台车顶入钢箱梁底部，调整台车南北向位置，不得使滑靴导向与滑道钢板导向面接触，并确保横移台车轴线与滑道轴线顺直。调节水平顶推千斤顶活塞长度以调整横移台车的位置。在钢箱梁底板底部放出钢枕梁顶部橡胶支座位置的十字线，以便确定横移台车与组合梁间的相对位置。横移台车与待叠合钢箱梁的位置偏差不得大于 3mm。

b. 待两台横移台车都定位准确后，同时缓慢向 4 台竖向千斤顶油缸内进油。在钢箱梁抬空总拼胎架顶面 30mm 左右时停止进油，并锁定竖向千斤顶。

c. 横移时需在横移滑道钢板上刻画标尺，以便南北两端横移台车保持相对位置，要求南北横移台车前后错开不得超过 20mm。为防止千斤顶承受水平力，需将千斤顶上的顶塞导向装置与千斤顶外侧的筒体之间的缝隙塞实。

d. 钢箱梁横移至叠合台座对位后，4 台千斤顶同时缓慢回油将钢箱梁落在混凝土台座上，千斤顶继续下降直到顶上钢板和石棉板不再受力。

③钢箱梁落梁

a. 以千斤顶活塞杆顶出到位后混凝土支座上垫板不受力为原则根据实际情况将千斤顶上垫板抽出 2~3 块，4 台千斤顶再同时缓慢顶升至混凝土台座不受力；以活塞杆完全缩回油缸内后千斤顶上垫板不受力为原则根据实际情况将混凝土台座上垫板抽出 2~3 块，4 台千斤顶同时缓慢回油再将钢箱梁落在混凝土台座上。

b. 重复上述步骤直到钢箱梁高度降到指定高程，边滑道台车钢枕梁顶端距横移滑道 992+300+114=1 406mm，中间滑道台车钢枕梁顶端距横移滑道 992+300+179=1 471mm。上述高度计算中，992mm 是指横移台车本体高度；300mm 是指钢枕梁本体高度；114mm 和 179mm 是指钢梁预拱高度。之所以考虑钢梁预拱高度，是因为在支架设计时，没有钢梁预拱曲线的设计文件，横移台车的理论设计高度仅为 992+300=1 292mm。边板支架高度也由此控制，如将钢梁高度降至 1 292mm，则会引起钢梁端头与支架端头的空间矛盾，致使桥面板边板无法安装。

c. 根据设计要求，在安装中板后，钢梁必须预拱。预拱过程中可分三步均匀施工，最终确保中滑道支点顶高程相对边滑道支点顶高程高出 70mm。起顶过程中，应时刻观察边滑道支点与钢梁的接触情况，确保支点与钢梁不能托空。如发现异常现象，应立刻停止起顶，在解决问题后继续施工。

d. 钢箱梁降到指定高度后要求 4 台 1 000t 顶升千斤顶活塞杆全部缩回缸内，4 台 800t 千斤顶活塞杆伸出 70mm。此要求是根据设计的预拱量提出的，如施工所用的千斤顶行程充足，则可以顶之行程替代顶上钢板厚度，如行程不足，则必须在顶加添钢板确保梁体线形。

e. 在考虑千斤顶行程（活动量和预留量）时，应注意以下两点：

（a）如使用千斤顶行程替代顶上钢板厚度，则必须确保千斤顶自锁（机械锁）装置完好可靠，以便于长期承受施工荷载。

（b）充分考虑四点支撑体系变两点时，边滑道台车内千斤顶应留有足够行程克服组合梁挠度起顶钢梁，预留行程不小于 50mm。

④组合梁横移

待组合梁桥面板叠合完毕，撤除中间两点支撑，开始组合梁的横移过程（图 4.6-67）。在横移滑道钢板上刻画标尺，以便南北两端横移台车保持相对位置，横移时要求南北横移台车前后错开不得超过 20mm。如在硬基区，当需要存梁时，调节水平顶推千斤顶，将台车停置在规划存梁区域内（组合梁平面与存梁区域平面偏差不大于 10mm），四台竖向千斤顶退顶，由钢筋混凝土台座受力，将组合梁存放在存梁台座上，横移台车设备撤出倒用。

图 4.6-67　组合梁横移

当不需要存梁时，就可直接将横移台车顶推至已在纵移滑道上完成对位并固定的纵移台车上。

在横移台车后滑靴前端处于横移滑道口边缘时，水平顶推千斤顶必须进行一次倒顶，使最后一推时止推钩位于第一止推坑内。继续对水平千斤顶进油，调整横移台车与纵移台车间的相对位置（偏差不得大于 3mm），卸下水平顶推千斤顶，完成组合梁在梁场内的横移。

在组合梁横移过程中，竖向千斤顶的配套油泵跟随台车移动；水平顶推千斤顶的配套油泵置于横移范围的中部，在移梁时油泵站保持不动。

在横移完成后应及时清理滑道钢板，使滑道保持整洁干燥，并覆盖滑道。

⑤组合梁横移具体操作步骤

a. 横移前的准备：认真检查动力电缆，控制电缆有无破损、漏电、接头情况；认真检查液压管路的质量，排除不利因素，每次工作前应检查油箱油位是否到位。

b. 组合梁组装完成经检查合格，拆除临时支架、边板安装支架及滑道，清扫杂物。

c. 清理横移滑道钢板上面灰尘、污垢，并涂抹油脂，以利台车滑移。

d. 松开中间两支撑点竖向千斤顶的自锁装置，四点同步缓慢回油，使中间支撑点千斤顶上的支座脱离组合梁，将梁体质量完全落于横移台车上。

e. 启动横移动力设备，将梁体倒运至存放区域存放，并获取组合梁出厂合格证。

f. 待相临存梁区域空出，逐一将组合梁横移至下一个存放区域存放，直至横移至纵移台车。

g. 组合梁纵移至主栈桥与分栈桥交口处，首先完成纵移台车的滑移横梁与分栈桥横移滑道的连接，旋出纵移台车的顶紧螺栓，顶紧在滑道口的侧墙。然后在分栈桥上将组合梁横移到位，等待出海架设。

（2）纵移

①纵移前准备

调整纵移台车位置，使其对准各自的横移滑道（偏差不得大于 2mm），旋出顶紧螺杆，顶升纵移台车下的支撑装置，铺上纵移台车与横移滑道连接处的梯形搭接钢板。待横移台车滑移上纵移台车并对位后，旋进顶紧螺杆。分段装上前后纵移台车间的钢拉带并收紧。收紧吨位根据现场试验得出的摩擦系数 μ 计算得到。当拉带收紧到设计吨位后，可开始纵向滑移。在滑移过程中，必须对拉带上收紧千斤顶（BRP-606）进行保压，保持活塞伸长量不变。

②组合梁纵移

开动前端 25t 牵引卷扬机，放开后端 10t 回拉卷扬机，组合梁自北向南在纵移滑道上滑移。在距离纵移滑道终点约 30cm 时，停止 25t 牵引卷扬机，装上 4 台 50t 连续抽拉千斤顶的拉杆（ϕ32mm 精轧螺纹粗钢筋）作为纵移动力。缓慢开动 4 台 50t 连续抽拉千斤顶（两片钢梁上的 2 台千斤顶油路分别并联），组合梁继续向前滑移。此时注意观察，当后纵移台车首先到位时（即纵移台车轴线间间距小于分栈桥滑道轴线间距），停止牵引，放松钢拉带上的 BRP-606 型千斤顶，然后继续牵引前纵移台车（此时后纵移台车静止不动）并调整前纵移台车至与前端分栈桥对位；当前纵移台车首先到位时（即纵移台车轴线间间距大于分栈桥滑道轴线间距），停止前端牵引并保持 4 台 50t 连续抽拉千斤顶的油压，开动两根钢拉带上 BRP-606 型千斤顶，使后纵移台车向前滑移（此时前纵移台车保持静止不动），调整至与后端分栈桥对位。完成组合梁在纵移滑道上的移动。

纵移过程中，注意观察北端单向活动传力支座的位移情况及拉带收紧千斤顶的伸长量变化情况，当出现支座上层板位移超出设计值时，立即停止移梁，检查拉带系统。待查清问题原因并解决（按前述调节两纵移台车间距离的方法实现）后，方重新开始移梁。

由于组合梁纵移持续时间较长，在移梁过程有时有较大温差，因此随时调整纵移滑道上伸缩缝梯形钢板位置。

由于整个纵移滑道长度超过 500m，需配备对讲机以保证组合梁滑移各个工点的通信畅通，另外配备手语（旗语）或其他手段作为出现通信故障时的紧急替代方案。

③纵移具体操作步骤

a. 完善纵移台车设备，检查两台 25t 卷扬机和一台 10t 卷扬机正常工作情况，确保机具正常运转后投入使用。

b. 清理纵移滑道钢板上杂物、灰尘、污垢，涂抹油脂。

c. 纵移台车移至待运组合梁纵横移滑道道口，连接横移滑道与纵移台车上滑移横梁。

d. 旋出纵移台车的顶紧螺栓，使其顶在纵横移滑道接口的侧墙上，认真检查纵移台车设备及滑道连接的可靠性。

e. 横移台车移上滑移横梁、就位、拆除横移台车的 100t 水平顶推千斤顶。

f. 对纵移台车认真做出纵移前最后一次质量安全检查，并签证后方能进行纵移。

g. 听从信号员指挥，启动 2 台 25t 卷扬机进行组合梁纵移工作。

h. 距主栈桥与分栈桥接口 5m 时，卷扬机微动将组合梁准确纵移至接口处。

i. 待组合梁出海，将横移台车用同样方法横移至纵移台车，拆除滑道接口处连接，收回顶紧螺栓，启动 10t 卷扬机返回梁场，进行下孔组合梁运输。

（3）分栈桥上的横移

组合梁纵移到位后，旋出顶紧螺杆，顶升纵移台车横梁下的支撑装置，放松 25t 牵引卷扬机的钢丝绳并置于分栈桥横移钢板下，取下纵横移台车间的撑杆，装上 ϕ32mm 精轧螺纹拉杆，组合梁开始在分栈桥上横移。同样，南北两横移台车前后错开不得大于 20mm。在分栈桥上存放组合梁时间较长时，必须起用 4 台竖向千斤顶的自锁系统。分栈桥上的横移如图 4.6-68 所示。

（4）空台车返回

在横移台车滑上分栈桥后，纵移台车可以返回。纵移台车的回拉用置于梁场北端的 10t 单绳卷扬机作为动力，回拉时 25t 卷扬机同步放绳。

（5）移梁出现的故障及排除方法

在纵移滑道上滑移时因故（1 000t 竖向千斤顶漏油、滑靴 MGB 摩擦材料磨损等）无法继续滑移，先停止牵引，在指定位置放置临时钢结构支座及备用 1 000t 竖向千斤顶，顶升梁体，取出发生故障的台车进行检修。待排除故障后，放入台车系统继续移梁。

图 4.6-68　分栈桥上横移

（6）纵横移采用的主要技术措施

①减小摩擦面的摩擦力

滑道和纵、横移台车滑移面采用不锈钢板与高分子摩擦材料作为滑移面，并在摩擦面洒油水混合物，以减少滑移时的摩擦力。

②组合梁移运抗扭措施

两台横移台车上各安装两台 1 000t 的千斤顶，其中一台横移台车上的两台千斤顶油路独立，另一台横移台车上的两台千斤顶油路串联，形成三点支承，以控制组合梁在滑移过程中四支点高差在规定范围以内，避免组合梁移运过程中受扭。

针对此难点进行了分析，对施工控制点进行了验算，并采取了如下措施：

a. 对移梁台车的四个支撑点进行了检算，确保已架梁体受力均匀，满足设计要求。

b. 对临时支座支承点进行了验算，采取了有效措施确保梁体架设安全。

c. 对已架梁体在未进行体系转换前实施临时锁定措施，保证已架梁体的整体稳定性。

d. 在移、运、架组合梁处于临时简支状态过程中，保证组合梁四个支点位于同一平面，任何情况下四点支承不平整度不得大于 4mm。

e. 在组合梁纵、横移过程中，确保滑座各千斤顶顶升时，油管串联、同时启动、受力平稳、协调同步工作，使组合梁平稳移动。

f. 在横、纵移过程中，滑道铺设不锈钢板，保证滑道平整度，滑块为聚四氟板。设专人观察和检查组合梁的移动情况，发现异常立即停止移动，分析原因处理后再移动。

g. 组合梁架设时准确测放两端临时支座顶高程，确保组合梁就位准确。

③组合梁纵移惯性力克服

组合梁纵移产生惯性力的原因有三个：其一，组合梁在纵移滑道上移动采用 25t 双滚筒卷扬机牵引，卷扬机单绳牵引速度为 16m/min，卷扬机倍率为 8，即卷扬机牵引组合梁的纵移速度为 6m/min，启动和停止时产生了较大的加速度，从而使组合梁纵移产生较大的惯性力；其二，滑移摩擦材料的动、静摩擦因数相差较大（约 0.015）；其三，组合梁自重较大，约 2 300t。

组合梁纵移时惯性力需通过梁底支点、千斤顶、横移台车和纵移台车传至滑道。克服组合梁纵移惯性力的主要方法有：

a. 顶梁千斤顶外侧设置钢套箱，固定液压千斤顶。

b. 前后纵移台车间设置拉杆，并施加 1 000kN 的预紧拉力。

④增加纵移副台车，减小滑移面压应力，方便主台车调整高程或维修。

纵移滑道上设置纵移副台车，副台车上安装专用支承千斤顶，支点仍在组合梁设计支承范围，千斤顶型号同横移台车千斤顶。在纵移台车调整高程时，采用副台车上千斤顶支承受力，主台车上千斤顶脱空，纵移台车可在不受力状态下调整高程或维修。组合梁纵移台车结构示意如图 4.6–69 所示。

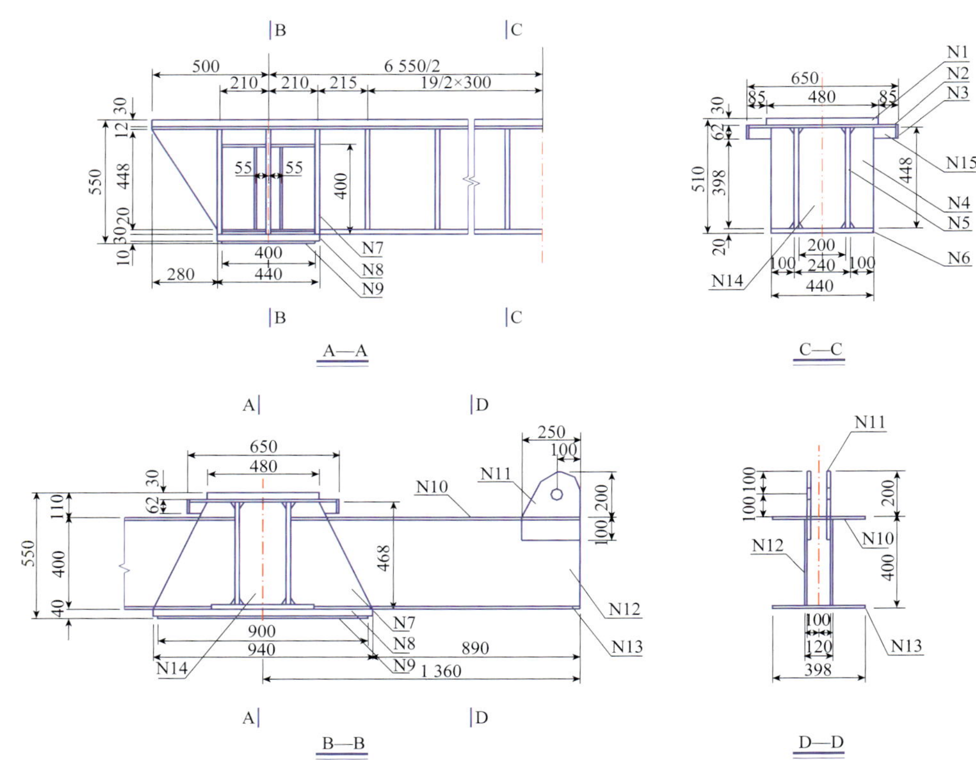

注：1.本图尺寸除注明外，均以mm计。
2.图中各板件间必须顶紧焊接，结构焊缝h_f=8mm。
3.mgb滑块与N8连接及N8大样另见详图。
4.N7、N14须切角，切角尺寸30×20。
5.N10、N13一端开槽以顶紧N5。

图 4.6–69　组合梁纵移台车结构示意图

4.7 运输及架设技术

4.7.1 概述

105m 组合梁在叠合台座上完成钢—混凝土叠合后，横移至存梁台座上进行模拟墩顶架梁状态存梁并进行相应的应力与线形测试。然后横移至纵移滑道上，继续纵移至组合梁出海栈桥主栈桥的前端，再从主栈桥横移至西侧分栈桥前端，最后由 3 000t“天一号”起重船起吊梁体，起重船退出码头，将组合梁下落并与船体临时固定（主要由起吊装置承重），起重船自航至待架桥跨位置，抛锚定位，将组合梁提升至需要的高度，通过铰锚精确定位，将组合梁落于墩顶临时支座上，松钩，回收梁底托梁，起重船退出桥位，起锚返航。

组合梁在长距离运输过程中，受长江口涌的影响船体横摇摆角度较大。梁体呈“半支半吊”状态，即组合梁和吊梁扁担的质量是通过“天一号”上的起吊装置和船体临时固定装置共同承担，该质量的 73% 由起吊装置承担，其余的 27%，约 800t 支承在船体的临时固定装置上，再通过船体临时固定装置传递到主甲板上，并通过钢梁与临时固定装置间的静摩擦力克服运输过程中因船体摇摆而产生的梁体水平向的滑移力。运输吊点的设置为满足钢梁结构的受力要求和配合纵横移滑道结构尺寸，在通常采用的两吊点吊梁扁担下又增设两小吊梁扁担，组合梁以 4 吊点形式起吊、运输。

4.7.2 吊梁扁担结构优化

1）“天一号”吊船

（1）船体概况

“天一号”吊船体为单体箱形船，船体为钢质、单底、单甲板箱形结构，船尾设置全回转推进装置，船首设侧推装置，起重装置为固定式臂架起重机，见图 4.7-1。

该船主船体设五道纵舱壁及四道横舱壁，将船体分为尾压载水舱、舵桨舱、机舱、淡水舱、燃油舱、中压减水舱和首压载水舱，两舷设贯通全船的纵舱壁及船艏增设了防撞舱壁，以保护船体在作业时即使受损也不致主体进水。在各种装载工况条件下可利用压载水舱控制船舶稳性，使艉倾不超过 1°。在台风季节本船更具有水压载座底避风能力，可以保证在蒲氏 10 级风时座底不致船体损坏。

①本船主要技术参数

总长：93.4m，形长：88.2m，形宽：40m，形深：7m，设计吃水深度：3.5m；

最大起重能力：3 000t，起吊高度（梁顶距水面）：54m，吊距：16m；

排水量：11 000t，足能连续施工（以每天工作

图 4.7-1　3 000t 运架一体化起重船“天一号”

16h 计）30d；

续航：3 400nmile，自持力：45d，航速：9 节（4.625m/s）；

总高（水面以上）：70m（甲板面以上 67m）。

②起重机配置

起重架主桁中心距 28m；

起重架立柱中心至后铰点距离 27m；

起重架总重 1 800t；

桁架式吊梁扁担（L=60m、H=6.5m、B=6.5m）500t；

36t 双联液压卷扬机及 22MPa 泵站 4 台套；

12 饼动、定滑轮组各 4 套；

ϕ40mm、强度 1 960kN 钢绳 800m × 8 根。

（2）吊梁扁担

“天一号”起重船配置了架梁专用主桁大扁担和托梁小扁担及其附件。

大、小扁担采用 Q390 优质结构钢，“天一号”定滑轮组以下结构总重 549.6t（其中：主桁大扁担 434.6t，托梁小扁担及其附件 30.2t，动滑轮组及钢丝绳 84.8t）。（扁担结构见图 4.7-2、图 4.7-3）

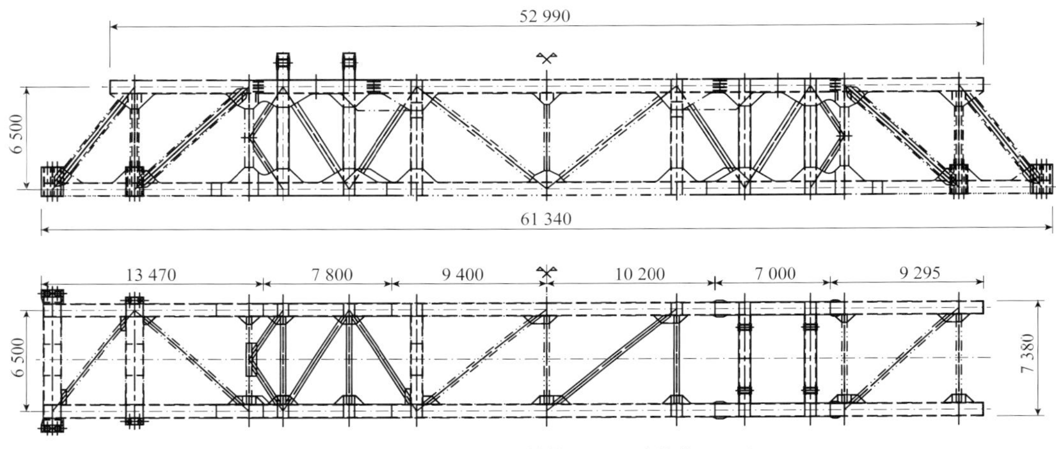

图 4.7-2　原有吊梁扁担结构图（尺寸单位：mm）

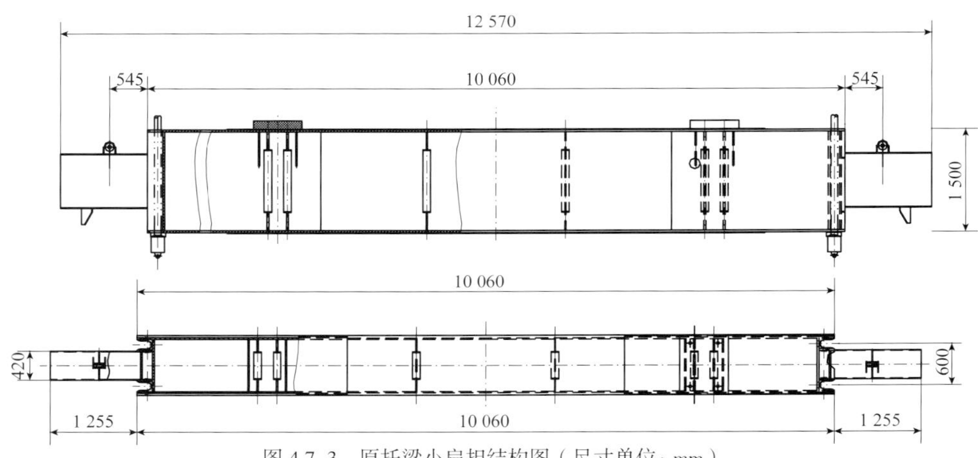

图 4.7-3　原托梁小扁担结构图（尺寸单位：mm）

2）吊点设置基本原则

（1）吊点着力点应位于空腹式横梁处。吊点位置设在此处才可满足钢梁受力和变形以及稳定性要求，并且空腹式横梁处设有加劲肋，也利于集中力扩散。

（2）吊点的布置应尽量对称布置。以便组合箱梁结构中线和“天一号”吊船结构中线在运输过程中重合，使整个结构受力明确，便于数据分析和降低运输风险。

（3）吊点位置不能与施工过程的纵横移滑道支撑点发生冲突，否则托梁小扁担不能安装到梁底，无法使组合箱梁顺利起吊。施工预制场内已建造好组合箱梁出运码头，码头形式为 F 形；两栈桥中心间距为 66.5m。

（4）钢箱梁顶板上不可开孔。钢箱梁两顶板外侧边缘间距为 10.35m，即托梁长度应长于 10.35m。

（5）各种梁型的吊点设置应该一致，以达到整个施工运输过程的连贯性，减少临时设备的经费投入的目的。

3）钢梁的吊点局部加劲及保护

为保证钢梁的稳定性，采用 K 形空腹式横梁及纵向加劲肋（图 4.7-4）。运输吊点着力点位于空腹式横梁处。吊点位置设在此处满足钢梁受力和变形以及稳定性要求，并且在有吊点的空腹式横梁处设有加劲肋，利于集中力扩散。

在组合梁的运输过程中，由于风、浪、涌的影响，是船体会有一定的摇摆，造成扁担和梁体之间会有相对的位移，吊索与吊点孔间存在摩擦和滑割的现象，如果不将吊点孔采取适当的措施保护起来，不仅吊索的保护套会被磨坏，影响其使用寿命，吊点孔周围的混凝土也会不同程度地受到损伤，影响组合梁的外观质量和给后期桥面施工带来一定的难度。为此采用橡胶护套将吊点孔保护，起到了明显的作用。对于 85m、90m 梁的墩顶双结合段，由于部分横向湿接缝未浇筑混凝土，而吊点孔又正好被设置在其中，采取先安装预先焊接的钢板构件，再放入橡胶护套的方法保护（如图 4.7-5、图 4.7-6）。

图 4.7-4　K 形空腹式横梁

图 4.7-5　吊点孔内橡胶护套

图 4.7-6　钢板焊接保护构件

4.7.3　海上长距离运输安全保障

1）海上环境概况

（1）箱梁预制基地在浙江嵊泗列岛沈家湾岛，箱梁架设在长江出海口崇明岛横沙，两处单程航距为 85nmile。起重船在组合箱梁预制基地的取梁码头锚泊取梁离开码头后，将箱梁放入主甲板的临时加固系统中加固妥当后航行。驶出沈家湾进金山水道，途经长江口管线制海域和进出长江、黄浦江大型海轮的四个集散锚地，在佘山灯塔附近进入北港水道，抵达大桥架设水域进行架梁。架梁完毕后沿原航线返回沈家湾取梁。

（2）由于受长江口水流和外海涌浪以及风力的共同作用，长江口管线制周围海域水流紊乱无规则，产生“横浪、横涌、横风”的极不利于“天一号”航行的三横现象。再加上在高潮位时，从集散锚地进出长江的特大型船只特别多，加大了在此段海域的船舶航行避让危险因素。

（3）北港水道北靠崇明岛，南依长兴岛，通道演变复杂，下口受拦门沙浅滩的影响，水深变化很不稳定。其中涨流：大汛与 310° 航向最大夹角为 70°，最大流速 3.7 节（1.90m/s）；小汛与 310° 航向最大夹角 14°。落流：大汛与 130° 航向最大夹角为 16°，最大流速 5.0 节（2.57m/s）；小汛与 130° 航向最大夹角 21°。水道内小型渔船常年进行捕捞作业，当刮东北和东南大风时，该水道又成为渔船和小型船舶的避风锚地，给船舶通航带来一定的安全隐患。

（4）大桥施工水域内有堡镇港—横沙港小型高速客轮航线并正常通航；另外大桥北侧基准水位浅，箱梁架设时无法在基准水位时进出。

2）不稳定因素分析

（1）船舶航行过程不稳定极限状态假定

假定航行过程中，组合梁梁底与“天一号”主甲板支撑接触，当船体摇摆使组合梁梁端最低点贴近水面时，为船舶航行过程不稳定极限状态。

（2）组合梁横向滑动力

据实船观测，“天一号”运架上海长江隧桥 70m 箱梁遇到涌浪时，船体摇摆角达 7°，小托梁底面刚好与浪尖（浪高按 2m 计）接触。比照“天一号”运架长江大桥 70m 箱梁所遇到的涌浪对船体摇摆角达 7° 进行计算，运架 105m 组合梁时，为确保组合梁底面不至于浸水船体主甲板上夹持器的高度应由 1m 增加到 3.25m。

此时分析，船体在接近假定极限状态时的摆角 $\alpha \approx 7°$ [$\alpha=\tan^{-1}(8.5/69.23)=7°$]，由于长江入海口的不可预见因素多，尤其是横涌对船体摇摆的影响，根据“天一号”运架上海长江隧桥 70m 箱梁的航行经验，将摆角 α 定为 8° 进行后续分析。同时忽略梁体与水之间的相互作用。

①由于船体的摆动，组合梁存在横向滑动趋势，该力为自重引起的水平分力，其大小为：

$$F_x=G\sin\alpha=3\,000\times\sin 8=417.5\text{t}$$

②风荷载，由《起重机设计规范》（GB/T 3811—1983）：

$$P_W=CK_hqA=1.633\times1.00\times1\,800\times43=126.39\text{kN}\approx12.6\text{t}$$

式中：P_W——作用在物体上的风荷载（N）；

C——风力系数，取 1.633；

K_h——风压高度变化系数，取 1.00；

q——计算风压，海上航行的浮式起重机取 q =1 800 N/ m²；

A——物体垂直于风向的迎风面积（m²）。

③运行惯性力，由《起重机设计规范》（GB/T 3811—2003）可知：

$$P_H=1.5ma=1.5\times3\,000\times10^3\times0.39=175.5\times10^4\text{N}=175.5\text{t}$$

式中：P_H——运行惯性力（N）；

m——起升质量，由于考虑的是组合梁横向滑移，因此式中按其自重计；

a——运行加速度，m/s^2；根据“天一号”的航行速度5nmile/h，即2.572m/s, 取a=0.39 m/s^2。

④横向滑动力合计：417.5+175.5+12.6 = 606.6t

组合梁运输途中不利因素较多，横向滑动力按610t计。

（3）抗滑计算

组合梁临时固定完成后，“天一号”船体和组合梁被视为整体，两者之间的横向相对滑移趋势由梁体和垫块之间的静摩擦力克服。即抗滑力$F_{抗滑}$。

$$F_{抗滑\ max}=\mu N = 0.4\times(840+798.1)=655.24t$$

式中：μ——钢与橡胶间的滑动摩擦因数，按经验偏安全取值为0.4；

N——钢梁与垫块接触面的垂直力，式中为合力按下计算。

垫块承载力作用：$N_1=F_z\cos\alpha=800\times\cos8°=798.1$t。

夹持力作用：$N_2=0.7F_j=0.7\times1\,200=840$t。

对比分析可得，$F_{抗滑\ max}>F_{滑}$，组合梁的临时固定措施为其长距离运输提供了安全保障。

3）摩擦系数试验

（1）试验目的

上海长江隧桥105m组合梁采用3 000t海上运架梁专用起重船运载，由于海上风浪较大，容易引起起重船横向及纵向摇摆，从而危及运载架上组合梁的稳定性和安全性，因此需对船舶运架辅助夹持装置的可靠性进行试验研究。运架上的组合梁主要由运架夹持装置橡胶垫与组合梁体之间的摩擦力来维持稳定，因此橡胶垫与梁体之间实际接触面上的摩擦因数能否达到要求关系到梁体与船舶的安全。

根据运载方提供的数据，当橡胶垫与组合梁体之间的摩擦因数达到0.4时，可保证组合梁在船上的稳定性。试验模拟实际布置情况，测试夹持装置支承座橡胶垫与钢板的摩擦因数。

（2）试验装置设计与加工

试验装置以测试夹持装置支承座橡胶垫与钢板的摩擦因数为目的，因此不仅要模拟由于组合梁自重引起的竖向压力、船舶横摆引起的水平力，而且还应采用与实际一致的材料及表面处理方式。

组合梁自重对橡胶支座的竖向压力采用MTS-6 000kN试验机加载进行模拟，加载荷载大小为2 000kN。与摩擦力相对应的水平力由液压千斤顶提供，试验采用千斤顶的最大推力为2 000kN，试验最大加载荷载为800kN。另外，为了提高加载精度，在千斤顶前安装数字荷载传感器。模型试验的橡胶垫采用与实际一致的橡胶垫，其上层钢板的采用与实际一致的喷铝处理。试验模型由大桥局桥机厂负责加工。

试验模型如图4.7-7所示，模型在反力架上进行加载。橡胶板固定在支架底座上，橡胶垫上布置与实际组合梁一致的钢板。橡胶板的竖向压力通过试验机进行加载，并通过竖向传力装置将荷载均匀分配至橡胶垫上。水平力作用在橡胶垫上方的竖向传力装置上，采用千斤顶控制加载。试验机加载端与模型采用钢球点接触，并填充润滑油，使其只传递竖向力，而不抵抗水平力。

（3）试验测试内容

主要测试在千斤顶作用下，橡胶垫与上部钢板之间的滑移情况。由于加载过程中，橡胶的变形极大，采用百分表进行测试有一定的困难，最后采用在界面上做标记的办法，每次测量标记处的相对滑移。

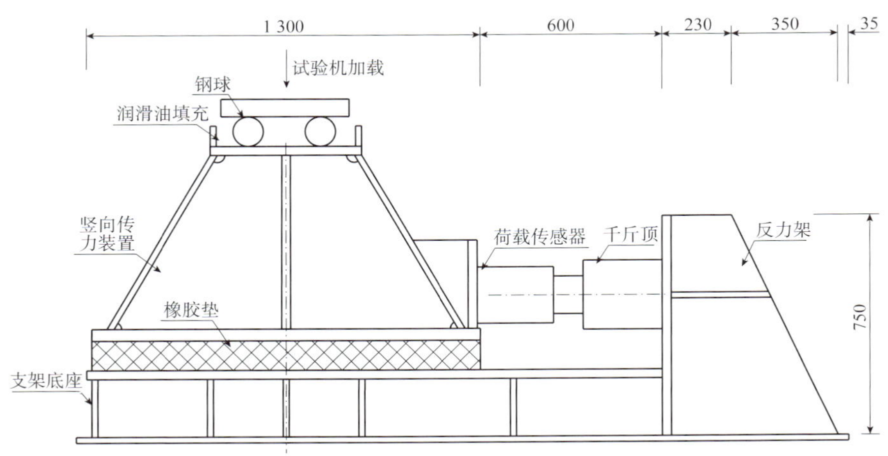

图 4.7–7　试验装置示意图（尺寸单位：mm）

（4）试验过程

试验首先进行干燥橡胶垫摩擦试验，完成之后再进行湿润橡胶垫摩擦试验，测试结果见表 4.7–1 和表 4.7–2。

试验前首先检查加载端钢球是否活动良好，填充的润滑剂是否均匀及足够，千斤顶和荷载传感器工作是否正常。

试验时，首先将试验机加载至 2 000kN，并在整个试验过程中将荷载锁定在 2 000kN，然后对钢板与橡胶板界面做位置标记。

接着千斤顶进行加载，根据计算加载荷载为 800kN，采用分级加载形式，采用每 100kN 分一级。每次加载完毕，观测钢板与橡胶垫之间的滑移情况，并量取相对滑移值。

试验中由于橡胶垫自身变形太大，以致试验机加载偏心较大，同时千斤顶的行程不够，试验只加载至 800kN，无法进行接触面极限承载能力试验。试验现场如图 4.7–8 所示。

（5）试验结果与分析

试验过程中，发现橡胶垫不仅在竖向荷载作用下变形较大，而且在水平千斤顶力作用下自身剪切变形也较大。在试验加载过程中，橡胶垫的形状随着荷载的增大变化很明显，因此采用百分表固定位置测量，很难获得精确滑移量值。因此试验现场采用在钢板与橡胶垫界面标记位置，然后采用钢板尺进行测量。在橡胶垫的四周设置 6 个相对滑移测点，位置如图 4.7–9 所示。

图 4.7–8　试验现场

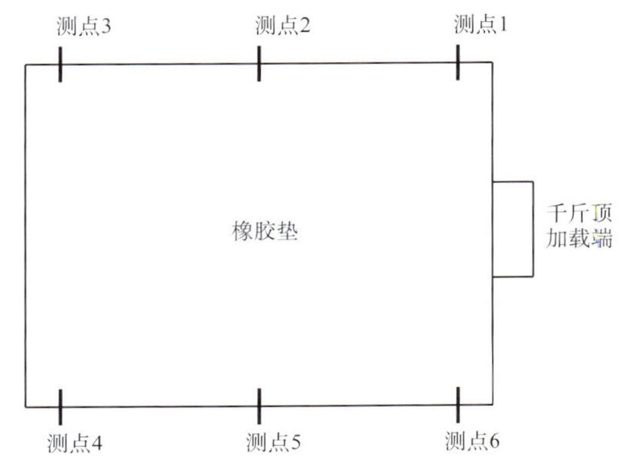

图 4.7–9　滑移测点布置

干燥橡胶垫滑移量测试结果

表 4.7-1

荷载	滑移量（mm）					
	测点 1	测点 2	测点 3	测点 4	测点 5	测点 6
40	3	3	1	1	0.5	3
50	6	4.5	1.5	1.5	1	3
60	7	6	2	2	2	3.5
70	9	9	2.5	2	2.5	3.5
80	12	12	3.5	3	3	4
卸载半小时	0	0	0	0	0	0

表面湿润橡胶垫滑移量测试结果

表 4.7-2

荷载	滑移量（mm）					
	测点 1	测点 2	测点 3	测点 4	测点 5	测点 6
40	1	2	1	1	1	0.5
50	3	2.5	1	1.5	2	1
60	5	4	1.5	2	3	3
70	7	5	1.5	4	5	5
80	9	6	2	6	6	7
卸载半小时	1	1	0	1	1	1

试验首先进行干燥橡胶垫的摩擦试验，试验结果显示当水平千斤顶达到 400kN 时，水平荷载加载前标记的钢板与橡胶垫的相对位置已出现明显错动，尤其在靠近千斤顶加载端最大滑移量达 3mm。同时滑移量随着荷载增加不断增加，当水平荷载加至 800kN 时，1 号测试显示钢板与橡胶垫的相对滑移达 12mm，最小滑移也达 3mm。但卸载水平千斤顶和竖向荷载约半个小时后，滑移量自动恢复水平荷载加载前的状态。由此可说明，试验过程中测试得到的滑移量并非由真实界面滑移产生，可能仅在橡胶周围出现滑移，而橡胶垫内部并没有出现滑移。干燥橡胶垫滑移量变化情况如图 4.7-10 所示。

a）

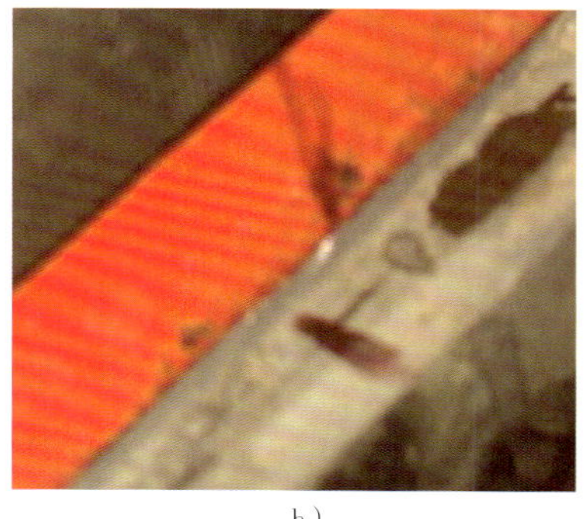

b）

c）

图 4.7-10　干燥橡胶垫滑移量变化情况

a）水平荷载加载前；b）800kN 水平荷载时；c）卸载半小时后

干燥橡胶垫的摩擦试验完成后，进行湿润橡胶垫的摩擦试验。由表 4.7-1 和表 4.7-2 可知，湿润橡胶垫测试滑移量测试结果略小于干燥橡胶垫试验结果。分析其原因可能由橡胶摩擦面已经轻微磨损而增加粗糙度引起。但不同的是卸载后，钢板的滑移量并有没有像干燥橡胶垫试验那样完全恢复，即使在 10h 后，还存在约 1mm 的滑移量。说明湿润橡胶垫摩擦试验在 800kN 荷载作用下真实产生了 1mm 的滑移量。分析其原因为，水平荷载较大时，橡胶自身变形也增大，在剧烈的剪切与挤压变形中，橡胶垫中的水分子被挤橡胶垫与钢板界面上，从而形成滑移层，从而减小了摩擦力而形成滑移。湿润橡胶垫滑移量变化情况如图 4.7–11 所示。

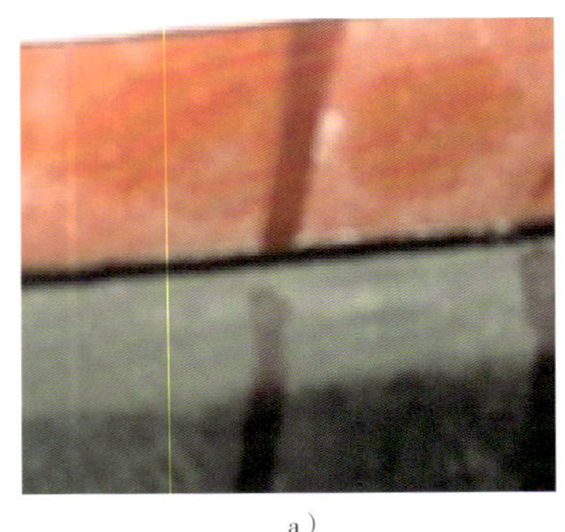
a）

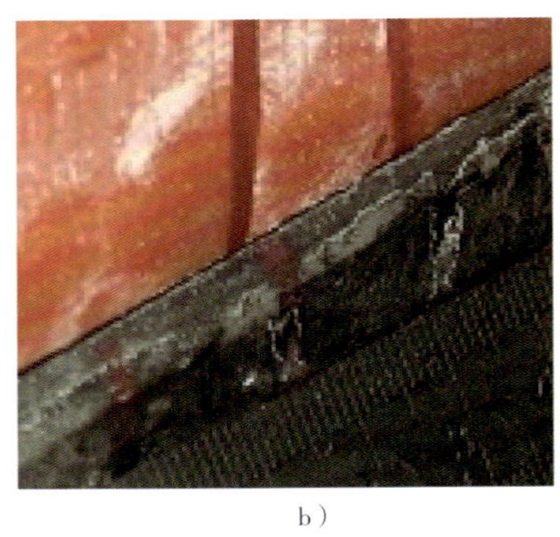
b）

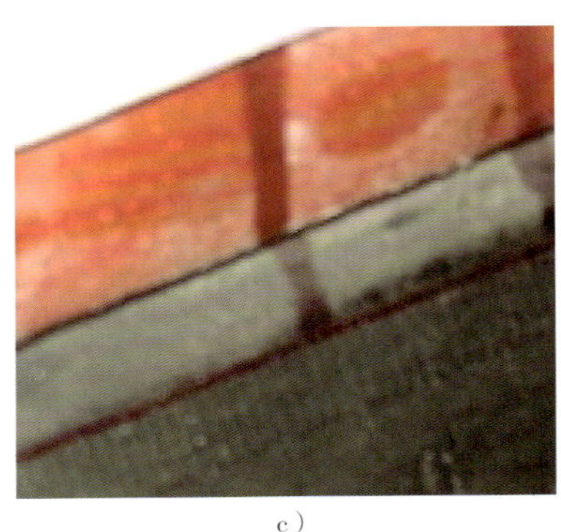
c）

图 4.7–11 湿润橡胶垫滑移量变化情况

a）水平荷载加载前；b）800kN 水平荷载时；c）卸载半小时后

试验结果：当竖向压力为 2 000kN 时，在水平力 800kN 作用下，几乎没有滑移，即界面干湿摩擦因数均能达到 0.4。根据试验可得干燥橡胶垫在同等水平荷载下未产生真实滑移，其抗滑移性能要优于湿润橡胶垫。

另外，两次试验都显示，橡胶垫底部处的钢板表面没有进行喷铝处理，虽有固定装置对橡胶板进行固定，但在试验过程中发现其界面滑移量要远大于上部有喷铝处理的钢板界面。说钢板表面喷铝后能较大地提高界面抗滑移性能。

4）临时固定系统

组合梁运输过程中的安全定义为：起重船海上运输稳定性和船体结构强度满足要求；组合梁两端最低点未与水面接触；组合梁与船体之间未发生相对滑移；组合梁未出现结构上的损伤，吊梁扁担与组合梁未发生相对滑移。

保证在船体有较大摆动的情况下整孔组合梁与船体之间不出现相对滑移，是在本工程既定海况下运输保障中需要控制的重点。世界上普遍采用的悬吊运输技术，由于运输距离短和不存在抗长江口涌浪运输情况，大多采用交“叉”钢丝索形式将梁船间柔性固定。“天鹅”号运输大贝尔特海峡大桥长梁时，便是如此。本桥所采用的技术根据运输经验及特定海况加以改进，船梁临时固定系统是安全问题得以有效控制的关键，实践证明海上长距离运输和过长江口抗涌浪运输，该项措施的效果明显。该技术同样适用于混凝土箱梁的运输。

图 4.7–12 组合梁海上运输状态

临时固定系统包括：辅助夹持装置（临时支撑组焊件，液压夹持器）、预应力拉索保险体系、斜坡索、吊点孔保护套。

由于长江入海口的不可预见因素多，尤其是横涌对船体摇摆的影响，根据“天一号”运架上海长江隧桥 70m 箱梁的航行经验，将摆角 α 定为 8° 进行理论分析。船梁在横摇时，组合梁自重的水平分力、风荷载、冲击、惯性作用等，产生梁相对于船体约 6 000kN 的横向滑移力。该力主要通过临时支撑组焊件和液压夹持器上的橡胶板与梁体间产生的静摩擦力克服，以达到船梁相对稳定的结果。运输过程中船梁状态见图 4.7–12。

（1）辅助夹持装置

辅助夹持装置包括临时支撑与液压夹持器，共设 4 处，按提供竖向承载力 8 000kN、水平夹持力 6 000kN 设置。组合梁体与橡胶垫之间的摩擦因数按 0.4 计，这样设计梁体和橡胶垫块之间的静摩擦力可达到 6 550kN，满足抗横移要求。由于临时支撑的高度被提升到 3.25m，“天一号”取梁进档空间有限，因此将辅助夹持装置设置成液压放倒形式，待取梁后才将其立起并连接好螺栓和撑杆，如图 4.7–13、图 4.7–14 所示。

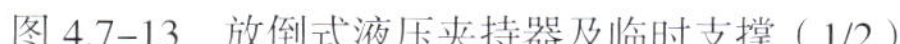

图 4.7–13　放倒式液压夹持器及临时支撑（1/2）

图 4.7–14　预应力拉索保险体系一端

（2）预应力拉索保险体系

预应力拉索保险体系是为了避免不可预见因素对船体摇摆影响超出预期值，造成灾难性后果；运输过程中，即使出现船舶航行过程中极限状态，梁体发生了横向滑移，此时钢绞线起到了保护作用，最终对“天一号”的安全航行提供了保障。临时拉索体系按提供梁体在不稳定极限状态时抗水平滑移力 600t 设计，在梁体横向中心线两侧对称设置 2×（2×24）=96（4 套）根钢绞线（d=15.2，f_{pk} =1 860MPa）。采用组焊件和钢绞线相结合的形式组成，用销子将组合梁与船体主甲板进行连接，如图 4.7–15 所示。

5）突发情况和应急措施

虽然在施工前进行了较为细致的各项准备，制订了切实可行的操作规程以及各项应急预案，但在具体的施工中仍然出现过一些没有预想到的突发情况。由于“天一号”起重船能够及时地采取应急措施，排除险情，从而保证了箱梁取、运、架的施工安全。较大的突发情况和采取的应急措施如下。

（1）2007 年 9 月 28 日，第一片 105m 组合箱梁取、运、架开始，“天一号”起重船按照航行计划书进行首次航行。但在第三片箱梁取、运、架的施工作业时，船舶航行 Y24 号浮标转向时，突然遇到 EN 风（横风），阵风达到 8 级。由于船舶在航行时与潮流呈直角（横流、横浪），加上 EN 阵风和外海涌浪的共同影响，船舶的横摆度数超过 7°，船舶的箱梁夹持器功能发挥基本正常。

针对这种运输特定情况，进行了专题会议，认真研究和分析了此次险情发生的原因，制定出相对性措施。

①认真收听天气预报，制定取梁作业计划，确保每一个航次时的航行安全。为此准确掌握 3d 内的海况，当 3d 内长江口风力超过八级时，“天一号”起重船停止取梁作业。待风速降低或风向改变后，再进行取梁作业，并及时向海事部门申请航警公告。

②修改“天一号”起重船取梁作业时间，改原来低平潮时段取梁高平潮起航，调整为高平潮取梁后顶潮航行。

③利用潮流提高航速，从而加快通过《长江口船舶定线制》海域，并减少横流对船舶的横向作用力，降低船舶的横摇度。

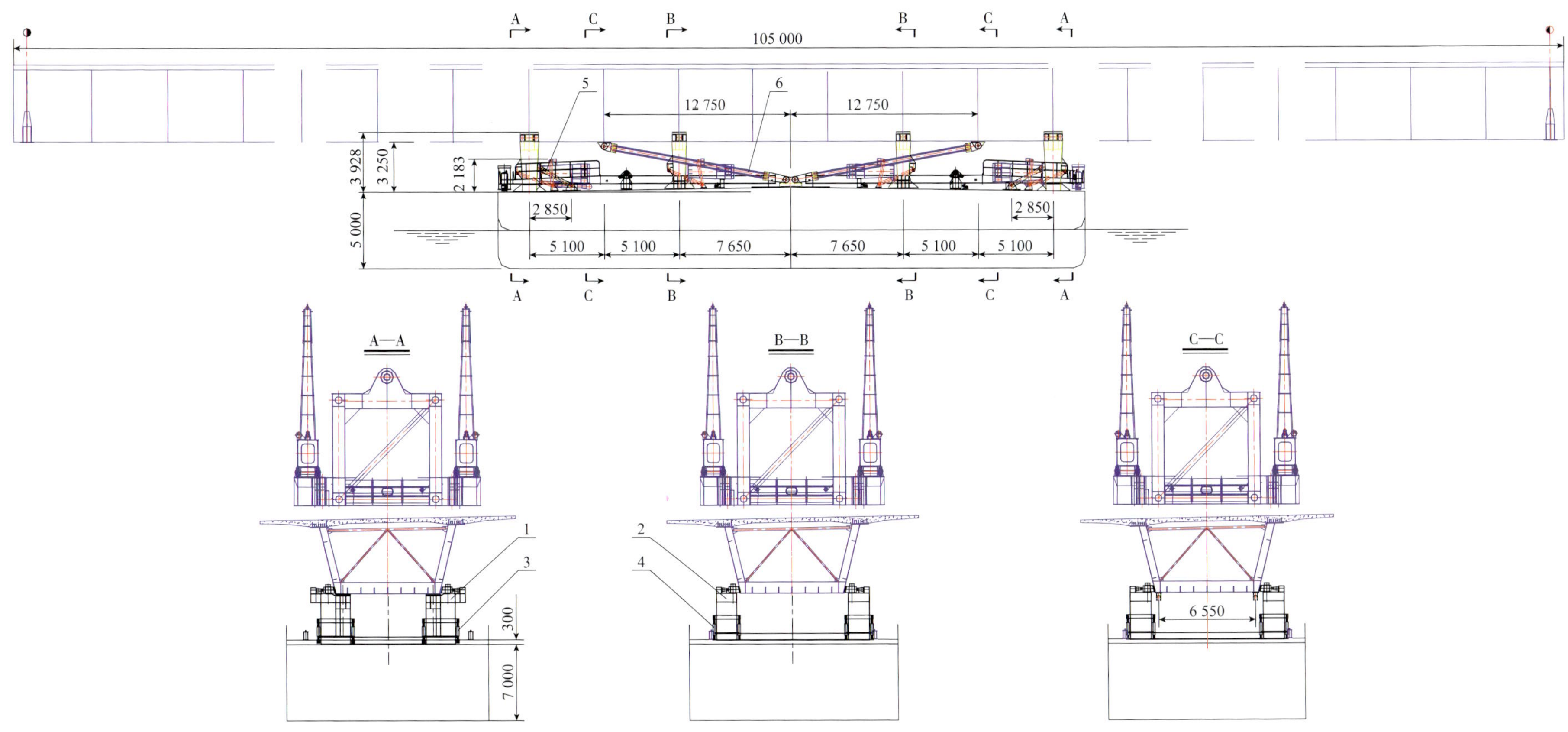

图 4.7-15　辅助夹持装置图

1- 夹持装置 1；2- 夹持装置 2；3- 放倒装置 1；4- 放倒装置 2；5- 撑杆；6- 预应力索

④严格遵守《长江口海船船舶定线制规定》、《长江口定线制》、《上海洋山新港区及其附近水域通航安全规则》，要求船舶驾驶人员谨慎操作，认真瞭望，做到主动让、及时让、适度让，保证船舶每一航次在通过定线制海域时的安全。

⑤昼夜加强安全值班，不定期对机械装置进行压力补充，加大箱梁在航行期间的稳固性。

（2）针对北航道内渔船多，鱼汛期长，渔船和渔具侵占航道的情况，“天一号”起重船坚持进入航道的报告制度，积极请求海事部门和渔政部门及时协调。

（3）在架设北侧浅水区箱梁施工作业时，“天一号”起重船充分利用潮水的变化，借助高潮位，克服了该域水浅，船舶进出困难的难题。

（4）为了保证船舶航行时的安全，“天一号”起重船在艏部甲板上专门添置了可收放的雷达天线，消除了船舶原设计的雷达受自身钢构件影响而产生的搜索盲区，保证了雷达导助航性能的安全可靠性。

（5）及时向洋山、吴淞、崇明等海事部门报告船舶航行计划和船舶航行动态，以取得航警通告和航行期间的安全指导。

通过 28 片组合箱梁长距离运输实践，证实了“天一号”起重船所做的各项前期准备工作和修改完善的各项应急措施是有效可行的，起到了 105m 箱梁长距离运输的安全支持保障作用。

4.7.4　大型运架一体化起重船长江入海口抗涌性能

1）长江入海口水域涌浪形成原因

（1）长江入海平潮流向为 WE 向，涨潮流向为 N–NE 向，落潮流向为 S–SE 向。

（2）该水域海底为冲积地貌，水深在 11m 左右。

（3）长江流向与外海流向相持并相互影响。

（4）风向、风力的影响。

（5）外海涌浪及嵊泗群岛对海流的影响。

2）涌浪对起重船影响水域

从 Y26 号浮开始，到北临 1 号浮，长约 26nmile。

3）航经水域海流

所经航区均为半日潮水域，每天均有两次涨落潮从 A1 点至 A5 点涨落潮时流向约为 NE–E 向，落潮时约为 NW–W 向。A5 点至 A9 点涨潮时流向约为 W–NW 向，落潮时约为 E–SE 向。

4）航经海面浪、涌

（1）A1~A4 区间海浪与风浪一致，基本上涌较小。

（2）A4~A6 区间海浪与风浪一致，涌主要呈 E 或 ENE 向。

5）航经水域船舶情况

（1）金山水道 C4、C1 水道南北线来往船舶密集。

（2）进出上海港经由长江口的船舶密集度大且呈交叉状态。

6）起重船航行时状况

（1）船舶载梁航行时参数：箱梁长度为 105m，船舶航行时横向位于船舶主甲板中心，两端超出船舶左右舷外各 32.5m，船舶载梁航行实际宽度为 105m。

（2）起重架顶部距离水面 75m，若船舶发生横摇，将产生一定的惯性作用，增加横摇力。

（3）105m 组合箱梁中部底板不可受力，与船舶主甲板夹持器相连接、起到半钢性固定支撑作用面积不足箱梁底板的 0.1%，所以能产生防止箱梁横向摆动的制动摩擦力极小，需要对船舶主甲板加固以增设夹持支座。

（4）105m 组合箱梁在经过加固后，其质量并没有通过半钢性固定支撑落实在船舶的主甲板上。其 75% 的质量仍存在与起重架上，而且箱梁与起重架的连接是通过吊索和定动滑轮组间的钢丝绳，为柔性连接。定动滑轮组对箱梁的滑移产生一定的负面影响。

（5）船舶载梁航行实际宽度为 105m，在通过长江口时，因需避让来往和交叉船只，保持中速航行，延长了在横涌水域的滞留时间。

7）起重船在涌浪水域的状况

起重船进行 70m 箱梁第三次载梁航行时，在 Y26 号浮标转向时，突然遇到 EN 风（横风），阵风达到 8 级。由于船舶在航行时与潮流呈直角（横流、横浪），加上 EN 阵风和外海涌浪的共同影响，船舶的横摆度数超过 8°，船舶的支撑和捆扎设施无法发挥正常的功能，所载箱梁随着船舶的横向摇摆左右滑动出船舷 7m 多。由于当时启动了应急预案，及时排除了险情。

4.8 简支变连续及合龙

4.8.1 概述

“天一”号吊船将组合梁运输至架设点进行架设、安装。每孔组合梁均落于墩柱临时支座上，起重船松钩、调梁后，进行下一孔梁的架设，墩顶调梁采用三向可调千斤顶使主梁就位。组合梁钢结构全部焊接完成后，从跨中向两边实施支点升降操作，并进行双结合段底板混凝土浇筑及顶板湿接缝混凝土浇筑施工，以解决梁体在支墩处梁顶负弯矩过大问题，最后进行其他工序的施工。

为保证两孔梁顺利对接，梁体底板、腹板、顶板和加劲肋对齐。钢箱梁在制造过程中采用孔加一方案。在 10m 节段拼装胎架焊接好一整孔梁的 10m 节段时，梁端再加一段 10m 节段拼焊，确保在全桥了相邻两孔组合梁横断面对接准确无误。

一联梁具体操作步骤是，拟生产第一孔钢箱梁 10m 节段拼焊完成后，将相邻一孔组合梁的 10m 节段板单元上胎架，通过测量和对接控制成型、施焊，然后完成拼焊的钢箱梁 10m 节段下胎架，进行下道工序，在胎架上延续拼焊下一孔梁 10m 节段，直至该孔组合梁节段拼焊。重复上述步骤，完成一联各孔组合梁 10m 节段拼焊。

4.8.2 余量切割

1）控制方法

组合梁由于拱度引起梁端转角，从而产生余量需进行配切，以满足对接要求。通过理论分析与现场实测相比较，以理论分析为参考，对实测数据进行计算，按照要求（两孔组合梁架设在桥墩上精确对位）进行端头余量配切。

2）理论分析

根据要求，85m、90m、105m 三种组合梁型的槽形钢箱梁预拱度设置分别为：131mm、153mm、190mm。预拱度按二次抛物线形设置（图 4.8–1），其线形方程分别为：

① 85m 梁型：$y=-0.000\,000\,071\,35x^2+0.006\,114x$；

② 90m 梁型：$y=-0.000\,000\,079\,16x^2+0.00\,696x$；

③ 105m 梁型：$y=-0.000\,000\,068\,93x^2+0.007\,238x$。

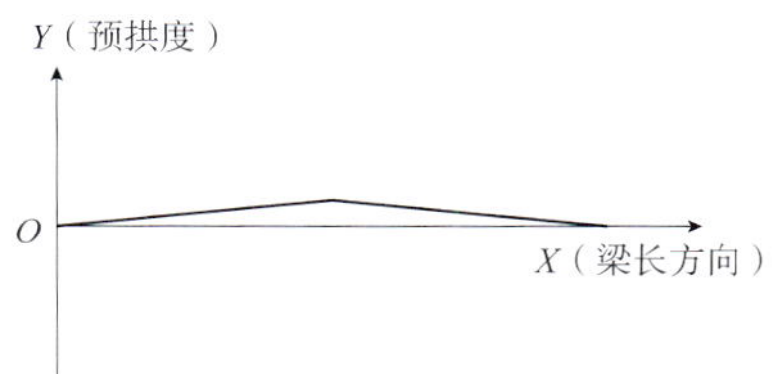

图 4.8–1　梁段预拱度计算示意图

计入混凝土桥面板自重后，85m、90m、105m 三种组合梁跨中变形分别为：–76mm、–84mm、–96mm。将槽形钢梁的预拱度和两点存梁阶段的梁体变形相叠加，推算得存梁时梁体的线形方程为：

① 85m 梁型：$y=-0.000\,000\,029\,954\,428\,42x^2+0.002\,567\,09x$；

② 90m 梁型：$y=-0.000\,000\,035\,701\,324\,47x^2+0.003\,139\,04x$；

③ 105m 梁型：$y=-0.000\,000\,034\,104\,308\,39x^2+0.003\,580\,95x$。

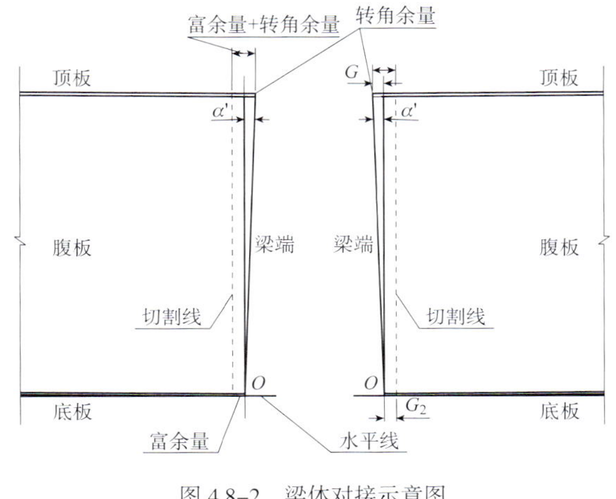

图 4.8–2　梁体对接示意图

（1）梁体对接

为保证梁体端部能顺利对接施焊，采用的控制措施为：将端部切割成通过梁长控制点且垂直于梁体纵向水平线的形式，如图 4.8–2 所示。

理想的墩顶简支状态由预拱度在梁端必存产生转角 α，理论上该转角值可由存梁时梁体的线形方程推算。

规定，以梁体纵向水平线的法向为起始边，转角逆时针为正。

（2）理论余量配切量

将由梁端转角（以梁端底板处为转心 O）引起的梁端余量配切值称之为转角余量；将由要求的根据预先的工艺评定的参数，预留一定的变形量和收缩量称为富余量；二者的综合，即梁端的余量配切量。

①转角余量

二次抛物线：$y=ax^2+bx+c$（a、b、c 为常数）；其求导方程为：$y'=2ax+b$；对梁端 $x=0$ 或 $x=L$（由于对称性，仅考虑 $x=0$）；$y'(x=0)=b$，即：二次抛物线在 $x=0$ 处其切线斜率：$k=b$；相对应的转角为：$\alpha=\tan^{-1}b$。

由上述分析对三种梁型分析转角余量，见表 4.8–1。

转角余量分析表　　表 4.8–1

相　关　量	85m	90m	105m
b	0.002 567	0.003 139	0.003 581
α（°）	0.147	0.180	0.205
顶板配切点至梁端 G（mm）	11.55	14.12	16.11
底板配切点至梁端 G（mm）	—	—	—

注：$G=H\times\tan\alpha$，$H=4.5$m 为槽形钢箱梁的高度。

②墩顶搁梁线形影响

墩顶架梁时并非按成桥线形搁梁，此工况对梁端的对接有一定的影响。搁梁时的梁底高程相对于成桥时相对值如表 4.8–2 所示（列出一联，其余相同）。

搁梁与成桥梁底高程相对值 表 4.8–2

桩号	PM52	PM53	PM54	PM55	PM56	PM57	PM58	PM59
相对值（cm）	0	–5	–15	–10	–10	–15	–5	0

由于搁梁时的梁底高程与成桥梁底高程之间的差异，对接的梁端相对于成桥时的理想空间位置发生了变化，该值按顶板控制，将其汇入表 4.8–3。

墩顶搁梁线形对顶板切割量影响值 表 4.8–3

桩 号		PM52	PM53	PM54	PM55	PM56	PM57	PM58	PM59
梁 号		LX1	LX2	LX3	LX4	LX5	LX6	LX7	
梁 型		85m	105m	105m	105m	105m	105m	90m	
顶板切割量变化值（mm）	低墩	–2.62	–4.28	2.14	0	–2.14	4.28	2.56	
	高墩	2.62	4.28	–2.14	0	2.14	–4.28	–2.56	

注：表中负值表示使顶板切割量缩小。

3）模拟架梁

待混凝土桥面板铺设好、湿接缝浇筑完毕，混凝土强度、弹性模量达到设计要求后，横移台车将组合梁移至存梁台座，进行存梁的同时模拟架梁。存梁台座尺寸布置见图 4.8–3。模拟架梁时，在台座上设置垫板，模拟架梁时梁底的高程差，并完成梁体的施工测量和端头切割的画线工作。画线原则底板的切割点按实际梁长控制，切割线通过底板切割点且沿铅垂向。端头画线的理论控制值汇入表 4.8–4。

端头理论切割量控制表 表 4.8–4

桩 号		PM52	PM53	PM54	PM55	PM56	PM57	PM58	PM59
梁 号		LX1	LX2	LX3	LX4	LX5	LX6	LX7	
梁 型		85m	105m	105m	105m	105m	105m	90m	
转角余量（mm）	低墩	11.55	16.11	16.11	16.11	16.11	16.11	14.12	
	高墩	11.55	16.11	16.11	16.11	16.11	16.11	14.12	
顶板切割量变化值（mm）	低墩	–1.55	–4.28	2.14	0	–2.14	4.28	2.56	
	高墩	2.62	4.28	–2.14	0	2.14	–4.28	–2.56	
顶板切割值（mm）	低墩	—	11.83	18.25	16.11	13.97	20.39	16.68	
	高墩	14.17	20.39	13.97	16.11	18.25	11.83	—	

注：1. 表中的数据均按架梁工况的理论梁长计算。
2. 表中的顶板切割值未考虑富余量。
3. 由于未计入富余量，因此底板的切割点即为梁端。

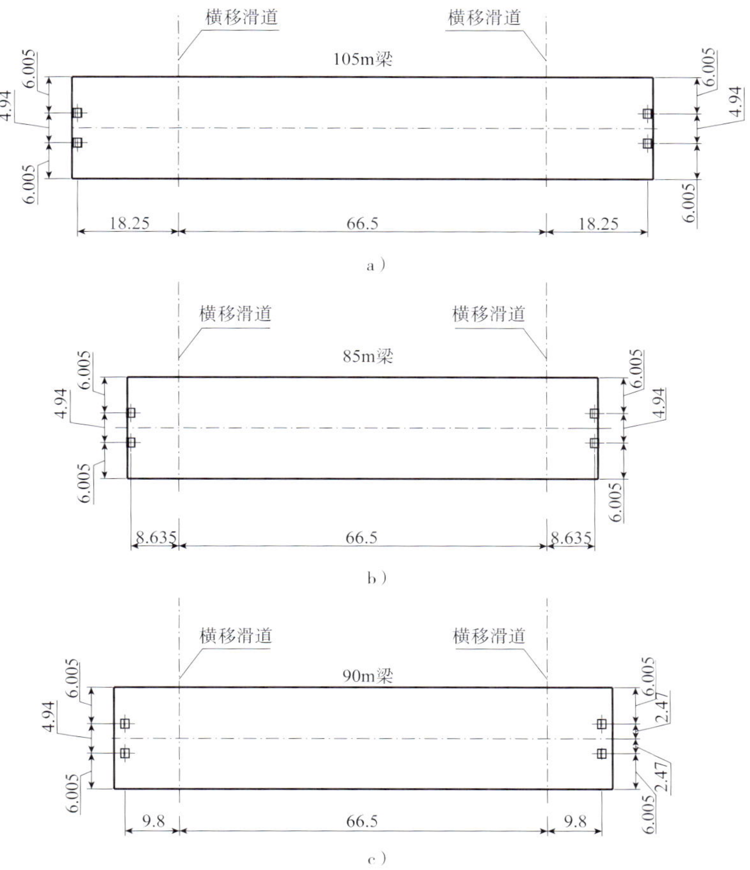

图 4.8-3　存梁台座尺寸布置图

a）预制场 105m 梁存梁台座布置图；b）预制场 85m 梁存梁台座布置图；c）预制场 90m 梁存梁台座布置图

4）平曲线对梁端对接影响的控制方法

在平曲线段上的组合梁沿设计道路前进向的上下游侧长度存在差异，其槽形钢梁的端头切割也不能单一的靠桥梁结构中心线处的尺寸控制，此时的控制原则是沿过桥梁结构中心线的梁长控制点垂直于平曲线的方向（径向）切割。解决该问题的方法是：推算钢箱梁梁端底板与腹板焊接处的理论梁长，获得箱梁横断面上底板两侧的切割控制点，两切割控制点的连线即为平曲线段梁端横向切割控制线。再根据切割控制原则，参考理论值画线。

5）富余量

在制造精度满足设计要求的情况下，富余量的存在使梁体整体被伸长，理论上将这多余部分切割掉，便可满足梁的设计要求。制造时，三种梁型的富余量均设为 3cm。

4.8.3　现场实测及画线

1）梁体转角测量

在钢梁两端 10m 节段拼装处于水平位置时，把倾角仪至于底板上进行初值（α_0=0°）设定。在组合梁模拟架梁时，倾角仪置于箱梁两端底板处，读取转角仪读数 α_1，按上文规定，α_1 即实际转角余量。梁体转角测量示意参见图 4.8-4。现场采用美国 Anglestar 数显倾角仪（图 4.8-5）在梁端进行转角实测，仪器型号为 Anglestar DP-20，测量精度 0.01°。

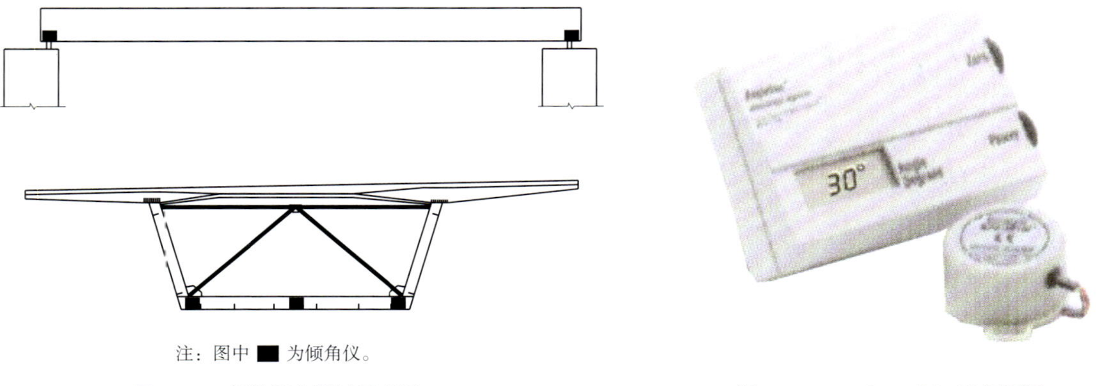

注：图中 ■ 为倾角仪。

图 4.8-4　梁体转角测试示意图

图 4.8-5　Anglestar DP-20 展示图

2）梁体转角测量方法

（1）倾角仪的调零：槽形钢梁上总拼胎架是由运梁台车运输的，运梁台车上的液压系统可以对梁段的位置高低进行调整，当梁段被调整到水平位置时，安装倾角仪，并调零。

（2）梁体转角测量：模拟架梁时读取转角仪读数，即为实测转角 α'。为保证精度，需测量 5~8 个点取平均值。实测结果与理论分析较为接近（表 4.8-5）。

105m 组合梁（LX3）转角实测值与计算值对比表　　表 4.8-5

测试工况	南端实测转角（°）	北端实测转角（°）	理论转角（°）
四点支撑	0.25	0.24	0.28
浇筑混凝土	0.23	0.23	0.28
两点支撑	0.13	0.10	0.17
模拟架梁	0.17	0.18	0.20

3）梁体长度测量

依据现场测量网获得实测结果，要求在 20℃左右进行。未达到测量温度时需对其结果进行修正。

4）梁场画线

墩顶合龙的顺利进行，确保了钢梁线形满足要求。梁场画线的实施奠定了良好基础。通过梁场模拟架梁对切割线进行画线，考虑温度对梁体变形的影响，要求在 20℃左右切割。为了避过桥墩施工误差和支座安装误差，在预制现场按基准温度做好配切画线，到桥位处现场切割。

4.8.4　墩顶施工控制

架设好的单孔钢-混凝土组合梁通过简支状态下的四组支承千斤顶的三向调整使梁端对接口断面的三向偏差在焊接允许范围内，然后进行梁端对接断面的焊接，形成组合梁连续。

由于模拟架梁时存梁台座模拟了架梁工况的梁底的高程差，并进行画线，为了桥上切割的方便和结合组合梁预制现场施工条件的便利，事先在梁场就将梁体的一端进行切割并按技术要求进行毛边处理，在桥墩上这条边被定位基准边，按现场实际情况，再按照对接理论，参考理论数据画线。下面以 LX2–LX3 环缝为例，进行具体对接施工介绍。

1）墩顶钢梁架设

墩顶钢梁架设及顶落梁工艺较为复杂，架梁时，组合梁落梁于临时支座上，临时支座结构下为滑动副，在施工中滑动副需要进行系列组合操作，滑动副会在不同支点断面来回移动到用。各种支点断面布置如下。

（1）105m 组合梁 2 种支点断面

A 断面：中墩临时支座断面，施工中用于单孔组合梁架设及三向可调定位、墩顶顶落梁，对应的施工设施简称滑动副 A。架梁时墩顶布置 2 套滑移副 A，配置 4 台 600t 千斤顶。顶梁时布置 4 套滑移副 A，配置 8 台 600t 千斤顶。

M 断面：永久支座断面，组合梁最终支撑断面，施工过程中用于梁体纵横向定位、倒顶，对应的施工设施简称滑动副 M。断面沿桥纵向布置如图 4.8–6。

（2）85m 组合梁 2 种支点断面

A–1 断面：边墩临时支座断面，施工中用于单孔组合梁架设及三向可调定位，对应的施工设施简称滑动副 A–1，布置于支座垫石内侧。布置 2 套滑移副 A，配置 4 台 600t 千斤顶。

M 断面：永久支座断面，组合梁最终支撑断面，施工过程中用于梁体纵横向定位、倒顶。对应的施工设施简称滑动副 M。断面沿桥纵向布置如图 4.8–7 所示。

（3）90m 组合梁 2 种支点断面

A 断面：中墩临时支座断面，用于单孔组合梁架设及三向可调定位、墩顶顶落梁；架梁时墩顶布置 2 套滑移副 A，配置 4 台 600t 千斤顶。顶梁时布置 4 套滑移副 A，配置 8 台 600t 千斤顶。

A–1 断面：边墩临时支座断面，施工中用于单孔组合梁架设及定位，对应的施工设施简称滑动副 A–1，布置于支座垫石内侧。

断面沿桥纵向布置如图 4.8–6~ 图 4.8–8 所示。

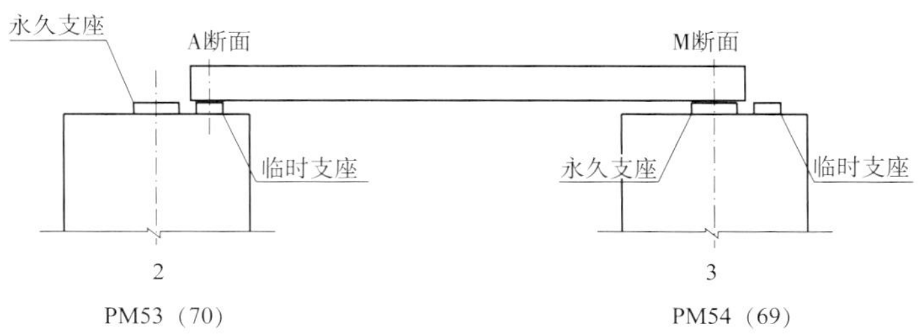

图 4.8–6　105m 组合梁支撑断面

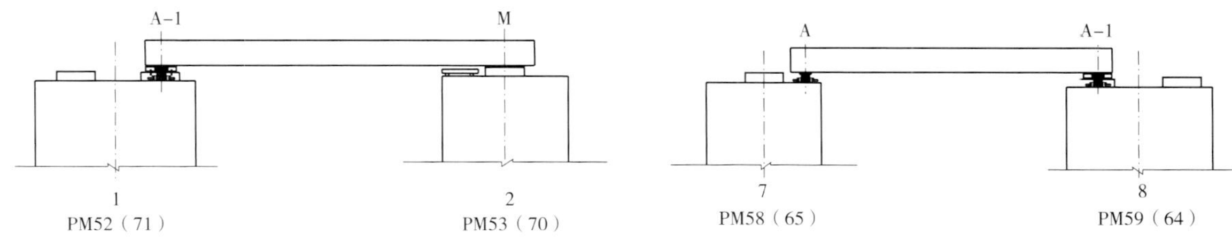

图 4.8–7　85m 组合梁支撑断面

图 4.8–8　90m 组合梁支撑断面

（4）滑移副介绍

为保证钢梁架设及顶落梁时临时支点受力位置的准确性，架梁之前在墩顶放出滑移副中心线，并将滑移副精确摆放在相应位置上。

滑动副 A：滑动副 A、滑动副 A-1 区别在于：滑动副 A-1 与滑动副 A 布置位置不同，因此滑动副 A-1 结构方案可参考滑动副 A（图 4.8-9）。

滑动副 A 组成为：2 台 600t 千斤顶、顶上抄垫板（钢板与橡胶板组合）、水平移动千斤顶、滑移副、机座及配套油泵。在进行调梁作业时，50t 千斤顶直接作用在下滑移的挡板及上滑移二。待钢梁精确定位后，将上滑移和下滑移进行临时锁定。

单联滑动副 A 总数需要 6 套。为满足架梁进度，本工程需要滑动副 A 总数 12 套，至少满足 2 联组合梁架设进度要求。

滑动副 M：每孔梁在架设过程中，通过滑动副 A 和滑动副 M 共同调整，使其精确定位；调整后，焊接环焊缝呈连续结构，滑动副 A 退顶，组合梁落于滑动副 M 上。因此滑动副 M 是墩顶作业过程的主要受力构件（图 4.8-10）。

图 4.8-9　滑动副 A

图 4.8-10　滑动副 M

由于钢梁在架设时，梁底高程较实际高程低，因此，M 滑移副能利用的空间受到严格的控制，其中 PM54（69）、PM57（66）墩顶为最小：23.5cm（支座高度）-15cm（梁底降低）+2.5cm（垫石找平层）=11cm。考虑墩顶施工的方便，M 滑移副的构造为：下滑移（30mm）+ 镜面不锈钢板（3mm）+ MGB 板（10mm）+ 上滑移（50mm）+ 钢垫板（△）=9.3cm+ △。厚度为△的钢垫板直接放在上滑移上。由于油顶的直径是 12.5cm>11cm，在调梁 [PM54（69）、PM57（66）] 时，用可拆装的反力架将顶的位置引伸至支座垫石之外。别的墩顶调梁时，可直接将油顶作用在 *M* 滑移副的反力架上。调梁结束后，将上滑移和下滑移进行临时锁定。

2）环缝切割

先测量 LX3 处支座垫石与钢梁支座垫板中心偏差 Δ，然后以 LX2 端头切割端为基准，考虑架梁引起的墩中心偏移、焊接收缩、温差影响，按 Δ-10mm 在 LX3 的端头画线并进行余量切割，完成环缝的切割，考虑温度对梁体变形的影响，要求在 20℃左右切割。环缝切割示意图如图 4.8-11 所示。第一联（LX1~LX7）环缝切割记录汇于表 4.8-6。

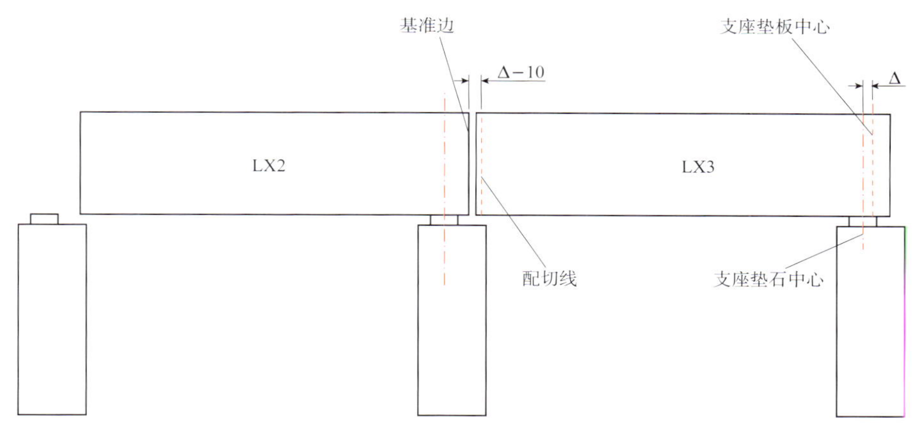

图 4.8–11　环缝切割示意图

105m 组合梁 – 钢梁墩顶切割顶数据记录　　表 4.8–6

梁号（第一联）	记录内容（cm）							备注
	架梁时支座中线与垫石中线实测距离（cm）	横向		环缝纵向空隙距离（最大、最小）（cm）	端头余量画线切割量（cm）	定位后支座中线与垫石中线实测距离（cm）	环缝纵向空隙距离（最大、最小）（cm）	
		南端	北端					
LX 1	15.0	2.0	3.0	3.0~6.0	9.0~12.0	<0.3	1.0	支座允许偏差 1.0cm；考虑施工过程中有 0.5cm 墩顶偏移
LX 2	LX2 支座被定位，其基准边作为参考							
LX 3	14.5	4.0	5.0	8.5~10.0	5.0~3.5	<0.2	0.7~1.0	
LX 4	16.0	8.0	5.0	6.0~12.0	10.0~4.0	−0.5	1.0~1.5	
LX 5	10.5	3.0	3.0	0~2.0	第一次 3.5 第二次 5.0	<1.0	0~0.5	
LX6	15.0	4.0	4.0	0.5~7.5	第一次 10.5~3.5 第二次 4.0	0.2	0.5~1.0	
LX7	9.0	2.0	2.0	1.0~5.0	4.0~8.0	0.1	0.4~0.8	

注：1. 架梁时支座中线与垫石中线实测距离亦即架梁时的纵向偏差，架梁纵向精度控制为 15.0cm。
2. 横断面的对接，其值均在控制范围内。
3. 竖向控制采用三向千斤顶和加垫钢板相结合，架梁之前已控制好高程，架梁后作微调。
4. 经观测，在组合梁架设后，某些墩顶存在 0.5~1.0cm 的偏移，可在相邻片梁架设完成后，又反向偏移回去。

3）纵移就位

整孔钢梁 LX2 和 LX3 架设完成后，按墩顶布置要求，先将 LX2 调整就位，然后以 LX2 为基准将 LX3 的竖向高程和横向调整到位后，即可进行钢梁的对位工作。

环缝切割完成后，将 LX3 纵移就位，就位时主要对位支座垫石与钢梁支座垫板中心，并兼顾环缝的间隙情况，控制其在标准公差范围内。纵向调整到位后再根据环缝端口匹配情况适当地进行竖向和横向的精细调整。后续梁亦按此法进行逐孔对接，如图 4.8–12。

4）环缝拼装和焊接

（1）环缝拼装要求

根据《铁路钢板制造规范》（TB 10212—2009）和《上海崇明越江通道长江大桥工程深水区 105m

钢-混凝土组合箱梁焊接工艺评定试验总结报告》的要求。板厚 $t < 25\text{mm}$，对接高低允许偏差为 0.5mm；板厚 $t \geq 25\text{mm}$，对接高低允许偏差为 1.0mm；对接间隙允许偏差 1.0mm。节段对接焊缝采用开 Y 形坡口、CO_2 气体保护焊打底埋弧自动焊填充盖面的焊接工艺，焊缝间隙允许值 7~10mm，如图 4.8-13 所示。

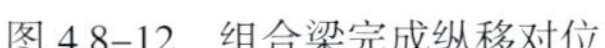

图 4.8-12　组合梁完成纵移对位

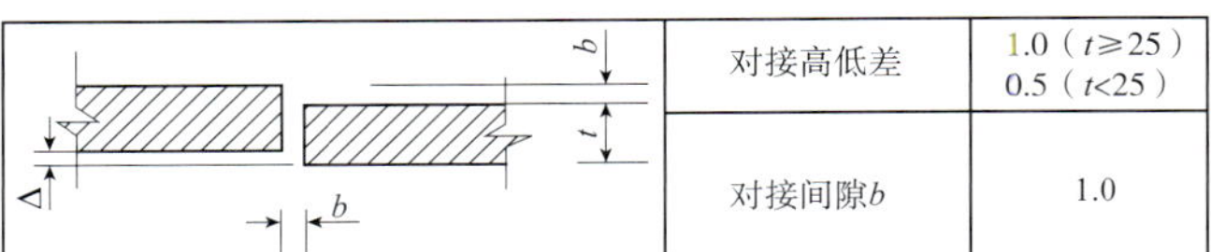

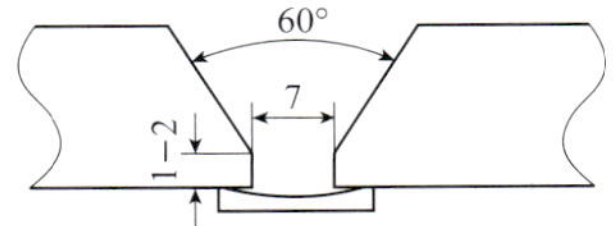

图 4.8-13　钢梁对接允许偏差及对接焊缝示意图

（2）环缝拼装

在两孔梁线形、高程、横向调整到位，以及切割完成后开始进行环缝的拼装，环缝拼装要求保证两对接端口达到允许偏差要求，并采用码板将两对接端口刚性固定。

（3）环缝焊接

钢梁截面为槽形结构，单条环缝由底板、两侧腹板、两侧顶板对接焊缝组成。焊接前检查各相对应的对接坡口的平整度及焊接间隙，调整好平整度及间隙后依次进行腹板、底板、顶板的平对接焊接。环缝的对接焊均采用反面贴陶质衬垫，CO_2 或手工焊单面焊双面成形的焊接工艺。环缝焊接的顺序为：由两名焊工在两侧对称施焊腹板，焊接时采取由下向上，由中间向两边施焊的顺序进行，腹板焊接完成后再进行底板的焊接，最后再进行两侧顶板的焊接，以减小焊接产生的变形。

（4）调校

每一条环缝焊接完成后，撤去刚性固定的码板和其他辅助设施，使钢梁处于自由状态然后进行焊后平面度的测量，根据测量的结果进行焊后调校。

（5）嵌补段拼装焊接

每一条环缝焊接完成并进行无损检测合格后，开始拼焊环缝间的嵌补段。

（6）剪力钉焊接

环缝焊接完成后，划出底板剪力钉的定位线，并完成剪力钉的焊接。

4.8.5　施工过程控制措施

1）确保钢梁精确对位所预制梁场采取的措施

（1）严格控制桥面板钢筋定位精度。确保桥面板与钢槽形梁叠合和墩顶对接焊的顺利。

（2）设置刚度大、精度高的节段拼装胎架和总拼胎架，并采取了孔加一措施。高精度、大刚度的胎架设置保证了组合梁线形流畅，预拱度满足要求；节段在梁场制造时采取孔加一措施，保证两孔梁匹配端口横断面对接准确无误。

（3）梁场模拟架梁措施。组合梁预制完毕后，横移至存梁台座，进行模拟架梁，其目的是测量成品梁的线形，对墩顶合龙需要切割的钢梁余量进行画线。存梁台座的中心距离与桥墩中心距离一致，以达到模拟效果。

（4）钢梁端头画线。画线在 20℃时在梁场进行，当温度有变化时则进行修正，切割线通过底板切割点沿铅垂向，切割线包括富余量及转角余量，并考虑架梁线形影响。为考虑墩顶合龙需要每片梁预留 3cm 富余量。

（5）倾角计实测梁端转角。为验证理论分析结果，现场采用美国 Anglestar 数显倾角计在梁端进行转角实测，仪器型号为 Anglestar DP-20，测量精度 0.01° ，实测结果与理论分析较为接近。

2）钢梁精确对位墩顶施工

墩顶合龙精度要求高，根据工艺，板厚 $t < 25$mm，对接高低允许偏差为 0.5mm；板厚 $t \geqslant 25$mm，对接高低允许偏差为 1.0mm；对接间隙允许偏差 1.0mm。节段对接焊缝采用开 Y 形坡口、CO_2 气体保护焊打底焊接工艺，焊缝间隙允许值 7~10mm。

钢梁合龙施工工序如下：组合梁架设→相邻孔通过墩顶滑移副粗调→梁端对接处模拟画线修正→利用自动爬坡切割机切割余量→精调→焊缝码板安装→环缝焊接。在两孔梁线形、高程、横向调整到位后，进行环缝切割，之后进行精调，然后进行环缝的拼装，环缝拼装要求保证两对接端口达到允许偏差要求，并采用码板将两对接端口刚性固定。焊接前检查各相对应的对接坡口的平整度及焊接间隙，调整好平整度及间隙后依次进行腹板、底板、顶板的对接焊接。环缝的对接焊均采用反面贴陶质衬垫、CO_2 单面焊双面成形的焊接工艺。

通过梁场模拟架梁对切割线进行画线，为墩顶合龙的顺利实施奠定了良好基础。确保了钢梁线形满足要求。

钢结构主要要求保证结构的线形、尺寸和焊缝质量。主要是通过工艺、设备、焊接材料、作业人员的熟练程度来达到这些要求。

（1）外观

主要包括焊缝的外观成形和钢梁的平面度。对于焊接后的焊缝有表面缺陷的，均采取气刨或打磨的方式来提高焊缝的美观度。环缝焊接时，局部位置会产生一定的角变形，焊后主要采取火焰矫正的方法来控制其变形。

（2）工艺

环缝焊接时，最主要是要减小焊接所产生的变形，以保证钢梁的平面线形和预拱度符合要求。我们在环缝焊接时，首先采取合理的焊接工艺参数，尽量采用较小的线能量输入，小电流、快速焊，多层多道焊，严格控制层温，减小热输入产生的内部拘束应力和焊接变形；其次，采用合理的焊接顺序，先焊接焊接量较小的腹板，并采取从中间向两边，由下向上的焊接顺序，然后再焊接底板，最后焊接底板。焊接完毕采取相应的措施，如后热、焊后保温、锤击等，以减小应力集中，防止裂纹及焊接变形的产生。

3）焊缝内部质量

在焊接时严格按照焊接工艺评定试验的方法及焊接参数来做，经检测公司检测，环缝超声波及 X 射线一次检验合格率均为 100%。

4）施工过程中注意事项

（1）对前面已经架设的组合梁应该及时调整对接。

（2）箱梁预制时对梁长设置的预留量（30mm）精度要控制严格，箱梁自由端钢板毛边较大应该在预制场内做好处理；否则，会因组合梁梁体偏长合梁端毛边未切割影响了组合梁的架设。

（3）环缝余量的切割，应当满足在调梁到位后，首先满足支座中线与墩顶垫石中线重合，且其梁间缝隙达到要求。若因切割误差或其他原因，造成梁间缝隙略微超出制造要求，在无法使用焊接方法补救的时候，支座中线与墩顶垫石中线在调梁时，可以有在规范允许范围内的偏差，以矫正缝隙，完成焊接。

（4）处于墩顶的钢梁对接焊接不宜对两条同侧的环缝进行同时施焊，以避免焊接收缩产生内应力，但可以对焊好梁体两侧的环缝同步进行逐条焊接。

4.8.6 体系转换

1）临时支座设计和安拆

（1）主要研究内容

①垫石上方 M 滑移的结构形式及布置；

② M 滑移、A 滑移上钢梁的纵横移；

③钢梁的精确对位。

（2）总体思路

因钢梁在架设时，梁底高程比成桥后梁底高程低，在架梁时钢梁的一端落梁于支座垫石上方，而支座垫石顶面距梁底的高差是很有限的。为保证在进行钢梁纵横移时，千斤顶有足够的空间及操作的简便，而采用了此滑移副系统。该滑移副系统自重轻，吊装、拆除方便，在移梁时千斤顶便于放入，且不用借助附加反力架装置。

（3）形式比选

在进行滑移副设计时，考虑了如图 4.8–14、图 4.8–15 中的两种方案。

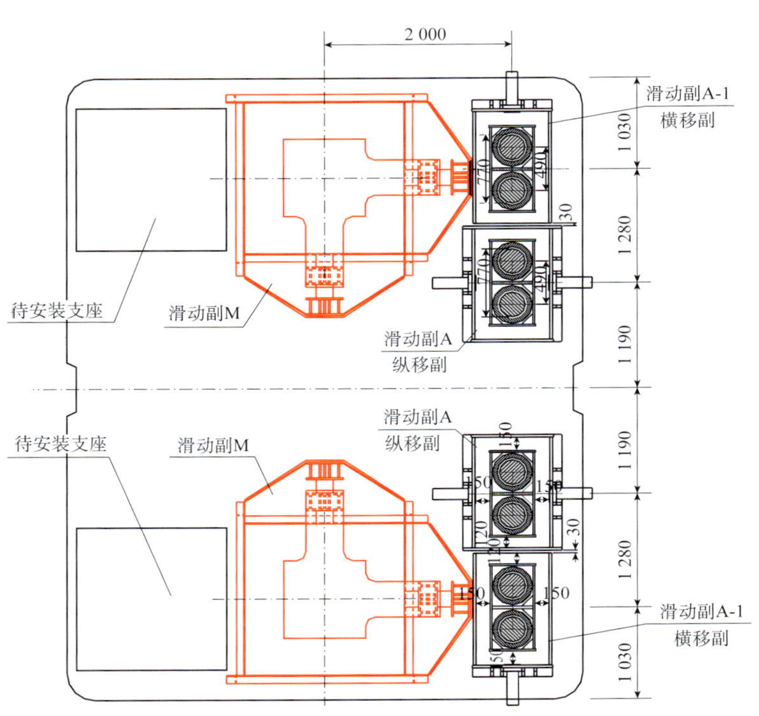

图 4.8–14　滑移副设计图（方案一）（尺寸单位：mm）

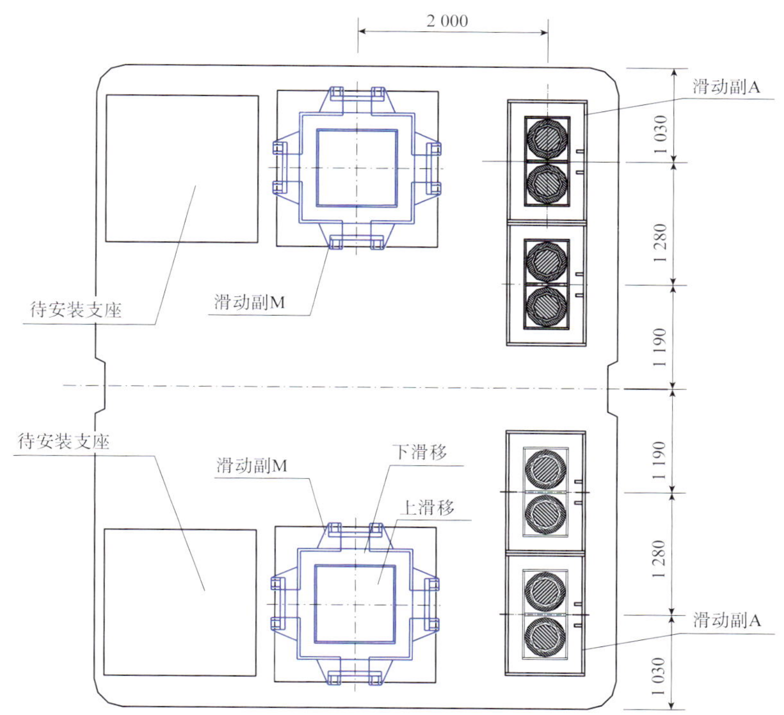

图 4.8-15 滑移副设计图（方案二）（尺寸单位：mm）

方案一：M 滑移结构复杂，自重大，加工、吊装及拆除都很困难，尤其在拆除时必须先将上滑移进行切割、解体；且该结构在千斤顶反力架处容易变形。在调梁时 A-1 滑移用于横向调节，A 滑移进行纵向调节，这使得架梁状态时滑移副的数量翻了一倍。如在架梁时钢梁纵向偏差较大，受到 M 滑移的影响，钢梁纵移量不能满足要求。

方案二：该方案中，M 滑移结构简单，吊装拆除都较方案一方便，结构自重轻，考虑移梁时千斤顶方便放入，千斤顶反力架采用一块 5cm 的板条，板条是活动的，先将千斤顶放入后，再把板条插入，并可进行钢梁的纵横移操作。在吊装、拆除时，上下滑移只需一次并可完成吊装。直接用 A 滑移的下滑移当作千斤顶的反力架，每个 A 滑移内均可进行钢梁的纵横移。在钢梁架设时只需布置外侧的两套 A 滑移即可，如遇钢梁纵向偏差较大的情况，可将下滑移的挡边割掉，垫上和下滑移等高的钢板，把上滑移继续往外顶即可。进行顶梁作业时再将内侧的两套 A 滑移吊装到位（此时别的墩顶架梁用 A 滑移可以进行倒用）。经比较在施工中采用了方案二。

（4）临时支座安装拆除及钢梁纵横移施工关键工序

① M 滑移副的安装、拆除

M 滑移的安装：M 滑移结构焊接完成后，将镜面不锈钢板放入下滑移内，在不锈钢板表面涂上黄油，再将 MGB 板 及上滑移吊装到位。用吊船将 M 滑移系统一次吊装到支座垫石上（吊装前先测量垫石顶高程及垫石的理论中线，并弹出垫石中线）。吊装 M 滑移时，将垫石表面清理干净，滑移副的中线和垫石中线应严格对准。精确计算出梁底距上滑移顶面的高差，以便进行钢板的堆码（钢板顶面高程误差控制在 2mm 以内）。为防止上滑移和下滑移之间发生相对移动，在钢梁架设前及钢梁调整到位后，用钢垫块将上滑移四个方向进行抄垫。M 滑移的安装如图 4.8-16 所示。

M 滑移的拆除：当落梁工作进行到顶的最后一次行程时，并可将 M 滑移抽出，此时由于滑移架上方受钢梁的影响，不能使用吊机直接拆除滑移副。而用固定在工作船上的卷扬机在桥面设置吊点的方案将滑移副吊下墩顶。M 滑移的拆除如图 4.8-17 所示。

图 4.8–16　M 滑移的安装

图 4.8–17　M 滑移的拆除

② A 滑移副的安装、拆除

A 滑移的安装：A 滑移系统由下滑移（滑移架）、镜面不锈钢板、MGB 板、上滑移、油顶及钢板组成。滑移架焊接完成后，按图 4.8–18 中的顺序将下滑移上滑移进行拼装（在镜面不锈钢板和 MGB 板之间均匀涂抹黄油），用吊船将上下滑移一次吊装至墩顶。吊装之前将墩帽清理干净并弹出 A 滑移的中线，以便精确对位。将 A 滑移吊装到位后，将上滑移内的焊渣及杂物清理干净，吊装油顶到上滑移内。油顶上方堆码钢板的高度应比梁底距油顶顶面高度小 4cm 左右，便于拆除滑移系统时钢板方便抽出。当一个墩顶两侧钢梁均架设完毕后，启动千斤顶，将钢梁的自由边和基准边精确对位，横断面对接误差控制在 2mm 以内。为防止上滑移和下滑移之间发生相对移动，在钢梁架设前及钢梁调整到位后，用钢垫块将上滑移四个方向进行抄垫。

A 滑移的拆除：当墩顶钢梁环焊缝焊接（落梁工作）完成后，并可拆除墩顶 A 滑移系统。首先将油顶上方钢板拆除，用滚筒、撬棍将油顶及滑移副移至桥墩两侧，再用固定在工作船上的卷扬机在桥面设置吊点的方法将滑移副吊下墩顶。

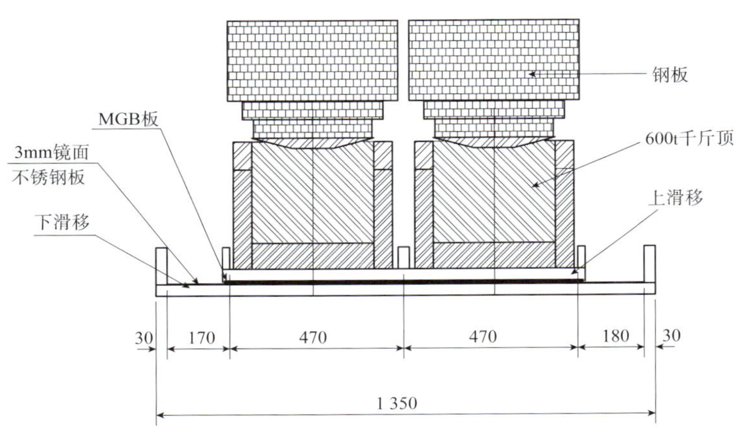

图 4.8–18　滑移副 A 的结构（尺寸单位：mm）

在吊装、拆除滑移系统时，吊重不能超过卷扬机、钢丝绳的承载能力，随时检查钢丝绳是否有损坏现象，以便及时进行更换。

（5）施工进度情况

A、M 滑移副系统结构简单，自重轻，使得吊装和拆除方便、快捷，进行墩顶布置时，每天能完成 4 个墩顶的布置，两个墩顶的拆除。有效保证了钢梁架设的进度和设备的倒用时间。

2）体系转换施工

（1）总体思路

上海长江大桥 105m 钢–混凝土组合梁采用先简支后连续的施工方法。采用顶落梁的方式给墩顶段施加预应力，钢梁架设时梁底高程比成桥后梁底高程低，钢梁焊接完成并浇筑底板双结合段混凝土后，进行钢梁的顶梁工作，顶梁时根据梁体需储备的预应力来确定钢梁的顶升和回落高度。钢梁顶升到位后，浇筑墩顶桥面现浇段混凝土，待混凝土强度、弹性模量均达到设计值的 95% 后，张拉桥面横向预应力束，落梁、安装支座，并进行支座压浆，待浆体强度达到设计强度后，将组合梁落于永久支座上。顶落梁工作从中间（两个固定墩）向两边同步进行。

（2）顶落梁施工关键工序

墩顶环焊缝焊接完成后，浇筑底板双结合段混凝土，待混凝土强度、弹性模量均达到设计值的 85% 后，开始墩顶的顶梁工作，钢梁达到设计顶升高度后，开始桥面现浇段钢筋的绑扎和支模并浇筑桥面现浇段混凝土；桥面现浇段混凝土强度、弹性模量均达到设计值的 95% 后，进行现浇段横向预应力束的张拉、压浆；之后进行墩顶落梁工作，当油顶活塞到最后一次行程时，安装支座；并对支座进行压浆及上摆螺杆预留孔混凝土的浇筑；待支座压浆强度达到设计强度后，将钢梁最终落于永久支座上。倒顶进行下一个循环的顶落梁工作。顶落梁顺序：PM55（68）、PM56（67）→ PM54（69）、PM57（66）→ PM53（70）、PM58（65）。

①顶落梁时千斤顶的选择及布置

按设计顶升高度，墩顶顶落梁最大顶升力约 30 800kN，取安全系数为 1.5~2，选用 8 台 600t 千斤顶进行顶落梁工作。在布置油顶时，为保证油顶及墩顶受力的均匀，油顶下用钢板抄垫（钢板的抄垫厚度≥ 5cm）。在墩顶凹槽处，采用钢架抄垫找平。为防止在顶梁过程中钢梁发生较大变形，油顶中线和钢梁临时支点横梁 H4–2 加劲板中线及梁底支垫板中线严格对准。油顶布置时，横桥向用钢尺从梁边量测各油顶的具体位置，并在梁底找平板上划线做出标记。顺桥向以梁底找平板中线为准。千斤顶布置见图 4.8–19。

②顶落梁作业技术要求

在顶落梁过程中油顶、油泵、油路是该工序的关键。作业时，操作人员应严格按规范操作，并随时进行沟通。仔细观察各部件的情况，及时处理各种可能存在的问题。

a. 油泵在灌油时应经过滤，并把油箱、泵体管路清理干净。根据油的变质、混浊情况定期更换新油。顶梁时是一台油泵同时为 4 台油顶供油，因此应随时检查油箱内油位以便及时补充新油。

b. 开机前泵内各容油空间可能充有空气，空气的存在将产生压力不稳，流量不足，甚至不升压等现象。因此，必须先打开控制阀，让油泵空运转至油液中无气泡排除为止。

c. 在顶落梁时油表的最大压力不能大于 65MPa。当油表压力达到 65MPa 时，应立即停止作业。

d. 施拧截流阀、截止阀及扳动换向阀时，不应用力过猛，以免产生液压冲击和损坏阀口。

e. 4 台油顶通过一个五通阀并联在同一台油泵上，进油管上的五通阀通过 4 个单项阀和四根进油管相接（由于空间的限制，其中两个单向阀通过一根 30cm 的短油管从五通引出后再和进油管相连）。在进行倒顶及持续保压时应将单向阀拧紧，并观察单向阀是否漏油。

f. 在安装油管之前应将油嘴、油管清理干净，将进油管、回油管加以标识，防止油管接错现象的发生。油顶安装到位后应空载试运行，观察油顶的工作状况是否正常。

当墩顶底板双结合段混凝土强度、弹性模量达到设计值的 85%；边墩支座压浆达到设计强度，将钢梁落于永久支座上后。并可开始钢梁的顶升工作。在顶梁过程中，钢梁会发生转角位移。因此，在钢梁顶升前，所有墩顶 M 滑移上方均应垫上橡胶板。同时将各墩顶 M 滑移纵横向进行临时锁定（纵向：固定墩处高低墩侧均需超垫，并保证无位移；活动墩处在低墩侧超垫）。

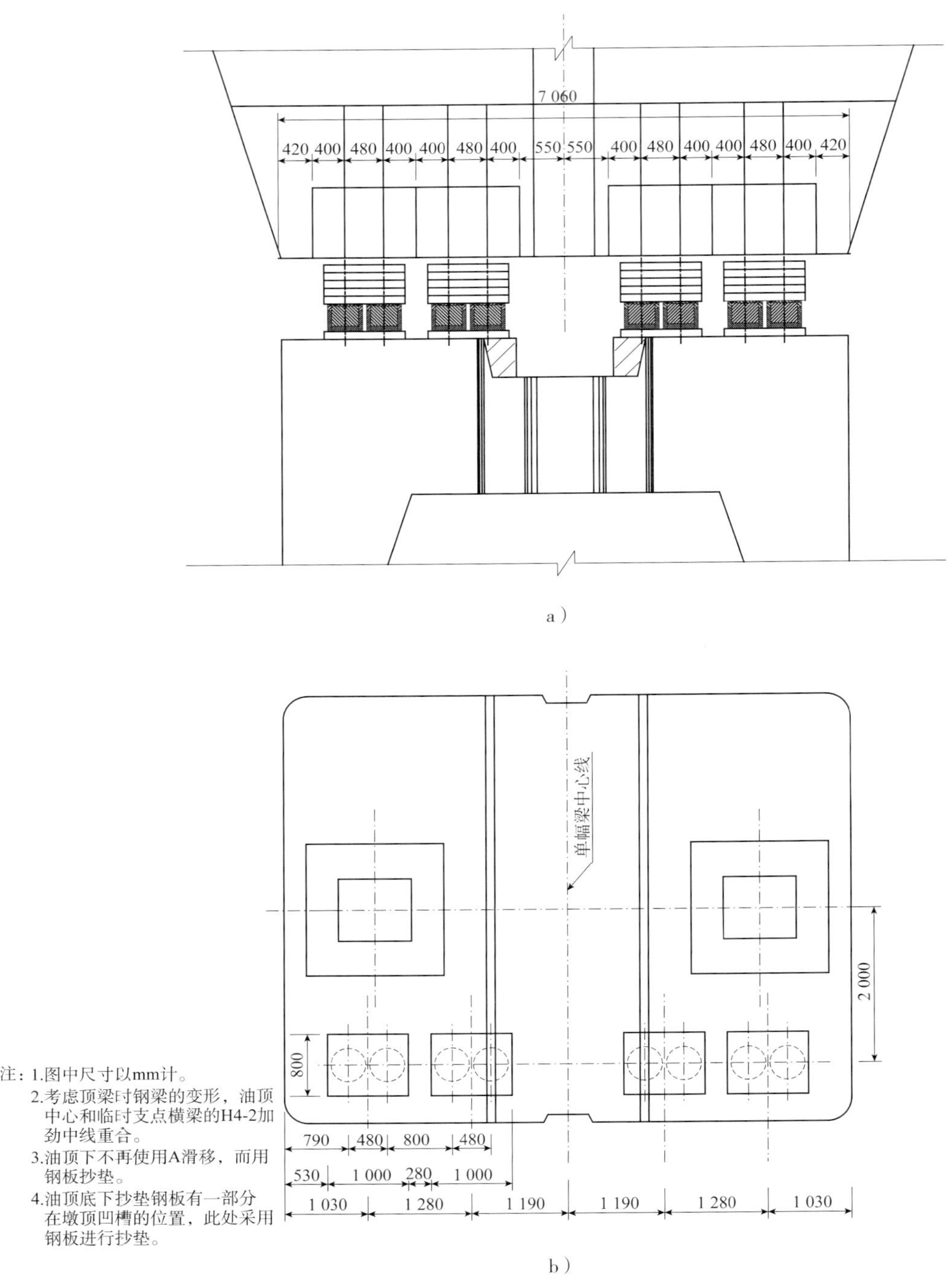

图 4.8-19　千斤顶布置图

a）墩顶油顶正面布置图；b）墩顶油顶平面布置图

在顶梁时每个墩顶的油顶应同步顶升，防止钢梁受扭，同一断面钢梁底板两侧高差在顶升落梁过程中必须控制在 5mm 以内，即确保钢梁不受扭，此项工作是顶落梁工序的关键所在，必须严格执行。顶落梁工序中钢梁底板两侧应安装刻度装置，派两人专门读取数据，确保同步顶落梁，同时应观测两个油泵的油压表读数，进行油压与刻度双控措施。

在顶落梁工序中千斤顶起顶以为 5cm 一级数，在一个级数内及时地进行千斤顶保险和 M 滑移副抄垫，顶落梁工序应缓慢、安全、有序地进行，相邻两个墩的顶升（落梁）量控制在一个级数内（即 5cm）。当油顶活塞达到规定级数后，在 M 滑移上方堆码钢板作为倒顶支点；抄垫到位后，松顶回油，并在油顶上加高钢板继续顶升钢梁。如此循环，直至钢梁达到设计顶升高度，落梁于 M 滑移上，并将上滑移进行临时锁定（图 4.8-20~ 图 4.8-23）。各墩顶顶升回落量如表 4.8-7 所示。

图 4.8-20　千斤顶布置方式

图 4.8-21　千斤顶吊装

图 4.8-22　墩顶顶落梁

图 4.8-23　支座安装

各墩的顶升、回落量　　表 4.8-7

支　点	第一步顶升量	第二步回落量
55（68）号墩和 56（67）号墩	60cm	50cm
54（69）号墩和 57（66）号墩	35cm	20cm
53（70）号墩和 58（65）号墩	25cm	20cm

钢梁顶升到位后，进行桥面现浇缝钢筋的焊接（在顶梁前桥面钢筋可先绑扎，但现浇段内纵向钢筋必须在梁顶到位后才能焊接），浇筑混凝土；待混凝土强度、弹性模量均达到设计值的 95% 后，进行桥面横向束的张拉、压浆。

张拉、压浆工作完成后，同时起顶两个墩上的油顶，抽出 M 滑移上方的钢板（每次抽出钢板的高度不能大于油顶活塞的伸出长度）；松顶回油，将梁落于 M 滑移上，抽出油顶上方钢板；如此循环，直至油顶的最后一次行程时，抽出 M 滑移及其上方的所有钢板，进行支座的安装。此时可以开始浇筑下一循环顶落梁墩顶底板双结合段混凝土的浇筑工作。

③支座安装及灌浆

支座预先布置于墩帽上，当落梁至油顶的最后一次行程时，进行支座的安装工作。利用千斤顶、滚筒等工具将支座从墩帽上移至支座垫石上。支座中线和垫石中线、钢梁找平板中线精确对位后，安装支座上下钢套筒（图 4.8-24、图 4.8-25）。

图 4.8-24　支座预留孔灌浆

图 4.8-25　完成支座安装

技术要求：支座中心线应与主梁中心线平行，其交叉角不得大于 5°；在安装支座时，通过计算确定支座顺桥向预留偏差值。

支座安装前将支座锚栓孔内的水及其他杂物全部清理干净，待支座安装到位后进行支座的压浆。压浆所有材料均需按实验部门提供的配合比进行严格计量。压浆完成后随时检查支座底是否有间隙（尤其是支座锚栓孔处），以便及时处理。同时压浆不能太高，以免造成支座临时锁定没法拆除及覆盖下摆上的标尺等现象。每个墩顶在压浆时均应做 3 组试样（每组为 3 个 70.7mm × 70.7mm × 70.7mm 立方体试件）。支座压浆配合比如表 4.8-8 所示。

支座孔压浆配合比　　表 4.8-8

设计强度等级	材料	水泥	黄砂	膨胀剂	水	外加剂
50MPa	产地规格	嘉新 P.I52.5	闽江中砂	武进 AEA	饮用水	陶正 SXI
	配 合 比	1.00	1.00	0.01	0.36	0.008
	每立方米用量（kg）	880	880	88	317	7.04

注：流动度：100~140mm，抗压强度：R_{28}=65MPa。

第5章 预制墩柱设计与施工技术

YUZHI DUNZHU SHEJI YU SHIGONG JISHU

5.1 概述

5.1.1 地形、地貌与工程水文

上海长江大桥工程是崇明越江工程的组成部分，大桥近期按高速公路标准设计，双向六车道，设计行车速度 100km/h，桥梁预留远期轨道交通空间。长兴岛大堤至崇明岛大堤之间水域全长约 8.5km，非通航孔总长约 6.62km，为 50m、60m、70m 及 105m 的跨度组合。

本工程所处的水港工程近几年结合长江口整治工程，河势基本稳定。图 5.1–1 为河道地形图，长兴岛地面高程约 2.6~2.8m，大堤高程约 5.8m；崇明岛地面高程约 3.3~4.6m，大堤高程约 5.9m。水域部分由于受径流和潮流的作用水下地形复杂，北港水域江底呈现南北两个水道，南水道宽约 4.2km，呈宽状“U”字形，水深 16~18m，江底略有起伏，幅度约 3~4m；北水道宽约 800m，最大水深约 16m。

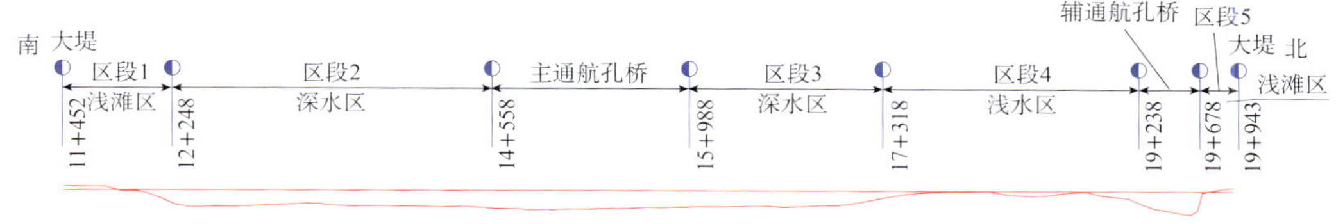

图 5.1–1　河道地形图

工程地处长江三角洲外缘近海处，该区域属于亚热带海洋性季风气候，受台风影响较频繁，百年一遇的设计风速为 39.6m/s。桥位处断面涨、落潮流向与桥轴线基本垂直，潮流的运动形式为往复流，最大流速为 1.86m/s。实测最高潮位为 5.67m（吴淞高程），50 年重现期最大设计波高 $H_{1\%}$ = 3.4m。

5.1.2 预制墩柱选用背景

深水区域墩柱采用大节段预制拼装墩柱主要有以下优点。

（1）墩柱可在桩基施工的同时于预制场同步进行施工，不受水上恶劣自然条件的限制，全天候施工。这样就大大减少了水上施工作业工作量，提高了工作效率，加快了墩柱结构的施工速度。

（2）墩柱等截面且大部分构件尺寸相同，可使模板利用率达到最高，并可节省工程投资。

（3）由于墩柱提前预制，因而在安装时混凝土就达到了足够的强度。这样就不必考虑混凝土强度增长所需要的时间。

（4）由于墩柱预制件在预制场生产，其施工质量能够得到严格的控制，确保结构内在密实、外观光洁，表面平整，对提高混凝土结构的耐久性有利。

长江口深水处的桥梁，结构施工受风、浪、流等恶劣环境条件的影响较大，因此结构设计在充分研究工程地质与水文地质基础资料的基础上，并结合考虑船机设备能力，施工工艺水平等主要因素，尽量采用预制构件。

长江大桥非通航孔水深 11m 以上的深水区段约占 50%，主要为 70m 及 105m 跨度组合，大型浮吊可自由进出。下部基础采用 ϕ1.2m 钢管桩，每个承台 8~11 根桩，承台为菱形，桥墩高度约 11~46m。钢管桩桩基施工采用大型打桩船整根插打，承台采用钢套箱施工。墩柱采用大节段预制拼装构件设计，通过水上运输、大型浮吊安装，大大改善了水上施工操作条件，同时大节段预制拼装墩柱比起小节段预制拼装，可减少接缝数量，使墩柱接缝避开了浪溅区，对确保结构在海上不利环境条件下的耐久性有利，同时可缩短节段拼装时间。

5.1.3　预制墩柱形式选取

根据道路及上部结构布置，墩柱沿桥梁中心线左、右分离成两个。墩柱基本形式均采用空心薄壁墩，截面采用单箱单室，外形为矩形，四角设圆弧。图 5.1–2 为 70m 跨度深水区墩柱构造图（以中墩示意），横断面与纵断面皆上下大小有变化，墩柱下段为直线，墩顶横桥向设弧线形变宽，柱顶顺桥向尺寸考虑上部架梁时临时支座位置的需要适当放宽。

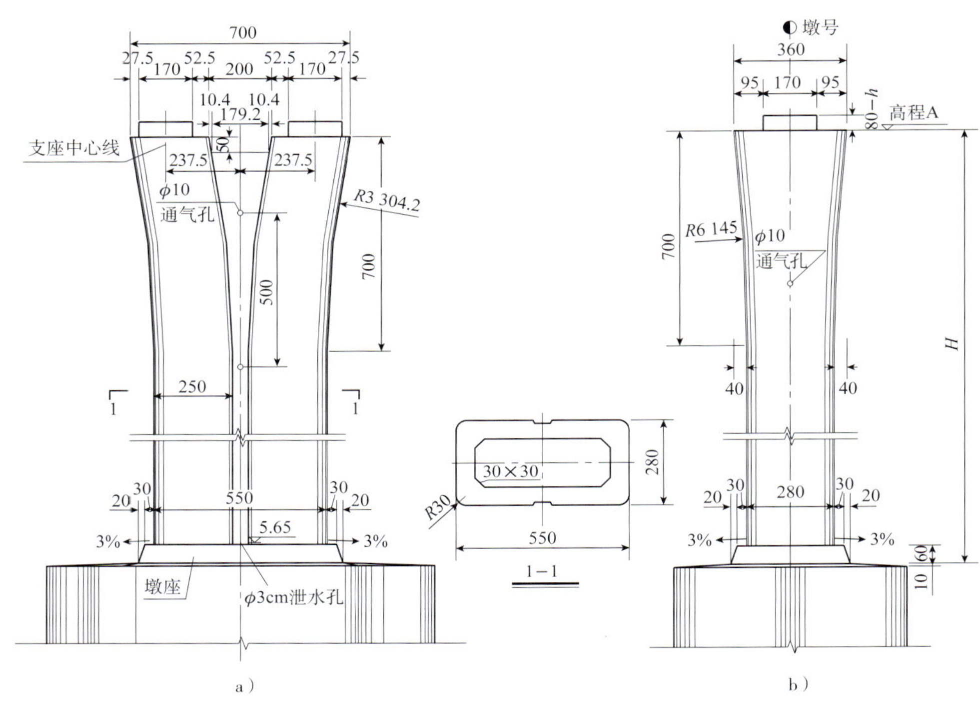

图 5.1–2　70m 典型墩柱构造图（尺寸单位：cm）
a）横桥向立面；b）顺桥向立面

深水区域墩柱采用无预应力湿接头节段预制桥墩，将桥墩墩柱分为若干阶段，每个节段之间预留一段施工后浇湿接头，并在相应下节墩柱顶部设置支撑与导向短柱，在上节段安装定位后进行湿接头后浇混凝土连接施工，如图 5.1–3 所示（以中墩示意）。由于采用湿接头，节段之间的钢筋可以进行搭接以保证桥墩的连续性与完整性。

5.1.4　关键技术

预制墩柱接高设计与施工技术主要包括以下关键技术：①节段预制长度的合理选取与接缝后浇构造设计；②预制墩柱连接段承载规律及其可靠性分析；③预制墩柱连接段混凝土浇筑养护质量控制；④海上运输与吊装施工质量控制。

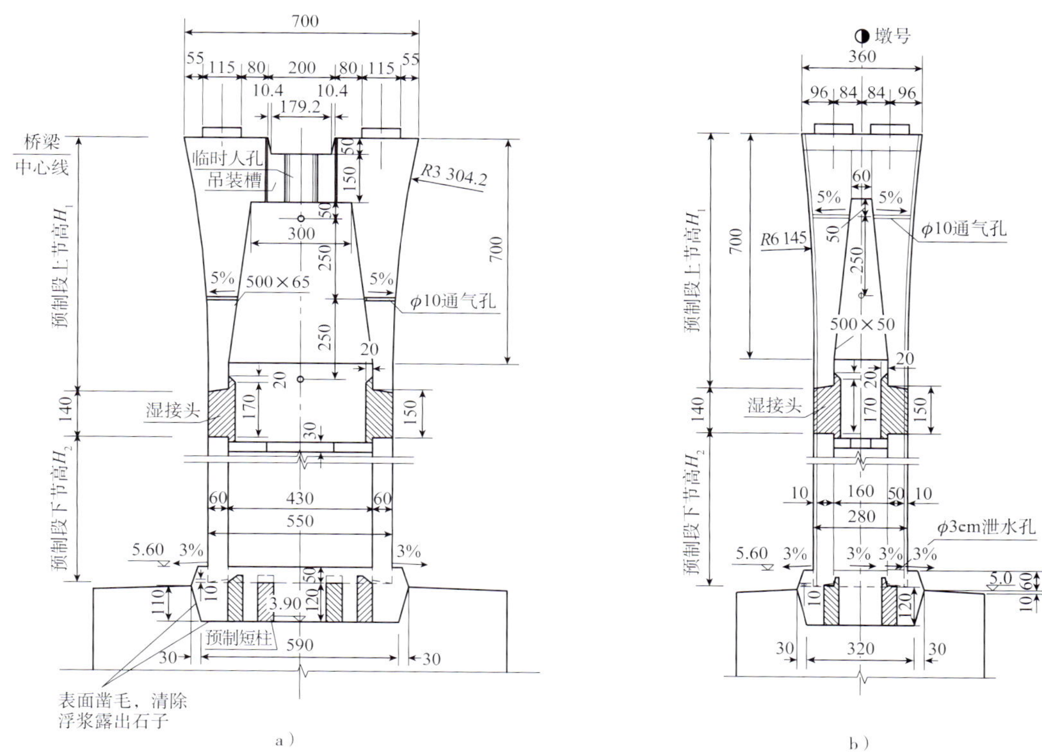

图 5.1-3 105m 典型墩柱构造图（尺寸单位：cm，高程单位：m）
a）横桥向；b）顺桥向

目前国内外相关预制墩柱接高设计理论和施工技术的工程还不多见，预制墩柱接高设计与施工技术也是当前跨海大桥长大墩柱结构设计和施工急待和必须解决的问题。因此采用模型试验和数值模拟技术，分析预制墩柱和接头结构受力规律，研究合理的养护技术，为预制墩柱的接高设计与施工提供可靠的依据，从设计、养护、施工等方面全方位、多角度来确保预制墩柱及其接高结构满足工程建设的需要，实现预制墩柱接高结构设计的高效性、经济性与合理性。

5.2 预制墩柱设计

预制墩柱拼装桥墩的受力特点与现浇混凝土桥墩一样，不仅要承受上部结构传下来的垂直荷载，而且还要承受汽车荷载、轨道交通荷载，波浪力、水流力、船撞力等多种水平荷载及弯矩，并根据荷载组合下的最不利荷载进行正常使用状态与极限承载力的验算。

5.2.1 设计原则

根据桥梁所处的地理位置、工程规模、大桥总体和非通航孔桥的工程特点，针对桥区不同区段的自然条件，因地制宜、区别对待进行桥梁结构设计，在满足河势要求、桥梁使用功能的前提下，借鉴国内外特大型桥梁工程经验，基础设计做到结构安全、施工便捷、景观协调、造价经济，并应满足耐久性的要求，力求反映 21 世纪先进的建桥水平。

5.2.2 墩柱构造设计

（1）预制墩柱节段长度

预制墩柱节段长度选取需综合考虑预制场地起吊能力、陆上及海上运输安全性、浮吊吊重与吊高能力、墩柱架设难度及接缝数量等因素加以确定，预制墩柱采用 C40 高性能混凝土空心薄壁墩结构，墩柱截面为单箱单室的矩形，四角设圆弧。随桥墩跨度与墩柱高度的不同，截面尺寸根据受力要求有所不同。墩柱高度小于 14m 的低墩墩柱采取整段预制吊装；深水区其余的中、高墩的墩柱采取分 2~4 段，每段长度小于 12m，预制拼装。长江大桥预制墩柱构造参数及分段统计详见表 5.2–1。

预制墩柱构造参数及分段统计表　　表 5.2–1

墩柱类型		墩柱高度（m）	墩柱平面尺寸（cm × cm）		壁厚（cm）	预制节段数	墩柱数量
			柱底	柱顶			
70m 跨	类型 1	12.023~13.773	550 × 240	700 × 360	50	1	6
	类型 2	14.054	550 × 280	700 × 450	60	1	1
	类型 3	14.123~20.074	550 × 280	700 × 360	60	2	19
	类型 4	21.524~25.024	550 × 320	700 × 360	60	2	6
105m 跨	类型 1	25.777~30.524	700 × 550	700 × 400	60	3	6
	类型 2	32.649~40.524	700 × 550	700 × 550	60	4	8

（2）现浇墩座

墩柱预制下节段安装于承台顶面，设置 6 个短柱（4 点支撑、6 点导向），支撑点与导向点均采用混凝土预制短柱，支撑短柱兼有导向作用，具体详见图 5.2–1~ 图 5.2–4（以中墩示意）。承台与预制短柱节段间设预留孔，孔径 10cm，承台预留孔深 50cm，短柱节段间的连接及与承台之间的锚固采用 32mm 钢筋进行注浆连接，水泥强度等级要求不低于 C40。

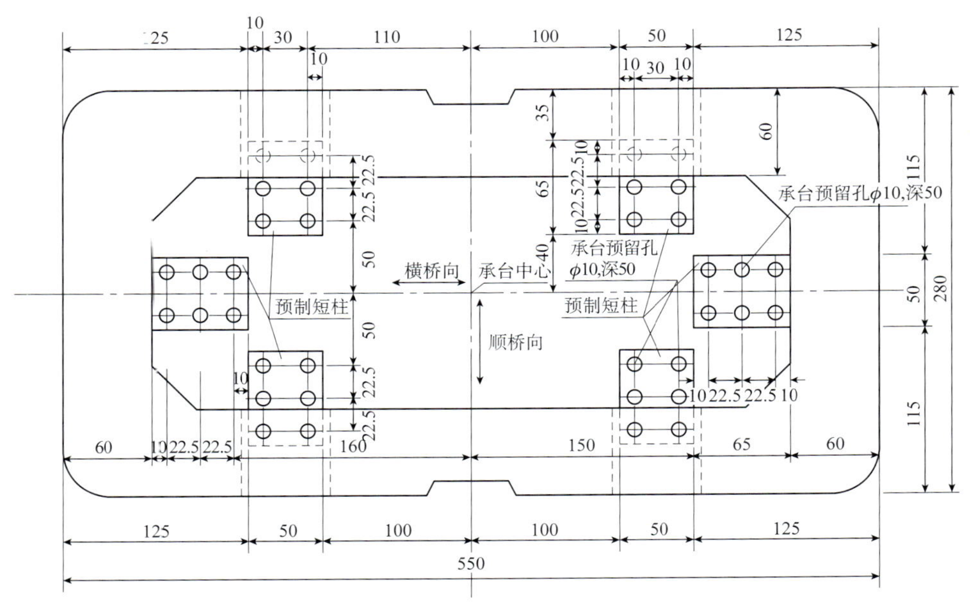

图 5.2–1　现浇墩座平面图（尺寸单位：cm）

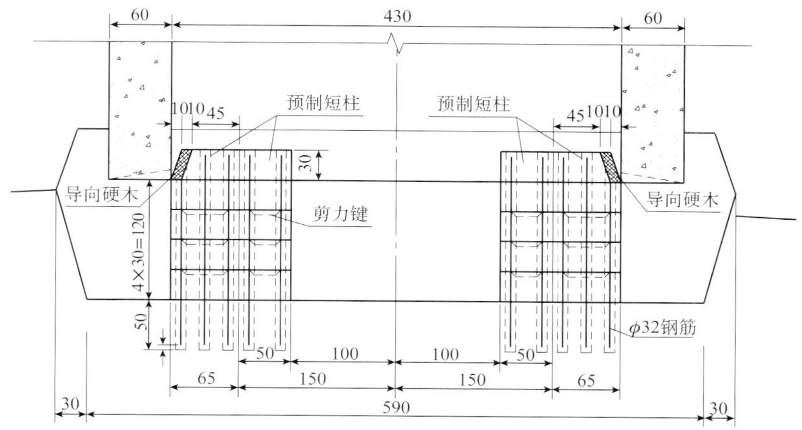

图 5.2-2　现浇墩座横桥向侧立面图（尺寸单位：cm）

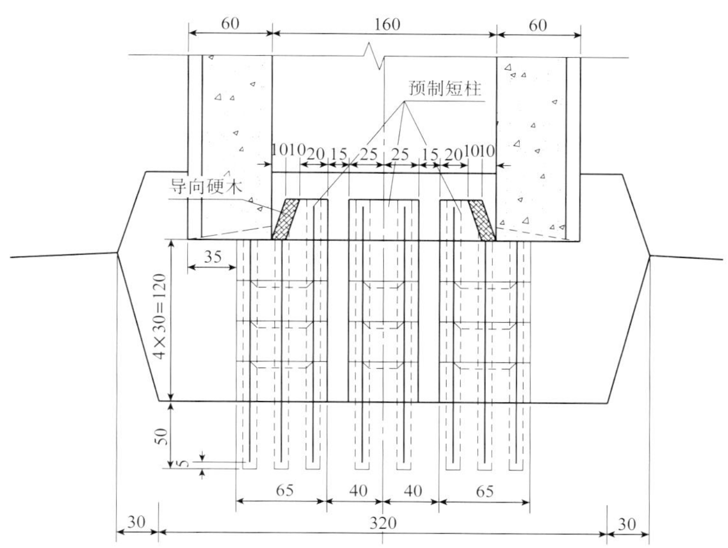

图 5.2-3　现浇墩座顺桥向侧立面图（尺寸单位：cm）

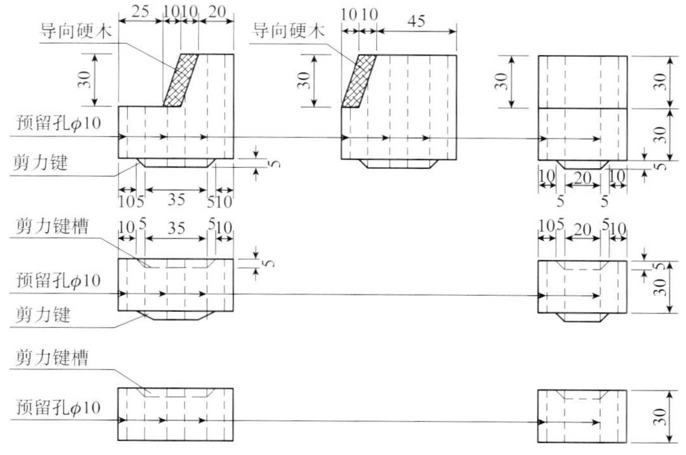

图 5.2-4　预制短柱组装图（尺寸单位：cm）

现浇墩座为墩柱底部承载的关键重要部位，承台顶部预留深 120cm 凹槽用以保证现浇墩柱与承台的充分结合，满足抗剪需求。同时，墩柱底部尺寸通过加宽加高的构造措施来加强与改善现浇墩座的承载能力，从而保证现浇墩座节点处刚度与强度不被削弱。

（3）拼缝湿接头

墩柱预制上节段安装于预制下节段顶面的 6 个短柱上（4 点支撑、6 点导向），每节预制下节段墩柱顶面长边设置 4 个支撑短柱，短边设置 2 个导向短柱，支撑短柱兼有导向作用，具体详见图 5.2–5~ 图 5.2–7（以中墩示意）。

上、下节墩柱设置高度 140cm 后浇湿接头以保证墩柱钢筋的充分锚固与连接，为保证拼缝湿接头的刚度与强度不低于连接件；同时也为了保证湿接头的浇筑质量，湿接头部位墩柱内壁侧加宽，内侧加宽部分的顶面高于上节柱底面，底面低于下节柱的顶面，并与墩柱空腔内的水平隔板浇筑为一体，如图 5.2–8 所示。

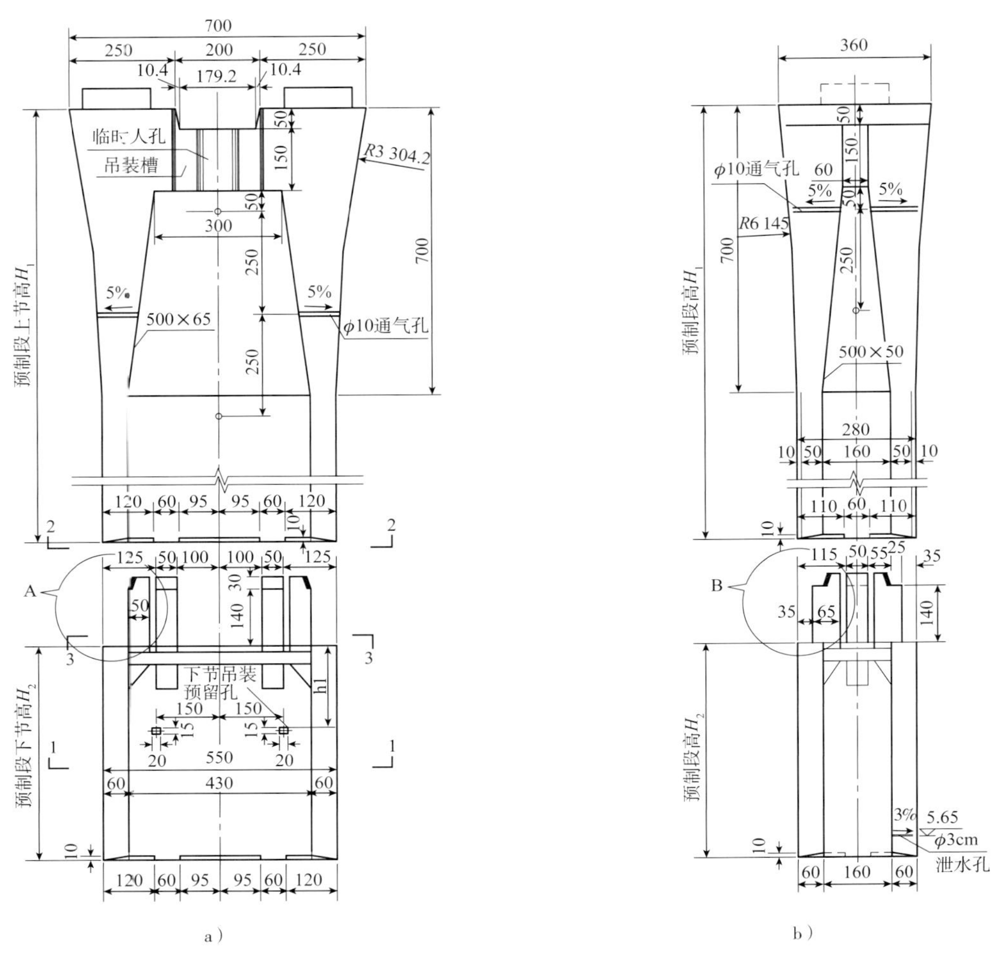

图 5.2–5　墩柱立面图（尺寸单位：cm，高程单位：m）

a）横桥向；b）顺桥向

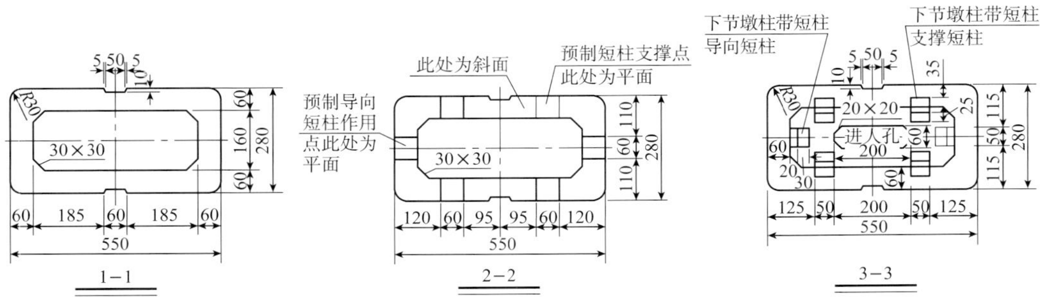

图 5.2–6　墩柱剖面图（尺寸单位：cm）

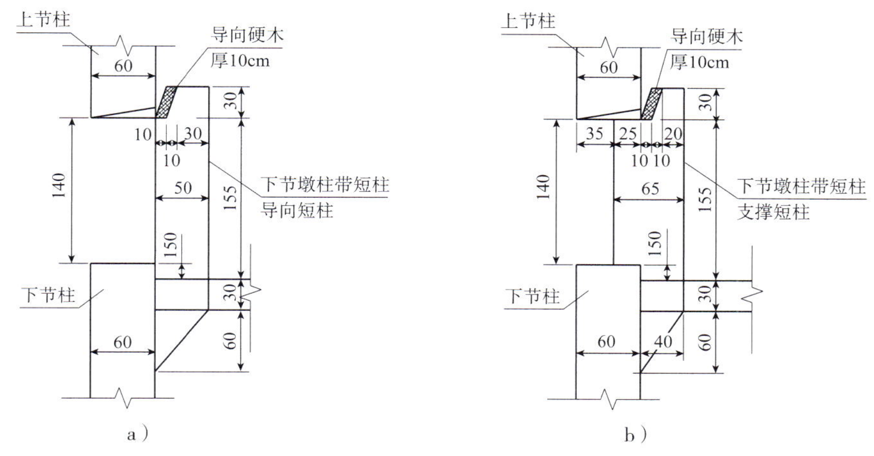

图 5.2–7　短柱大样图（尺寸单位：cm）

a）大样 A；b）大样 B

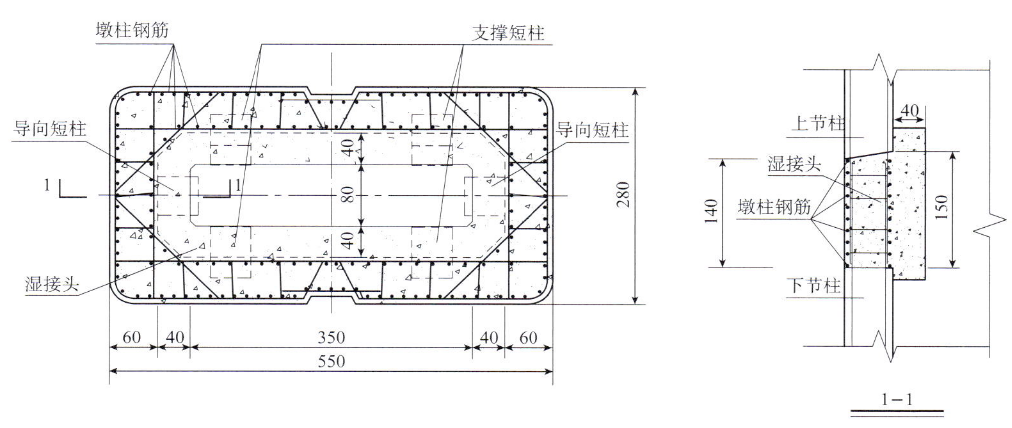

图 5.2–8　拼缝湿接头构造图（尺寸单位：cm）

（4）后浇混凝土质量控制

采用预制拼装墩柱时，在墩底和墩柱中部均存在现浇连接段。墩柱预制段采用工厂预制、批量施工，能保证具有良好的混凝土浇筑与养护质量，但是由于预制段和现浇连接段之间的浇筑时间差，一方面将导致两者混凝土强度的发展有所不同，从而影响预制拼装墩柱的受力性能和极限承载能力，另一方面拼缝湿接头为后浇结构，后浇部分在纵向上受到上、下预制节段的约束，后浇部分承受降温和收缩作用必将产生缩短变形引起开裂，因此后浇混凝土质量控制关系到桥墩的承载能力，是接缝强度控制的关键节点与组成。

5.2.3　结构设计荷载组合

下部结构设计采用极限状态设计，进行承载能力极限状态和正常使用极限状态计算，同时满足构造规定和工艺要求。除按《公路桥涵设计通用规范》（JTG D60—2004）规定的荷载进行上部结构设计外，下部基础结构还应考虑波浪力、水流力和船舶撞击力等荷载。波浪、水流以及波流组合荷载按照《海港水文规范》（JTJ 213—98）有关规定计算，船舶撞击力作为偶然荷载参加荷载组合。根据设计规范并结合实际情况，下部结构设计所考虑的荷载及相关组合详见表 5.2–2。

荷载组合表　　表 5.2-2

组合类型	荷载组合
组合 I	永久作用，水流，公路—I 级，轨道交通荷载
组合 II-1	永久作用，水流，公路—I 级，轨道交通荷载，波浪（桥面行车最大波浪），风（25m/s），纵向力（支座摩阻力或制动力、温度力、伸缩力、挠曲力）
组合 II-2	永久作用，水流，波浪（50 年 $H_{1\%}$），风（39.6m/s），纵向力（支座摩阻力、温度力、伸缩力、挠曲力）
组合III	永久作用，水流，公路—I 级，断轨力
组合IV	永久作用，水流，公路—I 级，轨道交通荷载，船撞力
组合V	施工荷载，水流，波浪
组合VI	永久作用，水流，地震力

5.2.4 墩柱结构计算原则

1）固定支座桥墩

作用在墩柱顶的竖向力主要有上部结构的恒载与活载，水平力有汽车制动力、伸缩力、风荷载、温度力、波浪力及地震力等。地震力采用反应谱理论计算，计算中考虑了基础柔度的影响。

2）活动支座桥墩

当墩顶活动支座上水平力大于静止摩阻力时，支座将产生滑移，因此，活动支座上最大水平力为静摩阻力。活动支座静摩阻系数 μ =0.05；地震时动摩阻系数 μ =0.02。

墩柱结构在荷载组合作用下须满足承载能力极限状态设计要求，裂缝验算满足以下要求：

（1）变化区、浪溅区

在荷载组合 I 作用下，最大裂缝宽度小于 0.1mm；在其他组合作用下，最大裂缝宽度小于 0.15mm。

（2）其他区

在荷载组合 I 作用下，最大裂缝宽度小于 0.15mm；在其他组合作用下，最大裂缝宽度小于 0.2mm。

抗震计算按现行抗震规范执行，并采取适当措施满足基础抗震的要求。

3）墩柱纵向水平刚度

由于轨道交通相关技术研究采用无缝线路方案，对每联桥梁墩柱的纵向水平刚度有相关要求，因此根据每联桥的实际情况，可适当增加固定墩，提高桥墩纵向刚度以满足要求。

5.3 预制墩柱连接段模型分析及试验

5.3.1 模型设计

考虑桥墩在地震作用下连接段可能出现薄弱环节，设计两个含后浇连接段的拼装式墩柱模型和两个全现浇的墩柱模型进行空间有限元分析，并对其中的前两个拼装式墩柱模型进行实地试验，受模型试验条件的限制，模型采用 1：5 的缩尺模型，模型按相似原理进行缩尺。

缩尺墩柱模型设计总高度 4.2m，墩柱外部尺寸 1.4m × 1.1m，壁厚 0.12m，墩底连接段模型 MS–1 和墩柱连接段模型 MS–2 分别见图 5.3–1、图 5.3–2，全现浇模型为 MM–1 和 MM–2，全现浇模型尺寸构造同有连接段的墩柱模型。模型墩柱的外层配置直径 16mm 竖向钢筋，间距 10cm；内层配置直径 10mm 竖向钢筋，间距 10mm；横向箍筋为 8mm 钢筋，间距 12cm。

模型 MS–1 与模型 MS–2 的墩底及墩柱连接段浇筑均在墩柱段预制浇筑完成 7d 后进行，并且在连接段浇筑完成 30d 后进行加载。考虑上部结构自重及活载影响，加载时墩顶作用 1 268kN 的竖向压力。

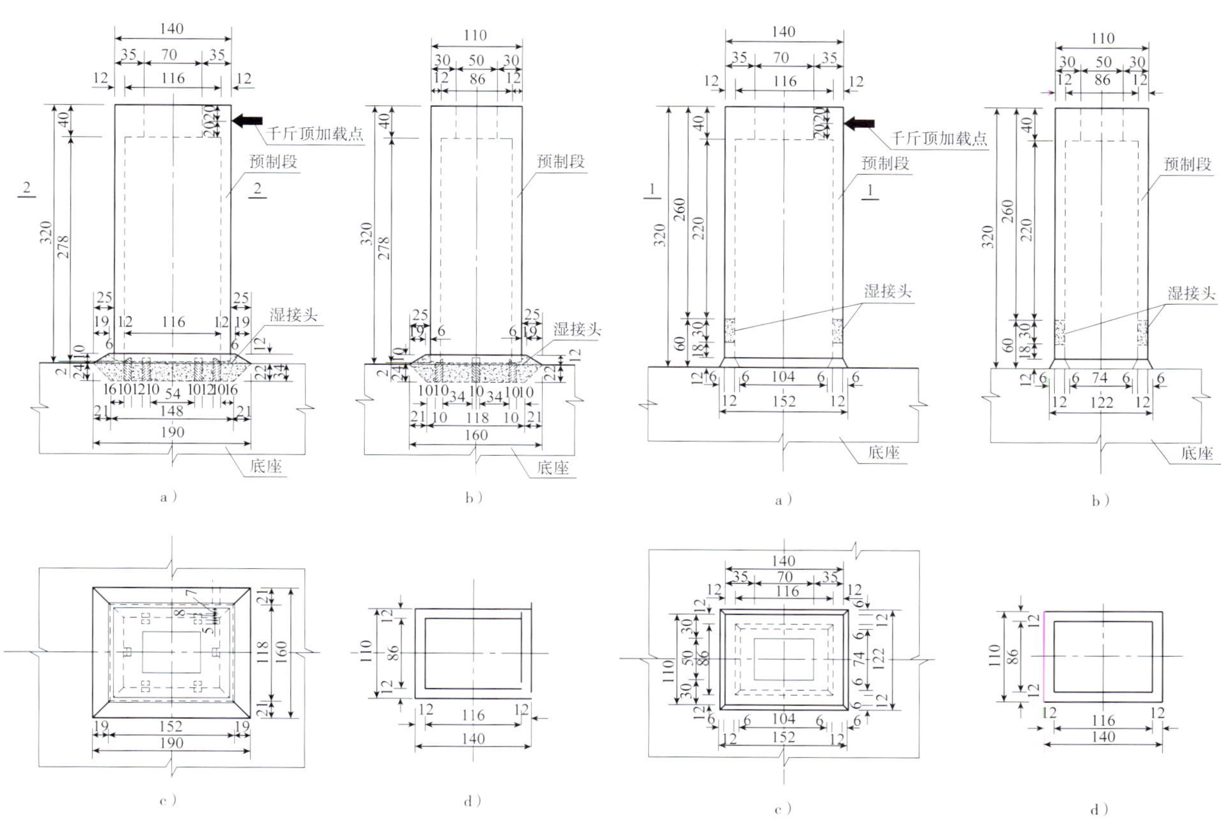

图 5.3–1　墩底连接段模型 MS–1（尺寸单位：cm）
a）正面图；b）侧面图；c）平面图；d）2–2 截面图

图 5.3–2　墩柱连接段模型 MS–2（尺寸单位：cm）
a）正面图；b）侧面图；c）平面图；d）1–1 截面图

5.3.2　模型有限元分析

1）有限元模型建立

（1）单元的选择

采用大型商业有限元程序 ANSYS 进行预制拼装墩柱的空间有限元分析，ANSYS 中提供了一种专门面向混凝土、岩石材料的 SOLID65 单元，该单元为三维 8 节点实体单元，每个单元有 2 × 2 × 2=8 个高斯积分点，可用于模拟钢筋混凝土结构的材料非线性性能，具有模拟混凝土开裂和压溃的能力，能够较为准确的模拟钢筋混凝土构件在承载能力极限状态下的受力性能。构件开裂后采用分布裂缝模型，每个高斯积分点上最多可有 3 条互相垂直的裂缝。破坏准则采用 Willam & Warnke 的六参数准则，构件中混凝土压溃后将退出工作直到整个构件发生破坏而失效。同时该单元能将普通钢筋作为一种分布钢筋来实现。对于预制拼装墩柱的空间有限元分析就采用 SOLID65 单元来实现，但该单元在非线性阶段的收敛性并不是很好，在分析中需要很好的把握分析时间、精度和效率之间的关系。

（2）材料属性

①混凝土强度

墩柱模型的现浇段和预制段之间存在着 7d 的龄期差，该龄期差对墩柱的使用性能及极限承载力的影响是有限元分析的一个主要研究内容。

上海长江大桥为满足工程设计基准期 100 年的要求，工程混凝土采用了“高性能混凝土”。墩柱混凝土配合比见表 5.3–1。

墩柱混凝土配合比 表 5.3–1

材料	水泥	掺和料	水	砂	石	外加剂
配合比	1	1.5	0.90	4.36	6.53	0.02
每 m^3 混凝土材料用量（kg）	168	252	151	732	1 097	2.31

通常情况下，混凝土的强度发展和时间之间满足对数关系，即：

$$R_n=R_{28}\times \lg n/\lg 28 \quad （养护温度：25℃ ±5℃） \tag{5.3–1}$$

式中：R_n——混凝土第 n 天的轴心抗压强度；

R_{28}——混凝土第 28d 的轴心抗压强度。

墩柱模型预制段和连接段均采用 C40 混凝土，在模型试验进行前采用了《公路钢筋混凝土及预应力混凝土桥涵设计规范》（JTG D62—2004）的强度标准值进行有限元分析，其轴心抗压强度标准值 f_{ck} 取 26.8MPa，轴心抗拉强度标准值 f_{tk} 取 2.4MPa，弹性模量 E_c 取 3.25×10^4MPa，泊松比取 0.2。模型试验中，实测的混凝土轴心抗压强度可能与此标准值不同，出于偏安全考虑，大多数情况下实测值比桥规标准值要大。

按式（5.3–1）计算，现浇连接段与墩柱预制段龄期差 7d，此时预制段的轴心抗压强度为 15.65MPa，强度发展仅为 28d 强度的 58%。

连接段浇筑完成 30d 后进行加载，此时预制段龄期 37d，其混凝土轴心抗压强度为 29.04MPa，强度比 28d 强度提高了 8.4%；而连接段龄期 30d，其混凝土轴心抗压强度为 27.35MPa，强度仅比 28d 强度提高了 2.1%。即连接段混凝土轴心抗压强度仅为预制段混凝土的 94.2%，但 3 个月后该比值提高为 98.3%，6 个月后提高为 99.3%，1 年后为 99.7%，也就基本相等了。

②混凝土应力–应变关系

混凝土的材料单轴应力–应变关系采用规范《混凝土结构设计规范》（GB 50010—2002）中的建议曲线（图 5.3–3），其中单轴抗压应力–应变曲线按下列公式确定。

定义比值：

$$x=\varepsilon/\varepsilon_c \tag{5.3–2}$$

$$y=\sigma/f_{ck} \tag{5.3–3}$$

$$当 x\leqslant 1 时：y=a_a x+(3-2a_a)x^2+(a_a-2)x^3 \tag{5.3–4}$$

$$当 x>1 时：y=x/[a_d(x-1)^2+x] \tag{5.3–5}$$

式中：a_a、a_d——单轴受压应力–应变曲线上升段、下降段的参数值，按表 5.3–2 采用；

f_{ck}——混凝土的单轴抗压强度；

ε_c——与 f_{ck} 相应的混凝土峰值压应变。

混凝土单轴受压应力-应变曲线参数值　　表 5.3-2

f_c^*（N/mm²）	15	20	25	30	35	40	45	50	55	60
ε_c（×10⁻⁶）	1 370	1 470	1 560	1 640	1 720	1 790	1 850	1 920	1 980	2 030
α_a	2.21	2.15	2.09	2.03	1.96	1.90	1.84	1.78	1.71	1.65
α_d	0.41	0.74	1.06	1.36	1.65	1.94	2.21	2.48	2.74	3.00
$\varepsilon_u/\varepsilon_c$	4.2	3.0	2.6	2.3	2.1	2.0	1.9	1.9	1.8	1.8

注：ε_u 为应力-应变曲线下降段上应力等于 $0.5f_c^*$ 时的混凝土压应变。

在 ANSYS 分析中，当混凝土主应力达到破坏准则中的开裂条件时，垂直于该主应力方向将出现裂缝。混凝土受拉应力-应变曲线见图 5.3-4，曲线上存在四个特征点，标志着受拉性能的不同阶段，即弹性终止点、强度峰值点、裂缝可见点和应力零点。裂缝的处理采用 Bazant 提出的分布裂缝假设，该方法易于在计算机上实现，当无法计算裂缝宽度和裂缝间距等，是当前混凝土裂缝分析中使用最广的一种方法。图中 T_c 为混凝土的拉伸应力松弛系数，一般取为 0.6。R^t 为下降段割线模量。

③钢筋本构模型

钢筋的本构模型采用理想弹塑性本构关系，不考虑弹性模量硬化效应。钢筋极限抗拉强度为 335MPa，弹性模量为 2.0×10^5MPa。

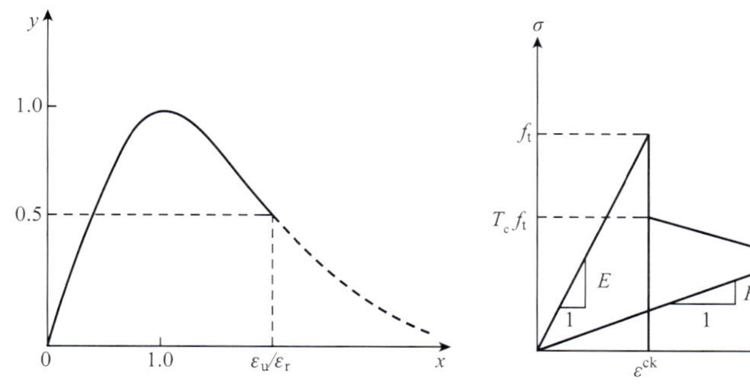

图 5.3-3　混凝土的材料单轴应力-应变关系　　图 5.3-4　混凝土受拉应力-应变曲线

（3）单元的划分

预制拼装墩柱构造在结构及受载上均为对称，所以在建模时采用了 1/2 对称模形来减小模型单元数量，提高计算精度。模型基本采用六面体单元映射划分，在墩底与台座之间的现浇段由于有空间倒角，较为复杂，不满足映射划分要求，故在此处有少量的棱柱体退化单元。墩柱模型单元划分情况见图 5.3-5~ 图 5.3-7，图中紫色部分表示现浇连接段。图 5.3-8 为墩柱模型中分布普通钢筋的示意图，模型中考虑了竖向普通钢筋和横向箍筋。

2）计算结果分析

整个空间有限元分析过程共分两个荷载步。首先，进行自重及竖向压力的加载；然后，模拟地震的水平推力进行加载，直到混凝土墩柱局部压溃，最后整个混凝土墩柱达到极限强度而破坏。

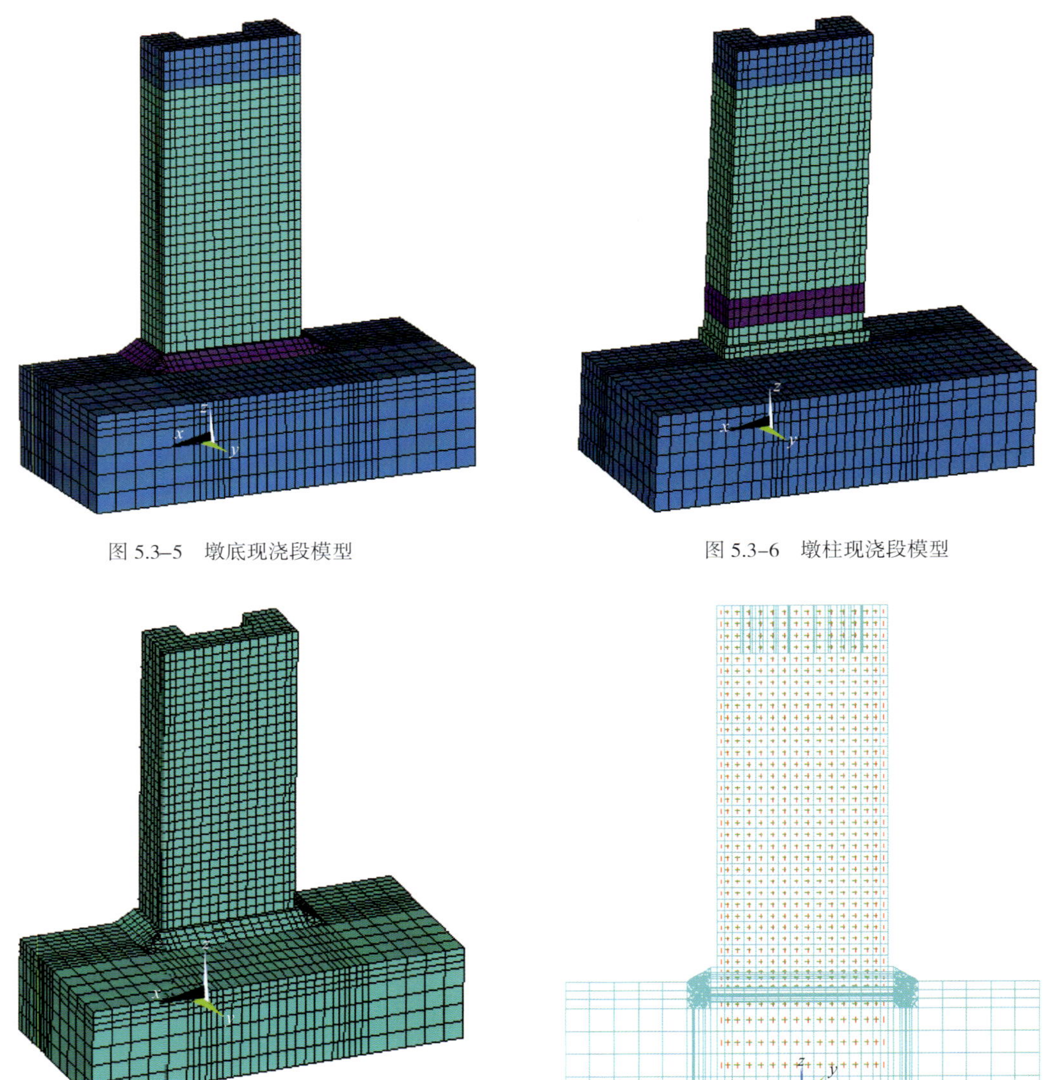

图 5.3-5　墩底现浇段模型

图 5.3-6　墩柱现浇段模型

图 5.3-7　全现浇段模型

图 5.3-8　分布普通钢筋示意图

（1）荷载挠度关系

① MS-1 和 MM-1

图 5.3-9 为墩柱模型 MS-1 和 MM-1 加载点位置处的荷载挠度曲线，从图中可以看出，两个模型即使存在有无现浇连接段的差异，但两者的挠度随荷载发展的趋势基本一致，基本具有相同的开裂阶段、屈服阶段和强化阶段。MS-1 的极限荷载为 698.4kN，极限挠度为 7.56mm；MM-1 的极限荷载为 779.85kN，极限挠度为 9.0mm；MM-1 的极限荷载比 MS-1 的极限荷载高出 11%。

② MS-2 和 MM-2

图 5.3-10 为墩栏模型 MS-2 和 MM-2 加载点位置处的荷载挠度曲线，从图中可以看出，两者的荷载挠度曲线较为吻合。MS-2 的极限荷载为 912.6kN，极限挠度为 13.92mm；MM-2 的极限荷载为 974.25kN，极限挠度为 14.19mm。MM-2 的极限荷载比 MS-2 的极限荷载高出 6.8%。

虽然具有连接段的墩柱模型和全现浇的墩柱模型的荷载挠度曲线都较为吻合，但是在极限状态下，全现浇的墩柱模型中力的传递似乎更为稳定，从而导致承载能力提高了约 6%。承载能力的提高有限。

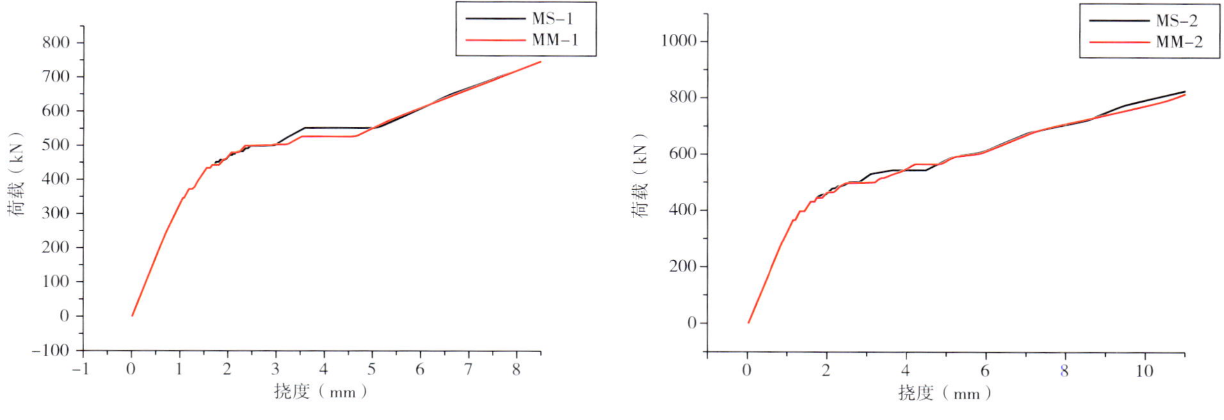

图 5.3-9　MS-1 和 MM-1 荷载挠度曲线　　图 5.3-10　MS-2 和 MM-2 荷载挠度曲线

（2）混凝土裂缝发展及压溃

①墩底现浇段模型 MS-1

图 5.3-11 中示出了模型 MS-1 的裂缝出现及发展规律。弯曲裂缝首先在墩底受拉侧出现，开裂荷载为 322.5kN；加载到 450kN 时，弯曲裂缝继续发展，出现一部分斜裂缝；加载到 594.45kN 时，弯曲裂缝从加载点到墩底基本都已经出现，同时现浇段也出现了水平弯曲裂缝，基本发展到了和台座平齐的位置；加载到极限荷载 698kN 时，墩底受压区混凝土出现压溃退出工作，图 5.3-12 为极限阶段墩底受压区混凝土压溃的示意图，图中菱形表示单元该处积分点出现了压溃，该模型的混凝土压溃点位于墩底现浇段和预制段之间接缝上方 5cm 左右，且在角点。

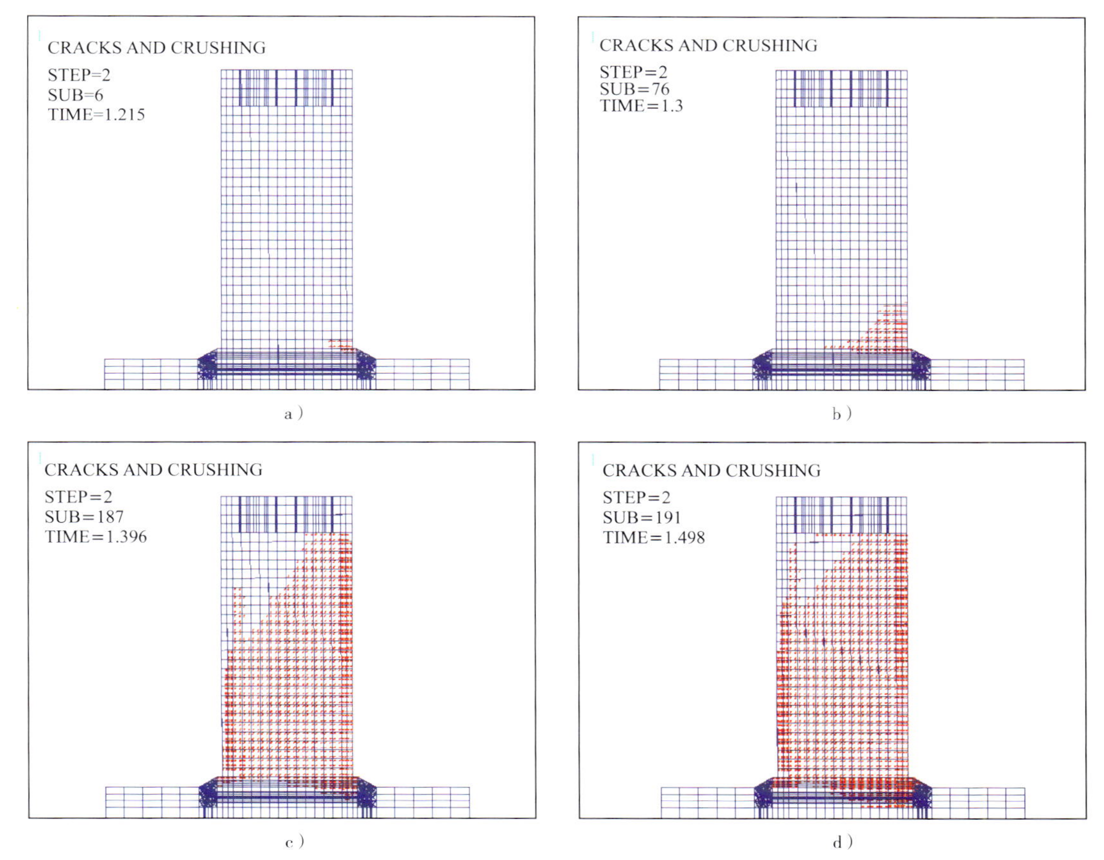

图 5.3-11　MS-1 裂缝出现及发展

a）荷载 =322.5kN；b）荷载 =450kN；c）荷载 =594.45kN；d）荷载 =698.4kN

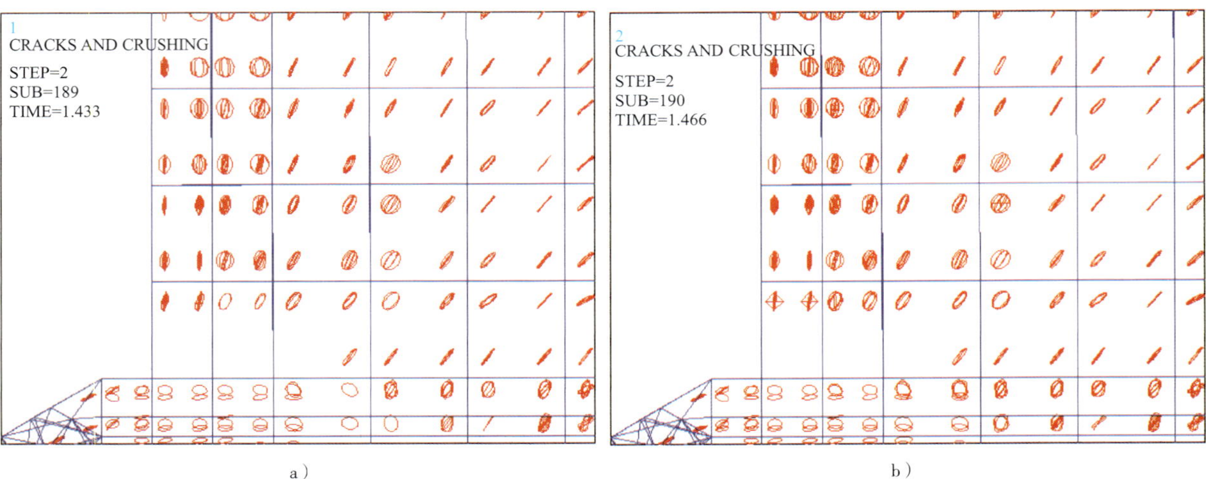

a） b）

图 5.3-12　极限阶段墩底受压区混凝土压溃示意图（MS-1）

a）上一加载阶段；b）极限阶段

②全现浇模型 MM-1

图 5.3-13 中示出了模型 MM-1 的裂缝出现及发展规律。MM-1 模型的弯曲开裂荷载和 MS-1 模型相同，也为 322.5kN；弯曲裂缝的发展和斜裂缝的出现也和 MS-1 模型基本相同；加载到极限荷载 779.85kN 时，墩底受压区混凝土出现压溃退出工作，图 5.3-14 为极限阶段墩底受压区混凝土压溃的示意图，该模型的混凝土压溃点位于墩底现浇段和预制段之间接缝上方 5cm 左右，且在角点，这一点和 MS-1 模型也是相同的。

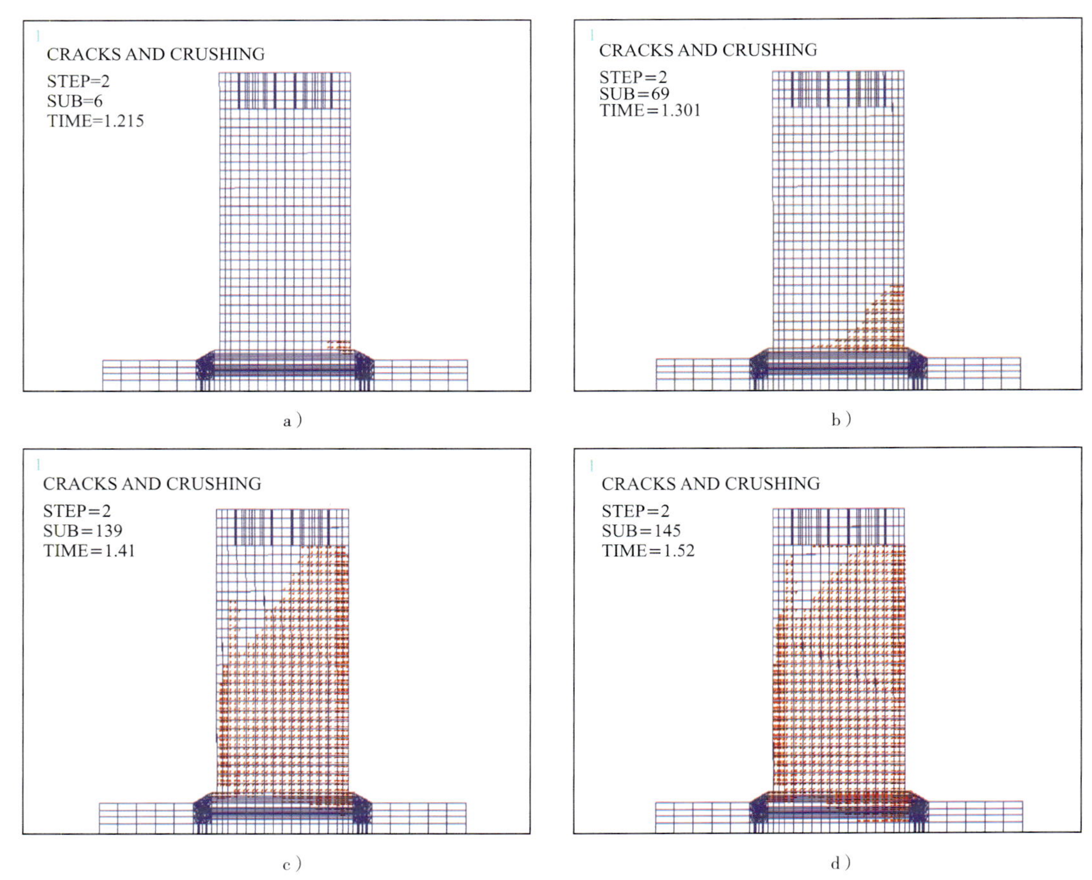

a） b） c） d）

图 5.3-13　MM-1 裂缝出现及发展

a）荷载 =322.5kN；b）荷载 =450kN；c）荷载 =614.4kN；d）荷载 =779.85kN

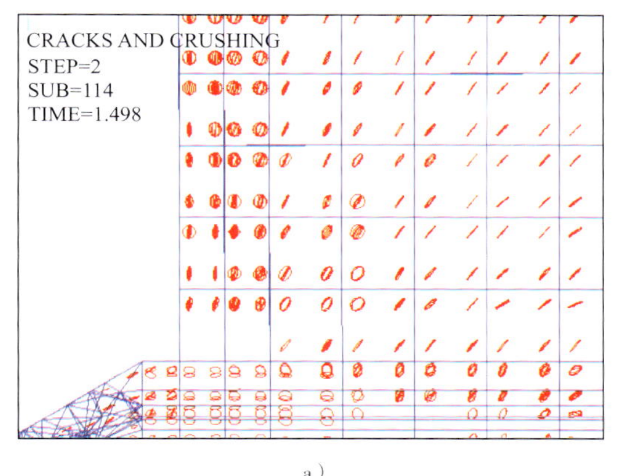

a)

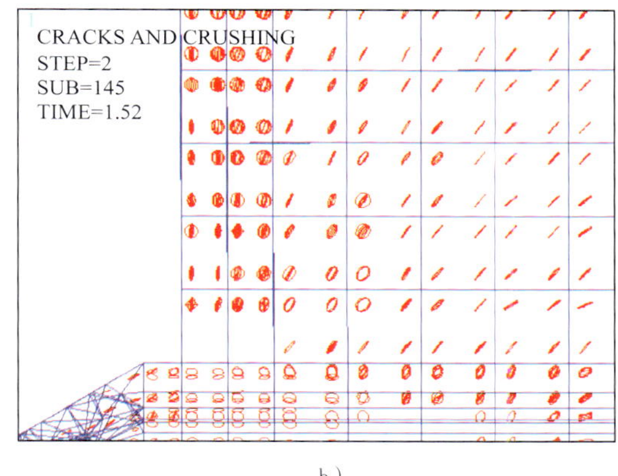

b)

图 5.3-14　极限阶段墩底受压区混凝土压溃示意图（MM-1）
a）上一加载阶段；b）极限阶段

MM-1 和 MS-1 虽然存在墩柱是否预制的差异，但两者的裂缝出现和发展规律一致，最终破坏位置和形态也一致。

③墩柱现浇段模型 MS-2

图 5.3-15 中示出了模型 MS-2 的裂缝出现及发展规律。弯曲裂缝首先在墩底受拉侧出现，开裂荷载为 288.15kN；加载到 450kN 时，弯曲裂缝继续发展，出现一部分斜裂缝；加载到 607.95kN 时，混凝土裂缝迅速发展，从加载点到墩底基本都已经出现；加载到 772.2kN 时，靠近墩底的墩柱腹板上出现了混凝土压溃现象，但此时墩柱模型并未完全失效，仍能进行加载；加载到极限荷载 912.6kN 时，墩底受压区混凝土出现压溃，墩柱模型整体失效。

图 5.3-16 为极限阶段墩底受压区混凝土压溃示意图，从图中可看出，墩柱现浇段腹板在墩柱模型失效前可能出现局部破坏，但极限承载能力仍可增加。另外该模型的混凝土极限压溃点同样位于墩底现浇段和预制段之间接缝上方 5cm 左右，且在角点。

④全现浇模型 MM-2

图 5.3-17 中示出了模型 MM-2 的裂缝出现及发展规律。弯曲开裂荷载和 MS-2 模型相同，为 288.15kN；弯曲裂缝的发展和斜裂缝的出现也和 MS-2 模型基本相同；加载到 790.5kN 时，墩底上方约 30cm 处的墩柱腹板上出现了混凝土局部压溃现象，但此时墩柱模型并未完全失效，仍能进行加载；加载到极限荷载 973.5kN 时，墩底受压区混凝土出现压溃，墩柱模型整体失效。

图 5.3-18 为极限阶段墩底受压区混凝土压溃的示意图，从图中可看出，墩底上方约 30cm 处的墩柱腹板在墩柱模型失效前可能出现局部破坏，但极限承载能力仍可增加，局部破坏的位置和效果和 MS-2 模型相同，可见该区域墩柱腹板的主压应力增大是其主要破坏原因，与预制段和现浇段之间的龄期差的相关性不大。另外该模型的混凝土极限压溃点同样位于墩底现浇段和预制段之间接缝上方 5cm 左右，且在角点。

MS-2 模型虽然在加载过程中在现浇连接段的腹板处出现了混凝土的局部破坏，但 MM-2 也同样出现该特点，且能继续承载直到墩底混凝土产生破坏；MS-2 模型虽然墩柱设置有现浇段，但 MS-2 和 MM-2 模型的裂缝出现和发展规律一致，最终破坏位置和形态也一致，因此是否具有现浇连接段对墩柱模型的裂缝出现和发展，以及最终破坏位置与形态的影响很小。

（3）混凝土主压应力

①墩底现浇段模型

墩底现浇段模型 MS-1 和 MM-1 的墩底外侧混凝土主压应力比较见图 5.3-19。从图中可见，两曲线的发展规律基本一致，但 MM-1 的主压应力曲线比 MS-1 要大，且曲线发展也较平顺。

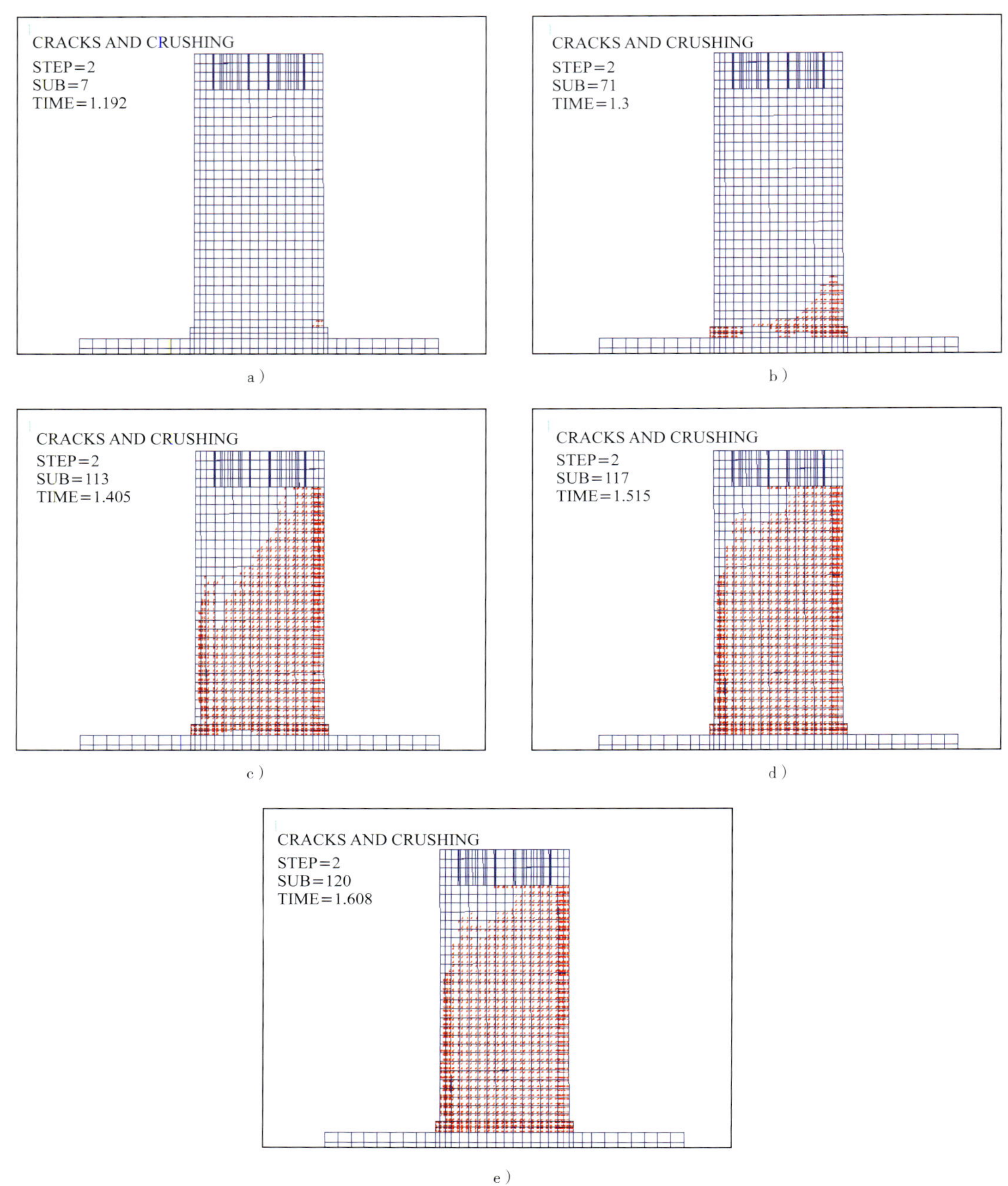

图 5.3-15 MS-2 裂缝出现及发展

a）荷载 =288.15kN；b）荷载 =450.45kN；c）荷载 =607.95kN；
d）荷载 =772.2kN；e）荷载 =912.6kN

②墩柱现浇段模型

墩柱现浇段模型 MS-2 和 MM-2 的混凝土外侧主压应力比较见图 5.3-20。在墩底外侧，两者的混凝土主压应力曲线几乎重合。在墩柱现浇段与墩底预制段间的接缝外侧，两者的混凝土主压应力稍有不同，MM-2 的主压应力曲线比 MS-2 要大，且随着荷载增加，差异越来越明显。

综上所述，墩柱模型是否存在现浇连接段对混凝土主压应力的影响较小，但全浇筑模型的混凝土主压应力比有现浇连接段的模型要略高。

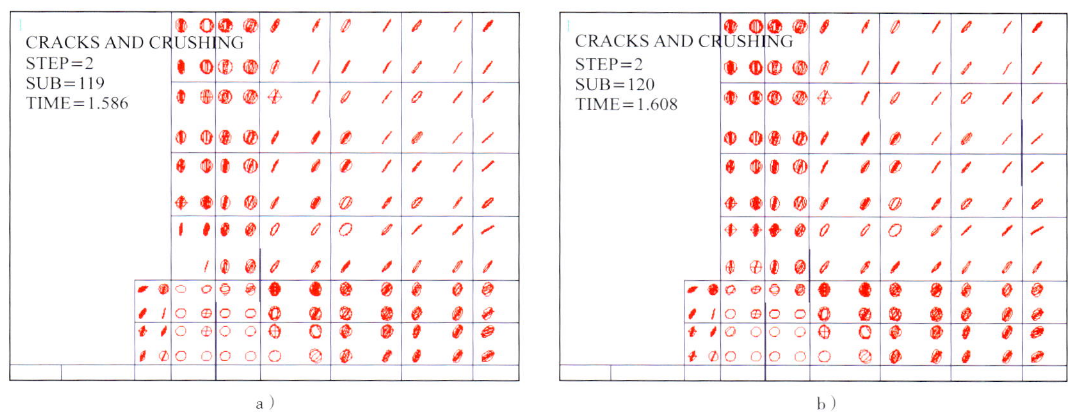

图 5.3-16　极限阶段墩底受压区混凝土压溃示意图（MS-2）

a）上一加载阶段；b）极限阶段

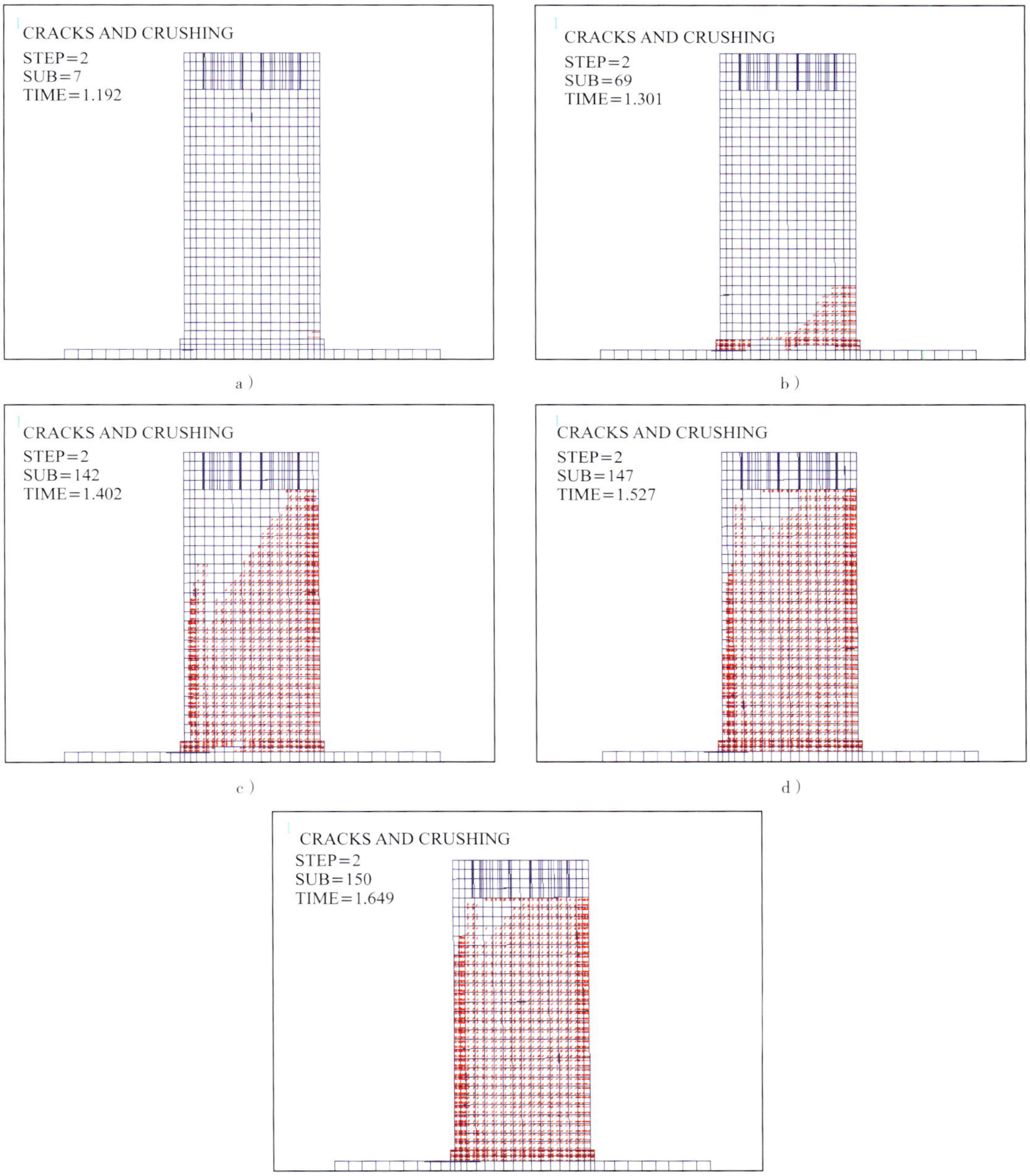

CRACKS AND CRUSHING
STEP=2
SUB=7
TIME=1.192

a）

CRACKS AND CRUSHING
STEP=2
SUB=69
TIME=1.301

b）

CRACKS AND CRUSHING
STEP=2
SUB=142
TIME=1.402

c）

CRACKS AND CRUSHING
STEP=2
SUB=147
TIME=1.527

d）

CRACKS AND CRUSHING
STEP=2
SUB=150
TIME=1.649

e）

图 5.3-17　MM-2 裂缝出现及发展

a）荷载 = 288.15kN；b）荷载 =450.45kN；c）荷载 = 603kN；d）荷载 = 790.5kN ；e）荷载 = 973.5kN

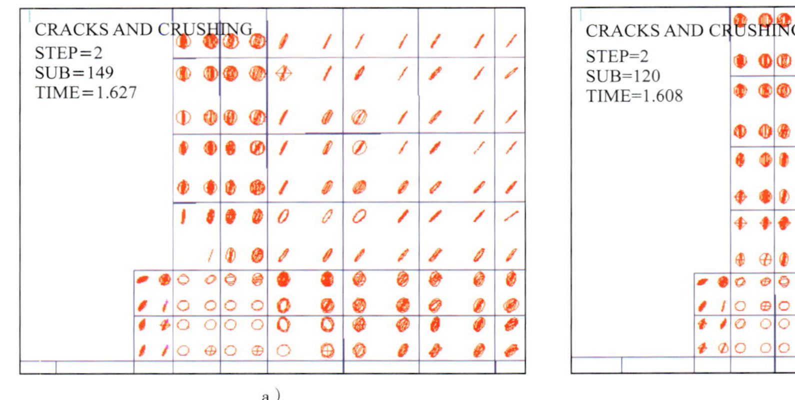

a）

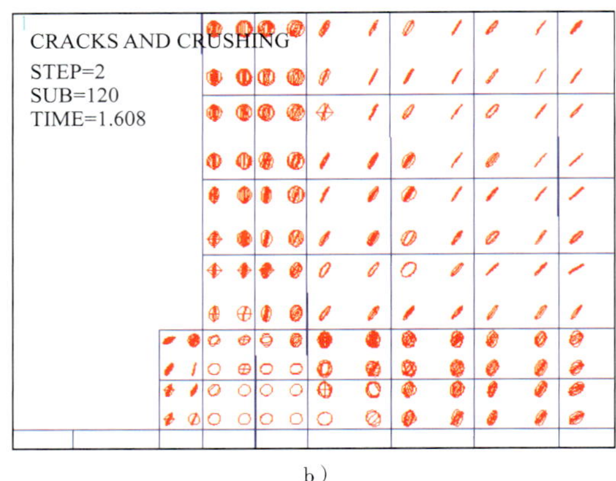

b）

图 5.3-18　极限阶段墩底受压区混凝土压溃示意图（MM-2）
a）上一加载阶段；b）极限阶段

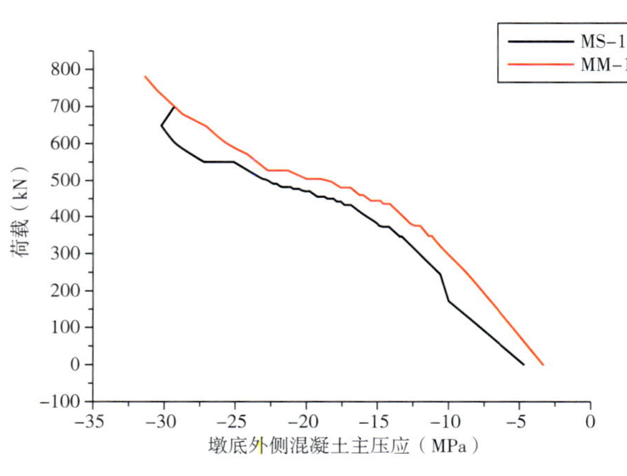

图 5.3-19　混凝土主压应力比较（MS-1 和 MM-1）

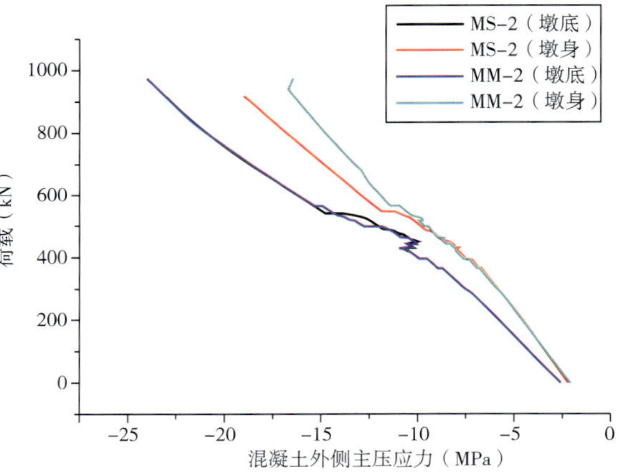

图 5.3-20　混凝土主压应力比较（MS-2 和 MM-2）

（4）混凝土正应变

①墩底现浇段模型

ANSYS 中混凝土裂缝模型为分布裂缝，可以得到一个平均拉应变，故将墩底截面上混凝土的正应变按不同加载等级示出，见图 5.3-21。通过 MS-1 和 MM-1 模型的比较，两者在加载到 450kN 时，均能很好的满足平截面假定。加载到极限状态时，截面正应变分布则出现了一些非线性分布，且这种情况 MS-1 更为严重，但总的来看，两者均还是能满足平截面假定。

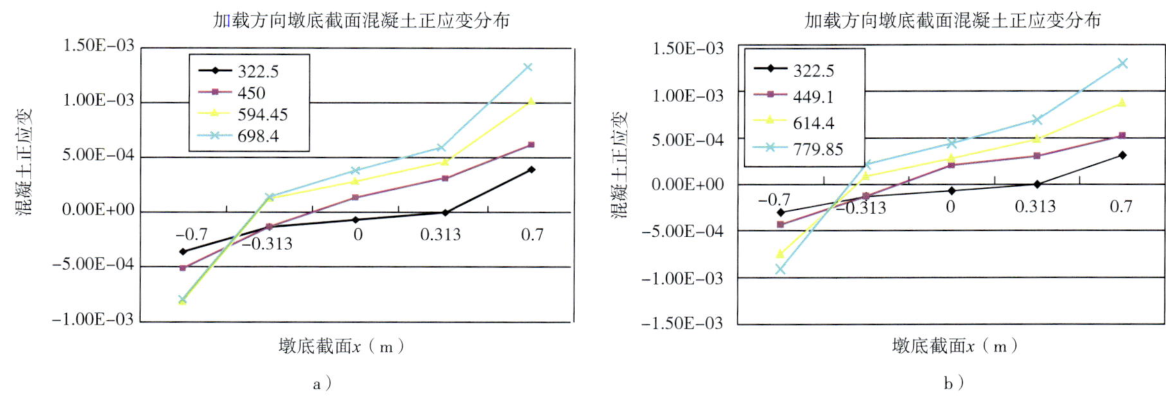

图 5.3-21　墩底截面上混凝土正应变分布
a）MS-1 模型；b）MM-1 模型

②墩柱现浇段模型

图 5.3-22 示出了 MS-2 和 MM-2 模型墩底截面和墩柱现浇段底截面的混凝土正应变分布。通过 MS-2 和 MM-2 模型的比较，两者加载到极限状态时，均能较好的满足平截面假定。

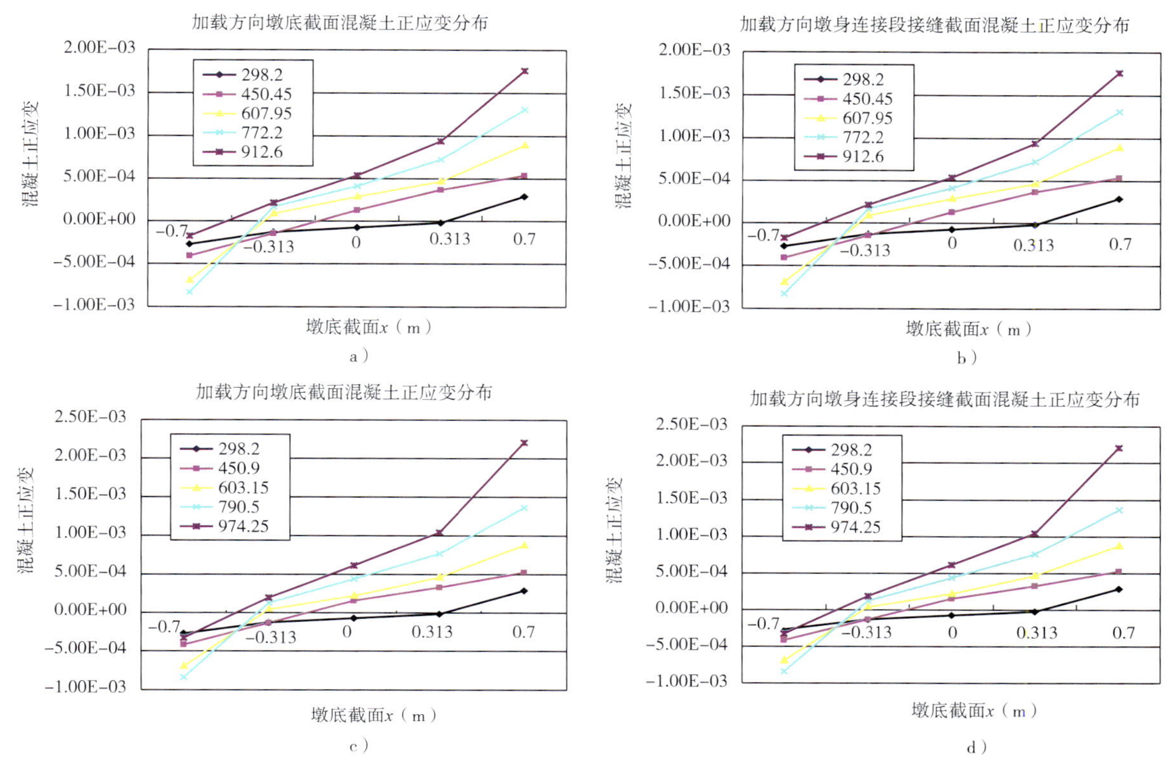

图 5.3-22　混凝土正应变分布

a）MS-2 模型的墩底；b）MS-2 模型的墩柱；c）MM-2 模型的墩底；d）MM-2 模型的墩柱

综上所述，具有现浇连接段的墩柱模型，无论在墩底还是墩柱连接段处的截面均能基本满足平截面假定。

（5）钢筋应力

①竖向钢筋

图 5.3-23 为 MS-1 和 MM-1 模型的墩底受压侧竖向钢筋应力曲线，从图中可见，两者竖向钢筋应力和荷载曲线几乎一致。在极限状态下（图 5.3-24），钢筋并未屈服，MS-1 模型的钢筋最大压应力为 228MPa，最大拉应力为 219MPa；MM-1 模型的钢筋最大压应力为 242MPa，最大拉应力为 265MPa，全现浇模型 MM-1 的钢筋压应力比 MS-1 稍大。

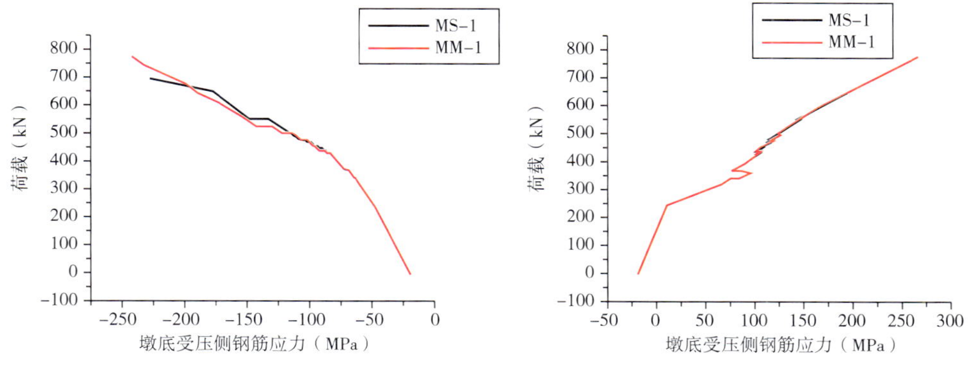

图 5.3-23　MS-1 和 MM-1 模型的墩底受压侧竖向钢筋应力比较

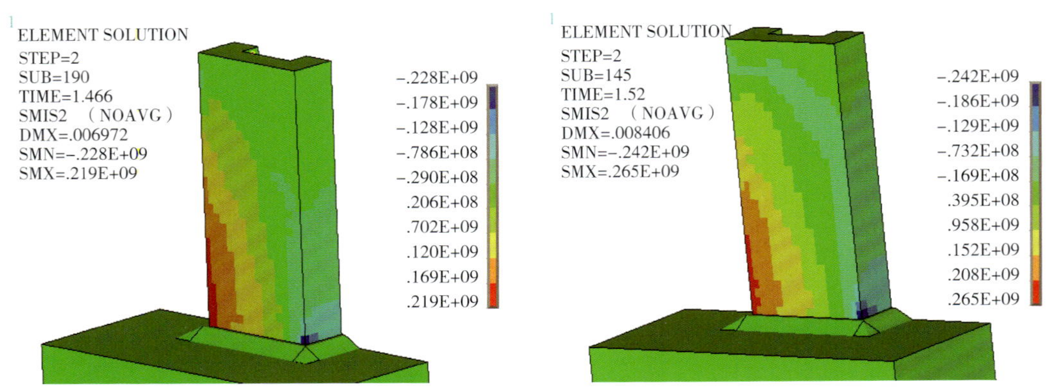

图 5.3-24 MS-1 和 MM-1 模型极限状态下竖向钢筋应力分布

图 5.3-25 为 MS-2 和 MM-2 模型的竖向钢筋应力曲线，从图中可见，无论是否具有现浇连接段，两者在墩底和墩柱现浇连接段处竖向钢筋应力-荷载曲线都几乎一致。在极限状态下（图 5.3-26），钢筋并未屈服，MS-2 模型的钢筋最大压应力为 249MPa，最大拉应力为 317MPa；MM-2 模型的钢筋最大压应力为 249MPa，最大拉应力为 332MPa。

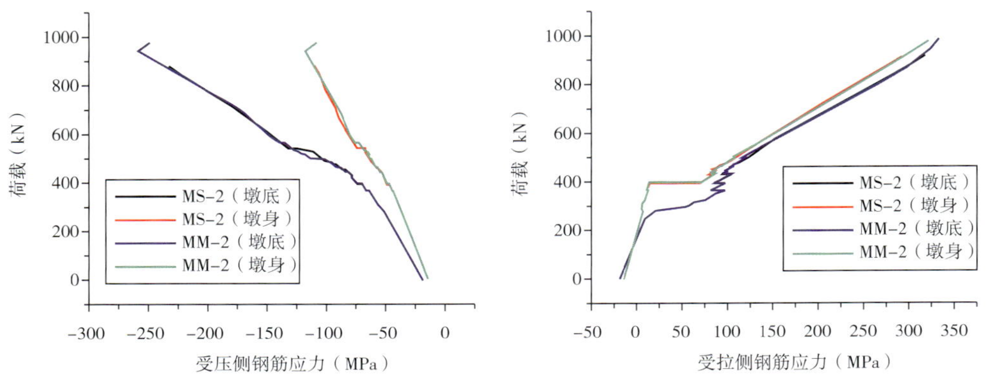

图 5.3-25 MS-2 和 MM-2 模型的竖向钢筋应力比较

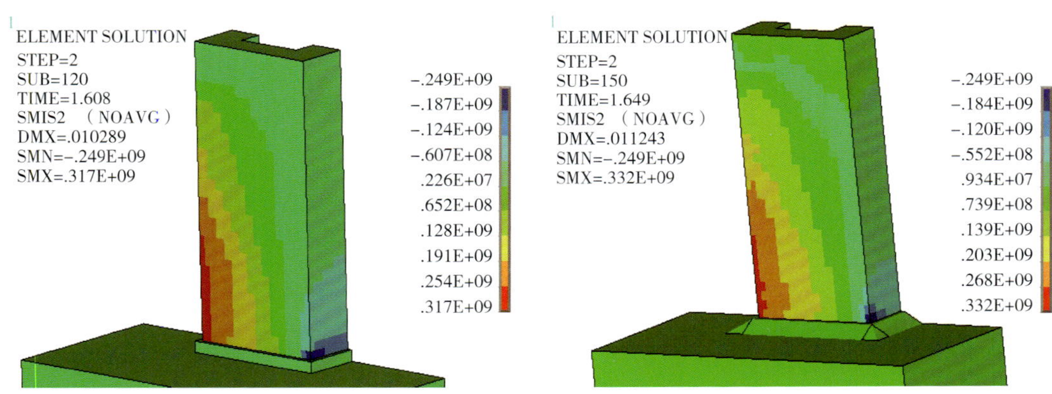

图 5.3-26 MS-2 和 MM-2 模型极限状态下竖向钢筋应力分布

综上所述，墩柱模型的现浇连接段对连接处竖向钢筋应力的影响很小。

②横向钢筋

图 5.3-27 为 MS-1 和 MM-1 模型在极限状态下的横向钢筋应力分布，在极限状态下，横向钢筋也未屈服，MS-1 模型的横向钢筋最大压应力为 84MPa，最大拉应力为 195MPa；MM-1 模型的钢筋最大压应力为 103MPa，最大拉应力为 221MPa；MM-1 模型的钢筋应力比 MS-1 模型稍大。

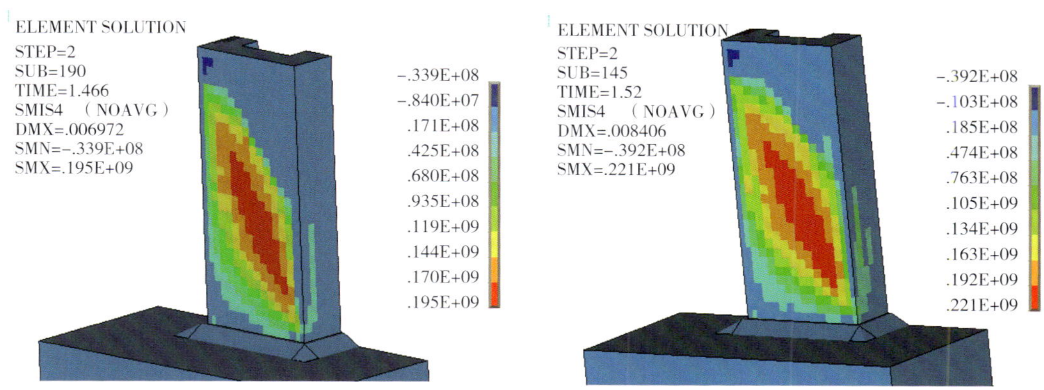

图 5.3-27　MS-1 和 MM-1 模型极限状态下横向钢筋应力分布

图 5.3-28 为 MS-2 和 MM-2 模型在极限状态下的横向钢筋应力分布，在极限状态下，横向钢筋也未屈服，MS-2 模型的横向钢筋最大压应力为 110MPa，最大拉应力为 273MPa；MM-2 模型的钢筋最大压应力为 128MPa，最大拉应力为 290MPa；MM-2 模型的钢筋应力比 MS-2 模型稍大。

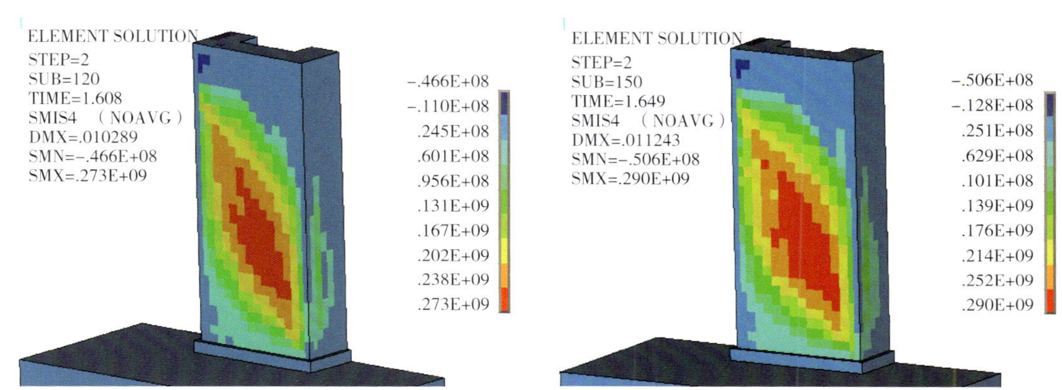

图 5.3-28　MS-2 和 MM-2 模型极限状态下横向钢筋应力分布

综上所述，墩柱模型在极限状态时横向钢筋达不到屈服，且竖向钢筋也达不到屈服，墩柱模型破坏由混凝土材料极限强度控制。

5.3.3　缩尺模型试验

连接段模型试验研究包括：

（1）模拟现场施工条件，研究工艺、方法的可行性与合理性。

（2）研究混凝土材料、养护方法等对连接段混凝土抗裂性的影响。

（3）研究连接段在设计荷载及极限加载过程中的受力性能，验证连接段设计的可靠性。

1）模型试验方案

（1）桥墩连接段施工工艺模型试验

以施工工艺为试验参数，设计两个连接段足尺模型。按照设计要求模拟现场施工条件进行连接段施工，研究施工工艺、方法的可行性、合理性，总结提出适合节段式桥墩连接段混凝土施工的实用工艺与方法。

（2）桥墩连接段受力性能缩尺模型试验

根据现浇连接段 1∶5 缩尺的墩柱模型，按相似原理进行设计加工，分别对墩柱连接和墩柱与承台连接的两种模型进行受力测试，得出加载过程中墩柱的受力性能和连接部位的极限承载力。通过与整体式模型试验结果对比，验证预制拼装墩柱的结构可靠性和受力安全性。

根据模型比例尺寸并考虑边界效应，将模型的高度取为 3m（不包括顶部加载部分）。

①试验加载方案

试验加载方案如图 5.3-29 所示。

将可能承受的上部结构作用的轴向力按相似比例施加到模型墩柱的中心，对按 1:5 缩尺的模型进行偏心受压承载力计算，反力架设计考虑按 3m × 3m 的三角形结构设计连接，模型顶部 3m 处加载千斤顶的吨位采用 250t。

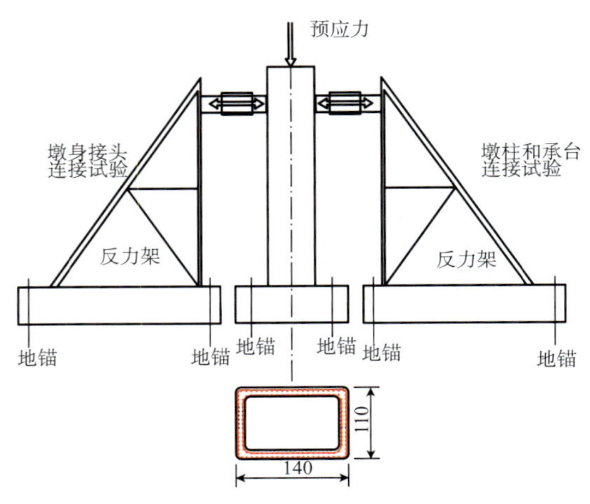

图 5.3-29　模型加载方案图

②测试内容和设备

试验测试的内容有：墩柱变形、墩柱混凝土的应力状态、极限承载力；观察裂缝开展与分布规律，记录相应的加载历程。

试验所需的测试设备包括：混凝土应变片，钢筋应变片，静态或动态应变箱，压力传感器，250t 千斤顶，裂缝观察仪，位移计，倾角仪。

③测点布置及数量

针对墩柱连接段和墩柱与承台连接部位的两种模型，沿其高度方向分别在连接段中央及干湿混凝土接缝处及预制段上布置混凝土应变片；在模型横截面的上、下缘及沿侧壁布置混凝土应变片。沿模型高度方向，在连接段中央对应于混凝土应变片位置的腹板内外层纵向钢筋上设置钢筋应变片，如图 5.3-30~ 图 5.3-34 所示。

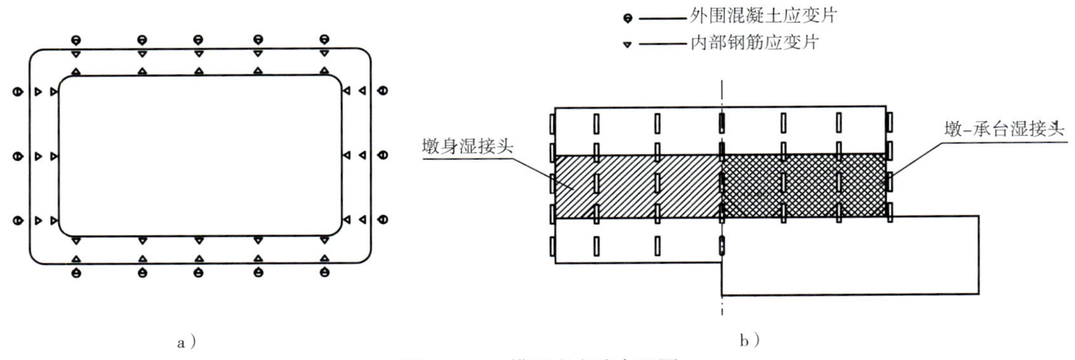

图 5.3-30　模型应变片布置图

a）平面图；b）立面图

两个模型所需混凝土应变片共计 144 片、钢筋应变片共计 32 片。

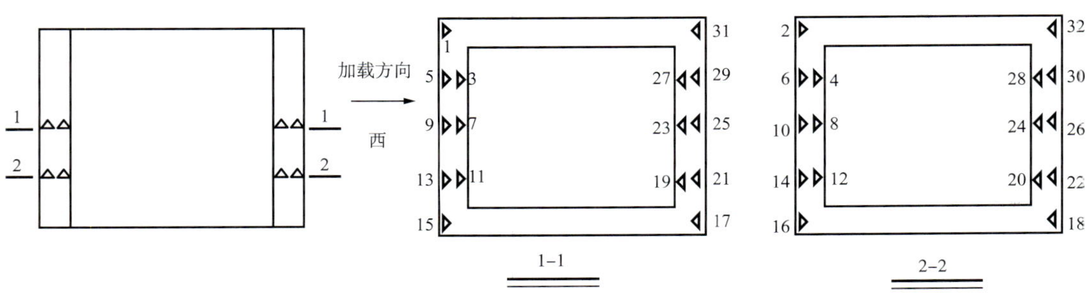

图 5.3-31　墩柱接缝模型钢筋应变片序号排列示意图

注：1–1 在下文中为层 1，2–2 在下文中为层 2；从加载方向，处于同一高度的应变片为截面。

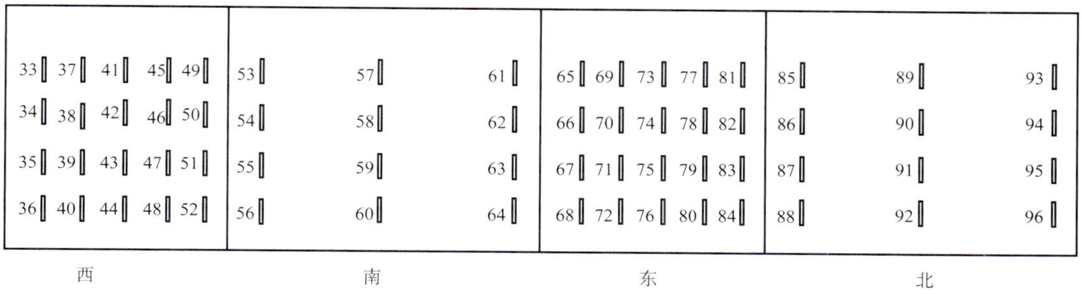

33 37 41 45 49
34 38 42 46 50
35 39 43 47 51
36 40 44 48 52
53 57 61
54 58 62
55 59 63
56 60 64
65 69 73 77 81
66 70 74 78 82
67 71 75 79 83
68 72 76 80 84
85 89 93
86 90 94
87 91 95
88 92 96
西
南
东
北

图 5.3-32　墩柱接缝模型混凝土应变片序号排列示意图

1
3 2
5 4
7 6
8
16
15
14
13
12
11
10
9
加载方向
西

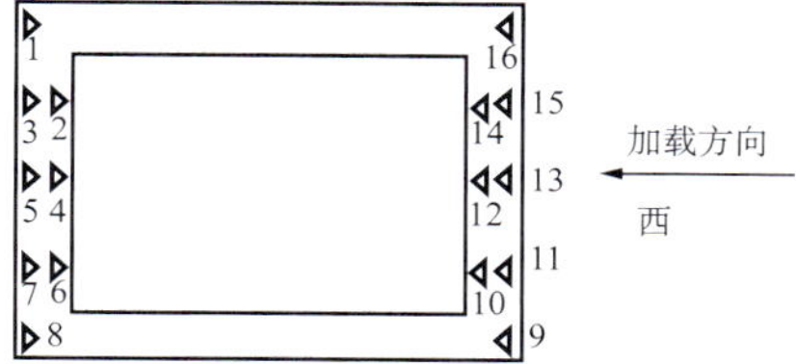

图 5.3-33　墩柱-承台接缝模型钢筋应变片序号排列示意图

47 49 51
48 50 52
21 23 25 27 29
22 24 26 28 30
31 33 35
32 34 36
37 39 41 43 45
38 40 42 44 46
南
东
北
西

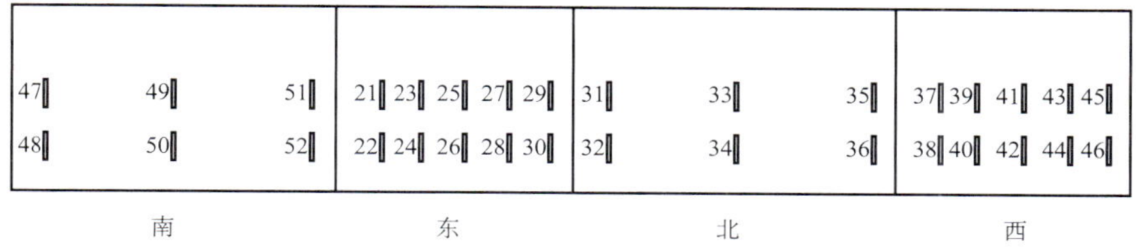

图 5.3-34　墩柱-承台接缝模型混凝土应变片序号排列示意图

2）现场模型测试

模型试验在横沙岛上进行，环境与实际工程环境相同。图 5.3-35~ 图 5.3-41 为现场模型试验各阶段图片。

（1）试验现象

图 5.3-42~ 图 5.3-45 为各部件裂缝分布图。

（2）墩柱接头试验结果与分析

从图 5.3-46 荷载位移曲线看出，墩柱接头在加载为 1 250kN 左右时出现位移突变。大约在 2 250kN 后还出现有上升阶段。其原因是墩柱接头试验过程中，由于底板锚固不牢，导致底板被抬起。

试验结果表现出的极限承载力超出预计，最终的破坏极限状态并未出现模型分析时的情况。原因是模型加载试验时混凝土的实际强度大于计算值 C40，接近 C60。根据以往的数值分析经验，此时真实结构的承载力要大于数值模型值的 2~3 倍。可见实际结构的承载力性能完全可靠。

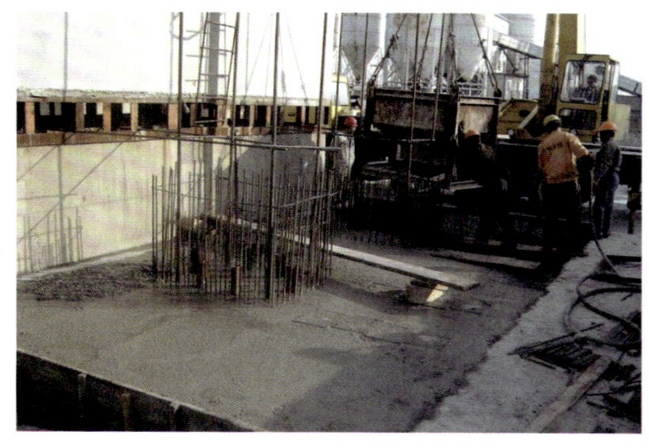

图 5.3-35　模型底座混凝土浇筑与下部预制段钢筋绑扎

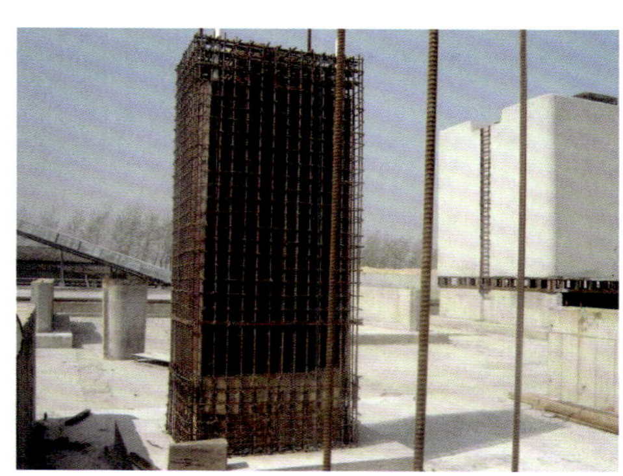

图 5.3-36　全接段钢筋绑扎

图 5.3-37　湿接头钢筋焊接

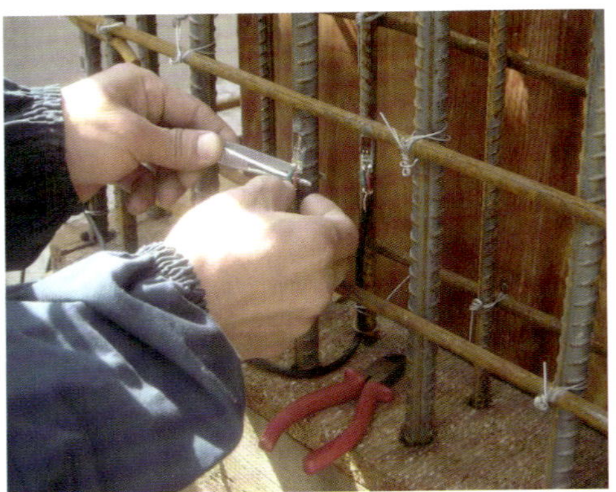
图 5.3-38　下部预制段钢筋应变片粘贴

图 5.3-39　应变片信号线连接

图 5.3-40　试验前连接段

图 5.3-41　加载反力架安装

图 5.3-42　斜裂缝分布

图 5.3-43　正面裂缝分布

图 5.3-44　湿接头裂缝分布

图 5.3-45　上部裂缝分布

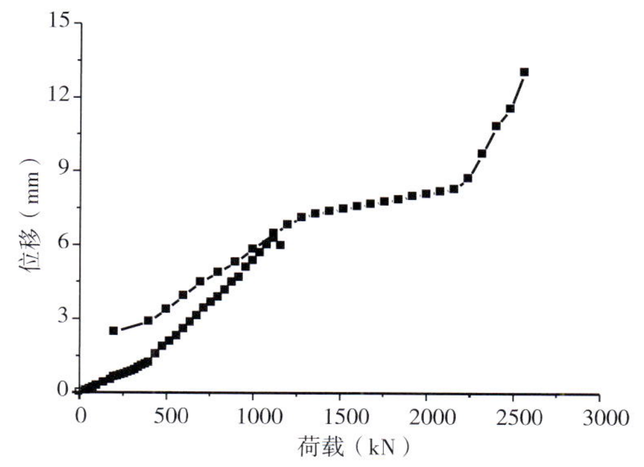

图 5.3-46　墩柱接头模型荷载位移曲线

从图 5.3-47、图 5.3-48 可以看出，离支座较近的截面 2-2 的钢筋应变较为真实，而 1-1 截面受拉侧板的内侧拉应力值偏小，这与在试验过程中，两侧千斤顶偏载导致出现受扭现象，经该层多个应变片平均后，降低了相应的应变有直接关系。

从钢筋应变发展规律来看，均是加载到 1 300kN 左右时出现应变平台。而分析可知对应应变值远未达到钢筋屈服应变。实际上此时的应变台阶是受底座锚固不牢，在加载时被抬离地面所致。而在其后的加载可以看出，在卸载后重新加固后的钢筋应变继续增长。受实际承载大于预期承载力影响因素，千斤顶功率无法加载至结构破坏。从下图中任一荷载对应的钢筋应变来看，截面钢筋基本满足平截面假定，也证明结构仍满足平截面假定。图 5.3-49 为在荷载为 1 000kN 和结束 2 560kN 时同一截面高度上的钢筋应变在高度方向上的应变分布情况规律。

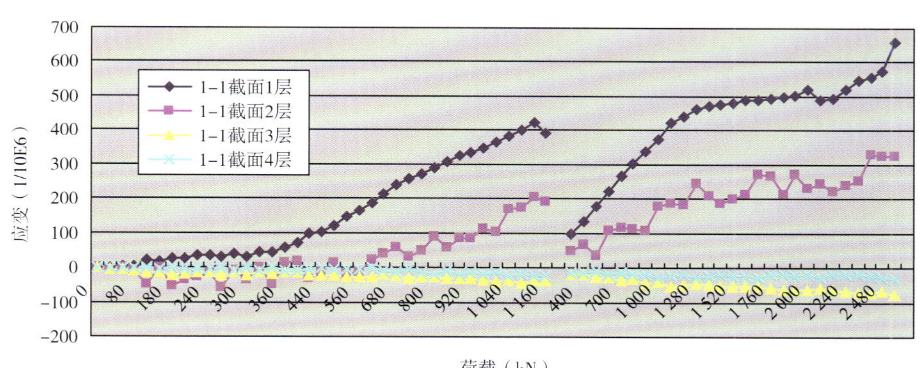

图 5.3-47　截面 1-1 各排钢筋应变-荷载曲线

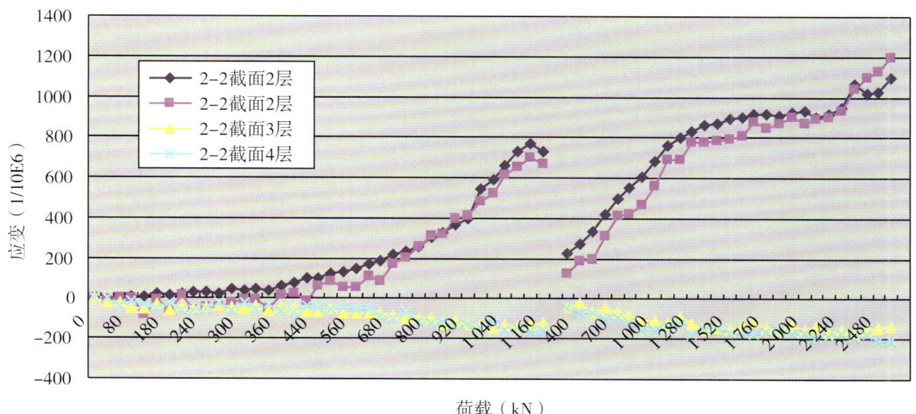

图 5.3-48　截面 2-2 各排钢筋应变-荷载曲线

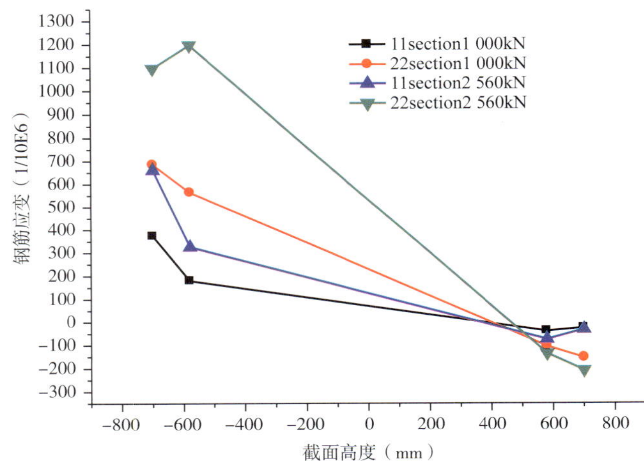

图 5.3-49　同一截面高度上钢筋应变沿高度分布

混凝土应变片在湿接头处共分四层布置，由上往下分别标识为 1-1、2-2、3-3 和 4-4。其中由西（受拉侧）至东（受压侧）同一截面上沿高度方向上同一排混凝土应变片分别称为 1 层、2 层、3 层、4 层和 5 层。图 5.3-50~ 图 5.3-53 为各截面混凝土应变沿高度方向随荷载的变化规律。由图可见，除去底板锚固失效的影响，混凝土应变沿高度分布也基本满足平截面假定，且在加载结束时，远未达到混凝土极限压应变。随着截面高度向承台靠近时，截面混凝土应变规律更加接近平截面假定。

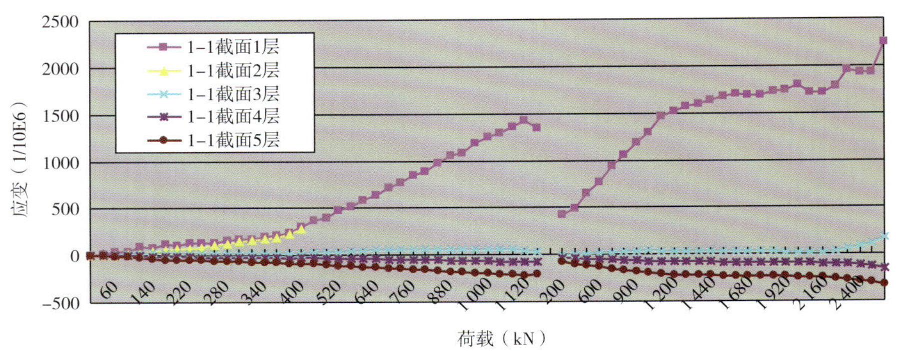

图 5.3-50　1-1 截面混凝土应变随荷载变化

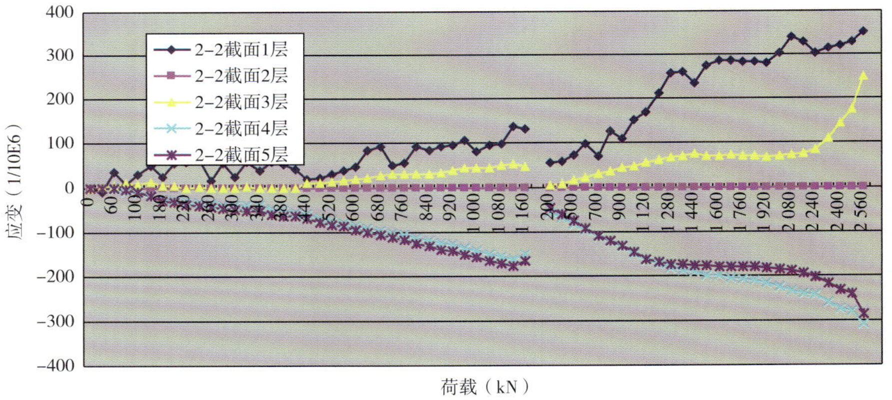

图 5.3-51　2-2 截面混凝土应变随荷载变化

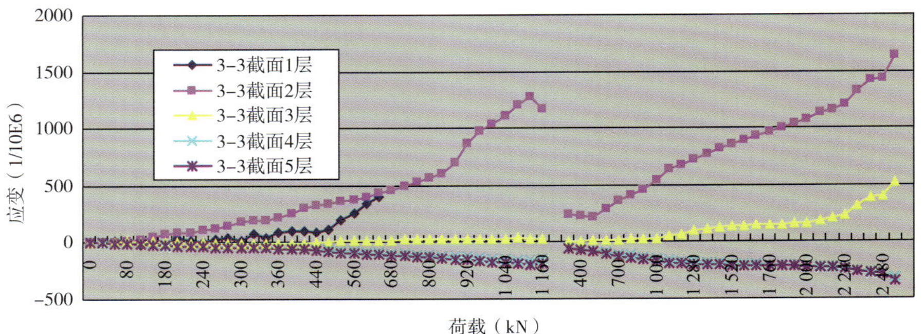

图 5.3-52　3-3 截面混凝土应变随荷载变化

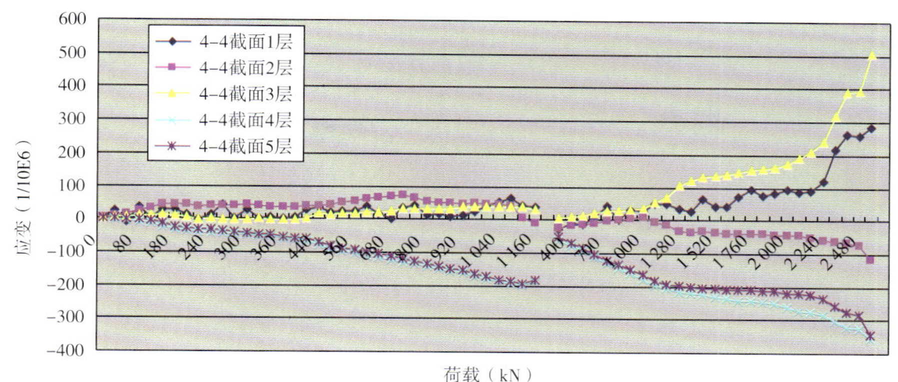

图 5.3-53　4-4 截面混凝土应变随荷载变化

按照应变片高度截面布置，2-2 和 3-3 截面分别为湿接头与预制段接缝位置。从图 5.3-50~ 图 5.3-53 可以看出，上下两个接缝混凝土应变分布规律十分明显。表明湿接头受力性能良好。

（3）墩-承台接头试验结果与分析

在墩-承台接头模型荷载位移曲线中（图 5.3-54），在 1 000kN 左右出现位移平台，相对于墩柱接头来看，平台加载时间短，这与试验记录相一致，即在加载试验过程中，受底板锚固不牢，导致底板被抬后，很快进行了调整。试验结果表现出的极限承载力超出预计，最终的破坏极限状态并未出现模型分析时的情况，原因同墩柱接头结果分析。

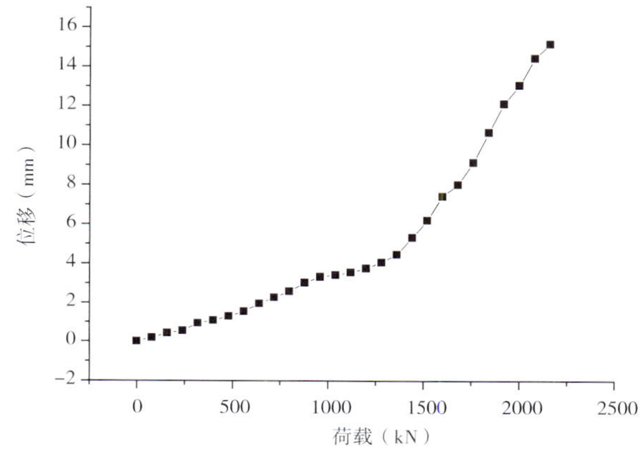

图 5.3-54　墩-承台接头模型荷载位移曲线

试验证实湿接头的强度超出预期效果，裂缝最初均出现在承台与墩柱相交处的预制段，随着荷载的增加，裂缝逐渐上升，经过湿接缝后，继续在上部预制段出现。裂缝也由上部的水平裂缝发展成为由墩柱中部向受压一侧的底部发展。表现出明显的压弯构件破坏模式。

墩-承台钢筋应变片只贴一层，混凝土应变片设置两层分别为 1-1 截面和 2-2 截面，各位置应变随荷载变化规律见图 5.3-55~ 图 5.3-57。

从墩-承台接头不同层面的混凝土应变规律来看，湿接头强度性能与预制段几乎没有区别，受力性能相当。在保证良好的养护条件下，墩柱具有较好的受力性能。

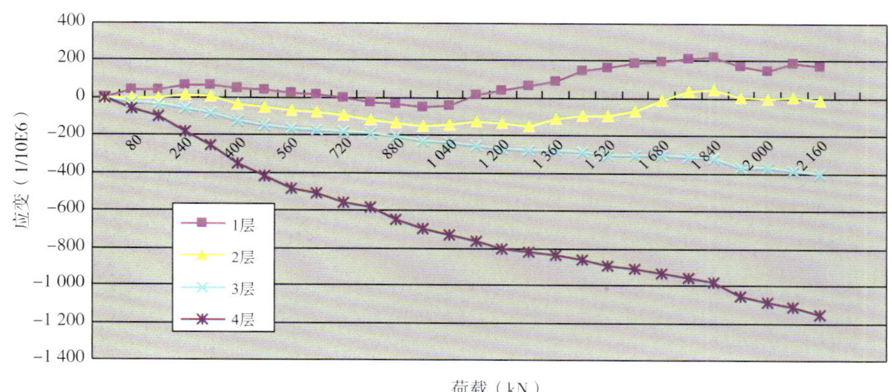

图 5.3-55　截面钢筋应变-荷载曲线

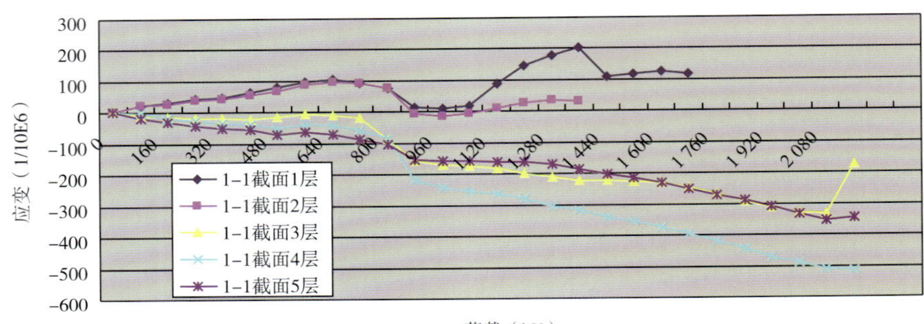

图 5.3-56　1-1 截面混凝土应变-荷载曲线

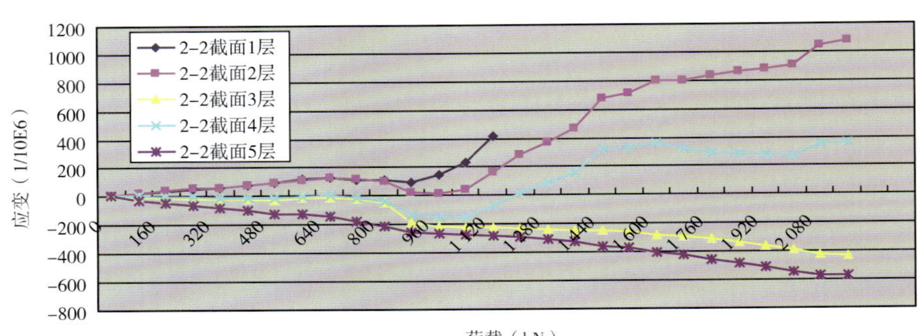

图 5.3-57　2-2 截面混凝土应变-荷载曲线

5.4　预制墩柱混凝土养护模型分析与试验

5.4.1　计算模型

考虑到桥墩截面的对称性，取 1/4 截面进行相应的水化热应力分析，通过调整材料及温度边界条件对不同养护方式进行模拟。图 5.4-1、图 5.4-2 分别为单元模型的平面图及轴视图。

模型共分两个施工阶段进行模型：

第一阶段：浇筑上下部混凝土模型预制节段部分；

第二阶段：浇筑湿接头部分混凝土，两阶段时间间隔按 1∶1 模型试验取值。

模型采用 Midas/civil 2006 版进行，共模拟有 13 209 个节点，11 800 个实体混凝土单元。

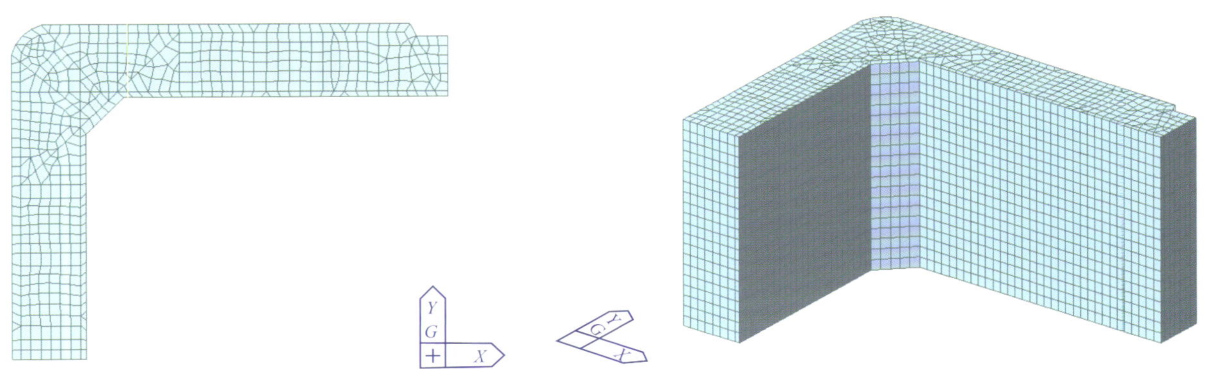

图 5.4-1　水化热分析有限元模型平面图　　图 5.4-2　水化热分析有限元模型轴侧图

5.4.2　有限元结果分析

通过比较发现，无论是否改变养护方法，预制段混凝土的应力状态基本相同，但内部温度和应力变化还是存在明显不同。针对应力状态的分布规律，由于基本相同，只对自然养护情况进行描述。对内部温度和应力随养护时间变化规律另行描述。

1）应力状态

如图 5.4-3、图 5.4-4 所示，第一阶段结束时上表面混凝土横向应力达 2.0MPa，主要集中在长边中部，近转角处内外侧存在 1.27~2.0MPa 横向拉应力。从后文 1 ：1 模型试验可知，实际模型在相同部位出现有竖向裂缝。

从图 5.4-5 最大主拉应力来看，实际模型试验中的裂缝出现部位与图中最大主拉应力位置基本一致，基本处于长边中部内侧和转角处，应力大小基本处于 2.0~2.3MPa。

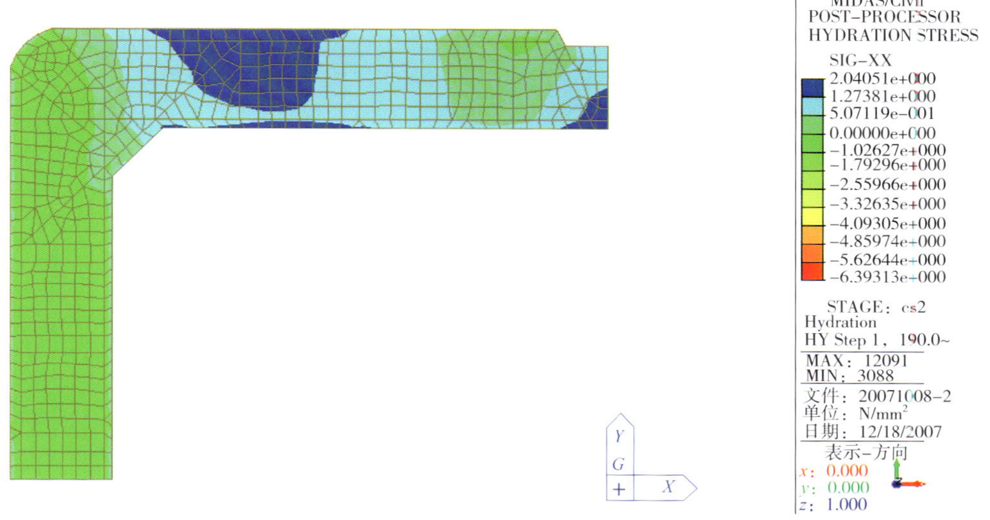

图 5.4-3　横向应力分布平面图

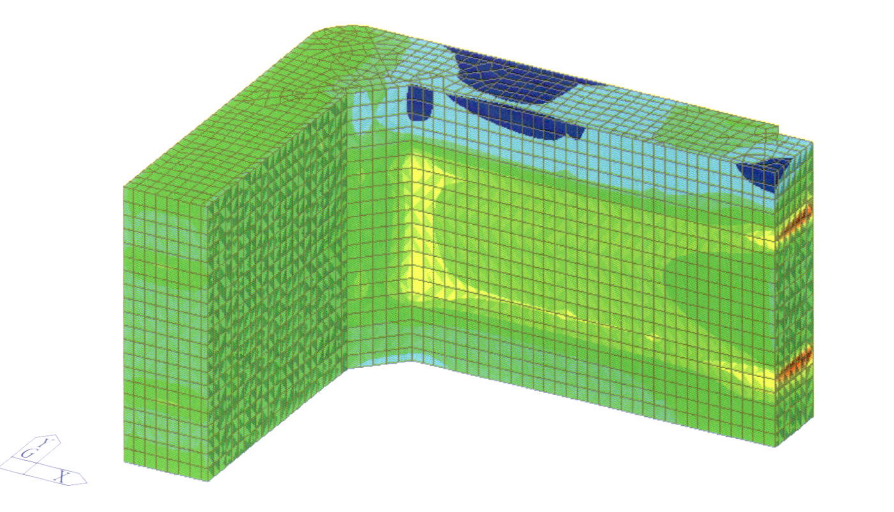

图 5.4-4　横向应力分布轴侧图

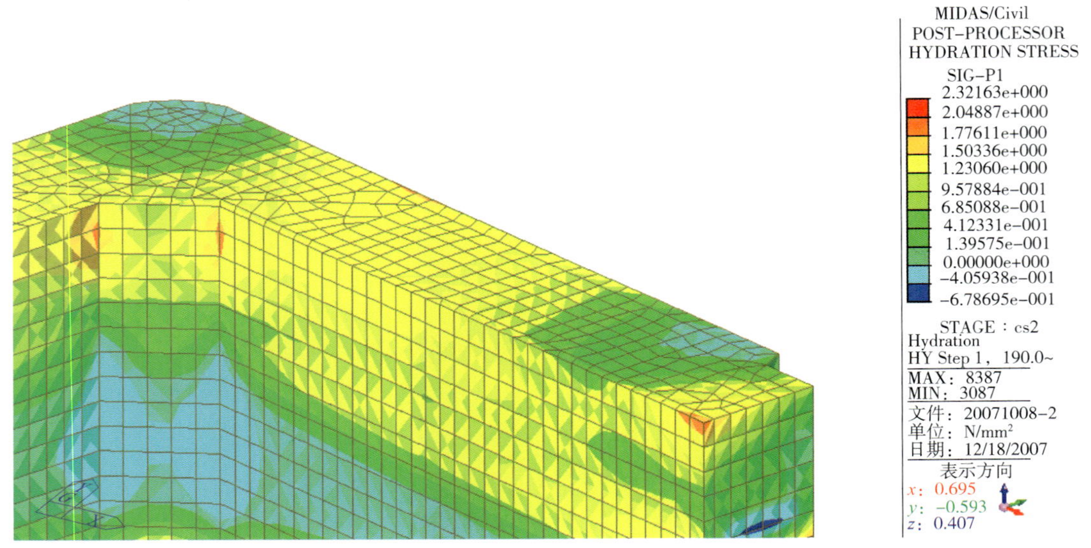

图 5.4-5　主拉应力分布图

2）温度整体分布规律

如图 5.4-6 所示，在完成湿接头施工阶段以后的时间里，湿接头内混凝土温度最高达 45.7℃，其大小基本与实测结果相一致。温度分布较大值处于混凝土中心部位。但与第一阶段完成混凝土接头处表现相比更为明显。

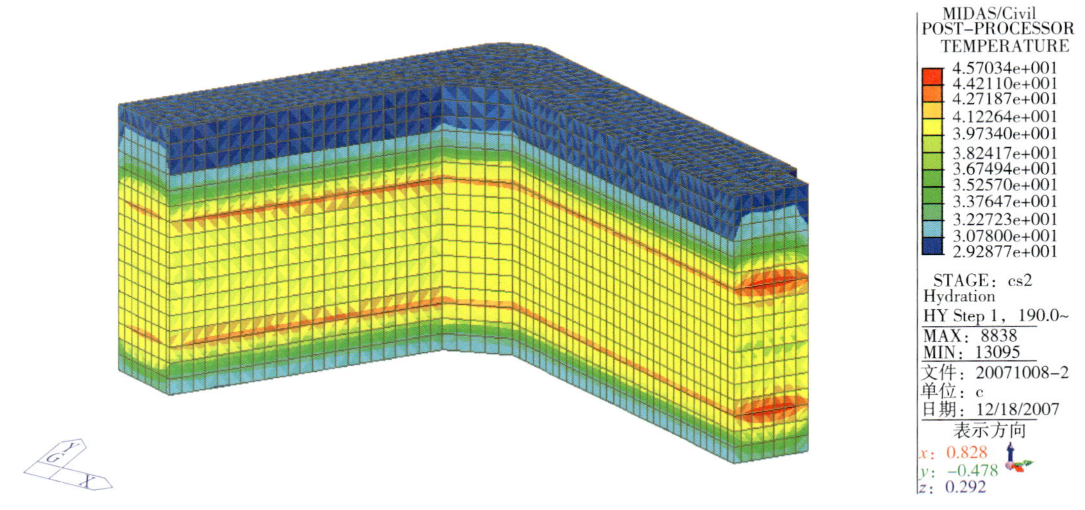

图 5.4-6　水化温度分布图

3）温度、应力随水化时间的变化规律

（1）自然养护法

从湿接头长边中心腹板中部取一节点观察温度变化如图 5.4-7~ 图 5.4-10 所示。可以见到，自然养护时，内部温度存在明显的波动性，主要是受到外界环境变化的影响。且在 35~55h 间温度处于较高水平。

相应的应力状态，在温度处于较高水平期间最大拉应力达到 2.8MPa。

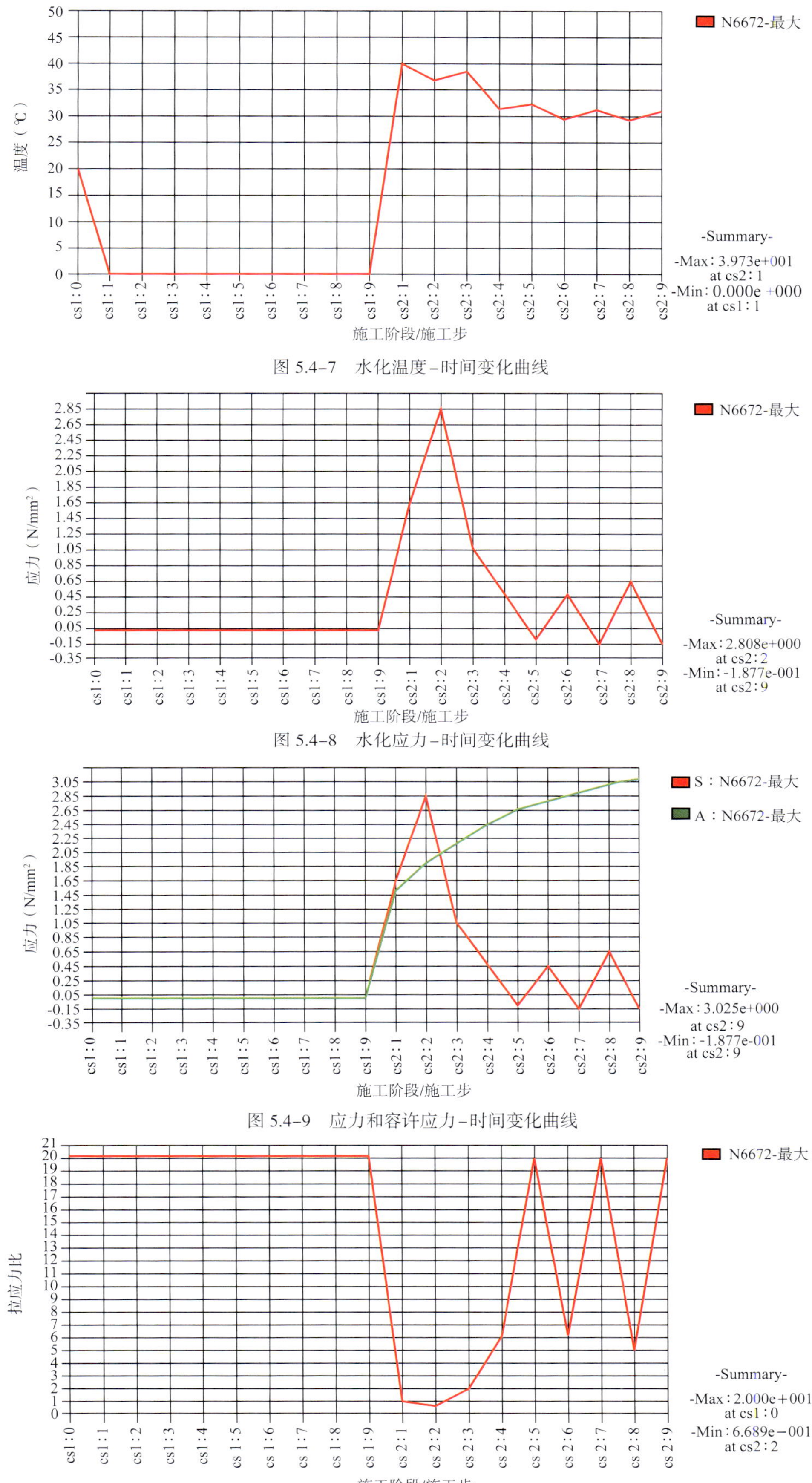

图 5.4-7　水化温度-时间变化曲线

图 5.4-8　水化应力-时间变化曲线

图 5.4-9　应力和容许应力-时间变化曲线

图 5.4-10　容许应力 / 拉应力-时间变化曲线

从应力和容许张拉应力曲线可知，正是在水化时间为 30~55h，实际最大应力超出容许应力，考虑到时间久，应力超出范围多，从拉应力比可知，在 40h 约超出 0.5 倍，可能已导致结构内部出现问题。

2）涂养生液滴水法

如图 5.4-11 所示为采用涂养生液滴水法时水化温度－时间变化曲线，最高温度出现在第二阶段的 35~45h，与实测模型相一致。

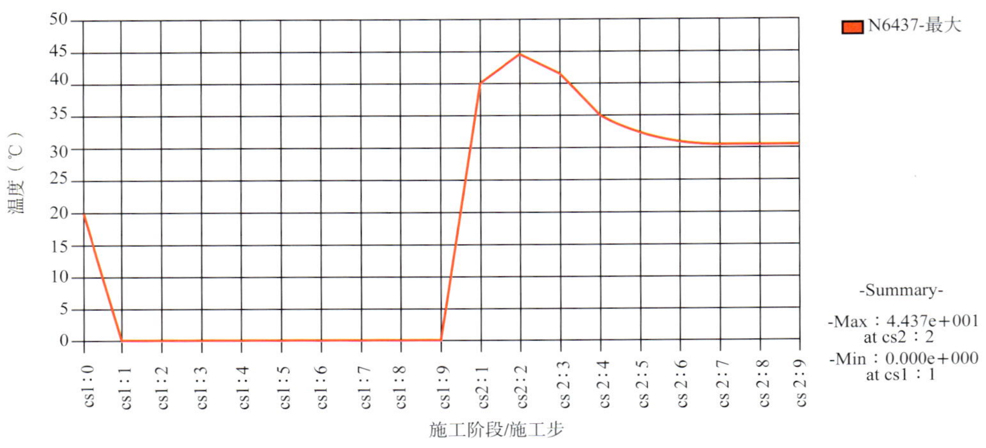

图 5.4-11　水化温度－时间变化曲线

对应点应力随时间变化曲线如图 5.4-12、图 5.4-13 所示，最大应力与最高温度时间相同。

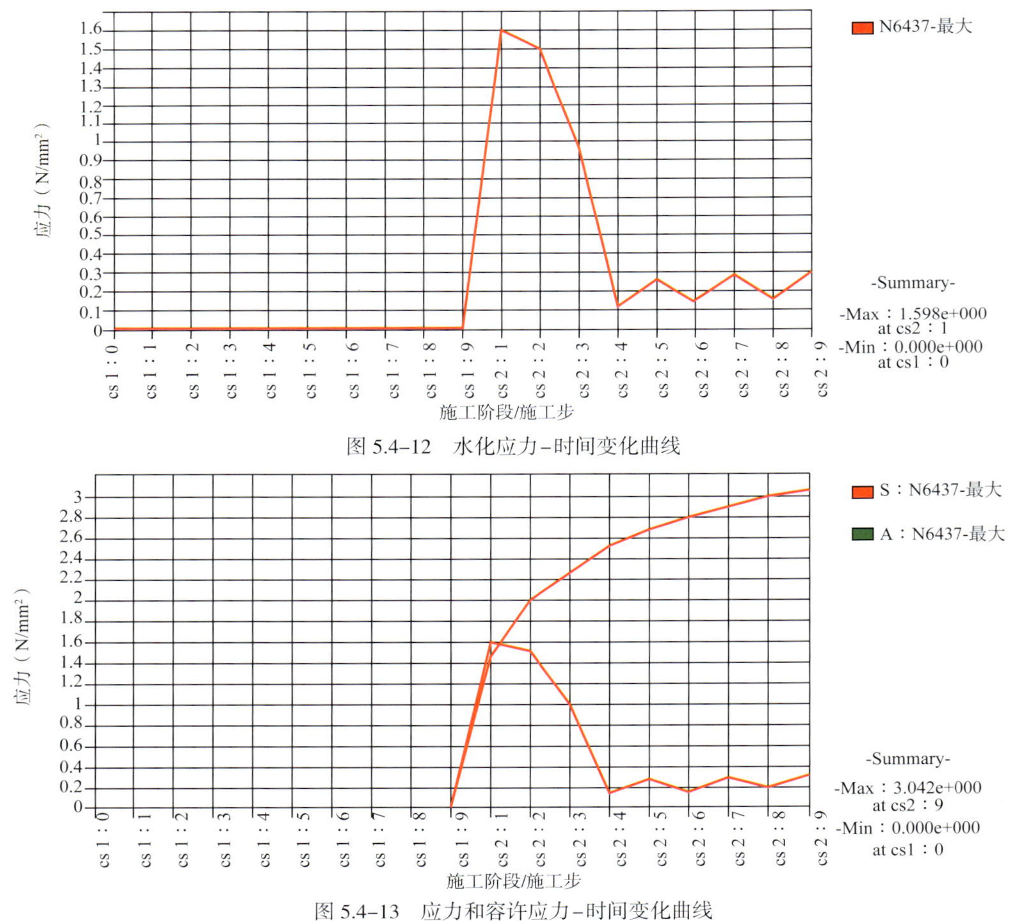

图 5.4-12　水化应力－时间变化曲线

图 5.4-13　应力和容许应力－时间变化曲线

而实际应力与容许张拉应力随水化时间的变化如图 5.4–13 所示。可见只在第二阶段浇筑混凝土初期短暂时刻出现内部内应力大于允许应力，超出大小可以忽略不计。相应的拉应力比如图 5.4–14 所示，可知允许值与最大拉应力比基本上都大于 1。

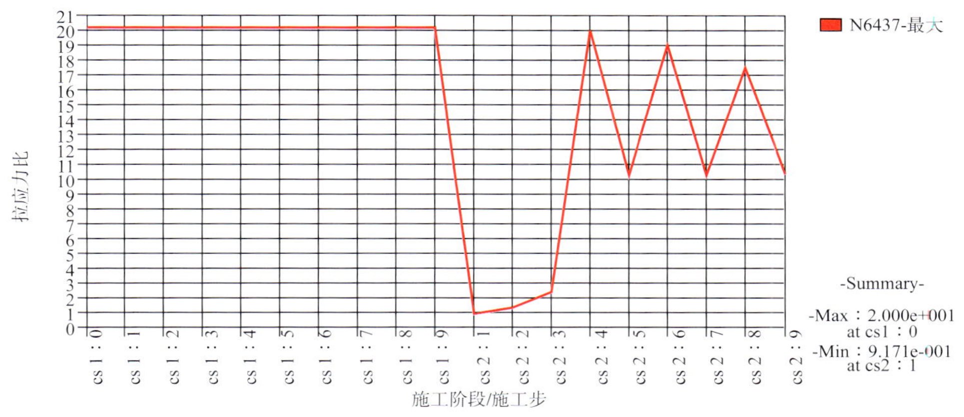

图 5.4–14　容许应力 / 拉应力 – 时间变化曲线

5.4.3　连接段足尺模型施工工艺试验

1）试验方案

以混凝土材料（包括添加纤维等材料）和养护方法为试验参数，设计两个现浇连接段足尺模型，研究混凝土材料和养护技术对连接段抗裂性的影响。

考虑到桥墩矩形、箱形截面的特点，常见裂缝主要出现在长边中央部位，同时箱形截面的温度、混凝土收缩等空间效应也较明显，故采用桥墩原型截面进行试验。为了节省试验时间和成本，又能达到要求的试验参数，将箱形截面的短边一分为二以设计不同的试验参数。试验采用两个模型、四个参数，其中：模型Ⅰ分别模拟两种混凝土级配（掺膨胀剂与不掺膨胀剂）的情况；模型Ⅱ分别模拟两种养护方法（涂养生液与自然养护）。见表 5.4–1 和图 5.4–15。

模型试验参数及其组合表　　表 5.4–1

参数Ⅰ	不掺膨胀剂	模型 Ⅰ
参数Ⅱ	掺膨胀剂	
参数Ⅲ	自然养护	模型 Ⅱ
参数Ⅳ	养生液养护	

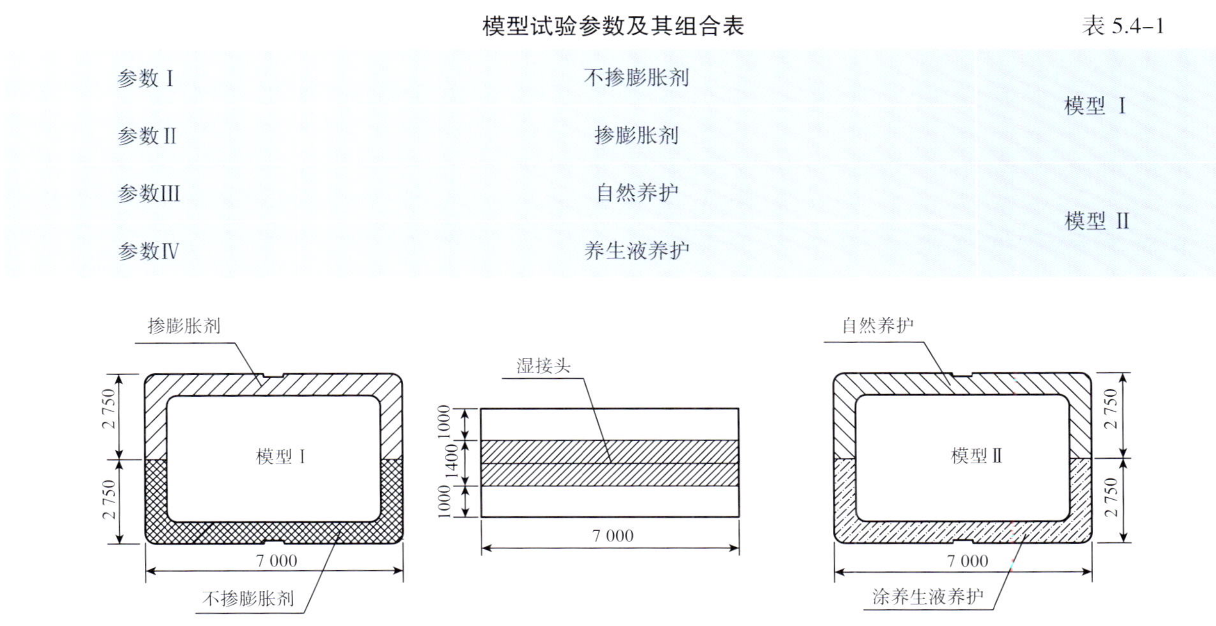

图 5.4–15　模型试验示意图（尺寸单位：mm）

两个模型在连接段混凝土内、箱内外布置温度传感器，数量共计 15 个。配备相应测试仪器。

2）养护方法试验

养护方法试验采用 1∶1 模型，各阶段施工图片如图 5.4–16、图 5.4–17 所示。

图 5.4–16　预制段先浇筑的混凝土

图 5.4–17　完成湿接头后的整体模型

3）试验现象

从观察养护模型来看，湿接头部分表现出较好的表观性，没有出现裂缝情况。只是非湿接头部分受养护时环境的影响，尤其是表面的收缩，在模型上表面出现有少量裂缝，分别集中在长边中部内侧及角部。裂缝出现部位与水化热分析第一阶段末最大应力出现部位一致，表明此部分裂缝的出现在湿接头之前。相关图片分别如图 5.4–18~ 图 5.4–22 所示。

图 5.4–18　角部外侧竖向裂纹

图 5.4–19　长边中部外侧内凹部分竖向裂纹

图 5.4–20　长边中部外侧竖向裂纹

图 5.4–21　角部表面混凝土收缩裂纹

图 5.4–22　长边中部内侧裂纹

4）试验分析

图 5.4–23 为温度传感器序号排列示意图。

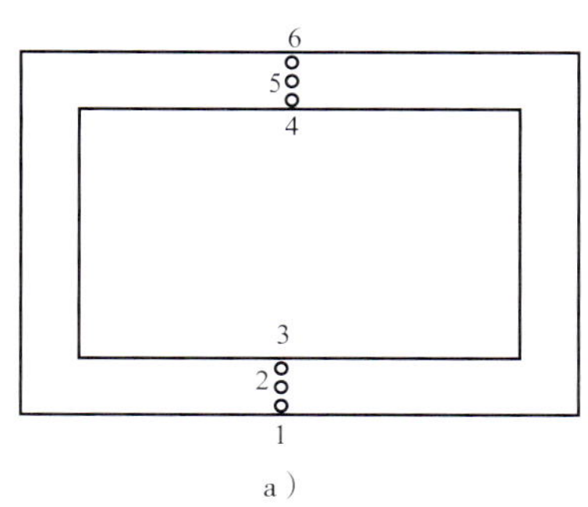

a）

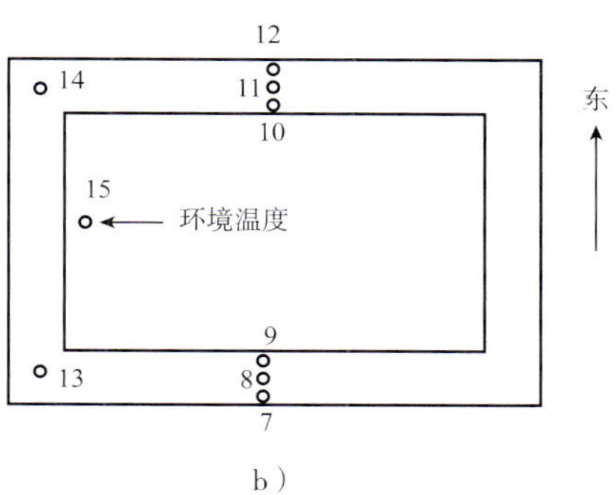

b）

图 5.4–23　温度传感器布置示意图

a）模型Ⅰ；b）模型Ⅱ

各测点温度随浇筑时间变化曲线如图 5.4–24、图 5.4–25 所示。

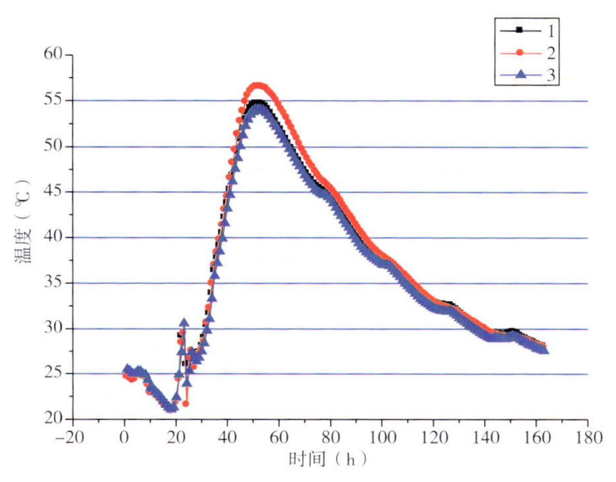

图 5.4–24　掺膨胀剂时温度–时间曲线

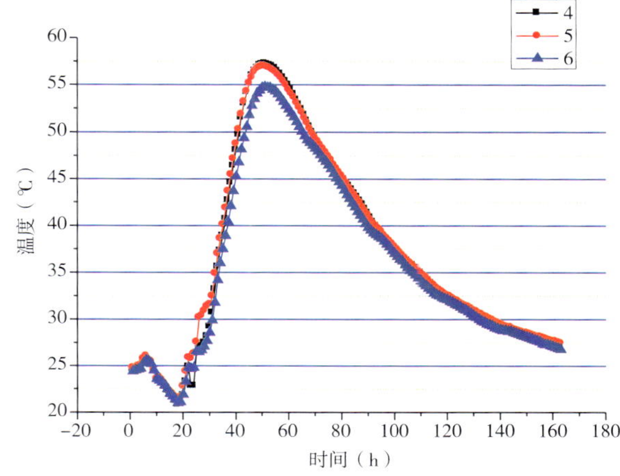

图 5.4–25　不掺膨胀剂温度–时间曲线

（1）两种混凝土级配

从图 5.4–24、图 5.4–25 可知，箱形截面长边厚度方向内外侧位于腹板中部的厚度方向，掺膨胀剂时，三点的温度值均较不掺膨胀剂时偏低，但降低幅度很少，只有 1.7℃。在截面内外也存在少量差异，主要表现在掺膨胀剂时，腹板中部温度偏高达 57℃，而内外侧基本达到 54℃。相对于不掺膨胀剂时，内侧和中部温度达 57.5℃，而外侧达 55℃。比较可知，外侧相差 1℃，内侧相差 3.5℃，中央相差 0.5℃。

（2）两种养护方法

涂养生液加滴水法（简称养生液养护）与自然养护。

从图 5.4–26、图 5.4–27 中可以明显看出，两种养护方法对于水化热的降低效果是明显不同的。采用养生液与浇水同时处理的与自然养护的温度平均值相差 2.84℃。

从表 5.4–2 可以看出，相对于自然养护方法，试验得出的结果平均温度均为 56.67℃，而掺膨胀剂温度降低 1.67℃，掺膨胀剂有利于降低水化热；而从涂养生液则温度降低 2.84℃来看，涂养生液降低水化热的效果更加明显。由此可以得出，最佳降低水化热的方式是涂养生液 + 掺膨胀剂的方法，也就是实际工作中采用的方法。

从两角部的温度变化曲线可以看出其大小及变化规律与腹板中央部位的变化规律相同。说明工程选择的截面厚度变化所导致的水化热分布不均现象并不明显，即全截面的水化热规律一致，结论和腹板中部裂缝的观察结果相符。

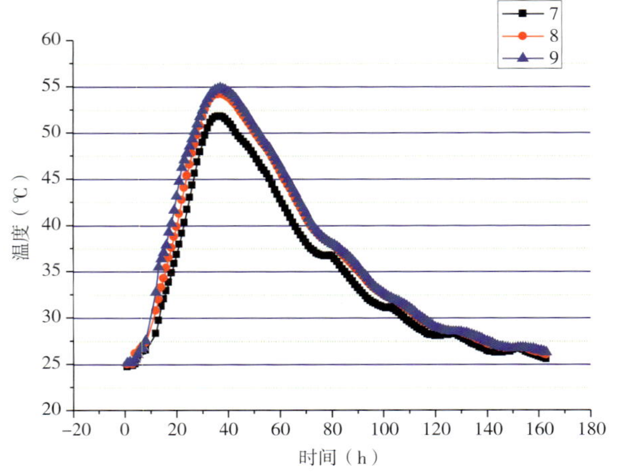

图 5.4–26　养生液养护温度–时间曲线

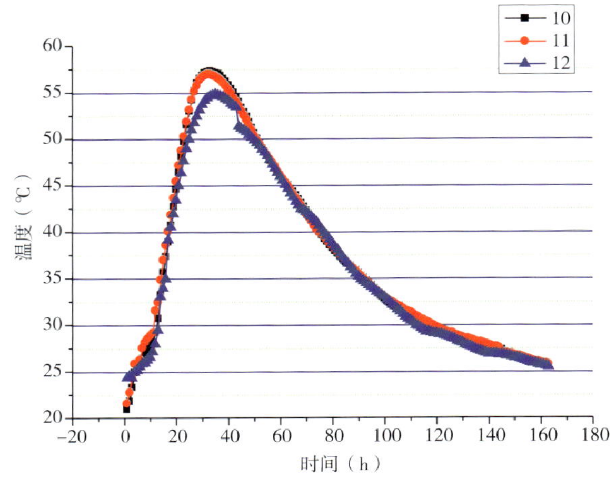

图 5.4–27　自然养护温度–时间曲线

温度统计表（单位：℃）　　表 5.4–2

传感器位置	掺膨胀剂	不掺膨胀剂	差值	涂养生液	自然养护	差值
内	54.0	57.5	3.5	55.5	57.5	2.0
中	57.0	57.5	0.5	54.0	57.0	3.0
外	54.0	55.0	1.0	52.0	55.5	3.5
平均	55.0	56.67	1.67	53.83	56.67	2.84

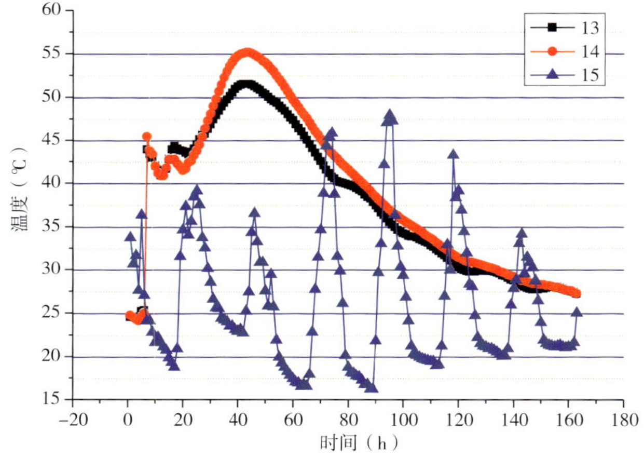

图 5.4–28　环境温度、角部温度 – 时间曲线

从图 5.4–28 中可以看出，环境温度虽然出现明显的升降（最低达 16.3℃，最高达 48℃），但基本不影响到混凝土水化热总的变化趋势，而相对于腹板中部的变化，此处的结果则表现出受环境温度的影响比较明显，即图中 75h、95 h、120 h 和 145 h 时环境最高气温时，涂养生液加水养护时，其水化热反而有降低的现象。而在自然养护中基本没有显现出来。表明在环境温度高时，利用养生液加水的养护方法有利于降低水化热水平。

5.5　节段预制施工技术与质量控制

5.5.1　预制场选址及主要施工机械配备

预制场选定为上海市横沙岛，横沙岛为原长江口航道整治预制基地，主要预制半圆体沉箱。横沙岛具备拌和站、出运码头等基础设施，但没有龙门吊轨道基础，并且龙门吊不能直接上码头，构件出运需使用出运台车进行转运。

预制厂平面布置如图 5.5–1 所示。龙门吊主要技术参数如表 5.5–1 所示。

龙门吊技术参数表　　表 5.5–1

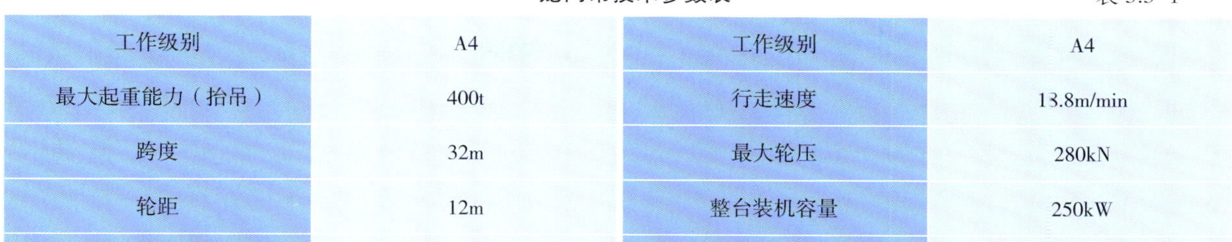

工作级别	A4	工作级别	A4
最大起重能力（抬吊）	400t	行走速度	13.8m/min
跨度	32m	最大轮压	280kN
轮距	12m	整台装机容量	250kW
起升速度	1.1m/min		

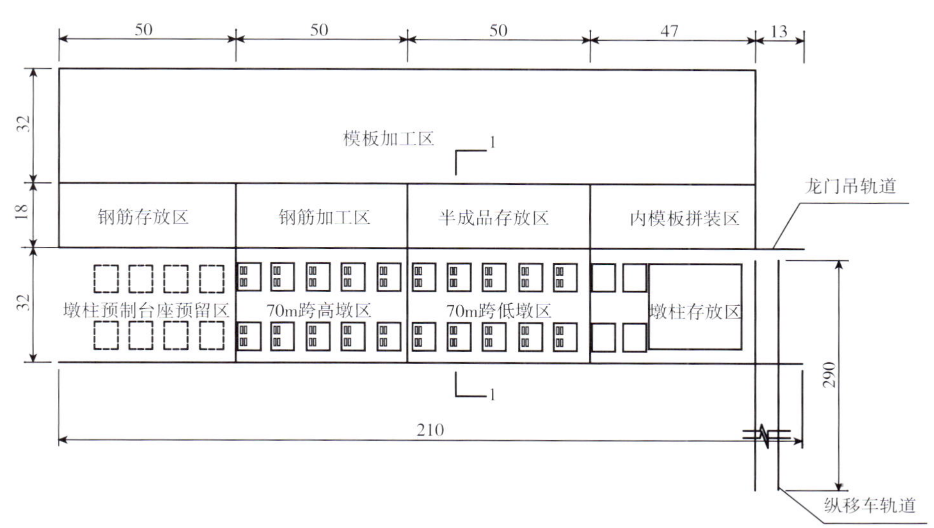

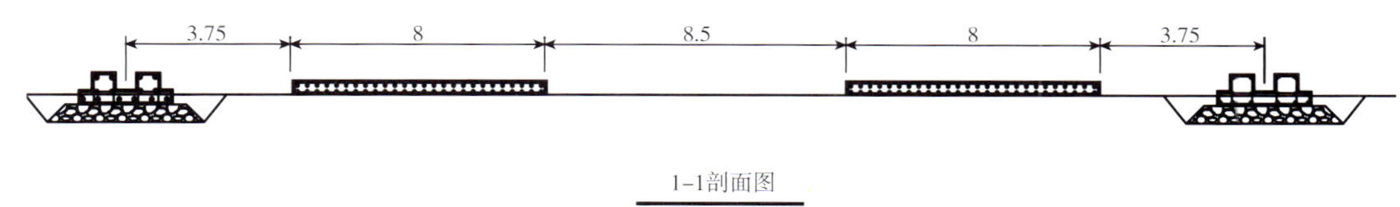

1–1剖面图

图 5.5–1　预制厂布置图（尺寸单位：m）

台车主要技术参数如表 5.5–2 所示。

台车技术参数表　　表 5.5–2

台车自重	150t	主卷扬机牵引力	300kN
载质量	400t	次卷扬机牵引力	100kN
行走速度	3~5m/min	最大轮压	350kN

5.5.2　施工方法与流程

墩柱预制采用立式预制法。墩柱台座为钢筋混凝土板结构，台座顶面布置混凝土台座，混凝土台座上布置钢台座。预制墩柱的模板采用定型钢模板，墩柱内模采用分节伞形收缩整体内模，分节高度为 90cm。钢筋绑扎由下至上一次绑扎完成，单个预制墩柱混凝土采用直立式一次浇筑完成。墩柱预制施工流程如图 5.5–2 所示。

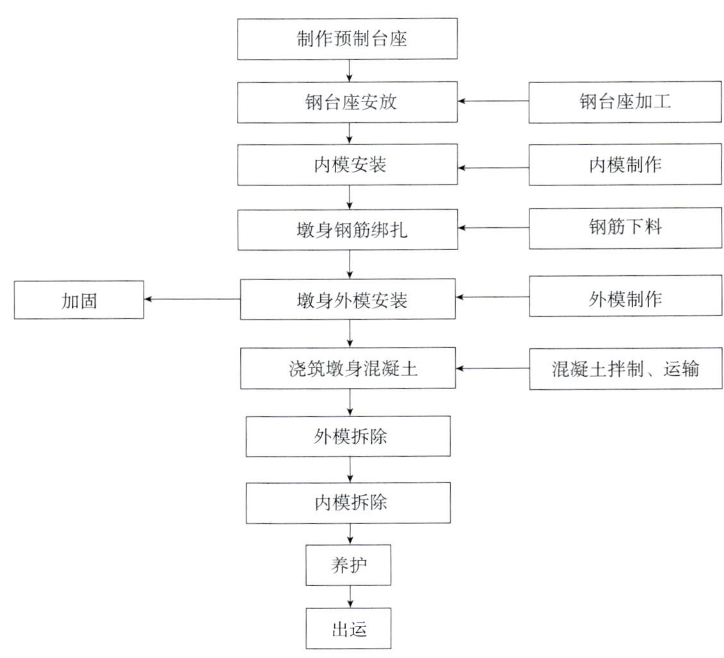

图 5.5-2　墩柱分节预制浇筑施工流程图

5.5.3　混凝土浇筑施工技术

1）墩柱预制台座构筑

墩柱台座基础为钢筋混凝土板结构。台座平面尺寸为 8m × 6.5m，厚 0.3m。台座顶面布置混凝土台座，设计高度 1.20m，宽 0.58m，为 C30 钢筋混凝土。墩柱预制混凝土台座结构如图 5.5-3 所示。

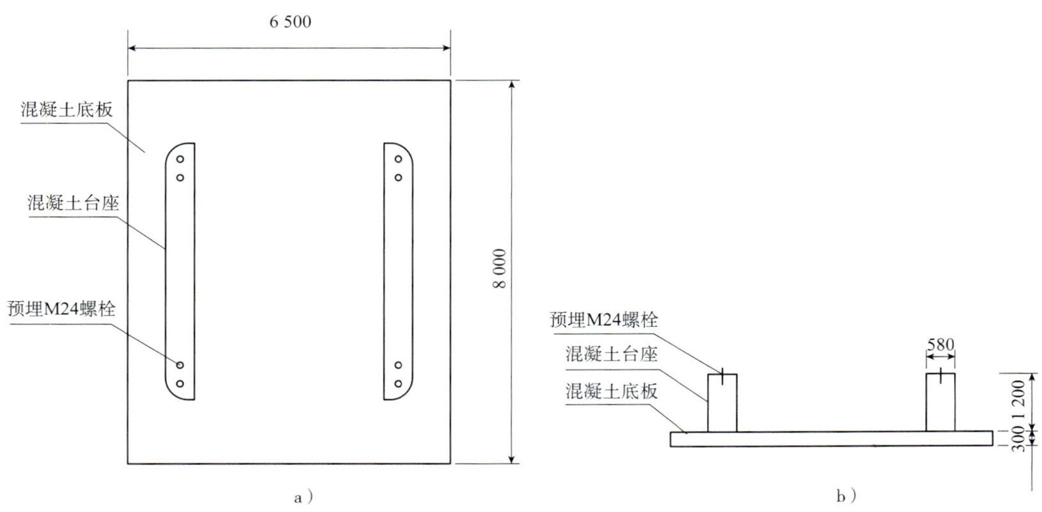

图 5.5-3　墩柱预制混凝土台座结构图（尺寸单位：mm）
a）平面图；b）立面图

2）钢台座

（1）钢台座制作

钢台座根据外露钢筋的长度，设计高度为 1.1m 和 1.35m，采用钢板及型钢加工而成，底模与台座连接成一整体，底模采用 δ 10mm 钢板加工而成，底模上按设计钢筋位置留 70mm × 70mm 方孔，在方孔下补焊 100mm × 100mm 钢板，并根据钢筋直径不同开 φ 50mm 和 φ 40mm 圆孔。底座与面板材料相同。竖撑采用∠ 100 × 8 角钢，间隔 60cm 左右，如图 5.5-4 所示。

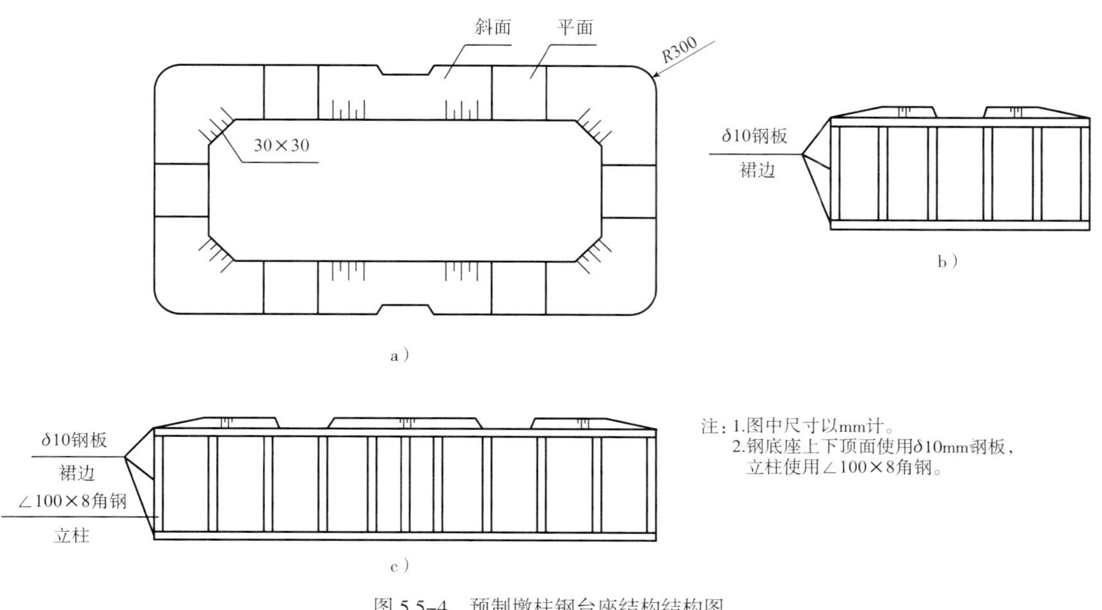

图 5.5-4　预制墩柱钢台座结构结构图

a）顶视图；b）侧视图；c）正视图

为保证墩柱钢筋正确就位及台座拆除方便，在底模上设置有定位卡，堵塞底模孔洞。在钢筋就位后，用海绵填充钢筋与模板间的孔隙，防止漏浆。

（2）钢台座安装

钢台座安装前，用水准仪检测混凝土台座的顶面平整度，对于高差超过 1cm 的台座需进行混凝土表面调平。

使用履带吊将钢台座吊安到混凝土台座上，如图 5.5-5 所示。

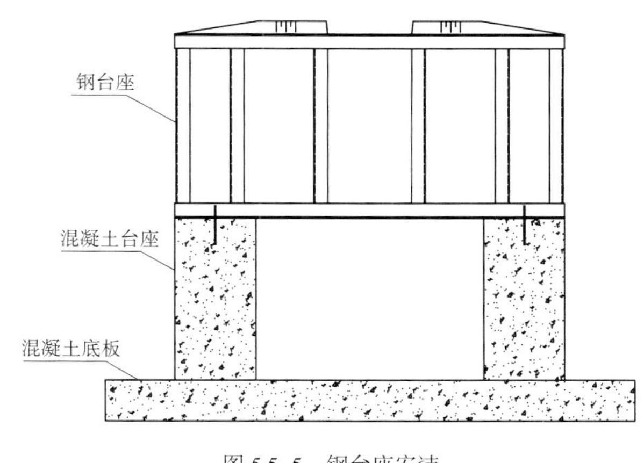

图 5.5-5　钢台座安装

用履带吊机采用四点吊将钢台座吊到混凝土台座上，对准混凝土台座，准确就位，就位后用水准仪检测钢台座顶面四个角的高差，如果高差大于 5mm 应采用薄钢板将台座垫平，使其表面平整度达到规范要求，不平度控制在 3mm 以内，薄钢板必须支垫在每根竖向立柱的下面。同时应检测支撑柱支撑位置的水平度，水平度控制在 2mm 范围内。以确保墩柱节段的安装质量。用机油均匀涂抹钢台座表面，使之形成隔离层。

3）墩柱内膜

（1）墩柱内模设计与制作

墩柱内模采用分节伞形收缩整体拼装内模，见图 5.5-6。分节高度根据组合钢模板的规格尺寸定为 90cm，面模采用组合钢模板，横向围囹用 φ 50mm 脚手架钢管，竖向围囹用 [10 槽钢，内撑为伞状骨架，伞轴杆采用 φ 90mm 钢管，支杆为 φ 50mm 脚手架管。

内模在平整的钢平台上加工，见图 5.5–7。内模上下边线顺直，分节模板按标准件加工。

（2）墩柱内模安装

加工好的内模在平整的地坪上撑开，用吊机将内模分节按由下至上的顺序逐层安装。两节模板之间使用螺栓连接，直至顶模。为防止模板间出现不吻合现象，应按层分节进行编号，以防弄混。内模安装前清洁表面，均匀涂刷脱模剂。

第一层内模安装前在内模底部按照 1m 间距设置螺旋撑杆，根据预制墩柱高度调节螺旋撑杆满足高度要求。内模逐节安装完成后，安装内模顶板，下节墩柱内模顶板四周按照内模尺寸缩减了 2.5cm，使用 2.5cm × 5.5cm 木条或橡胶条镶边，以利于顶板拆除。内模支立时，使用搭设成型的对扣 [ ] 形脚手架，便于施工人员作业，脚手架外侧挂安全网。支立好的内模如图 5.5–8 所示。

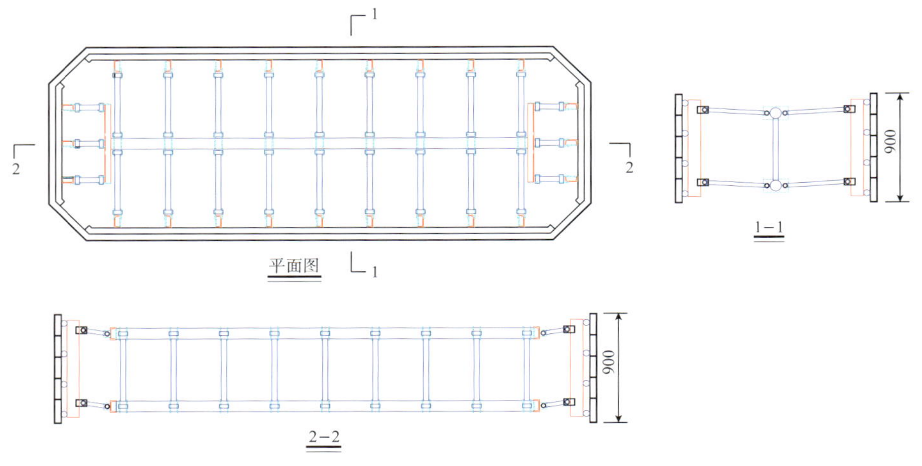

图 5.5–6 内模结构图

图 5.5–7 制作加工内模

图 5.5–8 墩柱内模支立

4）墩柱钢筋绑扎

绑扎墩柱竖向主筋时，由人工按顺序将对应的钢筋插入钢台座底模的预留孔中，上部在一定高度按照设计尺寸使用钢管进行定位，根据定位钢管确定主筋整体尺寸。主筋插完后开始绑扎环形箍筋，箍筋按由下到上的顺序绑扎，钢筋接头采用闪光对焊接头工艺，钢筋绑扎时加设必要的架立钢筋，并将架立钢筋焊接成刚性骨架，确保钢筋笼的刚度。

5）墩柱外模

（1）外膜设计与制作

根据墩柱设计外形尺寸，模板按照设计高度搭配，既能满足墩柱设计高度，又能满足模板下伸高度。模板不能满足以上要求时，需重新拼装模板。

每块模板由模板板面和模板支架两部分组成。墩柱外模模板板面采用 δ8 钢板，加劲板采用 δ8 钢板及 [10 槽钢，组成网格，网格间距按 350mm 左右设计。模板支架采用 [14 号槽钢作为上下弦杆，使用∠ 63×6 角钢连接上下弦杆形成桁架。

（2）墩柱外模安装

模板的拼装先长边后短边进行，使用吊机和龙门吊配合安装墩柱外模。外模的拼装顺序如下。

①根据墩柱高度、模板台座高度，换算外模底口距地面的高度，按高度搭设钢管支架。支架间距按每延米一根，支架间用钢管及钢管卡相连接，支架顶部用水平管调平。

②将长方向的模板用龙门吊副钩吊放就位，摆置在支架上，下部使用倒链与地锚拉紧。

③待长边的模板安装好后，用龙门吊副钩吊起短边的模板安装，就位时用定位插钎协助，就位后及时打好定位销，模板间垫 2mm 厚的橡胶止水板，并上好模板间的 M18 连接螺栓及模板桁架间的连接螺栓。

④全部模板安装好后检查模板支立质量和支撑情况。

⑤上节墩柱外模支立完成后，安放人孔模板。安装人孔模板前在内模顶板上贴好止浆条，人孔模板在地面拼装好后整体吊装。人孔模板安装完成后进行钢筋绑扎。在外模安装完成后进行人孔侧壁模板安装，两片人孔侧壁模板使用丝杠顶撑对顶，与外模板压紧连接。

图 5.5–9 为墩柱外膜支立后效果图。

图 5.5–9　墩柱外模支立效果图

6）浇筑墩柱混凝土

预制墩柱混凝土浇筑要求如下。

（1）预制墩柱采用 C40 高性能混凝土。

（2）浇筑混凝土前，应对支架、模板、钢筋和预埋件进行检查并做好记录，清除模板内的杂物、积水和钢筋上的污垢。浇筑混凝土前，检查混凝土的和易性和坍落度。

（3）墩柱混凝土由商品混凝土站 60m³/h 的强制式拌和站拌料，混凝土由 6m³ 混凝土罐车运送，由 30m³/h 的混凝土泵车布料入仓。

（4）单个预制墩柱一次浇筑完成，浇筑时间为 3~7h 左右，浇筑速度按 2m/h 考虑。

（5）混凝土浇筑时，根据浇筑高度绑上直径 200mm 的串筒，并保证管底口距底模的高差不大于 2m，以保证混凝土落高不超过 2m。严格控制混凝土的坍落度。

（6）浇筑混凝土时沿墩柱周边设八个固定浇筑下料点，下料前先将串筒从预留空洞处放到浇筑面，然后泵料。泵料时根据观察及经验确定泵料量，确保浇筑层厚不大于 300mm，布料时由起点向两侧渐次进行，一圈后再回到起点。混凝土应在下层混凝土初凝或能重塑前完成上层混凝土浇筑。

（7）布料后，振捣手站在墩柱顶面，使用加长变频式插入振捣器进行振捣，根据振捣棒上的刻度控制下棒深度。振捣时布点要均匀，振捣间距控制在 300mm 左右，快插慢拔，不得过振和漏振，分层处振捣棒插入下层混凝土 5~10cm 左右。混凝土在浇筑过程中分层减水，混凝土浇筑至顶部，清除浮浆，二次振捣，二次压面。

7）人孔模板与外模拆除

（1）人孔模板应在混凝土浇筑后 4~5h 内，混凝土具有一定强度后拆除。

（2）混凝土强度大于一定强度后，方可进行外模拆除工作。

（3）墩柱外模的拆除，按先小面后大面的顺序拆除。

（4）拆除外模时首先卸掉桁架之间的连接螺栓，然后将模板间的连接螺栓拆除。但拆除时应在上面先留两个螺栓暂不拆除，等吊运挂绳挂牢后再行拆除。

用两根绳子拴住待拆模板的两边，在下面拉住，待螺栓全部拆除后，龙门吊副钩吊起模板，拉紧拉绳以控制模板的方向。将拆下的模板及时清除模板上的杂物，涂刷脱模剂，待下一次使用。

图 5.5–10　内模拆除专用电动葫芦

8）内模拆除

（1）按自下而上的顺序分节拆除内模。

（2）将内模拆除专用电动葫芦安放于墩柱顶部，采用两点吊吊住需拆内模的两侧边，稍微将吊绳带紧，不要使力。

（3）把两个 5t 手拉葫芦的一头固定在台座上，另一头拉住需拆除内模的轴杆，图 5.5–10 为内膜拆除用电动葫芦。

（4）先将内模两头的四块接头模板拆除，用撬棍拆掉。

（5）再将上下模板间的连接螺栓及固定斜杆拆除。

（6）用手拉葫芦向下拉动内模的轴杆，使内模收缩。

（7）内模收缩后，电葫芦慢慢将内模下放，放置在下面的滑车上，在 2t 卷扬机的牵引下拉出，将内模移到下一个工作面，打磨处理，等待下次使用。

（8）如上所述，转入下一节墩柱内模板的拆除工作。在待拆除节模板被专用吊具吊住前，不得拆除模板内的斜杆。

（9）内模顶板按照同样方法拆除。

（10）内模拆除后进行打磨与脱模剂涂刷，待下节墩柱预制使用。

5.5.4　墩柱浇筑质量控制

为保证墩柱预制质量，结合墩柱预制实际情况，在以下几方面采取了质量保证措施。

（1）由于墩柱钢台座底口止浆采用了 2cm 厚的海绵条，在外模板安装完成后，止浆条被挤压变形而伸入到墩柱混凝土内，导致上节墩柱根部局部不整齐，呈现波浪形。针对上述问题，采取将止浆条上面低于钢台座顶面 1cm 贴放。并在拆除外模后，在钢台座顶面位置弹墨线，使用匀齿锯锯出深约 1cm 的横缝，将横缝以下部位凿掉。这样保证了墩柱脱离钢台座时不损坏墩柱根部外观质量，如图 5.5–11~ 图 5.5–13 所示。

（2）墩柱系薄壁结构，壁厚只有 50cm 和 60cm 两种，且墩柱高、钢筋密集，振捣人员不能进入墩柱内部进行振捣。光线不好和夜间施工时，看不到墩柱下部，较高的墩柱在任何时候都看不到墩柱底部。因此，如何保证混凝土振捣质量成为关键。经多次研讨，决定采用按照断面方量分层下料，使用加长振捣棒进行振捣，并在振捣棒上画出刻度，以控制振捣棒插入深度。

图 5.5-11 贴止浆条

图 5.5-12 弹切割墨线

图 5.5-13 墩柱切割后

（3）下节墩柱与承台连接的 50cm 部分需凿毛，由于有预埋筋，人工凿毛达不到凿深，钢筋不能凿除，需使用风镐进行凿毛，但风镐凿毛凿深过大，容易造成劈角。经反复摸索，采用了在需凿毛部位下方 2cm，并弹墨线，使用匀齿锯按照墨线锯出 1.5cm 深横缝，以切断凿毛部位混凝土连接，从根本上杜绝劈角现象，保证墩柱凿毛质量，凿毛效果如图 5.5-14 所示。

（4）墩柱预制生产周期长，每节墩柱生产周期在 3~4d。外模板在拆模时经常在经过一段时间后才进行打磨、除锈、涂刷脱模剂等工序，在南方潮湿多雨的天气条件下，模板表面容易生锈。模板生锈后处理困难，易在混凝土表面形成锈渍，影响墩柱外观质量。经反复试验，采用涂刷模板漆工艺。模板漆涂膜坚硬，表面光洁度好，自然形成瓷釉，易于脱膜和清理；耐水耐磨，防锈防腐；有效防止了模板锈渍问题，大大提高了墩柱混凝土外观质量，如图 5.5-15 所示为模板刷涂漆后板面图。模板漆的使用，提高了墩柱混凝土外观质量，与进口透水布相比，具有造价低，周转次数多，表面光洁、无布纹等优点。

图 5.5-14 现在凿毛效果

图 5.5-15 模板漆刷涂

5.6 节段出运与吊装施工技术

5.6.1 出运特点与难点

（1）墩柱高度大，断面小。

（2）桥墩外形较复杂，规格型号多，断面尺寸随高度而变化。

（3）墩柱底部有外伸钢筋，加大了预制高度，给预制和装运墩柱增加难度。

（4）出运线路长，台车行走速度为 3~5m/min，出运速度慢。从预制场地至码头前沿，最远距离长达 500m。其中预制场地长 210m，台车运输路线长 290m。

（5）运输过程需中途转运，转运路线成垂直状态，龙门吊及台车轨道水平垂直交叉。预制场内运输使用 420t 龙门吊，运至出运纵移轨道后需转到出运台车，然后牵引台车至码头前沿，如图 5.6-1 为墩柱出运路线示意图。

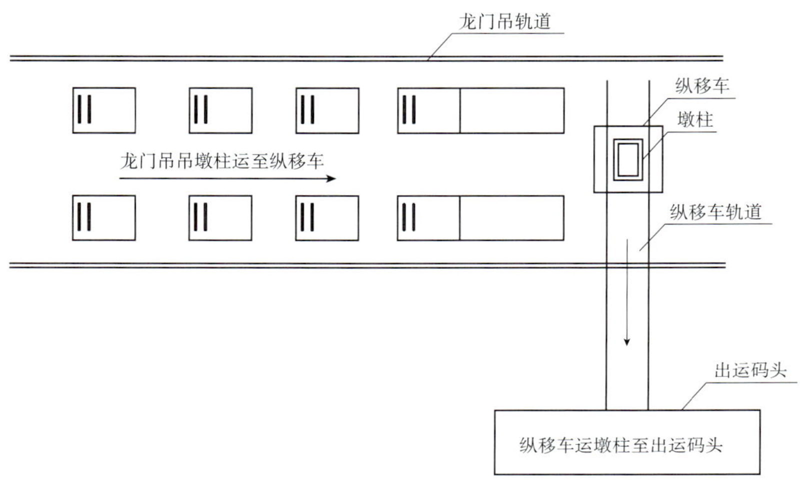

图 5.6-1 墩柱出运路线示意图

（6）台车出运过程中，墩柱在台车上运输时，由于轨道面不平整或轨道接头有间距和高差，或台车牵引启动和制动等，均会引起台车和墩柱颠簸，产生水平和竖向惯性力，稳定性差。

（7）受原有场地出运码头轨距 6m 的限制，出运台车设计难度加大，墩柱出运安全系数减小。

5.6.2 出运与吊装流程

预制墩柱采用立式装船运输工艺。墩柱在预制场首先由 400t 龙门吊机、专用吊具将墩柱和钢台座整体起吊，横向移动运至纵移车位置，落钩，进行纵移台车加固，在 25t 卷扬机牵引作用下以 3~5m/min 的速度运至码头前沿，再由 650t 起重船吊装至 5 000t 深舱自航驳。由深舱舶运至施工现场进行安装。墩柱出运流程如图 5.6-2 所示。

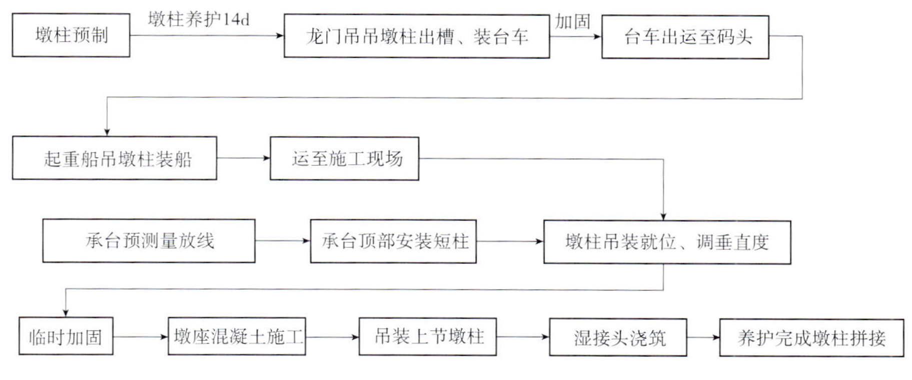

图 5.6–2　墩柱出运流程

5.6.3　出运施工技术

1）台车稳定性分析与设计

（1）墩柱的稳定性分析

墩柱在台车上运输时，如图 5.6–3 所示的台车运输模式，颠簸产生的水平惯性力使墩柱的失稳分三种情况。

①墩柱和钢台座没有足够强度的连接，墩柱相对于钢台座倾倒。

②墩柱和钢台座与台车没有足够强度的连接，墩柱和钢台座相对于台车倾倒。

③墩柱、钢台座和台车整体倾倒。

根据各种墩柱的结构图，计算得到的质量、重心高度参数如表 5.6–1 所示。

当结构体系分别沿 x 方向（沿轨道轴线方向）和 y 方向（垂直于轨道轴线方向）达到上述三种失稳的临界状态时，对应于墩柱重心处的水平惯性加速度如表 5.6–1 所示。计算中，当发生上述第一种和第二种情况的失稳时，倾覆转动点从结构边沿向内移 10cm，钢托架高度按 1.5m 考虑，如图 5.6–4 所示。当发生第三种情况的失稳时，台车高度按 1.15m 考虑，轨距为 6.0m，台车质量按 100t 考虑，不计台车受到的水平惯性力。

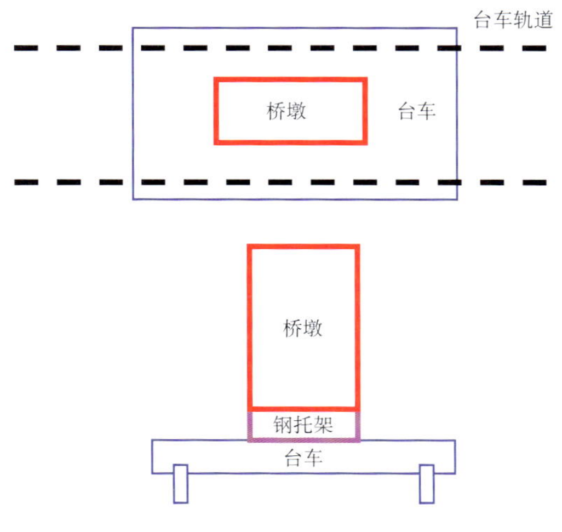

图 5.6–3　墩柱和钢台座摆放布置

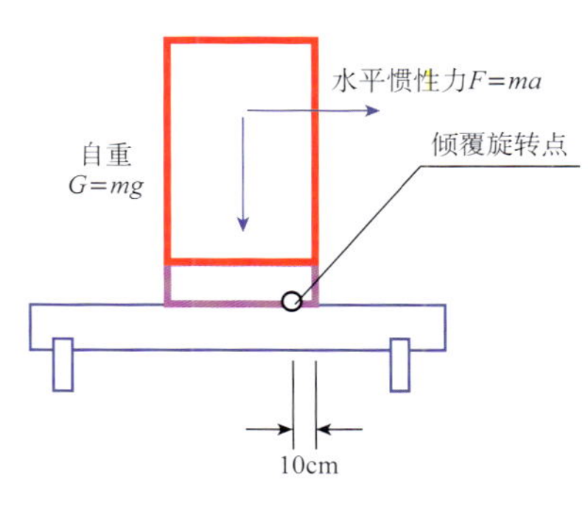

图 5.6–4　倾覆失稳计算图式

墩柱结构和稳定性参数　　表 5.6–1

结构	尺度（m）		结构高度（m）	重心高度（m）	体积（m^3）	质量（t）	稳性 1 加速度（m/s^2）		稳性 2 加速度（m/s^2）		稳性 3 加速度（m/s^2）
	x	y					a_x	a_y	a_x	a_y	a_y
70m 梁低墩	5.5	2.4	H_1=13.673	8.516	142.632	363.7	3.050	1.266	2.593	1.076	3.357
			H_1=11.923	7.473	130.565	332.9	3.475	1.443	2.894	1.201	3.777
70m 梁中墩	5.5	2.8	H_1=8	4.795	115.438	294.4	5.416	2.657	4.095	2.024	5.290
			H_2=10.574	5.287	90.016	229.5	4.912	2.41	3.826	1.877	5.324
70m 梁高墩	5.5	3.2	H_1=11	6.613	145.694	317.5	3.927	2.223	3.201	1.812	4.174
			H_2=12.524	6.262	112.624	287.2	4.417	2.347	3.346	1.894	4.049
PM80 墩	5.5	2.8	H_1=7.5	4.616	123.706 5	315.5	5.626	2.760	4.246	2.083	5.329
			H_2=5.054	2.527	43.023	109.7	10.277	5.041	6.449	3.164	10.86
105m 高墩	7.0	5.5	H_1=8	4.215	157.96	402.8	7.905	6.161	5.830	4.544	5.346
105m 低墩	7.0	4.0	H_1=5.6	3.103	149.396	381.0	10.74	6.001	7.239	4.045	6.452

从表中可见，第二种失稳情况的稳定性最差。若要提高墩柱在台车上运输的稳定性，必须将墩柱和钢台座及台车间作刚性连接处理。

（2）墩柱运输的加速度分析

台车在运行过程中可能存在的加速度分析如下：

①牵引启动和制动加速度

绞车牵引台车运行和制动时，会使墩柱沿运行方向产生水平加速度。

台车重约 100t，最大墩柱重约 400t，维持墩柱稳定的结构重约 50t，共计 550t。钢轮与钢轨之间的滚动摩擦系数约为 0.02~0.04，计算牵引力时，考虑较大的滚动摩擦系数，取 0.04，选用 25t 的牵引绞车。

当牵引绞车用 25t 的牵引力拉动台车运输 70m 梁低墩时，墩柱质量 364t，若台车钢轮与钢轨之间的滚动摩擦系数取小值 0.02，牵引力为 25t 时的最大牵引加速度为 0.281m/s^2。该加速度作用下，台车运行速度由 0 提升到 5m/min（0.083m/s）所用的时间为 0.30s，很短暂。经过分析，选用 25t 牵引力的绞车时，运输所有墩柱可能产生的水平牵引加速度均远小于墩柱沿牵引运行方向的临界失稳加速度。

制动选用 15t 拉力的绞车，其产生的水平制动加速度也均远小于墩柱沿运行方向的临界失稳加速度。

②轨道面不平整引起的加速度

当轨道面不平整，台车运行时会产生绕轨道轴线的偏转加速度，使得在墩柱上产生垂直于轨道轴线的水平加速度。

若轨道面的高差控制在 5mm 内，设该高差在两轮之间产生，则台车上的最大高差变化为 2.5mm，台车的运行速度控制在 5m/min（0.083m/s）内，台车轮间距为 0.75m，则产生该高差变化所需要的时间为 9.0s，该车轮位置处台车的竖向加速度为 6.2×10^{-5} m/s^2，台车上最高墩柱重心处的水平加速度为 1.15×10^{-4} m/s^2。

当轨道面不平整时，若轨道面的高差控制在 5mm 内，台车运行在墩柱上所产生的垂直于轨道轴线的水平加速度很小。

③轨道接头有间距和高差引起的加速度

若将轨道接头处的高差控制在5mm内，接头缝宽5mm，台车经过该接头缝时，一方面会产生高差变化，使台车产生竖向加速度，另一方面，台车轮受到冲击，使台车沿轨道轴线方向产生水平加速度。

台车经过接头缝所需要的时间为0.060s，则轨道接头处的高差变化使该车轮位置处台车产生的竖向加速度为1.389m/s²，台车上最高墩柱重心处的水平加速度为2.585m/s²。

当轨道接头处有间距和高差时，若将轨道接头处的高差控制在5mm内，台车运行在墩柱上所产生的垂直于轨道轴线的水平加速度较大，该加速度会使底宽3.2m及以下的墩柱失稳。

④其他因素引起的加速度

墩柱在台车上运行时，还有许多其他因素会引起墩柱产生惯性加速度，如轨道不直、牵引力作用偏心、风荷载激振等，均会使台车和墩柱振动，产生各方向的惯性加速度。而这些因素引起的惯性加速度难以估算，因此，在实际操作中，只能尽可能地提高墩柱的抗振能力，以保证其稳定性。

从上述台车在运行中墩柱上产生的惯性加速度分析可知，若不对墩柱采取必要的扶稳措施，墩柱将会在台车上倾倒。

根据现有的工程情况和运行操作条件，墩柱的失稳主要是侧向偏倒，而最终控制侧向偏倒的条件是轨道间距，即通过加强墩柱与其底部的钢台座和台车间的连接，使墩柱的稳定性由前述的第三种失稳方式控制。

（3）运输台车设计

根据墩柱的质量和台车在运行中所受到的荷载情况，通过计算分析，对台车进行设计。

台车顶面面板宽6.8m，长12.25m，每侧轨道上16个车轮，轮间距0.75m。车轮踏步直径0.5m，外缘直径0.55m。台车两侧安装车轮的箱梁高1.1m，宽0.6m，长12.25m；箱梁间的工字横梁高0.8m，间距0.75m，台车面板兼作工字横梁的上翼板，下翼板宽0.3m；横梁间的纵向连接肋板高0.75m。箱梁和横梁的钢板厚32mm，面板和纵向连接肋板厚20mm。钢板材料均为Q235钢。不包括车轮的台车结构重约72t。集成后，台车顶面距轨道顶面1.15m。

经有限元计算分析，台车结构强度满足要求，最大台车轮压为35t。

①墩柱扶稳方案及计算分析

墩柱的纵向稳定较好，不需采取扶稳措施。对于底宽3.2m及以下的墩柱，拟采取三方面的横向扶稳措施。

a. 在墩柱底部的四角，各预埋4根直径32mm的螺纹钢筋，将外伸螺纹钢筋同钢台座焊接，使钢台座和墩柱连接成整体。

b. 在钢台座底面的四角，各用2根直径30mm的螺栓将钢台座与台车连接。

c. 在台车的两侧，各设2个支架，在每个支架距台车顶面2.0m和5.5m处设置顶撑丝杠，以提供维持墩柱稳定的水平支撑力和力矩，如图5.6-5所示。

利用这些扶稳措施，使墩柱的稳定性由台车轨道的轨距控制。

对于上述的扶稳措施，墩柱的受力图式如图5.6-6所示。当墩柱上出现水平惯性力F时，墩柱结构自重G、竖向连接螺栓力F_{fv}会提供一定量的扶稳力矩；同时，两侧上下的顶撑丝杠提供的水平顶撑力构成扶稳力矩，丝杠顶头还会产生竖向摩擦力也构成扶稳力矩。

假设两侧顶撑丝杠提供的水平顶撑力相等，计算中忽略丝杠顶头产生的竖向摩擦力构成的扶稳力矩（其大小和方向在不断变化）、忽略竖向连接螺栓提供的扶稳力矩（其值较小，作为安全储备），即扶稳力矩仅由结构自重和水平丝杠顶撑力提供。

对于稳定性最差的70m低墩结构（底宽B=2.4m，高13.673m，重心高8.516m，重363.7t），当墩柱的稳定性由台车轨道的轨距控制时，墩柱重心处的横向水平惯性加速度为3.357m/s²（表5.6-1），在墩柱上产生的横向水平惯性力为1 246kN，其对台车顶面的倾覆力矩为12 480kN·m。

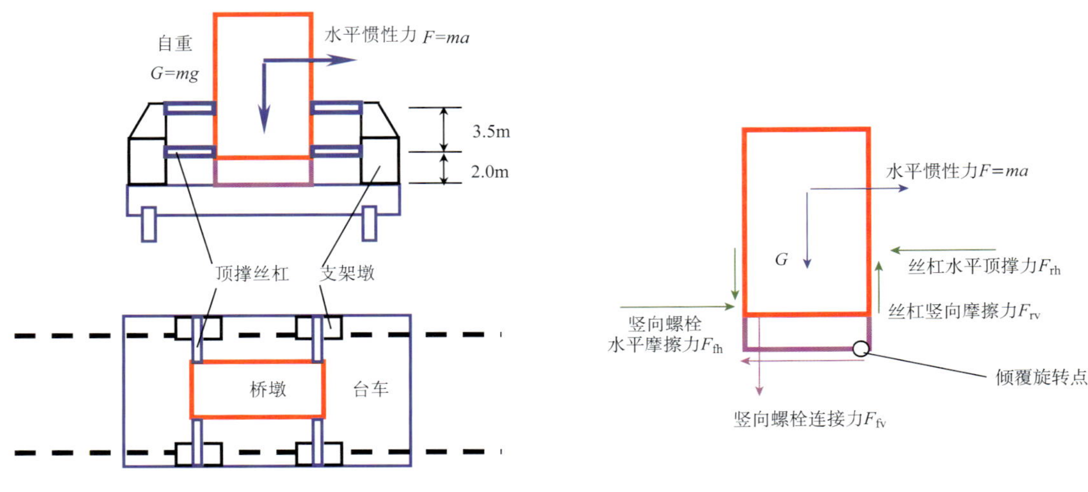

图 5.6–5　墩柱的受力图式　　　　图 5.6–6　扶稳顶撑丝杠布置

墩柱结构自重产生的扶稳力矩 M_{rg} 为 4 000kN・m，要求顶撑丝杠提供的扶稳力矩为 8 480kN・m。两侧上下顶撑丝杠的竖向间距 H_{rh} 为 3.5m，则每个丝杠的水平顶撑力为 1 211kN，可选用 150t 轴向顶撑力的丝杠。

当考虑丝杠顶头产生的竖向摩擦力构成的扶稳力矩时，设摩擦系数为 0.5，则有如下的力矩平衡式：

$$M_s=M_{rg}+F_{rh}H_{rh}+F_{rv}B$$

解得 F_{rh}=1 804kN。则每个丝杠提供的水平顶撑力为 902kN。故当丝杠顶伸距离最大时，其应能承受丝杠顶端作用 45.1t 的横向力。

②支架墩设计

在台车顶面设 4 个支架墩，用于固定顶撑丝杠。支架墩高 5.75m，每个支架墩在台车顶面上的尺度为 1.3m × 1.9m，用钢板焊接而成，其结构如图 5.6–7 所示。钢板材料均为 Q235 钢。每个支架墩钢板材料重约 12.5t，四个共重 50t。

经有限元计算分析，台支架墩结构强度满足要求。

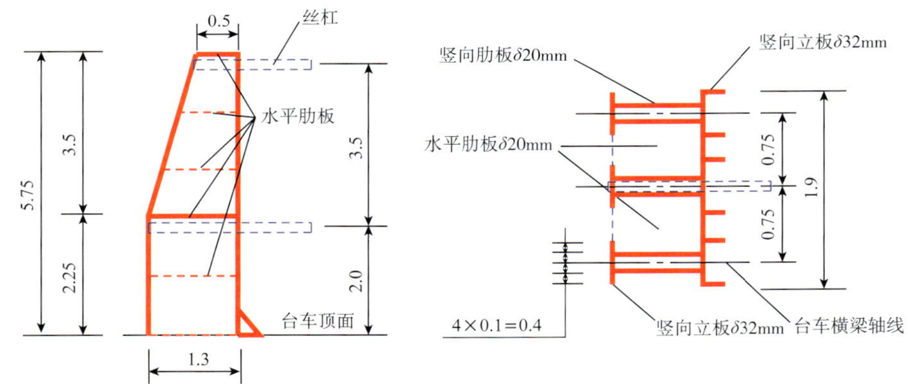

图 5.6–7　支架墩结构（尺寸单位：m）

2）起吊索具配备

本工程墩柱出运分为上节和下节。上节和下节的吊点布置如图 5.6–8 所示。

（1）上节墩柱起吊索具

上节墩柱吊运采用专用吊梁，如图 5.6–9 所示。专用吊梁由吊架箱体梁、121 根 ϕ7mm 平行钢丝束和冷铸锚具组成（总长 5.5m）。LM7–121 平行钢丝束其标称破断荷载为 7 777.6kN。

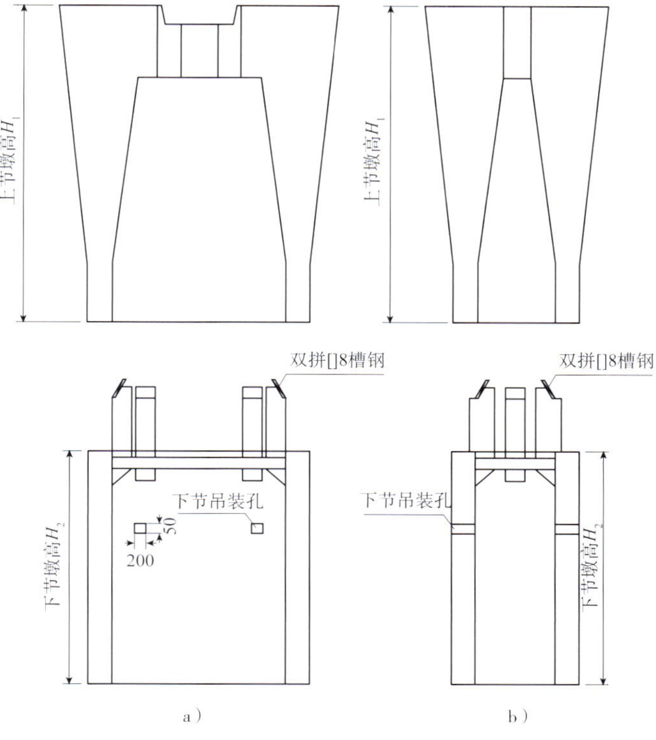

图 5.6-8　墩柱吊装孔布置图（70m 跨中墩为例）
a）横桥向剖面图；b）纵桥向剖面图

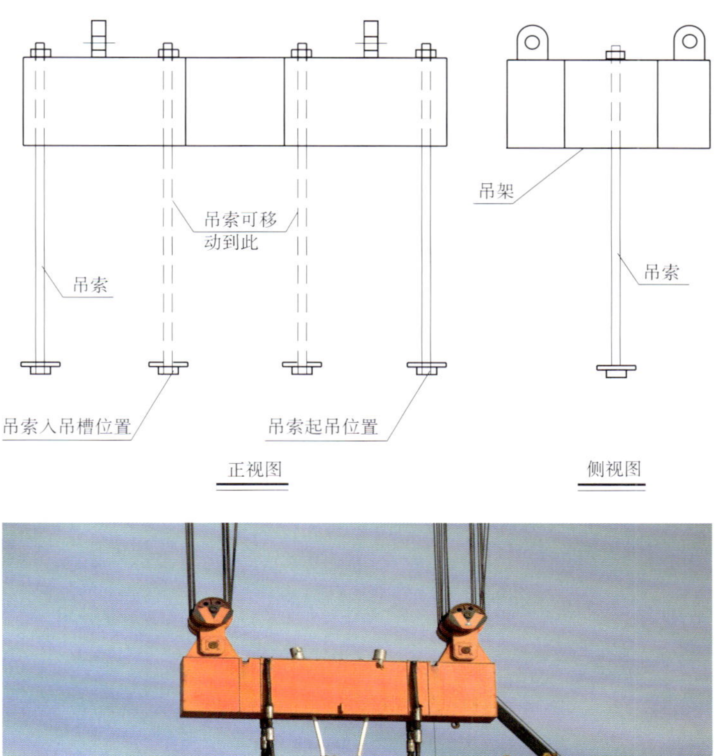

图 5.6-9　上节墩柱起吊索具

(2) 中下节墩柱起吊索具

中节和下节墩柱吊运采用专用钢吊架吊钢销（采用合金钢材质）工艺。上扣选用光面钢丝绳，规格为 8×61ϕ106mm，净长 5.5m，4 根，其最小破断拉力 P=5 440kN。下扣采用 8 根钢丝绳双折使用，选用光面钢丝绳 6×37ϕ56mm，净长度 L=9m，其最小破断拉力为 1 790kN。

下节墩柱吊具结构示意图和现场照片如图 5.6-10~ 图 5.6-13 所示。

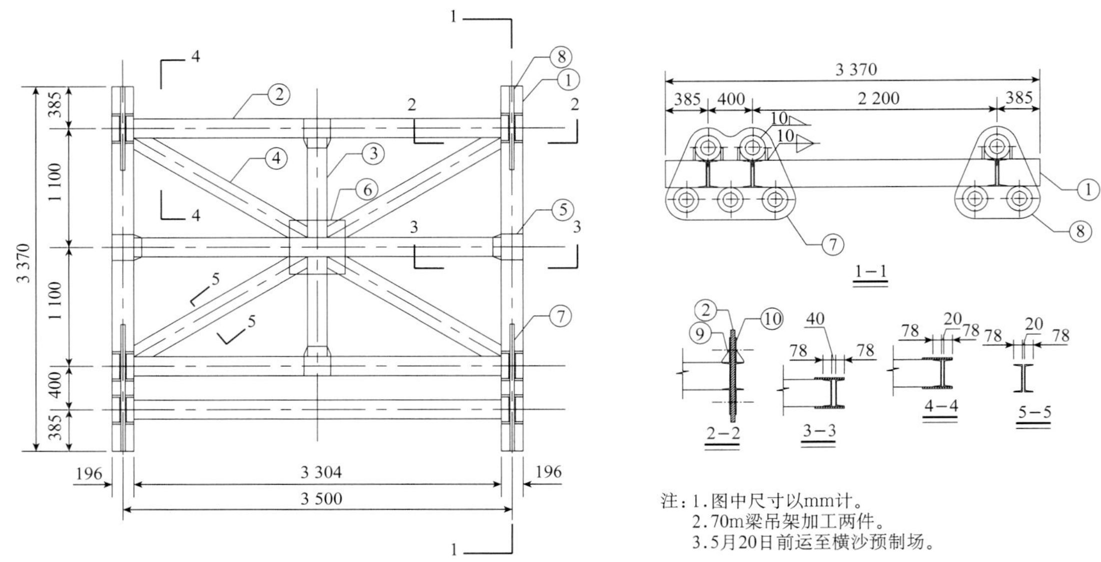

图 5.6-10　吊架结构示意图

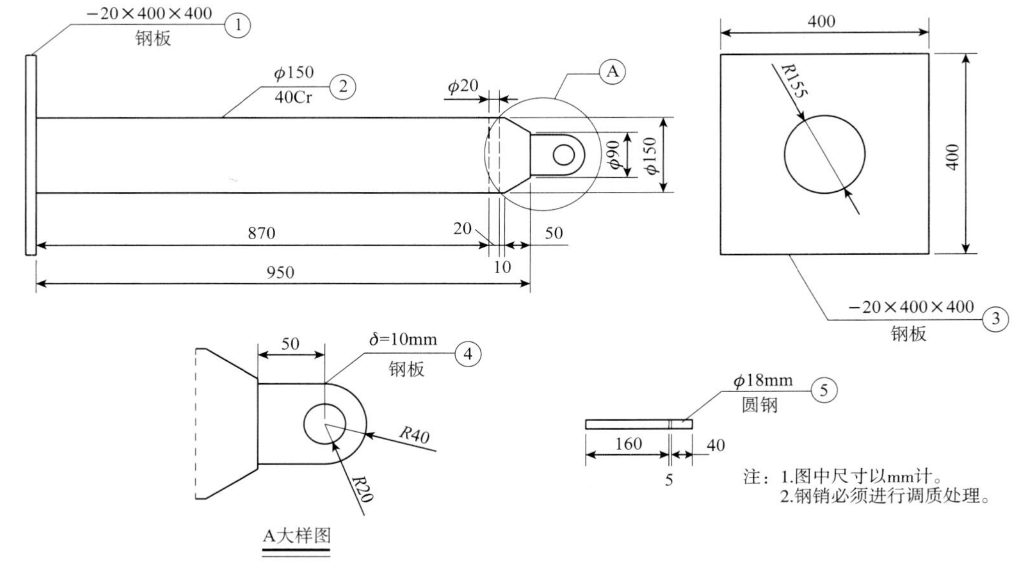

图 5.6-11　钢销结构示意图

3) 墩柱出运施工控制技术

(1) 墩柱出槽

①上节墩柱出槽

上节墩柱出槽主要分以下步骤。

a. 出槽前准备好上节墩柱起吊专用吊索具和上节墩柱出槽用具，包括平行钢丝束、上下墩柱梯子、吊篮、木制临时人孔盖板和其他一些辅助用具等。

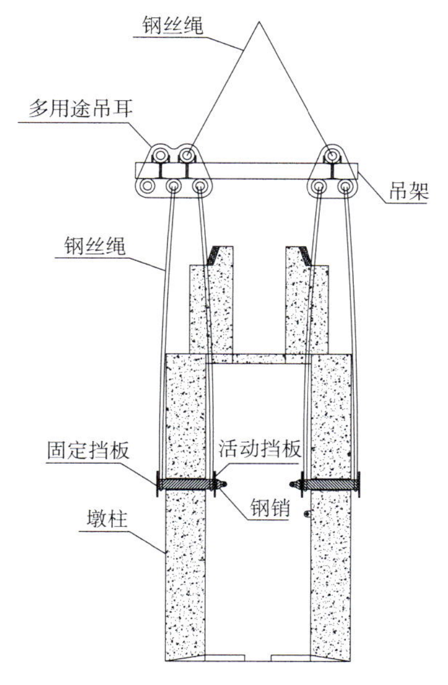

图 5.6–12　下节墩柱吊点布设示意图

图 5.6–13　下节墩柱起吊索具

b. 龙门吊吊钢丝束至墩柱顶部，将钢丝束下端并拢，间距小于 1m。将钢丝束对准临时进人孔缓缓落钩。

c. 当钢丝束礅头下到人孔底部后，将钢丝束下端放开，将两个礅头分开放置与吊装孔两端，就位后通知龙门吊指挥人员，缓缓起钩。待钢丝束拉紧后，停止起钩，再次检查两个礅头放置情况，保证礅头的着力点在预埋板上。无误后通知龙门吊指挥人员，撤离至地面。

d. 龙门吊驾驶员按照操作人员指令起钩、落钩、横移、纵移，将墩柱运至存储场地或出运台车。

e. 墩柱就位后，操作人员将钢丝束重新并拢，缓缓起吊，起吊过程中必须有人监控钢丝束礅头在人孔内的运动情况，防止发生意外。

图 5.6–14 所示为上节墩柱出槽图。

②下节墩柱出槽

下节墩柱出槽主要分以下步骤：

a. 出槽前准备好下节墩柱起吊专用吊索具和顶节墩柱出槽用具，包括锁具、吊架、钢销、滑板、胶皮垫、上下墩柱梯子、吊篮、内侧下人梯、木制临时人孔盖板和其他一些辅助用具等。

b. 龙门吊吊下节墩柱出槽吊索具至墩柱正上方，在每个吊装孔的内外两人分别就位后，缓缓落钩，当钢销落至吊装孔上方适当位置后，停止下落。

c. 墩柱出槽操作人员将事先准备好的滑板放置于吊装孔下部，外侧人员将钢销前端的牵引绳从吊装孔递送到内侧操作人员手中，再将钢销前端纫进吊装孔，四个吊装孔全部完成后，缓缓落钩，通过内侧人员的拉动和外侧人员的推动，在钢销呈水平状态前将钢销穿过吊装孔。

d. 钢销就位后，将事先准备好的 600mm × 180mm × 10mm 橡皮垫放置于钢销上部，防止起吊时钢销与混凝土发生碰擦，损伤混凝土。

e. 内侧钢丝绳调整合适后，将内侧夹板套在钢销上，穿好小销子，并将销钉固定在小销子的销孔上，防止滑脱。

f. 四个吊装孔全部就绪后通知龙门吊指挥人员，缓缓起钩。销子拉紧后，停止起钩，检查每个销子及胶皮垫的位置是否合适。如有问题，必须落钩重新处理。如没有问题，全部操作人员撤离至地面。

g. 龙门吊司机按照操作人员指令起钩、落钩、横移、纵移，将墩柱运至存储场地或出运台车。

h. 墩柱就位后，将小销子、夹板、钢销等按照反向操作顺序，依次进行。在将钢销撤出的过程中，内侧人员必须将钢销前端牵引绳拉紧，防止销子在脱出吊装孔时碰伤外侧人员，发生意外。

图 5.6–15 所示为下节墩柱出槽图。

图 5.6–14　上节墩柱出槽

图 5.6–15　下节墩柱出槽

③墩柱装车主要操作步骤如下：

a. 台车上放置墩柱时，龙门吊指挥人员需根据现场情况，指挥龙门吊做横移或纵移，将墩柱放置于台车中中央，并使钢台座下部的孔眼与台车上的丝套吻合良好。

b. 墩柱就位后，在钢台座的四角放置好压板，并将 ϕ 30mm 螺栓对应丝套一一上紧。出运 70m 跨低墩时还应在南、北侧的两个出运台车支墩间各放置一根 [28 槽钢，并使用木楔子塞紧，以防止墩柱重心过高，在出运过程中发生倾覆。将每个支墩上的丝杠旋进，顶住墩柱，以保持墩柱在出运过程中的稳定性。

c. 一切就绪后，开动卷扬机出运墩柱。前方卷扬机司操人员必须按照测定的速度牵引台车出运墩柱，严禁超速。后方卷扬机司操人员，盯紧钢丝绳松紧情况，适当收放钢丝绳，禁止与前方卷扬机对拉。

出运时对于经验算稳性较差的墩柱，如 70m 跨低墩，按照以上扶稳及加固措施进行，并且在出运过程中全程监控，发生情况时及时停车处理，以保证出运安全；稳性较好的墩柱，如高度 < 8m 的 70m 跨中墩下节，出运时不用加固，并可根据质量每次同时出运两个，以节省出运时间，提高出运、装船工作效率。图 5.6–16、图 5.6–17 为上节和下节墩柱出运图。

图 5.5–16　上节墩柱出运

图 5.5–17　下节墩柱出运

图 5.6–28　下节墩柱安装图

图 5.6–29　上节墩柱吊装图

5.7 预制节段接高施工技术

5.7.1 施工方法与流程

墩柱采用立式装船运输工艺。墩柱在预制场首先由龙门吊机，装至台车，在卷扬机牵引作用下运至码头前沿，再由 650t 起重船吊装至深舱自航驳。运至施工现场进行安装。现场安装采用 650t 起重船吊装工艺，使用全站仪、水准仪及钢尺进行测量控制。墩柱湿接头，包括墩柱与承台间的墩座和墩柱间的连接部位，现场浇筑。

墩柱接高施工流程（以三节为例）如图 5.7–1 所示，施工效果图如图 5.7–2 所示。

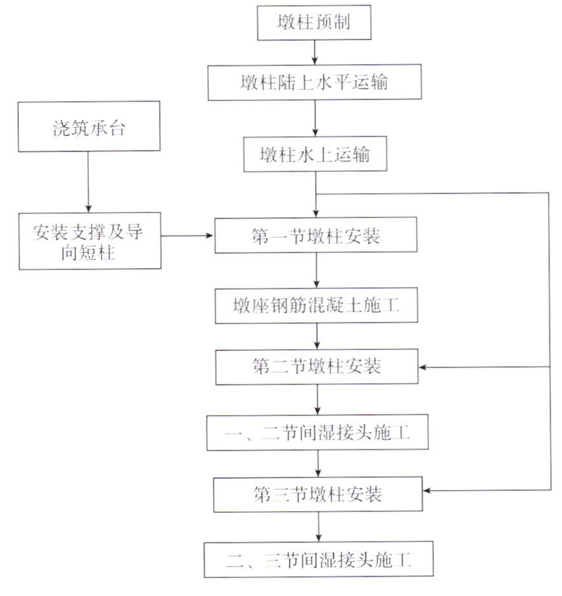

图 5.7–1　墩柱分节预制安装施工流程图（以三节为例）

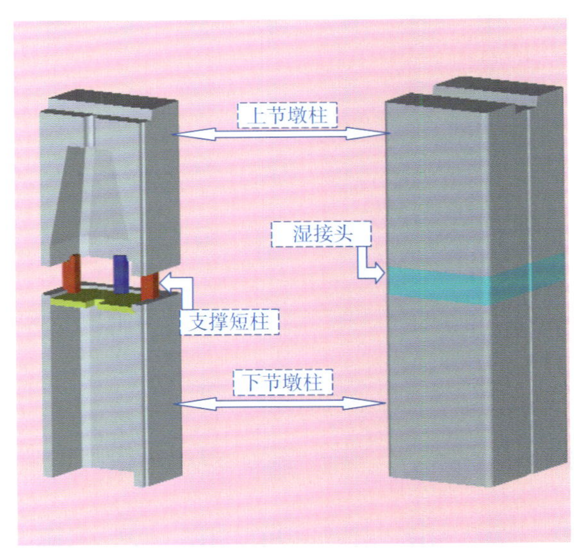

图 5.7–2　施工效果图

5.7.2 工作平台及桁架楼梯

（1）工作平台

对于分节安装的墩柱，需待墩座混凝土达到设计强度后，安排其上节墩柱安装。操作平台安装前，首先在多功能驳上拼装，拼装完成后整体吊装，利用四个吊装孔和两个透气孔，采用推拉盒形式支撑上部荷载，从而形成安装上节墩柱和浇筑湿接头的作业平台，图 5.7–3 为操作平台示意图。

（2）桁架楼梯

施工人员上下墩柱采用在承台上面搭设桁架楼梯，搭设高度同操作平台，安装于墩柱侧面，从下至上依次安装，采用法兰盘及螺栓连接，底部固定采用在承台上埋 16 根 ϕ16mm 膨胀螺栓固定，中间部位采用支撑梁与墩柱连接。楼梯安装前先在承台上铺设 3mm 厚胶皮板，防止楼梯磕碰承台及楼梯上锈蚀水污染承台表面。楼梯立柱要铺垫平稳，不得悬空。

详见安装上节墩柱作业平台示意图，如图 5.7–4、图 5.7–5 所示。

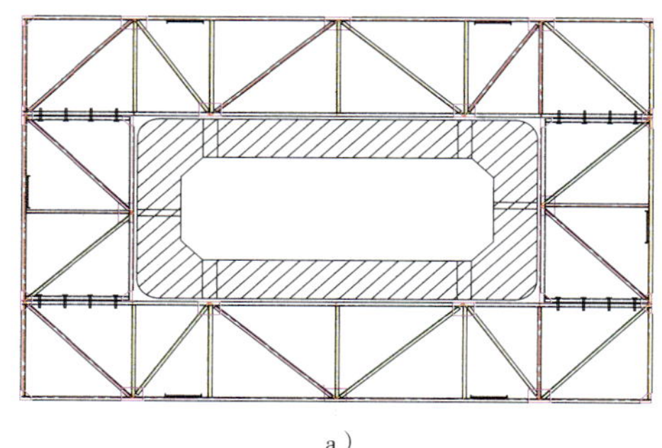

a）

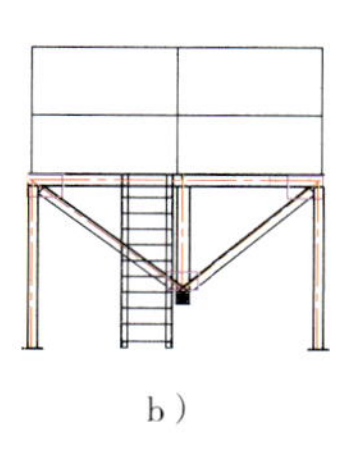

b）

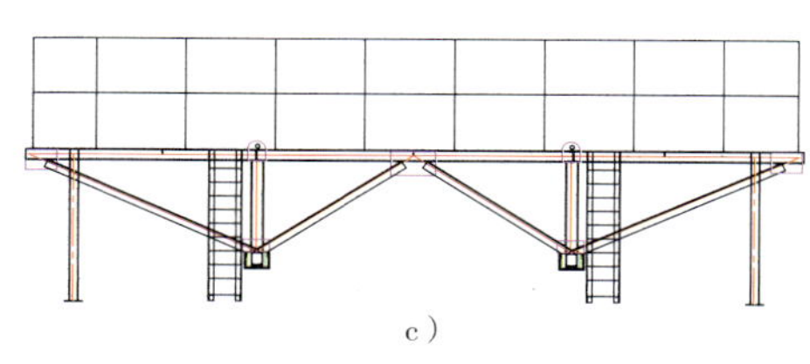

c）

图 5.7–3 操作平台示意图

a）平面图；b）侧视图；c）正视图

图 5.7–4 安装上节墩柱楼梯示意图

5.7.3 现浇湿接头施工与质量控制

1）模板工艺

外模板在四个圆角部位使用 δ6 钢模板（圆弧段），墩柱“凹槽”使用木模板，在其平面位置使用钢木结合的组合形式（平面段），面板为 δ3 的冷轧钢板、竖肋为 6cm×9cm 木方子，如图 5.7–6、图 5.7–7 所示。

外模板采用板面与后部支撑结构分离的结构，后部支撑结构为钢桁架，钢桁架之间使用对拉螺栓固定连接，使用顶丝调整模板板面与预制构件的密贴度。钢模板面与墩柱侧面间使用双面胶带止浆。

内模板采用 3009 和 3012 组合钢模板拼装而成，顶口高出上节墩柱底面 40cm，如图 5.7–8、图 5.7–9 所示。

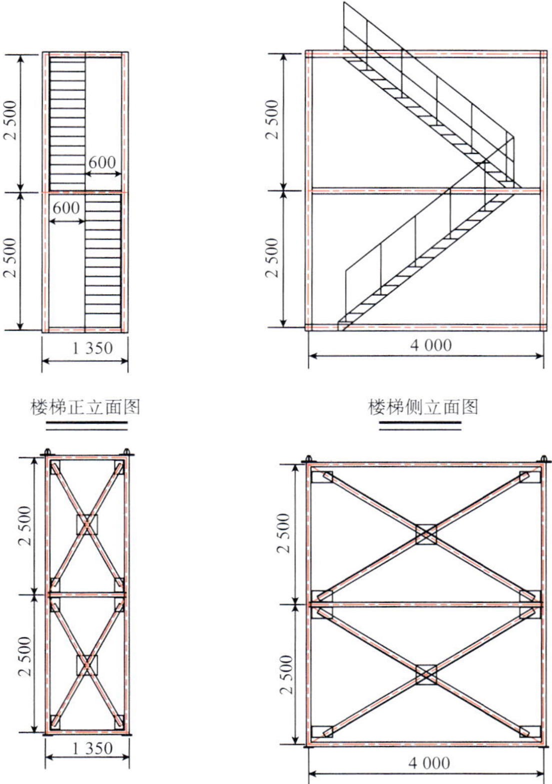

上15
下15
1 350
4 000
第二层平面图

上15
1 350
4 000
底层平面图

图 5.7–5　单节段楼梯示意图（尺寸单位：mm）

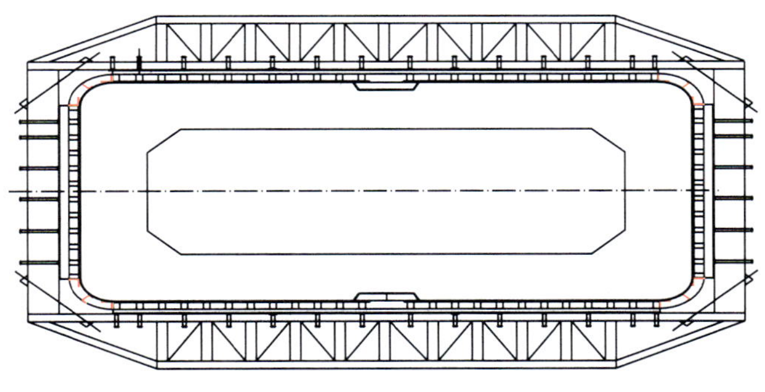

图 5.7–6　外模板图

图 5.7–7　墩柱湿接头外模板结构

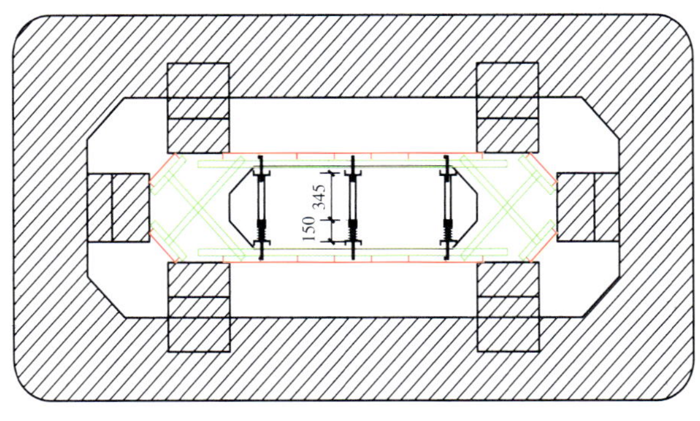

图 5.7–8　内模板图

图 5.7–9　内模板结构

2）模板施工

(1) 内模施工

组合钢模板吊装入墩柱→组合钢模板拼装→模板围囹焊接→钢管支撑。

(2) 外模施工

粘贴双面胶条→支木模板（凹槽段）→支钢模板（圆弧段与直线段）→圆弧段与直线段的螺栓连接→钢桁架安装→钢桁架对拉螺栓固定→钢桁架顶丝均匀上力。

外模板在支立过程中上下口要与预制墩柱面贴紧密，粘贴双面胶条避免漏浆。模板的连接部位要平顺，特别钢、木结合部位，要使用双面胶条作止浆材料，防止漏浆出砂线。圆弧段与平面段采用 ϕ12mm×25mm 螺栓连接，模板接缝处双面胶条止浆。脱模剂涂刷要均匀，防止模板拆除过程中出现黏模的情况，为了提高模板的观感质量，每次支模之前应刷模板漆。支顶外模板过程中，顶丝受力要均匀，避免局部顶丝过力，将模板顶变形，导致湿接头拆模后表面凹凸不平。

3）混凝土浇筑质量控制

混凝土施工采用 C40 掺聚丙烯腈高性能混凝土。

混凝土坍落度控制在 150mm 左右，在混凝土浇筑之前，用同强度等级水泥浆对底部接触面进行湿润，保证新旧混凝土接缝紧密。混凝土浇筑严格控制分层厚度，每层厚度不超过 30cm。混凝土拌和时严格控制材料计量，并对拌和出的混凝土进行坍落度测定。混凝土配合比如表 5.7–1 所示。

混 凝 土 配 合 比　　表 5.7–1

<table>
<tr><td rowspan="4">混凝土配合比</td><td>材料</td><td>水泥</td><td>掺和料</td><td>水</td><td>砂</td><td>石</td><td>外加剂</td><td>纤维</td><td>膨胀剂</td><td>砂率</td></tr>
<tr><td>配合比</td><td>1.00</td><td>1.50</td><td>0.94</td><td>4.56</td><td>5.81</td><td>—</td><td>—</td><td>0.09</td><td>44%</td></tr>
<tr><td rowspan="2">每 m³ 混凝土材料用量（kg）</td><td rowspan="2">172</td><td rowspan="2">258</td><td rowspan="2">162</td><td rowspan="2">785</td><td rowspan="2">999</td><td rowspan="2">4.3</td><td rowspan="2">1.2</td><td rowspan="2">15</td><td>水胶比</td></tr>
<tr><td>0.36</td></tr>
</table>

墩高小于 35m 时，采用拌和船上的布料机直接进行浇筑，浇筑时泵管由墩柱的人孔伸进墩柱内，根据墩柱节段高度，接长泵管头部的橡胶浇筑导管，使导管口可直接接触到湿接头模板顶部，然后利用人工将导管沿模板进行移动混凝土浇筑。墩高大于 35m 时，采用 150t 吊高 50m 以上吊车上方驳组成工作驳，吊 $1m^3$ 吊斗，进行混凝土浇筑，浇筑前首先在墩顶人孔处搭设一个下灰漏斗，漏斗下接胶皮软管，胶皮软管的长度根据墩柱节段高度确定，吊机吊灰斗通过漏斗及导管进行混凝土浇筑。

混凝土振捣施工中严格按规范进行，振捣采用分层下灰，分层振捣，特别是底层混凝土振捣，受到模板及钢筋限制，振捣棒很难下去，要求人员需穿水鞋站到湿接头里面，慢慢振捣。振捣棒采用 2 台 ϕ70mm 插入式振捣棒和 1 台 ϕ30mm 插入式振捣棒，ϕ70mm 插入式振捣棒负责振捣支撑短柱之间大面积混凝土，ϕ30mm 插入式振捣棒负责振捣四个内角部分。振捣时控制要点：移动间距控制在 30cm 左右；与侧模保持 50~100mm 的距离；插入下层混凝土 50~100mm；每一处振动完毕后边振动边徐徐提出振捣棒；避免振动棒碰撞模板、钢筋及其他预埋件；对每一振动部位，必须振动到混凝土停止下沉，不再冒出气泡，表面呈现平坦、泛浆为止。振捣顶部混凝土时要采用二次振捣，增加混凝土密实度。最后去除浮浆层修整、抹平。

4）现浇墩柱湿接头混凝土养护

模板拆除后，立即进行潮湿养护，采取表面喷养护液的养护方式进行养护。喷涂时混凝土表面应该处面干状态，用喷雾器沿水平方向喷涂至表面完全潮湿，上下左右喷涂区要叠压，不能漏喷，喷涂压力要均匀。喷涂后若在40min内遇雨，应在雨后重新喷涂。涂刷结束后使用土工布围裹，人工淋水养护，拼接后墩柱如图5.7-10所示。

图5.7-10　拼接后墩柱图

参考文献

[1] REN Weixin, CHEN Huabing. Finite Element Model Updating in Structural Dynamics by Using Response Surface Mothod[J]. Engineering Structure, 2010,32(8):2455-2465.

[2] 吴子燕，易文迪，赵宇. 交通荷载作用下桥梁结构参数识别方法[J]. 振动、测试与诊断，2009，29(4)：383-387.

[3] 同济大学. 国内外桥梁全寿命设计方法研究现状调研[R]. 上海：同济大学桥梁工程系，2008.

[4] 王玉倩，阮欣，陈艾荣. 全寿命成本分析法在侧风影响下桥梁行车安全决策中的应用[J]. 公路交通科技，2008，25(10)：94.

[5] 张冠华，杨詠昕，葛耀君. 上海长江大桥抗风性能研究全桥模型试验[J]. 石家庄铁道学院学报(自然科学版)，Vol.21，No.1，2008：6-10.

[6] 卢永成，王天华，张元凯. 上海长江大桥公轨合建桥梁设计标准与措施[J]. 城市道桥与防洪，2008，2：12-15.

[7] 邵长宇. 大跨连续组合箱梁桥的概念设计[J]. 桥梁建设，2008(1)：34-37.

[8] 曾明根，苏庆田，吴冲. 连接形式对斜拉桥组合索塔钢锚箱剪力钉受力的影响[J]. 桥梁建设，2008.02，No.184，P.47.

[9] 吴定俊，李奇，陈艾荣. 车桥耦合振动迭代求解数值稳定性问题[J]. 力学季刊，2007，28(3)：405-411.

[10] 任伟新，彭雪林. 青洲斜拉桥的基准动力有限元模型[J]. 计算力学学报，2007，24(5)：609-614.

[11] 曾明根，苏庆田，吴冲. 上海长江大桥组合索塔锚固区受力数值计算[J]. 桥梁建设，2007.10，No.182，34.

[12] 刘俊，胡勇，陈理平. 上海崇明越江通道大跨度叠合梁施工技术[J]. 桥梁建设，2007，(S2)：44-47.

[13] Chong Wu, Ming-gen Zeng. Ultimate Strength Experiment of Diaphragm in Flat Steel Box Girder for a Long Span Cable-Stayed Bridges[C]// 2nd International Conference on Advances in Experimental Structural Engineering. 2007.

[14] Chong Wu, Ming-gen Zen, Bing Dong, Qing-tian Su. Steel Cable Stayed Bridges under Construction in China[C]// The 7th German-Japanese Bridge Symposium (GJBS07). OSAKA, JAPAN, 2007.7.

[15] CY.SHAO.730m Main Span Combined Highway and Railway Cable-Stayed Bridge. IABSE SYMPOSIUM,2007:194-202.

[16] CY.SHAO. The Shanghai Yangtze Bridge. International Conference on Bridge Engineering Hongkong, 2006:184-190.

[17] 周建民，吴定俊，李奇，等. 墩梁体系自振特性变化规律能量法分析[J]. 土木工程学报，2006，39(1)：60-64.

[18] 周伟翔，刘玉擎. 连续组合箱梁桥钢与混凝土连接技术研究[C]// 第17届全国桥梁学术会议

论文集 . 北京：人民交通出版社，2006.

[19] 余华，吴定俊 .Hermite 插值在车桥耦合中的应用［ J ］. 振动与冲击，2006，25（ 2 ）: p38–40.

[20] 吴定俊，李奇，高丕勤 . 轨道不平顺速度项对车桥动力响应的影响分析［ J ］. 同济大学学报，2006，34（ 4 ）: 494–498.

[21] 李宗平 . 上海长江大桥主桥墩钢吊箱施工技术［ J ］. 桥梁建设，2007.05.

[22] 吴海军 . 桥梁结构耐久性设计方法研究［ D ］. 上海：同济大学，2006.

[23] Itoh Y, Tsubouchi S, Kim I, et al. Life cycle cost and CO² emission comparison of conventional and rationalized bridges [J] . Journal of Global Environmental Engineering,2006,11(8):45.

[24] JIASHI B, REN Weixin. Structural Finite Element Model Updating Using Ambient Vibration Test Result [J] . Journal of Structural Engineering, ASCE,2005,131(4):617–628.

[25] XIA He, ZHANG Nan. Dynamic Analysis of railway Bridge under High–Speed Trains [J] .Computers & Structures,2005,83(5):1891–1901.

[26] 中华人民共和国行业标准 . CCES 01—2004　混凝土结构耐久性设计与施工指南［ S ］. 北京 : 中国建筑工业出版社，2005.

[27] 翟婉明，蔡成标，王开云 . 高速列车–轨道–桥梁动态相互作用原理及模型［ J ］. 土木工程学报，2005，38（ 11 ）: 132–137.

[28] Van Noortwijk J M, Klatter H E. The use of lifetime distributions in bridge maintenance and replacement modeling [J] . Computers and Structures, 2004,82(13/14):1091.

[29] 周太全 . 桥梁构件局部热点应力分析及其疲劳损伤累积过程数值模拟［ D ］. 南京：东南大学，2003.

[30] 李小珍，强士中 . 大跨度公铁两用斜拉桥车桥动力分析［ J ］. 振动与冲击，2003，22（ 1 ）: 6–9.

[31] 上海长江隧桥建设发展有限公司，上海市政工程设计研究总院，同济大学，等 . 崇明越江通道北港桥梁工程建设关键技术研究［ R ］.2008.

[32] 黄融 . 跨海大桥设计与施工——东海大桥［ M ］. 北京：人民交通出版社，2009.

[33] 上海市政工程设计研究总院 . 上海长江大桥工程（ 预留轨道交通空间 ）施工图设计文件［ Z ］.2006.

[34] 上海市政工程设计研究总院，同济大学，上海铁路城市轨道交通设计研究院 . 上海长江大桥工程（ 预留轨道交通空间 ）相关技术研究［ R ］.2006.

[35] 邵长宇，卢永成 . 上海长江大桥技术特点［ C ］// 第十七届全国桥梁学术会议论文集 .2006.

[36] 黄融 . 沿海特大型桥梁集约化建设理念与创新［ J ］. 世界桥梁，2009，增刊 1 : 1–5.

[37] 项海帆 . 大跨度桥梁概念设计中的若干问题［ C ］//2004 年全国桥梁学术会议论文集 . 北京：人民交通出版社，2004.

[38] 邵长宇 . 主跨 105m 连续组合箱梁桥的技术特点与创新［ J ］. 桥梁建设，2008，（ 3 ）: 33–36.